传统文化修养丛书

清初五大师集（第一册）

许啸天 编

金歌 点校

上海科学技术文献出版社
Shanghai Scientific and Technological Literature Press

图书在版编目（CIP）数据

清初五大师集 / 许啸天编；金歌点校 . —上海：上海科学技术文献出版社，2021
（传统文化修养丛书）
ISBN 978-7-5439-8221-5

Ⅰ.①清… Ⅱ.①许… ②金… Ⅲ.①汉字—文字学—文集 Ⅳ.① H12-53

中国版本图书馆 CIP 数据核字（2020）第 216025 号

策划编辑：张　树
责任编辑：王　珺
封面设计：留白文化

清初五大师集（全三册）
QINGCHU WUDASHIJI
许啸天　编　金　歌　点校
出版发行：上海科学技术文献出版社
地　　址：上海市长乐路 746 号
邮政编码：200040
经　　销：全国新华书店
印　　刷：常熟市人民印刷有限公司
开　　本：889mm×1194mm　1/32
印　　张：50.25
字　　数：1 214 000
版　　次：2021 年 1 月第 1 版　2021 年 1 月第 1 次印刷
书　　号：ISBN 978-7-5439-8221-5
定　　价：228.00 元
http://www.sstlp.com

总目录

第一册

黄黎洲集
    新序
    顾宁人书
    明夷待访录
    明儒学案节要

第二册

顾亭林集
    新序
    日知录节要卷一　经义
    日知录节要卷二　艺文
    日知录节要卷三　考证
    日知录节要卷四　世风
    日知录节要卷五　杂事

第三册

王船山集
    新序

    卷一 思问录
    卷二 俟解
    卷三 噩梦
    卷四 黄书
    后序

朱舜水集
    新序
    卷一 传记
    卷二 文章集
    卷三 讲学集
    卷四 议论集
    卷五 阳九述略

颜习斋集
    新序——整理后的感想
    卷一 年谱
    卷二 言行录
    卷三 四存编

黄黎洲集

目 录

新序 …………………………………………………… 1
顾宁人书 ……………………………………………… 5

明夷待访录 …………………………………………… 7
  题辞 ………………………………………………… 9
  原君 ………………………………………………… 9
  原臣 ………………………………………………… 11
  原法 ………………………………………………… 12
  置相 ………………………………………………… 14
  学校 ………………………………………………… 16
  取士上 ……………………………………………… 19
  取士下 ……………………………………………… 20
  建都 ………………………………………………… 23
  方镇 ………………………………………………… 24
  田制一 ……………………………………………… 25
  田制二 ……………………………………………… 27
  田制三 ……………………………………………… 28
  兵制一 ……………………………………………… 31
  兵制二 ……………………………………………… 33
  兵制三 ……………………………………………… 35
  财计一 ……………………………………………… 36
  财计二 ……………………………………………… 38
  财计三 ……………………………………………… 40

胥吏	41
奄宦上	43
奄宦下	44
跋	45

明儒学案节要 …… 47

一　师说 …… 49

方正学孝孺	49
曹月川端	50
薛敬轩瑄	50
吴康斋与弼	51
陈剩夫真晟	52
周小泉蕙	52
陈白沙献章	52
陈克庵选	53
罗一峰伦	53
蔡虚斋清	54
王阳明守仁	54
邹东廓守益	55
王龙溪畿	56
罗整庵钦顺	56
吕泾野柟	58
孟云浦化鲤　孟我强秋　张阳和元忭	59
罗念庵洪先　赵大洲贞吉　王塘南时槐　邓定宇以赞	59
罗近溪汝芳	59
李见罗材	60
许敬庵孚远	60

二　崇仁学案 …… 61
　吴康斋先生 …… 61
　胡敬斋先生 …… 65
　娄一斋先生 …… 67
　谢西山先生 …… 69
　郑孔明先生 …… 69
　胡九韶先生 …… 69
　魏庄渠先生 …… 70
　余讱斋先生 …… 72
　夏东岩先生 …… 73
　潘玉斋先生 …… 74

三　白沙学案 …… 75
　陈白沙先生 …… 75
　李大厓先生 …… 78
　张东所先生 …… 79
　贺医闾先生 …… 79
　邹立斋先生 …… 81
　陈时周先生 …… 81
　林缉熙先生 …… 82
　陈秉常先生 …… 82
　李抱真先生 …… 82
　谢天锡先生 …… 83
　何时振先生 …… 83
　史惺堂先生 …… 83

四　河东学案 …… 85
　薛敬轩先生 …… 85
　阎子与先生 …… 88
　张自在先生 …… 88

段容思先生 …………………………………… 89
　　　张默斋先生 …………………………………… 89
　　　王凝斋先生 …………………………………… 90
　　　周小泉先生 …………………………………… 90
　　　薛思菴先生 …………………………………… 90
　　　李介菴先生 …………………………………… 91
　　　吕泾野先生 …………………………………… 91
　　　吕愧轩先生 …………………………………… 94
　　　张石谷先生 …………………………………… 95
　　　李正立先生 …………………………………… 95
　　　郭蒙泉先生 …………………………………… 95
　五　三原学案 ……………………………………… 96
　　　王石渠先生 …………………………………… 96
　　　王平川先生 …………………………………… 96
　　　马谿田先生 …………………………………… 97
　　　韩苑洛先生 …………………………………… 97
　　　杨斛山先生 …………………………………… 98
　　　王秦关先生 …………………………………… 99
　六　姚江学案 ……………………………………… 101
　　　王阳明先生 …………………………………… 102
　七　浙中王门学案 ………………………………… 130
　　　徐横山先生 …………………………………… 131
　　　蔡我斋先生　朱白浦先生 ………………… 133
　　　钱绪山先生 …………………………………… 134
　　　王龙溪先生 …………………………………… 137
　　　季彭山先生 …………………………………… 145
　　　黄久庵先生 …………………………………… 146
　　　董萝石先生　附子榖 ……………………… 147

陆原静先生	148
顾箬溪先生	149
黄致斋先生	149
张浮峰先生	151
程松溪先生	151
徐鲁源先生	152
万鹿园先生	153
王敬所先生	153
张阳和先生	153

八　江右王门学案　155
　邹东廓先生　155
　欧阳南野先生　161
　聂双江先生　164
　罗念庵先生　168
　刘两峰先生　182
　刘师泉先生　184
　刘三五先生　附刘印山、王柳川　186
　刘梅源先生　188
　刘晴川先生　188
　黄洛村先生　189
　何善山先生　190
　陈明水先生　191
　魏水洲先生　魏师伊先生　魏药湖先生　193
　王塘南先生　194
　邓定宇先生　196
　陈蒙山先生　197
　刘泸潇先生　198
　万思默先生　198

胡庐山先生 …………………………………… 199
　　邹南皋先生 …………………………………… 200
　　罗匡湖先生 …………………………………… 203
　　宋望之先生 …………………………………… 203
　　邓潜谷先生 …………………………………… 204
　　章本清先生 …………………………………… 204
九　南中王门学案 ………………………………… 206
　　黄五岳先生 …………………………………… 208
　　周静庵先生 …………………………………… 209
　　朱近斋先生 …………………………………… 210
　　周讷溪先生 …………………………………… 211
　　薛方山先生 …………………………………… 212
　　唐荆川先生 …………………………………… 212
　　唐凝庵先生 …………………………………… 214
　　文贞徐存斋先生阶 …………………………… 215
　　杨幼殷先生 …………………………………… 216
十　楚中王门学案 ………………………………… 217
　　蒋道林先生 …………………………………… 217
　　冀闇斋先生 …………………………………… 218
十一　北方王门学案 ……………………………… 220
　　穆玄庵先生 …………………………………… 220
　　张弘山先生 …………………………………… 220
　　孟我疆先生 …………………………………… 221
　　尤西川先生 …………………………………… 222
　　孟云浦先生 …………………………………… 223
　　杨晋庵先生 …………………………………… 224
　　南瑞泉先生 …………………………………… 225

十二　粤闽王门学案	226
薛中离先生	227
周谦斋先生	228
十三　止修学案	229
李见罗先生	229
十四　泰州学案	232
王心斋先生	237
王东崖先生　附朱恕、韩业吾、夏叟	240
徐波石先生	244
王一庵先生	245
林东城先生	247
赵大洲先生	248
罗近溪先生	251
杨复所先生	257
耿天台先生	258
耿楚倥先生	258
焦澹园先生	260
潘雪松先生	261
方本庵先生	262
何克斋先生	262
祝无功先生	263
周海门先生	265
陶石篑先生	266
刘冲倩先生	267
十五　甘泉学案	268
湛甘泉先生	268
吕巾石先生	271
何吉阳先生	271

洪觉山先生 …………………………… 272
　　唐一庵先生 …………………………… 273
　　蔡白石先生 …………………………… 274
　　许敬安先生 …………………………… 275
　　冯少墟先生 …………………………… 276
　　唐曙台先生 …………………………… 278
　　杨止奄先生 …………………………… 280
十六　诸儒学案上 ………………………… 281
　　方正学先生 …………………………… 281
　　赵考古先生 …………………………… 282
　　曹月川先生 …………………………… 283
　　黄南山先生 …………………………… 285
　　罗一峰先生 …………………………… 286
　　章枫山先生 …………………………… 286
　　庄定山先生 …………………………… 287
　　张东白先生 …………………………… 288
　　陈克庵先生 …………………………… 288
　　陈剩夫先生 …………………………… 288
　　张古城先生 …………………………… 289
　　周翠渠先生 …………………………… 290
　　蔡虚斋先生 …………………………… 290
　　潘南山先生 …………………………… 292
　　罗东川先生 …………………………… 292
十七　诸儒学案中 ………………………… 293
　　罗整庵先生 …………………………… 293
　　汪石潭先生 …………………………… 295
　　崔后渠先生 …………………………… 295
　　何柏斋先生 …………………………… 296

王浚川先生 …………………………………………… 297
　　黄泰泉先生 …………………………………………… 298
　　张甬川先生 …………………………………………… 298
　　张净峰先生 …………………………………………… 299
　　徐养斋先生 …………………………………………… 300
　　李大经先生 …………………………………………… 300
十八　诸儒学案下 ………………………………………… 302
　　李谷平先生 …………………………………………… 302
　　霍渭厓先生 …………………………………………… 304
　　薛西原先生 …………………………………………… 305
　　舒梓溪先生 …………………………………………… 306
　　来瞿塘先生 …………………………………………… 306
　　卢宁忠先生 …………………………………………… 307
　　吕心吾先生 …………………………………………… 307
　　鹿乾岳先生 …………………………………………… 311
　　曹贞予先生 …………………………………………… 311
　　吕豫石先生 …………………………………………… 312
　　郝楚望先生 …………………………………………… 314
　　吴朗公先生 …………………………………………… 315
　　黄石斋先生 …………………………………………… 316
　　金伯玉先生 …………………………………………… 317
　　金正希先生 …………………………………………… 318
　　朱震青先生 …………………………………………… 318
　　孙锺元先生 …………………………………………… 319
十九　东林学案 …………………………………………… 321
　　顾泾阳先生 …………………………………………… 321
　　高景逸先生 …………………………………………… 327
　　钱启新先生 …………………………………………… 336

孙淇澳先生 …………………………………… 338
　　顾泾凡先生 …………………………………… 340
　　史玉池先生 …………………………………… 342
　　刘静之先生 …………………………………… 343
　　薛玄台先生 …………………………………… 344
　　叶园适先生 …………………………………… 345
　　许静馀先生 …………………………………… 345
　　耿庭怀先生 …………………………………… 346
　　刘本孺先生 …………………………………… 346
　　黄白安先生 …………………………………… 347
　　吴霞舟先生 …………………………………… 347
　　华凤超先生 …………………………………… 349
　　陈几亭先生 …………………………………… 349
二十　蕺山学案 …………………………………… 351
　　刘念台先生 …………………………………… 352
二十一　附案 ……………………………………… 370
　　颜冲宇先生 …………………………………… 370
　　应天彝先生 …………………………………… 370
　　周德纯先生 …………………………………… 371
　　卢德卿先生 …………………………………… 372
　　杜子光先生 …………………………………… 372

新　序

许啸天

　　我如今整理黄黎洲先生的集子，便连带想起我二十五年前的学生生活来。那时我们全中国人的知觉，被日本一炮，从睡梦中恢复过来；——中日甲午年的一战——第一件表示他的觉悟，便是开学堂。又因"学堂"两字，洋气太重，便改称做书院；招的学生，都要有举贡生监的资格，开书院的宗旨，是以中学为体，西学为用。凡是进书院去读书的，大家称他是读洋书；那些鼻架玳瑁眼镜的老先生，都摇着头、掉着文说道："是诚用夏变夷之道也！"我也便是当时书院中读洋书的一个产儿。说也奇怪，当时书院中的教习老夫子，任他如何教我们要忠君，要攘夷；但我们除做照例中学、西学的功课以外，便能自己觅得反对帝制的途径，和主张民权的西洋学说。

　　第一步占据我脑筋的，有两部书：第一部，是卢梭的《民约论》；第二部，便是黄黎洲的《明夷待访录》。内中《原君》《原臣》两篇，最容易弹动我们热血少年的心弦；恰巧那时高高在上的皇帝，是那满洲人爱新觉罗先生。我们受了推翻帝制、排斥异族两种思潮的鼓动，便大高兴而特高兴，去做我们的革命事业；在书院里先结了一个同志的团体，有几位年轻的师长，做了我们的首领，秘密出发，四处去演讲。课堂里余剩下来的工夫，又做了许多鼓吹革命的文章，还写信给远处的朋友，劝他和我们一致行动。这《民约论》和《明夷待访录》两部书，恰做了我们唯一的数据；著书立说，开口闭口，都拿他做引证。我可以说，我们当时在杭州做学生所传下的革命种子，必是不少。

后来事体愈闹愈大了，党羽也愈结愈多，地方上也渐渐的受起影响来了。驻防杭州的满洲人里面，有两个人最注意我们的动作：一个是瓜尔佳，——便是如今的金梁——一个是贵翰香；后来终究是他们两人去在杭州驻防将军跟前告密，雷厉风行，捕拿党人。这班脆弱的学生，如何有抵抗的能力？一听风声不好，便立刻逃的逃、躲的躲。这风潮起过以后，别人如何的结果，我却不知道；讲到我自己的结果，便闹丢了徐锡麟、秋瑾两条性命。

　　因此，这位黄黎洲先生的学说，和我自幼儿便发生了关系；到现在，还是崇拜他不懈的。讲到黎洲先生当时的政治运动，也和我们一般经过恐慌时代——这可以说我们模仿他——如今我趁便约略叙述在下面：

　　明朝灭亡的时候，黎洲先生在家里读书。——先生跟着刘蕺山先生求学问、讲气节，又研究明朝的历史，便和明朝的皇家发生特别深厚的感情——顺治元年五月初十那一天，福王在南京即皇帝位；听信了奸臣阮大铖、马士英的话，捉了许多东林党人去，关在牢监里。——东林党是明朝时候一班正直的读书人结合的在野政党，攻击当时的贪官污吏，所以阮、马这班人把东林党人恨如切骨。黎洲先生也是一位东林党员——黎州先生避祸逃到日本去，第二年满洲兵南下，先生又急急从日本回国来，回到他余姚的原籍；在浙东一带地方，召集了五六千人，编成"世忠营"，和满州兵打。虽说打了败仗，但终究不肯投降，带了一千多人马，到四明山里去结定营寨，拿"气节"两字教练子弟；又过了一年，把兵权让给王翊，先生自己到定海舟山一带地方去帮助鲁王，做种族革命的事业。东奔西走，忙了六年工夫，满洲政府前后共捉捕他十一次，都不曾捉着。直到顺治十五年，明朝永历帝从云南逃到缅甸，被缅甸人捉住了，献给吴三桂，永历帝被杀害；黎洲先生的革命运动，也从此告了一个结束。

我可以说黎洲先生这一番事业，完全是从平日学养工夫里培植成功的；本来我们平日读书，原为临时应用的，倘然是不能用的学问，便不必学；不能用的书本，便不必读。黎洲先生的学问，叫人可敬的地方，便在他的实践精神。先生是史学大家，那历史学的效用，又完全在实践上面。先生虽也讲理学，但他是刘蕺山的一派，"不空谈理气性命，求本身真实受用"的；因此我可以相信我们学生时代的闹革命，和如今学生的民族自觉运动，反帝国主义运动，都是不可怪的。

本来我们中国读书人第一件大毛病，便在知而不行。中国学术的中心时期，是在周秦交界的时候；那时候时局特别的紊乱，那社会的事业也特别的发达，一切制度器物，直流传到如今，便是一种东方文化，在当时发扬出来的，我们现在也还享用着；——这颇像西洋历史上的希腊文明——到了汉儒手里，用搬弄骨董式去研究经学；愈研究愈繁碎，愈繁碎也便愈不适于实用。到了宋儒手里，从横截里杀进一般印度文化来，便大家用静坐参禅式去讲究理学；愈讲究愈玄虚，愈玄虚也便愈不切于实用。从周秦以后，直到明朝，这几千年里面的读书人，都犯了一个不知实践的大病；因此民气弄到这样昏愦，物制弄到这样简陋。

到了明朝嘉靖年间，出了一位王阳明；他到晚年才渐渐的提倡"知行合一"的说头。后来出了黄黎洲、颜习斋、王船山、顾亭林这一班大师，他们一面把"知行合一"的主义积极的鼓吹起来，一面极端反对静坐参禅式的理学。这黄黎洲先生中年的政治事业，也是他"知行合一"的表现。可恨清朝三百多年过来，采用了明朝科举束缚思想的政策，把明末几位大师所提倡实践精神的一丝活气，重复抑制住；虽说这里面有几位不得志于功名的宿儒，也曾用力在史地、经学工夫上，——我父亲许传霈也是其中的一员——但依旧是犯了一个知而不行、行而不适于用的大病。

　　须知道做学问的工夫，第一步在养气；如何能养成正大雄厚的气？便在做事。读书是第二步。支离琐碎的读书，是不中用的；虚无玄妙的读书，也是不中用的。你看黄黎洲先生他在中年时候做那政治事业，何等的有实践精神？后来他在史学上用工夫，又何等的有片段？明末浙东的史学派，要算先生是一个中坚分子；先生遵了他父亲黄尊素先生的遗命，专治史学。尤特别注意明代的文献。他的嫡派学生是万季野、全榭山一班人；后来的章实斋也得了这一派的工夫。这一派的史学，可称为"科学化的史学"；影响在中国的学术界和思想界的，很是伟大。当时清朝政府修编《明史》，便把先生的儿子百家，和他的学生万季野都请去；先生自己也著了一部《明儒学案》，是中国史学界中第一部学术专史。后来又续著《宋元学案》，只成了十七卷，由黄百家、全榭山两先生续成了一百卷。

　　若问先生在史学界如何能有这样的供献？我可以说，全因为先生平日做学问，有实践的精神，和有片段的眼光；不是和汉儒那般支离琐屑，也不是和宋儒那般虚无玄妙，才有这独到的学问，和伟大的人格。梁启超先生说的："为学之道，人格在第一层，学问在第二层；只要人格伟大，便学术差一点，也不相干。"因此，我如今把我少年时候受用的一部《明夷待访录》全部重印出来，又把先生著的《明儒学案》——因为原书太多内容中有许多不是我们现在所需要的思想，所以用一番删节工夫——也整理出来，合刊成一部集子；读了他的集子，却还要不忘记两句话：

　　做学问，要有片段的眼光；做学问，要求实践的可能。

十五年，一月，五日，在上海

顾宁人书

辛丑之岁,一至武林,便思东渡娥江,谒先生之杖履;而逡巡未果。及至北方,十有五载;浏览山川,周行边塞,粗得古人之陈迹;而离群索居,几同伧父。年逾六十,迄无所成。如何!如何!

伏念炎武,自中年以前,不过从诸文士之后,注虫鱼、吟风月而已。积以岁月,穷探古今;然后知后海先河,为山覆篑;而于圣贤六经之旨,国家治乱之原,生民根本之计,渐有所窥;恨未得就正有道!

顷过蓟门,见贵门人具稔起居无恙,因出大著《待访录》读之再三。于是,知天下之未尝无人,百王之敝可以复起,而三代之盛可以徐还也。天下之事,有其识者,未必遭其时?而当其时者,或无其识?

古之君子,所以著书待后;有王者起,得而师之。然而《易》"穷则变,变则通,通则久";圣人复起,而不易吾言,可预信于今日也!炎武以管见为《日知录》一书,窃自幸其中所论,同于先生者十之六七;唯奉春一策,必在关中;而秣陵仅足偏方之业,非身历者,不能知也。但鄙著恒自改窜,且有碍时,未刻;其已刻八卷,及《钱粮论》二篇,乃数年前笔也。先附呈大教,倘辱收诸同志之末,赐以抨弹;不厌往复,以开末学之愚,以贻后人,以幸万世,曷胜祷切!

同学弟,顾炎武顿首

明夷待访录

题　辞

余常疑孟子一治一乱之言，何三代而下之有乱无治也？乃观胡翰所谓十二运者，起周敬王甲子以至于今，皆在一乱之运，向后二十年交入"大壮"，始得一治，则三代之盛犹未绝望也。

前年壬寅夏，条具为治大法，未卒数章，遇火而止。今年自蓝水返于故居，整理残帙，此卷犹未失落于担头舱底，儿子某某请完之。

冬十月，雨窗削笔，喟然而叹曰：昔王冕仿《周礼》，著书一卷，自谓："吾未即死，持此以遇明主，伊、吕事业不难致也。"终不得少试以死。冕之书未得见，其可致治与否，固未可知。然乱运未终，亦何能为"大壮"之交！吾虽老矣，如箕子之见访，或庶几焉。岂因"夷之初旦，明而未融"，遂秘其未言也？

癸卯，梨洲老人识

原　君

有生之初，人各自私也，人各自利也；天下有公利而莫或兴之，有公害而莫或除之。有人者出，不以一己之利为利，而使天下受其利；不以一己之害为害，而使天下释其害。此其人之勤劳，必千万于天下之人。

夫以千万倍之勤劳，而己又不享其利，必非天下之人情所欲居也。故古之人君，量而不欲入者，许由、务光是也；入而又去之者，尧、舜是也；初不欲入而不得去者，禹是也。岂古之人有所异哉？好逸恶劳，亦犹夫人之情也。

后之为人君者不然，以为天下利害之权皆出于我，我以天下之利尽归于己，以天下之害尽归于人，亦无不可；使天下之人，不敢自私，不敢自利；以我之大私，为天下之大公。始而惭焉，久而安焉，视天下为莫大之产业，传之子孙，受享无穷。汉高帝所谓"某业所就，孰与仲多"者，其逐利之情，不觉溢之于辞矣。此无他，古者以天下为主，君为客，凡君之所毕世而经营者，为天下也；今也以君为主，天下为客，凡天下之无地而得安宁者，为君也。是以其未得之也，屠毒天下之肝脑，离散天下之子女，以博我一人之产业，曾不惨然！曰："我固为子孙创业也。"其既得之也，敲剥天下之骨髓，离散天下之子女，以奉我一人之淫乐，视为当然，曰："此我产业之花息也。"然则为天下之大害者，君而已矣！向使无君，人各得自私也，人各得自利也；呜呼，岂设君之道，固如是乎？

古者，天下之人，爱戴其君，比之如父，拟之如天，诚不为过也；今也，天下之人，怨恶其君，视之如寇雠，名之为独夫，固其所也。而小儒规规焉，以君臣之义无所逃于天地之间，至桀、纣之暴，犹谓汤、武不当诛之，而妄传伯夷、叔齐无稽之事，视兆人万姓崩溃之血肉，曾不异夫腐鼠。岂天地之大，于兆人万姓之中，独私其一人一姓乎？是故武王，圣人也；孟子之言，圣人之言也。后世之君，欲以如父如天之空名，禁人之窥伺者，皆不便于其言，至废孟子而不立，非导源于小儒乎？

虽然，使后之为君者，果能保此产业，传之无穷，亦无怪乎其私之也。既以产业视之，人之欲得产业，谁不如我！摄缄縢，固扃鐍，一人之智力，不能胜天下欲得之者之众。远者数世，近者及身，其血肉之崩溃，在其子孙矣。

昔人愿世世无生帝王家，而毅宗之语公主，亦曰："若何为生我家?"痛哉斯言！回思创业时，其欲得天下之心，有不废然摧沮者乎？是故明乎为君之职分，则唐、虞之世，人人能让，许由、务光非绝尘也；不明乎为君之职分，则市井之间，人人可欲，许由、务光所以旷后世而不闻也。然君之职分难明，以俄顷淫乐不易无穷之悲，虽愚者亦明之矣。

原 臣

有人焉，视于无形，听于无声，以事其君，可谓之臣乎？曰："否。"杀其身，以事其君，可谓之臣乎？曰："否。"夫视于无形，听于无声，资于事父也；杀其身者，无私之极则也。而犹不足以当之，则臣道如何而后可？曰：缘夫天下之大，非一人之所能治，而分治之以群工。

故我之出而仕也，为天下，非为君也；为万民，非为一姓也。吾以天下万民起见，非其道，即君以形声强我，未之敢从也；况于无形无声乎？非其道，即立身于其朝，未之敢许也；况于杀其身乎？不然，而以君之一身一姓起见，君有无形无声之嗜欲，吾从而视之听之，此宦官宫妾之心也；君为己死而为己亡，吾从而死之亡之，此其私昵者之事也；是乃臣不臣之辨也。

世之为臣者昧于此义，以谓臣为君而设者也。君分吾以天下，而后治之；君授吾以人民，而后牧之；视天下人民为人君囊中之私物！今以四方之劳扰，民生之憔悴，足以危吾君也，不得不讲治之牧之之术。苟无系于社稷之存亡，则四方之劳扰，民生之憔悴，虽有诚臣，亦以为纤芥之疾也。

夫古之为臣者，于此乎？于彼乎？盖天下之治乱，不在一姓之兴亡，而在万民之忧乐。是故桀、纣之亡，乃所以为治也；秦政、蒙古之兴，乃所以为乱也；晋、宋、齐、梁之兴亡，无与于治乱者也。为臣者轻视斯民之水火，即能辅君而兴，从君而亡，其于臣道固未尝不背也。

夫治天下，犹曳大木然：前者唱邪，后者唱许。君与臣，共曳木之人也。若手不执绋，足不履地，曳木者唯娱笑于曳木者之前，从曳木者以为良；而曳木之职，荒矣！

嗟乎！后世骄君自恣，不以天下万民为事。其所求乎草野者，不过欲得奔走服役之人；乃使草野之应于上者，亦不出夫奔走服役！一时免于寒饿，遂感在上之知遇，不复计其礼之备与不备；跻之仆妾之间，而以为当然！

万历初神宗之待张居正，其礼稍优，此于古之师傅，未能百一；当时论者骇然居正之受，无人臣礼。夫居正之罪，正坐不能以师傅自待，听指使于仆妾；而责之反是，何也？是则耳目浸淫于流俗之所谓臣者，以为鹄矣；又岂知臣之与君，名异而实同耶？

或曰：臣不与子并称乎？曰：非也。父子一气，子分父之身而为身。故孝子虽异身，而能日近其气，久之无不通矣；不孝之子，分身而后，日远日疏，久之而气不相似矣。君臣之名，从天下而有之者也；吾无天下之责，则吾在君为路人。出而仕于君也，不以天下为事，则君之仆妾也；以天下为事，则君之师友也。夫然，谓之臣，其名累变。夫父子，固不可变者也。

原　法

三代以上有法，三代以下无法。何以言之？二帝三王，知天下之不可无养也，为之授田以耕之；知天下之不可无衣也，为之

授地以桑麻之：知天下之不可无教也，为之学校以兴之。为之婚姻之礼，以防其淫；为之卒乘之赋，以防其乱。此三代以上之法也，固未尝为一己而立也。

后之人主，既得天下，唯恐其祚命之不长也，子孙之不能保有也，思患于未然以为之法。然则其所谓法者，一家之法，而非天下之法也。是故秦变封建而为郡县，以郡县得私于我也；汉建庶孽，以其可以藩屏于我也；宋解方镇之兵，以方镇之不利于我也。此其法，何曾有一毫为天下之心哉？而亦可谓之法乎？

三代之法，藏天下于天下者也：山泽之利，不必其尽取；刑赏之权，不疑其旁落；贵不在朝廷也，贱不在草莽也。在后世，方议其法之疏，而天下之人，不见上之可欲，不见下之可恶，法愈疏而乱愈不作，所谓无法之法也。

后世之法，藏天下于筐箧者也；利不欲其遗于下，福必欲其敛于上。用一人焉，则疑其自私，而又用一人以制其私；行一事焉，则虑其可欺，而又设一事以防其欺。天下之人，共知其筐箧之所在，吾亦鳃鳃然曰唯筐箧之是虞，故其法不得不密。法愈密，而天下之乱，即生于法之中；所谓非法之法也。

论者谓一代有一代之法，子孙以法祖为孝。夫非法之法，前王不胜其利欲之私以创之，后王或不胜其利欲之私以坏之。坏之者，固足以害天下；其创之者，亦未始非害天下者也！乃必欲周旋于此胶彼漆之中，以博宪章之余名，此俗儒之剿说也。

即论者谓天下之治乱，不系于法之存亡。夫古今之变，至秦而一尽，至元而又一尽。经此二尽之后，古圣王之所恻隐爱人而经营者，荡然无具。苟非为之远思深览，一一通变，以复井田、封建、学校、卒乘之旧，虽小小更革，生民之戚戚终无已时也。

即论者谓有治人、无治法，吾以谓有治法而后有治人。自非法之法，桎梏天下人之手足；即有能治之人，终不胜其牵挽嫌疑之顾盼。有所设施，亦就其分之所得；安于苟简，而不能有度外之功名。使先王之法而在，莫不有法外之意存乎其间。其人是也，则可以无不行之意；其人非也，亦不至深刻罗网，反害天下。故曰："有治法，而后有治人。"

置　相

有明之无善治，自高皇帝罢丞相始也。原夫作君之意，所以治天下也。天下不能一人而治，则设官以治之；是官者，分身之君也。

孟子曰："天子一位，公一位，侯一位，伯一位，子男同一位，凡五等。君一位，卿一位，大夫一位，上士一位，中士一位，下士一位，凡六等。"盖自外而言之，天子之去公，犹公、侯、伯、子、男之递相去；自内而言之，君之去卿，犹卿、大夫、士之递相去。非独至于天子，遂截然无等级也。

昔者伊尹、周公之摄政，以宰相而摄天子；亦不殊于大夫之摄卿、士之摄大夫耳。后世君骄臣谄，天子之位，始不列于卿、大夫、士之间。而小儒遂河汉其摄位之事，以至君崩子立，忘哭泣衰绖之哀，讲礼乐征伐之冶。君臣之义未必全，父子之恩已先绝矣！不幸国无长君，委之母后。为宰相者，方避嫌而处，[宁]使其决裂败坏，贻笑千古，无乃视天子之位过高所致乎？

古者君之待臣也，臣拜，君必答拜。秦汉以后，废而不讲。然丞相进，天子御座为起，在舆为下。宰相既罢，天子更无与为礼者矣。遂谓百官之设，所以事我。能事我者，我贤之；不能事我者，我否之。设官之意既讹，尚能得作君之意乎？

古者不传子而传贤，其视天子之位，去留犹夫宰相也。其后天子传子，宰相不传子。天子之子不皆贤，尚赖宰相传贤，足相补救，则天子亦不失传贤之意。宰相既罢，天子之子一不贤，更无与为贤者矣，不亦并传子之意而失者乎？

或谓后之入阁办事，无宰相之名，有宰相之实也。曰："不然。"入阁办事者，职在批答，犹开府之书记也。其事既轻，而批答之意，又必自内授之，而后拟之，可谓有其实乎？吾以谓有宰相之实者，今之宫奴也。盖大权不能无所寄，彼宫奴者见宰相之政事坠地不收，从而设为科条，增其职掌，生杀予夺出自宰相者，次第而尽归焉。

有明之阁下，贤者贷其残膏賸馥；不贤者，假其喜笑怒骂。道路传之，国史书之，则以为其人之相业矣。故使宫奴有宰相之实者，则罢丞相之过也。阁下之贤者，尽其能事，则曰"法祖"，亦非为祖宗之必足法也。其事位既轻，不得不假祖宗以压后王，以塞宫奴。祖宗之所行未必皆当，宫奴之黠者，又复条举其疵行，亦曰"法祖"，而法祖之论荒矣。使宰相不罢，自得以古圣哲王之行，摩切其主；其主亦有所畏，而不敢不从也。

宰相一人，参知政事无常员。每日便殿议政，天子南面，宰相、六卿、谏官东、西面以次坐。其执事皆用士人，凡章奏进呈，六科给事中主之。给事中以白宰相，宰相以白天子，同议可否。天子批红。天子不能尽，则宰相批之，下六部施行。更不用呈之御前，转发阁中票拟，阁中又缴之御前，而后下该衙门，如故事往返，使大权自宫奴出也。

宰相设政事堂，使新进士主之，或用待诏者。唐张说为相，列五房于政事堂之后：一曰吏房，二曰枢机房，三曰兵房，四曰户房，五曰曰刑礼房，分曹以主众务，此其例也。四方上书言利弊者及待诏之人，皆集焉，凡事无不得达。

学 校

学校，所以养士也。然古之圣王，其意不仅此也，必使治天下之具皆出于学校，而后设学校之意始备。非谓班朝、布令、养老、恤孤、讯馘，大师旅则会将士，大狱讼则期吏民，大祭祀则享始祖，行之自辟雍也。盖使朝廷之上，闾阎之细，渐摩濡染，莫不有诗书宽大之气。天子之所是，未必是；天子之所非，未必非。天子亦遂不敢自为非是，而公其非是于学校。是故养士为学校之一事，而学校不仅为养士而设也。

三代以下，天下之是非一出于朝廷：天子荣之，则群趋以为是；天子辱之，则群摘以为非。簿书、期会、钱谷、戎狱，一切委之俗吏。时风众势之外，稍有人焉，便以为学校中无当于缓急之习气。而其所谓学校者，科举嚣争，富贵熏心，亦遂以朝廷之势利，一变其本领。而士之有才能学术者，且往往自拔于草野之间，于学校初无与也，究竟养士一事亦失之矣。

于是，学校变而为书院。有所非也，则朝廷必以为是而荣之；有所是也，则朝廷必以为非而辱之。伪学之禁，书院之毁，必欲以朝廷之权与之争胜。其不仕者，有刑。曰："此率天下士大夫，而背朝廷者也。"其始也，学校与朝廷无与；其继也，朝廷与学校相反。不特不能养士，且至于害士。犹然循其名而立之，何与东汉太学三万人，危言深论，不隐豪强，公卿避其贬议；宋诸生伏阙捶鼓，请起李纲？三代遗风，惟此犹为相近。

使当日之在朝廷者，以其所非是为非是，将见盗贼奸邪，慑心于正气霜雪之下，君安而国可保也。乃论者目之为衰世之事，不知其所以亡者。收捕党人，编管陈、欧，正坐破坏学校所致，而反咎学校之人乎？

嗟乎！天之生斯民也，以教养托之于君。授田之法废，民买田而自养，犹赋税以扰之；学校之法废，民蚩蚩而失教，犹势利以诱之。是亦不仁之甚，而以其空名跻之曰"君父君父"，则吾谁欺？

郡县学官，毋得出自选除；郡县公议，请名儒主之。自布衣以至宰相之谢事者，皆可当其任，不拘已仕未仕也。其人稍有干于清议，则诸生得共起而易之，曰："是不可以为吾师也。"其下有五经师，兵法、历算、医、射各有师，皆听学官自择。凡邑之生童，皆裹粮从学。离城烟火聚落之处，士人众多者，亦置经师。民间童子十人以上，则以诸生之老而不仕者，充为蒙师。故郡邑无无师之士，而士之学行成者，非主六曹之事，则主分教之务，亦无不用之人。

学宫以外，凡在城在野寺观庵堂，大者改为书院，经师领之；小者改为小学，蒙师领之，以分处诸生受业。其寺产，即隶于学，以赡诸生之贫者。二氏之徒，分别其有学行者，归之学宫，其余则各还其业。

太学祭酒，推择当世大儒，其重与宰相等，或宰相退处为之。每朔日，天子临幸太学，宰相、六卿、谏议，皆从之。祭酒南面讲学，天子亦就弟子之列，政有缺失，祭酒直言无讳。

天子之子，年至十五，则与大臣之子，就学于太学。使知民之情伪，且使之稍习于劳苦，毋得闭置宫中。其所闻见，不出宦官宫妾之外，妄自崇大也。

郡县朔望，大会一邑之缙绅士子。学官讲学，郡县官就弟子列，北面再拜。师弟子，各以疑义相质难，其以簿书期会不至者罚之。郡县官政事缺失，小则纠绳，大则伐鼓，号于众。其或僻郡下县，学官不得骤得名儒，而郡县官之学行过之者，则朔望之会，郡县官南面讲学可也。若郡县官少年无实学，妄自压老儒而上之者，则士子哗而退之。

择名儒以提督学政，然学官不隶属于提学，以其学行名辈相师友也。每三年，学官送其俊秀于提学而考之，补博士弟子；送博士弟子于提学而考之，以解礼部，更不别遣考试官。发榜所遗之士，有平日优于学行者，学官咨于提学，补入之。其弟子之罢黜学官，以生平定之，而提学不与焉。

学历者，能算气朔，即补博士弟子。其精者，同入解额，使礼部考之，官于钦天监。学医者，送提学考之，补博士弟子，方许行术。岁终，稽其生死效否之数，书之于册，分为三等：下等黜之，中等行术如故，上等解试礼部，入太医院而官之。

凡乡饮酒，合一郡一县之缙绅士子。士人年七十以上、生平无玷清议者，庶民年八十以上无过犯者，皆以齿南面，学官、郡县官，皆北面宪老乞言。

［凡］乡贤名宦［祠］，毋得以势位及子弟为进退。功业气节，则考之国史；文章则稽之传世；理学则定之言行。此外乡曲之小誉，时文之声名，讲章之经学，依附之事功，已经入祠者，皆罢之。

凡郡邑书籍，不论行世藏家，博搜重购。每书抄印三册，一册上秘府，一册送太学，一册存本学。时人文集，古文非有师法，语录非有心得，奏议无裨实用，序事无补史学者，不许传刻。其时文、小说、词曲、应酬代笔，已刻者，皆追板烧之。士子选场屋之文，及私试义策，蛊惑坊市者，弟子员黜革，见任官落职，致仕官夺告身。

民间吉凶，一依朱子《家礼》行事。庶民未必通谙，其丧服之制度，木主之尺寸，衣冠之式，宫室之制，在市肆工艺者，学官定而付之；离城聚落，蒙师相其礼，以革习俗。

凡一邑之名迹，及先贤陵墓祠宇，其修饰表章，皆学官之事。淫祠通行拆毁，但留土谷，设主祀之。故入其境，有违礼之祀，有非法之服，市悬无益之物，土留未掩之丧，优歌在耳，鄙语满街，则学官之职不修也。

取士上

取士之弊，至今日制科而极矣。故毅宗尝患之也，为拔贡、保举、准贡、特授、积分、换授，思以得度外之士。乃拔贡之试，犹然经义也。考官不遣词臣，属之提学，既已轻于解试矣。

保举之法，虽曰以名取人，不知今之所谓名者，何凭也？势不得不杂以贿赂请托。及其捧檄而至，吏部以一义一论试之，视解试为尤轻矣。准贡者，用解试之副榜；特授者，用会试之副榜。夫副榜，黜落之余也。其黜落者如此之重，将何以待中式者乎？积分不去赀郎，其源不能清也；换授以优宗室，其教可不豫乎？凡此六者，皆不离经义，欲得胜于科目之人，其法反不如科目之详，所以徒为纷乱，而无益于时也。

唐进士试诗赋，明经试墨义。所谓"墨义"者，每经问义十道，五道全写疏，五道全写注。宋初试士，诗、赋、论各一首，策五道帖，《论语》十帖，对《春秋》或《礼记》墨义十条，其九经、五经、三《礼》、三《传》、学究等，设科虽异，其墨义同也。王安石改法，罢诗赋、帖经、墨义，中书撰大义式颁行，须通经有文采，乃为中格，不但如明经、墨义，粗解章句而已。然非创自安石也。唐柳冕即有"明《六经》之义，合先王之道者，以为上等。其精于传注，与下等"之议。权德舆驳曰："注疏犹可以质验。不者，有司率情，上下其手。既失其末，又不得其本，则荡然矣。"其后宋祁、王圭，累有"止问大义，不责记诵"之奏，而不果行，至安石始决之。故时文者，帖书、墨义之流也。

今日之弊，在当时权德舆已尽之。向若因循不改，则转相模勒，日趋浮薄，人才终无振起之时。若罢经义，遂恐有弃经不学之士，而先王之道，益视为迂阔无用之具。余谓当复墨义古法，使为经义者，全写《注疏》《大全》。汉宋诸儒之说，一一条具于前，而后申之以己意，亦不必墨守一先生之言。由前则空疏者绌，由后则愚蔽者绌，亦变浮薄之一术也。

或曰："以诵数精粗为中否，唐之所以贱明经也，宁复贵其所贱乎？"曰："今日之时文，有非诵数时文所得者乎？同一诵数也。先儒之义〔学，其〕愈于铿钉之剿说，亦可知矣。非谓守此足以得天下之士也。趋天下之士于平实，而通经学古之人出焉。昔之诗赋，亦何足以得士？然必费考索、推声病，未有若时文空疏。不学之人，皆可为之也。"

取士下

古之取士也宽，其用士也严；今之取士也严，其用士也宽。古者乡举里选，士之有贤能者，不患于不知。降而唐宋，其为科目不一。士不得与于此，尚可转而从事于彼，是其取之之宽也。

《王制》："〔命乡〕论秀士，升之司徒曰选士；司徒论选士之秀者，升之学曰俊士；大乐正论造士之秀者，升之司马曰进士；司马论进士之贤者，以告于王而定其论。论定然后官之，任官然后爵之，位定然后禄之。"一人之身，未入仕之先，凡经四转；已入仕之后，凡经三转；总七转，始与之以禄。唐之士及第者，未便解褐；入仕吏部，又复试之。——韩退之三试于吏部无成，则十年犹布衣也。——宋虽登第入仕，然亦止是簿尉令，录榜首，才得丞判，是其用之之严也。

宽于取，则无枉才；严于用，则少倖进。今也不然。其所以程士者，止有科举之一途；虽使古豪杰之士，若屈原、司马迁、相如、董仲舒、扬雄之徒，舍是亦无由而进取之，不谓严乎哉？一日苟得，上之列于侍从，下亦置之郡县，即其黜落而为乡贡者，终身不复取解，授之以官，用之又何其宽也？

严于取，则豪杰之老死丘壑者多矣；宽于用，此在位者，多不得其人也。流俗之人，徒见夫二百年以来之功名气节，一二出于其中；遂以为科法已善，不必他求。不知科目之内，既聚此百千万人，不应功名气节之士，独不得入。则是功名气节之士之得科目，非科目之能得功名气节之士也。

假使士子，探筹第其长短而取之，行之数百年，则功名气节之士，亦自有出于探筹之中者。宁可谓探筹为取士之善法耶？究竟功名气节人物，不及汉唐远甚；徒使庸妄之辈，充塞天下。岂天下之不生才哉？则取之之法非也！吾故宽取士之法：有科举，有荐举，有太学，有任子，有郡邑佐，有辟召，有绝学，有上书。而用之之严，附见焉。

科举之法，其考校仿朱子议：第一场《易》《诗》《书》为一科，子午年试之；"三礼"兼《大戴》为一科，卯年试之；"三传"为一科，酉年试之。试义各二道，诸经皆兼《四书》义一道。答义者，先条举注疏。及后儒之说既备，然后以"愚按"结之。其不条众说，或条而不能备，竟入己意者，虽通，亦不中格。有司有不依章句移文配接命题者，有丧礼服制忌讳不以为题者，皆坐罪。第二场，周、程、张、朱、陆六子为一科，孙、吴武经为一科，荀、董、扬、文中为一科，管、韩、老、庄为一科、分年各试一论。第三场，《左》《国》、"三史"为一科，《三国》《晋书》《南北史》为一科，新旧《唐书》《五代史》为一科，《宋史》、有明《实录》为一科。分年试史，论各二道。答者亦必摭事实而辨是非。若事实不详，或牵连他事，而于本事反略者，皆不中格。第四场，时务策三道。凡博士弟子员，遇以上四年仲秋，集于行省而试之，不限名数，以中格为度。考官聘名儒，不论布衣、在位，而以提学主之。

明年会试经、子、史科，亦依乡闱分年，礼部尚书知贡举，登第者听宰相鉴别，分置六部各衙门为吏，管领簿书。拔其尤者，仿古侍中之职，在天子左右三考满，常调而后出官郡县。又拔其尤者，为各部主事。落第者，退为弟子员，仍取解试，而后得入礼闱。

荐举之法，每岁郡举一人；与于待诏之列，宰相以国家疑难之事问之。观其所对，令廷臣反复诘难；如汉之贤良、文学，以盐铁发策是也。能自理其说者，量才官之；或假之职事，观其所效，而后官之。若庸下之材，剿说欺人者，举主坐罪，其人报罢。若道德如吴与弼、陈献章，则不次待之，举主受上赏。

太学之法：州县学，每岁以弟子员之学成者，列其才能德艺以上之。不限名数，缺人则止，太学受而考之。其才能德艺与所上不应者，本生报罢。凡士子之在学者，积岁月累试，分为三等：上等则同登第者，宰相分之为侍中属吏；中等则不取解试，竟入礼闱；下等则罢归乡里。

任子之法，六品以上，其子十有五年，皆入州县学，补博士弟子员。若教之十五年而无成，则出学。三品以上，其子十有五年，皆入太学；若教之十五年而无成，则出学。今也大夫之子，与庶民之子，同试。提学受其请托，是使其始进不以正；不受其请托，非所以优门第也。公卿之子，不论其贤否而仕之。贤者则困于常调，不贤者而使之在民上，既有害于民，亦非所以爱之也。

郡县佐之法，郡县各设六曹，提学试弟子员之高等者，分置之。如户曹，管赋税出入；礼曹，主祀事、乡饮酒、上下吉凶之礼；兵曹，统民户所出之兵、城守、捕寇；工曹，主郡邑之兴作；刑曹，主刑狱；吏曹，主各曹之迁除资俸也。满三考，升贡太学。其才能尤著者，补六部各衙门属吏，凡廪生皆罢。

辟召之法，宰相、六部，方镇及各省巡抚，皆得自辟其属吏，试以职事。如古之摄官，其能显著，然后上闻，即真。

绝学者，如历算、乐律、测望、占候、火器、水利之类是也。郡县上之于朝，政府考其果有发明，使之待诏；否则，罢归。

上书有二：一国家有大事或大奸。朝廷之上不敢言，而草野言之者，如唐刘蕡、宋陈亮是也，则当处以谏职。若为人嗾使，因而挠乱朝政者，如东汉牢修告捕党人之事，即应处斩。一以所著书进览，或他人代进，详看其书足以传世者，则与登第者，一体出身。若无所发明，纂集旧书，且是非谬乱者，如今日赵宧光《说文长笺》、刘振《识大编》之类，部帙虽繁，却其书而遣之。

建　都

或问：北都之亡，忽焉。其故何也？曰："亡之道不一，而建都失算，所以不可救也。"夫国祚中危，何代无之？安禄山之祸，玄宗幸蜀；吐蕃之难，代宗幸陕；朱泚之乱，德宗幸奉天。以汴京中原四达，就使有急而行，势无所阻。当李贼之围京城也，毅宗亦欲南下；而孤悬绝北，音耗不通；一时既不能出，出亦不能必达，故不得已而身殉社稷。向非都燕，何遽不及三宗之事乎？

或曰：自永乐都燕，历十有四代；岂可以一代之失，遂议始谋之不善乎？曰：昔人之治天下也，以治天下为事，不以失天下为事者也。有明都燕，不过二百年，而英宗狩于土木，武宗困于阳和。景泰初，京城受围；嘉靖二十八年受围，四十三年边人阑入；崇祯间，京城岁岁戒严。上下精神敝于寇，至曰以失天下为事。而礼乐政教，犹足观乎？江南之民命，竭于输挽；大府之金钱，靡于河道；皆郡燕之为害也。

或曰：有王者起，将复何都？曰：金陵。或曰：古之言形胜者，以关中为上；金陵不与焉，何也？曰：时不同也。秦、汉之时，关中风气会聚，田野开辟，人物殷盛。吴、楚方脱蛮夷之号，风气朴略，故金陵不能与之争胜。今关中人物，不及吴、会久矣，又经流寇之乱，烟火聚落，十无二三。生聚教训，故非一日之所能移也！而东南粟帛，灌输天下，天下之有吴、会，犹富室之有仓库匦箧也。今夫千金之子，其仓库匦箧，必身亲守之，而门庭则以委之仆妾。舍金陵而勿都，是委仆妾以仓库匦箧！昔日之都燕，则身守夫门庭矣。曾谓治天下而智，不千金之子若与？

方　镇

今封建之事远矣，因时乘势，则方镇可复也。自唐以方镇亡天下，庸人狃之，遂为厉阶。然原其本末，则不然。当太宗分制节度，皆在边境，不过数府。其带甲十万，力足以控制寇乱，故安禄山、朱泚，皆凭方镇而起。乃制乱者，亦藉方镇。其后析为数十，势弱兵单，方镇之兵不足相制。黄巢、朱温，遂决裂而无忌。然而唐之所以亡，由方镇之弱，非由方镇之强也。

是故封建之弊，强弱吞并；天子之政教，有所不加；郡县之弊，疆埸之害，苦无已时。欲去两者之弊，使其并行不悖，则沿边之方镇乎？宜将辽东、蓟州、宣府、大同、榆林、宁夏、甘肃、固原、延绥，俱设方镇。外则云贵，亦依此例分割，附近州县属之。务令其钱粮兵马，内足自立，外足捍患。田赋商税，听其征收，以充战守之用。一切政教张弛，不从中制；属下官员，亦听其自行辟召，然复名闻。每年一贡，三年一朝。终其世，兵民辑睦，疆埸宁谧者，许以嗣世。凡此则有五利：

今各边有总督，有巡抚，有总兵，有本兵，有事复设经略。事权不一，能者坏于牵制，不能者易于推委。枝梧旦夕之间，掩饰章奏之上。其未至溃决者，直须时耳。统帅专一，独任其咎，则思虑自周，战守自固。以各为长子孙之计，一也。国家有一警急，尝竭天下之财，不足供一方之用。今一方之财，自供一方，二也。边镇之主兵，尝不如客兵，故尝以调发致乱。天启之奢酋，崇祯之莱围，是也。今一方之兵，自供一方，三也。治兵措饷，皆出朝廷。尝以一方而动四方，既各有专地，兵食不出于外。即一方不宁，他方宴如，四也。外有强兵，中朝自然顾忌；山有虎豹，藜藿不采，五也。

田制一

昔者禹则壤定赋，《周官》体国经野，则是夏之所定者，至周已不可为准矣。当是时，其国之君，于其封疆之内，田土之肥瘠，民口之众寡，时势之迁改，视之为门以内之事也。井田既坏，汉初十五而税一，文、景三十而税一，光武初行什一之法，后亦三十而税一。盖土地广大，不能缕分区别。总其大势，使瘠土之民，不至于甚困而已。是故合九州之田，以下下为则。下下者不困，则天下之势相安。吾亦可无事于缕分区别，而为则壤经野之事也。

夫三十而税一，下下之税也。当三代之盛，赋有九等，不能尽出于下下。汉独能为三代之所不能为者，岂汉之德过于三代欤？古者井田养民，其田皆上之田也。自秦而后，民所自有之田也。上既不能养民，使民自养，又从而赋之。虽三十而税，较之于古，亦未尝为轻也。至于后世，不能深原其本末，以为什一而税，古之法也。汉之省赋，非通行长久之道，必欲合于古法。九州之田，不授于上，而赋以什一，则是以上上为则也。以上上为则，而民焉有不困者乎？

汉之武帝，度支不足，至于卖爵、贷假、榷酤、算缗、盐铁之事，无所不举，乃终不敢有加于田赋者，彼东郭咸阳、孔仅、桑弘羊，计虑犹未熟与？然则什而税一，名为古法，其不合于古法甚矣。而兵兴之世，又不能守其什一者；其赋之于民，不任田而任用。以一时之用，制天下之赋，后王因之。后王既衰，又以其时之用，制天下之赋，而后王又因之。呜呼！吾见天下之赋日增，而后之为民者日困于前。儒者曰："井田不复，仁政不行，天下之民始敝矣。"孰知魏、晋之民，又困于汉；唐、宋之民，又困于魏、晋？则天下之害民者，宁独在井田之不复乎？

今天下之财赋出于江南，江南之赋至钱氏而重；宋未尝改，至张士诚而又重；有明亦未尝改。故一亩之赋，自三斗起科，至于七斗；七斗之外，尚有官耗、私增。计其一岁之获，不过一石，尽输于官，然且不足。乃其所以至此者，因循乱世，苟且之术也。

吾意有王者起，必当复位天下之赋；复位天下之赋，必当以下下为则，而后合于古法也。或曰："三十而税一，国用不足矣。"夫古者千里之内，天子食之。其收之诸侯之贡者，不能十之一。今郡县之赋，郡县食之，不能十之一，其解运至于京师者，十有九。彼收其十一者，尚无不足；收其十九者，而反忧之乎？

田制二

自井田之废，董仲舒有"限民名田"之议。师丹、孔光因之，令民名田，无过三十顷。期尽三年，而犯者没入之。其意虽善，然古之圣君，方授田以养民；今民所自有之田，乃复以法夺之。授田之政未成，而夺田之事先见。所谓行一不义，而不可为也。或者谓夺富民之田，则生乱。欲复井田者，乘大乱之后，土旷人稀，而后可。故汉高祖之灭秦，光武之乘汉，可为而不为，为足惜！

夫先王之制井田，所以遂民之生，使其繁庶也。今幸民之杀戮，为其可以便吾事。将使田既井，而后人民繁庶，或不能于吾制无龃龉，岂反谓之不幸与？后儒言井田必不可复者，莫详于苏洵；言井田必可复者，莫切于胡翰、方孝孺。洵以川路、浍道、洫涂、沟畛，遂径之制，非穷数百年之力不可。夫诚授民以田，有道路可通，有水利可修，亦何必拘泥其制度、疆界之末乎？凡苏洵之所忧者，皆非为井田者之所急也。胡翰、方孝孺但言其可复，其所以复之之法，亦不能详。

余盖于卫所之屯田，而知所以复井田者，亦不外于是矣。世儒于屯田则言可行，于井田则言不可行，是不知二五之为十也。

每军拨田五十亩，古之百亩也；非即周时一夫授田百亩乎？五十亩科正粮十二石，听本军支用；余粮十二石，给本卫官军俸粮；是实征十二石也。每亩二斗四升，亦即周之乡遂用贡法也。

天下屯田，见额六十四万四千二百四十三顷；以万历六年，实在田土七百一万三千九百七十六顷二十八亩律之，屯田居其十分之一也。授田之法，未行者特九分耳。由一以推之九，似亦未为难行，况田有官民，官田者，非民所得而自有者也。州县之内，官田又居其十分之三；以实在田土均之，人户一千六十二万一千四百三十六。每户授田五十亩，尚余田一万七千三十二万五千八百二十八亩，以听富民之所占。则天下之田，自无不足；又何必限田、均田之纷纷，而徒为困苦富民之事乎！故吾于屯田之行，而知井田之必可复也。

难者曰：屯田既如井田，则屯田之军日宜繁庶，何以复有销耗也？曰：此其说有四：屯田非土著之民，虽授之田，不足以挽其乡土之思，一也。又令少壮者守城，老弱者屯种，夫屯种而任之老弱，则所获几何？且彼见不屯者之未尝不得食也，亦何为而任其劳苦乎？二也。古者什而税一，今每亩二斗四升，计一亩之入不过一石，则是什税二有半矣，三也。又征收主自武人，而郡县不与，则凡刻剥其军者，何所不为？四也。而又何怪乎其销耗与？

田制三

或问：井田可复，既得闻命矣。若夫定税则，如何而后可？曰：斯民之苦暴税久矣，有积累莫返之害，有所税非所出之害，有田土无等第之害。

何谓积累莫返之害？三代之贡、助、彻，止税田土而已。魏晋有户、调之名，有田者出租赋，有户者出布帛。田之外，复有户矣。唐初立租、庸、调之法，有田则有租，有户则有调，有身则有庸。租出谷，庸出绢，调出缯纩布麻。户之外，复有丁矣。杨炎变为两税，人无丁中，以贫富为差，虽租、庸、调之名浑然不见，其实并庸、调而入于租也。相沿至宋，未尝减庸、调于租内，而复敛丁身钱米。后世安之，谓两税，租也；丁身，庸、调也，岂知其为重出之赋乎？使庸、调之名不去，何至是耶？故杨炎之利于一时者少，而害于后世者大矣。

有明两税，丁口而外，有力差，有银差，盖十年而一值。嘉靖末，行一条鞭法，通府州县。十岁中，夏税、秋粮、存留、起运之额，均徭、里甲、土贡、顾募、加银之例，一条总征之，使一年而出者，分为十年。及至所值之年，一如余年。是银、力二差，又并入于两税也。未几而里甲之值年者，杂役仍复纷然。其后又安之，谓条鞭，两税也；杂役，值年之差也，岂知其为重出之差乎？使银差、力差之名不去，何至是耶？故条鞭之利于一时者少，而害于后世者大矣。

万历间，旧饷五百万。其末年，加新饷九百万。崇祯间，又增练饷七百三十万。倪元璐为户部，合三饷为一。是新饷、练饷，又并入于两税也。至今日，以为两税固然，岂知其所以亡天下者之在斯乎？使练饷、新饷之名不改，或者顾名而思义，未可知也。此又元璐不学无术之过也！嗟乎！税额之积累至此，民之得有其生也，亦无几矣！

今欲定税，须反积累以前而为之制。授田于民，以什一为则；未授之田，以二十一为则。其户口则以为出兵养兵之赋，国用自无不足，又何事于暴税乎！

何谓所税非所出之害？古者任土作贡，虽诸侯而不忍强之以其地之所无，况于小民乎？故赋谷米，田之所自出也；赋布帛，丁之所自为也。其有纳钱者，后世随民所便。布一匹，直钱一千，输官听为九百。布，直六百，输官听为五百。比之民间，反从降落。是钱之在赋，但与布帛通融而已。其田土之赋谷米，汉、唐以前，未之有改也。及杨炎以户口之赋，并归田土；于是，布帛之折于钱者，与谷米相乱，亦遂不知钱之非田赋矣。

宋隆兴二年，诏温、台、徽不通水路，其二税物帛，许依折法以银折输。盖当时，银价低下，其许以折物帛者，亦随民所便也。然按熙宁税额，两税之赋银者，六万一百三十七两而已；而又谷贱之时，常平就籴。故虽赋银，亦不至于甚困。

有明自漕粮而外，尽数折银；不特折钱之布帛为银，而历代相仍不折之谷米，亦无不为银矣。不特谷米不听上纳，即欲以钱准银，亦有所不能矣。夫以钱为赋，陆贽尚曰"所供非所业，所业非所供"，以为不可，而况以银为赋乎？

天下之银既竭，凶年田之所出不足以上供，丰年田之所出足以上供，折而为银，则仍不足以上供也，无乃使民岁岁皆凶年乎？天与民以丰年，而上复夺之，是有天下者之以斯民为雠也！然则圣王者而有天下，其必任土所宜，出百谷者，赋百谷；出桑麻者，赋布帛；以至杂物，皆赋其所出。斯民庶不至困瘁尔。

何谓田土无等第之害？《周礼·大司徒》：不易之地，家百亩；一易之地，家二百亩；再易之地，家三百亩。是九则定赋之外，先王又细为之等第也。今民间田土之价悬殊，不啻二十倍，而有司之征收画一则，至使不毛之地，岁抱空租；亦有岁岁耕种，而所出之息，不偿牛种。小民但知其为瘠土，向若如古法，休一岁、二岁，未始非沃土矣。官府之催科不暇，虽欲易之，恶得而易之？何怪夫土力之日竭乎？

吾见有百亩之田，而不足当数十亩之用者，是不易之为害也。今丈量天下田土，其上者依方田之法，二百四十步为一亩；中者，以四百八十步为一亩；下者，以七百二十步为一亩。再酌之于三百六十步、六百步为亩，分之五等：鱼鳞册字号，一号以一亩准之，不得赘以奇零。如数亩而同一区者，不妨数号；一亩而分数区者，不妨一号。使田土之等第，不在税额之重轻，而在丈量之广狭，则不齐者，从而齐矣。是故田之中、下者，得更番而作，以收上田之利。如其力有余也，而悉耕之。彼二亩、三亩之入，与上田一亩较量多寡，亦无不可也。

兵制一

有明之兵制，盖三变矣。卫所之兵，变而为召募，至崇祯、弘光间，又变而为大将之屯兵。卫所之弊也，官军三百十三万八千三百，皆仰食于民。除西北边兵三十万外，其所以御寇定乱者，不得不别设兵以养之。兵分于农，然且不可，乃又使军分于兵，是一天下之民，养两天下之兵也。召募之弊也，如东事之起，安家、行粮、马匹、甲仗，费数百万金，得兵十余万，而不当三万之选，天下已骚动矣。大将屯兵之弊也，拥众自卫，与敌为市，抢杀不可问，宣召不能行。率我所养之兵，反而攻我者，即其人也。有明之所以亡，其不在斯三者乎？

议者曰：卫所之为召募，此不得已而行之者也。召募之为大将屯兵，此势之所趋而非制也。原夫卫所，其制非不善也。一镇之兵，足守一镇之地；一军之田，足赡一军之用。卫所、屯田，盖相表里者也。其后军伍销耗，耕者无人，则屯粮不足；增以客兵，坐食者众，则屯粮不足。于是益之以民粮，又益之以盐粮，又益之以京运；而卫所之制，始破坏矣。

都燕而后，岁漕四百万石。十有二总，领卫一百四十旗，军十二万六千八百人。轮年值运，有月粮，有行粮，一人兼二人之食，是岁有二十五万三千六百不耕而食之军矣。此又卫所之制，破坏于输挽者也。

中都、大宁、山东、河南附近卫所，轮班上操。春班以三月至八月还，秋班以九月至二月还，有月粮，有行粮，一人兼二人之食，是岁有二十余万不耕而食之军矣。此又卫所之制，破坏于班操者也。一边有事，则调各边之军。应调者食此边之新饷，其家口又支各边之旧饷。旧兵不归，各边不得不补。补一名，又添一名之新饷，是一兵而有三饷也。卫所之制，至是破坏而不可支矣。凡此皆末流之弊，其初制岂若是哉？

为说者曰：末流之弊，亦由其制之不善所致也。制之不善，则军民之太分也。凡人膂力不过三十年，以七十为率，则四十年，居其老弱也。军既不得复还为民，则一军之在伍，其为老弱者，亦复四十年。如是而焉得不销耗乎？乡井之思，谁则无有？今以谪发充之，远者万里，近者千余里。违其土性，死伤逃窜，十常八九。如是而焉得不销耗乎？且都燕二百余年，天下之财莫不尽取以归京师。使东南之民力竭者，非军也耶？

或曰：畿甸之民，大半为军。今计口而给之，故天下有荒岁，而畿甸不困。此明知其无益，而不可已者也。曰：若是，则非养兵也，乃养民也。天下之民，不耕而待养于上；则天下之耕者，当何人哉？东南之民奚罪焉？

夫以养军之故，至不得不养及于民，犹可谓其制之善与？余以为天下之兵，当取之于口；而天下为兵之养，当取之于户。其取之口也，教练之时，五十而出二；调发之时，五十而出一。其取之户也，调发之兵，十户而养一；教练之兵，则无资于养。如以万历六年户口数目言之，人口六千六十九万二千八百五十六，则得兵一百二十一万三千八百五十人矣，人户一千六十二万一千四百三十六，则可养兵一百六万二千一百四十三人矣。

夫五十口而出一人，则其役不为重；一十户而养一人，则其费不为难；而天下之兵满一百二十余万，亦不为少矣。王畿之内，以二十万人，更番入卫，然亦不过千里。假如都金陵，其入卫者，但尽今陵所属之郡邑，而他省不与焉。金陵人口一千五十万二千六百五十一，则得胜兵二十一万五百；以十万各守郡邑，以十万入卫，次年则以守郡邑者入卫，以入卫者归守郡邑；又次年，则调发其同事教练之兵。其已经调发者，则住粮归家，但听教练而已。

夫五十口而出一人，而又四年方一行役；以一人计之，二十岁而入伍，五十岁而出伍。始终三十年，止历七践更耳，而又不出千里之远。则为兵者，其任亦不为过劳。国家无养兵之费，则国富；队伍无老弱之卒，则兵强。人主欲富国强兵，而兵民太分，唐、宋以来，但有彼善于此之制，其受兵之害，未尝不与有明同也。

兵制二

国家当承平之时，武人至大帅者，干谒文臣。即其品级悬绝，亦必戎服，左握刀，右属弓矢，帕首袴靴，趋入庭，拜其门状，自称走狗，退而与其仆隶齿。兵兴以后，有言于天子者曰："今日不重武臣，故武功不立。"于是毅宗皇帝专任大帅，不使文臣节制。不二三年，武臣拥众，与贼相望，同事房略。李贼入京师，三辅至于青、齐诸镇，栉比而营；天子封公侯，结其欢心，终莫肯以一矢入援。呜呼！毅宗重武之效如此。

然则武固不当重与？曰：毅宗轻武，而不重武者也。武之所重者将；汤之伐桀，伊尹为将；武之入商，太公为将；晋作六军，其为将者，皆六卿之选也。有明虽失其制，总兵皆用武人，然必听节制于督抚或经略，则是督抚、经略，将也；总兵，偏裨也。总兵有将之名，而无将之实，然且不可，况竟与之以实乎？夫安国家，全社稷，君子之事也；供指使，用气力，小人之事也。国家社稷之事，孰有大于将？使小人而优为之，又何贵乎君子耶？

今以天下之大，托之于小人，为重武耶，为轻武耶？是故与毅宗从死者，皆文臣也。当其时，属之以一旅，赴贼俱死，尚冀十有一二相全，何至自致城破之日乎？是故建义于郡县者，皆文臣及儒生也。

当其时，有所藉手以从事，胜负亦未可知，何至驱市人而战，受其屠醢乎？彼武人之为大帅者，方且飘浮云起。昔之不敢一当敌者，乘时易帜，各以利刃，而齿腐朽鲍永所谓以其众幸富贵矣。而后知承平之时，待以仆隶者之未为非也。

然则彭越、黥布，非古之良将与？曰：彭越、黥布，非汉王将之者也。布、越无所藉于汉王；而汉王藉之，犹治病者之服乌喙藜芦也。人见彭越、黥布之有功而欲将武人，亦犹见乌喙藜芦之愈病，而欲以为服食也。彼粗暴之徒，乘世之衰，窃乱天常。吾可以权授之，使之出落铃键也哉？

然则叔孙通专言斩将搴旗之士，儒生无所言进，何也？曰：当是时，汉王已将韩信，彼通之所进者，以首争首、以力搏力之兵子耳，岂所谓将哉？然则壮健轻死善击刺者，非所贵与？曰：壮健轻死善击刺之在人，犹精致犀利之在器甲也。弓必欲无潘，治必欲援胡之称，甲必欲上旅下旅札续之坚，人必欲壮健轻死善击刺，其道一也。器甲之精致犀利，用之者，人也；人之壮健轻死善击刺者,用之者,将也。今以壮健轻死善击刺之人,而可使之为将;是精致犀利之器甲,可以不待人而战也!

兵制三

唐、宋以来,文武分为两途。然其职官,内而枢密,外而阃帅州军,犹文武参用。惟有明,截然不相出入。文臣之督抚,虽与军事而专任节制,与兵士离而不属。是故莅军者不得计饷,计饷者不得莅军;节制者不得操兵,操兵者不得节制。方自以犬牙交制,使其势不可为叛。

夫天下有不可叛之人,未尝有不可叛之法。杜牧所谓"圣贤才能多闻博识之士",此不可叛之人也。豪猪健狗之徒,不识礼义,喜虏掠,轻去就;缓则受吾节制,指顾簿书之间,急则拥兵自重。节制之人,自然随之上下。试观崇祯时,督抚曾有不为大帅驱使者乎?此时法未尝不在,未见其下可叛也。

有明武职之制,内设郡督府、锦衣卫,外设二十一都司、四百九十三卫、三百五十九所。平时有左右都督、都指挥使、指挥使,各系以同知、金事及千户、百户、镇抚之级。行伍有总兵、副将、参将、游击、千把总之名,宜悉罢平时职级,只存行伍。京营之兵,兵部尚书即为总兵,侍郎即为副将。其属郎官,即分任参、游。设或征讨,将自中出,侍郎挂印而总兵事,郎官从之者,一如京营。或用巡抚为将,巡抚挂印,即以副将属之。参政、参将,属之郡守。其行间战将,勇略冠军者,即参用于其间。苟如近世之沈希仪、万表、俞大猷、戚继光,又未尝不可使之内而兵部、外而巡抚也。

自儒生久不为将,其视用兵也,一以为尚力之事,当属之豪健之流；一以为阴谋之事，当属之倾危之士。夫称戈比干立矛者，士卒之事，而非将帅之事也。——即一人以力闻十人而胜之矣。——兵兴以来，田野市井之间，膂力稍过人者，当事即以奇士待之，究竟不当一卒之用。万历以来之将，掩败饰功，所以欺其君父者，何所不至，亦可谓之倾危矣！乃止能施之君父，不能施之寇敌；然则今日之所以取败亡者，非不足力与阴谋，可知矣。使文武合为一途，为儒生者，知兵书战策非我分外，习之而知其无过高之论；为武夫者，知亲上爱民为用武之本，不以粗暴为能，是则皆不可叛之人也。

财计一

后之圣王，而欲天下安富，其必废金银乎？古之征贵征贱，以粟帛为俯仰。故公上赋税：有粟米之征，布缕之征，是也。民间市易，《诗》言"握粟出卜"，《孟子》言"通工易事"——男粟女布是也。——其时之金银，与珠玉无异，为馈问器饰之用而已。

三代以下，用者粟帛而衡之以钱，故钱与粟帛相为轻重。汉章帝时，谷帛价贵，张林言："此钱多故也。宜令天下悉以布帛为租，市贾皆用之。封钱勿出，物皆贱矣。"魏明帝时，废钱用谷。桓玄辅晋，亦欲废钱。孔琳之曰："先王制无用之货，以通有用之财。此钱之所以嗣功龟贝也。谷帛本充衣食，分以为货，劳毁于商贩之手，耗弃于割截之用。此之为弊者，著自于曩。"然则昔之有天下者，虽钱与谷帛杂用，犹不欲使其重在钱也。

梁初，唯京师及三吴、荆、郢、江、湘、梁、益用钱，其余州郡杂以谷帛。交、广之域，全以金银为货。陈用钱兼以锡铁栗帛。岭南多以盐米布交易,不用钱。北齐冀州之北,钱皆不行,交贸者皆绢布。后周河西诸郡,或用西域金银钱,而官不禁。

唐时民间用布帛处多,用钱处少。大历以前,岭南用钱之外,杂以金银、丹砂、象齿。贞元二十年,命市井交易,以绫罗绢布杂货,与钱兼用。宪宗诏天下,有银之山必有铜,唯银无益于人。五岭以北,采银一两者流他州,官吏论罪。元和六年,贸易钱十缗以上,参布帛。太和三年,饰佛像许以金银,唯不得用铜。四年,交易百缗以上者,粟帛居半。按唐以前,自交、广外,上而赋税,下而市易,一切无事于金银。其可考,彰彰若是。

宋元丰十二年,蔡京当国,凡以金银丝帛等贸易,勿受夹锡钱者,以法惩治。盖其时,有以金银为用者矣。然重和之令,命官之家,留见钱二万贯,民庶半之。余限二年,听易金银之类。则是市易之在下者,未始不以钱为重也。绍兴以来,岁额金一百二十八两,银无额。七分入内库,三分归有司。则是赋税之在上者,亦未始以金银为正供,为有司之经费也。

及元起北方,钱法不行。于是,以金银为母,钞为子;子母相权而行,而金银遂为流通之货矣。

明初亦尝禁金银交易,而许以金银易钞于官;则是罔民,而收其利也,其谁信之?故至今日而赋税市易,银乃单行,以为天下之大害。盖银与钞为表里,银之力细,钞以舒之。故元之税粮,折钞而不折银;今钞既不行,钱仅为小市之用,不入贡赋;使百务并于一途,则银力竭。元又立提举司,置淘金户,开设金银场,各路听民煽炼,则金银之出于民间者尚多。今矿所封闭,间一开采,又使宫奴主之,以入大内;与民间无与,则银力竭。二百余年,天下金银,纲运至于燕京,如水赴壑。承平之时,犹有商贾官吏,返其十分之二三。多故以来,在燕京者,既尽泄之边外。而富商、大贾，达官、猾吏，自北而南，又能以其资力尽敛天下之金银而去。此其理尚有往而复返者乎？

夫银力已竭，而赋税如故也，市易如故也。皇皇求银，将于何所？故田土之价，不当异时之什一，岂其壤瘠与？曰：否，不能为赋税也。百货之价，亦不当异时之什一，岂其物阜与？曰：否，市易无资也。当今之世，宛转汤火之民，即时和年丰，无益也；即劝农沛泽，无益也。吾以为非废金银不可。

废金银，其利有七：粟帛之属，小民力能自致，则家易足，一也。铸钱以通有无，铸者不息，货无匮竭，二也。不藏金银，无甚贫甚富之家，三也。轻赍不便，民难去其乡，四也。官吏赃私难覆，五也。盗贼胠箧，负重易迹，六也。钱钞通路，七也。然须重为之禁，盗矿者死刑，金银市易者以盗铸钱论，而后可。

财计二

钱币所以为利也，唯无一时之利，而后有久远之利。以三四钱之费，得十钱之息；以尺寸之楮，当金银之用，此一时之利也。使封域之内，常有千万财用，流转无穷，此久远之利也。后之治天下者，常顾此而失彼，所以阻坏其始议也。

有明欲行钱法而不能行者，一曰：惜铜爱工，钱既恶薄，私铸繁兴；二曰：折二折三，当五当十，制度不常；三曰：铜禁不严，分造器皿；四曰：年号异文。此四害者，昔之所同。五曰：行用金银，货不归一；六曰：赏赉、赋税，上行于下，下不行于上。昔之害钱者四，今之害钱者六。故今日之钱，不过资小小贸易，公私之利源，皆无赖焉。是行钱与不行，等也。

诚废金银，使货物之衡，尽归于钱。京省各设专官鼓铸，有铜之山，官为开采。民间之器皿，寺观之像设，悉行烧毁入局。千钱，以重六斤四两为率。每钱重一钱，制作精工，样式画一，亦不必冠以年号。除田土赋粟帛外，凡盐酒征榷，一切以钱为税。如此而患不行，吾不信也。

有明欲行钞法而不能行者，崇祯间，桐城诸生蒋臣，言钞法可行，岁造三千万贯。一贯直一金，岁可得金三千万两。户工侍郎王鳌永主其说，且言初年造三千万贯，可得五千万两，所入既多，将金与土同价。上特设内宝钞局，昼夜督造；募商发卖，无肯应者。大学士蒋德璟言，以一金易一纸，愚者不为。上以高皇帝之行钞难之。德璟曰："高皇帝似亦神道设教，然赏赐折俸而已，固不曾用之兵饷也。"

按钞起于唐之飞钱，犹今民间之会票也；至宋而始官制行之。然宋之所以得行者，每造一界，备本钱三十六万缗，而又佐之以盐酒等项。盖民间欲得钞，则以钱入库；欲得钱，则以钞入库；欲得盐酒，则以钞入诸务。故钞之在手，与见钱无异。其必限之以界者：一则官之本钱，当使与所造之钞相准，非界则增造无艺；一则每界造钞若干，下界收钞若干，诈伪易辨，非界则收造无数。宋之称提钞法如此。即元之所以得行者，随路设立官库，贸易金银，平准钞法。

有明宝钞库，不过倒收旧钞。凡称提之法，俱置不讲。何怪乎其终不行也？毅宗言利之臣，不详其行坏之始末，徒见尺楮张纸，居然可当金银，但讲造之之法，不讲行之之法。官无本钱，民何以信？故其时言可行者，犹见弹而求炙也。

然诚使停积钱缗，五年为界，敛旧钞而焚之。官民使用：在关即以之抵商税，在场即以之易盐引；亦何患其不行？且诚废金银，则谷帛钱缗，不便行远而囊括。尺寸之钞，随地可以变易。在仕宦商贾，又不得不行。德璟不言钞与钱货，不可相离；而言神道设教，非兵饷之用。彼行之于宋、元者，何不深考乎？

财计三

　　治天下者，既轻其赋敛矣；而民间之习俗未去，蛊惑不除，奢侈不革，则民仍不可使富也。

　　何谓习俗？吉凶之礼既亡，则以其相沿者为礼。婚之筐篚也，装资也，宴会也；丧之含殓也，设祭也，佛事也，宴会也，刍灵也。富者以之相高，贫者以之相勉矣。

　　何谓蛊惑？佛也，巫也。佛一耳，而有佛之宫室，佛之衣食，佛之役使。凡佛之资生器用，无不备，佛遂中分其民之作业矣。巫一耳，而资于楮钱香烛以为巫，资于烹宰以为巫，资于歌吹婆娑以为巫！凡斋醮祈赛之用，无不备，巫遂中分其民之资产矣。

　　何谓奢侈？其甚者，倡优也，酒肆也，机坊也。倡优之费，一夕而中人之产；酒肆之费，一顿而终年之食；机坊之费，一衣而十夫之暖。

　　故治之以本，使小民吉凶，一循于礼。投巫驱佛，吾所谓学校之教明，而后可也。治之以末，倡优有禁，酒食有禁；除布帛外，皆有禁。

　　今夫通都之市肆，十室而九：有为佛而货者，有为巫而货者，有为倡优而货者，有为奇技淫巧而货者，皆不切于民用。一概痛绝之，亦庶乎救弊之一端也。此古圣王崇本抑末之道。世儒不察，以工商为末，妄议抑之。夫工固圣王之所欲来，商又使其愿出于途者，盖皆本也。

胥　吏

　　古之胥吏者一，今之胥吏者二。古者府史胥徒，所以守簿书、定期会者也。其奔走服役，则以乡户充之。自王安石改差役为雇役，而奔走服役者，亦化而为胥吏矣。故欲除奔走服役吏胥之害，则复差役；欲除簿书期会吏胥之害，则用士人。

　　何谓复差役？宋时差役，有衙前、散从、承符、弓手、手力、耆长、户长、壮丁、色目。衙前以主官物，今库子、解户之类。户长以督赋税，今坊里长。耆长、弓手、壮丁以逐捕盗贼，今弓兵、捕盗之类。承符、手力、散从以供驱使，今皂隶、快手、承差之类。凡今库子、解户、坊里长皆为差役，弓兵、捕盗、皂隶、快手、承差则雇役也。余意坊里长值年之后，次年仍出一人以供杂役。

　　盖吏胥之敢于为害者，其故有三：其一，恃官司之力，乡民不敢致难。差役者，则知我之今岁致难于彼者，不能保彼之来岁不致难于我也。其二，一为官府之人，一为田野之人，既非同类，自不相顾。差役者，则侪辈尔汝，无所畏忌。其三，久在官府，则根株窟穴，牢不可破。差役者，伎俩生疏，不敢弄法。是故坊里长同勾当于官府，而乡民之于坊里长，不以为甚害者，则差与雇之分也。

　　治天下者，亦视其势，势可以为恶，虽禁之而有所不止；势不可以为恶，其止之有不待禁也。差役者，固势之不可以为恶者也。

　　议者曰：自安石变法，终宋之世，欲复之而不能，岂非以人不安于差役与？曰：差役之害，唯有衙前，故安石以雇募救之。

今库子、解户，且不能不仍于差役，而其无害者，顾反不可复乎？宋人欲复差役，以募钱为害；吾谓募钱之害小，而胥吏之害大也。

何谓用士人？六部院寺之吏，请以进士之观政者为之；次及任子，次及国学之应仕者。满调，则出官州县，或历部院属官。不能者，落职。郡县之吏，各设六曹，请以弟子员之当廪食者充之。满调，则升之国学，或即补六部院寺之吏。不能者，终身不听出仕。郡之经历、照磨、知事，县之丞、簿、典史，悉行汰去。行省之法，一如郡县。

盖吏胥之害天下，不可枚举，而大要有四：其一，今之吏胥，以徒隶为之。所谓皇皇求利者，而当可以为利之处，则亦何所不至。——创为文网以济其私。——凡今所施设之科条，皆出于吏，是以天下有吏之法，无朝廷之法。其二，天下之吏，既为无赖子所据，而佐贰又为吏之出身，士人目为异途，羞与为伍。承平之世，士人众多，出仕之途既狭，遂使有才者，老死丘壑；非如孔孟之时，委吏乘田、抱关击柝之皆士人也。其三，各衙门之佐贰，不自其长辟召，一一铨之吏部。即其名姓且不能遍知，况其人之贤不肖乎？故铨部化为签部，贻笑千古。其四，京师权要之吏，顶首皆数千金。父传之子，兄传之弟。其一人丽于法，后而继一人焉，则其子若弟也。不然，则其传衣钵者也。是以今天下无封建之国，有封建之吏。诚使吏胥皆用士人，则一切反是，而害可除矣。

且今各衙门之首领官与郡县之佐贰，在汉则为曹掾之属。其长皆得自辟，即古之吏胥也。其后选除出自吏部，其长复自设曹掾，以为吏胥。相沿至今，曹掾之名既去，而吏胥之实亦亡矣。故今之吏胥，乃曹掾之重出者也。吾之法，亦使曹掾得其实，吏胥去其重而已。

奄宦上

奄宦之祸，历汉、唐、宋而相寻无已，然未有若有明之为烈也。汉、唐、宋有干与朝政之奄宦，无奉行奄宦之朝政。今夫宰相、六部，朝政所自出也；而本章之批答，先有口传，后有票拟。天下之财赋，先内库而后太仓；天下之刑狱，先东厂而后法司；其他无不皆然。则是宰相、六部，为奄宦奉行之员而已。

人主以天下为家，故以府库之有为己有，环卫之强为己强者，尚然末王之事。今也衣服、饮食、马匹、甲仗、礼乐、货贿、造作，无不取办于禁城数里之内。而外庭所设之衙门，所供之财赋，亦遂视之为非。其有哓哓而争，使人主之天下，不过此禁城数里之内者，皆奄宦为之也。

汉、唐、宋之奄宦，乘人主之昏而后可以得志。有明则格局已定，牵挽相维，以毅宗之哲王，始而疑之，终不能舍之；卒之，临死而不能与廷臣一见，其祸未有若是之烈也！且夫人主之有奄宦，奴婢也；其有廷臣，师友也。所求乎奴婢者，使令；所求乎师友者，道德。故奴婢以伺喜怒为贤，师友而喜怒其喜怒，则为容悦矣；师友以规过失为贤，奴婢而过失其过失，则为悖逆矣。

自夫奄人以为内臣，士大夫以为外臣。奄人既以奴婢之道事其主。其主之妄喜妄怒，外臣从而违之者，奄人曰："夫非尽人之臣与？奈之何其不敬也？"人主亦即以奴婢之道为人臣之道，以其喜怒加之于奄人而受，加之于士大夫而不受，则曰："夫非尽人之臣与？奈之何有敬、有不敬也？盖内臣爱我者也，外臣自爱者也。"

于是，天下之为人臣者，见夫上之所贤、所否者在是，亦遂舍其师友之道，而相趋于奴颜婢膝之一途。习之既久，小儒不通大义，又从而附会之曰："君父，天也。"故有明奏疏，吾见其是非甚明也，而不敢明言其是非；或举其小过，而遗其大恶；或勉以近事，而阙于古则。以为事君之道，当然。岂知一世之人心学术，为奴婢之归者，皆奄宦为之也。祸不若是其烈与!?

奄宦下

奄宦之如毒药猛兽，数千年以来，人尽知之矣。乃卒遭其裂肝碎首者，曷故哉？岂无法以制之与？则由于人主之多欲也。夫人主受命于天，原非得已。故许由、务光之流，实见其以天下为桎梏，而掉臂去之。岂料后世之君，视天下为娱乐之具。崇其宫室，不得不以女谒充之；盛其女谒，不得不以奄寺守之。此相因之势也。

其在后世之君，亦何足责。而郑玄之注《周礼》也，乃谓女御八十一人当九夕，世妇二十七人当三夕，九嫔九人当一夕，三夫人当一夕，后当一夕。其视古之贤王与后世无异，则是《周礼》为诲淫之书也！孟子言侍妾数百人，我得志弗为也。是时，齐、梁、秦、楚之君，共为奢僭；东、西二周，且无此事。若使为周公遗制，则孟子亦安为固然，"得志弗为"，则是以周公为舛错矣。苟如玄之为言，王之妃百二十人，妃之下又有侍从，则奄之守卫服役者，势当数千人。

后儒以寺人隶于冢宰，谓《周官》深得治奄之法。夫刑余之人，不顾礼义，凶暴是闻。天下聚凶暴满万，而区区以系属冢宰，纳之钤键，有是理乎？且古今不贵其能治，而贵其能不乱。

奄人之众多,即未及乱,亦厝火积薪之下也。吾意为人主者,自三宫以外,一切当罢。如是,则奄之给使令者,不过数十人而足矣。

议者窃忧其嗣育之不广也。夫天下何尝之有,吾不能治天下,尚欲避之,况于子孙乎?彼鳃鳃然,唯恐后之有天下者,不出于其子孙,是乃流俗富翁之见。故尧、舜有子,尚不传之;宋徽宗未尝不多子,止以供金人之屠醢耳。

跋

族祖梨洲公,抱经世才。鲁王监国,授左副都御史。国朝征遗献不就,著书数十种。其中《明夷待访录》,尤平生经济所寄。当时有二老阁梓本,后又刊入《海山仙馆丛书》。迩来二老阁板片久不存,《丛书》刻于粤东,卷帙繁重,购之颇艰。

承乙曾祖石泉公,考藏书籍,至五万余卷,筑五桂楼储之。而于邑人著述,尤加意蒐求。逮承乙四世,保守弗失。曩年与同邑朱镇夫孝廉,商将虞世南《北堂书钞》,赵考古《六书本义》,及梨洲公著述,集资汇刻,藏板试院。会镇夫殁而止。承乙尘网羁牵,椷书废读。永惟先人聚书之意,取《待访录》先行校梓。将来遇有同志,如镇夫者,再将邑人著述,如虞氏《书钞》诸书,逐一刊枣,未始非劝学之一助也。

公是书,成于康熙癸卯,迄今己卯,历二百十六年。二老阁本,附刊公所著《思旧录》。可以考见当时盍簪之盛。全谢山撰有序文一首,载《鲒埼亭集》。今并钞附梓焉。

光绪五年冬,族孙承乙谨识

明儒学案节要

一 师 说

方正学孝孺

神圣既远，祸乱相寻，学士大夫有以生民为虑、王道为心者绝少；宋没，益不可问。先生禀绝世之资，慨焉以斯文自任。会文明启运，千载一时；深维上天所以生我之意，与古圣贤之所讲求，直欲排洪荒而开二帝，去杂霸而见三王。又推其余以淑来禩，伊、周、孔、孟，合为一人，将旦暮遇之，此非学而有以见性分之大全不能也。既而时命不偶，遂以九死成就一个是，完天下万世之责，其扶持世教，信乎不愧千秋正学者也！

考先生在当时，已称"程朱复出"。后之人反以一死抹过先生一生苦心，谓节义与理学是两事，出此者入彼，至不得与扬雄、吴草庐论次并称。于是成仁取义之训，为世大禁，而乱臣贼子，将接踵于天下矣。悲夫！

或言先生之忠至矣，而十族与殉，无乃伤于激乎？余曰："先生只自办一死，其激而及十族，十族各办其一死耳。'普天之下，莫非王土'。十族众乎，而不当死乎？惟先生平日学问，断断乎臣尽忠、子尽孝，一本于良心之所固有者，率天下而趋之，至数十年之久，几于风移世变。一日乃得透此一段精光，不可掩遏。盖至诚形著，动变之理宜然，而非人力之所几及也。虽谓先生为中庸之道可也！"

曹月川端

先生之学，不由师传；特从古册中翻出古人公案，深有悟于造化之理，而以月川体其传。反而求之吾心，即心是极，即心之动静是阴阳，即心之日用酬酢是五行变合，而一以事心为入道之路。故其见虽彻而不元（玄），学愈精而不杂，虽谓先生为今之濂溪可也！乃先生自谓，其于斯道，"至四十而犹不胜其渺茫浩瀚"之苦，又"十年怳然一悟"。始知天下无性外之物，而性无不在焉。所谓太极之理，即此而是。盖见道之难如此，学者慎毋轻言悟也哉！

按先生门人彭大司马泽，尝称"我朝一代文明之盛，经济之学，莫盛于刘诚意、宋学士；至道统之传，则断自渑池曹先生始"。上章请从祀孔子庙庭。愚谓方正学而后，斯道之绝而复续者，实赖有先生一人，薛文清亦闻先生之风而起者。

薛敬轩瑄

愚按：前辈论一代理学之儒，惟先生无间言。非以实践之儒欤？然先生为御史，在宣、正两朝，未尝铮铮一论事；景皇易储，先生时为大理，亦无言。或云先生方转饷贵州。及于肃愍之狱，系当朝第一案，功罪是非，而先生仅请从末灭。坐视忠良之死而不之救，则将焉用彼相矣！就事相提，前日之不谏是，则今日之谏非，两者必居一于此。而先生亦已愧不自得，乞身去矣。然先生于道，于古人全体大用，尽多缺陷；特其始终进退之节，有足称者，则亦成其为文清而已！

阅先生《读书录》，多兢兢检点言行间，所谓学贵践履，意盖如此。或曰："七十六年无一事，此心惟觉性天通。"先生晚年闻道，未可量也。

吴康斋与弼

愚按：先生所不满于当时者，大抵在讼弟一事，及为石亨跋族谱称门士而已。张东白闻之，有"上告素王正名讨罪，无得久窃虚名"之语；一时名流尽哗怨，未免为羽毛起见者。予则谓先生之过，不特在讼弟之时，而尤在不能喻弟于道之日；特其不能喻弟于道，而遂至于官，且不难以囚服见有司，绝无矫饰。此则先生之过，所谓揭日月而共见者也。若族谱之跋，自署"门下士"，亦或宜然。徐孺子于诸公推毂，虽不应命，及卒，必千里赴吊；先生之意，其犹行古之道乎？后人以成败论人，见亨他日以反诛，便谓先生不当与作缘；岂知先生之不与作缘，已在应聘辞官之日矣。不此之求，而屑屑于称谓语言文字之间，甚矣责人之无已也！

先生之学，刻苦奋励，多从"五更枕上汗流泪下"得来；及夫得之而有以自乐，则又不知足之蹈之、手之舞之。盖七十年如一日，愤乐相生，可谓独得圣贤之心精者。至于学之之道，大要在"涵养性情"，而以"克己安贫"为实地。此正孔、颜寻向上工夫，故不事著述而契道真，言动之间，悉归平澹。晚年出处一节，卓然世道羽仪，而处之恬然。圭角不露，非有得于道，其能如是？《日记》云："澹如秋水贫中味，和似春风静后功"，可为先生写照。充其所诣，庶几"依乎中庸，遁世不见、知而不悔"气象。余尝僭评一时诸公：薛文清多困于流俗，陈白沙犹激于声名，惟先生醇乎醇云。

陈剩夫真晟

先生学方胡敬斋，而涵养不逮，气质用事。晚年静坐一机，疑是进步，惜未窥先生全书！

周小泉蕙

愚按："非圣勿学，惟圣斯学"二语，可谓直指心源。——段容思先生坚训小泉先生语。——而两人亦独超语言问答之外。其学至乎圣人，一日千里无疑也！夫圣人之道，反身而具足焉，不假外求，学之即是，故先生亦止言圣学。段先生云："何为有大如天地？须信无穷自古今。"意先生已信及此，非阿所好者。是时关中之学，皆自河东派来，而一变至道。

陈白沙献章

愚按：前辈之论先生备矣，今请再订之学术疑似之际。先生学宗自然，而要归于自得；自得故资深逢源，与鸢鱼同一活泼，而还以握造化之枢机，可谓独开门户，超然不凡。至问所谓得，则曰"静中养出端倪"，"向求之典册累年无所得，而一朝以静坐得之"，似与古人之言自得异。孟子曰："君子深造之以道"，欲其自得之也，不闻其以自然得也。静坐一机，无乃浅尝而捷取之乎？自然而得者，不思而得，不勉而中，从容中道，圣人也，不闻其以静坐得也，先生盖亦得其所得而已矣。道本自然，人不可以智力与；才欲自然，便不自然。故曰："会得的活泼泼地，不会得的只是弄精魂。""静中养出端倪，不知果是何物？""端倪"云者，心可得而拟，口不可得而言，毕竟不离精魂者近是。今考先生证学诸语，大都说一段自然工夫；高妙处不容凑泊，终是精魂作弄处。盖先生识趣近濂溪，而穷理不逮；学术类康节，而受用太早。质之圣门，难免欲速见小之病者也。似禅非禅，不必论矣。

陈克庵选

愚按：先生躬行粹洁，卓然圣人之徒无疑。其平生学力，尽见于张裘一疏，至诚而不动者未之有也。《通纪》评理学未必尽当，而推许老先生也至矣。文肃好古信道，真不愧先生友者。

罗一峰伦

愚按：一峰尝自言："予性刚，见刚者，好之若饥渴之于饮食，不能自喻于口也；求之不可得，则友其人于古，相与论其世，如侍几杖而聆謦欬也，而唏嘘企羡，至为泣下。予之好刚，盖天性然也。孔子曰：'吾未见刚者。'孟子曰：'我善养吾浩然之气。至大至刚，以塞乎天地之间；富贵不能淫，贫贱不能移，威武不能屈。此真至刚之大丈夫哉！'孔孟之所谓'刚'，固予之所好者也。"此可为先生实录。先生之学刚而正；或拟之孔融，非是。又传先生既谪官，过崇仁，求谒康斋，康斋不见，意待再三而后见之。先生怒投一诗去。康斋之不见，所以进先生之意深矣，惜先生不悟也！又当时张延祥独不喜康斋，故先生亦不喜之，然康斋终不可及也。

蔡虚斋清

先生闇修笃行，不聚徒，不讲学，不由师承；崛起希旷之后，一以六经为入门，四子为标准，而反身用力，本之静虚之地，所谓"真道德性命，端向此中有得焉"。久之，涵养深至，日改而月以化，庶几"慥慥君子"。前辈称月湖过先生，殊未然。月湖之视先生，犹子夏之于曾子；玉夫清修劲力，差可伯仲，惜未底于成。又先生尝友林见素，考见素立朝，卓然名德；又累疏荐罗整庵、王阳明、吕泾野、陈白沙，则其声气所感通可知，俟再考以入。——月湖，扬廉号；玉夫，丁玑字。

王阳明守仁

先生承绝学于词章训诂之后，一反求诸心，而得其所性之觉曰"良知"；因示人以求端用力之要，曰"致良知"。良知为知，见知不因于闻见；致良知为行，见行不滞于方隅。即知即行，即心即物，即动即静，即体即用，即工夫即本体，即下即上：无之不一，以救学者支离眩骛务华而绝根之病。可谓震霆启寐，烈耀破迷，自孔孟以来，未有若此之深切著明者也！

特其与朱子之说，不无牴牾；而所极力表章者，乃在陆象山，遂疑其或出于禅。禅则先生固尝逃之，后乃觉其非而去之矣。夫一者诚也，天之道也；诚之者明也，人之道也，致良知是也。因明至诚以人合天之谓圣，禅有乎哉？即象山"本心"之说，疑其为良知之所自来；而求本心于良知，指点更为亲切，合致知于格物，工夫确有循持。较之象山混人道一心即本心而求悟者，不犹有毫厘之辨乎？

先生之言曰："良知即是独知时。"本非元妙，后人强作元妙观，故近禅，殊非先生本旨。至其与朱子牴牾处，总在《大学》一书。朱子之解《大学》也，先格致而后授之以诚意；先生之解《大学》也，即格致为诚意，其于工夫似有分合之不同。然详二先生最所吃紧处，皆不越"慎独"一关，则所谓因明至诚以进于圣人之道一也。故先生又有"朱子晚定年论"之说。夫《大学》之教，一先一后，阶级较然，而实无先后之可言，故八目总是一事。先生命世人豪，龙场一悟，得之天启，亦自谓从五经印证过来，其为廓然圣路无疑。特其急于明道，往往将向上一几，轻于指点，启后学躐等之弊有之。天假之年，尽融其高明卓绝之见，而底于实地，安知不更有晚年定论出于其间？而先生且遂以优入圣域，则范围朱陆而进退之，又不待言矣。先生属纩时，尝自言曰："我平生学问才做得数分，惜不得与吾党共成之！"此数分者，当是善信以上人，明道而后，未见其比。先生门人遍天下，自东廓先生而外，诸君子其最著与！然而渊源分合之故，亦略可睹矣。

邹东廓守益

按：邓文洁公称阳明必为圣学无疑；及门之士，既多矛盾其说，而独有取于念庵。然何独近遗东廓耶？东廓以独知为良知，以戒惧谨独为致良知之功；此是师门本旨，而学焉者失之，浸流入猖狂一路。惟东廓斤斤以身体之，便将此意做实落工夫，卓然守圣矩，无少畔援。诸所论著，皆不落他人训诂良知窠套，先生之教，率赖以不敝，可谓有功师门矣！后来念庵"收摄保任"之说，实遹诸此。

王龙溪畿

愚按：四句教法，考之《阳明集》中，并不经见，其说乃出于龙溪；则阳明未定之见，平日间尝有是言，而未敢笔之于书，以滋学者之惑。至龙溪先生始云："四有之说，猥犯支离，势必进之四无而后快。既无善恶，又何有心意知物？终必进之无心、无意、无知、无物而后无。如此则'致良知'三字，著在何处？"先生独悟其所谓"无"者，以为教外之别传，而实亦并无是无。有无不立，善恶双泯，任一点虚灵知觉之气，从横自在，头头明显，不离著于一处，几何而不蹈佛氏之坑堑也哉！夫佛氏遗世累，专理会生死一事；无恶可去，并无善可为，止余真空性地以真显觉。从此悟入，是为宗门。若吾儒日在世法中求性命，吾欲熏染，头出头没；于是而言无善恶，适为济恶之津渠耳！先生孜孜学道八十年，犹未讨归宿；不免沿门持钵，习心习境，密制其命。此时是善是恶，只口中劳劳行脚，仍不脱在家窠臼，孤负一生无处根基，惜哉！

王门有心斋、龙溪，学皆尊悟，世称"二王"。心斋言悟虽超旷，不离师门宗旨；至龙溪，直把良知作佛性看，悬空期个悟，终成玩弄光景，虽谓之操戈入室可也。

罗整庵钦顺

愚按：先生之学，始由禅入，从"庭前柏树子"话头得悟。一夕披衣，通身汗下，自怪其所得之易，反而求之儒，不合也。始知佛氏以觉为性，以心为本；非吾儒穷理尽性至命之旨，乃本程朱格致之说而求之。积二十年久，始有见于所谓性与天道之端。一口打并,则曰性命之妙、理一分殊而已矣。又申言之曰:"此理在心目间,由本而之末,万象纷纭而不乱;自末而归本,一真湛寂而无余。"因以自附于卓如之见,如此亦可谓苦且难矣!

窃思先生所谓"心目之间"者,不知实在处,而其本之末、末归本者,又孰从而之之、归之乎?理一分殊,即孔子一贯之旨,其要不离忠恕者,是则道之不远于人心,亦从可决矣。乃先生方断断以心性辨儒释,直以求心一路,归之禅门。故宁舍置其心以言性,而判然二之,处理于不外不内之间,另呈一心目之象,终是泛观物理如此。而所云之之、归之者,亦是听其自之之而自归之,于我无与焉。则亦不自觉其堕于怳惚之见矣!

考先生所最得力处,乃在以"道心为性,指未发而言;人心为情,指已发而言",自谓独异于宋儒之见。且云"于此见得分明,则无往而不合"。试以先生之言思之,心与性情,原只是一人,不应危是心而微者非心;止缘先生认定佛氏以觉为性,谓觉属已发,是情不是性,即本之心,亦只是惟危之心,而无惟微之心。遂以其微者拒之于心外,而求之天地万物之表,谓天下无性外之物。格物致知,本末一贯,而后授之诚正,以立天下之大本,若此则几以性为外矣!我故曰,先生未尝见性,以其外之也。夫性果在外乎?心果在内乎?心性之名,其不可混者,犹之理与气;而其终不可得而分者,亦犹之乎理与气也。先生既不与宋儒天命气质之说,而蔽以理一分殊之一言,谓理即是气之理,是矣,独不曰性即是心之性乎?心即气之聚于人者,而性即理之聚于人者;理气是一,则心性不得是二;心性是一,性情又不得是二。使三者于一分一合之间终有二焉,则理气是何物?心与性情,又是何物?天地间既有个合气之理,又有个离气之理;既有个离心之性,又有个离性之情。又乌在其为一本也乎!

吾儒本天,释氏本心,自是古人铁案。先生娓娓之言,可谓大有功于圣门。要之，善言天者，正不妨其合于人；善言心者，自不至流而为释。先生不免操因噎废食之见，截得界限分明；虽足以洞彼家之弊，而实不免抛自身之藏。考先生于格物一节，几用却二三十年工夫，迨其后即说心、说性、说理气，一字不错；亦只是说得是、形容得着，于坐下毫无受用。若先生庄一静正，德行如浑金璞玉，不愧圣人之徒。自是生质之美，非关学力。先生尝与阳明先生书云："如必以学不资于外求，但当反观内省以为务；则'诚意正心'四字，亦何不尽之有？何必于入门之际，便困以格物一段工夫？"呜呼！如先生者，真所谓"困以格物一段工夫"；不特在入门，且在终身者也！不然，以先生之质，早寻向上而进之，宜其优入圣域，而惜也仅止于是！虽其始之易悟者，不免有毫厘之差；而终之苦难，一生扰扰到底者，几乎千里之谬。盖至是程朱之学亦弊矣！由其说，将使学者终其身无入道之日，困之以二三十年工夫而后得，而得已无几，视圣学几为绝德。此阳明氏所以作也。

吕泾野柟

愚按：关学世有渊源，皆以躬行礼教为本，而泾野先生实集其大成。观其出处言动，无一不规于道；极之心术隐微，无毫发可疑，卓然闵冉之徒无疑也。异时阳明先生讲"良知"之学，本以重躬行；而学者误之，反遗行而言知。得先生尚行之旨以救之，可谓一发千钧。时先生讲席，几与阳明氏中分其盛。一时笃行自好之士，多出先生之门。马、何诸君子，学行同类，故附焉。——何塘、马里、崔铣、吕潜、张节、郭郛。

孟云浦化鲤　孟我强秋　张阳和元忭

愚按：二孟先生，如冰壶秋水，两相辉映，以扶家传于不坠，可称北地联璧！吾乡文恭张先生，则所谓"附骥尾而名益彰"者乎？读《二孟行》，可信也。文恭又尝有《壮哉行赠邹进士遣戍贵阳》，其私吾党臭味如此。君子哉若人！于今吾不得而见之矣！文恭与同郡罗文懿为笔砚交，其后文懿为会试举主，文恭自追友谊如昔，亦不署门生，文懿每憾之，文恭不顾。延对系高中元读卷，后相见亦不署门生，其矫矫自立如此。文恭又与邓文洁交莫逆，及其没也，文洁祭以文，称其"好善若渴，以天下为己任"云。

罗念庵洪先　赵大洲贞吉　王塘南时槐　邓定宇以赞

按：王门惟心斋氏盛传其说。从不学不虑之旨，转而标之曰"自然"，曰"学乐"。末流衍蔓，寖为小人之无忌惮。罗先生后起，有忧之，特拈"收摄保聚"四字，为致良知符诀。故其学专求之未发一机，以主静无欲为宗旨。可为卫道苦心矣！或曰："先生之主静，不疑禅欤？"曰："古人主教皆权法，王先生之后，不可无先生，吾取其足以扶持斯道于不坠而已。况先生已洞其似是而出入之，逃杨归儒，视无忌惮者，不犹近乎？"赵、王、邓三先生，其犹先生之意欤？邓先生精密尤甚，其人品可伯仲先生。

罗近溪汝芳

邓先生当土苴六经之后，独发好古精心。考先圣人之遗经，稍稍补缀之，端委纚然。挽学者师心诬古之弊，其功可谓大矣！乃其学实本之东廓，独闻"戒惧谨独"之旨，则虽谓先生为王门嫡传可也。余尝闻江西诸名宿言，先生学本修，罗先生本悟，两人斷斷争可否。及晚年，先生竟大服罗先生，不觉席之前也者。其祭罗先生文，略见一班，则罗先生之所养，盖亦有大过人者。余故择其吃紧真切者载于篇，令后之学莽荡者，无得藉口罗先生也。

李见罗材

文成而后，李先生又自出手眼，谆谆以"止修"二字压倒"良知"。亦自谓考孔鲁、俟后圣，抗颜师席，率天下而从之，与文成同。昔人谓"良知"醒而荡，似不若"止修"二字有根据，实也。然亦只是寻将好题目做文章，与坐下无与。吾人若理会坐下，更何良知、止修分别之有？

先生气魄大，以经世为学，酷意学文成，故所至以功名自喜。微叩其归宿，往往落求可求成一路，何敢望文成后尘。《大学》一书，程朱说诚正，阳明说致知，心斋说格物，盱江说明明德，钊江说修身。至此，其无馀蕴乎！

许敬庵孚远

余尝亲受业许师，见师端凝敦大，言前兢兢，俨然儒矩。其密缮身心，纤悉不肯放过，于天理人欲之辨，三致意焉。尝深夜与门人弟辈，窅然静坐，轻追数平生酒色财气分数消长以自证。其所学笃实如此。

二　崇仁学案

　　康斋倡道小陂，一禀宋人成说。言心则以知觉而与理为二，言工夫则静时存养，动时省察。故必敬义夹持，明诚两进，而后为学问之全功。其相传一派，虽一斋、庄渠，稍为转手，终不敢离此矩矱也。白沙出其门，然自叙所得，不关聘君，当为别派。於戏，椎轮为大辂之始，层冰为积水所成，微康斋，焉得有后时之盛哉！

吴康斋先生

　　吴与弼，字子傅，号康斋，抚州之崇仁人也。十九岁，从洗马杨文定——溥——学，读《伊洛渊源录》，慨然有志于道，谓程伯淳见猎心喜，乃知圣贤犹夫人也，孰云不可学而至哉？遂弃去举子业，谢人事，独处小楼，玩四书五经、诸儒语录，体贴于身心；不下楼者二年，气质偏于刚忿，至是觉之，随下克之之功。辛卯，父命还乡授室，长江遇风，舟将覆，先生正襟危坐，事定问之，曰："守正以俟耳！"先生往来，粗衣敝履，人不知其为司成之子也。

　　居乡躬耕食力，弟子从游者甚众。先生谓娄谅确实，杨杰淳雅，周文勇迈。雨中被蓑笠，负耒耜，与诸生并耕；谈乾坤及坎离艮震兑巽，于所耕之耒耜可见。归则解犁饭糗，蔬豆共食。陈白沙自广来学，晨光才辨，先生手自簸谷；白沙未起，先生大声曰："秀才若为懒惰，即他日何从到伊川门下？又何从到孟子门下？"一日刈禾，镰伤厥指，先生负痛，曰："何可为物所胜？"

竟刈如初。尝叹笺注之繁,无益有害,故不轻著述。

省郡交荐之,不赴,太息曰:"宦官、释氏不除,而欲天下之治,难矣!吾庸出为。"天顺初,忠国公石亨汰甚,知为上所疑。门客谢昭效、张鼐之告蔡京,征先生以收人望。先生三辞不得命,称病笃不起。盖先生知石亨必败,故洁然高蹈。其南还也,人问其故,第曰:"欲保性命而已。"己丑十月十七日卒,年七十有九。

先生上无所传,而闻道最早;身体力验,只在走趋语默之间,出作入息,刻刻不忘,久之自成片段。所谓"敬义夹持,诚明两进"者也。一切玄远之言,绝口不道;学者依之,真有途辙可循。以羲论之,当时石亨势如燎原,其荐先生以炫耀天下者,区区自居一举主之名耳;向若先生不称门下,则大拂其初愿,先生必不能善归。先生所谓"欲保性命者",其亦有甚不得已者乎!

吴康斋先生语

与邻人处一事,涵容不熟;既以容讫,彼犹未悟,不免设破。此闲气为患,寻自悔之。因思为君子,当常受亏于人方做得,盖受亏即有容也。食后坐东窗,四体舒泰,神气清朗,读书愈有进益,数日趣同,此又必透一关矣。日夜痛自点检且不暇,岂有工夫点检他人?责人密,自治疏矣,可不戒哉!"明德新民"虽无二致,然己德未明,遽欲新民,不惟失本末先后之序,岂能有新民之效乎?徒尔劳攘,成私意也。

贫困中事务纷至,兼以病疮,不免时有愤躁;徐整衣冠读书,便觉意思通畅。古人云:"不遇盘根错节,无以别利器。"又云:"若要熟,也须从这里过。然诚难能,只得小心宁耐做将去。"朱子云:"终不成处不去便放下。"旨哉是言也!

文公谓延平先生,终日无疾言遽色,与彊常叹何修而至此,又自分虽终身不能学也。文公又云："李先生初间也是豪迈底人，后来也是琢磨之功。"观此，则李先生岂是生来便如此，盖学力所致也。然下愚末学，苦不能克去血气之刚。平居则慕心平气和，与物皆春；少不如意，躁急之态形焉。因思延平先生所与处者，岂皆圣贤；而能无疾言遽色者，岂非成汤与人不求备、检身若不及之功效欤？而今而后，吾知圣贤之必可学，而学之必可至；人性之本善，而气质之可化也的然矣。下学之功，此去何如哉？南轩读《孟子》甚乐，湛然虚明平旦之气，略无所挠；绿阴清昼，薰风徐来。而山林阒寂，天地自阔，日月自长。邵子所谓"心静方能知白日，眼明始会识青天"，于斯可验。

与弼气质，偏于刚忿。永乐庚寅，年二十，从洗马杨先生学，方始觉之。春季归自先生官舍，纤道访故人李原道于秦淮客馆，相与携手淮畔，共谈日新。与弼深以刚忿为言，始欲下克之之功。原道寻以告吾父母，二亲为之大喜。原道，吉安庐陵人，吾母姨夫中允公从子也。厥后克之之功，虽时有之，其如卤莽灭裂何？十五六年之间，猖狂自恣；良心一发，愤恨无所容身。去冬今春，用功甚力；而日用之间，觉得愈加辛苦，疑下愚终不可以希圣贤之万一，而小人之归，无由可免矣。五六月来，觉气象渐好，于是益加苦功，逐日有进，心气稍稍和平；虽时当逆境，不免少动于中，寻即排遣，而终无大害也。二十日，又一逆事，排遣不下，心愈不悦。盖平日但制而不行，未有拔去病根之意；反复观之，而后知吾近日之病，在于欲得心气和平，而恶夫外物之逆以害吾中。此非也，心本太虚，七情不可有所于物之相接；甘辛咸苦，万有不齐，而吾恶其逆我者可乎？但当于万有不齐之中，详审其理以应之则善矣，于是中心洒然。此殆克己复礼之一端乎？盖制而不行者硬苦，以理处之则顺畅；因思心气和平，非绝于往日，但未如此八九日之无间断。又往日间和平多无事之时,今乃能于逆境摆脱,惧学之不继也。故特书于册,冀日新又新。读书穷理,从事于敬恕之间,渐进于克己复礼之地,此吾志也。效之迟速,非所敢知。

澹如秋水贫中味,和似春风静后功。

病体衰惫,家务相缠,不得专心致志于圣经贤传中。心益以鄙诈,而无以致其知;外貌益以暴慢,而何以力于行?岁月如流,岂胜痛悼。如何如何!

观《近思录》,觉得精神收敛,身心检束,有歉然不敢少恣之意,有悚然夺拔向前之意。大抵学者践履工夫,从至难至危处试验过,方始无往不利;若舍至难至危,其他践履,不足道也。

因暴怒,徐思之,以责人无恕故也。欲责人,须思吾能此事否;苟能之,又思曰,吾学圣贤方能此,安可遽责彼未尝用功与用功未深者乎?况责人此理,吾未必皆能乎此也。以此度之,平生责人谬妄多矣。戒之戒之!信哉"躬自厚而薄责于人则远怨"。以责人之心责己,则尽道也。

倦卧梦寐中,时时警恐,为过时不能学也。

人须整理心下,使教莹净常惺惺地方好,此敬以直内工夫也。嗟夫,不敬则不直,不直便昏昏倒了!万事从此隳,可不惧哉!

今日觉得贫困上稍有益,看来人不于贫困上着力,终不济事,终是脆愞。

应事后即须看书,不使此心顷刻走作。

早枕痛悔刚恶,偶得二句:"岂伊人之难化,信吾德之不竞。"遇逆境暴怒,再三以理遣。盖平日自己无德,难于专一责人;况化人亦当以渐,又一时偶差,人所不免。呜呼,难矣哉中庸之道也!

人之遇患难,须平心易气以处之;厌心一生,必至于怨天尤人。此乃见学力不可不勉,凡百皆当责己。先哲云:"身心须有安顿处",盖身心无安顿处,则日惟扰扰于利害之中而已。此亦非言可尽,默而识之可也。

人之病痛,不知则已;知而克治不勇,使其势日甚,可乎哉?

志之不立,古人之深戒也。男儿须挺然生世间。

处大事者,须深沉详察。

看《言行录》,龟山论东坡云:"君子之所养,要令暴慢邪僻之气,不设于身体,大有所省。"然志不能帅气,工夫间断;甚矣,圣贤之难能也!

看朱子"六十后长进不多"之语,恍然自失。呜呼,日月逝矣,不可得而追矣!

"世间可喜可怒之事,自家著一分陪奉他,可谓劳矣。"诚哉是言也!

累日思平生架空过了时日。

事往往急便坏了。

请看风急天寒夜,谁是当门定脚人?

人生须自重。

学至于不尤人,学之至也。吾闻其语矣,未见其人也!

无时无处不是工夫。

年老厌烦,非理也。朱子云:"一日不死,一日要是当做。"于事厌倦皆无诚。

胡敬斋先生

胡居仁,字叔心,饶之余干人也。学者称为敬斋先生。弱冠时,往游康斋吴先生之门,遂绝意科举,筑室于梅溪山中,事亲讲学之外，不干人事。久之，欲广闻见，适闽历浙，入金陵，从彭蠡而返，所至访求问学之士。

先生严毅清苦，左绳右矩，每日必立课程，详书得失以自考；虽器物之微，区别精审，没齿不乱。父病，尝粪以验其深浅；兄出，则迎候于门，有疾则躬调药饮。家世为农，至先生而窭甚；鹑衣脱粟，萧然有自得之色。曰："以仁义润身，以牙签润屋，足矣！"成化甲辰三月十二日卒，年五十一。

先生一生得力于敬，故其持守可观。其以有主言静中之涵养，尤为学者津梁。先生之辨释氏尤力，谓其想象道理，所见非真；又谓是空其心、死其心、制其心。先生言治法：寓兵未复，且先行屯田；宾与不行，且先荐举。井田之法，当以田为母，区画有定数；以人为子，增减以授之。设官之法，正官命于朝廷；僚属大者荐闻，小者自辟。皆非迂儒所言，后有王者，所当取法者也。

《居业录》

觉得心放，亦是好事；便提撕收敛，再不令走，便是主敬存心工夫。若心不知下落，茫茫荡荡，是何工夫？

穷理非一端，所得非一处：或在读书上得之，或在讲论上得之，或在思虑上得之，或在行事上得之。读书得之虽多，讲论得之尤速，思虑得之最深，行事得之最实。

人虽持敬，亦要义理来浸灌，方得此心悦怿；不然，只是硬持守也。

今人说静时不可操，才操便是动。学之不讲，乃至于此，甚可惧也！静时不操，待何时去操？其意以为不要惹动此心，待他自存，若操便要着意，着意便不得静。是欲以空寂杳冥为静。不知所谓静者，只是以思虑未萌、事物未至而言，其中操持之意常在也。若不操持，待其自存，决无此理。程子曰："人心自由便放去。"又以思虑纷扰为不静，遂遏绝思虑以为静。殊不知君子九思，亦是存养法，但要专一；若专一时，自无杂虑。有事时专一，无事时亦专一。此敬之所以贯乎动静，为操存之要法也。

敬为存养之道，贯彻始终。所谓涵养须用敬，进学则在致知。是未知之前，先须存养此心，方能致知。又谓识得此理，以诚敬存之而已，则致知之后，又要存养，方能不失。盖致知之功有时，存养之功不息。

今人为学，多在声价上做，如此则学时已与道离了。费尽一生工夫，终不可得道。

天不纵有难处之事，若顺理处之，不计较利害，则本心亦自泰然；若不以义理为主，则遇难处之事，越难处矣。

今人不去学自守，先要学随时，所以苟且不立。

人收敛警醒，则气便清，心自明；才惰慢，便昏聩也。

端庄整肃，严威俨恪，是敬之入头处；提撕唤醒，是敬之接续处；主一无适，湛然纯一，是敬之无间断处；惺惺不昧，精明不乱，是敬之效验处。

敬该动静，静坐端严，敬也；随事检点致谨，亦敬也。敬兼内外，容貌庄正，敬也；心地湛然纯一，亦敬也。

古人老而德愈进者，是持守得定，不与血气同衰也。今日才气之人，到老年便衰，是无持养之功也。

娄一斋先生

娄谅，字克贞，别号一斋，广信上饶人。少有志于圣学，尝求师于四方。夷然不屑，曰："率举子学，非身心学也。"闻康斋在临川，乃往从之。康斋一见喜之，云："老夫聪明性紧，贤也聪明性紧。"一日，康斋治地，召先生往视，云："学者须亲细务。"先生素豪迈，由此折节，虽扫除之事，必躬自为之，不责僮仆，遂为康斋入室。凡康斋不以语门人者，于先生无所不尽。康斋学规，来学者始见，其余则否。罗一峰未第时，往访，康斋不出，先生谓康斋曰："此一有志知名之士也，如何不见？"康斋曰："我那得工夫见此小后生耶！"一峰不悦，移书四方，谓是名教中作怪；张东白从而和之，康斋若不闻。先生语两人曰："君子小人，不容并立；使后世以康斋为小人，二兄为君子无疑。倘后世以君子处康斋，不知二兄安顿何地？"两人之议遂息。

所著《日录》四十卷，词朴理纯，不苟悦人；《三礼订讹》四十卷，以《周礼》皆天子之礼为国礼，《仪礼》皆公卿大夫士庶人之礼为家礼；以《礼记》为二经之传，分附各篇，如冠礼附《冠义》之类，不可附各篇，各附一经之后；不可附一经，总附二经之后，取《系辞传》附《易》后之意。《诸儒附会》十三篇，以程朱论黜之；《春秋本意》十二篇，惟用经文训释而意自见。不用三《传》事实，曰："《春秋》必待三《传》而后明，是《春秋》为无用书矣。"

先生以"收放心"为居敬之门，以"何思何虑，勿助勿忘"为居敬要指。康斋之门最著者，陈石斋、胡敬斋与先生三人而已。敬斋之所訾者，亦唯石斋与先生为最，谓"两人皆是儒者陷入异教去"。谓先生："陆子不穷理，他却肯穷理；石斋不读书，他却勤读书。但其穷理、读书，只是将圣贤言语来护己见耳。"先生之书，散逸不可见，观此数言，则非仅蹈袭师门者也。又言："克贞见搬木之人得法，便说他是道。此与运水搬柴相似，指知觉运动为性。故如此说，道固无所不在，必其合乎义理而无私，乃可为道，岂搬木者所能？盖搬木之人，故不可谓之知道；搬木得法，便是合乎义理，不可谓之非道。但行不著、习不察耳，先生之言，未尝非也。"

年七十而卒，门人私谥"文肃先生"。子兵部郎中，惟其女嫁为宁庶人妃。庶人反，先生子姓皆逮系，遗文散失。而宗先生者绌于石斋、敬斋矣！文成年十七，亲迎过信，从先生问学，相深契也；则姚江之学，先生为发端也。子忱，字诚善，号冰溪，不下楼者十年；从游甚众，僧舍不能容。其弟子有架木为巢而读书者。

谢西山先生

谢复，字一阳，别号西山，祁门人也。谒康斋于小陂，师事之，阅三岁而后返，从事于践履。叶畏斋问知，曰："行。"陈寒谷问行，曰："知。"未达，曰："'知至至之，知终终之'，非行乎？'未之能行，惟恐有闻'，非知乎？知行合一，学之要也。"邑令问政，曰："辨义利则知所以爱民励己。"弘治乙丑卒。

郑孔明先生

郑伉，字孔明，常山之象湖人。不屑志于科举，往见康斋。康斋曰："此间工夫，非朝夕可得，恐误子远来。"对曰："此心放逸已久，求先生复之耳，敢欲速乎？"因受小学，日验于身心；久之若有见焉，始归而读书，一切折衷于朱子。痛恶佛老，曰："其在外者已非，又何待读其书而后辨其谬哉？"枫山、东白，皆与之上下其议论，亦一时之人杰也。

胡九韶先生

胡九韶，金溪人，自少从学康斋，家甚贫，课儿力耕，仅给衣食。康斋奔丧金陵，先生同往；凡康斋学有进益，无不相告。故康斋赠之诗云："顽钝淬磨还有益，新功频欲故人闻。"康斋语学者曰："吾平生每得力于患难。"先生曰："惟先生遇患难能进学，在他人则隳志矣。"成化初卒。

魏庄渠先生

魏校，字子才，别号庄渠，昆山人。先生私淑于胡敬斋，其宗旨为天根之学，从人生而静，培养根基；若是孩提知识后起，则未免夹杂矣。所谓天根，即是主宰，贯动静而一之者也。敬斋言："心无主宰，静也不是工夫，动也不是工夫"，此师门敬字口诀也。第敬斋工夫，分乎动静。先生贯串，总是一个，不离本末作两段事，则加密矣。

先生言理自然无为，岂有灵也；气形而下，莫能自主宰，心则处灵而能主宰。理也，气也，心也，歧而为三；不知天地间只有一气，其升降往来，即理也；人得之以为心，亦气也。气若不能自主宰，何以春而必夏、必秋、必冬哉？草木之荣枯，寒暑之运行，地理之刚柔，象纬之顺逆，人物之生化，夫孰使之哉？皆气之自为主宰也。以其能主宰，故名之曰理。其间气之有过不及，亦是理之当然；无过不及，便不成气矣。气既能主宰而灵，则理亦有灵矣。若先生之言，气之善恶，无与于理，理从而善之恶之；理不特死物，且闲物矣。其在于人，此虚灵者气也；虚灵中之主宰，即理也。善固理矣，即过、不及而为恶，亦是欲动情胜，此理未尝不在其间。故曰："不为尧存，不为桀亡。"以明气之不能离于理也。

先生疑象山为禅，其后始知为坦然大道，则于师门之教又一转矣。先生提学广东时，过曹溪，焚大鉴之衣，椎碎其钵，曰：

"无使惑后人也!"

《体仁说》

整齐严肃,莫是先制于外否?曰:"此正是由中而出。吾心才欲检束,四体便自竦然矣。外既不敢妄动,内亦不敢妄思,交养之道也。"

木必有根,然后千枝万叶,可从而立;水必有源,然后千流万派,其出无穷。人须存得此心,有个主宰;则万事可以次第治矣。

思虑万起万灭如之何?曰:"此是本体不纯,故发用多杂。功夫只在主一,但觉思虑不齐,便截之使齐。立得个主宰,却于杂思虑中,先除邪思虑,以次除闲思虑。推勘到底,直与斩绝,不得放过;久之本体纯然是善,便自一念不生,生处皆善念矣。"

论学书

存养省察工夫,固学问根本,亦须发大勇猛心,方做得成就;若不曾发愤,只欲平做将去,可知是做不成也。

孔门唯颜子可当中行,自曾子以至子思、孟子,气质皆偏于刚;然其所以传圣人之道,则皆得刚毅之力也。文公谓世衰道微,人欲横流,不是刚毅的人,亦立脚不住。

岁莫,一友过我,见某凝尘满室,泊然处之,叹曰:"吾所居必洒扫涓洁,虚室以居。尘嚣不杂,则与乾坤清气相通,斋前杂树花木,时观万物生意。深夜独坐,或启扉以漏月光;至昧爽,恒觉天地万物清气,自远而届,此心与相流通,更无窒碍。今室中芜秽不治,弗以累心,贤于玩物远矣!但恐于神爽未必有助也。"

人之一心,贯串千事百事。若不立个主宰,则终日营营,凡事都无统摄，不知从何处用功。

大丈夫冻死则冻死，饿死则饿死，方能堂堂立天地间！若开口告人贫，要人怜我，以小惠昫沫我，得无为贱丈夫乎？

道体浩浩无穷，吾辈既为气质拘住，若欲止据己见持守，固亦自好；终恐规模窄狭，枯燥孤单，岂能展拓得去。古人所以亲师取友汲汲于讲学者，非故泛滥于外也；止欲广求天工义理，而反之于身，合天下之长以为一己之长，集天下之善以为一己之善。庶几规模阔大，气质不得而限之。

余讱斋先生

余祐，字子积，别号讱斋，鄱阳人。年十九，往师胡敬斋，敬斋以女妻之。卒，年六十四。

先生之学，墨守敬斋，在狱中著《性书》三卷，其言程朱教人，拳拳以诚敬为入门，学者岂必多言，惟去其念虑之不诚不敬者，使心地光明笃实，邪僻诡谲之意，勿留其间，不患不至于古人矣。时文成《朱子晚年定论》初出，以朱子到底归于存养。先生谓文公论心学凡三变：如《存斋记》所言，心之为物，不可以形体求，不可以闻见得，惟存之之久，则日用之间，若有见焉；此则少年学禅，见得昭昭灵灵意思。及见延平，尽悟其失；复会南轩，始闻五峰之学，以察识端倪为最初下手处，未免阙却平时涵养一节工夫。别南轩诗："惟应酬酢处，特达见本根。"答叔京书尾，谓"南轩入处精切"，皆谓此也。后来自悟其失，改定已发未发之论。然后体用不偏，动静交致其力，功夫方得浑全，此其终身定见也。安得以其入门功夫，谓之晚年哉？

愚按：此辨正先生之得统于师门处。《居业录》云："古人只言涵养、言操存，曷尝言求见本体？是即文公少年之见也。"又云:"操存涵养,是静中工夫;思索省察,是动上工夫。动静二端,时节界限甚明,工夫所施,各有所当,不可混杂。"是即文公动静交致其力,方得浑全,而以单提涵养者为不全也。虽然,动静者时也,吾心之体,不著于时者也;分工夫为两节,则静不能该动,动不能摄静,岂得为无弊哉?其《性书》之作,兼理气论性,深辟"性即理也"之言。盖分理是理、气是气,截然为二,并朱子之意而失之。有云:"气尝能辅理之美矣,理岂不救气之衰乎?"整庵非之曰:"不谓理气交相为赐如此。"

夏东岩先生

夏尚朴,字敦夫,别号东岩,永丰人。从学于娄一斋谅。王文成赠诗,有"含瑟春风"之句。先生答曰:"孔门沂水春风景,不出虞廷敬畏情。"先生传主敬之学,谓:"才提起便是天理,才放下便是人欲。"魏庄渠叹为至言。然而訾象山之学,以收敛精神为主;吾儒收敛精神,要照管许多道理,不是徒收敛也。信如兹言,则总然提起,亦未必便是天理,无乃自背其说乎?盖先生认心与理为二,谓心所以穷理,不足以尽理。阳明点出"心即理也"一言,何怪不说为河汉乎?

《夏东岩文集》

才提起便是天理;才放下便是人欲。

学者须收敛精神,譬如一炉火,聚则光焰四出,才拨开便昏黑了。

人之思虑,多是触类而生,无有宁息时节,所谓"朋从尔思"也。朋,类也。试就思处思量,如何思到此;逆推上去,便自见得。禅家谓之葛藤,所以要长存长觉,才觉得便断了,心要有所用，日用间都安在义理上，即是心存；岂俟终日趺坐，漠然无所用心，然后为存耶？

潘玉斋先生

潘润，字德夫，号玉斋，信之永丰人。师事娄一斋，一斋严毅英迈，慨然以师道自任。尝谓先生曰："致礼以治躬，外貌斯须不庄不敬，而慢易之心入之矣；致乐以治心，中心斯须不和不乐，而鄙诈之心入之矣。此礼乐之本，身心之学也。"先生谨佩其教，终日终身，出入准绳规矩。李空同督学江右，以人才为问，诸生佥举先生，空同致礼欲见之，时先生居忧，以衰服拜于门外，终不肯见，空同叹其知礼。焚香静坐，时以所得者发为吟咏。终成都教谕。

三　白沙学案

有明之学，至白沙始入精微。其吃紧工夫，全在涵养，喜怒未发而非空，万感交集而不动。至阳明而后大，两先生之学，最为相近。不知阳明后来从不说起，其故何也？薛中离，阳明之高第弟子也，于正德十四年上疏，请白沙从祀孔庙，是必有以知师门之学同矣。罗一峰曰："白沙观天人之微，究圣贤之蕴；充道以富，崇德以贵。天下之物，可爱可求，漠然无动于其中。"信斯言也，故出其门者多清苦自立，不以富贵为意，其高风之所激远矣！

陈白沙先生

陈献章，字公甫，新会之白沙里人。幼警悟绝人，读书一览辄记。尝读《孟子》所谓"天民"者，慨然曰："为人必当如此！"已至崇仁，受学于康斋先生；归即绝意科举，筑春阳台，静坐其中，不出阃外者数年。彭韶、朱英交荐，授翰林院检讨而归。有言其出处与康斋异者，先生曰："先师为石亨所荐，所以不受职；某以听选监生，始终愿仕，故不敢伪辞以钓虚誉。或受或不受，各有攸宜。"弘治十三年二月十日卒，年七十有三。

先生之学，以虚为基本，以静为门户，以四方上下、往古来今穿纽凑合为匡郭，以日用常行分殊为功用，以勿忘勿助之间为体认之则，以未尝致力而应用不遗为实得。远之则为曾点，近之则为尧夫，此可无疑者也。故有明儒者，不失其矩矱者，亦多有之；而作圣之功，至先生而始明，至文成而始大。向使先生与文成不作，则濂洛之精蕴，同之者固推见其至隐，异之者亦疏通其流别，未能如今日也。

先生自序为学云："仆年二十七，始发愤从吴聘君学；其于古圣贤垂训之书，盖无所不讲，然未知入处。比归白沙，杜门不出，专求所以用力之方；既无师友指引，日靠书册寻之，忘寐忘食，如是者累年，而卒未有得。所谓未得，谓吾此心与此理未有凑泊脗合处也。于是舍彼之繁，求吾之约，惟在静坐。久之然后见吾此心之体，隐然呈露。常若有物，日用间种种应酬，随吾所欲，如马之御衔勒也。体认物理，稽诸圣训，各有头绪来历，如水之有源委也。于是涣然自信曰：'作圣之功，其在兹乎！'"万历十三年，诏从祀孔庙，称先儒陈子，谥文恭。

论学书

伊川先生每见人静坐，便叹其善学。此一"静"字，自濂溪先生主静发源；后来程门诸公，递相传授，至于豫章、延平，尤专提此教人，学者亦以此得力。晦翁恐人差入禅去，故少说静，只说敬。如伊川晚年之训，此是防微虑远之道。然在学者须自度量如何，若不至为禅所诱，仍多着静，方有入处；若平生忙者，此尤为对症之药。

"学者先须理会气象，气象好时，百事自当。"此言最可玩味，言语动静，便是理会气象地头。变急为缓，变激烈为和平，则有大功，亦远祸之道也，非但气象好而已。

与林缉熙云：终日乾乾，只是收拾此理而已。此理干涉至大，无内外，无终始，无一处不到，无一息不运。知此则天地我立，万化我出，而宇宙在我矣。得此把柄入手，更有何事？往古来今，四方上下，都一齐穿纽，一齐收拾；随时随处，无不是这个充塞。色色信他本来，何用尔脚劳手攘？舞雩三三两两，正在勿忘勿助之间。曾点些儿活计，被孟子打并出来，便都是鸢飞鱼跃；若无孟子工夫，骤而语之以曾点见趣，一似说梦，会得虽尧舜事业，只如一点浮云过目，安事推乎？此理包罗上下，贯彻终始，滚作一片，都无分别，无尽藏故也。自兹已往，更有分殊处，合要理会，毫分缕析；义理尽无穷，工夫尽无穷。书中所云，乃其统体该括耳！夫以无所著之心行于天下，亦焉往而不得哉？

与贺克恭云：人要学圣贤，毕竟要去学他，若道只是个希慕之心，却恐末梢未易凑泊，卒至废弛。若道不希慕圣贤，我还肯如此学否？思量到此，见得个不容已处，虽使古无圣贤为之依归，我亦住不得，如此方是自得之学。

心地要宽平，识见要超卓，规模要阔远，践履要笃实；能此四者，可以言学矣。为学须从静坐中养出个端倪来，方有商量处。

与何时矩云：宇宙内更有何事？天自信天，地自信地，吾自信吾；自动自静，自阖自辟，自舒自卷。甲不问乙供，乙不待甲赐；牛自为牛，马自为马。感于此，应于彼，发乎迩，见乎远。故得之者，天地与顺，日月与明，鬼神与福，万民与诚，百世与名，而无一物奸于其间。呜呼大哉！前辈云："铢视轩冕，尘视金玉。"此盖略言之以讽始学者耳。人争一个觉，才觉便我大而物小，物尽而我无尽。夫无尽者，微尘六合，瞬息千古；生不知爱，死不知恶，尚奚暇铢轩冕而尘金玉耶？

前辈谓学贵知疑，小疑则小进，大疑则大进。疑者，觉悟之机也，一番觉悟，一番长进，更无别法也。即此便是科级，学者须循次而进，渐到至处耳。

与崔揖云：弃礼从俗，坏名教事，贤者不为。愿更推广此心于一切事，不令放倒。名节，道之藩篱；藩篱不守，其中未有能独存者也。

学无难易，在人自觉耳。才觉退，便是进也；才觉病，便是药也。

语录

为学莫先于为己、为人之辨，此是举足第一步。

疑而后问，问而后知，知之真则信矣。故疑者进道之萌芽也，信则有诸己矣。《论语》曰："古之学者为己。"善学者，主于静以观动之所本，察于用以观体之所存。

题跋

赠彭惠安别言：忘我而我大，不求胜物而物莫能挠。《孟子》云："我善养吾浩然之气。"山林、朝市一也，死生、常变一也，富贵、贫贱、威武一也。而无以动其心，是名曰"自得"。自得者不累于外物，不累于耳目，不累于造次颠沛，鸢飞鱼跃，其机在我。知此者谓之善学，不知此者，虽学无益也。

著撰

《禽兽说》：人具七尺之躯，除了此心此理，便无可贵。浑是一包脓血，裹一大块骨头；饥能食，渴能饮，能着衣服，能行淫欲。贫贱而思富贵，富贵而贪权势；忿而争，忧而悲，穷则滥，乐则淫。凡百所为，一信血气，老死而后已，则命之曰禽兽可也！

李大厓先生

李承箕，字世卿，号大厓，楚之嘉鱼人。其文出入经史，跌宕纵横。闻白沙之学而慕之，弘治戊申，入南海而师焉。白沙与之登临吊古，赋诗染翰，投壶饮酒；凡天地间耳目所闻见，古今上下载籍所存，无所不语。所未语者，此心通塞往来之几，生生化化之妙，欲先生深思而自得之，不可以见闻承当也。久之，而先生有所悟入，归筑钓台于黄公山，读书静坐其中，不复仕进。自嘉鱼至新会，涉江浮海，水陆万里，先生往见者四。而白沙相忆之诗："去岁逢君笑一回，经年笑口不曾开；山中莫谓无人笑，不是真情懒放怀。"又："衡岳千寻云万寻，丹青难写梦中心；人间铁笛无吹处，又向秋风寄此音。"真有相视而莫逆者。盖先生胸怀洒落，白沙之门，更无过之。乙丑二月卒，年五十四。

张东所先生

张诩，字廷实，号东所，南海人。白沙弟子。卒年六十。白沙以廷实之学，以自然为宗，以忘己为大，以无欲为至；即心观妙，以揆圣人之用。其观于天地，日月晦明，山川流峙；四时所以运行，万物所以化生，无非在我之极。而思握其枢机，端其衔绥，行乎日用事物之中，以与之无穷。观此则先生之所得深矣。

贺医闾先生

贺钦，字克恭，别号医闾。世为定海人，以戎籍隶辽之义州卫。少习举子业，辄鄙之，曰："为学止于是耶？"因亢旱，上章极谏，谓："此时游乐，是为乐忧。"白沙在太学，先生闻其为己端默之旨，笃信不疑，从而禀学，遂淡然于富贵。故天下议白沙率人于伪，牵连而不仕，则以先生为证。构小斋读书其中，随事体验，未得其要。潜心玩味，杜门不出者十余年，乃见实理充塞无间,化机显行,莫非道体,事事物物,各具本然实理。吾人之学,不必求之高远;在主敬以收放心,勿忘勿助,循其所谓本然者而已。故推之家庭里闬间冠婚丧祭、服食起居,必求本然之理而力行之。久久纯熟,心迹相应,不期信于人而人自信。有边将诈诱杀为阵获者,见先生即吐实,曰:"不忍欺也!"城中乱卒焚劫,不入其坊;先生往谕之,众即罗拜而泣,曰:"吾父也!"遂解散。其至诚感人如此。正德庚午十二月卒,年七十四。

言行录

门人于衢路失仪,先生曰:"为学须躬行,躬行须谨隐微。小小礼仪,尚守不得,更说甚躬行?于显处尚如此,则隐微可知矣。"

善恶虽小,须辨别如睹黑白。

问:"静极而动者圣人之复,岂常人之心无有动静乎?"曰:"常人虽当静时,亦不能静。"

为学先要正趋向,趋向正,然后可以言学;若趋向专在得失,即是小人而已矣!

骄惰之心一生,即自坏矣。

今人见人有勉强把捉者,便笑"某人造作不诚实"。我尝曰:"且得肯如此,亦好了。如本好色,把持不好色;如本好酒,把持不饮酒。此正娇揉之功,如何不好?若任情胡行,只管好色饮酒,乃曰'吾性如此',此等之人,以为诚实不造作,可乎?"

有以私嘱者,先生正理喻之。因谓门人曰:"渠以私意干我,我却以正道劝之;渠是拖人下水,我却是救人上岸。"

世风不善,豪杰之士,挺然特立,与俗违拗,方能去恶为善。

人于富贵之关过不得者,说甚道理?

邹立斋先生

邹智，字汝愚，号立斋，四川合州人。先生与麻城李文祥，寿州汤鼐，以风期相许。鼐劾阁臣万安、刘吉、尹直，吉阴使门客徐兔、魏璋伺之，璋遂劾鼐、概及先生，俱下于狱。先生供词："某等往来相会，或论经筵，不宜以寒暑辍讲；或论午朝，不宜以一事两事塞责。或论纪纲废弛，或论风俗浮薄，或论民生憔悴无赈济之策，或论边境空虚无储蓄之具。"谪广东石城吏目。至官，即从白沙问学。其父来视，责以不能禄养；箠之，泣受。辛亥十月卒，年二十六。

初，王三原致京，先生迎谓曰："三代而下，人臣不获见君，所以事事苟且。公宜请对，面陈时政之失，上许更张，然后受职。"又谓汤鼐曰："祖宗盛时，御史纠仪，得面陈得失，言下取旨。近年遇事，惟退而具本，此君臣情分所由间隔也。请修复故事，今日第一着也。"

陈时周先生

陈茂烈，字时周，福之莆田人。年十八，即有志圣贤之学；谓颜之克己，曾之日省，学之法也。作《省克录》以自考。受业白沙之门，白沙语以为学主静。退而与张东所论难，作《静思录》。入为监察御史，袍服朴陋，氂氍一牝马而自系，风纪之重，所过无不目而畏之。以母老终养。供母之外，匡床敝席，不办一帷；身自操作，治畦汲水。太守闵其劳，遣二力助之；阅三日，往白守曰："是使野人添事而溢口食也。"送之还。日坐斗室，体验身心，随得随录，曰："儒者有向上工夫，诗文其土苴耳！"

先生为诸生时，韩洪洞问莆人物于林俊。俊曰："从吾。"从吾者，彭韶字也。又问。曰："时周。"洪洞曰："以莆再指一书生耶？"俊曰："与时周语，沉疴顿去。"其为时所信如此。

林缉熙先生

林光，字缉熙，东筦人。见白沙于神乐观，语大契，从归江门，筑室深山，往来问学者二十年。白沙称其所见甚是超脱，甚是完全；盖自李大厓而外，无有过之者。尝言："所谓闻道者，在自得耳；读尽天下书，说尽天下理，无自得入头处，终是闻也。"致仕，年八十一卒。初，先生依白沙，不欲仕。晚以贫，将求近地养亲，未及陈情，遂转兖州，未及一年而母氏卒。白沙责其因升斗之禄以求便养，无难处者，特于语默进退、斟酌早晚之宜，不能自决，遂贻此悔，胸中不皎洁磊落也。

陈秉常先生

陈庸，字秉常，南海人。游白沙之门，白沙示以自得之学，谓："我否子亦否，我然子亦然；然否苟由我，于子何有焉？"先生深契之。同门谢祐卒而贫，先生葬之。病革，设白沙像，焚香再拜而逝。年八十六。

李抱真先生

李孔修，字子身，号抱真子，居广州之高第街。混迹阛阓，张东所识之，引入白沙门下。先生尝输粮于县，县令异其容止，问姓名不答，第拱手。令叱之曰："何物小民，乃与上官为礼？"

复拱手如前。令怒，笞五下，竟无言而出。白沙诗："驴背推敲去，君知我是谁；如何叉两手，刚被长官笞？"所由作也。父殁，庶母出嫁，诬先生夺其产；县令鞫之，先生操笔置对曰："母言是也。"令疑焉，徐得其情，乃大礼敬。卒无子，葬于西樵山；西樵人祭社，以先生配。

谢天锡先生

谢祐，字天锡，南海人。白沙弟子，筑室葵山之下，并日而食，袜不掩胫。名利之事，纤毫不能入也。卒后附祀于白沙。

何时振先生

何廷矩，字时振，番禺人。及师白沙，即弃举子业。白沙诗云："良友惠我书，书中竟何如；上言我所忧，下述君所趋。开缄读三四，亦足破烦污；丈夫立万仞，肯受寻尺拘。不见柴桑人，丐食能欢娱；孟轲走四方，从者数十车。出处固有间，谁能别贤愚；鄙夫患得失，较计于其初。高天与深渊，悬绝徒嗟吁！"

史惺堂先生

史桂芳，字景实，号惺堂，豫之番阳人。先是，岭表邓德昌，白沙弟子也，以其学授傅明应。先生读书鹿洞，傅一见奇之曰："子无第豪举为。圣门有正学，可勉也。"手书古格言以勖。先生懽然，向学之意自此始。时谭者以解悟相高，先生取行其所知而止，不轻信也。其学以知耻为端，以改过迁善为实，以亲师取友为佽助。若夫抉隐造微，则俟人之自得不数数然也。天台以御史督学南畿，先生过之，卒然面质曰："子将何先？"天台曰："方今为此官者，优等多与贤书，便称良矣。"先生厉声曰："不图子亦为此陋语也！子不思如何正人心、挽士习以称此官耶？"拂衣而起。天台有年家子，宜黜而留之。先生曰："此便是脚根站不定！朝廷名器，是尔作面皮物耶？"天台行部，值母讳日，供张过华。先生过见之，勃然辞去。谓天台曰："富贵果能移人！兄家风素朴，舍中所见，居然改观矣！"其直谅如此。

先生在汝宁，与诸生论学；诸生或谒归请益，即辍案牍对之刺刺不休。谈毕珍重曰："慎无弁髦吾言也！"激发属吏，言辞慷慨；遂平令故有贪名，闻之流涕，翻然改行。郡有孝女，不嫁养父；先生躬拜其庐，民俗为之一变。其守延平，七日忧去，而尽革从前无名之费。若先生者，不徒讲之口耳矣。

四　河东学案

河东之学,悃愊无华,恪守宋人矩矱;故数传之后,其议论设施,不问而可知其出于河东也。若阳明门下,亲炙弟子,已往往背其师说,亦以其言之过高也。然河东有未见性之讥,所谓"此心始觉性天通"者,定非欺人语,可见无事乎张皇耳。

薛敬轩先生

薛瑄,字德温,号敬轩,山西河津人。魏、范二先生深于理学,(魏纯,字希文,山东高密人。范,俟考。)俾先生与之游处,讲习濂洛诸书。叹曰:"此问学正路也!"因尽弃其旧学。差监湖广银场,手录《性理大全》,通宵不寐,遇有所得,即便札记。居家八年,从学者甚众。天顺八年甲申六月十五日卒,年七十有六。留诗有:"七十六年无一事,此心始觉性天通。"

先生以复性为宗,濂洛为鹄。所著《读书录》,大概为《太极图说》《西铭》《正蒙》之义疏,其谓:"理气无先后,无无气之理,亦无无理之气,不可易矣。"又言:"气有聚散,理无聚散。以日光飞鸟喻之,理如日光,气如飞鸟;理乘气机而动,如日光载鸟背而飞。鸟飞而日光虽不离其背,实未尝与之俱往而有间断之处;亦犹气动而理虽未尝与之暂离,实未尝与之俱尽而有灭息之时。"羲窃谓:理为气之理,无气则无理;若无飞鸟而有日光,亦可无日光而有飞鸟,不可为喻。盖以大德敦化者言之,气无穷尽,理无穷尽;不特理无聚散,气亦无聚散也。以小德川流者言之,日新不已,不以已往之气为方来之气,亦不以已往之理为方来之理；不特气有聚散，理亦有聚散也。先生谓："水清则见毫毛，心清则见天理。喻理如物、心如镜，镜明则物无遁形，心明则理无蔽迹。"羲窃谓：仁人心也，心之所以不得为理者，由于昏也；若反其清明之体，即是理矣。心清而见，则犹二之也。此是先生所言本领，安得起而质之乎？

成化初，谥文清。隆庆五年，诏从祀孔庙，称"先儒薛子"。

《读书录》

人心一息之顷，不在天理，便在人欲；未有不在天理、人欲而中立者也。

少欲觉身轻。

心中无一物，其大浩然无涯。

为政以法律为师，亦名言也；既知律己，又可治人。

二十年治一怒字，尚未消磨得尽，以是知克己最难。

无欲非道；入道自无欲始。

诚不能动人，当责诸己；己不能感人，皆诚之未至。

常沉静则含蓄义理，而应事有力。

厚重、静定、宽缓，进德之基。

处人之难处者，正不必厉声色，与之辩是非、较短长。

才舒放，即当收敛；才言语，便思简默。

事已往不追，最妙。

人能于言动事为之间，不敢轻忽，而事事处置合宜，则浩然之气自生矣。

矫轻警惰，只当于心志言动上用力。

须是尽去旧习，从新做起。张子曰："濯去旧见，以来新意。"余在辰州府，五更，忽念己德所以不大进者，正为旧习缠绕，未能掉脱；故为善而善未纯，去恶而恶未尽。自今当一刮旧习，一言一行，求合于道，否则匪人矣。

一念之差心即放；才觉其差而心即正。

将圣贤言语作一场话说，学者之通患。

言不谨者，心不存也；心存则言谨矣。

余于坐立方向、器用安顿之类，稍有不正，即不乐，必正而后已；非作意为之，亦其性然。

才敬，便渣滓融化，而不胜其大；不敬，则鄙吝即萌，不胜其小矣。

大事谨而小事不谨，则天理即有欠缺间断。

心一操而群邪退听；一放而群邪并兴。

不能克己者，志不胜气也。

读书以防检此心，犹服药以消磨此病。病虽未除，当使药力胜则病自衰；心虽未定，常得书味深则心自熟，久则衰者尽而熟者化矣。

当事务丛杂之中，吾心当自有所主，不可因彼之扰扰而迁易也。

学不进，率由于因循。

事事不放过，而皆欲合理，则积久而业广矣。

为学时时处处是做工夫处，虽至陋至鄙处，皆当存谨畏之心而不可忽。且如就枕时，手足不敢妄动，心不敢乱想，这便是睡时做工夫，以至无时无事不然。工夫紧贴在身心做，不可斯须外离。

心一放即悠悠荡荡，无所归着。

读前句如无后句，读此书如无他书，心乃有入。

人心皆有所安、有所不安；安者义理也，不安者人欲也。然私意胜，不能自克，则以不安者为安矣。

略有与人计较短长意，即是渣滓销融未尽。

只主于敬,才有卓立;不然东倒西歪,卒无可立之地。

方为一事,即欲人知,浅之尤者。

理明则心定。

凡所为,当下即求合理;勿曰今日姑如此,明日改之。一事苟,其余无不苟矣。

习于见闻之久,则事之虽非者,亦莫觉其非矣。

教人言理太高,使人无可依据。

常存心于义理,久久渐明;存心于闲事,即于义理日昧矣。

名节至大,不可妄交非类以坏名节。

杂虑少则渐近道。

心每有妄发,以经书圣贤之言制之。

一息之运,与古今之运同;一尘之土,与天地之土同;一夫之心,与亿兆之心同。

阎子与先生

阎禹锡,字子与,洛阳人。闻薛文清讲学,往从之游。遂以所受于文清者授其弟子,人多化之。提督畿内学政,励士以原本之学,讲明《太极图说》《通书》。使文清之学不失其传者,先生之力也。成化丙申卒。所著有《自信集》。

张自在先生

张鼎,字大器,陕之咸宁人。乙卯,卒于家,年六十五。先生少从父之任蒲州,得及薛文清之门;终身恪守师说,不敢少有踰越。文清殁后,其文集散漫不传;先生搜辑较正,凡数年,始得成书。

段容思先生

段坚,字可久,号容思,兰州人也。年十四,为诸生。见陈緱山明伦堂上铭:"群居慎口,独坐防心",慨然有学圣人之志,于是动作不苟。自齐鲁以至吴越,寻访学问之人。得阎禹锡、白良辅,以溯文清之旨。踰年而归,学益有得。越五年,出知福山县,以弦诵变其风俗;谓天下无不可化之人,无不可变之俗。六载而治行,郁然可观。建志学书院,与人士讲习濂洛之书;其童蒙则授以《小学》《家礼》;祀烈女,迸巫尼。凡风教之事,无不尽心。成化甲辰卒,年六十六。

尝言:"学者主敬以致知格物,知吾之心即天地之心,吾之理即天地之理。吾身可以参赞者在此。"其形于自得者,诗云:"风清云净雨初晴,南亩东阡策杖行;幽鸟似知行乐意,绿杨烟外两三声。"先生虽未尝及文清之门,而郡人陈祥赞之曰:"文清之统,惟公是廓。"则固私淑而有得者也。

张默斋先生

张杰,字立夫,号默斋,陕之凤翔人。授赵城训导,以讲学为事。文清过赵城,先生以所得质之;文清为之证明,由是其学益深。为《责躬诗》曰:"年纪四十四,此理未真知;昼夜不勤勉,迁延到几时?"其工夫以"涵养须用敬,进学在致知"二语为的。有劝先生著书者,曰:"吾年未艾,犹可进也;俟有所得,为之未晚。"成化壬辰十月卒,年五十二。

王凝斋先生

王鸿儒，字懋学，号凝斋，河南南阳人。时冢宰为陆完，喜权术。先生讽之曰："惟诚与直，能济国事；趋名者亦趋利，于社稷生民无益也。"宸濠反，武宗南巡，勤劳王事，疽发背卒。

周小泉先生

周蕙，字延芳，号小泉，山丹卫人。听讲《大学》首章，奋然感动，始知读书问字。为兰州戍卒，闻段容思讲学，时往听之。久之，诸儒令坐听，既而与之坐讲。容思曰："非圣弗学。"先生曰："惟圣斯学。"于是笃信力行，以程朱自任。又受学于安邑李昶。李昶者，景泰丙子举人，授清水教谕，文清之门人也。先生以父游江南，久之不返；追寻江湖间，至扬子而溺，天下莫不悲之。门人最著者，渭南薛敬之、秦州王爵。

薛思菴先生

薛敬之，字显思，号思菴，陕之渭南人。五岁即喜读书，居止不同流俗，乡人以道学呼之。成化丙戌，贡入太学；时白沙亦在太学，一时相与并称。正德戊辰卒，年七十四。先生从周小泉学，常鸡鸣而起，候门开洒扫设坐，至则跪以请教。故谓其弟子曰："周先生躬行孝弟，其学近于伊洛，吾以为师；陕州陈云逵，忠信狷介，凡事皆持敬，吾以为友。吾所以有今日者，多此二人力也。"先生之论，特详于理气；其言"未有无气质之性"是矣，而云"一身皆是气，惟心无气"，"气中灵底便是心"，则又歧理、气而二之也。气未有不灵者,气之行处皆是心;不仅腔子内始是心也,即腔子内亦未始不是气耳。

李介菴先生

李锦,字在中,号介菴,陕之咸宁人。受学于周小泉。以主敬、穷理为学,故然诺、辞受之间,皆不敢苟。巡抚余肃敏闻其丧不能举,赙以二椁,先生却其一,曰:"不可因丧为利也。"郡大夫赙米,以状无"俸"字辞之。年五十一卒。

吕泾野先生

吕柟,字仲木,号泾野,陕之高陵人。壬寅七月朔卒,年六十四。赐谥文简。先生师事薛思庵,所至讲学。未第时,即与崔仲凫讲于宝邛寺。正德末,家居,筑东郭别墅以会四方学者;别墅不能容,又筑东林书屋。镇守廖庵张甚,其使者过高陵,必诫之曰:"吕公在,汝不得作过也。"在解州建解梁书院,选民间俊秀歌诗习礼。九载南都,与湛甘泉、邹东廓共主讲席,东南学者尽出其门。尝道上党,隐士仇栏遮道问学。有梓人张提,闻先生讲,自悟其非,曾妄取人物,追还主者。朝鲜国闻先生名,奏谓其文为式国中。

先生之学,以格物为穷理,及先知而后行,皆是儒生所习闻;而先生所谓穷理,不是泛常不切于身,只在语默作止处验之。所谓知者,即从闻见之知,以通德性之知,但事事不放过耳,大概工夫,下手明白,无从躲闪也。先生议"良知",以为圣人教人,每因人变化,未尝规规于一方也。今不论其资禀造诣,数字以必人之从,不亦偏乎?夫因人变化者,言从人之工夫也。良知是言本体，本体无人不同，岂得而变化耶？非惟不知阳明，并不知圣人矣！

语录

光祖曰："物之遇雨，或生或长，其效甚速，人遇教而不兴者何也？"先生曰："只是中心未实；如五谷之种，或蠹或浥，难乎其为苗矣。"

问："今之讲学多有不同者，如何？"曰："不同，乃所以讲学；既同矣，又安用讲耶？故用人以治天下，不可皆求同，求同则谀谄面谀之人至矣。"道通曰："果然。治天下只看所所重轻。"

问："身甚弱；茗有作盗贼的力量，改而为圣人方易。"先生曰："作圣人不是用这等力量。见得善处肯行，便是力量；溺于流俗物欲者，乃弱也。"

黄惟因问："白沙在山中十年作何事？"先生曰："用功不必山林，市朝也做得。昔终南僧用功三十年，尽禅定也。有僧曰：'汝习静久矣，同去长安柳街一行。'及到，见了妖丽之态，粉白黛绿，心遂动了，一旦废了前三十年工夫。可见亦要于繁华波荡中学，故于动处用功；佛家谓之消磨，吾儒谓之克治。"

许象先问："'乐在其中'与'不改其乐'，'乐'字有浅深否？"先生曰："汝不要管他浅深，今日只求自家一个乐耳。"大器曰："然。求之有道乎？"先生曰："各人拣自己所累处，一切尽除去，则自然心广体胖。然所谓'累处'者，不必皆是声色货利麤恶的；只于写字做诗，凡嗜好一边皆是。程子曰：'书札于儒者事最近。然一向好着，亦自丧志。'可见。"

诏问："讲良知者何如？"先生曰："圣人教人，每因人变化：如颜渊问仁，夫子告以'克己复礼'；仲弓则告以'敬恕'；樊迟则告以'居处恭，执事敬，与人忠'。盖随人之资质学力所到而进之，未尝规规于一方也。世之儒者诲人，往往不论其资禀造诣，刻数字以必人之从，不亦偏乎？"

先生谓诸生曰："学者则隐显穷达，始终不变方好。今之人，对显明广众之前一人焉，闲居独处之时又一人焉；对富贵又一人焉，贫贱又一人焉。眼底交游所不变者，惟何粹夫乎？"

问慎独工夫。曰："此只在于心上做，如心有偏处，如好欲处，如好胜处；但凡念虑不在天理处，人不能知而己所独知，此处当要知谨，自省即便克去。若从此渐渐积累，至于极处，自能勃然上进；虽博厚高明，皆是此积。"

先生曰："汝辈做工夫，须要有把柄，然后才把捉得住，不然，鲜不倒了的。故叉手不定便撒摆，立脚不定便那移。"

先生曰："学者必是有定守，然后不好的事，不能来就我。《易》曰：'鼎有实，我仇有疾；不我能即，吉。'若我无实，则这不好的事，皆可以来即我也。"

吕潜问："欲根在心，何法可以一时拔得去？"先生曰："这也难说。一时要拔去得，须要积久工夫才得就。且圣如孔子，犹且十五志学，必至三十方能立，前此不免小出入时有之。学者今日且于一言一行差处，心中即便检制，不可复使这等；如或他日又有一言一行差处，心中即又便如是检制。此等处人皆不知，己独知之；检制不复萌，便是慎独工夫。积久熟后，动静自与理俱，而人欲不觉自消。欲以一时一念的工夫，望病根尽去，却难也。"

李乐初见先生，问："圣学工夫如何下手？"先生曰："亦只在下学做去。"先生因问："汝平日做甚工夫来？"和仲默然，良久不应。先生曰："看来圣学工夫，只在无隐上，就可做得。学者但于己身有是、不是处，就说出来，无所隐匿，使吾心事常如青天白日才好；不然，久之积下种子，便陷于有心了。故司马温公谓'平生无不可对人说得的言语'。就是到'建诸天地不悖，质之鬼神无疑',也都从这里起。"

诏云:"近日多人事,恐或废学。"先生曰:"这便可就在人事上学。今人把事做事、学做学,分做两样看了。须是即事即学,即学即事;方见心事合一、体用一原的道理。"因问:"汝于人事上亦能发得出来否?"诏曰:"来见的亦未免有些俗人。"先生曰:"遇着俗人便即事即物,把俗言语譬晓得他来,亦未尝不可。如舜在深山河滨,皆俗人也。"诏顾语象先曰:"吾辈今日安得有这样度量?"

先生语学者曰:"近日做甚工夫来?"曰:"只是做得个矜持的工夫,于道却未有得处。"先生曰:"矜持亦未尝不好,这便是'君子终日乾乾,夕惕若',戒慎不睹、恐惧不闻的工夫。但恐这个心未免或有时间歇耳!"曰:"然。非有间歇的心,只是忘了。"先生曰:"还是不知。如知得身上寒,必定要讨一件衣穿;知得腹中饥,必定要讨一盂饭吃。使知得这道如饥寒之于衣食一般,不道就罢了。恁地看来,学问思辨的工夫,须是要在戒慎恐惧之前,方能别白得。是天理,便做将去;是人欲,即便斩断,然后能不间歇了。故某常说圣门'知'字工夫是第一件要紧的,虽欲不先,不可得矣。"

先生曰:"人能反己,则四通八达,皆坦途也;若常以责人为心,则举足皆荆棘也。"

问:"无事时心清,有事时心却不清。"曰:"此是心作主不定,故厌事也。如事不得已,亦要理会。"

教汝辈学礼,犹堤防之于水;若无礼以堤防其身,则满腔一团私意,纵横四出矣。

吕愧轩先生

吕潜,字时见,号愧轩,陕之泾阳人。师事吕泾野,一言一动,咸以为法。与郭蒙泉讲学谷口洞中,从学者甚众。泾野之传,海内推之。万历戊寅卒,年六十二。

张石谷先生

张节,字介夫,号石谷,泾阳人。初从湛甘泉游,继受学于泾野;泾野赠诗,称其守道不回。尝语学者:"先儒云:'默坐澄心,体认天理。'又云:'静中养出端倪。'吾辈须理会得此,方知一贯真境;不尔,纵事事求合于道,终难凑泊,不成片段矣!"万历壬午,年八十卒。

李正立先生

李挺,字正立,咸宁人。从泾野学,孤直不随时俯仰。尝自诵云:"生须肩大事,还用读《春秋》。"往马溪田所讲学,死于盗。人皆惜之。

郭蒙泉先生

郭郛,字惟藩,号蒙泉,泾阳人。先生与吕愧轩同学,愧轩之父,其师也。其学以持敬为主,自少至老,一步不敢屑越。尝有诗云:"道学全凭敬作箴,须臾离敬道难寻;常从独木桥边过,惟愿无忘此际心。"又云:"近名终丧己,无欲自通神;识拄乾坤阔,心空意见新。闭门只静坐,自是出风尘。"

五　三原学案

关学大概宗薛氏，三原又其别派也。其门下多以气节著，风土之厚，而又加之学问者也。

王石渠先生

王恕，字宗贯，号介庵，晚又号石渠，陕之三原人。后进在朝者，如庶吉士邹智、御史汤鼐、主事李文祥，十余人，皆慷慨喜事，以先生为宗主。先生侍经筵，见上困于酷暑，请暂辍讲。鼐即言：“天子方向学，奈何阻其进！恕请非是。”先生惶恐待罪，谓：“诸臣责臣是也；然诸臣求治太急，见朝廷待臣太重，故责臣太深。欲臣尽取朝事更张之，如宋司马光；毋论臣不敢望光，今亦岂熙、丰时也？”上优诏答之。先生家居编集《历代名臣谏议录》一百二十四卷。又取经书传注，有所疑滞，再三体认；行不去者，以己意推之，名曰《石渠意见》。"意见"者，乃意度之见耳，未敢自以为是也。盖年八十四而著《意见》，八十六为《拾遗》，八十八为《补缺》，其耄而好学如此。先生之学，大抵推之事为之际，以得其心安者，故随地可以自见；至于大本之所在，或未之及也。九十岁，天子遣行人存问，又三年卒。赠特进左柱国太师，谥端毅。

王平川先生

王承裕，字天宇，号平川。冢宰之季子也。戊戌五月卒，年七十四。谥康僖。十四五时,从莆田萧某学;萧令侍立三日,一无所授。先生归告端毅曰:"萧先生待某如此,岂以某为不足教耶?"端毅曰:"是即教也,真汝师矣!"登第后,侍端毅归,讲学于弘道书院,弟子至不能容。冠婚丧祭,必率礼而行;三原士风民俗,为之一变。冯少墟以为先生之学,皆本之家庭者也。

马谿田先生

马理,字伯循,号谿田,陕之三原人。为孝廉时,游太学,与吕泾野、崔后渠交相切劘,名震都下,高丽使人亦知慕之,录其文以归;安南贡使问礼部主事黄清曰:"关中马理先生,何尚未登仕籍?"其名重外夷如此。登正德甲戌进士第,时以《大学衍义》为问。先生对曰:"《大学》之书,乃尧舜禹汤文武之道也。传有'克明峻德,汤之盘铭,尧舜帅天下以仁'之语;真氏所衍,唐、汉、宋之事,非《大学》本旨也。真氏所衍,止于齐家;不知治国平天下,皆本于慎独工夫。宋儒所造,大率未精。"以此失问者之意。故欲填首甲而降之。未几送嫡母还乡,乃设教于武安王祠,藩臬为建嵯峨精舍以居生徒。癸卯后即引年致仕,隐于商山书院。又十年而卒,嘉靖乙卯十二月也。年八十二。先生师事王康僖,又得泾野、后渠以为之友,墨守主敬穷理之传。尝谓见行可之仕,唯孔子可以当之,学圣人者当自量力。故每出不一二年即归,归必十数年而后起,绰绰然于进退之间。后渠称其"爱道甚于爱官",真不虚也。

韩苑洛先生

韩邦奇,字汝节,号苑洛,陕之朝邑人。辛未,考察都御史，袖私帙视之。先生夺去，曰："考覈公事，有公籍在。"都御史为之逊谢。宸濠将谋反，遣内监饭僧于天竺寺，聚者数千人；先生防其不测，立散遣之。又以仪宾进贡，假道衢州，先生不可，曰："贡使自当沿江而下，奚俟假道？"于是袭浙之计穷。乙卯，地震而卒，年七十七。赠少保，谥恭简。门人白璧曰："先生天禀高明，学问精到，明于数学，胸次洒落，大类尧夫；而论道体乃独取横渠。少负气节，既乃不欲为奇节一行，涵养宏深，持守坚定，则又一薛敬轩也。"

杨斛山先生

杨爵，字伯修，号斛山，陕之富平人。幼贫苦，披册躬耕。为兄所累，系狱，上书邑令，辞意激烈。令异之曰："此奇士也！"出而加礼。辛丑上封事，谓："今日致危乱者五：一则辅臣夏言习为欺罔，翊国公郭勋为国巨蠹，所当急去；二则冻馁之民不忧恤，而为方士修雷坛；三则大小臣工弗睹朝仪，宜慰其望；四则名器滥及缁黄，出入大内，非制；五则言事诸臣，若杨最、罗洪先等，非死即斥，所损国体不小。"疏入，上大怒。逮系镇抚司，拷掠备至，押锁昼夜，血肉淋漓，死者数矣。而先生气定，故得再苏。主事周天佐、御史浦鋐，俱以救先生箠死狱中。于是防守益严，上日使人侦先生，一言一动皆籍记；侦者苦于不得言，以情告先生，使多为善言。先生曰："有意而言，便是欺也。"部郎钱绪山、刘晴川，给事周讷谿，先后以事下狱，相与讲学不辍。绪山先释，先生愿有以为别。绪山曰："静中收摄精神，勿使游放，则心体湛一，高明广大，可驯致矣。作圣之功，其在此乎。"先生敬识之。与晴川、讷谿读书赋诗，如是者五年。所著《周易辨录》《中庸解》若干卷。释归，归二年而卒，己酉十月九日也。年五十七。隆庆初，赠光禄寺少卿，谥忠介。

初，韩恭简讲学，先生辈来往拜其门，恭简异其气岸，欲勿受。已叩其学，诧曰："宿学老儒，莫能过也！吾几失人矣！"刚大之气，百折不回；人与椒山并称，谓之曰"韩门二杨"。

《漫录》

作一好事，必要向人称述，使人知之，此心不定也。不知所作好事，乃吾分所当为，虽事皆中理，才能免于过恶耳。岂可自以为美？才以为美，便是矜心。禹之不矜不伐，颜渊无伐善、无施劳，此圣贤切己之学也。

好议论人长短，亦学者之大病也。若真有为己之心，便惟日不足，戒慎乎其所不睹，恐惧乎其所不闻；时时刻刻，防检不暇，岂暇论人？学所以成性而已，人有寸长，取为己有，于其所短，且置勿论；轻肆辩折，而无疑难涵蓄之心，谓之丧德可也。此予之深患，不能自克。可愧可愧！

今日早起，朗诵"君子之所以异于人者"一章，即觉襟怀开洒，心广体胖，《西铭》与物同体之气象。此心至易昏惰，须常以圣贤格言辅养之，便日有进益。

智者自以为不足，愚者自以为有余。自以为不足，则以虚受人，进善其无穷矣；自以为有余，必无孜孜求造之心，以一善自满，而他善无可入之隙，终亦必亡而已矣。书之以自励焉。

古人律己甚严，其责人甚恕；今人律己甚恕，其责人甚严。孜孜为己，不求人知，方始是学。

王秦关先生

王之士，字欲立，号秦关，陕之蓝田人。屏弃帖括，潜心理学,作《养心图》《定气说》,书之座右。闭关不出者九年,藁床粝食,尚友千古。以为蓝田风俗之美,由于吕氏,今其《乡约》具在。乃为十二会,赴会者百余人。洒扫应对,冠婚丧祭,一一润泽其条件,行之惟谨,美俗复兴。又谓天下之学术不一,非亲证之,不能得其大同。于是赴都门讲会,与诸老先生相问难。南行入江右,见章本清、邓潜谷、杨止庵;浮浙水而下,至吴兴,问许敬庵。学者闻先生至,亦多从之。万历庚寅卒于家,年六十三。

六　姚江学案

　　有明学术，从前习熟先儒之成说，未尝反身理会，推见至隐，所谓"此亦一述朱，彼亦一述朱"耳。高忠宪云："薛敬轩、吕泾野语录中，皆无甚透悟"，亦为是也。自姚江指点出"良知"，人人现在，一反观而自得，便人人有个作圣之路。故无姚江，则古来之学脉绝矣。然"致良知"一语，发自晚年，未及与学者深究其旨；后来门下各以意见搀和，说玄说妙，几同射覆，非复立言之本意。先生之格物，谓："致吾心良知之天理于事事物物，则事事物物，皆得其理。以圣人教人，只是一个行，如'博学''审问''慎思''明辨'皆是行也。笃行之者，行此数者不已是也。"先生致之于事物，致字即是行字，以救空空穷理，只在知上讨个分晓之非；乃后之学者，测度想象，求见本体，只在知识上立家当，以为良知。则先生何不仍穷理格物之训，先知后行，而必欲自为一说耶？《天泉问答》："无善无恶者心之体，有善有恶者意之动；知善知恶是良知，为善去恶是格物。"今之解者曰："心体无善无恶是性。由是而发之为有善有恶之意，由是而有分别其善恶之知，由是而有为善去恶之格物。"层层自内而之外，一切皆是粗机；则"良知"已落后着，非不虑之本然。故邓定宇以为权论也。其实"无善无恶"者，无善念、恶念耳，非谓性无善无恶也；下句意之"有善有恶"，亦是有善念、有恶念耳，两句只完得"动静"二字。他日语薛侃曰："无善无恶者理之静，有善有恶者气之动"，即此两句也。所谓"知善知恶"者，非意动于善恶，从而分别之为知，知亦只是诚意中之好恶；好必于善，恶必于恶。孰是孰非而不容已者，虚灵不昧之性体也。"为善去恶"，只是率性而行，自然无善恶之夹杂，先生所谓"致吾心之良知于事事物物"也。四句本是无病，学者错会文致。彼以无善无恶言性者，谓无善无恶斯为至善，善一也；而有有善之善，有无善之善，无乃断灭性种乎？彼在发用处求良知者，认已发作未发，教人在致知上着力，是指月者不指天上之月而指地上之光，愈求愈远矣。得羲说而存之，而后知先生之无弊也。

王阳明先生

王守仁，字伯安，学者称为阳明先生，余姚人也，父华。先生娠十四月而生。豪迈不羁，十五岁纵观塞外，经月始返。十八岁过广信，谒娄一斋，慨然以圣人可学而至。己卯六月，奉敕勘处福建叛军，至丰城而闻宸濠反，遂返吉安，起兵讨之。宸濠方围安庆，先生破南昌，濠返兵自救，遇之于樵舍，三战俘濠。武宗率师亲征，群小张忠、许泰欲纵濠鄱湖，待武宗接战而后奏凯。先生不听，乘夜过玉山，集浙江三司，以濠付太监张永。张永者，为武宗亲信，群小之所惮也。丁亥，原官兼左都御史，起征思田；思田平，以归师袭八寨、断藤峡，破之。先生已病，疏请告。至南安，门人周积侍疾，问遗言。先生曰："此心光明，亦复何言。"顷之而逝，——七年戊子十一月二十九日也。——年五十七。

先生之学，始泛滥于词章，继而遍读考亭之书，循序格物；顾物理、吾心，终判为二，无所得入。于是出入于佛老者久之。及至居夷处困，动心忍性；因念圣人处此，更有何道？忽悟"格物致知"之旨，圣人之道，吾性自足，不假外求。其学凡三变，而始得其门。自此以后，尽去枝叶，一意本原，以默坐澄心为学的。有未发之中，始能有发而中节之和。视听言动，大率以收敛为主，发散是不得已。江右以后，专提"致良知"三字；默不假坐，心不待澄，不习不虑，出之自有天则。盖良知即是未发之中，此知之前，更无未发；良知即是中节之和，此知之后，更无已发。此知自能收敛，不须更主于收敛；此知自能发散，不须更期于发散。收敛者，感之体，静而动也；发散者，寂之用，动而静也。知之真切笃实处即是行，行之明觉精察处即是知，无有二也。居越以后，所操益熟，所得益化；时时知是知非，时时无是无非。开口即得本心，更无假借凑泊；如赤日当空，而万象毕照。是学成之后，又有此三变也。

先生悯宋儒之后，学者以知识为知，谓人心之所有者，不重明觉，而理为天地万物之所公共；故必穷尽大地万物之理，然后吾心之明觉，与之浑合而无间。说是无内外，其实全靠外来闻见，以填补其灵明者也。先生以圣人之学，心学也。心即理也，故于致知格物之训，不得不言"致吾心良知之天理于事事物物，则事事物物皆得其理"。夫以知识为知，则轻浮而不实，故必以力行为功夫。良知感应神速，无有等待，本心之明即知，不欺本心之明即行也，不得不言"知行合一"。此其立言之大旨，不出于是。而或者以释氏本心之说，颇近于心学，不知儒释界限，只一"理"字：释氏于天地万物之理，一切置之度外，更不复讲，而止守此明觉；世儒则不恃此明觉而求理于天地万物之间，所为绝异。然其归理于天地万物，归明觉于吾心，则一也。向外寻理，终是无源之水，无根之木；总使合得，本体上已费转手。故沿门乞火，与合眼见闇，相去不远。先生点出心之所以为心，不在明觉而在天理。金镜已坠而复收，遂使儒释疆界，渺若山河，此有目者所共睹也。试以孔孟之言证之：致吾良知于事物，事物皆得其理，非所谓"人能弘道"乎？若在事物，则是"道能弘人"矣。告子之外义，岂灭义而不顾乎？亦于事物之间，求其义而合之，正如世儒之所谓穷理也。孟子胡以不许之，而四端必归之心哉？嗟乎，糠秕眯目，四方易位，而后先生可疑也！

隆庆初，赠新建侯，谥文成；万历中，诏从祀孔庙，称"先儒王子"。

《阳明传信录》

暇日读阳明先生集，摘其要语，得三卷：首《语录》，录先生与门弟子论学诸书，有学则也。次《文录》，录先生赠遗杂著，存教法也。又次《传习录》，录诸门弟子所口授于先生之为言学、言教者，存宗旨也。

先生之学，始出词章，继逃佛老，终乃求之六经，而一变至道；世未有善学如先生者也，是谓"学则"。先生教人，吃紧在去人欲而存天理，进之以知行合一之说，其要归于致良知；虽累千百言，不出此三言为转注。凡以使学者截去之，绕而向上去而已；世未有善教如先生者也，是谓"教法"。而先生之言良知也，近本之孔孟之说，远溯之"精一"之传。盖自程朱一线中绝而后，补偏救弊，契圣归宗，未有若先生之深切著明者也，是谓"宗旨"。则后之学先生者，从可知已。不学其所悟而学其所悔，舍天理而求良知，阴以叛孔孟之道而不顾，又其弊也。说知说行，先后两截，言悟言参，转增学虑，吾不知于先生之道为何如？

间尝求其故而不得，意者先生因病立方，时时权实互用；后人不得其解，未免转增离歧乎？宗周因于手抄之余，有可以发明先生之蕴者，僭存一二管窥，以质所疑，冀得藉手以就正于有道；庶几有善学先生者出，而先生之道，传之久而无弊也。因题之曰《传信》云。

语录

刊落声华，务于切己处着实用力；所谓静坐事，非欲坐禅入定。盖因吾辈平日为事物纷挐，未知为己，欲以此补《小学》"收放心"一段功夫耳。明道云："才学便须知有着力处，既学便须知有得力处；诸友宜于此处着力，方有进步，异时始有得力处也。学要鞭辟近里着己，君子之道，闇然而日章；为名与为利，虽清浊不同，然其利心则一。谦受益，不求异于人，而求同于理。"此数语，宜书之壁间，常目在之。举业不患妨功，惟思夺志；只如前目所约，循循为之，亦自两无相碍。所谓"知得则洒扫应对，便是精义入神"也。

志道恳切，固是诚意；然急迫求之，则反为私己，不可不察也。日用间何莫非天理流行，但此心常存而不放，则义理自熟，孟子所谓"勿忘勿助，深造自得"者矣。

圣人之心，纤翳自无所容，自不消磨刮；若常人之心，如斑垢驳杂之镜，须痛加刮磨一番，尽去其驳蚀，然后纤尘即见，才拂便去，亦自不消费力，到此已是识得仁体矣。若驳杂未去，其间固亦有一点明处；尘埃之落，固亦见得，亦才拂便去。至于堆积于驳蚀之上，终弗之能见也。此学利困勉之所由异，幸弗以为烦难而疑之也。凡人情好易而恶难，其间亦自有私意；习气缠蔽，在识破后，自然不见其难矣。古之人至有出万死而乐为之者，亦见得耳。向时未见得向里面意思，此工夫自无可讲处；今已见此一层，却恐好易恶难，便流入禅释去也。昨论儒释之异，明道所谓"敬以直内"则有之，"义以方外"则未。毕竟连敬以直内亦不是者，已说到八九分矣！

仆近时与朋友论学，惟说"立诚"二字。杀人须就咽喉上着刀，吾人为学，当从心髓入微处用力，自然笃实光辉。虽私欲之萌，真是红炉点雪，天下之大本立矣。若就标末妆缀比拟，凡平日所谓学问思辨者，适足以为长傲遂非之资；自以为进于高明光大，而不知陷于狠戾险嫉。亦诚可哀也已！

吾辈通患，正如池面浮萍，随开随蔽；未论江海，但在活水，浮萍即不能蔽。何者？活水有源，池水无源；有源者由己，无源者从物。故凡不息者有源，作辍者皆无源故耳。

变化气质，居常无所见，惟当利害、经变故、遭屈辱。平时愤怒者，到此能不愤怒；忧惶失措者，到此能不忧惶失措，始是得力处，亦便是用力处。天下事虽万变，吾所以应之，不出乎喜怒哀乐四者。此为学之要，而为政亦在其中矣。

在物为理，处物为义，在性为喜；因所指而异其名，实皆吾之心也。心外无物，心外无言，心外无理，心外无义，心外无善；吾心之处事物，纯乎理而无人伪之杂谓之善，非在事物有定所可求也。处物为义，是吾心之得其宜也，义非在外可袭而取也。格者格此也，致者致此也。必曰事事物物上求个至善，是离而二之也。伊川所云"才明彼，即晓此"，是犹谓之二。心无彼此，理无彼此，心无彼此，善无彼此也。

《大学》之所谓"诚意"，即《中庸》之所谓"诚身"也；《大学》之所谓"格物致知"，即《中庸》之所谓"明善"也。"博学""审问""慎思""明辨""笃行"，皆所以明善而为诚身之功，非明善之外别有所谓诚身之功也。格物致知之外，又岂别有所谓"诚意"之功乎？《书》之所谓"精一"，《语》之所谓"博文约礼"，《中庸》之所谓"尊德性而道问学"，皆若此而已。

学绝道丧，俗之陷溺，如人在大海波涛中；且须援之登岸，然后可授之衣而与之食。若以衣食投之波涛中，是适重其溺，彼将不以为德而反以为尤矣。故凡居今之时，且须随机导引，因事启沃，宽心平气以熏陶之；俟其感发兴起，而后开之以其说。是故为力易而收效溥。

使在我果无功利之心,虽钱谷兵甲、搬柴运水,何往而非实学,何事而非天理,况子史诗文之类乎?使在我尚有功利之心,则虽日谈道德仁义,亦只是功利之事,况子史诗文之类乎?一切屏绝之说,犹是泥于旧闻;平日用功,未有得力处。

数年切磋,只得立志辨义利。若于此未有得力处,却是平日所讲,尽成虚话;平日所见,皆非实得。

经一蹶者长一智,今日之失,未必不为后日之得,但已落第二义。须从第一义上着力,一真一切真。

理无内外,性无内外,故学无内外:讲习讨论,未尝非内也;反观内省,未尝遗外也。夫请学必资于外求,是以己性为有外也,是义外也,用智者也;谓反观内省为求之于内,是以己性为有内也,是有我也,自私者也。是皆不知性之无内外也。故曰"精义入神,以致用也;利用安身,以崇德也";"性之德也,合内外之道也",此可以知格物之学矣。格物者,《大学》之实下手处,彻首彻尾,自始学至圣人,只此工夫而已,非但入门之际,有此一段也。夫正心、诚意、致知、格物,皆所以修身;而格物者,其所用力,实可见之地。故格物者,格其心之物也,格其意之物也,格其知之物也;正心者,正其物之心也;诚意者,诚其物之意也;致知者,致其物之知也。此岂有内外彼此之分哉?

昔夫子谓子贡曰:"赐也,汝以予为多学而识之者与?"对曰:"然。非与?"子曰:"非也。予一以贯之。"然则述圣人之学,岂不有要乎!彼释氏之外人伦、遗物理而堕于空寂者,固不得谓之明其心矣;若世儒之外务讲求考索而不知本诸身者,其亦可谓穷理乎?

心无动静者也:其静也者,以言其体也;其动也者,以言其用也。故君子之学,无问于动静。其静也,常学而未尝无也,故常应；其动也，常定而未尝有也，故常寂。常应常寂，动静皆有事焉，是之谓集义；集义故能无祇悔，所谓动亦定、静亦定者也，心一而已。静其体也，而复求静根焉，是挠其体也；动其用也，而惧其易动焉，是废其用也。故求静之心即动也，恶动之心非静也；是之谓动亦动、静亦动，将迎起伏，相寻于无穷矣。故循理之谓静，从欲之谓动。欲也者，非必声色货利外诱也，有心之私皆欲也。故循理焉，虽酬酢万变皆静也。濂溪所谓主静，无欲之谓也，是谓集义者也，从欲焉，虽心斋坐忘，亦动也；告子之强制，正助之谓也，是外义者也。

且以所见者实体诸心，必将有疑；果无疑，必将有得；果无得，又必有见。

孟子云："是非之心，智也。"是非之心，人皆有之，即所谓"良知"也。孰无是良知乎？但不能致之耳。曷谓知至、至之？知至者知也，至之者致知也。此知行之所以一也。

妄心则动也，照心非动也。恒照则恒动恒静，天地之所以恒久而不已也。照心固照也，妄心亦照也；其为物不贰，则其生物不息，有刻暂停则息矣，非至诚无息之学矣。

心之本体，无起无不起；虽妄念之发，而良知未尝不在。但人不知存，则有时而或放耳。虽昏塞之极，而良知未尝不明；但人不知察，则有时而或蔽耳。虽有时而或放，其体实未尝不在也，存之而已耳；虽有时而或蔽，其体实未尝不明也，察之而已耳。

性无不善，故知无不良。良知须是未发之中，即是廓然大公、寂然不动之本体，人人之所同具者也。但不能不昏蔽于物欲，故须学以去其昏蔽；然于良知之本体，初不能有加损于毫末也。

理无动者也，常知常存，当主于理，即"不睹、不闻、无思、无为"之谓也。不睹、不闻、无思、无为，非槁木死灰之谓也。睹、闻、思、为一于理，而未尝有所睹、闻、思、为，即是动而未尝动也；所谓动亦定、静亦定，体用一原者也。

未发之中，即良知也，无前后内外而浑然一体者也。有事无事可以言动静，而良知无分于有事无事也；寂然感通可以言动静，而良知无分于寂然感通也。动静者所遇之时，心之本体，固无分于动静也。

理无动者也，动即为欲；循理则虽酬酢万变而未尝动也，从欲则虽槁心一念而未尝静也。

照心非动者，以其发于本体明觉之自然，而未尝有所动也，有所动即妄矣。妄心亦照者，以其本体明觉之自然者，未尝不存于其中；但有所动耳，无所动即照矣。无妄无照，非以妄为照，以照为妄也；照心为照，妄心为妄，是犹有妄有照也。有妄有照，则有二也，二则息矣；无妄无照，则不贰，不贰则不息矣。

必欲此心纯乎天理而无一毫人欲之私，此作圣之功也。必欲此心纯乎天理而无一毫人欲之私，非防于未萌之先，而克于方萌之际不能也。防于未萌之先，而克于方萌之际，此正《中庸》戒慎恐惧、《大学》致知格物之功；舍此之外，无别功矣。

不思善、不思恶时，是本来面目；此佛氏为未识本来面目者设此方便，本来面目即吾圣门所谓良知。今既认得良知明白，即已不消如此说矣。随物而格，是致知之功，即佛氏之常惺惺，亦是常存他本来面目耳；体段功夫，大略相似。但佛氏有个自私自利之心，所以便有不同。

病疟之人，疟虽未发，而病根自在；则亦安可以其疟之未发，而遂忘其服药调理之功乎？若必待疟发而后服药调理，则既晚矣！

君子之所谓敬畏者，非有所恐惧忧患之谓也，乃戒慎不睹、恐惧不闻之谓耳；君子之所谓洒落者，非旷荡放逸、纵情肆意之谓也，乃其心体不累于欲，无入而不自得之谓耳。夫心之本体，即天理也；天理之昭明灵觉，所谓"良知"也。君子之戒慎恐惧，惟恐其昭明灵觉者，或有所昏昧放逸，流于非僻邪妄，而失其本体之正耳；戒慎恐惧之功，无时或间，则天理常存，而其昭明灵觉之本体，无所亏蔽，无所牵扰，无所恐惧忧患，无所好乐忿懥，无所意必固我，无所歉馁愧怍，和融莹彻，充塞流行，动容周旋而中礼，从心所欲而不踰，斯乃所谓真洒落矣。是洒落生于天理之常存，天理常存，生于戒慎恐惧之无间。孰谓敬畏之增，反为乐之累耶？

《系》言"何思何虑"，是言所思所虑，只是一个天理，更无别思别虑耳，非谓无思无虑也。故曰："同归而殊途，一致而百虑。"天下何思何虑，云殊途，云百虑，则岂谓无思无虑耶？心之本体，即是天理，只是一个，更何思虑得？天理原自寂然不动，原自感而遂通；学者用功，虽千思万虑，只是要复他本来体用而已，不是以私意去安排思索出来。故明道云："君子之学，莫若廓然而大公，物来而顺应；若以私意安排思索，便是用智自私矣！"何思何虑，正是工夫，在圣人分上，便是自然的；在学者分上，便是勉然的。

性善之端，须在气上始见得，若无气，亦无可见矣。恻隐、羞恶、辞让、是非，即是气。程子谓"论性不论气不备，论气不论性不明"，亦是为学者各执一边，只得如此说。若见得自性明白时，气即是性，性即是气，原无性气之可分也。

谨独，即是致良知。

凡谓之行者，只是着实去做这件事；若着实做学问思辨工夫，则学问思辨亦便是行矣。学是学做这件事，问是问做这件事，思辨是思辨做这件事，则行亦便是学问思辨矣。若谓学问思辨之然后去行，却如何悬空先去学问思辨得？行时又如何去得个学问思辨的事？行之明觉精察处便是知，知之真切笃实处便是行；若行而不能明觉精察，便是冥行，便是"学而不思则罔"，所以必须说个知。知而不能真切笃实，便是妄想，便是"思而不学则殆"，所以必须说个行。原来只是一个工夫。凡古人说知行，皆是就一个工夫上补偏救弊说，不似今人截然分作两件事做。某今说知行合一，虽亦是就今时补偏救弊说；然知行体段，亦本来如是。

知行原是两个字说一个工夫，这一个工夫，须着此两个字，方说得完全无弊病；若头脑处见得分明，见得原是一个头脑，则虽把知行分作两个说，毕竟将来做那一个工夫？则始或未便融会，终所谓百虑而一致矣！若头脑见得不分明，原看做两个了；则虽把知行合作一个说，亦恐终未有凑泊处。况又分作两截去做，则是从头至尾，更没讨下落处也。

夫物理不外于吾心，外吾心而求物理，无物理矣；遗物理而求吾心，吾心又何物耶？心之体性也，性即理也。故有孝亲之心，即有孝之理，无孝亲之心，即无孝之理矣；有忠君之心，即有忠之理，无忠君之心，即无忠之理矣。理岂外于吾心耶？晦庵谓："人之所以为学者，心与理而已：心虽主乎一身，而实管乎天下之理；理虽散于万事，而实不外乎一人之心。"是其一分一合之间，而未免已启学者心理为二之弊。

明道云："只穷理便尽性至命"，故必仁极仁而后谓之能穷仁之理，义极义而后谓之能穷义之理。仁极仁则尽仁之性矣，学至于穷理至矣，而尚未措之于行，天下宁有是耶？是故知不行之不可以为学，则知不行之不可以为穷理矣；知不行之不可以为穷理，则知知行之合一并进，而不可以分为两节事矣。夫万事万物之理，不外于吾心；而必曰穷天下之理，是殆以吾心之良知为未足,而必外求于天下之广以裨补增益之,是犹析心与理而为二也。夫学问思辨笃行之功,虽其困勉至于人一己百,而扩充之极至于尽性知天,亦不过致吾心之良知而已,良知之外岂复有加于毫末乎?今必曰"穷天下之理",而不知反求诸其心;则凡所谓善恶之机、真妄之辨者,舍吾心之良知,亦将何以致其体察乎?

夫"良知"之于节目事变,犹规矩尺度之于方圆长短也;节目事变之不可预定,犹方圆长短之不可胜穷也。故规矩诚立,则不可欺以方圆;而天下之方圆,不可胜用矣。尺度诚陈,则不可欺以长短;而天下之长短,不可胜用矣。良知诚致,则不可欺以节目事变;而天下之节目事变,不可胜应矣。毫厘千里之谬,不于吾心良知一念之微而察之,亦将何所用其学乎?是不以规矩而欲定天下之方圆,不以尺度而欲尽天下之长短;吾见其乖张谬戾,日劳而无成也已!吾子谓语孝于温清定省,孰不知之,然而能致其知者鲜矣。若谓粗知温清定省之仪节,而遂谓之能致其知;则凡知君之当仁者,皆可谓之能致其仁之知,知臣之当忠者,皆可谓之能致其忠之知,则天下孰非致知者耶?以是而言,可以知致知之必在于行,而不行之不可以为致知也明矣。知行合一之体,不益较然矣乎?夫舜之不告而娶,岂舜之前,已有不告而娶者为之准则,故舜得以考之何典、问诸何人而为此耶?抑亦求诸其心一念之良知,权轻重之宜,不得已而为此耶?武之不葬而兴师,岂武之前,已有不葬而兴师者为之准则,故武得以考之何典、问诸何人而为此耶?抑亦求诸其心一念之良知,权轻重之宜,不得已而为此耶?使舜之心而非诚于为无后,武之心而非诚于为救民;则其不告而娶与不葬而兴师,乃不孝、不忠之大者。而后之人不务致其良知,以精察义理于此心感应酬酢之间;顾欲悬空讨论此等变常之事,执之以为制事之本,以求临事之无失,其亦远矣。

天下古今之人，其情一而已矣。先王制礼，皆因人情而为之节文，是以行之万世而皆准；其或反之吾心而有所未安者，非其传记之讹缺，则必古今风气习俗之异宜者矣。此虽先王未之有，亦可以义起，三王之所以不相袭礼也。若徒泥于拘古，不得于心而冥行焉；是乃非礼之礼，行不著而习不察者矣。

学绝道丧之余，若有兴起向慕于学者，皆可以为同志，不必铢称寸度而求其尽合于此；以之待人可也，若在我之所以为造端立命者，则不容有毫发之或爽矣。道一而已，仁者见仁，知者见知；释氏之所以为释，老氏之所以为老，百姓日用而不知，皆是道也，宁有二乎？今古学术之诚伪邪正，何啻碔砆美玉？有眩惑终身而不能辨者，正以此道之无二；而其变动不拘，充塞无间，纵横颠倒，皆可推之而通。世之儒者，各就其一偏之见，而又饰之以比拟仿像之功，文之以章句假借之训；其为习熟既足以自信，而条目又足以自安。此其所以诳己诳人，终身没溺而不悟焉耳！然其毫厘之差，而乃致千里之谬；非诚有求为圣人之志，而从事于"惟精惟一"之学者，莫能得其受病之源，而发其神奸之所由伏也。若某之不肖，盖亦尝陷溺于其间者几年，伥伥然既自以为是矣；赖天之灵，偶有悟于良知之学，然后悔其向之所为者，固包藏祸机，作伪于外，而心劳日拙者也。十余年来，虽痛自洗剔创艾，而病根深痼，萌蘖时生。所幸良知在我，操得其要；譬犹舟之得舵，虽惊风巨浪，颠沛不安，尚犹得免于倾覆者也。夫旧习之溺人，虽已觉悔悟，而其克治之功，尚且其难若此；又况溺而不悟，日益以深者，亦将何所底极乎？

人者，天地万物之心也；心者，天地万物之主也。心即天，言心则天地万物皆举之矣。——答李明德

大抵学问工夫，只要主意头脑的当；若主意头脑专以致良知为事，则凡多闻多见，莫非致良知之功。盖日用之间，见闻酬

酢，虽千头万绪，莫非良知之发用流行；除却见闻酬酢，亦无良知可致矣。

学者往往说勿忘勿助工夫甚难，才着意便是助，才不着意便是忘。问之云："忘是忘个甚么？助是助个甚么？"其人默然无对。因与说：我此间讲学，却只说个必有事焉，不说勿忘勿助。必有事焉者，只是时时去集义；若时时去用必有事的工夫，而或有时间断，此便是忘了。即须勿忘，时时去用必有事的工夫，而或有时欲速求效，此便是助了。即须勿助，工夫全在必有事上；勿忘勿助，只就其间提撕警觉而已。若工夫原不间断，不须更说勿忘；原不欲速求效，不须更说勿助。今却不去必有事上用工，而乃悬空守著一个勿忘勿助；此如烧锅煮饭，锅内不曾渍水下米，而乃专去添柴放火，吾恐火候未及调停，而锅先破裂矣！所谓时时去集义者，只是致良知；说集义则一时未见头脑，说致良知，当下便有用工实地。

良知只是一个，随他发见流行处；当下具足，更无去来，不须假借。然其发见流行处，却自有轻重厚薄，毫发不容增减者，所谓天然自有之中也。虽则轻重厚薄，毫发不容增减，而原来只是一个。

明道云："吾学虽有所受，然'天理'二字，却是自家体认出来。"良知即是天理，体认者，实"有诸己"之谓耳。

凡人言语正到快意时，便截然能忍默得；意气正到发扬时，便翕然能收敛得；愤怒嗜欲正到腾沸时，便廓然能消化得，此非天下之大勇不能也。然见得良知亲切时，其工夫又自不难。

《象山文集》所载，未尝不教其徒读书穷理；而自谓理会文字颇与人异者，则其意实欲体之于身。其亟所称述以诲人者，曰："居处恭，执事敬，与人忠"；曰："克己复礼"；曰："万物皆备于我；反身而诚，乐莫大焉"；曰："学问之道无他，求其放心而已";曰:"先立乎其大者,而小者不能夺"。是数言者,孔孟之言也,恶在其为空虚者乎?独其易简、觉悟之说,颇为当时所疑;然易简之说,出于《系辞》;觉悟之说,虽有同于释氏,然释氏之说,亦自有同于吾儒,而不害其为异者,惟在于几微毫忽之间而已。晦庵之言,曰:"居敬穷理";曰:"非存心无以致知";曰:"君子之心,常存敬畏;虽不见闻,亦不敢忽。所以存天理之本然,而不使离于须臾之顷也"。是其为言,虽未尽莹;亦何尝不以尊德性为事,而又恶在其为支离者乎?独其平日汲汲于训解,虽韩文、《楚辞》《阴符》《参同》之属,亦必与之注释考辨,而论者遂疑其玩物。又其心虑学者之躐等而或失之于妄作,使必先之以格致而无不明,然后有以实之于诚正而无所谬;世之学者挂一漏万,求之愈繁,而失之愈远,至有疲力终身,苦其难而卒无所入,则遂议其支离。不知此乃后世学者之弊,当时晦庵之自为,亦岂至是乎?仆尝以为晦庵之与象山,虽其所为学者若有不同,而要皆不失为圣人之徒。今晦庵之学,天下之人,童而习之,既已入人之深,有不容于论辨者;独象山之学,则以其常与晦庵之有言,而遂藩篱之。使若由、赐之殊科焉,则可矣;乃摈放废斥,若碔砆之与美玉,则岂不过甚矣乎?夫晦庵折衷群儒之说,以发明六经《语》《孟》之旨于天下;其嘉惠后学之心,真有不可得而议者。而象山辨义利之分,立大本,求放心,以示后学笃实为己之道,其功亦宁可得而尽诬之?而世之儒者,附和雷同,不究其实,而概目之以禅学,则诚可冤也已!

凡工夫只是要简易真切:愈真切,愈简易;愈简易,愈真切。

《传习录》

爱问:"'知止而后有定。'朱子以为事事物物,皆有定理;似与先生之说相戾?"曰:"于事事物物上求至善,却是义外也;

至善是心之本体，只是明明德到至精至一处便是，然亦未尝离却事物。本注所谓'尽夫天理之极，而无一毫人欲之私者'得之。"

爱问："至善只求诸心，恐于天下事理有不能尽？"曰："心即理也，此心无私欲之蔽，即是天理，不须外面添一分。以此纯乎天理之心，发之事父便是孝，发之事君便是忠，治之交友、信民便是信与仁；只在此心去人欲、存天理上用功便是。"爱曰："如事父一事，其间温清定省之类，有许多节目，亦须讲求否？"曰："如何不讲求？只是有个头脑，只就此心去人欲、存天理上讲求。如讲求冬温，也只是要尽此心之孝，恐怕有一毫人欲间杂；讲求夏清，也只是要尽此心之孝，恐怕有一毫人欲间杂。此心若无人欲，纯是天理，是个诚于孝亲之心。冬时自然思量父母寒，自去求温的道理；夏时自然思量父母热，自去求清的道理。譬之树木，这诚孝的心便是根，许多条件便是枝节；须先有根然后有枝节，不是先寻了枝节，然后去种根。《礼记》'孝子之有深爱者必有和气；有和气者必有愉色；有愉色者必有婉容'，便是如此。"

爱问："今人尽有知父当孝、兄当弟者，却不能孝、不能弟，知行分明是两件。"曰："此已被私欲间断，不是知行本体。未有知而不行者。知而不行，只是未知。圣贤教人知行，正是要复那本体。故《大学》指个真知行与人看，说：'如好好色，如恶恶臭。'见好色属知，好好色属行；只见好色时，已自好了，不是见后又立个心去好。闻恶臭属知，恶恶臭属行；只闻恶臭时，已自恶了，不是闻后别立个心去恶。"爱曰："古人分知行为两，亦是要人见得分晓；一行工夫做知，一行工夫做行，则工夫始有下落。"曰："此却失了古人宗旨。某尝说知是行的主意，行是知的工夫；知是行之始，行是知之成。若会得时，只说一个知，已自有行在；只说一个行，已自有知在。古人所以既说知、又说行者，只为世间有一种人懵懵懂懂，任意去做，全不解思维省察，只是个冥行妄作。所以必说个知，方才行得是。又有一种人茫茫荡荡，悬空去思索；全不肯着实躬行，只是个揣摩影响。所以必说一个行，方才知得真。此是古人不得已补偏救弊的说话。今若知得宗旨，即说两个亦不妨，亦只是一个；若不会宗旨，便说一个亦济得甚事，只是闲说话。"

爱问："格物，物字即是事字，皆从心上说。"曰："然。身之主宰便是心；心之所发便是意；意之本体便是知；意之所在便是物。如意在于事亲，即事亲便是一物；意在于事君，即事君便是一物；意在于仁民爱物，即仁民爱物便是一物；意在于视听言动，即视听言动便是一物。所以某说无心外之理，无心外之物。《中庸》言'不诚无物'，《大学》'明明德'之功，只是个诚意；诚意之功，只是个格物。"

知是心之本体，心自然会知。见父自然知孝，见兄自然知弟，见孺子入井自然知恻隐：此便是"良知"，不假外求。若良知之发，更无私意障碍，即所谓"充其恻隐之心而仁不可胜用矣"。常人不能无私意，所以须用致知格物之功，胜私复礼；良知更无障碍，得以充塞流行。便是致其知，知致则意诚。

问博约。曰："礼字即是理字。理之发见可见者谓之文，文之隐微不可见者谓之理；只是一物。约礼只是要此心纯是一个天理；要此心纯是天理，须就理之发见处用功。如发见于事亲时，就在事亲上学存此天理；发见于事君时，就在事君上学存此天理。至于作止语默，无处不然，这便是博学于文，便是约礼的工夫。博文即是惟精，约礼即是惟一。"

爱问："道心常为一身之主，而人心每听命；以先生精一之训推之，此语似有弊。"曰："然。心一也，未杂于人〔伪〕谓之道心，杂以人伪谓之人心；人心之得其正者即道心，道心之失其正者即人心，初非有二心也。程子谓'人心即人欲，道心即天理'；语若分析，而意实得之。今日道心为主，而人心听命，是二心也；天理、人欲不并立，安有天命为主，人欲又从而听命者？"

爱因旧说汨没，始闻先生之教，骇愕不定，无入头处；其后闻之既熟，反身实践，始信先生之学为孔门嫡传，舍是皆旁蹊小径、断港绝河矣。如说格物是诚意工夫，明善是诚身工夫，穷理是尽性工夫，道问学是尊德性工夫，博文是约礼工夫，惟精是惟一工夫：此类始皆落落难合，久之不觉手舞足蹈。

澄问："主一之功，如读书则一心在读书上，接客则一心在接客上，可以为主一乎？"曰："好色则一心在好色上，好货则一心在好货上，可以为主一乎？主一是专主一个天理。"

孟源有自是好名之病，先生喻之曰："此是汝一生大病根。譬如方丈地内，种此一大树；雨露之滋，土脉之力，只滋养得这个大根。四旁纵要种些嘉谷，上被此树遮覆，下被此树盘结，如何生长得成？须是伐去此树，纤根勿留，方可种植嘉种。不然，任汝耕耘培壅，只滋养得此根。"

问："静时亦觉意思好，才遇事便不同。如何？"曰："是徒知养静，而不用克己工夫也。人须在事上磨练，方立得住，方能静亦定、动亦定。"

问上达工夫。曰："后儒教人，总涉精微，便谓上达未当学，且说下学，是分下学、上达为二也。夫目可得见，耳可得闻，口可得言，心可得思者，皆下学也；目不可得见，耳不可得闻，口不可得言，心不可得思者，上达也。如木之栽培灌溉，是下学也；至于日夜之所息，条达畅茂，乃是上达。人安能与其力哉？凡圣人所说，虽极精微，俱是下学；学者只从下学里用功，自然上达去，不必别寻上达工夫。"

问:"宁静存心时,可为未发之中否?"曰:"今人存心,只定得气;当其宁静时,亦只是气宁静,不可以为未发之中。"曰:"未便是中,莫亦是求中工夫?"曰:"只要去人欲、存天理,方是工夫。静时念念去欲存理,动时念念去欲存理,不管宁静不宁静。若靠着宁静,不惟有喜静厌动之弊,中间许多病痛,只是潜伏在,终不能绝去,遇事依旧滋长。以循理为主,何尝不宁静;以宁静为主,未必能循理。"

省察是有事时存养;存养是无事时省察。

定者心之本体,天理也;动静,所遇之时也。

唐诩问:"立志是常存个善念要为善去恶否?"曰:"善念存时,即是天理。此念即善,更思何善?此念非恶,更去何恶?此念如树之根芽,立志者长立此善念而已;从心所欲不踰矩,只是志到熟处。"

许鲁斋谓"儒者以治生为先"之说,亦误人。

喜怒哀乐本体,自是中和的;才自家着些意思,便过不及,便是私。

问:"知至然后可以言意诚。今天理、人欲,知之未尽,如何用得克己工夫?"曰:"人若真实切己用功不已,则于此心天理之精微,日见一日;私欲之细微,亦日见一日。若不用克己工夫,天理私欲,终不自见。如走路一般,走得一段,方认得一段。走到歧路处,有疑便问;问了又走,方才能到。今于已知之天理不肯存,已知之人欲不肯去,只管愁不能尽知,闲讲何益?且待克得自己无私可克,方愁不能尽知,亦未迟耳。"

问:"伊川请不当于喜怒哀乐未发之前求中;延平却教学者看未发以前气象。何如?"曰:"皆是也。伊川恐人于未发前讨个中,把中作一物看;如吾向所谓认气定时做中,故令只于涵养省察上用功。延平恐人未便有下手处,故令人时时刻刻求未发前气象；使人正目而视惟此，倾耳而听惟此，即是戒慎不睹、恐惧不闻的工夫。皆古人不得已诱人之言也。"

澄于"中"字之义，尚未明。曰："此须自心体认出来，非言语所能喻。中只是天理。"曰："天理何以谓之中？"曰："无所偏倚。"曰："无所偏倚何等气象？"曰："如明镜全体莹彻，无纤尘点染。"曰："当其已发，或着在好色、好利、好名上，方见偏倚；若未发时，何以知其有所偏倚？"曰："平日美色名利之心，原未尝无；病根不除，则暂时潜伏，偏倚仍在。须是平日私心，荡除洁净，廓然纯乎天理，方可谓中。"

言语无序，亦足以见心之不存。

问："格物于动处用功否？"曰："格物无间动静，静亦物也；孟子谓'必有事焉'，是动静皆有事。"

问："程子云：'仁者以天地万物为一体。'何墨氏兼爱，反不得谓之仁？"曰："仁是造化生生不息之理，虽弥漫周遍，然其流行发生，亦自有渐。惟其有渐，所以必有发端处；惟有发端处，所以生生不息。譬之于木，其始抽芽，便是生意发端处，然后有干、有枝叶。父子兄弟之爱，是人心生意发端处，如木之抽芽；自此而仁民而爱物，如木之有干、有枝叶也。墨氏将父子兄弟与途人一例，便没了发端处；安能生生，安得谓之仁？"

问："延平云：'当理而无私心。'当理与无私心，如何分别？"曰："心，即理也；无私心即是当理，未当理即是私心。若析心与理言之，恐亦未善。"又问："释氏于世间情欲之私不染，似无私心；外弃人伦，却似未当理。"曰："亦只是一统事，成就它一个私己的心。"

圣人之所以为圣，只是此心纯乎天理，而无人欲之杂；犹精金之所以为精，但以其成色足而无铜铅之杂也。人到纯乎天理方是圣，金到足色方是精。然圣人之才力，亦有大小不同，犹金之分两有轻重。所以为精金者，在足色而不在分两；所以为圣者，在纯乎天理而不在才力也。学者学圣人，不过是去人欲而存天理，犹炼金而求其足色耳；后世不知作圣之本，却专去知识才能上求圣人。敝精竭力，从册子上钻研，名物上考索，形迹上比拟；知识愈广，而人欲愈滋，才力愈多，而天理愈蔽。正如见人有万镒精金，不务煅炼成色，而乃妄希分两，锡铅铜铁，杂然投之；分两愈增，而成色愈下。及其稍末，无复有金矣。

侃去花间草，曰："天地间何善难培、恶难去！"先生曰："此等看善恶，皆从躯壳起念。天地生意，花草一般，何曾有善恶之分？子欲观花，则以花为善，以草为恶；如欲用草时，复以草为善矣。"曰："然则无善无恶乎？"曰："无善无恶者理之静；有善有恶者气之动。不动于气，即无善无恶，是谓至善。"曰："佛氏亦无善无恶，何以异？"曰："佛氏着在无上，便一切不管；圣人无善无恶，只是无有作好、无有作恶，此之谓不动于气。"曰："草既非恶，是草不宜去矣。"曰："如此却是佛老意见，草若有碍，理亦宜去。"曰："如此又是作好作恶。"曰："不作好恶，非是全无好恶；只是好恶一循于理，不去着一分意思，即是不曾好恶一般。"曰："然则善恶全不在物？"曰："只在汝心；循理便是善，动气便是恶。"曰："毕竟物无善恶？"曰："在心如此，在物亦然；世儒惟不知此，舍心逐物，将格物之学错看了。"

为学须得个头脑，工夫方有着落，纵未能无间；如舟之有舵，一提便醒。不然，虽从事于学，只做个义袭而取，非大本达道也。

侃问："先儒以心之静为体，心之动为用。如何？"曰："不可以动静为体用。动静时也，即体而言用在体，即用而言体在用，是谓体用一源；若说静可以见其体，动可以见其用，却不妨。"

梁日孚问主一。曰："一者天理，主一是一心在天理上；若只知主一，不知一即是理，有事时便逐物，无事时便是着空。惟其有事无事，一心皆在天理上用功，所以居敬亦即是穷理。就穷理专一处说，便谓之居敬；就居敬粗密处说，便谓之穷理。不是居敬了别有个心穷理，穷理时别有个心居敬；名虽不同，工夫只是一事。"

正之问："戒惧是己所不知时工夫；慎独是己所独知时工夫。"曰："只是一个工夫：无事时固是独知，有事时亦是独知。于此用功，便是端本澄源，便是立诚。若只在人所共知处用功，便是作伪。今若又分戒惧为己所不知工夫便支离，既戒惧即是知己。"曰："独知之地，更无无念时耶？"曰："戒惧之念，无时可息；若戒惧之心，稍有不存，不是昏聩，便已流入恶念。"

蔡希渊问："《大学》新本，先格致而后诚意，工夫似与首章次第相合；若先生从旧本，诚意反在格致之前矣。"曰："大学工夫，即是明明德，明明德只是个诚意；诚意工夫，只是格致。若以诚意为主，去用格致工夫，工夫始有下落；即为善去恶，无非是诚意的事。如新本先去穷格事物之理，即茫茫荡荡，都无着落处；须添个敬字，方才牵扯得身心上来，终没根源。且既须敬字，缘何孔门倒将最要紧的落了，直待千余年后人添补？正谓以诚意为主，即不须添敬字。此学问大头脑。于此不察，真是千里之谬。大抵中庸工夫，只是诚身；诚身之极，便是至诚。大学工夫，只是诚意；诚意之极，便是至善。总是一般。"

九川问："静坐用功，颇觉此心收敛，过事又断了；旋起个念头去事上省察，事过又寻旧功，觉内外打不成一片。"曰："心何尝有内外？即如惟浚今在此讲论，又岂有一心在内照管？这讲说时专一，即是那静坐时心，工夫一贯，何须更起念头？须在事磨炼工夫得力。若只好静，遇事便乱；那静时工夫亦差，似收敛而实放溺也。"

问:"近来工夫,稍知头脑,然难寻个稳当处。"曰:"只是致知。"曰:"如何致?"曰:"一点良知,是尔自家的准则;尔意念着处,他是便知是,非便知非,更瞒他一些不得。尔只不要欺他,实实落落,依着他做去;善便存,恶便去。何等稳当?此便是致知的实功。"

崇一曰:"先生致知之旨,发尽精蕴,看来这里再去不得。"曰:"何言之易也!再用功半年看如何,又用功一年看如何。工夫愈久,愈觉不同;知来本无知,觉来本无觉。然不知则遂埋没。"

黄以方问先生:"格致之说,随时格物以致其知;则知是一节之知,非全体之知也。何以到得'溥博如天,渊泉如渊'地位?"曰:"心之本体,无所不该,原是一个天;只为私欲障碍,则天之本体失了。心之理无穷尽,原是一个渊,只为私欲窒塞,则渊之本体失了。如念念致良知,将此障碍窒塞一齐去尽;则本体已复,便是天渊了。"因指天以示之,曰:"如面前所见,是昭昭之天;四外所见,亦只是昭昭之天。只为许多墙壁遮蔽,不见天之全体;若撤去墙壁,总是一个天矣。于此便见一节之知,即全体之知;全体之知,即一节之知,总是一个本体。"

圣贤非无功业、气节,但其循着天理,则便是道,不可以事功、气节名矣。

我辈致知,只是各随分量所及。今日"良知"见在如此,则随今日所知扩充到底;明日"良知"又有开悟,便随明日所知扩充到底。如此方是精一工夫。

问知行合一。曰:"此须识我立言宗旨:今人学问,只因知行分作两件;故有一念发动,虽是不善,然却未曾行,便不去禁止。我今说个知行合一,正要人晓得一念发动处,便即是行了。

发动处有不善,就将这不善的念克倒了;须要彻根彻底,不使那一念不善,潜伏在胸中,此是我立言宗旨。"

圣人无所不知,只是知个天理;无所不能,只是能个天理。圣人本体明白,故事事知个天理所在,便去尽个天理,不是本体明后,却于天下事物,都便知得,便做得来也。天下事物,如名物、度数、草木、鸟兽之类,不胜其烦;虽是本体明了,亦何缘能尽知得?但不必知的,圣人自不消求知;其所当知者,圣人自能问人。如"子入太庙,每事问",先儒谓"虽知亦问,敬谨之至"。此说不可通。圣人于礼乐名物,不必尽知;然他知得一个天理,便自有许多节文度数出来。不知能问,亦即是天理节文所在。

问:"儒者夜气,胸中思虑,空空静静;若释氏之静却一般,此时何所分别?"曰:"动静只是一个,那夜气空空静静,天理在中,即是应事接物的心。应事接物的心,亦是循天理,便是夜气空空静静的心。故动静分别不得,知得动静合一。释氏毫厘差处,亦自莫掩矣!"

文公格物之说,只是少头脑。如所谓"察之于念虑之微",此一句,不该与"求之文字之中,验之事为之著,索之讲论之际",混作一例看,是无轻重也。

佛氏不着相,其实着相;吾儒着相,其实不着相。佛怕父子累,却逃了父子;怕君臣累,却逃了君臣;怕夫妇累,却逃了夫妇,都是着相,便须逃避。吾儒有个父子,还他以仁;有个君臣,还他以义;有个夫妇,还他以别。何曾着父子、君臣、夫妇的相?

问:"学所以调摄此心,但一种科目意思,牵引而来,何以免此?"曰:"只要良知真切,虽做举业,不为心累。且如读书时,知得强记之心不是,即克去之;有欲速之心不是,即克去之；有夸多斗靡之心不是，即克去之。如此，亦只是终日与圣贤印对，是个纯乎天理之心；任它读书，亦只是调摄此心而已，何累之有？"

诸君工夫，最不可助长，上智绝少。学者无超入圣人之理，一起一伏，一进一退，自是工夫节次。不可以我前日曾用工夫，今却不济，便要矫强做出一个没破绽的模样，这便是助长，连前些子工夫都坏了。只要常常怀个遁世无闷，不见是而无闷之心，依此良知忍耐做去，不管毁誉荣辱，久久自然有得力处。

言立志。曰："真有圣人之志，良知上更无不尽；良知上留得些子别念挂带，便非必为圣人之志矣。"

吾昔居滁时，见诸生多务知解，无益于得；姑教之静坐，一时亲见光景，颇收近效，久之渐有喜静厌动、流入枯槁之病。故迩来只说致良知。良知明白，随你去静处体悟也好，随你去事上磨炼也好；良知本体，原是无动无静的。此便是学问头脑。

问："不睹不闻，是说本体戒慎恐惧，是说工夫否？"曰："须信得本体原是不睹不闻的，亦原是戒慎恐惧的；戒慎恐惧，不曾在不睹不闻上加得些子。见得真时，便谓戒慎恐惧是本体，不睹不闻是工夫，亦得。"

良知在夜气发的，方是本体，以其无物欲之杂也；学者要使事物纷扰之时，常如夜气一般，就是通乎昼夜之道而知。

仙家说到虚，圣人岂能虚上加得一毫实？佛氏说到无，圣人岂能无上加得一毫有？但仙家说虚，从养生上来；佛氏说无，从出离生死上来。却于本体上加却这些子意思在，便不是处无的本色，便于本体有障碍。圣人只是还他良知的本色，便不着些子意在。良知之虚，便是天之太虚；良知之无，便是太虚之无形。日月风雷，山川民物，凡有象貌形色，皆在太虚无形中发用流行，未尝作得天的障碍。圣人只是顺其良知之发用，天地万物，俱在我良知发用流行中；何尝又有一物超于良知之外，能作得障碍？

问："释氏亦务养心，然不可以治天下，何也？"曰："吾儒养心，未尝离却事物；只顺其天则，自然就是工夫。释氏却要尽绝事物，把心看做幻相，与世间无些子交涉，所以不可治天下。"

问异端。曰："与愚夫愚妇同的，是谓同德；与愚夫愚妇异的，是谓异端。"

孟子不动心，与告子不动心，所异只在毫厘间；告子只在不动心上着功，孟子便直从此心原不动处分晓。心之本体，原是不动的；只为所行有不合义，便动了。孟子不论心之动与不动，只是集义；所行无不是义，此心自然无可动处。告子只要此心不动，便是把捉此心，将他生生不息之根反阻挠了。

问："人有虚灵，方有良知；若草木瓦石之类，亦有良知否？"曰："人的良知，就是草木瓦石的良知；若草木瓦石无人的良知，不可以为草木瓦石矣。岂惟草木瓦石为然，天地无人的良知，亦不可为天地矣。盖天地万物与人，原是一体；其发窍之最精处，是人心一点灵明。故五谷禽兽之类，皆可以养人；药石之类，皆可以疗疾。只为同此一气，故能相通耳。"

问："人与物同体，如何《大学》又说个厚薄？"曰："道理自有厚薄。比如身是一体，把手足捍头目，岂是薄手足，其道理合如此。禽兽与草木同是爱的，把草木去养禽兽，又忍得；人与禽兽同是爱的，宰禽兽以养亲、供祭祀、燕宾客，心又忍得；至亲与路人同是爱的，颠沛患难之际，不能两全，宁救至亲、不救路人，心又忍得；这是道理合该如此。及至吾身与至亲，更不得分彼此厚薄，盖以'仁民爱物'，皆从此出；此处可忍，更无所不忍矣。《大学》所谓厚薄，是良知上自然的条理，便谓之义；顺这个条理，便谓之礼；知此条理，便谓之智；终始这条理，便谓之信。"

目无体,以万物之色为体;耳无体,以万物之声为体;鼻无体,以万物之臭为体;口无体,以万物之味为体;心无体,以天地万物感应之是非为体。

无知无不知,本体原是如此;譬如日未尝有心照物,而自无物不照;无照无不照,原是日之本体。良知本无知,今却要有知;本无不知,今却疑有不知。只是信不及耳。

问:"孔子所谓'远虑',周公'夜以继日',与'将迎'不同,何如?"曰:"远虑不是茫茫荡荡去思虑,只是要存这天理。天理在人心,亘古亘今,无有终始。天理即是良知,千思万虑,只是要致良知。良知愈思愈精明,若不精思,漫然随事应去,良知便粗了;若只着在事上,茫茫荡荡去思,教做远虑,便不免有毁誉得丧人欲搀入其中,就是将迎了。周公终夜以思,只是戒慎不睹、恐惧不闻的功夫。"

先天而天弗远,天即良知也;后天而奉天时,良知即天也。

良知只是个是非之心,是非只是个好恶;只好恶就尽了是非,只是非就尽了万事万变。又曰:"是非两字是个大规矩,巧处则存乎其人。"

问:"知譬日,欲譬云;云虽能蔽日,亦是天之一气合有的。欲亦莫非人心合有否?"曰:"喜、怒、哀、乐、爱、恶、欲,谓之七情;七者俱是人心合有的,但要认得良知明白。比如日光,虽云雾四塞,太虚中色象可辨,亦是日光不灭处;不可以云能蔽日,教天不要生云。七情顺其自然之流行,皆是良知之用,但不可有所着。七情有着,俱谓之欲。然才有着时,良知亦自会觉;觉即蔽去,复其体矣。此处能看得破,方是简易透彻工夫。"

人有过,多于过上用功,就是补甑,其流必归于文过。

琴瑟、简编,学者不可无;盖有业以居之,心就不放。

问:"良知原是中和的,如何却有过不及?"曰:"知得过不及处，就是中和。"

慈湖不为无见，又着在无声无臭见上了。

门人叹先生自征宁藩以来，天下谤议益众。先生曰："我在南都以前，尚有些子乡愿意思在；今信得这良知真是真非，信手行去，更不着些覆藏。才做得个狂者胸次，故人都说我行不掩言也。"

所谓人所不知而己独知者，此正是吾心良知处。

有言："童子不能格物，只教以洒扫应对。"曰："洒扫应对就是物，童子良知只到此，只教去洒扫应对，便是致他这一点良知。又如童子之畏先生、长者，此亦是他良知处；故虽骄傲，见了先生、长者，便去作揖恭敬，是他能格物以致敬师长之良知。我这里格物，自童子以至圣人，皆是此等工夫；但圣人格物，便更熟得些子，不消费力。"

问："程子云'在物为理'。如何云'心即理'？"曰："在物为理，'在'字上当添一'心'字，此心在物则为理；如此心在事父则为孝，在事君则为忠之类是也。诸君要识得我立言宗旨。我如今说个心即理，只为世人分心与理为二，便有许多病痛；如五霸攘夷狄、尊周室，都是一个私心，便不当理。人却说他做得当理，只心有未纯，往往慕悦其所为，要来外面做得好看，却与心全不相干；分心与理为二，其流至于霸道之伪而不自知。故我说个心即理，要使知心、理是一个，便来心上做工夫，不去袭取于义，便是王道之真。"

夫子说"性相近"，即孟子说"性善"，不可专在气质上说；若说气质，如刚与柔对，如何相近得？惟性善则同耳。人生初时，善原是同的；但刚者习于善则为刚善，习于恶则为刚恶；柔者习于善则为柔善，习于恶则为柔恶，便日相远了！

丁亥年九月，先生起征思田，德洪与汝中论学。德洪举先生教言曰："无善无恶心之体；有善有恶意之动；知善知恶是良知；为善去恶是格物。"汝中曰："此恐未是究竟话头。若说心体是无善无恶，意亦是无善无恶，知亦是无善无恶，物亦是无善无恶矣；若说意有善恶，毕竟心体还有善恶在。"德洪曰："心体是天命之性，原无善恶，但人有习心，意念上见有善恶在。格致诚正修，此是复性体工夫。若原无善恶，工夫亦不消说矣。"是夕坐天泉桥，各举请正。先生曰："二君之见，正好相资，不可各执一边。我这里接人，原有二种：利根之人，直从本源上悟入。人心本体，原是明莹无滞，原是个未发之中；利根之人一悟，本体即是工夫，人己内外，一齐俱透。其次，不免有习心在，本体受蔽；故且教在意念上实落为善去恶，工夫熟后，渣滓去尽，本体亦明净了。汝中之见，是我接利根人的；德洪之见，是我为其次立法的。相取为用，则中人上下，皆可引入于道。"既而曰："已后讲学，不可失了我的宗旨。无善无恶心之体；有善有恶意之动；知善知恶是良知；为善去恶是格物。这话头随人指点，自没病痛，原是彻上彻下工夫。利根之人，世亦难遇；人有习心，不教他在良知上实用为善去恶工夫，只去悬空想个本体，一切事为，俱不着实，不过养成一个虚寂。病痛不是小小，不可不早说破。"

七　浙中王门学案

姚江之教，自近而远；其最初学者，不过郡邑之士耳。龙场而后，四方弟子始益进焉。郡邑之以学鸣者，亦仅仅绪山、龙溪，此外则椎轮积水耳。然一时之盛，吾越尚讲诵、习礼乐，弦歌之音不绝。其儒者不能一二数；若山阴范瓘，字廷润，号栗斋。初师王司舆、许半圭，其后卒业于阳明；博考群经，恍然有悟。以为孔孟的传，惟周、程得之；朱、陆而下，皆弗及也。家贫不以关怀，曰："天下有至宝，得而玩之，可以忘贫。"作古诗二十章，历叙道统及太极之说，其奥义未易测也。余姚管州，字子行，号石屏，官兵部司务。每当入直，讽咏抑扬，司马怪之。边警至，司马章皇。石屏曰："古人度德量力，公自料才力有限，何不引退以空贤路？"司马谩为好语谢之，以京察归大洲。有《宿四祖山》诗："四子堂堂特地来。"谓蔡白石、沈友林、龙溪、石屏也。范引年，号半野，讲学于青田，从游者颇众。夏淳，字惟初，号复吾，以乡举卒官。思明府同知魏庄渠，主天根大机之说，复吾曰："指其静为天根、动为天机则可，若以静养天根、动察天机，是歧动静而二之，非所以语性也。"柴凤，字后愚。主教天真书院，衢、严之士多从之。孙应奎，字文乡，号蒙泉，历官右副都御史，以《传习录》为规范，董天真之役。闻人铨，字邦正，号北江，与绪山定《文录》，刻之行世。即以寒宗而论，黄骥，字德良，尤西川纪其言阳明事。黄文焕，号吴南，开州学正。阳明使其子受业，有《东阁私钞》，记其所闻。黄嘉爱，字懋仁，号鹤溪，正德戊辰进士，官至钦州守。黄元釜，号丁山。黄夔，字子韶，号后川。皆笃实光明，墨守师说。以此推之，当时好修、一世湮没者，可胜道哉！

徐横山先生

徐爱，字曰仁，号横山，余姚之马堰人。正德十二年五月十七日卒，年三十一。先生为海日公之婿，于阳明内兄弟也。阳明出狱而归，先生即北面称弟子，及门莫有先之者。其后与阳明同官南中，朝夕不离；学者在疑信之间，先生为之骑邮以通彼我，于是门人益亲。阳明曰："曰仁，吾之颜渊也！"先生虽死，阳明每在讲席，未尝不念之。酬答之顷，机缘未契，则曰："是意也，吾尝与曰仁言之，年来未易及也。"一日讲毕，环柱而走，叹曰："安得起曰仁于泉下而闻斯言乎！"乃率诸弟子之其墓所，酹酒而告之。

先生始闻阳明之教与先儒相出入，骇愕不定，无入头处；闻之既熟，反身实践，始信为孔门嫡传，舍是皆旁蹊小径、断港绝河矣。阳明自龙场以后，其教再变。南中之时，大率以收敛为主，发散是不得已，故以默坐澄心为学的。江右以后，则专提"致良知"三字。先生记《传习》初卷，皆是南中所闻。其于"致良知"之说，固未之知也。然《录》中有云："知是心之本体，心自然为知；见父自然知孝，见兄自然知弟，见孺子入井自然知恻隐，此便是'良知'。使此心之良知充塞流行，便是'致'其知。"则三字之提，不始于江右明矣。但江右以后，以此为宗旨耳。是故阳明之学，先生为得其真。聂双江云："今之为'良知'之学者，于《传习录》前编所记真切处，俱略之。乃驾空立笼罩语，似切近而实渺茫，终日逐外而自以为得手也。"盖未尝不太息于先生云。

文集

吾师之教，谓人之心有体有用，犹之水火有根源、有枝叶流派，学则如培浚溉疏；故木水在培溉其根，浚疏其源，根盛源深，则枝流自然茂且长。故学莫要于收放心，涵养省察克治是也。——即浚其根源也。——读书玩理，皆所以溉疏之也。故心德者，人之根源也，而不可少缓；文章名业者，人之枝叶也，而非所汲汲。学者先须辨此，即是辨义利之分；既能知所决择，则在立志坚定以趋之而已。

学者大患在于好名，今之称好名者，类举富贵夸耀以为言，抑末矣！凡其意有为而为，虽其迹在孝弟、忠信、礼义，犹其好名也，犹其私也。古之学者，其立心之始，即务去此，而以全吾性命之理为心。当其无事，以勿忘勿助而养吾公平正大之体；勿先事落此蹊径，故谓之存养；及其感应，而察识其有无，故谓之省察；察知其有此而务决去之，勿苦其难，故谓之克治；专事乎此而不以怠心间之，故谓之不息；去之尽而纯，故谓之天德；推之纯而达，故谓之王道。

夫人之所以不宜于物者，私害之也。是故吾之私得以加诸彼，则忮心生焉。忮心，好胜之类也；凡天下计较、忌妒、骄淫、狠傲、攘夺、暴乱之恶，皆从之矣。吾之私得以藉诸彼，则求心生焉。求心，好屈之类也；凡天下阿比、谄佞、柔懦、燕溺、污辱、咒诅之恶，皆从之矣。二私交于中，则我所以为感应之地者，非公平正大之体矣。以此之机，而应物之感，其有能宜乎否也？

古人谓未知学，须求有个用力处；既用力，须求有个得力处。今以康斋之勇，殷勤辛苦不替七十年；然未见其大成，则疑其于得力处有未至。白沙之风，使人有"吾与点也"之意；然未流涉广达，则疑其于用力处有缺。夫有体斯有用，有终必有始，将以康斋之践履为体、为始耶？将以白沙之造诣为用、为终耶？是体用、终始歧为二也。世固有谓某有体无用、有用无体者，仆窃不然，必求二公之所以蔽者而会归之。此正关要所系，必透此方有下手处也。

予始学于先生，惟循迹而行，久而大疑且骇；然不敢遽非，必反而思之，思之稍通，复验之身心，既乃恍若有见，已而大悟，不知手之舞、足之蹈。曰："此道体也，此心也，此学也，人性本善也，而邪恶者客感也；感之在于一念，去之在于一念。无难事，无多术。"且自恃禀性柔，未能为大恶，则以为如是可以终身矣，而坦坦然而荡荡然乐也。孰知久则私与忧复作也。通世之痼疾有二：文字也，功名也。予始以为姑毋攻焉，不以累于心可矣；绝之无之，不已甚乎？孰知二者之贼，素夺其宫。"姑"之云者，是假之也。是故必绝之无之，而后可以进于道，否则终不免于虚见，且自诬也。

蔡我斋先生　朱白浦先生

正德丁卯，徐横山、蔡我斋、朱白浦三先生举于乡，别文成而北。文成言："徐曰仁之温恭，蔡希渊之深潜，朱守中之明敏，皆予所不逮。"——盖三先生皆以丁卯来学，文成之弟子，未之或先者也。——癸酉，三先生从文成游四明山，我斋自永乐寺返，白浦自姮溪返，横山则同入雪窦，春风沂水之乐，真一时之盛事也。横山为弟子之首，遂以两先生次之。

蔡宗兖，字希渊，号我斋，山阴之白洋人。乡书十年而取进士，留为庶吉士，不可，以教授奉母。孤介不为当道所喜，辄弃去。文成以为归计良是，而伤于急迫；再过二三月，托病行，则形迹泯然。独为君子，而人为小人，亦非仁人忠恕之心也。已教授莆田，复不为当道所喜。文成戒之曰："区区往谪龙场，横逆之加日至；迄今思之，正动心忍性砥砺切磋之地。其时乃止搪塞排遣，竟成空过，惜也！希渊省克精切，其肯遂自以为忠乎？"移教南康，入为太学助教南考功，升四川督学金事，林见素谓："先生中有余养，只见外者之轻，故能壁立千仞。"

朱节，字守中，号白浦，亦白洋人。官御史，以天下为己任。文成谓之曰："德业外无事功；不由天德，而求骋事功，则希高务外，非业也。"先生尝言："平生于'爱众、亲仁'二语得力；然亲仁必从爱众得来。"

钱绪山先生

钱德洪，字洪甫，号绪山，浙之余姚人。王文成平濠归越，先生与同邑范引年、官州郑寅、柴凤徐珊、吴仁数十人会于中天阁，同禀学焉。待四方之士，来学于越者甚众。先生与龙溪疏通其大旨，而后卒业于文成，一时称为教授师。七年，奔文成之丧；至于贵溪，问丧服。邵竹峰曰："昔者孔子没，子贡若丧父而无服，礼也。"先生曰："吾夫子没于道路，无主丧者，弟子不可以无服；然某也有父母在，麻衣布绖，弗敢有加焉。"筑室于场，以终心制。在野三十年，无日不讲学；江、浙、宣、歙、楚、广名区奥地，皆有讲舍。二年十月二十六日卒，年七十九。

阳明"致良知"之学，发于晚年；其初以静坐澄心训学者，学者多有喜静恶动之弊。知本流行，故提掇未免过重。然曰："良知是未发之中。"又曰："谨独即是致良知。"则亦未尝不以收敛为主也。故邹东廓之戒惧，罗念庵之主静，此真阳明之的传也。先生与龙溪亲炙阳明最久，习闻其过重之言。龙溪谓："寂者心之本体,寂以照为用;守其空知而遗照,是乖其用也。"先生谓:"未发竟从何处觅?离已发而求未发,必不可得。"是两先生之"良知",俱以见在知觉而言;于圣贤凝聚处,尽与扫除。在师门之旨,不能无毫厘之差。

《会语》

戒惧即是良知,觉得多此戒惧,只是工夫生。久则本体功夫,自能相忘,不思而得,不勉而中,亦只一熟耳。

圣人于纷纭交错之中,而指其不动之真体,良知是也。是知也,虽万感纷纭,而是非不昧;虽众欲交错,而清明在躬。至变而无方,至神而无迹者,良知之体也。太虚之中,无物不有,而无一物之住;其有住,则即为太虚之碍矣。人心感应,无时不有,而无一时之住;其有住,则即为太虚之障矣。故忿懥、好乐、恐惧、忧患,一着于有心,即不得其正矣。故正心之功,不在他求,只在诚意之中,求当本体明彻、止于至善而已矣。

问:"感人不动如何?"曰:"才说感人,便不是了。圣贤只是正己而物自正;譬如太阳无蔽,容光自能照物,非是屑屑寻物来照。"

问:"戒惧之功,不能无有事无事之分。"曰:"知得良知是一个头脑,虽在千百人中,工夫只在一念处补;虽独居冥坐,工夫亦只在一念微处。"

致知之功,在究透全体,不专在一念一事之间;但除却一念一事,又更无全体可透耳。

良知广大高明,原无妄念可去;才有妄念可去,已自失却广大高明之体矣。今只提醒本体,群妄自消。

人要为恶,只可言自欺,良知本来无恶。

学者功夫,不得伶俐直截,只为一"虞"字作祟耳!良知是非从违,何尝不明;但不能一时决断,如自虞度曰:"此或无害于理否?或可苟同于俗否?或可欺人于不知否?或可因循一时以图迁改否?"只此一虞,便是致吝之端。

昔者,吾师之立教也,揭诚意为《大学》之要,指致知格物为诚意之功;门弟子闻言之下,皆得入门用力之地。用功勤者,究极此知之体,使天则流行,纤翳无作;千感万应,而真体常寂,此诚意之极也。故诚意之功,自初学用之,即得入手;自圣人用之,精诣无尽。吾师既殁,吾党病学者善恶之机,生灭不已,乃于本体提揭过重。闻者遂谓诚意不足以尽道,必先有悟而意自不生;格物非所以言功,必先归寂而物自化。遂相与虚忆以求悟,而不切乎民彝物则之常;执礼以求寂,而无有乎圆神活泼之机。希高凌节,影响谬戾;而吾师平易切实之旨,壅而弗宣。师云:"诚意之极,止至善而已矣。"是止至善也者,未尝离诚意而得也。言止则不必言寂,而寂在其中;言至善则不必言悟,而悟在其中。然皆必本于诚意焉,何也?盖心无体,心之上不可以言功也。应感起物,而好恶形焉,于是乎有精察克治之功;诚意之功极,则体自寂而应自顺。初学以至成德,彻始彻终,无二功也。是故不事诚意而求寂与悟,是不入门而思见宗庙百官也。知寂与悟而不示人以诚意之功,是欲人见宗庙百官而闭之门也。皆非融释于道者也。

论学书

久庵谓:"吾党于学,未免落空。"初若未以为然;细自磨勘,始知自惧。日来论本体处,说得十分清脱;及征之行事,疏略处甚多,此便是学问落空处。譬之草木,生意在中,发在枝干上,自是可见。

亲蹈生死真境,身世尽空,独留一念荧魂,耿耿中夜,豁然若省；乃知上天为我设此法象，示我以本来真性，不容丝发挂带。平时一种姑容因循之念，常自以为不足害道。由今观之，一尘可以矇目，一指可以障天，诚可惧也！噫，古人处动忍而获增益，吾不知增益者何物，减削则已尽矣！

龙溪学曰平实，每于毁誉纷冗中，益见奋惕。弟向与意见不同，虽承先师遗命，相取为益，终与入处异路，未见能浑接一体。归来屡经多故，不肖始能纯信本心；龙溪亦于事上肯自磨涤，自此正相当。能不出露头面，以道自仁；而毁誉之言，亦从此入。旧习未化，时出时入，容或有之。然其大头放倒如群情所疑，非真信此心千古不二，其谁与辨之？

格物之学，实良知见在功夫；先儒所谓过去未来，徒放心耳！见在功夫，时行时止，时默时语；念念精明，毫厘不放，此即行著习察、实地格物之功也。于此体当切实，着衣吃饭，即是尽心至命之功。

学者初入手时，良知不能无间；善恶念头，杂发难制。或防之于未发之前，或制之于临发之际，或悔改于既发之后，皆实功也。由是而入微，虽圣人之知几，亦只此工夫耳。

凡为愚夫愚妇立法者，皆圣人之言也；为圣人说道妙、发性真者，非圣人之言也。

王龙溪先生

王畿，字汝中，别号龙溪，浙之山阴人。时当国者不说学，先生谓钱绪山曰："此岂吾与子仕之时也"？皆不廷试而归。先生和易宛转，门人日亲。先生林下四十余年，无日不讲学；自两都及吴、楚、闽、越、江、浙，皆有讲舍，莫不以先生为宗盟。年八十，犹周流不倦。万历癸未六月七日卒，年八十六。

《天泉证道记》谓：师门教法，每提四句："无善无恶心之体；有善有恶意之动；知善知恶是良知；为善去恶是格物。"绪山以为定本，不可移易；先生谓之权法，体用显微，只是一机，心、意、知、物，只是一事。若悟得心是无善无恶之心，则意、知、物，俱是无善无恶。相与质之阳明，阳明曰："吾教法原有此两种：四无之说，为上根人立教；四有之说，为中根以下人立教。上根者，即本体便是功夫，顿悟之学也；中根以下者，须用为善去恶功夫，以渐复其本体也。"自此印正，而先生之论，大抵归于四无；以正心为先天之学，诚意为后天之学。从心上立根，无善无恶之心，即是无善无恶之意，是先天统后天；从意上立根，不免有善恶两端之决择，而心亦不能无杂，是后天复先天。此先生论学大节目，传之海内而学者不能无疑。以四有论之，惟善是心所固有，故意、知、物之善，从中而发，恶从外而来；若心体既无善恶，则意、知、物之恶固妄也，善亦妄也。功夫既妄，安得谓之复还本体？斯言也，于阳明平日之言，无所考见，独先生言之耳。然先生他日答吴悟斋云："至善无恶者放之体也；有善有恶者意之动也；知善知恶者良知也；为善去恶者格物也。"此其说已不能归一矣。以四无论之，《大学》正心之功，从诚意入手；今日从心上立根，是可以无事乎意矣。而意上立根者为中下人而设，将《大学》有此两样功夫欤？抑止为中下人立教乎？先生谓："良知原是无中生有，即是未发之中。此知之前，更无未发，即是中节之和；此知之后，更无已发。自能收敛，不须更主于收敛；自能发散，不须更期于发散。当下现成，不假功夫修整而后得。致良知原为未悟者设，信得良知过时，独往独来；如珠之走盘，不待拘管，而自不过其则也。以笃信谨守一切矜名饰行之事，皆是犯手做作。"

语录

先师尝谓人曰:"戒慎恐惧是本体,不睹不闻是功夫。"戒慎恐惧若非本体,于本体上殊生障碍;不睹不闻若非功夫,于一切处尽成支离。

圣人所以为圣,精神命脉,全体内用;不求知于人,故常常自见己过,不自满假,日进于无疆。乡愿惟以媚世为心,全体精神,尽从外面照管,故自以为是而不可与入尧舜之道。

"致良知"只是处心应物,使人人各得尽其情;能刚能柔,触机而应,迎刃而解。如明镜当空,妍媸自辨,方是经纶手段。才有些子才智伎俩与之相形,自己光明,反为所蔽。

"良知"宗说,同门虽不敢有违,然未免各以其性之所近,拟议搀和。有谓良知非觉照,须本于归寂而始得;如镜之照物,明体寂然,而妍媸自辨,滞于照则明反眩矣。有谓良知无见成,由于修证而始全;如金之在矿,非火齐锻炼,则金不可得而成也。有谓良知是从已发立教,非未发无知之本旨。有谓良知本来无欲,直心以动,无不是道,不待复加销欲之功。有谓学有主宰、有流行,主宰所以立性,流行所以立命,而以良知分体用。有谓学贵循序,求之有本末,得之无内外,而以致知别始终:此皆论学同异之见,不容以不辨者也。

寂者心之本体,寂以照为用;守其空知而遗照,是乖其用也。见入井孺子而恻隐,见嘑蹴之食而羞恶;仁义之心,本来完具,感触神应,不学而能也。若谓良知由修而后全,挠其体也。良知原是未发之中,无知而无不知。若良知之前,复求未发,即为沉空之见矣。古人立教,原为有欲设;销欲正所以复还无欲之体,非有所加也。主宰即流行之体,流行即主宰之用。体用一原,不可得而分,分则离矣。所求即得之之因,所得即求之之证；始终一贯，不可得而别，别则支矣。吾人服膺良知之训，幸相默证，务求不失其宗，庶为善学也已。

"涓流积至沧溟水；拳石崇成太华岑。"先师谓象山之学，得力处全在积累。须知涓流即是沧海，拳石即是泰山；此是最上一机，不由积累而成者也。

立志不真，故用力未免间断。须从本原上彻底理会，种种嗜好，种种贪着，种种奇特技能，种种凡心习态，全体斩断，令干干净净从混沌中立根基，始为本来生生真命脉。此志既真，功夫方有商量处。

先师讲学山中，一人资性警敏；先生漫然视之，屡问而不答。一人不顾非毁，见恶于乡党；先师与之语，竟日忘倦。某疑而问焉。先师曰："某也资虽警敏，世情机心，不肯放舍，使不闻学，犹有败露悔改之时；若又使之有闻，见解愈多，趋避愈巧，覆藏愈密，一切圆融智虑，为恶不可复悛矣。某也原是有力量之人，一时狂心销遏不下；今既知悔，移此力量为善，何事不办？此待两人所以异也。"

夫一体之谓仁，万物皆备于我，非意之也。吾之目，遇色自能辨青黄，是万物之色备于目也；吾之耳，遇声自能辨清浊，是万物之声备于耳也。吾心之良知，遇父自能知孝，遇兄自能知弟，遇君上自能知敬，遇孺子入井自能知怵惕，遇堂下之牛自能知觳觫。推之为五常，扩之为百行；万物之变，不可胜穷，无不有以应之。是万物之变备于吾之良知也。夫目之能备五色，耳之能备五声，良知之能备万物之变，以其虚也；致虚则自无物欲之间，吾之良知，自与万物相为流通而无所凝滞。后之儒者，不明一体之义，不能自信其心；反疑良知涉虚，不足以备万物。徒取古人孝弟爱敬、五常百行之迹，指为典要，揣摩依仿；执之以为应物之则，而不复知有变动周流之义。是疑目之不能辨五色，而先涂之以丹臒；耳之不复辨五声，而先聒之以宫羽。岂惟失却视听之用，而且汨其聪明之体，其不至聋且聩者几希！

千古学术，只在一念之微上求。生死不违，不违此也；日月至，至此也。

一念之微，只在慎独。

人心只有是非，是非不出好恶两端；忿与欲只好恶上略过些子，其几甚微。惩忿窒欲，复其是非之本心，是合本体的功夫。

论功夫，圣人亦须困勉，方是小心缉熙；论本体，众人亦是生知安行，方是真机直达。

先师自云："吾龙场以前，称之者十九；鸿胪以前，称之十之五，议之者十之五；鸿胪以后，议之者十之九矣。学愈真切，则人愈见其有过；前之称者，乃其包藏掩饰，人故不得而见也。"

一友用功，恐助长落第二义。答云："真实用功，落第二义亦不妨。"

圣贤之学，惟自信得及，是是非非不从外来。故自信而是，断然必行，虽遁世不见，是而无闷；自信而非断然必不行，虽行一不义、杀一不辜而得天下不为。如此方是毋自欺，方谓之王道，何等简易直截。后世学者，不能自信，未免倚靠于外。动于荣辱，则以毁誉为是非；惕于利害，则以得失为是非。搀和假借，转折安排，益见繁难；到底只成就得霸者伎俩，而圣贤易简之学，不复可见。

说个"仁"字，沿习既久，一时未易觉悟；说个"良知"，一念自反，当下便有归着。

忿不止于愤怒；凡嫉妒褊浅，不能容物，念中悻悻，一些子放不过，皆忿也。欲不止于淫邪；凡染溺蔽累，念中转转贪恋，不肯舍却，皆欲也。惩窒之功有难易，有在事上用功者，有在念上用功者，有在心上用功者；事上是遏于已然，念上是制于将然，心上是防于未然。惩心忿，窒心欲，方是本原易简功夫；在意与事上遏制，虽极力扫除，终无廓清之期。

问："伊川存中应外、制外养中之学，以为内外交养何如？"曰："古人之学，一头一路，只从一处养。譬之种树，只养其根，根得其养，枝叶自然畅茂；种种培壅灌溉、条枝剔叶、删去繁冗，皆只是养根之法。若既养其根，又从枝叶养将来，便是二本支离之学。晦庵以尊德性为存心，以道问学为致知，取证于涵养须用敬、进学在致知之说；以此为内外交养，知是心之虚灵。以主宰谓之心，以虚灵谓之知，原非二物；舍心更有知，舍存心更有致知之功，皆伊川之说误之也。涵养工夫，贵在精专接续，如鸡抱卵，先正尝有是言；然必卵中原有一点真阳种子，方抱得成。若是无阳之卵，抱之虽勤，终成鷇卵；学者须识得真种子，方不枉费功夫。明道云：'学者须先识仁。'吾人心中一点灵明便是真种子。原是生生不息之机。种子全在卵上，全体精神，只是保护得，非能以其精神帮助之也。"

"良知"二字是彻上彻下语：良知知是知非，良知无是无非。知是知非，即所谓规矩；忘是非而得其巧，即所谓悟也。

乡党自好与贤者所为，分明是两条路径。贤者自信本心是是非非，一毫不从人转换；乡党自好，即乡愿也。不能自信，未免以毁誉为是非，始有违心之行、徇俗之情。虞廷观人，先论九德，后及于事。乃言曰："载采采，所以符德也。"善观人者，不在事功名义格套上；惟于心术微处，密窥而得之。

"良知"不学不虑。终日学只是复他不学之体，终日虑只是复他不虑之体；无功夫中真功夫，非有所加也。功夫只求日减，不求日增，减得尽便是圣人。后世学术，正是添的勾当；所以终日勤劳，更益其病。果能一念惺惺，泠然自会；穷其用处，了不可得，此便是究竟话。

问知行合一。曰:"天下只有个知,不行不足谓之知。知行有本体,有功夫:如眼见得是知,然已是见了,即是行;耳闻得是知,然已是闻了,即是行。要之,只此一个知已自尽了。孟子说:'孩提之童,无不知爱其亲;及其长,无不知敬其兄。'止曰知而已,知便能了;更不消说能爱、能敬,本体原是合一。先师因后儒分为两事,不得已说个合一。知非见解之谓,行非履蹈之谓,只从一念上取证。知之真切笃实即是行,行之明觉精察即是知;知行两字,皆指功夫而言,亦原是合一的,非故为立说以强人之信也。"

邓定宇曰:"良知浑然虚明,无知而无不知。知是知非者,良知自然之用,亦是权法;执以是非为知,失其本矣。"又曰:"学贵自信自立,不是倚傍世界做得的;天也不做他,地也不做他,圣人也不做他,求自得而已。"先生曰:"面承教诲,知静中所得甚深,所见甚大,然未免从见上转换。此件事不是说了便休,须时时有用力处。时时有过可改;消除习气,抵于光明,方是缉熙之学。"

良知本顺,致之则逆。目之视,耳之听,生机自然,是之谓顺;视而思明,听而思聪,天则森然,是之谓逆。

心迹未尝判,迹有可疑,毕竟其心尚有不能尽信处;自信此生决无盗贼之心,虽有褊心之人,亦不以此疑我。若自信功名富贵之心,与决无盗贼之心一般;则人之相信,自将不言而喻矣。

诸儒所得,不无浅深,初学不可轻议;且从他得力处,效法修习,以求其所未至。如《大学》"格物无内外"、《中庸》"慎独无动静"诸说,关系大节目,不得不与指破,不得已也。若大言无忌,恣口指摘;若执权衡以较轻重,不惟长傲,亦且损德。

见在一念,无将迎,无住著;天机常活,便是了当。千百年事业,更无剩欠。

千古圣学，只从一念灵明识取：当下保此一念灵明便是学；以此触发感通便是教；随事不昧此一念灵明，谓之格物；不欺此一念灵明，谓之诚意；一念廓然，无有一毫固必之私，请之正心。此是易简直截根源。

问白沙与师门同异。曰：白沙是百原山中传流，亦是孔门别派；得其环中以应无穷，乃景象也。缘世人精神撒泼，向外驰求，欲返其性情而无从入；只得假静中一段行持，窥见本来面目，以为安身立命基根，所谓权法也。若致知宗旨，不论语默动静，从人情事变彻底炼习以归于玄。譬之真金为铜铅所杂，不遇烈火烹熬，则不可得而精。师门尝有入悟三种教法：从知解而得者谓之解悟，未离言诠；从静中而得者谓之证悟，犹有待于境；从人事炼习而得者，忘言忘境，触处逢源。愈摇荡，愈凝寂，始为彻悟。

乍见孺子入井怵惕，未尝有三念之杂；乃不动于欲之真心，所谓"良知"也。与尧舜未尝有异者也。于此不能自信，几于自诬矣！苟不用"致知"之功，不能时时保住；此心时时无杂，徒认见成虚见，附和欲根。而谓即与尧舜相对，几于自欺矣！

论学书

吾人一生学问，只在改过；须常立于无过之地，不觉有过，方是改过真功夫。所谓"复"者，复于无过者也。

当万欲腾沸之中，若肯返诸一念良知；其真是真非，炯然未尝不明。只此便是天命不容灭息所在，便是人心不容蔽昧所在，此是千古入贤圣、入真正路头。

见在良心，必待修证而后可与尧舜相对，尚望兄一默体之。盖不信得当下具足，到底不免有未莹处；欲惩学者不用功夫之病，并其本体而疑之，亦矫枉之过也。

文公谓天下之物，方圆、轻重、长短，皆有定理；必外之物至，而后内之知至。先师则谓事物之理，皆不外于一念之良知；规矩在我，而天下方圆不可胜用，无权度则无轻重、长短之理矣。

所谓必有事者，独处一室，而此念常炯然；日应万变，而此念常寂然。闲时能不闲，忙时能不忙，方是不为境所转。

吾人立于天地之间，须令我去处人，不可望人处我。

良知在人，本无污坏；虽昏蔽之极，苟能一念自反，即得本心。譬之日月之明，偶为云雾所翳，谓之晦耳；云雾一开，明体即见，原未尝有所伤也。此原是人人见在具足，不犯做手本领功夫；人之可以为尧舜，小人之可使为君子；舍此，更无从入之路、可变之几。

季彭山先生

季本，字明德，号彭山，越之会稽人。时邹东廓官主客，相聚讲学；东廓被黜，连及先生，谪判辰州。寻同知吉安，升长沙知府；锄击豪强过当，乃罢归。嘉靖四十二年卒，年七十九。

先生之学，贵主宰而恶自然。以为理者阳之主宰，乾道也；气者阴之流行，坤道也。流行则往而不返，非有主于内，则动静皆失其则矣。其议论，大抵以此为指归。夫大化只此一气，气之升为阳，气之降为阴，以至于先生闵学者之空疏，只以讲说为事，故苦力穷经。罢官以后，载书寓居禅寺；迄昼夜寒暑无间者，二十余年。而又穷九边，考黄河故道，索海运之旧迹，别三代春秋列国之疆土川原。涉淮泗，历齐鲁，登泰山，逾江入闽而后归。凡欲以为致君有用之学。所著有《易学四同》《诗说解颐》《春秋私考》《四书私存》《说理会编》《读礼疑图》《孔孟图谱》

《庙制考义》《乐律纂要》《律吕别书》《蓍法别传》，总百二十卷。

《说理会编》

世儒多以"实"训"诚"，亦有倚着之病；夫仁义礼智合德而为诚，诚固未有不实，但就以实为诚则不可。仁义礼智，虚明在中，如谷种之生机未尝息，何尝有所倚着？是德虽实，不见其有实之迹者也。故言诚惟"惺惺"字为切，凡人所为不善，本体之灵，自然能觉；觉而少有容留，便属自欺，欺则不惺惺矣。故戒慎恐惧于烛知之地，不使一毫不善杂于其中，即是惺惺而为敬也。

圣人之学，只是谨独；独处人所不见闻，最为隐微。而己之见显，莫过于此。故独为独知，盖我所得于天之明命，我自知之，而非他人所能与者也；若闲思妄想，徇欲任情，此却是外物蔽吾心之明，不知所谨，不可以言见显矣。少有觉焉，而复容留将就，即为自欺。乃于人所见闻处，掩不善者而著其善；虽点检于言行之间，一一合度，不遏有慾，亦属作伪，皆为自蔽其知也。故欺人不见之知，乃十目所视、十手所指之处也，不可以为独知。然则知者，其源头不杂之知乎？源头不杂之知，心之官虚灵而常觉者也。杂则着物，虽知亦倚于一偏，是为耳目之官不思而蔽于物矣。

慎于独知，即致知也；慎独之功不已，即力行也。故独知之外无知矣，常知之外无行矣。功夫何等简易耶？

黄久庵先生

黄绾，字叔贤，号久庵，台之黄岩人。闲住，迁家翠屏山中，寒暑未尝释卷。享年七十有五。

先生初师谢文肃；及官都事，闻阳明讲学，请见。阳明曰："作何功夫？"对曰："初有志，功夫全未。"阳明曰："人患无志，不患无功夫可用。"复见甘泉，相与矢志于学。阳明归越，先生过之；闻"致良知"之教，曰："简易直截，圣学无疑，先生真吾师也！尚可自处于友乎？"乃称门弟子。阳明既没，桂萼齮龁之。先生上疏言："昔议大礼，臣与萼合，臣遂直友以忠君；今萼毁臣师，臣不敢阿友以背师。"先生立"艮止"为学的。谓中涉世故见不诚，非礼之异；欲用其诚，行其理而反羞之。既不羞而任诸己，则愤世嫉邪，有轻世肆志之意；于是当毁誉机穽之交作，郁郁困心，无所自容。乃始穷理尽性以乐天知命，庶几可安矣。久之自相凑泊，则见理性天命，皆在于我，无所容其穷尽，乐知也。此之谓艮止。其于五经，皆有《原古》。

董萝石先生　附子穀

董沄，字复宗，号萝石，晚号从吾道人，海盐人。年六十八，游会稽，闻阳明讲学山中，往听之；阳明与之语连日夜。先生喟然叹曰："吾见世之儒者，支离琐屑，修饰边幅，为偶人之状；其下者，贪饕争夺于富贵利欲之场；以为此岂真有所为圣贤之学乎？今闻夫子'良知'之说，若大梦之得醒；吾非至于夫子之门，则虚此生也！"因何秦以求北面，阳明不可，谓："岂有弟子之年过于师者乎？"先生再三而委质焉。其平日诗社之友招之曰："翁老矣，何自苦？"先生笑曰："吾今而后，始得离于苦海耳！吾从吾之好，自号从吾。"至七十七而卒。

董穀，字石甫。与大吏不合而归。少游阳明之门，阳明谓之曰："汝习于旧说，故于吾言不无牴牾，不妨多问，为汝解惑。"先生因笔其所闻者，为《碧里疑存》。然而多失阳明之意，其言性无善恶，阳明无善无恶心之体；以之言心，不以之言性也。又言性之体虚而已，万有出焉；故气质之不美，性实为之。全体皆是性，无性则并无气质矣。夫性既无善无恶，赋于人则有善有恶，将善恶皆无根柢欤？抑人生而静以上是一性，静以后又是一性乎？又言复性之功，只要体会其影响俱无之意思而已。信如斯言，则莫不堕于恍惚想象，所谓求见本体之失也。学者读先生之书，以为尽出于阳明；亦何怪疑阳明为禅学乎！

《日省录》

从先师往天柱峰；一家楼阁高明，花竹清丽，先生悦之。往日曾以其地求售，悔不成约，既而幡然曰："我爱则彼亦爱之，有实心而无恕心矣！"再四自克，行过朱华岭四五里，始得净尽。先生言："去欲之难如此！"

《求心录》

知过即是"良知"；改过即是"致知"。

横逆之来，自谤讪怒骂以至于不道之甚；无非是我实受用得力处，初不见其可憎。所谓山河大地，尽是黄金，满世间皆药物也。

陆原静先生

陆澄，字原静，又字清伯，湖之归安人。先生以多病从事于养生，文成语之以"养德、养身只是一事；果能戒慎恐惧，则神住气住精住，而长生久视之说亦在其中矣"。《传习录》自曰仁发端，其次即为先生所记；朋友见之，因此多有省悟。盖数条皆切问，非先生莫肯如此吐露，就吐露亦莫能如此曲折详尽也。故阳明谓：

"曰仁没，吾道益孤！"致望原静者不浅。执父丧，衰毁失明。

顾箬溪先生

顾应祥，字惟贤，号箬溪，湖之长兴人。癸丑致仕。又十二年卒，年八十三。先生好读书，九流百家，皆识其首尾；而尤精于算学，今所传《测渊海镜》《弧矢算术》《授时历撮要》，皆其所著也。少受业于阳明。阳明殁，先生见《传习续录》门人问答，多有未当于心者，作《传习录疑》；龙溪《致知议略》，亦摘其可疑者辨之。大抵谓："良知"者性之所发也。日用之间，念虑初发，或善或恶，或公或私，岂不自知之；知其不当为而犹为之者，私欲之心重，而怨己之心昏也。苟能于一起之时，察其为恶也，则猛省而力去之；去一恶念，则生一善念矣。念念去恶为善，则意之所发，心之所存，皆天理，是之谓知行合一。知之非难，而行之为难。今曰圣人之学，"致良知"而已矣。人人皆圣人也，吾心中自有一圣人；自能孝，自能弟。而于念虑之微，取舍之际，则未之讲；任其意向而为之曰"是吾之良知也"，知行合一者，固如是乎？先生之言，以阳明"知善知恶是良知，为善去恶为格物"为准的。然阳明点出知善知恶原不从发处言，第明知善知恶为自然之本体。故又曰："良知为未发之中。"若向发时认取，则善恶杂揉，终是不能清楚。即件件瞒不过照心，亦是克伐怨欲不行也。知之而后行之，方为合一。"其视知行终判两样，皆非师门之旨也。

黄致斋先生

黄宗明，字诚甫，号致斋，宁波鄞县人。丙申十一月卒官。

先生受学于阳明,阳明谓:"诚甫自当一日千里,任重道远;吾非诚甫,谁望耶?"则其属意亦至矣。

论学书

学问思辨,即是尊德性下手功夫,非与笃行为两段事;如今人真有志于学,便须实履其事。中间行而未安、思而未通者,不得不用学问思辨之功;学问恳切处,是之谓笃行耳。故必知行合一,然后为真学;学而真者,知行必合一。并进之说,决无益于行,亦非所以为知也。故吾辈但于立志真伪处省察,学问懈弛时鞭策;即无不合,不必区区于讲说为也。

一有求学之意,即善善恶恶,自能知之,不待外求;为善去恶,亦在不自欺耳。此所谓"我欲仁斯仁至"者,何等简易,何等直截;今顾欲外此而求之烦难,独何欤?

来谕谓"此心之中,无欲即静;遇事时不觉交战,便是得力",所言甚善。尚有不得不论者,盖无欲即静,与周子《图说》内自注"无欲故静"之说亦略相似;其谓遇事时不觉交战,便是得力,亦谓心中有主,不为事物所胜云耳。然尝闻之程子曰:"为学不可不知用力处;既学不可不知得力处。"周子曰:"养心莫善于寡欲,寡之又寡,以至于无。"正不在得力,而在于知所以用力;不在无欲,而在寡欲耳。学必寡欲而后无欲,知用力而后知得力;此其功夫渐次,有不可躐而进者。若执事所言,恐不免失之太早。如贫人说富,如学子论大贤,功效体当,自家终无受用时也。仆之所谓主静者,正在寡欲,正在求所以用力处;亦不过求之于心,体之于心,验之于心。盖心为事胜,与物交战,皆欲为之累;仆之所谓主静者,正以寻欲所从生之根而拔去之,如逐贼者必求贼所潜入之处而驱逐之也。是故善学者莫善于求静,能求静然后气得休息,而良知发见;凡其思虑之烦杂,私欲之隐藏，自能觉察，自能拔去。是故无欲者，本然之体也；寡欲者，学问之要也；求静者，寡欲之方也；戒惧者，求静之功也。知用力而后得力处可得而言，无欲真体，常存常见矣。

张浮峰先生

张元冲，字叔谦，号浮峰，越之山阴人。卒年六十二。先生登文成之门，以戒惧为入门，而一意求诸践履。文成尝曰："吾门不乏慧辨之士；至于真切纯笃，无如叔谦。"先生尝谓学者曰："孔子之道，一以贯之；孟子之道，万物我备。良知之说，如是而已。"又曰："学先立志，不学为圣人，非志也；圣人之学在戒惧慎独，不如是学，非学也。"揭座右曰："惟有主，则天地万物自我而立；必无私，斯上下四旁咸得其平。"前后官江西，辟正学书院，与东廓、念庵、洛村、枫潭联讲会，以订文成之学；又建怀玉书院于广信，迎龙溪、绪山主讲席。遂留绪山为《文成年谱》，惟恐同门之士，学之有出入也。其有功师门如此。

程松溪先生

程文德，字舜敷，号松溪，婺之永康人。三十八年十一月卒，年六十三。先生初学于枫山，其后卒业于阳明。以真心为学之要，虽所得浅深不可知，然用功有实地也。

论学书

此心不真，辨说虽明，毕竟何益？自鸡鸣而起，以至向晦宴息，无非真心，则无非实功；一话一言，一步一趋，皆受用处。不然，日谈孔孟，辨精毫厘，终不免为务外、为人之归尔！

窃谓险夷、顺逆之来，若寒暑、昼夜之必然，无足怪者。己不当，人必当之，孰非己也。是故君子之于忧患，不问其致之，而惟问其处之。故曰："无入而不自得。"苟微有介焉，非自得也。

徐鲁源先生

徐用检，字克贤，号鲁源，金华兰溪人。万历辛亥十一月卒。年八十四。先生师事钱绪山。然其为学不以良知而以志学，谓："君子以复性为学，则必求其所以为性；而性囿于质，难使纯明。故无事不学，学焉又恐就其性之所近，故无学不证诸孔氏。"又谓："求之于心者，所以求心之圣；求之于圣者，所以求圣之心。"盖其时学者执"心之精神谓之圣"一语，纵横于气质以为学。先生以孔氏为的，亦不得已之苦心也。耿楚倥与先生谈数日，曰："先生今之孟子也！"久之，寓书曰："愿君执御，无专执射。"天台译其意曰："夫射必有的，御所以载人也。子舆氏愿学孔子，其立之的乎？孔子善调御狂狷，行无辙迹，故云'执御'；吾仲氏欲门下损孟之高，为孔之大，如斯而已。"

《友声编》

吾人之志，抖擞于昨日，今日可受用否？即抖擞于上时，今时可受用否？若时时抖擞，可无属人为造作否？此要在穷此心之量，靡有间息；其无间息，固天然也。

人之为小人，岂其性哉？其初亦起于乍弄机智，渐习渐熟，至流于恶而不自知。

立志既真，贵在发脚不差；发脚一差，终走罔路，徒自罢苦，终不能至。问："安得不差？"先生厉声曰："切莫走闭眼路！"

万鹿园先生

万表,字民望,号鹿园。读书学古,不失儒生本分,寇守天叙,勉以宁静澹泊,先生揭诸座右。嘉靖丙辰正月卒,年五十九。

先生功在漕运,其大议有三,人共奇之,其大者卒莫之能行也。倭寇之乱,先生身亲陷阵,肩中流矢。其所筹划,亦多掣肘,故忠愤至死不忘。先生之学,多得之龙溪、念庵、绪山、荆川。先生尝言:圣贤切要功夫,莫先于格物;盖吾心本来具足,格物者,格吾心之物也。为情欲、意见所蔽,本体始晦;必扫荡一切,独观吾心。格之又格,愈研愈精;本体之物,始得呈露,是为格物,格物则知自致也。龙溪谓:"古人格物之说,是千圣经纶之实学。良知之感应谓之物,是从良知疑聚出来,格物是致知实下手处。不离伦物感应而证真修,离格物则知无从而致矣。吾儒与二氏毫厘不同,正在于此。"龙溪指物为实,先生指物为虚;凡天下之物,摄于本体之物;本体之物,又何尝离伦物哉?

王敬所先生

王宗沐,字新甫,号敬所,台之临海人。先生师事欧阳南野,少从二氏而入;已知所谓"良知"者,在天为不已之命,在人为不息之体,即孔氏之仁也。学以求其不息而已。

张阳和先生

张元忭,字子荩,别号阳和,越之山阴人。幼读朱子《格致补传》曰:"无乃倒言之乎?当云'心之全体大用无不明,而后物之表里精麤无不到'也"。卒官,年五十一。

　　先生之学,从龙溪得其绪论,故笃信阳明"四有"教法。龙溪谈本体而讳言功夫,识得本体便是功夫;先生不信,而谓"本体本无可说,凡可说者皆功夫也"。尝辟龙溪欲浑儒释而一之,以"良知"二字为范围三教之宗旨,何其悖也!故曰:"吾以不可学龙溪之可。"先生可谓善学者也!第主意只在善有善几,恶有恶几;于此而慎察之,以为知善必真好,知恶必真恶,格不正以归于正,为格物,则其认良知都向发上。阳明独不曰"良知是未发之中"乎?察识善几、恶几,是照也,非良知之本体也。朱子答吕子约曰:"向来讲论思索,直以心为已发。而所论致知格物,以察识端倪为初下手处。以故缺却平日涵养一段功夫。"此即先生之言良知也。朱子易箦,改《诚意章句》曰:"实其心之所发。"此即先生之言格物也。先生谈文成之学,而究竟不出于朱子,恐于本体终有所未明也。

八　江右王门学案

姚江之学，惟江右为得其传；东廓、念庵、两峰、双江其选也。再传而为塘南、思默，皆能推原阳明未尽之旨。是时越中流弊错出，挟师说以杜学者之口，而江右独能破之；阳明之道，赖以不坠。盖阳明一生精神，俱在江右，亦其感应之理宜然也。

邹东廓先生

邹守益，字谦之，号东廓，江西安福人。九庙灾，有旨大臣自陈；大臣皆惶恐引罪，先生上疏独言君臣交儆之义。遂落职闲住。四十一年卒，年七十二。

初见文成于虔台，求表父墓，殊无意于学也。文成顾日夕谈学，先生忽有省，曰："往吾疑程朱补《大学》，先格物穷理；而《中庸》首慎独，两不相蒙。今释然格致之即慎独也！"遂称弟子。先生之学，得力于敬；敬也者，"良知"之精明而不杂以尘俗者也。吾性体行于日用伦物之中，不分动静，不舍昼夜，无有停机；流行之合宜处谓之善，其障蔽而壅塞处谓之不善。盖一忘戒惧，则障蔽而壅塞矣；但令无往非戒惧之流行，即是性体之流行矣。离却戒慎恐惧，无从觅性；离却性，亦无从觅日用伦物也。故其言"道器无二，性在气质"，皆是此意。其时双江从寂处、体处用功夫，以感应运用处为效验，先生言其倚于内，是裂心、体而二之也。彭山恶自然而标警惕，先生言其滞而不化，非行所无事也。夫子之后，源远而流分；阳明之没，不失其传者，不得不以先生为宗子也。夫流行之为性体，释氏亦能见之；第其捍御外物，是非善恶，一归之空，以无碍我之流行。盖有得于浑然一片者，而日用伦物之间，条理脉络，不能分明矣。粗而不精，此学者所当论也。

先生《青原赠处》，记阳明赴两广，钱、王二子各言所学。绪山曰："至善无恶者心；有善有恶者意；知善知恶是良知；为善去恶是格物。"龙溪曰："心无善而无恶；意无善而无恶；知无善而无恶；物无善而无恶。"阳明笑曰："洪甫须识汝中本体；汝中须识洪甫功夫。"

子善，孙德涵、德溥、德泳。

善，字某，号颍泉。

德涵，字汝海，号聚所。江陵当国，方严学禁，而先生求友愈急。御史承江陵意，疏论镌秩而归。未几卒，年五十六。先生受学于耿天台，天台谓："公子寒士，一望而知，居之移气若此；独汝海不可辨其为何如人。"问学于耿楚倥，楚倥不答。先生愤然曰："吾独不能自参而向人求乎？"反闭一室，攻苦至忘寝食，形躯减削。出而与杨道南、焦弱侯讨论久之，一旦雪然，忽若大脑，洞彻本真，象山所谓"此理已显也"。然先生以悟为入门，于家学又一转手矣。

德溥，字汝光，号四山。所解《春秋》，逢掖之士多宗之。更掩关宴居，覃思名理，著为《易会》。自叙："非四圣之易，而天壤自然之易；又非天壤之易，而心之易。"其于《易》道，多所发明；先生浸浸向用，忽而中废。

德泳，号泸水。先生既承家学，守致良知之宗，而于格物则别有深悟。论者谓淮南之格物，出阳明之上；以先生之言较之，则淮南未为定论也。

东廓论学书

良知之教，乃从天命之性，指其精神灵觉而言；恻隐、羞恶、辞让、是非，无往而非良知之运用。故戒惧以致中和，则可以位育；扩充四端，则可以保四海。初无不足之患，所患者未能明耳。好问好察，以用中也；诵诗读书，以尚友也；前言往行，以畜德也；皆求明之功也，及其明也，只是原初明也，非合天下古今之明而增益之也。世之没溺于闻见，勤苦于记诵，正坐以良知为不足而求诸外以增益之。故比拟愈密，揣摩愈巧，而本体障蔽愈甚；博文格物，即戒惧扩充，一个功夫，非有二也。果以为有二者，则子思开卷之首，得无舍其门而骤语其堂乎？

越中之论，诚有过高者；忘言绝意之辨，向亦骇之。及卧病江上，获从绪山、龙溪切磋，渐以平实；其明透警发处，受教甚多。夫乾乾不息于诚，所以致良知也；惩忿窒欲，迁善改过，皆致良知之条目也。若以惩忿之功为第二义，所则谓"如好好色，如恶恶臭，己百己千"者，皆为剩语矣！源泉混混以放乎四海，性之本体也；有所壅蔽，则决而排之，未尝以人力加损。故曰"行所无事"。若忿欲之尘，不加惩窒，而曰本体原自流行，是不决不排，而望放乎海也。苟认定惩窒为治性之功，而不察流行之体，原不可以人力加损，则亦非行所无事之旨矣！

古人理会利害，便是义理；今人理会义理，犹是利害。

良知精明处，自有天然一定之则；可行则行，可止则止。真是鸢飞鱼跃，天机活泼，初无妨碍，初无拣择。所患者好名好利之私，一障其精明；糠秕眯目，天地为之易位矣。

迁善改过，即致良知之条目也。果能慎戒恐惧，常精常明，不为欲物所障蔽，则即此是善，更何所迁；即此非过，更何所改。一有障蔽，便与扫除；雷厉风行，复见本体。其谓落在下乘者,只是就事上点检;则有起有灭,非本体之流行耳。

有疑圣人之功异于始学者,曰:"王逸少所写'上大人',与初填朱模者,一点一直,不能一毫加损。"

近有友人相语曰:"君子处世,只顾得是非,不须更顾利害。"仆答之曰:"天下真利害,便是天下真是非;即如'舍生取义,杀身成仁',安得为害?而墦肉乞饱,垄上罔断,安得为利?若论世情利害,亦有世情是非矣!"

吾辈病痛,尚是对景时放过;故辨究虽精,终受用不得。须如象山所云:"关津路口,一人不许放过",方是须臾不离之学。

近来讲学,多是意兴;于戒惧实功,全不着力。便以为妨碍自然本体,故精神浮泛,全无归根立命处。间有肯用戒惧之功者,止是点检于事为,照管于念虑,不曾从不睹不闻上入微。

过去、未来之思,皆是失却见在功夫,不免借此以系其心。缘平日戒惧功疎,此心无安顿处。佛家谓之猢孙失树,更无伎俩。若是视于无形,听于无声,洞洞属属,精神见在兢业不暇,那有闲工夫思量过去、理会未来?故"憧憧往来,朋从尔思",此是将迎病症;"思曰睿,睿作圣",此是见在本体功程,毫厘千里。

东廓语录

问:"性固善也,恶亦不可不谓之性。"曰:"以目言之:明固目也,昏亦不可不谓之目;当其昏也,非目之本体矣。古人以心体得失为吉凶,今人以外物得失为吉凶;作德日休,作伪日拙,方见影响不爽。奉身之物,事事整饬;而自家身心,先就破荡。不祥莫大焉!"

问:"天下事变,必须讲求。"曰:"圣门讲求,只在规矩;规矩诚立,千方万圆,自运用无穷。平天下之道,不外絜矩;直至琼台，方补出许多节目。岂是曾子、比丘氏疏略欠缺？"

有苦闲思杂念者。诘之曰："汝自思闲，却恶闲思；汝自念杂，却恶杂念。辟诸汝自醉酒，却恶酒醉。果能戒惧一念，须臾不离，如何有功夫去浮思？"

天性与气质更无二件，夫此身都是气质用事：目之能视，耳之能听，口之能言，手足之能持行，皆是气质天性从此处流行。先师有曰："恻隐之心，气质之性也。"正与孟子形色天性同旨。其谓浩然之气，塞天地，配道义；气质与天性，一滚出来，如何说得论性不论气？后儒说两件，反更不明。除却气质，何处求天地之性？良知虚灵，昼夜不息，与天同运，与川同流，故必有事焉无分于动静；若分动静，而学则交换时须有接续，虽妙手不能措巧。元公谓静而无静，动而无动，其善发良知之神乎！

颍泉先生语录

学者真有必求为圣人之心，则即此"必求"一念，是作圣之基也。猛自奋迅，一跃跃出，顿觉此身迥异尘寰，岂非千载一快哉！

孔子谓："苟志于仁，无恶也。"若非有此真志，则终日萦萦，皆是私意，安可以言过？

李卓吾倡为异说，破除名行；楚人从者甚众，风习为之一变。刘元卿问于先生曰："何近日从卓吾者之多也？"曰："人心谁不欲为圣贤？顾无奈圣贤碍手耳！今渠谓'酒色财气一切不碍菩提路'；有此便宜事，谁不从之？"

夫子谓："能见其过而内自讼者为鲜。"盖真能见过，则即能见吾原无过处；真能自讼，则常如对谳狱吏，句句必求以自胜矣。但人情物理，不远于吾身，苟能反身求之，又何龃龉困衡之多？盖"己所不欲，勿施于人"，则人我无间；其顺物之来，而毋以逆应之，则物理有不随我而当者乎？

所谓将来学问，只须慎独，不须防检；而既往愆尤，习心未退，当何以处之？夫吾之独处，纯然至一，无可对待，识得此独而时时慎之，又何愆尤能入、习心可发耶？但吾辈习心有二：有未能截断其根，而目前暂却者；此病尚在独处受病，又何慎之可言？有既与之截断，而旧日熟境不觉窃发者；于此处觉悟，即为之扫荡，为之廓清，亦莫非慎之之功。譬之医家，急治其标，亦所以调摄元气；譬之治水，虽加疏凿决排，亦莫非顺水之性。见猎有喜心，正见程子用功密处，非习心之不去也。"人一能之己百之，人十能之己千之"；此正是困勉之功，安可以为着意？但在本体上用功，虽困且苦，亦不可以言防检；今世之防检者，亦有熟时，不可以其熟时为得操存之要。何如何如？

聚所先生语录

今人只说："我未尝有大恶的事，未尝有大恶的念头，如此为人也过得。"不知日间昏昏懵懵，如醉如梦，便是大恶了。天地生我为人，岂徒昏懵天地间，与虫蚁并活已耶？

问自立自达。曰："自立是卓然自立于天地间，再无些倚靠，人推倒他不得；如太山之立于天地间，任他风雷，俱不能动，这方是自立。既自立了，便能自达；再不假些帮助，停滞他不得。如黄河之决，一泻千里；任是甚么，不能沮他，这方是自达。若如今人靠着闻见的，闻见不及处，便被他推倒了、沮滞了；小儿行路，须是倚墙靠壁，若是大人，须是自行。"

凡功夫有间，只是志未立得起；然志不是凡志，须是必为圣人之志。若不是必为圣人之志，亦不是立志。若是必为圣人之志，则凡得行一件好事，做得一上好功夫，也不把他算数。

一友言："己教子侄，在声色上放轻些。"先生曰："我则异于是,我只劝他立志向学;若劝得他向学之志重了,他于声色上便自轻,不待我劝。"昔孟子于齐王好乐,而曰:"好乐甚则齐其庶几乎!"曰"好勇",则曰:"请好大勇。"曰"好货",就曰:"好货也好,只要如公刘之好货。"曰"好色",就曰:"好色也好,只要如太王之好色。"今人若听见说好货、好色,便就说得好货、好色甚不好了,更转他不得。今人只说孟子是不得已迁就的话,其实不知孟子。"

康问:"孟子云'必有事焉'。须时时去为善方是;即平常无善念时、无恶念时,恐也算不得有事否?"先生曰:"既无恶念,便是善念,更又何善念,却又多了这分意思。"康曰:"亦有恶念发而不自知者。"先生曰:"这点良知,彻头彻尾,无始无终,更无有恶念发而不自知者。今人错解良知作善念,不知知此念善是良知,知此念恶亦是良知,知此无善念无恶念也是良知。常知便是'必有事焉';其不知者,非是你良知不知,却是你志气昏惰了。古人有言曰:'清明在躬,志气如神。'岂有不自知的?只缘清明不在躬耳!你只去责志,如一毫私欲之萌;只责此志不立,则私欲便退听。所以阳明先生责志之说最妙。"

欧阳南野先生

欧阳德,字崇一,号南野,江西泰和人。三十三年三月二十一日卒于官,年五十九。

先生以讲学为事,当是时士咸知诵"致良知"之说,而称南野门人者半天下。癸丑甲寅间,京师灵济宫之会,先生与徐少湖、聂双江、程松溪为主盟;学徒云集至千人,其盛为数百年所未有。罗整庵不契"良知"之旨,谓:"佛氏有见于心,无见于性,故以知觉为性;今言吾心之良知即是天理,亦是以知觉为性矣。"先生申之曰："知觉与良知，名同而实异。凡知视、知听、知言、知动，皆知觉也，而未必其皆善；良知者，知恻隐、知羞恶、知恭敬、知是非，所谓本然之善也。本然之善，以知为体，不能离知而别有体。盖天性之真明觉，自然随感而通，自有条理；是以谓之良知，亦谓之天理。天理者良知之条理，良知者天理之灵明；知觉不足以言之也。"整庵难曰："人之知识，不容有二。孟子但以不虑而知者名之曰'良'，非谓别有一知也；今以知恻隐、羞恶、恭敬、是非为良知，知视听言动为知觉，殆如《楞伽》所谓真识及分别事识者。"先生申之曰："非谓知识有二也。恻隐、羞恶、恭敬、是非之知，不离乎视听言动；而视听言动，未必皆得其恻隐羞恶之本然者。故就视听言动而言，统谓之知觉；就其恻隐羞恶而言，乃见其所谓良者。知觉未可谓之性，未可谓之理；知之良者，乃所谓天之理也。犹之道心、人心，非有二心；天命、气质，非有二性也。"整庵难曰："误认良知为天理，则于天地万物之理，一切置之度外，更不复讲；无以达夫一贯之妙。"先生申之曰："良知必发于视听思虑，视听思虑必交于天地人物；天地人物无穷，视听思虑亦无穷，故良知亦无穷。离却天地人物，亦无所谓良知矣。然先生之所谓良知，以知是知非之独知为据，其体无时不发；非未感以前，别有未发之时。所谓未发者，盖即喜怒哀乐之发，而指其有未发者。是已发未发与费隐微显，通为一义。"当时同门之言良知者，虽有浅深详略之不同；而绪山、龙溪、东廓、洛村、明水，皆守已发未发非有二候，致和即所以致中；独聂双江以归寂为宗，功夫在于致中，而和即应之。故同门环起难端，双江往复良苦；微念庵，则双江自伤其孤另矣。

盖"致良知"宗旨，阳明发于晚年，未及与学者深究。然观《传习录》云："吾昔居滁，见诸生多务知觉，无益于得；姑教之静坐，一时窥见光景，颇收近效。久之，渐有喜静厌动、流入枯槁之病。故迩来只说'致良知'，良知明白，随你去静处体悟也好，随你去事上磨炼也好。良知本体，原是无动无静的；此便是学问头脑。"其大意亦可见矣。后来学者只知在事上磨炼，势不得不以知识为良知；阴流密陷于义袭、助长之病，其害更甚于喜静厌动。盖不从良知用功，只在动静上用功，而又只在动上用功；于阳明所言，分明倒却一边矣！双江于先生议论虽未归一，双江之归寂，何尝枯槁；先生之格物，不堕支离。发明阳明宗旨，始无遗憾，两不相妨也。

南野论学书

夫良知不学而能，不虑而知；故虽"小人闲居为不善无所不至"者，其"见君子而厌然"，亦不可不谓之"良知"。虽常人恕己则昏者，其责人则明，亦不可不谓之"良知"。苟能不欺其知，去其不善者以归于善，勿以所恶于人者施之于人，则亦是致知诚意之功。即此一念，可以不异于圣人。

良知乃本心之真诚恻怛，人为私意所杂，不能念念皆此真诚恻怛，故须用致知之功。"致知"云者，去其私意之杂，使念念皆真诚恻怛而无有亏欠耳。孟子言孩提知爱、知敬，亦是指本心真诚、恻怛自然发见者；使人达此于天下，念念真诚恻怛，即是念念致其良知矣。故某尝言一切应物处事，只要是良知；盖一念不是良知，即不是致知矣。

学者诚不失其良心，则虽种种异说，纷纷绪言；譬之吴楚闽粤，方言各出，而所同者义。苟失其良心，则虽字字句句，无二无别于古圣；犹之孩童玩戏，妆饰老态，语笑步趋，色色近似，去之益远。

觉则无病可去，患在于不觉耳。常觉则常无病，常存无病之心，是真能常以去病之心为心者矣。

大抵学不必过求精微，但麤重私意；断除不净，真心未得透露。种种妙谈，皆远心之言；事事周密，皆拂性之行。向后无真实脚跟可扎定得，安望其有成也？

自谓宽裕温柔，焉知非优游怠忽；自谓发强刚毅，焉知非躁妄激作。愆戾近齐庄，琐细近密察；矫似正，流似和，毫厘不辨，离真逾远。然非实致其精一之功，消其功利之萌，亦岂容以知见情识而能明辨之？

先师谓"致知存乎心悟"。若认知识为良知，正是粗看了！未见所谓"不学不虑，不系于人"者。然非情无以见性，非知识意念则亦无以见良知。周子谓："诚无为神，发明知神之为知，方知得致知；知诚之无为，方知得诚意。"来书启教甚明，知此即知未发之中矣。

良知无方无体，变动不居；故有昨以为是而今觉其非，有己以为是而因人觉其为非；亦有自见未当，必考证讲求而后停妥。皆良知自然如此，故致知亦当如此。然一念良知，彻头彻尾，本无今昨、人己、内外之分也。

凡两念相牵，即是自欺根本；如此不了，卒归于随逐而已。

聂双江先生

聂豹，字文蔚，号双江，永丰人也。任陕西按察司副使，为辅臣夏贵溪所恶，罢归，寻复逮之。先生方与学人讲《中庸》，校突至，械系之；先生系毕，复与学人终前说而去。既入狱，而贵溪亦至；先生无怨色，贵溪大惭，逾年得出。四十二年十一月四日卒，年七十七。

阳明在越，先生以御史按闽，过武林，欲渡江见之；人言力阻，先生不听。及见而大悦曰："君子所为，众人固不识也！"犹疑接人太滥，上书言之。阳明答曰："吾之讲学，非以靳人之信己也，行吾不得已之心耳；若畏人之不信，必择人而与之，是自丧其心也。"先生为之惕然。阳明征思田，先生问"勿忘勿助"之功。阳明答书："此间只说'必有事焉'，不说'勿忘勿助'；专言'勿忘勿助'，是空锅而爨也。"阳明既殁，先生时官苏州，曰："昔之未称门生者，冀再见耳，今不可得矣！"于是设位北面再拜，始称门生。以钱绪山为证，刻两书于石以证之。

先生之学，狱中闲久静极；忽见此心真体，光明莹彻，万物皆备。乃喜曰："此未发之中也！守是不失，天下之理，皆从此出矣。"及出，与来学立静坐法，使之归寂以通感，执体以应用；是时同门为良知之学者，以为未发即在已发之中。盖发而未尝发，故未发之功，却在发上用；先天之功，却在后天上用。其疑先生之说者有三：其一谓"道不可须臾离也"，今曰"动处无功"，是离之也；其一谓"道无分于动静也"，今曰"功夫只是主静"，是二之也；其一谓"心事合一，心体事而无不在"，今曰"感应流行，着不得力"，是脱略事为，类于禅悟也。王龙溪、黄洛村、陈明水、邹东廓、刘两峰各致难端，先生一一申之；惟罗念庵深相契合，谓："双江所言，真是霹雳手段；许多英雄瞒昧，被他一口道着。如康庄大道，更无可疑。"两峰晚乃信之曰："双江之言是也。"

夫心体流行不息，静而动，动而静；未发静也，已发动也。发上用功，固为徇动；未发用功，亦为徇静，皆陷于一偏。而《中庸》以大本归之未发者，盖心体即天体也。周天三百六十五度四分度之一，而其中为天枢，天无一息不运；至其枢纽处，实万古常止，要不可不归之静。故心之主宰，虽不可以动静言，而惟静乃能存之。此濂溪以主静立人极，龟山门下以体夫喜怒哀乐未发前气象为相传口诀也。阳明自江右以后，始拈"良知"；其在南中，以默坐澄心为学的，收敛为主，发散是不得已。有未发之中，始能有中节之和。其后学者有喜静恶动之弊，故以致良知救之；而曰良知是未发之中，则犹之乎前说也。先生亦何背乎师门，乃当时群起而难之哉？

双江论学书

原泉者，江淮河汉之所从出也；然非江淮河汉，则亦无以见所谓原泉者。故浚原者，浚其江淮河汉所从出之原，非以江淮河汉为原而浚之也。根本者，枝叶花实之所从出也；培根者，培其枝叶花实所从出之根，非以枝叶花实为根而培之也。今不致感应变化所从出之知，而即感应变化之知而致之；是求日月于容光必照之处，而遗其悬象著明之大也。

圣人过多，贤人过少，愚人无过，盖过必学而后见也；不学者妄行妄作以为常，不复知过。

达夫早年之学，病在于求脱化融释之太速也；夫脱化融释，原非功夫字眼，乃功夫熟后景象也。而速于求之，故遂为慈湖之说所入；以见在为具足，以知觉为良知，以不起意为功夫。乐超顿而鄙艰苦，崇虚见而略实功。自谓撒手悬崖，遍地黄金；而于《六经》《四书》，未尝有一字当意。玩弄精魂，谓为自得，如是者十年矣。至于盘错颠沛，则茫然无据，不能不动朱公之哭也！已而恍然自悟，考之《诗》《书》，乃知学有本原；心主乎内，寂以通感也，止以发虑也，无所不在。而所以存之养之者，止其所而不动也。动其影也，照也、发也，发有动静而寂无动静也。于是一以洗心退藏为主，处寂未发为要，刊落究竟，日见天精，不属睹闻，此其近时归根复命，煞吃辛苦处，亦庶几乎知微知彰之学。乃其自性自度，非不肖有所裨益也。

今之为良知之学者，于《传习录》前篇所记真切处，俱略之；乃驾空立笼罩语，似切近而实渺茫，终日逐外而自以为得手也。

气有盛衰，而灵无老少；随盛衰为昏明者，不学而局于气也。

《困辨录》

才觉无过，便是包藏祸心；故时时见过，时时改过，便是江汉以濯、秋阳以暴。夫子只要改过，乡愿只要无过。

机械变诈之巧，盖其机心滑熟，久而安之。其始也，生于一念之无耻；其安也，习而熟之，充然无复廉耻之色。放辟邪侈，无所不为，无所用其耻也。

问："迁善改过，将随事随处而迁之改之乎，抑只于一处而迁之改之也？"曰："天下只有一善，更无别善；只有一过，更无别过。故一善迁而万善融，一过改而万过化。所谓一真一切真矣。"

问："闲思杂虑祛除不得，如何？"曰："习心滑熟故也。习心滑熟，客虑只从滑熟路上往还，非一朝一夕之故也。若欲逐之而使去，禁之而使不生，隳突冲决，反为本体之累；故欲去客虑者，先须求复本体。本体复得一分，客虑减去一分。然本体非敬不复，敬以持之，以作吾心体之健，心体健而后能廓清扫荡，以收定静之功。盖盗贼无主，势必解散，然非责效于日夕、用意于皮肤者可几及也。"

问："良知之学何如？"曰："此是王门相传指诀。先师以世之学者率以无所不知、无所不能为圣人，以有所不知、不能为儒者所深耻；一切入手，便从多学而识、考索记诵上钻研，劳苦缠绊，担阁了天下无限好资质的人。乃谓良知自致知而养之，不待学虑，千变万化，皆由此出。孟子所谓'不学不虑，爱亲敬长'。盖指良知之发用流行、切近精实处，而不悟者遂以爱敬为良知，着在支节上求；虽极高手，不免赚入邪魔蹊径，到底只从霸学里改换头目出来。盖孩提之爱敬，即道心也；一本其纯一未发，自然流行，而纤毫思虑营欲不舆。故"致良知"者只养这个纯一未发的本体，本体复则万物备，所谓立天下之大本。先师云：'良知是未发之中，廓然大公的本体，便自能感而随通，便自能物来顺应。'此是《传习录》中正法眼藏，而误以知觉为良知，无故为霸学张一赤帜。与边见外修何异？而自畔其师说远矣！

罗念庵先生

罗洪先，字达夫，别号念庵，吉水人。十一岁，读古文，慨然慕罗一峰之为人，即有志于圣学。嘉靖八年，举进士第一。外舅太仆曾直闻报，喜曰："幸吾婿建此大事！"先生曰："丈夫事业更有许大在。此等二年递一人，奚足为大事也？"四十三年卒，年六十一。

先生之学，始致力于践履，中归摄于寂静，晚彻悟于仁体。幼闻阳明讲学虔台，心即向慕；比《传习录》出，读之至忘寝食。同里谷平、李中传玉斋、阳珠之学，先生师之，得其根柢；而聂双江以归寂之说号于同志，惟先生独心契之。是时阳明门下之谈学者，皆曰："知善知恶，即是良知。依此行之，即是致知。"先生谓："良知者，至善之谓也。吾心之善，吾知之；吾心之恶，吾知之，不可谓非知也。善恶交杂，岂有为主于中者乎？中无所主，而谓知本常明，不可也；知有未明，依此行之，而谓无乖戾于既发之后，能顺应于事物之来，不可也。故非经枯槁寂寞之后，一切退听，天理炯然，未易及此。双江所言，真是霹雳手段,许多英雄瞒昧,被他一口道着;如康庄大道,更无可疑。"先生于阳明之学,始而慕之;已见其门下承领本体太易,亦遂疑之。及至功夫纯熟,而阳明进学次第洞然无间;天下学者,亦遂因先生之言,而后得阳明之真。其哓哓以师说鼓动天下者,反不与焉。

先生以濂溪"无欲故静"之旨,为圣学的传。有言"辞受取与"为小事者,先生谓此言最害事。请告归,过仪真,一病几殆;同年项瓯东念其贫困,有富人坐死,行贿万金,待先生一言,先生辞之而去。已念富人罪不当死,嘱恤刑生之,不令其知也。将卒,问疾者入视,室如悬磬。曰:"何至一贫如此?"先生曰:"贫固自好。"先生静坐之外,经年出游;求师问友,不择方内方外,一节之长,必虚心咨请,如病者之待医。士大夫体貌规格,黜弃殆尽,独往独来,累饥寒,经跋陟;重渡惊涛之险,逆旅谇詈之加,漠然无所芥蒂。

论学书

以为良知之外尚有所谓义理者在,是犹未免于帮补凑合之病;其于自信,不亦远乎?见闻不与,独任真诚,矢死以终,更无外想;自非豪杰,其孰能任此?

来谕:"辞受取予,虽关行检,看来亦小。"此言最害事,辞受取与,元关心术,本无大小;以此当天来事看,即尧舜事业,亦是浮云过目。若率吾真心而行,即一介不取与,亦是大道,非小事业而大一介也。此心无物可尚故也。

学须静中入手,然亦未可偏向此中躲闪过。凡难处与不欲之念,皆须察问从何来。若此间有承当不起,便是畏火之金,必是铜铅锡铁搀和,不得回互姑容,任其暂时云尔也,除此无下手诛责处。平日却只是陪奉一种清闲自在,终非有根之树;冒雪披风，干柯折矣。

大抵功夫未下手，即不知自己何病；又事未涉境，即病亦未甚害事。稍涉人事，乃知为病；又未知去病之方。盖方任己，便欲回互，有回互则病乃是痛心处，岂肯割去。譬之浮躁起于快意，有快意为之根，则浮躁之标末自现。欲去标末，当去其根，其根为吾之所回互，安能克哉？此其所以难也。

千古病痛，在入处防闲；到既入后濯洗纵放，终非根论。周子无欲，程子定性，皆率指此；置身千仞，则坎蛙穴螺争竞，岂特不足以当吾一视。着脚泥淖，得片瓦拳石，皆性命视之，此根论大抵象也。到此识见既别，却犯手入场，皆吾游刃。老叟与群儿调戏，终不成忧其搅涊吾心；但防闲入处，非有高睨宇宙，狠断俗情，未可容易承当也。

欲之有无，独知之地，随发随觉，顾未有主静之功以察之耳。诚察之，固有不待乎外者；而凡考古知今，亲师取友，皆所以为寡欲之事。不然，今之博文者有矣，其不救于私妄之恣肆者何欤？故尝以为欲希圣必自无欲始，求无欲必自静始。

某所尝着力者，以无欲为主；辨欲之有无，以当下此心微微觉处为主。此觉处甚微，非志切与气定，即不自见。

立行是孔门第一义，今之言不睹不闻者，亦是欲立行至精密处，非有二义也。凡事状之萌，有作有止；而吾心之知，无断无续。即事状而应之，不涉放肆，可谓有依据矣。安知不入安排理道与打贴世情、弥逢人意乎？即使无是数者，事已作何归宿，此不谓虚过日月者哉？又况处事原属此心，心有时而不存，即事亦有时而不谨；所谨者在人之可见闻耳。因见闻而后有着力，此之谓为人，非君子反求诸己之学也。故戒慎于不睹不闻者，乃全吾忠实之本；然而不睹不闻，即吾心之常知处。自其常知不可以形求者，谓之不睹；自其常知不可以言显者，谓之不闻，固非窈冥之状也。吾心之知，无时或息，即所谓事状之萌，应亦无时不有。若诸念皆泯，炯然中存，亦即吾之一事；此处不令他意搀和，即是"必有事焉"，又何茫荡之足虑哉？

欲根不断，常在世情上立脚，未是脱离得尽；如此根器，纵十分敛实，亦只是有此意思，非归根也。

欲功夫与至极处，未可并论，何也？操存舍亡，夫子固已言之；非吾辈可以顷刻尝试，遂自谓已得也。今之解良知者曰："知无不良者也；欲致良知，即不可少有加于良知之外。"此其为说，亦何尝不为精义？似不知几微倏忽之际，便落见解，知果无不良矣；有不良者，果孰为之？人品不齐，功力不等，未可尽以解缚语增它人之纵肆也。乃知致良知之"致"字，是先圣吃紧为人语；致上见得分明，即格物之义自具。固不必纷纭于章句字面之胳合，对证传授言说之祖述发挥而动多口也。

果能收敛翕聚，如婴儿保护，自能孩笑，自能饮食，自能行走。岂容一毫人力安排？试于临民时验之，稍停详妥贴，言动喜怒，自是不差；稍周章忽略，便有可悔。从前为良知时时见，在一句误却，欠却培养一段功夫，培养原属收敛翕聚。甲辰夏，因静坐十日，恍恍见得；又被龙溪诸君一句转了。总为自家用功不深，内虚易摇也。孟子言"皆有怵惕恻隐之心"，由于"乍见"；言"平旦好恶与人相近"，由于"夜气所息"，未尝言时时有是心也。末后四端须扩而充之，自然火然泉达，可以保四海；夜气苟得其养，无物不长。所以须养者，缘此心至易动故也；未尝言时时便可致用，皆可保四海也。扩充不在四端后，却在常无内交要誉恶声之心，所谓以直养也；养是常息，此心常如夜之所息，如是则时时可似乍见与平旦时，此圣贤苦心语也。阳明拈出"良知"，上面添一"致"字，便是扩养之意；良知"良"字，乃是发而中节之和。其所以良者，要非思为可及；所谓不虑而知，正提出本来头面也。今却尽以知觉发用处为良知，至又易"致"字为"依"字，则是只有发用、无生聚矣。木常发荣必速槁，人常动用必速死；天地犹有闭藏，况于人乎？是故必有未发之中，方有发而中节之和；必有廓然大公，方有物来顺应之感。平日作文字，只谩说过去；更不知未发与廓然处何在，如何用功，诚鹘突半生也！真扩养得，更足集义，自浩然不夺于外。此非一朝一夕可得；然一朝一夕，亦便小小有验。但不足放乎四海，譬之操舟，舵不应手，不免横撑直驾，终是费力。时时培此，却是最密地也。

　　阳明先生良知之教，本之孟子乍见入井、孩提爱敬、平旦好恶三者；以其皆有未发者存，故谓之"良"。朱子以为"良"者"自然"之谓，是也。然以其一端之发见，而未能即复其本体。故言怵惕矣，必以扩充继之；言好恶矣，必以长养继之；言爱敬矣，必以达之天下继之。孟子之意可见矣。先生得其意者也，故亦不以良知为足，而以致知为功。试以三言思之：其言充也，将即怵惕之已发者充之乎？将求之乍见之真乎？无亦不动于内交要誉恶声之私己乎？其言养也，将即好恶之已发者养之乎？将求之平旦之气乎？无亦不梏于旦昼所为矣乎？其言达也，将即爱敬之已发者达之乎？将不失孩提之心乎？无亦不涉于思虑矫强矣乎？终日之间，不动于私，不梏于为，不涉于思虑矫强，以是为致知之功；则其意乌有不诚，而亦乌用以"立诚"二字附益之也？今也不然。但取足于知，而不原其所以良；故失养其端，而惟任其所以发。遂以见存之知，为事物之时，而不察理欲之混淆；以外交之物，为知觉之体，而不知物我之倒置。岂先生之本旨也？

　　当极静时，恍然觉吾此心，中处无物，旁通无穷；有如长空，云气流行，无有止极；有如大海，鱼龙变化，无有间隔。无内外可指，无动静可分；上下四方，往古来今，浑成一片，所谓无在而无不在。吾之一身,乃其发窍,固非形质所能限也。是故纵吾之目,而天地不满于吾视;倾吾之耳,而天地不出于吾听;冥吾之心,而天地不逃于吾思。古人往矣,其精神所极,即吾之精神,未尝往也;否则闻其行事,而能憬然愤然矣乎?四海远矣,其疾痛相关,即吾之疾痛,未尝远也;否则闻其患难,而能恻然蠢然矣乎?是故感于亲而为亲焉,吾无分于亲也;有分于吾与亲,斯不亲矣。感于民而为仁焉,吾无分于民也;有分于吾与民,斯不仁矣。感于物而为爱焉,吾无分于物也;有分于吾与物,斯不爱矣。是乃得之于天者固然,如是而后可以配天也。故曰"仁者浑然与物同体","同体"也者,谓在我者亦即在物,合吾与物而同为一体,则前所谓处寂而能贯通,浑上下、四方、往古、来今、内外、动静而一之者也。若二氏者,有见于己,无见于物,养一指而失其肩背,比于自贼其身者耳。诸儒辟二氏矣,猥琐于扫除防检之勤,而迷谬于统体该括之大;安于近小,而弗赌其全,矜其智能,而不适于用。譬之一家,不知承藉祖父之遗,光复门祚,而顾栖栖于一室,身口是计。其堂奥未窥,积聚未复,终无逃于樊迟细民之讥,则亦何以服二氏之心哉?

此学日入密处,纷纭樛轕中,自得泰然,不烦照应。"不烦照应"一语,双老所极恶闻,却是极用力,全体不相污染,乃有此景。如无为寇之念,纵百念纵横,断不须照应,始无此念;明道"不须防检,不待穷索,未尝致纤毫之力",意正如此。

以身在天地间负荷,即一切俗情,自难染污。

来书责弟不合"良知"外提出"知止"二字,而以为良知无内外、无动静、无先后,一以贯之;除此更无事,除此别无格物。言语虽似条畅,只不知缘何便无分毫出入?操则存,舍则亡,非即良知而何?终日谈本体,不说功夫,才拈功夫,便指为外道。恐阳明先生复生,亦当攒眉也。

默默自修，真见时刻有不觳手处，时刻有不如人处，时刻只在自心内寻究虚静根底；安顿不至出入，即有好商量矣。

三四年间，曾以"主静"一言为谈良知者告；以为良知固出于禀受之自然，而未尝泯灭。然欲得流行发见，常如孩提之时，必有致之之功；非经枯槁寂寞之后，一切退听，而天理炯然，未易及此。阳明之龙场是也。学者舍龙场之惩创，而谈晚年之熟化；譬之趋万里者，不能蹈险出幽，而欲从容于九达之逵，岂止躐等而已哉？然闻之者惟恐失其师传之语，而不究竟其师之入手何在？往往辨诘易生，徒多慨惜。

"良知"两字，乃阳明先生一生经验而后得之使发于心者，一与所知不应，即非其本旨矣。当时迁就初学，令易入，不免指见在发用以为左券，至于自得，固未可以草草谬承；而因仍其说者，类借口实，使人猖狂自恣，则失之又远。

旁午之中，吾御之者樛轕纷纭，而为事物所胜，此即憧憧之思也。从容闲雅，而在事物之上，此即寂然之渐也。由憧憧而应之，必或至于错谬，由寂然而应之，必自尽其条理；此即能寂与不能寂之验，由一日而百年可知也。一日之间，无动无静，皆由从容闲雅，通而至于澄然无事，未尝有厌事之念；即此乃身心安着处，安着于此，不患明之不足于照矣。渐入细微，久而成熟，即为自得。明道不言乎："必有事焉，而勿正，心勿忘，勿助长，谓未尝致纤毫之力，此其存之之道。"夫"必有事"者，言乎心之常止于是；勿忘助者，言乎常止之无所增损；未尝致纤毫之力者，言乎从容闲雅，又若未尝有所事事；如此而后可以积久成熟而入细微，盖为学之觳率也。

学有可以一言尽者，有不可以一言尽者：如收敛精神，并归一处，常令凝聚，能为万物万事主宰，此可一言而尽，亦可以一息测识而悟；惟夫出入于酬应，牵引于情思，转移于利害，缠固于计算，则微暧万变，孔窍百出，非坚心苦志，持之岁月，万死一生，莫能几及也。

知纵肆是良知，知不能却常自欺，是瞒良知；自知瞒良知，又是良知。形之纸笔，公然以为美谈，是不背致良知也。此病岂他人能医耶？

此学静中觉觌体用事极难，大约只于自心欺瞒不得处；当提醒作主，久久精明，便有别白处。若只将日用间应酬知解处，便谓是心体，此却作主不定，有差自救不来。何也？只寻得差不得处始有见耳！

除此真心作用，更无才力智巧。

执着乃用功生疏所致；到纯熟自当轻省，不可便生厌心。此处一有憎厌疑贰，便是邪魔作祟，绝不可放过也。

此心皎然无掩蔽时，便与圣人不甚异；于此不涉丝毫摇兀，亦无改变，亦无执着，亦无忽略，此便是学。只时时有保护处，不伤皎然处。将容体自正，言语自谨，嗜欲自节，善自行，恶自止，好名、好货、好色自觉淡；以此看书，以此处友，精神自聚，不散焕矣。

处处从小利害克治，便是克己实事，便是处生死成败之根，亦不论有事无事。此处放过，更无是处。于克治知费力与浊乱，此是生熟安勉分限；不安分限，将下手实际，便欲并成德时论，此涉于比拟太过。不知功夫纯熟，只在常明少昏，渐渐求进；到得成片段，却真咽喉下能着力。能下此力，与一念一事是非不同，却是得先几也。

静中如何便计较功效，只管久久见得此心有逐物、有不逐物时；却认不逐物时心为本，日间动作，皆依不逐物之心照应，一逐物便当取回，愈久渐渐成熟。如此功夫，不知用多少日子，方有定贴处；如何一两日坐后，就要他定贴，动心不差，岂有此理？阳明先生叫人依良知，不是依眼前知解的良知；是此心瞒不过处，即所谓不逐物之心也。静中识认他，渐有可寻求耳。

终日眼前俱是假人，无一分真实意；自我待之，终日俱是真人，无一分作伪意。如此，便是有进步。

凡习心混得去，皆缘日间太顺适，未有操持；如舵工相似，终日看舵，便不至瞌睡。到得习熟，即身即舵，无有两件。凡人学问真处，决定有操持收束渐至其中，未有受用见成者。

自觉得力，只管做去，微觉有病，又须转手。此件功夫，如引小儿，随时迁就，执着不得。

予问龙溪曰："凡去私欲，须于发根处破除始得。私欲之起，必有由来；皆缘自己原有贪好，原有计算。此处漫过，一时洁净；不但潜伏，且恐阴为之培植矣。"钱绪山曰："此件功夫零碎，但依良知运用，安事破除？"龙溪曰："不然。此捣巢搜贼之法，勿谓尽无益也。"

龙溪之言曰："先师提摄良知，乃道心之微；一念灵明，无内外，无寂感。吾人不昧此一念灵明，便是致知；随事随物，不昧此一念灵明，更是格物。良知是虚，格物是实；虚实相生，天则乃见。盖良知原是无知而无不知，原无一物，方能类万物之情。或以良知未尽妙义，于良知上搀入无知意见，便是异学；或以良知未足以尽天下之变，必加见闻知识补益而助发之，便是俗学。吾人致知功夫不得力，第一意见为害；意见是良知之贼，卜度成悟，明体宛然，便认以为良知。若信得良知过时，意即是良知之流行，见即是良知之照察；彻内彻外，原无壅滞，原无帮补。所谓丹府一粒，点铁成金。若认意见以为实际，本来灵觉生机，封闭愈固，不得出来。学术毫厘之辨，不可不察也。"然质之阳明先生所言，或未尽合。先生尝曰："良知者，天命之性；心之本体，自然昭明灵觉者也。"是谓良知即天性矣。《中庸》言性,所指在于不睹不闻;盖以君子之学,惟于其所不睹不闻者而戒慎恐惧耳。舍不睹不闻之外,无所用其戒慎恐惧也。夫不睹不闻,可谓隐而未形、微而未著矣。然吾之发见于外者,即此未形者之所为,而未始有加;吾之彰显于外者,即此未著者之所为,而未始有加。由是言之,谓良知之体至虚可也,谓其本处而形实亦可也。今曰"良知是虚,格物是实",岂所谓不睹不闻有所待而后实乎?先生又曰:"至善者,心之本体,动而后有不善;而本体之知,未尝不知也。"是以良知为至善矣。《大学》之言至善,其功在于能止;盖以吾心之体,固有至善,而有知之后,得止为难。知而常止,非天良之止其所,孰能与于此?故定静安虑者至善也,能定、能静、能安、能虑者,止至善也;能止而后至善尽为己有,有诸己而后谓之有得。先之以定、静、安者,物之所由以格,止之始也;后之以虑者,知之所以为至,止之终也。故谓致知以求其止可也,谓物则生于定静亦可也。今曰"虚实相生,天则乃见",岂定静反由虑而相生乎?先生又曰:"良知是未发之中。"又曰:"当知未发之中,常人亦未能皆有。"岂非以良知之发为未泯之善端,未发之中,当因发而后致。盖必常静常定,然后可谓之中;则凡致知者,亦必即其所未泯而益充其所未至,然后可以为诚意,固未尝以一端之善为圣人之极则也。今曰"若信得良知过时,意即是良知之流行,见即是良知之照察"云云。夫利欲之盘固,遏之犹恐弗止;而欲从其知之所发,以为心体。以血气之浮扬,敛之犹恐弗定;而欲任其意之所行,以为功夫。畏难苟安者,取便于易从;见小欲速者,坚主于自信。夫注念反观,孰无少觉;因言发虑,理亦昭然。不息之真,既未尽亡;先入之言,又有可据。日滋日甚,日移日远;将无有以存心为拘迫,以改过为粘缀,以取善为比拟,以尽沦为矫饰者乎?而其灭裂恣肆者,又从而诪张簧鼓之;使天下之人,遂至于荡然而无归，则其陷溺之浅深，吾不知于俗学何如也。先生又曰："知者意之体，物者意之用。"未尝以物为知之体也。而绪山乃曰："知无体，以人情事物之感应为体；无人情事物之感应，则无知矣。"夫人情事物感应之于知，犹色之于视，声之于听也。谓视不离色，固有视于无形者；而曰色即为视之体，无色则无视也可乎？谓听不离声，固有听于无声者；而曰声即为听之体，无声则无听也可乎？

　　龙溪因前记有所异同，请而命。予曰："阳明先生苦心犯难，提出良知为传授口诀；盖合内外前后一齐包括，稍有帮补，稍有遗漏，即失当时本旨矣。往年见谈学者，皆曰'知善知恶即是良知，依此行之即是致知'。予尝从此用力，竟无所入。久而后悔之。夫良知者，言乎不学不虑自然之明觉，盖即至善之谓也。吾心之善吾知之，吾心之恶吾知之，不可谓非知也；善恶交杂，岂有为主于中者乎？中无所主，而谓知本常明，恐未可也。知有未明，依此行之；而谓无乖戾于既发之后，能顺应于事物之来，恐未可也。故知善知恶之知，随出随泯，特一时之发见焉耳；一时之发见，未可尽指为本体，则自然之明觉，固当反求其根源。盖人生而静，未有不善，不善动之妄也；主静以复之，道斯凝而不流矣。神发为知，良知者静而明也；妄动以杂之，几始失而难复矣。故必有收摄保聚之功，以为充达长养之地；而后定静安虑，由此以出。必于家国天下，感无不正，而未尝为物所动，乃可谓之格物。盖处无弗当，而后知无弗明；此致知所以必在于格物，物格而后为知至也。故致知者，致其静无而动有者也。知苟致矣，虽一念之微，皆真实也；苟为弗致，随出随泯，终不免于虚荡而无归。是致与不致之间，虚与实之辨也。谓之曰'良知是虚，格物是实；虚实相生，天则乃见'，将无言之太深乎？即格物以致其知矣，收摄之功，终始无间；则吾心之流行照察，自与初学意见万万不俟。谓之曰意见是良知之贼，诚是也；既而曰，若信得良知过时，意即是良知之流行，见即是良知之照察。所谓丹府一粒，点铁成金，不已言之太易乎？"龙溪曰："近日觉何如？"曰："一二年来，与前又别；当时之为收摄保聚，偏矣，盖识吾心之本然者犹未尽也。以为寂在感先，感由寂发。夫谓感由寂发可也，然不免于执寂有处；谓寂在感先可也，然不免于指感有时。彼此既分，动静为二；此乃二氏之所深，非以为边见者。我坚信而固执之，其流之弊，必至重于为我，疏于应物，盖久而后疑之。夫心一而已，自其不出位而言谓之寂；位有常尊，非守内之谓也。自其常通微而言谓之感，发微而通，非逐外之谓也。寂非守内，故未可言处，以其能感故也。绝感之寂，寂非真寂矣；感非逐外，故未可言时，以其本寂故也。离寂之感，感非正感矣；此乃同出而异名，吾心之本然也。寂者一，感者不一；是故有动有静，有作有止。人知动作之为感矣，不知静与动、止与作之异者境也，而在吾心未尝随境异也；随境有异，是离寂之感矣。感而至于酬酢万变，不可胜穷而皆不外乎通微，是乃所谓几也。故酬酢万变，而于寂者未尝有碍；非不碍也，吾有所主故也，苟无所主，则亦驰逐而不返矣。声臭俱泯，而于感者未尝有息；非不息也，吾无所倚故也，苟有所倚，则亦胶固而不通矣。此所谓收摄保聚之功，君子知几之学也。学者自信于此，灼然不移，即谓之守寂可也，谓之妙感亦可也；即谓之主静可也，谓之慎动亦可也。此岂言说之可定哉？是何也？心也者，至神者也。以无物视之，固泯然矣；以有物视之，固炯然矣。欲尽敛之，则亦块然不知、凝然不动，无一物之可入也；欲两用之，则亦忽然在此、倏然在彼，能兼体而不遗也。使于真寂端倪，果能察识，随动随静，无有出入；不与世界物事相对待，不倚自己知见作主宰，不着道理名目生证解，不藉言语发挥添精神，则收摄保聚之功，自有准则。明道云：'识得仁体，以诚敬存之；不须防检穷索，必有事而勿正心、勿忘、勿助长，未尝致纤毫之力。'此其存之之道，固其准则也。"龙溪笑曰："《夏游记》岂尽非是，只三转语处手势太重，便觉抑扬太过；兄已见破到此，弟复何言！"

善学者，竭力为上，解悟次之，听言为下。盖有密证殊资，默持妙契，而不知反躬自求实际，以至不副宿期者矣；固未有历涉诸难，深入真诠，而发之弗莹，必俟明师面临私授而后信久远也。

白沙先生之学，以自然为宗；至其得要，则随动随静，终日照应而不离彼。

向人说得伸、写得出、解得去，谓之有才则可，于学问丝毫无与也。学问之道，须于众人场中易鹘突者，条理分明，一丝不乱。此非平日有涵养镇静之功，小大不疑，安能及此？

言其收敛，谓之存养；言其辨别，谓之省察；言其决择，谓之克治。省察者言其明，克治者言其决；决则愈明，而后存养之功纯。内不失己，外不失人；动亦定，静亦定，小大无敢慢，始终条理，可以希圣矣。

知无不足之理，则凡不尽分者，皆吾安于肆欲而不竭才者也；吾人日用之间，戒惧稍纵，即言动作止之微，皆违天常而贼人道，可不省欤？

吾人当自立身放在天地间公共地步，一毫私己着不得，方是立志；只为平日有惯习处，软熟滑浏，易于因仍。今当一切斩然，只是不容放过；时时刻刻，须此物出头作主，更无纤微旧习在身。方是功夫，方是立命。

天地之间，万生万死，天地不为欣戚，以其在天地未尝有增、未尝有损也。生死不增于我，我何欣戚？故圣人冥之。

妄意于此，二十余年矣！亦尝自矢，以为吾之于世，无所厚取；"自欺"二字，或者不至如人之甚。而两年以来，稍加惩艾；则见为吾之所安而不惧者，正世之所谓大欺，而所指以为可恶而可耻者，皆吾之处心积虑，阴托之命而恃以终身者也。其使吾之安而不惧者，乃先儒论说之余，而冒以自足；以知解为智，以意气为能。而处心积虑于可耻可恶之物，则知解之所不及，意气之所不行；觉其缺漏，则蒙以一说，欲其宛转，则加以众证。先儒论说愈多，而言之所安日密。譬之方技俱通，而痿痹不恤；搔爬能周，而痛痒未知。甘心于服鸩，而自以为神剂；如此者，不知日凡几矣！至闻长生久视之妙，津津然同声应之，不谓其相远也。呜呼，以是为学，虽日有闻，时有习，明师临之，良友辅之，犹恐成其私也；况于日之所闻，时之所习，出入于世俗之内，而又无明师良友之益，其能免于前病乎？夫所安者在此，则惟恐人或我窥；所蒙者在彼，则惟恐人不我与。托命既坚，固难于拔除；用力已深，益巧于藏伏。于是毁誉得失之际，始不能不用其情。此其触机而动，缘衅而起；乃余症标见，所谓己病不治者也。且以随用随足之体，而寄寓于他人口吻之间；以不加不损之真，而贪窃于古人唾弃之秽；至乐不寻，而伺人之颜色以为欣戚；大宝不惜，而冀时之取予以为歉盈；如失路人之志归，如丧家子之丐食。流离奔逐，至死不休。孟子之所谓："哀哉！"

只在话头上拈弄，至于自性自命，伤损不知。当下动气处，自以为发强刚毅；缠粘处，自以为文理密察。加意陪奉，却谓恭敬；明白依阿，却谓宽仁。如此之类，千言万语，莫能状其情变；总之以一言，只是鹘突倒了！虽自称为学，而于自身邈不相干；却又说精说一，说感说应。亦何益哉？

佛与吾儒之辨，须是自身已有下落，方可开口，然此亦是闲话。辨若明白，亦于吾身何干？老兄将此等作大事件，以为讲论不明，将至误世；弟则以为伊川讲明后，又出几个圣人？濂溪未曾讲明，又何曾误了？春陵夫子"无生"之说，门面终是不同，何须深论？今纵谈禅，决未见有人削发弃妻，薄视生死，抛却名位。此数事，乃吾儒诋毁佛氏大节目处，既不相犯，自可无忧。老兄"吾为此惧"一言，似可稍解矣。吾辈一个性命，千疮百孔，医治不暇，何得有许多为人说长道短耶？弟愿老兄将"精一"还尧舜，"感应"还孔子，"良知"还阳明，"无生"还佛；直将当下胸中粘带，设计断除，眼前纷纭，设计平妥，原来性命，设计恢复。益于我者取之，而非徇其言也；害于我者违之，而非徒以言也。如是尚何说之不同，而惧之不早已乎？

刘两峰先生

刘文敏，字宜充，号两峰，吉之安福人。自幼朴实，不知世有机械事。年二十三，与师泉共学，思所以自立于天地间者；每至夜分，不能就寝。谓师泉曰："学苟小成，犹不学也。"已读《传习录》而好之，反躬实践，唯觉动静未融。曰："此非师承不可。"乃入越而禀学焉。自此一以致良知为鹄，操存克治，瞬息不少懈，毋谈高远而行遗卑近；及门之士，不戒而孚。道存目击，外艰既除［，不应科目。华亭为学使，以贡士征之，不起］。

双江主于归寂，同门辨说，动盈卷轴。而先生言："发与未发，本无二致，戒惧慎独，本无二事。若云未发不足以兼已发，致中之外，别有一段致和之功；是不知顺其自然之体而加损焉，以学而能、以虑而知者也。"又言："事上用功，虽愈于事上讲求道理，均之无益于得也。涵养本原，愈精愈一，愈一愈精。始是心事合一。"又言："嘿坐澄心，反观内照；庶几外好日少，知慧日著，生理亦生生不已，所谓集义也。"又言："吾心之体，本止本寂；参之以意念，饰之以道理，侑之以闻见，遂以感通为心之体。而不知吾心虽千酬万应,纷纭变化之无已,而其体本自常止常寂。彼以静病云者,似涉静景,非'为物不贰,生物不测'之体之静也。"凡此所言,与双江相视莫逆;故人谓"双江得先生而不伤孤另"者,非虚言也。然先生谓:"吾性本自常生,本自常止。往来起伏,非当生也;专寂凝固,非常止也。生而不逐,是谓当止;止而不住,是谓当生。主宰即流行之主宰,流行即主宰之流行。"其于师门之旨,未必尽同于双江;盖双江以未发属性,已发属情。先生则以喜怒哀乐情也,情之得其正者性也。隆庆六年五月卒,年八十有三。

张子曰:"若谓虚能生气,则虚无穷,气有限;体用殊绝,入老氏有生于无自然之论。"先生所谓"知体本虚,虚乃先生",将无同乎？盖老氏之虚,堕于断灭;其生气也,如空谷之声,橐籥之风,虚与气为二也。先生之虚,乃常止之真明,即所谓"良知"也;其常止之体,即是主宰,其常止之照,即是流行,为物不二者也。故言处同而为虚实异,依然张子之学也。

《论学要语》

学力归一,则卓尔之地,方有可几。

先师谓:"学者看'致'字太轻,故多不得力;圣贤千言万语,皆从'致'字上发挥工夫条理,非能于良知之体增益毫末也。生学困勉,皆"致"字工夫等级,非良知少有异焉者也。"

自信本心,而一切经纶宰制由之,此圣学也。干好事,众皆悦之,求之此心,茫然不知所在,此乡愿之徒,孔子之所恶也。

不识万化之根源,则自沦于机巧习染之中;一切天下事,作千样万样看。故精神眩惑,终身劳苦。

学者无必为圣人之志,故染逐随时,变态自为障碍;猛省洗涤,直从志上着"人一己百,人十己千"工夫,则染处渐消,逐时渐寡。渣滓浑化，则主宰即流行之主宰，流行即主宰之流行，安有许多分别疑虑？

迁善改过之功，无时可已。若谓吾性一见，病症自去，如太阳一出，魍魉自消，此则为之玩光景、逐影响，欲速助长之为害也，须力究而精辨之始可。

透利害生死关，方是学之得力处；若风吹草动，便生疑惑，学在何处用？

友朋中有志者不少，而不能大成者，只缘世情窠臼难超脱耳。须是吾心自作主宰，一切利害荣辱，不能淆吾见而夺吾守，方是希圣之志，始有大成之望也。

千事万事，只是一事。故古人精神，不妄用，惟在志上磨砺。

随分自竭其力，当下具足，当下受用；过去未来，何益于思？徒得罪于天尔！

意根风波，一尘蔽天，豪杰之士，往往为其所误。故学在于致虚以证其源。

当急遽时能不急遽，当怠缓时能不怠缓，当震惊失措时能不震惊失措，方是回天易命之学。

功利之习，沦肌浃髓；苟非鞭辟近里之学，常见无动之过，则一时感发之明，不足以胜隐微深痼之蔽。故虽高明，率喜顿悟而厌积渐，任超脱面畏检束，谈元妙而鄙浅近。肆然无忌，而犹以为无可无不可；任情恣意，遂以去病为第二义。不知自家身心，尚荡然无所归也。

刘师泉先生

刘邦采，字君亮，号师泉，吉之安福人。初为邑诸生，即以希圣为志,曰:"学在求诸心,科举非吾事也。"偕两峰入越谒阳明,称弟子。阳明契之曰:"君亮会的容易。"年八十六卒。

阳明亡后,学者承袭口脗,寖失其真;以揣摩为妙悟,纵恣为乐地,情爱为仁体,因循为自然,混同为归一。先生恝然忧之,谓:"夫人之生,有性有命;性妙于无为,命杂于有质,故必兼修而后可以为学。盖吾心主宰谓之性,性无为者也,故须首出庶物以立其体;吾心流行谓之命,命有质者也,故须随时运化以致其用。常知不落念,是吾立体之功;常过不成念,是吾致用之功。二者不可相杂,常知常止而愈常微也。是说也,吾为见在良知所误,极探而得之"。龙溪问见在良知与圣人同异。先生曰:"不同。赤子之心,孩提之知,愚夫妇之知能,如顽矿未经煅炼,不可名金。其视无声无臭自然之明觉,何啻千里?是何也?为其纯阴无真阳也。复真阳者,更须开天辟地,鼎立乾坤,乃能得之;以见在良知为主,决无入道之期矣!"龙溪曰:"以一隙之光,谓非照临四表之光,不可;今日之日,非本不光,云气掩之耳。以愚夫愚妇为纯阴者,何以异此?"念庵曰:"圣贤只要人从见在寻源头,不是别将一心换却此心;师泉欲创业不享见在,岂是悬空做得?亦只是时时收摄此见在者,使之凝一耳。"

先生著为《易蕴》,无非此意,所谓"性命兼修。立体之功,即宋儒之涵养;致用之功,即宋儒之省察。涵养即是致中,省察即是致和;立本、致用,特异其名耳。然工夫终是两用,两用则支离,未免有顾彼失此之病,非纯一之学也。总缘认理气为二,造化只有一气流行,流行之不失其则者,即为主宰,非有一物以主宰夫流行。然流行无可用功,体当其不失则者而已矣"。乃先生之言,心、意、知、物较"四有""四无"之说,最为谛当。谓:"有感无动,无感无静,心也;常感而通,常应而顺,意也;常往而来,常化而生,物也;常定而明,常运而照,知也。见闻之知,其糟粕也;象著之物,其疑沤也;念虑之意,其流渐也;动静之心,其游尘也。心不失无体之心,则心正矣;意不失无欲之意,则意诚矣;物不失无住之物,则物格矣;知不失无动之知,则知致矣。"夫心无体,意无欲,知无动,物无住,则皆是有善无恶矣。刘念台夫子欲于龙溪之四无易一字,"心是有善无恶之心,意亦是有善无恶之意,知亦是有善无恶之知,物亦是有善无恶之物",何其相符合也?念庵言:"师泉素持元虚,即今肯向里着已收拾性命,正是好消息。"双江言:"师泉力大而说辨,排闼之严,四坐咸屈,人皆避席而让舍,莫敢撄其锋。"疾极,门人朱调问先生:"此视平时何如?"答曰:"夫形岂累性哉?今吾不动者自若也。第形如槁木耳!"遂卒。先生之得力如此。

刘三五先生　附刘印山、王柳川

刘阳,字一舒,号三五,安福县人。少受业于彭石屋、刘梅源。见《阳明语录》而好之,遂如虔问学。泊舟野水,风雪清苦,不以为恶。阳明见之,显谓诸生曰:"此生清福人也!"于是语先生:"苟不能甘至贫至贱,不可以为圣人。"筑云霞洞于三峰,与士子谈学;两峰过之,萧然如在世外。先生曰:"境寂我寂,已落一层。"两峰曰:"此彻骨语也。"自东廓没,江右学者皆以先生为归;东至岱宗,南至祝融,夜半登山顶而观日焉。残冰剩雪,拄杖铿尔;阳明所谓"清福"者,悬记之矣。先生于师门之旨,身体精研,曰:"中,知之不倚于睹闻也;敬,知之无怠者也;诚,知之无妄者也;静,知之无欲者也;寂,知之无思为者也;仁,知之生生与物同体者也:各指所之,而皆指夫知之良也,致知焉尽矣。"由先生言之,则阳明之学,仍是不异于宋儒也;故先生之传两峰也,谓"宋学门户,谨守绳墨,两峰有之"。其一时讲席之盛，皆非先生所深契。尝谓师泉曰："海内讲学而实践者有人，足为人师者有人，而求得先师之学，未一人见。"盖意在斯乎！意在斯乎！

刘秉监，字遵教，号印山，三五同邑人也。河南之俗，惑鬼，多淫祠。先生为文谕之曰："灾祥在德，淫鬼焉能祸福？"于是毁境内淫祠以千数。已而就逮，寓书其僚长曰："淫祠伤害民俗，风教者之责；监以祸行，奸人惑众，必为报应之说，非明府力持，鲜不动摇。"其守正不挠如此。先生初学于甘泉，而尤笃志于阳明。讲学之会，匹马奚童，往来山谷之间，约俭如寒士。母夫人劳之曰："儿孝且弟，何必讲学？"先生对曰："人见其外，未见其内；将求吾真，不敢不学。"没时年未五十。

王钊，字子懋，号柳川，安成人。始受学梅源、东廓，既学于文成。尝为诸生，弃之；栖栖于山颠水涯寂寞之乡，以求所谓身心性命。盖三十年未尝不一日勤恳于心，善不善之在友朋，无异于己；逆耳之言，时施于广座。人但见其恻怛，不以为怨。皆曰："今之讲学，不空谈者，柳川也！"时有康南村者，性耿介，善善恶恶，与人不讳；尝酌古礼为图，摭善行为规，岁时挂杖，造诸大家之门，家家倒屣以迎。先生视南村如一人。南村贫，先生亦贫，敝衣粝食终其身，非矫也。

《三五先生洞语》

君子不察，率因其质以滋长，而自易其恶之功盖寡。善学者，不易其恶不已也。

君子以岁月为贵，譬如为山，德日崇也；苟为罔修，奚贵焉？况积过耶？

惟待其身者小，故可苟；惟自任者不重，故逸。

不善之闻，惩创之益少，而潜损者多；故言人不善，自损也，又听者损。

动有掩护，非德之宜，好名者也，故好名者心劳。

《晚程记》

境寂我寂，已落一层。

阅时事而伤神，徐自察之。嫉之也，非矜之也；矜之仁，嫉之偏。

刘梅源先生

刘晓，字伯光，号梅源，安福人。集同志为惜阴会，吉安之多学者，先生为之五丁也。先生下语无有枝叶，尝诵少陵"语不惊人死不休"之句，叹曰："可惜枉费心力！不当云'学不圣人死不休'耶？"

刘晴川先生

刘魁，字焕吾，号晴川，泰和人。先生受学于阳明，卒业东廓；以直节著名，而陶融于学问。李脉泉言在钧州与先生同僚一年，未尝见其疾言遽色。门人尤熙，问为学之要，曰："在立诚。"每举阳明遗事以淑门人。言阳明"转人轻快。一友与人讼，来问是非。阳明曰：'待汝数日后心平气和，当为汝说。'后数日，其人曰：'弟子此时心平气和，愿赐教。'阳明曰：'既是心平气和了，又教甚么？'朋友在书院投壶，阳明过之，呼'休离了根'。问阳明言动气象，先生曰：'只是常人。'黄德良说：'阳明学问，初亦未成片段；因从游者众，夹持起，歇不得，所以成就如此。"有举似先生者。曰："也是如此，朋友之益甚大。"

黄洛村先生

黄弘纲,字正之,号洛村,江西雩县人。从阳明于虔台。阳明教法,士子初至者,先令高第弟子教之,而后与之语。先生列于高第。阳明归越,先生不离者四五年。阳明卒,居守其家。士子有所请质,先生不遽发言,瞠视注听,待其意尽词毕,徐以一二言中其窍会,莫不融然。四十年五月二十八日卒,年七十。

先生之学再变,始者持守甚坚,其后以不致纤毫之力,一顺自然为主。其生平厚于自信而薄迎合,长于持重而短机械,盖望而知其为有道者也。阳明之"良知",原即周子"诚一无伪"之本体;然其与学者言,多在发用上,要人从知是知非处转个路头,此方便法门也。而及门之承其说者,遂以意念之善者为良知。先生曰:"以意念之善为良知,终非天然自有之良;知为有意之知,觉为有意之觉,胎骨未净,卒成凡体。"于是而知阳明有善有恶之意,知善知恶之知,皆非定本;意既有善有恶,则知不得不逐于善恶,只在念起念灭上工夫,一世合不上本体矣。四句教法,先生所不用也。

双江归寂,先生曰:"寂与感不可一例观也:有得其本体者,有失其本体者。自得其本体之寂者言之,虽存之弥久,涵之极深,而渊微之精,未尝无也;自得其本体之感者言之,虽纷然而至,沓然而来,而应用之妙,未尝有也。未尝有,则感也寂在其中矣;未尝无,则寂也感在其中矣。不睹不闻其体也,戒慎恐惧其功也,皆合寂感而言之者也。"按:双江之寂,即先生之所谓本体也;知主静非动静之静,则归寂非寂感之寂矣。然其间正自有说:自来儒者以未发为性,已发为情;其实性、情二字,无处可容分析。性之于情,犹理之于气,非情亦何从见性?故喜怒哀乐,情也;中和,性也。于未发言喜怒哀乐,是明明言未发有情矣;奈何分析性、情,则求性者必求之未发,此归寂之宗所由立也。一时同门与双江辨者,皆从已发见未发,亦仍是析情于发,析性于未发,其情、性不能归一同也。

《洛村语录》

往岁读先师书,有惑而未通处,即反求自心;密察精进,便见自己惑所从来,或是碍着旧闻,或是自己工夫;犹未免在事迹上揣量,文义上比拟,与后儒作用处相似,是以有惑。细玩先师之言,真是直从本心上发出;非徒闻见知识轮转,所谓"百世以俟圣人而不惑"者。乃知笃信圣人者,必反求诸己;反求诸己,然后能笃信圣人。故道必深造自得,乃能决古训之是非,以解蔽辨惑;不然,则相与滋惑也已!

先师之学,虽顿悟于居常之日;而历艰备险,动心忍性,积之岁月,验诸事履,乃始脱然有悟于良知。虽至易至简,而心则独苦矣。何学者闻之之易而信之之难耶?

何善山先生

何廷仁,字性之,号善山,初名秦,江西雩县人。知新会县,喜曰:"吾虽不及白沙之门,幸在其乡,敢以俗吏临其子弟耶?"释菜于祠,而后视事。三十年卒,年六十六。

初闻阳明讲学,慨然曰:"吾恨不得为白沙弟子!今又可失之耶?"相见阳明于南康。当是时,学人聚会南赣,而阳明师旅旁午,希临讲席,先生即与中离、药湖诸子接引来学。先生心诚气和,不厌缕觐,由是学者益亲。已从阳明至越,先生接引越中,一如南赣。阳明殁后,与同志会于南都,诸生往来者恒数百人。故一时为之语曰："浙有钱王，江有何黄。"指绪山、龙溪、洛村与先生也。

先生论学，务为平实，使学者有所持循。尝曰："吾人须从起端发念处察识；于此有得，思过半矣。"又曰："知过即是良知，改过即是本体。"又曰："圣人所谓无意无情者，非真无也；不起私意，自无留意留情耳。若果无意，孰从而诚？若果无情，孰从而精？"或谓："求之于心，全无所得；日用云为，茫无定守。"先生曰："夫良知在人为易晓，诚不在于过求也；如知无所得、无所定守即良知也。就于知无所得者安心以为无得，知无定守者安心以守之，斯岂非入门下手之实功乎？况心性既无形声，何从而得？既无定体，何从而守？但知无所得，即有所悟矣；知无定守，即有定主矣！"其言不为过高如此。故闻谈学稍涉玄远，辄摇手戒曰："先生之言，无是无是！"南都一时之论，谓："工夫只在心上用，才涉意便已落第二义。故为善去恶工夫，非师门最上乘之教也。"先生曰："师称无善无恶者，指心之应感无迹，过而不留，天然至善之体也。心之应感谓之意，有善有恶，物而不化，著于有矣。故曰'意之动'。若以心为无，以意为有，是分心意为二见；离用以求体，非合内外之道矣。"乃作《格物说》以示来学，使之为善去恶实地用功，斯之谓"致良知"也。

陈明水先生

陈九川，字惟浚，号明水，临川人也。周流讲学，名山如台宕、罗浮、九华、匡庐，无不至也。晚而失听，书札论学不休；一时讲学诸公，谓明水辩驳甚严，令人无躲避处。嘉靖四十一年八月卒，年六十九。

先生自请告入虔师阳明，即自焚其著书；后凡再见，竟所未闻。阳明殁，往拜其墓，复经理其家。先生自叙，谓："自服先师致知之训，中间凡二起意见，三易工夫，而莫得其宗。始从念虑上长善消恶，以视求之于事物者要矣；久之自谓瀹注支流，轮回善恶。复从无善无恶处认取本性，以为不落念虑，直悟本体矣；既已复觉其空倚见悟，未化渣滓。复就中恒致廓清之功，使善恶俱化，无一毫将迎意必之翳；若见全体炯然，炳于几先。千思百虑，皆从此出；即意无不诚，发无不中，才是无善无恶实功。从大本上致知，乃是知几之学。自谓此是圣门绝四正派，应悟入先师致知宗旨矣。及后入越，就正龙溪，始觉见悟成象，怳然自失；归而求之，毕见差谬。却将诚意看作效验，与格物分作两截；反若欲诚其意者在先正其心，与师训、圣经矛盾倒乱，应酬、知解，两不凑泊。始自愧心汗背，尽扫平日一种精思妙解之见，从独知几微处严谨缉熙，工夫才得实落。于应感处，若得个真几，即迁善改过，俱入精微，方见得良知体物而不可遗，格物是致知之实；日用之间，都是此体，充塞贯通，无有间碍。'致'字工夫，尽无穷尽，即无善无恶非虚也，迁善改过非麤也。始信'致知'二字，即此立本，即此达用，即此川流，即此敦化，即此成务，即此入神；更无本末精麤、内外、先后之间。证之古本序中，句句脗合，而今而后，庶几可以弗畔矣！"

按：阳明以"致良知"为宗旨，门人渐失其传；总以未发之中，认作已发之和，故工夫只在致知上。甚之而轻浮浅露，待其善恶之形而为克治之事，已不胜其艰难杂糅矣！故双江、念庵以归寂救之，自是延平一路上人。先生则合寂、感为一，寂在感中，即感之本体；感在寂中，即寂之妙用。阳明所谓"未发时惊天动地，已发时寂天寞地"，其义一也。故其谓双江曰："吾丈胸次广大，荡荡渊渊；十年之前，却为蛰龙、屈蠖二虫在中作祟。久欲窃效砭箴，愧非国手。今赖吾丈精采仙方，密炼丹饵，将使凡胎尽化，二虫不知所之矣。"是先生与偏力于致知者，大相径庭。顾念庵铭其墓犹云："良知即未发之中无分于动静者也。"指感应于酬酢之迹，而不于未发之中；恐于致良知，微有未尽。是未契先生之宗旨也。

明水论学书

夫逐事省克，而不灼见本体流行之自然；则虽饬身励行，不足以言天德，固矣。然遂以窒欲惩忿为下乘，迁善改过为妄萌；使初学之士，骤窥影响者，皆欲言下了当，自立无过之境。乃徒安其偏质，便其故习，而自以为率性从心；却使良知之精微紧切，知是知非，所藉以明而诚之者，反蔑视不足轻重。而遂非长过，荡然忘返，其流弊岂但如旧时支离之习哉！

魏水洲先生　魏师伊先生　魏药湖先生

魏良弼，字师说，号水洲，南昌新建人。先生居乡，情味真至；乡人见先生有所告诫，退辄称其说以教家人。其偶然者流为方语，而深切者垂为法言。曰："魏水洲云云，不可易也。"疾痛则问药，旱潦则问救，先生因而付之，各毕所愿，闾里顿化，争讼亦息。稻初登，果未落，家有老人，不敢尝，必以奉先生，其为乡里所亲敬如此。先生兄弟，皆于阳明抚豫时受学，故以"致良知"自明而诚，知微以显；天地万物之情与我之情，自相应照，能使天回象，君父易虑，士大夫永思。至愚夫孺子，亦征于癙寐。何者？不虑之知，达之天下，智愚疎戚，万有不同，孰无良焉？此所以不戒而孚也。殁之日，诏其子孙曰："予平生仗忠信，皇天鉴不得已之言，后土怜欲速朽之骨；陵谷有变，人心无改，不必铭志。"万历乙亥卒，年八十有四。弟良政、良器。

良政，字师伊。燕居无堕容，尝曰："学问头脑既明，惟专一得之；气专则静，精专则明，神专则灵。"又曰："不尤人，何人不可处？不累事，何事不可为？"水洲言："吾梦中见师伊辄流汗浃背。"其方严如此。

良器，字师颜，号药湖。洪都从学之后，随阳明至越。时龙溪为诸生，落魄不羁，每见方巾中衣往来讲学者，窃骂之；居与阳明邻，不见也。先生多方诱之。一日先生与同门友投壶雅歌，龙溪过而见之，曰："腐儒亦为是耶！"先生答曰："吾等为学，未尝担板，汝自不知耳。"龙溪于是稍相媢就。已而有味乎其言，遂北面阳明。绪山临事多滞，则戒之曰："心何不洒脱？"龙溪工夫懒散，则戒之曰："心何不严栗？"其不为姑息如此。尝与龙溪同行遇雨，先生手盖，龙溪不得已亦手盖而有怍容；顾先生自如，乃始惕然。阳明有内丧，先生、龙溪司库，不厌烦缛。阳明曰："二子可谓'执事敬'矣！"归主白鹿洞，生徒数百人，皆知宗王门之学。卒，年四十二。先生云："理无定在，心之所安即是理；孝无定法，亲之所安即是孝。"龙溪与先生最称莫逆。然龙溪之元远，不如先生之浅近也。

王塘南先生

王时槐，字子植，号塘南，吉之安福人。乙巳十月八日卒，年八十四。先生弱冠，师事同邑刘两峰，刻意为学；仕而求质于四方之言学者，未之或怠，终不敢自以为得。五十，罢官，屏绝外务，反躬密体。如是三年，有见于空寂之体；又十年，渐悟生生真机，无有停息，不从念虑起灭。学从收敛而入，方能入微；故以透性为宗，研几为要。阳明没后，"致良知"一语，学者不深究其旨，多以情识承当；见诸行事，殊不得力。双江、念庵，举未发以究其弊；中流一壶，王学赖以不坠，然终不免头上安头。先生谓："知者，先天之发窍也；谓之发窍，则已属后天矣。虽属后天，而形气不足以干之。故'知'之一字，内不倚于空寂，外不堕于形气。此孔门之所谓'中'也。"言良知者，未有如此谛当。

论学书

静中欲根起灭不断者，是志之不立也。凡人志有所专，则杂念自息：如人好声色者，当其艳冶夺心之时，岂复有他念乎？如人畏死亡者，当其刀锯逼体之时，岂复有他念乎？学无分于动静者也，特以初学之士，纷扰日久，本心真机，尽汩没蒙蔽于尘埃中。是以先觉立教，欲人于初下手时，暂省外事，稍息尘缘，于静坐中默识自心真面目，久之邪障彻而灵光露。静固如是，动亦如是。到此时终日应事接物，周旋于人情事变中而不舍，与静坐一体无二，此定静之所以先于能虑也。岂谓终身灭伦绝物，块然枯坐，徒守顽空冷静，以为究竟哉？

吾辈学不加进，正为不识真宰；是以虽曰为学，然未免依傍道理，只在世俗眼目上做得个无大破绽之人而止耳。

所举佛家以默照为非，而谓"广额屠儿，立地成佛"等语；此皆近世交朋，自不肯痛下苦功，真修实证，乞人残羹剩汁以自活者也。彼禅家语，盖亦有为而发，彼见有等专内趋寂，死其心而不知活者，不得已发此言以救弊耳。今以纷纷扰扰嗜欲之心，全不用功，却不许其静坐；即欲以现在嗜欲之心，立地成佛，且称尘劳为如来种以文饰之。此等毒药，陷人于死！

学无多说，若真有志者，但自觉此中劳攘，不得不静坐以体察之，便须静坐；或自觉人伦事物上欠实修，不得不于动中着力，便须事上练习。此处原无定方。

所谕"欲根盘结，理原于性，是有根者也"，欲生于染，是无根者也。惟理有根，故虽戕贼之久，而竟不可泯；惟欲无根，故虽习染之深，而究不能灭性也。使欲果有根，则是欲亦原于天性，人力岂能克去之哉？

吾辈无一刻无习气，但以觉性为主，时时照察之，则习气之面目，亦无一刻不自见得。既能时时刻刻见得习气，则必不为习气所夺。盖凡可睹闻者，皆习气也；情欲意见，又习气之麤者也。

白手起家，勿在他人脚跟下凑泊。

见其大则心泰，必真悟此心之弥六合而无边际，贯万古而无始终，然后谓之见大也。既见大，且无生死之可言，又何顺逆、穷通之足介意乎？

问知行之辨。曰："本心之真明，即知也；本心之真明贯彻于念虑事为，无少昏蔽。即行也。知者体，行者用，非可离为二也。"

学者以任情为率性，以媚世为与物同体，以破戒为不好名，以不事检束为孔颜乐地，以虚见为超悟，以无所用耻为不动心，以放其心而不求为未尝致纤毫之力者多矣。可叹哉！

邓定宇先生

邓以赞，字汝德，号定宇，南昌新建人。先生澄神内照，洞彻性灵。与龙溪言："学问须求自得，天也不做他，地也不做他，圣人也不做他。"阳和谓"所言骇世人之听"。谓："阳明知是知非为良知，特是权论；夫知是知非，不落于是非者也，发而有是有非，吾从而知之。谓之曰无是无非，澄然在中，而不可不谓之知是知非，则是知之体也。犹之好好色、恶恶臭，好恶之体，何尝落于色臭哉?"在阳明实非权论,后来学者多在用处求;辨之于有是有非之中,多不得力。先生堕其义,不可谓非药石也。先生私淑阳明之门人,龙溪、阳和其最也。

定宇语录

学问从身心上寻求;纵千差万错,走来走去,及至水穷山尽,终要到这路上来。

学问只在向内,不论朝市山林,皆须正己物正,不然,而徒陪奉世情,愈周密,愈散漫,到头终不得力。

论学书

古之哲人,置心一处;然率以数十年而解,其难也如是。藉以生灭之心,猥希妙悟,谁诳乎?

陈蒙山先生

陈嘉谟,字世显,号蒙山,庐陵人。以学未大明,非息机忘世,无以深造,遂乞休。癸卯,年八十三卒。少读书西塔,值刘两峰在焉,即师事之;间以其说语塘南,塘南心动,亦往师之。一时同志邹光祖、敖宗濂、王时松、刘尔松辈十有七人,共学两峰之门。螺川人士始知有学,先生倡之也。归田后为会青原,与塘南相印正;慨然士习之卑陋,时举江门名节藩篱之语以振作之。凡来及门者,先生曰:"学非一家之私也;有塘南在,贤辈盍往师之。"其忘人我如此。

蒙山论学书

苦修后悟,方是真悟;了悟后修,方是真修。

此学寻求到四面迫塞，无路可行，方渐渐有真实路头出；此路须是自己寻出，不是自己寻出的，辟如画图上看山川，照他路径行不得。

刘泸潇先生

刘元卿，字调父，号泸潇，吉之安福人。万历甲戌不第，遂谢公车，游学于兰溪徐鲁源、黄安、耿天台。闻天台"生生不容己"之旨，欣然自信曰："孟子不云乎：'四端充之，足保四海。'吾方幸泉不流也而故遏之，火不然也而故灭之；彼灭与遏者，二氏之流，吾所不忍。"先生恶释氏，即平生所最信服者天台、塘南，亦不轻相附和。故言："天地之间，无往非神；神凝则生，虽形质藐然，而其所以生者已具。神尽则死，虽形体如故，而其所以生者已亡。然而统体之神，则万古长存，原不断灭；各具之残魂旧魄，竟归乌有。此即张横渠'水沤聚散'之说，核而论之，统体之神，与各具之神，一而已矣；舍各具之外，毋所谓统体也。其生生不息，自一本而万殊者，宁有聚散之可言？夫苟了当其生生不息之原，自然与乾元合体；醉生梦死，即其生时，神已不存，况死而能不散乎？故佛氏之必有轮回，与儒者之贤愚同尽，皆不可言于天人之际者也。"

万思默先生

万廷言，字以忠，号思默，南昌之东溪人。罢官归，杜门三十余年，匿迹韬光，研几极深。念庵之学，得先生而传。先生自序为学云："弱冠即知收拾此心，甚苦思强难息；一意静坐，稍觉此中恰好有个自歇处。如猿猫得宿，渐可柔驯，颇为自喜。"

一日读《易》石莲洞，至《艮》"思不出位"，恍有契证；请于念庵师，师甚肯之。

《万思默约语》

诚意功夫，只好恶不自欺其知耳；要不自欺其知，依旧在知上讨分晓。故曰"必慎其独"。独是知体灵然不昧处，虽绝无声臭，然是非一些瞒他不得。自寂然自照，不与物对，故谓之独。须此处奉为严君，一好一恶，皆敬依着他，方是慎。

小人一节，或云自欺之蔽；不然，此正见他不受欺。人欺蔽他不得，所以可畏，不容不慎；盖此中全是天命至精，人为一毫污染不上。纵如何欺蔽，必要出头。缘他从天得来，纯清绝点，万古独真，谁欺得他？所以小人见君子，便厌然欲掩其不善，便肺肝如见；此厌此见，岂小人所欲，正是他实有此件在中，务穿过诸不善欺瞒处，由不得小人，必要形将出来，决不肯与不善共住，故谓之诚。诚则必形，所以至严可畏；意从此动，方谓之诚意，故君子必慎其独。若是由人欺蔽得，何严之有？

胡庐山先生

胡直，字正甫，号庐山，吉之泰和人。万历乙酉五月卒官，年六十九。先生少骁荡，好攻古文词；年二十六，始从欧阳文庄问学，即语以道艺之辨。先生疾恶甚严。文庄曰："人孰不好恶人；何以能好能恶归之仁者？盖不得其本心，则好恶反为所累；一切忿忿不平，是先已失仁体而堕于恶矣。"先生闻之，怵然汗背。年三十，复从学罗文恭，文恭教以静坐；及其入蜀，文恭谓之曰："正甫所言者，见也，非实也；自朝至暮，不漫不执，无一刻之暇，而时时觌体，是之谓实。知有余而行不足，常若有歉于中，而丝毫不尽，是之谓见。"归蜀以后，先生之浅深，文恭不及见矣。

先生著书，专明学的大意，以理在心，不在天地万物，疏通文成之旨。夫所谓理者，气之流行而不失其则者也，太虚中无处非气，则亦无处非理。孟子言"万物皆备于我"，言我与天地万物一气流通，无有碍隔；故人心之理，即天地万物之理，非二也。若有我之私未去，脱落形骸，则不能备万物矣；不能备万物，而徒向万物求理，与我了无干涉。故曰："理在心，不在天地万物。"非谓天地万物竟无理也。先生谓"吾心者，所以造天地万物者也，匪是则黝没荒忽，而天地万物熄矣。故鸢之飞、鱼之跃，虽曰无心，然不过为形气驱之使然，非鸢、鱼能一一循乎道也"，此与文成一气相通之旨，不能相似矣。

邹南皋先生

邹元标，字尔瞻，别号南皋，豫之吉水人。江陵夺情，先生言："伏读圣谕：'朕学尚未成，志尚未定；先生而去，堕其前功。'夫帝王以仁义为学，继述为志；居正导之功利，则学非其学；忘亲不孝，则志非其志。皇上而学之、志之，其流害有不可胜言者。亦幸而皇上之学未成、志未定，犹可得儒者而救其未然也。"怀疏入长安门，值吴、赵、艾、沈以论夺情受杖；先生视其杖毕，出疏以授寺人。寺人不肯接，曰："汝岂不怕死，得无妄有所论乎？"先生曰："此告假本也。"始收之。有旨杖八十，戍贵州都匀卫。罢官家居，建仁文书院，聚徒讲学。

先生言："先正云：'本分之外，不加毫末。人生闻道，始知本分内事；不闻道，则所谓本分者，未知果是本分当否也。'天下治乱，系于人心；人心邪正，系于学术。法度风俗，刑清罚省,进贤退不肖,舍明学则其道无由。湛湛晴空,鸢自飞,鱼自跃,天自高,地自下,无一物不备,亦无一事可少。琳宫会馆,开目如林;呗语新声,拂耳如雷。岂独碍此嘐嘐则古昔、谈先王之坛坫耶?臣弱冠从诸长者游,一登讲堂,此心戚戚。既谢交游,独处深山者三年;嗣入夜郎,兀坐深箐者六年;浮沉南北,栖迟田亩,又三十余年。赖有此学,死生患难,未尝陨志。若只以臣等讲学,惟宜放弃斥逐之,日以此浇其磊块、消其抑郁无聊之气;则'如切如磋'道学之语,端为济穷救苦良方,非尽性至命妙理。亦视斯道太轻,视诸林下臣太浅矣!人生堕地,高者自训诂帖括外,别无功课;自青紫荣名外,别无意趣。恶闻讲学也,实繁有徒。盖不知不闻道,即位极人臣,动勒旂常,了不得本分事;生是虚生,死是虚死。朽骨青山,黄鸟数声,不知天与昭昭者飘泊何所?此臣所以束发至老,不敢退堕自甘者也。前二十年,东林诸臣,有文有行,九原已往,惟是在昔朝贵,自歧意见,一唱众和,几付清流。惩前覆辙,不在臣等。"

先生自序为学曰:"年少气盛时,妄从光影中窥瞷,自以为觉矣;不知意气用事,去道何啻天壤!"先生之学,以识心体为入手,以行恕于人伦事物之间、与愚夫愚妇同体为功夫,以不起意、空空为极致,离达道无所谓大本,离和无所谓中。故先生于禅学,亦所不讳。求见本体,即是佛氏之本来面目也。其所谓恕,亦非孔门之恕,乃佛氏之事事无碍也。佛氏之作用是性,则离达道无大本之谓矣。然先生即摧刚为柔,融严毅方正之气,而与世推移。其一规一矩,必合当然之天则;而介然有所不可者,仍是儒家本色,不从佛氏来也。

《会语》

学者有志于道,须要铁石心肠;人生百年转盼耳,贵乎自立。

后生不信学,有三病:一曰耽阁举业,不知学问事,如以万金商做卖菜佣;二曰讲学人多迂阔无才,不知真才从讲学中出,性根灵透,遇大事如湛卢刈薪;三曰讲学人多假,不知真从假中出。彼既假矣,我弃其真,是因噎废食也。

马上最好用功,不可放过;若待到家休息,便是驰逐。

老成持重,与持位保禄相似;收敛定静,与躲闲避事相似;谦和逊顺,与柔媚谐俗相似。中间间不容发,非研几者,鲜不自害害人。

人只说要收敛,须自有个头脑。终日说话,终日干事,是真收敛;不然,终日兀坐,绝人逃世,究竟忙迫。

横逆之来,愚者以为遭辱,智者以为拜赐;毁言之集,不肖以为罪府,贤者以为福地;小人相处,矜己者以为荆棘,取人者以为砥砺。

私虑不了,私欲不断,毕竟是未曾静,未有入处。心迷则天理为人欲,心悟则人欲为天理。

有因持志入者,如识仁则气自定;有由养气入者,如气定则神自凝。又有由交养入者,如白沙诗云:"时时心气要调停,心气功夫一体成;莫道求心不求气,须教心气两和平。"此是先辈用过苦功语。除知无独,除自知无慎独。

文集

吾辈动辄以天下国家自任,贫子说金,其谁信之?古人云:"了得吾身,方能了得天地万物;吾身未了,纵了得天地万物,亦只是五霸路上人物。"自今以往,直当彻髓做去;有一毫病痛,必自照自磨,如拔眼前之钉。时时刻刻,始无愧心。

吾辈无论出处,各各有事;肯沉埋仕途便沉埋,不肯沉埋,即在十八重幽暗中，亦自骧首青霄。世岂有锢得人？人自无志耳！

罗匡湖先生

罗大纮，字公纮，号匡湖，吉之安福人。先生学于徐鲁源，林下与南皋讲学。南皋谓先生"敏而善入"，众人所却步踌躇四顾者，先生提刀直入；众人经数年始入者，先生先闯其奥。然观其所得，破除默照；以为一念既滞，五官俱堕，于江右先正之脉，又一转矣！

《兰舟杂述》

习俗移人，非求友不能变。一家有一家气习，非友一乡之善士，必不能超一家之习；推之一国、天下皆然，至于友天下尽矣。然一朝又有一朝之气习，非尚友千古，不可以脱一世之习。此孟子所以超脱于战国风习之外也。

仁本与万物同体，只为人自生分别，所以小了。古人"天下一家，中国一家"，非意之也，其心量原自如此。今处中国，只争个江西，江西又争个吉安，吉安又争个安福，安福又争个某房，某房又争个某祖父位下，某祖父位下又只争我一人；终生营营，不出一身一家之内，此岂不是自小乎？故善学者，愈充之则愈大；不善学者，愈分之而愈小。

宋望之先生

宋仪望，字望之，吉之永丰人。卒年六十五。先生从学于聂贞襄，闻良知之旨，时方议从祀阳明，而谕不归一，因著《或问》以解时人之惑。其论河东、白沙,亦未有如先生之亲切者也。

邓潜谷先生

邓元锡,字汝极,号潜谷,江西南城人。年十三,从黄在川学,喜观经史;人以为不利举业,在川曰:"譬之豢龙,随其所嗜,岂必膏粱耶?"年十七,即能行社仓法以惠其乡人。闻罗近溪讲学,从之游;继往吉州,谒诸老先生,求明此学,遂欲弃举子业。就学于邹东廓、刘三五,得其旨要。居家著述,成《五经绎函史》。以七月十四日卒于墓所,年六十六。时心宗盛行。谓学惟无觉,一觉无余蕴;九思九容、四朝六艺,桎梏也。先生谓:"九容不修,是无身也;九思不慎,是无心也。"每日晨起,令学者静坐,收摄放心;至食时,次第问当下心体语毕,各因所至为觉悟之。

章本清先生

章潢,字本清,南昌人。幼而颖悟,张本山出"趋庭孔鲤曾从诗礼之传"句,即对"大学曾参独得明新之旨"。十三岁,见乡人负债缧绁者恻然,为之代偿。有问先生近日谈经不似前日之烦者,先生曰:"昔读书如以物磨镜,磨久而镜得明;今读书如以镜照物,镜明而物自见。"构洗堂于东湖,聚徒讲学,聘主白鹿洞书院。

甲午,庐陵会讲,有问:"学以何为宗?"曰:"学要明善诚身,只与人为善便是宗。"又问:"善各不齐,安能归并一路?"

曰:"继善成性,此是极归一处;明善明此也,如主敬、穷理、致良知,言各不同,皆求明性善之功。岂必专执一说,然后为所宗耶?"又问:"会友如何得力?"曰:"将我这个身子,公共放在大炉冶中;煅炼其习气,销镕其胜心,何等得力?"

入青原山,王塘南曰:"禅宗欲超生死何如?"曰:"孔子朝闻夕死,周子原始反终;大意终始皆无,便是儒者超生死处。"邹南皋曰:"今之学者,不能超脱生死,皆缘念上起念,各有牵绊,岂能如孔子之'毋意、必、固、我'。"曰:"'意必固我',众人之通患;'毋意必固我',贤者之实功。孔子则并此禁止而绝之矣。"

九　南中王门学案

南中之名王氏学者，阳明在时，王心斋、黄五岳、朱得之、戚南玄、周道通、冯南江其著也；阳明殁后，绪山、龙溪，所在讲学。于是泾县有水西会，宁国有同善会，江阴有君山会，贵池有光岳会，太平有九龙会，广德有复初会，江北有南谯精舍，新安有程氏世庙会，泰州复有心斋讲堂；几乎比户可封矣！而又东廓、南野、善山先后官留都，兴起者甚众。略载其论学语于后；其无语录可考见者附此。

戚贤，字秀夫，号南玄，江北之全椒人。阳明在滁州，南玄以诸生旅见，未知信向；其后为归安令，读《论学》诸书，始契于心，遂通书受学，为会于安定书院。语学者："千圣之学，不外于心；惟梏于意见，蔽于嗜欲，始有所失。一念自反，即得本心。"在京师会中有谈二氏者，即正色阻之。龙溪偶举"黄叶止儿啼"公案，南玄勃然曰："君是吾党宗盟，一言假借，便为害不浅。"龙溪为之愧谢。南玄谈学，不离良知，而意气激昂，足以发之。

冯恩，字子仁，号南江，华亭人。阳明征思田，南江以行人使其军，因束脩为弟子；擢为南道御史，劾都御史汪鋐、大学士张孚敬。下诏狱会审，鋐执笔，南江立而庭辩，论死。其后减戍赦归。

贡安国，字符略，号受轩，宣州人。师南野、龙溪，主水西同善之会。绪山与之书曰："昔人言'鸳鸯绣出从君看，莫把金针度与人'。吾党金针，是前人所传；实未绣得鸳鸯，即哓哓然空持金针，欲以度人。人不见鸳鸯而见金针，非徒使之不信，并愿绣鸳鸯之心，亦阻之矣。"后官山东莒州守，讲学于志学书院。

查铎，字子警，号毅斋，泾县人。学于龙溪、绪山，谓："良知简易直截，其他宗旨，无出于是。不执于见即曰虚，不染于欲即曰寂，不累于物即曰乐；无有无无，始终无阶级。俛焉日有孳孳，终其身而已。"

沈宠，字思畏，号古林，宣城人。师事受轩。受轩学于南野、龙溪而返，谓古林曰："王门之学在南畿，盍往从之？"于是古林又师南野、龙溪。在闽建崇正书院，在蕲黄建崇正书院。近溪立开元之会于宣州，古林与梅宛溪主其席。疾革，有问其："胸次如何？"曰："已无物矣！"宛溪名守德，字纯甫。其守绍兴时，重修阳明讲堂，延龙溪主之。式祕图杨珂之间，非俗吏也。

萧恁，号念渠，泾县人。师事绪山。

萧良幹，字以宁，号拙斋。师绪山、龙溪。水西讲学之盛，萧氏之力也。

戚衮，字补之，号竹坡，宣城人。初及东廓、南野之门，已受业龙溪。龙溪语之曰："所谓志者，以其不可夺也；至于意气，则有时而衰。'良知'者不学不虑，自然之明觉，无欲之体也。吾人不能纯于无欲，故有致知之功；学也者，复其不学之体也，虑也者，复其不虑之体也。故学虽博而守则约，虑虽百而致则一，非有假于外也，若闻测识之知，从门而入，非良知之本然矣。吾人谨于步趋，循守方圆，谓之典要；致知之学，变动周流，惟变所适。盖规矩在我，而方圆自不可胜用，此实毫厘之辩也。"竹坡往来出入，就正于师友者凡七八年；于是始知意气不可以为志，闻识不可以为知，格式不可以为守。志益定，业益精，其及人益广也。

张榮，字士仪，号本静，泾县人。南野为司成，因往从之，累年不归；继从东廓、绪山、龙溪，归而聚徒讲学。以收敛精神为切要，以对景磨莹为实功，以万物一体为志愿；意气眉睫之间，能转移人心。

章时鸾，号孟泉，青阳人。学于东廓。

程大宾，字汝见，号心泉，歙人。受学绪山。绪山谓之曰："古人学问，不离七情中用功，而病痛亦多由七情中作。"

程默，字子木，休宁人。负笈千里，从学阳明；疾革，指六经谓其子曰："当从此中寻我，莫视为陈言也。"

郑烛，字景明，歙人。及东廓之门，人见其衣冠质朴，以为率真者，曰："率真未易言，先须识真耳。"

姚汝循，字叙卿，号凤麓，南京人。近溪尝论明德之学，凤麓举鉴说云："德犹鉴也；匪翳弗昏，匪磨弗明。"近溪笑曰："明德无体，非喻所及；且公一人耳，为鉴为翳，复为磨者可乎？"闻之遂有省，浸浸寤入。有妄子以阳明为诟病，凤麓曰："何病？"曰："恶其良知之说也。"曰："世以圣人为天授，不可学久矣；自良知之说出，乃知人人固有之；即庸夫小童，皆可反求以入道。此万世功也，子曷病？"

殷迈，字时训，号漱溟，留守卫人。与何善山游，与闻绪言。所著有《惩忿窒欲编》。

姜宝，字廷善，丹阳人。受业荆川之门。

黄五岳先生

黄省曾，字勉之，号五岳，苏州人也。少好古文辞，通《尔雅》，为王济之、杨君谦所知，乔白岩参赞南都，聘纂《游山记》。李空同就医京口，先生问疾，空同以全集授之。阳明讲道于越，先生执贽为弟子。时四方从学者众，每晨班坐，次第请疑；问至即答，无不圆中。先生一日彻领，汗洽重襟，谓："门人咸隆颂陟圣,而不知公方廑理过,恒视坎途;门人拟滞度迹,而不知公随新酬应,了无定景。"作《会稽问道录》十卷。东廓、南野、心斋、龙溪,皆相视而莫逆也。阳明以先生笔雄见朗,欲以《王氏论语》属之,出山不果,未几母死,先生亦卒。

钱牧斋抵枑,空同谓先生倾心北学,识者哂之;先生虽与空同上下其论,然文体竟自成一家,固未尝承流接响也,岂可谓之倾心哉?《传习后录》有先生所记数十条,当是采之《问道录》中,往往失阳明之意。然"无如仪秦"一条云:"苏秦、张仪之智也,是圣人之资;后世事业文章,许多豪杰名家,只是学得仪秦故智。仪秦学术,善揣摸人情,无一些不中人肯綮,故其说不能穷;仪秦亦是窥见得良知妙用处,但用之于不善耳。"夫良知为未发之中,本体澄然,而无人伪之杂;其妙用亦是感应之自然,皆天机也。仪秦打入情识窠臼,一往不返,纯以人伪为事;无论用之于不善,即用之于善,亦是袭取于外,生机槁灭,非良知也。安得谓其末异而本同哉?以情识为良知,其失阳明之旨甚矣!

周静庵先生

周冲,字道通,号静庵,常之宜兴人。卒年四十七。阳明讲道于虔,先生往受业,继又从于甘泉。谓:"湛师之'体认天理',即王师之'致良知'也。"与蒋道林集师说为《新泉问辨录》。当时王、湛二家门人弟子,未免互相短长,先生独疏通其旨。故先生死而甘泉叹曰:"道通真心,听受以求实益;其异于死守门户以相訾而不悟者远矣!"

周静庵论学语

日用功夫,只是立志;然须朋友讲习,则此意才精健阔大,才有生意。若三五日不得朋友相讲，便觉微弱，遇事便会困，亦时会忘。今于无朋友相讲之时，还只静坐，或看书，或行动；凡寓目措身，悉取以培养此志，颇觉意思和适。然终不如讲学时生意更多也。

朱近斋先生

朱得之，字本思，号近斋，直隶靖江人。从学于阳明，所著有《参玄三语》。其学颇近于老氏，盖学焉而得其性之所近者也。其语尤西川云："格物之见，虽多自得，未免向为见闻所梏；虽脱闻见于童习，尚滞闻见于闻学之后，此笃信先师之故也。不若尽涤旧闻，空洞其中；听其有触而觉，如此得者尤为真实。子夏笃信圣人，曾子反求诸己；途径堂室，万世昭然。"即此可以观其自得矣。

语录

人生不可不讲者，学也；不可暂留者，光阴也。光阴不能暂留，甚为可惜；学不讲自失为人之机，诚为可耻。自甘无耻，自不知惜，老至而悔，不可哀乎？孔子曰："学如不及，犹恐失之。""朝闻道，夕死可矣。"旨哉！

《尤西川纪闻》

近斋言阳明云："诸友皆数千里外来，人皆谓我有益于朋友，我自觉我取朋友之益为多。"又云："我全得朋友讲聚，所以此中日觉精明；若一二日无朋友，志气便觉自满，便觉怠惰之习复生。"又说阳明逢人便与讲学，门人疑之。叹曰："我如今譬如一个食馆相似；有客过此，吃与不吃，都让他一让，当有吃者。"

近斋说阳明在南都时，有私怨阳明者，诬奏极其丑诋；始见颇怒，旋自省曰："此不得放过。"掩卷自反，俟其心平气和，再展看。又怒，又掩卷自反；久之真如飘风浮霭，略无芥蒂。是后虽有大毁谤、大利害，皆不为动。尝告学者曰："君子之学，务求在己而已；毁誉荣辱之来，非惟不以动其心，且资之以为切磋砥砺之地。"故君子无入而不自得，正以无入而非学也。

近斋说阳明不自用，善用人。人有一分才，也用了，再不错，故所向成功。

周讷溪先生

周怡，字顺之，号讷溪，宣州太平人。隆庆三年十月，卒于家，年六十四。早岁师事东廓、龙溪，于《传习录》身体而力行之。海内凡名王氏学者，不远千里，求其印证；不喜为无实之谈，所谓"节义而至于道"者也。

《尤西川纪闻》

讷溪说东廓讲学京师，一士人诮之曰："今之讲学者，皆服尧之服、诵尧之言，行桀之行者也。"东廓曰："如子所言，固亦有之。然未闻服桀之服、诵桀之言而行尧之行者也，如欲得行尧之行者，须于服尧之服、诵尧之言者求之；且不服尧之服，不诵尧之言，又恶在其行尧之行也？"士人愧服。

《囚对》

周子被罪下狱，手有梏，足有镣，坐卧有柙，日有数人监之。喟然曰："余今而始知检也！手有梏则恭，足有镣则重，卧坐有棖则不敢以妄动，监之众则不敢以妄言，行有镣则疾徐有节。余今而始知检也！"

薛方山先生

薛应旂，号方山，武进人。先生为考功时，寘龙溪于察典，论者以为逢迎贵溪。其实龙溪言行不掩，先生盖借龙溪以正学术也。先生尝及南野之门，而一时诸儒，不许其名王氏学者，以此节也。然东林之学，顾导源于此，岂可没哉？

唐荆川先生

唐顺之，字应德，号荆川，武进人也。南倭乱，先生痛愤时艰，指画方略于当事；当事以知兵荐之，起南部车驾主事，未上，改北部职方员外。先生至京，即升本司郎中，查勘边务。继而视师浙直，以为御岛寇当在海外。鲸背机宜，岂可悬断华屋之下？身泛大洋以习海路，败贼于崇明沙。升太仆少卿、右通政，未上；擢金都御史，巡抚淮扬。先生方剿三沙贼，江北告急；乃以三沙付总兵卢镗，而击贼于江北，败贼姚家荡，又败贼庙湾，几不能军。先生复向三沙，贼遁至江北，先生急督兵过江蹙之，贼渐平，会淮扬大祲，赈饥民数十万。行部至泰州，卒于舟中，庚申四月一日也。年五十四。

先生晚年之出，由于分宜，故人多议之。先生固尝谋之念庵，念庵谓："向尝隶名仕籍，此身已非己有；当军旅不得辞难之日，与征士、处士论进止，是私此身也。兄之学力安在？"于是遂决。

初喜空同诗文，篇篇成诵，下笔即刻画之。王道思见而叹曰："文章自有'正法眼藏'，奈何袭其皮毛哉！"自此幡然，取道欧、曾，得史迁之神理；久之从广大胸中随地涌出，无意为文而文自至。较之道思，尚是有意欲为好文者也。其著述之大者为"五编"：《儒编》《左编》《右编》《文编》《稗编》是也。

先生之学，得之龙溪者为多，故言于龙溪只少一拜；以天机为宗，无欲为工夫，谓"此心天机活泼，自寂自感，不容人力，吾惟顺此天机而已。障天机者莫如欲。欲根洗净，机不握而自运矣。成汤、周公坐以待旦，高宗恭默三年，孔子不食不寝、不知肉味；凡求之枯寂之中，如是艰苦者，虽圣人亦自觉此心未能纯是天机流行，不得不如此着力也"。先生之辨儒释，言："儒者于喜怒哀乐之发，未尝不欲其顺而达之；其顺而达之也，至于天地万物，皆吾喜怒哀乐之所融贯。佛于喜怒哀乐之发，未尝不欲其逆而销之；其逆而销之也，至于天地万物澹然无一喜怒哀乐之交。故儒佛分途，只在天机之顺逆耳。夫所谓天机者，即心体之流行不息者是也。佛氏无所往而生其心，何尝不顺？逆与流行，正是相反；既已流行，则不逆可知。佛氏以喜怒哀乐、天地万物，皆是空中起灭，不碍吾流行，何所用销？但佛氏之流行，一往不返，有一本而无万殊，怀山襄陵之水也；儒者之流行，盈科而行，脉络分明，一本而万殊，先河后海之水也。其顺固未尝不同也。或言三千威仪，八万细行，靡不具足，佛氏未尝不万殊；然佛氏心体、事为，每分两截，禅、律殊门，不相和会。威仪、细行与本体了不相干，亦不可以此比而同之也。"

荆川论学语

近来谈学，谓认得本体，一超直入，不假阶级；窃恐虽中人以上，有所不能，竟成一番议论、一番意见而已。天理愈见，则愈见其精微之难致；人欲愈克，则愈见其植根之甚深。彼其易之者，或皆未尝实下手用力，与用力未尝恳切者也。

"小心"两字，诚是学者对病灵药；细细照察，细细洗涤，使一些私见习气，不留下种子在心里，便是小心矣。小心，非矜持把捉之谓也；若以为矜持把捉，则便与鸢飞鱼跃意思相妨矣。江左诸人，任情恣肆，不顾名检，谓之洒脱；圣贤胸中，一物不碍，亦是洒脱，在辨之而已。兄以为洒脱与小心相妨耶？惟小心而后能洞见天理流行之实，惟洞见天理流行之实，而后能洒脱，非二致也。

近来学者病痛，本不刻苦搜剔，洗空欲障。以玄妙之语，文夹带之心；直如空花，竟成自误。要之，与禅家斗机锋相似，使豪杰之士，又成一番涂塞；此风在处有之，而号为学者多处，则此风尤甚。惟默然无说，坐断言语意见路头；使学者有穷而反本处，庶几挽归真实力行一路，乃是一帖救急良方。

唐凝庵先生

唐鹤征，字符卿，号凝庵。荆川之子也。万历己未，年八十二卒。先生始尚意气，继之以园林丝竹，而后泊然归之道术；其道自九流百氏、天文地理、稗官野史，无不究极，而继乃归之庄生《逍遥》《齐物》，又继乃归之湖南之求仁，濂溪之寻乐，而后恍然悟乾元所为生天地、生人物、生一、生万、生生不已之理，真太和奥窔也。物欲不排而自调，世情不除而自尽，聪明才伎之昭灼，劳蹊曲径之奔驰，不收摄而莹然无有矣。语其甥孙文介曰："人到生死不乱，方是得手；居常当归并精神一路，毋令漏泄。"

先生言："心性之辨，今古纷然，不明其所自来；故有谓义理之性、气质之性，有谓义理之心、血气之心，皆非也。性不过是此气之极有条理处，舍气之外，安得有性？心不过五脏之心，舍五脏之外，安得有心？心之妙处在方寸之虚，则性之所宅也。"此数言者，从来言心性者所不及也。乃先生又曰："知天地之间只有一气，则知乾元之生生皆是此气。乾元之条理虽无不清，人之受气于乾元，犹其取水于海也；海水有咸有淡，或取其一勺，未必咸淡之兼取，未必咸淡之适中也。间有取其咸淡之交而适中，则尽得乾元之条理，而为圣为贤无疑也。固谓之性，或取其咸，或取其淡，则刚柔、强弱、昏明，万有不同矣，皆不可不谓之性也。"则此言尚有未莹：盖此气虽有条理，而其往来屈伸，不能无过不及；圣贤得其中气，常人所受，或得其过，或得其不及，以至万有不齐。先生既言性是气之极有条理处，过、不及便非条理矣；故人受此过、不及之气，但可谓之气质，不可谓之性。则只言气是性足矣，不必言气之极有条理处是性也。无乃自堕其说乎？然则常人有气质而无性乎？盖气之往来屈伸，虽有过不及，而终归于条理者，则是气中之主宰。故雨旸寒燠，恒者暂而时者常也；惟此气中一点主宰，不可埋没。所以常人皆有不忍人之心，而其权归之学矣。

文贞徐存斋先生阶

徐阶，字子升，号存斋，松江华亭人。视学江西，诸生文有"颜苦孔之卓"语，先生加以横笔。生曰："此出扬子《法言》，非杜撰也。"先生即离席向生揖曰："仆少年科第，未尝学问，谨谢教矣！"闻者服其虚怀。自分宜败后，先生秉国成；内以揣摩人主之隐，外以收拾士大夫之心，益有所发舒，天下亦颇安之。年八十一卒。

聂双江初令华亭，先生受业其门，故得名王氏学；及在政府，为讲会于灵济宫，使南野、双江、松溪分主之，学徒云集至千人。其时癸丑甲寅，为自来未有之盛。先生之去分宜，诚有功于天下，然纯以机巧用事。敬斋曰："处事不用智计，只循天理，便是儒者气象。"故无论先生田连阡陌，乡论雌黄；即其立朝大节观之，绝无儒者气象，陷于霸术而不自知者也。诸儒徒以其主张讲学，许之知道，此是回护门面之见也。

杨幼殷先生

杨豫孙，字幼殷，华亭人。以右佥都御史巡抚湖广，卒官。先生以知识即性；习为善者固此知识，习为不善者亦此知识。故曰："恶亦不可不谓之性。"又曰："刚柔气也，即性也。刚有善者焉，有不善者焉；柔有善者焉，有不善者焉。善不善习也，其刚柔则性也。窃以为气即性也，偏于刚，偏于柔，则是气之过、不及也；其无过不及之处方是性，所谓中也。周子曰：'性者刚柔善恶中而已矣。'气之流行，不能无过不及，而往而不返，其中体未尝不在。如天之亢阳过矣，然而必返于阴；天之恒雨不及矣，然而必返于晴。向若一往不返，成何造化乎？人性虽偏于刚柔，其偏刚之处未尝忘柔，其偏柔之处未尝忘刚；即是中体，若以过不及之气便谓之性，则圣贤单言气足矣。何必又添一'性'字，留之为疑惑之府乎？古今言性不明，总坐程子'恶亦不可不谓之性'一语。由是将孟子'性善'置之在疑信之间，而荀、杨之说纷纷起废矣！"

十　楚中王门学案

楚学之盛，惟耿天台一派，自泰州流入；当阳明在时，其信从者尚少。道林、闇斋、刘观时出自武陵，故武陵之及门，独冠全楚。观徐曰仁《同游德山诗》，王文鸣应奎、胡珊鸣玉、刘瓛德重、杨祔介诚、何凤韶汝谐、唐演汝渊、龙起霄止之，尚可考也；然道林实得阳明之传。天台之派虽盛，反多破坏良知学脉，恶可较哉？

蒋道林先生

蒋信，字卿实，号道林，楚之常德人。先生筑精舍于桃花冈，学徒云集；远方来者，即以精舍学田廪之。先生危坐其中，弦歌不辍。惟家祭始一入城，间或出游，则所至迎请开讲。三十八年十二月庚子卒，年七十七。属纩时作诗曰："吾儒传性即传神，岂向风埃滞此身？分付万桃冈上月，要须今夜一齐明。"

先生初无所师授，与冀闇斋考索于书本之间。先生谓："《大学》'知止'，当是识仁体。"闇斋跃然曰："如此则定静安虑，即是以诚敬存之。"阳明在龙场，见先生之诗而称之，先生遂与闇斋师事焉。已应贡入京师，师事甘泉；及甘泉在南雍，及其门者甚众，则令先生分教之。是故先生之学，得于甘泉者为多也。先生初看《论语》与《定性西铭》，领得"万物一体是圣学立根处"，以为"六经具在，何尝言有个气、又有个理？凡言命、言道、言诚、言太极、言仁，皆是指气而言；宇宙浑是一块气，气自於穆，自无妄，自中正纯粹，亦自生生不息。只就自心体认，心是气,生生之心,便是所言天命之性,岂有个心、又有个性?此气充塞,无丝毫空缺;一寒一暑,风雨露雷,凡人物耳目口鼻、四肢百骸,与一片精灵知觉,总是此生生变化,如何分得人我"?又曰:"二五之精,即是理;无极之真,原是气。无极之流行变易,便为二五之精;二五之精妙合而凝,便乾道成男、坤道成女,化生万物。知二气五行与男女万物本自无而有,则知中正仁义之极,由静而立。"先生既从一动一静之间,握此头脑,谓:"动而未形,有无之间,所谓几者;圣贤戒慎恐惧正是于此精一用处,即是体和处,即是未发之中。夫周子之所谓动者,从无为中指其不泯灭者而言,此生生不已天地之心也。诚、神、几,名异而实同:以其无谓之诚,以其无而实有谓之几,以其不落于有无谓之神。"先生以念起处为几,念起则形而为有矣,有起则有灭。总极力体当,只在分殊边事,非先生约归理一之旨也。先生之论理气、心性,可谓独得其要,而工夫下手反远之,何也?

《桃冈日录》

磨砻细一番,乃见得一番;前日不认得是过处,今日却认得是过。

戒慎恐惧,乃是定时一点真念,所谓主宰者便是。

冀闇斋先生

冀元亨,字惟乾,号闇斋,楚之武陵人。阳明谪龙场,先生与蒋道林往师焉。从之之庐陵,逾年而归。正德十一年,湖广乡试,有司以"格物致知"发策;先生不从朱注,以所闻于阳明者为对。主司奇而录之。阳明在赣,先生又从之,主教濂溪书院,宸濠致书问学,阳明使先生往答之;濠谈王霸之略,先生昧昧,第与之言学而已。濠拊掌谓人曰："人痴一至是耶！"一日，讲《西铭》，先生反复陈君臣之义本于一体以动濠，濠大诧之，先生从容复理前语。濠曰："此生大有胆气。"遂遣归。濠败，忌阳明者欲借先生以陷之；逮至京师，榜掠不服。科道交章讼冤，出狱五日而卒。在狱与诸囚讲说，使囚能忘其苦。先生常谓道林曰："赣中诸子，颇能静坐；苟无见于仁体，槁坐何益？"观其不挫志于艰危，信所言之非虚也。

十一　北方王门学案

　　北方之为王氏学者独少。穆玄庵既无问答，而王道字纯甫者，受业阳明之门，阳明言其"自以为是，无求益之心"。其后趋向果异，不可列之王门。非二孟嗣响，即有贤者，亦不过迹象闻见之学，而自得者鲜矣。

穆玄庵先生

　　穆孔晖，字伯潜，号玄庵，山东堂邑人。嘉靖己亥八月卒，年六十一。阳明主试山东，取先生为第一。初习古文词，已而潜心理学。其论学云："古人穷理尽性以至于命，今于性命之原，习其读而未始自得之也。顾谓有见，安知非汨虑于俗思耶？"又云："鉴照妍媸，而妍媸不着于鉴；心应事物，而事物不着于心。自来自去，随应随寂；如鸟过空，空体弗碍。"又云："性中无分别想，何佛何老？"临卒时，有"到此方为了事人"之偈。盖先生学阳明而流于禅，未尝经师门之煅炼，故阳明集中未有问答；乃黄泰泉遂谓："虽阳明所取士，未尝宗其说而菲薄宋儒。"既冤先生，而阳明岂菲薄宋儒者？且冤阳明矣！"一言以为不知"，此之谓也。

张弘山先生

　　张后觉，字志仁，号弘山，山东茌平人。早岁受业于颜中溪、徐波石，深思力践，洞朗无碍。犹以取友未广，南结会于香山，西结会于丁块，北结会于大云，东结会于王遇，齐鲁间遂多学者。近溪、颍泉官东郡，为先生两建书院，曰"愿学"，曰"见大"。先生闻水西讲席之盛，就而证其所学。万历戊寅七月卒，年七十六。其论学曰："耳本天聪，目本天明；顺帝之则，何虑何营？"曰："良即是知，知即是良；良外无知，知外无良。"曰："人心不死，无不动时；动而无动，是名主静。"曰："真知是忿忿自惩，真知是欲欲目窒。惩忿如沸釜抽薪，窒欲如红炉点雪。推山填壑，愈难愈远。"

孟我疆先生

孟秋，字子成，号我疆，山东茌平人。卒年六十五。先生少授《毛诗》，至"桑间濮上"，不肯竟读。闻邑人张宏山讲学，即往从之；因《尚书》"明目达聪"语，洒然有悟。邹聚所、周讷溪官其地，相与印证，所至惟发明良知。改定《明儒经翼》，去其驳杂者。

时唐仁卿不喜心学，先生谓顾泾阳曰："仁卿何如人也？"泾阳曰："君子也。"先生曰："彼非阳明，恶得为君子？"泾阳曰："朱子以象山为告子，文成以朱子为杨墨；皆甚辞也，何但仁卿。"先生终不以为然。许敬庵尝访先生，盈丈之地，瓦屋数椽，其旁茅舍倍之。敬庵谓："此风味大江以南所未有也！"

先生大指，以心体本自澄澈，有意克己，便生翳障。盖真如的的，一齐现前；如如而妙自在，必克己而后言仁，则宣父何不以克伐仁原宪耶？弘山谓"良即是知，知即是良；良外无知，知外无良"；师门之宗传，固如是也。此即现成"良知"之说，不烦造作，动念即乖。夫良知固未有不现成者，而现成之体，极是难认，此明造所以先识仁也。先生之论，加于识仁之后则可，若未识仁，则克己之功，诚不可已。但克己即是识仁，颜子有不善未尝不知，知之未尝复行也。仁体丝毫不清楚，便是不善。原宪之克伐怨欲，有名件可指；已是出柙之虎兕，安可相提而论哉？

《我疆论学语》

自圣学不传，而性善之旨日晦；入圣无门，人是其见。虽尽力洗涤，滓渣尚在。以故终身盘桓，只在改过间；就其所造，仅以小儒而止，皆由"克去人欲、复还天理"之说误之也。人欲无穷，去一日，生一日；去一年，生一年。终身去欲，终身多欲；劳苦烦难，何日是清净宁一时耶？来书云"有病不得不服药"是也。有人于此，养其元气，保其四肢，血气和平；虽有风寒暑湿，不得乘间而入。使不保元气，药剂日来，则精神日耗，邪气日侵，因药而发病者日相寻焉。终身病夫而已，岂善养身者乎？又云："必有主人，方可逐贼。"此就多积者言耳；若家无长物，空空如也，吾且高枕而卧，盗贼自不吾扰，又何用未来则防、既来则逐乎？此两喻者乃志仁之说、无欲之证也。

尤西川先生

尤时照，字季美，号西川，河南洛阳人。万历庚辰九月卒，年七十八。先生因读《传习录》，始信圣人可学而至；然学无师，终不能有成，于是师事刘晴川。晴川言事下狱，先生时书所疑，从狱中质之；又从朱近斋、周讷溪、黄德良（名骥），考究阳明之言行，虽寻常謦欬，亦必籍记。先生以道理于发见处始可见，学者只于发动处用功，故工夫即是本体，不当求其起处；濂溪之"无极而太极"，亦是求其起处，为谈学之弊。尧舜之"执中"，只是存心；明道之"识仁"，犹云择术。以白沙"静中端倪"为异学,此与胡敬斋所言"古人只言涵养、言操存,曷尝言求见本体",及晦翁"惟应酬酢处特达见本根工夫",一也。静中养出端倪,亦是方便法门;所谓观喜怒哀乐未发以前气象,总是存养名目。先生既已养出端倪,则不得不就察识端倪一路;此是晦翁晚年自悔缺却平时涵养一节工夫者也,安可据此以为学的?先生言近谈学者多说良知上还有一层为非,此说固非;然亦由当时学者以情识为良知。失却阳明之旨。盖言情识上还有一层耳。若知良知为未发之中,决不如此下语矣。

《拟学小记》
　　义理无穷,行一程见一程,非可以预期前定也,故但言良知。
　　道理于发见处始可见,学者于发动处用功;未发动自无可见,自无着力处。
　　学术差处,只为认方便为究竟。
　　众人之蔽在利欲,贤者之蔽在意见;意见是利欲之细尘。
　　性分上欠真切,只因心有所逐。
　　意有所便即是利,昏惰亦是利,意所便也。
　　不求自慊,只在他人口头上讨个"好"字,终不长进。
　　人虽至愚,亦能自觉不是;只不能改,遂日流于污下。圣愚之机在此,不在赋禀。
　　此志兴起时,自觉不愧古人,更无节次。及怠惰,即是世俗。
　　阳明虽夙成,其言以江西以后为定。

孟云浦先生

　　孟化鲤,字叔龙,号云浦,河南新安人。西川既传晴川之学，先生因往师之；凡所言发动处，用功及集义，即乎心之所安，皆师说也。在都下与孟我疆相砥砺，联舍而寓，自公之暇，辄徒步过从，饮食起居，无弗同者，时人称为"二孟"。张阳和作《二孟歌》记之。

杨晋庵先生

杨东明，号晋庵，河南虞城人。天启甲子卒，年七十七。先生所与问辨者，邹南皋、冯少墟、吕新吾、孟我疆、耿天台、张阳和、杨复所诸人，故能得阳明之肯綮。家居，凡有民间利病，无不身任。尝曰："身有显晦，道无穷达；还觉'穷则独善其身'之言有所未尽。"其学之要领，在论气质之外无性。谓："盈宇宙间，只是浑沦元气；生天、生地、生人物，万殊都是此气为之。而此气灵妙，自有条理，便谓之理。夫惟理气一也，则得气清者，理自昭著；得气浊者，理自昏暗。盖气分阴阳，中含五行，不得不杂揉，不得不偏胜，此人性所以不皆善也。然太极本体，立二五根宗；虽杂揉而本质自在，纵偏胜而善根自存，此人性所以无不善也。"先生此言，可谓一洗理气为二之谬矣。而其间有未莹者，则以不皆善者之认为性也。夫不皆善者是气之杂揉，而非气之本然；其本然者，可指之为性，其杂揉者，不可以言性也。天地之气，寒往暑来，寒必于冬，暑必于夏，其本然也；有时冬而暑、夏而寒，是为愆阳伏阴，失其本然之理矣。失其本然，便不可名之为理也。然天地不能无愆阳伏阴之寒暑，而万古此冬寒夏暑之常道，则一定之理也；人生之杂揉偏胜，即愆阳伏阴也。而人皆有不忍人之心，所谓厥有恒性，岂可以杂揉偏胜者当之？杂揉偏胜，不恒者也；是故气质之外无性，气质即性也。第气质之本然是性，失其本然者非性，此毫厘之辨。而孟子之言性善,即不可易也。阳明言"无善无恶者心之体",东林多以此为议论。先生云:"阳明之言心,不以之言性也;独孔子之言无知。无知岂有病乎?"此真得阳明之肯綮也。

南瑞泉先生

南大吉,字符善,号瑞泉,陕之渭南人。辛丑卒,年五十五。知绍兴府,文成方倡道东南;四方负笈来学者,至于寺观不容。——先生故文成分房所取士也。——观摩之久,因悟人心自有圣贤,奚必他求?一日,质于文成曰:"大吉临政多过,先生何无一言?"文成曰:"何过?"先生历数其事。文成曰:"吾言之矣。"先生曰:"无之。"文成曰:"然则何以知之?"曰:"良知自知之。"文成曰:"良知独非我言乎?"先生笑谢而去。居数日,数过加密,谓文成曰:"与其有过而悔,不若先言之,使其不至于过也。"文成曰:"人言不如自悔之真。"又笑谢而去。居数日,谓文成曰:"身过可免,心过奈何?"文成曰:"昔镜未开,可以藏垢;令镜明矣,一尘之落,自难住脚,此正入圣之机也。勉之!"先生谢别而去。辟稽山书院,身亲讲习,而文成之门人益进。

先生治郡,以循良重一时,而执政者方恶文成之学,因文成以及先生也。先生致书文成,惟以不得闻道为恨,无一语及于得丧荣辱之间。文成叹曰:"此非真有'朝闻夕死'之志者不能也!"家居,构湭西书院以救四方来学之士。其示门人诗云:"昔我在英龄,驾车词赋场;朝夕工步骤,追踪班与扬。中岁遇达人,授我大道方;归来三秦地,坠绪何茫茫?前访周公迹,后窃横渠芳;愿言偕数子,教学此相将。"

十二　粤闽王门学案

岭海之士，学于文成者自方西樵始；及文成开府赣州，从学者甚众。文成言："潮在南海之涯，一郡耳！一郡之中，有薛氏之兄弟子侄，既足盛矣，而又有杨氏之昆季。其余聪明特达、毅然任道之器以数十。"乃今之著者，惟薛氏学耳。

西樵名献夫，字叔贤。阳明起自谪所，为主事，官阶亚于西樵；一日与语，西樵有当于心，即进拜称弟子。未几引疾归。

薛尚贤，以学行著于乡；中离自虔归，述其所闻于阳明者，尚贤说之，遂禀学焉。

杨骥，字仕德。初从甘泉游，卒业于阳明；阳明方征横水，谓之曰："破山中贼易，破心中贼难。"未几卒。甘泉谓其是内非外，失本体之自然，为文哀之。

杨仕鸣与兄同学，初录所闻，备载阳明之语，阳明以为不得其意。其后直书己意所得，反印可之。仕鸣言："日用讲求功夫，只是各依自家良知所及，自去其障，扩充以尽其本体；不可迁就气习，以趋时好。"又谓东廓曰："公往治举子业，竭其才否？"东廓曰："然。"曰："今致良知，亦竭其才否？"东廓曰："未能也。"曰："微竭才，曷克见卓尔？""竭才"二字，希颜之的也，东廓每举斯语以告学者。亦未几卒。

梁焯，字日孚，南海人。登进士第，官至职方主事，以谏南巡被杖。武宗畜外国人为驾下人，日孚以法绳之，不少贷。日孚尝过赣，从阳明学；辨问居敬穷理，悚然有悟。同门冀闇斋死诏狱，日孚棺敛之。

郑一初，字朝朔，揭阳人。居紫陌山，闭门习静。召为御史。阳明在吏部,因陈世杰请受学,闻其说,以为昔多歧而今大道也。时朝朔已病,人劝其缓学,曰:"夕死可矣!"卒于浙。

闽中自子华以外无著者焉。明衡,字子华,莆人也。父思聪,死宁濠之乱。子莘,立志勇猛,与郑善夫为古文。阳明曰:"草木之花,千叶者无实,其花繁者其实鲜。"

薛中离先生

薛侃,字尚谦,号中离,广东揭阳人。从学王文成于赣,四年而后归。先生归田,从游者百余人。十五年,远游江浙,会念庵于青原书院;已入罗浮,讲学于永福寺,二十四年始还家。门人记所闻曰《研几录》。周海门《圣学宗传》云:"先生释归,南过会稽,见阳明。阳明曰:'当是时吾子如何?'先生曰:"侃惟一良知而已,炯然无物也。"阳明首肯之。——按先生释归在十年,阳明之卒在七年,安得归而后见之也?

世疑阳明先生之学类禅者三:曰废书;曰背考亭;曰涉虚。先生一一辨之。然皆不足辨也,此浅于疑阳明者也;深于疑阳明者,以为理在天地万物,吾亦万物中之一物,不得私理为己有。阳明以理在乎心,是遗弃天地万物,与释氏识心无寸土之言相似;不知阳明之理在乎心者,以天地万物之理具于一心,循此一心,即是循乎天地万物。若以理在天地万物而循之,是"道能弘人",非"人能弘道"也。释氏之所谓心,以无心为心;天地万物之变化,皆吾心之变化也。譬之于水,释氏为横流之水,吾儒为原泉混混不舍昼夜之水也。又其所疑者,在"无善无恶"之一言;考之《传习录》,因先生去花间草,阳明言"无善无恶者理之静,有善有恶者气之动"。盖言静为无善无恶,不言理为无善无恶,理即是善也。犹程子言"人生而静以上不容说",周子

"太极而加之无极"耳。独《天泉证道记》有"无善无恶者心之体,有善有善者意之动"之语。夫心之体即理也,心体无间于动静。若心体无善无恶,则理是无善无恶,阳明不当但指其静时言之矣。释氏言无善无恶,正言无理也;善恶之名,从理而立耳,既已有理,恶得言无善无恶乎?就先生去草之言证之,则知天泉之言未必出自阳明也。二疑既释,而犹曰"阳明类于禅学,此无与于学问之事",宁容与之辨乎?

周谦斋先生

周坦,号谦斋,罗浮人也。自幼有志圣贤之学,从学于中离,出游湖湘、维扬、新泉、天真、天关以亲讲席,衰老犹与徐鲁源相复往。其论学语云:"日之明也,必照于物;有不照者,阴霾之蔽也。心之知也,必格乎物;有不格者,物欲之蔽也。"又云:"一阳生于下为《复》,内阳外阴为《泰》;于《复》则曰'见天地之心',于《泰》则曰'内健而外顺'。是可见学不遗乎外,而内者其本也,故曰'《复》,德之本也'。惟《复》则《无妄》,而刚来主于内矣,此内健之为《泰》也。"又云:"不可于无喜怒哀乐觅无声无臭;只喜怒哀乐中节处,便是无声无臭所在。"又云:"瞑目静坐,此可暂为之。心体原是活泼流行;若长习瞑坐,局守空寂,则心体日就枯槁,非圣人之心学也。"又云:"白沙之学,以自然为宗。至谓'静中须养出端倪',吾人要识得静中心体,只是个澄然无事、炯然不昧而已,原无一物可着。若谓静中养出端倪,则静中又添出一端倪矣!且道体本是自然,但自然非意想可得;心下要自然,便不是自然也。"

十三　止修学案

李见罗先生

李材，字孟诚，别号见罗，丰城人。先生初学于邹文庄，学"致良知"之学，已稍变其说。谓："致知者致其知体，良知者发而不加其本体之知，非知体也。"已变为性觉之说。久之喟然曰："总是鼠迁穴中，未离窠臼也！"于是拈"止修"两字，以为得孔、曾之真传。"止修者，谓性自人生而静以上，此至善也；发之而为恻隐四端，有善便有不善。知便是流动之物，都向已发边去；以此为致，则日远于人生而静以上之体。摄知归止，止于人生而静以上之体也。然天命之真，即在人视听言动之间，即所谓身也；若刻刻能止，则视听言动，各当其则，不言修而修在其中矣。使稍有出入，不过一点简提撕；修之工夫，使之常归于止而已。故谓格致诚正，四者平铺；四者无病，何所容修？苟病其一，随病随修。"著书数十万言，大指不越于此。

夫《大学》修身为本，而修身之法，到归于格致，则下手之在格致明矣。故以天下国家而言，则身为本；以修身而言，则格致又其本矣。先生欲到归于修身，以知本之本与修身为本之本合而为一，终觉龃龉而不安也。"性情"二字，原是分析不开；故《易》言"利贞"者性情也，无情何以觅性？孟子言"恻隐、羞恶、辞让、是非"，即是仁义礼智；非恻隐、羞恶、辞让、是非之上，又有一层仁义礼智也。虞廷之言"道心"即中也，道心岂中之所发乎？此在前贤不能无差，先生析之，又加甚耳。即如先生之所谓"修",亦岂能舍此恻隐、羞恶、辞让、是非之可以为主宰者,而求之杳冥不可知者乎?上天之载,无声无臭,至矣;此四端者,亦曾有声臭乎?无声无臭,犹不足以当性体乎?犹非人生而静以上乎?然则必如释氏之所谓语言道断,父母未生前,而后可以言性也。

止修两挈,东瞻西顾,毕竟多了头面;若单以知止为宗,则摄知归止,与聂双江之归寂一也。先生恐其邻于禅寂,故实之以修身;若单以修身为宗,则形色天性,先生恐其出于义袭,故主之以知止。其实先生之学,以止为存养,修为省察;不过换一名目。与宋儒大段无异,反多一张皇耳。许敬庵曰:"见罗谓道心人心,总皆属用;心意与知,总非指体。此等立言,不免主张太过。中固是性之至德,舍道心之微,更从何处觅中?善固是道之止宿,离心意与知,却从何处明善?性无内外,心亦无内外:体用何从而分乎?"高忠宪曰:"《大学》格致即《中庸》明善,所以使学者辨志定业;绝利一源,分剖为己、为人之界,精研义利是非之极。要使此心光明洞达,无毫发含糊疑似于隐微之地,以为自欺之主;不然,非不欲止欲修,而气禀物欲,拘蔽万端,皆缘知之不至也。工夫吃紧沉着,岂可平铺放在,说得都无气力?"两公所论,皆深中其病。

论学书

百步激于寸括,燕粤判于庭除,未有种桃李而得松柏之实者;毫厘千里,此学之宗趣,所以必谨其初也。《大学》之所以先知止,程门之所以先识仁者,其意亦由此也乎?故尝以为合下的工夫,即是到底的学问;到底的学问,只了结得合下的工夫。自昔圣贤,恳恳谆谆;分漏分更,辨析研穷者,岂有他事,只是辨此毫厘耳。

捉定修身为本，当将一副精神，尽力倒归自己；凝然如有持，屹然如有立，恍然常若有见。翼翼小心，昭事上帝；上帝临女，毋贰尔心。视听言动之间，时切检点提撕，管归于则；自然嗜欲不得干，狂浪不得夺，常止常修，渐近道理。切不可将"本"之一字，又作悬空之想，启卜度支离之证；于坦平地无端横起风波，耽延岁月。所云"月在澄潭，花存明镜，急切捞摸不着"者，正坐此病也。

学问只有工夫，虽主意亦工夫也；但有自归宿言者，有自条理言者。自归宿上说，工夫恰好是个主意；自条理上做主意，恰好说是工夫。此止为主意，修为工夫，原非二事也。譬之作文，未有无主意而可落笔，亦未有非落笔修词、顺理成章而可以了却主意者也。意到然后词到，词顺然后理明；不可将主意视作深，修词视作浅，又不可谓修词有可下手，而主意则无可用工夫也。至于无工夫处是工夫，又自是止之深处，修之妙手；所谓"不识不知，顺帝之则"者也。

十四　泰州学案

　　阳明先生之学，有泰州、龙溪而风行天下，亦因泰州、龙溪而渐失其传。泰州、龙溪，时时不满其师说；益启瞿昙之秘而归之师，盖跻阳明而为禅矣。然龙溪之后，力量无过于龙溪者；又得江右为之救正，故不至十分决裂。泰州之后，其人多能以赤手搏龙蛇；传至颜山农、何心隐一派，遂复非名教之所能羁络矣。顾端文曰："心隐辈坐在利欲胶漆盆中，所以能鼓动得人；只缘他一种聪明，亦自有不可到处。"羲以为非其聪明，正其学术也。所谓祖师禅者，以作用见性；诸公掀翻天地，前不见有古人，后不见有来者。释氏一棒一喝，当机横行；放下拄杖，便如愚人一般。诸公赤身担当，无有放下时节，故其害如是。今之言诸公者，大概本弇州之《国朝丛记》，弇州盖因当时爱书节略之，岂可为信？羲考其派下之著者，列于下方：

　　颜钧，字山农，吉安人也。尝师事刘师泉，无所得；乃从徐波石学，得泰州之传。其学以人心妙万物而不测者也。性如明珠，原无尘染；有何睹闻，着何戒惧？平时只是率性，所行纯任自然，便谓之道；及时有放逸，然后戒慎恐惧以修之。凡儒先见闻、道理、格式，皆足以障道，此大旨也。尝曰："吾门人中，与罗汝芳言从性，与陈一泉言从心；余子所言，只从情耳。"山农游侠，好急人之难。赵大洲赴贬所，山农偕之行，大洲感之次骨；波石战没沅江府，山农寻其骸骨归葬。颇欲有为于世，以寄民胞物与之志。尝寄周恭节诗云："蒙蒙烟雨锁江垓，江上渔人争钓台；夜静得鱼呼酒肆，湍流和月掇将来。若得春风遍九垓，世间那有三归台；君仁臣义民安堵，雉兔刍荛去复来。"然世人见其张皇，无贤不肖皆恶之；以他事下南京狱，必欲杀之。近溪为之营救，不赴廷对者六年，谓其："心髓精微，决难诈饰。不肖敢谓其学直接孔孟，俟诸后圣，断断不惑；不肖菲劣，已蒙门下知遇，又敢窃谓门下虽知百近溪，不如今日一察山农子也！"山农之戍出，年八十余。

梁汝元，字天山，其后改姓名为何心隐。吉州永丰人。少补诸生，从学于山农，与闻心斋立本之旨。时吉州三四大老，方以学显；心隐恃其知见，辄狎侮之。谓《大学》先齐家，乃构"萃和堂"以合族，身理一族之政；冠婚、丧祭、赋役，一切通其有无，行之有成。会邑令有赋外之征，心隐贻书以诮之；令怒，诬之当道，下狱中。孝感程后台在胡总制幕府，檄江抚出之。总制得心隐，语人曰："斯人无所用，在左右能令人神王耳。"已同后台入京师，与罗近溪、耿天台游。一日过江陵于僧舍，江陵时为司业，心隐率尔曰："公居太学，知太学道乎？"江陵为勿闻也者，目摄之曰："尔意时时欲飞，却飞不起也。"江陵去，心隐荅然若丧。曰："夫夫也！异日必当国，当国必杀我。"心隐在京师，辟各门会馆，招来四方之士，方技杂流，无不从之。是时政由严氏，忠臣坐死者相望，卒莫能动。有蓝道行者，以乩术幸上；心隐授以密计，侦知嵩有揭帖，乩神降语，今日当有一奸臣言事。上方迟之，而嵩揭至，上由此疑嵩。御史邹应龙因论嵩败之。然上犹不忘嵩，寻死道行于狱。心隐踉跄，南过金陆，谒何司寇；司寇者，故为江抚，脱心隐于狱者也。然而严党，遂为严氏仇心隐；心隐逸去，从此踪迹不常，所游半天下。江陵当国，御史傅应祯、刘台连疏攻之，皆吉安人也。江陵因仇吉安人，而心隐故尝以术去宰相，江陵不能无心动。心隐方在孝感聚徒讲学，遂令楚抚陈瑞捕之，未获而瑞去；王之垣代之，卒致之。心隐曰："公安敢杀我？亦安能杀？杀我者张居正也！"遂死狱中。

心隐之学，不堕影响，有是理则实有是事；无声无臭，事藏于理，有象有形，理显于事。故曰："无极者流之无君父者也。必皇建其有极，乃有君而有父也；必会极，必归极，乃有敬敬以君君也；乃有亲亲以父父也。又必《易》有太极，乃不堕于弑君弑父，乃不流于无君无父；乃乾坤其君臣也，乃乾坤其父子也。"又曰："孔孟之言无欲，非濂溪之言无欲也；欲惟寡则心存，而心不能以无欲也。欲鱼、欲熊掌，欲也，舍鱼而取熊掌，欲之寡也。欲生、欲义，欲也，舍生而取义，欲之寡也。欲仁非欲乎？得仁而不贪，非寡欲乎？从心所欲，非欲乎？欲不踰矩，非寡欲乎？"此即释氏所谓"妙有"乎？盖一变而为仪秦之学矣！

邓豁渠，初名鹤，号太湖，蜀之内江人。为诸生时，不说学；赵大洲为诸生谈圣学于东壁，渠为诸生讲举业于西序。朝夕声相闻，未尝过而问焉。已渐有入，卒抠衣为弟子。一旦弃家出游，遍访知学者。以为性命甚重，非拖泥带水可以成就，遂落发为僧。访李中溪、元阳于大理，访邹东廓、刘师泉于江右，访王东涯于泰州，访蒋道林于武陆，访耿楚倥于黄安。与大洲不相闻者数十年，大洲起官过卫辉，渠适在焉；出迎郊外，大洲望见惊异，下车执手，徒行十数里，彼此潜然流涕。大洲曰："误子者余也！往余言学过高，致子于此，吾非业重矣！向以子为死，罪恶莫赎；今尚在，亟归庐而父墓侧终身可也。吾割田租百石赡子。"因书券给之。时有来大洲问学者，大洲令渠答之。大洲听其议论，大恚曰："吾藉是以试子近诣，乃荒谬至此！"大洲入京，渠复游齐鲁间，初无归志；大洲入相，乃来京候谒，大洲拒不见，属宦蜀者携之归，至涿州，死野寺中。渠自序为学云："己亥礼师，闻良知之学，不解；入青城山参禅十年。至戊申，入鸡足山，悟人情事变外，有个拟议不得妙理；当时不遇明师指点，不能豁然通晓。癸丑，抵天池，礼月泉，陈鸡足所悟。泉曰：'第二机即第一机。'渠遂认现前昭昭灵灵的，百姓日用不知，渠知之也。甲寅，庐山礼性空，闻无师智闻说：'没有甚么，甚么便是。'始达良知之学。同是一机轴，均是认天机为向上事，认神明为本来人。延之戊午，居澧州；八年，每觉无日新之益。及闻三公俱不免轮回生死，益加疑惑；因入黄安，屈楚侄茅屋，始达父母未生前的，先天地生的，水穷山尽的，百尺竿头外的。所谓'不属有无，不属真妄，不属生灭，不属言语，常住真心'。与后天事不相联属，向日鸡足所参人情事变的，豁然通晓，被月泉所误二十余年。丙寅以后，渠之学日渐幽深玄远；如今也没有我，也没有道，终日在人情事变中。若不自与，泛泛然如虚舟飘宕而无着落；脱胎换骨，实在于此。渠学之误，只主见性，不拘戒律；先天是先天，后天是后天，第一义是第一义，第二义是第二义，身之与性，截然分为二事。言在世界外，行在世界内；人但议其纵情，不知其所谓"先天第一义"者，亦只得完一个"无"字而已。嗟乎，是岂渠一人之误哉！"

方与时，字湛一，黄陂人也。弱冠为诸生，一旦弃而之太和山，习摄心术，静久生明；又得黄白术于方外，乃去而从荆山游，因得遇龙溪、念庵，皆目之为奇士。车辙所至，缙绅倒屣；老师上卿，皆拜下风。然尚玄虚，侈谈论；耿楚侄初出其门，久而知其伪，去之。一日，谓念庵曰："吾侪方外学，亦有秘诀，待人而传。谈圣学何容易耶？"念庵然之。湛一即迎至其里道明山中，短榻夜坐，久之无所得而返。后台、心隐大会矿山，车骑雍容。湛一以两僮异一篮舆往。甫揖，心隐把臂谓曰："假我百金。"湛一唯唯，即千金惟命。已入京师，欲挟术以干九重。江陵闻之曰："方生此鼓，从此挝破矣！"无何，严世蕃闻其炉火而艳之，湛一避归；胡庐山督楚学，以其昔尝诳念庵也，檄有司捕治。湛一乃逃而入新郑之幕；新郑败，走匿太和山，病瘵死。

程学颜，字二蒲，号后台，孝感人也。官至太仆寺丞。自以此学不进，背地号泣，其笃志如此。心隐死，其弟学博曰："梁先生以友为命，友中透于学者，钱同文外，独吾兄耳。先生魄魂，应不去吾兄左右。"乃开后台墓合葬焉。

钱同文，字怀苏，福之兴化人。知祁门县，入为刑部主事，累转至郡守。与心隐友善，怀苏尝言："学道人堆堆只在兄弟款中，未见有挣上父母款者。"

管志道，字登之，号东溟，苏之太仓人。隆庆辛未进士，除南京兵部主事，改刑部。江陵秉政，东溟上疏条九事以讥切时政；无非欲夺其威福，归之人主。其中有宪纲一条，则言两司与巡方抗礼，国初制也，今之所行非是。江陵即出之为广东佥事以难之，使之为法自敝也。果未几，御史龚懋贤劾之，谪盐课司提举；明年，外计，以老疾致仕。万历戊申卒，年七十三。东溟受业于耿天台，著书数十万言；大抵鸠合儒释，浩汗而不可方物。谓："乾元无首之旨，与华严性海，浑无差别。《易》道与天地准，故不期与佛老之祖合而自合；孔教与二教峙，故不期佛老之徒争而自争。教理不得不圆，教体不得不方。以仲尼之圆，圆宋儒之方，而使儒不碍释、释不碍儒；以仲尼之方，方近儒之圆，而使儒不滥释、释不滥儒。唐宋以来，儒者不主孔奴释，则崇释卑孔，皆于乾元、性海中自起藩篱。故以乾元统天，一案两破之也。"其为孔子阐幽十事，言："孔子任文统不任道统，一也；居臣道不居师道，二也；删述六经，从游七十二子，非孔子定局，三也；与夷、惠，易地则为夷、惠，四也；孔子知天命，不专以理，兼通气运，五也；一贯尚属悟门，实之必以行门，六也；敷化通于性海，川流通于行海，七也；孔子曾师老聃，八也；孔子从先进，是黄帝以上，九也；孔子得位，必用桓文做法，十也。"按东溟所言，亦只是三教肤廓之论；平生尤喜谈鬼神梦寐，其学不见道可知。泰州张皇见龙，东溟辟之；然决儒释之波澜，终是其派下人也。

王心斋先生

王艮，字汝止，号心斋，泰州之安丰场人。七岁受书乡塾。贫不能竟学，从父商于山东；常衔《孝经》《论语》《大学》袖中，逢人质难，久而信口谈解，如或启之。其父受役，天寒起盥冷水；先生见之，痛哭曰："为人子而令亲如此，尚得为人乎！"于是有事则身代之。先生虽不得专功于学问，然默默参究，以经证悟，以悟释经，历有年所，人莫能窥其奥也。时阳明巡抚江西，讲良知之学；大江之南，学者翕然信从，顾先生僻处，未之问也。有黄文刚者，吉安人而寓泰州，闻先生论，诧曰："此绝类王巡抚之谈学也！"先生喜曰："有是哉！虽然，王公论良知，艮谈格物。如其同也，是天以王公与天下后世也；如其异也，是天以艮与王公也。"即日启行，以古服进见。至中门，举笏而立；阳明出迎于门外，始入。先生据上坐，辩难久之；稍心折，移其坐于侧。论毕，乃叹曰："简易直截，艮不及也！"下拜自称弟子。退而绎所闻，间有不合，悔曰："吾轻易矣！"明日入见，且告之悔。阳明曰："善哉，子之不轻信从也！"先生复上坐，辩难久之，始大服，遂为弟子如初。阳明谓门人曰："向者，吾擒宸濠，一无所动；今却为斯人动矣！"阳明归越，先生从之，来学者多从先生指授。已而叹曰："千载绝学，天启吾师，可使天下有不及闻者乎？"

阳明以先生意气太高，行事太奇，痛加裁抑；及门三日不得见，阳明送客出门，先生长跪道旁，曰："良知过矣！"阳明不顾而入。先生随至庭下，厉声曰："仲尼不为已甚。"阳明方揖之起。阳明卒于师，先生迎哭，至桐庐，经纪其家而后返。开门授徒，远近皆至。同门学讲者，必请先生主席；阳明而下，以辩才推龙溪，然有信有不信。惟先生于眉睫之间，省觉人最多。谓"百姓日用即道"；虽僮仆往来动作处，指其不假安排者以示之，闻者爽然。嘉靖十九年十二月八日卒，年五十八。

先生以"格物即物有本末之物；身与天下国家一物也，格知身之为本而家国天下之为末。行有不得者皆反求诸己，反己是格物底工夫，故欲齐、治、平在于安身。《易》曰：'身安而天下国家可保也。'身未安，本不立也。知身安者则必爱身、敬身，爱身、敬身者必不敢不爱人、不敬人；能爱人、敬人则人必爱我、敬我，而我身安矣。一家爱我、敬我则家齐，一国爱我、敬我则国治，天下爱我、敬我则天下平。故人不爱我，非特人之不仁，己之不仁可知矣；人不敬我，非特人之不敬，己之不敬可知矣"。此所谓"淮南格物"也。子刘子曰："后儒格物之说，当以淮南为正。"第少一注脚。格知诚意之为本，而正修治平之为末，则备矣！然所谓安身者，亦是安其心耳，非区区保此形骸之为安也。彼居危邦、入乱邦见几不作者，身不安而心固不安也；不得已而杀身以成仁。文王之羑里，夷、齐之饿，心安则身亦未尝不安也。乃先生又曰："安其身而安其心者上也；不安其身而安其心者次之；不安其身又不安其心，斯为下矣！而以'缙蛮'为安身之法，无乃开一临难苟免之隙乎？"

有以伊、傅称先生者，先生曰："伊、傅之事我不能；伊、傅之学我不由；伊、傅得君，可谓奇遇，如其不遇，终身独善而已。孔子则不然也。"此终蒲轮辙环意见，阳明之所欲裁抑者，熟处难忘也；于遯世不见、知而不悔之学，终隔一尘。先生曰："圣人以道济天下，是至重者道也；人能弘道，是至重者身也。道重则身重，身重则道重；故学也者，所以学为师也，学为长也，学为君也。以天地万物依于身，不以身依于天地万物，舍此皆妾妇之道。圣人复起，不易斯言。"

《心斋语录》

知得身是天下国家之本，则以天地万物依于己，不以己依于天地万物。

颜子有不善未尝不知，常知故也；知之未尝复行，常行故也。

孔子道："二三子以我为隐乎？"此"隐"字对"见"字说。孔子在当时虽不仕，而"无行不与二三子"，是修身、讲学以见于世，未尝一日隐也。

体用不一，只是功夫生。

人之天分有不同，论学则不必论天分。

爱人直到人亦爱，敬人直到人亦敬，信人直到人亦信，方是学无止法。

学者问"放心难求"，先生呼之即应。先生曰："尔心见在，更何求乎？"学者初见，先生常指之曰："即尔此时就是。"未达。曰："尔此时何等戒惧，私欲从何处入？常常如此，便是允执厥中。"

有疑"出必为帝者师，处必为天下万世师"者，曰："《礼》不云乎：'学也者，学为人师也；学不足以为人师，皆苟道也。'故必以修身为本，然后师道立。身在一家，必修身立本以为一家之法，是为一家之师矣；身在一国，必修身立本以为一国之法，是为一国之师矣；身在天下，必修身立本以为天下之法，是为天下之师矣。是故出不为帝者师，是漫然苟出，反累其身，则失其本矣；处不为天下万世师，是独善其身，而不讲明此学于天下，则遗其本矣。皆非也，皆小成也。"

夫仁者爱人，信者信人，此合外内之道也。于此观之，不爱人，己不仁可知矣；不信人，己不信可知矣。夫爱人者人恒爱之，信人者人恒信之，此感应之道也。人不爱我，非特人之不仁，己之不仁可知矣；人不信我，非特人之不信，己之不信可知矣。

人心本自乐，自将私欲缚；私欲一萌时，良知还自觉。一觉便消除，人心依旧乐。乐是乐此学，学是学此乐；不乐不是学，不学不是乐。乐便然后学，学便然后乐。乐是学，学是乐。呜呼，天下之乐，何如此学；天下之学，何如此乐！

人心本无事，有事心不乐；有事行无事，多事亦不错。

王东崖先生　附朱恕、韩业吾、夏叟

王襞，字顺宗，号东崖。心斋仲子也。九岁，随父至会稽，阳明问之，知为心斋子。曰："吾固疑其非越中儿也！"令其师事龙溪、绪山，先后留越中几二十年。心斋开讲淮南，先生又相之。心斋没，遂继父讲席，往来各郡，主其教事。归则扁舟于村落之间，歌声振乎林木，恍然有舞雩气象。万历十五年十月十一日卒，年七十七。

先生之学，以"不犯手为妙。鸟啼花落，山峙川流，饥食渴饮，夏葛冬裘，至道无余蕴矣。充拓得开，则天地变化草木蕃；充拓不去，则天地闭、贤人隐。今人才提学字，便起几层意思；将议论讲说之间，规矩戒严之际，工焉而必日劳，勤焉而动日拙。忍欲希名而夸好善，持念藏机而谓改过；心神震动，血气靡宁。不知原无一物，原自见成，但不碍其流行之体，真乐自见；学者所以全其乐也，不乐则非学矣"。此虽本于心斋《乐学》之歌，而龙溪之授受，亦不可诬也。白沙云："色色信他本来，何

用尔脚劳手攘？舞雩三三两两，正在勿忘勿助之间。曾点些儿活计，被孟子打并出来，便都是鸢飞鱼跃；若无孟子工夫，骤而语之以曾点见趋，一似说梦。盖自夫子川上一叹，已将天理流行之体，一日迸出；曾点见之而为暮春，康节见之而为元会运世。故言学不至于乐，不可谓之学。"至明而为白沙之"藤蓑"，心斋父子之提唱，是皆有味乎其言之；然而此处最难理会，稍差便入狂荡一路。所以朱子言曾点不可学，明道说康节豪杰之士，根本不贴贴地。

朱恕，字光信，泰州草偃场人。樵薪养母。一日过心斋讲堂，歌曰："离山十里，薪在家里；离山一里，薪在山里！"心斋闻之，谓门弟子曰："小子听之，道病不求耳！求则不难，不求无易。"樵听心斋语，浸浸有味；于是每樵必造阶下听之，饥则向都养乞浆，解裹饭以食，听毕则浩歌负薪而去。门弟子瞯其然，转相惊异。有宗姓者，招而谓之曰："吾以数十金贷汝，别寻活计，庶免作苦，且可旦夕与吾辈游也。"樵得金，俯而思，继而大恚曰："子非爱我，我自憧憧然经营念起，断送一生矣！"遂掷还之。胡庐山为学使，召之不往；以事役之，短衣徒跣入见。庐山与之成礼而退。

韩贞，字以中，号乐吾，兴化人。以陶瓦为业。慕朱樵而从之学，后乃卒业于东崖，粗识文字。有茅屋二间，以之偿债，遂处窑中。自咏曰："三间茅屋归新主，一片烟霞是故人。"年逾三纪，未娶，东崖弟子醵金为之完姻。久之觉有所得，遂以化俗为任，随机指点。农工商贾，从之游者千余。秋成农隙，则聚徒谈学；一村既毕，又之一村。前歌后答，弦诵之声，洋洋然也。县令闻而嘉之，遗米二石、金一锾，乐吾受米返金。令问政，对曰："侬媭人，无能补于左右；第凡与侬居者，幸无讼牒烦公府，此侬之所以报明府也。"耿天台行部泰州，大会心斋祠，偶及故相，喜怒失常。乐吾拊床叫曰："安能如侬识此些子意耶？"天台笑曰："穷居而意气有加，亦损也。"东崖曰："韩生识之：大行穷居，一视焉可也。"乐吾每遇会讲，有谈世事者，辄大噪曰："光阴有几，乃作此闲谈耶？"寻章摘句，则大恚曰："舍却当下不理会，搬弄陈言，此岂学究讲肆耶？"在坐为之警省。

夏廷美，繁昌田夫也。一日，听张甑山讲学，谓："为学，学为人也；为人须求为真人，毋为假人。"叟怃然曰："吾平日为人，得毋未真耶？"乃之楚访天台，天台谓："汝乡焦弱侯可师也。"归从弱侯游，得自然旨趣。弱侯曰："要自然便不自然，可将汝自然抛去。"叟闻而有省。叟故未尝读书，弱侯命之读《四书》，乐诵久之，喟然曰："吾阅《集注》不能了了，以本文反身体贴。如'思知人不可以不知天'，窃谓仁者人也；人原是天，人不知天，便不是人，如何能事亲称孝子？《论语》所谓'异端'者，谓其端异也；吾人须研究自己为学初念，其发端果是为何，乃为正学。今人读孔孟书，只为荣肥计，便是异端，如何又辟异端？"又曰："吾人须是自心作得主宰，凡事只依本心而行，便是大丈夫；若为世味牵引，依违从物，皆妾妇道也！"又曰："天理、人欲，谁氏作此分别？侬反身细求，只在迷悟间；悟则人欲即天理，迷则天理亦人欲也。"李士龙为讲经社，供奉一僧；叟至会，拂衣而出。谓士龙子曰："汝父以学术杀人！奈何不净？"又谓人曰："都会讲学，乃罗一死和尚讲佛经乎？作此勾当，成何世界？"会中有言："良知非究竟宗旨，更有向上一着，无声无臭是也。"叟矍然起立，抗声曰："良知曾有声有臭耶？"

《东崖语录》

性之灵明曰"良知"，良知自能应感，自能约心思而酬酢万变；知之为知之，不知为不知，一毫不劳勉强扭捏。而用智者自多事也。

鸟啼花落，山峙川流，饥食渴饮，夏葛冬裘，至道无余蕴矣！充拓得开，则天地变化草木蕃；充拓不去，则天地闭、贤人隐。

将议论讲说之间，规矩戒严之际，工焉而心日劳，勤焉而动日拙；忍欲希名而夸好善，持念藏秽而谓改过。据此为学，百虑交锢，血气靡宁。

孟子曰："我固有之也，非由外铄我也。"今皆以铄我者目学，固有者为不足。何其背哉？

天地以大其量，山岳以耸其志，冰霜以严其操，春阳以和其气。

问："学何以乎？"曰："乐。"再问之。则曰："乐者，心之本体也；有不乐焉，非心之初也。吾求以复其初而已矣。""然则必如何而后乐乎"？曰："本体未尝不乐。今曰'必如何而后能'，是欲有加于本体之外也。""然则遂无事于学乎？"曰："何为其然也？莫非学也，而皆所以求此乐也；乐者乐此学，学者学此乐。吾先子盖常言之也。""如是，则乐亦有辨乎？"曰："有。有所倚而后乐者，乐以人者也；一失其所倚，则慊然若不足也。无所倚而自乐者，乐以天者也；舒惨欣戚，荣悴得丧，无适而不可也。""既无所倚，则乐者果何物乎？道乎，心乎？"曰："无物故乐，有物则否矣；且乐即道，乐即心也。而曰'所乐者道，所乐者心'，是床上之床也。""学止于是而已乎？"曰："昔孔子之称颜回，但曰'不改其乐'；而其自名也，亦曰'乐在其中'。其所以喟然而与点者，亦以此也。二程夫子之闻学于茂叔也，于此盖终身焉。而岂复有所加焉？"曰："孔颜之乐，未易识也；吾欲始之以忧而终之以乐，可乎？"曰："孔颜之乐，愚夫愚妇之所同然也，何以曰未易识也？且乐者心之体也，忧者心之障也。欲识其乐而先之以忧，是欲全其体而故障之也。""然则何以曰'忧道'？何以曰'君子有终身之忧'乎？"曰："所谓忧者，非如是之胶胶役役然以外物为戚戚者也，所忧者道也；其忧道者，忧其不得乎学也。舜自耕稼陶渔以至为帝，无往不乐；而吾独否也，是故君子终身忧之也。是其忧也，乃所以为乐；其乐也，则自无庸于忧耳！"

徐波石先生

徐樾，字子直，号波石，贵溪人。先生少与夏相才名相亚，得事阳明，继而卒业心斋之门。先生操存过苦，常与心斋步月下，刻刻简默。心斋厉声曰："天地不交否！"又一夕至小渠，心斋跃过。顾谓先生曰："何多拟议也？"先生过渠，顿然若失。既而叹曰："从前孤负此翁，为某费却许多气力。先生谓六合也者，心之郭廓；四海也者，心之边际；万物也者，心之形色；往古来今，惟有此心，浩浩渊渊，不可得而测而穷也。此心自朝至暮，能闻能见，能孝能弟，无间昼夜，不须计度，自然明觉，与天同流。一入声臭，即是意念，是己私也。人之日用起居食息，谁非天者；即此是真知、真识，又从而知识之，是二知识也。人身之痛痒视听，无不觉者；此觉之外，更有觉乎？愚不肖者未尝离此为体，奚谓不知？不自知其用处是性，故曰蠢动；是以动处是觉，觉处亦昏昧也。"此即现成良知之言，以不犯做手为妙诀者也。

心斋常谓先生曰："何谓至善？"曰："至善即性善。"曰："性即道乎？"曰："然。"曰："道与身孰尊？身与道何异？"曰："一也。"曰："今子之身能尊乎否欤？"先生避席请问曰："何哉，夫子之所谓尊身也？"心斋曰："身与道原是一件，至尊者此道，至尊者此身。尊身不尊道，不谓之尊身；尊道不尊身，不谓之尊道。道尊身尊，才是至善。故曰：'天下有道，以道狥身；天下无道，以身狥道。'若以道狥人，妾妇之道也；己不能尊信，又岂能使彼尊信哉！"先生拜而谢曰："某甚惭于夫子之教！"

王一庵先生

王栋，字隆吉，号一庵，泰州人。从事心斋。先生之学，其大端有二：一则禀师门格物之旨而洗发之；言："格物乃所以致知。平居未与物接，只自安正其身，便是格其物之本；格其物之本，便即是未应时之良知。至于事至物求，推吾身之矩而顺事恕施，便是格其物之末；格其物之末，便即是既应时之良知。"故致知格物，不可分析。一则不以意为心之所发。谓："自身之主宰而言谓之心，自心之主宰而言谓之意；心则虚灵而善应，意有定向而中涵。自心虚灵之中，确然有主者，名之曰意耳。"昔者先师蕺山曰："人心径寸耳，而空中四达，有太虚之象；虚故生灵，灵生觉，觉有主，是曰意。"故以意为心之所发为非是，而门下亦且斷斷而不信；于是有答董标《心意十问》，答史孝复《商疑》。先生曰："不以意为心之所发，虽自家体验见得如此；然颇自信心同理同，可以质诸千古而不惑。"顾当时亦无不疑之，虽其久于门下者，不能以释然。"下士闻道而笑"，岂不然乎！周海门作《圣觉宗传》，多将先儒宗旨凑合己意，埋没一庵，又不必论也。

语录

阳明先生提掇"良知"二字，为学者用功口诀，真圣学要旨也！今人只以知是知非为良知，此犹未悟；良知自是人心寂然不动、不应而知之灵体。其知是知非，则其生化于感通者耳！

良知无时而昧，不必加知；即明德无时而昏，不必加明也。《大学》所谓"在明明德"，只是要人明识此体；非括去其昏，如后人磨镜之喻。夫镜物也，心神也；物滞于有迹，神妙于无方，何可伦比？故学者之于良知，亦只要识认此体端的便了，不消更着"致"字。先师云："明翁初讲'致良知'，后来只说'良知'；传之者自不察耳。"

象山谓"在人情事变上用功"，正孟子"必有事焉"之意。"必有事焉"，非谓必以集义为事。言吾人无一时一处而非事，则亦无一时一处而非心；无一时一处而非心，则亦无一时一处而非学。故凡日用动静云为一切人情事变，孰非吾心性中所有之事，孰非职分内当为之事？故谓之"必有事焉"，犹言须臾离事不得，件件随知顺应，而不失其宜，是则所谓集义者也。故孟子以后，能切实用功而不涉于虚想、虚见、虚坐、虚谈者，无如象山。

明翁初讲"致良知"曰："致者，至也；如云丧致乎哀之致。"其解"物格知至"，曰："物格则良知之所知者无有亏缺障蔽，而得以极其至矣。"观此，则所谓"致良知"者，谓致极吾心之知，俾不欠其本初纯粹之体，非于良知上复加致也。后因学者中往往不识"致"字之义，谓是依着"良知"，推致于事；误分良知为知，致知为行，而失知行合一之旨。故后只说良知，更不复言"致"字。今明翁去久，一时亲承面命诸大名贤，皆相继逝；海内论学者，靡所稽凭，故有虚空冒认良知，以为易简超脱。直指知觉凡情为性，混入告子、释氏而不自知；则不言"致"字误之也。二者之间，善学者须识取。

先儒发变化气质之论，于学者极有益；但若直从气质偏处矫之，则用功无本，终难责效。故只反身格物，以自认良知。寻乐养心，而充满和气；则自然刚暴者温，柔懦者立，骄矜者巽，简傲者谦，鄙吝者宽，惰慢者敬。诸所偏重，咸近于中矣。以是知学必涵养性源为主本，而以气质变化为征验。

自责自修，学之至要。今人详于责人，只为见其有不是处。不知为子而见父母不是，子职必不共；为臣而见君上不是，臣职必不尽；他如处兄弟、交朋友、蓄妻子，苟徒见其不是，则自治已疏，动气作疑，自生障碍，几何不同归于不是哉？有志于为己者，一切不见人之不是，然后能成就一个自家是。

一友闻格物之说，喜曰："看来'格物'二字，只是个致知底'致'字。"曰："然。"曰："学既明白如此，须作第一事干，庶不虚负所闻。"曰："作第一事，还有第二、第三；须是看得事即学，学即事。日用间一切动静云为，总只是这一个学，方是无间断、无歇手处。"友乃跃然。

庸德庸言，是小小寻常言行无甚关系时节；今人之所忽处，正古人之所谨处。故学必于微小去处不少放过，方始入精。

古人好善恶恶，皆在己身上做工夫；今人好善恶恶，皆在人身上作障碍。

一友觉有过，言愧悔不乐。曰："莫烦恼前头失处，且喜乐今日觉处，此方是见在真工夫。烦恼前头失处，尚在毁誉上支持，未复本体；喜乐见在觉处，则所通者化，而真体已呈露矣。二者相去，不亦远乎！"

林东城先生

林春，字子仁，号东城，扬之泰州人。家贫，佣王氏为僮子；王氏见其慧，因使与子共学，先生亦刻苦自厉。辛丑卒官，年四十四。先生师心斋而友龙溪，始闻"致良知"之说，遂欲以躬践之，日以朱墨笔点记其意向臧否醇杂，以自考镜。久之乃悟，曰："此治病于标者也，盍反其本乎？"自束发至盖棺，未尝一日不讲学；虽在吏部，不以官避嫌疑，与知学者挟衾被栉具，往宿寺观中，终夜刺刺不休。荆川曰："君问学几二十年，其胶解冻释，未知其何如也？"然自同志中语质行者必归之。由此言之，先生未必为泰州之入室，盖亦无泰州之流弊矣。

赵大洲先生

赵贞吉，字孟静，号大洲，蜀之内江人。生而神颖，六岁诵书，日尽数卷。杜门著述，拟作《二通》以括今古之书：内篇曰《经世通》，外篇曰《出世通》；内篇又分二门，曰史，曰业。史之为部四：曰统，曰传，曰制，曰志；业之为部四：曰典，曰行，曰艺，曰术。外篇亦分二门：曰说，曰宗；《说》之为部三：曰经，曰律，曰论，《宗》之为部一，曰《单传直指》。书虽未成，而其绪可寻也。万历四年三月十五日卒，年六十九。

先生之学，李贽谓其得之徐波石。按先生之论"中"也，曰："世儒解中者，不偏不倚、无过不及之名，而不知言中为何物。今夫置器于地，平正端审，然后曰此器不偏不倚；度物之数，长短适中，然后曰此物无过不及。今舍其器物，未问其作何名状，而但称曰不偏不倚、无过不及，则茫茫虚号，何所指归？若以为物物有天然之则，事事有当可之处；夫天然之则，在此物者不能以该于彼物；当可之处，在此事者不能以通于他事。若以为道心为主而人心听命，则动静云为之际，自无过不及之差，此又以中为学问之效；宁有三圣心传，不指其体而仅言其效乎？"波石之论"中"也，亦曰："伊川有堂之中为中，国之中为中，若中可拟而明也。《易》不当曰'神无方而易无体'矣。"故知先生有所授受也。

杂著

夫至尊者道也，至乐者学也；学以闻道，志以成学也。然而学不信心久矣，惟其不信自心，是以志无由立。盖此心不失，即名为志；此志不失，即臻道域也。今先不信心，而志从何生？志隳而学，宜其展转外求，而自蔽益深矣！某以为必先讨去其蔽，而后可与共学。是以古之朋友，旦夕聚处；先王教化，亦必群处校列而后成，有由然也。夫学者之蔽，有窥测前圣，模度后贤，摘服佳言，饬行善事；身心互持，徒相窒碍。而此念既熟，自诿曰志者；其蔽在不信自心，而依仿妄念，逡巡袭取也。亦有取自胸臆，悬立标准；即以标准为师，而别起意念，常受羁焉。隐微牵绊，未有止息。抱此情识，自诿曰志者；其蔽在不信自心，而依凭妄念、虚恍意见也。亦有醉心陈编，驰骛文事，研究纠蹟，增长闻见，剽窃空谈，支离著述；身心漂泊，至老无闻，而言语之微，矜持影响。及淹浸既久，家具颇成矣，遂自诿曰志者；其蔽在不信自心，而柱肆妄念、纷纭玩物也。又有颇知向学，而厌静喜动、厌动喜静者。在静无主，则杂念轮转，而苦眩不宁；在动逐物，则境移心变，而烦恼复作。或滞静而沉昏是宅，或狥动而神守离躯，或照管驰求以为近取，检点科列以为自治；惟此枝条，最为繁多，而终归于废学矣。其蔽在不自信其心，而妄生支离也。又有志非真切，托意矜名。依傍仁义之途，而自以为是；日作心劳之伪，而不觉其非。止于补塞脱漏，惟知修饰观听；故多欲之根日深，而智慧之种将尽矣。然而性无灭息，本知独良。或因考古而发愤；或听人言而忸怩；或因顺境而真见忽开，缅思有为；或因欲极而天心复见，即求解脱；或惜岁月之不可留；或叹古人之不易及；或光风霁月之下，而畅然自由；或迅雨烈风之前，而惕然追悔：皆其本心忽明之端，不可昧也。但旧念既熟，而新知尚生。熟者有欲可依，而举目见前；生者无本可据，而掉臂遗失，是以卒归于不学无志而已矣。其蔽在不信自心，而立基无地也。夫五蔽者，言其略矣。五者交错，互相生养，而蔽无穷矣！今欲直得本心，而确然自信，惟当廓摧诸蔽，洞然无疑；则本心自明，不假修习，本性自足，不俟旁求。天地万物，惟一无二，在在具足，浩浩充周矣。虽然，无有师友渊源之论，砥砺切磨之功，奋起尘俗，超然物表者，谁与领此？

夫学未至于圣人之地，而假名曰以修心，其势不容于不异也。昔闽洛之儒，异唐汉矣；唐汉之儒，异邹鲁矣。三千、七十之流，各持其异，入孔门而欲争之；皆丧其名言，而如愚以归。故曰："虽欲从之，末由也已！"然后异者合而道术一矣。此曷故耶？以得圣人为之依归也。是故圣人者，群言之家，而道之岸也。夫众车丽驰于康庄，而前却之异者，策使之也；众舟沿遡于广津，而洄突之异者，枻使之也；众言淆乱于名言，而喧聒于是非之异者，见使之也。至若行者抵家，则并车释之矣，何有于策？渡者抵岸，则并舟释之矣，何有于枻？学者而至于圣人之门，则并其名言丧矣，何有于见？

天地万物，本吾一体也，而吾何以知天地万物之然哉？天地非仁将恐折，万物非仁将恐歇，吾心非仁，吾身将恐蹶。吾何以知吾身之然哉？吾视非仁，盲从目生；吾听非仁，聋从耳腾；吾言非仁，吾过嘈嘈；吾动非仁，身过殷殷。呜呼！微翳眯睛，则八方易位；一念倾倒，而人已成敌。执迷为真，贼以代子；四窍尘投，一妙觉死。乐出于虚，蒸则成菌；既死之心，不可复振。蜗窟蚓穴，去仁几何？鸢飞鱼跃，于仁何若？古之有道，去彼取此；三才归根，一日克己。吾何以知有道之然哉？以其无己也，故能成其己。呜呼！吾有大己，俯万物而观天地者也。大己不浃，小己揭揭；小己既克，大己泼泼。古之善克者，视于无形，听于无声，动无轨辙。言非述称，四用反一，一真流行，无体无方，礼嘉而亨。少有意必固我作累，妙用齐滞，具为痿痹；此为不仁，而株橛小己。是故无己为克，真己为大，至大为仁，体无对待；不见大小，焉知内外？性此曰圣，复此曰贤；小子至愚，择焉执焉。昔者吾友，从事于此；敢告非狂，为仁由己。——《克己箴》

罗近溪先生

罗汝芳，字惟德，号近溪，江西南城人。江陵问山中功课，先生曰："读《论语》《大学》，视昔差有味耳！"江陵默然。万历五年，进表讲学于广慧寺，朝士多从之者；江陵恶焉，遂勒令致仕。归与门下走安成、下剑江，趋两浙、金陵，往来闽广，益张皇此学；所至弟子满座，而未尝以师席自居。卒年七十四。

少时读薛文清语，谓："万起万灭之私，乱吾心久矣；今当一切决去，以全吾澄然湛然之体。"决志行之。闭关临田寺，置水镜几上，对之默坐，使心与水镜无二。久之而病心火，偶过僧寺，见有榜"急救心火"者，以为名医；访之，则聚而讲学者也。先生从众中听良久，喜曰："此真能救我心火！"问之，为颜山农。

山农者，名钧，吉安人也。得泰州心斋之传。先生自述其不动心于生死得失之故。山农曰："是制欲，非体仁也。"先生曰："克去己私，复还天理，非制欲，安能体仁？"山农曰："子不观孟子之论四端乎？知皆扩而充之，若火之始然，泉之始达；如此体仁，何等直截？故子患当下日用而不知，勿妄疑天性生生之或息也。"先生时如大梦得醒，明日五鼓，即往纳拜称弟子，尽受其学。山农谓先生曰："此后子病当自愈，举业当自工，科第当自致；不然者，非吾弟子也。"已而先生病果愈。其后山农以事系留京狱，先生尽鬻田产，脱之；侍养于狱六年，不赴廷试。先生归田后，身已老；山农至，先生不离左右，一茗一果，必亲进之。诸孙以为劳，先生曰："吾师非汝辈所能事也。"

楚人胡宗正，故先生举业弟子；已闻其有得于《易》，反北面之。宗正曰："伏羲平地着此一画何也？"先生累呈注脚。宗正不契，三月而后得其传。尝苦格物之论不一，错综者久之，一日而释然。谓："《大学》之道，必在先知。能先知之，则尽《大学》一书，无非是此物事；尽《大学》一书物事，无非是此本末始终；尽《大学》一书之本末终始，无非是古圣六经之嘉言善行。格之为义，是即所谓法程，而吾侪学为大人之妙术也。"夜趋其父锦卧榻陈之。父曰："然则经传不分乎？"曰："《大学》在《礼记》中，本是一篇文字；初则概而举之，继则详而实之，总是慎选至善之格言，明定至大之学术耳。"父深然之。

先生十有五而定志于张洵水，二十六而正学于山农，三十四而悟《易》于胡生，四十六面证道于泰山丈人，七十而问心于武夷先生。先生之学，以赤子良心、不学不虑为的，以天地万物同体，彻形骸、忘物我为大。此理生生不息，不须把持，不须接续；当下浑沦顺适，工夫难得凑泊。即以不屑凑泊为工夫，胸次茫无畔岸；便以不依畔岸为胸次，解缆放船，顺风张棹，无之非是。学人不省，妄以澄然、湛然为心之本体，沉滞胸膈，留恋景光；是为鬼窟活计，非天明也。论者谓龙溪笔胜舌，近溪舌胜笔；顾盼呿欠，微谈剧论，所触若春行雷动，虽素不识学之人，俄顷之间，能令其心地开明，道在现前，一洗理学肤浅套括之气，当下便有受用，顾未有如先生者也。生生之机，洋溢天地间，是其流行之体也；自流行而至画一，有川流便有敦化。故儒者于流行见其画一，方谓之知性。若徒见气机之鼓荡，而一一玩弄不已，犹在阴阳边事，先生未免有一间之未达也。

夫儒释之辨，真在毫厘。今言其偏于内而不可以治天下国家，又言其只自私自利，又言只消在迹上断，终是判断不下。以義论之，此流行之体，儒者悟得，释氏亦悟得；然悟此之后，复大有事，始究竟得流行。今观流行之中，何以不散漫无纪，何以万殊而一本，主宰历然？释氏更不深造，则其流行者，亦归之野马尘埃之聚散而已。故吾谓释氏是学焉而未至者也，其所见固未尝有差，盖离流行亦无所为主宰耳。若以先生近禅，并弃其说，则是俗儒之见，去圣亦远矣。其孙怀智尝阅《中峰广录》，先生辄命屏去。曰："禅家之说，最令人躲闪；一入其中，如落陷阱。更能转头出来，复归圣学者，百无一二。"可谓先生之长矣。杨止庵上《士习疏》云："罗汝芳师事颜钧，谈理学；师事胡清虚，谈烧炼，采取飞升；师僧玄觉，谈因果，单传直指。其守宁国，集诸生会文讲学，令讼者跏趺公庭，敛目观心；用库藏充馈遗，归者如市。其在东昌、云南，置印公堂，胥吏杂用；归来请托烦数，取厌有司。每见士大夫，辄言'三十三天，凭指箕仙'，称吕纯阳自终南寄书。其子从丹师死于广，乃言'日在左右'。其诞妄如此。"此则宾客杂沓，流传错误，毁誉失真，不足以掩先生之好学也。

语录

问："今时谈学，皆有个宗旨，而先生独无；自我细细看来，则似无而有、似有而无也。"罗子曰："如何似无而有？"曰："先生随言对答，多归之赤子之心。"曰："如何似有而无？"曰："才说赤子之心，便说不虑不学；欲不是似有而无，茫然莫可措手耶？"曰："吾子亦善于形容矣，其实不然。我今问子初生亦是赤子否？"曰："然。"曰："初生既是赤子，难说今日此身不是赤子长成；此时我问子答，是知能之良否？"曰："然。"曰："即此问答，用学虑否？"曰："不用。"曰："如此则宗旨确有矣。"曰："若只是我问你答，随口应声，个个皆然，时时如是；虽至白首，终同凡夫。安望有道可得耶？"曰："其端只在能自信从，其机则始于善自觉悟。虞廷言道，原说'其心惟微'；而所示工夫，却要'惟精惟一'。有精妙的工夫，方入得微妙的心体。"曰："赤子之心，如何用工？"曰："心为身主，身为神舍；身心二端，原乐于会合，苦于支离，故赤子孩提，欣欣长是欢笑。盖其时身心犹相凝聚，及少小长成，心思杂乱，便愁苦难当；世人于此，随俗习非，往往驰求外物以图安乐。不思外求愈多，中怀愈苦；老死不肯回头，惟是有根器的人，自然会寻转路。晓夜皇皇，或听好人半句言语，或见古先一段训词，憬然有个悟处；方信大道只在此身，此身浑是赤子，赤子浑解知能，知能本非学虑。至是精神自是体贴，方寸顿觉虚明；天心道脉，信为洁净精微也已。"曰："此后却又如何用工？"曰："吾子只患不到此处，莫患此后工夫。请看慈母之字婴儿，调停斟酌，不知其然而然矣。"

问："扫浮云而见天日，与吾儒宗旨同否？"曰："后儒亦有错认以为治心工夫者，然与孔孟宗旨，则迥然冰炭也。《论》《孟》之书具在，如曰'苟志于仁矣，无恶也'，曰'我欲仁，斯仁至矣'，曰'凡有四端于我者'云云。看他受用，浑是青天白日，何等简易方便也？"曰："习染闻见，难说不是天日的浮云，故学者工夫，要如磨镜，尘垢决去，光明方显。"曰："吾心觉悟的光明，与镜面光明，却有不同；镜面光明，与尘垢原是两个，吾心先迷后觉，却是一个。当其觉时，即迷心为觉；则当其迷时，亦即觉心为迷也。夫除觉之外更无所谓迷，而除迷之外亦更无所谓觉也。故浮云天日，尘埃镜光，俱不足为喻；若必欲寻个譬喻，莫如冰之与水，犹为相近。吾人闲居放肆，一切利欲愁苦,即是心迷;譬则水之遇寒冻,而凝结成冰,固滞蒙昧,势所必至。有时师友讲论,胸次潇洒,是心开朗;譬则冰之得暖气,消融解释成水,清莹活动,亦势所必至也。冰虽凝而水体无殊,觉虽迷而心体具在,方见良知宗旨,贯古今,彻圣愚,通天地万物,而无二无息者也。"

问:"今时士子,只狗闻见读书,逐枝叶而忘根本。何道可反兹习?"曰:"枝叶与根本,岂是两段?观之草木,彻头彻尾,原是一气贯通;若头尾分断,则便是死的。虽云根本,堪作何用?只要看用功志意何如。若是切切要求根本,则凡所见所闻,皆归之根本;若是寻枝觅叶的肚肠,则虽今日尽有玄谈,亦将作举业套子矣!"

问:"向蒙指示,谓'不必汲汲便做圣人,且要详审去向的确地位'。承教之后,翻觉工夫最难凑泊,心胸茫无畔岸。"曰:"此中有个机括,只怕汝不能自承当耳。"曰:"何以承当?"曰:"若果然有大襟期,有大气力,有大识见;就此安心乐意而居天下之广居,明目张胆而行天下之大道。工夫难到凑泊,即以不屑凑泊为工夫;胸次茫无畔岸,便以不依畔岸为胸次。解缆放船,顺风张棹;则巨浸汪洋,纵横任我,岂不一大快事也哉!"

问:"善念多为杂念所胜,又见人不如意,暴发不平,事已辄生悔恨,不知何以对治?"曰:"譬之天下路径,不免石块高低;天下河道,不免滩濑纵横。善推车者,轮辕迅飞,则块磊不能为碍;善操舟者,篙桨方便,则滩濑不能为阻。所云杂念忿怒,皆是说前日后日事也;工夫紧要,只论目前,今且说此时相对,中心念头,果是何如?"曰:"若论此时,则恭敬安和,只在专志听教,一毫杂念也不生。"曰:"吾子既已见得此时心体有如是好处,却果信得透彻否?"大众忻然起曰:"据此时心体,的确可以为圣为贤而无难事也。"曰："诸君目前各各奋跃，此正是车轮转处，亦是桨势快处；更愁有甚么崎岖可以阻得你，有甚滩濑可以滞得你？况'民之秉彝，好是懿德'；则此个轮极是易转，此个桨极为易摇。而王道荡荡平平，终身由之，绝无崎岖滩濑也。故自黄中通理，便到畅四肢、发事业；自可欲之善，便到大而化、圣而神。今古一路学脉，真是简易直截，真是快活方便。奈何天下推车者日数千百人，未闻以崎岖而回辙；行舟者日数千百人，未闻以滩濑而停棹。而吾学圣贤者，则车未尝推，而预愁岖崎之阻；舟未曾发，而先惧滩濑之横。此岂路之扼于吾人哉？亦果吾人之自扼也？"

问："平日在慎独用功，颇为专笃；然杂念纷扰，终难止息。如何乃可？"罗子曰："学问之功，须先辨别源头分晓，方有次第。且言如何为独？"曰："独者，吾心独知之地也。""又如何为慎独？"曰："吾心中念虑纷杂，或有时而明，或有时而昏，或有时而定，或有时而乱；须详察而严治之，则慎也。"曰："即子之言，则慎杂，非慎独也。盖独以自知者，心之体也，一而弗二者也；杂其所知者，心之昭也，二而弗一者也。君子于此，因其悟得心体在我至隐至微，莫见莫显，精神归一，无须臾之散离，故谓慎之独也。"曰："所谓慎者，盖如治其昏而后独可得而明也，治其乱而后独可得而定也；若非慎其杂，又安能慎其独也耶？"曰："明之可昏，定之可乱，皆二而非一也；二而非一，则皆杂念而非所谓独知也。独知也者，吾心之良知，天之明命，能於穆不已者也。明固知明，昏亦知昏，昏明二而其知则一也；定固知定，乱亦知乱，定乱二而其知则一也。古今圣贤，惓惓切切，只为这些子费却精神；珍之重之，存之养之，为天地立心，为生民立命，总在此一处致慎也。"曰："然则杂念诓置之不问耶？"曰："隶胥之在于官府，兵卒之在于营伍，杂念之类也；宪使升堂，而吏胥自肃；大将登坛，而兵将自严，则慎独之与杂念之类也。今不思自作宪使、主将，而惟隶胥、兵卒之求焉，不亦悖且难也哉！"

夜坐诵《牛山》一章，众觉肃然。罗子浩然叹曰："圣贤警人，每切而未思耳。即'梏亡'二字，今看只作寻常；某提狱刑曹，亲见桎梏之苦。上至于项，下至于足，更无寸肤可以活动，辄为涕下。"中有悟者曰："然则从躯壳上起念，皆梏亡之类也。"曰："得之矣！盖良心寓形体，形体既私，良心安得活动？直至中夜，非惟手足休歇、耳目废置，虽心思亦皆敛藏；然后身中神气，乃稍得以出宁。逮及天晓，端倪自然萌动，而良心乃复见矣。回思日间形役之苦，又何异以良心为罪人，而桎梏无所从告也哉？"曰："夜气如何可存？"曰："言夜气存良心则可，言良心存夜气则不可；盖有气可存，则尽而非夜矣。"

杨复所先生

杨起元，字贞复，号复所，广东归善人。卒年五十三。先生之父传芬，名湛氏之学，故幼而熏染；读书白门，遇建昌黎允儒，与之谈学，霍然有省。因问："子之学岂有所授受乎？"允儒曰："吾师近溪罗子也。"无何，先生在京，而近溪至；先生大喜，遂称弟子。时江陵不说学，以为此陷阱不顾也。近溪既归，先生叹曰："吾师且老，今若不尽其传，终身之恨也！"因访从姑山房而卒业焉。常语邹南皋曰："师未语，予亦未尝置问；但觉会堂长幼毕集，融融鱼鱼，不啻如春风中也。"先生所至，以学淑人，其大指谓："明德本体，人人所同；其气禀拘他不得，物欲蔽他不得，无工夫可做，只要自识之而已。故与愚夫愚妇同其知能，便是圣人之道；愚夫愚妇之终于愚夫愚妇者，只是不安其知能耳。虽然，以夫妇知能言道，不得不以耳目口鼻四肢之欲言性，是即释氏'作用为性'之说也。"

耿天台先生

耿定向，字在伦，号天台，楚之黄安人。告归，家居七年，卒年七十三。先生之学，不尚玄远。谓："道之不可与愚夫愚妇知能，不可以对造化、通民物者，不可以为道。故费之即隐也，常之即妙也，粗浅之即精微也。"其说未尝不是，而不见本体，不免打入世情队中。共行只是人间路，得失谁知天壤分？此古人所以贵刀锯鼎镬学问也。是故以中行为学，稍一不彻骨髓，其下场不及狂狷多矣！先生谓："学有三关：一即心即道；一即事即心；一慎术。慎术者以良知现现成成，无人不具；但用之于此则此，用之于彼则彼。故用在'欲明明德于天下'，则不必别为制心之功，未有不仁者矣。夫良知即未发之中，有善而无恶；如水之必下，针之必南。欲明明德于天下而后谓之良知，无待于用；故凡可以之彼之此者，皆情识之知不可为良。"先生之认良知尚未清楚。虽然，亦缘《传习后录》记阳明之言者失真，如云"仪秦亦是窥见得'良知'妙用处，但用之于不善耳"。先生为其所误也。

耿楚倥先生

耿定理，字子庸，号楚倥，天台之仲弟也。少时读书不成，父督过之；时时独行空谷中，忧愤不知所出。问之，则曰："吾奈何不明白？若有眼瞎子。"不知其所谓不明白者何也。自是或静坐一室，终岁不出；或求友访道，累月忘归。其始事方湛一，最后于邓溪渠得一切平实之旨，能收视返听；于何心隐得黑漆无入无门之旨，充然自足。

有问之者曰："闻子欲作神仙耶？"曰："吾作天仙，不作地仙。"曰："天仙云何？"曰："直从太极入，不落阴阳五行。"天台闻而呵之曰："学不向事亲从兄实地理会乎？"曰："学有原本，尧舜相传。只是一'中'，子思为之注曰：'喜怒哀乐未发之谓中。'今人孰能未发前觑一目哉？"曰："《中庸》亦只言庸言庸行达道九经而已。"曰："独不观其结语为无声无臭耶？"

先生论学不烦言说，当机指点，使人豁然于罔指之下。卓吾好谈说，先生不发一言。临别谓之曰："如何是'自以为是不可入尧舜之道'？"卓吾默然。天台携之见刘初泉先生，云："且勿言我二人是兄弟。"时初泉卧病，天台言："吾与一医者同来先生榻前。"数语初泉惊起——已知为天台之弟，——谓天台曰："慧能和尚，乃是舂米汉哉！大开眼人，恐不可以弟畜之。"李士龙来访，先生未与一语及学。士龙惎曰："吾冒险千里，来此逾月，不闻一言见教，何外我甚？"先生笑而不答。濒行，送之河浒，问曰："孔子云，'不曰如之何如之何'，此作何解？"士龙举朱注云云。先生曰："毕竟是'不曰如之何如之何'者！"士龙因有省。京师大会，举"中"义相质，在会各呈所见，先生默不语。忽从座中崛起拱立曰："请诸君观中。"因叹曰："舍当下言中，沾沾于书本上觅中，终生罔矣！"在会因有省者。先生机锋迅利如此。

《天台论学语》

余惟"反之本心不容已"者，虽欲坚忍无为，若有所使而不能；反之本心不自安者，虽欲任放敢为。若有所制而不敢，是则肤浅之纲领，惟求其不失本心而已矣。

昔大洲云："只要眼明，不贵践履。"余则曰："眼孔易开，骨根难换；公所取人者眼孔，余所取人者全在骨根。"

此学只是自己大发愿心，真真切切肯求，便日进而不自知矣。盖只此肯求，便是道了；求得自己渐渐有些滋味，自家放歇不下，便是得了。

反身内观，一无所有，惟此些子炯然在此；始信人之所为人者，惟此明哲体耳。此体透澈，此身乃为我有；不然，身且不得而有，保此躯壳何用？

人而名之曰人，以仁也；人而去仁，则耳目口鼻，俨然人也，而实非人矣。恶乎成名？谓其无以成人名也。

独夫夜行空谷中，未免惴惴心动；五尺童子随其后，则帖然。

厝一星于寒灰，则灭；群火在盆中，可以竟夜。观此则以友辅仁可识矣。

人为习气所移，多好放逸；时一自警策，便是礼。人为情欲所梏，多致抑郁；时一自舒畅，便是乐。

吾人于一日十二时中，精神志意，皆有安顿处，方有进步处。

近人真真切切为己，虽仆厮隶胥，皆有可取处，皆有长益我处；若放下自己，只求别人，贤人君子，皆不免指摘。

焦澹园先生

焦竑，字弱侯，号澹园，南京旗手卫人。先生积书数万卷，览之略遍；金陵人士辐辏之地，先吾主持坛坫，如水赴壑。其以理学倡率，王弇州所不如也。泰昌元年卒，年八十一。先生师事耿天台、罗近溪；而又笃信卓吾之学，以为未必是圣人，可肩一狂字，坐圣门第二席。

潘雪松先生

潘士藻，字去华，号雪松，徽之婺源人。卒年六十四。先生学于天台、卓吾。初至京师，入讲学之会，如外国人骤听中华语，错愕不知所谓。得友祝延之世禄，时时为述所闻，随方开释；稍觉拘泥，辄少宽之，既觉心懈，辄鞭策之。久之，闭塞愤闷日甚。延之曰："经此一番苦楚，是一生得力，顾却无可得说。"一日自西长安街马上，忽省曰："原来只是如是！何须更索？"驰质之延之。延之曰："近是。"曰："戒慎恐惧如何用功？"曰："识此，渠自会戒慎，自会恐惧。"相与抚掌。已相戒曰："此念最易堕落，须时时提醒；酝酿日深，庶有进步。"出京别天台。天台曰："至淮谒王敬所。入安丰访王东厓；此老颇奇，即戏语亦须记。过金陵再叩焦弱侯，只此便是博学之。"先生一一如教。始觉宇宙之无穷，从前真陷井之蛙也。

《闇然堂日录》

"困而不学，民斯为下"。《记》云："学然后知困。"今人尚未知困在。

"不患无位，患所以立"。立者，四无倚附，屹然是非毁誉之中，所谓"八风吹不动"也；非一点灵明自作主张，鲜有不仆者矣。

须是酬酢纷纭中，常常提醒收拾，久之自有不存之存。

人身常要竖立得起，少有放松，昏怠之气随之矣；惟能常常挺然竖立，不令放倒，此凝神驭气之要诀。

学者不知一念之差，已为跖之徒也。故视得志之人，负于国家，往往窃叹之；岂知己之汲汲营利，是其植根，而得志之时，不过成就结果之耳！

方本庵先生

方学渐，字达卿，号本庵，桐城人也。少而嗜学，长而益敦，老而不懈；一言一动，一切归而证诸心。见世之谈心，往往以无善无恶为宗，有忧焉；进而证之于古，溯自唐虞及于近世，摘其言之有关于心者，各拈数语，以见不睹不闻之中，有莫见莫显者。以为万象之主，非空然无一物者也。然先生之言，煞是有病。夫心体本空，而其中有主宰乎是者；乃天之降衷，有无虚实，通为一物者也。渣滓尽化，复其空体，其为主宰者即此空体也。若以为虚中有实，歧虚实而二之，岂心体之本然哉？故先生以不学不虑，理所固然，欲亦有之；但当求之于理，不当求之于不学不虑。不知良能良知之不学不虑，此继善之根也；人欲之卒然而发者，是习熟之心为之，岂不学不虑乎？先生欲辨无善无恶心之体，而自堕于有善有恶心之体矣！是皆求实于虚之过也。先生受学于张甑山、耿楚倥；在泰州一派，别出一机轴矣。

何克斋先生

何祥，号克斋，四川内江人。初事南野于太学。大洲谓之曰："如南野，汝当执贽专拜为师可也。"先生如其言。南野笑曰："予官太学即师也，何更以贽为？"先生谓："太学生徒众矣，非此不足以见亲切也。"南野乃受之。凡南野、大洲一言一动，先生必籍记之，以为学的。京师讲会，有拈"识仁定性"者；先生作为讲义，皆以良知之旨通之。先生之学，虽出于大洲，而不失儒者矩矱。耿定力曰："大洲法语危言，砭人沉痼；先生温辞粹论，辅人参苓。其使人反求而自得本心，一也。"

讲义

为学在求放心，如思虑过去未来事，都是放心；但只存得此心常见在，便是善学了。

人只是一个心，心只是一个志；此心推行得去，便是盛德大业。故自古上士，不患不到圣贤，患此心不存；不患做不出功业，患此心不见道耳。

人于良心上用，则聪明日增；于机心上用，则聪明日减。

祝无功先生

祝世禄，字延之，号无功，鄱阳人。当绪山、龙溪讲学江右，先生与其群从祝以直（惟敬）、祝介卿（眉寿），为文麓之会；及天台倡道东南，海内云附景从。其最知名者，则新安潘去华、芜阴王德孺与先生也。去华初入京师，虽亲讲会，不知为学之方；先生随方开释，稍觉拘迫，辄少宽之，既觉心懈，辄鞭策之。终不为之道破，使其自得。先生谓："吾人从有生来，习染缠绊，毛发骨髓，无不受病；纵朋友善攻人过，不胜枚举。惟是彼此互相虚下，开一条受善之路，此真洗涤肠胃良剂。"故终身不离讲席。天台以不容已为宗，先生从此得力。"身在心中"一语，实发先儒所未发；至谓"主在道义，即蹈策士之机权，亦为妙用"，此非儒者气象，乃释氏作用见性之说也。古今功业，如天空鸟影，以机权而干当功业，所谓"以道殉人，遍地皆粪土"矣！

《祝子小言》

学者不论造诣，先定品格；须有凰凤翔于千仞气象，方可商求此一大事。不然，浑身落世情窠臼中。而因人起名，因名起义，辄号于人曰学；何异濯缨泥滓之涡，振衣风尘之路？冀还纯白，无有是处。

患莫患于不自振，《洪范》六极，弱居一焉；一念精刚，如弛忽张。风飞雷动，奋迅激昂。群疑以亡，诸欲以降，百行以昌，更有何事？

世之溺人久矣！吾之志所以度吾之身，不与风波灭没者也。操舟者柁不使去手，故士莫要于持志。

学在知所以用力，不见自心，力将何用？试观不识一字凡夫，临不测之渊，履欲堕之崖，此时此心，惺惺翼翼，不着纤毫；入圣微机，故复如是。不则逐名义而捉意会，为力弥劳，去道弥远。

见人不是，诸恶之根；见己不是，万善之门。

"儒者论是非，不论利害"，此言非也。是非、利害自有真，真是而真利应，真非而真害应；以此提衡古今，如鼓答桴，未有爽者。

问"所存者神"。曰："情识不生，如空如水。"问"所过者化"。曰："雁度长空，影落寒水；雁无留迹，水无留影。"

人必身与心相得，而后身与世亦相得。不然，身与心为雠，将举身与世亦相雠；得则俱得，雠则俱雠。雠，苦之趣也；得，乐之符也。学不二境，乃见学力。肃之乎宾友之见，忽之乎众庶之临，得之乎山水之间，失之乎衽席之上；吾所甚耻也！

"中庸"非有二也，识此理而保之，为戒慎恐惧之中庸；识此理而玩弄之，为无忌惮之中庸。

王新建在事业有佐命之功，在学问有革命之功。盖支离之说，浸灌入人心髓久矣；非有开天辟地大神力、大光明，必不能为吾道转此法轮。

云白山青，川行石立；花迎鸟笑，谷答樵讴。万境自闲，人心自闹。

古人言句，还之古人；今人言句，还之今人。自家如何道，道得出是名真信，信者无不信，一信忽断百疑；道不出方发真疑，疑者无不疑，百疑当得一信。

周海门先生

周汝登，字继元，别号海门，嵊县人。先生有从兄周梦秀，闻道于龙溪；先生因之，遂知向学。已见近溪，七日无所启请。偶问："如何择善固执？"近溪曰："择了这善而固执之者也。"从此便有悟入。近溪尝以《法苑珠林》示先生，先生览一二页，欲有所言；近溪止之，令且看去，先生竦然若鞭背。故先生供近溪像，节日必祭，事之终身。南都讲会，先生拈《天泉证道》一篇相发明。许敬庵言"无善无恶不可为宗"，作《九谛》以难之；先生作《九解》以伸其说，以为善且无，恶更从何容，无病不须疑病；恶既无，善不必再立，头上难以安头。本体着不得纤毫，有着便凝滞而不化，大旨如是。

阳明言"无善无恶心之体"，原与"性无善无不善"之意不同。性以理言，理无不善，安得云无善？心认气言，气之动有善有不善。而当其藏体于寂之时，独知湛然而已，亦安得谓之有善有恶乎？且阳明之必为是言者，因后世格物穷理之学，有先乎善者而立也；乃先生建立心旨，竟以性为无善无恶，失却阳明之意。而曰无善无恶，期为至善，多费分疏，增此转辙。善一也，有有善之善，有无善之善，求直截而反支离矣。先生《九解》，只解得人为一边，善源于性，是有根者也；故虽戕贼之久，而忽然发露。恶生于染，是无根者也；故虽动胜之时，而忽然销陨。

若果无善，是尧不必存，桀亦可亡矣！儒释之判，端在于此。先生之无善无恶，即释氏之所谓空也；后来顾泾阳、冯少墟，皆以无善无恶一言，排摘阳明，岂如与阳明绝无干与。故学阳明者与议阳明者，均失阳明立言之旨，可谓之茧丝牛毛乎？先生教人贵于直下承当，尝忽然谓门人刘塙曰："信得当下否？"塙曰："信得。"先生曰："然则汝是圣人否？"塙曰："也是圣人。"先生喝之曰："圣人便是圣人，又多一也字。"其指点如此甚多，皆宗门作略也。

《证学录》

今人乍见孺子入井，必然惊呼一声，足便疾行；行到必然挽住。此岂待为乎？此岂知有善而行之者乎？故有目击时事，危论昌言者，就是只一呼；拯民之溺，八年于外者，就是只疾行；哀此茕独者，就是只一挽。此非不足，彼非有余；此不安排，彼不意必，一而已矣。

今人看得目前小事业大，忽却目前，着意去做事业；做得成时，亦只是霸功小道。

此心一刻自得，便是一刻圣贤；一日自得，便是一日圣贤；常常如适，便是终身圣贤。

陶石篑先生

陶望龄，字周望，号石篑，会稽人也。先生之学，多得之海门，而泛滥于方外；以为明道、阳明之于佛氏，阳抑而阴扶。盖得其弥近理者，而不究夫毫厘之辨也。其时湛然、澄密、云悟，皆先生引而进之；张皇其教，遂使宗风盛于东浙。其流之弊，则重富贵而轻名节，未必非先生之过也。然先生于妖书之事，犯手持正,全不似佛氏举动。可见禅学亦是清谈,无关邪正;固视其为学始基,原从儒术,后来虽谈玄说妙,及至行事,仍旧用着本等心思。如苏子瞻、张无垢皆然,其于禅学皆浅也。若是张天觉,纯以机锋运用,便无所不至矣。

刘冲倩先生

刘塙,字静主,号冲倩,会稽人。赋性任侠,慨然有四方之志;所至寻师问友,以意气相激发,人争归附之。时周海门、许敬庵、杨复所讲学于南都,先生与焉。周、杨学术,同出近溪;敬庵则有异同。无善无恶之说,许作《九谛》,周作《九解》,先生合两家而刻之,以求归一。而海门契先生特甚,曰:"吾得冲倩而不孤矣。"受教两年,未称弟子。一日,指点投机,先生曰:"尚觉少此一拜。"海门即起立曰:"足下意真,比时辈不同。"先生下拜,海门曰:"吾期足下者远,不可答拜。"及先生归,海门授以六字曰:"万金一诺珍重。"先生虽瓣香海门,而一时以理学名家者。邹南皋、李储山、曹真予、焦弱侯、赵侪鹤、孟连洙、丁敬与,无不参请,识觉亦日进。海门主盟越中,先生助之,接引后进,学海门之学者甚众,而以入室推先生。然流俗疾之如雠,亦以信心自得,不加防检,其学有以致之也。

《证记》

与人露声色,即声色矣,声色可以化导人乎?临事动意气,即意气矣,意气可处分天下事乎?

人当逆境时,如犯弱症;才一举手,便风寒乘虚而入。保护之功,最重大,却最轻微。平平看来,世间何人处不得?何地去不得?只因我自风波,便惹动世间风波,莫错埋怨世间。

十五　甘泉学案

王、湛两家，各立宗旨。湛氏门人，虽不及王氏之盛；然当时学于湛者，或卒业于王；学于王者，或卒业于湛，亦犹朱、陆之门下递相出入也。其后源远流长，王氏之外，名湛氏学者至今不绝；即未必仍其宗旨，而渊源不可没也。

湛甘泉先生

湛若水，字符明，号甘泉，广东增城人。从学于白沙，不赴计偕；后以母命入南雍，祭酒章枫山试《晬面盎背论》，奇之。卜西樵为讲舍，士子来学者，先令习礼，然后听讲，兴起者甚众。平生足迹所至，必建书院以祀白沙，从游者殆徧天下。年登九十，犹为南岳之游。将过江右，邹东廓戒其同志曰："甘泉先生来，吾辈常献老而不乞言，毋有所轻论辩也。"庚申四月丁巳卒，年九十五。

先生与阳明分主教事，阳明宗旨"致良知"，先生宗旨"随处体认天理"；学者遂以良知之学，各立门户。其间为之调人者，谓天理即良知也，体认即致也，何异何同？然先生论格物，条阳明之说四不可；阳明亦言"随处体认天理为求之于外，是终不可强之使合"也。先生大意，谓阳明训格为正，训物为念头，格物是正念头也；苟不加学问思辨行之功，则念头之正否未可据。夫阳明之正念头，致其知也；非学问思辨行，何以为致？此不足为阳明格物之说病。先生以为心体万物而不遗，阳明但指腔子里以为心，故有是内而非外之诮；然天地万物之理，不外于腔子里，故见心之广大。若以天地万物之理，即吾心之理，求之天地万物以为广大，则先生仍为旧说所拘也。天理无处而心其处，心无处而寂然未发者其处；寂然不动，感即在寂之中，则体认者亦唯体认之于寂而已。今曰"随处体认"，无乃体认于感，其言终觉有病也。

论学书

心存则有主，有主则物不入；不入则血气矜忿窒碍之病，皆不为之害矣。大抵至紧要处，在"执事敬"一句；若能于此得力，如树根着土，则风雨雷霆，莫非发生。此心有主，则书册、山水、酬应，皆吾致力涵养之地；而血气矜忿窒碍，久将自消融矣。

涵养须用敬，进学在致知，如车两轮。夫车两轮同一车也，行则俱行，岂容有二？而谓有二者，非知程学者也。鄙见以为如人行路，足目一时俱到；涵养进学，岂容有二？自一念之微，以至于事为讲习之际，涵养致知，一时俱到，乃为善学也。故程子曰："学在知所有、养所有。"

明道所言"存久自明，何待穷索"；须知所存者何事，乃有实地。首言"识得此意，以诚敬存之"，知而存也；又言"存久自明"，存而知也。知行交进，所知所存，皆是一物。其终又云："体之而乐，亦不患不能守；大段要见得这头脑亲切，存之自不费力耳！"

夫学以立志为先，以知本为要。不知本而能立志者，未之有也；立志而不知本者有之矣，非真志也。志立而知本焉，其于圣学，思过半矣。夫学问思辨，所以知本也；知本则志立，志立则心不放，心不放则性可复，性复则分定，分定则于忧怒之来，无所累于心性，无累斯无事矣。苟无其本，乃憧憧乎放心之求，是放者一心，求之者又一心也；则情炽而益凿其性，性凿则忧怒之累无穷矣！

语录

某问日用切要工夫，道通曰："先生之教，惟立志，煎销习心，体认天理。之三言者，最为切要；然亦只是一事，每令某体验而熟察之，久而未得其所以合一之义。敢请明示。"先生曰："此只是一事。天理是一大头脑，千圣千贤，共此头脑；终日终身，只是此一大事，更无别事。立志者，立乎此而已。体认是工夫，以求得乎此者；煎销习心，以去其害此者。心只是一个好心，本来天理完完全全，不待外求，顾人立志与否耳。孔子十五志于学，即志乎此也。此志一立、三十、四十、五十、六十、七十，直至不踰矩，皆是此志；变化贯通，只是一志。志如草木之根，具生意也。体认天理，如培灌此根；煎销习心，如去草以护此根，贯通只是一事。"

冲尝与仲木、伯载言学，因指鸡母为喻，云："鸡母抱卵时，全体精神，都只在这几卵上；等得精神用足后，自化出许多鸡雏来。吾人于天地间万事万化，都只根源此心精神之运用何如耳。"吕、陆以为然。一友云："说鸡母精神都在卵上，恐犹为两事也？"此又能辅冲言所不逮者。先生曰："鸡卵之譬，一切用功，正要如此接续；许大文王，只是'缉熙敬止'。鸡抱卵少间断，则这卵便殰了。然必这卵元有种子方可，若无种的卵，将来抱之虽勤亦殰了。学者须识种子，方不枉了工夫。何谓种子？即吾此心中这一点生理，便是灵骨子也。今人动不动只说涵养，若不知此生理，徒涵养个甚物？释氏为不识此种子，故以理为障，要空要灭，又焉得变化。人若不信圣可为，请看无种子鸡卵，如何抱得成雏子皮毛骨血形体全具出壳来？都是一团仁意，可以人而不如鸟乎？精神在卵内，不在抱之者。"或人之言，亦不可废也。明道先生言，学者须先识仁。

吕巾石先生

吕怀,字汝德,号巾石,广信永丰人。先生受学于甘泉,以为:"天理良知,本同宗旨;学者功夫,无有着落,枉自说同说异。就中指点出一通融枢要,只在变化气质。"故作《心统图说》,以《河图》之理明之:一六同宗,二七同道,三八为朋,四九为友,各居一方;五十在中,如轮之有心,屋之有脊,兼统四方。人之心是五十也,阴阳合德,兼统四端,命曰人极。至于气质,由身而有,不能无偏;犹水火木金,各以偏气相胜,偏气胜则心不能统之矣。皆因心同形异,是生等差;故学者求端于天,不为气质所局矣。

先生之论,极为切实,可以尽横渠之蕴。然尚有说。夫气之流行,不能无过不及;故人之所禀,不能无偏。气质虽偏,而中正者未尝不在也。犹天之寒暑,虽过不及,而盈虚消息,卒归于太和。以此证气质之善,无待于变化。理不能离气以为理,心不能离身以为心;若气质必待变化,是心亦须变化也。今曰心之本来无病,由身之气质而病,则身与心判然为二物矣。孟子言"陷溺其心者"为"岁",未闻气质之陷其心也。盖横渠之失,浑气质于性;先生之失,离性于气质,总由看习不清楚耳。先生所著有《律吕古义》《历考》《庙议》诸书。

何吉阳先生

何迁,字益之,号吉阳,江西德安人。万历甲戌卒,年七十四。先生从学于甘泉。京师灵济之会久虚,先生入,倡同志复之。先生之学,以"知止"为要。止者此心感应之几,其明不假思，而其则不可乱；非止则退藏不密，藏不密则真几不生，天则不见。此与江右主静归寂之旨，大略相同。湛门多讲研几，而先生以此为几，更无走作也。其疏通阳明之学，谓："舍言行而别求一心，外功力而专任本体，皆非王门种子。"亦中流之一壶也。

洪觉山先生

洪垣，字峻之，号觉山，徽之婺源人。先生为弟子时，族叔熹从学文成，归而述所得，先生颇致疑与"精一博约"之说不似。其后执贽甘泉，甘泉曰："是可传吾钓台风月者！"先生谓："体认天理，是不离根之体认。"盖以救师门随处之失，故其工夫全在几上用；几有可见，未几则无见也。以几为有，无接续之交，此即不睹不闻为未动念时，独为初动念时之旧说也。不知周子之所为几者，动而未形，有无之间。以其湛然无物，故谓之无；以其炯然不昧，故谓之有。是以有无合言，不以有无分言也。若自无而至有，则仍是离根之体认矣！先生调停王、湛二家之学，以随处体认，恐求理于善恶、是非之端，未免倚之于显，是矣。以致良知以倚于微，知以知此理；以无心之知为真知，不原先天，不顺帝则，致此空知何用？夫知主无心，所谓不学不虑；天载也，帝则也。以此知为不足恃，将必求之学虑，失却道心之微，则倚之于显者，可谓得矣。得无自相矛盾乎？

方瓘，字时素，号明谷。初从甘泉于南都，甘泉即令其为诸生向导；甘泉北上及归家，皆从之而往，以学为急，遂不复仕。

《理学闻言》
戒慎不睹不闻，猛然一炉真火，自然点雪不容。

禁止矜持，虽非善学，然亦有可用之时；与截疟相似，一截则元气自复。

变化气质，不如致良知之直截，何如？曰："是当下顿悟之说也。人之生质，各有偏重；如造形之器，亦有志至而气未从者。譬之六月之冰，安得一照而遽融之？'五十以学《易》，可以无大过'，夫子亦且不敢如此说。故其变化，直至七十方不踰矩。"

邹东廓尝云："古人惜阴，一刻千金。"一年之间，有许多金子。既不卖人，又不受用，不知放在何处？只是花费无存，可惜！"

学者无天下之志，即是无为己之志。

明道猎心，原不成念，故谓之过；吾人有过，便连心拨动，故谓之恶。

唐一庵先生

唐枢，字惟中，号一庵，浙之归安人。罢归，讲学著书，垂四十年。先生初师事甘泉，其后慕阳明之学而不及见也；故于甘泉之"随处体认天理"，阳明之"致良知"，两存而精究之，卒标"讨真心"三字为的。夫曰"真心"者，即虞廷之所谓"道心"也；曰"讨"者，学问思辨行之功，即虞廷之所谓"精一"也。随处体认天理，其旨该矣，而学者或昧于反身寻讨；致良知，其几约矣，而学者或失于直任灵明。此"讨真心"之言，不得已而立；苟明得真心在我，不二不杂，王、湛两家之学，俱无弊矣。然真心即良知也，讨即致也，于王学尤近。第良知为自然之体，从其自然者而致之，则工夫在本体之后，犹程子之以诚敬存之也；真心蔽于物欲见闻之中，从而讨之，则工夫在本体之先，犹程子之识仁也。阳明常教人于静中搜寻病根，盖为学者胸中有所藏躲，而为此言以药之；欲令彻底扫净，然后可以致此良知云尔。则"讨真心"，阳明已言之矣，在先生不为创也。

《礼玄剩语》

自生身以来，通髓彻骨，都是习心运用；俗人有俗人之习，学者有学者之习。古今有世习，四方有土习；真与习化，机成天作，每向自己方便中窝顿。凡日用睹记讨论，只培溉得此习；中间有新得奇悟，阔趋峻立，总不脱此习上发基，方且自认从学术起家。误矣！

蔡白石先生

蔡汝南，字子木，号白石，浙之德清人。八岁侍父听讲于甘泉座下，辄有解悟。卒官。先生初泛滥于词章，所至与朋友登临唱和为乐；衡州始与诸生穷经于石鼓书院，赵大洲来游，又为之开拓其识见。江西以后，亲证之东廓、念庵。于是平生所授于甘泉随处体认天理之学，始有着落。盖先生师则甘泉，而友则皆阳明之门下也。

《端居寤言》

举天下讲理讲学，俱不甚谬；圣人并无以异人，只到实体之际，便生出支节。有可讲者，即如敬为圣学之要，内史过亦知敬是德之舆。若道如何是敬，便有细密工夫。一日之中，是敬不是敬；感应之际，有将迎无将迎，都不知觉。因原只是认得光景，未曾知得真功；圣贤终身学问，只是知之真体之密耳。

今人于事变顺逆，亦每每委之天命。只是朦胧不明，知不分晓，强将此言，聊自支撑。其中实自摇惑。圣人知命，直是洞彻源头；贤人却知有义，便于命上自能分晓，都不是影响说命也。

象山先生每令学者戒胜心，最切病痛。鹅湖之辨，胜心又不知不觉发见出来，后来每叹鹅湖之失。因思天下学者种种病痛，各各自明；只从知见得及工夫未恳到处，罅缝中不知不觉而发。平居既自知，发后又能悔。何故正当其时，忽然发露？若用功恳到，虽未浑化；念头动处，自如红炉点雪。象山胜心之戒及发而复悔，学者俱宜细看，庶有得力工夫。盖象山当时，想亦如此用功也。

许敬安先生

许孚远，字孟仲，号敬庵，浙之德清人。三十二年七月卒。先生自少为诸生时，窃慕古圣贤之为人，羞与乡党之士相争逐。年二十四，退而学于唐一庵之门；年二十八，释褐为进士，与四方知学者游，始以反身寻究为功。居家三载，困穷艰厄，恍惚略有所悟。南粤用兵，拚舍身命，毕尽心力；怠惰躁妄之气，煎销庶几。及过兰溪，徐鲁源谓其言动尚有繁处，这里少凝重，便与道不相应。先生顶门受针，指水自誓。故先生之学，以克己为要；其订正格物，谓人有血气心知，便有声色。种种交害，虽未至目前，而病根尚在。是物也，故必常在根上看到方寸地洒洒不挂一尘，方是格物。夫子"江汉以濯，秋阳以暴"，此乃格物榜样。

先生信良知而恶夫援良知以入佛者，尝规近溪公为后生标准，令二三轻浮之徒，恣为荒唐无忌惮之说，以惑乱人听闻；使守正好修之士，摇首闭目，拒此学而不知信。可不思其故耶？南都讲学，先生与杨复所、周海门为主盟；周、杨皆近溪之门人，持论不同。海门以无善无恶为宗，先生作《九谛》以难之。言：

"文成宗旨,元与圣门不异;故云性无不善,故知无不良,良知即是未发之中。"此其立论,至为明析。"无善无恶心之体"一语,盖指其未发廓然寂然者而言之,则形容得一"静"字;合下三言,始为无病。今以心、意、知、物俱无善恶可言者,非文成之正传也。时在万历二十年前后,名公毕集,讲会甚盛;两家门下,互有口语,先生亦以是解官矣。先生与见罗最善,见罗下狱,拯之无所不至;及见罗戍闽,道上仍用督抚威仪。先生时为闽抚,出城迓之,相见劳苦涕泣。已而正色曰:"公蒙恩得出,犹是罪人,当贬损思过;而鼓吹喧耀,此岂待罪之体?"见罗艴然曰:"迂哉(阔)!"先生颜色愈和,其交友真至如此。

论学书

《中庸》所谓"戒慎不睹,恐惧不闻",只在性体上觉照存养而已;但人心道心,元不相离,善与不善,礼与非礼,其间不能以发。故闲邪一着,乃是圣学吃紧所在;学者苟知得善处亲切,方知得不善处分明。譬诸人有至宝于此,爱而藏之,所以防其损害者,是将无所不至;又譬诸种植嘉禾,无所容其助长之力,惟有时加籽耘,不为莨稗所伤而已。

吾侪学问见处,俱不相远,只是实有诸己为难;能于日用工夫,更不疎放,一真一切,实实平平,不容已见盘桓,则此理渐有诸己矣。此学无内外相、人己相,打得过处,方是德性流行;打不过时,终属私己,犹为气质用事。吾辈进修得失,涵养浅深,亦只验诸此而已。

冯少墟先生

冯从吾,字仲好,号少墟,陕之长安人。家居讲学者十余年。立首善书院于京师,倡明正学。南皋主解悟,先生重工夫,相为盐梅可否。而给事朱童蒙、郭允厚不说学,上疏论之。先生言:"宋之不竞,以禁讲学之故,非以讲学之故也;我二祖表章六经,天子经筵讲学,皇太子出阁讲学,讲学为令甲。周家以农事开国,国朝以理学开国也;臣子望其君以讲学,而自己不讲,是欺也。倘皇上问讲官曰:'诸臣望朕以讲学,不知诸臣亦讲学否?'讲官亦何以置对乎?先臣王守仁,当兵戈倥偬之际,不废讲学,卒能成功。此臣等所以不恤毁誉,不恤得失而为此也。"遂屡疏乞休。又二年,即家拜工部尚书,寻遭削夺。逆党王绍徽修怨于先生,及为冢宰,使乔应甲抚秦以杀之,先生不胜挫辱而卒。

先生受学以许敬庵。故其为学,全要在本原处透彻,未发处得力;而于日用常行,却要字字点检,以求合其本体。此与静而存养、动而省察之说,无有二也。其儒佛之辨,以为佛氏所见之性,在知觉运动之灵明处,是气质之性;吾儒之所谓性,在知觉运动灵明中之恰好处,方是义理之性。其论似是而有病。夫耳目口体,质也;视德言动,气也;视听言动流行而不失其则者,性也;流行而不能无过不及,则气质之偏也。非但不可言性,并不可言气质也。盖气质之偏,大略从习来,非气质之本然矣。先生之意,以喜怒哀乐、视听言动为虚位;以道心行之,则义理之性在其中,以人心行之,则气质之性在其中。若真有两性对峙者,反将孟子性善之论,堕于人为一边;先生救世苦心,太将气质说坏耳。盖气质即是情才,孟子云:"乃若其情,则可以为善矣;若夫为不善,非才之罪也。"由情才之善而见性善,不可言因性善而后情才善也;若气质不善,便是情才不善,情才不善,则荀子性恶不可谓非矣。

《疑思录》

"自慊"二字甚有味。"见君子而厌然",正自小人自家不慊意处,安得心广体胖?故曰:"行有不慊于心则馁矣。"君子慎独,只是讨得自家心上慊意;自慊便是意诚,则便是浩然之气,塞于天地之间。

外省不疚,不过无恶于人;内省不疚,才能无恶于志。无恶于人,到底只做成个乡愿;无恶于志,才是个真君子。

从心所欲,便不踰矩;从耳目口体所欲,便踰矩矣。

已溺已饥,若过于自任;不知此一念,就是乍见孺子入井怵惕恻隐之一念,人人都是有的。如不敢承当已溺已饥之心,难道亦不敢承当恻隐之心?

语录

日用间富贵贫贱,时时是有的。如食求饱、居求安,便是欲富贵心;恶恶衣恶食,便是恶贫贱心。故今人凡念头起处,都是富贵贫贱所在。念及于此,此心真是一时放下不得。

学问之道,全要在本原处透彻,未发处得力;则发皆中节,取之左右,自逢其原,诸凡事为,自是停当。不然,纵事事检点,终有不凑泊处。此吾儒提纲挈领之学,自合如此;非谓日用常行一切,俱是末节,可以任意不必检点也。

唐曙台先生

唐伯元,字仁卿,号曙台,广之澄海人。阳明从祀孔庙,疏言:"不宜从祀。六经无心学之说,孔门无心学之教;凡言心学者,皆后儒之误。守仁言'良知'新学,惑世诬民;立于不禅不霸之间，习为多疑多似之行。招朋聚党，好为人师；后人效之，不为狗成，则从鬼化矣！"言官劾其诋毁先儒，降海州判官，移保定推官。历礼部主事、尚宝司丞、吏部员外、文选郎中。致仕卒，年五十八。

先生学于吕巾石，其言"性一天也，无不善；心则有善不善；至于身，则去禽兽无几矣。性可顺，心不可顺，以其附乎身也；身可反，心不可反，以其通乎性也。故反身修德，斯为学之要"。而其言性之善也，又在不容说之际；至于有生而后，便是才说性之性不能无恶矣。夫不容说之性，语言道断，思维路绝，何从而知其善也？谓其善者，亦不过稍欲别于荀子耳。孟子之所谓"性善"，皆在有生以后恻隐、羞恶、辞让、是非之心，何一不可说乎？以可说者谓不能无恶，明己主张夫性恶矣；以性为恶，无怪乎其恶言心学也。胡庐山作书辩之。

耿天台谓："唐君太和治行为天下第一，即其发于政，便可信其生于心者矣，又何必欲继其心以出政耶？慈湖之'剖扇讼'，象山一语而悟本心；然慈湖未悟之前，其'剖扇讼'故未尝别用一心也。唐君以笃修为学，不必强之使悟。"孟我疆问于顾泾阳曰："唐仁卿何如人也？"曰："君子也。"我疆曰："君子而毁阳明乎？"曰："朱子以象山为告子，文成以朱子为杨墨，皆甚辞也；何但仁卿？"泾阳过先生述之。先生曰："足下不见世之谈良知者乎？如鬼如蜮，还得为文成讳否？"泾阳曰："《大学》言致知，文成恐人认识为'知'，便走入支离去，故就中间点出一'良'字；孟子言良知，文成恐人将这个'知'作光景玩弄，便走入玄虚去，故就上面点出一'致'字。其意最为精密。至于如鬼如蜮，正良知之贼也，奈何归罪于良知？"先生曰："善！假令早闻足下之言，向者论从祀一疏，尚合有商量也。"

杨止奄先生

杨时乔，字宜迁，号止庵，广信上饶人。先生学于吕巾石。其大旨以天理为天下所公共，虚灵知觉是一己所独得；故必推极其虚灵觉识之知，以贯彻无间于天下公共之物，斯为儒者之学。若单守其虚灵知觉，而不穷夫天下公共之理，见入于佛氏窠臼矣。其与罗整庵之言心性无以异也。夫天之生人，除虚灵知觉之外，更无别物；虚灵知觉之自然恰好处，便是天理。以其己所自有，无待假借，谓之独得可也；以其人所同具，更无差别，谓之公共可也。乃一以为公共，一以为独得；析之为二，以待其粘合，恐终不能粘合也。自其心之主宰则为理一，大德敦化也；自其主宰流行于事物之间则为分殊，小德川流也。今以理在天地万物者谓之理一，将自心之主宰以其不离形气谓之分殊，无乃反言之乎？佛氏唯视理在天地万物，故一切置之度外；早知吾心即理，则自不至为无星之秤、无界之尺矣。先生欲辨儒释，而视理与佛氏同；徒以见闻训诂与之争胜，岂可得乎？阳明于虚灵知觉中辨出天理，此正儒释界限；而以禅宗归之，不几为佛氏所笑乎？阳明固未尝不穷理，第其穷在源头，不向支流摸索耳。至于敛目反观、血气凝聚，此是先生以意测之，于阳明无与也。

十六　诸儒学案上

诸儒学案者，或无所师承，得之于遗经者；或朋友夹持之力，不令放倒，而又不可系之朋友之下者；或当时有所兴起，而后之学者无待者，俱列于此。上卷则国初为多，宋人规范犹在；中卷则皆骤闻阳明之学而骇之，有此辨难，愈足以发明阳明之学；——所请"他山之石，可以攻玉"也。下卷多同时之人，半归忠义，所以证明此学也。否则为伪而已。

方正学先生

方孝孺，字希直，台之宁海人。自幼精敏绝伦，八岁而读书，十五而学文，辄为父友所称；二十游京师，从学于太史宋濂。濂以为："游吾门者多矣，未有若方生者也！"濂返金华，先生复从之；先后凡六岁，尽传其学。两应召命，授汉口教授。蜀献王聘为世子师，献王甚贤之，名其读书之堂曰"正学"。建文帝召为翰林博士，进侍读学士；帝有疑问，不时宣召，君臣之间，同于师友。金川失守，先生斩衰，哭不绝声。文皇召之不至，使其门人廖镛往。先生曰："汝读几年书，还不识个'是'字！"于是系狱。时当世文章，共推先生为第一。故姚广孝尝嘱文皇曰："孝孺必不降，不可杀之；杀之，天下读书种子绝矣。"文皇既惭德此举，欲令先生草诏以塞天下之人心；先生以周公之说穷之，文皇亦降志乞草。先生怒骂不已，磔之聚宝门外。年四十六。坐死者凡八百四十七人。崇祯末，谥文正。

先生直以圣贤自任，一切世俗之事，皆不关怀；朋友以文辞相问者，必告之以道，谓文不足为也。入道之路，莫切于公私义利之辨，念虑之兴，当静以察之；舍此以治，是犹纵盗于家，其余无可为力矣。其言周子之主静，主于仁义中正，则未有不静；非强制其本心，如木石然，而不能应物也。故圣人未尝不动。谓圣功始于小学，作《幼仪》二十首；谓化民必自正家始，作《宗仪》九篇；谓王治尚德而缓刑，作《深虑论》十篇；谓道体事而无不在，列《杂诫》以自警。持守之严，刚大之气，与紫阳真相伯仲，固为明之学祖也！

先生之学，虽出自景濂，然得之家庭者居多；其父克勤，尝寻讨乡先达授受原委，寝食为之几废者也。故景濂氏出入于二氏，先生以叛道者，莫过于二氏，而释氏尤甚；不惮放言驱斥，一时僧徒俱恨之。庸人之论先生者有二：以先生得君，而无救于其亡。夫分封太过，七国之反，汉高祖酿之；成祖之天下，高皇帝授之。一成一败，成祖之智勇，十倍吴王濞，此不可以成败而誉咎王室也。况先生未尝当国，惠宗徒以经史见契耳；又以先生激烈已甚，致十族之酷。夫成祖天性刻薄，先生为天下属望，不得其草，则怨毒倒行，何所不至？不关先生之甚不甚也。不观先生而外，其受祸如先生者，宁皆已甚之所至乎？此但可委之无妄之运数耳！蔡虚斋曰："如逊志者，盖千载一人也！天地幸生斯人，而乃不终佑之，使斯人得竟为人世用。天地果有知乎哉？痛言及此，使人直有追憾天地之心也！"乃知先正固自有定论也。

赵考古先生

赵谦，字㧑谦，初名古则，余姚人也。秦王廷美之后。降为农家，就外傅于崇山寺，达旦忘寐；年十七八，东游，受业天台郑四表之门。四表学于张以忠，以忠学于王伯武，伯武，胡云峰之高第弟子也。在中都又以同官不合而罢，归筑考古台，读书其上。谓："六经子史历代阐发有人，惟音韵之学，世久不明。"乃著《声音文字通》一百卷，《六书本义》十二卷。二十二年，召为琼山教谕，琼海之人，皆知向化，称为海南夫子。二十八年十一月一日，卒于广城，年四十五。

先生清苦自立，虽盛署祁寒，蹑蹻走百余里，往来问学。尝雪夜与门人柴广敬剧谈，既乏酒饮，又无火炙；映雪危坐，以为清供。其著述甚多，而为学之要，则在《造化经纶》一图。谓其门人王仲迪曰："寡欲以养其心，观止以明其理，调息以养其气，读书以验其诚；圣贤之域不难到。"又读武王《戒书》而惕然有感。以往古之圣，犹儆戒若是之至；后世眇末小子，其敢事事不求之心哉！既以古篆随物而书，又铭其所用器物之未有铭者，以见道之无乎不在也。其时方希直氏亦补注《戒书》，以为其言之善者，与《诗》《书》要义何以异焉？盖从来学圣之的，以主敬为第一义。先生固与希直善，其讲之必有素矣。庐陵解缙尝铭先生之墓，谓其"力学主敬"，信不诬也。今大绅文集，既失此文；而先生著述，亦多散逸。万历间，焦弱侯所表章者，仅先生字学之书；某幸得此于其后人，故载之于右。

曹月川先生

曹端，字正夫，号月川，河南之渑池人。自幼不妄言动。年十七，读五经皆遍；师事宜阳马子才、太原彭宗古，远有端绪。宣德甲寅六月朔之明日，卒于霍州，年五十九。

初，先生得元人谢应芳《辨惑编》，心悦而好之；故于轮回、祸福、巫觋、风水、时日世俗通行之说，毅然不为所动。父敬祖，为善于乡，而勤行佛老之善以为善；先生朝夕以圣贤崇正辟邪之论讽于左右,父亦感悟乐闻。先生条其人伦日用之事可见之施行者,为《夜行烛》一书。言:"人处流俗中,如夜行;视此则烛引之于前矣。"诸生有丧,有欲用浮屠者,先生曰:"浮屠之教,拯其父母出于地狱;是不以亲为君子,而为积恶有罪之小人也!其待亲不亦刻薄乎?"其人曰:"举世皆然,否则讪笑随之。"先生曰:"一乡溺于流俗,是不读书的人;子读儒书、明儒礼,不以违礼为非,而以违俗为非,仍然是不读书人也!"

先生以力行为主,守之甚确,一事不容假借;然非徒事于外者,盖立基于敬,体验于无欲。其言"事事都于心上做工夫,是入孔门底大路",诚哉所谓有本之学也!其辨太极,朱子谓"理之乘气,犹人之乘马;马之一出一入,而人亦与之一出一入"。若然,则人为死人,而不足以为万物之灵;理为死理,而不足以为万物之原。今使活人骑马,则其出入、行止、疾徐,亦由乎人驭之如何耳。活理亦然。先生之辨,虽为明晰,然详以理驭气,仍为二之;气必待驭于理,则气为死物。抑知理气之名,由人而造;自其浮沉升降者而言则谓之气,自其浮沉升降不失其则者而言则谓之理。盖一物而两名,非两物而一体也。薛文清有"日光飞鸟"之喻,一时之言理气者,大略相同尔。

语录

事事都于心上做工夫,是入孔门底大路。

事心之学,须在萌上着力。

做人须向志士、勇士不忘上参取;若识得此意,便得此心,则自无入不自得。

人要为圣贤,须是猛起;如服瞑眩之药,以瘳深痼之疾,真是不可悠悠。

学者须要置身在法度之中,一毫不可放肆;故曰:"礼乐不可斯须去身。"

吾辈做事，件件不离一"敬"字，自无大差失。

一诚足以消万伪，一敬足以敌千邪。所谓"先立乎其大者"，莫切于此。

圣人之所以为圣人，只是这忧勤惕励之心，须臾毫忽不敢自逸。理无定在，惟勤则常存；心本活物，惟勤则不死。常人不能忧勤惕励，故人欲肆而天理亡，身虽存而心已死。岂不大可哀哉？

人之为学，须是务实，乃能有进；若这里工夫欠了分毫，定是要透过那里不得。

人只为有欲，此心便千头万绪，做事便有始无终；小事尚不能成，况可学圣人耶？

为仁之功，用力特在勿与不勿之间而已；自是而反则为天理，自是而流则为人欲，自是克念则为圣，自是罔念则为狂。特毫忽之间，学者不可不谨。

六经四书，圣人之糟粕也；始当靠之以寻道，终当弃之以寻真。

黄南山先生

黄润玉，字孟清，号南山，浙之鄞县人。诏徙江南富民实北京，其父当行；先生年十三，请代父往，有司少之。对曰："父去日益老，儿去日益长。"有司不能夺而从之。至则筑室城外，卖菜以为生；作劳之余，读书不辍。有富翁招之同寓，先生谢不往。或问之，曰："渠有一女，当避嫌也。"成化丁酉五月卒，年八十九。先生之学，以知行为两轮。尝曰："学圣人一分，便是一分好人。"又曰："明理务在读书，制行要当谨独。"盖守先儒之矩矱而不失者也。其所友为李文毅、薛文清，故操行亦相似。

罗一峰先生

　　罗伦，字彝正，学者称一峰先生，吉之永丰人。对策大廷，引程正公语："人主一日之间，接贤士大夫之时多，亲宦官宫妾之时少。"执政欲节其下句，先生不从。归隐于金牛山，注意经学；《周易》多传注，间补己意；《礼记》汇集儒先之见，而分章记礼，则先生独裁。《春秋》则不取褒贬凡例之说，以为：《春秋》缘人以立法，因时以措宜；犹化工焉，因物而赋物也。以凡例求《春秋》者，犹以画笔摹化工，其能肖乎？戊戌九月二十四日卒，年四十八。

　　先生刚介绝俗，生平不作和同之语，不为软巽之行。其论"太刚则折"，则引苏氏之言曰："士患不能刚尔；折不折天也，太刚乎何尤？为是言者，鄙夫患失者也。"家贫，日中不能举火，而对客谈学不倦。高守赠以绨袍，遇道殣，辄解以瘗之。尝欲仿古置义田以赡族人，吕令助之堂食之钱。先生曰："食以堂名，退食于公之需也；执事且不可取，何所用与？"谢而弗受，冻馁几于死亡，而一无足以动于中。若先生，庶几可谓之无欲矣！先生与白沙称石交，白沙起悟神知，先生守宋人之途辙，学非白沙之学也；而皭然尘垢之外，所见专而所守固耳。章枫山称先生："方可谓之正君善俗。如我辈，只修政立事而已！"其推重如此。

章枫山先生

　　章懋，字德懋，金华兰溪人。林居二十年，弟子日进；讲学枫木庵中,学者因曰"枫山先生"。是岁*辛巳除夕卒,年八十六。其学默守宋儒,本之自得,非有传授;故表里洞澈,望之庞朴,即之和厚。听其言开心见诚,初若不甚深切;久之烛照数计,无不验也。以方之涑水,虽功业不及,其诚实则无间然矣。金华自何、王、金、许以后,先生承风而接之。其门人如黄傅、张大轮、陆震、唐龙、应璋、董遵、凌瀚、程文德、章拯,皆不失其传云。

庄定山先生

庄昶,字孔旸,号定山,江浦人也。己未九月二十九日卒,年六十三。先生以无言自得为宗,受用于"浴沂"之趣;山峙川流之妙,鸢飞鱼跃之机,略见源头,打成一片。而于所谓"文理密察"者,竟不加功,盖功未入细,而受用太早。慈湖之后,流传多是此种学问,其时虽与白沙相合,而白沙一本万殊之间,煞是仔细;故白沙言定山人品甚高,恨不曾与我问学,遂不深讲。不知其后问林缉熙,何以告之?其不甚契可知矣。即如出处一节,业已二十年不出;乃为琼台利害所怵,不能自遂其志。

先生殊不喜孤峰峭壁之人,自处于宽厚迟钝;不知此处,却用得孤峰峭壁着也。白沙云:"定山事可怪,恐是久病昏了;出处平生大分,顾令儿女辈得专制其可否耶?"先生形容道理,多见之诗;白沙所谓"百炼不如庄定山"是也。唐之白乐天喜谈禅,其见之诗者,以禅言禅,无不可厌。先生之谈道,多在风云月露、傍花随柳之间;而意象跃如,加于乐天一等。钱牧斋反谓其多用道语入诗,是不知定山;其自谓知白沙,亦未必也。

---

* 原文如此。黄宗羲原著上文曰"嘉靖初"。——编注

张东白先生

张元祯,字廷祥,别号东白,南昌人。家居二十年,益潜心理学。先生卓然以斯道自任,一禀前人成法。其言"是心也,即天理也",已先发阳明"心即理也"之疏。又言"寂必有感而遂通者在,不随寂而泯;感必有寂然不动者存,不随感而纷",已先阳明"未发时惊天动地,已发时寂天寞地"之蕴,则于此时言学心理为二、动静交致者,别出一头地矣。

陈克庵先生

陈选,字士贤,台之临海人。先生尝以《易》教授生徒。晚而居官,论《易》专主传义,一无异同。以克己求仁为进修之要,故自号克庵。读书不资为文辞,手录格言为力行之助。

陈剩夫先生

陈真晟,字剩夫,初字晦夫,其后以布衣自号,福之镇海卫人。不以科举为事,务为圣贤践履之学。初读《中庸》,做存养省察工夫,学无头绪;继读《大学》,始知为学次第。以朱子所谓敬者,乃《大学》之基本也,乃求其所以为敬;见程子以"主一"释敬,以"无适"释一,始于敬字见得深切。乃实下工夫推寻此心之动静,而务主于一。静而主于一,则静有所养,而妄念不复作矣;动而主于一,则动有所持,而外诱不能夺矣。尝语人曰:"《大学》'诚意章'为铁门关,难过;'主一'二字,乃其玉钥匙也。盖意有善恶,若发于善而一以守之,则其所谓恶,退而听命矣。"又尝语人曰:"人于此学,若真知之,则行在其中矣。盖知之真则处善安、循理乐,其行甚顺;然而气质有偏胜,嗜欲有偏重,二者用事,其顺而易者反逆而难矣。此圣门论学以博学、审问、慎思、明辨之后,又加以笃行也。"

天顺三年,用伊川故事,诣阙上程朱《正学纂要》,其书首采程氏学制,次采朱氏论说,补正学工夫。次作二图,一著圣人心与天同运,次著学者心法天之运,次乃言立明师、补正学、辅皇储、隆教本数事以终上文。闻临川吴聘君名,欲往质之;乃货其家具得五金,兄子从行。谓之曰:"死则瘗我于道,题曰'闽布衣陈某墓'足矣。"行至南昌,张东白止之宿;扣其所学,大加称许。曰:"祯敢僭谓:自程朱以来,惟先生得其真!吴、许二子不足多也,如聘君者不可见、亦不必见耳!"遂还镇海。成化十年卒,年六十有四。

先生学无师承,独得于遗经之中。自以僻处海滨,出而访求当世学者;百尺竿头,岂无进步?奈何东白以"得真"一言,遂为金椑;康斋、白沙,终成欠事。然先生之学,于康斋似近,于白沙差远;而白沙言闻其学术专一,教人静坐,此寻向上人也。子刘子曰:"一者,诚也;主一,敬也;主一即慎独之说,诚由敬入也。剩夫恐人不识慎独义,故以'主一'二字代之;此老学有本领,故立言谛当如此。"是故东白"得真"之言,亦定论也。

张古城先生

张吉,字克修,别号古城,江西余干人。十三年九月卒,年六十八。初从乡先生学,见诸生简择经传以资快捷,谓:"士当兼注五经;今业一经而所遗如此,岂圣人之言亦当有去取耶?"遂屏绝人事,穷诸经,及宋儒之书。久之见其大意,叹曰:"道在是矣。"语学者曰："不读五经，遇事便觉窒碍。"先生在岭外访白沙问学，白沙以诗示之："沧溟几万里，山泉未盈尺；到海观会同，乾坤谁眼碧？"先生不契也。终以象山为禅，作《陆学订疑》；盖《居业录》之余论也。

周翠渠先生

周瑛，字梁石，别号翠渠，福之莆田人。先生以民惑鬼神，著《祠山杂辩》。又以缓葬溺女，著《教民杂录》。又著《经世管钥》《律吕管钥》《字书管钥》，固以博为事也。蚤年即有求道之志，与白沙、医闾为友。然先生以居敬穷理为鹄，白沙之学，有所不契，寓书李大厓以辩之。曰："圣人静有以立天下之大本，动有以行天下之达道，求诸万殊而后一本可得。盖始学之要，以收放心为先务。收放心，居敬是也；居敬则心存，聪明睿智，皆由此出，然后可以穷理。所谓穷理者，非谓静守此心而理自见也，盖亦推之以及其至焉耳。积累既多，自然融会贯通，而于一本者自得之矣。一本如谷种，虽自块然，而根苗花实，皆聚于此；又如鸡卵，虽自浑然，而羽毛觜距，皆具于此。及发见于行事，在圣人体用一贯，在学者未免差误。盖在己者有所拘蔽，故所发不无偏重之殊；在外者有所摇夺，故所施不无迁就之意。然而既复本原，则于处善亦安，循理亦乐；至于患难事变，虽以死易生，亦甘心为之。此圣学之大略也，今乃块然静坐，求毕体用之学，是释氏之虚空也。"

蔡虚斋先生

蔡清，字介夫，号虚斋，福之晋江人。先生卒，正德三年十二月也,年五十六。先生平生精力,尽用之《易》《四书》《蒙引》;茧丝牛毛,不足喻其细也。盖从训诂而窥见大体。其言曰:"反复体验,止是虚而已。盖居常一念及静字,犹觉有待于扫去烦嚣之意;唯念个虚字,则自觉安。便目前纵有许多劳扰,而里面条路,元自分明,无用多费力,而亦自不至懈惰也。"观于此言,知不为训诂支离所域矣。其《易》说不与《本义》同者,如卜筮不专在龟筮,取卜相筮占决疑为微;又辩七占古法,皆佳论也。罗整庵曰:"蔡介夫《中庸蒙引》,论鬼神数段,极精;其一生做穷理工夫,且能力行所学,盖儒林中之杰出者。"

先生极重白沙,而以新学小生自处。读其《终养疏》,谓"抄读之余,揭蓬一视,惟北有斗;其光烂然,可仰而不可近也。"其敬信可谓至矣。而论象山,则犹谓"未免偏安之业",恐亦未能真知白沙也。传其学者,有同邑陈琛、同安林希元;其释经书,至今人奉之如金科玉律。此犹无与于学问之事者也。

《省身法》

风光月霁其心胸;海阔天高其器宇;凤毛麟趾其威仪;玉振金声其辞语。

劝君莫着半点私,终无人不知;劝君莫用半点术,终无人不识。

必使小人不忍以其所为而疑我之为之也,乃为信于人。

有道德者必不多言,有信义者必不多言,有才谋者必不多言;惟见夫细人、狂人、佞人,乃多言耳!夫未有多言而不妄者也。

澄其心于渊莹之天,奉其身于光明之地。言则无一字之遗,而亦无一字之赘;动则如万钧之弩,一发便中其机。会此,盖古之人也。

潘南山先生

潘府,号南山,浙之上虞人。子刘子议以先生配享尹和靖。按:先生正当文成讲学之时,当有往来问难;而今不可考见矣。

罗东川先生

罗侨,字惟升,号东川,豫之吉水人。从学于张东白。登弘治己未进士第,授新会知县;表白沙言行,令邑人诵法之。文成起兵讨宸濠,请先生居守吉安;事平,擢知台州府。礼布衣张尺,问民疾苦,治行第一。升广东左参政,上疏乞骸骨,嘉靖甲午九月卒。先生所做,亦是静存动察按板工夫,未必有自得处;但砥砺颇密,不失儒先轨范。在东白之门,可谓克家矣!

十七　诸儒学案中

罗整庵先生

罗钦顺，字允升，号整庵，吉之泰和人。丁未四月二十四日卒，年八十有三。先生家居，每平日正衣冠升学古楼，群从入，叙揖毕，危坐观书，虽独处无惰容。食恒二簋，居无台榭，燕集无声乐。林希元曰："先生自发身词林以至八座，其行己居官，如精金美玉，无得致疵。"

先生自叙为学云："昔官京师，逢一老僧，漫问：'何由成佛？'渠亦漫举禅语为答：'佛在庭前柏树子。'意其必有所谓。为之精思达旦，揽衣将起，则恍然而悟，不觉流汗通体；既而得《证道歌》读之，若合符节，自以为至奇至妙，天下之理莫或加焉。后官南雍，圣贤之书，未尝一日去手；潜玩久之，渐觉就实。始知前所见者，乃此心虚灵之妙，而非性之理也。"自此研磨体认，积数十年，用心甚苦。年垂六十，始了然有见乎心性之真，而确乎有以自信。

盖先生之论理气，最为精确。谓："通天地，亘古今，无非一气而已。气本一也，而一动一静、一往一来、一阖一辟、一升一降，循环无已，积微而著，由著复微；为四时之温凉寒暑，为万物之生长收藏，为斯民之日用彝伦，为人事之成败得失。千条万绪，纷纭胶轕，而卒不克乱，莫知其所以然而然，是即所谓理也。初非别有一物，依于气而立，附于气以行也。或者因《易》有'太极'一言，乃疑阴阳之变易，类有一物主宰乎其间者，是不然矣。"斯言也,即朱子所谓"理与气是二物""理弱气强"诸论,可以不辩而自明矣。

第先生之论心性,颇与其论理气自相矛盾。夫在天为气者,在人为心;在天为理者,在人为性。理气如是,则心性亦如是,决无异同。人受天之气以生,只有一心而已;而一动一静,喜怒哀乐,循环无已,当恻隐处自恻隐,当羞恶处自羞恶,当恭敬处自恭敬,当是非处自是非。千头万绪,感应纷纭,历然不能昧昧者,是即所谓性也。初非别有一物立于心之先,附于心之中也。先生以为天性正于受生之初,明觉发于既生之后,明觉是心而非性。信如斯言,则性体也,心用也。性是人生以上,静也;心是感物而动,动也;性是天地万物之理,公也;心是一己所有,私也。明明先立一性以为此心之主,与理能生气之说无异。于先生理气之论,无乃大悖乎?岂理气是理气,心性是心性,二者分,天人遂不可相通乎?

虽然,心性之难明,不自先生始也。夫心只有动静而已,寂然不动,感而遂通,动静之谓也;情贯于动静,性亦贯于动静,故喜怒哀乐,不论已发未发,皆情也,其中和则性也。今以喜怒哀乐未发之中为性,已发之中为情,势不得不先性而后心矣;性先心后,不得不有罅隙可寻矣。恻隐、羞恶、辞让、是非,心也,仁义礼智,指此心之即性也。非先有仁义礼智之性,而后发之为恻隐、羞恶、辞让、是非之心也。凡人见孺子入井而怵惕,嚅蹙而不屑,此性之见于动者也;即当其静,而性之为怵惕不屑者,未尝不在也。凡动静者,皆心之所为也。是故性者心之性,舍明觉自然自有条理之心,而别求所谓性;亦犹舍屈伸往来之气,而别求所谓理矣。朱子虽言心统性情,毕竟以未发属之性,已发属之心;即以言心性者言理气,故理气不能合一。先生之言理气,不同于朱子,而言心性则与朱子同,故不能自一其说耳。

先生以释氏有见于明觉自然,谓之知性;不识所谓天地万物之理,谓之不知性。羲以为释氏亲亲、仁民、爱物,无有差等,是无恻隐之心也;取与不辨,而行乞布施,是无羞恶之心也;天上天下,唯我独尊,是无辞让之心也;无善无恶,是无是非之心也。其不知性者由于不知心尔;然则其所知者,亦心之光影而非实也。高景逸先生曰:"先生于禅学尤极探讨,发其所以不同之故;自唐以来,排斥佛氏,未有若是之明且悉者。"呜呼,先生之功伟矣!

汪石潭先生

汪俊,字升之,号石潭,弋阳人也。先生之学,以程朱为的;然以阳动阴静、流行而不息者为心,而其不易之常体则性也。性虽空无一物,而万化皆从此出。故性体也,心用也,浑然不可分析。以造化言之,天高地下,万物散殊,无处非气之充塞也;天不得不高,地不得不下,物之本乎天者亲上,本乎地者亲下,亘万古而不易,即是理也,亦浑然不可分析也。乃朱子谓性是心所具之理,若是乎心为车也,性为车所载之物也;歧心性而二之,犹之歧理气而二之也,非程子之旨也。先生之不苟同如此。先生既知圣人之学,不失其本心,便是复性,则阳明之以心即理若合符契矣。而谓阳明学不从穷事物之理守吾此心,未有能中于理者,无乃自背其说乎?杨止庵言先生发明道体,可谓独见。以阳明言性,不分理气,著说非之。

崔后渠先生

崔铣,字子钟,一字仲凫,号后渠,河南安阳人。先生之学,以程朱为的;然于程子之言心学者则又删之,以为涉于高虚,是门人之附会。无乃固欤?至其言理气无缝合处,先生自有真得,不随朱子脚下转是也。其诋阳明不遗余力,称之为霸儒。孙钟元曰:"文敏议象山、阳明为禅学、为异说。夫二人者,且不必论其学术。荆门之政,有体有用;宁藩之事,拚九死以安社稷,吾未见异端既出世而又肯任事者也。"此以其外而言也。先生以知能心之用也,爱敬性之实也,本诸天故曰良;今取以证其异说,删良能而不挈,非霸儒与?无是以心为知觉,以性为理,不可以知觉即是理之成说,颇与先生气即理之论自相反。先生既言本诸天,故曰良;孟子谓知能为良,则知能本诸天者,即是以爱敬之理,决不仅以此知觉本诸天也。阳明单提良知而不及爱敬,其非悬空之知觉明矣。孟子上节"知、能"并举,下言"无不知爱其亲也,无不知敬其兄"也,"能"字皆归并"知"内。盖知是性也,能是才也,言性则才自在其中矣。

论学语

觉心之放即求也;知我之病即药也;矜己之是即非也;妒人之长即短也。

学者改过,追索其动念之故而除之,斯不萌于再。

何柏斋先生

何瑭,字粹夫,号伯斋,怀庆武涉人。七岁时,入郡城,见弥勒像,抗言请去之,人皆大骇。家居十余年,癸卯九月卒,年七十。先生以儒者之学,当务之为急;细而言语威仪,大而礼乐刑政,此物之当格而不可后者也。学问思辨,一旦卓有定见,则物格而知至矣;由是而发之以诚,主之以正,然而身不修、家不齐，未之有也。至竟其本原为性命，形于著述为文章，固非二道；特其缓急先后，各有次第，不可紊耳。今曰理出于心，心存则万理备，吾道一贯，圣人之极致也，奚事外求？吾恐其修齐治平之道，反有所略，则所学非所用，所用非所学，于古人之道，不免差矣。先生所论，为阳明而发也。盖力主在心为知觉、在物为理之说，固无足怪；独是以本原性命非当务之急，若无与乎修齐之事者，则与清谈何异？修齐之事，无乃专靠言语、威仪、礼乐、刑政与？真可谓本末倒置矣！先生与王浚川、许函谷辨论阴阳数千言，为浚川所破者不一。其大指之差，在以神为无，以形为有；有无岂能相合，则神形已离为二。神形既二，又岂待人死而后无知哉？

王浚川先生

王廷相，字子衡，号浚川，河南仪封人。先生主张横渠之论理气，以为气外无性，此定论也；但因此而遂言性有善有不善，并不信孟子之性善，则先生仍未知性也。盖天地之气，有过有不及，而有愆阳伏阴，岂可遂疑天地之气有不善乎？夫其一时虽有过不及，而万古之中气自如也，此即理之不易者。人之气禀，虽有清浊强弱之不齐，而满腔恻隐之心，触之发露者，则人人所同也，此所谓性；即在清浊强弱之中，岂可谓不善乎？若执清浊强弱，遂谓性有善有不善；是但见一时之愆阳伏阴，不识万古常存之中气也。

先生受病之原，在理字不甚分明，但知无气外之理；以为气一则理一，气万则理万，气聚则理聚，气散则理散，毕竟视理若一物，与气相附为有无。不知天地之间，只有气，更无理；所谓理者，以气自有条理，故立此名耳。亦以人之气本善故，加以性之名耳。如人有恻隐之心，亦只是气，因其善也而谓之性；人死则其气散，更何性之可言？然天下之人，各有恻隐，气虽不同，而理则一也。故气有万气，理只一理，以理本无物也。宋儒言理能生气，亦只误认理为一物；先生非之，乃仍蹈其失乎？

黄泰泉先生

黄佐，字才伯，号泰泉，广之香山人。先生以博约为宗旨。"博学于文"，知其根而溉之者也；"约之以礼"，归其根则千枝万叶受泽而结实者也。博而反约于心，则视听言动之中礼，喜怒哀乐之中节，彝伦经权之中道，一以贯之而无遗矣。盖先生得力于读书，典礼、乐律、词章，无不该通，故即以此为教；是时阳明塞源拔本论，方欲尽洗闻见之陋，归并源头一路，宜乎其不能相合也。然阳明亦何尝教人不读书？第先立乎其大，则一切闻见之知，皆德性之知也。先生尚拘牵于旧论耳！某幼时喜博览，每举《杨用修集》，韩孟郁谓某曰："吾乡黄才伯，博物君子也！子何不读其集乎？"今为《泰泉学案》，念亡友之言，为之潸然！

张甬川先生

张邦奇，字常甫，号甬川，浙之鄞人也。阳明赠先生序云："古之君子，有所不知而后能知；后之君子，惟无所不知，是以容有不知也。"则先生当日固泛滥于词章之学者也。后来知为己之功，以涵养为事，其受阳明之益多矣！谓载道之文，始于六画，大备于周、程、朱子之书，莫非是道之生生而不已也。由博文之学，将溯流而求源，舍周、程、朱子之书焉适哉？今之为异论者，直欲糟粕六经，屏程朱诸子之说置而不用，犹欲其通而窒之窍也。所谓异论者，指阳明而言也。夫穷经者穷其理也，世人之穷经，守一先生之言，未尝会通之以理，则所穷者，一先生之言耳。因阳明于一先生之言有所出入，便谓其糟粕六经，不亦冤乎！此先生为时论所陷也。

张净峰先生

张岳，字维乔，号净峰，福之惠安人。先生曾谒阳明于绍兴，与语多不契。阳明谓："公只为旧说缠绕，非全放下，终难凑泊。"先生终执先入之言，往往攻击"良知"；其言学者只是一味笃实向里用功，此心之外，更无他事是矣。而又曰："若只守个虚灵之识，而理不明、义不精，必有误气质做性，人欲做天理矣。"不知理义只在虚灵之内；以虚灵为未足，而别寻理义，分明是义外也。学问思辨行，正是虚灵用处；舍学问思辨行，亦无以为虚灵矣。

《杂言》

心才定便觉清明，须是静时多，动是少；虽动也而心未尝不静焉，方是长进。

黄后峰书室对："诚自不妄语始，学从求放心来。"

圣贤千言万语，无他，只教人求其放心而已；心才收敛，便觉定静清明，然后读书讲明义理，方有顿放处。若此心已先驰骛飞扬，不能自制；而血气乘之以动，乍盈乍怯、乍作乍止，凡百所为，卒皆无成。其患有不可究言者已。

见处贵透彻，行处贵着实。

徐养斋先生

徐问，字用中，号养斋，常之武进人。先生为旧论缠绕，故于存养省察、居敬穷理、直内方外、知行，无不析之为二；所谓支离之学，又从而为之辞者也。其《读书札记》第二册，单辟阳明，广中黄才伯促而成之。呜呼，其何损于阳明哉！

李大经先生

李经纶，字大经，建昌南丰人。读书好深湛之思，以理学自负。为诸生，值乡举，上书当道，言当待士以体，无制士以苛法。藉令峻制苛法，尽革怀挟之弊，而使志行之士，如吴康斋、陈布衣者睥睨其间，避匿而不肯出；无宁疎于防检，使志行士或由以进也。当道得其言而韪之。久之弃举子业，精心著述；以《诗》三百篇非夫子之旧，汉儒杂取逸诗以足其数，故无益于天德王治之粹者削之，作《诗教考》。以礼有三：曰仪，曰曲，曰官。见诸动止、食息、日用、伦常者谓之曲；行之吉、凶、军、宾、嘉者谓之仪；朝廷之制度谓之官。《三礼考注》，昧于经曲制度之节，混三为一；今为之分别，作《礼经类编》。

王、湛二家之学盛行，先生弗以为是，作《卫道录》，作《大学稽中传》。念时无知者，闻罗整庵著《困知记》，辨心性之异以辟王、湛；大喜，上书以质所学。整庵方自贵重，惩两家之聚生徒，各立门户，故少所容接；而先生之辞又过侈，遂沮抑之。先生乃大失望，走南都谒祭酒黄泰泉；泰泉深契之，而与之讲乐律，然亦未遑究其学术也。其后东南中倭，天下颇汹汹，先生以为是司兵者不知兵也。条事务七事，诣抚按藩臬献之；竟不遇，中喝，卒于越道。

先生与王、湛异者，大旨只在"穷理"二字。然先生之所谓"理"者，制度文为，礼乐刑政，皆是枝叶边事；而王、湛之所谓礼，则是根本。根本不出一心，由一心以揩天地万物，则无所不贯；由天地万物以补凑此心，乃是眼中之金屑也。先生之诚意，原以意非心之发也，是主宰乎知觉之中者也。颇与子刘子之言意相合。但子刘子之所谓主宰者，知觉中自有主宰；先生谓主宰乎知觉之中者，则又立意以为之，仍是困知之余论也。

十八　诸儒学案下

李谷平先生

李中，字子庸，吉水人。谷平，其所居里名也。以右佥都御史巡抚山东，先谒阙里。曲阜三氏学生，旧无廪；至先生始给之，曰："使东土人知天子敬学，庶其兴乎！"嘉靖壬寅十一月卒官，年六十五。

先生受学于杨玉斋之门——玉斋名珠，其学自传注以溯濂洛，能穷理道，不苟荣势；贫老而无子，横经授徒，未尝见戚容。弟子出其门者，以解释考据为名家，然自谓所学不在是也。晚得先生与语，喜曰："吾学其有传人乎！吾本之明道，明道其醇者也；而吾未尝轻语人，验其资皆不足多也。圣人与人何异，亦为之而已矣。子勉之！"先生资质清苦，入仕十余年，俸入不足以供朝夕；尝留门人饭，贷米乏薪，至爨家具。日暮矣，竟不及饭而别。故其所言皆是得力处，以为学只有存养，省察是存养内一件。儒者之学，理一而分殊；分不患其不殊，所难者理一耳。若非工夫亲切，不敢如此道也。"夫理不患其不一，所难者分殊耳"，此李延平之言也。盖延平以救儱侗之失，而先生反之者，欲其事事从源头而出，以救零星装合之非。两家各有攸当，非与先儒为翻案耳。

《谷平日录》
古之学者，只是诚实；今之学者，只是迁就。

听言可以观人：小人当未遇之时，见君子所为，亦有尊重兴起之意，是尚无利禄之深迷，而本心之明有不可掩者。及稍得利禄之谋，便志得意满；虽明知君子所为之是，恐其不便于己，必作为一种说话以寓沮抑之意，宁欺己欺人不顾，此之谓失其本心。

人胸中除去一切闲思量，则天理自在，多少快活。

学之得与不得亦易见：此心洒然，而势利出脱，了无所系，此实得也；虽曰讲学，而势利缠绕，瞻前顾后，此无所得，只是说话。

孔子曰："朝闻道，夕死可矣。"会得此意，则必终日乾乾；学惟为己而已，何处着得丝发为人之意哉？

恶念易去，妄念难去；人心无一念之妄，纯乎道矣！

学者至约工夫，只是常常提醒此心。

圣人用功，与学者一般，但有生熟之异，谓圣人不用功者非也。盖人之心，犹舟之有柁；心一不存，则恶生；柁一不持，则舟覆。圣人即老于行船者，进退推移自然，而柁亦未尝离也。学者即学行船者，未免有把持着力之功，非自然而然也；一生熟之异，即尽圣人、学者用功之说。

今人乍见孺子将入于井，皆有怵惕恻隐之心，此便是善端发见处；人人皆有，但有间断，则若存若亡，不为己有。学者有此心，须充之到渊深塞实，方是有诸己。譬如栽一小树，恐牛羊牧之，大风摇之，须从四围作将垣以防牛羊，又时培土灌水以备风日；则此树渐大，根渐深且实，虽无垣墙，牛羊风日，且如之何？如人善端发见，欲使之常存，必要去闲邪；邪闲则天理自存，存之之久，便到渊深塞实处。到此地位，则本体已复，实有诸己；彼富贵、贫贱、生死、祸福、得丧、夷狄、患难，若无与己，岂能有以介吾意乎？学者须如此用力，方可闲邪；非如何去闲，只是心正则邪自闲了。邪闲则诚存矣，闲邪存诚，是一件，非有二也。

佛氏曰定，明道亦曰定；佛氏曰惺惺，上蔡亦曰惺惺。何也？忘己耳。若灼然有以实见得吾心之体有在于此，设以佛氏所尝语，反规规然而避之，是反涉于较计偏倚之私，而累其广大光明之量。其于斯道无我无物之体，不无有害。

今之以学自命者，人皆议其行事之谬；谓平日讲道学，而行事如此其伪也。愚以为不然，平日讲学，只成一个自私，而自以为天理；故其行事之谬者，非伪也，学术之差也。

霍渭厓先生

霍韬，字谓先，始号兀厓，后更渭厓，广之南海人。始就小学，即揭"居处恭"三字于壁力行之，日诵数千言，一二岁间，诸经皆遍。庚子十月，卒于位，年五十四。（谥文敏）

先生以议大礼，与张桂俱为上所宠眷；然张桂赋性倾险，既躐取大位，仇视不同议之人。而先生举动光明，于不同议之人，如丰熙、杨慎、徐文华、唐枢、陆粲，皆极力荐举，其所论列，动关安危大计。在吏部则铨政为之一清，在礼部则南中体统肃然，风俗为之一变。为举主不认门生，居乡不喜治生，直行其道，不顾是非恩怨。魏庄渠曰："兀厓之亡，于世道有大关系。"非虚语也。今以先生与张桂同类，并称先生为桂所掩也。独是与邃庵、桂洲相訐，皆以意气用事，乏中和之义，所谓豪杰而不圣贤者也。

先生荐文成，谓"臣不如也"，而于文成之学不能契。大意以知有圣人之知，有下愚之知；圣人之知则可致，下愚之知则无所不至矣。夫文成之所谓良知，即人人所同赋之性也；性之灵处即是知，知之不息处即是性，非因下愚而独无也。致者致此也。先生之所谓知，乃习染闻见之知也，恶得良？故圣人与下愚，相去倍蓰无算，如何致之哉？此真千里之谬矣！

《文敏粹言》

初学刻励工夫，安得便自在快活；亦须勉强持守，习熟自别。初学勿忧助长，只忧忘了；到有助长之病，又自有药。

学知为己真味，则知接人处事，有一毫不尽其心者，皆切己实病。

世有苟贱无耻之流，多借忍耐之说，以自蒙臭恶，可怜也！乃且曰道学如是。

薛西原先生

薛蕙，字君采，号西原，亳州人。嘉靖辛丑正月卒，年五十三。先生初好养生家言，自是绝去文字，收敛耳目，澄虑默照；如是者若干年，而卒未之有得也。久之乃悟曰："此生死障耳！不足学。"然因是读《老子》及佛书，得其虚静慧寂之说，不逆于心；已而证之六经及濂洛诸说，至于《中庸》喜怒哀乐未发之谓中，曰："是矣是矣！"故其学以复性为要。未发之中，即性善也，情则始有善不善；圣人尽性，则寂多于感，众人私感不息，几于无寂。此言似是而非，夫性不可以动静言，濂溪之主静，无欲故静。又曰："一者无欲，其非动静之静可知矣。"孟子言性，多以情言，盖舍情无以见性，与诸子专向人生而静以上说性者不同；若止靠静中觉性，以为情发之张本，则一当事变纷纭，此体微薄，便霍然而散矣。一真一切真，无昼夜，无古今，无寂感，方可言性也。

舒梓溪先生

舒芬，字国裳，号梓溪，江西进贤人。丁亥三月卒，年四十四。先生以濂溪得斯道之正脉，故于《太极图说》为之绎义；然视太极若为一物，歧阴阳而二之，所以有天之太极、人之太极、物之太极，盖不胜其支离矣。于是将夫子之所谓"习相远"者，俱误认作性；以为韩子"三品"之论，言性庶为近之，是未窥濂溪之室者也。先生曾请文成书《拱把桐梓》一章，文成书至"至于身而不知所以养之者"，顾先生而笑曰："国裳读书中过状元来，岂诚不知身之所以当养，还须读此乎？"

来瞿塘先生

来知德，字鲜矣，号瞿塘，川之梁山人。年八十卒。先生之学，与程子、阳明有异同者二端：谓格物之物，乃物欲之物；物格而后知至，克己复礼为仁，养心莫善于寡欲，此三句话乃一句话也。何也？物也，己也，欲也，皆有我之私也；格也，克也，寡也，皆除去有我之私也。紫阳是说前一步工夫，阳明是说后一步工夫；谓明德即五达道也，自其共由于人谓之道，自其实得于己谓之德，自其通于天下曰达，自其昭于天下谓之明。非有二物也，即敬止、仁敬、孝慈，信之德也，言齐家，孝弟慈之德也；言治国，宜家人、宜兄弟父子足法之德也；言平天下，老老、长长、恤孤之德也：一部《大学》，绾结于此二字，不言道而言德者，有诸己而后求诸人也。此正五帝三皇以德服人之王道耳。若以人之所得乎天而虚灵不昧为明德，则尚未见之施为，以何事明明德于天下哉？

愚按：以物为欲，《或问》中孔周翰已有是说；但孔以为外物之诱，先生以为有我之私，虽稍不同，然有我之私，未有不从外诱者也。夫格物为初下手工夫，学者未识本体，而先事于防欲，犹无主人而逐贼也；克己之主脑在复礼，寡欲之主脑在养心，格语即识仁也。即是主脑，不可与克己寡欲相例耳。明德为虚灵不昧，无一象之可言，而万象森然；此体不失，而行之君臣、父子、兄弟、夫妇、朋友之间，自无隔阂，故谓之达。故谓五达道在明德中则可，谓明德即五达道，则体用倒置矣。其论心学晦明，天实囿之；若是一阴一阳之道，继之者未必善矣。呜呼！人自囿之，而归咎于天，可乎？

卢宁忠先生

卢宁忠，字献甫，号冠岩，岭南人也。先生受学于黄泰泉，泰泉议王、湛之学，而先生以不得及阳明之门为憾。于甘泉则书札往来，求教不一也。先生谓天地间有是气则有是性，性为气之官，而纲维乎气者是矣。然不知此纲维者，即气之自为纲维，因而名之曰性也；若别有一物以为纲维，则理气二矣。又以诚意之意，是生理之初萌；纯粹至精，即周子诚神几之几也。其视意为有善有恶者，加功密矣，颇与子刘子之言意同，然子刘子以意蕴于心，知藏于心；意中最初之机，则知善知恶之知是；意为存主，知为初萌；先生之所谓意，乃子刘子之所谓知也。虽同在未发之中，而其先后之序，有不容紊乱者。

吕心吾先生

吕坤，字叔简，号心吾，河南宁陵人。家居四十年，年八十三卒。先生资质鲁钝，少时读书，不能成诵；及一切弃之，澄心体认，久之了悟，入目即不忘。年十五，读性理书，欣然有会；作《夜气钞》《扩良心诗》。一生孜孜讲学，多所自得。大抵在思上做工夫，心头有一分检点，使有一分得处。盖从忧患中历过，故不敢任情如此。

《呻吟语》

"无所为而为"五字，是圣贤根源；学者入门念头就要在这上做。今人说话第二、三句，便落在有所为上；只为毁誉利害心脱不去，开口便是如此。

人才不甚相远，只看好学不好学、用心不用心耳。

以粗疏心看古人亲切之语，以烦燥心看古人静深之语，以浮泛心看古人玄细之语，以浅狭心看古人博洽之语；字意未解，句读未真，便加评骘，真孟浪人也。

一门人向予数四穷问：无极太极及理气同异、性命精粗、性善是否。予曰："此等语亦能剿先儒之说及一己之谬见，以相发明；然非汝今日急务。假若了悟性命，洞达天人，也只于性理书上添了'某氏曰'一段言语，讲学门中多了一宗卷案；后世穷理之人，信彼驳此，服此辟彼，百世后汗牛充栋，都是这桩话说。不知于国家之存亡，万姓之生死，身心之邪正，见在得济否？我只有个粗法子，汝只把存心制行、处事接物、齐家治国平天下，大本小节，都事事心下信得过了，再讲这话不迟。"

人各有抵死不能变之偏质，惯发不自由之熟病；要在有痛恨之志，密时检之功。总来不如沉潜涵养，病根久自消磨；然涵养中须防一件，久久收敛，衰歇之意多，发强之意少，视天下无一可为之事，无一可恶之恶，德量日以宽洪，志节日以摧折。没有这个，便是圣贤涵养；着了这个，便是释道涵养。

涵养不定启,自初生至盖棺时凡几变;即知识已到,尚保不定毕竟作何种人。所以学者要德性坚定;到坚定时,随常变穷达生死,只一般,即有难料理处,亦能把持。若平日不遇事时,尽算好人;一遇个小小题目,便考出本态,假遇着难者、大者,知成个甚么人?所以古人不可轻易笑,恐我当此,未便在渠上也。

涵养要九分,省察只消一分。若没涵养,就省察得,也没力量降伏那私欲。

平居时有心切言,还容易;只是当喜怒爱憎时,发当其可,无一厌人语,才见涵养。

天地万物之理,皆始于从容,而卒于急促。急促者,尽气也;从容者,初气也。事从容,则有余味;人从容,则有余年。

心要有个着落,不着落到好处,便向不好处。

一善忿发,未说到扩充,且先执持住,此万善之囮也;若随来随去,更不操存,此心如驿传然,终身无主人住矣。

只是心不放肆,便无过差;只是心不急忽,便无遗忘。

只一事不留心,便有一事不得其理;一物不留心,便有一物不得其所。

一事不从心中出,便是乱举动;一刻心不在腔子里,便是空躯壳。

慎言动于妻子仆隶之间,检身心于食息起居之际;这工夫便密了。

"懒散"二字,立身之贼也。千德万业,日怠废而无成;千罪万恶,日横怒而无制,皆此二字为之。

学者万病,只一个"静"字治得。定静中境界,与六合一般大。里面空空寂寂,无一个事物;才问他索时,般般足,样样有。

千纷百扰中,此心不乱;千挠百逆中,此气不动,此之谓至静。

喜来时一点检，怒来时一点检，怠惰时一点检，放肆时一点检；此是省察大条款。人到此多想不起、顾不得，一错了便悔不及；若养得定了，得发而中节，无用此矣。

圣狂之分，只在苟、不苟二字。

天下难降伏、难管摄的，古今人都做得来，不为难事；惟有降伏、管摄自家难。圣贤做工夫，只在这里。

世人喜言无好人，此孟浪语也；今且不须择人，只于市井稠人中，聚百人而各取其所长。人必有一善，集百人之善，可以为贤人；人必有一见，集百人之见，可以决大计。恐我于百人中，未必人人高出之也。而安可忽匹夫匹妇哉？

清议酷于律令；清议之人，酷于治狱之史。律令所冤，赖清议以明之；清议所冤，万古无反案矣。是以君子不轻议人，惧冤之也。故此事得罪于天甚重。

对左右言，四顾无愧色；对朋友言，临别无戒语。可谓光明矣！胸中何累之有？

天下事，最不可先必而预道之；已定矣，临时还有变更，况未定者乎？故宁有不知之名，无贻失言之悔。

近世料度人意，常向不好边说去；固是衰世人心，无忠厚之意。然士君子不可不自责，若是素行孚人，便是别念头，人亦向好边料度。何者？所以自立者足信也。

常看得自家未必是，他人未必非，便有长进；再看得他人皆有可取，吾身只是过多，便有长进。

凡人之为不善，其初皆不忍也；其后忍、不忍半，其后忍之，其后安之，其后乐之。至于乐为不善，而后良心死矣。

《别录》

每日点检，要见这愿头自德性上发出，自气质上发出，自习识上发出,自物欲上发出;如此省察,久久自识得本来面目。

鹿乾岳先生

鹿善继,字伯顺,号乾岳,北直定兴人。九年七月,先生坚守定兴,城破死之。先生读《传习录》,而觉此心之无隔碍也。故人问其何所授受?曰:"即谓得之于阳明可也。"先生与孙奇逢为友,定交杨忠愍祠下,皆慨然有杀身不悔之志。尝寄周忠介诗云:"寰中第二非吾事,好向椒山句里寻。"首善书院之会,先生将入;闻其相戒不言朝政,不谈职掌,曰:"离职掌言学,则学为无用之物,圣贤为无用之人矣。"遂不往。先生之学,颇近东林诸子,一无搀和夹杂。其斯谓之狂狷与!

曹贞予先生

曹于汴,字自梁,号贞予,平阳安邑人。庚午致仕,卒于家,年七十七。先生与冯应京为友,以圣贤之学相砥砺,讲求兵农、钱赋、边防、水利之要。其耳目大概见之《实用编》。所言仁体,则是《西铭》之注疏也。木则不仁,不木则仁,即上蔡之以觉言仁也。以觉言仁,本是不差;朱子却以为非,谓知觉不可以求仁,仁然后有知觉。夫知觉犹喜怒哀乐也,人心可指,只是喜怒哀乐;喜怒哀乐之不随物而迁者,便是仁体,仁是后起之名,如何有仁方有知觉耶?且上蔡之言知觉,觉其天地万物同体之原理,见得亲切,故又以痛切言之。朱子强坐以血气之性,血气之性,则自私自利矣,恐非上蔡之所指也。

吕豫石先生

吕维祺,字介孺,号豫石,河南新安人。辛巳正月,雒阳陷,先生为贼所执。道遇福王,昂首谓王曰:"死生命也!名义至重,无自辱。"已而贼害王,酌其血,杂鹿醢饮之。曰:"此福禄酒也!"先生大骂,死之。逆奄之时,拆天下书院,以学为讳;先生与张抱初方讲于芝泉书院,几中危祸。在南都立丰芑大社,归又立伊雒社,修复孟云浦讲会,中州学者多从之。尝言:"一生精神结聚在《孝经》,二十年潜玩躬行,未尝少怠。"曾子示门人曰:"'吾知免夫',非谓免于毁伤,盖战兢之心,死而后已也。"若先生者,其见道未可知,庶几讲学而不伪者欤!

论学书

天下万世所以常存而不毁者,只为此道常存;此道之存,人心之所以不死也。使人心而死,则天地之毁也久矣。人心不死,而人人未能操存之,便厌厌无生意;所以持世之人,力为担任,将一副精神,尽用之于此道。而卑者只役役于富贵功名,意见蹊径,其高者又耽入于悬虚,以为道更有在也。不知此道至平至易,见前即是,转疑即非;即入世之中,亦自有出世之法,非必尽谢绝人世而后为学也。世不难于出而难于入,出而不入,出而乃欲入,此幻与伪之为也。入而能出,此吾儒学问之所以异于二氏也。老兄云:"即今亦自可学。"诚哉即今亦自可学也!弟有联云:"人只此人,不入圣,便作狂,中间难站脚;学须就学,昨既过,今又待,何日始回头?"故曰:"才说姑待明日,便不可也。"自古圣学,何人不由学问涵养?而必曰"生知"云云,则自弃甚矣。只要认定一路,一直硬肩做去,日新不已,即吾侪自有圣谛。彼程、邵诸先觉,非人也乎哉?彼何以与天地不朽,而我辈空没没也?思念及此,有不愧汗浃趾者,岂人哉?然老兄之所以迟疑于其间者,得无谓今天下讲学者多伪也;不则,谓讲学与不讲者多分一畛域,恐吾涉于一边。噫,岂其然哉!讲学之伪诚有之,然真者必于此出;以其伪而废真,何异于因噎废食?且天下之贪官蠹多也,未闻以废仕进也。至于讲学之家,多分畛域,亦自有说;吾只见得吾身,非此无以为人安身立命,的的在此。世自有世之讲学,吾自有吾之讲学,所谓天渊县隔者也。今天下禁讲学,而学会日盛;学会虽盛,而真实在此间做者甚少。弟之修复孟先生会,原自修复,不沾带世间一尘;近日敝邑及邻邑远近之士,觉彬彬兴起。今世风之坏也久,而人心日不古矣。以老兄之识力,辨此最易;如有意于此,固无事迟疑。孟子云:"奚有于是?亦为之而已矣!"

天下第一等事,是何人做?天下第一等人,是从何事做起?可惜终身憧憧扰扰,虚度光阴,到雨过庭空、风过花飞时,究竟携得甚物去?以此思之,何重何轻,何真何幻,何去何从,自有辨之者。然而眼界不开,由骨力不坚;骨力不坚,所以眼界愈不开。以此思之,学问下手处可味也。而世往往目学问为伪、为迂,某谓世之学者,岂无伪哉?而真者固自真也。以伪为非,去其伪而可矣。至于学问不足经世,又何学之为?以此思之,学力事业,非两事也。

弟维祜问:"讲学为人所非笑,何以处之?"曰:"讲学不为世俗非笑,是为乡愿;讲学不到使非笑我者终心服我,是为乡人;讲学必别立崖岸,欲自异于世俗,是为隐怪;讲学不大昌其道于天下后世,以承先启后自任,以为法可传自励,是为半途之废。"

郝楚望先生

郝敬,字仲舆,号楚望,楚之京山人。上开矿税,奄人陈增陷益都知县吴宗尧逮问;先生劾增以救宗尧。税奄鲁保、李道请节制地方有司,先生言:"地方有司,皇上所设以牧民者也;中使,皇上所遣以取民者也。今既不能使牧民者禁御其取民者,已为厉矣;而更使取民者箝制其牧民者,岂非纵虎狼入牢而恣其搏噬哉?"又劾辅臣赵志皋:"力主封贡,事败而不坐;鼠首观望,谋国不忠。"于是内外皆怨,遂挂冠而归,筑园著书,不通宾客。五经之外,《仪礼》《周礼》《论》《孟》,各著为解,疏通证明,一洗训诂之气。明代穷经之士,先生实为巨擘。

先生以淳于髡先名实者为人,是墨氏兼爱之言;后名实者自为,是杨氏为我之言。战国仪、秦、鬼谷,凡言功利者,皆不出此二途,杨、墨是其发原处,故孟子言"天下之言不归杨则归墨",所以遂成战国之乱,不得不拒之。若二子徒有空言,无关世道,孟子亦不如此之深切也。此论实发先儒所未发,然以某论之,杨、墨之道,至今未熄。程子曰:"杨墨之害,甚于申韩;佛老之害,甚于杨墨。"佛老其言近理,又非杨墨之比。

夫无所为而为之之为仁义,佛氏从死生起念,只是一个自为;其发愿度众生,亦只是一个为人,凭他说玄说妙,究竟不出此二途。其所谓"如来禅"者,单守一点精魂,岂不是自为?其所谓"祖师禅"者,纯任作用,岂不是为人?故佛氏者,杨、墨而深焉者也,何曾离得杨、墨窠臼。岂惟佛氏,自科举之学兴,儒门那一件不是自为为人?仁义之道所以灭尽。某以为自古至今,只有杨、墨之害,更无他害。扬子云谓:"古者杨墨塞路,孟子辞而辟之,廓如也。"岂非梦语?今人不识佛氏底蕴,将杨、墨置之不道；故其辟佛氏亦无关治乱之数，但从门面起见耳。彼单守精魂者，不过深山之木石，大泽之龙蛇，无容辟之；其纯任作用，一切流为机械变诈者，方今弥天漫地，杨、墨之道，方张而未艾也。

呜呼，先生之学，以下学上达为的，行之而后著，习矣而后察，真能行习，未有不著察者也。下学者行也，上达者知也。故于宋儒穷理、主静之学，皆以为悬空着想；与佛氏之虚无，其间不能以寸。然按先生之下学，即先生所言之格物也；则先生于格物之前，又有一段知止工夫，亦只在念头上未著于事为。此处如何下学，不得不谓之支离矣。

《知言》

习气用事，从有生来已惯，拂意则怒，顺意则喜，志得则扬，志阻则经；七情交逞，此心何时安宁？须猛力斡转习气，勿任自便，机括只在念头上挽回：假如怒时，觉心为怒动，即返观自性，觅取未怒时景象；须臾性现，怒气自平。喜时觉心为喜动，即返观自性，觅取未喜时景象；须臾性现，喜气自平。七情之发，皆以此制之；虽不如慎之未萌省力，然既到急流中，只得如此挽回。

但得闲时，则正襟默坐，体取未发气象；事至物来，从容顺应。尘劳旁午，心气愈加和平，不必临事另觅真宰。但能平心定虑，从容顺应，即此顺应者，即是主宰；多一层计较，多一番劳扰。

吴朗公先生

吴执御，字朗公，台州人也。有《江庐独讲》一编。其学大都以立诚为本，而以坤二爻为入门，因合之乾三爻。深佩宋儒"居敬穷理"之说。至海门言求己处，亦笃信不疑；故于克己闲邪，谓不当作去私说。虽未洞见道体，独契往圣；而一种担当近理之识，卓然躬行君子也。

黄石斋先生

黄道周，字幼玄，号石斋，福之镇海卫人。上御经筵，问："保举、考选，熟为得人？"先生对："树人如树木，须养之数十年，始堪任用。近来人才远不及古，况摧残之后，必须深加培养。"当是时，告讦公行；小人创为"福党"之说以激上怒，必欲杀先生而后已。司寇刘泽深拟烟瘴遣戍，再奏不允。宜兴出山，天下皇皇以出先生望之。一日上御经筵，叹讲官不学，宜兴进曰："惟黄道周识虽偏而学则长。"次辅蒋八公因言道周贫且病，乞移近戍。宜兴曰："皇上无我之心，有同天地。既道周有学，便可径用，何宜移戍。"上笑而不言。既退，即御书原官起用，未上而京师陷，寻以祭告禹陵出，栖迟浙水。国亡之后，奉思文入福，遂首政府。

是时政由郑氏，祭则寡人。赐宴大臣，郑氏欲居第一，先生谓"祖制武职无班文官右者"，相与争执，郑氏辞屈，嫌隙遂成。先生视郑氏殊无经略之志，自请出关；然不能发其一甲，转其斗粟，徒以忠义激发，旬月之间，揭竿云集。先生亲书告身奖语，给为公赏，得之者荣于诰敕。从广信抵衢州，为其门人所给，至婺源明堂里见执；系尚膳监，绝粒十四日不死，引磬文不殊。丙戌三月七日兵解，年六十二。

先生深辨宋儒气质之性之非："气有清浊，质有敏钝，自是气质，何关性上事？性则通天彻地，只此一物；于动极处见不动，于不睹不闻处见睹闻，着不得纤毫气质。宋儒虽言气质之性，君子有弗性焉；毕竟从夹杂中辨别精微，早已拖泥带水去也。"故知先生之说为长。然离心之知觉，无所为性，离气质亦无所为知觉；如此以求尽性，未免易落悬想。有先生之学则可，无先生之学，尚须商量也。

金伯玉先生

金鉉，字伯玉。其先武进人，后籍顺天。国（彝）宪奏弹落职，读书十二年。甲申二月，起补兵部主事，巡视皇城。贼陷大同，先生请撤宣府监视中官，恐于中掣肘，不无偾事之虞；专任抚臣，贼骑未更窥宣也。不报。已而宣之迎贼者，果中官杜勋也。京城失守，先生朝服拜母而哭曰："职在皇城，他非死所！"至御河投水而死，年三十五。母夫人章氏亦投井死。先生卒后，家人简其书籍，壬午七月晦日读《邵子》，记其后曰："甲申之春，定我进退。进虽遇时，外而弗内；退若苦衷，远而弗滞。外止三时，远不卒岁。优哉游哉，庶没吾世！"先生未必前知。然真识所至，自能冥契后来，不足异也。先生曾问学于蕺山先师，某过其家，门巷萧然，残杯冷炙；都中缙绅之士，清修如先生者，盖仅见耳。

语录

事来我应，皆分所当为，此不可生厌弃心；至于本无一事，我心强要生出事来，此便是憧憧往来。

境遇艰苦时，事物劳攘时，正宜提出主宰，令本体不为他物所胜；此处功夫，较之平常百倍矣。不然，平常工夫，亦未到妥贴处。

一事不可放过，一念不可放过，一时不可放过；勇猛精进，处处见有善可迁，有过可改，方是主一工夫。

金正希先生

金声，字正希，徽之休宁人。十二月丁卯，以七千人战于芦沟桥；大师绕出车后，车不得转，全军覆没，先生亦遂谢归。流贼震惊，先生团练义勇以保乡邦。国亡后，先生城守如故。及新安破，执至白下刃之。赋诗云："九死靡他悲烈庙，一师无济负南阳。"读者悲之。南阳乃思文初封地也。

先生精于佛学，以无心为至；其除欲力行，无非欲至于无心也。充无心之所至，则当先生所遇之境，随顺万事而无情，皆可以无心了之；而先生起炉作灶，受事慷慨，无乃所行非所学欤？先生有言，"不问动静，期于循理"，此是儒家本领；先生杂之佛学中，穿透而出，便不可为。先生事业，纯是佛家种草耳。然先生毕竟有葱岭习气者，其言："逆境之来，非我自招，亦是天心仁爱之至，未尝不顺之；而顺乃不过为无可奈何，而安之若命，作一注疏。圣门之学，但见一义字；义当生自生，义当死自死，初不见有生死顺逆也。"

朱震青先生

朱天麟，字震青，吴之昆山人。先生专志读书，好深湛之思。以僻书怪事、子虚乌有诠《易》，读之汗漫恍惚；而实以寓其胸中所得，有蒙庄之风焉。与人言："蝉联不自休，未尝一及世事。"明末士大夫之学道者，类入宗门：如黄端伯、蔡懋德、马世奇、金声、钱启忠，皆是也。先生则出入儒释之间，诸公皆以忠义垂名天壤。夫宗门无善无不善，事理两遣，有无不著；故万事瓦裂，恶名埋没之。夫一入其中，逍遥而便无愧怍。诸公之忠义，总是血心未能融化，宗风未许谓之知性。后人见学佛之徒，忠义出焉；遂以此为佛学中所有，儒者亦遂谓佛学无碍于忠孝。不知此血性不可埋没之处，诚之不可掩；吾儒真种子，切勿因诸公而误认也。

孙锺元先生

孙奇逢，字启泰，号锺元，北直容城人。初尚节侠，左忠毅、魏忠节、周忠介之狱，先后为之顿舍其子弟；与鹿忠节之父举旛击鼓，敛义士之钱以救之；不足，则使其弟启美匹马走塞外，求援于高阳。逆奄之焰，如火之燎原，先生焦头烂额赴之，不顾也。燕赵悲歌慷慨之风久湮，人谓自先生而再见。家有北海亭，名称其实焉。其后一趋而为理学，卜居百原山，——康节之遗址也，其乡人皆从而化。先生家贫，遇有宴会，先时萧然一榻耳；至期则椅桌瓶罍，不戒而集。北方之学者，大概出于其门。先生之所至，虽不知其浅深；使丧乱之余，犹知有讲学一脉者，要不可泯也。所著大者有《理学宗传》，特表周元公、程纯公、程正公、张明公、邵康节、朱文公、陆文安、薛文清、王文成、罗文庄、顾端文十一子为宗，以嗣孟子之后，诸儒别为考以次之。可谓别出手眼者矣！岁癸丑作诗寄义，勉以蕺山薪传，读而愧之。时年九十矣，又二年卒。

《岁寒集》

问做人。曰："饥饿穷愁，困不倒；声色货利，侵不倒；死生患难，考不倒；而人之事毕矣。"

或曰:"士不可小自待。不惟不宜让今人,并不宜让古人。"予谓:"士不宜过自恃,不惟宜让古人,并宜让今人。无一人不在其上,则无一人不出其下矣;无一人不在其不,则无一人不出其上矣。十年不能去一'矜'字,此病不小。"

成缺在事不在心,荣辱在心不在事。

念庵云:"'戒慎不睹,恐惧不闻',此孔门用工口诀也。"白沙云:"戒慎恐惧,所以防存之,而非以为害也。"白沙是对积学之人说,念庵是对初学之人说。徒饰于共见共闻之际,而隐微未慊,只自欺之小人;致谨于十目十手之严,而局蹐太甚,终非成德之君子。二公各有对症之药。

人生在世,逐日扰攘,漫无自得;寻其根源,除怨天尤人,别无甚事。

十九　东林学案

　　今天下之言东林者，以其党祸与国运终始。小人既资为口实，以为亡国由于东林，称之为两党；即有知者，亦言东林非不为君子，然不无过激，且依附者之不纯为君子也，终是东汉党锢中人物。嗟乎，此寐语也！东林讲学者，不过数人耳；其为讲院，亦不过一郡之内耳。昔绪山、二溪，鼓动流俗；江浙南畿，所在设教。可谓之标榜矣，东林无是也。京帅首善之会，主之为南皋、少墟，于东林无与。乃言国本者谓之东林，争科场者谓之东林，攻逆奄者谓之东林；以至言夺情奸相讨贼，凡一议之正，一人之不随流俗者，无不谓之东林。若似乎东林标榜，遍于域中，延于数世；东林何不幸而有是也，东林何幸而有是也？

　　然则东林岂真有名目哉？亦小人者加之名目而已矣！论者以东林为清议所宗，祸之招也。子言之，君子之道，辟则坊与；清议者，天下之坊也。夫子议臧氏之窃位，议季氏之旅泰山，独非清议乎？清议熄，而后有美新之上言，媚奄之红本；故小人之恶清议，犹黄河之碍砥柱也。熹宗之时，龟鼎将移，其以血肉撑拒，没虞渊而取坠日者，东林也；毅宗之变，攀龙髯而蓐蝼蚁者，属之东林乎？属之攻东林者乎？数十年来，勇者燔妻子，弱者埋土室；忠义之盛，度越前代，犹是东林之流风余韵也。一堂师友，吟风热血，洗涤乾坤；无智之徒，窃窃然从而议之。可悲也夫！

顾泾阳先生

　　顾宪成，字叔时，别号泾阳，常之无锡人。先生年十岁，读韩文《讳辩》，遂宛转以避父名；遇不可避者，辄郁然不乐。父谓之曰："昔韩咸安王命子勿讳忠；吾名学，汝讳学，是忘学也。"年十五六，从张原洛读书；原洛授书，不拘传注，直据其所自得者为说。先生听之辄有会。讲《论语》至"问禘章"，先生曰："惜或人欠却一问。夫子不知禘之说，何以知知其说之于天下乎？"讲《孟子》至"养心莫善于寡欲"，先生曰："寡欲莫善于养心。"原洛曰："举子业不足以竟子之学，盍问道于方山薛先生乎？"方山见之，大喜，授以考亭《渊源录》。曰："洙泗以下，姚江以上，萃于是矣。"时江陵当国，先生与南乐魏允中、漳浦刘廷兰风期相许，时称为"三解元"。上书吴县，言时政得失，无所隐避。江陵谓吴县曰："闻有'三元会'，皆贵门生，公知之乎？"吴县以不知对。江陵病，百官为之斋醮；同官署先生名，先生闻之，驰往削去。先生上疏分别君子小人，刺及执政，谪桂阳州判官；柳子厚、苏子瞻、庄定山曾谪桂阳，先生以前贤过化之地，扁所居曰"愧轩"。

甲辰，东林书院成，大会四方之士，一依白鹿洞规。其他闻风而起者，毗陵有经正堂，金沙有志矩堂，荆溪有明道书院，虞山有文学书院，皆捧珠盘请先生莅焉。先生论学，与世为体。尝言："官辇毂，念头不在君父上；官封疆，念头不在百姓上；至于水间林下，三三两两，相与讲求性命，切磨德义，念头不在世道上；即有他美，君子不齿也。"故会中亦多裁量人物，訾议国故，亦冀执政者闻而药之也。天下君子，以清议归于东材，堂庙亦有畏忌。

四明乱政，附四明者多为君子所弹射；四明度不能留，遂计挈归德同去，以政授之朱山阴。山阴懦且老，不为众所惮，于是小人谋召娄江，以中旨下之，而于东阿李晋江、叶福清亦同日拜焉。晋江独在京师，得先入；娄江方引故事疏辞，先生为文二篇，号《梦语》《寐语》讥切之。江西参政姜士昌以庆贺入，遂疏："锡爵再居相位，偏愎忌刻，摧抑人才，不宜复用。"语连廷机，大抵推先生旨也。东阿以拜官之日卒，不与政；福清素无根柢于旧相，特为东林所期许得入。戊申诏起先生南京光禄少卿，乞致仕；时考选命下，新资台谏，附和东林者十八九，益相与咀嚼娄江。山阴、晋江，不得在位，其党斥逐殆尽，而福清遂独秉政；海内皇皇，以起废一事，望之福清。度不能请，请亦不力也。

未几而淮抚之争起。淮抚者，李三才，以豪杰自许，一时君子所属望为冢宰总宪者也。小人畏之特甚，遂出奇计攻之。先生故友淮抚。会富平复起为太宰，富平前与沈嘉禾争丁右武计事，分为两党；先生移书劝之，欲令洒濯嘉禾，引与同心，则依附者自解。且宜拥卫淮抚，勿堕壬人计。富平不省，而好事者遂录其书传天下，东林由是渐为怨府。辛亥内计，富平斥昆、宣党魁七人，小人嚣嚣而起。仪部丁长孺抗言七人宜斥，救者非是。——仪部又先生之门人也。——壬子五月，先生卒，年六十三。先生卒后，福清亦罢相；德清用事，台谏右东林者并出，他傍附者皆以为法。谪向之罪申、王、沈、朱者，不复口及，而东林独为天下大忌讳矣！天启初，诸正人稍稍复位，邹忠介请录遗贤，赠太常寺卿。逆奄之乱，小人作《东林点将录》《天鉴录》《同志录》以导之；凡海内君子，不论有无干涉，一切指为东林党人。以御史石三畏言削夺先生。

先生深虑近世学者乐趋便易，冒认自然；故于不思不勉，当下即是，皆令究其源头，果是性命上透得来否？勘其关头，果是境界上打得过否？而于阳明"无善无恶"一语，辨难不遗余力；以为坏天下教法，自斯言始。按阳明先生教言："无善无恶心之体；有善有恶意之动；知善知恶是良知；为善去恶是格物。"其所谓"无善无恶"者，无善念恶念耳，非谓性无善无恶也；有善有恶之意，以念为意也。知善知恶非意，动于善恶从而分别之为知，好善恶恶，天命自然，炯然不昧者，知也，即性也。阳明于此加一"良"字，正言性善也。为善去恶，所谓有不善未尝不知，知之未尝复行也。良知是本体，天之道也；格物是工夫，人之道也。盖上二句浅言之，下二句深言之；心、意、知、物只是一事。今错会阳明之立论，将谓心之无善无恶是性，由是而发之为有善恶之意，由是而有分别其善恶之知，由是而有为善去恶之格物；层层自内而之外，使善恶相为对待。"无善无恶"一语，不能自别于告子矣！阳明每言"至善是心之本体"，又曰："至善只是尽乎天理之极而无一毫人欲之私。"又曰"良知即天理。"其言"天理"二字，不一而足，乃复以性无善无不善自堕其说乎？且既以无善无恶为性体，则知善知恶之知，流为粗几；阳明何以又言"良知是未发之中"乎？是故心无善念、无恶念，而不昧善恶之知，未尝不在此至善也。钱启新曰："无善无恶之说，近时为顾叔时、顾季时、冯仲好明白排决不已，不至蔓延为害。"当时之议阳明者，以此为大节目。岂知与阳明绝无干涉。呜呼，天泉证道，龙溪之累阳明多矣！

《小心斋札记》

程子每见人静坐，便叹其善学；罗豫章教李延平于静中看喜怒哀乐气象；至朱子又曰："只理会得道理明透，自然是静，不可去讨静坐"。三言皆有至理，须参合之始得。

《识仁说》曰："仁者，浑然与物同体"；只此一语已尽，何以又云"义礼智信皆仁"也？及观世之号为识仁者，往往务为圆融活泼，以外媚流俗而内济其私；甚而蔑弃廉耻，决裂绳墨，闪烁回互，诳己诳人。曾不省义礼智信为何物，犹偃然自命曰仁。

然后知程子之意远矣!

丙戌,余晤孟我疆,我疆问曰:"唐仁卿何如人也?"余曰:"君子也。"我疆曰:"何以排王文成之甚?"余曰:"朱子以象山为告子,文成以朱子为杨墨,皆甚辞也,何但仁卿?"已而过仁卿述之。仁卿曰:"固也,足下不见世之谈'良知'者乎?如鬼如蜮,还得为文成讳否?"余曰:"《大学》言致知,文成恐人认识为知,便走入支离去,故就中间点出一'良'字;《孟子》言良知,文成恐人将这个知作光景玩弄,便走入玄虚去,故就上面点出一'致'字;其意最为精密。至于'如鬼如蜮',正'良知'之贼也,奈何归罪于'良知'?独其揭'无善无恶'四字为性宗,愚不能释然耳。"仁卿曰:"善!早闻足下之言,向者从祀一疏,尚合有商量也。"

人须是一个真:是非之心,人皆有之,只以不真之故,便有夹带;是非太明,怕有通不去、合不来的时节,所必须要含糊。少间又于是中求非、非中求是,久之且以是为非、以非为是,无所不至矣。

迩来讲《识仁说》者多失其意:仁者浑然与物同体,义礼智信皆仁也,此全提也。今也于浑然与物同体,则悉意举扬;于义礼智信皆仁也,则草草放过。识得仁体,以诚敬存之而已,不须防检,不须穷索,此全提也。今也于不须防检、不须穷索,则悉意举扬,于诚敬存之则草草放过,若是者非半提而何?既于义礼智信放过,即所谓浑然与物同体者,亦只窥见儱统意思而已;既于诚敬存之放过,即所谓不须防检穷索者,亦只窥见脱洒意思而已;是并其半而失之也。

康斋《日录》有曰:"君子常常吃亏,方做得。"览之惕然有省,于是思之曰:"夫子之道,忠恕而已矣;忠恕之道,吃亏而已矣。颜子之道,不校而已矣;不校之道,吃亏而已矣。孟子之道，自反而已矣；自反之道，吃亏而已矣。"

史际明曰："宋之道学，在节义之中；今之道学，在节义之外。"予曰："宋之道学，在功名富贵之外；今之道学，在功名富贵之中。在节义之外，则其据弥巧；在功名富贵之中，则其就弥下。无惑乎学之为世诟也。"

罗近溪以颜山农为圣人；杨复所以罗近溪为圣人；李卓吾以何心隐为圣人。

管东溟曰："凡说之不正而久流于世者，必其投小人之私心，而又可以附于君子之大道者也。"愚窃谓"无善无恶"四字当之。何者？见以为心之本体，原是无善无恶也，合下便成一个空；见以为无善无恶，只是心之不着于有也，究竟且成一个混。空则一切解脱，无复挂碍，高明者入而悦之；于是将有如所云"以仁义为桎梏，以礼法为土苴，以日用为缘尘，以操持为把捉，以随事省察为逐境，以讼悔迁改为轮回，以下学上达为落阶级，以砥节砺行、独立不惧为意气用事"者矣。混则一切含糊，无复拣择，圆融者便而趋之，于是将有如所云"以任情为率性，以随俗袭非为中庸，以阉然媚世为万物一体，以枉寻直尺为舍其身济天下，以委曲迁就为无可无不可，以猖狂无忌为不好名，以临难苟安为圣人无死地，以顽钝无耻为不动心"者矣。由前之说，何善非恶？由后之说，何恶非善？是故欲就而诘之，彼其所占之地步甚高，上之可以附君子之大道；欲置而不问，彼其所握之机缄甚活，下之可以投小人之私心。即孔孟复作，亦奈之何哉？

语本体，只是"性善"二字；语工夫，只是"小心"二字。

《商语》

丁长孺曰："圣贤无讨便宜的学问。"学者就跳不出"安饱"二字，犹妄意插脚道中，此讨便宜的学问也。

《当下绎》

平居无事，不见可喜，不见可嗔，不见可疑，不见可骇；行则行，住则住，坐则坐，卧则卧，即众人与圣人何异？至遇富贵，鲜不为之充诎矣；遇贫贱，鲜不为之陨获矣；遇造次，鲜不为之扰乱矣；遇颠沛，鲜不为之屈挠矣。然则富贵一关也，贫贱一关也，造次一关也，颠沛一关也；到此直令人肝腑具呈，手足尽露，有非声音笑貌所能勉强支吾者。故就源头上看，必其无终食之间违仁，然后能于富贵贫贱、造次颠沛处之如一；就关头上看，心其能于富贵贫贱、造次颠沛处之如一，然后算得无终食之间违仁耳。

高景逸先生

高攀龙，字存之，别号景逸，常州之无锡人。先生劲锡爵声音笑貌之间，虽示开诚布公之意；而精神心术之微，不胜作好作恶之私。谪揭阳添注典史，半载而归；遂与顾泾阳复东林书院，讲学其中。每月三日，远近集者数百人，以为纪纲世界，全要是非明白；小人闻而恶之，庙堂之上，行一正事，发一正论，俱目之为东林党人。逆奄魏忠贤乱政，先生谓同志曰："今日之事，未能用倒仓之法；唯有上下和衷，少杀其毒耳。"其论与先忠端公相合。总宪缺，先忠端公上速推宪臣、慎简名贤疏，意在先生也。升左都御史，纠大贪御史崔呈秀，依律遣戍，亡何，逆奄与魏广微合谋，借会推晋抚一事，尽空朝署。先生遂归。明年，《三朝要典》成，坐移宫一案，削籍为民，毁其东林书院。丙寅，又以东林邪党逮先生及忠端公七人。缇帅将至，先生夜半书遗疏，自沉止水。三月十七日也——年六十有五。疏云："臣虽削夺,旧系大臣;大臣受辱则辱国,故北向叩头,从屈平之遗则。君恩未报,结愿来生。"

其自序为学之次第云:"吾年二十有五,闻令公李元冲与顾泾阳先生讲学,始志于学;以为圣人所以为圣人者,必有做处,未知其方。看《大学或问》,见朱子说'入道之要莫如敬',故专用力于肃恭收敛。持心方寸间,但觉气郁身拘,大不自在;及放下,又散漫如故,无可奈何。久之忽思程子谓'心要在腔子里';不知腔子何所指,果在方寸间否耶?觅注释不得。忽于《小学》中见其解曰:'腔子犹言身子耳。'大喜,以为心不啻在方寸,浑身是心也,顿自轻松快活。适江右罗止庵来讲李见罗修身为本之学,正合于余所持循者,益大喜不疑。是时只作知本工夫,使身心相得,言动无谬。己丑第后,益觉此意津津,忧中读《礼》读《易》。壬辰,谒选,平生耻心最重。筮仕自盟曰:'吾于道未有所见,但依吾独知而行;是非好恶,无所为而发者,天启之矣。'验之颇近于此。略见本心,妄自担负,期于见义必为。冬至朝天宫习仪,僧房静坐,自见本体;忽思'闲邪存诚'句,觉得当下无邪,浑然是诚,更不须觅诚。一时快然,如脱缠缚。癸巳,以言事谪官,颇不为念;归尝世态,便多动心。

甲午秋,赴揭阳,自省胸中理欲交战,殊不宁帖。在武林与陆古樵、吴子往谈论数日;一日,古樵忽问曰:'本体何如?'余言下茫然。虽答曰:'无声无臭,实出口耳。'非由真见。将过江头,是夜明月如洗,坐六和塔畔;江山明媚,知己劝酬,为最适意时。然余忽忽不乐,如有所束;勉自鼓兴,而神不偕来,夜阑别去。余便登舟猛省曰:'今日风景如彼,而余之情景如此,何也?'穷自根究,乃知于道全未有见,身心总无受用。遂大发愤曰:'此行不彻此事,此生真负此心矣!'明日于舟中厚设蓐席,严立规程;以半日静坐,半日读书。静坐中不帖处,只将程朱所示法门参求；于凡诚敬主静、观喜怒哀乐未发、默坐澄心、体认天理等，一一行之，立坐食息，念念不舍，夜不解衣，倦极而睡，睡觉复坐。于前诸法，反复更互；心气清澄时，便有塞乎天地气象，第不能常。在路二月，幸无人事；而山水清美，主仆相依，寂寂静静。晚间命酒数行，停舟青山，徘徊碧涧；时坐磐石，溪声乌韵，茂树修篁，种种悦心，而心不着境。过汀州，陆行至一旅舍，舍有小楼，前对山，后临涧，登楼甚乐。偶见明道先生曰：'百官万务，兵革百万之众，饮水曲肱，乐在其中；万变俱在人，其实无一事。'猛省曰：'原来如此，实无一事也！'一念缠绵，斩然遂绝。忽如百斤担子，顿尔落地；又如电光一闪，透体通明，遂与大化融合无际，更无天人内外之隔。至此见六合皆心，腔子是其区宇，方寸亦其本位；神而明之，总无方所可言也。平日深鄙学者张皇说悟，此时只看作平常，自知从此方好下工夫耳。

乙未春，自揭阳归，取释、老二家参之。释典与圣人所争毫发，其精微处吾儒其有之，总不出"无极"二字；弊病处先儒具言之，总不出"无理"二字。观二氏而益知圣道之高；若无圣人之道，便无生民之类，即二氏亦饮食衣被其中而不觉也。戊戌作水居，为静坐读书计。然自丙申后数年，丧本生父母、徙居、婚嫁，岁无宁息；只于动中炼习，但觉气质难变。

甲辰，顾泾阳先生始作东林精舍，大得朋友讲习之功；徐而验之，终不可无端居静定之力。盖各人病痛不同，大贤圣必有大精神，其主静只在寻常日用中，学者神短气浮，便须数十年静力，方得厚聚深培。而最受病处，在向无小学之教，浸染世俗，故俗根难拔；必埋头读书，使义理浃洽，变易其俗肠俗骨，澄神默坐，使尘妄消散，坚凝其正心正气，乃可耳。余以最劣之质，即有豁然之见；而缺此一大段工夫，其何济焉？所幸呈露面目以来，才一提策，使是原物。

丙午，方实信孟子性善之旨。此性无古无今，无圣无凡，天地人只是一个；惟最上根，洁清无蔽，便能信入。其次全在学力，稍隔一尘，顿遥万里，孟子所以示瞑眩之药也。丁未，方实信程子'鸢飞鱼跃'与'必有事焉'之旨。谓之性者，色色天然，非由人力。鸢飞鱼跃，谁则使之？勿忘勿助，犹为学者戒勉；若真机流行，瀰漫布濩，亘古亘今，间不容息，于何而忘，于何而助？所以必有事者，如植谷然；根苗花实，虽其自然变化，而栽培灌溉，全非勉强学问。苟漫说自然，都无一事，即不成变化，亦无自然矣。

辛亥，方实信《大学》知本之旨；壬子，方实信《中庸》之旨。此道绝非名言可形，程子名之曰'天理'，阳明名之曰'良知'，总不若'中庸'二字为尽。中者停停当当，庸者平平常常；有一毫走作，便不停当，有一毫造作，便非平常。本体如是，工夫如是，天地圣人，不能究竟，况于吾人，岂有涯际？勤物敦伦，谨言敏行；兢兢业业，毙而后已云尔。"

此先生甲寅以前之功如此。其后涵养愈粹，工夫愈密；到头学力，自云心如太虚，本无生死。子刘子谓先生心与道一，尽其道而生，尽其道而死；是谓无生无死，非佛氏所谓无生死也。

先生之学，一本程朱，故以格物为要；但程朱之格物以心主乎一身，理散在万物，存心穷理，相须并进。先生谓"才知反求诸身，是真能格物者也"，颇与杨中立所说"反身而诚，则天下之物无不在我"为相近，是与程朱之旨异矣。先生又曰："人心明即是天理穷，至无妄处，方是理。"深有助乎阳明"致良知"之说；而谓"谈良知者致知不在格物，故虚灵之用，多为情识，而非天则之自然，去至善远矣。吾辈格物，格至善也；以善为宗，不以知为宗也。"夫善岂有形象？亦非有一善从而知之，知之推极处即至善也。致良知正是止至善，安得谓其相远？总之，致知格物，无先后之可言；格物者申明"致"之一字，格物即在致之中，未有能致而不谓之格物者。先生谓"有不格物之致知"，则其所致者何事？故必以外穷事物之理为格物，则可言阳明之致知不在于格物。若如先生言，人心明即是天理；则阳明之致知，即是格物明矣。先生之格物本无可议；特欲自别于阳明，反觉多所扞格耳。

语录

人心放他自由不得。

须知动心最可耻；心至贵也，物至贱也，奈何贵为贱役！

人想到死去，一物无有，万念自然撇脱；然不知悟到性上一物无有，万念自无系累也。

有问钱绪山曰："阳明先生择才，始终得其用，何术而能然？"绪山曰："吾师用人，不专取其才，而先信其心；其心可托，其才自为我用。世人喜用人之才，而不察其心；其才止足以自利其身已矣，故无成功。"愚谓此言是用才之诀也。然人之心地不明，如何察得人心术？人不患无才，识进则才进；不患无量，见大则量大。皆得之于学也。

札记

有愤便有乐，不知手之舞之、足之蹈之；平日无愤无乐，只是悠悠。

天然一念现前，为万变主宰，此先立乎其大者。

说

静坐之法，唤醒此心，卓然常明，志无所适而已。志无所适，精神自然凝复，不待安排，勿着方所，勿思效验。初入静者，不知摄持之法，惟体帖圣贤切要之法，自有入处；静至三日，必臻妙境。

静坐之法，不用一毫安排；只平平常常，默然静去。此平常二字，不可容易看过，即性体也。以其清净，不容一物，故谓之平常，画前之《易》如此。人生而静以上如此，喜怒哀乐未发如此，乃天理之自然；须在人各各自体帖出，方是自得。静中妄念强除不得，真体既显，妄念自息；昏气亦强除不得，妄念既净，昏气自清。只体认本性原来本色，还他湛然而已。大抵着一毫意不得，着一毫见不得；才添一念，便失本色。由静而动，亦只平平常常，湛然动去；静时与动时一色，动时与静时一色。所以一色者，只是一个平常也，故曰"无动无静"。学者不过借静坐中认此无动无静之体云尔。静中得力，方是动中真得力；动中得力，方是静中真得力。所谓敬者此也，所谓仁者此也，所谓诚者此也。是复性之道也。

前《静坐说》，观之犹未备也。夫静坐之法，入门者藉以涵养，初学者藉以入门。彼夫初入之心，妄念胶结，何从而见平常之体乎？平常则散漫去矣。故必收敛身心以主于一，一即平常之体也，主则有意存焉。此意亦非着意，盖心中无事之谓，一着意则非一也；不着意而谓之意者，但从衣冠瞻视间整齐严肃，则心自一，渐久渐熟，平常矣。故主一之学，成始成终者也。

古人何故最重名节？只为自家本色，原来冰清玉洁，着不得些子污秽；才些子污秽，自家便不安。此不安之心，正是原来本色，所谓道也。

为善必须明善，善者性也，性者人生而静是也；人生而静时，胸中何曾有一物来？其营营扰扰者，皆有知识以后，日添出来，非其本然也。即是添来，今宜减去；减之又减，以至于减无可减,方始是性,方始是善。何者?人心湛然无一物时,乃是仁义礼智也;为善者,乃是仁义礼智之事也。

学必须悟,悟后方知痛痒耳。知痛痒后,直事事放过不得。

论学书

戒惧慎独,不过一灵炯然不昧;知是必行、知非必去而已。所以然者,何也?此件物事,不着一毫,惟是知是必行、知非必去;斩斩截截,洁洁净净,积习久之,至于动念必正,方是此件。不然,只是见得他光景,不为我有,试体行不慊心之时,还是此件否耶?

知危者便是道心。

圣学全不靠静,但各人禀赋不同;若精神短弱,决要静中培丰拥硕。收拾来便是良知,散漫去都成妄想。

人生处顺境好过,却险;处逆境难过,却稳。世味一些靠不着,方见道味亲切;道味有些靠不着,只是世味插和。两者推敲,尽有进步;若顺境中,一切混过矣。

接教言"连日精神不畅",此不可放过,凡天理自然通畅和乐。不通畅处,皆私欲所蒙,刻刻唤醒,不令放倒。

为己之根未深,怒于毁者必喜于誉。却似平日所为好事,不过欲人道得一个好;于自己的性分,都无干涉。

躬行君子,文人所谓未得者,要形色,纯是天性。声为律,身为度;做到圣人,亦无尽处,所以为未得。故不悟之修,止是妆饰;不修之悟,止是见解。二者皆圣人所谓文而已,岂躬行之谓哉?

人生只有一个念头最可畏,全凭依他不得。精察天理,令这念头只在兢业中行,久之纯熟;此个念头,即是天理。孔圣七十方到此地位,吾辈何敢说大话也?

学问只要一丝不挂，其体方真；体既真，用自裕。到真用工夫时，即工夫一切放下，方是工夫。

杂著

姚江之弊，始也扫闻见以明心耳，究而任心而废学，于是乎诗书礼乐轻，而士鲜实悟；始也扫善恶以空念耳，究且任空而废行，于是乎名节忠义轻，而士鲜实备。

凡人而可至于圣人者，只在慎独；独者本然之天明也，人所不知而己所独知也。是即知其为是，非即知其为非；非由思而得，非由虑而知。即此是天，即此是地，即此是鬼神；无我无人，无今无古，总是这个。知得这个可畏，即便是敬；不欺瞒这个，即便是诚。——依这本色，即便是明。

陆古樵曰："只要立大本，一日有一日之力，一月有一月之力；务要静有定力，令我制事，毋使事制我。"余深喜其言。闻其谓子征曰："静后觉真气从丹田隐隐而生。"予又惧其误认主静之旨也。

李见罗书云："果明宗，果知本，真有心意知物各止其所；而格致诚正，总付之无所事事的光景矣。"又曰："格致诚正，不过就其中缺漏处照管提撕，使之常止；常止则身常修，心常正，意常诚，知常致，而物自格矣。余则以《大学》格致，即《中庸》明善，所以使学者辨志定业，绝利一源，分部为己为人之界，精研义利是非之极，透顶彻底，穷穴捣巢。要使此心光明洞达，直截痛快，无毫发含糊疑似于隐微之地以为自欺之主；夫然后为善而更无不为之意拒之于前，不为恶而更无欲为之意引之于后。意诚、心正、身修，善之所以纯粹而精，止之所以敦厚而固也。不然，非不欲止欲修，而气禀物欲，拘蔽万端，恐有不能实用其力者矣。且修身为本，圣训昭然千古，谁不知之？只缘知诱物化，不能反躬，非欲能累人知之不至也。何以旦昼必无穿窬之念，夜必无穿窬之梦？知之切至也。故学者辨义利是非之极，必皆如无穿窬之心，斯为知至；此工夫吃紧沉着，岂可平铺放在，说得都无气力？且条目次第，虽非今日致、明日诚；然着个先后字，亦有意义，不宜如此儱侗。"此不过先儒旧说，见罗则自谓孔、曾的传，恐决不入也。

讲义

自有知识以来，起心动念，俱是人欲；圣人之学，全用逆法，只从矩，不从心所欲也。立者立于此，不惑者不惑于此；步步顺矩，故步步逆欲。到五十而知天命，方是顺境；故六十而耳顺矣，七十而心顺矣。

人生有身，必有所处，不处约，便处乐；不仁之人，约也处不得，乐也处不得，此身无一处可着落也。约者收敛之义，乐者发舒之义。不仁者愈约愈局，更无过活处；愈乐愈放，更无收煞处。

所谓一，不是只说一个心，是说这个心到至一处。譬之于金，当其在矿时，只可谓之矿，不可谓之金；故未一之心，只可谓之心，惟精之心，方可谓之一。

《会语》

凡事行不去时节，自然有疑；有疑要思其所以行不去者，即是格物。

人要于身心不自在处，究竟一个着落，所谓"困心衡虑"也。若于此蹉过，便是困而不学。圣学正派，只以穷理为先，不穷理便有破绽。譬如一张桌子，须要四面皆见，不然，一隅有污秽，不知也；又如一间屋，一角不照，即躲藏一贼，不知也。

问："近觉坐行语默，皆瞒不得自家。"曰："此是得力处，心灵到身上来了，但时时默识而存之。"

薛文清、吕泾野语录中，无甚透悟语，后人或浅视之；岂知其大正在此。他自幼未尝一毫有染，只平平常常、脚踏实地做去，彻始彻终，无一差错。既不迷，何必言悟？所谓悟者，乃为迷者而言也。

气节而不学问者有之，未有学问而不气节者。若学问不气节，这一种人为世教之害不浅。

问："康斋与白沙透悟处孰愈？"曰："不如白沙透彻。""胡敬斋如何？"曰："敬斋以敬成性者也。""阳明、白沙学问如何？"曰："不同。阳明、象山是孟子一脉，阳明才大于象山，象山心粗于孟子。自古以来，圣贤成就，俱有一个脉络：濂溪、明道与颜子一脉；阳明、象山与孟子一脉；横渠、伊川、朱子与曾子一脉；白沙、康节与曾点一脉；敬斋、康斋、尹和靖与子夏一脉。"又问："子贡何如？"曰："阳明稍相似。"

钱启新先生

钱一本，字国端，别号启新，常州武进人。削籍后，归筑经正堂以讲学。东林书院成，与顾端文分主讲席。党祸起，小人以东林为正鹄；端文谣诼无虚日，而先生不为弋者所篡。先生之学，得之王塘南者居多，惩一时学者喜谈本体，故以工夫为主。"一粒谷种，人人所有，不能凝聚到发育地位，终是死粒；人无有不才，才无有不善，但尽其才，始能见得本体，不可以石火电光，便作家当也。"此言深中学者之病。至谓"性固天生，亦由人成，故曰成之者性"。夫性为自然之生理，人力丝毫不得而与；故但有知性而无为性，圣不能成，愚不能亏。以成亏论性，失之矣！先生深于《易学》，所著有《像象管见》《象钞》《续钞》；演九畴为四千六百八爻,有辞有象,占验吉凶,名《范衍类》。儒学正脉,名《源编汇编》。录时政名《邸钞》,语录名《黾记》。

《黾记》

圣门教人求仁,无甚高远,只是要人不坏却心术;狂狷是不坏心术者,乡愿是全坏心术者。

棱角多全无浑涵气象,何以学为?

毋信俗耳庸目,以是非时事,臧否人物。

人分上是非好丑,一切涵容,不转发露,即高明广大气象。朱子曰:"人之情伪,固有不得不察;然此意偏胜,便觉自家心术,亦染得不好了也。"

惟圣人然后可以践形,学不在践履处求,悉空谈也。

四端只是果芽;若不充长,立地成朽。

常人耳目汩于睹闻,性体汩于情识;如病疟汉,只为未发是病,故发时皆病。

十二时中,看自家一念从何处起?即检点不放过,便见功力。

朱以功曰:"事事肯放过他人,则德日弘;时时不肯放过自己,则学日密。"

后世小人,动以"党"字倾君子、倾人国;不过小人成群,而欲君子孤立耳。或有名为君子,好孤行其意而以无党自命者,其中小人之毒亦深。

面孔上常要有血。

愚不肖可与知能行,见在都有下手处;及其至而圣人不知不能,到底都无歇手处。

生知之"生"字,人人本体;学知之"学"字,人人工夫。谓生自足而无待于学,古来无如此圣人。

只是这个身子顿放得下，是谓克己；提摄得起，又谓由己。

孙淇澳先生

孙慎行，字闻斯，号淇澳，常之武进人。先生之学，从宗门入手，与天宁僧静峰参究公案，无不了然。每从忧苦烦难之境，心体忽现。然先生不以是为得，谓："儒者之道，不从悟入。君子终日学问思辨行，便是终日戒惧慎独，何得更有虚闲？求一漠然无心光景，故舍学问思辨行，而另求一段静存动察工夫以养中和者，未有不流于禅学者也。"

其发先儒所未发者凡有数端：世说天命者，除理义外别有一种气运之命，杂糅不齐。因是则有理义之性、气质之性；又因是则有理义之心、形气之心。三者异名而同病。先生谓："孟子曰：'天之高也，星辰之远也；苟求其故，千岁之日至，可坐而致也。'是天之气运之行无不齐也，而独命人于气运之际，顾有不齐乎哉？盖一气之流行往来，必有过有不及；故寒暑不能不错杂，治乱不能不循还。以人世畔援歆羡之心，当死生得丧之际，无可奈何而归之运命，宁有可齐之理？然天惟福善祸淫，其所以福善祸淫，全是一段至善；一息如是，终古如是。不然，则生理灭息矣。"此万有不齐中一点真主宰，先生之所谓"齐"也。

先生谓："性善，气质亦善。以粢麦喻之：生意是性，生意默然流行便是气，生意显然成象便是质；如何将一粒分作两项，曰性好、气质不好？盖气禀实有不齐，生而愚知、清浊，较然分途，如何说得气质皆善。然亟愚极浊之人，未尝不知爱亲敬长；此继善之体，不以愚浊而不存，则气质之非不善可知。"先生之所以为善也。

先生谓："人心道心，非有两项心也。人之为人者心，心之为心者道；人心之中，只有这一些理义之道心，非道心之外，别有一种形气之人心也。盖后人既有气质之性，遂以发于气质者为形气之心；以为心之所具者，些些知觉，以理义实之，而后谓之道心。须穷天地万物之理，不可纯是己之心也。若然，则人生本来，只有知觉，更无理义；只有人心，更无道心。即不然，亦是两心夹杂而生也。"此先生之说长也。

三者之说，天下浸淫久矣；得先生而云雾为之一开，真有功于孟子者也！阳明门下，自双江、念庵以外，总以未发之中，认作已发之和，谓工夫只在致和上；却以语言道断、心行路绝上一层，唤作未发之中。此处大段着力不得，只教人致和着力后，自然黑窣撞着也。先生乃请从喜怒哀乐看，方有未发。夫人日用间，岂必皆喜怒、皆哀乐？即发之时少，未发之时多；心体截得清楚，工夫始有着落。自来皆以仁义礼智为性，恻隐、羞恶、辞让、是非为情。李见罗《道性编》，欲从已发推原未发，不可执恻隐、羞恶、辞让、是非之心而昧性，自谓提得头脑。不知有恻隐而始有仁之名，有羞恶而始有义之名，有辞让而始有礼之名，有是非而始有智之名；离却恻隐、羞恶、辞让、是非，则心行路绝，亦无从见性矣。先生乃谓孟子欲人识心，故将恻隐之心指为仁之端；非仁在中而恻隐之心反为端也。如此则见罗之说，不辨而知其非矣。

蕺山先师曰："近看孙淇澳书，觉更严密；谓自幼至老，无一事不合于义，方养得浩然之气，苟有不慊则馁矣。"是故东林之学，泾阳导其源，景逸始入细，至先生而集其成矣。

《困思钞》

独，非独处也；对面同堂，人见吾言而不见吾所以言，人见吾行而不见吾所以行，此慎独也。且慎独亦不以念初发论，做尽万般事业，毫无务外为人夹杂，便是独的境界；敛尽一世心思，不致东驰西骛走作，便是慎独的精神。

举世非之而不顾，擎掌撑脚，独往来于天地之间；夫到得焉有所倚地位，方是慎独。

顾泾凡先生

顾允成，字季时，别号泾凡。兄则泾阳先生也，与泾阳同游薛方山之门。丁未五月卒，年五十四。平生所深恶者乡愿、道学；谓："此一种人占尽世间便宜，直将弑父与君种子，暗布人心。学问须从狂狷起脚，然后能从中行歇脚。近日之好为中行，而每每堕入乡愿窠臼者，只因起脚时便要做歇脚事也。"邹忠介晚年论学，喜通融而轻节义。先生规之曰："夫假节义乃血气也，真节义即义理也；血气之怒不可有，义理之怒不可无。义理之节气，不可亢之而使骄，亦不可抑之而使馁。以义理而误认为血气，则浩然之气，且无事养矣。近世乡愿、道学，往往借此等议论，以销铄吾人之真元，而遂其同流合污之志。其言最高，其害最远。"一日喟然而叹，泾阳曰："何叹也？"曰："吾叹夫今之讲学者，恁是天崩地陷，他也不管，只管讲学耳！"泾阳曰："然则所讲何事？"曰："在缙绅，只'明哲保身'一句；在布衣，只'传食诸侯'一句。"泾阳为之慨然。

泾阳尝问先生工夫，先生曰："上不从玄妙门讨入路；下不从方便门讨出路。"泾阳曰："须要认得自家。"先生曰："妄意欲作天下第一等人，性颇近狂；然自反尚学硁硁窠臼，性又近狷。窃恐两头不着。"泾阳曰："如此，不为中行不可得矣。"先生曰："检点病痛，只是一个粗字；所以去中行弥远。"泾阳曰："此是好消息，粗是真色，狂狷原是粗中行，中行只是细狂狷；练粗入细,细亦真矣。"先生曰:"粗之为害,亦正不小,犹幸自觉得,今但密密磨洗,更无他说。"泾阳曰:"尚有说在。性近狷,还是习性;情近狂,还是习情。若论真性情,两者何有于此?参取明白,方认得自家;既认得自家,一切病痛,都是村魔野祟,不敢现形于白日之下矣。"先生迟疑者久之而后曰:"豁然矣!譬如欲适京师,水则具舟楫,陆则备舆马;径向前去,无不到者。其间倘有阻滞,则须耐心料理。若因此便生懊恼,且以为舟楫、舆马之罪;欲思还转,别寻方便,岂不大误?"泾阳曰:"如是如是。"

先生尝曰:"吾辈一发念,一出言,一举事,须要太极上着脚;若只跟阴阳五行走,便不济事。"有疑其拘者,语之曰:"大本大原,见得透,把得住,自然四通八达,谁能拘之?若于此胡涂,便要通融和会,几何不堕坑落堑,丧失性命!"故先生见义必为,皆从性命中流出。沈继山称为"义理中之镇恶,文章中之辟邪",洵不虚也!

《小辨斋札记》

学者须在暗地里牢守界限,不可向的然处铺张局面。

"逆诈亿不信"五字,入人膏肓,所谓杀机也。亿逆得中,自家的心肠,亦与那人一般;亿逆得不中,那人的心肠,胜自家多矣。

三代而下,只是乡愿一班人名利兼收,便宜受用;虽不犯乎弑君弑父,而自为忒重,实埋下弑父弑君种子。

炎祚之促,小人足之也;善类之殃,小人殃之也;绍圣之纷更,小人纷更之也。今不归罪于小人,而又归罪于君子;是君子既不得志于当时之私人,而仍不得志于后世之公论;为小人者,不惟愚弄其一时,仍并后世而愚之也。审如其言,则将曰比干激而亡商;龙逢激而亡夏;孔子一矫而春秋遂流为战国;孟子与苏秦、张仪分为三党，而战国遂吞于吕秦；其亦何辞矣！

南皋最不喜人以气节相目。仆问其故，似以节义为血气也。夫假节义乃血气也，真节气即理义也；血气之怒不可有，理义之怒不可无。礼义之节气，不可亢之而使骄，亦不可抑之而使馁；以义理而误认为血气，则浩然之气，且无事养矣。近世乡愿、道学，往往借此等议论，以销铄吾人之真元，而达其同流合污之志；其言最尚，其害最远。

阳明提良知，是虚而实；见罗提修身，是实而虚。两者如水中月、镜中花，妙处可悟而不可言；所谓会得时活泼泼地，会不得只是弄精魂。

昔之为小人者，口尧舜而身盗跖；今之为小人者，身盗跖而骂尧舜。

"名根"二字，真学者痼疾。然吾辈见得是处，得做且做。若每事将此个题目，光光抹煞，何处开得口、转得身也？

平生左见，怕言中字；以为我辈学问，须从狂狷起脚，然后能从中行歇脚。凡近世之好为中行，而每每随入乡愿窠臼者；只因起脚时，便要做歇脚事也。

史玉池先生

史孟麟，字际明，号玉池，常州宜兴人。先生师事泾阳，因一时之弊，故好谈工夫。夫求识本体，即是工夫；无工夫而言本体，只是想象卜度而已，非真本体也。即谓先生之言是谈本体可也。阳明言"无善无恶心之体"，先生作《性善说》辟之。夫无善无恶心之体，原与性无恶无不善之意不同；性以理言，理无不善，安得云无？心以气言，气之动有善有不善；而当其藏体于寂之时，独知湛然而已，安得谓之有善有恶乎？其时杨晋庵颇得其解，移书先生，谓错会阳明之意是也。独怪阳明门下解之者曰："无善无恶，斯为至善。"亦竟以无善无恶属之于性，真索解人而不得矣！

刘静之先生

刘永澄，字静之，扬州宝应人。八岁，读《正气歌》《衣带赞》，即文文公位朝夕拜之。先生与东林诸君子为性命之交。高忠宪曰："静之官不过七品，其志以为天下事莫非吾事，若何而圣贤吾君，若何而圣贤吾相，若何而圣贤吾百司庶职；年不及强而仕，其志以为千古事莫非吾事，生前吾者若何扬揭之，生当吾者若何左右之，生后吾者若何矜式之。"先师刘忠端曰："静之尚论千古得失，尝曰：'古人往矣，岂知千载而下，被静之检点破绽出来；安知千载后，又无检点静之者？'其刻厉自任如此。"大概先生天性过于学问，其疾恶之严，真如以利刃齿腐朽也。

《绪言》

有一等自是的人，动曰吾求信心；不知所信者，果本心乎，抑习心乎？

假善之人，事事可饰圣贤之迹；只逢着忤时抗俗的事，便不肯做。不是畏祸，便怕损名；其心总是一团私意故耳！

谦谦自牧，由由与偕；在丑不争，临财无苟。此居乡之利也。耳习琐尾之谈，目习征逐之行；以不分黑白为浑融，以不悖时情为忠厚。此居乡之害也。夫恶人不可为矣，庸人又岂可为乎？小人不当交矣，庸人又岂足交乎？

寻常之人，惯苛责君子，而宽贷小人。非君子仇而小人昵也，君子所图者大，则所遗者细，世人只检点细处，故多疵耳；

小人所逆者理，则所便者情，世人只知较量情分，故多恕耳。

与君子交者，君子也；与小人交者，小人也；君子可交、小人亦可交者，乡人也。乡人之好君子也不甚，其恶小人也亦不甚；其用情在好恶之间；故其立身也，亦在君子小人之间。天下君子少，小人亦少，而乡人最多；小人害在一身，乡人害在风俗。

李卓吾曰："有利于己，而欲时时嘱托公事，则称引'万物一体'之说；有害于己，而欲远怨避嫌，则称引'明哲保身'之说。使君相烛其奸，不许嘱托，不许远嫌避害，又不许称引，则道学之情穷矣。"

说心说性，说玄说妙，总是口头禅。只把孟子"集义"二字，较勘身心；一日之内，一事之间，有多少不合义处，有多少不慊于心处。事事检点，不义之端，渐渐难入；而天理之本体，渐渐归复，浩然之气，不充于天地之间者鲜矣。

薛玄台先生

薛敷教，字以身，号玄台，常之武进人。方山薛应旂之孙也。年十五，为诸生，海忠介以忠义许之。甲辰，顾泾阳修复东林书院，聚徒讲学，先生实左右之。作《真正铭》以勉同志，曰："学尚乎真，真则可久；学尚乎正，正则可守。真而不正，所见皆苟；正而不真，终非己有。君亲忠孝，兄弟恭友；提身以廉，处众以厚。良朋切劘，要于白首；乡里谤怨，莫之出口。毋谓冥冥，内省滋疚；毋谓琐琐，细行匪偶。读书学道，系所禀受；精神有余，穷玄极趣。智识寡昧，秉哲省咎；殊途同归，劳逸难狃。世我用兮，不薄五斗；虽不我用，徜徉五柳。无贵无贱，无荣无朽；殒节逢时，今生谅否？必真必正，夙所自剖；寄语同心，各慎厥后。"年五十九而卒。

先生持身孤峻，筮仕以来，未尝受人一馈，垢衣粝食，处之泰然；舍车而徒，随行一苍头而已，故其言曰："脚跟站定，眼界放开；静躁浓淡间，正人鬼分胎处。"又曰："道德功名，文章气节，自介然无欲始。"又曰："学苟不窥性灵，任是皎皎不污，终归一节。但世风衰微，不忧著节太奇，而忧混同一色；托天道无名以济其私，则中庸之说诬之也。"尝有诗曰："百年吾取与，留作后人箴。"其自待不薄如此。然疾恶甚严，有毁其知交叶园适者，先生从稠人中奋臂而起；自后其人所在，先生必避去，终身不与一见也。

叶园适先生

叶茂才，字参之，号园适，无锡人也。壬子，党论方兴，抗疏以劾四明、昆宣，小人遂集矢于先生。先生言："臣戆直无党，何分彼此？孤立寡援，何心求胜？内省不疚，何虑夹攻？鸡肋一官，何难勇退？"遂归。崇祯辛未卒，年七十二。先生在东林会中，於喁无间，而晰理论事，不厌相持，终不肯作一违心语。忠宪殁，先生状之；其学之深微，使读者恍然有入头处。老屋布衣，侗若寒畯，于忠宪何愧焉？

许静馀先生

许世卿，字伯勋，号静馀，常州人。揭《安贫五戒》曰："诡收田粮；干谒官府；借女结婚；多纳僮仆；向人乞觅。"《省事五戒》曰："无故拜客；轻赴酒席；妄荐馆宾；替人称贷；滥与义会。"有强之者，辄指其壁曰："此吾之息壤也。"一日亲串急赎金，求援于先生；先生鬻婢应之，终不破干谒戒也。守令罕见其面。欧阳东凤请修郡志，先生曰："欧公端人也。"为之一出。东林之会，高忠宪以前辈事之；饮酒吟诗，终日不倦。门屏落然，不容一俗客。尝曰："和风未学油油惠，清节宁希望望夷？"敕其子曰："人何可不学？但口不说欺心话，身不做欺心事，出无惭明友，入无惭妻子；方可名学人耳！"疾革，谓某逋未偿，某拖未报，某券未还，言毕而逝。

耿庭怀先生

耿橘，字庭怀，北直河间人。知常熟时，值东林讲席方盛；复虞山书院，请泾阳主教。太守李右谏、御史左宗郢，先后聚讲于书院。太守言："大德小德，俱在主宰处看，天地间只有一个主宰。元神浑沦，大德也；五官百骸，无一不在浑沦之内，无一不有条理之殊，小德也。小德即浑沦之条理，大德即条理之浑沦，不可分析。"御史言："从来为学无一定的方子，但要各人自用得着的，便是学问。只在人自肯寻求，求来求去，必有入处；须是自求得的，方谓之自得，自得的方受用得。"当时皆以为名言。泾阳既去，先生身自主之。先生之学，颇近近溪，与东林微有不同。其《送方鸣秋谒周海门诗》云："孔宗曾派亦难穷，未悟如何凑得同？慎独其严四个字，长途万里视君踪。人传有道在东扬，我意云何喜欲狂；一叶扁舟二千里，几声嘤鸟在垂杨。"亦一证也。

刘本孺先生

刘元珍，字伯先，别号本孺，武林人。未几卒官，年五十一。先生家居讲学，钱启新为同善会，表章节义，优恤鳏寡，以先生为主。有言非林下所宜者，先生曰："痾瘵一体，如救头目，恶问其宜不宜也？"先生每以子路自任，不使恶言入于东林。讲论稍涉附会，辄正色斥之曰："毋乱我宗旨！"闻谤讲学者，曰："彼訾吾党好名以为口实，其实彼之不好名，乃专为决裂名教地也。"疾小人不欲见，苟其在侧，喉间辄如物梗，必吐之而后已。当东林为天下弹射，先生谓高忠宪曰："此吾辈入火时也；无令其成色有灭，斯可矣"。

黄白安先生

黄讳尊素，字真长，号白安，越之余姚人。丙寅闰六月朔，赋诗而卒，年四十三。先生未尝临讲席，首善之会，谓南皋曰："贤奸杂沓，未必有益于治道。"其风期相许者，则蕺山、忠宪；忠节万里投狱，蕺山恸哭而送之，先生犹以不能济时为恨。先生以开物成务为学，视天下之安危为安危；苟其人志不在弘济艰难，沾沾自顾，拣择题目以卖声名，则直鄙为硁硁之小人耳。其时朝士空疎，以诵记为粉本，不复留心于经学。章奏中有引"绕朝"之策者，一名公指以为问，先生曰："此晋归随会事也。"凡五经中随举一言，先生即口诵传疏，澜倒水决，类如此。

《怀谢轩讲义》

不是欺人方是伪；凡所行而胸中不能妥贴，人不见其破绽处，岂不是伪？

吴霞舟先生

吴锺峦，字峦稺，号霞舟，武进人也。南渡升礼部主事，未上而国亡。闽中以原官召之，上书言国事，时宰不悦。先生曰："今日何等时？如某者更说一句不得耶？"出为广东副使，未行而闽又亡，遁迹海滨。会时自浙至中左，监国以一旅奉之；二三人望，皆观望不出。先生曰："吾等之出，未必有济；然因吾等之不出而人心解体，何以见鲁、卫之士？亦惟以死继之而已！"起为通政使。及返浙海，先生以礼部尚书扈陛，所至录其士之秀者为弟子员，率之见于行朝，仆仆拜起。人笑其迂，先生曰："此与陆君实舟中讲《大学》'正心章'一例耳。"后退处补陀。闻瀹洲事亟，先生曰："昔者吾友李仲达死奄祸，吾尚为诸生，不待请死；吾友马君常死国难，吾为远臣，不得从死；闽事之坏，吾已辞行，不得骤死。吾老矣，不及此时此土，死得明白干净，即一旦疾病死，何以谢吾友，见先帝于地下哉？"复渡海入瀹洲。辛卯八月末，于圣庙右庑设高座，积薪其下；城破，捧夫子神位，登座危坐，举火而卒。年七十五。

先生受业于泾阳，而于景逸、玄台、季思皆为深交，所奉以为守身法者，则淇澳《困思钞》也。在长兴五载，以为差足自善者三事：一为子刘子吊丁长儒至邑，得侍杖履；一为九日登乌胆山；一为分房得钱希声。所谓道德、文章、山水兼而有之矣。先生尝选时文名士品，择一时之有品行者，不满二十八，而某与焉；其后同处围城，执手恸哭。某别先生行三十里，先生复棹三板追送，其语绝痛。薛谐孟传先生所谓"呜咽而赴四明山中之招"者此也。呜呼，先生之知某如此，今抄先生学案，去之三十年；严毅之气，尚浮动目中也！

《霞舟随笔》

人只除了利根，便为圣贤。故喻利喻义，分别君子小人；小人所以喻利，只为遂耳目口鼻之欲，孟子所以说"养其小体为小人"。试想此天之所以与我者八字，直将此身立在千仞冈上，下视养口体物交物一班人，渺乎小哉，真蠛蠓一世矣！

有伊尹之志则可仕，不则贪位慕禄之鄙夫而已矣，不可与事君也。有颜子之乐则可处，不则饱食闲居之小人而已矣，未足与议道也。

问："朝闻道，所闻何道？"答："只看下句。"

见危授命，不要害怕；见利思义，却要害羞。

君子一生汲汲皇皇只这一件事，故曰"好学"。

华凤超先生

华允诚，字汝立，别号凤超，无锡人。在朝不满一月，改革后，杜门读《易》。越四年，有告其不薙发者，执至金陵，不屈而死。先生师事高忠宪，忠宪殉节，示先生以末后语云："心如太虚，本无生死。"故其师弟子之死，止见一义，不见有生死，所以云本无生死。若佛氏离义而言无生死，则生也为罔生，死也为徒死；纵能坐脱立亡，亦是弄精魂而已。先生居恒未尝作诗，蒙难之春，为二律云："缅思古则企贤豪，海外孤臣咽雪毛；眼底兵戈方载路，静中消息不容毫。默无一事阴逾惜，愁有千端枕自高；生色千秋青史在，自余谁数却劳劳。""振衣千仞碧云端，寿殀由来不二看；日月光华宵又旦，春秋迁革岁方寒。每争毫发留诗礼，肯逐波流倒履冠；应尽只今祈便尽，不堪回首问长安。"是亦知死之一证也。

陈几亭先生

陈龙正，字锡龙，号几亭，浙之嘉善人。壬午，上言："剿寇不在兵多，期于简练；奸渠非专将勇，藉于善谋。"所云招抚之道，则更有说，曰解散，曰安插。解散之法，仍属良将；安插之法，专委有司。贼初淫杀，小民苦贼而望兵；兵既无律，民反畏兵而从贼。至于民之望贼，而中原不可收拾矣！及垦荒之议起，先生曰："金非财，惟五谷为财；兴屯不足以生谷，惟垦荒可以生谷；起科不可以垦荒，惟不起科可以垦荒。五谷生则加派可罢，加派罢然后民生可安。"上以先生疏付金之俊议之。国变后，杜门著书。未几卒。先生师事吴子往、高忠宪，留心当世之务，故以万物一体为本。其后始湛心于性命，然师门之旨，又一转矣。

二十　蕺山学案

今日知学者，大概以高、刘二先生并称为大儒，可以无疑矣。然当《高子遗书》初出之时，羲侍先师于舟中；自禾水至省下，尽日翻阅。先师时摘其阑入释氏者以示义。后读先师论学书，有答韩位云："古之有朱子，今之有忠宪先生，皆半杂禅门。"又读忠宪《三时记》，谓："释典与圣人所争毫发，其精微处吾儒具有之，总不出'无极'二字；弊病处先儒具言之，总不出'无理'二字。其意似主于无，此释氏之所以为释氏也。"即如忠宪正命之语，本无生死，亦是佛语。故先师救正之曰："先生心与道一，尽其道而生，尽其道而死，是谓无生死，非佛氏所谓无生死也。"忠宪固非佛学，然不能不出入其间，所谓大醇而小疵者；若吾先师则醇乎其醇矣，后世必有能辩之者。

戊申岁，羲与恽日初同在越半年；日初，先师高第弟子，其时为《刘子节要》。临别拜于河浒，日初执手谓羲曰："知先师之学者，今无人矣；吾二人宗旨小可不同，但于先师言意所在，当稍浑融耳。"羲盖未之答也。及《节要》刻成，缄书寄羲曰："子知先师之学者，不可不序。"嗟乎！羲岂能知先师之学者？然观日初《高刘两先生正学说》云："忠宪得之悟，其毕生黾勉，只重修持，是以乾知统摄坤能；先师得之修，其末后归趣，亟称解悟，是以坤能证入乾知。"夫天气之谓乾，地质之谓坤；气不得不凝为质，质不得不散为气。两者同一物也。乾知而无坤能，则为狂慧；坤能而无乾知，则为盲修。岂有先后？彼徒见忠宪旅店之悟，以为得之悟；此是禅门路径，与圣学无当也。先师之慎独，非性体分明，慎是慎个何物？以此观之，日初亦便未知先师之学也。使其知之，则于先师言意所在，迎刃而解矣。此羲不序《节要》之意也。惜当时不及细论，负此良友；今所录，一依原书次第。先师著述虽多，其大概具是，学者可以无未见之恨矣。

刘念台先生

刘讳宗周，字起东，号念台，越之山阴人。上方综核名实，群臣救过不遑；先生以为此刑名之术也，不可以治天下，而以仁义之说进。上迂阔之。京师戒严，上疑廷臣谋国不忠，稍稍亲向奄人。先生谓："今日第一宜开示诚心，为济难之本；皇上以亲内臣之心亲外臣，以重武臣之心重文臣，则太平之业，一举而定也。"当是时，小人乘时，欲翻逆案，遂以失事者牵连入之东林。先生曰："自东林之以忠义著，是非定矣，奈何复起波澜？用贤之路，从此而穷。"上问人才、粮饷、流寇三事。对曰："天下原未尝乏才，止因皇上求治太急，进退天下士太轻，所以有人而无人之用。加派重而参罚严，吏治日坏，民生不得其所，胥化为盗贼，饷无从出矣。流寇本朝廷赤子，抚之有道，寇还为吾民也。"上又问兵事，对曰："臣闻御外亦以治内为本，此干羽所以格有苗也，皇上亦法尧舜而已矣。"上顾温体仁曰："迂哉刘某之言也！"上曰："国家败坏已极，如何整顿？"先生对："近来持论者，但论才望，不论操守；不知天下真才望，出于天下真操守。自古未有操守不谨，而遇事敢前者；亦未有操守不谨，而军士畏威者。"上曰："济变之日，先才而后守。"先生对："以济变言，愈宜先守。即如范志完操守不谨，用贿补官，所以三军解体，莫肯用命。由此观之，岂不信以操守为主乎？"上始色解。

浙省降，先生恸哭曰："此余正命之时也！"门人以文山、叠山、袁阆故事言。先生曰："北都之变，可以死，可以无死，以身在削籍也；南都之变，主上自弃其社稷，仆在悬车，尚曰可以死，可以无死。今吾越又降，区区老臣，尚何之乎？若曰'身不在位，不当与城为存亡'，独不当与土为存亡乎？故相江万里所以死也。世无逃死之宰相，亦岂有逃死之御史大夫乎？君臣之义，本以情决；舍情而言义，非义也。父子之亲，固不可解于心；君臣之义，亦不可解于心。今谓可以不死而死，可以有待而死，死为近名，则随地出脱，终成一贪生畏死之徒而已矣。"绝食二十日而卒——闰六月八日戊子也，年六十八。

先生起自孤童，始从外祖章颖学，长师许敬庵；而砥砺性命之友，则刘静之、丁长儒、周宁宇、魏忠节、先忠端公、高忠宪。始虽与陶石梁同讲席，为证人之会，而学不同；石梁之门人皆学佛，后且流于因果，分会于白马山。羲尝听讲，石梁言一名臣转身为马，引其族姑证之；羲甚不然其言，退而与王业洵、王毓蓍推择一辈时名之士四十余人，执贽先生门下。此四十余人者，皆喜辟佛，然而无有根柢；于学问之事，亦浮慕而已，反资学佛者之口实，先生有忧之。两者交讥，故传先生之学者，未易一二也。

先生之学，以慎独为宗。儒者人人言慎独，唯先生始得其真。盈天地间皆气也，其在人心，一气之流行；诚通诚复，自然分为喜怒哀乐。仁义礼智之名，因此而起者也；不待安排品节，自不能过其则，即中和也。此生而有之，人人如是，所以谓之性善，即不无过不及之差；而性体原自周流，不害其为中和之德。学者但证得性体分明，而以时保之，即是慎矣。慎之工夫，只在主宰上觉有主，是曰意；离意根一步，便是妄，便非独矣。故愈收敛是愈推致。然主宰亦非有一处停顿，即在此流行之中。故曰："逝者如斯夫，不舍昼夜。"盖离气无所为理，离心无所为性。佛者之言曰："有物先天地，无形本寂寥；能为万象主，不逐四时凋。"此是其真灭实犯。奈何儒者亦曰理生气，所谓毫厘之辨，竟亦安在？而徒以自私自利，不可以治天下国家；弃而君臣父子，强生分别，其不为佛者之所笑乎？先生大指如是。此指出真是南辕北辙，界限清楚；有宋以来，所未有也。

语录

湛然寂静中，当见诸缘就摄，诸事就理；虽簿书鞅掌，金革倥偬，一齐俱了，此静中真消息。若一事不理，可知一心忙乱在；用一心，错一心，理一事，坏一事。即竖得许多功能，亦是沙水不成团。如吃饭穿衣，有甚奇事？才忙乱已从脊梁过；学无本领，漫言主静，总无益也。

凡人一言过，则终日言皆婉转而文此一言之过；一行过，则终日行皆婉转而文此一行之过。盖人情文过之态如此，几何而不堕禽兽也！

日用之间，漫无事事；或出入闱房，或应接宾客，或散步回廊，或静窥书册，或谈说无根，或思想过去未来，或料理药饵，或拣择衣饮，或诘童仆，或量米盐。恁他摆排，莫可适莫，自谓颇无大过，杜门守拙，祸亦无生。及夫时移境改，一朝患作；追寻来历，多坐前日无事甲里。如前日妄起一念，此一念便下种子；前日误读一册，此一册便成附会。推此以往，不可胜数。故君子不以闲居而肆恶，不以造次而违仁。

此心放逸已久，才向内则苦而不甘；忽复去之，总之未得天理之所安耳。心无内外，其浑然不见内外处，即天理也。先正云："心有所向便是欲。"向内向外，皆欲也。

此心绝无凑泊处，从前是过去，向后是未来，逐外是人分，搜里是鬼窟；四路把绝，就其中间不容发处，恰是此心真凑泊处。此处理会得分明，则大本达道，皆从此出。

延平教人看喜怒哀乐未发时作何气象，此学问第一义工夫。未发时有何气象可观？只是查检自己病痛到极微密处，方知时虽未发，而倚着之私，隐隐已伏；才有倚着，便易横决。若于此处查考分明，如贯虱车轮，更无躲闪，则中体恍然在此，而已发之后，不待言矣。此之谓善观气象者。

游思妄想，不必苦事禁遏；大抵人心不能无所用，但用之于学者既专，则一起一倒，都在这里，何暇及一切游思妄想？即这里处不无间断，忽然走作，吾立刻与之追究去，亦不至大为扰扰矣。此主客之势也。

无事时得一偷字，有事时得一乱字。

才认己无不是处，愈流愈下，终成凡夫；才认己有不是处，愈达愈上，便是圣人。

体认亲切法：身在天地万物之中，非有我之得私；心在天地万物之外，非一膜之能囿。通天地万物为一心，更无中外可言；体天地万物为一本，更无本心可觅。

小人只是无忌惮，便结果一生。至《大学》止言"闲居为不善"耳，闲居时有何不善可为？只是一种懒散精神，漫无着落处，便是万恶渊薮，正是小人无忌惮处。可畏哉！

离独一步，便是人伪。

主静之说，大要主于循理。然昔贤云："道德言动，皆翕聚为主，发散是不得已事。天地万物皆然，则亦意有专属。"正黄药止儿啼，是方便法也！

古人"恐惧"二字，尝用在平康无事时；及至利害当前，无可回避，只得赤体承当。世人只是倒做了。

心之官则思，一息不思，则官失其职；故人心无思而无乎不思，绝无所谓思虑未起之时。惟物感相乘，而心为之动，则思为物化；一点精明之气，不能自主，遂为憧憧往来之思矣，又如官犯赃，乃溺职也。

知无不良，只是独知一点。

心无存亡，但离独位便是亡。

人心如谷种，满腔都是生意，欲锢之而滞矣；然而生意未尝不在也，疏之而已耳。又如明镜，全体浑是光明，习染之熏而暗矣；然而明体未尝不存也，拭拂而已耳。惟有内起之贼，从意根受者不易除。更加气与之拘，物与之蔽，则表里夹攻，更无生意可留、明体可觌矣。是为丧心之人。君子惓惓于慎独，以此。

"省察"二字，正存养中吃紧工夫。如一念于欲，便就此念体察；体得委是欲，立与消融而后已。

心是鉴察官，谓之良知，最有权，触着便碎。人但随俗习非，因而行有不慊，此时鉴审，仍是井井，却已做主不得。鉴察无主，则血气用事，何所不至？一事不做主，事事不做主；隐隐一窍，托在恍惚间拥虚器而已。

语次多诡随，亦见主心之不一。

本心湛然，无思无为，为天下主；过此一步，便为安排。心有安排，因以有倚着；有倚着，因以有方所；有方所，因以有去住；有去住，因以有转挽，则机械变诈，无所不至矣。

心放自多言始，多言自言人短长始。

后之学者，每于道理三分之：推一分于在天，以为天命之性；推一分于万物，以为在物之理；又推一分于古今典籍，以为耳目之用神。反而求之吾心，如赤贫之子，一无所有；乃日夕乞哀于三者，而几几乎其来舍焉。客子之过逆旅，止堪一宿，所谓疏者，续之不坚也。当是时，主人贫甚，尚有一点灵明，可恃为续命之膏；又被佛氏先得之，则益望望然恐曰："我儒也，何以佛为？"并其灵明而弃之。于是天地万物、古今典籍皆阙亡，而返求其一宿而不可得，终望门持钵以死。宁为牛后，无为鸡口。

悲夫！

朱子曰："人心之灵，莫不有知。"所谓"良知"也。但朱子则欲自此而一一致之于外，阳明则欲自此而一一致之于中。不是知处异，乃是致处异。

意根最微，诚体本天。本天者，至善者也；以其至善还之至微，乃见其真。止、定、静、安、虑，次第俱到，以归之得；得无所得，乃为真得。禅家所谓"向一毛孔立脚"是也。此处圆满，无处不圆满；此处亏欠，无处不亏欠。故君子起戒于微，以克完其天心焉。欺之为言欠也，所自者欠也；自处一动，便有夹杂，因无夹杂，故无亏欠，而端倪在好恶之地，性光呈露。善必好，恶必恶，彼此两关，乃呈至善，故谓之"如好好色，如恶恶臭"。此时浑然天体用事，不着人力丝毫，于此寻个下手工夫，惟有慎之一法，乃得还他本位，曰独。仍不许动乱手脚一毫，所谓"诚之"者也。此是尧舜以来相传心法，学者勿得草草放过。

起一善念，吾从而知之；知之之后，如何顿放此念？若顿放不妥，吾虑其剜肉成疮。起一恶念，吾从而知之；知之之后，如何消化此念？若消化不去，吾恐其养虎遗患，总为多此一起，才有起处，虽善亦恶，转为多此一念，才属念缘，无灭非起。今人曰"致良知"者如是。

就性情上理会，则曰涵养；就念虑上提撕，则曰省察；就气质上消镕，则曰克治。省克得轻安，即是涵养；涵养得分明，即是省克。其实一也，皆不是落后着事。

《会语》

为学莫先于辨诚伪；苟不于诚上立脚，千修万修，只做得禽兽路上人。

祁世培问："人于生死关头不破，恐于义利尚有未净处？"

曰："若从生死破，生死如何破得？只从义利辨得清、认得真，有何生死可言？义当生自生，义当死自死；眼前止见一义，不见有生死在。"

问："三教同源否？"曰："莫悬虚勘三教异同；且当下辨人禽两路。"

古人成说如琴谱，要拍须自家弹。

静坐是养气工夫，可以变化气质。

世人无日不在禽兽中生活，彼不自觉；不堪当道眼观，并不堪当冷眼观。今以市井人观市井，彼此不觉耳。

问："先生教某静坐，坐时愈觉妄念纷扰，奈何？"曰："待他供状自招也好。不然，且无从见矣。此有根株在，如何一一去得？不静坐，他何尝无，只是不觉耳。"

吾辈心不能静，只为有根在。假如科举的人只着在科举上，仕途的人只着在仕途上；即不专为此，总是此傍枝生来。所以濂溪教人，只把"无欲"两字作丹头。

先生叹曰："人谓为人不如为己，故不忠。看来忠于己谋者亦少，如机变，如蠢息，如欺世盗名；日日戕贼此身，误认是占便宜事。"有友问："三代之下，惟恐不好名，'名'字恐未可抹坏？"王金如云："这是先儒有激之言。若论一'名'字，贻祸不是小小。"友谓："即如今日之会，来听者亦为有好名之心耳；即此一念，便亦足取。"先生曰："此语尤有病。这会若为名而起，是率天下而为乱臣贼子，皆吾辈倡之也，诸友裹足而不可入斯门矣！"友又谓："大抵圣贤学问，从自己起见；豪杰建立事业，则从勋名起见。无名心，恐事业亦不成。"先生曰："不要错看了豪杰。古人一言一动，凡可信之当时、传之后世者，莫不有一段真至精神在内；此一段精神，所谓诚也。惟诚，故能建立，故足不朽；稍涉名心，便是虚假，便是不诚。不诚则无物，何从生出事业来?"

敬则心中无一事。

先生儆诸生曰:"吾辈习俗既深,平日所为,皆恶也,非过也。学者只有去恶可言,改过工夫,且用不着。"又曰:"为不善,却自恕为无害;不知宇宙尽宽,万物可容,容我一人不得。"

吾辈偶呈一过,人以为无伤。不知从此过而勘之,先尚有几十层;从此过而究之,后尚有几十层。故过而不已必恶,谓其出有源、其流无穷也。

苟志于仁矣,无恶也,然后有改过工夫可言。

宁学圣人而未至,无以一善成名者,士君子立志之说也;宁以一善成名,无学圣人而未至者,士君子返躬之义也。如为子死孝,为臣死忠,古今之常理;乃舍见在之当为,而曰吾不欲以一善成名,是又与于不仁之甚者也。

学者或云:"于静中见得道理如此,而动时又复忙乱。"或云:"于动时颇近于道,而静中又复纷扰。"症虽二见,其实一病也;动静二字不能打合,如何言学?阳明在军中,一面讲学,一面应酬军务,纤毫不乱;此时动静,是一是二?

《大学》所谓格物,《孟子》所谓集义,一事也不放过,一时也不放松;无事时惺惺不寐,有事时一真自如,不动些子。

无事时只居处恭便了。

省察是存养之精明处。

心中无一事,浩然与天地同流。

学不外日用动静之间,但辨真与妄耳。或问:"如何为真?"先生曰:"对妻子如此说,对外人却不如此说;对同辈如此说,对仆隶却不如此说。即所谓'不诚无物',不可以言学。"

问:"所存自谓不差,而发之不能无过,何也?"曰:"仍是静存之中差耳。此中先有罅隙,而后发之日用之间,始有过不及之事。事岂离心而造者？故学者不必求之行事之著，而止求之念虑之微。一言以蔽之，曰诚而已矣。"

问万物皆备之义。曰："总见得有个万物，便不亲切。须知盈天地间无所谓万物者，万物皆因我而名：如父便是我之父，君便是我之君；类之五伦以往，莫不皆然。然必实有孝父之心，而后成其为我之父；实有忠君之心，而后成其为我之君。此所谓反身而诚，至此才见得万物非万物、我非我，浑成一体。此身在天地间，无少欠缺，何乐如之！"

心须乐而行惟苦；学问中人，无不从苦处打出。

祝渊苦游思杂念，先生曰："学者养心之法，必先养气，养气之功，莫如集义。自今以往，只事事求慊于心；凡闲勾当、闲话说，概与截断，归并一路。游思杂念，何处可容？"

今人读书，只为句句明白，所以无法可处；若有不明白处，好商量也。然徐而叩之，其实字字不明白。

世言上等资质人，宜从陆子之学；下等资质人，宜从朱子之学。吾谓不然，惟上等资质，然后可学朱子，以其胸中已有个本领，去做零碎工夫，条分缕析，亦自无碍。若下等资质，必须识得道在吾心，不假外求；有了本领，方去为学。不然，只是向外驰求，误却一生矣。

先生语叶敦艮曰："学者立身，不可自放一毫出路。"

问："改过先改心过否？"曰："心安得有过？心有过，便是恶也。"

吾人只率初念去，便是孟子所必言"本心"也。初念如此，当转念时，复转一念，仍与初念合，是非之心仍在也。若转转不已，必至遂其私而后已，便不可救药。

《来学问答》

王嗣奭问:"下学而上达自在,圣人不言,是待人自悟否?"先生曰:"形而上者谓之道,形而下者谓之器;上下原不相离,故学即是学其所达,达即是达其所学。若不学其所达,几一朝之达,其道无由。譬之适京师者,起脚便是长安道;不必到长安,方是长安。不然,南辕而北辙矣。悟此之谓自悟,言此之谓不言之言。"

所列"广利济"一格,此意甚害道。百善五十善,书之无消煞处;纪过则无善可称,无过即是善。若双行,便有不通处。愚意但欲以改过为善,而坐之焚香静坐下,颇为有见。今善恶并出,但准多少以为销折,则过终无改时;而善之所列,亦与过同归而已。有过非过也,过而不改,是谓过矣;有善非善也,有意为善,亦过也。此处头路不清,未有不入于邪者。至于过之分数,亦属穿凿,理无大小多寡故也;今但除入刑者不载,则过端皆可湔除。但有过而不改,转入于文,直须纪千万过耳。诸君平日所讲,专要无善,至此又设为善册以劝人,落在功利一路;若为下下人说法,尤不宜如此。仆以为论本体,决其有善无恶;论工夫,则先事后得,无善有恶可也。

《证学杂解》

天命流行,物与无妄;此所谓"人生而静以上",不容说也,此处并难著"诚"字。或妄焉亦不容说,妄者,真之似者也,古人恶似而非;似者,非之微者也,道心惟微,妄即依焉,依真而立,即托真而行。官骸性命之地,犹是人也,而生意有弗贯焉者。是人非人之间,不可方物,强名之曰妄,有妄心斯有妄形;因有妄解识、妄名理、妄言说、妄事功,以此造成妄世界,一切妄也，则亦谓之妄人已矣。妄者亡也，故曰"罔之生也幸而免"；一生一死，真妄乃见，是故君子欲辨之早也。一念未起之先，生死关头，最为吃紧。于此合下清楚，则一真既立，群妄皆消；既妄求真，无妄非真。以心还心，以聪明还耳目，以恭重还四体，以道德性命还其固然，以上天下地、往古来今还宇宙，而吾乃俨然人还其人。自此一了百当，日用间更有何事？通身仍得个静气而已。

　　人心自妄根受病以来，自微而著，益增泄漏，遂受之以欺；欺与慊对，言亏欠也。《大学》首严自欺，自欺犹云亏心；心体本是圆满，忽有物以撄之，便觉有亏欠处。自欺之病，如寸隙当堤，江河可决；故君子慎独之功，只向本心呈露时，随处体认去，便得全体莹然。真天地合德，何慊如此？慊则诚，闲居之小人，掩不善而著善，亦尽见苦心；虽败缺尽彰，自供已确，诚则从此便诚，伪则从此滋伪。凛乎凛乎，复云不远，何祇于悔？

　　自欺受病，已是出人入兽关头；更不加慎独之功，转入人伪，自此即见君子，亦不复有厌然情状，一味挟智任术，色取仁而行违，心体至此百碎，进之则为乡原；似忠信，似廉洁，欺天罔人，无所不至，犹宴然自以为是，全不识人间有廉耻事。充其类为王莽之谦恭，冯道之廉谨；弑父与君，皆由此出。故欺与伪虽相去不远，而罪状有浅深，不可一律论。近世士大夫受病，皆坐一"伪"字，后人呼之曰"假道学"；求其止犯欺者，已是好根器，不可多得。刘器之学立诚自不妄语始，至七年乃成；然则从前语亦妄，不语亦妄，即七年以后，犹有不可问者。不观程伯子喜猎之说乎？自非妄根一路火尽烟消，安能并却喉子，默默地不动一尘？至于不得已而有言，如洪钟有叩，大鸣小鸣，适还本分，此中仍是不出来也。如同是一语，多溢一字、轻一字，都是妄。故云"戏言出于思"，七年之功，谈何容易？不妄语方不妄动,凡口中道不出者,足下自移不去;故君子之学,置力全是躬行,而操心则在谨言上。戒欺求慊之功,于斯为要。《易》曰:"君子居其室,出其言善,则千里之外应之,况其迩者乎?居其室,出其言不善,则千里之外违之,况其迩者乎?"呜呼,善不善之辨微矣哉!

说

朱夫子答梁文叔书曰:"近看《孟子》道性善、称尧舜,此是第一义;若于此看得透、信得及,直下便是圣贤,更无一毫人欲之私,做得病痛。若信不及,孟子又说过第二节工夫。又只引成覸、颜渊、公明仪三段说话,教人如此发愤,勇猛向前;日用之间,不得存留一毫人欲之私在这里,此外更无别法。此朱子晚年见道语也。学者须占守第一义做工夫,方是有本领学问,此后自然歇手不得。如人行路,起脚便是长安道,不患不到京师。然性善、尧舜人人具有,学者何故一向看不透、信不及?正为一点灵光,都放在人欲之私上;直是十分看透,遂将本来面目尽成埋没。骤而语之以尧舜,不觉惊天动地,却从何处下手来?学者只是克去人欲之私,欲克去人欲之私,且就灵光初放处讨分晓;果认得是人欲之私,便即时克了。阳明先生"致良知"三字,正要此处用也。孟子他日又说个道二,仁与不仁,不为尧舜,则为桀纣,中间更无一发可容混处。学者上之不敢为尧舜,下之不屑为桀纣,却于两下中择个中庸自便之途,以为至当;岂知此身早已落桀纣一途矣!故曰:"纣之不善,不如是之甚也。"学者惟有中立病难医,凡一切悠悠忽忽、不激不昂、漫无长进者皆是。看来全是一团人欲之私,自封自固,牢不可破。今既捉住病根在,便合信手下药;学者从成覸、颜渊、公明仪说话激发不起,且急推向桀纣一路上,果能自供自认否?若供认时,便是瞑眩时;若药不瞑眩，厥疾不瘳，正为此等人说法。倘下之苟不为桀纣，上之又安得不为尧舜？

程子曰："心要在腔子里。"此本孟子"求放心"而言。则人心果时放外耶？即放外，果在何处？因读《孟子》，上文云"仁人心也"，乃知心有不仁时，便是放，所谓"旷安宅而弗居"也。故阳明先生曰："程子所谓腔子，亦即是天理。"至哉言乎！程子又曰："吾学虽有所授，然'天理'二字，却是自家体认出来。"夫既从自家体认而出，则非由名象凑泊可知。凡仁与义，皆天理之名象，而不可即以名象为天理，谓其不属自家故也。试问学者何处是自家？一路须切己反观，推究到至隐至微处，方有着落；此中无一切名象，亦并无声臭可窥，只是个维玄维默而已。虽维玄维默，而实无一物不体备其中，所谓天也，故理曰天理。才着人分，便落他家；一属他家，便无归宿。仔细检点，或以思维放，或以卜度放，或以安排放，或以智故放，或以虚空放；只此心动一下便是放，所放甚微，而人欲从此而横流，其究甚大。盖此心既离自家，便有无所不至者。心斋云："凡有所向，有所见，皆是妄。"既无所向，又无所见，便是无极而太极；无极而太极，即自家真底蕴处。学者只向自家寻底蕴，常做个体认工夫；放亦只放在这里，求亦只求在这里，岂不至易？岂不至简？故"求放心"三字，是学人单提口诀；下士得之为入道之门，上根得之即达天之路。

人生终日扰扰也，一着归根复命处，乃在向晦时；即天地万物，不外此理。于此可悟学问宗旨，只是主静也。此处工夫最难下手，姑为学者设方便法：且教之静坐，日用之间，除应事接物外，苟有余刻，且静坐；坐间本无一切事，即以无事付之；即无一切事，亦无一切心；无心之心，正是本心，瞥起则放下，沾滞则扫除，只与之常惺惺可也。此时伎俩，不合眼，不掩耳，不跌跏，不数息，不参话头，只在寻常日用中；有时倦则起，有时感则应，行住坐卧，都在静观，食息起居，都作静会。昔人所谓"勿忘勿助间，未尝致纤毫之力"，此其真消息也。故程子每见人静坐，便叹其善学；"善学"云者，只此是求放心亲切工夫，从此入门，即从此究竟，非徒小小方便而已。会得时，立地圣域；不会得时，终身只是狂驰了，更无别法可入。不会静坐，且学坐而已；学坐不成，更论恁学？坐如尸，坐时习学者，且从整齐严肃入，渐进于自然。《诗》云："相在尔室，尚不愧于屋漏。"又曰："神之格思，不可度思，矧可射思？"

学者静中既得力，又有一段读书之功，自然遇事能应。若静中不得力，所读之书，又只是章句而已；则且教之就事上磨练去，自寻常衣食以外，感应酢酬，莫非事也。其间千万变化，不可端倪，而一一取裁于心。如权度之待物然，权度虽在我，而轻重长短之形，仍听之于物，我无与焉，所以情顺万事而无情也。故事无大小，皆有理存。劈头判个是与非，见得是处，断然如此，虽鬼神不避；见得非处，断然不如此，虽千驷万钟不回。又于其中条分缕析，铢铢两两，辨个是中之非、非中之是、似是之非、似非之是，从此下手，沛然不疑，所行动有成绩。又凡事有先着，当图难于易，为大于细；有要着，一着胜人千万着，失此不着，满盘败局。又有先后着，如低棋以后着为先着，多是见小欲速之病；又有了着，恐事至八九分便放手，终成决裂也。盖见得是非后，又当计成败，如此方是有用学问。世有学人，居恒谈道理井井，才与言世务便疏；试之以事，或一筹莫展。这疏与拙，正是此心受病处，非关才具。谚云："经一跌，长一识。"且须熟察此心受病之原，果在何处，因痛与之克治去，从此再不犯跌，庶有长进。学者遇事不能应，只有练心法，更无练事法；练心之法，大要只是胸中无一事而已，无一事乃能事事，便是主静工夫得力处。又曰:"多事不如少事;省事不如无事"。

应事接物,相为表里;学者于天下不能遗一事,便于天下不能遗一人。自落地一声,此身已属之父母;及其稍长,便有兄弟与之比肩;长而有室,又有妻子与之室家。至于食毛践土,君臣之义,无所不在。惟朋友联合于稠人广众之中,似属疏阔;而人生实赖以有觉。合之称五伦,人道之经纶,管于此也。然父子其本也,人能孝于亲,未有不忠于事君与友于兄弟、信于朋友、宜于家室者。夫妻一伦,尤属化原;古来大圣大贤,又多从此处发轫来。故曰:"刑于寡妻,至于兄弟,以御于家邦。"盖居室之间,其事最微渺而易忽,其恶为淫僻。学者从此关打破,便是真道德、真性命、真学问文章;不然,只是伪也。自有五伦,而举天下之人,皆经纬联络其中;一尽一切尽,一亏一切亏。第一要时时体认出天地万物一体气象,即遇恶人之见,横逆之来,果能作如是观否?彼固一体中人耳,才有丝毫隔绝,便是断灭性种。至于知之之明,与处之之当,皆一体中自作用,非关权术;人第欲以术胜之,未有不堕其彀中者。然此际煞合理会,陆象山先生曰:"除了人情事变,无可做工夫。"要知做工夫处,果是何事?若不知此事,只理会个人情事变,仍不是工夫,学者知之。

今为学者下一顶门针,即"向外驰求"四字,便做成一生病痛;吾侪试以之自反,无不悚然汗浃者。凡人自有生以后,耳濡目染,动与一切外物作缘,以是营营逐逐,将全副精神,都用在外,其来旧矣。学者既有志于道,且将从来一切向外精神,尽与之反复身来,此后方有下手工夫可说。须知道不是外物,反求即是,故曰:"我欲仁,斯仁至矣。"无奈积习既久,如浪子亡家,失其归路;即一面回头,一面仍住旧时缘,终不知在我为何物。又自以为我矣,曰吾求之身矣,不知其为躯壳也;又自以为我矣,曰吾求之心矣,不知其为口耳也;又自以为我矣,曰吾求之性与命矣，不知其为名物象数也。求之于躯壳，外矣；求之于耳目，愈外矣；求之于名物象数，外之外矣！所为一路向外驰求也。所向是外，无往非外：一起居焉外，一饮食焉外，一动静语默焉外，时而存养焉外，时而省察焉外，时而迁善改过焉外，此又与于不学之甚者也。是故读书则以事科举，仕宦则以肥身家，勋业则以望公卿，气节则以邀声誉，文章则以腴听闻，何莫而非向外之病乎？学者须发真实为我心，每日孜孜汲汲，只干办在我家当。身是我身，非关躯壳；心是我心，非关口耳；性命是我性命，非关名物象数。正目而视之，不可得而见；倾耳听之，不可得而闻。非惟人不可得而见闻，虽吾亦不可得而见闻也。于此体认亲切，自起居食息以往，无非求在我者；及其求之而得，天地万物，无非我有，绝不是功名富贵、气节文章，所谓自得也。总之，道体本无内外，而学者自以所向分内外。所向在内，愈寻求愈归宿，亦愈发皇。故曰："君子之道，闇然而日章。"所向在外，愈寻求愈决裂，亦愈消亡。故曰："小人之道，的然而日亡。"学者幸早辨诸。

　　天命流行，物与无妄。人得之以为心，是谓本心；人心无一妄，而己忽焉有妄，希乎微乎，其不得而端倪乎？是谓微过，独知主之；有微过，是以有隐过，七情主之；有隐过，是以有显过，九容主之；有显过，是以有大过，五伦主之；有大过，是以有丛过，百行主之。总之，妄也。譬之木自本而根、而干、而标，水自源而后及于流，盈科而至于放海。故曰："涓涓不息，将成江河；绵绵不绝，将寻斧柯。"是以君子贵防之早也，其惟慎独乎？慎独则时时知改，俄而授之隐过矣；当念过，便从当念改，又授之显过矣；当身过，便从当身改，又授之大过矣；当境过，当境改，又授之丛过矣。随事过，随事改，改之则复于无过，可喜也；不改成过，且得无改乎？总之皆祛妄还真之学，而工夫次第如此。譬之擒贼者，擒之于室甚善，不于室而于堂，不于堂而于外门、于衢、于境上，必成擒而后已。"子绝四，毋意、毋必、毋固、毋我"，真能慎独者也。其次则"克伐怨欲不行焉尔"。朱子之言曰："独行不愧影，独寝不愧衾。"独而显矣；司马温公则云："某平生无甚过人处；但无一事不可对人言者。"庶几免于大过乎？若邢恕之一日三检点，则丛过对治法也。真能慎独者，无之非独；即邢恕学问，孔子亦用得着。故曰"不为酒困"。不然，自原宪而下，总是个闲居小人为不善而已。善学者，须学孔子之学，只于意根上止截一下，便千了百当；若到必固我，已渐成决裂，幸于我处止截得，犹不失为颜子克己，过此无可商量矣。落一格，粗一格，工夫转愈难一格，故曰"可为难矣"。学者须是学孔子之学。

人之言曰："有心为恶，无心为过。"则过容有不及知者，因有不及改，是大不然。夫心不爱过者也，才有一点过，便属碍膺之物，必一决之而后快；故人未有有过而不自知者，只不肯自认为知尔。然则过又安从生？曰："只不肯自认为知处，其受蔽处良多，以此造过遂多。仍做过不知而已。"孟子言："君子之过，如日月之食。"可见人心只是一团灵明，而不能不受暗于过。明处是心，暗处是过；明中有暗，暗中有明。明中之暗即是过，暗中之明即是改，手势如此亲切。但常人之心，忽明忽暗，展转出没，终不能还得明明之体，不归薄蚀何疑？君子则以暗中之明，用个致曲工夫，渐次与它恢扩去。在《论语》则曰"讼过"，如两造当庭，抵死雠对，不至十分明白不已，才明白便无事。如一事有过，直勘到事前之心，果是如何；一念有过，直勘到念后之事，更当如何？如此反覆推勘，更无躲闪，虽一尘亦驻足不得。此所谓致曲工夫也。《大易》则言"补过"，谓此心一经缺陷，便立刻与之圆满那灵明尔；若只是小小补缀，头痛救头，脚痛救脚，败缺难掩，而弥缝日甚，谓之文过而已。虽然，人犹有有过而不自知者。"子路，人告之以有过则喜。"子曰："丘也幸！苟有过，人必知之。"然则学者虚心逊志时，务察言观色以辅所不逮，有不容缓者。

《圣学吃紧三关》

学莫先于问途，则人己辨焉。此处不差，后来方有进步可观；不然，只是终身扰扰而已。

为己为人，只闻达之辨，说得大概已尽；后儒又就闻中指出许多病痛，往往不离"功名富贵"四字，而蔽之以"义利"两言。除却利便是义，除却功名富贵便是道；此中是一是二，辨之最微。学者合下未开眼孔，只为己不足，故求助于人；岂知愈求助于人，愈不足于己乎？

学以为己，己以内又有己焉；只此方寸之中，作得主者是，此所谓真己也敬乎？

由主敬而入，方能觌体承当；其要归于觉地，故终言迷悟。

工夫却从存养中来，非悬空揣控，索之象罔者也，故宋儒往往不喜顿悟之说。或曰："格物致知，《大学》之始事；今以悟为终事，何也？"曰："格致工夫，自判断人己一关时，已用得着矣。然必知止知至以后，体之当身，一一无碍，方谓之了悟。悟岂易言乎？若仅取当下一点灵明瞥然有见时，便谓之悟，恐少间已不可复恃。"

二十一　附案

颜冲宇先生

颜鲸，字应雷，号冲宇，宁之慈溪人。海忠介下狱，特疏救之；沈青霞冤死，拔其子襄于太学。出提学政，先风化而后文艺。在楚则忤江陵，在中州则忤新郑，其守正如此。邹南皋曰："子读先生所论孔、孟、颜、曾及原人、原性诸语，其学以求仁为宗，以默坐澄心为入门，以践履操修为见性，而妙于慎独，极于默识，既殚厥心矣；而总于悟格物之旨尽之。世儒以一事一物为物，而先生以通天下国家为物为格，其力久故其悟深，其悟深故其用周。真从困衡中入，而非以意识承当之者。"先师蕺山曰："先生于学问头脑，已窥见其大意，故所至树立磊落。"先生与许敬庵皆谈格物之学，敬庵有见于一物不容之体，先生有见于万物皆备之体；盖相反而相成者，总之不落训诂窠臼者也。

应天彝先生

应典，字天彝，号石门，永康人。初谒章懋于兰江，奋然有担负斯道之志；后介黄崇明见王守仁于稽山，授以"致良知"之学，归而讲学五峰书院。典之论学曰："圣贤之学，在反求诸己而无自欺。人心本体，至虚至明，纤毫私意，容受不得。如鼻之于臭，才触便觉，才觉便速除去，更无一毫容忍。古之圣贤，当生而死，当富贵而宁贫贱；以至处内外、远近、常变、得失、毁誉之间，不肯稍有所狥者，以能自见其心之本体，而勿以自欺而已。人心无声无臭，浑然天理，不能不为物欲所蔽；而本体之明，终不可泯。一念觉，若鬼神之尸其兆，上帝之宰其衷，此即是不可欺之本心；充而达之，即尽是心。孟子曰：'人能充无欲害人之心，而仁不可胜用也；人能充无穿窬之心，而义不可胜用也。'充其不欺之心，至于纤悉隐微，无所不尽；事之巨细大小，俱以一心处之，而本然之体，原是不动。此圣贤学问紧关切要处，学者知此，工夫方有着落。若徒务外近名，窃取口耳闻见之似以夸于人，又或知有身心之学，模拟想象，不实践下手；自欺之罪，终恐不免。"此其论学之大概也。典为人诚悫和粹，孝友兼笃，谨言慎行，廉隅修整。黄崇明称其"笃实谦虚，刻苦好学，浙中罕俪"云。

周德纯先生

周莹，字德纯，号宝峰，永康人。尝学于应元忠，往见阳明子。阳明子曰："子从应子之所来乎？"曰："然。"曰："应子云何？"曰："应子曰：'希圣希贤，毋溺流俗。'且曰：'吾闻诸阳明子云。'莹是以不远千里而来谒。"曰："子之来，犹有未信乎？"曰："信。"曰："信而又来，何也？"曰："未得其方。"阳明子曰："子既得其方矣。"对曰："莹惟不得其方，是以来见。愿卒赐之教。"阳明子曰："子既得之矣！"周子悚然起，茫然有间。阳明子曰："子之自永康来也几何程？"曰："数百里而遥。"曰："远矣。"曰："从舟乎？"曰："舟而又登陆也。"曰："劳矣！当兹六月暑乎？"曰："途之暑特甚。"曰："难矣！具资粮、从童仆乎？"曰："携一仆，中途而病，舍贷而行。"曰："兹益难矣！"曰："子之来既远且劳，其难若此也，何不遂返乎？将毋有强子者乎？"曰："莹至夫子之门，劳苦艰难，诚乐也；宁以是而遂返，又奚俟人之强也？"曰："如是则子固已得其方矣。子之志欲至于吾门，则至于吾门，无假于人；子而志于圣贤之学，则亦即至于圣贤，而又假于人乎？子之舍舟从陆、捐仆贷粮，冒毒暑而来也，又安受其方也？"周子跃然而拜曰："兹乃命之方也矣！微先生言，莹何以得之？"阳明子曰："子不见夫爇石以求灰乎？火力足也，乃得水而化；子归就应子，而足其火力焉，吾将储担石之水以俟子之再见。"莹学于姚江，既有所得，乃请其学于五峰。

卢德卿先生

卢可久，字德卿，永康人。从阳明子于越，三月，既得"良知"之学；辞归，处一松山房，端默静坐，恍觉浮翳尽扫、皎月中天之象。再见阳明，商证益密，同门王畿、钱德洪皆相许可。阳明子殁，归而聚徒讲学于五峰，曰："本体工夫，不落阶级，不涉有无；悟者超于凡俗，不悟即落迷途。"又曰："原无所存，更有何亡？原无所得，更有何失？默而识之，神而明之。"又曰"省愆改过，是真实下工夫处；见得己过日密，则用工益精。"或问学之实功。曰："非礼勿视听言动，充之而手舞足蹈，充之而动容周旋中礼。"其论学如此。可久负荷斯道，笃实精进，汲引提撕，至老不倦。孝事二亲，居丧尽礼。室人早丧，鳏居四十年，守严一介，无撄滞。享年七十有七卒。所著有《光馀或问》《望洋日录》《草牕巷语》《文录》等书。

杜子光先生

杜惟熙，字子光，号见山，东阳人。年十七，即北面一松之门;凡四岁,恍若有得。一松曰:"为学须经事变,方可自信所得。"复十年,家难递作;乃怅忆一松言,作《悔言录》以自励。复至五峰,尽其道。尝言学者一息不寐,则万古皆通;一刻自宽,即终身欠缺,盖得程子识仁之旨。又诗曰:"古今方寸里,天地范围中;有事还无事,如空不落空。"所造深矣!其学以复性为宗,克欲为实际;审察克治,无间昼夜,持己接物,真率简易,不修边幅。其教人迎机,片语即可证悟。自奉粗粝淡泊,脱粟杯羹,与来学者共之。分守张凤梧建崇正书院,聘与徐用检递主教席。海门周汝登见《悔言集》,以为非大悟后不能道,由姚江而直溯洙泗。年八十余,小疾,语诸友曰:"明晨当来作别。"及期,焚香端坐曰:"诸君看我如是而来,如是而去,可用得意见安排否?"门人请益,曰:"极深研几。"遂瞑。

传统文化
修养丛书

清初五大师集
（第二册）

许啸天 编
金 歌 点校

上海科学技术文献出版社
Shanghai Scientific and Technological Literature Press

顾亭林集

目 录

新序 …………………………………………………………… 1

日知录节要卷一　经义 …………………………………… 7

三《易》 ……………………… 7
重卦不始文王 ………………… 7
朱子《周易本义》 …………… 8
卦爻外无别象 ………………… 10
卦变 …………………………… 10
互体 …………………………… 11
六爻言位 ……………………… 11
九二君德 ……………………… 12
师出以律 ……………………… 12
既雨既处 ……………………… 12
武人为于大君 ………………… 12
自邑告命 ……………………… 13
成有渝无咎 …………………… 13
童观 …………………………… 14
不远复 ………………………… 14
不耕获不菑畲 ………………… 14
天在山中 ……………………… 15
罔孚裕无咎 …………………… 15
有孚于小人 …………………… 15
损其疾使遄有喜 ……………… 16
上九弗损益之 ………………… 16
利用为依迁国 ………………… 16
姤 ……………………………… 17
包无鱼 ………………………… 17
以杞包瓜 ……………………… 17
己日 …………………………… 18
改命吉 ………………………… 18
艮 ……………………………… 18
艮其限 ………………………… 19
鸿渐于陆 ……………………… 20
君子以永终知敝 ……………… 20
鸟焚其巢 ……………………… 20
巽在床下 ……………………… 21
翰音登于天 …………………… 21
山上有雷小过 ………………… 21
妣 ……………………………… 22
东邻 …………………………… 22
游魂为变 ……………………… 22
通乎昼夜之道而知 …………… 23
继之者善也，成之者

性也	24	殷纣之所以亡	38
形而下者谓之器	24	武王伐纣	39
垂衣裳而天下治	24	泰誓	41
过此以往未之或知也	24	百姓有过在予一人	41
困德之辨也	25	王朝步自周	41
凡易之情	25	太王王季	42
易逆数也	25	彝伦	42
说卦、杂卦互文	26	龟从筮逆	43
兑为口舌	27	周公居东	43
序卦、杂卦	27	微子之命	43
晋昼也，明夷诛也	28	酒诰	44
孔子论《易》	28	召诰	44
七八九六	29	元子	44
卜筮	30	其稽我古人之德	44
帝王名号	31	节性	45
九族	32	汝其敬识百辟享	45
《舜典》	34	惟尔王家我适	45
惠迪吉，从逆凶	34	王来自奄	46
懋迁有无化居	35	建官惟百	46
三江	35	司空	47
锡土姓	36	顾命	47
厥弟五人	36	矫虔	49
惟彼陶唐有此冀方	36	罔中于信以覆诅盟	49
胤征	37	文侯之命	50
惟元祀十有二月	37	《秦誓》	50
西伯戡黎	38	古文《尚书》	51
少师	38	《书序》	54

丰熙伪《尚书》	54	私人之子百僚是试	68
《诗》有入乐不入乐之分	56	不醉反耻	69
		上天之载	69
四诗	57	王欲玉父	69
孔子删诗	57	夸毗	69
何彼秾矣	58	流言以对	70
邶鄘卫	59	申伯	71
黎许二国	60	德輶如毛	71
诸姑伯姊	60	韩城	71
王事	61	如山之苞，如川之流	72
朝隮于西	61	不弔不祥	73
王	61	駉	73
日之夕矣	62	实始翦商	73
《大车》	62	玄鸟	74
郑	62	敷奏其勇	74
楚吴诸国无诗	63	鲁颂、商颂	74
豳	63	《诗序》	75
言私其豵	63	鲁之《春秋》	76
承筐是将	64	《春秋》阙疑之书	76
馨无不宜	64	三正	77
民之质矣日用饮食	64	闰月	78
小人所腓	65	王正月	79
变雅	65	《春秋》时月并书	80
大原	66	谓一为元	80
莠言自口	67	改月	81
皇父	68	天王	82
握粟出卜	68	邾仪父	82

仲子 …………………… 82	人君称大夫字 …………… 96
成风、敬嬴 …………… 84	王贰于虢 ………………… 96
君氏卒 ………………… 84	星陨如雨 ………………… 97
滕子、薛伯、杞伯 …… 84	筑郿 ……………………… 97
阙文 …………………… 85	城小谷 …………………… 97
夫人孙于齐 …………… 86	齐人杀哀姜 ……………… 98
公及齐人狩于禚 ……… 87	微子启 …………………… 98
楚吴书君书大夫 ……… 87	襄仲如齐纳币 …………… 99
亡国书葬 ……………… 88	子叔姬卒 ………………… 99
许男新臣卒 …………… 88	齐昭公 …………………… 99
禘于太庙用致夫人 …… 88	赵盾弑其君 ……………… 100
及其大夫荀息 ………… 89	临于周庙 ………………… 100
邢人狄人伐卫 ………… 89	栾怀子 …………………… 100
王入于王城不书 ……… 89	子太叔之庙 ……………… 101
星孛 …………………… 90	城成周 …………………… 101
子卒 …………………… 90	五伯 ……………………… 102
纳公孙宁仪行父于陈 … 90	占法之多 ………………… 102
三国来媵 ……………… 91	以日同为占 ……………… 103
杀或不称大夫 ………… 91	天道远 …………………… 104
郑子来会公 …………… 91	一事两占 ………………… 104
葬用柔日 ……………… 92	春秋言天之学 …………… 104
诸侯在丧称子 ………… 92	左氏不必尽信 …………… 105
未逾年书爵 …………… 93	列国官名 ………………… 105
姒氏卒 ………………… 93	地名 ……………………… 105
卿不书族 ……………… 93	昌歜 ……………………… 106
大夫称子 ……………… 94	文字不同 ………………… 107
有谥则不称字 ………… 96	所见异辞 ………………… 107

纪履緰来逆女 …… 108	凶声 …… 121
母弟称弟 …… 108	八音 …… 122
子沈子 …… 109	用火 …… 122
谷伯邓侯书名 …… 109	莅戮于社 …… 123
郑忽书名 …… 109	邦朋 …… 123
祭公来遂逆王后于纪 … 110	王公六职之一 …… 124
争门 …… 110	奠挚见于君 …… 124
仲婴齐卒 …… 111	主人 …… 124
隐十年无正 …… 111	辞无不腆无辱 …… 124
戎菽 …… 112	某子受酬 …… 125
陨石于宋五 …… 112	辩 …… 125
王子虎卒 …… 113	须臾 …… 125
《穀梁》日误作曰 … 113	飧不致 …… 126
阍人寺人 …… 113	三年之丧 …… 126
正月之吉 …… 114	继母如母 …… 130
木铎 …… 114	为所后者之祖父母妻，妻之
稽其功绪 …… 115	父母昆弟，昆弟
六牲 …… 115	之子若子 …… 130
邦飨耆老孤子 …… 116	女子子在室为父 …… 131
医师 …… 116	慈母如母 …… 131
造言之刑 …… 117	出妻之子为母 …… 132
国子 …… 117	父卒继母嫁 …… 133
死政之老 …… 117	有适子者无适孙 …… 133
凶礼 …… 118	为人后者为其父母 …… 133
不入兆域 …… 118	继父同居者 …… 134
乐章 …… 119	宗子之母在则不为宗子
斗与辰合 …… 121	之妻服也 …… 134

君之母妻 …………… 135	文王世子 …………… 149
齐衰三月不言曾祖	武王帅而行之 ……… 149
已上 ……………… 135	用日干支 …………… 149
兄弟之妻无服 ……… 136	社日用甲 …………… 150
先君余尊之所厌 …… 136	不齿之服 …………… 150
贵臣贵妾 …………… 137	为父母妻子长子禫 … 151
外亲之服皆缌 ……… 137	为殇后者以其服服之 … 151
唐人增改服制 ……… 140	庶子不以杖即位 …… 151
报于所为后之兄弟之子	妇人不为主而杖者 … 152
若子 ……………… 141	庶姓别于上 ………… 152
庶子为后者为其外祖	爱百姓故刑罚中 …… 152
父母从母舅无服 … 141	庶民安故财用足 …… 153
考降 ………………… 141	术有序 ……………… 153
噫歆 ………………… 142	师也者所以学为君 … 154
毋不敬 ……………… 142	肃肃敬也 …………… 154
女子子 ……………… 142	以其绥复 …………… 154
取妻不取同姓 ……… 143	亲丧外除，兄弟之丧
父不祭子夫不祭妻 … 143	内除 ……………… 155
《檀弓》 …………… 144	十五月而禫 ………… 155
太公五世反葬于周 … 145	妻之党虽亲弗主 …… 155
扶君 ………………… 146	吉祭而复寝 ………… 156
二夫人相为服 ……… 146	如欲色然 …………… 156
同母异父之昆弟 …… 146	先古 ………………… 156
子卯不乐 …………… 147	博爱 ………………… 156
君有馈焉曰献 ……… 148	以养父母日严 ……… 156
郲娄考公 …………… 148	致知 ………………… 157
因国 ………………… 148	顾諟天之明命 ……… 157

桀纣帅天下以暴 …… 158	异乎三子者之撰 …… 171
财者末也 …… 158	去兵去食 …… 171
未有上好仁而下不好	鼻荡舟 …… 172
义者也 …… 159	管仲不死子纠 …… 172
君子而时中 …… 159	予一以贯之 …… 173
子路问强 …… 159	君子疾没世而名不
鬼神 …… 160	称焉 …… 173
期之丧达乎大夫 …… 161	性相近也 …… 174
三年之丧达乎天子 …… 161	虞仲 …… 174
达孝 …… 162	听其言也厉 …… 175
思事亲不可以不知人 …… 162	有始有卒者其惟圣
诚者天之道也 …… 162	人乎 …… 175
肫肫其仁 …… 163	梁惠王 …… 176
孝弟为仁之本 …… 163	未有义而后其君者也 …… 177
察其所安 …… 164	不动心 …… 177
子张问十世 …… 164	市朝 …… 178
媚奥 …… 164	必有事焉而勿正心 …… 178
《武》未尽善 …… 165	文王以百里 …… 179
朝闻道夕死可矣 …… 165	廛无夫里之布 …… 179
忠恕 …… 165	孟子自齐葬于鲁 …… 179
夫子之言性与天道 …… 167	其实皆什一也 …… 180
变齐变鲁 …… 168	庄岳 …… 180
博学于文 …… 169	古者不为臣不见 …… 181
三以天下让 …… 169	公行子有子之丧 …… 181
有妇人焉 …… 170	为不顺于父母 …… 181
季路问事鬼神 …… 170	象封有庳 …… 182
不践迹 …… 171	周室班爵禄 …… 182

费惠公	182	孟子外篇	186
行吾敬故谓之内也	183	《孟子》引《论语》	187
以纣为兄之子	184	《孟子》字样	187
才	184	孟子弟子	187
求其放心	184	荼	188
所去三	185	駉	190
自视欿然	185	九经	190
士何事	185	考次经文	193
饭糗茹草	186		

日知录节要卷二　艺文 …… 195

文须有益于天下	195	作文润笔	210
文不贵多	195	文非其人	211
著书之难	196	假设之辞	212
直言	197	古文未正之隐	212
立言不为一时	198	非三公不得称公	213
文人之多	200	古人不以甲子名岁	217
巧言	201	史家追纪月日之法	220
文辞欺人	202	史家月日不必顺序	221
修辞	203	重书日	221
文人摹仿之病	204	古人必以日月系年	221
文章繁简	205	古无一日分为十二时	222
文人求古之病	206	年月朔日子	225
古人集中无冗复	207	年号当从实书	226
书不当两序	208	吏书一年两号	227
古人不为人立传	209	年号古今相同	229
志状不可妄作	209	割并年号	229

孙氏《西斋录》 ………… 230	古人不忌重韵 ………… 244
《通鉴》书改元 ………… 230	七言之始 ………… 246
后元年 ………… 231	一言 ………… 246
李茂贞称秦王用天祐年号 ………… 231	古人未有之格 ………… 247
	古人不用长句成篇 …… 247
《通鉴》书葬 ………… 232	诗用迭字 ………… 247
《通鉴》书闰月 ………… 232	次韵 ………… 248
史书人君未即位 ………… 232	柏梁台诗 ………… 249
史书一人先后历官 …… 233	诗体代降 ………… 250
史书郡县同名 ………… 233	书法诗格 ………… 251
郡国改名 ………… 233	诗人改古事 ………… 251
史书人同姓名 ………… 234	庾子山赋误 ………… 252
述古 ………… 234	于仲文诗误 ………… 252
引古必用原文 ………… 235	李太白诗误 ………… 252
引书用意 ………… 235	郭璞赋误 ………… 253
文章推服古人 ………… 235	陆机文误 ………… 253
史书下两曰字 ………… 236	字 ………… 254
书家凡例 ………… 236	古文 ………… 254
分题 ………… 236	《说文》 ………… 255
作诗之旨 ………… 237	《说文长笺》 ………… 256
诗不必人人皆作 ………… 238	五经古文 ………… 259
诗题 ………… 238	《急就篇》 ………… 261
古人用韵无过十字 …… 239	《千字文》 ………… 261
诗有无韵之句 ………… 240	草书 ………… 262
五经中多有用韵 ………… 240	《金石录》 ………… 263
《易》韵 ………… 242	铸印作减笔字 ………… 264
古诗用韵之法 ………… 242	画 ………… 264

古器	266	仲氏	293
四海	267	以国为氏	294
九州	268	姓氏书	294
六国独燕无后	270	通谱	295
郡县	270	二字姓改一字	297
秦始皇未灭二国	272	北方门族	299
汉王子侯	272	冒姓	300
汉侯国	274	两姓	301
都	274	古人二名止用一字	301
乡里	276	古人谥止称一字	302
都乡	276	称人或字或爵	303
都乡侯	276	子孙称祖父字	303
封君	277	已祧不讳	303
图	277	皇太子名不讳	305
亭	277	二名不偏讳	306
亭侯	278	嫌名	306
社	279	以讳改年号	308
历代帝王陵寝	280	前代讳	309
尧冢灵台	282	名父名君名祖	309
生祠	283	弟子名师	310
生碑	284	同辈称名	310
张公素	285	以字为讳	310
王亘	286	自称字	311
姓	286	人主呼人臣字	311
氏族	287	两名	312
氏族相传之讹	289	假名甲乙	313
孔颜孟三氏	292	以姓取名	314

以父名子 …… 314	主 …… 327
以夫名妻 …… 314	陛下 …… 327
兼举名字 …… 315	足下 …… 328
排行 …… 315	阁下 …… 328
二人同名 …… 315	相 …… 330
字同其名 …… 316	将军 …… 331
变姓名 …… 316	相公 …… 331
生而曰讳 …… 316	司业 …… 332
生称谥 …… 317	翰林 …… 333
称王公为君 …… 318	洗马 …… 334
祖孙 …… 319	比部 …… 335
高祖 …… 319	员外 …… 335
艺祖 …… 319	主事 …… 336
冲帝 …… 320	主簿 …… 336
考 …… 320	郎中待诏 …… 337
伯父叔父 …… 320	外郎 …… 337
族兄弟 …… 321	门子 …… 337
亲戚 …… 321	快手 …… 338
哥 …… 322	火长 …… 338
妻子 …… 322	偻罗 …… 339
称某 …… 322	白衣 …… 339
互辞 …… 323	郎 …… 340
豫名 …… 323	门生 …… 341
重言 …… 324	府君 …… 342
后 …… 324	官人 …… 342
王 …… 325	对人称臣 …… 342
君 …… 325	先卿 …… 343

先妾 …………………… 343	《汉书》二志小字 …… 368
称臣下为父母 ………… 344	《汉书》不如《史记》 … 368
人臣称人君 …………… 344	荀悦《汉纪》 ………… 369
上下称通 ……………… 344	《后汉书》 …………… 369
人臣称万岁 …………… 347	《三国志》 …………… 370
重黎 …………………… 347	作史不立表志 ………… 371
巫咸 …………………… 348	史文重出 ……………… 372
河伯 …………………… 349	史文衍字 ……………… 372
湘君 …………………… 350	史家误承旧文 ………… 373
共和 …………………… 353	《晋书》 ……………… 374
介子推 ………………… 354	《宋书》 ……………… 375
杞梁妻 ………………… 356	《魏书》 ……………… 375
池鱼 …………………… 357	《梁书》 ……………… 375
庄安 …………………… 357	《后周书》 …………… 376
李广射石 ……………… 358	《隋书》 ……………… 376
大小山 ………………… 359	《北史》一事两见 …… 377
丁外人 ………………… 359	宋齐梁三《书》、《南史》
毛延寿 ………………… 359	一事互异 ………… 377
名以同事而晦 ………… 360	《旧唐书》 …………… 378
名以同事而章 ………… 361	《新唐书》 …………… 379
人以相类而误 ………… 361	《宋史》 ……………… 382
传记不考世代 ………… 361	阿鲁图《进宋史表》 … 383
《史记》《通鉴》兵事 … 362	《辽史》 ……………… 384
《史记》于序事中寓	《金史》 ……………… 384
论断 ……………… 363	《元史》 ……………… 385
《史记》 ……………… 363	《通鉴》 ……………… 386
《汉书》 ……………… 366	《通鉴》不载文人 …… 388

祕书国史	388	心学	398
十三经注疏	389	举业	400
监本二十一史	390	破题用《庄子》	402
张参《五经文字》	392	科场禁约	403
别字	393	朱子晚年定论	405
《三朝要典》	393	李贽	409
密疏	394	钟惺	410
贴黄	394	窃书	410
记注	395	勘书	411
《四书五经大全》	395	改书	412
《书传会选》	396	《易林》	413
内典	397		

日知录节要卷三　考证 ……………… 414

汉人注经	414	《文选》注	448
注疏中引书之误	417	陶渊明诗注	448
姓氏之误	419	李太白诗注	449
《左传》注	419	杜子美诗注	450
《考工记》注	426	韩文公诗注	456
《尔雅》注	427	《通鉴》注	456
《国语》注	427	而	459
《楚辞》注	428	奈何	460
《荀子》注	428	语急	461
《淮南子》注	429	岁	462
《史记》注	429	月半	462
《汉书》注	436	巳	463
《后汉书》注	446	里	464

仞	464	耗	473
不淑	465	量移	473
不弔	465	罘罳	474
亡	465	场屋	475
乾没	466	豆	475
辱	466	陉	476
姦	466	豸	476
讥	467	关	476
谁何	467	宙	477
信	468	石炭	477
出	468	终葵	478
鳏寡	469	魁	478
丁中	469	桑梓	479
阿	470	胡咙	480
幺	471	胡	481
元	471	草马	482
写	472	草驴女猫	482
行李	473	雌雄牝牡	482

日知录节要卷四　世风 …… 485

周末风俗	485	廉耻	496
秦纪会稽山刻石	486	流品	497
两汉风俗	486	重厚	498
正始	488	耿介	499
宋世风俗	489	乡原	499
清议	492	俭约	500
名教	493	大臣	501

除贪 …… 501	辛幼安 …… 511
贵廉 …… 504	士大夫晚年之学 …… 511
禁锢奸臣子孙 …… 505	士大夫家容僧尼 …… 512
家事 …… 506	贫者事人 …… 512
奴仆 …… 507	分居 …… 512
阉人 …… 508	父子异部 …… 514
田宅 …… 509	生日 …… 515
三反 …… 510	陈思王植 …… 515
召杀 …… 510	降臣 …… 516
南北风化之失 …… 510	本朝 …… 516
南北学者之病 …… 510	书前代官 …… 517
范文正公 …… 510	

日知录节要卷五　杂事 …… 518

拜稽首 …… 518	寺 …… 526
稽首顿首 …… 519	省 …… 526
百拜 …… 519	职官受杖 …… 526
九顿首三拜 …… 520	押字 …… 528
东向坐 …… 521	邸报 …… 530
坐 …… 522	酒禁 …… 530
土炕 …… 522	赌博 …… 532
冠服 …… 523	京债 …… 533
衻衣 …… 524	居官负债 …… 535
对襟衣 …… 524	纳女 …… 535
左衽 …… 524	王女弃归 …… 536
行縢 …… 525	罢官不许到京师 …… 536
乐府 …… 525	

新　序

许啸天

顾亭林是怎么样的人？我先把梁启超介绍的一段话，先转介绍在下面：

顾亭林，他是江苏昆山人；本为世家，父亲同吉，原是先生的叔父，十七岁未婚而死。婶母王氏，望门守节。同吉死后二年，炎武出世，便承继给婶母为嗣。顾氏本精史学，先生的祖父，尤好掌故，手抄明代掌故六百余册；母亲王氏，也很有学问，从小教先生读书，直至成人，先生幼年的学问，得之于母教者为多。明亡的时候，其母六十余岁，誓受明代旌表，严谕先生勿事二姓，绝食二十七日，便算以身殉国了。先生的人格，受母教的感化很大，故念母最深。《亭林文集》内有一篇《王孺人行状》，纪述很详；这篇文章，在清代因忌讳未刻，后来才补刻入集的。据说亭林状貌甚怪，眼睛内白外黑，和归庄有"归奇顾怪"之目。——归庄便是那个做《万古愁曲》的归元恭——据说归庄晚年，与其妻避居祖茔，自撰一联曰："安乐之窝，妻太聪明夫太怪；□□□□（幽冥之宅），人何寥落鬼何多！"可见其怪之一班了。亭林母死不葬，以为崇祯陵寝未安，不应先葬母，便暂时藁葬起来。其后立图恢复明室，三年无功，才把母亲葬了。集中那篇行状，便是葬时做的。

此后先生在昆山、浙江一带起义抗清，死者多人，卒未成功。唐王在福建的时候，曾授先生以兵部职方郎中；那时因母未葬，没有去。这时先生家有个老下人，与里中土豪勾串，告先生与唐王私通；先生听见这事，星夜赶回，把这下人从家里挟出来，投到吴淞江里淹死了。这时叶方霭的老兄正在昆山，便捕住先生，禁在下人家里。归元恭听见这事，赶忙跑到钱牧斋那里去求救；牧斋在明为礼部尚书，降清仍为礼部尚书，人品之卑，先生素来看不上的。这时见先生的要求救于他，便要求非先生具帖拜门不可；归元恭无法，只得私自替写了一张门生贴帖送给钱牧斋。及至先生狱解，听见这事，非常愤恨；就写了许多张广告，黏在街上，表白其诬。此后先生觉得南方不足有为，即至黄河一带盘桓，昌平、玉田一带，停留最久，最末到了山西，即死在那里。

先生最善理财，本是富家；明亡，把田卖了出来，遍游北土，结纳豪杰；并且到处开垦，淮河南北，及直隶、山陕一带，都有先生经营的事业。所以出外飘流五十年之久，得以不贫，恒传山西票号的章程，便是先生定的；事虽未可尽信，然足见先生的经济手腕了。此后谒孝陵四次，谒思陵六次；并手绘十三陵图，示不忘明室之意。

先生从三十岁以后，天天跑路，仅携一弟子，及一马两骡；两骡驮书，先生和弟子，倒换着骑这一匹马，所过图其地理，聚退伍老兵，和茶坊酒肆的店伙，谈本地掌故。七十多岁，手未释书。先生的学问，开清代各派学问之先河。

先生第一反对空谈心性，常说经学即理学；而其毕生精力，有《日知录》一书。《日知录》所记，都是屡经审定之说，价值最大。曾有友人问他："《日知录》又成几卷？"先生答道："别来二年，仅得二条。"可见其审慎了群故欲知亭林学术，《日知录》非看不可。此外欲作未成者，有《天下郡国利病书》一书，系长篇体裁，后人就稿本付刊；又有《肇域志》一种，也是记地方利弊之书，可惜不是足本群余如《音学五书》，开清代音韵学之先河；《金石文学记》，开清代金石学之先河。此外乐律、算学，皆有论列；在明末清初的学术界，亭林可算得最博大的一人，不过都未臻精到。这是创始难尽善的一种当然的现象，不足为怪的。

——节录梁启超演讲《清初五大师学术梗概》

  在三百年前的学术界，顾亭林先生可算得一个最博大的人物；他的学问，开清代各派之先河。这是一句最确实的评论。但是他恰巧生在明末清初，受了他母亲反清的教训，使他的才力精神，不销费在狭隘的功名事业上；得用他的全力倾注在学术著作上，这是造成他博大人格的一个最大的关键。虽然说反清事业，不足为训——不但是效忠于一姓不足为训，便是如今世界上盛行的国家主义也不足为训。拙著《曾国藩名言类钞》的序文里，有一段说国家主义的道："人类是大同的，原不分色别和国别，只因为人类为求便于整理和保卫起见，才组织出一个国家来。因为这样，我们第一要明白：我们现在虽暂时向国家主义的道路上走去，而我们终究是要向世界制的道路上走去的；再进一步说，我们现在走的国家制的道路，便是将来走向世界制的道路，而世界制的道路才是我们人类求光明幸福的正道，国家制的道路是我们的假道（两条道路就是一条）。不过因为这一条道路太长，不能一天走完，才把他分作两天的路程。"——但是顾亭林先生因反清的关系，不得不奔走四海，访求民间的豪杰，考察各处的地势，探问地方的风俗，尝尽亡国人民的辛苦，这里面又暗暗的养成他将来一番切实应用的学问事业。

  顾先生开辟出清代实业的大途径，果然是替学术界可庆贺的事；但是顾先生得生长在亡明的时代，秉承家传的史学渊源，又得他母亲强毅的教训，这种种机会，造成了顾先生的学术，这尤其是可以替亭林庆贺的地方。可惜啊群自来一般的学者，谁不是受功利主义的束缚？在最强盛的年龄、最充足的脑筋，因为要博得榜上虚名，便牺牲他一身的精力，去学习那陈文烂卷。那得利的，直到功名显达以后，才把他退食的余暇、垂老的光阴，才稍稍注意到那经史实用的学问上去；那名场失意下来的，也要历尽艰苦，才肯掉过眼光，去拿消闲的态度，或是尝试的态度，去研究到那考据掌故的学问。因此，中国的学术界，也永远整理不出一种完全的学问来，也永远得不到一个学术界的完人。——在这地方，我又免不得把我深受名场荼毒的父亲许传霈的出世说说。

我父亲是脑力最充足、眼光最锐利的一个人，但因为环境的逼迫、世俗习惯的潮流，不得不向名场中讨生活。可怜他老人家，自从少年时代中了一名秀才以后，便八次入乡场，终于得不到一个举人。直到头发花白了，才回过头来，去向那经史、掌故、小学、考据等切实有用的学问上用功。这十年工夫倒颇有成就，在当时江浙一带也很享受学者的盛名。他对于各种学问的札记本子和讨论著作的本子，如今藏在家里的很多很多。只可惜我父亲回头太晚了，仅仅十年工夫，什么汉学、宋学、考据、词章，样样都要去摸一摸，样样都有一种著作、一番整理。再加我们中国的学问是一片荒芜，宝藏都在地底下，做学问的人好似矿师一般经过了一番试探的手续，辨明了矿质的种类，分出统系来，然后采掘，然后锻炼，然后享用。但是在中国学术界，做工作的人大都是拿做真正的学问当作副业看待，倒把那混饭吃的功名都当做正业看待，必要到不得意了或是功名事业上有余剩下来的工夫，才去试探试探。因此，永远不能成功一种完全的学问和完全的学者。从秦汉到宋明时代，牺牲了聪明才力在功名事业上，不得已而再去找寻经史、切实学问；不曾找寻得完全而身死的，也不仅我父亲一个。

这功名主义的害人实在不浅。——幸而到了明末的时候，很出了一班经史学家；从实用着手，打破了汉儒考据的琐屑，和宋儒理学的玄虚，而另立一切实于人生有益的史地等学。顾亭林先生，便是其中最重要的一个。这几位大师，为什么肯留心到此？这大概是因国破家亡，淡于名利，便在这经史学问上，寄托他的精神。而顾亭林先生，又因家学的渊源，母氏的教训，不曾因功名的琐事，分了他的心；他能够全始全终，把一生的聪明才力用在学问上，所以才有这样的成就；便是他中间奔走国是，也是可以使他增加阅历、补助学问的一种实验方法。

做学问，原是要实验的；不能实验的，算不得是学问；求学问而不实验的，也算不得是有学问。尤其经史、地理等实用的学问，非经过实验不可。顾先生虽一般不能挽救明朝的灭亡，但他因为这一番奔走，在学问上却平添了一番实证的工夫；所以亭林先生的学问，既不谈玄说妙，也不咬文嚼字，他的著作，字字从实验中得来，尤其是这一部《日知录》，是顾先生平日做学问工夫的记录，我们不可不读。但里面颇多有不是我们现在求学的人所需要的，或有未臻精到的——套梁先生的话——在我个人以为可以缓读的，暂时把他删去。先把经、义、艺、文等四类整理出来，印成集子，供献给一般读者，在做学问的时候，拿他做一种参考。本来整部二百万字的《日知录》，怕也不是现在脑力需要繁剧的学生所宜读的。

十五，三，十六，在上海

日知录节要卷一　经义

三《易》

夫子言包羲氏始画八卦，不言作《易》，而曰："《易》之兴也，其于中古乎？"又曰："《易》之兴也，其当殷之末世、周之盛德邪？当文王与纣之事邪？"是文王所作之辞，始名为《易》；而《周官》大卜掌"三易"之法：一曰"连山"，二曰"归藏"，三曰"周易"。连山、归藏，非《易》也；而云《易》者，后人因《易》之名以名之也。犹之墨子书言"周之《春秋》，燕之《春秋》，宋之《春秋》，齐之《春秋》"。周、燕、齐、宋之史，非必皆《春秋》也，而云"春秋"者，因鲁史之名以名之也。

《左传》僖十五年，战于韩，卜徒父筮之曰吉。其卦遇《蛊》，曰："千乘三去，三去之余，获其雄狐。"成十六年，战于鄢陵，公筮之史曰吉。其卦遇《复》，曰："南国蹙，射其元，王中厥目。"此皆不用《周易》，而别有引据之辞，即所谓"三易"之法也。而传不言《易》。

重卦不始文王

大卜掌"三易"之法，其经卦皆八，其别皆六十有四。考之《左传·襄公九年》：穆姜迁于东宫，筮之，遇《艮》之《随》。姜曰是于《周易》，曰"随，元亨利贞，无咎"。独言"是于《周易》"，则知夏、商皆有此卦；而重八卦为六十四者，不始于文王矣。

朱子《周易本义》

《周易》自伏羲画卦，文王作彖辞，周公作爻辞，谓之经；经分上下二篇。孔子作《十翼》，谓之传；传分十篇：《彖传》上下二篇，《象传》上下二篇，《系辞传》上下二篇，《文言》《说卦传》《序卦传》《杂卦传》各一篇。自汉以来，为费直、郑玄、王弼所乱；取孔子之言，逐条附于卦爻之下。程正叔传因之，及朱元晦《本义》，始依古文。故于《周易·上经》条下云："中间颇为诸儒所乱，近世晁氏始正其失，而未能尽合古人。吕氏又更定著为经二卷、传十卷，乃复孔氏之旧云。"洪武初，颁五经天下儒学，而《易》兼用程、朱二氏，亦各自为书。永乐中修《大全》，乃以朱子卷次，割裂附之程传之后；而朱子所定之古文，仍复淆乱。"彖既文王所系之辞，传者孔子所以释经之辞也，后凡言传仿此。"此乃《彖·上传》条下义，今乃削"彖上传"三字，而附于"大哉乾元"之下。"象者卦之上下两象，及两象之六爻，周公所系之辞也。"乃《象·上传》条下义，今乃削"象上传"三字，而附于"天行健"之下。"此篇申彖传、象传之意，以尽《乾》《坤》二卦之蕴，而余卦之说因可以例推云。"乃《文言》条下义，今乃削"文言"二字，而附于"元者善以长也"之下。其"彖曰""象曰""文言曰"字，皆朱子本所无，复依程传添入。后来士子，厌程传之多，弃去不读，专用《本义》。而《大全》之本，乃朝廷所颁，不敢辄改，遂即监版传义之本，刊去程传，而以程之次序为朱之次序，相传且二百年矣。惜乎朱子定正之书，竟不得见于世，岂非此经之不幸也夫？

朱子记嵩山晁氏《卦爻彖象说》，谓："古经始变于费氏，而卒大乱于王弼。"此据孔氏《正义》曰："夫子所作彖辞，元在六爻经辞之后，以自卑退，不敢干乱先圣正经之辞。"王辅嗣之意，以为彖者本释经文，宜相附近，其义易了；故分爻之象辞，当附其各爻下。如杜元凯注《左传》，分经之年，与传相附，故谓连合。经传始于辅嗣，不知其实本于康成也。《魏志》：高贵乡公幸太学，问博士淳于俊曰："孔子作彖、象，郑玄作注，其释经义一也；今彖、象不与经文相连，而注连之，何也？"俊对曰："郑玄合彖、象于经者，欲使学者寻省易了也。"帝曰："若合之于学诚便，则孔子曷为不合以了学者乎？"俊对曰："孔子恐其与文王相乱，是以不合。此圣人以不合为谦。"帝曰："若圣人以不合为谦，则郑玄何独不谦邪？"俊对曰："古义宏深，圣问奥远，非臣所能详尽。"是则康成之书已先合之，不自辅嗣始矣。乃《汉书·儒林传》云："费直治《易》，无章句，徒以彖、象、系辞、文言解说上下经。"则以传附经，又不自康成始。朱子记晁氏说，谓初乱古制时，犹若今之《乾卦》；盖自《坤》以下，皆依此。后人又散之各爻之下，而独存《乾》一卦，以见旧本相传之样式耳。愚尝以其说推之，今《乾卦》："彖曰"为一条，"象曰"为一条，疑此费直所附之原本也。《坤卦》以小象散于各爻之下，其为"象曰"者八，余卦则为"象曰"者七，此郑玄所连、高贵乡公所见之本也。

《程传》虽用辅嗣本，亦言其非古《易》。《咸》："九三，咸其股，亦不处也。"传曰："云'亦'者，盖象辞，本不与《易》相比，自作一处；故诸爻之象辞意有相续者，此言'亦'者，承上爻辞也。"

秦以焚书而五经亡，本朝以取士而五经亡。今之为科举之学者，大率皆帖括熟烂之言，不能通知大义者也。而《易》《春秋》尤为缪盭：以彖传合大象，以大象合爻，以爻合小象；二必臣，五必君,阴卦必云小人,阳卦必石君子。于是此一经者为拾渖之书,而《易》亡矣!取胡氏传一句、两句为旨,而以经事之相类者合以为题;传为主、经为客,有以彼经证此经之题,有用彼经而隐此经之题,于是此一经者,为射覆之书,而《春秋》亡矣。复程朱之书以存《易》,备三传啖、赵诸家之说以存《春秋》,必有待于后之兴文教者。

卦爻外无别象

圣人设卦观象而系之辞,若文王、周公是已。夫子作传,传中更无别象;其所言卦之本象,若天、地、雷、风、水、火、山、泽之外,惟《颐》中有物,本之卦名;有飞鸟之象,本之卦辞,而夫子未尝增设一象也。荀爽、虞翻之徒,穿凿附会,象外生象;以同声相应为《震》《巽》,同气相求为《艮》《兑》,水流湿、火就燥为《坎》《离》,云从龙则曰《乾》为龙,风从虎则曰《坤》为虎。"十翼"之中,无语不求其象,而《易》之大指荒矣!岂知圣人立言取譬,固与后之文人同其体例,何尝屑屑于象哉?王弼之注,虽涉于玄虚,然已一扫《易》学之榛芜,而开之大路矣。不有程子,大义何由而明乎?

《易》之互体卦变,《诗》之叶韵,《春秋》之例月日,经说之缭绕碎破于俗儒者多矣!文中子曰:"九师兴而《易》道微,三传作而《春秋》散。"

卦　变

卦变之说,不始于孔子;周公系《损》之六三,已言之矣。曰:"三人行则损一人,一人行则得其友。"是六子之变,皆出于

《乾》《坤》，无所谓自《复》《姤》《临》《遯》，而来者，当从《程传》。

互 体

凡卦爻二至四、三至五，两体交互，各成一卦，先儒谓之互体；其说已见于《左氏·庄公二十二年》，陈侯筮，遇《观》之《否》，曰："风为天，于土上山也。"注"自二至四有艮象，艮为山"是也。然夫子未尝及之。后人以杂物撰德之语当之，非也。其所论二与四、三与五，同功而异位；特就两爻相较言之，初何尝有互体之说？

《晋书》：荀顗尝难钟会《易》无互体，见称于世，其文不传。新安王炎晦叔尝问张南轩曰："伊川令学者先看王辅嗣、胡翼之、王介甫三家《易》，何也？"南轩曰："三家不论互体故尔。"

朱子《本义》不取互体之说，惟《大壮》六五云："卦体似《兑》，有羊象焉。"不言"互"而言"似"，似者，合两爻为一爻，则似之也。然此又刱先儒所未有，不如言互体矣。《大壮》自三至五成《兑》，《兑》为羊，故爻辞并言羊。

六爻言位

《易传》中言位者有二义：列贵贱者存乎位，五为君位，二、三、四为臣位，故皆曰同功而异位；而初、上为无位之爻，譬之于人，初为未仕之人，上则隐沦之士，皆不为臣也。故《乾》之上曰"贵而无位"，《需》之上曰"不当位"。若以一卦之体言之，则皆谓之位，故曰"六位时成"，曰"《易》六位而成章"。是则卦爻之位，非取象于人之位矣。此意已见于王弼《略例》，但必强彼合此，而谓初、上无阴阳定位，则不可通矣。《记》曰："夫言岂一端而已？夫各有所当也。"

九二君德

为人臣者，必先具有人君之德，而后可以尧舜其君；故伊尹之言曰："惟尹躬暨汤，咸有一德。"武王之誓亦曰："予有乱臣十人，同心同德。"

师出以律

以汤、武之仁义为心，以桓、文之节制为用，斯之谓律；律即卦辞之所谓"贞"也。《论语》言"子之所慎"者，战长勺以诈而败齐，泓以不禽二毛而败于楚，《春秋》皆不予之。故先为不可胜，以待敌之可胜，虽三王之兵，未有易此者也。

既雨既处

阴阳之义，莫著于夫妇，故爻辞以此言之。《小畜》之时，求如任、姒之贤，二南之化，不可得矣。阴畜阳，妇制夫，其畜而不和，犹可言也；三之反目，隋文帝之于独孤后也。既和而惟其所为，不可言也；上之既雨，犹高宗之于武后也。

武人为于大君

"武人为于大君"，非武人为大君也；如《书》"予欲宣力四方，汝为"之"为"。六三，才弱志刚，虽欲有为而不克济。以之履虎,有咥人之凶也。惟武人之效力于其君,其济则君之灵也,不济则以死继之,是当勉为之而不可避耳。故有断胫决腹,一瞑而万世不视,不知所益,以忧社稷者,莫敖大心是也。过涉之凶,其何咎哉?

自邑告命

人主所居谓之邑。《诗》曰:"商邑翼翼,四方之极。"《书》曰:"惟尹躬先见于西邑夏。"曰:"惟臣附于大邑周。"曰:"作新大邑于东国洛。"曰:"肆予敢求尔于天邑商。"《白虎通》曰"夏曰夏邑,商曰商邑,周曰京师"是也。《泰》之上六,政教陵夷之后,一人仅亦守府,而号令不出于国门,于是焉而用师则不可。君子处此,当守正以俟时而已。桓王不知此也,故一用师,而祝聃之矢遂中王肩;唐昭宗不知此也,故一用师,而邠、岐之兵屯直犯阙下。然则保泰者,可不豫为之计哉!

《易》之言邑者,皆内治之事。《夬》曰"告自邑",如康王之命毕公"彰善瘅恶,树之风声"者也。《晋》之上九曰"维用伐邑",如王国之大夫,"大车槛槛,毳衣如菼",国人畏之而不敢奔者也。其为自治则同,皆圣人所取也。

成有渝无咎

昔穆王欲肆其心,周行天下,将皆必有车马辙迹焉。祭公谋父作《祈招》之诗,以止王心,王是以获殁于祗宫。《传》曰:"人谁无过?过而能改,善莫大焉。"圣人虑人之有过不能改之于初,且将遂其非而不反也。教之以"成,有渝无咎";虽其渐染之深,放肆之久,而惕然自省,犹可以不至于败亡。以视夫迷复之凶，不可同年而论矣，故曰："惟狂克念作圣。"

童　观

其在政教，则不能是训是行；以近天子之光，而所司者笾豆之事。其在学术，则不能知类通达；以几《大学》之道，而所习者占毕之文。乐师辨乎声诗，故北面而弦；宗祝辨乎宗庙之礼，故后尸；商祝辨乎丧礼，故后主人。小人则无咎也。有大人之事，有小人之事，"虽小道，必有可观者焉"。"致远恐泥"，故君子为之则吝也。

不远复

《复》之初九，动之初也。自此以前，喜怒哀乐之未发也，至一阳之生而动矣。故曰："《复》，其见天地之心乎？"颜子体此，故有"不善未尝不知，知之未尝复行"，此慎独之学也。回之为人也，择乎中庸；夫亦择之于斯而已，是以不迁怒、不贰过。

其在凡人，则《复》之初九，日夜之所息，平旦之气，其好恶与人相近也者几希。苟其知之，则扩而充之矣。故曰："《复》，小而辨于物。"

不耕获不菑畬

杨氏曰："初九动之始，六二动之继。"是故初耕之，二获之；初菑之，二畬之。天下无不耕而获、不菑而畬者，故曰不耕不菑，则耕且菑，前人之所已为也。昔者周公毖殷顽民，迁于洛邑,密迩王室,既历三纪,世变风移。而康王作《毕命》之书曰:"惟周公克慎厥始,惟君陈克和厥中,惟公克成厥终。"是故有周之治,垂拱仰成而无所事矣。周监于二代,郁郁乎文哉!而孔子之圣,但曰"述而不作","信而好古";又曰"文武之道,未坠于地,在人"。是故六经之业,集群圣之大成而无所靭矣。虽然,使有始之作之者,而无终之述之者。是耕而不获、菑而不畬也,其功为弗竟矣!六二之柔顺中正,是能获能畬者也,故"利有攸往"也。未富者,因前人之为而不自多也,犹"不富以其邻"之意。

天在山中

张湛注《列子》曰:"自地以上,皆天也。"故曰"天在山中"。

罔孚裕无咎

君子信而后谏,未信则以为谤己也;而况初之居下位,未命于朝者乎?孔子尝为委吏矣,曰:"会计当而已矣!"尝为乘田矣,曰:"牛羊茁壮,长而已矣。"此所谓"裕无咎"也。若受君之命而任其事,有官守者,不得其职则去;有言责者,不得其言则去矣。

有孚于小人

君子之于小人也,有知人则哲之明,有去邪勿疑之断。坚如金石,信如四时;使憸壬之类,皆知上志之不可移,岂有不革面而从君者乎?所谓"有孚于小人者"如此。

损其疾使遄有喜

损不善而从善者，莫尚乎刚，莫贵乎速。初九曰"己事遄往"，六四曰"使遄有喜"。四之所以能遄者，赖初之刚也。周公思兼三王，以施四事，其有不合者，仰而思之，夜以继日；幸而得之，坐以待旦。子路有闻，未之能行，惟恐有闻，其遄也至矣。文王之勤日昃，大禹之惜寸阴，皆是道也。君子进德修业，欲及时也；故为政者，玩岁而愒日，则治不成；为学者，日迈而月征，则身将老矣。召公之戒成王曰："宅新邑，肆惟王其疾敬德。""疾"之为言，"遄"之谓也。故曰："鸡鸣而起，孳孳为善。"

上九弗损益之

有天下而欲厚民之生、正民之德，岂必自损以益人哉？"不违农时，谷不可胜食也；数罟不入洿池，鱼鳖不可胜食也；斧斤以时入山林，材木不可胜用也。"所谓"弗损益之"者也。"皇建其有极，敛时五福，用敷锡厥庶民。"《诗》曰："奏格无言，时靡有争。"是故君子不赏而民劝，不怒而民威于鈇钺，所谓"弗损益之"者也。以天下为一家，中国为一人，其道在是矣。

利用为依迁国

在无事之国而迁，晋从韩献子之言，而迁于新田是也；在有事之国而迁，楚从子西之言，而迁于郢是也：皆中行、告公之益也。

姤

天下之生久矣，一治一乱，盛治之极而乱萌焉，此一阴遇五阳之卦也。孔子之门，四科十哲，身通六艺者，七十有二人；于是删《诗》《书》，定《礼》《乐》，赞《周易》，修《春秋》。盛矣！而《老》《庄》之书，即出于其时。后汉立辟雍，养三老，临白虎，论五经，太学诸生至三万人；而三君、八俊、八顾、八及、八厨为之称首。马、郑、服、何之注，经术为之大明，而佛、道之教即兴于其世。是知邪说之作，与世升降，圣人之所不能除也。故曰："系于金柅，柔道牵也。"呜呼，岂独君子小人之辨而已乎！

包无鱼

国，犹水也；民，犹鱼也。幽王之诗曰："鱼在于沼，亦匪克乐；潜虽伏矣，亦孔之昭。忧心惨惨，念国之为虐！"秦始皇八年，河鱼大上。《五行志》以为鱼阴类，民之象也；逆流而上，言民不从君、为逆行也。自人君有求，多于物之心，于是鱼乱于下，鸟乱于上；而人情之所向，必有起而收之者矣。

以杞包瓜

刘昭《五行志》曰："瓜者外延，离本而实，女子外属之象。"一阴在下，如瓜之始生，势必延蔓而及于上。五以阳刚居尊，如树杞然，使之无所缘而上，故曰"以杞包瓜"。孔子曰："惟女子与小人〔为〕难养也。"颦笑有时，恩泽有节，器使有分，而国之大防不可以逾，何有外戚、宦官之祸乎？

己 日

《革》："己日乃孚。六二，己日乃革之。"朱子发读为"戊己"之己。天地之化，过中则变，日中则昃，月盈则食。故《易》之所贵者中，十干则戊己为中；至于己则过中，而将变之时矣。故受之以庚；庚者，更也。天下之事过中而将变之时，然后革而人信之矣。古人有以"已"为"变改"之义者。《仪礼·少牢馈食礼》"日用丁巳"注："内事用柔，日必丁巳者，取其令名，自丁宁，自变改，皆为谨敬。"而《汉书·律历志》亦谓"理纪于己，敛更于庚"是也。王弼谓："即日不孚，己日乃孚"。以己为"己事遄往"之己，恐未然。

改命吉

《革》之九四，犹《乾》之九四；诸侯而进乎天子，汤武革命之吉也。故曰："改命，吉。"成汤放桀于南巢，惟有惭德，是有悔也；天下信之，其悔亡矣。四海之内皆曰"非富天下也，为匹夫匹妇复仇也"，故曰："信志也。"

艮

"毋意，毋必，毋固，毋我"，"艮其背，不获其身"也。"富贵不能淫，贫贱不能移，威武不能屈"，"行其庭，不见其人"也。

艮其限

学者之患，莫甚乎执一而不化；及其施之于事，有扞格而不通，则忿愫生而五情瞀乱。与众人之滑性而棼和者，相去盖无几也。孔子恶果敢而窒者，非独处事也，为学亦然；告子不动心之学，至于不得于言，勿求于心；而孟子以为，其弊必将如蹶趋者之反动其心，此"艮其限，列其夤"之说也。君子之学不然，廓然而大公，物来而顺应；故闻一善言、见一善行，若决江河，沛然莫之能御，而无熏心之厉矣。

慈溪黄氏《日钞》曰："心者，吾身之主宰，所以治事，而非治于事。惟随事谨省，则心自存，不待治之而后齐一也。孔子之教人曰：'居处恭，执事敬，与人忠。'曾子曰：'吾日三省吾身：为人谋而不忠乎？与朋友交而不信乎？传不习乎？'不待言心，而自贯通于动静之间者也。孟子不幸，当人欲横流之时，始单出而为求放心之说。然其言曰：'君子以仁存心，以礼存心。'则心有所主，非虚空以治之也。至于斋心服形之老庄，一变而为坐脱立忘之禅学；乃始瞑目静坐，日夜仇视其心而禁治之。及治之愈急，而心愈乱，则曰：'易伏猛兽，难降寸心。'呜呼！人之有心，犹家之有主也；反禁切之，使不得有为，其不能无扰者，势也。而患心难降欤？"又曰："夫心之说有二：古人之所谓存心者，存此心于当用之地也；后世之所谓存心者，摄此心于空寂之境也。造化流行，无一息不运；人得之以为心，亦不容一息不运。心岂空寂无用之物哉？世乃有游手浮食之徒，株坐摄念，亦曰存心；而士大夫溺于其言，亦将遗落世事，以独求其所谓心。迨其心迹冰炭，物我参商，所谓老子之弊流为申、韩者，一人之身，已兼备之。而欲尤人之不我应，得乎？"

此皆足以发明"厉熏心"之义，乃周公已先系之于《易》矣。

鸿渐于陆

"上九，鸿渐于陆，其羽可用为仪，吉。"安定胡氏改"陆"为"逵"，朱子从之，谓合韵，非也。《诗》"仪"字凡十见，皆音牛何反，不得与"逵"为叶。而云路亦非可翔之地，仍当作"陆"为是。渐至于陵而止矣，不可以更进，故反而之陆。古之高士，不臣天子，不友诸侯，而未尝不践其土、食其毛也。其行高于人君，而其身则与一国之士偕焉而已。此所以居九五之上，而与九三同为陆象也。朱子发曰："上所往进也，所反亦进也，渐至九五极矣。是以上反而之三。"杨廷秀曰："九三，下卦之极；上九，上卦之极，故皆曰陆。自木自陵，而复至于陆，以退为进也。""巽为进退。"其说并得之。

君子以永终知敝

读《新台》《桑中》《鹑奔》之诗，而知卫有狄灭之祸；读《宛丘》《东门》《月出》之诗，而察陈有征舒之乱。书"齐侯送姜氏于讙"，而卜桓公之所以薨；书"夫人姜氏入"，书"大夫宗归觌，用币"，而兆子般、闵公之所以弑。昏姻之义，男女之节，君子可不虑其所终哉！

鸟焚其巢

人主之德，莫大乎下人。楚庄王之围郑也，而曰："其君能下人，必能信用其民矣。"故以禹之征苗，而伯益赞之，独以

"满招损,谦受益"为戒。班师者,谦也;用师者,满也。上九处卦之上,离之极,所谓"有鸟高飞,亦傅于天"者矣。居心以矜,而不闻谏争之论,灾必逮夫身者也。鲁昭公之伐季孙意如也,请待于沂上以察罪,弗许;请囚于费,弗许;请以五乘亡,弗许。于是叔孙氏之甲兴,而扬州次、乾侯唁矣。"鸜鹆鸜鹆,往歌来哭。"其此爻之占乎?

巽在床下

上九之"巽在床下",恭而无礼,则劳也;初六之"进退",慎而无礼,则葸也。

翰音登于天

羽翰之音,虽登于天,而非实际。如庄周《齐物》之言,驺衍怪迂之辩,其高过于《大学》,而无实者乎。以视车服传于弟子,弦歌遍于鲁中,若鹤鸣而子和者,孰诞孰信,夫人而识之矣。永嘉之亡,大清之乱,岂非谈空空、覈玄玄者有以致之哉?翰音登于天,《中孚》之反也。

山上有雷小过

山之高峻,云雨时在其中间,而不能至其巅也。故《诗》曰:"殷其靁,在南山之侧。"或高或下,在山之侧,而不必至其巅;所以为《小过》也。然则《大壮》言"雷在天上",何也?曰:自地以上,皆天也。

妣

《尔雅》:"父曰考,母曰妣。"愚考古人自祖母以上,通谓之妣;经文多以妣对祖而并言之。若《诗》之云"似续妣祖""烝畀祖妣",《易》之云"过其祖,遇其妣"是也。《左传·昭十年》:"邑姜,晋之妣也。"平公之去邑姜,盖二十世矣,"过其祖,遇其妣",据文义,妣当在祖之下;"不及其君,遇其臣",臣则在君之下也。昔人未论其义,周人以姜嫄为妣;《周语》谓之皇妣太姜,是以妣先乎祖。《周礼》大司乐,享先妣在享先祖之前。而《斯干》之诗曰:"似续妣祖。"笺曰:"妣,先妣姜嫄也;祖,先祖也。"或乃谓变文以协韵,是不然矣。或《易》曰爻何得及此?夫帝乙《归妹》,箕子之《明夷》,"王用亨于岐山",爻辞屡言之矣。

《易》本《周易》,故多以周之事言之。《小畜》卦辞"密云不雨,自我西郊",《本义》:"我者,文王自我也。"

东 邻

驭得其道,则天下皆为之臣;驭失其道,则强而擅命者谓之邻。臣哉邻哉!邻哉臣哉!

《汉书·郊祀志》引此,师古注:"东邻,谓商纣也;西邻,谓周文王也。"

游魂为变

精气为物,自无而之有也;游魂为变,自有而之无也。夫子之答宰我曰:"骨肉毙于下,阴为野土;其气发扬于上,为昭明,焄蒿悽怆。"所谓游魂为变者,情状具于是矣。延陵季子之葬其子也,曰:"骨肉归复于土,命也。若魂气则无不之也,无不之也。"张子《正蒙》有云:"太虚不能无气,气不能不聚而为万物;万物不能不散而为太虚:循是出入,是皆不得已而然也。然则圣人尽道其间,兼体而不累者,存神其至矣,其精矣乎?"

鬼者,归也。张子曰:"气之为物,散入无形,适得吾体,此之谓归。"陈无已以游魂为变,为轮回之变。吕仲木辨之曰:"长生而不化则人多,世何以容?长死而不化,则鬼亦多矣。夫灯熄而然,非前灯也;云霓而雨,非前雨也。死复有生,岂前生邪?"邵氏《简端录》曰:"聚而有体谓之物,散而无形谓之变。唯物也,故散必于其所聚;唯变也,故聚不必于其所散。是故聚以气聚,散以气散。昧于散者,其说也佛;荒于聚者,其说也仙。"

盈天地之间者,气也;气之盛者为神。神者,天地之气而人之心也。故曰:"视之而弗见,听之而弗闻,体物而不可遗。使天下之人,齐明盛服,以承祭祀;洋洋乎如在其上,如在其左右。"圣人所以知鬼神之情状者如此。

"维岳降神,生甫及申",非有所托而生也。"文王在上,于昭于天",非有所乘而去也。此鬼神之实,而诚之不可揜也。

通乎昼夜之道而知

日往月来,月往日来,一日之昼夜也;寒往暑来,暑往寒来,一岁之昼夜也;小往大来,大往小来,一世之昼夜也。子在川上曰:"逝者如斯夫!不舍昼夜。"通乎昼夜之道而知,则"终日乾乾,与时偕行",而有以尽乎《易》之用矣!

继之者善也，成之者性也

"维天之命，於穆不已"，继之者善也。"天下雷行，物与无妄"，成之者性也。是故"天有四时，春秋冬夏，风雨霜露，无非教也；地载神气，神气风霆，风霆流形，庶物露生，无非教也"。

"天地絪缊，万物化醇"，"善"之为言，犹"醇"也。曰：何以谓之善也？曰：诚者，天之道也，岂非善乎？

形而下者谓之器

"形而上者谓之道，形而下者谓之器"，非器，则道无所寓。说在乎孔子之学琴于师襄也。已习其数，然后可以得其志；已习其志，然后可以得其为人。是虽孔子之天纵，未尝不求之象数也。故其自言曰："下学而上达。"

垂衣裳而天下治

"垂衣裳而天下治"，变质而之文也，自黄帝、尧、舜始也；故于此有通变民宜之论。

过此以往未之或知也

人之为学，亦有病于憧憧来往者；故天下之不助苗长者，寡矣！过此以往，未之或知也。居之安，则资之深；资之深，则取之左右逢其原。

困德之辨也

"内文明而外柔顺",其文王之困而亨者乎?"不怨天,不尤人","下学而上达",其孔子之困而亨者乎?故在陈之厄,弦歌之志,颜渊知之;子路、子贡之徒,未足以达此也。故曰:"困,德之辨也。"

凡易之情

爱恶相攻,远近相取,情伪相感,人心之至变也。于何知之?以其辞知之。将叛者其辞惭,中心疑者其辞枝;吉人之辞寡,躁人之辞多;诬善之人其辞游,失其守者其辞屈:听其言也,观其眸子,人焉廋哉!是以圣人设卦,以尽情伪。夫诚于中,必形于外,君子之所以知人也。百物而为之备,使民知神奸,先王之所以铸鼎也。故曰:"作《易》者,其有忧患乎?"周身之防,御物之智,其全于是矣。

易逆数也

数往者顺,造化人事之迹,有常而可验,顺以考之于前也;知来者逆,变化云为之动,日新而无穷,逆以推之于后也。圣人神以知来,知以藏往;作为《易》书,以前民用。所设者,未然之占;所期者,未至之事,是以谓之逆数。虽然,若不本于八卦已成之迹,亦安所观其会通而系之爻象乎?是以天下之言性也,则故而已矣。

刘汝佳曰:"天地间,一理也:圣人因其理而画为卦以象之,因其象而著为变以占之。"象者体也，象其已然者也；占者用也，占其未然者也。已然者为往，往则有顺之之义焉；未然者为来，来则有逆之之义焉。如象天而画为《乾》，象地而画为《坤》，象雷、风而画为《震》《巽》，象水、火而画为《坎》《离》，象山、泽而画为《艮》《兑》：此皆观变于阴阳而立卦，发挥于刚柔而生爻者也。不谓之数往者顺乎？如筮得《乾》，而知"乾，元亨利贞"；筮得《坤》，而知"坤，元亨，利牝马之贞"；筮得《震》，而知"震亨，震来虩虩，笑言哑哑"；筮得《巽》，而知"巽，小亨，利有攸往，利见大人"；筮得《坎》，而知"习坎有孚，维心亨，行有尚"；筮得《离》，而知"离利贞亨，畜牝牛吉"；筮得《艮》，而知"艮其背，不获其身；行其庭，不见其人"；筮得《兑》，而知"兑亨，利贞"，此皆通神明之德、类万物之情者也。不谓之知来者逆乎？夫其顺数已往，正所以逆推将来也。孔子曰："殷因于夏礼，所损益，可知也；周因于殷礼，所损益，可知也。"数往者顺也。"其或继周者，虽百世可知也"，知来者逆也。故曰："易，逆数也。"若如邵子之说，则是羲、文之《易》，已判为二；而又以《震》《离》《兑》《乾》为数已生之卦，《巽》《坎》《艮》《坤》为推未生之卦，殆不免强孔子之书以就己之说矣！

说卦、杂卦互文

雷以动之，风以散之，雨以润之，日以烜之，《艮》以止之，《兑》以说之，《乾》以君之，《坤》以藏之；上四举象，下四举卦，各以其切于用者言之也。终万物、始万物者，莫盛乎《艮》。崔憬曰："《艮》不言山，独举卦名者，以动挠燥润，功是风雷水火，至于终始万物，于山义则不然。故舍象而言卦，各取便而论也，得之矣。"

古人之文，有广譬而求之者，有举隅而反之者。"今夫山，一卷石之多；今夫水，一勺之多。"天地之外，复言山水者，意有所不尽也。《坤》也者，地也，不言西南之卦；《兑》，正秋也，不言西方之卦。举六方之卦而见之也，意尽于言矣。虞仲翔以为《坤》道广布，不主一方，及《兑》象不见西者，妄也。《丰》多故也，亲寡《旅》也；先言"亲寡"，后言"旅"以协韵也。犹《楚辞》之"吉日兮辰良"也。虞仲翔以为别有义，非也。

兑为口舌

《兑》为口舌，其于人也，但可以为巫为妾而已；以言说人，岂非妾妇之道乎？

凡人于交友之间，口惠而不实至，则其出而事君也，必至于静言庸违。故舜之于臣也，敷奏以言，明试以功；而孔子之于门人，亦听其言而观其行。《唐书》言韦贯之自布衣为相，与人交，终岁无款曲，未尝伪辞以悦人，其贤于今之人远矣！

序卦、杂卦

《序卦》《杂卦》皆旁通之说，先儒疑以为非夫子之言。然《否》之大往小来，承《泰》之小往大来也；《解》之利西南，承《蹇》之利西南、不利东北也，是文王已有相受之义也。《益》之六二，即《损》之六五也，其辞皆曰"十朋之龟"；《姤》之九三，即《夬》之九四也，其辞皆曰"臀无肤"；《未济》之九四，即《既济》之九三也，其辞皆曰"伐鬼方"，是周公已有反对之义也。必谓六十四卦皆然，则非《易》书之本意。或者夫子尝言之，而门人广之，如《春秋·哀十四年》"西狩获麟"以后续经之作耳。

晋昼也，明夷诛也

苏氏曰："'昼日三接'，故曰昼，'得其大首'，故曰诛。《晋》当文明之世，群后四朝，而车服以庸，揖让之事也。《明夷》逢昏乱之时，取彼凶残而杀伐用张，征诛之事也。"一言昼，一言诛，取其音协尔。

孔子论《易》

孔子论《易》，见于《论语》者，二章而已。曰："加我数年，五十以学《易》，可以无大过矣！"曰："南人有言曰：'人而无恒，不可以作巫医。'善夫，不恒其德，或承之羞。子曰：'不占而已矣！'"是则圣人之所以学《易》者，不过庸言庸行之间，而不在乎图书象数也。今之穿凿图象以自为能者，畔也。

《记》者于夫子学《易》之言，而即继之曰："子所雅言，诗书执礼，皆雅言也。"是知夫子平日不言《易》，而其言诗书执礼者，皆言《易》也。人苟循乎诗书执礼之常而不越焉，则"自天佑之，吉无不利"矣。故其作《系辞传》，于"悔吝无咎"之旨，特谆谆焉；而《大象》所言，凡其体之于身、施之于政者，无非用《易》之事。然辞本乎象，故曰："君子居则观其象而玩其辞。"观之者浅，玩之者深矣。其所以与民同患者，必于辞焉著之。故曰："圣人之情见乎辞。"若"天一地二""易有太极"二章，皆言数之所起，亦赞《易》之所不可遗，而未尝专以象数教人为学也。是故"出入以度，无有师保，如临父母"，文王、周公、孔子之《易》也；希夷之图、康节之书，道家之《易》也。自二子之学兴，而空疏之人、迂怪之士，举窜迹于其中以为《易》；而其《易》为方术之书，于圣人寡过反身之学，去之远矣！

"《诗》三百，一言以蔽之，曰'思无邪'。"《易》六十四卦，三百八十四爻，一言以蔽之，曰："不恒其德，或承之羞。"夫子所以思得见夫有恒也，有恒然后可以无大过。

七八九六

《易》有七、八、九、六，而爻但系九、六者，举隅之义也。故发其例于《乾》《坤》二卦，曰"用九""用六"，用其变也。亦有用其不变者：《春秋传》穆姜遇《艮》之八，《晋语》董因得《泰》之八是也。今即以《艮》言之，二爻独变，则名之六；余爻皆变，而二爻独不变，则名之八。是知《乾》《坤》亦有用七、用八时也。《乾》爻皆变，而初独不变，曰："初七，潜龙勿用。"可也。《坤》爻皆变，而初独不变，曰："初八，履霜，坚冰至。"可也。占变者，其常也；占不变者，其反也，故圣人系之九、六。欧阳永叔曰："《易》道占其变，故以其所占者名爻；不谓六爻，皆九六也。"得之矣。

赵汝楳《易辑闻》曰："揲蓍策数，凡得二十八，虽为《乾》，亦称七；凡得三十二，虽为《坤》，亦称八。"

杨彦龄《笔录》曰："杨损之，蜀人，博学善称说。余尝疑《易》用九、六，而无七、八。损之云：'卦画七、八，爻称九、六。'"

《乾》之策二百一十有六，《坤》之策百四十有四，亦是举九、六以该七、八也。朱子谓七、八之合，亦三百有六十也。

卜 筮

舜曰："官占惟先，蔽志昆命于元龟。"《诗》曰："爰始爰谋，爰契我龟。"《洪范》曰："谋及乃心，谋及卿士，谋及庶人，谋及卜筮。"孔子之赞《易》也，亦曰"人谋鬼谋"。夫庶人至贱也，而犹在蓍龟之前。故尽人之明而不能决，然后谋之鬼焉。故古人之于人事也，信而有功；于鬼也，严而不渎。子之必孝，臣之必忠，此不待卜而可知也。其所当为，虽凶而不可避也。故曰："欲从灵氛之吉占兮，心犹豫而狐疑！"又曰："用君之心，行君之意，龟策诚不能知此事。"善哉屈子之言！其圣人之徒欤？

《卜居》，屈原自作，设为问答以见此心，非鬼神吉凶之所得而移耳。王逸《序》乃曰："心迷意惑，不知所为，往至太卜之家，决之蓍龟，冀闻异策，以定嫌疑。"所与屈子之旨，大相背戾矣！洪兴祖《补注》曰："此篇，上句皆原所从，下句皆原所去。时之人去其所当从，从其所当去。其所谓吉，乃原所谓凶也。"可谓得屈子之心者矣。

《礼记·少仪》：问卜筮曰："义与？志与？义则可问，志则否。"子孝臣忠，义也；违害就利，志也。卜筮者，先王所以教人去利怀仁义也。石骀仲卒，无适子，有庶子六人，卜所以为后者，曰："沐浴佩玉则兆。"五人者，皆沐浴佩玉。石祁子曰："孰有执亲之丧，而沐浴佩玉者乎？"不沐浴佩玉，石祁子兆。卫人以龟为有知也，南蒯将叛，枚筮之，遇《坤》之《比》，曰："黄裳元吉。"子服惠伯曰："忠信之事则可，不然必败。外强内温，忠也；和以率贞，信也。故曰黄裳元吉。黄，中之色也；裳，下之饰也；元，善之长也。中不忠，不得其色；下不共，不得其饰；事不善，不免得其极。且夫《易》不可以占险，犹有阙也；筮虽吉，未也。"南蒯果败。是以严君平之卜筮也，与人子言"依于孝"，与人弟言"依于顺"，与人臣言"依于忠"。而高允亦有筮者，当依附象爻，劝以忠孝之论，其知卜筮之旨矣。

《申鉴》："或问卜筮曰：'德斯益，否斯损。'曰：'何谓也？吉而济凶而救之谓德，吉而恃凶而怠之谓损。'"

君子将有为也，将有行也，问焉而以言，其受命也如响。告其为也，告其行也，死生有命，富贵在天。若是，则无可为也，无可行也，不当问，问亦不告也。《易》以前民用也，非以为人前知也；求前知，非圣人之道也。是以《少仪》之训曰："毋测未至。"

郭璞尝过颜含，欲为之筮。含曰："年在天，位在人。修己而天不与者，命也；守道而人不知者，性也。自有性命，无劳蓍龟。"

文中子谓：北山黄公善医，先寝食而后针药；汾阴侯生善筮，先人事而后说卦。

《金史·方伎传序》曰："古之为术，以吉凶导人而为善；后世术者，或以休咎导人而为不善。"

帝王名号

尧、舜、禹，皆名也。古未有号，故帝王皆以名纪，临文不讳也。考之《尚书》，帝曰"格汝舜"，"格汝禹"，名其臣也。尧崩之后，舜与其臣言，则曰"帝禹崩之后"。《五子之歌》则曰"皇祖"，《允（胤）征》则曰"先王"。无言尧、舜、禹者，不敢名其君也。自启至发，皆名也。夏后氏之季，而始有以十干为号者：桀之癸，商之报丁、报乙、报丙、主壬、主癸，皆号以代其名；自天乙至辛，皆号也。商之王，著号不著名，而名之见于经者二：天乙之名履，辛之名受是也。曰汤、曰纣，则亦号也。号则臣子所得而称，故伊尹曰"惟尹躬暨汤"，《颂》曰武汤、曰成汤、曰汤孙也。曰文祖，曰艺祖，曰神宗，曰皇祖，曰烈祖，曰高祖，曰高后，曰中宗，曰高宗，而庙号起矣。曰元王，曰武王，而谥立矣。曰大舜，曰神禹，曰大禹，曰成汤，曰宁王，而称号繁矣。自夏以前，纯乎质，故帝王有名而无号；自商以下，寖乎文，故有名有号。而德之盛者，有谥以美之。于是周公因而制谥，自天子达于卿大夫，美恶皆有谥，而十干之号不立。然王季以上，不追谥，犹用商人之礼焉。此文质之中，而臣子之义也。呜呼！此其所以为圣人也欤？

九　族

宗盟之列，先同姓而后异姓；丧服之纪，重本属而轻外亲。此必有所受之，不自周人始矣。"克明俊德，以亲九族。"《孔传》以为自高祖至玄孙之亲，盖本之《丧服小记》"以三为五，以五为九"之说，而百世不可易者也。《牧誓》数商之罪，但言"昏弃厥遗王父、母、弟"，而不及外亲。《吕刑》申命有邦，历举伯父、伯兄、仲叔、季弟、幼子、童孙，而不言甥舅，古人所为先后之序，从可知矣。故《尔雅》谓于内宗曰"族"，于母妻则曰"党"。而《昏礼》及《仲尼燕居》"三族"之文，康成并释为父、子、孙。杜元凯乃谓：外祖父、外祖母、从母子及妻父、妻母、姑之子、姊妹之子、女子之子，非己之同族，皆外亲有服而异族者。然则史官之称帝尧，举其疏而遗其亲，无乃颠倒之甚乎？且九族之为同姓，经传之中有明证矣：《春秋·鲁成公十五年》"宋共公卒"，《传》曰："二华，戴族也；司城，庄族也；六官者，皆桓族也。"共公距戴公九世。而《唐六典·宗正卿》："掌皇九族之属籍，以别昭穆之序，纪亲疏之别。""九庙之子孙，其族五十有九。光皇帝一族，景皇帝之族六，元皇帝之族三，高祖之族二十有一，太宗之族十有三，高宗之族六，中宗之族四，睿宗之族五。"此在玄宗之时，已有七族。若其历世滋多，则有不止于九者，而五世亲尽。故经文之言族者，自九而止也。又孔氏《正义》谓："高祖玄孙，无相及之理。"不知高祖之兄弟，与玄孙之兄弟，固可以相及；如后魏国子博士李琰之所谓"寿有长短，世有延促，不可得而齐同"者；如宋洪迈《容斋随笔》言"嗣濮王士歆，在隆兴为从叔祖，在绍熙为曾叔祖，在庆元为高叔祖"，其明证矣。亦何必帝尧之世，高祖、玄孙之族，无一二人同在者乎？疑其不相及，而以外戚当之，其亦昧于齐家治国之理矣！

《路史》曰："亲亲，治之始也。"《礼·小记》曰："亲亲者，以三为五，以五为九；上杀，下杀，旁杀，而亲毕矣。"是所谓九族者也。夫人生则有父，壮则有子，父子与己，此《小宗伯》三族之别也。父者子之祖，因上推之以及于己之祖；子者父之孙，因下推之以及于己之孙，此《礼传》之以三为五也。己之祖，自己子视之，则为曾祖王父，自己孙视之，则为高祖王父。己之孙，自己父视之，则为曾孙；自己祖视之，则为玄孙。故又上推以及己之曾、高，下推以及己之曾、玄，是所谓以五为九也。陈氏《礼书》曰："己之所亲，以一为三；祖孙所亲，以五为七。《记》不言者，以父子一体，而高、玄与曾同服。故不辨异之也。"服父三年，服祖期，则曾祖宜大功，高祖宜小功；而皆齐衰三月者，不敢以大、小功旁亲之服加乎至尊。故重其衰麻，尊尊也；减其日月，恩杀也。此所谓上杀。服适子三年，庶子期，适孙期，庶孙大功，则曾孙宜五月，而与玄孙皆缌麻三月者，曾孙服曾祖三月，曾祖报之亦三月。曾祖尊也，故加齐衰；曾孙卑也，故服缌麻。此所谓下杀。服祖期，则世叔宜大功，以其与父一体，故加以期；从世叔则疏矣，加所不及，故服小功；族世叔又疏矣，故服缌麻。此发父而旁杀者也。祖之兄弟小功，曾祖兄弟缌麻，高祖兄弟无服，此发祖而旁杀者也。同父至亲，期；同祖为从，大功；同曾祖为再从，小功；同高祖为三从，缌麻。此发兄弟而旁杀者也。父为子期，兄弟之子宜九月，不九月而期者，以其犹子而进之也；从兄弟之子小功，再从兄弟之子缌麻，此发子而旁杀者也。祖为孙大功，兄弟之孙小功，从兄弟之孙缌麻，此发孙而旁杀者也。盖服有加也，有报也，有降也：祖之齐衰，世叔、从子之期，皆加也；曾孙之三月，与兄弟之孙五月，皆报也。若夫降有四品，则非五服之正也。观于九族之训，"如丧考妣"之文，而知宗族之名，服纪之数，盖前乎二帝而有之矣。

后魏孝文太和中，诏延四庙之子，下逮玄孙之胄，申宗宴于皇信堂：不以爵秩为列，悉序昭穆为次，用家人之礼。此由古圣人睦族之意而推之者也。

《舜典》

古时《尧典》《舜典》，本合为一篇。故"月正元日，格于文祖"之后，而四岳之咨，必称"舜曰"者，以别于上文之"帝"也。至其命禹，始称"帝曰"，问答之辞已明，则无嫌也。

惠迪吉，从逆凶

善恶报应之说，圣人尝言之矣。大禹言："惠迪吉，从逆凶，惟影响。"汤言："天道福善祸淫。"伊尹言："惟上帝不常，作善降之百祥，作不善降之百殃。"又言："惟吉凶不僭在人，惟天降灾祥在德。"孔子言："积善之家，必有余庆；积不善之家，必有余殃。"岂真有上帝司其祸福，如道家所谓天神察其善恶、释氏所谓地狱果报者哉？善与不善，一气之相感，如水之流湿、火之就燥，不期然而然，无不感也，无不应也。此孟子所谓"志壹则动气"，而《诗》所云"天之牖民，如埙如篪，如璋如圭，如取如携"者也。其有不齐，则如夏之寒、冬之燠；得于一日之偶逢，而非四时之正气也。故曰："诚者，天之道也。"若曰有鬼神司之，屑屑焉如人间官长之为，则报应之至近者，反推而之远矣。

懋迁有无化居

"懋迁有无化居。"化者，货也。运而不积，则谓之化；留而不散，则谓之货。唐虞之世，曰化而已；至殷人，始以货名。仲虺有"不殖货利"之言，三风有殉于货色之儆。而《盘庚》之诰则曰"不肩好货"，于是移"化"之字为"化生、化成"之"化"，而厚敛之君，发财之诸主，多不化之物矣。

舜作《南风》之歌，所谓劝之以九歌者也。读之然后知解吾民之愠者，必在乎阜吾民之财；而自阜其财，乃以来天下之愠。

三　江

北江，今之扬子江也；中江，今之吴淞江也。不言南江，而以三江见之。南江，今之钱塘江也。

《禹贡》该括众流，无独遗浙江之理，而会稽他日合诸侯计功之地也。特以施功少，故不言于导水耳。"三江既入"，一事也；"震泽底定"，又一事也。后之解《书》者，必谓三江之皆由震泽，以二句相蒙为文，而其说始纷纭矣。

锡土姓

今日之天下，人人无土，人人有姓。盖自锡土之法废，而唐宋以下，帝王之裔，侪于庶人，无世守之固；锡姓之法废，而魏齐以下，朔漠之姓，杂于诸夏，失氏族之源。后之鄙儒，读《禹贡》而不知其义者多矣。

厥弟五人

夏、商之世，天子之子，其封国而为公侯者，不见以经。以太康之尸位而有厥弟五人，使其并建茅土，为国屏翰，羿何至篡夏哉？富辰言，周公吊二叔之不仁，故封建亲戚以蕃屏周。而少康封其庶子于会稽，以奉守禹祀，二十余世，至于越之句践，卒霸诸侯，有禹之遗烈，夫亦监于太康孤立之祸而然与？若乃孔子所谓"大道既隐，天下为家，各亲其亲，各子其子"者，亦从此而可知之矣。

惟彼陶唐有此冀方

尧、舜皆都河北，故曰冀方；至太康始失河北，而五子御其母以从之，于是侨国河南，再传至相，卒为浞所灭。古之天子，失其故都，未有能国者也。周失丰、镐，而平王以东；晋失雒阳，宋失开封，而元帝、高宗迁于江左，遂以不振。惟殷之五迁，圮于河，而非敌人之窥伺，则势不同尔。唐自玄宗以后，天子屡尝出狩，乃未几而复国者，以不弃长安也。故子仪回銮之表，代宗垂泣；宗泽还京之奏，忠义归心。呜呼！幸而浇之纵欲，不为民心所附，少康乃得以一旅之众而诛之耳。后之人主，不幸失其都邑而为兴复之计者，其念之哉！

夏之都，本在安邑；太康畋于洛表，而羿距于河，则冀方之地入于羿矣。惟河之东与南，为夏所有。至后相失国，依于二斟；于是使浇用师，杀斟灌，以伐斟鄩，而相遂灭。乃处浇于过，以制东方；处豷于戈，以控南国。其时靡奔有鬲，在河之东；少康奔有虞，在河之南。而自河以内，无不安于乱贼者矣。合魏绛、伍员之言，可以观当日之形势；而少康之所以布德兆谋者，亦难乎其为力矣。

古之天子，常居冀州；后人因之，遂以冀州为中国之号：《楚辞·九歌》："览冀州兮有余。"《淮南子》："女娲氏杀黑龙以济冀州。"《路史》云："中国总谓之冀州。"《穀梁传》曰："郑，同姓之国也，在乎冀州。"

胤　征

羲和尸官，慢天也；葛伯不祀，亡祖也。至于动六师之诛，兴邻国之伐，古之圣人，其敬天尊祖也至矣。故《王制》：天子巡守，其削绌诸侯，必先于不敬、不孝。

惟元祀十有二月

"惟元祀十有二月乙丑"，元祀者，太甲之元年；十有二月者，建子之月；盖汤之崩，必以前年之十二月也。殷练而祔，"伊尹祠于先王奉嗣王，祗见厥祖"，祔汤于庙也。先君祔庙，而后嗣子即位，故成之为王。而伊尹乃明言烈祖之成德，以训于王也。而自桐归亳，以三祀之十二月者，则适当其时，而非有所取尔。

即位者，即先君之位也。未祔则事死如生，位犹先君之位也，故祔庙而后嗣子即位。殷练而祔，即位必在期年之后；周卒哭而祔，故逾年斯即位矣。有不待葬而即位，如鲁之文公、成公者，其礼之未失乎？

三年丧毕，而后践天子位，舜也、禹也；练而祔，祔而即位，殷也；逾年正月即位，周也。世变愈下，而柩前即位，为后代之通礼矣。

西伯戡黎

以关中并天下者，必先于得河东。秦取三晋而后灭燕、齐，苻氏取晋阳而后灭燕，宇文氏取晋阳而后灭齐。故西伯戡黎而殷人恐矣。

少　师

古之官，有职异而名同者，太师、少师是也。比干之为少师，《周官》所谓"三孤"也。《论语》之少师阳，则乐官之佐，而《周礼》谓之"小师"者也。故《史记》言纣之将亡，其太师疵，少师彊，抱其乐器奔周，而后儒之传误以为微子也。

殷纣之所以亡

自古国家承平日久，法制废弛，而上之令不能行于下，未有不亡者也。纣以不仁而亡天下，人人知之。吾谓不尽然：纣之为君，沉湎于酒，而逞一时之威，至于刳孕斮胫，盖齐文、宣之比耳。商之衰也久矣，一变而《盘庚》之书，则卿大夫不从君令；

再变而《微子》之书，则小民不畏国法。至于"攘窃神祇之牺牲，用以容，将食无灾"，可谓民玩其上而威刑不立者矣。即以中主守之，犹不能保；而况以纣之狂酗昏虐，又祖伊奔告而不省乎？文、宣之恶，未必减于纣，而齐以强；高纬之恶，未必甚于文、宣，而齐以亡者。文、宣承神武之余，纪纲粗立，而又有杨愔辈为之佐，主昏于上而政清于下也；至高纬而国法荡然矣，故宇文得而取之。然则论纣之亡、武之兴，而谓"以至仁伐至不仁"者，偏辞也，未得为穷源之论也。

武王伐纣

武王伐商，杀纣而立其子武庚，宗庙不毁，社稷不迁，时殷未尝亡也。所以异乎曩日者，不朝诸侯，不有天下而已。故《书序》言："三监及淮夷叛，周公相成王，将黜殷，作《大诰》。"又言："成王既黜殷命，杀武庚。"是则殷之亡其天下也，在纣之自燔；而亡其国也，在武庚之见杀。盖武庚之存殷者，犹十有余年；使武庚不叛，则殷其不黜矣。

武王克商，天下大定，裂土奠国；乃不以其故都封周之臣，而仍以封武庚。降在侯国，而犹得守先人之故土。武王无富天下之心，而不以叛逆之事疑其子孙，所以异乎后世之篡弑其君者，于此可见矣。及武庚既畔，乃命微子启代殷而必于宋焉，谓大火之祀，商人是因，弗迁其地也。是以知古圣人之征诛也，取天下而不取其国，诛其君、弔其民而存先世之宗祀焉，斯已矣。武王岂不知商之臣民，其不愿为周者，皆故都之人，公族世家之所萃，流风善政之所存，一有不靖，易为摇动，而必以封其遗胤？盖不以畔逆疑其子孙，而明告万世以取天下者，无灭国之义也。故宋公朝周，则曰"臣"也；周人待之，则曰"客"也。自天子言之，则侯服于周也；自国人言之，则以商之臣事商之君，无变于其初也。平王以下，去微子之世远矣；而曰"孝惠娶于商"，曰"天子弃商久矣"，曰"利以伐姜，不利于商"，吾是以知宋之得为商也。盖自武庚诛而宋复封，于是商人晓然知武王、周公之心，而君臣上下各止其所，无复有怨怼不平之意；与后世之人主，一战取人之国而毁其宗庙、迁其重器者异矣。

或曰：迁殷顽民于雒邑何与？曰：以顽民为商俗靡靡之民者，先儒解误也。盖古先王之用兵也，不杀而待人也仁。东征之役，其诛者事主一人，武庚而已；谋主一人，管叔而已。下此而囚，下此而降，下此而迁，而所谓"顽民"者，皆畔逆之徒也。无连坐并诛之法，而又不可以复置之殷都，是不得不迁；而又原其心，不忍弃之四裔，故于雒邑；又不忍斥言其畔，故止曰"殷顽民"。其与乎畔而迁者，大抵皆商之世臣大族；而其不与乎畔而留于殷者，如祝佗所谓"分康叔以殷民七族，陶氏、施氏、繁氏、锜氏、饥氏、终葵氏"是也。非尽一国而迁之也。或曰：何以知其为畔党也？曰：以召公之言"仇民"知之，不畔何以言仇？非敌百姓也，古圣王无与一国为仇者也。

上古以来，无杀君之事：汤之于桀也，放之而已；使纣不自焚，武王未必不以汤之所以待桀者待纣。纣而自焚也，此武王之不幸也。当时八百诸侯，虽并有除残之志；然一闻其君之见杀，则天下之人，亦且恫疑震骇，而不能无归过于武王，此伯夷所以斥言其暴也。及其反商之政，封殷之后人，而无利其土地焉；天下于是知武王之兵，非得已也。然后乃安于纣之亡，而不以为周师之过，故《箕子之歌》怨狡童，而已无余恨焉。非伯夷亲而箕子疏，又非武王始暴而终仁也，其时异也。

《多士》之书："惟三月，周公初于新邑洛，用告商王士，曰：'非我小国，敢弋殷命。'"亡国之民，而号之"商王士"，新朝之主而自称"我小国";以天下为公,而不没其旧日之名分。殷人以此中心悦而诚服。"卜世三十,卜年七百",其始基之矣。

泰　誓

商之德泽深矣,尺地莫非其有也,一民莫非其臣也。武王伐纣,乃曰:"独夫受,洪惟作威,乃汝世仇。"曰:"肆予小子,诞以尔众士,殄歼乃仇。"可至于此?纣之不善,亦止其身;乃至并其先世而仇之;岂非《泰誓》之文,出于魏晋间人之伪撰者邪?

"朕梦协朕卜,袭于休祥,戎商必克。"伐君大事,而托之乎梦,其谁信之?殆即《吕氏春秋》载夷齐之言,谓"武王扬梦以说众"者也。

《孟子》引《书》:"王曰:'无畏,宁尔也,非敌百姓也;若崩厥角稽首。'"今改之曰:"罔或无畏,宁执非敌;百姓懔懔,若崩厥角。"后儒虽曲为之说,而不可通矣。

百姓有过在予一人

"百姓有过,在予一人。"凡百姓之不有康食、不虞天性、不迪率典,皆我一人之责;今我当顺民心以诛无道也。蔡氏谓民皆有责于我,似为纡曲。

王朝步自周

《武成》"王朝步自周,于征伐商",《召诰》"王朝步自周,则至于丰",《毕命》:"王朝步自宗周,至于丰":不敢乘车而步出国门,敬之至也。后之人君,骄恣惰佚;于是有辇而行国中,坐而见群臣，非先王之制矣。

《吕氏春秋》："出则以舆，入则以辇，务以自佚，命之曰招蹶之机。"宋吕大防言："前代人主在宫禁之中，亦乘舆辇；祖宗皆步自内庭，出御前殿。此勤身之法也。"

《太祖实录》："吴元年，上以诸子年长，宜习勤劳，使不骄惰，命内侍制麻屦行縢（縢）；每出城稍远，则马行其一，步趋其一。"至崇祯帝，亦尝步祷南郊。呜呼，皇祖之训远矣！

太王王季

《中庸》言：武王未受命，周公成文、武之德，追王大王、王季。《大传》言：武王于牧之野，既事而退；遂率天下诸侯，执豆笾，骏奔走，追王大王、亶父、王季历、文王昌。二说不同。今按《武成》言：丁未，祀于周庙，而其告庶邦冢君，称太王、王季。《金縢》之册，祝曰："若尔三王。"是武王之时，已追王大王、王季，而《中庸》之言未为得也。《绵》之诗，上称古公亶父，下称文王，是古公未上尊号之先，文已称王，而《大传》之言未为得也。仁山金氏曰："武王举兵之日，已称王矣；故类于上帝，行天子之礼，而称'有道曾孙周王发'，必非史臣追书之辞。后之儒者，乃嫌圣人之事而文之，非也。"然文王之王，与大王、王季之王，自不同时；而追王大王、王季，必不在周公践阼之后。

彝　伦

"彝伦"者，天地人之常道；如下所谓五行五事、八政五纪、皇极三德、稽疑庶政、五福六极，皆在其中，不止《孟子》之言人伦而已。能尽其性，以至能尽人之性、尽物之性，则可以赞天地之化育而彝伦叙矣。

龟从筮逆

古人求神之道，不止一端，故卜筮并用，而终以龟为主。《周礼·筮人》言："凡国之大事，先筮而后卜。"注："当用卜者，先筮之，即事有渐也。于筮之凶，则止不卜。"然而《洪范》有"龟从筮逆"者，则知古人固不拘乎此也。大卜掌三兆之法，其经兆之体，皆百有二十，其颂皆千有二百。故《传》曰："筮短龟长。"自汉代来，文帝以降，犹有大横之兆。《艺文志》有《龟书》五十三卷、《夏龟》二十六卷、《南龟书》二十八卷、《巨龟》三十六卷、《杂龟》十六卷，而后则无闻。唐之李华，遂有废龟之论矣。

周公居东

主少国疑，周公又出居于外，而上下安宁，无腹心之患者，二公之力也。武王之誓众曰"予有乱臣十人，同心同德"，于此见之矣。《荀子》曰："二公仁智且不蔽，故能持周公，而名利福禄与周公齐。"

微子之命

微子之于周，盖受国而不受爵；受国以存先王之祀，不受爵以示不为臣之节。故终身称微子也。微子卒，立其弟衍，是为微仲；衍之继其兄，继宋、非继微也。而称微仲者何？犹微子之心也。至于衍之子稽，则远矣，于是始称"宋公"。呜呼，吾于《洪范》之书言"十有三祀"，《微子之命》以其旧爵名篇，而知武王、周公之仁，不夺人之所守也。后之经生，不知此义；而抱器之臣、倒戈之士，接迹于天下矣。

酒　诰

酒为天之降命，亦为天之降威；纣以酗酒而亡，文王以不腆于酒而兴。兴亡之机，其原皆在于酒；则所以保天命而畏天威者，后人不可不谨矣。

召　诰

古者，吉行日五十里，故召公营洛，乙未，自周；戊申，朝至于洛，凡十有四日，师行日三十里。故武王伐纣，癸巳，自周；戊午，师渡孟津，凡二十有五日，《汉书》以为三十一日，误。

元　子

《微子之命》以微子为殷王元子，《召诰》则又以纣为元子，曰："皇天上帝，改厥元子，兹大国殷之命。"又曰："有王虽小，元子哉！"人君谓之天子，故仁人之事天如事亲。

其稽我古人之德

傅说之告高宗曰："学于古训，乃有获。"武王之诰康叔，既祗遹乃文考，而又求之殷先哲王，又求之商耈成人，又别求之古先哲王。大保之戒成王,先之以"稽我古人之德",而后进之以"稽谋自天";及成王之作《周官》,亦曰"学古入官",曰"不学面墙"。子曰:"述而不作,信而好古。"又曰:"好古,敏以求之。"又曰:"君子以多识前言往行,以畜其德。"先圣、后圣,其揆一也。不学古而欲稽天,岂非不耕而求获乎?

节　性

"降衷于下民,若有恒性",此性善之说所自出也。"节性,惟曰其迈",此性相近之说所自出也。"岂弟君子,俾尔弥尔性,似先公酋矣。"命也,有性焉,君子不谓命也。

汝其敬识百辟享

人主坐明堂而临九牧,不但察群心之向背,亦当知四国之忠奸。故嘉禾同颖,美侯服之宣风;底贡厥獒,戒明王之慎德。所谓"敬识百辟享"也。昔者,唐明皇之致理也,受张相千秋之镜,听元生《于蒍》之歌;亦能以謇谔为珠玑,以仁贤为器币。及乎王心一荡,佞谀日崇,开广运之潭,致江南之货。广陵铜器、京口绫衫,锦缆牙樯,弥亘数里;靓妆鲜服,和者百人。乃未几而蓟门之乱作矣!然则韦坚、王鉷之徒,剥民以奉其君者,皆不役志于享者也。《易》曰:"公用享于天子,小人弗克。"若明皇者,岂非享多仪而民曰不享者哉?

惟尔王家我适

朝觐者不之殷而之周,讼狱者不之殷而之周,于是周为天子,而殷为侯服矣。此之谓"惟尔王家我适"。

王来自奄

《多方》之诰曰:"惟五月丁亥,王来自奄。"而《多士》王曰:"昔朕来自奄。"是《多方》当在《多士》之前,后人倒其篇第耳。奄之叛周,是武庚既诛而惧,遂与淮夷、徐戎并兴;而周公东征,乃至于三年之久。《孟子》曰"伐奄三年,讨其君",是也。既克而成王践奄,盖行巡狩之事耳,《书序》"成王既践奄,将迁其君于蒲姑",是也。《孔传》以为奄再叛者,拘于篇之先后而强为之说。

建官惟百

成王作《周官》之书,谓"唐、虞稽古,建官惟百";而"夏、商官倍"者,时代不远,其多寡何若此之悬绝哉?且天下之事,一职之微,至于委吏乘田,亦不可阙;而谓二帝之世,遂能以百官该内外之务,吾不敢信也。考之传注,亦第以为因时制宜,莫详其实。吾以为唐、虞之官,不止于百;而其咨而命之者,二十有二人。其余九官之佐,殳戕、伯与、朱虎、熊罴之伦,暨侍御仆从,以至州十有二师,外薄四海,咸建五长,以名达于天子者,不过百人而已。其他则穆王之命,所谓"慎简乃僚",而天子不亲其黜陟者也。故曰:"尧舜之知,而不遍物,急先务也;尧舜之仁,不遍人子,急亲贤也。"夏、商之世,法日详,而人主之职日侵于下,其命于天子者多,故倍也。观于《立政》之书,内至于亚旅,外至于表臣、百司,而夷微、卢、烝、三毫、阪尹之官,又虞、夏之所未有,则可知矣。杜氏《通典》

言："汉初，王侯国百官，皆如汉朝；惟丞相命于天子，其御史大夫以下，皆自置。及景帝惩吴、楚之变，杀其制度，罢御史大夫以下官。至武帝，又诏凡王侯吏职二千石者，不得擅补；其州郡佐吏，自别驾、长史以下，皆刺史、太守自补。历代因而不革。洎北齐武平中，后主失政，多有佞幸；乃赐其卖官，分占州郡，下及乡官，多降中旨，故有敕用州主簿、郡功曹者。自是之后，州郡辟士之权，寖移于朝廷；以故外吏不得精覈，由此起也。"故刘炫对牛弘，以为大小之官，悉由吏部，此政之所以日繁。而沈既济之议，欲令六品以下，及僚佐之属，许州府辟用。后之人见《周礼》一书设官之多，职事之密，以为周之所以致治者如此，而不知宅乃事、宅乃牧、宅乃准之外，文王罔敢知也。然则周之制虽详，而意犹不异于唐、虞矣。求治之君，其可以天子而预铨曹之事哉？

司　空

司空，《孔传》谓"主国空土以居民"，未必然。颜师古曰："空，穴也。古人穴居，主穿土为穴以居人也。"《易传》云："上古穴居而野处。"《诗》云："古公亶父，陶复陶穴，未有家室。"今河东之人，尚多有穴居者。洪水之后，莫急于奠民居；故伯禹作司空，为九官之首。

顾　命

读《顾命》之篇，见成王初丧之际，康王与其群臣皆吉服而无哀痛之辞；以召公、毕公之贤，反不及子产、叔向，诚为可疑。再四读之，知其中有脱简。而"狄设黼扆、缀衣"以下，即当属之《康王之诰》。自此以上，记成王顾命登遐之事；自此以下，记明年正月上日康王即位，朝诸侯之事也。古之人君，于即位之礼重矣；故即位于庙，受命于先王，祭毕而朝群臣，群臣布币而见，然后成之为君。《春秋》之于鲁公，即位则书，不即位则不书；盖有遭时之变而不行此礼，如在闵、僖二公者矣。康王当太平之时，为继体之主；而史录其遗（仪）文训告，以为一代之大法，此《书》之所以传也。《记》曰："未没丧，不称君。"而今书曰："王麻冕黼裳。"是逾年之君也。又曰："周卒哭而祔。"而今曰："诸侯出庙门俟。"是已祔之后也。《传》言"天子七月而葬，同轨毕至"，而今太保率西方诸侯，毕公率东方诸侯，是七月之余也。因其中有脱简，而后之说《书》者，并以系之"越七日，癸酉"之下，所以生后儒之论。而不思初崩七日之间，诸侯何由而毕至乎？或曰：易吉可乎？曰：此周公所制之礼也，以宗庙为重，而不敢凶服以接乎神；释三年之丧，以尽斯须之敬，此义之所在，而天子之守与士庶不同者也。《商书》有之矣："惟元祀十有二月，乙丑，伊尹祠于先王，奉嗣王祗见厥祖。"岂以丧服而入庙哉？

传贤之世，天下可以无君；故尧崩，三年之丧毕，舜避尧之子于南河之南。传子之世，天下不可无君；故"惟元祀十有二月，乙丑，伊尹祠于先王，奉嗣王祗见厥祖"。自"狄设黼扆、缀衣"以下，皆陈之朝者也。设四席者，朝群臣，听政事，养国老，燕亲属：皆新天子之所有事，而非事亡之说也。自"王麻冕、黼裳"以下，皆宗庙之事也。自"王出，在应门之内"以下，则康王临朝之事也。

周之末世，固有不待葬而先见庙者矣。《左传·昭二十二年》："夏四月乙丑，王崩于荥。锜氏五月，庚辰，见王；六月丁巳，葬景王。"其曰"见王"者，见王子猛于先王之庙也。

不待期而见王猛，不待期而葬景王，则以子朝之争国也。然不言"即位"，但曰"见王"而已。孰谓成、康无事之时而行此变礼也？

《书》之脱简多矣：如《武城》之篇，蔡氏以为尚有阙文；《洛诰》"戊辰，王在新邑"，则王之至洛可知。乃二公至洛，并详其月日，而王不书。金氏以为其间必有阙文，盖伏生老而忘之耳。然则《顾命》之脱简又何疑哉？宾牟贾言："若非有司而失其传，则武王之志荒矣。"余于《顾命》，敢引之以断千载之疑。

矫 虔

《说文》："矫，从矢，揉箭也。"故有"用力"之义。《汉书·孝武纪》注引韦昭曰："称诈为矫，强取为虔。"《周语》注："以诈用法曰矫。"

罔中于信以覆诅盟

国乱无政，小民有情而不得申，有冤而不见理；于是不得不愬之于神，而诅盟之事起矣。苏公遇暴公之潛，则"出此三物，以诅尔斯"；屈原遭子兰之谗，则"告五帝以折中命"；咎繇而听直至于里巷之人，亦莫不然。而鬼神之往来于人间者，亦或著其灵爽。于是赏罚之柄，乃移之冥漠之中，而蚩蚩之氓，其畏王鈇常不如其畏鬼责矣。乃世之君子，犹有所取焉，以辅王政之穷。今日所传地狱之说、感应之书，皆苗民诅盟之余习也。"明明棐常，鳏寡无盖"，则王政行于上，而人自不服，有求于神。故曰："有道之世，其鬼不神。"所谓"绝地天通"者，如此而已矣。

文侯之命

《竹书纪年》：幽王三年，嬖褒姒；五年，王世子宜臼出奔申；八年，王立褒姒之子伯盘为太子；九年，申侯聘西戎及鄫；十年，王师伐申；十一年，申人、鄫人及犬戎入周，弑王及王子伯盘。申侯、鲁侯、许男、郑子立宜臼于申，虢公翰立王子余臣于携，周二王并立。平王元年，王东徙雒邑，晋侯会卫侯、郑伯、秦伯，以师从王，入于成周；二十一年，晋文侯杀王子余臣于携。然则《文侯之命》，报其已立之功，而望之以杀携王之效也。郑公子兰之从晋文公而东也，请无与围郑，晋人许之。今平王既立于申，自申迁于雒邑，而复使周人为之戍申。则申侯之伐，幽王之弑，不可谓非出于平王之志者矣。当日诸侯，但知其冢嗣为当立，而不察其与闻乎弑为可诛；虢公之立王子余臣，或有见乎此也。自文侯用师，替携王以除其逼，而平王之位定矣。后之人，徒以成败论，而不察其故；遂谓平王能继文王之绪，而惜其弃岐、丰七百里之地，岂为能得当日之情者哉？孔子生于二百年之后，盖有所不忍言；而录文侯之命于《书》，录《扬之水》之篇于《诗》，其旨微矣。《传》言"平王东迁"，盖周之臣子美其名尔；综其实不然。凡言"迁"者，自彼而之此之辞，盘庚迁于殷是也。幽王之亡宗庙社稷，以及典章文物，荡然皆尽。镐京之地，已为西戎所有；平王乃自申东保于雒，天子之国，与诸侯无异，而又有携王与之颉颃，并为人主者二十年。其得存周之祀，幸矣，而望其中兴哉？

《秦誓》

有秦誓，故列《秦誓》；有秦诗，故录《秦诗》："述而不作"

也。谓夫子逆知天下之将并于秦而存之者，小之乎知圣人矣。秦穆之盛，仅霸西戎，未尝为中国盟主；无论齐桓、晋文，即亦不敢望楚之灵王、吴之夫差，合诸侯而制天下之柄。春秋以后，秦盖中衰。吴渊颖曰："秦之兴，始于孝公之用商鞅，成于惠王之取巴蜀；蚕食六国，并吞二周。"战国之秦也，非春秋之秦也，其去夫子之卒也久矣。夫子恶知周之必并于秦哉？若所云后世男子自称"秦始皇，入我房，颠倒我衣裳，至沙丘而亡"者；近于图澄、宝志之流，非所以言孔子矣。《甘誓》，天子之事也；《胤征》，诸侯之事也。并存之，见诸侯之事可以继天子也。《费誓》《秦誓》之存，犹是也。

古文《尚书》

汉时《尚书》，今文与古文为二，而古文又自有二。《汉书·艺文志》曰："《尚书》古文经四十六卷，为五十七篇。"师古曰："孔安国《书序》云：'凡五十九篇，为四十六卷。'承诏作《传》，引《序》各冠其篇首，定五十八篇。"郑玄《序赞》云："后又亡其一篇，故五十七。"又曰："经二十九卷，大、小夏侯二家，欧阳经三十二卷。"师古曰："此二十九卷，伏生传授者。"此今文与古文为二也。

又曰："古文《尚书》者，出孔子壁中。武帝末，鲁共王坏孔子宅，欲以广其宫，而得古文《尚书》，及《礼记》《论语》《孝经》，凡数十篇，皆古字也。共王往入其宅，闻鼓琴瑟钟磬之音，于是惧，乃止不坏。孔安国者，孔子后也，悉得其书，以考二十九篇，得多十六篇。安国献之，遭巫蛊事，未列于学官。刘向以中古文，校欧阳、大小夏侯三家经文；《酒诰》脱简一，《召诰》脱简二。率简二十五字者，脱亦二十五字；简二十二字，脱亦二十二字。文字异者，七百有余，脱字数十。"《儒林传》曰："孔氏有古文《尚书》，孔安国以今文读之，因以起其家，《逸书》得十余篇。盖《尚书》兹多于是矣。遭巫蛊，未立于学官。安国为谏大夫，授都尉朝，都尉朝授胶东庸生，庸生授清河胡常少子。"又传《左氏》。常授虢徐敖，又传《毛诗》，授王璜、平陵涂恽子真，子真授河南桑钦君长。王莽时，诸学皆立，刘歆为国师，璜、恽等皆贵显。又曰："世所传百两篇者，出东莱张霸分析，合二十九篇，以为数十。又采《左氏传》《书序》为作首尾，凡百二篇，篇或数简；文意浅陋。成帝时，求其古文者，霸以能为百两，征以中书校之，非是。"此又孔氏古文与张霸之书为二也。

《后汉书·儒林传》曰："孔僖，鲁国鲁人也。自安国以下，世传古文《尚书》。"又曰："扶风杜林，传古文《尚书》。林同郡贾逵为之作训，马融作传，郑玄注解。由是古文《尚书》遂显于世。"又曰："建初中，诏高才生受古文《尚书》《毛诗》，穀梁、左氏《春秋》，虽不立学官，然皆擢高第为讲郎，给事近署。"然则孔僖所受之安国者，竟无其传；而杜林、贾逵、马融、郑玄，则不见安国之传，而为之作训、作传、作注解，此则孔、郑之学，又当为二，而无可考矣。

《刘陶传》曰："陶明《尚书》《春秋》，为之训诂。推三家《尚书》及古文，是正文字三百余事，名曰《中文尚书》。"汉末之乱，无传。若马融注古文《尚书》十卷，郑玄注古文《尚书》九卷，则见于《旧唐书·艺文志》。开元之时，尚有其书，而未尝亡也。按陆氏《释文》言：马、郑所注二十九篇，则亦不过伏生所传之二十八，而《泰誓》别得之民间，合之为二十九；且非今之《泰誓》。其所谓得多十六篇者，不与其间也。《隋书·经籍志》曰："马融、郑玄所传，惟二十九篇，又杂以今文，非孔子旧书，自余绝无所说。晋世秘府所存，有古文《尚书》经文，今无有传者；及永嘉之乱，欧阳、大小夏侯《尚书》并亡；至东晋，豫章内史梅赜，始得安国之传上之，增多二十五篇，以合于伏生之二十八篇，而去其伪《泰誓》，又命《舜典》《益稷》《盘庚》中下、《康王之诰》各自为篇，则为今之五十八篇矣。其《舜典》亡阙，取王肃本"慎徽"以下之传续之。齐明帝建武四年，有姚方兴者，于大航头得本，有"曰若稽古帝舜"以下二十八字。献之朝议，咸以为非。及江陵板荡，其文北入中原，学者异之。刘炫遂以列诸本第。"然则今之《尚书》，其今文、古文皆有之，三十三篇固杂取伏生、安国之文；而二十五篇之出于梅赜，《舜典》二十八字之出于姚方兴，又合而一之。孟子曰："尽信《书》，则不如无《书》。"于今日而益验之矣！

　　窃疑古时有《尧典》、无《舜典》，有《夏书》、无《虞书》，而《尧典》亦《夏书》也。《孟子》引"二十有八载，放勋乃殂落"，而谓之《尧典》，则《序》之别为《舜典》者非矣。《左氏传》庄公八年引"皋陶迈种德"，僖公二十四年引"地平天成"，二十七年引"赋纳以言"，文公七年引"戒之用休"，襄公五年引"成允成功"，二十一年、二十三年两引"念兹在兹"，二十六年引"与其杀不辜，宁失不经"，哀公六年引"允出兹在兹"，十八年引"官占惟先蔽志"；《国语》周内史过，引"众非元后，何戴？后非众，罔与守邦"，而皆谓之《夏书》；则后之目为《虞书》者，赘矣。何则？记此书者，必出于夏之史臣；虽传之自唐，而润色成文，不无待于后人者。故篇首言"曰若稽古"，以"古"为言，明非当日之记也。世更三圣，事同一家；以夏之臣，追记二帝之事，不谓之《夏书》而何？夫惟以夏之臣，而追记二帝之事，则言尧可以见舜；不若后人之史，每帝立一本纪，而后为全书也。

帝曰："来，禹！汝亦昌言。"承上文皋陶所陈，一时之言也。"王出在应门之内"，承上文"诸侯出庙门俟"，一时之事也。《序》分为两篇者，妄也。

《书序》

益都孙宝侗仲愚谓："《书序》为后人伪作，《逸书》之名，亦多不典。至如《左氏传》定四年，祝佗告苌宏，其言鲁也，曰：'命以伯禽，而封于少皞之墟。'其言卫也，曰：'命以《康诰》而封于殷墟。'其言晋也，曰：'命以《唐诰》，而封于夏墟。'是则《伯禽之命》《康诰》《康（唐）诰》，《周书》之三篇，而孔子所必录也。今独《康诰》存而二书亡，为《书序》者不知其篇名，而不列于百篇之内，疏漏显然。是则不但《书序》可疑，并百篇之名，亦未可信矣。"其解"命以伯禽"为书名《伯禽之命》，尤为切当，今录其说。

《正义》曰："《尚书》遭秦而亡，汉初不知篇数。武帝时，有大常蓼侯孔臧者，安国之从兄也，与安国书云：'时人惟闻《尚书》二十八篇，取象二十八宿，谓为信然，不知其有百篇也。'"今考传记引《书》，并无序，所亡四十二篇之文，则此篇名亦未可尽信也。

丰熙伪《尚书》

五经得于秦火之余，其中固不能无错误。学者不幸而生乎二十余载之后，信古而阙疑，乃其分也。近世之说经者，莫病乎好异，以其说之异于人而不足以取信，于是舍本经之训诂，而求之诸子百家之书；犹未足也，则舍近代之文而求之远古；又不足，则舍中国之文而求之四海之外。如丰熙之古书《世本》，尤可怪焉。曰箕子朝鲜本者，箕子封于朝鲜，传《书》古文，自《帝典》至《微子》止，后附《洪范》一篇。曰徐市倭国本者，徐氏为秦博士，因李斯坑杀儒生，托言入海求仙，尽载古书至岛上，立倭国，即今日本是也。二国所译书，其曾大父河南布政使庆录得之，以藏于家。按宋欧阳永叔《日本刀歌》："徐福行时书未灾，《逸书》百篇今尚存。"盖昔时已有是说，而叶少蕴固已疑之。夫诗人寄兴之辞，岂必真有其事哉？日本之职贡于唐，久矣。自唐及宋，历代求书之诏不能得，而二千载之后，庆乃得之；其得之，又不以献之朝廷而藏之家，何也？至曰箕子传《书》古文，自《帝典》至《微子》，则不应别无一篇《逸书》，而一一尽同于伏生。孔安国之所传，其曰后附《洪范》一篇者，盖徒见《左氏传》三引《洪范》，皆谓之《商书》。而不知"王"者周人之称，"十有三"者周史之记，不得为商人之书也。《禹贡》以"道山道水"移于"九州"之前，此不知古人先经后纬之义也。《五子之歌》"为人上者，奈何不敬"，以其不叶而改之曰"可不敬乎"，谓本之鸿都《石经》；据《正义》言，蔡邕所书石经《尚书》，止今文三十四篇，无《五子之歌》，熙又何以不考而妄言之也？

夫天子失官，学在四裔；使果有残编断简，可以裨经文而助圣道，固君子之所求之而惟恐不得者也。若乃无益于经，而徒为异以惑人，则其于学也，亦谓之异端而已。愚因叹夫昔之君子，遵守经文，虽章句先后之间，犹不敢辄改。故元行冲奉明皇之旨，用魏征所注《类礼》，撰为《疏义》；成书上进，而为张说所驳，谓章句隔绝，有乖旧本，竟不得立于学官。夫《礼记》，二戴所录，非夫子所删；况其篇目之次，原无深义；而魏征所注，则又本之孙炎。以累代名儒之作，申之以诏旨，而不能夺经生之所守。盖唐人之于经传，其严也如此。故啖助之于《春秋》，三家卓越，多有独得，而史氏犹讥其不本所承，自用名学，谓后生诡辩，为助所阶。乃近代之人，其于读经，卤莽灭裂，不及昔人远甚。又无先儒为之据依，而师心妄作。刊传记未已也，进而讥圣经矣；更章句未已也，进而改文字矣。此陆游致慨于宋人，而今且弥甚。徐防有言："今不依章句，妄生穿凿，以遵师为非义，意说为得理，轻侮道术，浸以成俗。"呜呼，此学者所宜深戒者！若丰熙之徒，又不足论也。汉东莱张霸伪造《尚书》百二篇，以中古校之，非是。霸辞受父，父有弟子尉氏樊并，诏存其书；后樊并谋反，乃黜其书。而《伪逸书·嘉禾篇》，有"周公奉鬯，立于阼阶，延登赞曰：假王莅攻"之语。莽遂依之，以称居摄。是知惑世诬民，乃犯上作乱之渐，《大学》之教，禁于未发者，其必先之矣。

《诗》有入乐不入乐之分

《鼓钟》之诗曰："以雅以南。"子曰："雅、颂各得其所。"夫二《南》也，豳之《七月》也，《小雅》正十六篇，《大雅》正十八篇，颂也，《诗》之入乐者也。邶以下十二国之附于二《南》之后，而谓之风；《鸱鸮》以下六篇之附于豳，而亦说之豳；《六月》以下五十八篇之附于《小雅》，《民劳》以下十三篇之附于《大雅》，而谓之"变雅"，《诗》之不入乐者也。《乐记》子夏对魏文侯曰："郑音好滥淫志，宋音燕女溺志，卫音趋数烦志，齐音敖辟乔志：此四者，皆淫于色而害于德，是以祭祀弗用也。"朱子曰："二《南》正风，房中之乐，乡乐也；二《雅》之正雅，朝廷之乐也；商、周之颂，宗庙之乐也。至变雅则衰，周卿士之作，以言时政之得失；而邶、鄘以下，则太师所陈以观民风者耳，非宗庙燕享之所用也。"但据程大昌之辩，则二《南》自谓之南，而别立正风之目者非。

四　诗

《周南》《召南》，南也，非风也；《豳》谓之豳诗，亦谓之雅，亦谓之颂，而非风也。南、豳、雅、颂为四诗，而列国之风附焉，此《诗》之本序也。

孔子删诗

孔子删诗，所以存列国之风也；有善，有不善，兼而存之，犹古之太师陈诗以观民风，而季札听之，以知其国之兴衰。正以二者之并陈，可以观，可以听；世非二帝，时非上古，固不能使四方之风，有贞而无淫、有治而无乱也。文王之化，被于南国，而北鄙杀伐之声，文王不能化也。使其诗尚存，而入夫子之删，必将存南音以系文王之风，存北音以系纣之风，而不容于没一也。是以《桑中》之篇，《溱洧》之作，夫子不删，志淫风也。《叔于田》为誉段之辞，《扬之水》《椒聊》为从沃之语，夫子不删，著乱本也。淫奔之诗，录之不一而止者，所以志其风之甚也。一国皆淫，而中有不变者焉，则亟录之。《将仲子》，畏人言也；《女曰鸡鸣》，相警以勤生也；《出其东门》，不慕乎色也；《衡门》，不愿外也。选其辞，比其音，去其烦且滥者，此夫子之所谓"删"也。后之拘儒，不达此旨，乃谓淫奔之作，不当录于圣人之经；是何异唐太子弘谓商臣弑君不当载于《春秋》之策乎？真希元《文章正宗》，其所选诗，一扫千古之陋，归之正旨；然病其以理为宗，不得诗人之趣。且如《古诗十九首》，虽非一人之作；而汉代之风，略具乎此。今以希元之所删者读之，"不如饮美酒，被服纨与素"，何以异乎《唐诗·山有枢》之篇"良人惟古欢，枉驾惠前绥"？盖亦《邶诗》"雄雉于飞"之义；"牵牛织女"，意仿《大东》；兔丝女萝，情同《车舝》。十九作中，无甚优劣；必以坊淫正俗之旨，严为绳削，虽矫昭明之枉，恐失国风之义。六代浮华，固当芟落，使徐、庾不得为人，陈、隋不得为代，无乃太甚！岂非执理之过乎？

何彼秾矣

《山堂考索》载林氏曰："二《南》之诗，虽大概美诗，亦有刺诗；不徒西周之诗，而东周亦与焉。据《何彼秾矣》之诗可知矣。其曰：'平王之孙，齐侯之子'；考《春秋·庄公元年》，书王姬归于齐，此乃桓王女、平王孙下嫁于齐襄公，非平王孙、齐侯子而何？说者欲以为西周之诗，于时未有平王；乃以'平'为平正之王，'齐'为齐一之侯，与《书》言'宁王'同义，此妄也。据诗人欲言其人之子孙，则必直言之。如称卫庄姜，则曰'齐侯之子，卫侯之妻，东宫之妹，邢侯之姨'；姜韩侯取妻，则曰'汾王之甥，蹶父之子'。又何疑乎？且其诗，刺诗也，以王姬徒有容色之盛，而无肃雝之德，何以使人化之？故曰："何彼秾矣？唐棣之华，曷不肃雝，王姬之车。"诗人若曰：言其容色，固如唐棣矣；然王姬之车，胡不肃雝乎？是讥之也。"

按：此说桓王女、平王孙则是；其曰刺诗，于义未允。盖诗自邶、鄘以讫于桧、曹，皆太师之所陈者也，其中有美有刺。若二《南》之诗，则用之为燕乐，用之为乡乐，用之为射乐，用之为房中乐；而鼓钟之卒章，所谓"以雅以南"，《春秋传》所谓"象箾有籥"，《文王世子》所谓"胥鼓南"者也，安得有刺？此必东周之后，其诗可以存二《南》之遗音，而圣人附之于篇者也。

且自平王之东,周德日以衰矣;麦禾之取,繻葛之战,几无以令于兄弟之国。且庄王之世,鲁、卫、晋、郑,日以多故。于是王姬下嫁,以树援于强大之齐,寻盟府之坠言,继昏姻之凤好;且其下嫁之时,犹能修周之旧典,而容色之盛,礼节之备,有可取焉。圣人安得不录之,以示兴周道于东方之意乎?盖东周以后之诗,得附二南者,惟此一篇而已;后之儒者乃疑之,而为是纷纷之说,是乌知圣人之意哉?或曰:诗之所言,但称其容色,何也?曰:古者妇有四德,而容其一也。言其容,则德可知矣。故《硕人》之诗,美其君夫人者,至无所不极其形容;而《野麕》之贞,亦云"有女如玉"。即唐人为妃主碑文,亦多有誉其姿色者。岂若宋代以下之人,以此为讳而不道乎?夫妇,人伦之本;昏姻,王道之大。下嫁于齐,甥舅之国,太公之后,先王以周礼治诸侯之本也。诗之得附于《南》者,以此。舍是,则东周以后,事无可称,而民间之淫剌皆属之王风矣。况二《南》之与民风,其来自别,宣王之世,未尝无雅;则平王以下,岂遂无《南》?或者此诗之旧附于《南》,而夫子不删,要亦不异乎向者之说也。《何彼秾矣》以庄王之事而附于《召南》;其于《文侯之命》,以平王之事而附于《书》,一也。

邶鄘卫

邶、鄘、卫,本三监之地;自康叔之封,未久而统于卫矣。采诗者犹存其旧名,谓之邶、鄘、卫。邶鄘卫者,总名也,不当分某篇为邶,某篇为鄘,某篇为卫。分而为三者,汉儒之误;以此诗之简独多,故分三名,以各冠之,而非夫子之旧也。考之《左氏传》,襄公二十九年,季札观乐于鲁,为之歌邶鄘卫曰:"美哉渊乎!忧而不困者也。吾闻卫康叔、武公之德如是,是其卫风乎？"而襄公三十一年，北宫父子之言，引卫诗曰："威仪棣棣，不可选也。"此诗今为邶之首篇，乃不曰邶，而曰卫，是知累言之，则曰邶鄘卫；专言之，则曰卫，一也。犹之言殷商，言荆楚云尔。意者，西周之时，故有邶、鄘之诗，及幽王之亡而轶之；而大师之职，犹不敢废其名乎？然名虽旧而辞则今矣。

邶、鄘之亡久矣，故大师但有其名；而三国同风，无非卫人之作。桧之亡未久，而诗尚存；故别于郑，而各自为风，匪风之篇，其西周未亡之日乎？

邶、鄘、卫，三国也，非三监也；殷之时，邦畿千里，周则分之为三国。今其相距，不过百余里。如《地理志》所言，于百里之间，而立此三监，又并武庚而为一监，皆非也。宋陈傅良以为自荆以南，蔡叔监之，管叔河南，霍叔河北；蔡故蔡国，管则管城，霍所谓霍太山也。其地绵广，不得为邶、鄘、卫也。

黎许二国

许无风，而《载驰》之诗录于鄘；黎无风，而《式微》《旄丘》之诗录于邶。圣人阐幽之旨、兴灭之心也。

诸姑伯姊

《泉水》之诗，其曰"诸姬"，犹《硕人》之"庶姜"。古之来媵而为侄娣者，必皆同姓之国。其年之长幼、序之昭穆，则不可知也，故有诸姑伯姊之称，犹《礼》之言伯父、伯兄也。贵为小君，而能谦以下其众妾，此所谓"其君之袂，不如其娣"者矣。

王　事

"王事适我，政事一埤益我。"凡交于大国，朝聘、会盟、征伐之事，谓之王事；其国之事，谓之政事。

朝隮于西

"朝隮于西，崇朝其雨。"朱子引《周礼》"十煇"注以隮为虹，是也；谓不终朝而雨止，则未然。谚曰："东虹晴，西虹雨。"盖虹蜺杂乱之交，无论雨晴，而皆非天地之正气。楚襄王登云梦之台，望高唐之观，所谓朝云者也。

王

邶、鄘、卫、王，列国之名，其始于成、康之世乎？惟周王抚万邦、巡侯甸，而大师陈诗以观民风。其采于商之故都者，则系之邶、鄘、卫；其采于东都者，则系之王；其采于列国者，则各系之其国。至骊山之祸，先王之诗，率已阙轶；而孔子所录者，皆平王以后之诗，此"变风"之所由名也。诗虽变，而大师之本名则不敢变，此十二国之所以犹存其旧也。先儒谓王之名不当侪于列国，而为之说曰："列《黍离》于国风，齐王德于邦君，误矣。自幽王以上，太师所陈之诗亡矣。春秋时，君卿大夫之赋诗无及之者，此孔子之所不得见也。"是故《诗》无正风。

二《南》也，《豳》也，小大《雅》也，皆西周之诗也，至于豳王而止。其余十二国风，则东周之诗也。王者之迹熄而诗亡，西周之诗亡也；诗亡而列国之事迹不可得而见，于是晋之《乘》、楚之《梼杌》、鲁之《春秋》出焉。是之谓"诗亡然后《春秋》作也"。《周颂》，西周之诗也；《鲁颂》，东周之诗也。成康之世，鲁岂无诗？而今亦已亡矣。故曰"诗亡，列国之诗亡也"。其作于子之邦者，以《雅》、以《南》，以《豳》、以《颂》，则固未尝亡也。

日之夕矣

"鸡栖于埘，日之夕矣，牛羊下来"，君子当归之时也。至是而不归，如之何勿思也？

君子以向晦入宴息，日之夕矣而不来，则其妇思之矣；朝出而晚归，则其母望之矣；夜居于外，则其友吊之矣。于文"日夕为退"，是以樽罍无卜夜之宾，衢路有宵行之禁。故曰："见星而行者，惟罪人与奔父母之丧者乎？"至于酒德衰而酣身长夜，官邪作而昏夜乞哀，天地之气乖，而晦明之节乱矣！

《大车》

"岂不尔思，畏子不敢"，民免而无耻也；"虽速我讼，亦不女从"，有耻且格也。

郑

自邶至曹，皆周初大师之次序。先邶、鄘、卫，殷之故都也；次之以王，周东都也。何以知其为周初之次序？邶、鄘也，晋而谓之唐也，皆西周之序也。惟郑乃宣王所封，中兴之后，始立其名于大师；而列于诸国之先者，郑亦王畿之内也，故次于王也。桓公之时，其诗不存，故首《缁衣》也。

楚吴诸国无诗

吴、楚之无诗,以其僭王而删之与?非也,太师之本无也;楚之先,熊绎辟在荆山,筚路蓝缕,以处草莽,惟是桃弧棘矢,以共御王事。而周无分器,岐阳之盟,楚为荆蛮,置茅蕝,设望表,与鲜牟守燎而不与盟,是亦无诗之可采矣。况于吴自寿梦以前,未通中国者乎?滕、薛之无诗,微也;若乃虢、郐皆为郑灭,而虢独无诗。陈、蔡皆列春秋之会盟,而蔡独无诗,有司失其传尔。

豳

自《周南》至《豳》,统谓之"国风",此先儒之误,程泰之辨之详矣。《豳》诗不属于"国风",周世之国无豳,此非太师所采。周公追王业之始,作为《七月》之诗,兼雅颂之声,而用之祈报之事。《周礼·籥章》:"逆暑迎寒,则歙《豳》诗;祈年于田祖,则歙《豳》雅;祭蜡,则歙《豳》颂。"雪山王氏曰:"此一诗而三用也。"《鸱鸮》以下,或周公之作,或为周公而作,则皆附于《豳》焉。虽不以合乐,然与二南同为有周盛时之诗,非东周以后列国之风也。故他无可附。

言私其豵

"雨我公田,遂及我私。"先公而后私也。"言私其豵,献豜于公。"先私而后公也。自天下为家,各亲其亲,各子其子,而人之有私,私固情之所不能免矣。故先王弗为之禁;非惟弗禁,且从而恤之。建国亲侯，胙土命民，画井分田，合天下之私，以成天下之公，此所以为王政也。至于当官之训，则曰"以公灭私"。然而禄足以代其耕，田足以供其祭，使之无将母之嗟、室人之谪，又所以恤其私也。此义不明久矣，世之君子，必曰"有公而无私"，此后代之美言，非先王之至训矣。

承筐是将

君子不亲货贿，"束帛戋戋，实诸筐篚"；非惟尽饰之道，亦所以远财而养耻也。万历以后，士大夫交际，多用白金，乃犹封诸书册之间，进自阍人之手。今则亲呈坐上，径出怀中，交收不假他人，茶话无非此物；衣冠而为囊橐之寄，朝列而有市井之容。若乃拾遗金而对管宁，倚被囊而酬温峤，曾无愧色，了不关情，固其宜也。然则先王制为《筐篚》之文者，岂非禁于未然之前，而示人以远财之义者乎？以此坊民，民犹轻礼而重货。

馨无不宜

"馨无不宜"，宜室家、宜兄弟、宜子孙、宜民人也。"吉蠲为饎，是用孝享，禴祠烝尝于公先王"，得万国之欢心，以事其先王也。

民之质矣日用饮食

"民之质矣，日用饮食。"夫使机智日生而奸伪萌起，上下且不相安，神奚自而降福乎？有起信险肤之族，则高后崇降弗祥；有诪张为幻之民，则嗣王罔或克寿。是故有道之世，人醇工庞、商朴女童，上下皆有嘉德而至治，馨香感于神明矣。然则祈天永命之实，必在观民；而斵雕为朴，其道何由？则必以厚生为本。

群黎，庶人也；百姓，百官也。民之质矣，兼百官与庶人而言，犹曰"人之生也直"也。

小人所腓

"小人所腓"，古制一车甲士三人，步卒七十二人，炊家子十人，固守衣装五人，厩养五人，樵汲五人；随车而动，如足之腓也。步乘相资，短长相卫，行止相扶，此所以为节制之师也。繻葛之战，郑原繁、高渠弥以中军奉公，为"鱼丽"之陈，先编后伍，伍乘弥缝，卒不随车，遇阙即补，斯已异矣。大卤之师，魏舒请毁车以为行伍，乘为三伍，为伍陈以相离，两于前、伍于后，专为右角，参为左角，偏为前拒，专任步卒，以取捷速。然亦必山林险阻之地而后可用也。步不当骑，于是赵武灵王为变服骑射之令，而后世因之，所以取胜于敌者，益轻益速；而一败涂地，亦无以自保，然后知车战之为谋远矣。

终春秋二百四十二年，车战之时，未有斩首至于累万者；车战废而首功兴矣。先王之用兵，服之而已，不期于多杀也；杀人之中，又有礼焉。以此毒天下而民从之，不亦宜乎？

宋沈括对神宗言：车战之利，见于历世。然古人所谓兵车者，轻车也；五御折旋，利于捷速。今之民间，辎车重大，日不能行三十里；故世谓之"太平车"，但可施于无事之日尔。

变　雅

《六月》《采芑》《车攻》《吉日》，宣王中兴之作，何以为变雅乎？《采芑》，传曰："言周室之强，车服之美也。"言其强美，斯劣矣。观夫《鹿鸣》以下诸篇，其于君臣、兄弟、朋友之间，无不曲当，而未尝有夸大之辞；《大雅》之称文、武，皆本其敬天勤民之意。至其言伐商之功，盛矣，大矣，不过曰"会朝清明"而止；然则宣王之诗，不有忝于前人者乎？一传而周遂亡。呜呼！此太子晋所以谓"我先王厉、宣、幽、平，而贪天祸"，固不待沔水之忧、祈父之刺而后见之也。

大　原

"薄伐玁狁，至于大原。"毛、郑皆不详其地，其以为今太原阳曲县者，始于朱子，而愚未敢信也。古之言"大原"者多矣，若此诗，则必先求泾阳所在，而后大原可得而明也。《汉书·地理志》：安志郡有泾阳县，开头山在西，《禹贡》泾水所出。《后汉书·灵帝纪》"段颎破先零羌于泾阳"，注："泾阳县属安定，在原州。"《郡县志》："原州平凉县，本汉泾阳县地，今县西四十里泾阳故城是也。"然则大原当即今之平凉，而后魏立为原州，亦是取古大原之名尔。计周人之御玁狁，必在泾、原之间；若晋阳之大（太）原，在大河之东，距周京千五百里，岂有寇从西来，兵乃东出者乎？故曰"天子命我，城彼朔方"，而《国语》"宣王料民于大原"，亦以其地近边而为御戎之备，必不料之于晋国也。又按《汉书》贾捐之言，"秦地南不过闽、越，北不过大原，而天下溃畔"，亦是平凉，而非晋阳也。若《书·禹贡》："既修大原，至于岳阳"，《春秋》"晋荀吴帅师败狄于大原"，及子产对叔向"宣汾、洮，障大泽，以处大原"，则是今之晋阳，而岂可以晋之大原为周之大原乎？

吾读《竹书纪年》，而知周之世有戎祸也，盖始于穆王之征犬戎，六师西指，无不率服，于是迁戎于大原。以黩武之兵，而为徕戎之事；懿、孝之世，戎车屡征。至夷王七年，虢公帅师伐大原之戎，至于俞泉，获马千匹；则是昔日所内徙者，今为寇而征之也。宣王之世，虽号中兴，三十三年，王师伐大原之戎不克；三十八年，伐条戎、奔戎，王师败逋；二十九年伐羌戎，战于千亩，王师败逋；四十年，料民于大原。其与后汉西羌之叛，大略相似。幽王六年，命伯士帅师伐六济之戎，王师败逋。于是关中之地，戎得以整居其间；而陕东之申侯，至与之结盟而入寇。盖宣王之世，其患如汉之安帝也；幽王之世，其患如晋之怀帝也。戎之所由来，非一日之故；而三川之震、檿弧之谣，皆适会其时者也。然则宣王之功，计亦不过唐之宣宗；而周人之美宣，亦犹鲁人之颂僖也，事劣而文侈矣。书不尽言，是以论其世也，如毛公者，岂非独见其情于意言之表者哉？

荙言自口

荙言，秽言也，若郑享赵孟而伯有赋《鹑奔》之诗是也。君子在官言官，在府言府，在库言库，在朝言朝；狎侮之态，不及于小人，谑浪之辞，不加于妃妾。自世尚通方，人安媟慢；宋王登墙之见，淳于灭烛之欢，遂乃告之君王，传之文字，忘其秽论，叙为美谈。以至执女手之言，发自临丧之际；啮妃唇之咏，宣于侍宴之余。于是摇头而舞八风，连臂而歌万岁。去人伦，无君子，而国命随之矣。

臧孙纥见卫侯于邝，退而告其人曰："卫侯其不得入矣！其言粪土也，亡而不变，何以复国？"以粪土喻其言，犹《诗》之荙言也。

皇父

王室方骚，人心危惧；皇父以柄国之大臣，而营邑于向。于是王有事之多藏者随之而去矣，庶民之有车马者随之而去矣：盖亦知西戎之已偪，而王室之将倾也。以郑桓公之贤，且寄孥于虢、郐，则其时之国势可知。然不顾君臣之义而先去，以为民望，则皇父实为之首。昔晋之王衍，见中原已乱，乃说东海王越，以弟澄为荆州，族弟敦为青州，谓之曰："荆州有江汉之固，青州有负海之险；卿二人在外，而吾留此，足以为三窟矣。"鄙夫之心，亦千载而符合者乎？

握粟出卜

古时用钱未广，《诗》《书》皆无货泉之文，而问卜者亦用粟。汉初犹然，《史记·日者传》："卜而有不审，不见夺糈。"

私人之子百僚是试

孔氏曰："私人，皂隶之人也。天下有道，小德役大德，小贤役大贤；故贵有常尊，贱有等威，所以辨上下而定民志也。"周之衰也，政以贿成；而官之师旅，不胜其富。又其甚也，私人之子，皆得进而服官，而文、武、周公之法尽矣。候人而赤芾，曹是以亡；不狩而悬貆，魏是以削。贱妨贵，小加大，古人列之六逆；又不但仍叔之子，讥其年弱，尹民之姻，刺其材琐而已。自古国家吏道杂而多端，未有不趋于危乱者；举贤才、慎名器，岂非人生之所宜兢兢自守者乎？

不醉反耻

"彼醉不臧,不醉反耻。"所谓一国皆狂,反以不狂者为狂也。以箕子之忠,而不敢对纣之失日,况中材以下,有不尤而效之者乎?"卿士师,师非度",此商之所以亡;"兰芷变而不芳兮,荃蕙化而为茅",此楚之所以六千里而为仇人役也。是以圣王重特立之人,而远苟同之士;保邦于未危,必自此始。

上天之载

"上天之载,无声无臭;仪刑文王,万邦作孚。"君子以事天者如之何?亦曰"仪刑文王"而已;其仪刑文王也如之何?为人君止于仁,为人臣止于敬,为人子止于孝,为人父止于慈,与国人交止于信而已。

王欲玉父

《民劳》,本召穆公谏王之辞,乃托为王意,以戒公卿百执事之人。故曰"王欲玉女,是用大谏";犹之转予于恤而呼祈父,从事不均而怨大夫。所谓"言之者无罪,而闻之者足以戒"也;岂亦监谤之时,疾威之日,不敢指斥而为是言乎?然而乱君之国,无治臣焉;至于"我即尔谋,听我嚣嚣",则又不独王之愎谏矣。

夸毗

"天下方愦,无为夸毗。"《释训》曰:"夸毗,体柔也。"天下惟体柔之人，常足以遗民忧而召天祸。夏侯湛有云："居位者以善身为静，以寡交为慎，以弱断为重，以怯言为信。"白居易有云："以拱默保位者为明智，以柔顺安身者为贤能，以直言危行者为狂愚，以中立守道者为凝滞；故朝寡敢言之士，庭鲜执咎之臣。自国及家，寖而成俗，故父训其子曰：无介直以立仇敌；兄教其弟曰：无方正以贾悔尤。且慎默积于中，则职事发于外；强毅果断之心屈，畏忌因循之性成。反谓率职而居正者，不达于时宜；当官而行法者，不通于事变。是以殿最之文，虽书而不实；黜陟之典，虽备而不行。"罗点有云："无所可否，则曰得体；与世浮沉，则曰有量；众皆默，己独言，则曰沽名；众皆独，己独清，则曰立异。"观三子之言，其于末俗之敝，可谓恳切而详尽矣；至于佞谄日炽，刚克消亡，朝多沓沓之流，士保容容之福。苟由其道，无变其俗，必将使一国之人，皆化为巧言令色孔壬而后已。然则丧乱之所从生，岂不阶于夸毗之辈乎？是以屈原疾楚国之士，谓之"如脂如韦"，而孔子亦云"吾未见刚者"。

流言以对

"强御多怼"，即上章所云强御之臣也，其心多所怼疾，而独窥人主之情；深居禁中，而好闻外事，则假流言以中伤之，若二叔之流言以间周公是也。夫不根之言，何地蔑有？以斛律光之旧将，而有百升明月之谣；以裴度之元勋，而有坦腹小儿之诵。所谓"流言以对"者也。如此则寇贼生乎内，而怨诅兴乎下矣；郐宛之难，进胙者莫不谤令尹，所谓"侯作侯祝"者也。孔氏疏《采苓》曰："谗言之起，由君数问小事于小人也。"可不慎哉！

申　伯

申伯，宣王之元舅也。立功于周，而吉甫作《崧高》之诵；其孙女为幽王后，无罪见黜。申侯乃与犬戎攻杀幽王，乃未几而为楚所病，戍申诗作焉。当宣王之世，周兴而申以强；当平王之世，周衰而申以弱；至庄王之世，而申为楚县矣。二舅之于周，功罪不同，而其所以自取如此。宋左师之告华亥曰："女丧而宗室，于人何有？人亦于女何有？"读二诗者，岂徒论二人之得失哉？

德輶如毛

"德輶如毛"，言易举也。故曰："一日克己复礼，天下归仁焉。"又曰："有能一日用其力于仁矣乎，我未见力不足者。"

韩　城

《水经注》："圣水迳方城县故城北，又东南迳韩城东。《诗》：'溥彼韩城，燕师所完，王锡韩侯，其追其貊，奄受北国。'王肃曰：'今涿郡方城县有韩侯城，世谓寒号。'非也。"按《史记·燕世家》："易水东分为梁门。"今顺天府固安县，有方城村，即汉之方城县也。《水经注》亦云："㽟水迳良乡县之化界，历梁山南，高梁水出焉。"是所谓"奕奕梁山"者矣。旧说以韩国在同州韩城县，曹氏曰："武王子初封于韩，其时召襄公封于北燕，实为司空，王命以燕众城之。"窃疑同州去燕二千余里，即令召公为司空，掌邦土，量地远近，兴事任力，亦当发民于近甸而已，岂有役二千里外之人而为筑城者哉？召伯营申，亦曰"因是谢人"。齐桓城邢，不过宋、曹二国；而《召诰》"庶殷攻位"，蔡氏以为此迁洛之民，无役纣都之理，此皆经中明证。况"其追其貊"，乃东化之夷；而蹶父之靡国不到，亦似谓韩土在北陲之远也。又考王符《潜夫论》曰："昔周宣王时，有韩侯，其国近燕。故《诗》云：'普彼韩城，燕师所完。'其后韩西亦姓韩，为卫满所伐，迁居海中。"汉时去古未远，当有传受。今以《水经注》为定。

按《毛传》，梁山、韩城，皆不言其地；郑氏笺乃云：梁山，今左冯翊夏阳西北。韩，姬姓之国也，后为晋所灭，故大夫韩氏以为邑名焉。至"溥彼韩城，燕师所完"，则郑已自知其说之不通，故训燕为安，而曰"大矣，彼韩国之城，乃古平安时众民之所筑完"。惟王肃以梁山为涿郡方城县之山，而以燕为燕国。今于梁山则用郑说，于燕则用王说，二者不可兼通，而又巧立召公为司空之说，可谓甚难而实非矣。又"其追其貊"，郑以经传说貊，多是东夷；故职方掌四夷九貉。郑志答赵商云："九貊，即九夷也。"又《秋官》"貉隶"注云："征东北夷所获。"而汉时所谓濊貊者，皆在东北。因于笺末添二语云："其后追也貊也，为獫狁所逼，稍稍东迁。"此又可见康成之不自安而迁就其说也。

如山之苞，如川之流

"如山之苞"，营法也；"如川之流"，陈法也。古之善用师者，能为营而后能为陈。故曰"师出以律"，又曰"不愆于四伐、五伐、六伐、七伐，乃止齐焉"。管子霸国之谋，且犹作内政，以寄军令；使之耳目素习，心志素定，如山之不可动摇，然后出而用之，若决水于千仞之溪矣。

不弔不祥

威仪之不类，贤人之丧亡，妇寺之专横，皆国之不祥；而日月之眚，山川之变，鸟兽草木之妖，其小者也。《传》曰："人无衅焉，妖不自作。"故孔子对哀公以老者不教、幼者不学为俗之不详。荀子曰："人有三不祥。幼而不肯事长，贱而不肯事贵，不肖而不肯事贤，是人之三不祥也。"而武王胜殷，得二俘而问焉曰："若国有妖乎？"一俘对曰："吾国有妖，昼见星而天雨血。"一俘对曰："此则妖也，非其大者也。吾国之妖，子不听父，弟不听兄，君令不行，此妖之大者也。"武王避席再拜之。自余所逮见五六十年，国俗民情，举如此矣！不教不学之徒满于天下，而一二稍有才知者，皆少正卯、邓析之徒，是岂俟三川竭而悲周、岷山崩而忧汉哉？《书》曰："习与性成。"《诗》云："如彼泉流，无沦胥以败。"识时之士所以引领于哲王、系心于耇德也。

驷

鲁僖公俭以足用，宽以爱民，务农重谷，而有坰牧之盛；卫文公大布之衣，大帛之冠，务材训农，通商惠工，敬教劝学，授方任能，而有騋牝三千之多。然则古之马政，皆本于田功也；吾未见厩有肥马、野有饿莩而能国者也。

实始翦商

太王当武丁、祖甲之世，殷道未衰，何从有翦商之事？僖公之世，距太王已六百余年，作诗之人，特本其王迹所基，而侈言之尔。犹《泰誓》之言"命我文考,肃将天威"也,犹《康诰》之言"天乃大命文王,殪戎殷"也,亦后人追言之也。张子曰:"一日之间,天命未绝,犹是君臣。"

玄　鸟

读经传之文,终商之世,无言祥瑞者;而大戊之祥桑,高宗之雊雉,惕于天之见妖而修德者有二焉。则知监于夏王之矫诬上天,而慄慄危惧,盖汤之家法也。简狄吞卵而生契,不亦矫诬之甚乎?毛氏《传》曰:"玄鸟,鳦鸟也。秋(春)分玄鸟降,汤之先祖有娀氏女简狄,配高辛氏,帝率与之祈于郊禖而生契。"故本其为天所命,以玄鸟至而生焉,可以破史迁之谬矣。

敷奏其勇

"敷奏其勇,不震不动,不戁不竦。"苟非大受之人,骤而当天下之重任,鲜不恐惧而失其守者,此公孙丑所以有动心之问也。升陑伐夏,创未有之事而不疑,可谓天锡之勇矣!何以能之?其"上帝临女,无贰尔心"之谓乎?汤武,身之也;学汤之勇者,宜何如"震惊百里,不丧匕鬯",近之矣。

鲁颂、商颂

《诗》之次序,犹《春秋》之年月;夫子因其旧文,述而不作也。颂者,美盛德之形容,以告宗庙;鲁之颂,颂其君而已,而列之《周颂》之后者,鲁人谓之颂也。世儒谓夫子尊鲁而进之为颂,是不然。鲁人谓之颂,夫子安得不谓之颂乎?为下不倍也。《春秋》书公、书郊禘，亦同其义。孟子曰："其文则史。"不独《春秋》也，虽六经皆然。今人以为圣人作书，必有惊世绝俗之见，此是以私心待圣人；世人读书，如王介甫，才入贡院，而一院之事皆欲纷更，此最学者之大病也。

列国之风，何以无鲁？大师陈之，固曰鲁诗，不谓之颂矣。孔子，鲁人也；从鲁而谓之颂，此如鲁史之书"公"也。然而《泮水》之文，则固曰"鲁侯"也。

商何以在鲁之后？曰：草庐吴氏尝言之矣：大师所职者，当代之诗也；商则先代之诗，故次之周、鲁之后。

《诗序》

《诗》之世次，必不可信，今《诗》亦未必皆孔子所正。且如"褒姒灭之"，幽王之诗也，而次于前；"召伯营之"，宣王之诗也，而次于后。序者不得其说，遂并《楚茨》《信南山》《甫田》《大田》《瞻彼洛矣》《裳裳者华》《桑扈》《鸳鸯》《鱼藻》《采菽》十诗，皆为刺幽王之作，恐不然也。又如《硕人》，庄姜初归事也，而次于后；《绿衣》《日月》《终风》，庄姜失位而作，《燕燕》，送归妾作，《击鼓》，国人怨州吁而作也，而次于前。《渭阳》，秦康公为太子时作也，而次于后；《黄鸟》，穆公薨后事也，而次于前。此皆经有明文可据，故郑氏谓《十月之交》《雨无正》《小旻》《小宛》，皆刺厉王之诗。汉兴之初，师移其第耳；而《左氏传》楚庄王之言曰：武王作武，其卒章曰"耆定尔功"；其三曰"敷时绎思，我徂维求定"；其六曰"绥万邦，屡丰年"。今诗但以"耆定尔功"一章为《武》，而其三为《赉》，其六为《桓》，章次复相隔越。《仪礼》歌《召南》三篇，越《草虫》而取《采蘋》；《正义》以为《采蘋》旧在《草虫》之前。知今日之

《诗》,已失古人之次,非夫子所谓"雅颂各得其所"者矣。

鲁之《春秋》

《春秋》不始于隐公。晋韩宣子聘鲁,观书于太史氏,见《易象》与《鲁春秋》,曰:"周礼尽在鲁矣!吾乃今知周公之德与周之所以王也!"盖必起自伯禽之封,以洎于中世;当周之盛,朝觐、会同、征伐之事皆在焉。故曰:周礼而成之者,古之良史也。自隐公以下,世道衰微,史失其官;于是孔子惧而修之,自惠公以上之文,无所改焉,所谓"述而不作"者也。自隐公以下,孔子以己意修之,所谓"作《春秋》"也。然则自惠公以上之《春秋》,固夫子所善而从之者也。惜乎其书之不存也!

《春秋》阙疑之书

孔子曰:"吾犹及史之阙文也。"史之阙文,圣人不敢益也。《春秋》桓公十七年:"冬十月朔,日有食之。"《传》曰:"不书日,官失之也。"僖公十五年:"夏五月,日有食之。"《传》曰:"不书朔与日,官失之也。"以圣人之明,千岁之日至可坐而致,岂难考历布算以补其阙?而夫子不敢也。况于史文之误而无从取正者乎?况于列国之事得之传闻、不登于史策者乎?左氏之书,成之者非一人,录之者非一世,可谓富矣,而夫子当时未必见也。史之所不书,则虽圣人有所不知焉者。且《春秋》,鲁国之史也;即使历聘之余,必闻其政,遂可以百二十国宝书增入本国之记注乎?若乃"改葬惠公"之类,不书者,旧史之所无也;曹大夫、宋大夫、司马、司城之不名者,阙也;郑伯髡顽、楚子麋、齐侯阳生之实弑而书卒者,传闻不胜简书,是以从旧史之文也。左氏出于获麟之后，网罗浩博，实夫子之所未见；乃后之儒者，似谓已有此书，夫子据而笔削之。即左氏之解经，于所不合者，亦多曲为之说；而经生之论，遂以圣人所不知为讳，是以新说愈多而是非靡定。故今人学《春秋》之言，皆郢书燕说，而夫子之不能逆料者也。子不云乎："多闻阙疑，慎言其余。"岂特告子张乎？修《春秋》之法，亦不过此。

《春秋》，因鲁史而修者也；《左氏传》，采列国之史而作者也。故所书晋事，自文公主夏盟，政交于中国，则以列国之史参之而一从周正；自惠公以前，则间用夏正，其不出于一人明矣。其谓赗仲子为子氏未薨，平王崩，为赴以庚戌；陈侯鲍卒，为再赴，似皆揣摩而为之说。

三　正

三正之名，见于《甘誓》。苏氏以为自舜以前，必有以建子、建丑为正者，其来尚矣。《微子之命》曰："统承先王，修其礼物。"则知杞用夏正，宋用殷正。若朝觐、会同，则用周之正朔；其于本国，自用其先王之正朔也。独是晋为姬姓之国，而用夏正则不可解。

杜预《春秋》后序曰："晋太康中，汲县人发其界内旧冢，得古书，皆编简科斗文字；记晋国起自殇叔，次文侯、昭侯，以至曲沃、庄伯。庄伯之十一年十一月，鲁隐公之元年正月也，皆用夏正建寅之月为岁首编年。"

今考《春秋》，僖公五年，晋侯杀其世子申生，经书"春"，而传在上年之"十二月"；十年，里克弑其君卓，经书"正月"，而传在上年之"十一月"；十一年，晋杀其大夫丕郑父，经书"春"，而传在上年之"冬"；十五年，晋侯及秦伯战于韩，获晋侯，经书"十有一月壬戌"，而传则为"九月壬戌"。经、传之文，或从夏正，或从周正，所以错互如此；与《史记》汉元年冬十月"五星聚东井"，乃"秋七月"之误，正同。僖公五年十二月丙子朔，虢公丑奔京师，而卜偃对献公以为九月、十月之交；襄公三十年，绛县老人言"臣生之岁，正月甲子朔"，以《长历》推之，为鲁文公十一年三月甲子朔。此又晋人用夏正之见于传者。僖公二十四年："冬，晋侯夷吾卒。"杜氏注："文公定位而后告。"夫不告文公之入，而告惠公之薨，以上年之事为今年之事；新君入国之日，反为旧君即世之年，非人情也。疑此经乃错简。当在二十三年之冬。传曰："九月晋惠公卒。"晋之九月，周之冬也。隐公六年："冬，宋人取长葛。"传作"秋"。刘原父曰："《左氏》日月与经不同者，丘明作书，杂取当时诸侯史策之文；其用三正，参差不一，往往而迷。故经所云'冬'，传谓之'秋'也。"考宋用殷正，则建酉之月，周以为冬，宋以为秋矣。"桓公七年："夏，榖伯绥来朝，邓侯吾离来朝。"传作"春"。刘原父曰："传所据者以夏正纪时也。"文公十六年："齐公子商人弑其君舍"，经在九月，传作七月。隐公三年："夏四月，郑祭足帅师取温之麦，秋又取成周之禾。"若以为周正，则麦禾皆未熟。四年："秋，诸侯之师败郑徒兵。取其禾而还。"亦在九月之上，是夏正六月，禾亦未熟。注云："取者，盖芟践之。"终是可疑。按：传中杂取三正，多有错误；左氏虽发其例于隐之元年，曰"春王周正月"，而间有失于改定者。文多事繁，固著书之君子所不能免也。

闰　月

《左氏传》文公元年："于是闰三月，非礼也。"襄公二十七年："十一月乙亥朔，日有食之，辰在申，司历过也，再失闰矣。"哀公十二年："冬十二月，螽。仲尼曰：'今火犹西流，司历过也。'"并是鲁历。春秋时，各国之历，亦自有不同者，经特据鲁历书之耳。成公十八年："春王正月，晋杀其大夫胥童。"传在上年闰月。哀公十六年："春王正月己卯，卫世子蒯聩自戚入于卫，卫侯辄来奔。"传在上年闰月。皆鲁失闰之证，杜以为从告，非也。

《史记》："周襄王二十六年，闰三月；而《春秋》非之。"则以鲁历为周历，非也。平王东迁以后，周朔之不颁久矣；故《汉书·律历志》"六历"，有黄帝、颛顼、夏、殷、周及鲁历。其于左氏之言失闰，皆谓鲁历，盖本刘歆之说。

王正月

《广川书跋》载晋《姜鼎铭》曰："惟王十月乙亥。"而论之曰："圣人作《春秋》于岁首则书'王'；说者谓谨始以正端。今晋人作鼎而曰'王十月'，是当时诸侯皆以尊王正为法，不独鲁也。"

李梦阳言："今人往往有得秦权者，亦有'王正月'字。以是观之，《春秋》'王正月'，必鲁史本文也。言'王'者，所以别于夏、殷也，并无他义。刘原父以'王'之一字为圣人新意，非也。子曰：'述而不作，信而好古。'亦于此见之。"

赵伯循曰："天子常以今年冬，班明年正朔于诸侯；诸侯受之，每奉月朔甲子以告于庙，所谓禀正朔也。故曰'王正月'。"

《左氏传》曰："元年春王周正月。"此古人解经之善，后人辨之累数百千言而未明者，传以一字尽之矣。

未为天子，则虽建子而不敢谓之"正"，《武成》"惟一月壬辰"是也。已为天子，则谓之"正"而复加"王"，以别于夏、殷，《春秋》"王正月"是也。

《春秋》时月并书

《春秋》时月并书，于古未之见；考之《尚书》，如《泰誓》"十有三年春，大会于孟津"，《金縢》"秋，大熟，未获"，言时则不言月。《伊训》"惟元祀十有二月乙丑"，《太甲中》"惟三祀十有二月朔"，《武成》"惟一月壬辰"，《康诰》"惟三月哉生魄"，《召诰》"三月惟丙午朏"，《多士》"惟三月"，《多方》"惟五月丁亥"，《顾命》"惟四月哉生魄"，《毕命》"惟十有二年六月庚午朏"，言月则不言时。其他钟鼎古文，多如此。《春秋》独并举时、月者，以其为编年之史，有时、有月、有日，多是义例所存，不容于阙一也。

建子之月而书"春"，此周人谓之春矣。《后汉书·陈宠传》曰："天正建子，周以为春。"元熊朋来《五经说》曰："阳生于子，即为春；阴生于午，即为秋。此之谓大统。"

谓一为元

杨龟山《答胡康侯书》曰："蒙录示《春秋》第一段义，所谓'元'者，仁也；仁，人心也。《春秋》深明其用，当自贵者始，故治国先正其心。其说似太支离矣，恐改元初无此意。三代正朔，如忠质文之尚；循环无端、不可增损也。斗纲之端，连贯营室；织女之纪，指牵牛之初，以纪日月，故曰星纪。五星起其初，日月起其中，其时为冬至，其辰为丑。三代各据一统，明三统常合而迭为首，周环五行之道也。周据天统，以时言也；商据地统，以辰言也；夏据人统，以人事言也。故三代之时，惟夏为正。谓《春秋》以周正纪事是也，正朔必自天子出，改正朔，恐圣人不为也。若谓以夏时冠月，如定公元年'冬十月，陨霜杀菽'，若以夏时言之，则十月陨霜，乃其时也，不足为异。周十月，乃夏之八月；若以夏时冠月，当曰'秋十月'也。"

《五代史·汉本纪》论曰："人君即位称元年，常事尔。孔子未修《春秋》，其前固已如此；虽暴君昏主、妄庸之史，其记事先后远近，莫不以岁月一、二数之，乃理之自然也。其谓一为'元'，盖古人之语尔；及后士曲学之士，始谓孔子书'元年'为《春秋》大法，遂以改元为重事。"徐无党注曰："古谓岁之一月，亦不云一，而曰正月。"《国语》言六吕曰"元闲大吕"，《周易》列六爻曰"初九"，大抵古人言数，多不云"一"，不独谓年为"元"也。吕伯恭《春秋讲义》曰："命日以元，《虞典》也。命祀以元，《商训》也。"年纪日辰之首，其谓之元，盖已久矣，岂孔子作《春秋》而始名之哉？说《春秋》，乃言《春秋》者谓一为元，殆欲深求经旨而反浅之也。

改　月

三代改月之证，见于《白虎通》所引《尚书大传》之言甚明。其言曰："夏以孟春月为正；殷以季冬月为正；周以仲冬月为正。夏以十三月为正，色尚黑，以平旦为朔；殷以十二月为正，色尚白，以鸡鸣为朔；周以十一月为正，色尚赤，以夜半为朔。不以二月后为正者，万物不齐，莫适所统。故必以三微之月也。"周以十一月为正，即名正月，不名十一月矣；殷以十二月为正，即名正月，不名十二月矣；夏以十三月为正，即名正月，不名十三月矣。胡氏引《伊训》《太甲》"十有二月"之文，以为商人不改月之证,与孔传不合,亦未有明据。

胡氏又引秦人以亥为正,不改时、月为证,则不然。《汉书·高帝纪》"春正月"注,师古曰:"凡此诸月号,皆太初正历之后,记事者追改之,非当时本称也。"以十月为岁首,即谓十月为正月;今此真正月,当时谓之四月耳。他皆类此。《叔孙通传》"诸侯群臣朝十月",师古曰:"汉时尚以十月为正月,故行朝岁之礼,史家追书十月。"

天　王

《尚书》之文但称"王",《春秋》则曰"天王";以当时楚、吴、徐、越,皆僭称王,故加"天"以别之也。赵子曰:"称天王,以表无二尊。"是也。

邾仪父

邾仪父之称字者,附庸之君,无爵可称;若直书其名,又非所以待邻国之君也,故字之。卑于子男,而进于蛮夷之国,与萧叔朝公同一例也。左氏曰"贵之",公羊曰"褒之",非矣。

邾仪父称字,附庸之君也;郯犁来来朝称名,下矣;介葛卢来,不言朝,又下矣;白狄来,略其君之名,又下矣。

仲　子

隐公元年:"秋七月,天王使宰咺来归惠公仲子之赗。"曰"惠公仲子"者,惠公之母,仲子也。文公九年:"冬,秦人来归,僖公成风之襚。"曰"僖公成风"者,僖公之母成风也。《榖梁传》曰:"母以子氏。仲子者何?惠公之母,孝公之妾也。"此说得之。《左氏》以为桓公之母,桓未立,而以夫人之礼尊其母,又未薨而赗,皆远于人情,不可信。所以然者,以鲁有两仲子:孝公之妾一仲子,惠公之妾又一仲子,而隐之夫人又是子氏,二传所闻不同,故有纷纷之说。

此亦鲁史原文,盖鲁有两仲子,不得不称之曰"惠公仲子"也。考仲子之宫,不言"惠公"者,承上文而略其辞也。

《释例》曰:"妇人无外行,于礼当系夫之谥,以明所属。如郑武公娶于申曰'武姜',卫庄公娶于齐东宫得臣之妹曰'庄姜',是也。"妾不得体君,不得已而系之子,仲子系惠公而不得系于孝公,成风系僖公而不得系于庄公,抑所谓"名不正则言不顺"者矣。

《春秋》十二公夫人之见于经者,桓夫人文姜、庄夫人哀姜、僖夫人声姜、宣夫人穆姜、成夫人齐姜,皆书"薨"书"葬"。文夫人出姜,不书"葬""薨";隐夫人子氏,书"薨"不书"葬";昭夫人孟子,变薨言"卒"不书"葬",不称夫人。其妾母之见于经者,僖母成风、宣母敬嬴、襄母定姒、昭母齐归,皆书"薨"书"葬",称"夫人""小君";惟哀母定姒变"薨"言"卒",不称"夫人""小君"。其他若隐母声子、桓母仲子、闵母叔姜,皆不见于经;定母则经传皆阙,而所谓"惠公仲子"者,惠公之母也。

二年十有二月乙卯,夫人子氏薨,《穀梁传》:"夫人者,隐公之妻也;卒而不书葬,夫人之义,从君者也。"《春秋》之例,葬君则书,葬君之母则书,葬妻则不书,所以别礼之轻重也。隐见存而夫人薨,故葬不书。注谓"隐弑贼不讨,故不书"者,非。

成风、敬嬴

成风、敬嬴、定姒、齐归之书"夫人"、书"小君",何也?邦人称之,旧史书之,夫子焉得而贬之?在后世,则秦芊(芈)氏、汉薄氏之称太后也,直书而失自见矣。定姒书"葬"而不书"夫人""小君",哀未君也。孟子则并不书"葬",不成丧也。

君氏卒

君氏卒,以定公十五年;姒氏卒,例之,从《左氏》为是。不言"子氏"者,子氏非一,故系之君以为别,犹仲子之系惠公也。若天子之卿,则当举其名,不但言氏耳。

或疑君氏之名别无所见,《左传·襄公二十六年》:"左师见夫人之步马者,问之;对曰:'君夫人氏也。'"盖当时有此称,然则去其"夫人",即为"君氏"矣。

夫人子氏,隐之妻,嫡也,故书"薨";君氏,隐之母,惠公之继室,妾也,故书"卒"。

不书"葬"者何?《春秋》之初,去西周未远,嫡、妾之分尚严;故仲子别宫而献六羽,所谓"犹秉周礼"者也。僖公以后,日以僭逾,于经可见矣。

滕子、薛伯、杞伯

滕侯之降而子也,薛侯之降而伯也,杞侯之降而伯、而子也,贬之乎?贬者,人之可也,名之可也;至于名尽之矣,降其爵,非情也。古之天下,犹今也;崔呈秀、魏广微,天下之人无字之者，言及之则名之，名之者恶之也，恶之则名之焉尽之矣。若降其少师而为太子少师，降其尚书而为侍郎、郎中、员外，虽童子亦知其不可矣。然则三国之降焉何？沙随程氏以为是三国者，皆微困于诸侯之政而自贬焉。春秋之世，卫称公矣；及其末也，贬而侯，贬而君。夫滕、薛、杞，犹是也，故鲁史因而书之也。

小国贫，则滕、薛、杞降而称伯、称子；大国强，则齐世子光列于莒、邾、滕、薛、杞、小邾之上；时为之也。左氏谓以先至而进之，亦托辞焉尔。

阙　文

桓公四年、七年，阙秋、冬二时；定公十四年，阙冬一时；昭公十年十二月无冬，僖公二十八年冬无月而有壬申、丁丑，桓公十四年有夏五而无月，桓公十七年冬十月有朔而无甲子，桓公三年至九年、十一年至十七年无王，桓公五年"春正月甲戌，己丑陈侯鲍卒"，甲戌有日而无事，皆《春秋》之阙文，后人之脱漏也。

《穀梁》有"桓无王"之说，窃以为夫子于继隐之后而书公即位，则桓之志见矣，奚待去其王以为贬邪？王使荣叔来锡桓公命，不书"天"，阙文也。若曰以其锡桓而贬之，则桓之立，《春秋》固已公之矣。商臣而书楚子，商人而书齐侯，五等之爵无所可贬，孰有贬及于天王邪？

僖公元年："夫人氏之丧至自齐"，不言"姜"；宣公元年："遂以夫人妇姜至自齐"，不言"氏"。此与文公十四年叔彭生不言"仲"，定公六年仲孙忌不言"何"同，皆阙文也。圣人之经，平易正大。

邵国贤曰："'夏五'，《鲁史》之阙文欤？《春秋》之阙文欤？如谓《鲁史》之阙文者，笔则笔、削则削，何独阙其所不必疑，以示后世乎？阙其所不必疑以示后世，推不诚伯高之心，是不诚于后世也，圣人岂为之哉？不然，则'甲戌''己丑''叔喜生''仲孙忌'，又何为者？是故'夏五'，《春秋》之阙文也，非《鲁史》之阙文也。"

范介儒曰："'纪子伯''郭公''夏五'之类，传经者之脱文耳。谓为夫子之阙疑，吾不信已。"

夫人孙于齐

庄公元年："三月，夫人孙于齐。"不称姜氏，绝之也；二年："十有二月，夫人姜氏会齐侯于禚。"复称姜氏，见鲁人复以小君侍之，忘父而与仇通也。先孙后会，其间复归于鲁，而《春秋》不书，为国讳也。此夫子削之矣。

刘原父曰："《左氏》曰：'夫人孙于齐，不称姜氏，绝不为亲，礼也。'谓鲁人绝文姜，不以为亲，乃中礼尔。"然则母可绝乎？宋襄之母，获罪于君，归其父母之国；及襄公即位，欲一见而义不可得，作《河广》之诗以自悲；然宋亦不迎而致也，为尝获罪于先君，不可以私废命也。孔子论其诗而著之，以为宋姬不为不慈，襄公不为不孝；今文姜之罪大，绝不为亲，何伤于义哉？

《诗》序《猗嗟》：刺鲁庄公不能防闲其母赵氏，因之有"哀痛以思父，诚敬以事母，威刑以驭下"之说。此皆禁之于末，而不原其始者也。夫文姜之反于鲁，必其与公之丧俱至；其孙于齐，为国论所不容而去者也。于此而遂绝之，则臣子之义伸，而异日之丑行，不登于史策矣。庄公年少，当国之臣，不能坚持大义，使之复还于鲁；凭君母之尊，挟齐之强，而恣睢淫佚，遂至于不可制。《易》曰："君子以作事谋始。"《左氏》"绝不为亲"一言，深得圣人之意；而鲁人既不能行，后儒复昧其义，所谓"为人臣子而不通《春秋》之义者，……遭变事而不知其权"，岂不信夫！

公及齐人狩于禚

庄公四年："二月，夫人姜氏享齐侯于祝丘。冬，公及齐人狩于禚。"夫人享齐侯，犹可书也；公与齐侯狩，不可书也。故变文而曰"齐人"，"人"之者，仇之也；杜氏以为微者，失之矣。

楚吴书君书大夫

《春秋》之于吴、楚，斤斤焉不欲以其名与之也。楚之见于经也，始于庄之十年，曰"荆"而已；二十三年，于其来聘而"人"之；二十八年，复称"荆"而不与其"人"也。僖之元年，始称"楚人"；四年，盟于召陵，始有"大夫"；二十一年，会于盂，始书"楚子"。然使宜申来献捷者，楚子也，而不书"君"；围宋者子玉，救卫者子玉，战城濮者子玉也，而不书"帅"。圣人之意，使之不得遽同于中夏也。吴之见于经也，始于成之七年，曰"吴"而已；襄之五年，会于戚，于其来听诸侯之好而"人"之；十年、十四年，复称"吴"，殊会而不与其"人"也；二十五年，门于巢卒，始称"吴子"；二十九年，使札来聘，使（始）有"大夫"。然灭州来、战长岸、败鸡父、灭巢、灭徐、伐越、入郢、败槜李、伐陈、会柤、会鄫、伐我、伐齐、救陈、战艾陵、会橐皋，并称"吴"而不与其"人"；会黄池，书"晋侯及吴子"而殊其会。终《春秋》之文，无书"帅"者，使之终不得同于中夏也。是知书"君"、书"大夫"，《春秋》之不得已也，政交于中国矣。以后世之事言之，如刘、石十六国之辈，略之而已；至魏、齐、周，则不得不成之为国，而列之于史；辽、金亦然。此夫子所以录楚、吴也。然于备书之中，而寓抑之之意，圣人之心盖可见矣。

亡国书葬

纪已亡，而书"葬纪叔姬"，存纪也；陈已亡，而书"葬陈哀公"，存陈也。此圣人之情而见诸行事者也。

许男新臣卒

许男新臣卒，《左氏传》曰："许穆公卒于师，葬之以侯，礼也。"而经不言于师，此旧史之阙，夫子不敢增也。穀梁子不得其说，而以为内桓师。刘原父曰：以为去其师而归卒于其国，凿矣。

禘于太庙用致夫人

"禘于太庙，用致夫人。"夫人者，哀姜也。哀姜之薨，七年矣，鲁人有疑焉，故不祔于姑；至是，因禘而致之，不称姜氏，承元年"夫人姜氏薨于夷"之文也。哀姜与弑二君，而犹以之配庄公，是乱于礼矣。"明乎郊社之礼，禘尝之义，治国其如示诸掌乎！"致夫人也，跻僖公也，皆鲁道之衰，而夫子所以伤之者也。胡氏以夫人为成风；成风尚存，何以言"致"？亦言之不顺也。以成风称"小君"，是乱嫡、妾之分；虽然，犹愈于哀姜也。说在乎汉光武之黜吕后，而以薄氏配高庙也。

及其大夫荀息

晋献公之立奚齐,以王法言之,易树子也;以臣子言之,则君父之命存焉。是故苟(荀)息之忠,同于孔父、仇牧。

邢人狄人伐卫

《春秋》之文,有从同者,僖公十八年,"邢人、狄人伐卫";二十年,"齐人、狄人盟于邢",并举二国而狄亦称"人",临文之不得不然也。若惟狄而已,则不称"人",十八年,"狄救齐";二十一年,"狄侵卫"是也。《穀梁传》谓"狄称人,进之也";何以不进之于救齐,而进之于伐卫乎?则又为之说曰:"善累而后进之。"夫伐卫,何善之有?

昭公五年,楚子、蔡侯、陈侯、许男、顿子、沈子、徐人、越人伐吴,不称"于越"而称"越人",亦同此例。

王入于王城不书

襄王之复,《左氏》书"夏四月丁巳,王入于王城",而经不书,其文则史也;史之所无,夫子不得而益也。《路史》以为襄王未尝复国,而王子虎为之居守,此凿空之论;且惠王尝适郑而处于栎矣,其出不书,其入不书,以《路史》之言例之,则是未尝出、未尝入也;庄王、僖王、顷王崩,皆不书,以《路史》之言例之,则是未尝崩也,而可乎?邵氏曰:"襄王之出也,尝告难于诸侯,故仲尼据策而书之;其入也,与夫惠王之出入也,皆未尝告于诸侯,策所不载,仲尼虽得之传闻,安得益之?乃若敬王之立，则仲尼所见之世也。子朝奔楚，且有使以告诸侯，况天王乎？策之所具，盖昭如也。故狄泉也书，成周也书。"事莫大于天王之入，而《春秋》不书，故夫子之自言也，曰"述而不作"。

星　孛

《春秋》书星字（孛），有言其所起者，有言其所入者。文公十四年："秋七月，有星孛入于北斗。"不言所起，重在北斗也；昭公十七年："冬，有星孛于大辰。"西及汉，不言及汉，重不在汉也。

子　卒

叔仲、惠伯从君而死，义矣，而国史不书。夫子平日未尝阐幽及之者，皆所谓"匹夫匹妇之谅，自经于沟渎而莫之知"者也。

纳公孙宁仪行父于陈

孔宁、仪行父从灵公宣淫于国，杀忠谏之泄冶，君弑不能死，从楚子而入陈，《春秋》之罪人也。故书曰："纳公孙宁、仪行父于陈。"杜预乃谓二子托楚以报君之仇。灵公成丧，贼讨国复，功足以补过。呜呼！使无申叔时之言，陈为楚县矣。二子者，楚之臣仆矣，尚何功之有？幸而楚子复封，成公反国，二子无秋毫之力；而杜氏为之曲说，使后世诈谖不忠之臣，得援以自解。呜呼，其亦愈于已为他人郡县，而犹言报仇者与？

与楚子之存陈，不与楚子之纳二臣也。公羊子固已言之曰："存陈，悕矣！"

三国来媵

十二公之世，鲁女嫁于诸侯多矣，独宋伯姬书"三国来媵"，盖宣公元配所生。

庶出之子不书"生"，故子同生，特书；庶出之女不书"致"、不书"媵"，故伯姬归于宋，特书。

卫《硕人》之诗曰："东宫之妹。"《正义》曰："东宫，太子所居也；系太子言之，明与同母，见夫人所生之贵。"是知古人嫡庶之分，不独子也，女亦然矣。

杀或不称大夫

凡书"杀其大夫"者，义系于君，而责其专杀也；盗杀郑公子騑、公子发、公孙辄，文不可曰"盗杀大夫"，故不言"大夫"。其义不系于君，犹之盟会之卿，书名而已。胡氏以为罪之而削其大夫，非也。

"阍弑吴子余祭"，言"吴子"，则君可知矣。文不可曰"吴阍弑其君"也。穀梁子曰："不称其君，阍不得君其君也。"非也。

邾子来会公

定公十四年："大蒐于比蒲，邾子来会公。"《春秋》未有书"来会公"者，来会，非朝也，会于大蒐之地也。嘉事不以野成，故明年正月复来朝。

葬用柔日

《春秋》葬皆用柔日，宣公八年："冬十月己丑，葬我小君敬嬴，雨，不克葬。庚寅，日中而克葬。"定公十五年："九月丁巳，葬我君定公，雨，不克葬。戊午，日下昃乃克葬。"己丑、丁巳，所卜之日也；迟而至于明日者，事之变也，非用刚日也。汉人不知此义，而长陵以丙寅，茂陵以甲申，平陵以壬申，渭陵以丙戌，义陵以壬寅，皆用刚日。

《穆天子传》，盛姬之葬以壬戌，疑其书为后人伪作。

诸侯在丧称子

凡继立之君，逾年正月，乃书即位，然后成之为君；未逾年，则称子；未逾年又未葬，则称名。先君初没，人子之心不忍亡其父也，父前子名，故称名，庄公三十二年"子般卒"，襄公三十一年"子野卒"是也。已葬则子道毕，而君道始矣，子而不名，文公十八年子卒，僖公二十五年卫子，二十八年陈子，定公三年郑子，是也。逾年则改元，国不可以旷年无君，故有不待葬而即位，则已成之为君，文公元年"春王正月，公即位"，成公元年"春王正月，公即位"，定公元年"夏六月戊辰，公即位"，桓公十三年卫侯，宣公十一年陈侯，成公三年宋公、卫侯，是也。所以敬守而重社稷也。此皆周公之制，《鲁史》之文，而夫子遵之者也。《公羊传》曰："君存称世子，君薨称子某，既称葬子，逾年称公。"得之矣。

未葬而名，亦有不名者，僖公九年宋子、定公四年陈子是也，所以从同也。已葬而不名，亦有名之者，昭公二十二年"王子猛"是也,所以示别也。

"郑伯突出奔蔡"者,已即位之君也;"郑世子忽复归于郑"者,已葬未逾年之子也。此临文之不得不然,非圣人之抑忽而进突也。

里克"杀其君之子奚齐"者,未葬居丧之子也;里克"弑其君卓"者,逾年已即位之君也。此临文之不得不然。《穀梁传》曰:"其君之子云者,国人不子也。"非也。

未逾年书爵

即位之礼,必以逾年之正月即位,然后国人称之曰君。春秋之时,有先君已葬,不待逾年而先即位者矣。宣公十年:"齐侯使国佐来聘。"成公四年:"郑伯伐许。"称爵者,从其国之告,亦以著其无父之罪。

姒氏卒

定公十五年"姒氏卒",不书薨,不称夫人,葬不称"小君"。盖《春秋》自成风以下,虽以妾母为夫人,然必公即位而后称之;此姒氏之不称者,本无其事也。后世之君,多于柩前即位,于是大行未葬,而尊其母为皇太后;及乎所生,亦以例加之。妾贰于君,子疑于父,而先王之礼亡矣。

卿不书族

《春秋》之文,不书"族"者有二义。无骇卒,挟卒,柔会宋公、陈侯、蔡叔盟于折,溺会齐师伐卫,未赐氏也。"遂以夫人妇姜至自齐"、"妇父还自晋，至笙，遂奔齐"、"侨如以夫人妇姜氏至自齐"、"豹及诸侯之大夫盟于宋"、"意如至自晋"、"婼至自晋"，一事再见，因上文而略其辞也。

《春秋》隐、桓之时，卿大夫赐氏者尚少，故无骇卒，而羽父为之请族；如挟、如柔、如溺，皆未有氏族者也。庄、闵以下，则不得复见于经，其时无不赐氏者矣。

刘原父曰："诸侯大国三卿，皆命于天子；次国三卿，二卿命于天子；小国三卿，一卿命于天子。大国之卿三命，次国之卿再命，小国之卿一命。其于王朝，皆士也。三命以名氏通，再命名之，一命略称了。周衰礼废，强弱相并，卿大夫之制，虽不能尽如古，见于经者，亦皆当时之实录也。故隐、桓之间，其去西周未久，制度颇有存者；是以鲁有无骇、柔、挟，郑有宛、詹，秦、楚多称人，至其晚节，无不名氏通矣。而邾、莒、滕、薛之君日已益削，转从小国之例，称人而已。说者不知其故，因谓曹、秦以下，悉无大夫；患其时有见者，害其臆说，因复构架无端，以饰其伪。彼固不知王者诸侯之制度，班爵云尔。"

或曰：翚不称公子，何与？杜氏曰："公子者，常时之宠号；翚之称公子也，桓赐之也，其终隐之篇不称公子者，未赐也。若专命之罪，则直书而自见矣。"

齐公子商人弑其君舍，已赐氏也。卫州吁弑其君完，未赐氏也。胡氏以为以国氏者，累及乎上；称公子者，诛及其身。此求其说而不得，故立此论尔。

大夫称子

周制，公、侯、伯、子、男为五等之爵，而大夫虽贵，不敢称子；《春秋》自僖公以前，大夫并以伯、仲、叔、季为称。三桓之先，曰共仲，曰僖叔，曰成季。孟孙氏之称子也，自蔑也；叔孙氏之称子也，自豹也；季孙氏之称子也，自行父也。晋之诸卿，在文公以前，无称子者。魏氏之称子也，自犨也；栾氏之称子也，自枝也；赵氏之称子也，自衰也；中行氏之称子也，自林父也；郤氏之称子也，自缺也；知氏之称子也，自首也；范氏之称子也，自会也；韩氏之称子也，自厥也。晋、齐、鲁、卫之执政称子，他国惟郑间一有之，余则否，不敢与大国并也。鲁之三家称子，他如臧氏、子服氏、仲叔氏，皆以伯叔称焉，不敢与三家并也。其生也，或以伯仲称之；如赵孟、知伯死，则谥之而后子之，犹国君之死而谥称公也。于此可以见世之升降焉。读《春秋》者，其可忽诸？

春秋时，大夫虽僭称子，而不敢称于其君之前；犹之诸侯僭称公，而不敢称于天子之前也。何以知之？以卫孔悝之鼎铭知之，曰："献公乃命成叔，纂乃祖服。"曰："乃考文叔，兴旧耆欲。"成叔，孔成子烝鉏也；文叔，孔文子圉也。"叔"而不"子"，是君前不敢"子"也，犹有先王之制存焉。至战国，则"子"又不足言，而封之为君矣！

《洛诰》："子旦以多子，越御事。"多子，犹《春秋传》之言群子也；唐孔氏以为大夫皆称子，非也。

《春秋》自僖、文以后，而执政之卿始称子；其后则匹夫而为学者所宗，亦得称子，老子、孔子是也。又其后，则门人亦得称子，乐正子、公都子之流是也。故《论语》之称子者，皆弟子之于师；《孟子》之称子者，皆师之于弟子：亦世变之所从来矣。

《论语》称孔子为子，盖"夫子"而省其文，门人之辞也；亦有称夫子者："夫子矢之"，"夫子喟然叹曰"，"夫子不答"，"夫子莞尔而笑"，"夫子怃然曰"。不直曰"子"，而加以"夫"，避不成辞也。

有谥则不称字

《春秋传》，凡大夫之有谥者则不书字。外大夫，若宋、若郑、若陈、若蔡、若楚、若秦，无谥也，而后字之；内大夫，若羽父、若众仲、若子家，无谥也，而后字之。公子亦然：楚共王之五子，其成君者皆谥，康王、灵王、平王是也；其不成君，无谥而后字之，子干、子晳是也。他国亦然：陈之五甖，郑之子姜、子仪是也。卫州吁、齐无知，贼也，则名之。作传者于称名之法，可谓严且密矣。

人君称大夫字

古者，人君于其国之卿大夫，皆曰伯父、叔父，曰子大夫，曰二三子；不独诸侯然也，《曲礼》言列国之大夫入天子之国，曰某士，自称曰陪臣某。然而天子接之，犹称其字。宣公十六年，晋侯使士会平王室，王曰："季氏而弗闻乎？"成公三年，晋侯使巩朔献齐捷于周，王曰："巩伯实来。"昭公十五年，晋荀跞如周葬穆后，籍谈为介，王曰："伯氏诸侯，皆有以镇抚王室。"又曰："叔氏而忘诸乎？"周德虽衰，辞不失旧，此其称字，必先王之制也。周公作立政之书，若侯国之司徒、司马、司空、亚旅，并列于王官之后；盖古之人君恭以接下，而不敢遗小国之臣，故平平左右亦是率从，而成上下之交矣。

王贰于虢

"名不正则言不顺，言不顺则事不成。"而左氏之记周事，曰

"王贰于虢","王叛王孙苏"。以天王之尊,而曰贰、曰叛,若敌者之辞,其不知《春秋》之义甚矣!

星陨如雨

"星陨如雨",言多也。《汉书·五行志》:"成帝永始二年二月癸未,夜过中,星陨如雨,长一二丈,绎绎未至地灭,至鸡鸣止。谷永对言:'《春秋》记异,星陨最大,自鲁庄以来,至今再见。'"此为得之。而后代之史,或曰"小星流百枚以上,四面行";或曰"星流如织";或曰"四方流星,大小纵横百余",皆其类也。不言"石陨",不至地也。《传》曰:"与雨偕也。"然则无雨而陨,将不为异乎?

秋无麦苗,不害嘉谷也。据隐公元年,《传》曰:"有螽不为灾,不书。"使不害嘉谷,焉用书之于经乎?——此条何来?

筑 郿

"筑郿,非都也;凡邑有宗庙先君之主曰都,无曰邑。邑曰筑,都曰城。"《旧唐书·礼仪志》太常博士顾德章议引此,谓《春秋》二百四十二年,鲁凡城二十四邑,惟郿一邑书"筑",其二十三邑曰"城",岂皆有宗庙先君之主乎?又定公十五年"城漆",漆是邾邑。《正义》亦知其不可通,而曲为之说。

城小谷

城小谷,为管仲也。据经文,小谷不系于齐,疑左氏之误。范宁解《穀梁传》曰:"小谷,鲁邑。"《春秋发微》曰:

"曲阜西北有故小谷城。"按《史记》，汉高帝以汉公礼葬项王谷城，当即此地。杜氏以此小谷为齐邑，济北谷城县，城中有管仲井。刘昭《郡国志注》、郦道元《水经注》，皆同。按：《春秋》有言"谷"不言"小"者，庄公二十三年："公及齐侯遇于谷。"僖公二十六年："公以楚师伐齐，取谷。"文公十七年："公及齐侯，盟于谷。"成公五年："叔孙侨如会晋荀首于谷。"四书"谷"而一书"小谷"者，别于谷也。又昭公十一年《传》曰："齐桓公城谷而寘管仲焉，至于今赖之。"则知《春秋》四书之谷及管仲所封，在济北谷城；而此之小谷，自为鲁邑尔。况其时齐桓公始霸，管仲之功尚未见于天下，岂遽勤诸侯，以城其私邑哉？

齐人杀哀姜

哀姜通庆父，弑闵公，为国论所不容；而孙于邾，齐人取而杀之，义也。可《传》谓之"已甚"，非也。

微子启

蔡穆侯将许僖公以见楚子于武城，许男面缚衔璧，大夫衰绖，士舆榇。楚子问诸逢伯，对曰："昔武王克殷，微子启如是；武王亲释其缚，受其璧而祓之，焚其榇，礼而命之，使复其所。"楚子从之。何孟春曰："按《书》，殷纣无道，微子去之，在武王克殷之前，何应当日而有是事？已去之后，无复还之理；而牧野之战，亦必不从人而伐其宗国也。"意此殆非微子事，而逢伯之言，特托之古人以规楚子乎？

徐孚远曰："《史记》言微子持祭器造于军门，武王乃释微子，复其位如故。"夫武王既立武庚而又复微子之位，则是微子与武庚同在故都也；厥后武庚之叛，微子何以初无异同之迹？然则武王克商，微子未尝来归也。

襄仲如齐纳币

经书僖公之薨，以十二月，而公子遂如齐纳币，则但书"冬"；即如杜氏之解，移公薨于十一月，而犹在二十五月之内，恶得谓之礼乎？

子叔姬卒

据《传》，杞桓公在位七十年，其二十二年，鲁文公之十二年，出一叔姬；其五十年，鲁成公之四年，又出一叔姬。再娶于鲁而再出之，必无此理，殆一事而左氏误重书之尔。且文公十二年，经书曰："二月庚子，子叔姬卒。"何以知其为杞妇乎？赵子曰："书卒，义与僖公九年伯姬同，以其为时君之女，故曰'子'，以别其非先君之女也。"

齐昭公

文公十四年："齐侯潘卒。"《传》以为昭公。按：僖公二十七年，经书"齐侯昭卒"；今此昭公，即孝公之弟，不可以先君之名为谥，疑《左氏》之误。然僖公十七年《传》曰"葛嬴生昭公"，前后文同，先儒无致疑者。

赵盾弑其君

太史书曰:"赵盾弑其君。"此董孤(狐)之直笔也。"子为正卿,亡不越境,反不讨贼。"此董狐之巽辞也。传者不察其指,而妄述孔子之言,以为越境乃免,谬矣!穿之弑,盾主之也,讨穿犹不得免也;君臣之义,无逃于天地之间,而可逃之境外乎?

临于周庙

襄公十二年,"吴子寿梦卒,临于周庙",杜氏以为文王庙也。昭公十八年,"郑子产使祝史徙主祐于周庙",杜氏以为厉王庙也。《传》曰:"郑祖厉王。"而哀公二年,蒯聩之祷亦云:"敢昭告于皇祖文王。"夫诸侯不得祖,天子而有庙焉何?曰:"此庙也,非祖也。"始封之君谓之祖,虽然,伯禽为文王之孙,郑桓为厉王之子,其就封而之国也,将何祭哉?天下有无祖考之人乎?而况于有土者乎?意者,特立一庙以祀文王、厉王,而谓之周庙欤?汉时有郡国庙,其亦仿古而为之欤?

《竹书纪年》:"成公十三年夏六月,鲁大禘于周公庙。"按二十一年,周文公薨于丰,周公未薨,何以有庙?盖周庙也。是则始封之君有庙,亦可因此而知禘之说。

栾怀子

晋人杀栾盈,安得有谥?《传》言"怀子好施,上多归之",岂其家臣为之谥,而遂传于史策邪?

子太叔之庙

昭公十二年:"郑简公卒,将为葬除,及游氏之庙,将毁焉。子太叔使其除徒执用以立,而无庸毁。曰:'子产过女,而问何故不毁。'乃曰:'不忍庙也。诺,将毁矣。'既如是,子产乃使辟之。"十八年:"简兵大蒐,将为蒐除。子太叔之庙在道南,其寝在道北,其庭小,过期三日,使除徒陈于道南庙北。曰:'子产过女,而命速除,乃毁于南(而)乡。'子产朝,过而怒之,除者南毁。子产及冲,使从者止之,曰:'毁于北方。'"此是一事,而记者或以为葬,或以为蒐,《传》两存之而失删其一耳。

城成周

昭公二十二年《传》:"冬十一月,晋魏舒、韩不信如京师,合诸侯之大夫于狄泉,寻盟,且令城成周。魏子南面,卫彪傒曰:'魏子必有大咎,干位以令大事,非其任也。《诗》曰:"敬天之怒,不敢戏豫;敬天之渝,不敢驰驱。"况敢干位以作大事乎?'"定公元年《传》:"春王正月辛巳,晋魏舒合诸侯之大夫于狄泉,将以城成周。魏子莅政,卫彪傒曰:'将建天子而易位以令,非义也。大事干义,必有大咎。晋不失诸侯,魏子其不免乎!'"此亦一事,左氏两收而失删其一。周之正月,晋之十一月也。其下文曰:"己丑,士弥牟营成,周计丈数,揣高卑,度厚薄,仞沟洫,物土方,议远迩,量事期,计徒庸,虑财用,书糇粮,以令役于诸侯。"又曰:"庚寅,栽,宋仲几不受功。"庚寅即己丑之明日,而《传》分为两年,岂有迟之两月而始栽,宋仲几乃不受功者乎?且此役不过三旬而毕矣。

五 伯

五伯之称有二：有三代之五伯，亦有春秋之五伯。《左传·成公二年》，齐国佐曰："五伯之霸也，勤而抚之，以役王命。"杜元凯云："夏伯昆吾，商伯大彭、豕韦，周伯齐桓、晋文。"《孟子》有云："五霸者，三王之罪人也。"赵台卿注云："齐桓、晋文、秦穆、宋襄、楚庄。"二说俱不同。据国佐对晋人言，其时楚庄之卒甫二年，不当遂列为五，亦不当继此无伯而定于五也。其通指三代无疑。《国语》："祝融能昭显天地之光明，其后八姓，昆吾为夏伯，大彭、豕韦为商伯；庄子、彭祖得之，上及有虞，下及五伯。"李轨注："彭祖，名铿，尧臣，封于彭城；历虞、夏至商，年七百岁。"是所谓五伯者，亦商时也。是知国佐以前，其有五伯之名也久矣。若《孟子》所称五伯，而以桓公为盛，则止就东周以后言之。如严安所谓"周之衰，三百除岁，而五霸更起"者也。然赵氏以宋襄并列，亦未为允。宋襄求霸不成，伤于泓以卒，未尝霸也。《史记》言越王句践"遂报强吴，观兵中国，称号五伯"。子长在台卿之前，所闻异辞。然则言三代之五伯，当如杜氏之说；言春秋之五伯，当列句践而去宋襄。《荀子》以桓、文及楚庄、阖闾、句践为五伯，斯得之矣。

占法之多

以日占事者，《史记·天官书》"甲乙，四海之外，日月不占。丙丁，江淮海岱；戊己，中州河济；庚辛，华山以西；壬癸，恒山以北"，是也。以时占事者，《越绝书》公孙圣"今日壬午，时加南方"，《史记·贾谊传》"庚子日斜，服集予舍"，是也。又有以月行所在为占,《史记·龟策传》"今昔壬子,宿在牵牛",《汉书》翼奉言"白鹤馆以月宿,亢灾",《后汉书》苏竟言"白虹见时,月入于毕",是也。《周礼》占梦"掌其岁时。观天地之会,辨阴阳之气;以日月星辰占六梦之吉凶",则古人之法可知矣。汉以下,则其说愈多,其占愈凿;加以日时、风角、云气运疾变动,不一其物,故有一事而合于此者,或迕于彼,岂非所谓"大道以多歧亡羊"者邪?故士文伯对晋侯以"六物不同,民心不壹";而太史公亦谓皋、唐甘、石书传,"凌杂米盐,在人自得之于象占之外"耳。

干宝解《易》"六爻相杂,唯其时物"也,曰:"一卦六爻,则皆杂有八卦之气;若初九为震爻,九二为坎爻也。或若见辰戌言艮,巳亥言兑也;或以甲壬名乾,乙癸名坤也。或若以午位名离,以子位名坎;或若得来为恶物,王相为兴,休废为衰。解爻有等,故曰物。"曰:"爻中之义,群物交集,五星四气,六亲九族,福德刑杀,众形万类,皆来发于爻,故总谓之物也。"说《易》如此,小数详而大道隐矣!以此卜筮,亦必不验,天文亦然。

褚先生补《史记·日者列传》:"孝武帝时,聚会占家问之:某日可取妇乎?五行家曰可,堪舆家曰不可,建除家曰不吉,丛辰家曰大凶,历家曰小凶,天人家曰小吉,太乙家曰大吉:辩讼不决。以状闻。制曰:'避诸死忘,以五行为主。'"

以日同为占

裨灶以逢公卒于戊子日,而谓今七月戊子,晋君将死;苌宏以昆吾乙卯日亡,而谓毛得杀毛伯而代之,是乙卯日以卜其亡。此以日之同于古人者为占,又是一法。

天道远

春秋时，郑裨灶、鲁梓慎最明于天文。昭公十八年：夏五月，宋、卫、陈、郑灾，裨灶曰："不用吾言，郑又将火。"子产不从，亦不复火。二十四年：夏五月乙未朔，日食，梓慎曰："将水。"叔孙昭子曰："旱也。"秋八月，大雩。是虽二子之精，亦有时而失之也。故张衡《思玄赋》曰："慎、灶显以言天兮，占水火而妄讯！"

一事两占

襄公二十八年：春，无冰。梓慎曰："宋、郑其饥乎？"岁在星纪，而淫于玄枵，以有时灾，阴不堪阳，蛇乘龙；龙，宋、郑之星也，宋、郑必饥。玄枵，处中也；枵，耗名也。土虚而民耗，不饥何为？"裨灶曰："今兹周王及楚子皆将死。岁弃其次，而旅于明年之次，以害鸟帑，周、楚恶之。"十一月癸巳，天王崩，十二月楚康王卒，宋、郑皆饥，一事两占皆验。

春秋言天之学

天文五行之学，愈疏则多中，愈密则愈多不中；春秋时言天者，不过本之分星，合之五行，验之日食、星孛之类而已。五纬之中，但言岁星；而余四星占不之及，何其简也。而其所详者，往往在于君卿大夫言语、动作、威仪之间，及人事之治乱敬怠；故其说也易知，而其验也不爽。扬子《法言》曰："史以天占人，圣人以人占天。"

左氏不必尽信

昔人所言兴亡祸福之故，不必尽验。《左氏》但记其信而有征者尔，而亦不尽信也。三良殉死，君子是以知秦之不复东征；至于孝公，而天子致伯，诸侯毕贺，其后始皇遂并天下。季札闻齐风，以为国未可量，乃不久而篡于陈氏；闻郑风，以为其先亡乎，而郑至三家分晋之后始灭于韩。浑罕言："姬在列者，蔡及曹、滕，其先亡乎？"而滕灭于宋王偃，在诸姬为最后。僖三十一年，狄围卫，卫迁于帝丘，卜曰"三百年"，而卫至秦二世元年始废，历四百二十一年。是《左氏》所记之言，亦不足信也。

列国官名

春秋时，列国官名，若晋之中行，宋之门尹，郑之马师，秦之不更庶长，皆他国所无；而楚尤多，有莫敖、令尹、司马、太宰、少宰、御士、左史、右领、左尹、右尹、连尹、针尹、寝尹、工尹、小尹、芋尹、蓝尹、沈尹、清尹、箴尹、嚣尹、陵尹、郊尹、业尹、宫厩尹、监马尹、杨豚尹、武城尹：其官名大抵异于他国。

地　名

《左传》成公元年："战于鞌，入自丘舆。"注云："齐邑。"三年："郑师御晋，败诸丘舆。"注云："郑地。"哀公十四年："坑氏葬诸丘舆。"注云："坑氏，鲁人也。泰山南城县西北有舆城。"又是鲁地。是三丘舆，为三国地也。文公七年："穆伯如莒，莅盟，及鄢陵。"注云："莒邑。"成公十六年："战于鄢陵。"注云："郑地，今属颍川郡。"是二鄢陵，为二国地也。襄公十四年："伐秦，至于棫林。"注云："秦地。"十六年："次于棫林。"注云："许地。"是二棫林，为二国地也。襄公十七年："卫孙蒯田于曹隧，饮马于重丘。"注云："曹邑"。二十五年："同盟于重丘。"注云："齐地。"是二重丘，为二国地也。定公十二年："费人北，国人迫之，败诸姑蔑。"无注，当是鲁地。哀公十三年："弥庸见姑蔑之旗。"注云："越地，今东阳大末县。"是二姑蔑，为二国地也。

地名盂者有五。僖公二十一年："宋公、楚子、陈侯、蔡侯、郑伯、许男、曹伯，会于盂。"宋之盂也。定公八年："单子伐简城，刘子伐盂，以定王室。"周之盂也。十四年："卫太子蒯聩，献盂于齐。"卫之盂也。而晋则有二盂，昭公二十八年："盂丙为盂大夫。"今太原盂县；哀公四年："齐国夏伐晋，取邢、任、栾、鄗、逆畤、阴人、盂、壶口。"此盂当在邢洛之间。

州国有二。桓公五年："州公如曹。"注："州国在城阳淳于县。"十一年："郧人将与随、绞、州、蓼伐楚师，注："州国在南郡华容县东南。"

昌歜

僖公三十年："王使周公阅来聘，飨有昌歜、白黑、形盐。"注曰："昌歜，昌蒲菹。"而《释文》歜音在感反。《正义》曰："齐有邴歜，鲁有公父歜，其晋为触。《说文》：'歜，盛气怒也，从欠，蜀声。'此昌歜之音。相传为在感反，不知与彼为同、为异？今考顾氏《玉篇》有歜字，徂敢切，昌蒲菹也。然则《传》之昌歜，正合此字，而唐人已误作歜。是知南北之学，陆、孔诸儒犹有不能遍通。哀公二十五年："若见之君将殼之"，今本作"殼"；《广韵》注曰："《说文》从口。"盖经典之误文，不自天宝、开成始矣。

襄公二十四年："日有食之。"《正义》曰："此与二十一年频月日食，理必不然。"但其字则变古为篆，改篆为隶，书则缣以代简，纸以代缣，多历世代转写谬误，失其本真；后儒因循，莫敢改易。"此通人之至论。考《魏书》江式言："鲁共王坏孔子宅，得《尚书》《春秋》《论语》《孝经》；又北平侯张仓献《春秋左氏传》，书体与孔氏相类，世谓之古文。"自古文以至于今，其传写不知几千百矣，安得无误？后之学者，于其所不能通，必穿凿而曲为之说，其为经典之害也甚矣！

古之教人，必先小学；小学之书，声音、文字是也。《颜氏家训》曰："夫文字者，坟籍根本。世之学徒，多不晓字；读五经者，是徐邈而非许慎；习赋颂者，信褚诠而忽吕忱；明《史记》者，专皮、邹而废籀篆；学《汉书》者，悦应、苏而略《苍》《雅》。不知书音是其枝叶，小学乃其宗系。"吾有取乎其言。

文字不同

五经中，文字不同多矣。有一经之中而自不同者：如"桑葚"见于卫诗，而鲁则为"黮"；"彤弓"著于郑风，而秦则为"韔"。《左氏》一书，其录楚也；蓬氏或为蔫氏，鍼尹或为箴尹，况于钟鼎之文乎？《记》曰"书同文"，亦言其大略耳。

所见异辞

孔子生于昭、定、哀之世，文、宣、成、襄，则所闻也；

隐、桓、庄、闵、僖，则所传闻也。国史所载策书之文，或有不备，孔子得据其所见以补之，至于所闻则远矣，所传闻则又远矣。虽得之于闻，必将参互以传其信；信则书之，疑则阙之，此其所以为异辞也。公子益师之卒，《鲁史》不书其日，远而无所考矣。以此释经，岂不甚易而实是乎？何休见桓公二年会稷之《传》，以恩之浅深，有"讳"与"目言"之异，而以书日不书日、详略之分，为同此例，则甚难而实非矣。窃疑"所见异辞、所闻异辞、所传闻异辞"，此三语，必有所本，而齐、鲁诸儒述之。然其义有三：阙文，一也；讳恶，二也；言孙，三也。从前之一说，则略于远而详于近；从后之二说，则晦于近而章于远。读《春秋》者，可以得之矣。《汉书》言：孔子作《春秋》，有所褒讳贬损，不可书见，口授弟子，弟子退而异言，及口说流言，故有公羊、穀梁、邹、夹之学。夫丧欲速贫，死欲速朽，曾子且闻而未达，非子游举其事实之，亦乌得而明哉？故曰："《春秋》之失乱。"

纪履緰来逆女

"何以不称使？昏礼不称主人。宋公使公孙寿来纳币，则其称主人何？辞穷也。辞穷者何？无母也。然则纪有母乎？曰：有。有则何以不称母？母不通也。"富平李因笃曰："此言经所以不书纪侯者，以见母虽不通，而纪侯有母，则不得自称主人，以别于宋公之无母也。"

母弟称弟

"齐侯使其弟年来聘"，《公羊传》："其称弟何？母弟称弟，母兄称兄。"何休以为《春秋》变周之文，从殷之质，质家亲亲，明当亲厚，异于群公子也。夫一父之子，而以同母不同母为亲疏，此时人至陋之见。春秋以下，骨肉衰薄，祸乱萌生，鲜不由此。诗人美鸤鸠均爱七子；岂有于父母则望之以均平，于兄弟则教之以疏外？以此为质，是所谓直情而径行，戎狄之道也！郭氏曰："若如《公羊》之说，则异母兄弟，不谓之兄弟乎？"程子曰："礼文有立嫡子同母弟之说。其曰同母弟，盖谓嫡耳，非以同母弟为加亲也；若以同母弟为加亲，则知有母、不知有父，是禽兽也。"

子沈子

隐公十一年《公羊传》"子沈子曰"，注云："子沈子，后师，明说此意者；沈子称'子'冠氏上者，著其为师也。不但言'子曰'者，辟孔子也，其不冠'子'者，他师也。"按《传》中有"子公羊子曰"，而又有"子沈子曰""子司马子曰""子女子曰""子北宫子曰"，何后师之多欤？然则此《传》不尽出于公羊子也明矣。

谷伯邓侯书名

"谷伯绥来朝，邓侯吾离来朝"，《传》曰："皆何以名？失地之君也。其称侯、朝何？贵者无后，待之以初也。"其义甚明，而何氏乃有去二时者，桓公以火攻人君之说；又有不月者失地，君朝恶人之说。胡氏因之，遂以朝桓之贬，归之于天道矣。

郑忽书名

"郑忽出奔卫"，《传》曰："忽何以名？《春秋》伯、子、男一也，辞无所贬。"《传》文简而难晓。李因笃曰："《春秋》之法，天子三公称公，王者之后称公，其余大国称侯，小国称伯、子、男。"是则公、侯为一等，伯、子、男为一等也。故子产曰："郑伯，男也，遭丧未逾年之君，公侯皆称子；如宋子、卫子、陈子之类是也。"以其等本贵于伯、子、男，故降而称子。今郑伯，爵也，伯与子、男为一等，不此更无所降，不得不降而书名矣。名非贬忽之辞，故曰"辞无所贬"。

祭公来遂逆王后于纪

桓公八年："祭公来，遂逆王后于纪。"九年："春，纪季姜归于京师。"从逆者而言，谓之王后；从归者而言，谓之季姜，此自然之文也。犹《诗》之言"为韩姞相攸"也，犹《左氏》之言"息妫将归过蔡"也，皆未嫁而冠以夫国之号，此临文之不得不然也。而《公羊》以为"王者无外，其辞成矣"，又以为"父母之于子，虽为天王后，犹曰吾季姜"；是其说经虽巧，而非圣人之意矣。今将曰"逆季姜于纪"，则初学之士亦知其不通；又将曰"王后归于京师"，则王后者谁之女？辞穷矣。公羊子盖拘于在国称女之例，而不知文固有倒之而顺者也。

传文则有不同者，《左氏·庄公十八年》："陈妫归于京师。"实惠后。

争　门

《公羊·闵公二年传》："桓公使高子将南阳之甲，立僖公而成城鲁。或曰，自鹿门至于争门者，是也；或曰，自争门至于吏门者，是也。"注："鹿门，鲁南城东门也。"据《左传》

"臧纥斩鹿门之关出奔邾"是也。争门、吏门并阙,按《说文》:"净,鲁北城门池也,从水、争声,士耕切";是争门即以此水名,省文作"争"尔。后人以"瀞"字省作"净",音才性切,而梵书用之;自《南北史》以下,俱为才性之净,而鲁之争门不复知矣。

仲婴齐卒

鲁有二婴齐,皆公孙也。成公十五年:"三月乙巳,仲婴齐卒。"其为仲遂后者也。成公十七年:"十一月壬申,公孙婴齐卒于狸脤。"则子叔声伯也。季友、仲遂皆生而赐氏,故其子即以父字为氏。生而赐氏,非礼也;以父字为氏,亦非礼也。《春秋》从其本称而不没其变氏,其生也,书"公子遂";其死也,书"仲遂卒于垂"。于其子也,其生也,书"公孙归父";其死也,书"仲婴齐卒"。

《公羊传》:"仲婴齐者何?公孙婴齐也。"此言仲婴齐亦是公孙婴齐,非谓子叔声伯,故注云:"未见于经,为公孙婴齐。今为大夫死,见经,为仲婴齐。"此汉人解经之善;若子叔声伯,则战鞌、如晋、如莒,已屡见于经矣。

"为人后者为之子",此语必有所受。然婴齐之为后,后仲遂,非后归父也;以为为兄后,则非也。《传》拘于孙以王父字为氏之说,而以婴齐为后归父,则以弟后兄,乱昭穆之伦矣,非也。且三桓,亦何爱于归父而为之立后哉?

隐十年无正

隐十年无正者,以无其月之事而不书,非有意削之也。《穀梁》以为隐不自正者，凿矣。赵氏曰："宣、成以前，人名及甲子，多不具，旧史阙也。"得之矣。

戎菽

庄公三十一年："齐侯来献戎捷。"《传》曰："戎，菽也。"似据《管子》"桓公北伐山戎，得冬葱及戎菽，布之天下"而为之说。桓公以戎捷夸示诸侯，岂徒一戎菽哉？且《生民》之诗曰："蓺之荏菽，荏菽旆旆。"《传》曰："荏菽，戎菽也。"《尔雅》："戎菽谓之荏菽。"则自后稷之生而已蓺之，不待桓公而始布矣。

陨石于宋五

公、穀二《传》，相传受之子夏，其宏纲大旨，得圣人之深意者，凡数十条；然而齐、鲁之间，人自为师，穷乡多异，曲学多辩，其穿凿以误后人者，亦不少矣。且如"陨石于宋五，六鹢退飞过宋都"，此临文之不得不然，非史云"五石"，而夫子改之"石五"；史云"鹢六"，而夫子改之"六鹢"也。穀梁子曰："陨石于宋五，后数散辞也。""六鹢退飞过宋都，先数，聚辞也。""天下之达道五，所以行之者三"，其散辞乎？"凡为天下国家有九经"，其聚辞乎？初九潜龙，后九也；九二见龙，先九也；世未有为之说者也。

石无知，故日之；然则梁山崩，不日，何也？鹢微有知之物，故月之；然则有雏鹠来巢，不月，何也？夫月日之有无，其文则史也。故刘敞谓言是月者，宋不告日，嫌与陨石同日，书"是月"以别之也。

王子虎卒

文公四年："夏五月，王子虎卒。"左氏以为王叔文公者，是也。而穀梁以为叔服。按：此后文公十四年，有星孛入于兆斗，周内史叔服曰："不出七年，宋、齐、晋之君，皆将死乱。"成公元年，刘康公伐戎，叔服曰："背盟而欺大国，此必败。"明叔服别是一人，非王子虎。

《穀梁》日误作曰

《穀梁传·宣公十五年》："中国谨日，卑国月，夷狄不日。其曰：路子婴儿贤也。"疏解甚迂；按《传》文"曰"字误，当作"其日，潞子儿贤也"。

阍人寺人

阍人、寺人，属于冢宰，则内廷无乱政之人；九嫔、世妇，属于冢宰，则后宫无盛色之事。太宰之于王，不惟佐之治国，而亦诲之齐家者也。自汉以来，惟诸葛孔明为知此义，故其上表后主，谓"宫中府中，俱为一体"；而"宫中之事，事无大小，悉以咨攸之、祎、允三人"。于是后主欲采择以充后宫，而终执不听；宦人黄皓终允之世，位不过黄门丞，可以为行周礼之效矣。后之人君，以为此"吾家事"，而为之大臣者，亦以为天子之"家事"，人臣不敢执而问也。其家之不正，而何国之能理乎？魏杨阜为少府，上疏欲省宫人，乃召御府吏问后宫人数。吏曰："禁密不得宣露。"阜怒，杖吏一百，数之曰："国家不与九卿为密，反与小吏为密乎？"然后知阍寺、嫔御之系于天官，周公所以为后世虑至深远也。

汉承秦制,有少府之官,中书谒者、黄门、钩盾、尚方、御府、丞(永)巷、内者、宦者八官,令、丞、诸仆射、署长、中黄门皆属焉。然则奄寺之官,犹隶于外廷也。

正月之吉

《大司徒》:"正月之吉,始和,布教于邦国、都鄙。"注云:"周正月正(朔)日。""正岁,令于教官。"注云:"夏正月朔日。"即此是古人二正并用之验。《逸周书·周月解》曰:"亦越我周,改正以垂三统。至于敬授民时,巡狩烝享,犹自夏焉。"正谓此也。《豳诗·七月》一篇之中,凡言月者皆夏正,凡言日者皆周正。"一之日觱发,二之日栗烈,三之日于耜",《传》曰:"一之日,周正月;二之日,殷正月;三之日,夏正月。"

《北史·李业兴传》:"天平四年,使梁。梁武帝问:'《尚书》正月上日,受终文祖,此时何正?'业兴对曰:'此夏正月。'梁武帝问:'何以得知?'业兴曰:'案《尚书·中候运衡篇》云日月营始,故知夏正。'又问:'尧时以前,何月为正?'业兴对曰:'自尧以上,书典不载,实所不知。'梁武帝又云:'寅宾出日,即是正月;日中星鸟,以殷仲春,即是二月。此出《尧典》,何得云尧时不知用何正?'业兴对曰:'虽三正不同,言时节者,皆据夏时正月。《周礼》"仲春二月,会男女之无夫家"者,虽自《周书》,月亦夏时。尧之日月,亦当如此。'"

木 铎

金铎所以令军中,木铎所以令国中,此先王仁义之用也。一器之微,而刚柔别焉,其可以识治民之道也欤!

鼓吹,军中之业也,非统军之官不用;今则文官用之,士庶人用之,僧道用之。金革之器,遍于国中,而兵由此起矣。

后魏孝武永熙中,诸州镇各给鼓吹;寻而高欢举兵,魏分为二。唐自安史之乱,边戍皆得用之。故杜甫诗云:"万方声一概,吾道竟何之!"粗厉之音,形为乱象;先王之制,所以军容不入国也。

《诗·有瞽》笺云:"箫,编小竹管,如今卖饧者所吹也。汉时卖饧,止是吹竹,今则是金。"

稽其功绪

已成者谓之功,未竟者谓之绪。《说文》:"绪,丝端也。"《记》曰:"武王缵太王、王季、文王之绪。"

六　牲

古之为礼,以祭祀燕享,故六牲之掌特重。"执豕于牢",称公刘也;"尔牲则具",美宣王也。至于邻国相通,则葛伯不祀,汤使遗之牛羊;而卫戴公之庐于曹,齐桓归之牛羊豕鸡狗,皆三百。其平日,国君无故不杀牛,大夫无故不杀羊,士无故不杀犬豕;而用大牲,则卜之于神,以求其吉。故《左氏》载齐国之制,公膳止于双鸡;而时人言宾客之设,不过兔首、枭鳖之类。古人之重六牲也如此。自齐灵公伐莱,莱人使正舆子赂之,索马牛皆百匹,而吴人征鲁百牢,始于贪求,终于暴殄。于是范蠡用其霸越之余谋,以畜五牸;而泽中千足彘得比封君,孳畜之权,不在国而在民矣。

《易》曰："东邻杀牛，不如西邻之禴祭。"秦穆公用三百牢于郙畤，而王莽末年，自天地六宗以下，至诸小鬼神，凡千七百；所用三牲鸟兽三千余种。后不能备，乃以鸡当鹜、雁犬当麋鹿。

邦飨耆老孤子

春飨孤子，以象物之方生；秋飨耆老，以象物之既成。然而国中之老者孤者多矣，不可以遍飨也；故国老庶老则飨之，而其他则养于国、养于乡而已。死事之孤则飨之，而其他则养幼少、存诸孤而已。一以教孝，一以劝忠；先王一举事而天道、人伦备焉，此礼之所以为大也与？

医　师

古之时，庸医杀人；今之时，庸医不杀人，亦不活人，使其人在不死不活之间，其病日深而卒至于死。夫药有君臣，人有强弱；有君臣则用有多少，有强弱则剂有半倍。多则专，专则效速；倍则厚，厚则其力深。今之用药者，大抵杂泛而均停；既见之不明，而又治之不勇，病所以不能愈也。而世但以不杀人为贤，岂知古之上医，不能无失。《周礼·医师》："岁终稽其医事，以制其食。十全为上，十失一次之，十失二次之，十失三次之，十失四为下。"是十失三四，古人犹用之。而淳于意之对孝文，尚谓"时时失之，臣意不能全也"。《易》曰："裕父之蛊，往见吝。"奈何独取夫裕蛊者，以为其人虽死而不出于我之为。呜呼，此张禹之所以亡汉、李林甫之所以亡唐也！

《唐书》许胤宗言："古之上医，惟是别脉；脉既精别，然后识病。夫病之与药,有正相当者,惟须单用一味,直攻彼病;药力既纯,病即立愈。今人不能别脉,莫识病源,以情臆度,多安药味。譬之于猎,未知兔所,多发人马,空地遮围,冀有一人获之,术亦疏矣。假令一药偶然当病,他味相制,气势不行,所以难差,谅由于此。"《后汉书》:"华佗精于方药,处齐不过数种。"夫《师》之六五,任九二则吉,参以三、四则凶。是故官多则乱,将多则败;天下之事,亦犹此矣。

造言之刑

舜之命龙也,曰:"朕圣谗说殄行,震惊朕师。"故大司徒以乡人刑纠万民,造言之刑,次于不孝不弟。而禁暴氏掌诛庶民之"作言诸而不信者"。至于讹言莫惩,而宗周灭矣!

国　子

世子齿于学,自后夔之胄子而已然矣。师氏以三德教国子,保氏掌养国子以道而教之六艺;而王世子不别置官,是世子之与国子齿也。是故诸子掌国子之倅,"国有大事,则帅国子而致于太子,惟所用之"。非平日相习之深,乌能得其用乎?后世乃设东宫之官,而分其职秩;于是有内外宫朝之隔,而先王之意失矣!

死政之老

死国事者之父,如《史记·平原君传》,李同战死,封其父为李侯;《后汉书·独行传》,小吏所辅捍贼代县令死,除父奉为郎中；《蜀志·庞统传》，统为流矢所中卒，拜其父议郎，迁谏议大夫，是也。若父子并为王臣，而特加恩遇，如光武之于伏隆，先朝之于张五典，又不可以常格论矣。

凶　礼

《大宗伯》以凶礼哀邦国之忧，其别有五：曰死亡、凶札、祸烖、围败、寇乱。是古之所谓凶礼者，不但于死亡；而五服之外，有非丧之丧者，缘是而起也。《记》曰："年不顺成，天子素服，乘素车，食无乐。"又曰："年不顺成，君衣布搢本。"《周书》曰："大荒，王麻衣以朝，朝中无采衣。"此凶札之服也。《司服》："大札，大荒大烖素服。"注曰："大烖，大水为害；君臣素服缟冠，若晋伯宗哭梁山之崩。"《春秋》："新宫烖，三日哭。"此祸烖之服也。《记》曰："国亡大县邑，公卿大夫士，厌冠哭于太庙。"又曰："军有忧，则素服哭于库门之外。"《大司马》："若师不功，则厌而奉主车。"《春秋传》："秦穆公败于殽，素服郊次，乡师而哭。"此围败之服也。若夫《曲礼》言：大夫士去国，"素衣，素裳，素冠，彻缘，鞮屦，素簚，乘髦马"；孟子言三月无君则弔；而季孙之会荀跞，练冠麻衣，此君臣之不幸而哀之者矣。秦穆姬之逆晋侯，免服衰绖；卫侯之念子鲜，税服终身，此兄弟之不幸而哀之者矣。楚灭江，而秦伯降服出次；越围吴，而赵孟降于丧食，此与国之不幸而哀之者矣。先王制服之方，固非一端而已。《记》有之曰："无服之丧，以蓄万邦。"

不入兆域

《冢人》："凡死于兵者，不入兆域。"注："战败无勇，投诸茔外以罚之。"《左氏》赵简子所谓："桐棺三寸，不设属辟；素车朴马，无入于兆。"而《檀弓》死而不弔者三，其一曰畏，亦此类也。若敝无存死，而齐侯三襚之，与之犀轩与直盖，而亲推之三。童汪锜死，而仲尼曰："能执干戈以卫社稷，死无殇也。"岂得以此一概。隋文帝仁寿元年，诏曰："投生殉节，自古称难；殒身王事，礼加二等。而世俗之徒，不述大义，致命戎旅，不入兆域；亏孝子之意，伤人臣之心，兴言念此，每深愍叹！且入庙祭祀，并不废阙，何至坟茔独在其外？自今以后，战亡之徒，宜入墓域。"可谓达古人之意。又考晋赵文子与叔誉观乎九原，而有阳处父子葬；则得罪而见杀者，亦未尝不入兆域也。

乐　章

《诗》三百篇，皆可以被之音而为乐；自汉以下，乃以其所赋五言之属为徒诗，而其协于音者则谓之乐府。宋以下，则其所谓乐府者，亦但拟其辞，而与徒诗无别。于是乎诗之与乐，判然为二；不特《乐》亡，而《诗》亦亡。

古人以乐从诗，今人以诗从乐；古人必先有诗，而后以乐相之。舜命夔教胄子，诗言志、歌永言、声依永、律和声，是以登歌在上，而堂上堂下之器应之，是之谓以乐从诗。古之诗，大抵出于中原诸国，其人有先王之风、讽诵之教，其心和，其辞不侈；而音节之间，往往合于自然之律。《楚辞》以下，即已不必尽谐。降及魏晋，羌戎杂扰，方音递变，南北各殊；故文人之作，多不可以协之音，而名为乐府，无以异于徒诗者矣。人有不纯，而五音十二律之传于古者，至今不变，于是不得不以五音正人声，而谓之以诗从乐。以诗从乐，非古也；后世之失，不得已而为之也。

《汉书》："武帝举司马相如等数十人，造为诗赋，略论律吕，以合八音之调，作十九章之歌。"夫曰"略论律吕，以合八音之调"，是以诗从乐也，后代乐章皆然。

《安世房中歌》十七章，《郊祀歌》十九章，皆郊庙之正章，如三百篇之《颂》；其他诸诗，所谓赵代秦楚之讴，如列国之《风》。

十九章，司马相如等所作，"略论律吕、以合八音"者也；前代秦楚之讴，则有协有否，以李延年为协律都尉，采其可协者，以被之音也。

《乐府》中，如清商、清角之类，以声名其诗也；如《小垂手》《大垂手》之类，以舞名其诗也。以声名者，必合于声；以舞名者，必合于舞。至唐而舞亡矣，至宋而声亡矣。于是乎文章之传盛，而声音之用微，然后徒诗兴而乐废矣！歌者为诗，击者、拊者、吹者为器，合而言之谓之乐。对诗而言，则所谓乐者，"八音兴于诗、立于礼、成于乐"是也，分诗与乐言之也。专举乐则时在其中，"吾自卫反鲁，然后乐正，《雅》《颂》各得其所"是也。合诗与乐言之也。

《乡饮酒》："礼，工四人，二瑟。"注："二瑟，二人鼓瑟，则二人歌也。"古人琴瑟之用，皆与歌并奏；故有一人歌、一人鼓瑟者，汉文帝使慎夫人鼓瑟、上自倚瑟而歌是也；亦有自鼓而自歌，孔子之取瑟而歌是也。若乃卫灵公听新声于汉濮之上，而使师延写之；则但有曲而无歌，此后世徒琴之所由兴也。

言诗者，大率以声音为末艺，不知古人入学，自六艺始；孔子以游艺为学之成。后人之学好高，以此为瞽师、乐工之事，遂使三代之音不存于两京，两京之音不存于六代，而声音之学遂为当今之绝艺！

"七月流火"，天文也；"相其阴阳"，地理也；"四矢反兮"，射也;"两骖如舞",御也;"止戈为武","皿虫为蛊",书也;"千乘三去","亥,有二首六身",数也。古之时人人知之,而今日遂为绝学。且曰:艺而已矣,不知之,无害也。此近代之儒所以自文其空疏也。

斗与辰合

《周礼·大司乐》注:"此据十二辰之斗建,与日辰相配合,皆以阳律为之主,阴吕来合之。"是以《大师》云:"掌六律六同,以合阴阳之声。"黄钟,子之气也,十一月建焉,而辰在星纪;大吕,丑之气也,十二月建焉,而辰在玄枵。故奏黄钟、歌大吕以祀天神。大蔟,寅之气也,正月建焉,而辰在娵訾;应钟,亥之气也,十月建焉,而辰在析木。故奏大蔟、歌应钟以祀地祇。姑洗,辰之气也,三月建焉,而辰在大梁;南吕,酉之气也,八月建焉,而辰在寿星。故奏姑洗、歌南吕以祀四望。蕤宾,午之气也,五月建焉,而辰在鹑首;林钟,未之气也,六月建焉,而辰在鹑火。故奏蕤宾、歌函钟以祭山川。仲吕,巳之气也,四月建焉,而辰在实沈;夷则,申之气也,七月建焉,而辰在鹑尾。故奏夷则、歌小吕以享先妣。夹钟,卯之气也,二月建焉,而辰在降娄;无射,戌之气也,九月建焉,而辰在大火。故奏无射、歌夹钟以享先祖。《太玄经》所谓"斗振天而进,日违天而退";先王作乐以象天地,其必有以合之矣。

凶 声

"凡建国,禁其淫声、过声、凶声、慢声。"凶声,如殷纣好为北鄙之声，所谓亢厉而微末，以象杀伐之气者也。注谓："亡国之声，若桑间、濮上。"此则一淫声已该之矣。

八　音

先王之制乐也，具五行之气。夫水火不可得而用也，故寓火于金，寓水于石。凫氏为钟，火之至也；泗滨浮磬，水之精也。用天地之精以制器，是以五行备而八音谐矣。

土鼓，乐之始也；陶匏，祭之大也。二者之音，非以悦耳，存其质也。《国语》："伶州鸠曰：匏竹利制。"又曰："匏以宣之，瓦以赞之。"今之大乐，久无匏、土二音，而八音但有其六矣。熊氏谓："匏音亡，而清廉忠敬者之不多见。"吾有感于其言。

用　火

有明火，有国火。明火以阳燧取之于日，近于天也，故卜与祭用之；国火取之五行之木，近于人也，故烹饪用之。

古人用火，必取之于木，而复有四时、五行之变。《素问》黄帝言："壮火散气，少火生气。"季春出火，贵其新者，少火之义也。今人一切取之于石，其性猛烈而不宜人；疾疢之多，年寿之减，有自来矣。

邵氏《学史》曰："古有火正之官。"《语》曰：'钻燧改火。'此政之大者也。所谓光融天下者，于是乎在。《周礼》司烜氏所掌，及春秋宋、卫、陈、郑所纪者，政皆在焉。今治水之官，犹夫古也，而火独缺焉；饮知择水而亨，不择火以祭以养，谓之备物可乎？或曰：庭燎则有司矣。虽然，此火之末也。"

莅戮于社

《大司寇》："大军旅，莅戮于社。"注："社谓社主，在军者也。"《书·甘誓》："用命赏于祖，不用命戮于社。"孔安国云："天子亲征，必载迁庙之祖主及社主。行有功则赏祖主前，示不专也；不用命奔北者，则戮之于社主前。社主阴，阴主杀。亲祖严社之义也。"《记》曰："社所以神地之道。"意古人以社为阴主，若其司刑杀之柄者；故祭胜国之社，则士师为之尸，而王莽之将亡，赦城中囚徒，授兵杀豨，饮其血曰："有不为新室者，社鬼记之。"宋襄公、季平子皆用人于社，而亡曹之梦，亦曰"立于社宫"。宰我战栗之对，有自来矣。

邦朋

《士师》掌士之八成，七曰为邦朋；太公对武王，民有十大，而曰民有百里之誉、千里之交，六大也。又曰："一家害一里，一里害诸侯，诸侯害天下。"嗟呼！此太公之所以诛华士也。世衰道微，王纲弛于上，而私党植于下；故箕子之陈《洪范》，必皇建其有极，而后庶民人无淫朋比德。《易·泰》之九二曰："朋亡。"《涣》之六四曰："涣其群，元吉。"《庄子》："文王寓政于臧，丈人而列士，坏植散群。"

荀悦论曰："言论者，计薄厚而吐辞；选举者，度亲疏而举笔。苞苴盈于门庭，聘问交于道路，书记繁于公文，私务众于官事。"世之弊也。古今同之，可为太息者此也！

王公六职之一

"坐而论道,谓之王公。"王亦为六职之一也,未有无事而为人君者。故曰"天子一位"。

奠挚见于君

士冠,士之嫡子继父者也,故得奠挚见于君。

主 人

"主人爵弁,纁裳,缁袘。"注:"主人,壻也,壻为妇主。""主人筵于户西。"注:"主人,女父也。"亲迎之礼,自夫家而行,故壻称主人;至于妇家,则女父又当为主人,故不嫌同辞也。女父为主人,则壻当为宾,故曰"宾东面答拜"。注:"宾,壻也,对女父之辞也。"至于宾出而妇从,则变其文而直称曰壻;壻者,对妇之辞也。曰主人,曰宾,曰壻,一人而三异其称:可以见礼,时为大,而义之由内矣。

辞无不腆无辱

"归妹,人之终始也。"先王于此有省文,尚质之意焉。故辞无不腆无辱,告之以直信曰:先人之礼而已,所以立生民之本,而为嗣续之基;故以内心为主,而不尚乎文辞也,非徒以教妇德而已。

某子受酬

《乡饮酒礼》"某子受酬",注:"某者,众宾姓也。"《乡射礼》"某酬某子",注:"某子者,氏也。"古人男子无称姓者,从《乡射礼》注为得;如《左传》叔孙穆子言叔仲子、子服子之类。

辩

《乡饮酒礼》《乡射礼》,其于旅酬皆言"辩"。注云:"辩众宾之在下者。"此辩非"辩察"之辩,古字辩与"遍"通。经文言辩者非一,《燕礼》注"今文'辩'者作'遍'"是也。《曲礼》:"主人延客,食胾,然后辩肴。"《内则》:"子师辩告诸妇诸母名";"宰辩,告诸男名"。《玉藻》:"先饭,辩尝羞,饮而俟。"《乐记》:"其治辩者其礼具。"《左传·定公八年》:"子言辩舍爵于季氏之庙而出。"《史记·礼书》:"瑞应辩至。"

须 臾

"寡君有不腆之酒,请吾子之与寡君须臾焉,使某也以请。"古者乐不逾辰,燕不移漏,故称须臾,言不敢久也。《记》曰:"饮酒之节,朝不废朝,莫不废夕。"而《书·酒诰》之篇曰:"在昔殷先哲王迪畏天显,小民经德秉哲。""越在外服,侯、甸、男、卫邦伯;越在内服,百僚庶尹,惟亚惟服宗工;越百姓里居,罔敢湎于酒,不惟不敢,亦不暇。"是岂待初筵之规、三爵之制,而后不得醉哉?

飧不致

《聘礼》："管人为客，三日具沐，五日具浴；飧不致，宾不拜，沐浴而食之。"即孟子所谓"廪人继粟，庖人继肉，不以君命将之"，恐劳宾也。

三年之丧

今人三年之丧，有过于古人者三事。《礼记·三年问》曰："三年之丧，二十五月而毕。"《檀弓》曰："祥而缟，是月禫，徙月乐。"王肃云："是祥之月而禫，禫之明月可以乐矣。"又曰："鲁人有朝祥而莫歌者，子路笑之。夫子曰：'由，尔责于人，终无已夫？三年之丧，亦已久矣夫！'子路出，夫子曰：'又多乎哉！逾月，则其善也。'"《丧服小记》曰："再期之丧，三年也。"《春秋·闵公二年》《公羊传》曰："三年之丧，实以二十五月。"孔安国《书传·太甲篇》云："汤以元年十一月崩，至此二十六月，三年服阕。"郑玄谓二十四月再期，某月余日不数，为二十五月。中月而禫，则空月为二十六月。出月禫祭，为二十七月。与王肃异。按《三年问》曰："'至亲以期断，是何也？'曰：'天地则已易矣，四时则已变矣；其在天地之中者，莫不更始焉，以是象之也。''然则何以三年也？'曰：'加隆焉尔也。焉使倍之？故再期也。'"今从郑氏之说，三年之丧，必二十七月。其过于古人，一也。《仪礼·丧服篇》曰："疏衰裳，齐牡麻绖，冠布缨，削杖，布带，疏屦，期者，父在为母。"《传》曰："何以期也？屈也。至尊在，不敢伸其私尊也。"《礼记·杂记下篇》曰："期之丧十一月而练，十三月而祥，十五月而禫。"注云："此为父在为母也。"《丧大记》曰："期，终丧，不食肉，不饮酒。父在为母、为妻。"又曰："期，居庐，终丧不御于内者，父在，为母、为妻。"《丧服四制》曰："资于事父以事母而爱同，天无二日，土无二王，国无二君，家无二尊，以一治之也。故父在为母齐衰期者，见无二尊也。"《丧服传》曰："禽兽知母而不知父。野人曰：父母何算焉？都邑之士，则知尊祢矣。"今从武后之制，亦服三年之服。其过于古人，二也。《丧服篇》又曰："不杖麻屦者，妇为姑舅。"《传》曰："何以期也？从服也。"《檀弓上篇》曰："南宫縚之妻之姑之丧，夫子诲之髽，曰：'尔母从从尔，尔毋扈扈尔。'盖榛总以为笄，长尺而总八寸。"《正义》谓以其为朋之丧，而杀于斩衰之服。《丧服小记》曰："妇人为夫，与长子稽颡，其余则否。"今从后唐之制，妇为舅姑，亦服三年。其过于古人，三也。皆后儒所不敢议，非但因循国制，亦畏宰我短丧之讥；若乃日月虽多，而哀戚之情不至焉，则不如古人远矣。

古人以祥为丧之终，中月而禫，则在除服之后；故《丧服四制》言祥之日，鼓素琴，示民有终也。《檀弓》言孔子既祥五日，弹琴而不成声，十日而成笙歌。有子盖既祥而丝屦组缨。又曰："祥而外无哭者，禫而内无哭者，乐作矣故也。"自鲁人有朝祥而暮歌者，子路笑之。孔子言："逾月则其善。"而孟献子禫县而不乐。孔子曰："献子加于人一等矣。"于是自禫而后，乃谓之终丧。

王肃据《三年问》"二十五月而毕"，《檀弓》"祥而缟，是月禫，徙月乐"之文，谓为二十五月。郑玄据《服问》"中月而禫"之文，谓为二十七月。二说各有所据：古人祭当卜日，小祥卜于十三月之日，大祥卜于二十五月之日；而禫则或于大祥之月，或于大祥之后间一月。自《礼记》之时而行之，已不同矣。

《孝经援神契》曰："丧不过三年以期，增倍五五二十五月，义断仁孝，示民有终。"故汉人丧服之制，谓之五五。《堂邑令费凤碑》曰"菲五五,缞杖其未除",《巴郡太守樊敏碑》曰"遭离母忧,五五断仁"是也。

为父斩衰三年,为母齐衰三年,此从子制之也;父在为母,齐衰杖期,此从夫制之也。家无二尊,而子不得自专;所谓夫为妻纲,父为子纲。审此,可以破学者之疑,而息纷纭之说矣。

父在为母,虽降为期,而心丧之实,未尝不三年也。《传》曰:"父必三年然后娶,达子之志也。"假令娶于三年之内,将使为之子者何服以见、何情以处乎?理有所不可也。抑其子之服于期,而申其父之不娶于三年,圣人所以损益百世而不可改者,精矣。

《檀弓上篇》:"伯鱼之母死,期而犹哭。夫子闻之,曰:'谁与哭者?'门人曰:'鲤也。'夫子曰:'嘻,其甚也!'伯鱼闻之,遂除之。"此自父在为母之制,当然疏;以为出母者,非。

《丧服小记》曰:"庶子在父之室,则为其母不禫。"山阴陆氏曰:"在父之室,为未娶者也;并禫丧不举,厌也。"

唐时武、韦二后,皆以妇乘夫,欲除三纲、变五服,以申尊母之义。故高宗上元元年十二月壬寅,天后上表,请父在为母服齐衰三年;中宗神龙元年五月丙申,皇后表请天下士庶为出母三年服,其意一也。彼且欲匹二圣于天皇,陪南郊以亚献,而况区区之服制乎?玄宗开元七年八月癸丑,敕:"周公制礼,历代不刊;子夏为传,孔门所受。格条之内,有父在为母齐衰三年;此有为而为,非曾厌之义。与其改作,不如师古,诸服纪宜一依《丧服》旧文,可简而当矣。"奈何信道不笃,朝令夕更?至二十四年,又从韦绍之言,加舅母堂姨舅之服;天宝六载,又命出母终三年之服。而太和、开成之世,遂使驸马为公主服斩衰三年。礼教之沦,有由来矣!

自古以来,奸人欲蔑先王之礼法而自为者,必有其渐。天后父在为母齐衰三年之请,其意在乎临朝也。故中宗景龙二年二月庚寅，大赦天下，内外五品以上母妻，各加邑号一等；无妻者听授其女，而安乐公主求立为皇太女，遂进鸩于中宗矣。

金世家（宗）大定八年二月甲午朔，制子为改嫁母服丧三年。

洪武七年，虽定为母斩衰三年之制；而孝慈皇后之丧，次年正旦，皇太子、亲王、驸马俱浅色常服，则尊厌之证，未尝不用也。惟夫二十七月之内，不听乐、不昏嫁、不赴举、不服官，此所谓心丧，固百世不可改矣。

《丧服小记》曰："祖父卒，而后为祖母后者，三年。"郑氏曰："祖父在，则其服如父在为母也，此祖母之丧厌于祖父者也。"

妇事舅姑，如事父母，而服止于期，不贰斩也。然而心丧则未尝不三年矣。故曰："与更三年丧不去。"

吴幼清《服制考详序》曰："凡丧礼，制为斩、齐、功、缌之服者，其文也；不饮酒、不食肉、不处内者，其实也。中有其实而外饰之以文，是为情文之称；徒服其服而无其实，则与不服等尔。虽不服其服而有其实者，谓之心丧。心丧之实，有隆而无杀；服制之文，有杀而有隆，古之道也。愚尝谓，服制当一以周公之礼为正，后世有所增改者，皆溺乎其文，昧乎其实，而不究古人制礼之意者也。为母齐衰三年，而父在为母杖期，岂薄于其母哉？盖以夫为妻之服既除，则子为母之服亦除，家无二尊也。子服虽除，而三者居丧之实如故，则所杀者三年之文而已，实固未尝杀也。女子子在室为父斩，既嫁则为夫斩，而为父母期。盖曰，子之所天者父，妻之所天者夫，嫁而移所天于夫，则降其父。妇人不贰斩者，不贰天也。降己之父母而期，为夫之父母亦期；期之后，夫未除服，妇已除服，而居丧之实如其夫。是姑舅之服期，而实三年也，岂必从夫服斩而后为三年哉？丧服有以恩服者，有以义服者，有以名服者：恩者，子为父母之类是也；义者，妇为舅姑之类是也；名者，为从父、从子之妻之类是也。从父之妻名以母之党而服，从子之妻名以妇之党而服，兄弟之妻不可名以妻之党；其无服者，推而远之也。然兄弟有妻之服，己之妻有娣姒妇之服；一家老幼，俱有服。己虽无服，必不华靡于其身，宴乐于其室，如无服之人也。同爨且服缌，朋友尚加麻，邻丧里殡犹无相杵巷歌之声；奚独于兄嫂弟妇之丧，而恝然待之如行路之人乎！古人制礼之意必有在，而未易以浅识窥也。夫实之无所不隆者，仁之至；文之有所或杀者，义之精。古人制礼之意盖如此。后世父在为母三年，妇为舅姑从夫斩齐也并三年，为嫂有服，为弟妇亦有服，意欲加厚于古；而不知古者子之为母、妇之为舅姑、叔之于嫂，未尝薄也。愚故曰：此皆溺乎其文，昧乎其实，而不究古人制礼之意者也。古人所勉者，丧之实也，自尽于己者也；后世所加者，丧之文也。诚伪之相去何如哉？"

继母如母

继母如母，以配父也；慈母如母，以贵父之命也。然于其党，则不同矣。《服问》曰："母出，则为继母之党服；母死，则为其母之党服。为其母之党服，则不为继母之党服。"郑氏注曰："虽外亲，亦无二统。"夫礼者，所以别嫌明微，非圣人莫能制之，此类是矣。

为所后者之祖父母妻，
妻之父母昆弟，昆弟之子若子

此因为人后而推言之。所后者有七等之亲，皆当如证而为之

服也。所后之祖，我之曾祖也；父母，我之祖父母也；妻，我之母也；妻之父母，我之外祖父母也。因妻而及，故连言之，取便文也。昆弟，我之世叔父也；昆弟之子，我之从父昆弟也。若，及也；若子，我之从父昆为之子也。《正义》谓"妻之昆弟，妻之昆弟之子"者，非。

女子子在室为父

郑氏注言：在室者关已许嫁。关，该也；谓许嫁而未行，遭父之丧，亦当为之布总箭笄髽三年也。《内则》曰："有故二十三年而嫁。"《曾子问》孔子曰"女在涂，而女之父母死，则女反"是也。

慈母如母

慈母者何也？子幼而母死，养于父妾；父卒，为之三年，所以报其鞠育之恩也。然而必侍父命者，此又先王严父而不敢自专其报之义也。父命妾曰："女以为子。"谓怜其无母，亲之如子；长之育之，非立之以为妾后也。《丧服小记》以为为慈母后，则未可信也。

《礼记·曾子问篇》："子游问曰：'丧慈母如母，礼与？'孔子曰：'非礼也。古者，男子外有傅，内有慈母，君命所使教子也，何服之有？昔者鲁昭公少丧其母，有慈母良；及其死也，公弗忍也，欲丧之。有司以闻，曰：古之礼，慈母无服；今也，君为之服，是逆古之礼而乱国法也。若终行之，则有司将书之以遗后世，无乃不可乎？'公曰：'古者，天子练冠以燕居，吾弗忍也。'遂练冠以丧慈母。"丧慈母，自鲁昭公始也。然但练冠以居，则异于如母者矣；而孔子以为非礼。

《南史·司马筠传》:"梁天监七年,安成国太妃陈氏薨,诏礼官议皇太子慈母之服;筠引郑玄说:服止乡大夫,不宜施之皇子。"武帝以为不然,曰:"《礼》言慈母有三条:一则妾子无母,使妾之无子者养之,命为子母,服以三年,《丧服·齐衰章》所言'慈母如母'是也;二则嫡妻子无母,使妾养之,虽均乎慈爱,但嫡妻之子,妾无为母之义,而恩深事重,故服以小功,《丧服·小功章》所以不直言慈母而云'庶母慈己'者,明异于三年之慈母也;其三则子非无母,择贱者视之,义同师保,而不无慈爱,故亦有慈母之名,师保无服,则此慈母亦无服矣。《内则》云:'择于诸母与可者,使为子师,其次为慈母,其次为保母。'此其明文,言择诸母,是择人而为此三母,非谓择取兄弟之母也。子游所问,自是师保之慈,非三年小功之慈也。故夫子得有此答。岂非师保之慈母无服之证乎?郑玄不辨三慈,混为训释,引彼'无服'以注'慈己';后人致谬,实此之由。"于是筠等请依制改定,嫡妻之子,母没为父妾所养,服之五月,贵贱并同,以为永制。《丧服小记》曰:"为慈母之父母无服。"注曰:"恩所不及故也。"又曰:"慈母与妾母,不世祭也。"然则虽云如母,有不得尽同于母者矣。

出妻之子为母

"出妻之子为母",此经文也。《传》曰:"出妻之子为母期,则为外祖父母无服。"此子夏传也。《传》曰"绝族无施服亲者属",此传中引传,援古人之言以证其无服也,当自为一条。"出妻之子为父后者,则为出母无服",此又经文也。《传》曰:"与尊者为一体,不敢服其私亲也。"此子夏传也,当自为一条。今本乃误连之。

父卒继母嫁

"父卒,继母嫁,从。""从"字句,谓年幼不能自立,从母而嫁也。母之义,已绝于父,故不得三年;而其恩犹在于子,不可以不为之服也。报者,母报之也,两相为服也。

有适子者无适孙

冢子,身之副也;家无二主,亦无二副。故有适子者无适孙,唐高宗有太子而复立太孙,非矣。

为人后者为其父母

"为人后者,为其父母。"此临文之不得不然。《隋书》刘子翊云"'其'者,因彼之辞"是也。后儒谓以所后为父母,而所生为伯叔父母,于经未有所考,亦自"尊无二上"之义而推之也。宋欧阳氏据此文,以为圣人未尝没其父母之名,辨之至数千言;然不若赵瞻之言辞穷直书,为简而当也。

《黄氏日钞》曰:"欧公被阴私之谤,皆激于当日主濮议之力。公集《濮议》四卷,又设为或问以发明之;滔滔数万言,皆以《礼经》'为其父母'一语,谓未尝因降服而不称父母耳。然既明言所后者三年,而于所生者降服,则尊无二上明矣。谓所生父母者,盖本其初而名之,非有两父母也。未为人后之时,以生我者为父母;已为人后,则以命我者为父母。立言者于既命之后,而追本生之称,自宜因其旧以父母称,未必其人一时并称两父母也。公亦何苦力辨,而至于困辱危身哉?况帝王正统相传,有自非可常人比邪？"观先朝嘉靖之事，至于入庙称宗，而后知圣人制礼，别嫌明微之至也。永叔博闻之儒，而未见及此，学者所以贵乎格物。

"为人后者，为其父母"，报谓所生之父母报之，亦为之服期也。重其继大宗也，故不以出降。

继父同居者

夫物之不齐，物之情也；虽三王之世，不能使天下无孤寡之人，亦不能使天下无再适人之妇，且有前后家、东西家而为丧主者矣。假令妇年尚少，夫死而有三五岁之子，则其本宗大功之亲，自当为之收恤；又无大功之亲，而不许之从其嫁母，则转于沟壑而已。于是其母所嫁之夫，视之如子，而抚之以至于成人，此子之若人也，名之为何？不得不称为继父矣。长而同居，则为之服齐衰期；先同居而后别居，则齐衰三月，以其抚育之恩，次于生我也。为此制者，所以寓恤孤之仁，而劝天下之人不独子其子也。若曰以其财货为之筑宫庙，此后儒不得其说而为之辞。

宗子之母在则不为宗子之妻服也

《正义》谓"母年未七十尚与祭"，非也。《祭统》曰："夫祭也者，必夫妇亲之。"是以"舅殁则姑老"，明其不与祭矣。虽老，固尝为主祭之人，而礼无二敬，故为宗子之母服，则不为妻服。

杜氏《通典》有"夫为祖、曾祖、高祖父母特重，妻从服议"一条，云："孔瑚问虞喜曰：'假使玄孙为后，玄孙之姑从服期，曾孙之妇尚存，才缌麻，近轻远重，情实有疑。'喜答曰：'有嫡子者无嫡孙；又若为宗子母服，则不服宗子妇。以此推之，若玄孙为后，而其母尚存，玄孙之妇犹为庶，不得传重。传重之服，理当在姑矣。'"宋庾蔚之谓"舅殁则姑老，是授祭事于子妇；至于祖服，自以姑为嫡"，与此条之意互相发明。

君之母妻

与民同者，为其君齐衰三月也；不与民同者，君之母妻，民不服，而尝仕者独为之服也。古之卿大夫，有见小君之礼；而妻之爵服，则又君夫人命之，是以不容无服。

齐衰三月不言曾祖已上

宋沈括《梦溪笔谈》曰："丧服但有曾祖、曾孙，而无高祖、玄孙。或曰：经之所不言，则不服，是不然。曾，重也；自祖而上者，皆曾祖也，自孙而下者，皆曾孙也，虽百世可也。苟有相逮者，则必为服丧三月；故虽成王之于后稷亦称曾孙，而祭礼祝文，无远近皆曰曾孙。"

《礼记·祭法》言："适子、适孙、适曾孙、适玄孙、适来孙。"《左传》：王子虎盟诸侯，亦曰"及而玄孙，无有老幼"。玄孙之文，见于记传者如此。然宗庙之中，并无此称。《诗·维天之命》："骏惠我文王，曾孙笃之。"郑氏笺曰："曾，犹重也；自孙之子而下事先祖，皆称曾孙。"《礼记·郊特牲》"称曾孙某"，注谓："诸侯事五庙也。于曾祖已上称曾孙而已。"《左传·哀公二年》：卫太子祷文王，称"曾孙蒯聩"。《晋书·钟雅传》：元帝诏曰："礼事宗庙，自曾孙已下。"皆称曾孙，义取于重孙，可历世共其名，无所改也。

曾祖父母齐衰三月，而不言曾祖父之父母，非经文之脱漏也，盖以是而推之矣。凡人祖孙相见，其得至于五世者鲜矣，寿至于八九十而后可以见曾孙之子，百有余年而曾孙之子之子亦可见矣。人之寿以百年为限，故服至五世而穷；苟六世而相见焉，其服不异于曾祖也。经于曾祖已上不言者，以是而推之也。观于祭之称曾孙，不论世数；而知曾祖之名，统上世而言之矣。

兄弟之妻无服

"谓弟之妻妇者，是嫂亦谓之母乎？"盖言兄弟之妻，不可以母子为比；以名言之，既有所阂而不通；以分言之，又有所嫌而不可以不远。《记》曰"嫂叔之无服也"，盖推而远之也。夫外亲之同爨犹缌，而独兄弟之妻不为制服者，以其分亲而年相亚；故圣人嫌之，嫌之故远之，而大为之坊，不独以其名也，此又《传》之所未及也。存其恩于娣姒，而断其义于兄弟，夫圣人之所以处此者精矣。

嫂叔虽不制服，然而曰："无服而为位者惟嫂叔。"子思之哭嫂也为位，何也？曰：是制之所抑，而情之所不可阙也。然而郑氏曰："正言嫂叔，尊嫂也；若兄公与弟之妻，则不能也。"此又足以补《礼记》之不及。

先君余尊之所厌

尊尊亲亲，周道也。诸侯有一国之尊，为宗庙社稷之主；既没而余尊犹在，故公之庶子于所生之母，不得伸其私恩为之大功也。大夫之尊，不及诸侯，既殁则无余尊；故其庶子于父卒为其私亲，并依本服，如邦人也。亲不敌尊，故厌；尊不敌亲，故不厌。此诸侯大夫之辨也。后魏广陵侯衍为徐州刺史，所生母雷氏卒，表请解州，诏曰："先君余尊之所厌，礼之明文；季末陵迟，斯典或废。侯既亲王之子，宜从余尊之义，便可大功。"饶阳男遥官左卫将军，遭所生母忧，表请解任；诏以余尊所厌，不许。

晋哀欲为皇太妃服三年，仆射江彪："于礼应服缌麻。"又欲降服期，彪曰："厌屈私情，所以上严祖考。"乃服缌麻。

贵臣贵妾

此谓大夫之服，贵臣，室老士也；贵妾，侄娣也，皆有相助之义，故为之服缌。《穀梁传》曰："侄娣者，不孤子之意也。"古者，大夫亦有侄娣。《左传》"臧宣叔娶于铸，生贾及为而死，继室以其侄，生纥"是也。备六礼之制，合二姓之好，从其女君而归焉，故谓之贵妾。士无侄娣，故《丧服小记》曰："士妾有子而为之缌。"然则大夫之丧，虽有子犹不得缌也。惟夫有死于宫中者，则为之三月不举祭，近之矣。

唐李晟夫人王氏无子，妾杜氏生子愿，诏以为嫡子；及杜之卒也，赠郑国夫人，而晟为之服缌。议者以为，准《礼》"士妾有子而为之缌"，《开元新礼》无斯服矣，而晟擅举复之，颇为当时所诮；今之士大夫，缘饰礼文而行此服者，比比也。

外亲之服皆缌

外亲之服皆缌，外祖父母以尊加，故小功；从母以名加，故小功。唐玄宗开元二十三年，制："令礼官议加服制。"太常卿韦绍请加外祖父母服至大功九月，舅服至小功五月，堂姨、堂舅、舅母服至袒免。

太子宾客崔沔议曰："礼教之设，本于正家，家正而天下定矣。正家之道，不可以贰，总一定义，理归本宗；所以父以尊崇，母以厌降，内有齐斩，外服皆缌，尊名所加，不过一等。此先王不易之道，其来久矣。昔辛有适伊川，见被发而祭于野者，曰：'不及百年，此其戎乎！其礼先亡矣。'贞观修礼，特改旧章；渐广渭阳之恩，不尊洙泗之典。及弘道之后，唐元之间，国命再移于外族矣。礼亡征兆，傥见于斯。开元初，补阙卢履冰尝进状，论丧服轻重，敕令佥议。于时群议纷挐（挈），各安积习，太常礼部奏依旧之。陛下运稽古之思，发独断之明，特降别敕，一依古礼；事符典故，人知向方，式固宗盟，社稷之福。更图异议，窃所未详。愿守八年明旨，以为万代成法。"

职方郎中韦述议曰："天生万物，惟人最灵。所以尊尊亲亲，别生分类。存则尽其爱敬，殁则尽其哀戚。缘情而制服，考事而立言。往圣讨论，亦已勤矣；上自高祖，下至元孙，以及其身，谓之九族。由近而及远，称情而立文；差其轻重，遂为五服。则或以义降，或以名加；教有所从，理不逾等。百王不易，三代可知。若以匹敌言之，外祖则祖也，舅则伯、叔、父之列也；父母之恩不殊，而独杀于外氏者，所以尊祖祢而异于禽兽也。且家无二尊，丧无二斩，持重于大宗者，降其小宗；为人后者，减其父母之服；女子出嫁，杀其本家之丧：盖所存者远，所抑者私也。今若外祖及舅更加服一等，堂舅及姨列于服纪之内；则中外之制，相去几何？废礼徇情，所务者末。且五服有上杀之义，必循原本，方及条流。伯叔父母，本服大功九月，从父昆弟，亦大功九月。并以上出于祖，其服不得过于祖也；从祖祖父母，从祖父母，从祖昆弟，皆小功五月，以出于曾祖，服不得过于曾祖也；

族祖祖父母，族祖父母，族祖昆弟，皆缌麻三月，以出于高祖，服不得过于高祖也。堂舅姨既出于外曾祖，若为之制服，则外曾祖父母及外伯叔祖父母亦宜制服矣；外祖加至大功九月，则外曾祖父母合至小功，外高祖合至缌麻。若举此而舍彼，事则不均；弃亲而录疏，理则不顺。推而广之，则与本族无异矣。且服皆有报，则堂外甥、外曾孙侄女之子皆须制服矣。圣人岂薄其骨肉、背其恩爱？盖本于公者薄于私，存其大者略其细；义有所断，不得不然。苟可加也，亦可减也；往圣可得而非，则《礼经》可得而隳矣。先王之制，礼之彝伦，奉以周旋，犹恐失坠；一紊其叙，庸可止乎？"

礼部员外郎杨仲昌议曰："按《仪礼》为舅缌，郑文贞公魏征，议同从母，例加至小功五月。虽文贞贤也，而周孔圣也；以贤改圣，后学何从？今之所请，正同征论。如以外祖父母加至大功，岂不加报于外孙乎？外孙为报大功，则本宗庶孙又用何等服邪？窃恐内外乖序，亲疏夺伦；情之所沿，何所不至？昔子路有姊之丧而不除。孔子曰：'先王制礼，行道之人，皆不忍也。'子路除之。此则圣人援事抑情之明例也。《记》不云乎：'毋轻议礼。'"

时玄宗手敕再三，竟加舅服为小功，舅母缌麻，堂姨、堂舅袒免。宣宗舅郑光卒，诏罢朝三日。御史大夫李景让上言："人情于外族则深，于宗庙则薄；所以先王制礼，割爱厚亲。士庶犹然，况于万乘？亲王、公主，宗属也；舅氏，外族也。今郑光辍朝日数，与亲王、公主同，非所以别亲疏、防僭越也。"优诏报之，乃罢两日。

夫由韦述、杨仲昌之言，可以探本而尊经；由窖（崔）沔、李景让之言，可以察微而防乱。岂非能言之士，深识先王之礼，而亦目见武、韦之祸，思永监于将来者哉？

宗庙之制，始变于汉明帝；服纪之制，变于唐太宗。皆率一时之情，而更三代之礼；后世不学之主，踵而行之。

唐人增改服制

唐人所议服制，似欲过于圣人。嫂叔无服，太宗令服小功；曾祖父母旧服三月，增为五月；嫡子妇大功，增为期；众子妇小功，增为大功；舅服缌，增为小功。父在为母服期，高宗增为三年；妇为夫之姨舅无服，玄宗命从夫服，又增舅母缌麻，堂姨、舅祖免。而弘文馆直学士王元感，遂欲增三年之丧为三十六月。皆务饰其文，欲厚于圣王之制；而人心弥浇，风化弥薄。不探其本而妄为之增益，亦未见其名之有过于三王也。是故知庙有二主之非，则叔孙通之以益广宗庙为大孝者绌矣；知丧不过三年，示民有终之义，则王玄感之服三十六月者绌矣；知亲亲之杀，礼所由生，则太宗、魏征所加嫂叔诸亲之服者绌矣。《唐书·礼乐志》言："礼之失也，在于学者好为曲说，而人君一切临时申其意，以增多为尽礼，而不知烦数之为黩也。"子曰："道之不明也，贤者过之。"夫贤者率情之偏，犹为悖礼；而况欲以私意求过乎三王者哉？

宋熙宁五年，中书门下议不祧僖祖。祕阁校理王介上议曰："夫物有无穷，而礼有有限；以有限制无穷，此礼之所以起，而天子所以七庙也。今夫自考而上何也？必曰祖；自祖而上何也？必曰曾祖；自曾祖而上何也？必曰高祖；自高祖而上又何也？必曰不可及见，则闻而知之者矣。今欲祖其祖而追之不已，祖之上又有祖，则固有无穷之祖矣。圣人制为之限，此天子所以七庙自考庙，而上至显祖之外而必祧也。自显祖之外而祧，亦犹九族至高祖而止也，皆以礼为之界也，五世而斩故也。丧之三年也，报罔极之恩也；以罔极之恩为不足报，则固有无穷之报乎？何以异于是？故丧之罔极而三年也，族之久远而九也，庙之无穷而七也，皆先王之制，弗敢过焉者也。"《记》曰："品节斯，斯之谓礼。"《易》于《节》之象曰："君子以制度数，议德行。"唐宋之君，岂非昧于节文之意者哉？贞观之丧服，开元之庙谥，与始皇之狭小先王之宫廷而作为阿房者，同一意也。

报于所为后之兄弟之子若子

所后者，谓所后之亲；所为后，谓出而为后之人。

为人后者，于兄弟降一等，自期降为大功也。兄弟之子报之亦降一等，亦自期降为大功也。若子者兄弟之孙报之，亦降一等，自小功降而为缌也。

庶子为后者为其外祖父母从母舅无服

与尊者为一体，不敢以外亲之服而废祖考之祭，故绌其服也。言母党，则妻之父母可知。

考　降

考，父也。既言父，又言考者，犹《易》言"干父之蛊，有子，考无咎"也。降者，骨肉归复于土也。《记》曰："体魄则降。"人死则魂升于天，魄降于地。《书》曰："礼陟配天。"陟言升也。又曰："放勋乃徂落。"落言降也。然而曰"文王陟降"何也？神无方也。可以两在而兼言之。

噫歆

《士虞礼》"声三"注:"声者,噫歆也,将启户警觉神也。"《曾子问》"祝声三"注:"声,噫歆,警神也。"盖叹息而言神其歆我乎?犹《诗》"顾予烝尝"之意也。丧之皋某复,祭之噫歆,皆古人命鬼之辞。

《既夕礼》"声三"注:"旧说以为噫兴。"噫兴者,叹息而欲神之兴也。噫歆者,叹息而欲神之歆也。

毋不敬

"毋不敬,俨若思,安定辞",修己以敬也;"安民哉",修己以安人也。"俨若思,安定辞",何以定民?子曰:"危以动,则民不与也;惧以语,则民不应也。"《诗》云:"彼都人士,狐裘黄黄;其容不改,出入有章;行归于周,万民所望。"

女子子

"女子子",谓己所生之子,若兄弟之子;言女子者,别于男子也。古人谓其女亦曰子,《诗》曰"齐侯之子,卫侯之妻",《论语》曰"以其子妻之"是也。此章言男女之别,故加"女子"于"子"之上以明之;下乃专言兄弟者,兄弟至亲,兄弟之于姊妹,犹弗与同席、同器,而况于姑乎?况于女子子乎?不言从子、不言父,据兄弟可知也。《丧服小记》言:"女子子在室,为父母杖。"然则女子子谓己所生之子,明矣。

《内则》曰:"七年,男女不同席,不共食。"则不待已嫁而反矣。

取妻不取同姓

姓之为言"生"也。《诗》曰:"振振公姓。"天地之化,专则不生,两则生。故叔詹言:"男女同姓,其生不蕃。"而子产之告叔向云:"内官不及同姓,美先尽矣,则相生疾。"晋司空季子之告公子曰:"异德合姓。"郑史伯之对桓公曰:"先王聘后于异姓,务和同也。声一无听,物一无文。"是知礼不娶同姓者,非但防嫌,亦以戒独也。故《曲礼》:"纳女于天子,曰备百姓。"而《郊特牲》注云:"百官,公卿以下也。百姓,王之亲也。"《易》曰:"男女暌而其志通也。"是以王御不参一族,其所以合阳阴之化而助嗣续之功微矣。古人以异姓为婚姻之称。《大戴礼》:"南宫绍,夫子信其仁,以为异姓。"谓以兄之子妻之也。《周礼·司仪》:"时揖异姓。"郑氏注引此。

姓之所从来,本于五帝;五帝之得姓,本于五行,则有相配相生之理。故《传》言:"有妫之后,将育于姜。"又曰:"姬、姞耦,其生必蕃。"而后世五音族姓之说自此始矣。晋嵇康论曰:"五行有相生,故同姓不婚。"

春秋时最重族姓,至七国时则绝无一语及之者;正犹唐人最重谱谍,而五代以后,则荡然无存,亦不复问此。百余年间,世变风移,可为长叹也已!

父不祭子夫不祭妻

"父不祭子,夫不祭妻。"不但名分有所不当,而以尊临卑,则死者之神亦必不安。故其当祭,则有代之者矣。此别是一条,说者乃蒙上"馂馀不祭"之文而为之解。殆似山东人作"不彻姜食，不多食"义，即谓"不多食姜"同一谬也。

《檀弓》

读《檀弓》二篇及《曾子问》，乃知古人于礼服讲之悉而考辨之明如此。《汉书》言夏侯胜善说礼服，萧望之从夏侯胜问《论语》礼服。唐开元《四部书目》，《丧服传义疏》有二十三部；昔之大儒，有专以服丧名家者，其去邹鲁之风未远也。故萧望之为太傅，以《论语》礼服授皇太子；宋元嘉末，征隐士雷次宗诣京邑，筑于钟山西岩下，为皇太子诸王讲《丧服经》；齐初何佟之为国子助教，为诸王讲《丧服》；陈后主在东宫，引王元规为学士，亲授《礼记》《左传》《丧服》等义；魏孝文帝亲为群臣讲《丧服》于清徽堂；而《梁书》言始兴王憺薨，昭明太子命诸臣共议，从明山宾、朱异之言，以慕悼之辞，宜终服月。夫以至尊在御，不废讲求丧礼；异于李义府之言不豫凶事而去《国恤》一篇者矣。

宋孝宗崩，光宗不能执丧，宁宗嗣服，已服期年丧，欲大祥毕更服两月；监察御史胡紘言："孙为祖服，已过期矣。议者欲更持禫两月，不知用何典礼？若曰嫡孙承重，则太上圣躬亦已康复，于宫中自行二十七月之重服；而陛下又行之，是丧有二孤也。"诏侍从台谏给舍集议。时朱熹上议，以紘言为非，而未有以折之；后读《礼记正义·丧服小记》"为祖后者"条，因自识于本议之末。其略云：准五服年月格，斩衰三年，嫡孙为祖，法意甚明；而《礼经》无文，《传》云："父殁而后祖后者服斩。"然而不见本经，未详何据。但《小记》云"祖父卒，而后为祖母后者三年"，可以傍照。至"为祖后者"条下，疏中所引《郑志》，乃有"诸侯父有废疾，不任国政，不任丧事"之问，而郑答以"天子诸侯之服皆斩"之文，方见父在而承国于祖之服。向日上此奏时，无文字可检，又无朋友可问，故大约且以礼律言之。亦有疑父在不当承重者，时无明白证验，但以礼律人情大意答之，心常不安。归来稽考，始见此说，方得无疑。乃知学之不讲，其害如此；而《礼经》之文，诚有阙略，不无待于后人。向使无郑康成，则一事终未有所断决，不可直谓古人定制，一字不可增损也。呜呼！若曾子、子游之伦，亲受学于圣人，其于节文之变，辨之如此其详也；今之学者，生于草野之中，当礼坏乐崩之后，于古人之遗文，一切不为之讨究，而曰："礼吾知其敬而已，丧吾知其哀而已。"以空学而议朝章，以清谈而干王政，是尚不足以窥汉儒之里，而何以升孔子之堂哉！

《论语》之言"斯"者七十，而不言"此"；《檀弓》之言斯者五十有三，而言"此"者一而已。《大学》成于曾氏之门人，而一卷之中，言"此"者十有九。语音轻重之间，而世代之别，从可知已。

太公五世反葬于周

太公，汲人也。闻文王作然后归周，史之所言，已就封于齐矣。其复入为太师，薨而葬于周，事未可知；使其有之，亦古人因薨而葬不择之地常尔，《记》以"首丘"喻之，亦已谬矣；乃云"比及五世，皆反葬于周"。夫齐之去周二千余里，而使其已化之骨，跋履山川，触冒寒暑，自东徂西，以葬于封守之外，于死者为不仁。古之葬者，祖于庭，绷于墓，反哭于其寝。故曰："葬日虞，弗忍一日离也。"使齐之孤，重跰送葬，旷月淹时，不获遵五月之制，速反而虞，于生者为不孝。且也，入周之境而不见天子，则不度；离其丧次，而以衰绖见，则不祥；若其孤不行，而使卿摄之，则不恭；劳民伤财，则不惠；此数者，无一而可。禹葬会稽，其后王不从；而殷之南陵，有夏后皋之墓，岂古人不达礼乐之义哉？体魄则降，知气在上。故古之事其先人于庙而不于墓，圣人所以知幽明之故也。然则太公无五世反葬之事，明矣。

扶　君

"扶君，卜人师扶右，射人师扶左；君薨，以是举。"此所谓男子不死于妇人之手也。三代之世，侍御、仆从，罔非正人；褖衣、虎贲，皆惟吉士。与汉高之独枕一宦者卧，异矣。《春秋传》曰："公薨于小寝，即安也。"魏中山王衮疾病，令官属以时营东堂；堂成，舆疾往居之。其得礼之意者与？

二夫人相为服

"从母之夫、舅之妻，二夫人相为服。"从母之夫，与谓吾从母之夫者，相为服也。舅之妻，与谓吾舅之妻者，相为服也。上不目妻之姊妹之子，下不言夫之甥，语繁而究（冗），不可以成文也。闻一知二，吾于《孟子》以纣为兄之子言之。

同母异父之昆弟

同母异父之昆弟，不当有服。子夏曰："我未之前闻也。"此是正说。而又曰："鲁人则为之齐衰。"则多此一言矣。狄仪从而行之，后人踵而效之；今之齐衰，狄仪之问也，以其为大贤之所许也。然则鲁人之前，固未有行之者矣。是以君子无轻议礼。

广安游氏曰："后世所承传之礼，有出二代之末，沿礼之失而为之者。不丧出母，古礼之正也。孔氏丧出母，惟孔子行之，而非以为法；今礼家为出母服齐衰杖期，此后世之为，非礼之正也。同母异父之昆弟，子游曰：'为之大功。'鲁人为之齐衰。亦非礼之正也。昔圣人制礼，教人以伦，使之父子有亲、男女有别；然后一家之尊，知统乎父，而厌降其母。同姓之亲，厚于异姓；父在则为母服齐衰期，出母则不为服。后世既为出母制服，则虽异父之子，以母之故，亦为之服矣。此其失在乎不明父母之辨、一统之尊，不别同姓、异姓之亲而致然也。及后世父在而升其母三年之服；至异姓之服，若堂舅、堂姨之类，亦相缘而升。夫礼者，以情义言也；情义者，有所限止，不可遍给也。母统于父，严于父，则不得不厌降于其母；厚于同姓，则不得不降杀于异姓。夫是以父尊而母卑，夫尊而妇卑，君尊而臣卑，皆顺是而为之也。今子游欲以意为之大功，此皆承世俗之失；失之之原，其来寖远。后世不考其原，而不能正其失也。"

子卯不乐

古先王之为后世戒也，至矣！欲其出而见之也，故亡国之社，以为庙屏；欲其居而思之也，故子卯不乐。稷食菜羹，而太史奉之，以为讳恶。此君子安而不忘危、存而不忘亡之义也。汉以下，人主莫有行之者。后周武帝天和元年五月甲午，诏曰："道德交丧，礼义嗣兴；褒四始于言，美三子于敬。是以在上不骄，处满不溢；富贵所以长守，邦国于焉乂安。故能承天静地、和民敬鬼，明并日月，道错四时。朕虽庸昧，有志前古。甲子、乙卯，《礼》云不乐；苌宏（弘）表昆吾之稔，杜蒉有扬觯之文。

自世道丧乱，礼仪紊毁，此典茫然，已坠于地。昔周王受命请闻，颛顼庙有戒盈之器，室为复礼之铭。矧伊末学，而能忘此。宜依是日省事停乐，庶知为君之难，为臣不易；贻之后昆，殷鉴斯在。"

子，甲子也；卯，乙卯也。古人省文，但言"子卯"。翼奉乃谓："子为贪狼，卯为阴贼，是以王者忌子卯，《礼经》避之，《春秋》讳焉。"此术家之说，非经义也。

君有馈焉曰献

"仕而未有禄者，君有馈焉曰献，使焉曰寡君。"示不纯臣之道也。故哀公执挚以见周丰，而老莱子之于楚，王自称曰"仆"。盖古之人君有所不臣，故九经之序，先尊贤而后敬大臣。尊贤，其所不臣者也。至若武王之访于箕子，变"年"称"祀"，不敢以维新之号临之。恪旧之心，师臣之礼，又不可以寻常论矣。

邾娄考公

"邾娄考公之丧，徐君使容居来吊含。"注："考公，隐公益之曾孙，'考'或为'定'。"按：隐公当鲁哀公之时，传至曾孙考公，其去春秋已远；而鲁昭公三十年，吴灭徐，徐子章羽奔楚，楚沈尹戌帅师救徐弗及，遂城夷，使徐子处之。是已失国而为寓公，其尚能行王礼于邻国乎？定公在鲁宣、文之时，作"定"为是。

因　国

有胜国，有因国。《周礼·媒氏》："凡男女之阴讼，听之于胜国之社。"《丧祝》:"掌胜国邑之社稷之祝号。"《士师》:"若祭胜国之社稷,则为之尸。"《书序》言汤既胜夏,欲迁其社;又言武王胜殷。《左传》凡胜国曰"灭之"是也。《王制》:"天子诸侯祭因国之在其地而无主后者。"《左传》:"子产对叔向曰:'迁阏伯于商丘,主辰,商人是因;迁实沈于大夏,主参,唐人是因。'"齐晏子对景公曰:"昔爽鸠氏始居此地,季萴因之;有逢伯陵因之,蒲姑氏因之,而后太公因之"是也。

文王世子

"文王之为世子,朝于王季,日三,鸡初鸣而衣服,至于寝门外。"不独文王之孝,亦可以见王季之綦勤也。为父者未明而衣;则为子者,鸡鸣而起矣。苟宴安自逸,又何怪乎其子之惰四支而不养也?是以《小宛》之诗,必曰"夙兴夜寐",而管宁五日宴起,自讼其愆;古人之以身行道者如此。

武王帅而行之

文王之孝,可谓至矣。"武王帅而行之,不敢有加焉。"如三朝食上,色忧复膳之节,皆不敢有过于文王。此《中庸》之行,而凡后人之立意欲以过于前人者,皆有所为而为之也。故乐正子春之母死,五日而不食,曰:"吾悔之,自吾母而不得吾情。吾恶乎用吾情!"

用日干支

三代以前,择日皆用干。《郊特牲》:"郊日用辛,社日用甲。"《诗》："吉日为戊,既伯既祷。"《穀梁传》："六月上甲,始庀牲。十月上甲,始系牲。"《月令》："仲春上丁,命乐正习舞释菜。仲丁,命乐正入学习乐;季秋上丁,命乐正入学习吹。"《春秋》："七月上辛,大雩。季辛,又雩。"《易·蛊卦》："先甲三日,后甲三日。"《巽》"九五,先庚三日,后庚三日"之类是也。秦汉以下,始多用支,如午祖、戌腊、三月上巳祓除,及正月刚卯之类是也。《月令》："择元辰,躬耕帝藉。"卢植说曰："日,甲至癸也;辰,子至亥也。郊天,阳也,故曰日;藉田,阳也,故以辰。蔡邕《月令章句》云:'日,干也;辰,支也。有事于天用日,有事于地用辰。"此汉儒之说,考之经文,无用支之证。

社日用甲

《月令》："择元日,命民社。"注："祀社日用甲。"据《郊特牲》文,日用甲,日用之始也。《正义》曰:"《召诰》:'戊午乃社于新邑。'用戊者,周公告营洛邑位成,非常祭也。"《墨子》云:"吉日丁卯,周〔代〕祝社〔方〕。"疑不可信。汉用午,魏用未,晋用酉,各因其行运。潘尼《皇太子社诗》"孟月涉初旬,吉日惟上酉",则不但用酉,又用孟月。唐武后长寿元年制,更以九月为社;玄宗开元十八年诏,移社日就千秋节,皆失古人用甲之义矣。

不齿之服

道二,仁与不仁而已矣。出乎吉,则入乎凶。惰游之士,缟冠垂緌;不齿之人,玄冠缟武;以其为自吉而之凶之人,故被之以不纯吉,而杂乎凶之服。

为父母妻子长子禫

禫者,终丧之祭。父母之丧,中月而禫固已,妻与长子何居?夫不有祖父母、伯叔父母反(及)昆弟乎?曰:夫为妻,父为长子,丧之主也;服除而禫,非夫、非父,其谁主之?若祖父母、伯叔父母及兄弟,则各有主之者,故不禫。父在为母,则从乎父而禫。

为殇后者以其服服之

"为殇后者,以其服服之。"殇无为人父之道,而有为殇复者,此礼之变也。谓太宗之子,未及成人而殇;取殇者之兄弟若兄之子以为后,则以为人后之服而服之如父,不以其殇而杀,重大宗也。若鲁之闵公,八岁而薨,僖为之后是已。夫礼之制殇,所以示长幼之节,而杀其恩也。大宗重则长幼之节轻,故殇之服而有时不异乎成人;不以宜杀之恩而亏尊祖之义,此所谓权也。若曰服其本服云尔,《记》何必言之,而亦乌有为殇后者哉?

庶子不以杖即位

古之为杖,但以辅疾而已;其后以杖为主丧者之用。丧无二主,则无二杖,故庶子不以杖即位。

夫为妻杖,则其子不杖矣。父为长子杖,则其孙不杖矣。《杂记》曰:"为长子杖,则其子不以杖即位。"

妇人不为主而杖者

无杖则不成丧，故父（女）子在室，父母死而无男昆弟，则女子杖。其曰"一人"，明无二杖也。姑在为夫杖，必其无子也；母为长子削杖，必其无父也。此三者，皆无主之丧，故妇人杖。

庶姓别于上

庶姓者，子姓也。《特牲馈食礼》言"子姓兄弟"，注曰："所祭者之子孙。言子姓者，子之所生。"《玉藻》《丧大记》并言"子姓"。注曰："子姓，谓众子孙也。"故《诗》言"公姓以继公子，"而"同父"之变文则云"同姓"。此所云"庶姓别于上"者，亦"子姓"之姓，与《周礼·司仪》之云"土揖庶姓"者，文同而所指异也。

爱百姓故刑罚中

人君之于天下，不能以独治也；独治之而刑烦（繁）矣，众治之而刑措矣。古之王者，不忍以刑穷天下之民也。是故一家之中，父兄治之；一族之间，宗子治之。其有不善之萌，莫不自化于闺门之内；而犹有不师教者，然后归之士师。然则人君之所治者约矣。然后原父子之亲、立君臣之义以权之，意论轻重之序、慎恻浅深之量以别之，悉其聪明、致其忠爱以尽之。夫然，刑罚焉得而不中乎？是故宗法立而刑清，天下之宗子，各治其族以辅人君之治；罔攸兼于庶狱，而民自不犯于有司。风俗之醇，科条之简，有自来矣！《诗》曰："君之宗之。"吾是以知宗子之次于君道也。

庶民安故财用足

民之所以不安，以其有贫有富；贫者至于不能自存，而富者常恐人之有求而多为吝啬之计，于是乎有争心矣。夫子有言："不患贫而患不均。"夫惟收族之法行，而岁时有合食之恩，吉凶有通财之义。本俗六，安万民，三曰联兄弟，而乡三物之所兴者。六行之条，曰睦、曰婣，不待王政之施，而矜寡孤独废疾者皆有所养矣。此所谓均无贫者，而财用有不足乎？至于《葛藟》之刺兴，《角弓》之赋作，九族乃离，一方相怨，而缾罍交耻，泉池并竭。然后知先王宗法之立，其所以养人之欲而给人之求为周且豫矣。

术有序

《学记》"术有序"注："'术'当为'遂'，声之误也。《周礼》：'万二千五百家为遂。'"按：《水经注》引此作"遂有序"。《周礼》序（遂）人之职，五家为邻，五邻为里，四里为酂，四酂为鄙，五鄙为县，五县为遂：皆有地域沟树之，使各掌其政令。又按：《月令》"审端径术"，注："'术'，《周礼》作'遂'。夫间有遂，遂上有径；径，小沟也。"《春秋·文公十二年》："秦伯使术来聘。"《公羊传》《汉书·五行志》并作"遂"。《管子·度地篇》："百家为里，里十为术，术十为州。"术音遂。此古术、遂二字通用之证。陈可大《集说》改"术"为"州"，非也。

《周礼·州长》："会民射于州序。"陈氏《礼书》曰："州曰序。《记》言'遂有序'何也？《周礼》遂官各降乡官一等，则遂之学，亦降乡一等矣。降乡一等而谓之州长，其爵与遂大夫同，则遂之学，其名与州同序同可也。"

师也者所以学为君

三代之世，凡民之俊秀，皆入大学，而教之以治国平天下之事。孔子之于弟子也，四代之礼乐以告颜渊，五至三无以告子夏，而又曰："雍也，可使南面。"然则内而圣、外而王，无异道矣。其系《易》也曰："九二曰'见龙在田，利见大人'，何谓也？子曰：'龙德而正中者也。'庸言之信，庸行之谨，闲邪存其诚，善世而不伐，德博而化。《易》曰'见龙在田，利见大人'，君德也。"君子学以聚之，问以辨之，宽以居之，仁以行之。《易》曰"见龙在田，利见大人"，君德也。故曰："师也者，所以学为君也。"

肃肃敬也

肃肃，敬也；雝雝，和也。《诗》本"肃雝"，一字而引之二字者，长言之也。《诗》云："有洸（洸）有溃。"毛公《传》之曰："洸洸，武也；溃溃，怒也。"即其例也。

以其绥复

男子以车为居，以弓矢为器。故其生也，桑弧蓬矢以射天地四方；其死也，设决丽于掔。比葬，则弓矢之新沽功，有弭饰焉，亦张可也，以射者，男子之事也。如死于道，则升其乘车之左毂，以其绥复。以车者，男子之居也。

升车必正立执绥,以其绥复者,其象行也。其象行,所以达其志也。于是有朝聘而终,以尸将事之礼矣。邾娄复之以矢,犹有杀敌之意焉,此亡于礼者之礼也。

亲丧外除,兄弟之丧内除

"亲丧外除"者,祥为丧之终矣,而其哀未忘,故中月而禫。"兄弟之丧内除"者,如其日月而止。

十五月而禫

期之丧十一月而练,十三月而祥,十五月而禫。孔氏曰:"此言父在为母,亦备二祥节也。"盖以十月当大丧之一周,逾月则可以练矣,故曰十一月而练;以十二月当大丧之再周,逾月则可以祥矣,故曰十三月而祥。又加两月焉,则与大丧之中月同,可以禫矣,故曰十五月而禫。

父在为母,其禫也,父主之;则夫之为妻,亦当十五月而禫矣。晋孙楚《除妇服诗》,但以一周而毕,盖不数禫月。

其他期丧祥禫之祭,皆不在己;则亦以十一月而练、十三月而除可知。故郑氏曰:"凡齐衰十一月,皆可以出吊。"

妻之党虽亲弗主

姑姊妹,其夫死而夫党无兄弟,使夫之族人主丧,妻之党虽亲弗主,夫若无族矣;则前后家、东西家无有,则里尹主之。此文以姑姊妹发端,以戒人不可主姑姊妹之夫之丧也。夫宁使疏远之族人,与邻里、家尹,而不使妻之党为之主。圣人之意,盖已逆知后世必有如王莽假母后之权、行居摄之事而篡汉家之统，而豫为之坊者矣。别内外，定嫌疑，自天子至于庶人，一也。或曰："主之而附于夫之党"，是恶知礼意哉？

吉祭而复寝

"禫而从御，吉祭而复寝。"互言之也。郑注已明，而孔氏乃以吉祭为四时之祭，虽禫之后，必待四时之祭讫，然后寝复，非也。禫即吉祭也，岂有未复寝而先御妇人者乎？

如欲色然

人少则慕父母，知好色则慕少艾；能以慕少艾之心而慕父母，则其诚无以加矣。

先　古

《祭义》："以事天地、山川、社稷、先古。"先古，先祖也。《诗》曰："以似以续，续古之人。"亦谓其先人也。近曰先，远曰古，故周人谓其先公曰"古公"。

博　爱

先之以博爱，而民莫遗其亲，左右就养无方，谓之博爱。

以养父母日严

"故亲生之膝下，以养父母日严。"孩提之童，爱知而已；稍长，然后知敬；知敬，然后能严。子曰："今之孝者，是谓能养；至于犬马，皆能有养。不敬，何以别乎？"故鸡初鸣而衣服至于寝门外问衣燠寒；疾痛苛养而敬抑搔之；出入则或先或后而敬抶持之，敬之始也。《诗》云："战战兢兢，如临深渊，如履薄冰。""而今而后，吾知免夫"，敬之终也。"日严"者，与日而俱进之谓。

致　知

致知者，知止也。知止者何？为人君，止于仁；为人臣，止于敬；为人子，止于孝；为人父，止于慈；与国人交，止于信：是之谓止。知止然后谓之知至。君臣、父子、国人之交，以至于礼仪三百、威仪三千，是之谓物。

《诗》曰："天生烝民，有物有则。"《孟子》曰："舜明于庶物，察于人伦。"昔者，武王之访，箕子之陈，曾子、子游之问，孔子之答，皆是物也。故曰"万物皆备于我"矣。

惟君子为能体天下之物，故《易》曰："君子以言有物而行有恒。"《记》曰："仁人不过乎物，孝子不过乎物。"

以格物为多识于鸟兽草木之名，则未矣。知者，无不知也，当务为急。

听讼者，与国人交之一事也。

顾諟天之明命

"维天之命，於穆不已。"其在于人，日用而不知，莫非命也。故《诗》《书》之训，有曰："顾諟天之明命。"又曰："永言配命，自求多福。"又曰："若生子，罔不在厥初生，自贻哲命。"又曰："惟克天德，自作元命，配享在下。"而刘康公之言曰：

"民受天地之中以生,所谓命也。是以有动作礼义威仪之间,以定命也。""彼其之子,邦之司直",而以为舍命不渝。"乃如之人,怀昏姻也",而以为不知命也;然则子之孝,臣之忠,夫之贞,妇之信,此天之所命而人受之为性者也。故曰:"天命之谓性。"求命于冥冥之表,则离而二之矣。"予迓续乃命于天",人事也,理之所至,气亦至焉。是以含章中正,而有陨自天;非正之行,而天命不佑。

桀纣帅天下以暴

《仲虺之诰篇》曰:"简贤附势,实繁有徒。"《多方篇》曰:"叨懫(愤)日钦,劓割夏邑。"此桀民之从暴也。《微子篇》曰:"殷罔不小大,好草窃奸宄,卿士师师非度。凡有辜罪,乃罔恒获。小民方兴,相为敌仇。"此纣民之从暴也。故曰:"幽、厉兴则民好暴。"古之人所以胥训告、胥保惠、胥教诲,而不使民之陷于邪僻者,何哉?上无礼,下无学,贼民兴,丧无日矣!《天保》之诗,皆祝其君以受福之辞;而要其指归,不过曰:"民之质矣,日用饮食。群黎百姓,遍为尔德。"然则人君为国之存亡计者,其可不致审于民俗哉?

财者末也

古人以财为末,故舜命九官,未有理财之职;《周官》财赋之事,一皆领之于天官冢宰,而六卿无专任焉。汉之九卿:一太常,二光禄勋,三卫尉,四太仆,五廷尉,六鸿胪,七宗正,八大农,九少府。大农掌财,在后;少府掌天子之私财,又最后。唐之九卿:一太常,二光禄,三卫尉,四宗正,五太仆,六大理,七鸿胪,八司农,九太府;大略与汉不殊,而户部不过尚书省之属官,故与吏、礼、兵、刑、工并列而为六。至于大司徒教民之职,宰相实总之也。罢宰相,废司徒,以六部尚书为二品,非重教化、后财货之义矣。

未有上好仁而下不好义者也

治化之隆,则遗秉滞穗之利及于寡妇;恩情之薄,则櫌鉏箕帚之色加于父母。故欲使民兴孝兴弟,莫急于生财;以好仁之君,用不畜聚敛之臣,则财足而化行;人人亲其亲、长其长,而天下平矣。

君子而时中

《记》曰:"礼,时为大,顺次之,体次之,宜次之,称次之。尧授舜,舜授禹,汤放桀,武王伐纣,时也;天地之祭,宗庙之事,父子之道,君臣之义,伦也;社稷、山川之事,鬼神之祭,体也;丧祭之用,宾客之交,义也。羔豚而祭,百官皆足;太牢而祭,不必有余,此之谓称也。"古之圣人,内之为尊,外之为乐;少之为贵,多之为美;是故先王之制礼也,不可多也,不可寡也,惟其称也。此所谓"君子而时中"者也。故《易》曰:"二簋应有时,损刚益柔有时。"

子路问强

《洪范》"六极",六曰弱。郑康成注:"愚懦不毅为弱。"故子路问强。

鬼　神

王道之大，始于闺门。妻子合、兄弟和而父母顺，道之迩也，卑也；郊焉而天神假，庙焉而人鬼飨，道之远也，高也。先王事父孝，故事天明；事母孝，故事地察；修之为经，布之为政，本于天，肴于地，列于鬼神，达于丧祭、射御、冠昏、朝聘，而天下国家可得而正也。若舜，若文、武、周公，所谓"庸德之行"，而人伦之至者也。故曰："君子之道，造端乎夫妇；及其至也，察乎天地。"

人之有父母也，鸡鸣问寝，左右就养无方，何其近也？及其既亡，而其容与声，不可得而接也，于是或求之阴，或求之阳，然后僾然必有见乎其位，然后乃凭工祝之传而致赉于孝孙，生而为父母，殁而为鬼神。子曰："为之宗庙，以鬼享之。"此之谓也。"洋洋乎如在其上，如在其左右。"由顺父母而推之也。

《记》曰："文王之为世子，朝于王季日三。鸡初鸣而衣服至于寝门外，问内竖之御者曰：'今日安否何如？'内竖曰：'安。'文王乃喜。及日中，又至，亦如之；及暮，又至，亦如之。其有不安节，则内竖以告文王，文王色忧，不能正履；王季复膳，然后亦复初。食上，必在，视寒暖之节；食下，问所膳。命膳宰曰：'末有原。'应曰：'诺。'然后退。"又曰："文王之祭也，事死者如事生，思死者如不欲生，忌日必哀，称讳如见亲，祀之忠也。如见亲之所爱，如欲色然，其文王与？"《诗》云："明发不寐，有怀二人。"文王之诗也。夫惟文王生而事亲如此之孝，故殁而祭如此之忠，而如亲之或见也；苟其生无养志之诚，则其殁也，自必无感通之理。故曰："惟孝子为能飨亲。"而夫子告子路，亦曰："未能事人，焉能事鬼？"是故庸德之行，莫先于父母之顺；而郊社之礼，禘尝之义，缘之以起。明乎此，而天下国家可得而治矣。

在上位者，能顺乎亲，而后可以事天享帝；在下位者，能顺乎亲，而后可以获上治民。

程子曰："鬼神，天地之功用，而造化之迹也。"张子曰："鬼神者，二气之良能也。"用以解《易》"神也者，妙万物而为言"一章，斯为切当。如二子之说，则视之而弗见、听之而弗闻者，鬼神也；其可见、可闻者，亦鬼神也。今夫子但言弗见、弗闻，知其为祭祀之鬼神也。

质诸鬼神而无疑，犹《易·乾·文言》所谓"与鬼神合其吉凶"。

期之丧达乎大夫

《丧服》自期以下，诸侯绝、大夫降者，说者以为期已下之丧，皆其臣属，故不服。然制礼之意，不但为此。古人有丧不祭，诸侯有山川、社稷、宗庙之事，不可以旷，故惟服三年而不服期；大夫亦与于其君骏奔在庙之事，但人数多，不至于旷，故但降之而已。此古人重祭之义，后人不知，但以为贵贵而已。

诸侯亦有期服，如始封之君，不臣诸父、昆弟；封君之子，不臣诸父而臣昆弟。且亦有大功服，如姑姊妹嫁于国君，尊同则不降。《记》特举其大概言之耳。

三年之丧达乎天子

"父母之丧，无贵贱，一也"，即解上"三年之丧，达乎天子"一句，此举其重者而言。然三年之丧，不止父母。《左氏·昭公十五年传》："王一岁而有三年之丧二焉。"谓穆后与太子王后，谓之"三年"者，据达子之志而言，其实期也。是天子亦有期丧。

达　孝

达孝者，达于上下，达于幽明；所谓"孝弟之至，通于神明，先于四海，无所不通"者也。

思事亲不可以不知人

"无丰于昵"，祖己之所以戒殷王也；"自八以下"，众仲之所以对鲁隐也；"以客为臣"，子游之所以规文子也。亲亲之道，赖贤人而明者多矣。汉哀帝听冷褒、段犹之言而尊定陶共皇，唐高宗听李勣之言而立皇后武氏；不知人之祸，且至于斁伦乱纪而不顾，可不慎哉！

人伦之大，莫过乎君父；而子夏先之以贤贤易色，何也？思事亲，不可以不知人也。

父子之亲，长幼之序，男女之别，非师不明；教人以礼者，师之功也。故曰："师无当于五服；五服弗得不亲。"

诚者天之道也

"诚者，天之道也。"故天下雷行，物与无妄，而先王以茂对时，育万物。天叙有典，敕我五典五惇哉；天秩有礼，自我五礼有庸哉；天命有德，五服五章哉；天讨有罪，五刑五用哉：莫非诚也。故曰:"凡为天下国家有九经,所以行之者,一也。"

肫肫其仁

五品之人伦,莫不本于中心之仁爱。故曰:"拜稽颡,哀戚之至隐也;稽颡,隐之甚也。"又曰:"其送往也,望望然,汲汲然,如有追而弗及也;其反哭也,皇皇然,如有求而弗得也。故其往送也如慕,其反也如疑,求而无所得之也,入门而弗见也,上堂又弗见也,入室又弗见也;亡矣丧矣!不可复见已矣!故哭泣辟踊,尽哀而止矣,心怅焉、怆焉、惚焉、忾焉,心绝志悲而已矣。"此于丧而观其仁也。"丧三日而殡,凡附于身者,必诚必信,勿之有悔焉耳。三月而葬,凡附于棺者,必诚必信,勿之有悔焉耳。"又曰:"且比化者,无使土亲肤,于人心独无恔乎?"此于葬而观其仁也。"齐之日,思其居处,思其笑语,思其志意,思其所乐,思其所嗜,齐三日,乃其所为齐者。祭之日,入室,僾然必有见乎其位;周还出户,肃然必有闻乎其容声;出户而听,忾然必有闻乎其叹息之声。是故先王之孝也,色不忘乎目,声不绝乎耳,心志嗜欲不忘乎心。"又曰:"祭之明日,明发不寐,飨而致之,又从而思之;祭之日,乐与哀半,飨之必乐,已至必哀。"此于祭而观其仁也。自此而推之郊社之礼,所以仁鬼神也;乡射之礼,所以仁乡党也;食飨之礼,所以仁宾客也。亲亲而仁民,仁民而爱物;而天下之大经,毕举而无遗矣。故曰:孝弟为仁之本。

孝弟为仁之本

尧舜之道,孝弟而已矣。是故"克明俊德,以亲九族;九族既睦，平章百姓；百姓昭明，协和万邦，黎民于变时雍"。此之谓"孝弟为仁之本"。

察其所安

"求仁而得仁"，安之也；"不怨天，不尤人"，"下学而上达"，安之也。使非所安，则择乎中庸，而不能期月守矣。

子张问十世

《记》曰："圣人南面而治天下，必自人道始矣。立权度量，考文章，改正朔，易服色，殊徽号，异器械，别衣服；此其所得，与民变革者也，其不可得变革者则有矣。亲亲也，尊尊也，长长也，男女有别，此其不可得与民变革者也。"自春秋之并为七国，七国之并为秦，而大变先王之礼；然其所以辨上下，别亲疏，决嫌疑，定是非，则固未尝有异乎三王也。故曰："其或继周者，虽百世，可知也。"

自古帝王相传之统，至秦而大变；然而秦之所以亡，汉之所以兴，则亦不待谶纬而识之矣。不仁而得天下，未之有也，此百世可知者也；保民而王，莫之能御也，此百世可知者也。

媚　奥

奥何神哉？如祀灶，则迎尸而祭于奥；此即灶之神矣。时人之语谓："媚其君，将顺于朝廷之上，不若逢迎于燕退之时也。"注以奥比君，以灶比权臣；本一神也，析而二之，未合语意。

《武》未尽善

观于季札论文王之乐,以为美哉,犹有憾;则知夫子谓"《武》未尽善"之旨矣,犹未洽于天下,此文之犹有憾也。天下未安而崩,此《武》之未尽善也。《记》曰:"乐者,象成者也。"又曰:"移风易俗,莫善于乐。"武王当日诛纣伐奄,三年讨其君,而宝龟之命曰:"有大艰于西土,殷之顽民,迪屡不静,商俗靡靡,利口惟贤,余风未殄;视舜之从欲以治、四方风动者,何如哉?"故《大武》之乐,虽作于周公,而未至于世变风移之日。圣人之时也,非人力之所能为矣。

朝闻道夕死可矣

"有弗学,学之弗能,弗措也;有弗问,问之弗知,弗措也;有弗思,思之弗得,弗措也;有弗辨,辨之弗明,弗措也;有弗行,行之弗笃,弗措也:不知年数之不足也,俛焉日有孳孳,毙而后已。"故曰:"朝闻道,夕死可矣。"吾见其进也,未见其止也;有一日未死之身,则有一日未闻之道。

忠　恕

延平先生《答问》曰:"夫子之道,不离乎日用之间。自其尽己而言,则谓之忠;自其及物而言,则谓之恕。莫非大道之全体,虽变化万殊,于事为之末;而所以贯之者,未尝不一也。曾子答门人之问,正是发其心尔,岂有二邪?若以为夫子'一以贯之'之旨甚精微,非门人所可告,姑以'忠恕'答之;恐圣贤之心，不若是之支也。如孟子言'尧舜之道，孝弟而已矣'，人皆足以知之；但合内外之道，使之体用一原，显微无间，则非圣贤不能尔。"朱子又尝作《忠恕说》，其大指与此略同。按：此说甚明，而《集注》乃谓借学者尽己推己之目以著明之，是疑忠恕为下学之事，不足以言圣人之道也。然则是二之，非一之也。

慈溪黄氏曰："天下之理，无所不在；而人之未能以贯通者，己私间之也。尽己之谓忠，推己及人之谓恕。忠恕既尽，己私乃克，此理所在，斯能贯通。故忠恕者，所以能一以贯之者也。"

元戴侗作《六书故》，其训"忠"曰："尽己致至之谓忠。"《语》曰："为人谋而不忠乎？"又曰："言思忠。"《记》曰："丧礼，忠之至也。"又曰："祀之忠也，如见亲之所爱，如欲色然。"又曰："瑕不揜瑜，瑜不揜瑕，忠也。"《传》曰："上思利民，忠也。"又曰："小大之狱，虽不能察，必以情，忠之属也。"《孟子》曰："自反而仁矣，自反而有礼矣；其横逆由是也，君子必自反也，我必不忠。"观于此数者，可以知忠之义矣。反身而诚，然后能忠；能忠矣，然后由己推而达之国家天下，其道一也。其训"恕"曰："推己及物之谓恕。"己欲立而立人，己欲达而达人，施诸己而不愿，亦勿施于人。此恕之道也。充是心以往，达乎四海矣；故曰："夫子之道，忠恕而已矣。忠也者，天下之大本也；恕也者，天不之达道也。"子贡问曰："有一言而可以终身行之者乎？"子曰："其恕乎！"夫圣人者，何以异于人哉？知终身可行，则知"一以贯之"之义矣。

《中庸》记夫子言，君子之道四，无非忠恕之事；而《乾》九二之龙德，亦惟曰"庸言之信，庸行之谨"。然则忠恕，君子之道也；何以言"违道不远"？曰：此犹之云"巧言令色，鲜矣仁"也。岂可以此而疑忠恕之有二乎？或曰：孟子言强恕而行，求仁莫近焉,何也?曰:此为未至乎道者言之也。孟子曰:"由仁义行,非行仁义也。"仁义岂有二乎?

夫子之言性与天道

夫子之教人,文行忠信;而性与天道,在其中矣。故曰:"不可得而闻。"

子曰:"二三子以我为隐乎?吾无隐乎尔。吾无行而不与二三子者",皆是也。谓夫子之言,性与天道,不可得而闻,是疑其有隐者也。不知夫子之文章,无非夫子之言性与天道,所谓"吾无行而不与二三子者,是丘也"。

子贡之意,犹以文章与性与天道为二,故曰:"子如不言,则小子何述焉?"子曰:"天何言哉!四时行焉,百物生焉。天何言哉!"是可仕可止,可久可速,无一而非天也;恂恂便便,侃侃誾誾,无一而非天也。

动容周旋中礼,盛德之至也;孟子以为尧舜性之之事。

夫子之文章,莫大乎《春秋》;《春秋》之义,尊天王,攘戎翟,诛乱臣贼子,皆性也,皆天道也。故胡氏以《春秋》为圣人性命之文,而子如不言,则小子其何述乎?

今人但以《系辞》为夫子言性与天道之书,愚尝以三复其文;如"鸣鹤在阴"七爻,"自天佑之"一爻,"憧憧往来"十一爻,"履德之基也"九卦,所以教人学《易》者,无不在于言行之间矣。故曰:"初率其辞,而揆其方,既有常典,苟非其人,道不虚行。"

樊迟问仁,子曰:"居处恭,执事敬,与人忠。"司马牛问仁,子曰:"仁者,其言也讱。"由是而充之,一日克己复礼,有异道乎?今之君子,学未及乎樊迟、司马牛,而欲说其高于颜、曾二子，是以终日言性天，而不自知其坠于禅学也！

朱子曰："圣人教人，不过孝弟忠信，持守诵习之间；此是下学之本。今之学者，以为钝根不足留，其平居道说，无非子贡之所谓'不可得而闻'者。"又曰："近日学者病在好高，《论语》未问'学而时习'，便说'一贯'；《孟子》未言'梁惠王问利'，便说'尽心'；《易》未言六十四卦，便读《系辞》。此为躐等之病。"又曰："圣贤立言，本自平易；今推之使高，凿之使深。"

黄氏《日钞》曰："夫子述六经，后来者溺于训诂，未害也。濂洛言道学，后来者借以谈禅，则其害深矣。"

孔门弟子，不过四科；自宋以下之为学者，则有五科，曰"语录科"。

刘、石乱华，本于清谈之流祸，人人知之；孰知今日之清谈，有甚于前代者！昔之清谈，谈老庄；今之清谈，谈孔孟。未得其精而已遗其粗，未究其本而先解其末；不习六艺之文，不考百王之典，不综当代之务，举夫子论学、论政之大端，一切不问，而曰"一贯"，曰"无言"；以明心见性之空言，代修己治人之实学，股肱惰而万事荒，爪牙亡而四国乱，神州荡复，宗社丘墟！昔王衍妙善玄言，自比子贡，及为石勒所杀，将死，顾而言曰："呜呼，吾曹虽不如古人，向若不祖尚浮虚，戮力以匡天下，犹可不至今日！"今之君子，得不有愧乎其言？

变齐变鲁

变鲁而至于道者，道之以德，齐之以礼；变齐而至于鲁者，道之以政，齐之以刑。

博学于文

君子博学于文，自身而至于家国天下，制之为度数，发之为音容，莫非文也。"品节斯，斯之谓礼。"孔子曰："伯母叔母疏衰，归（踊）不绝地；姑姊妹之大功，踊绝于地。知此者，由文矣哉，由文矣哉！"《记》曰："三年之丧，人道之至文者也。"又曰："礼减而进，以进为文；乐盈而反，以反为文。"《传》曰："文明以止，文人也，观乎人文以化成天下。"故曰："文王既没，文不在兹乎？"而《谥法》："经纬天地曰文。"与弟子之学《诗》《书》六艺之文，有深浅之不同矣。

三以天下让

《皇矣》之诗曰："帝作邦作对，自太伯王季。"则太（泰）伯之时，周日以强大矣。乃托之采药，往而不反，当其时，以国让也；而自后日言之，则以天下让也。当其时，让王季也；而自后日言之，则让于文王、武王也。有天下者，在三世之后；而让之者，在三世之前。宗祧不记其功，彝鼎不明其迹；此所谓"三以天下让，民无得而称焉"者也。《路史》曰："方太王时，以与王季，而王季以与文王，文王以与武王，皆太伯启之也，故曰三让。"

太伯去而王季立，王季立而文、武兴，虽谓之以天下让可矣。太公史序《吴世家》云："太伯避历，江淮是适，文武攸兴，古公王迹。"甚当。

高太伯之兴国者，不妨王季，《诗》之言"因心则友"是也。述文王之事君者，不害武王之诗，言"上帝临女"是也。古人之能言如此。今将称太伯之德,而先以莽、操之加诸太王,岂夫子立言之意哉?朱子作《论语或问》,不取蕲商之说;而蔡仲默传《书·武成》曰:"太王虽未始有蕲商之志,而始得民心,王业之成,实基于此。"仲默,朱子之门人,可谓善于匡朱子之失者矣!

《或问》曰:"太王有废长立少之意,非礼也。秦伯又探其邪志而成之,至于父死不赴,伤毁发肤,皆非贤者之事。就使必于让国而为之,则亦过而不合于中庸之德矣。其为至德何邪?曰:太王之欲立贤子圣孙,为其道足以济天下,而非有爱憎之间、利欲之私也。是以太伯去之而不为狷,王季受之而不为贪,父死不赴、伤毁发肤而不为不孝,盖处君臣、父子之变而不失乎中庸,此所以为至德也。其与鲁隐公、吴季子之事,盖不同矣。"

有妇人焉

"予有乱臣十人,同心同德。"此陈师誓众之言,所谓十人,皆身在戎行者。而太姒、邑姜自在宫闱之内,必不从军旅之事,亦必不并数之以足十臣之数也。古人有言曰:"牝鸡无晨,牝鸡之晨,惟家之索。"方且以用妇为纣罪矣,乃周之功业,必藉之于妇人乎?此理之不可通。或文字传写之误,阙疑可也。

季路问事鬼神

"未能事人,焉能事鬼?"左右就养无方,故其祭也,洋洋乎如在其上,如在其左右;"未知生,焉知死?"人之生也直,故其死也,无求生以害人,有杀身以成仁。

"天地有正气,杂然赋流形;下则为河岳,上则为日星。"可以谓之知生矣！"孔曰成仁，孟曰取义，而今而后，庶几无愧。"可以谓之知死矣！

不践迹

服尧之服，诵尧之言，行尧之行，所谓"践迹"也；先王之教，若《说命》所谓"学于古训"，《康诰》所谓"绍闻衣德言"，以至于《诗》《书》六艺之文，三百三千之则，有一非践迹者乎？善人者，忠信而未学礼，笃实而未日新；虽其天资之美，亦能暗与道合。而足己不学，无自以入圣人之室矣。治天下者亦然。故曰："周监于二代，郁郁乎文哉！"不然，则以汉文之几致刑措，而不能成三代之治矣。

异乎三子者之撰

夫子"如或知尔"之言，"吾非斯人之徒与而谁与"也。曾点浴沂咏归之言，"素贫贱行乎贫贱，君子无入而不自得"也。故曰"异乎三子者之撰"。

去兵去食

"乃积乃仓，乃裹糇粮，于橐于囊。"国所以足食，而不待豳土之行也。"备乃弓矢，锻乃戈矛，砺乃锋刃，无敢不善。"国所以足兵，而不待淮夷之役也。苟其事变之来而有所不及备，则櫌鉏白梃（梃）可以为兵，而不可阙食以修兵矣。糠核草根可以为食，而不可弃信以求食矣。古之人有至于张空拳、罗雀鼠，而民无贰志者，非上之信有以结其心乎？此又权于缓急轻重之间，而为不得已之计也。明此义，则国君死社稷，大夫死宗庙，至于舆台、牧圉之贱，莫不亲其上、死其长；所谓圣人有金城者，此物此志也。岂非为政之要道乎？孟子言"制梃以挞秦、楚"，亦是可以无待于兵之意。

古之言兵，非今日之兵，谓五兵也。故曰："天生五材，谁能去兵？"《世本》："蚩尤以金作兵：一弓，二殳，三矛，四戈，五戟。"《周礼》"司右五兵"注引《司马法》曰："弓矢围，殳矛守，戈戟助"是也。"诘尔戎兵"，诘此兵也；"踊跃用兵"，用此兵也；"无以铸兵"，铸此兵也。秦汉以下，始谓执兵之人为兵。如信陵君得选兵八万人，项羽将诸侯兵三十余万，见于太史公之书，而五经无此。

以执兵之人为兵，犹之以被甲之士为甲。《公羊传》："桓公使高子将南阳之甲，立僖公而城鲁。"晋赵鞅取晋阳之甲，以逐荀寅与士吉射。

奡荡舟

《竹书纪年》："帝相二十七年，浇伐斟鄩，大战于潍，覆其舟，灭之。"《楚辞·天问》："覆舟斟鄩，何道取之？"正谓此也。汉时《竹书》未出，故孔安国注为陆地行舟，而后人因之。

古人以左右冲杀为荡陈，其锐卒谓之跳荡，别帅谓之荡主。《晋书·载记》陇上健儿歌曰："丈八蛇矛左右盘，十荡十决无当前。"《唐书·百官志》："矢石未受，陷坚突众，敌因而败者，曰跳荡。"荡舟，盖因此义，与蔡姬之"乘舟荡公"者不同。

管仲不死子纠

君臣之分，所关者在一身；华裔之防，所系者在天下。故夫子之于管仲,略其不死子纠之罪,而取其一匡九合之功;盖权衡于大小之间,而以天下为心也。夫以君臣之分,犹不敌华裔之防,而《春秋》之志可知矣。

有谓管仲之于子纠,未成为君臣者;子纠于齐未成君,于仲与忽则成为君臣矣。狐突之子毛及偃,从文公在秦,而曰"今臣之子,名在重耳,有数年矣"。若毛、偃为重耳之臣,而仲与忽不得为纠之臣,是以成败定君臣也,可乎?又谓桓兄纠弟,此亦强为之说。

论至于尊周室、存华夏之大功,则公子与其臣,区区一身之名分小矣。虽然,其君臣之分,故在也;遂谓之无罪,非也。

予一以贯之

"好古敏求,多见而识。"夫子之所自道也;然有进乎是者。六爻之义,至赜也,而曰:"知者观其象辞,则思过半矣。"三百之《诗》,至泛也,而曰"一言以蔽之,曰诗(思)无邪";三千三百之仪,至多也,而曰"礼,与其奢也宁俭";十世之事,至远也,而曰"殷因于夏礼,周因于殷礼,虽百世可知";百王之治,至殊也,而曰"道二,仁与不仁而已矣":此所谓"予一以贯之"者也。其教门人也,必先叩其两端,而使之以三隅反;故颜子则闻一以知十,而子贡切磋之言,子夏礼后之问,则皆善其可与言《诗》,岂非天下之理殊涂而同归,大人之学举本以该末乎?彼章句之士,既不足以观其会通;而高明之君子,又或语德性而道问学,均失圣人之指矣!

君子疾没世而名不称焉

疾名之不称,则必求其实矣,君子岂有误名之心哉?是以《乾》初九之《传》曰:"不易乎世,不成乎名。"

古之求没世之名，今人求当世之名；吾自幼及老，见人所以求当世之名者，无非为利也。名之所在，则利归之，故求之惟恐不及也；苟不求利，亦何慕名？

性相近也

"性"之一字，始见于《商书》，曰"惟皇上帝，降衷于下民，若有恒性。""恒"，即相近之义；相近，近于善也；相远，远于善也。故夫子曰："人之生也直，罔之生也幸而免。"

人亦有生而不善者，如楚子良生子越椒，子文知其必灭若敖氏是也。然此千万中之一耳。故公都子所述之三说，孟子不斥其非；而但曰："乃若其情，则可以为善矣，乃所谓善也。"盖凡人之所大同，而不论其变也。若纣为炮烙之刑，盗跖日杀不辜，肝人之肉；此则生而性与人殊，亦如五官百骸人之所同，然亦有生而不具者，岂可以一而概万乎？故终谓之性善也。

孟子论性，专以其发见乎情者言之。且如见孺子入井，亦有不怜者；嘑蹴之食，有笑而受之者，此人情之变也。若反从而喜之，吾知其无是人也。

曲沃卫嵩曰："孔子所谓相近，即以性善而言。若性有善、有不善，其可谓之相近乎？如尧、舜，性者也；汤武，反之也。若汤武之性不善，安能反之，以至于尧、舜邪？汤武可以反之，即性善之说；汤武之不即为尧、舜而必待于反之，即性相近之说也。孔子之言一也。"

虞　仲

《史记》太伯之奔荆蛮，自号曰吴；荆蛮义之，从而归之千余家，立为吴太伯。太伯卒，无子，弟仲雍立，是为吴仲雍；仲雍卒，子季简立；季简卒，子叔达立；叔达卒，子周章立。是时周武王克殷，求太伯、仲雍之后，得周章；周章已君吴，因而封之，乃封周章弟虞仲于周之北故夏墟，是为虞仲，列为诸侯。按：此则仲雍为吴仲雍，而虞仲者，仲雍之曾孙也。殷时诸侯，有虞国；《诗》所云"虞芮质厥成"者，武王时国灭，而封周章之弟于其故墟，乃有虞仲之名耳。《论语》："逸民，虞仲、夷逸。"《左传》："太伯、虞仲，太王之昭也。"即谓仲雍为虞仲，是祖孙同号；且仲雍君吴，不当言虞。古"吴""虞"二字多通用，窃疑二书所称"虞仲"，并是"吴仲"之误。又考《吴越春秋》："太伯曰：'其当有封者，吴仲也。'"则仲雍之称吴仲，固有征矣。

《汉书·地理志》："河东郡大阳，吴山在西，上有吴城。周武王封太伯后于此，是为虞公。"《续汉·郡国志》："太阳有吴山，上有虞城。""虞城"之书为"吴城"，犹"吴仲"之书为"虞仲"也。杜元凯《左氏注》亦曰："仲雍支子，别封西吴。"

听其言也厉

君子之言，非有意于厉也；是曰是，非曰非。孔颖达《洪范正义》曰："言之决断，若金之斩割。"

居官，则告谕可以当鞭扑；行师，则誓戒可以当甲兵，此之谓"听其言也厉"。

有始有卒者其惟圣人乎

圣人之道，未有不始于洒扫、应对、进退者也；故曰："约之以礼"；又曰："知崇礼卑"。

梁惠王

《史记·魏世家》："惠王三十六年，卒，子襄王立。襄王元年，与诸侯会徐州，相王也，追尊父惠王为王。"而《孟子》书，其对惠王无不称之为"王"者，则非追尊之辞明矣。司马子长亦知其不通，而改之曰"君"；然孟子之书，出于当时，不容误也。杜预《左传集解·后序》言："哀公于《史记》，襄王之子，惠王之孙也。惠王三十六年卒，而襄王立；立十六年卒，而哀王立。古书《纪年篇》，惠王三十六年（改元），从一年始至十六年，而称惠成王卒，即惠王也。疑《史记》误分惠、成之世以为后王年也，哀王二十三年卒，故特以不称谥，谓之今王。"今按：惠王即位三十六年，称王，改元，又十六年卒；而子襄王立，即《纪年》所谓"今王"，无哀王也。襄、哀字相近，《史记》分为二人，误耳。

《秦本纪》："秦惠文王十四年，更为元年。"此称王改元之证，又与魏惠王同时。

《魏世家》："襄王五年，予秦河西之地；七年，魏尽入上郡于秦。"今按《孟子》书，惠王自言西丧地于秦七百里，乃悟《史记》所书襄王之年，即惠王之后五年、后七年也。以《孟子》证之，而自明者也。

据《纪年》周慎靓王之二年，而魏惠王卒。其明年，为魏襄王之元年；又二年，燕王哙让国于其相子之；又二年，为赧王之元年，齐人伐燕，取之；又二年，燕人畔。与《孟子》之书，先梁后齐，其事皆合。然孟子在二国，皆不久；书中齐事特多，又尝为卿于齐，当有四五年。若适梁，乃惠王之末，而襄王立即行，故梁事不多。谓孟子以惠王之三十五年至梁者误，以惠王之后元年为襄王之元年故也。

孟子为卿于齐，其于梁，则客也。故见齐王称臣，见梁王不称臣。

未有义而后其君者也

不遗亲，不后君，仁之效也；其言义何？义者，理之所由生也。昔者，齐景公有感于晏子之言，而惧其国之为陈氏也，曰："是可若何？"对曰："惟礼可以已之。在礼，家施不及国，民不迁农，不移工，贾不变，士不滥，官不滔，大夫不收公利。"又曰："君令臣共，父慈子孝，兄爱弟敬，夫和妻柔，姑慈妇听，礼也；［君］令而不违，臣共而不戴，父慈而教，子孝而箴，兄爱而友，弟敬而顺，夫和而义，妻柔而正，姑慈而从，妇听而婉，礼之善物也。"晋侯谓女叔齐曰："鲁侯不亦善于礼乎？"对曰："礼所以守其国，行其政令，无失其民者也。今政令在家，不能取也，有子家羁，勿能用也。公室四分，民食于他，思莫在公，不图其终，为国君难将及身，不恤，其所礼之本末将于此乎在；而屑屑焉习仪以亟，言善于礼，不亦远乎？"子曰："君子之道，辟则坊与？坊民之所不足者也；大为之坊，民犹逾之。故君子礼以坊德，刑以坊淫，命以坊欲。"古之明王，所以禁邪于未形，使民日迁善远罪而不自知者，是必有其道矣。

不动心

凡人之动心与否，固在其加卿相行道之时也；枉道事人，曲学阿世，皆从此而始矣。"我四十不动心"者，不动其行一不义、杀一不辜而得天下之心，有不为也。

市　朝

"若挞之于市朝"，即《书》所言"若挞于市"；古者朝无挞人之事，市则有之。《周礼·司市》："市刑，小刑宪罚，中刑徇罚，大刑扑罚。"又曰："胥执鞭度而巡其前，掌其坐，作出入之禁令，凡有罪者，挞戮而罚之。"是也。《礼记·檀弓》："遇诸市朝，不反兵而斗。"兵器非可入朝之物。"奔丧，哭辟市朝。"奔丧亦但过市，无过朝之事也。其谓之"市朝"者，《史记·孟尝君传》曰："日莫之后，过市朝者，掉臂不顾。"《索隐》曰："言市之行列有如朝位，故曰市朝。古人能以众整如此。"后代则朝列之参差，有反不如市肆者矣！

必有事焉而勿正心

倪文节谓当作"必有事焉，而勿忘"。勿助（忘），勿助长也；传写之误，以"忘"字作"正心"二字。言养浩然之气，必当有事而勿忘；既已勿忘，又当勿助长也。迭二"勿忘"，作文法也。按：《书·无逸篇》曰："自时厥后立王，生则逸；生则逸，不知稼穑之艰难。"亦是一迭句，而文愈有致。今人发言，亦多有重说一句者。《礼记·祭义》："见间以侠无觑。"郑氏曰："见间当为觑。"《史记·蔡泽传》："吾持梁刺齿肥。"《索隐》曰："刺齿肥，当为啮肥。"《论语》："五十以学《易》。"朱子以为"五十"当作"卒"。此皆古书一字误为二字之证。

文王以百里

"汤以七十里,文王以百里。"孟子为此言,以证王之不待大尔。其实文王之国,不止百里,周自王季伐诸戎,疆土日大。文王自岐迁丰,其国已跨三四百里之地;伐崇伐密,自河以西,举属之周。至于武王,而西及梁、益,东临上党,无非周地。纣之所有,不过河内殷墟;其从之者,亦但东方诸国而已。一举而克商,宜其如振槁也。《书》之言文王,曰"大邦畏其力",文王何能不藉力哉?

廛无夫里之布

有夫布,有里布。《周礼·地官》"载师"职曰:"凡宅不毛者,有里布;凡田不耕者,出屋粟;凡民无职事者,出夫家之征。"闾师职曰:"凡无职事者,出夫布。"郑司农云:"里布者,布参印书,广二尺,长二尺,以为币,贸易物。《诗》云:'抱布贸丝。'抱此布也。或曰:'布,泉也。'《春秋传》曰:'买之百两一布。'"又"廛人"职:"掌敛市之絘布、緫布、质布、罚布、廛布。"玄谓宅不毛者,罚以一里二十五家之泉。《集注》未引"闾师"文,今人遂以布专属于里。

孟子自齐葬于鲁

孟子自齐葬于鲁,言葬而不言丧,此改葬也;礼,改葬缌,事毕而除。故反于齐,止于嬴,而充虞乃得承间而问。若曰:奔丧而还,营葬方毕,即出赴齐卿之位,而门人未得发言;可谓"三月无君,则皇皇如"也。而身且不行三年之丧,何以教滕世子哉?

其实皆什一也

古来田赋之制,实始于禹,水土既平,咸则三壤;后之王者,不过因其成迹而已。故《诗》曰:"信彼南山,维禹甸之;畇畇原隰,曾孙田之。我疆我理,南东其亩。"然则周之疆理,犹禹之遗法也。孟子乃曰:"夏后氏五十而贡,殷人七十而助,周人百亩而彻。"夫井田之制,一井之地,画为九区;故苏洵谓万夫之地,盖二十二里有半。而其间为川为路者一,为浍为道者九,为洫为涂者百,为沟为畛者千,为遂为径者万;使夏必五十,殷必七十,周必百,则是一王之兴,必将改畛涂、变沟洫、移道路以就之,为此烦扰而无益于民之事也。岂其然乎?盖三代取民之异,在乎贡、助、彻,而不在乎五十、七十、百亩;其五十、七十、百亩,特丈尺之不同,而田未尝易也。故曰:"其实皆什一也。"古之王者,必改正朔,易服色,异度数。故《史记·秦始皇本纪》,于"改年十月朔,上黑"之下即曰:"数以六为纪,符法冠皆六寸,而舆六尺,六尺为步,乘六马。"三代之王,其更制改物,亦大抵如此。故《王制》曰:"古者,以周尺八尺为步,今以周尺六尺四寸为步。"而当日因时制宜之法,亦有可言。夏时土旷人稀,故其亩特大;殷、周土易人多,故其亩渐小。以夏之一亩为二亩,其名殊而实一矣。国佐之对晋人曰:"先王疆理天下物土之宜,而布其利。"岂有三代之王,而为是纷纷无益于民之事哉?

庄 岳

"引而置之庄岳之间。"注:"庄岳,齐街里名也。"庄,是街名；岳，是里名。《左传·襄二十八年》："得庆氏之木百居于庄"，注云："六轨之道。""反陈于岳"，注云："岳，里名。"

古者不为臣不见

观夫孔子之见阳货，而后知逾垣闭门贤者之过，未合于中道者也。然后世之人，必有如胡广被中庸之名，冯道托仲尼之迹者矣。其始也，屈己以见诸侯；一见诸侯，而怀其禄利，于是望尘而拜贵人，希旨以投时好，此其所必至者。曾子、子路之言，所以为末流戒也。故曰："君子上交不谄。"又曰："上弗援，下弗推。"后世之于士人，许之以自媒，劝之以干禄，而责其有耻，难矣。

公行子有子之丧

《礼》：父为长子斩衰三年；故公行子有子之丧，而孟子与右师及齐之诸臣皆往吊。

为不顺于父母

《虞书》所载，帝曰："子闻如何？"岳曰："瞽子，父顽，母嚚，象傲。克谐以孝，烝烝乂，不格奸。"是则帝之举舜，在瞽瞍底豫之后。今《孟子》乃谓九男二女，百官牛羊仓廪备，以事舜于畎亩之中，犹不顺于父母，而如穷人无所归。此非事实。但其推见圣人之心，若此使天下之为人子者，处心积虑，必出乎此而为大孝耳。后儒以为实。然则"二嫂使治朕栖"之说，亦可信矣。

象封有庳

舜都蒲阪，而封象于道州鼻亭；在三苗以南，荒服之地，诚为可疑。如《孟子》所论，亲之欲其贵，爱之欲其富；又且欲其源源而来，何以不在中原近畿之处，而置之三千余里之外邪？盖上古诸侯之封万国，其时中原之地，必无闲土可以封故也。又考太公之于周，其功亦大矣；而仅封营丘。营丘在今昌乐、潍二县界。史言其地泻卤，人民寡；而《孟子》言其俭于百里。又莱夷偪处，而与之争国。夫尊为尚父，亲为后父，功为元臣，而封止于此；岂非中原之地无闲土，故至蒲姑氏之灭，而后乃封太公邪？或曰："禹封在阳翟，授封在武功，何与？"二臣者，有安天下之大功；舜固不得以介弟而先之也。故象之封于远，圣人之不得已也。

周室班爵禄

为民而立之君，故班爵之意，天子与公、侯、伯、子、男一也，而非绝世之贵；代耕而赋之禄，故班禄之意，君、卿、大夫、士与庶人在官一也，而非无事之食。是故天子一位之义，则不敢肆于民上以自尊；知禄以代耕之义，则不敢厚取于民以自奉。不明乎此，而侮夺人之君，常多于三代之下矣。

费惠公

《孟子》"费惠公"注："惠公，费邑之君。"按春秋时有两费，有一见《左传》成公十三年："晋侯使吕相绝秦，曰：'殄灭我费滑。'"注:"滑国都于费,今河南缑氏县。"襄公十八年:楚蒍子冯、公子格,率锐师侵费滑。盖一地而秦灭之,而后属晋耳。其一僖公元年:"公赐季友汶阳之田,及费。"《齐乘》:"费城,在费县西北二十里,鲁季氏邑。"在子思时,滑国之费,其亡久矣,疑即季氏之后而僭称公者。鲁连子称陆子谓齐愍王曰:"鲁、费之众臣,甲舍于襄贲。"而楚人封顷襄王,有邹、费、郯、邳,殆所谓"世上十二诸侯"者邪?

仁山金氏曰:"费本鲁季氏之私邑,而《孟子》称小国之君;曾子书亦有费君、费子之称。"盖季氏专鲁,而自春秋以后,计必自据其邑,如附庸之国矣。大夫之为诸侯,不待三晋而始然,其来亦浅矣!

季氏之于鲁,但出君而不敢立君,但分国而不敢篡位,愈于晋、卫多矣。故曰:"鲁犹秉周礼。"

行吾敬故谓之内也

先王治天下之具,五典、五礼、五服、五刑;其出乎身、加乎民者,莫不本之于心,以为之裁制。亲亲之杀,尊贤之等,礼所生也。故孟子答公都子言义,而举酌乡人、敬尸二事,皆礼之用也,而莫非义之所宜。自此道不明,而二氏空虚之教,至于揿提仁义,绝灭礼乐,从此起矣!自宋以下,一二贤智之徒,病汉人训诂之学,得其粗迹,务矫之以归于内;而达道德、九经三重之事,置之不论。此真所谓"告子未尝知义"者也。其不流于异端而害吾道者几希。

董子曰:"宜在我者,而后可以称义。"故言义者,合我与宜以为一言;以此操之,'义'之言'我'也。"此与孟子之言相发。

以纣为兄之子

以纣为弟，且以为君，而有微子启；以纣为兄之子，且以为君，而有王子比干。并言之，则于文有所不便，故举此以该彼，此古人文章之善。且如"郊社之礼，所以事上帝也"，不言后土；"地道无成，而代有终也"，不言臣妻；"先王居梼杌于四裔"，不言浑敦、穷奇、饕餮。后之读书者，不待子贡之明，亦当闻一以知二矣。

才

人固有为不善之才，而非其性也。性者，天命之；才者，亦天降之。是以禽兽之人，谓之未尝有才。

《中庸》言"能尽其性"，《孟子》言"不能尽其才"。能尽其才，则能尽其性矣，在乎扩而充之。

求其放心

"学问之道无他，求其放心而已矣。"然则但求放心，可不必于学问乎？与孔子之言"吾尝终日不食，终夜不寝，以思，无益，不如学也"者，何其不同邪？他日又曰："君子以仁存心，以礼存心。"是所存者，非空虚之心也；夫仁与礼，未有不学问而能明者也。《孟子》之意，盖曰能求放心，然后可以学问。使弈秋诲二人弈，其一人专心致志，惟弈秋之为听；一人虽听之，一心以为有鸿鹄将至，思援弓缴而射之，虽与之俱学，勿若之矣。此放心而不知求也。然但知求放心，而未尝"穷中罫之方，悉雁行之势"，亦必不能从事于弈。

所去三

免死而已矣,则亦不久而去矣。故曰"所去三。"

自视欿然

人之为学,不可自小,又不可自大:得百里之地而君之,皆足以朝诸侯、有天下,不敢自小也;附之以韩、魏之家,如其自视欿然,则过人远矣,不敢自大也。予将以斯道觉斯民也,思天下之民,匹夫匹妇,有不被尧舜之泽者,若己推而内之沟中,则可谓不自小矣;自耕稼陶渔以至为帝,无非取于人者,则可谓不自大矣。故自小,小也;自大,亦小也。今之学者,非自小则自大,吾见其同为小人之归而已。

士何事

士农工商,谓之四民,其说始于《管子》。三代之前,民之秀者,乃收之乡序,升之司徒;而谓之士,固千百之中不得一焉。大宰以九职任万民,五曰百工,饬化八材,计亦无多人尔。武王作《酒诰》之书曰:"妹土嗣尔股肱,纯其艺黍稷,奔走事厥考厥长。"此谓农也。"肇牵车牛,远服贾,孝用养厥父母。"此谓商也。又曰:"庶士有正越庶伯,君子其尔典,听朕教。"则谓之曰士者。大抵皆有职之人矣,恶有所谓"群萃而州处,四民各自为乡之法"哉?春秋以后,游士日多;《齐语》言桓公为游士八十人,奉以车马衣裘,多其资币,使周游四方,以号召天下之贤士。而战国之君,遂以士为轻重,文者为儒,武者为侠。呜呼，游士兴而先王之法坏矣！彭更之言，王子垫问之，其犹近古之意与？

饭糗茹草

享天下之大福者，必先天下之大劳；宅天下之至贵者，必执天下之至贱。是以殷王小乙，使其子武丁旧劳于外，知小人之依；而周之后妃，亦必服澣濯之衣，修烦缛之事。及周公遭变，陈后稷、先公王业之所由者，则皆农夫女工衣食之务也。古先王之教，能事人而后能使人；其心不敢失于一物之细，而后可以胜天下之大。舜之圣也，能饭糗茹草；禹之圣也，而手足胼胝、面目黎黑。此其所以道济天下而为万世帝王之主也，况乎其不如禹、舜者乎？

孟子外篇

《史记》伍被对淮南王安，引《孟子》曰："纣贵为天子，死曾不若匹夫。"扬子《法言·终身篇》引《孟子》曰："夫有意而不至者有矣，未有无意而至者也。"桓宽《盐铁论》引《孟子》曰："吾于《河广》，知德之至也。"又引《孟子》曰："尧舜之道，非远人也；人不思之尔。"《周礼·大行人》注引《孟子》曰："诸侯有王。"宋鲍照《河清颂》引《孟子》曰："千载一圣，犹旦暮也。"《颜氏家训》引《孟子》曰："图影失形。"《梁书·处士传序》引《孟子》曰："今人之于爵禄，得之若其生，失之若其死。"《广韵》"圭"字下注曰："《孟子》：六十四黍为一圭，十圭为一合。"以及《集注》中程子所引荀子、孟子三见齐王而不言事，门人疑之。孟子曰："我先攻其邪心。"今《孟子》书皆无其文,岂所谓"外篇"者邪?《诗·维天之命》《传》引孟仲子曰:"大哉,天命之无极!"而美周之礼也。《閟宫》《传》引孟仲子曰:"是禖宫也。"《正义》引赵岐云:"孟仲子,孟子之从昆弟,学于孟子者也。《谱》云:'孟仲子者,子思弟子。'盖与孟轲共事子思,后学于孟轲,著书论《诗》,毛氏取以为说。"则又有孟仲子之书矣。

《孟子》引《论语》

《孟子》书引孔子之言,凡二十有九,其载于《论语》者八,又多大同而小异;然则夫子之言,其不传于后者多矣。故曰:"仲尼没而微言绝。"

《孟子》字样

九经《论语》,皆以汉石经为据,故字体未变;《孟子》字多近今,盖久变于魏晋以下之传录也。然则《石经》之功,亦不细矣。

《唐书》言:邠州故作豳,开元十三年,以字类"幽",故为"邠"。今惟《孟子》书用"邠"字。

《容斋随笔》言《孟子》"是由恶醉而强酒","见由不得而亟",并作"由",今本作"犹"。是知今之《孟子》,又与宋本小异。

孟子弟子

赵岐注《孟子》,以季孙、子叔二人为孟子弟子。季孙知孟子意不欲，而心欲使孟子就之，故曰："异哉，弟子之所闻也！"子叔心疑惑之，亦以为可就之矣，"使己为政"以下，则孟子之言也。又曰："告子名不害，兼治儒、墨之道者，学于孟子，而不能纯彻性命之理。"又曰："高子，齐人也；学于孟子，乡道而未明，去而学他术。"又曰："盆成括，尝以学于孟子，问道未达而去。"宋徽宗政和五年，封告子不害东阿伯，高子泗水伯，盆成括莱阳伯，季孙丰城伯，子叔乘阳伯，皆以孟子弟子故也。《史记索隐》曰："孟子有万章、公明高等，并轲之门人。"《广韵》又云："离娄，孟子门人。"不知其何所本？元吴莱著《孟子弟子列传》二卷，今不传。

《晏子》书称西郭徒居布衣之士，盆成括尝为孔子门人，尤误。

荼

"荼"字，自中唐始变作"茶"，其说已详之《唐韵正》。按《困学纪闻》，荼有三："谁谓荼苦"，苦菜也；"有女如荼"，茅秀也；"以薅荼蓼"，陆草也。今按《尔雅》"荼""蒤"字凡五见，而各不同。《释草》曰："荼，苦菜。"注引《诗》："谁谓荼苦，其甘如荠。"疏云："此味苦可食之菜，《本草》一名选，一名游冬。《易纬·易卦验元图》云'苦菜生于寒秋，经冬历春乃成'，《月令》'孟夏苦菜秀'，是也。叶似苦苣而细，断之有白汁，花黄似菊，堪食，但苦耳。"又曰："蔈荂荼。"注云："即芀。"疏云："按《周礼·掌荼》及《诗》'有女如荼'，皆云：荼，茅秀也；蔈也、荂也，其别名。此二字，皆从草从余。"又曰："蒤，虎杖。"注云："似红草而麁大，有细刺，可以染赤。"疏云："蒤，一名虎杖。陶注：《本草》云，田野甚多，壮如大马蓼，茎斑而叶圆，是也。"又曰："荼，委叶。"注引《诗》"以茠荼蓼"。疏云："荼，一名委叶。"王肃说《诗》云："荼，陆秽草。"然则荼者，原田芜秽之草，非苦菜也。今《诗》本"茠"作"薅"，此二字皆从草从涂。《释木》曰："槚（榎），苦荼。"注云："树小如栀子，冬生果（叶），可煮作羹饮，今呼早采者为荼，晚取者为茗，一名荈，蜀人名之苦荼。"此一字亦从草从余，以《诗》考之，《邶·谷风》之"荼苦"，《七月》之"采荼"，《緜》之"堇荼"，皆苦菜之荼也。又借而为"荼毒"之荼，《桑柔》《汤诰》，皆苦菜之荼也。《夏小正》"取荼莠"，《周礼·地官》"掌荼"，《仪礼·既夕礼》"茵著用荼，实绥泽焉"。《诗·鸱鸮》"捋荼"，《传》曰："荼，萑苕也。"《正义》曰："谓蒹之秀穗，茅蒹之穗；其物相类，故皆名荼也。"茅秀之荼也，以其白也而象之。《出其东门》"有女如荼"，《国语》："吴王夫差万人为方陈，白常、白旗、素甲、白羽之矰，望之如荼"，《考工记》"望而脈之，欲其荼白"，亦茅秀之荼也。《良耜》之"荼蓼"，委叶之荼也。唯虎杖之荼与槚之苦荼，不见于《诗》《礼》。而王褒《僮约》云："武都买荼。"张载《登成都白菟楼诗》云："芳荼冠六清。"孙楚诗云："姜桂荼荈出巴蜀。"《本草衍义》："晋温峤上表，贡荼千斤、茗三百斤。"是知自秦人取蜀而后始有茗饮之事。

王褒《僮约》，前云"包鳖烹荼"，后云"武都买荼"。注以前为苦菜，后为茗。

《唐书·陆羽传》："羽嗜茶，著经三篇，言茶之原、之法、之其（具）尤备，天下益知饮茶矣。"有常伯熊者，因羽论，复广著茶之功；其后尚茶成风，时回纥入朝，始驱马市茶，至明代设茶马御史。而《大唐新语》言：右补阙綦母炅性不饮茶，著《伐茶饮》，序云："解滞消壅，一日之利暂佳；瘠气侵精，终身之害斯大。获益则功归茶力，贻患则不谓茶灾。岂非福近易知，害远难见?"宋黄庭坚《茶赋》亦曰:"寒中瘠气,莫甚于茶,或济之盐,勾贼破家。"今南人往往有茶〔癖,而不知其害,此亦摄生者之所宜戒也〕。

䴈

《尔雅》:"舒雁,鹅。"注:"今江东呼䴈䴈。"即驾字。《左传》:"鲁大夫荣驾鹅。"《方言》:"雁自关而东,谓之䴈鹅。"《太玄经》:"装次二驾,鹅惨于冰。"一作"䴈鹅"。司马相如《子虚赋》:"弋白鹄,连驾鹅;双鸧下,玄鹤加。"《上林赋》:"鸿鹔鹄鸨,驾鹅属玉。"扬雄《反离骚》:"凤皇翔于蓬陼兮,岂驾鹅之能捷?"张衡《西京赋》:"驾鹅鸿鶤。"《南都赋》"鸿鸰驾鹅。"杜甫《七歌》"前飞驾鹅后鹜鸧。"《辽史·穆宗纪》:"获驾鹅,祭天地。"《元史·武宗纪》:"禁江西、湖广、汴梁私捕驾鹅。"《山海经》:"青要之山,是多䴈鸟。"郭璞云:"未详,或云当作'驾';其从'马'者,传写之误尔。"

九 经

唐宋取士,皆用九经;今制定为五经,而《周礼》《仪礼》,《公羊》《穀梁》二传,并不列于学官。

杜氏《通典》:东晋元帝时,太常贺循上言:"《尚书》被符经,置博士一人。又多故历纪,儒道荒废,学者能兼明经义者少;且《春秋》三传,俱出圣人,而义归不同。自前代通儒,未有能通得失、兼而学之者也。今宜《周礼》《仪礼》二经,置博士二人;《春秋》三传,置博士三人;其余则经置一人,合八人。"太常荀崧上疏言:"博士旧员十有九人,今五经合九人;准古计今，犹未中半。《周易》有郑氏注，其书根源，诚可深惜。《仪礼》一经，所谓《曲礼》。郑玄于礼特明，皆有证据。昔周之衰，孔子作《春秋》，左丘明、子夏造膝亲受。孔子殁，丘明撰其所闻为之传；微辞妙旨，无不精究。公羊高亲受子夏，立于汉朝，多可采用；穀梁亦师徒相传；诸所发明，或是《左氏》《公羊》不载，亦足有所订正。臣以为三《传》虽同曰《春秋》，而发端异趣，宜各置一人，以传其学。"遇王敦难，不行。唐贞观九年五月，敕自今以后，明经兼习《周礼》；若《仪礼》者，于本色内量减一选。开元八年正月，国子司业李元瓘上言：三《礼》、三《传》，及《毛诗》《尚书》《周易》等，并圣贤微旨，生人教业；今明经所习，务在出身。咸以《礼记》文少，人皆竞读。《周礼》经邦之轨，则《仪礼》庄敬之楷模。《公羊》《穀梁》，历代宗习。今两监及州县，以独学无友，四经殆绝；事资训诱，不可因循。其学生请停，各量配合作业，并贡人预试之日，习《周礼》《仪礼》《公羊》《穀梁》，并请帖十五通，许其入第；以此开劝，即望四海均习，九经该备。"从之。

《唐书》：开元十六年十二月，杨琚为国子祭酒，奏言："今之明经，习《左氏》者十无一二。又《周礼》《仪礼》及《公羊》《穀梁》，殆将废绝；请量加优奖。"于是下制："明经习《左氏》及通《周礼》等四经者，出身免任散官。"遂著于式。

古人抱遗经、抉微学之心如此其急，而今乃废之；盖必当时之士子，苦四经之难习，而主议之臣，徇其私意，遂举历代相传之经典，置之而不学也。自汉以来，岂不知经之为五，而义之并存，不容执一；故三家之学，并列《春秋》。至于三《礼》，各自为书。今乃去经习传，尤为乖理；苟便己私，用之干禄。率天下而欺君负国，莫甚于此。经学日衰［，人材日下，非职此之由乎］？

《宋史》：神宗用王安石之言，"士各占治《易》《书》《诗》《周礼》《礼记》一经，兼《论语》《孟子》"。朱文公《乞修三礼札子》："遭秦灭学，礼乐先坏，其颇存者，三《礼》而已。《周官》一书，固为礼之纲领；至于仪法度数，则《仪礼》乃其本经。而《礼记·郊特牲》《冠义》等篇，乃其义说耳。前此犹有三《礼》通礼、学究诸科，礼虽不行，士犹得以诵习而知其说。熙宁以来，王安石变乱制度，废罢《仪礼》，而独存《礼记》之科；置经任传，遗本宗末，其失已甚。"是则《仪礼》之没，乃自安石始之。朱子又作《谢监岳文集序》曰："谢绰中，建之政和人。先君子尉政和，行田间，闻读书声；入而视之，《仪礼》也。以时方专治王氏学，而独能尔，异之，即与俱归，勉其所未至，遂中绍兴三年进士第。"在宋已为空谷之足音，今时则绝响矣！

先生《仪礼郑注句读序》曰：三代之后，其存于礼世而无疵者，独有《仪礼》一经。汉郑康成为之注，魏晋以下，至唐宋通经之士，无不讲求于此。自熙宁中，王安石变乱旧制，始罢《仪礼》，不立学官，而此经遂废，此新法之为经害者一也。南渡以后，二陆起于金溪，其说以德性为宗；学者便其简易，群然趋之，而于制度文为一切鄙为末事。赖有朱子正言力辨，欲修三《礼》之书，而卒不能胜。夫空虚妙悟之学，此新说之为经害者二也。沿至于今，有坐皋比、称讲师，门徒数百、自拟濂洛，而终身未读此经一编者，若天下之书，皆出于国子监所颁以为定本；而此经误文最多，或至脱一简一句，非唐石本之尚存于关中，则后儒无由以得之矣。济阳张尔岐稷若笃志好学，不应科名；录《仪礼》郑氏注，而采贾氏、陈氏、吴氏之说，略以己意断之，名曰《仪礼郑注句读》。又参定监本，脱误凡二百余字；并考《石经》之误五十余字，作《正误》二篇，附于其后，藏诸家塾。时方多故，无能板行之者。后之君子，因句读以辨其文，因文以识其义，因义以通制作之原；则夫子所谓以承天之道而治人之情者，可以追三代之英，而辛有之叹，不发于伊川矣！如稷若者，其不为后世太平之先倡乎？若乃据《石经》刊监本，复立之学官，以习士子；而姑劝之以禄利，使毋失其传，此又治经术者之责也。*

考次经文

《礼记·乐记》"宽而静"至"肆直而慈"一节，当在"爱者宜歌商"之上，文义甚明。然郑康成因其旧文，不敢辄更，但注曰："此文换简失其次，'宽而静'宜在上，'爱者宜歌商'宜承此。"

《书·武成》，定是错简，有日月可考；蔡氏亦因其旧而别序一篇，为今考定《武成》，最为得体。

其他考定经文，如程子改《易·系辞》"天一地二"一节于"天数五"之上，《论语》"必有寝衣"一节于"齐必有明衣布"之下；苏子瞻改《书·洪范》"曰王省惟岁"一节于"五曰历数"之下，改《康诰》"惟三月哉生魄"一节于《洛诰》"周公拜手稽首"之上；朱子改《大学》"康诰曰"至"止于信"于"未之有也"之下，改"《诗》云'瞻彼淇澳'"二节于"止于信"之下，《论语》"诚不可以富"二句于"齐景公有马千驷"一节之下，《诗·小雅》以《南陔》足《鹿鸣之什》，而下改为《白华之什》：

---

* 此类部分并非《日知录》原文，而是原整理者根据相关主题，以顾炎武文章、书信等补入的。此本以退格楷体字标明，以示区别。以下类同。——编注

皆至当，无复可议。后人效之，妄生穿凿。《周礼》五官互相更调，而王文宪作《二南相配图》《洪范经传图》，重定《中庸章句图》，改《甘棠》《野有死麕》《何彼秾矣》三篇于王风；仁山金氏本此，改"敛时五福"一节于"五曰考终命"之下，改"惟辟作福"一节于"六曰弱"之下。使邹、鲁之书，传于今者，几无完篇，殆非所谓"畏圣人之言"者矣！

董文清槐改《大学》"知止而后有定"二节于"子曰听讼，吾犹人也"之上，以为《传》之四章；释"格物知止"，而《传》止于九章：则《大学》之文，元无所阙，其说可从。

凤翔袁楷谓："《文言》有错入《系辞》者，'鸣鹤在阴'已下七节，'自天佑之'一节，'憧憧往来'已下十一节，此十九节，皆《文言》也。即'亢龙有悔'一节之重见，可以明之矣。"遂取此十八节属于"天玄而地黄"之后，于义亦通。然古人之文，变化不拘；况六经出自圣人，传之先古，非后人所敢擅议也。

日知录节要卷二　艺文

文须有益于天下

文之不可绝于天地间者，曰明道也，纪政事也，察民隐也，乐道人之善也。若此者，有益于天下，有益于将来，多一篇多一篇之益矣。若夫怪力乱神之事，无稽之言，剿袭之说，谀佞之文。若此者，有损于己，无益于人，多一篇多一篇之损矣！

先生与友人书曰："孔子删述六经，即伊尹、太公救民于水火之心；而今之注虫鱼、命草木者，皆不足以语此也。故曰：'载之空言，不如见之行事。'夫《春秋》之作，言焉而已；而谓之行事者，天下后世用以治人之书，将欲谓之空言而不可也。愚不揣有见于此，故凡文之不关于六经之指、当世之务者，一切不为；而既以明道救人，则于当今之所通患，而未尝专指其人者，亦遂不敢以避也。"

文不贵多

二汉文人所著绝少，史于其传末，每云所著凡若干篇；惟董仲舒至百三十篇，而其余不过五六十篇，或十数篇，或三四篇。史之录其数，盖称之，非少之也。乃今人著作，则以多为富；夫多则必不能工，即工亦不必皆有用于世，其不传宜矣。

西京尚辞赋，故《汉书·艺文志》所载，止诗、赋二家。其诸有名文人，陆贾赋止三篇，贾谊赋止七篇，枚乘赋止九篇，司马相如赋止二十九篇,兒宽赋止二篇,司马迁赋止八篇,王褒赋止十六篇,扬雄赋止十二篇;而最多者,则淮南王赋八十二篇,枚皋赋百二十篇。而于《枚皋传》云:"皋为文疾,受诏辄成,故所赋者多;司马相如善为文而迟,故所作少而善于皋。皋赋辞中自言为赋不如相如,其文骫骳,曲随其事,皆得其意,颇诙笑,不甚闲靡;凡可读者,不二十篇;其尤嫚戏不可读者,尚数十篇。"是辞赋多而不必善也。东汉多碑诔、书序、论难之文,又其时崇重经术,复多训诂;凡传中录其篇数者,四十九人,其中多者如曹褒、应劭、刘陶、蔡邕、苟(荀)爽、王逸各百余篇,少者卢植六篇、黄香五篇,刘騊駼、崔烈、曹众、曹朔各四篇,桓彬三篇。而于《郑玄传》云:"玄依《论语》作《郑志》八篇,所注诸经百余万言,通人颇讥其繁。"是解经多而不必善也。

秦延君说《尧典》篇目,两字之说,十余万言;但说"曰若稽古",三万言。此颜之推《家训》所谓邺下谚云:"博士买驴,书券三纸,未有驴字"者也!

文以少而盛,以多而衰。以二汉言之,东都之文多于西京,而文衰矣;以三代言之,春秋以降之文多于六经,而文衰矣。《记》曰:"天下无道,则言有枝叶。"

《隋志》载古人文集,西京惟刘向六卷,扬雄、刘歆各五卷,为至多矣。他不过一卷二卷,而江左梁简文帝至八十五卷,元帝至五十二卷,沈约至一百一卷。所谓"虽多亦奚以为"?

著书之难

子书自孟、荀而外,如老、庄、管、商、申、韩,皆自成一家言;至《吕氏春秋》《淮南子》,则不能自成。故取诸子之言,汇而为书，此子书之一变也。今人书集，一一尽出其手，必不能多，大抵如《吕览》《淮南》之类耳。其必古人之所未及就，后世之所不可无，而后为之，庶乎其传也与？宋人书，如司马温公《资治通鉴》、马贵与《文献通考》，皆以一生精力成之，遂为后世不可无之书；而其中小有舛漏，尚亦不免。若后人之书，愈多而愈舛漏，愈速而愈不传。所以然者，其视成书太易，而急于求名故也。

伊川先生晚年作《易传》成，门人请授，先生曰："更俟学有所进。子不云乎：'忘身之老也，不知年数之不足也；俛焉日有孳孳，毙而后已。'"

直　言

张子有云："民吾同胞。今日之民，吾与达而在上位者之所共也；救民以事，此达而在上位者之责也；救民以言，此亦穷而在下位者之责也。"

"天下有道，则庶人不议。"然则政教风俗，苟非尽善，即许庶人之议矣。故《盘庚之诰》曰："无或敢伏小人之攸箴，而国有大疑，卜诸庶民之从逆。"子产不毁乡校，汉文止辇受言，皆以此也。唐之中世，此意犹存。鲁山令元德秀遣乐工数人，连袂歌《于蔿》，玄宗为之感动。白居易为盩厔尉，作乐府及诗百余篇，规讽时事，流闻禁中；宪宗召入翰林，亦近于陈列国之风、听舆人之诵者矣。

《诗》之为教，虽主于温柔敦厚，然亦有直斥其人而不讳者。如曰："赫赫师尹，不平谓何？"如曰："赫赫宗周，褒姒灭之。"如曰："皇父卿士，番维司徒，家伯家宰；仲允膳夫，聚子内史，蹶维趣马，楀维师民，艳妻煽方处。"如曰："伊谁云从？维暴之云。"则皆直斥其官族名字，古人不以为嫌也。《楚辞·离骚》："余以兰为可恃兮，羌无实而容长！"王逸《章句》谓"怀王少弟司马子兰"；"椒专佞以慢慆兮。"《章句》谓："楚大夫子椒。"洪兴祖《补注》："《古今人表》有令尹子椒。"如杜甫《丽人行》："赐名大国虢与秦，慎莫近前丞相嗔。"近于《十月之交》，诗人之义矣。

孔稚珪《北山移文》，明斥周容、刘孝标；《广绝交论》，阴讥到溉；袁楚客规魏元忠有"十失"之书；韩退之讽阳城作"争臣"之论。此皆古人风俗之厚。

立言不为一时

天下之事，有言在一时，而其效见于数十百年之后者。《魏志》："司马朗有复井田之议，谓往者以民各有累世之业，难中夺之；今承大乱之后，民人分散，土业无主，皆为公田，宜及此时复之。"当世未之行也。及拓跋氏之有中原，令户绝者墟宅桑榆，尽为公田，以给授而口分；世业之制，自此而起，迄于隋唐守之。《魏书》："武定之初，私铸滥恶，齐文襄王议称，钱一文重五铢者，听人市用；天下州镇郡县之市，各置二称，悬于市门。若不重五铢，或虽重五铢而杂铅镴，并不听用。"当世未之行也。及隋文帝之有天下，更铸新钱，文曰"五铢"，重如其文；置样于阙，不如样者，没官销毁之。而开通元宝之式，自此而准，至宋时犹仿之。

《唐书》："李叔明为剑南节度使，上疏言道佛之弊，请本道定寺为三等，观为二等。上寺留僧二十一，上观道士十四；每等降杀以七，皆择有行者，余还为民。德宗善之，以为可行之天下，诏下尚书省议，已而罢之。"至武宗会昌五年，"并省天下寺观，敕上都、东都两街，各留二寺，每寺留僧三十人；天下节度观察使治所，及同、华、商、汝州，各留一寺，分为三等，上等留僧二十人，中等留十人，下等五人：凡毁寺四千六百余区，归俗僧尼二十六万五百人，大秦穆护祆僧二千余人"。而有明洪武中，亦稍行其法。

《元史》："京师恃东南运粮，竭民力以航不测。泰定中，虞集建言：'京东数千里，北极辽海，南滨青齐，萑苇之场，海潮日至，淤为沃壤；用浙人之法，筑堤捍水为田，听富民欲得官者，合其众而授以地。能以万夫耕者，授以万夫之田，为万夫长；千夫、百夫亦如之。三年视其成，以地之高下，定为征额；五年有积畜，命以官，就所储给以禄；十年佩之符印，得以传子孙，如军官之法。如此，可以宽东南之运，以纾民力；而游手之徒，皆有所归。'事不果行。"及顺帝至正中，海运不至；从丞相脱脱言，乃立分司，农司于江南，召募能种水田及修筑围堰之人各一千，名为农师，岁乃大稔，至今水田遗利，犹有存者，而戚将军继光复，修之蓟镇。是皆立议之人所不及见。而穷则变，变则通，通则久，天下之理，固不出乎此也。孔子言行夏之时，固不以望之鲁之定哀、周之景敬也，而独以告颜渊。及汉武帝太初之元，几三百年矣，而遂行之。孔子之告颜渊，告汉武也。孟子之欲用齐也，曰："以齐王犹反手也，若滕则不可用也。"而告文公之言，亦未尝贬于齐梁，曰："有王者起，必来取法。"是为王者师也。呜呼！天下之事，有其识者，不必遭其时；而当其时者，或无其识。然则开物之功，立言之用，其可少哉？

朱子作《诗传》，至于秦《黄鸟》之篇，谓其初特出于戎翟之俗，而无明王贤伯以讨其罪，于是习以为常；则虽以穆公之贤，而不免论其事者，亦徒闵三良之不幸，而叹秦之衰。至于王政不纲，诸侯擅命，杀人不忌，至于如此，则莫知其为非也。历代相沿,至先朝英庙,始革千古之弊。伏读正统四年六月乙酉书,与祥符王有爋曰:"周王薨逝,深切痛悼;其存日尝奏,葬择近地,从俭约以省民力;自妃夫人以下,不必从死;年少有父母者,各遣归其家。"盖上御极之初,即有感于宪王之奏,而亦朱子《诗传》有以发其天聪也。呜呼仁哉!

先生与人书曰:"引古筹今,亦吾侪经世之用。然此等故事,不欲令在位之人知之。今日之事,兴一利便是添一害;如欲行沁水之转般,则河南必扰;开胶莱之运道,则山东必乱。"又曰:"目击世趋,方知乱治之关,必在人心风俗;而所以转移人心、整顿风俗,则教化纲纪为不可阙哉!"

文人之多

唐宋以下,何文人之多也?固有不识经术、不通古今,而自命为文人者矣!韩文公《符读书城南诗》曰:"文章岂不贵,经训乃菑畲;潢潦无根源,朝满夕已除。人不通古今,马牛而襟裾;行身陷不义,况望多名誉。"而宋刘挚之训子孙,每曰:"士当以器识为先,一号为文人,无足观矣!"然则以文人名于世,焉足重哉?此扬子云所谓"摛我华而不食我实"者也。

黄鲁直言:"数十年来,先生君子,但用文章提奖后生,故华而不实。"本朝嘉靖以来,亦有此风,而陆文裕所记,刘文靖告吉士之言,空同大以为不平矣。《宋史》言欧阳永叔与学者言,未尝及文章,惟谈吏事,谓:"文章止于润身,政事可以及物。"

先生与友人书曰:"《宋史》言刘忠肃每戒子弟曰:'士当以器识为先,一命为文人,无足观矣!'仆自读此一言,便绝应酬文字;所以养其器识,而不堕于文人也。中孚为其先妣求传再三,终已辞之。盖止为一人一家之事,而无关于经术政理之大，则不作也。韩文公起八代之衰，若但作《原道》《原毁》《争臣论》《平淮西碑》《张中丞传后序》诸篇，而一切铭状，概为谢绝，则诚近代之泰山北斗矣。"

巧　言

《诗》云："巧言如簧，颜之厚矣！"而孔子亦曰："巧言令色，鲜矣仁！"又曰："巧言乱德。"夫巧言，不但言语，凡今人所作诗赋、碑状，足以悦人之文，皆巧言之类也。不能，不足以为通人；夫惟能之而不为，乃天下之大勇也。故夫子以刚毅木讷为近仁，学者所用力之途，在此不在彼矣。

天下不仁之人有二：一为好犯上、好作乱之人；一为巧言令色之人。自幼而不孙弟，以至于弑父与君，皆好犯上、好作乱之推也；自胁肩谄笑、未同而言，以至于苟患失之、无所不至，皆巧言令色之推也。然而二者之人，常相因以立于世，有王莽之篡弑，则必有扬雄之美新；有曹操之禅代，则必有潘勖之九锡。是故乱之所由生也，犯上者为之魁，巧言者为之辅；故大禹谓之"巧言令色孔壬"，而与驩兜、有苗同为一类，甚哉其可畏也！然则学者宜如之何？必先之以孝弟，以消其悖逆陵暴之心；继之以忠信，以去其便辟侧媚之习。使一言一动，皆出于其本心，而不使不仁者加乎其身，夫然后可以修身而治国矣。

世言魏忠贤初不知书，而口含天宪，则有一二文人代为之；《后汉书》言梁冀裁能书计，其诬奏太尉李固时，扶风马融为冀章草；《唐书》言李林甫自无学术，仅能秉笔，而郭慎微、苑咸，文士之阘茸者，代为题尺；又言高骈上书，肆为丑悖，胁邀天子，而吴人顾云以文辞缘泽其奸；《宋史》言章惇用事，尝曰：元祐初司马作相，用苏轼掌制，所以能鼓动四方，乃使林希典书命，逞毒于元祐诸臣。呜呼！何代无文人，有国者不可不深惟华实之辨也！

文辞欺人

　　古来以文辞欺人者，莫若谢灵运，次则王维。灵运身为元勋之后，袭封国公；宋氏革命，不能与徐广、陶潜为林泉之侣。既为宋臣，又与庐陵王义真款密。至元嘉之际，累迁侍中，自以名流，应参时政，文帝惟以文义接之，以致觖望；又上书劝伐河北，至屡婴罪劾，兴兵拒捕。乃作诗曰："韩亡子房奋，秦帝鲁连耻；本自江海人，忠义动君子。"及其临刑，又作诗曰："龚胜无馀生，李业有终尽。"若谓欲效忠于晋者，何先后之矛盾乎？史臣书之以逆，不为苛矣。

　　王维为给事中，安禄山陷两都，拘于普施寺，迫以伪署，禄山宴其徒于凝碧池。维作诗曰："万户伤心生野烟，百官何日再朝天？秋槐叶落空宫里，凝碧池头奏管弦。"贼平下狱，或以诗闻于行在；其弟刑部侍郎缙，请削官以赎兄罪。肃宗乃特宥之，责授太子中允。襄王僭号，逼李揆为翰林学士，揆既污伪署，心不自安；时朱泚秉政，百揆无叙。揆尝朝退，驻马国门，为诗曰："紫宸朝罢缀鹓鸾，丹凤楼前立马看；惟有终南山色在，晴明依旧满长安。"吟已涕下。及王行瑜杀朱泚，襄王出奔，揆为乱兵所杀。二人之诗同也，一死一不死；而文墨交游之士如（多护）王维，如杜甫谓之"高人王右丞"。天下有高人而仕贼者乎？今有颠沛之余，投身异姓，至摈斥不容，而后发为忠愤之论；与夫名污伪籍，而自托乃心，比于康乐、右丞之辈，吾见其愈下矣！

　　末世人情弥巧，文而不惭；固有朝赋《采薇》之篇，而夕有捧檄之喜者。苟以其言取之，则车载鲁连、斗量王蠋矣！曰：是不然，世有知言者出焉，则其人之真伪，即以其言辨之，而卒莫能逃也。《黍离》之大夫，始而摇摇，中而如噎，既而如醉，无可奈何，而付之苍天者，真也；汨罗之宗臣，言之重，辞之复，心烦意乱，而其词不能以次者，真也；栗里之征士，淡然若忘于世，而感愤之怀，有时不能自止，而微见其情者，真也。其汲汲于自表暴而为言者，伪也。《易》曰："将叛者其辞惭，中心疑者其辞枝，失其守者其辞屈。"《诗》曰："盗言孔甘，乱是用餤。"夫镜情伪、屏盗言，君子之道，兴王之事，莫先乎此。

修　辞

典谟爻象，此二帝三王之言也；《论语》《孝经》，此夫子之言也。文章在是，性与天道，亦不外乎是。故曰："有德者必有言。"善乎游定夫之言曰："不能文章而欲闻性与天道，譬犹筑数仞之墙，而浮埃聚沫以为基，无是理矣。"后之君子，于下学之初，即谈性道；乃以文章为小技，而不必用力。然则夫子不曰"其旨远，其辞文"乎？不曰"言之无文，行而不远"乎？曾子曰："出辞气，斯远鄙倍矣。"尝见今讲学先生，从语录入门者，多不善于修辞。或乃反子贡之言以讥之曰：夫子之言，性与天道，可得而闻；夫子之文章，不可得而闻也！杨用修曰："文，道也；诗，言也。语录出而文与道判矣，诗话出而诗与言离矣！"

自嘉靖以后，人知语录之不文；于是王元美之《札记》，范介儒之《肤语》，上规子云，下法文中，虽所得有浅深之不同，然可谓知言者矣。

文人摹仿之病

　　近代文章之病，全在摹仿；即使逼肖古人，已非极诣，况遗其神理而得其皮毛者乎？且古人作文，时有利钝。梁简文《与湘东王书》云："今人有效谢康乐、裴鸿胪文者。学谢则不屈其精华，但得其冗长；师裴则蔑弃其所长，惟得其所短。"宋苏子瞻云："今人学杜甫诗，得其粗俗而已。"金元裕之诗云："少陵自有连城璧，争奈微之识碔砆！"夫文章一道，犹儒者之末事；乃欲如陆士衡所谓"谢朝华于已披，启夕秀于未振"者，今且未见其人。进此而窥著述之林，益难之矣！

　　效《楚辞》者，必不如《楚辞》；效《七发》者，必不如《七发》。盖其意中先有一人在前，既恐失之，而其笔力复不能自遂，此寿陵余子学步邯郸之说也。

　　洪氏《容斋随笔》曰："枚乘作《七发》，创意造端，丽辞腴旨，上薄《骚些》，故为可喜；其后继之者，如傅毅《七激》、张衡《七辩》、崔骃《七依》、马融《七广》、曹植《七启》、王粲《七释》、张协《七命》之类，规仿太切，了无新意。傅玄又集之以为《七林》，使人读未终篇，往往弃之几格。柳子厚《晋问》，乃用其体，而超然别立机杼，激越清壮。汉晋诸文士之弊，于是一洗矣。东方朔《答客难》，自是文中杰出，扬雄拟之为《解嘲》，尚有驰骋自得之妙；至于崔骃《达旨》、班固《宾戏》、张衡《应间》，皆章摹句写，其病与《七林》同。及韩退之《进学解》出，于是一洗矣。"其言甚当。然此以辞之工拙论尔，若其意，则总不能出于古人范围之外也。

　　如扬雄拟《易》而作《太玄》，王莽依《周书》而作《大诰》，皆心劳而日拙者矣！《曲礼》之训，"毋剿说，毋雷同"，此古人立言之本。

文章繁简

韩文公作《樊宗师墓铭》曰："维古于辞必己出，降而不能乃剿贼；后皆［指］前公相袭，从汉迄今用一律。"此极中今人之病。若宗师之文，则惩时人之失，而又失之者也。作书须注，此自秦汉以前可耳；若今日作书而非注不可解，则是求简而得繁，两失之矣。子曰："辞达而已矣。"

辞主乎达，不论其繁与简也；繁简之论兴而文亡矣。《史记》之繁处，必胜于《汉书》之简处。《新唐书》之简也，不简于事而简于文，其所以病也。"时子因陈子而以告孟子，陈子以时子之言告孟子"，此不须重见而意已明。"齐人有一妻一妾而处室者，其良人出，则必餍酒肉而后反；其妻问所与饮食者，则尽富贵也。其妻告其妾曰：'良人出则必餍酒肉而后反，问其与饮食者，尽富贵也。而未尝有显者来。吾将瞯良人之所也。'""有馈生鱼于郑子产，子产使校人畜之池。校人烹之，反命曰：'始舍之，圉圉焉；少则，洋洋焉，悠然而逝。'子产曰：'得其所哉！得其所哉！'校人出，曰：'孰谓子产智？予既烹而食之，曰：得其所哉！得其所哉！'"此必须重迭而情事乃尽，此孟子文章之妙。使入《新唐书》，于齐人则必曰"其妻疑而瞯之"，于子产则必曰"校人出而笑之"，两言而已矣。是故辞主乎达，不主乎简。

刘器之曰："《新唐书》叙事，好简略其辞，故其事多郁而不明，此作史之病也。且文章岂有繁简邪？昔人之论，谓如风行水上，自然成文；若不出于自然，而有意于繁简，则失之矣。当日进《新唐书表》云：'其事则增于前，其文则省于旧。'《新唐书》

所以不及古人者，其病正在此两句也。"

《黄氏日钞》言："苏子由《古史》改《史记》，多有不当。如《樗里子传》，《史记》曰：'母，韩女也，樗里子滑稽多智。'《古史》曰：'母，韩女也，滑稽多智。'似以母为滑稽矣。然则'樗里子'三字，其可省乎？《甘茂传》，《史记》曰：'甘茂者，下蔡人也，事下蔡史举，学百家之说。'《古史》曰：'下蔡史举，学百家之说。'似史举自学百家矣，然则'事'之一字，其可省乎？以是知文不可以省字为工，字而可省，太史公省之久矣。"

文人求古之病

《后周书·柳虬传》：时人论文体有今古之异，虬以为"时有今古，非文有今古"，此至当之论。夫今之不能为二汉，犹二汉之不能为《尚书》《左氏》。乃剿取《史》《汉》中文法以为古，甚者猎其一二字句，用之于文，殊为不称。

以今日之地为不古，而借古地名；以今日之官为不古，而借古官名；舍今日恒用之字，而借古字之通用者，皆文人所以自盖其俚浅也。

《唐书》：郑馀庆奏议类用古语，如"仰给县官马万蹄"，有司不晓何等语，人訾其不适时。

宋陆务观《跋前汉通用古字韵》曰："古人读书多，故作文时偶用一二古字，初不以为工，亦自不知孰为古、孰为今也；近时乃或抄掇《史》《汉》中字入文辞中，自谓工妙，不知有笑之者。偶见此书，为之太息，书以为后生戒。"

元陶宗仪《辍耕录》曰："凡书官衔，俱当从实。如廉访使、总管之类，若改之曰监司、太守，是乱其官制，久远莫可考矣。"

何孟春《馀冬序录》曰："今人称人姓，必易以世望；称官，必用前代职名；称府州县，必用前代郡邑名，欲以为异。不知文字间著此，何益于工拙？此不惟于理无取，且于事复有碍矣。李姓者称'陇西公'、杜曰'京兆'、王曰'琅邪'、郑曰'荥阳'，以一姓之望而概众人，可乎？此其失，自唐末五季间孙光宪辈始。《北梦琐言》，称冯涓为'长乐公'；《冷斋夜话》，称陶縠为'五柳公'，类以昔人之号而概同姓，尤是可鄙！官职、郡邑之建置，代有沿革，今必用前代名号而称之，后将何所考焉？此所谓于理无取，而事复有碍者也。"

于慎行《笔麈》曰："《史》《汉》文字之佳，本自有在，非谓其官名、地名之古也；今人慕其文之雅，往往取其官名、地名以施于今，此应为古人笑也。《史》《汉》之文，如欲复古，何不以三代官名施于当日，而但记其实邪？文之雅俗，固不在此；徒混淆失实，无以示远，大家不为也。予素不工文，辞无所模拟；至于名义之微，则不敢苟。寻常小作，或有迁就；金石之文，断不敢于官名、地名以古易今。前辈名家，亦多如此。"

古人集中无冗复

古人之文，不特一篇之中无冗复也，一集之中亦无冗复。且如称人之善，见于祭文，则不复见于志；见于志，则不复见于他文。后之人，读其全集，可以互见也。又有互见于他人之文者，如欧阳公作《尹师鲁志》，不言近日古文自师鲁始，以为范公祭文已言之，可以互见，不必重出。盖欧阳公自信，已与范公之文，并可传于后世也。亦可以见古人之重爱其言也。

刘梦得作《柳子厚文集序》曰："凡子厚名氏与仕与年暨行己之大方，有退之之志若祭文在。"又可见古人不必其文之出于己也。

书不当两序

《会试录》《乡试录》，主考试官序其首，副主考序其后，职也；凡书亦犹是矣。且如国初时，府州县志书成，必推其乡先生之齿尊而有文者序之；不则官于其府州县者也。请者必当其人，其人亦必自审其无可让而后为之。官于是者，其文优，其于是书也有功，则不让于乡矣；乡之先生，其文优，其于是书也有功，则官不敢作矣。义取于独断，则有自为之，而不让于乡与官矣。凡此者，所谓职也，故其序止一篇；或别有发明，则为后序，亦有但纪岁月而无序者。今则有两序矣，有累三四序而不止者矣；两序非体也，不当其人非职也，世之君子，不学而好多言也。

凡书有所发明，序可也；无所发明，但纪成书之岁月可也。人之患，在好为人序！

唐杜牧《答庄充书》曰："自古序其文者，皆后世宗师其人而为之；今吾与足下，并生今世，欲序足下未已之文，固不可也。"读此言，今之好为人序者，可以止矣！

娄坚《重刻〈元氏长庆集〉序》曰："序者，叙所以作之指也，盖始于子夏之序《诗》。其后刘向以校书为职，每一编成，即有序，最为雅驯矣。左思赋《三都》成，自以名不甚著，求序于皇甫谧；自是缀文之士，多有托于人以传者，皆汲汲于名，而惟恐人之不吾知也。至于其传既久，刻本之存者，或漫漶不可读，有缮写而重刻之，则人复序之，是宜叙所以刻之意可也；而今之述者，非追论昔贤，妄为优劣之辨，即过称好事，多设游扬之辞，皆我所不取也。"读此言，今之好为古人文集序者，可以止矣！

古人不为人立传

列传之名，始于太史公，盖史体也；不当作史之职，无为人立传者。故有碑、有志、有状，而无传；梁任昉《文章缘起》言：传始于东方朔作《非有先生传》，是以寓言而为之传。《韩文公集》中传三篇：太学生何蕃、圬者王承福、毛颖；柳子厚集中传六篇：宋清、郭橐驼、童区寄、梓人、李赤、蝜蝂。何蕃，仅采其一事而谓之传；王承福之辈，皆微者而谓之传；毛颖、李赤、蝜蝂则戏耳，而谓之传。盖比于稗官之属耳。若段太尉则不曰传，曰"逸事状"；子厚之不敢传段太尉，以不当史任也。自宋以后，乃有为人立传者，侵史官之职矣！

《太平御览》书目列古人别传数十种，谓之"别传"，所以别于史家。

志状不可妄作

志状在文章家为史之流，上之史官，传之后人，为史之本。史以记事，亦以载言。故不读其人一生所著之文，不可以作；其人生而在公卿大臣之位者，不悉一朝之大事，不可以作；其人生而在曹署之位者，不悉一司之掌故，不可以作；其人生而在监司守令之位者，不悉一方之地形土俗、因革利病，不可以作。今之人，未通乎此而妄为人作志；史家又不考而承用之，是以抵牾不合。子曰："盖有不知而作之者。"其谓是与？

名臣硕德之子孙，不必皆读父书；读父书者，不必能通有司掌故。若夫为人作志者，一时文苑名士，乃不能详究；而曰："子孙之状云尔，吾则因之。"夫大臣家可有不识字之子孙，而文章家不可有不通今之宗匠。乃欲使籍谈、伯鲁之流，为文人任其过。嗟乎，若是，则尽天下而文人矣！

作文润笔

蔡伯喈集中为时贵碑诔之作甚多，如胡广、陈寔各三碑，桥玄、杨赐、胡硕各二碑；至于袁满来年十五、胡根年七岁，皆为之作碑。自非利其润笔，不至为此。史传以其名重，隐而不言耳。文人受赇，岂独韩退之谀墓金哉？

王楙《野客丛书》曰："作文受谢，非起于晋宋；观陈皇后失宠于汉武帝，别在长门宫，闻司马相如天下工为文，奉黄金百斤为文君取酒，相如因为文，以悟主上，皇后复得幸。此风西汉已然。"

杜甫作《八哀诗》，李邕一篇曰："干谒满其门，碑版照四裔；丰屋珊瑚钩，麒麟织成罽。紫骝随剑几，义取无虚岁。"刘禹锡《祭韩愈文》曰："公鼎侯碑，志隧表阡，一字之价，辇金如山。"可谓发露真赃者矣！昔扬子云犹不肯受贾人之钱，载之《法言》；而杜乃谓之"义取"，则又不若唐寅之直以为利也。《戒庵漫笔》言："唐子畏有一巨册，自录所作文，簿面题曰'利市'。"

《新唐书·韦贯之传》言："裴均子持万缣，请撰先铭，答曰：'吾宁饿死，岂能为是！'"今之卖文为活者，可以愧矣！《司空图传》言："隐居中条山。王重荣父子雅重之，数馈遗，弗受；尝为作碑，赠绢数千，图置虞乡，市人得取之，一日尽。"既不有其赠而受之，何居？不得已也，是又其次也。

文非其人

《元史》：姚燧以文就正于许衡，衡戒之曰："弓矢为物以待盗也，使盗得之，亦将待人；文章固发闻士子之利器，然先有能一世之名，将何以应人之见役者哉？非其人而与之，与非其人而拒之，均罪也。非周身斯世之道也。"

吾观前代，马融惩于邓氏，不敢复违忤势家，遂为梁冀草奏；李固又作《大将军西第颂》，以此颇为正直所羞。徐广为祠部郎时，会稽王世子元显录尚书，欲使百僚致敬台内，使广立议；由是内外并执下官礼，广常为愧恨。陆游晚年再出，为韩侂胄撰《南园阅古泉记》，见讥清议。朱文公尝言其"能太高、迹太近，恐为有力者所牵挽，不得全其晚节"。是皆非其人而与之者也。夫祸患之来，轻于耻辱；必不得已，与其与也，宁拒。至乃俭德含章，其用有先乎此者，则又贵知微之君子矣。

少年未达，投知求见之文，亦不可轻作。《韩文公集》有《上京兆李景实书》曰："愈来京师，于今十五年；所见公卿大臣，不可胜数，皆能守官奉职，无过失而已，未见有赤心事上，忧国如家，如阁下者。今年以来，不雨者百有余日，种不入土，野无青草；而盗贼不敢起，谷价不敢贵，百坊百二十六司、六军二十四县之人，皆若阁下亲临其家。老奸宿赃，销缩摧沮，魂亡魄丧，影灭迹绝；非阁下条理镇服，布宣天子威德，其何能及此？"至其为《顺宗实录》书，贬京兆尹李实为通州长史，则曰："实谄事李齐运，骤迁至京兆尹，恃宠强愎，不顾文法。是时春夏旱，京畿乏食，实一不以介意；方务聚征求敛，以给进奉。每奏对，辄曰：'今年虽旱，而谷甚好。'由是租税皆不免，人穷至坏屋卖瓦木，贷麦苗以应官。陵轹公卿已下，随喜怒诬奏迁黜，朝廷畏忌之。尝有诏免畿内逋租，实不行用诏书，征之如初。勇于杀害，人更不聊生；至遣，市里欢呼，皆袖瓦砾，遮道伺之。实由间道获免。"与前所上之书，逾若天渊矣。岂非少年未达，投知求见之文，而不自觉其失言邪？后之君子，可以为戒。

假设之辞

古人为赋，多假设之辞；序述往事，以为点缀，不必一一符同也。子虚、亡是公、乌有先生之文，已肇始于相如矣。后之作者，实祖此意。谢庄《月赋》："陈王初丧应、刘，端忧多暇。"又曰："抽毫进牍，以命仲宣。"按：王粲以建安二十一年从征吴，二十二年春道病卒。徐、陈、应、刘一时俱逝，亦是岁也。至明帝太和六年，植封陈王，岂可掎摭史传，以议此赋之不合哉？庾信《枯树赋》，既言殷仲文出为东阳太守，乃复有桓大司马，亦同此例。而《长门赋》所云"陈皇后复得幸"者，亦本无其事。俳谐之文，不当与之庄论矣。"陈后复幸"之云，正如马融《长笛赋》所谓"屈平适乐国，介推还受禄"也。

古文未正之隐

陆机《辨亡论》，其称晋军，上篇谓之"王师"，下篇谓之"强寇"；文信国《指南录序》中，"北"字皆"卤"字也，后人不知其意，不能改之；谢皋羽《西台恸哭记》，本当云"文信公"，而谬云"颜鲁公"；本当云"季宋"，而云"季汉"。凡此，皆有待于后人之改正者也。胡身之注《通鉴》至二百八十卷，石敬塘以山后十六州赂契丹之事，而云"自是之后，辽灭晋，金破宋"；其下阙文一行，谓蒙古灭金取宋，一统天下，而讳之不书。

此有待于后人之补完者也。汉人言《春秋》所贬损大人当世君臣有威权势力者，其事皆见于书。故定、哀之间多微辞，况于易姓改物、制有华夏者乎？孟子曰："不知其人可乎？是以论其世也。"习其读而不知，无贵为君子矣！

郑所南《心史》书文丞相事，言公自序本末，未有称彼曰"大国"、曰"丞相"；又自称"天祥"，皆非公本语，旧本皆直斥彼酋名。然则今之集本，或皆传书者所改。

《金史·纥石烈牙吾塔传》"北中亦遣唐庆等往来议和"，《完颜合达传》"北中大臣，以舆地图指示之"，《完颜赛不传》"按春自北中逃回"，"北中"二字不成文，盖"卤中"也。修史者仍金人之辞，未改。

《晋书》刘元海、石季龙，作史者自避唐讳；后之引书者，多不知而袭之。惟《通鉴》并改从本名。

非三公不得称公

《公羊传》曰："天子三公称公，王者之后称公。"天子三公称公，周公、召公、毕公、毛公、苏公是也；王者之后称公，宋公是也。杜氏《通典》曰："周制：非二王之后，列国诸侯，其爵无至公者。"春秋有虞公、州公，或因殷之旧爵，或尝为天子之官，子孙因其号耳，非周公典制也。东迁而后，列国诸侯皆僭称公。"夫子作《春秋》，而笔之于书，则或公或否。生不公，葬则公之；列国不公，鲁则公之。于是天子之事，与人臣之礼并见于书，而天下之大法昭矣。汉之西都，有七相五公；而光武则置三公。史家之文，如邓公禹、吴公汉、伏公湛、宋公宏、第五公伦、牟公融、袁公安、李公固、陈公宠、桥公玄、刘公宠、崔公烈、胡公广、王公龚、杨公彪、荀公爽、皇甫公嵩、董公卓、曹公操，非其在三公之位，则无有书公者。《三国志》若汉之诸葛公亮，魏之司马公懿，吴之张公昭、顾公雍、陆公逊；《晋书》若卫公瓘、张公华、王公导、庾公亮、陶公侃、谢公安、桓公温、刘公裕之类，非其在三公之位，则无有书公者。史至于唐，而书公不必皆尊官；洎乎今日志状之文，人人得称之矣。吁，何其滥与！何其伪与！

《大雅·古公亶父》笺曰："诸侯之臣，称名曰公。"《白虎通》曰："臣子于其国中，皆褒其君为公。"《诗》曰："乃命鲁公，俾侯于东。"公者，鲁人之称；侯者，周室之爵。

《秦誓》："公曰：嗟我士，听无哗。"夫《秦誓》之书"公"，与《春秋》之书"秦伯"，不已异乎？《春秋》以道名分，五等之爵，班（册）之天子，不容僭差。若《秦誓》，本国之书，孔子因其旧文而已；"公之媚子，从公于狩"，亦秦人之诗也。

平王以后，诸侯通称为公，则有不必专于本国者矣。《硕人》之诗曰："谭公维私。"《左传》郑庄公之言曰："无宁兹许公，复奉其社稷。"

周之盛时，亦有群公之称，见于《康王之诰》，及《诗》之《云汉》；此犹五等之君，《春秋》书之，通曰诸侯也。

《左传》自王卿而外，无书公者；惟楚有之，其君已僭为王，则臣亦僭为公，宣公十一年所谓"诸侯县公皆庆寡人"者也。传中如叶公、析公、申公、郧公、蔡公、息公、商公、期思公，并边中国；白公边吴，盖尊其名以重边邑。而秦有麃公，楚汉之际有滕公、戚公、柘公、薛公、郯公、萧公、陈公、魏公、留公、方与公；高祖初称沛公，太上皇父称丰公，皆楚之遗名。此县公之公也。

有失其名而公之者，《史记·秦始皇纪》侯公，《项羽纪》从公、侯公，《高祖纪》单父人吕公、新城三老董公，《孝文纪》太仓令淳于公，《天官书》甘公，《封禅书》申公、齐人丁公，《曹相国世家》胶西盖公，《留侯世家》东园公、夏黄公，《穰侯传》其客宋公，《信陵君传》毛公、薛公，《贾生传》河南守吴公，《张敖传》中大夫泄公，《黥布传》故楚令尹薛公，《季布传》母弟丁公，《晁错传》谒者仆射邓公，《郑当时传》下邽翟公，《酷吏传》河东守胜屠公，《货殖传》朱公、任公；《汉书·高帝纪》终公，《艺文志》蔡公、毛公、乐人窦公、黄公、毛公、皇公，《张耳陈余传》范阳令徐公、甘公，《刘歆传》鲁国桓公、赵国贯公，《周昌传》赵人方与公，《武五子传》瑕丘江公，《王褒传》九江被公，《于定国传》其父于公，《翟方进传》方进父翟公，《儒林传》兔中徐公、博士江公、食子公、淄川任公、皓星公，《游侠传》故人吕公、茂陵守令尹公：皆失其名而公之，若郑君、卢生之比。本朝《实录》于孝慈高皇后之父，亦不知其名，谓之马公，是史之阙文，非正书也。

太史公者，司马迁称其父谈，故尊而"公"之也。

有尊老而公之者：《战国策》孟尝君问"冯公有亲乎"，《史记》文帝谓"冯唐公，奈何众辱我"是也。《汉书·沟洫志》"赵中大夫白公"，师古曰："盖相呼尊老之称。"《项籍传》"南公"，服虔曰："南方之老人也。"《眭宏传》"东平嬴公"，师古曰："长老之号。"《元后传》"元城建公"，服虔曰："年老者也。"《吴志·程普传》："普最年长，时人皆呼程公。"《方言》："凡尊老，周、晋、秦、陇谓之公。"《晋书·乐志》："项伯语项庄曰：公莫！"古人相呼曰"公"。

《汉书·何武传》："号为烦碎，不称贤公。"《后汉书·李固传》："京师咸叹曰：是复为李公矣！"《宦者传》：种暠为司徒，告宾客曰："今身为公，乃曹当侍力焉。"《魏志·王粲传》：蔡邕闻粲在门，倒屣迎之，曰："此王公孙也！"《晋书·陈骞传》：对父矫曰:"主上明圣,大人大臣,今若不合意,不过不作公耳。"《魏舒传》:夜闻人问:寝者为谁?曰:"魏公舒。"舒自知当为公矣。《陆晔传》:从兄机每称之曰:"我家世不乏公矣!"《王猛传》:父老曰:"王公何缘拜也?"《北史·郑述祖传》:少时在乡,单马出行,忽有骑者数百,见述祖皆下马,曰:"公在此。"陶渊明《孟长史传》:从父太常夔,尝问光禄大人刘耽:"刘君若在,当已作公否?"答云:"此本是三司人。"是知南北朝以前人语,必三公,方得称公也。《周书·姚僧垣传》:宣帝尝从容谓僧垣曰:"尝闻先帝呼公为姚公,有之乎?"对曰:"臣曲荷殊私,实如圣旨。"帝曰:"此是尚齿之辞,非为贵爵之号;朕当为公建国开家,子孙为永业。"乃封长寿县公,邑一千户。

孔融告高密县为郑玄特立一乡,曰郑公乡;以为"公"者,仁德之正号,不必三事大夫。此是曲说,据其所引,皆史失其名之公,而"太史公"又父子之辞也。《战国策》:"陈轸将之魏,其子陈应止其公之行。"《史记·留侯世家》:"吾惟竖子,固不足遣,乃公自行耳。"此皆谓父为公。《宋书·颜延之传》:何偃路中遥呼延之曰"颜公",延之答曰:"身非三公之位,又非田舍之公,又非君家阿公,何以见呼为公?"《北齐书·徐之才传》:"郑道育尝戏之才为师公,之才曰:'既为汝师,又为汝公;在三之义,顿居其两。'"

陆云作祖父类诔曰"吴丞相陆公诔",曰"维赤乌八年二月粤乙卯,吴故使持节郢州牧、左都护、丞相、江陵郡侯陆公薨",曰"故散骑常侍陆府君诔",曰"维大康五年夏四月丙申,晋故散骑常侍吴郡陆君卒";王沈祭其父曰"孝子沈,敢昭告烈考东郡君";张说作其父《赠丹州刺史先府君墓志》,每称必曰"君"。然则虽己之先人,亦不一概称公,古人之谨于分也。

《史记·晁错传》:错父从颍川来,谓错曰:"上初即位,公为政用事,侵削诸侯人口,议多怨公者。"是以父而呼子为公。徐字远曰:"御史大夫,三公也。"错父呼错为"公",盖以官称之。

沙门亦有称公者,必以其名冠之。深公,法深也;林公,道林也;远公,惠远也;生公,道生也;猷公,道猷也;隆公,慧隆也;志公,宝志也;澄公,佛图澄也;安公,道安也;什公,鸠摩罗什也。当时之人,嫌于直斥其名,故加一"公"字。梁陈以下,僧乃有字,而人相与字之;字之,则不复公之矣。

《宋史》丰稷驳宋用臣《谥议》曰:"凡称公者,须耆宿大臣,及乡党有德之士。"然则今之宦竖而称公,亦不可出于士大夫之口。

古人不以甲子名岁

《尔雅疏》曰:"甲至癸为十日,日为阳;寅至丑为十二辰,辰为阴。"此二十二名,古人用以纪日,不以纪岁;岁则自有阏逢至昭阳十名为岁阳,摄提格至赤奋若十二名为岁名。后人谓甲子岁、癸亥岁,非古也。自汉以前,初不假借。《史记·历书》:"太初元年,年名焉。逢摄提格,月名毕聚,日得甲子,夜半、朔旦、冬至。"其辨晰如此。若《吕氏春秋·序意篇》:"维秦八年岁在涒滩,秋甲子朔。"贾谊《鵩赋》:"单阏之岁兮,四月孟夏;庚子日斜兮,服集予舍。"许氏《说文后叙》:"粤在永元困顿之年,孟陬之月,朔日甲子。"亦皆用岁阳岁名,不与日同之证。《汉书·郊祀歌》"天马徕,执徐时",谓武帝太初四年岁在庚辰,兵诛大宛也。自经学日衰,人趋简便,乃以甲子至癸亥代之。子曰:"觚不觚",此之谓矣。

宋刘恕《通鉴外纪目录序》曰:"庖牺前后逮周厉王,疑年茫昧，借日名甲子以纪之。"是则岁之称甲子也，借也。何始乎？自亡新始也。王莽下书言："始建国五年，岁在寿星，填在明堂，仓龙癸酉，德在中宫。"又言："天凤七年，岁在大梁，仓龙庚辰，厥明年，岁在实沈，仓龙辛巳。"《隋书·律历志》：王莽《铜权铭》曰："岁在大梁，龙集戊辰。"又曰："龙在己巳，岁次实沈。"是也。自此，《后汉书·张纯传》言"摄提之岁，苍龙甲寅"，《朱穆博》言"明年丁亥之岁"，荀悦《汉纪》言"汉元年，实乙未也"，《曹娥碑》亦云"元嘉元年，青龙在辛卯"，蜀郡《造桥碑》云"维延熹龙在甲辰"，而张角讹言"苍天已死，黄天当立；岁在甲子，天下大吉"，以白玉（土）书京城寺门及州郡官府，皆作"甲子"字矣。

　　以甲子名岁，虽自东汉以下，然其时制诏章奏符檄之文，皆未尝正用之。其称岁必曰"元年""二年"，其称日乃用"甲子""乙丑"，如己亥格、庚戌制、壬午兵之类，皆日也。惟《晋书》王廙上疏言"臣以壬申岁，见用为鄱阳内史"。按：怀帝以永嘉五年辛未为刘聪所执，愍帝以建兴元年癸酉即位；中间一年无主，故言壬申岁也。后代之人，无大故而效之，非也。

　　自三国鼎立，天光分曜，而后文人多舍年号而称甲子。魏程晓赠傅休奕诗："龙集甲子，四时成岁。"晋张华《感婚赋》："方今岁在己巳，将次四仲。"陆机《愍怀太子诔》："龙集庚戌，日月改度。"陶潜《祭从弟敬远文》："岁在辛亥，月惟仲秋。"《自祭文》："岁维丁卯，律中无射。"后周庾信《哀江南赋》："粤以戊辰之年，建亥之月。"而梁陶隐居《真诰》亦书"己卯岁"。至杜预《左传集解后序》，则追言魏哀王二十年"太岁在壬戌"矣。

　　晋惠帝时，庐江杜嵩作《壬子春秋》。壬子，元康二年，贾后弑杨太后于金墉城之岁。

　　唐人有以豫书而不称年号者，《旧唐书·礼仪志》曰："请以开元二十七年己卯四月禘，至辛巳年十月祫，至甲申年四月又禘，至丙戌年十月又祫，至己丑年四月又禘，至辛卯年十月又祫。"其辛巳以下，不言开元某年。又《博古图》载《唐鉴铭》曰："武德五年，岁次壬午，八月十五日甲子，扬州总管府造青铜镜一面，充癸未年元正朝贡。"其"癸未"亦不言"武德六年"者，当年屡改年号故也。此一鉴而有正书、有豫书之不同，亦变例也。

史家之文，必以日系月，以月系年；钟鼎之文则不尽然，多有月而不年、日而不月者。

《商母乙卣》，其文曰："丙寅，王锡分囗贝朋用作母乙彝。"丙寅者，日也。《博古图》乃谓商建国始于庚戌，历十七年而有丙寅，在仲壬即位之三年，则凿矣。岂非迷于后世之以甲子名岁，而欲以追加之古人乎？

春秋之世，各国皆自纪其年，发之于言，或参互而不易晓，则有举其年之大事而为言者。若曰"会于沙随之岁"，"叔仲惠伯会郤成子于承匡之岁"，"铸刑书之岁"，"晋韩宣子为政，聘于诸侯之岁"，是也。又有举岁星而言，若曰"岁五及鹑火""岁及大梁""岁在娵訾之口"者，从后人言之，则何不曰甲子也、癸亥也？是知古人不用以纪岁也。

《太祖实录》自吴元年以前，皆书干支，不合古法。太祖当时实奉宋小明王之号，故有言当纪龙凤者。考之《史记》，高帝之初，不称楚怀王元年，而称秦二年、三年。又太祖御制《滁州龙潭碑文》云："元末帝至正十有四年。"窃意其时天下，尚是元之天下，书"至正"，正合《史记》书"秦"之例。又有兼书者，《汉书·功臣侯表序》"汉兴，自秦二世元年之秋，楚陈之岁"是也。

史家追纪月日之法

或曰"铸刑书之岁",是则然矣。其下云"齐燕平之月",又曰"其明月",则何以不直言正月、二月乎?曰:此正史家文字缜密处。史之文,有正纪,有追纪。其上曰"春王正月,暨齐平,二月戊午,盟于濡上",正纪也;此曰"齐燕平之月,壬寅,公孙段卒","其明月,子产立公孙泄及良止以抚之",追纪也。追纪而再云正月、二月,则嫌于一岁之中,而有两正月、二月也。故变其文而云,古人史法之密也。

《左传》追纪之文不止此,如襄公六年《传》:郑子国之来聘也。四月,晏弱城东阳而遂围莱。甲寅,堙之,环城,傅于堞。及杞桓公卒之月,乙未,王湫帅师及正舆子棠人军齐师,齐师大败之。丁未,入莱;莱共公浮柔奔棠,正舆子、王湫奔莒,莒人杀之。四月,陈无宇献莱宗器于襄宫,晏弱围棠,十一月丙辰而灭之。七年《传》:郑僖公之为太子也,于成之十六年,与子罕适晋,不礼焉;又与子丰适楚,亦不礼焉。及其元年,朝于晋,子丰欲愬诸晋而废之,子罕止之。十九年《传》:于四月丁未,郑公孙虿卒,赴于晋大夫。二十五年《传》:会于夷仪之岁,齐人城郑;其五月,秦、晋为成。二十六年传:齐人城郑之岁。其夏,齐乌馀以廪丘奔晋。三十一年《传》:"公薨之月,子产相郑伯以如晋。昭公七年《传》:齐师还自燕之月,罕朔杀罕魋;又晋韩宣子为政,聘于诸侯之岁,婤姶生子,名之曰元。"皆是追纪。又如:《书·金縢》:"既克商,二年,王有疾,弗豫。"亦追纪也。

史家月日不必顺序

古人作史，取其事之相属，不论月日；故有追书，有竟书。《左传》成公十六年，鄢陵之战，先书"甲午晦"，后书"癸巳"。甲午为正书，而癸巳则因后事而追书也。昭公十三年，平丘之盟，先书"甲戌"，后书"癸酉"；甲戌为正书，而癸酉则因后事而追书也。昭公十三年，楚灵王之弑，先书"五月癸亥"，后书"乙卯丙辰"；乙卯丙辰为正书，而五月癸亥则因前事而竟书也。盖史家之文，常患为月日所拘，而事不得以相连属，故古人立此变例。

有先书以起事者，《通鉴》唐文宗太和九年十一月，先书"是月戊辰，王守澄葬于浐水"于壬戌、癸亥之前，是也。

重书日

《春秋·桓公十二年》，书"丙戌，公会郑伯盟于武父"；"丙戌，卫侯晋卒"。重书日者，二事皆当系日，先书公者，先内而后外也。后人作史，凡一日再书，则云是日。

古人必以日月系年

自《春秋》以下，纪载之文，必以日系月，以月系时，以时系年，此史家之常法也。《史记·伍子胥传》："己卯，楚昭王出奔"，"庚辰，吴王入郢"，则不月而日；《刺客传》："四月丙子，光伏甲士于窟室中"，则不年而月：史家之变例也。盖二事已见于吴、楚二《世家》，故其文从省。

《楚辞》："摄提贞于孟陬兮，维庚寅吾以降！"摄提，岁也；孟陬，月也；庚寅，日也。屈子以寅年、寅月、庚寅日生。王逸《章句》曰："太岁在寅，曰摄提格。孟，始也。正月为陬。言己以太岁在寅，正月始春，庚寅之日，下母之体而生"是也。或谓摄提，星名，《天官书》所谓"直斗杓所指，以建时节"者，非也。岂有自述其世系生辰，乃不言年而止言月日者哉？

古无一日分为十二时

古无以一日分为十二时之说，《洪范》言岁月日，不言时；《周礼》冯相氏掌十有二岁、十有二月、十有二辰、十日、二十有八星之位，不言时；屈子自序其生年月日，不及时；吕才《禄命书》，亦止言年月日，不及时。

古无所谓时，凡言时，若《尧典》之"四时"，《左氏传》之"三时"，皆谓春夏秋冬也。故士文伯对晋侯，以岁、时、日、月、星、辰谓之六物。《荀子》曰："积微，月不胜日，时不胜月，岁不胜时。"亦谓春夏秋冬也。自汉以下，历法渐密，于是以一日分为十二时，盖不知始于何人，而至今遵用不废。

一日之中，所以分纪其时者，曰日中，曰昼日，曰日昃，见于《易》；曰东方未明，曰会朝，曰日之方中，曰昏，曰夕，曰宵，见于《诗》；曰昧爽，曰朝，曰日中昃，见于《书》；曰朝时，曰日中，曰夕时，曰鸡初鸣，曰旦，曰质明，曰大昕，曰晏朝，曰昏，曰日出，曰日侧，曰见日，曰逮日，见于《礼》；曰鸡鸣，曰日中，曰昼，曰日下昃，曰日旰，曰日入，曰夜，曰夜中，见于《春秋传》；曰晁，曰薄暮，曰黄昏，见于《楚辞》。纪昼则用日。《史记·项羽纪》："项王乃西从萧晨击汉军而东，至彭城，日中，大破汉军。"《吕后纪》："八月庚申旦，平阳侯窋见相国产计事,日餔时,遂击产。"《彭越传》:"旦日日出十余人后,后者至日中。"《淮南王安传》:"旦受诏日食时上。"《汉书·五行志》:"日中时食,从东北,过半晡时复,晡时食从西北,日下晡时复。"《武五子·昌邑王传》:"夜漏未尽一刻,以火发书,其日中贺发,晡时至定陶。"《东方朔传》:"微行以夜,漏下十刻乃出,旦明入山下。"是也。

纪夜则用星,《诗》之言"三星在天""三星在隅""三星在户",《春秋传》之言"降娄中而旦"是也。不辨星,则分言其夜,曰夜中,曰夜半,曰夜乡晨,是也。分言其夜而不详,于是有五分其夜,而言甲、乙、丙、丁、戊者。《周礼·司寤氏》"掌夜时"注:"夜时谓夜晚早,若今甲乙至戊。"《汉书·西域传》杜钦曰:"厈候士五分夜,击刁斗自守。"《天文志》:"本始元年四月壬戌,甲申夜","地节元年正月戊午,乙夜","六月戊戌,甲夜";《三国志·曹爽传》"自甲夜至五鼓,爽乃投刀于地";《晋书·赵王伦传》"期四月三日,丙夜一筹,以鼓声为应"是也。五分其夜而不详,于是有言漏上几刻者,《五行志》:"晨漏未尽三刻,有两月重见。"又云:"漏上四刻半,乃颇有光。"《礼仪志》:"夜漏未尽七刻,钟鸣受贺。"《东方朔传》:"微行以夜,漏上十刻乃出。"《王尊传》:"漏上十四刻行临到。"《外戚传》:"昼,漏上十刻而崩。"又云:"夜,漏上五刻,持儿与舜会东交掖门。"自《南北史》以上皆然。故《素问》曰:"一日一夜五分之。"《隋志》曰:"昼有朝、有禺、有中、有晡夕,夜有甲乙丙丁戊,而无十二时之目也。"唯《历书》云:"鸡三号卒明,抚十二节卒于丑。"而下文却云:"朔旦冬至正北。"又云:"正北正西正南正东。"不直言子酉午卯。《汉书·五行志》言"日加辰巳",又言"时加未";《翼奉传》言"日加申",又言"时加卯";《王莽传》:"天文郎按栻于前,日时加某,莽旋席斗柄而坐。"而

《吴越春秋》亦云:"今日甲子,时加于巳。"《周髀经》亦有加卯、加酉之言。若纪事之文,无用此者。

《左氏传》:卜楚丘曰:"日之数十,故有十时。"而杜元凯注,则以为十二时。虽不立十二支之目,然其曰"夜半"者,即今之所谓子也;"鸡鸣"者,丑也;"平旦"者,寅也;"日出"者,卯也;"食时"者,辰也;"隅中"者,巳也;"日中"者,午也;"日昳"者,未也;"晡时"者,申也;"日入"者,酉也;"黄昏"者,戌也;"人定"者,亥也。一日分为十二,始见于此。考之《史记·天官书》曰"旦至食","食至日昳","日昳至晡","晡至下晡","下晡至日入";《素问·藏气法时论》,有曰夜半有平旦,曰日出,曰日中,曰日昳,曰下晡;《吴越春秋》有曰"时加日出","时加鸡鸣","时加日昳","时加禺中",则此十二名,古有之矣。《史记·孝景纪》:"五月丙戌地动,其早食时复动。"《汉书·武五子·广陵王胥传》:"奏酒,至鸡鸣时罢。"《王莽传》:"以鸡鸣为时。"《后汉书·隗嚣传》:"至昏时,遂溃围。"《齐武王传》:"至食时赐陈溃。"《耿弇传》:"人定时,步果引去。"《来歙传》:"臣夜人定后,为何人所贼伤?"《窦武传》:"自旦至食时,兵降略尽。"《皇甫嵩传》:"夜勒兵;鸡鸣,驰赴其陈;战至晡时,大破之。"《晋书·戴洋传》:"永昌元年四月庚辰,禺中时,有大风起自东南,折木。"《宋书·符瑞志》:"延康元年九月十日黄昏时,月蚀,荧惑过;人定时,荧惑出,营室宿羽林。"皆用此十二时。

《淮南子》:"日出于旸谷,浴于咸池,拂于扶桑,是谓晨明;登于扶桑之上,爰始将行,是谓朏明;至于曲阿,是谓朝明;临于曾泉,是谓早食;次于桑野,是谓宴食;臻于衡阳,是谓禺中;对于昆吾,是谓正中;靡于鸟次,是谓小迁;至于悲谷,是谓晡时;迴于女纪,是谓大迁;经于泉隅,是谓高舂;顿于连石,是谓下舂;爰止羲和,爰息六螭,是谓悬车;薄于虞泉,是谓黄昏;渝于蒙谷,是谓定昏。"按此,自晨明至定昏,为十五时,而卜楚丘以为十时,未知今之所谓十二时者,自何人定之也?

《素问》中有言"岁甲子"者,有言"寅时"者,皆后人伪撰入之也。

年月朔日子

今人谓日,多曰日子。日者,初一、初二之类是也;子者,甲子、乙丑之类是也。《周礼·职内》注曰:"若非某月某日某甲诏书。"或言甲,或言子,一也。《文选》陈琳《檄吴将校部曲文》"年月朔日子",李周翰注:"日子,发檄时也。"汉人未有称夜半为子时者,误矣。古人文字,年月之下,必系以朔;必言朔之第几日,而又系之干支,故曰朔日子也。如鲁相瑛《孔子庙碑》云"元嘉三年三月丙子朔廿七日壬寅",又云"永兴元年六月甲辰朔十八日辛酉",史晨《孔子庙碑》云"建宁二年三月癸卯朔七日己酉",樊毅《复华下民租碑》云"光和二年十二月庚午朔十三日壬午",是也。此日子之称所自起,若史家之文,则有子而无日,《春秋》是也。然在朔言朔,在晦言晦,而"旁死魄""哉生明"之文,见于《尚书》,则有兼日而书者矣。

《宋书·礼志》"年月朔日甲子,尚书令某甲下",此古文移之式也。陈琳檄文,但省一"甲"字耳。

《南史》:刘之遴与张缵等参校古本《汉书》,称"永平十六年五月二十一日己酉,郎班固",而今本无上书年月日子;《隋书》:袁充上表称:"宝历之元,改元仁寿岁月日子,还共诞圣之时。"

时有十二而但称子,犹之干支有六十而但称甲子也。

汉人之文,有即朔之日,而必重书一日者,广汉太守沈子琚《绵竹江堰碑》云"熹平五年五月辛酉朔一日辛酉",《绥民校尉熊君碑》云"建安廿一年十一月丙寅朔一日丙寅",此则繁而无用,不若后人之简矣。

年号当从实书

正统之论,始于习凿齿,不过帝汉而伪魏、吴二国耳。自编年之书出,而疑于年号之无所从,而其论乃纷纭矣。夫年号与正朔自不相关,故周平王四十九年,而孔子则书之为"鲁隐公之元年"。何也?《春秋》,鲁史也,据其国之人所称而书之,故"元年"也。晋之《乘》存,则必以是年为"鄂侯之二年"矣;楚之《梼杌》存,则必以是年为"武王之十九年"矣。观《左传》文公十七年,郑子家与晋韩宣子书曰"寡君即位三年",而其下文曰"十二年""十四年""十五年",则自称其国之年也;襄公二十二年,少正公孙侨对晋之辞曰:"在晋先君悼公九年,我寡君于是即位。"而其下文遂曰"我二年""我四年",则两称其国之年也。故如《三国志》,则汉人传中自用汉年号,魏人传中自用魏年号,吴人传中自用吴年号;推之南北朝、五代、辽、金,并各自用其年号,此之谓从实。且王莽篡汉而班固作传,其于始建国、天凤、地皇之号,一一用以纪年,盖不得不以纪年非帝也。后人作书,乃以编年为一大事,而论世之学疏矣!

《春秋传》亦有用他国之年者,"齐襄公之二年,郑瞒伐齐",注云:"鲁桓公之十六年。""僖之四年,子然卒;简之元年,士子孔卒。"注云:"郑僖四年,鲁襄六年;郑简元年,鲁襄八年。"

汉时,诸侯王得自称元年;《汉书·诸侯王表》,"楚王戊二十一年""孝景三年""楚王延寿三十二年""地节元年"之类是也。又《淮南·天文训》"淮南元年冬，太一在丙子"，谓淮南王安始立之年也。注者不达，乃曰淮南王作书之元年，又曰淮南王僭号，此为未读《史记》《汉书》者矣！

又考汉时不独王也，即列侯于其国中，亦得自称元年。《史记·高祖功臣侯年表》："高祖六年，平阳懿侯曹参元年"，"孝惠六年，靖侯窋元年"，"孝文后四年，简侯奇元年"，是也。吕氏《考古图·周阳侯甗鍑铭》曰："周阳侯家铜三习甗鍑，容五斗，重十八斤六两，侯治国五年五月，国铸第四。"《文选·魏都赋》刘良注："文昌殿前有其铭曰：惟魏四年，岁次丙申，龙次大火，五月丙寅，作蕤宾钟。"魏四年者，曹操为魏公之四年，汉献帝建安二十一年也。《元史·顺帝纪》，至正二十八年，乃明洪武元年也。直书二十八年，自是以下书曰"后一年"，曰"又一年，四月丙戌，帝殂于应昌"。是时明太祖即位三年，而犹书元主曰"帝"，且不以明朝之年号加之，深得史法。疑此出于圣裁，不独宋、王二公之能守古法也。

英宗命儒臣修《续通鉴纲目》，亦书"元顺帝至正二十七年"，不书"吴元年"。

史书一年两号

古时人主改元，并从下诏之日为始，未尝追改以前之月日也。《魏志·三少帝纪》上书"嘉平六年十月庚寅"，下书"正元元年十月壬辰"；《吴志·三嗣主传》上书"太平三年十月己卯"，下书"永安元年十月壬午"；《晋书·武帝纪》上书"魏咸熙三年十一月"，下书"泰始元年十二月景寅"；《宋书·武帝纪》上书"晋元熙二年六月甲子"，下书"永初元年六月丁卯"；《文帝纪》

上书"景平二年八月丙申",下书"元嘉元年八月丁酉";《明帝纪》上书"永光元年十二月庚申朔",下书"泰始元年十二月丙寅";《唐书·高宗纪》上书"显庆六年二月乙未",下书"龙朔元年三月丙申朔";《中宗纪》上书"神龙三年九月庚子",下书"景龙元年九月甲辰";《睿宗纪》上书"景龙四年七月己巳",下书"景云元年七月己巳";《玄宗纪》上书"先天二年十二月庚寅朔",下书"开元元年十二月己亥";韩文公《顺宗货录》上书"贞元二十一年八月庚子",下书"永贞元年八月辛丑":若此之类,并是据实而书。至司马温公作《通鉴》,患其棼错,乃刱新例,必取末后一号,冠诸春正月之前,当时已有讥之者。

《春秋》定公元年,不书正月。杜氏曰:"公即位在六月故。"《正义》曰:"公未即位,必不改元。而于春夏即称元年者,未改之日,必承前君之年;于是春夏当名此年为昭公三十三年。及六月既改之后,方以元年纪事。及史官定策,须有一统,不可半年从前,半年从后;虽则年初亦统此岁,故入年即称元年也。汉魏以来,虽于秋冬改元,史于春夏,即以元年冠之,是有因于古也。"按:温公《通鉴》是用此例,然有不可通者:《春秋》于昭公三十三年之春,而即书"定公元年"者,昭公已薨于上年之十二月矣。若汉献帝延康元年十月,始禅于魏;而正月之初,汉帝尚存,即加以魏文"黄初"之号,则非《春秋》之义矣。岂有旧君尚在,当时之人,皆禀其正朔;而后之为史者,顾乃追夺之乎?

史家变乱年号,始自《隋书》。大业十二年十一月景辰,隋唐公入京师;辛酉,遥尊帝为太上皇,立代王侑为帝,改元义宁;而下即书云:"二年三月,右屯卫将军宇文化及等作乱,上崩于温室。"按:此大业十三年,炀帝在江都,而蒙以代王"长安"之号,甚为无理。作史者唐臣,不得不尔;然于《炀帝纪》

书十三年，于《恭帝纪》书二年，两从其实，似亦未害。

明朝《太宗实录》，上书"四年六月己巳"，下书"洪武三十五年六月庚午"，正是史臣实书，与前代合；但不明书建文年号，后人因谓之革除耳。《英宗实录》，上书"景泰八年正月辛巳"，下书"天顺元年正月壬午旬有六日"，而不没其实。且如万历四十八年八月以后，为泰昌元年，若依温公例，取"泰昌"之号，冠于四十八年春正月之前，则诏令文移，一一皆当追改，且诬先皇矣。故纪年之法，从古为正，不以一年两号、三号为嫌。

年号古今相同

《水经注·榖水下》"千金堨"前云"太和五年"，曹魏明帝之"太和"也；后云"朝廷太和中元"，魏孝文帝之"太和"也。

割并年号

唐朝一帝，改年号者十余，其见于文，必全书，无割取一字用之者。至宋，始有"熙丰""政宣""建绍""乾淳"之语，已是不敬；然犹一帝之号，自相连属，无合两帝而称之者。又必用上一字，惟"元丰"以"元"字与"元祐"无别，故用下字。本朝文人，有称"永宣""成宏""嘉隆"，合两帝之号而为一称；近又去上字而称"庆历""启祯"，更为不通矣。

地名割用一字，如"登莱"，如"温台"，则可；如"真顺""广大"，则不通矣。然汉人已有之。《史记·天官书》："勃、碣、海、岱之间，气皆黑。"《货殖传》："夫燕亦勃碣之间一都会也。"注云：勃海、碣石。《汉书·王莽传》："成命于巴宕。"注云：巴郡、宕渠县。魏晋以下，始多此语。常据（璩）《华阳国志》"分巴割蜀以成犍广",是犍为、广汉二郡。左思《蜀都赋》"跨蹑犍牂", 是犍为、牂牁二郡。《魏都赋》"恒碣碪礑于青霄",是恒山、碣石二山。

人名割用一字者,《左传》以太皞、济水为"皞济";《史记》以黄帝、老子为"黄老",以王乔、赤松子为"乔松",以伊尹、管仲为"伊管",以绛侯、灌婴为"绛灌"。

孙氏《西斋录》

唐人作书,无所回避。孙樵所作《西斋录》,乃是私史,至于起王氏已废之魂,上配天皇;维高后擅政之年,下系中宗。大义凛然,视孔子之沟昭墓道,不书定正,而抑且过之矣。

此说本之沈既济驳吴兢史议,谓当并天后于《孝和纪》,每岁书某年春正月,皇帝在房陵,太后行某事、改某制,则纪称孝和,而事述太后,名礼两得。至于姓氏名讳、入宫之由、历位之资及才艺智略、年辰崩葬,别纂入《皇后传》,列于废后王庶人之下,题其篇曰"则天顺圣武皇后"云。事虽不行,而史氏称之。

《通鉴》书改元

《晋书·载记》:十六国时,嗣位改元者,皆在本年;此史家取便序事,连属书之,其实皆改明年元也。不容十六国之中,数十王皆不逾年而改元者也;亦必有逾年而称元者,直史家不考耳。

《金石录》据赵横山《李君神碑》,"石虎建武六年,岁在庚子",与《载记》合;若从《帝纪》,则建武六年,当是己亥。今此碑与《西门豹祠殿基记》，皆是庚子，以此知《帝纪》之失此，是差一年之证。然《载记》亦不尽合；昔人作史，但存其年号而已，初不屑屑于岁月也。

《续纲目》"景炎三年五月以后，为帝昺祥兴元年"，非也；黄溍《番禺客语》："改元在明年正月己酉朔。"盖亦是即位之初，改明年元耳。史家省文，即系于前年月日之下，曰"改元祥兴"；以此推十六国事，必当同此。

后元年

汉文帝后元年，景帝中元年、后元年，当时只是改为元年，后人追纪之为中、为后耳。若武帝之后元元年，则自名之为"后"；光武之中元元年，梁武帝之中大通元年、中大同元年，则自名之为"中"，不可一例论也。

元顺帝至元元年，重用世祖之号；后人追纪之，则曰后至元元年。

李茂贞称秦王用天祐年号

《通鉴》后唐庄宗同光二年，封岐王李茂贞为秦王；比得薛昌序所撰《凤翔法门寺碑》，天祐十九年建，而其文已称秦王，则前乎同光之二年，盖必茂贞所自称。又史言茂贞奉天祐年号，此碑之末亦书天祐十九年；而篇中历述前事，则并以天复纪年，至天复二十年止，亦与史不合。

《五代史·李彦威传》：是时昭宗改元天祐，迁于东都，为梁所迫；而晋人、蜀人，以为天祐之号，非唐所建，不复称之，但称天复。《前蜀世家》则云：建与唐隔绝而不知，故仍称天复。

其说不同。按：此碑则岐人亦称天复，史失之也。

又今阳城县有后周显德二年，徐纶撰《龙泉禅院记》，内述天祐十九年。按：此地本属梁，此记乃追削梁号而改称天祐者。

《通鉴》书葬

《通鉴》书外国之葬，如《晋纪》义熙六年九月，下云"甲寅，葬魏主珪于盛乐金陵"，不言"魏葬"，而言"葬魏"。或以为仿《春秋》之文，愚以为非也。《春秋》书"葬宋穆公""葬卫桓公"之类，皆鲁遣其臣会葬，故为此文。若南北朝时，本国自葬，则当书"魏葬"；如《宋纪》：景平元年十二月庚子，"魏葬明元帝于金陵"；元嘉二十九年三月辛卯，"魏葬太武皇帝于金陵"，则得之矣。

《通鉴》书闰月

《通鉴》书闰月而不著其为何月，谓仿《春秋》之法，非也。《春秋》时，闰未有不在岁终者；自《太初历》行，每月皆可置闰，若不著其为何月，或上月无事，则后之读者必费于追寻矣。《新唐书》亦然，惟高宗显庆二年正月无事，乃书曰："闰正月壬寅，如洛阳宫。"

史书人君未即位

史书人君未即位之例，《左传》晋文公未入国，称公子；已入国，称公。《史记》汉高帝未帝称汉王，未王称沛公。五年，将战垓下，而曰"皇帝在后"，"绛侯、柴将军在皇帝后"；至其下文，乃曰"诸侯及将相相与共请，尊汉王为皇帝"，于言为不顺矣。

沈约作《宋书》，于本纪第十卷，顺帝昇明三年四月壬申，始书"进齐公爵为齐王"；而前第八卷，明帝泰始四年七月庚申，已书"以骁骑将军齐王为南兖州刺史"。自此以下，齐王之号，累见于篇，此言之不顺也。

史书一人先后历官

《汉书·律历志》，先称"博士许商"，次称"将作大匠许商"，后称"河堤都尉许商"，此书一人而先后历官不同之法。

《书·君奭》："我闻在昔，成汤既受命，时则有若伊尹，格于皇天；在太甲，时则有若保衡。"伊尹、保衡，一人也；汤时未为保衡，至太甲时始为此官，故变文以称之也。

史书郡县同名

汉时县有同名者，大抵加东、西、南、北、上、下字以为别，盖本于《春秋》之法。燕国有二，则一称北燕；邾国有二，则一称小邾：是其例也。若郡县同名而不同地，则于县必加一"小"字；沛郡不治沛、治相，故书沛县为"小沛"；广阳国不治广阳、治蓟，故书广阳县为"小广阳"；丹阳郡不治丹阳、治宛陵，故书丹阳县为"小丹阳"。后人作史，多混书之而无别矣。

郡国改名

《后汉书·光武纪》：建武六年春正月丙辰，改舂陵乡为章陵县；十七年冬十月甲申，幸章陵，修园庙，祠旧宅。又云："乃悉为舂陵宗室起祠堂。"上言章陵，见名也；下言舂陵，本舂陵侯之宗室，不可因县名而追改之也。此史家用字之密也。

《史记》："南越王尉佗者，真定人也"，此未当，当曰"东垣人"。《卢绾传》高帝十一年冬，更东垣为真定。《儒林传》："汉兴，田何以齐田徙杜陵。"师古曰："初徙时未为杜陵，盖史家追言之也。"

《汉书·夏侯胜传》："夏侯胜，字长公。初，鲁共王分鲁西宁乡以封子节侯，别属大河。"大河，后更名东平，故胜为东平人。《赵广汉传》："赵广汉，字子都，涿郡蠡吾人也。"故属河间。《后汉书·党锢传》："刘祐，中山安国人也。"安国后别属博陵。夏侯湛《东方朔画像赞》："大夫讳朔，字曼倩，平原厌次人也。"魏建安中，分厌次以为乐陵郡，故又为郡人焉。此郡国改名之例。

史书人同姓名

《史记》汉高帝时，有两韩信，则别之曰"韩王信"；《汉书》王莽时，有两刘歆，则别之曰"国师刘歆"。此其法本于《春秋左氏传》：襄公二十五年，齐崔杼弑其君。光武中，有两贾举，则别之曰"侍人贾举"。

《金史》有二讹可：曰草火讹可，曰板子讹可；有三娄室：曰大娄室，曰中娄室，曰小娄室。

述　古

凡述古人之言，必当引其立言之人；古人又述古人之言，则两引之,不可袭以为己说也。《诗》曰:"自古在昔,先民有作。"《程正叔传》:《易·未济》三阳皆失位,而曰:"斯义也,闻之成都隐者。"是则时人之言,而亦不敢没其人,君子之谦也,然后可与进于学。

引古必用原文

凡引前人之言,必用原文。《水经注》引盛宏之《荆州记》曰:"江中有九十九洲。楚谚曰:'洲不百,故不出王者。'桓玄有问鼎之志,乃增一洲,以充百数。僭号数旬,宗灭身屠;及其倾败,洲亦消毁。今上在西,忽有一洲自生,沙流迴薄,成不淹时,其后未几,龙飞江汉矣。"注乃北魏郦道元作,而记中所指"今上",则南宋文帝,以宜都王即帝位之事,古人不以为嫌。

引书用意

《书·泰誓》:"受有亿兆夷人,离心离德;予有乱臣十人,同心同德。"《左传》引之,则曰:"《太誓》所谓商兆民离、周十人同者,众也。"《淮南子》:"舜钓于河滨,期年而渔者争处湍濑,以曲隈深潭相予。"《尔雅》注引之,则曰:"渔者不争隈。"此皆略其文而用其意也。

文章推服古人

韩退之文起八代之衰,于骈偶声律之文,宜不屑为;而其《滕王阁记》推许王勃所为序,且曰:"窃喜载名其上,词列三王之次,有荣耀焉。"李太白《黄鹤楼诗》曰:"眼前有景道不得,崔颢题诗在上头。"所谓"自古在昔，先民有作"者也。今之好讥诃古人、翻驳旧作者，其人之宅心可知矣。

宋洪迈从孙倬丞宣城，自作《题名记》。迈告之曰："他文尚可随力工拙下笔，如此记，岂宜犯不韪哉？"盖以韩文公有《蓝田县丞厅壁记》故也。夫以题目之同于文公，而以为犯不韪，昔人之谨厚何如哉！

史书下两曰字

注疏家凡引书，下一"曰"字；引书之中又引书，则下一"云"字；云、曰一义，变文以便读也。此出于《论语》"牢曰""子云"是也。若史家记载之辞，可下两"曰"字；《尚书·多方》"周公曰""王若曰"是也。

书家凡例

古人著书，凡例即随事载之书中。《左传》中言"凡"者，皆凡例也。《易》乾、坤二卦，用九、用六者，亦凡例也。

分　题

古人作书，于一篇之中有分题，则标篇题于首，而列题于下。如《尔雅》"释天"一篇，下列四时、祥灾、岁阳、岁名、月阳、月名、风雨、星名、祭名、讲武、旌旐；《吕氏春秋》"孟春纪第一"，下例正月纪、本生、重己、贵公、去私，是也。疏家谓之"题上事"，谓标题上文之事。若"周公践阼"，及《诗》篇章句，皆篇末题之，故此亦尔。今按《礼记·文王世子篇》，有曰"文王之为世子"也,有曰"教世子",有曰"周公践阼";《乐记篇》,有曰"子贡问乐",亦同此例,后人误连于本文也。又如《汉书·礼乐志·郊祀歌》,"练时日一""帝临二",凡十九首,皆著其名于本章之末。《安世房中歌》"桂华""美芳"二题传写之误,遂以冠后。

《尔雅》"释亲"一篇,《石经》本"宗族"二字,在"弟兄兄也"之后;"母党"二字,在"从母姊妹"之后;"妻党"二字,在"为姒妇"之后;"昏姻"二字,在"吾谓之甥也"之后。今国子监刻本皆改之。

作诗之旨

舜曰"诗言志",此诗之本也;《王制》"命太师陈诗以观民风",此诗之用也;荀子论《小雅》曰:"疾今之政,以思往者,其言有文焉,其声有哀焉",此诗之情也。故诗者,王者之迹也。建安以下,洎乎齐梁,所谓"辞人之赋丽以淫",而于作诗之旨,失之远矣!

唐白居易《与元微之书》曰:"年齿渐长,阅事渐多,每与人言,多询时务;每读书史,多求理道。始知文章合为时而著,歌诗合为事而作。"又自叙其诗,关于美刺者谓之讽谕诗,自比于梁鸿《五噫》之作,而谓好其诗者,"邓鲂、唐衢俱死,吾与足下又困踬;岂六义四始之风,天将破坏不可支持邪?又不知天意不欲使下人病苦闻于上邪?"嗟乎,可谓知立言之旨者矣!

晋葛洪《抱朴子》曰:"古诗刺过失,故有益而贵;今诗纯虚誉,故有损而贱。"

诗不必人人皆作

古人之会，君臣朋友，不必人人作诗；各有能有不能，不作诗何害？若一人先倡而意已尽，则亦无庸更续。是以虞廷之上，皋陶赓歌，而禹、益无闻；古之圣人，不肯写雷同之辞、骈拇之作也。柏梁之宴，金谷之集，必欲人人以诗鸣，而芜累之言，始多于世矣！

尧命历而无歌，文王演《易》而不作诗；不闻后世之人，议其劣于舜与周公也。孔子以斯文自任，上接文王之统，乃其事在六经，而所自为歌止于"龟山""彼妇"诸作，何寥寥何也！其不能与？夫我则不暇与！

宋邵博《闻见后录》曰："李习之与韩退之、孟东野善，习之于文，退之所敬也；退之与东野唱酬倾一时，习之独无诗，退之不议也。尹师鲁与欧阳永叔、梅圣俞善，师鲁于文，永叔所敬也；永叔与圣俞唱酬倾一时，师鲁独无诗，永叔不议也。"

《五子之歌》适得五章；以为人各一章，此又后人之见耳。

《渭阳》，秦世子送舅氏也，而晋公子无一言。尹吉甫作《崧高》之诗以赠申伯，《烝民》之诗以赠仲山甫，《韩奕》之诗以赠韩侯，而三者不闻其有答。是知古人之言诗，不以无和答为嫌。

诗　题

《三百篇》之诗人，大率诗成，取其中一字、二字、三四字以名篇，故十五国并无一题。《雅》《颂》中间一有之：若《常武》，美宣王也；若《勺》、若《赉》、若《般》，皆庙之乐也。其后人取以名之者，一篇曰《巷伯》，自此而外无有也。五言之兴，始自汉魏,而《十九首》并无题;郊祀歌、铙歌曲,各以篇首字为题。又如王、曹皆有"七哀",而不必同其情;六子皆有"杂诗",而不必同其义,则亦犹之《十九首》也。唐人以诗取士,始有命题分韵之法,而诗学衰矣!

杜子美诗,多取篇中字名之。如"不见李生久",则以《不见》名篇;"近闻犬戎远遁逃",则以《近闻》名篇;"往在西京时",则以《往在》名篇;"历历开元事",则以《历历》名篇;"自平宫中吕太一",则以《自平》名篇;"客从南溟来",则以《客从》名篇:皆取首二字为题,全无意义,颇得古人之体。

古人之诗,有诗而后有题;今人之诗,有题而后有诗。有诗而后有题者,其诗本乎情;有题而后有诗者,其诗徇乎物。

古人用韵无过十字

《三百篇》之诗句,多则必转韵,魏晋以上亦然;宋齐以下,韵学渐兴,人文趋巧,于是有强用一韵到底者,终不及古人之变化自然也。

古人用韵无过十字者,独《閟宫》之四章,乃用十二字;使就此一韵引而伸之,非不可以成章,而于义必有不达,故末四句转一韵。是知以韵从我者,古人之诗也;以我从韵者,今人之诗也。自杜拾遗、韩吏部,未免此病也。

叶少蕴《石林诗话》曰:"长篇最难,魏晋以前,诗无过十韵者;盖使人以意逆志,初不以序事倾尽为工。至老杜《述怀》《北征》诸篇,穷极笔力,如太史公纪传,此古今绝唱;然《八哀》八篇,本非集中高作,而世多尊称之,不敢议。如李邕、苏源明诗中,极多累句;而余尝痛刊去,仅各取其半,方为尽善。然此语不可为不知者言也。"

诗主性情，不贵奇巧。唐以下人，有强用一韵中字几尽者，有用险韵者，有次仄韵者，皆是立意以此见巧，便非诗之正格。

且如孔子于《易·彖、象传》，其用韵，有多有少，未尝一律，亦有无韵者。可知古人作文之法，一韵无字，则及他韵；他韵不协，则竟单行。圣人无必无固，于文见之矣。

诗有无韵之句

诗以义为主，音从之。必尽一韵，无可用之字，然后旁通他韵；又不得于他韵，则宁无韵。苟其义之至当，而不可以他字易，则无韵不害。汉以上，往往有之。

"暮投石壕村，有吏夜捉人。"两韵也，至当不可易。下句云："老翁逾墙走，老妇出门看。"则无韵矣，亦至当不可易。古辞《紫骝马歌》中有："春谷持作饭，采葵持作羹。"二句无韵。李太白《天马歌》中有："白云在青天，丘陵远崔嵬。"二句无韵。《野田黄雀行》首二句："游莫逐炎洲翠，栖莫近吴宫燕。"无韵。《行行且游猎篇》首二句："边城儿生年，不读一字书。"无韵。

五经中多有用韵

古人之文，化工也，自然而合于音；则虽无韵之文，而往往有韵。苟其不然，则虽有韵之文，而时亦不用韵，终不以韵而害意也。三百篇之诗，有韵之文也，乃一章之中，有二三句不用韵者，如"瞻彼洛矣，维水泱泱"之类是矣；一篇之中，有全章不用韵者，如《思齐》之四章、五章，《召旻》之四章是矣；又有全篇无韵者，《周颂·清庙》《维天之命》《昊天有成命》《时迈》

《武》诸篇是矣。说者以为当有余声，然以余声相协而不入正文，此则所谓"不以韵而害意"者也。孔子赞《易》十篇，其《彖、象传》《杂卦》五篇用韵，然其中无韵者，亦十之一；《文言》《系辞》《说卦》《序卦》五篇不用韵，然亦间有一二，如"鼓之以雷霆，润之以风雨"，"日月运行，一寒一暑"，"乾道成男，坤道成女"，"君子知微知彰，知柔知刚，万夫之望"：此所谓"化工之文，自然而合"者，固未尝有心于用韵也。《尚书》之体，本不用韵。而《大禹谟》"帝德广运，乃圣乃神，乃武乃文，皇天眷命，奄有四海，为天下君"，《伊训》"圣谟洋详，嘉言孔彰，惟上帝不常，作善降之百祥，作不善降之百殃。尔惟德罔小，万邦惟庆；尔惟不德罔大，坠厥宗"，《太誓》"我武惟扬，侵于之强，取彼凶残，杀伐用张，于汤有光"，《洪范》"无偏无陂，遵王之义；无有作好，遵王之道；无有作恶，遵王之路；无偏无党，王道荡荡；无党无偏，王道平平；无反无侧，王道正直"：皆用韵。又如《曲礼》"行前朱鸟而后玄武，左青龙而右白虎，招摇在上，急缮其怒"，《礼运》"玄酒在室，醴醆在户，粢醍在堂，澄酒在下，陈其牺牲，备其鼎俎，列其琴瑟，管磬钟鼓，修其祝嘏，以降上神，与其先祖，以正君臣，以笃父子，以睦兄弟，以齐上下，夫妇有所，是谓承天之祐"，《乐记》"夫古者，天地顺而四时当，民有德而五谷昌，疾疢不作而无妖祥，此之谓大当，然后圣人作，为父子君臣，以为纪纲"，《中庸》"君子不可以不修身，思修身不可以不思亲，思事亲不可以不知人，思知人不可以不知天"，《孟子》"师行而粮食，饥者弗食，劳者弗息，睊睊胥谗，民乃作慝。方命虐民，饮食若流，流连荒亡，为诸侯忧"。凡此之类，在秦汉以前诸子书，并有之。太史公作赞，亦时一用韵；而汉人乐府诗，反有不用韵者。

《易》韵

《易》之有韵，自文王始也；凡卦辞之繁者，时用韵。《蒙》之"告"，《解》之"复""夙"，《震》之"虩""哑"，《艮》之"身""人"是也。至周公，则辞愈繁而愈多用韵。疑古卜辞当用韵。若《春秋传》所载，懿氏之"锵""美""卿""京"，骊姬之"渝""输""狐""臭"，伯姬之"盂""贶""偿""相""姬""旗""师""邱""孤""弧""姑""逋""家""虚"，鄢陵之"蹙""目"，孙文子之"陵""雄"，卫侯之"羊""亡""窦""逾"，又如《国语》所载晋献公之"骨""猾""捽"，《史记》所载汉文帝之"庚""王""光"，《汉书·元后传》所载晋史之"雄""乘""崩""兴"，皆韵也。故孔子作《彖、象传》用韵，盖本经用韵传而（而传）亦韵，此见圣人述而不作，以古为师而不苟也。

《彖、象传》犹今之笺注者，析字分句以为训也；《系辞》《文言》以下，犹今之笺注，于字句明白之后，取一章、一篇、全书之义而通论之也。故其体不同。

古诗用韵之法

古诗用韵之法，大约有三：首句、次句连用韵，隔第三句而于第四句用韵者，《关雎》之首章是也；凡汉以下诗，及唐人律诗之首句用韵者，源于此。一起即隔句用韵者，《卷耳》之首章是也；凡汉以下诗，及唐人律之首句不用韵者源于此。自首至末，句句用韵者，若《考槃》《清人》《还》《著》《十亩之间》《月出》《素冠》诸篇，又如《卷耳》之二章、三章、四章，《车攻》之一章、二章、三章、七章，《长发》之一章、二章、三章、四章、五章是也；凡汉以下诗，若魏文帝《燕歌行》之类源于此。自是而变则转韵矣。转韵之始，亦有连用、隔用之别，而错综变化，不可以一体拘。于是有上下各自为韵，若《兔罝》及《采薇》之首章、《鱼丽》之前三章、《卷阿》之首章者；有首末自为一韵，中间自为一韵，若《车攻》之五章者；有隔半章自为韵，若《生民》之卒章者；有首提二韵而下分二节承之，若《有瞽》之篇者：此皆诗之变格，然亦莫非出于自然，非有意为之也。

先生《音学五书序》曰：《记》曰："声成文，谓之音。"夫有文斯有音，比音而为诗，诗成然后被之乐，此皆出于天而非人之所能为也。三代之时，其人皆本于六书，其人皆出于族党庠序，其性皆驯化于中和；而发之为音，无不协于正。然而《周礼》"大行人"之职，"九岁属瞽史。论书名，听声音"，所以一道德而同风俗者，又不敢略也。是以《诗》三百五篇，上自《商颂》，下逮陈灵，以十五国之远，千数百年之久，而其音未常有异；帝舜之歌，皋陶之赓，箕子之陈，文王、周公之系，无弗同者，故三百五篇，古人之音书也。

魏晋以下，去古日远，词赋日繁，而后名之曰韵；至宋周颙、梁沈约，而"四声"之《谱》作。然自秦汉之文，其音已渐戾于古，至东京益甚；而休文作《谱》，乃不能上据《雅》《南》，旁摭《骚》、子，以成不刊之典，而仅按班、张诸人之赋，曹、刘以下诸人之诗所用之音，撰为定本。于是今音行而古音亡，为音学之一变。下及唐代，以诗赋取士，其韵一以陆法言《切韵》为准；虽有独用、同用之法，而其分部未尝改也。至宋景祐之际，微有更易；理宗末年，平水刘渊，始并二百六韵为一百七韵；元黄公绍作《韵会》因之，以迄于今。于是宋韵行而唐韵亡，为音学之再变。世日远而传日讹，此道之亡，盖二千有余岁矣！

炎武潜心有年，既得《广韵》之书，乃始发悟于中，而旁通其说；于是据唐人以正宋人之失，据古经以正沈氏、唐人之失；而三代以上之音，部分秩如，至赜而不可乱。乃列古今音之变，而究其所以不同，为《音论》二卷；考正三代以上之音，注三百五篇，为《诗本音》十卷；注《易》者，为《易音》三卷；辨沈氏部分之误，而一一以古音定之，为《唐韵正》二十卷；综古音为十部，为《古音表》二卷。自是而六经之文乃可读。其他诸子之书，离合有之，而不甚远也。天之未丧斯文，必有圣人复起，举今日之音而还之淳古者。

古人不忌重韵

杜子美作《饮中八仙歌》，用三前、二船、二眠、二天；宋人疑古无此体，遂欲分为八章，以为必分为八，而后可以重押韵无害也。不知《柏梁台诗》，三之、三治、二哉、二时、二来、二材，已先之矣。"东川有杜鹃，西川无杜鹃，涪万无杜鹃，云安有杜鹃"，求其说而不得，则疑以为题下注，不知古人未尝忌重韵也。故有四韵成章而唯用二字者，"胡为乎株林？从夏南；匪适株林，从夏南"是也；有二韵成章而唯用一字者，"大人占之，维熊维罴，男子之祥；维虺维蛇，女子之祥"是也；有三韵成章而唯用一字者，"苟日新，日日新，又日新"是也。

如《采薇》之首章，连用二"玁狁之故"句；《正月》一章，连用二"自口"字；《十月之交》首章，连用二"而微"字；《车舝》三章，连用二"庶几"字；《文王有声》首章，连用二"有声"字；《召旻》卒章，连用二"百里"字。又如《行露》首章，起用"露"字,末用"露"字,又如《简兮》卒章连用三"人"字,《那》连用三"声"字,其重一字者,不可胜述。汉以下亦然:如《陌上桑》诗,三"头"字、二"隅"字、二"余"字、二"夫"字、二"须"字;《焦仲卿妻作》三"语"字、三"言"字、二"由"字、二"母"字、二"取"字、二"子"字、二"归"字、二"之"字、二"君"字、二"门"字,又二"言"字;苏武《骨肉缘枝叶》一首,二"人"字;《结发为夫妇》一首,二"时"字;陈思王《弃妇词》,二"庭"字、二"灵"字、二"鸣"字、二"成"字、二"宁"字;阮籍《咏怀诗·灼灼西隤日》一首,二"归"字;张协《杂诗·黑蜧跃重渊》一首,二"生"字;谢灵运《君子有所思行》,二"归"字;梁武帝《撰孔子正言竟述怀》诗,二"反"字;任昉《哭范仆射》诗,二"生"字、三"情"字;沈约《钟山》诗,二"足"字。然则重韵之有忌,其在隋唐之代乎?

诸葛孔明《梁父吟》云:"问是谁家墓?田疆古冶子。"又云:"谁能为此谋?国相齐晏子。"用二"子"字。古人但取文理明当而已,初不避重字也。今本或改作"田疆古冶氏",失之矣。

潘岳《秋兴赋》:"宵耿介而不寐兮,独展转于华省;悟时岁之遒尽兮,慨俛首而自省。"用二"省"字。

初唐诗最为严整,而卢照邻《长安古意》:"别有豪华称将相,转日回天不相让;意气由来排灌夫,专权判不容萧相。"用二"相"字。今人谓必字同而义异者,方可重用,若此诗之二"相",固无异义也。且《诗》曰:"王命南仲,往城于方。"其下文又曰:"天子命我,城彼朔方。"有何异义哉?

李太白《黄阳歌》二"杯"字,《庐山谣》二"长"字;杜子美《织女诗》二"中"字,《奉先县咏怀》二"卒"字,《两当县吴十侍御江上宅》二"白"字,《八哀诗》"张九龄"一首二

"省"字、二"境"字，《园人送瓜》二"草"字，《寄狄明府》二"济"字，《宿凿石浦》二"系"字；韩退之《此日足可惜》诗二"光"字、二"鸣"字、二"更"字、二"城"字、二"狂"字、二"江"字。

诗有以意转而韵须重者。如："今夕何夕，见此良人；子兮子兮，如此良人何！""嘤其鸣矣，求其友声；相彼鸟矣，犹求友声。""有杕之杜，其叶萋萋；王事靡盬，我心伤悲。""卉木本萋止，女心悲止；于论鼓钟，于乐辟廱"。又若："公无渡河，公竟渡河！"此皆承上文而转者，不容别换一字。

七言之始

昔人谓《招魂》《大招》，去其"些""只"，即是七言诗；余考七言之兴，自汉以前，固多有之。如《灵枢经·刺节真邪篇》："凡刺小邪曰以大，补其不足乃无害，视其所在迎之界；凡刺寒邪曰以温，徐往徐来致其神，门户已闭气不分，虚实得调其气存。"宋玉《神女赋》："罗纨绮缋盛文章，极服妙采照万方。"此皆七言之祖。

《素问·八正神明论》："神乎神，耳不闻。目明心开而志先，慧然后悟，口弗能言。杰视独见适若昏，昭然独明，若风吹云，故曰神。三部九侯为之原，九针之论不必存。"其文绝似《荀子·成相篇》。

一　言

《缁衣》三章，章四句，非也；"敝"字一句，"还"字一句。若曰"敝予还予"，则言之不顺矣。且何必一言之不可为诗也？

《吴志》：历阳山石文："楚，九州渚；吴，九州都。""楚"字一句，"吴"字一句，亦是一言之诗。

古人未有之格

语助之外，止用四字成诗。而四字皆韵，古未之有也；始见于《庄子》"父邪母邪？天乎人乎？"是也。三章，章各二句，而合为一韵，古未之有也；始见于《孟尝君传》："长铗归来乎，食无鱼！长铗归来乎，出无车！长铗归来乎，无以为家！"是也。

古人不用长句成篇

古诗有八言者，"胡瞻尔庭有县貆兮"是也。汉卢群在吴少诚席上，作歌调之曰："祥瑞不在凤凰麒麟，太平须得边将忠臣。但得百僚师长肝胆，不用三军罗绮金银。"此则通首八言。又如李长吉"酒不到刘伶坟上土"之类，则不过一二句而已。有九言者，"凛乎若朽索之驭六马"是也。然无用为全章者，不特以其不便于歌也；长则意多冗、字多懈，其于文也亦难之矣。以是知古人之文，可止则止，不肯以一意之冗、一字之懈，而累吾作诗之本义也。知此义者，不特句法也，章法可知矣。七言排律，所以从来少作，作亦不工者，何也？意多冗也，字多懈也。为七言者，必使其不可裁而后工也，此汉人所以难之也。

诗用迭字

诗用迭字最难。《卫诗》："河水洋洋，北流活活；施罛濊濊，鱣鲔发发。葭菼揭揭，庶姜孽孽。"连用六迭字，可谓复而不厌、赜而不乱矣。《古诗》："青青河畔草，郁郁园中柳；盈盈楼上女，皎皎当牖牗。娥娥红粉妆，纤纤出素手。"连用六迭字，亦极自然，下此即无人可继。

屈原《九章·悲回风》："纷容容之无经兮，罔芒芒之无纪；轧洋洋之无从兮，驰逶移之焉止？漂翻与其上下兮，翼遥遥其左右。氾潏潏其前后兮，伴张弛之无期。"连用六迭字。宋玉《九辩》："乘精气之抟抟兮，骛诸神之湛湛；骖白霓之习习兮，历群灵之丰丰。左朱雀之茇茇兮，右苍龙之躣躣；属雷师之阗阗兮，通飞廉之衙衙。前轻辌之锵锵兮，后辎乘之从从；载云旗之委蛇兮，扈屯骑之容容。"连用十一迭字，后人辞赋，亦罕及之者。

次　韵

今人作诗，动必次韵，以此为难，以此为巧；吾谓其易而拙也。且以律诗言之，平声通用三十韵之中，任用一韵，而必无他韵可易；一韵数百字之中，任押五字，而必无他字可易；名为易，其实难矣。先定五字，而以上文凑足之，文或未顺，则曰牵于韵尔；意或未满，则曰束于韵尔。用事遣辞，小见新巧，即可擅场；名为难，其实易矣。夫其巧于和人者，其胸中本无诗，而拙于自言者也。故难易巧拙之论破，而次韵之风可少衰也。

严沧浪《诗话》曰："和韵最害人诗，古人酬唱不次韵；此风始盛于元白、皮陆，本朝诸贤，乃以此而斗工，遂至复往有八九和者。"

按：唐元稹《上令狐相公启》曰："稹与同门生白居易友善。居易雅能为诗，就中爱驱驾文字，穷极声韵，或为千言，或为五百言律诗，以相投寄；小生自审不能有以过之，往往戏排旧韵，别创新词，名为次韵，盖欲以难相挑耳。江湖间为诗者，或相仿效，或力不足，则至于颠倒语言，重复首尾；韵同意等，不异前篇，亦目为'元和诗体'。而司文者考变雅之由，往往归咎于稹。"是知元、白作诗次韵之初，本自以为戏，而当时即以取讥于人；今人乃为之而不厌，又元、白之所鄙而不屑者矣！

欧阳公《集古录》论唐薛苹倡和诗曰："其间冯宿、冯定、李绅，皆唐显人，灵澈以诗名后世，然诗皆不及苹。盖唱者得于自然，和者牵于强作。"可谓知言者矣。

朱子《答谢成之书》，谓："渊明诗所以为高，正不待安排，胸中自然流出；东坡乃篇篇句句，依韵而和之，虽其高才似不费力，然已失其自然之趣矣。"

凡诗不束于韵而能尽其意，胜于为韵束而意不尽，且或无其意而牵入他意以足其韵者千万也。故韵律之道，疏密适中为上；不然，则宁疏无密。文能发意，则韵虽疏不害。

柏梁台诗

汉武《柏梁台诗》，本出《三秦记》，云是元封三年作，而考之于史，则多不符。按《史记》及《汉书·孝景纪》：中六年夏四月，梁王薨。《诸侯王表》：梁孝王武立，三十五年，薨；孝景后元年，其王买嗣，七年，薨；建元五年，平王襄嗣，四十年，薨。《文三王传》同。又按《孝武纪》：元鼎二年春，起柏梁台，是为梁平王之二十二年；而孝王之薨，至此已二十九年，又七年，始为元封三年。又按：平王襄元朔中，以与太母争樽，公卿请废为庶人。天子曰："梁王襄无良师傅，故陷不义。"乃削梁八城，梁余尚有十城。又按：平王襄之十年，为元朔二年，来朝；其三十六年，为太初四年，来朝，皆不当元封时。又按《百官公卿表》：郎中令，武帝太初元年更名光禄勋；典客，景帝中六年更名大行令，武帝太初元年更名大鸿胪；治粟内史，景帝后元年更名大农令，武帝太初元年更名大司农；中尉，武帝太初元年更名执金吾；内史，景帝二年分置左内史、右内史，武帝太初元年更名京兆尹，左内史更名左冯翊；主爵中尉，景帝中六年更名都尉，武帝太初元年更名右扶风：凡此六官，皆太初以后之名，不应预书于元封之时。又按《孝武纪》：太初元年冬十一月乙酉，柏梁台灾；夏五月，正历以正月为岁首，定官名。则是柏梁既灾之后，又半岁而始改官名。而大司马大将军青，则薨于元封之五年，距此已二年矣。反复考证，无一合者；盖是后人拟作，剽取武帝以来官名，及《梁孝王世家》乘舆驷马之事以合之，而不悟时代之乖舛也。

按《世家》：梁孝王二十九年十月入朝，景帝使使持节乘舆驷马迎梁王于阙下。臣瓒曰："天子副车驾驷马，此一时异数，平王安得有此？"

诗体代降

三百篇之不能不降而《楚辞》，《楚辞》之不能不降而汉魏，汉魏之不能不降而六朝，六朝之不能不降而唐也，势也。用一代之体，则必似一代之文，而后为合格。

诗文之所以代变而不得不变者，一代之文，沿袭已久，不容人人皆道此语；今且千数百年矣，而犹取古人之陈言，一一而摹仿之，以是为诗，可乎？故不似则失其所以为诗，似则失其所以为我。李、杜之诗，所以独高于唐人者，以其未尝不似而未尝似也。知此者，可与言诗也已矣。

书法诗格

南北期以前,金石之文,无不皆八分书者;是今之真书,不足为字也。姚铉之《唐文粹》,吕祖谦之《皇朝文鉴》,真德秀之《文章正宗》,凡近体之诗,皆不收。是今之律诗,不足为诗也。今人将躐真书以窥八分,躐律诗以学古体,是从事于古人之所贱者,而求其所最工,岂不难哉!

鄞人薛千仞曰:"自唐人之近体兴,而诗一大变;后学之士,可兼为而不可专攻者也。近日之弊,无人不诗,无诗不律,无律不七言。"又曰:"七言律法度贵严,对偶贵整,音节贵响,不易作也。今初学后生,无不为七言律,似反以此为入门之路,其终身不得窥此道藩篱,无怪也!"

诗人改古事

陈思王上书:"绝缨盗马之臣,赦楚、赵以济其难。"注谓:"赦盗马,秦穆公事,秦亦赵姓,故互文以避上'秦'字也。"赵至《与嵇茂齐书》:"梁生适越,登岳长谣。"梁鸿本适吴,而以为越者,吴为越所灭也。谢灵运诗:"弦高犒晋师,仲连却秦军。"弦高所犒者秦师,而改为晋,以避下"秦"字,则舛而陋矣!李太白《行路难》诗:"华亭鹤唳讵可闻?上蔡苍鹰安足道!"杜子美《诸将》诗:"昨日玉鱼蒙葬地,早时金盌出人间。"改"黄犬"为"苍鹰",改"玉盌"为"金盌",亦同此病。

自汉以来,作文者即有回避假借之法。太史公《伯夷传》:"伯夷、叔齐虽贤,得夫子而名益彰;颜渊虽笃学,附骥尾而行益显。"本当是附夫子耳，避上文雷同，改作"骥尾"；使后人为之，岂不为人讥笑？

庾子山赋误

庾子山《枯树赋》云："建章三月火。"按《史记》：武帝太初元年冬十一月乙酉，柏梁台灾；春二月，起建章宫。《西京赋》："柏梁既灾，越巫陈方；建章是经，用厌火祥。"是灾者柏梁，非建章；而三月火，又秦之阿房，非汉也。《哀江南赋》云："栩阳亭有离别之赋。"《夜听捣衣曲》云："栩阳离别赋。"按《汉书·艺文志》"别栩阳赋五篇"，详其上下文，例当是人姓名，姓别、名栩阳也。以为"离别"之别，又非也。

于仲文诗误

隋于仲文诗："景差方入楚，乐毅始游燕。"按《汉书·高帝纪》："徙齐、楚大族昭氏、屈氏、景氏、怀氏、齐田氏五姓关中，与利田宅。"王逸《楚辞章句》："三闾之职，掌王族三姓，曰：昭、屈、景。"然则景差亦楚之同姓也，而仲文以为入楚，岂非梁、陈以下之人，但事辞章而不详典据故也？

梁武帝天监元年，诏曰："雉兔有刑，姜宣致贬。"此用《孟子》"杀其麋鹿者如杀人之罪"，而不知宣王乃田氏，非姜后也，与此一类。

李太白诗误

李太白诗："汉家秦地月，流影照明妃。一上玉关道，天涯去不归。"按《史记》言：匈奴左方王将直上谷以东，右方王将直上郡以西；而单于之庭直代云中。《汉书》言：呼韩邪单于自请留居光禄塞下；又言天子遣使送单于出朔方鸡鹿塞，后单于竟北归庭。乃知汉与匈奴往来之道，大抵从云中、五原、朔方；明妃之行，亦必出此。故江淹之赋李陵，但云："情往上郡，心留雁门。"而玉关与西域相通，自是公主嫁乌孙所经，太白误矣。《颜氏家训》谓："文章地理，必须惬当。"其论梁简文《雁门大守行》，而言"日逐康居、大宛、月氏"；萧子晖《陇头水》，而云"北注黄龙，东流白马"。沈存中论白乐天《长恨歌》"峨眉山下少人行"，谓峨眉在嘉州，非幸蜀路。文人之病，盖有同者。

梁徐悱《登琅邪城》诗："甘肃警烽候，上谷抵楼兰。"上谷在居庸之北，而楼兰为西域之国，在玉门关外。即此一句之中，文理已自不通，其不切琅邪城，又无论也。

郭璞赋误

郭璞《江赋》："总括汉泗，兼包淮湘。"淮、泗并不入江，岂因《孟子》而误邪？

陆机文误

陆机《汉高帝功臣颂》："侯公伏轼，皇媪来归。"乃不考史书之误。《汉仪》注："高帝母，兵起时死小黄，后于小黄作陵庙。"《本纪》："五年，即皇帝位于汜水之阳，追尊先媪为昭灵夫人。"则其先亡可知，而十年有"太上皇后崩"，乃"太上皇崩"之误，文重书而未删也。侯公说羽，羽乃与汉约中分天下，九月，归太公、吕后。并无皇媪。

字

《春秋》以上，言文不言字。如《左传》"于文止戈为武"，"故文反正为乏"，"于文皿虫为蛊"。及《论语》"史阙文"，《中庸》"书同文"之类，并不言字。《易》"女子贞不字，十年乃字"，《诗》"牛羊腓字之"，《左传》"其僚无子，使字敬叔"，皆训为"乳"；《书·康诰》"于父不能字厥子"，《左传》"栾王鲋，字而敬"，"小事大，大字小"，亦取"爱养"之义。惟《仪礼·士冠礼》"宾字之"，《礼记·郊特牲》"冠而字之，敬其名也"，与文字之义相近，亦未尝谓文为字也。

以文为字，乃始于《史记》。秦始皇《琅邪台石刻》曰："同书文字。"《说文序》云："依类象形谓之文，形声相益谓之字。文者物象之本，字者孳乳而生。"《周礼》"外史掌达书名于四方"，注云："古曰名，今曰字。"《仪礼·聘礼》注云："名书文也，今谓之字。"此则字之名，自秦而立、自汉而立也与？

许氏《说文序》："此十四篇，五百四十部，九千三百五十三文，解说凡十三万三千四百四十一字。"以篆书谓之文，隶书谓之字。张揖《上博雅表》"凡万八千一百五十文"，唐玄度《九经字样序》"凡七十六部，四百廿一文"，则通谓之文。

三代以上，言文不言字；李斯、程邈出，降文而为字矣。二汉以上，言音不言韵；周颙、沈约出，音降而为韵矣。

古　文

古时文字不一，如汉汾阴宫鼎，其盖铭曰："汾阴供官铜鼎，其二十枚。""二十"字作"十十"；鼎铭曰："汾阴供官铜鼎二十枚。""二十"字作"丁";其末曰"第二十三","二十"字作"廿"。一器之铭,三见而三不同。自唐以后,文字日繁,不得不归一律;而古书之不复通者,多矣!

《说文》

自隶书以来,其能发明六书之指,使三代之文尚存于今日,而得以识古人制作之本者,许叔重《说文》之功为大。后之学者,一点一画,莫不奉之为规矩。而愚以为亦有不尽然者,且以六经之文,左氏、公羊、穀梁之《传》,毛苌、孔安国、郑众、马融诸儒之训,而未必尽合;况叔重生于东京之中世,所本者不过刘歆、贾逵、杜林、徐巡等十余人之说,而以为尽得古人之意,然与否与?一也。五经未遇蔡邕等正定之先,传写人人各异;今其书所收,率多异字,而以今经校之,则《说文》为短;又一书之中,有两引而其文各异者,后之读者将何所从?二也。流传既久,岂无脱漏?即徐铉亦谓:"篆书湮替日久,错乱遗脱,不可悉究。"今谓此书所阙者必古人所无,别指一字以当之。改经典而就《说文》,支离回互,三也。

今举其一二评之:如秦、宋、薛,皆国名也。秦从"禾",以地宜禾,亦已迂矣。宋从木为"居",薛从辛为"皋",此何理也?《费誓》之"费"改为"粊",训为恶米。武王戴旆之"旆"改为"坺",训为甾土。"威"为姑,"也"为女阴,"殴"为击声,"困"为故庐,"晋"为日无色,此何理也?"貉之为言恶也","视犬之字如画狗","狗,叩也",岂孔子之言乎?训"有"则曰"不宜有也",《春秋》书"日有食之";训"郭"则齐之郭氏,不能进善善,恶恶不能退,是以"亡国",不几于剿说而失其本指乎?"居"为法右,"用"为卜中,"童"为男有辠,"襄"

为解衣耕，"弔"为人持弓会驱禽，"辱"为失耕时，"曳"为束缚捽泄，"罚"为持刀骂詈，"劳"为火烧门，"宰"为皋人在屋下执事，"冥"为十六日月始亏，"刑"为刀守井，不几于穿凿而远于理情乎？武曌师之而制字，荆公广之而作书，不可谓非滥觞于许氏者矣。若夫训"参"为商星，此天文之不合者也；训"亳"为京兆杜陵亭，此地理之不合者也。书中所引乐浪事数十条，而他经籍反多阙略，此采摭之失其当者也。今之学者，能取其大而弃其小，择其是而违其非，乃可谓善学《说文》者与！

《王莽传》："'刘（劉）'之为字，'卯、金、刀'也，正月刚卯，金刀之利，皆不得行。"又曰："受命之日，丁卯；丁，火，汉氏之德也；卯，刘姓所以为字也。"光武告天祝文，引《谶记》云："卯金修德为天子。"公孙述引《援神契》曰："西太守乙卯金。"谓西方太守而乙绝卯金也。是古未尝无"刘"字也。魏明帝太和初，公卿奏言："夫歌以咏德，舞以象事，于文文武为斌；臣等谨制乐舞，名曰'章斌之舞'。"魏去叔重未远，是古未尝无"斌"字也。

《说文》原本次第不可见，今以四声列者，徐铉等所定也；切字，铉所加也。旁引后儒之言，如杜预、裴光远、李阳冰之类，亦铉等所加也。又云"诸家不收，今附之字韵末"者，亦铉等加也。"始"字，《说文》以为女之初也，已不必然；而徐铉释之以"至哉坤元，为物资始"，不知经文乃是"大哉乾元，万物资始"，若用此解，必从男乃合耳。

《说文长笺》

万历末，吴中赵凡夫宦光作《说文长笺》，将自古相传之五经，肆意刊改，好行小慧，以求异于先儒，乃以"青青子衿"为淫奔之诗，而谓"衿"即"裣"字。如此类者非一。其实《四书》尚未能成诵，而引《论语》"虎兕出于柙"，误作《孟子》"虎豹出亏出"。然其于六书之指，不无管窥；而适当喜新尚异之时，此书乃盛行于世。及今不辩，恐他日习非胜是，为后学之害不浅矣！故举其尤刺谬者十余条正之：

《旧唐书·文宗纪》：开成二年，宰臣判国子监祭酒郑覃，进《石壁九经》一百六十卷。九经者，《易》《书》《诗》、三《礼》《春秋》三《传》，又有《孝经》《论语》《尔雅》，其实乃十二经。又有张参《五经文字》、唐玄度《九经字样》，皆刻之于石，今见在西安府学，凡夫乃指此为"蜀本石经"。又云："张参《五经文字》、唐彦升《九经字样》，亦附蜀本之后，但可作蜀经字法。"今此石经末有年月一行，诸臣姓名十行，大书"开成二年丁巳岁"。凡夫岂未之见，而妄指为孟蜀邪？

又云："孙愐《唐韵》文、殷二韵，三声皆分，独上声合一；咸严、洽业二韵，平入则分，上去则合。"按今《广韵》即孙愐之遗文，殷上声之合则有之；咸严、洽业，则四声并分，无并合者。

切者，两字相摩以得其音，取其切近；今改为盗窃之"窃"，于古未闻。岂凡夫所以自名其学者邪？

"瓜分"，字见《史记·虞卿传》《汉书·贾谊传》；"灶突"，字见《汉书·霍光传》。今云瓜当作"苽"，突当作"㝎"；然则鲍昭《芜城赋》所谓"竟瓜剖而豆分"，魏玄同疏所谓"瓜分瓦裂"者，古人皆不识字邪？按张参《五经文字》云："突，徒兀反，作㝎者讹。"

顾野王，陈人也，而以为晋之虎头；陆龟蒙，唐人也，而以为宋之象山；王筠，梁人也，而以为晋；王禹偁，宋人也，而以为南朝：此真所谓不学墙面者与？

晋献帝醉，虞侍中命扶之。按《晋书·虞啸父传》："为孝武帝所亲爱，侍饮大醉，拜不能起。帝顾曰：'扶虞侍中。'啸父曰：'臣位未及扶，醉不及乱，非分之赐，所不敢当。'帝甚悦。"传首明有"孝武帝"字，引书者未曾全读；但见中间有贡献之"献"，适与"帝"字相接，遂以为献帝，而不悟晋之无献帝也。万历间人看书，不看首尾，只看中间两三行；凡夫著书之人，乃犹如此！

"恂"字，《笺》：汉宣帝讳；而不知宣帝讳询，非"恂"也。"衍"字，《笺》：汉平帝讳；而不知平帝讳衎，非"衍"也。

《后汉书·刘虞传》："故吏尾敦，于路劫虞首归葬之。"引之云："后汉尾敦路，劫刘虞首归之葬。"若以敦路为人名，而又以"葬"为"莽"，是刘幽州之首，竟归之于王莽也。

《左氏》成六年传：韩献子曰："易觌则民愁，民愁则垫隘。"《说文》"霙""垫"二字两引之，而一作陁者，古隘、陁二字通用也。《笺》乃云"未详何出"。"野"下引《左传》"身横九野"，不知其当为"九亩"；又《穀梁传》之文，而非《左氏》也。

"鹡鸰丑，其飞也翪"，此《尔雅·释鸟》文。《笺》乃曰："训词未详，然非后人语。""骦马，白州也"，本之《尔雅·释畜》"白州，骦"注："州，窍也，谓马之白尻者。"《笺》乃云："未详，疑误。"

中国之称"夏"，尚矣，今以为"起于唐之夏州，地邻于夷，故华夷对称曰华夏"。然则《书》言"蛮夷猾夏"；《语》云"夷狄之有君，不如诸夏之亡也"，其时已有夏州乎？又按：夏州本朔方郡，赫连勃勃建都于此，自号曰夏；后魏灭之，而置夏州，亦不始于唐也。

云："唐中晚诗文始见'簿'字，前此无之。"不知《孟子》言"孔子先簿正祭器"，《史记·李广传》"急责广之莫府对簿"，《张汤传》"使使八辈簿责汤",《孙宝传》"御史大夫张忠署宝主簿",《续汉·舆服志》"每出,太仆奉驾上卤簿",《冯异传》"光武署异为主簿",而刘公幹诗已云"沉迷簿领书,回回自昏乱"矣。

"盳"字云:"字不见经。"若言五经,则不载者多矣,何独"盳"字?若传记史书,则此字亦非隐僻,《晋语》"被羽先升",注:"繁于背,若今将军负盳矣";《魏略》"刘备性好结盳";《吴志·甘宁传》"负盳带铃";梁刘孝仪和昭明太子诗"山风乱采盳,初景丽文辕"。

"祢衡为鼓吏,作《渔阳挝掺》。掺乃操字。"按《后汉书》:"衡方为《渔阳参挝》,蹀躞而前。"注引《文士传》作"渔阳参槌"。王僧孺诗云:"散度广陵音,参写渔阳曲。"自注云:"参,音七绀反,乃曲奏之名,后人添手作掺。"后周庾信诗:"玉阶风转急,长城雪应闇。新绶始欲缝,细锦行须縿。声烦《广陵散》,杵急《渔阳掺》。"隋炀帝诗:"今夜长城下,云昏月应暗。谁见倡楼前,心悲不成掺。"唐李颀诗:"忽然更作渔阳掺,黄云萧条白日暗。"正音七绀反。今以为"操"字,而又倒其文;不知汉人书"操",固有仅作"掺"者,而非此也。

叩,京兆蓝田乡。《笺》云:"地近京口,故从口。"夫蓝田乃今之西安府属,而京口则今之镇江府,此则所谓风马牛不相及者。凡此书中会意之解,皆"京口"之类也。

寸,十分也。《汉书·律历志》:"一黍为一分,十分为一寸。"本无可疑,而增其文曰:"析寸为分,当言十分尺之一。"夫古人之书,岂可意为增改哉?

五经古文

赵古则《六书本义序》曰:"魏晋及唐,能书者辈出;但点画波折，逞其姿媚，而文字破碎，然犹赖六经之篆未易。至天宝间，诏以隶法写六经，于是其道尽废。"以愚考之，其说殆不然。按《汉书·艺文志》曰："《尚书》古文经四十六卷。"又曰："《孝经》古孔氏一篇，皆出于孔氏壁中。"又曰："有中古文《易经》"，而不言其所出。又曰："《礼》古经五十六卷，《春秋》古经十二篇，《论语》古二十一篇。"但言"古"不言"文"。而赤眉之乱，则已焚烧无遗。《后汉书·杜林传》曰："林前于西州得漆书古文《尚书》一卷，尝宝爱之，虽遭艰困，握持不离身。出以示卫宏、徐巡曰：'林流离兵乱，常恐斯经将绝；何意东海卫子、济南徐生，复能传之？是道竟不坠于地也。古文虽不合时务，然愿诸生无悔所学。'宏、巡益重之，于是古文遂行。"是东京古文之传，惟《尚书》而已。《晋书·卫恒传》言："魏初传古文者，出于邯郸淳，至始正中，立三字石经，转失淳法；因科斗之名，遂效其形。"未知所立几经。而唐初魏征等作《隋书·经籍志》，但有三字石经《尚书》五卷、三字石经《春秋》三卷，则他经亦不在矣。《册府元龟》：唐玄宗天宝三载，诏曰："朕钦惟载籍，讨论坟典，以为先王令范，莫越于唐虞；上古遗书，实称于训诰。虽百篇奥义，前代或亡；而六体奇文，旧规犹在。但以古先所制，有异于当今；传写浸讹，有异于后学。永言刊革，必在从宜。《尚书》应是古体文字，并以今字缮写施行，其旧本仍藏之书府。"是玄宗所改，亦止于古文《尚书》，而不闻有他经也。夫诸经古文之亡，其已久矣。今谓五经皆有古文，而玄宗改之以今，岂其然乎？

孔安国《书序》曰："科斗书废已久，时人无能知者；以所闻伏生之书考证文义，定其可知者为'隶古定'，更以竹简写之。"是则西汉之时所云"古文"者，不过隶书之近古；而共王所得科斗文字，久已不传。玄宗所谓"六体奇文"，盖正始之书法也。

宋晁公武《古文尚书序》曰："余抵少城，作《石经考异》之余，因得此古文全编于学宫；乃延士张戬，仿吕氏所镂本书，丹刻诸石，方将配《孝经》《周易》经文之古者，附于石经之列。"今其石当已不存，而摹本亦未见传之人间也。世无好古之人，虽金石其能保与！

《急就篇》

汉魏以后，童子皆读史游《急就篇》；晋夏侯湛抵疑乡曲之徒，一介之士，曾讽《急就》，习甲子。《魏书》崔浩表言："太宗即位元年，敕臣解《急就章》。"刘芳撰《急就篇续注音义证》三卷，陆暐拟《急就篇》为《悟蒙章》，又书家亦多写《急就篇》。《魏书·崔浩传》："浩既工书，人多托写《急就章》；从少至老，初不惮劳，所书盖以百数。"《儒林传》："刘兰始入小学，书《急就篇》，家人觉其聪敏。"《北齐书》：李绘六岁未入学，伺伯姊笔牍之闲，辄窃用，未几，遂通《急就章》。李兹九岁入学，书《急就篇》月余，便通。"自唐以下，其学渐微。

《千字文》

《千字文》元有二本；《梁书·周兴嗣传》曰："高祖以三桥旧宅为光宅寺，敕兴嗣与陆倕制碑，及成，俱奏，高祖用兴嗣所制者。自是《铜表铭》《栅塘碣》《北伐檄》《次韵王羲之书千字》，并使兴嗣为之。"《萧子范传》曰："子范除大司马南平主户曹属从事中郎，使制《千字文》，其辞甚美，命记室蔡薳注释之。"《旧唐书·经籍志》：《千字文》一卷，萧子范撰；又一卷，周兴嗣撰。是兴嗣所次者一《千字文》，而子范所制者又一《千字文》也。乃《隋书·经籍志》云：《千字文》一卷，梁给事郎周兴嗣讲；《千字文》一卷，梁国子祭酒萧子云注。《梁书》本传谓"子范作之，而蔡薳为之注释"。今以为子云注，子云乃子范之弟，则异矣。《宋史·李至传》，言《千字文》乃梁武帝得钟繇书破碑千余字，命周兴嗣次韵而成；本传以为王羲之，而此又以为钟繇，则又异矣。

《隋书》《旧唐书》志，又有《演千字文》五卷，不著何人作。《淳化帖》有汉章帝书百余字，皆周兴嗣《千字文》中语。《东观馀论》曰："此书非章帝，然亦前代人作；但录书者集成千字中语耳。"欧阳公疑以为汉时学书者多为此语，而后村刘氏遂谓《千字文》非梁人作，误矣。黄鲁直跋章草《千字文》曰："章草言可以通章奏耳，非章帝书也。"

草　书

褚先生补《史记·三王世家》曰："至其次序分绝，文字之上下，简之参差长短，皆有意，人莫之能知；谨论次其真草诏书，编于左方。"是则褚先生亲见简策之文，而孝武时诏，即已用草书也。《魏志·刘廙传》"转五官将文学，文帝器之，令廙通草书"，则汉魏之间，笺启之文，有用草书者矣。故草书之可通于章奏者，谓之章草。

赵彦卫《云麓漫钞》言："宣和中，陕右人发地得木简，字皆章草，乃永初二年发夫讨畔羌檄。米元章帖言：'章草，乃章奏之章。'"今考之，既用于檄，则理容概施于章奏。盖小学家流，自古以降，日趋于简便；故大篆变小篆，小篆变隶。比其久也，复以隶为繁；则章奏文移，悉以章草从事，亦自然之势。故虽曰草,而隶笔仍在,良繇去隶未远故也。右军作草,犹是其典刑,故不胜为冗笔。逮张旭、怀素辈出,则此法埽地矣!"

北齐赵仲将学涉群书,善草隶;虽与弟书,字皆楷正。云:"草不可不解,若施之于人,似相轻易;若与当家中卑幼,又恐其疑,是以必须隶笔。"唐席豫性谨,虽与子弟书疏,及吏曹簿领,未尝草书。谓人曰:"不敬他人,是自不敬也。"或曰:"此事甚细,卿何介意?"豫曰:"细犹不谨,而况巨邪?"柳仲郢手抄九经、三史,下及魏晋南北诸史,皆楷小精真,无行字。宋刘安世终身不作草字,书尺牍未尝使人代。张观平生书必为楷字,无一行草,类其为人。古人之谨重如此。《旧唐书》:"王君廓为幽州都督,李元道为长史。君廓入朝,玄道附书与其从甥房玄龄,君廓私发之,不识草字,疑其谋己,惧而奔叛。玄道坐流巂州。"夫草书之衅,乃至是邪!

《金石录》

《金石录》有《宋公欒𫓧鼎铭》,云:"按《史记·世家》,宋公无名欒幺言幺者,莫知其为何人。"今考《左传》宋元公之太子栾嗣位,为景公;《汉书·古今人表》,有宋景公兜栾;而《史记·宋世家》"元公卒,子景公头曼立"。是兜栾之音讹为头曼,而宋公欒,即景公也。

宗均之误为"宋",不必证之碑及《党锢传》;即《南蛮传》云:"会援病卒,谒者宗均听悉受降,为置吏司,群蛮遂平。"事与本传合,而《南蛮传》作"宗",本传作"宋";其误显然,注未及正。

房彦谦高祖法寿,自宋归魏,封壮武侯,子孙承袭;魏、隋、唐三《书》皆同,独碑作庄武。按:汉胶东国有壮武县,文帝封宋昌为壮武侯。《正义》曰："《括地志》云：壮武故城在莱州即墨县西六十里。"《后汉志》："壮武，故夷国。"《左传·隐元年》"纪人伐夷"是也。《贾复传》："封胶东侯，食郁、秩、壮武等六县。"晋张华亦封壮武侯，字并作"壮"，独此碑与《左传》杜氏注作"庄"。

铸印作减笔字

太原府徐沟县有同戈驿，其名本取洞涡水。此水出乐平县西四十里陡泉岭，经平定州寿阳、榆次，至徐沟县入汾。今徐沟县北五里洞涡河，其阳有洞涡村是也。《水经》："洞涡水出沾县北山，西过榆次县南，又西到晋阳县南，西入于汾。"郦道元注："刘琨之为并州也，刘渊引兵邀击之，合战于洞涡。"即是水也。《旧唐书·昭宗纪》："天复元年四月，氏叔琮营于洞涡驿"；《新唐书·地理志》："太原郡有府十八，其一曰洞涡"；《宋史·曹彬传》："为前军都监，战洞涡河北"；《汉世家》："李继勋败继恩兵于洞涡河"。后人减笔借书"同戈"字，而今铸印遂作"同戈"。以减借之字登于印文，又不但马文渊所言成皋印点画之讹而已。

今驿多用古地名者。洪武九年四月壬辰，以天下驿传之名，多因俚俗，命翰林考古正之，如扬州府曰广陵驿，镇江府曰京口驿。凡改者二百三十二，徐沟无古地名，故以水名之。

画

古人图画，皆指事为之，使观者可法可戒。自三代之时，则周明堂之四门塘，有尧舜之容、桀纣之像，有周公相成王负斧扆南面以朝诸侯之图。楚有先王之庙及公卿祠堂，图画大地山川神灵，琦璋僪佹，及古贤圣怪物行事。秦汉以下，见于史者，如《周公负成王图》《成庆画》《纣醉踞妲己图》、屏风图画列女、戴逵画《南都赋图》之类，未有无因而作。逮乎隋唐，尚沿其意。唐《艺文志》所列汉王元昌画《汉贤王图》，阎立德画《文成公主降蕃图》《玉华宫图》《斗鸡图》；阎立本画《秦府十八学士图》《凌烟阁功臣二十四人图》，范长寿图（画）《风俗图》《醉道土图》，王定画《本草训戒图》，檀智敏画《游春戏艺图》，殷毂、韦无忝画《皇朝九圣图》《高祖及诸王图》《太宗自定辇上图》《开元十八学士图》，童萼画《辇车图》，曹元廓画后周、北齐、梁、陈、隋、武德、贞观、永徽间《朝臣图》《高祖太宗诸子图》《秦府学士图》《凌烟图》，杨昇画《望贤宫图》《安禄山真》，张萱画《伎女图》《乳女将婴儿图》《按羯鼓图》《鞦韆图》，谈皎画《武惠妃舞图》《佳丽寒食图》《佳丽伎女图》，韩幹画《龙朔功臣图》《姚宋及安禄山图》《相马图》《玄宗试马图》《宁王调马打球图》，陈宏画《安禄山图》《玄宗马射图》《上党十九瑞图》，王象画《卤簿图》，田琦画《洪崖子橘木图》，宝师纶画《内库瑞锦刘雉斗羊翔凤游麟图》，韦偃画《天竺胡僧渡水放牧图》，周昉画《扑蝶》《按筝》《杨真人降真》《五星》等图，各一卷。《唐文粹》有王蔿记《汉公卿祖二疏图》，舒元舆《记桃源图》。《通鉴》蜀嘉州司马刘赞献陈后主《三阁图》，皆指事象物之作。《王维传》："人有得奏乐图，不知其名，维视之曰：此霓裳第三叠第一拍也。好事者集乐工按之无差。"自实体难工，空摹易善；于是白描山水之画兴，而古人之意亡矣。

宋邵博《闻见后录》云："观汉李翕、王稚子、高贯方墓碑，多刻山林人物；乃知顾恺之、陆探微、宗处士辈，尚有其遗法。至吴道玄绝艺入神，然始用巧思，而古意少减矣，况其下者！"此可为知者道也。

宋徽宗崇宁三年，立画学，考画之等，以不仿前人而物之情态形色俱若自然、笔韵高简为工。此近于空摹之格，至今尚之。

谢在杭《五杂俎》曰："自唐以前，名画未有无故事者；盖有故事便须立意结构，事事考订，人物、衣冠、制度，宫室规模大略形体，城郭山川，形势向背，皆不得草草下笔。非若今人任意师心，卤莽灭裂，动辄托之写意而止也。余观张僧繇、展子虔、阎立本辈，皆画神佛变相，星曜真形；至如石勒、窦建德、安禄山，有何足画？而皆写其故实。其他如懿宗射兔、贵妃上马、后主幸晋阳、华清宫避暑，不一而足。上之则神农播种、尧民击壤、老子度关、宣尼十哲，下之则商山采芝、二疏祖道、元达镤谏、葛洪移居。如此题目，今人却不肯画，而古人为之，转相沿仿。盖由所重在此，习以成风，要亦相传法度易于循习耳。"

古　器

洪氏《随笔》谓："彝器之传，春秋以前，固已重之；如邰鼎、纪甗之类，历历可数。"不知三代逸书之目，汤有典宝，武有分器，而春官有典庸器之职，祭祀而陈之，则固前乎此矣。故夏后氏之璜，封父之繁弱，密须之鼓，阙巩之甲班，诸鲁公、唐叔之国，而赤刀、弘璧、天球、河图之属，陈设于成王之顾命者，又天子之世守也。然而来去不恒，成亏有数；是以宝珪出河，九鼎沦泗。武库之剑穿屋而飞，殿前之钟感山而响，铜人入梦，钟虡生毛，则知历世久远，能为神怪，亦理之所必有者。《隋书》文帝开皇九年四月，毁平陈所得秦汉三大钟，越二大鼓；十一年正月丁酉，以平陈所得古器，多为祸变，悉命毁之。而《大金国志》载海陵正隆三年，诏毁平辽、宋所得古器，亦如隋文之言。盖皆恣睢不学之主，而古器之销亡，为可惜矣！

读李易安题《金石录》，引王涯、元载之事，以为"有聚有散，乃理之常；人亡人得，又胡足道"，未尝不叹其言之达。而元裕之作《故物谱》，独以为不然。其说曰："三代鼎钟，其初出于圣人之制，今其款识故在；不曰'永用享'，则曰'子子孙孙永宝用'。岂圣人者，超然远览，而不能忘情于一物邪？自庄周、列御寇之说出，遂以天地为逆旅，形骸为外物；虽圣哲之能事，有不满一哂者，况外物之外者乎？然而彼固未能寒而忘衣、饥而忘食也。则圣人之道，所谓'备物以致用，守器以为智'者，其可非也邪？"《春秋》之于宝玉、大弓，窃之书，得之书，知此者可以得圣人之意矣。

四 海

《书正义》言："天地之势，四边有水。"邹衍书言："九州之外，有大瀛海环之，是九州居水内，故以州为名。"然五经无西海、北海之文，而所谓"四海"者，亦概万国而言之尔。《尔雅》：九夷、八蛮、六戎、五狄，谓之四海。《周礼·校人》："凡将有事于四海山川。"注："四海，犹四方也。"则"海"非真水之名。《易》卦兑为泽，而不言海。《礼记·乡饮酒义》曰："祖天地之左海也。"则又以见右之无海矣。《虞书》：禹言："予决九川，距四海。"据《禹贡》，但有一海，而南海之名，犹之西河即此河尔。

《禹贡》之言海有二："东渐于海"，实言之海也；"声教讫于四海"，概言之海也。

宋洪迈谓："海一而已。地势西北高，东南下；所谓东、北、南三海，其实一也。北至于青、沧，则曰北海；南至于交、广，则曰南海；东渐吴、越，则曰东海；无繇有所谓西海者。《诗》

《书》《礼经》之称四海，盖引类而言之。"至于《庄子》所谓"穷发之北，有冥海"，及屈原所谓"指西海以为期"，皆寓言尔。程大昌谓："条支之西有海，先汉使固尝见之而载诸史，后汉班超又遣甘英辈亲至其地；而西海之西，又有大秦夷人，与海商皆常往来。霍去病封狼居胥山，其山实临瀚海；苏武、郭吉皆为匈奴所幽，寘诸北海之上。而《唐史》又言突厥部北海之北，有骨利干国，在海北岸。然则《诗》《书》所称四海，实环华裔而四之，非寓言也。"然今甘州有居延海，西宁有青海，云南有滇海，安知汉唐人所见之海非此类邪？

九　州

九州之名，始见于《禹贡》。《周礼·职方氏》疏曰："自神农以上，有大九州：柱州、迎州、神州之等。至黄帝以来，德不及远，惟于神州之内分为九州。盖天下有九州，古之帝者皆治之；后世德薄，止治神州；神州者，东南一州也。"此荒诞之说，固无足采；然中国之大，亦未有穷其涯域者。尹耕《两镇志》引《汉书·地理志》，言黄帝方制万里，画埜分州，得百里之国万区，而疑不尽于禹九州之内。且曰："以今观之，涿鹿，东北之极陬也，而黄帝以之建都；釜山，塞上之小山也，而黄帝以之合符。"则当时藩国之在其西北者，可知也。秦汉以来，匈奴他部，如尔朱、宇文之类，往往祖黄帝称昌意后，亦一证也。厥后，昌意降居，帝挚逊位，至于洪水之灾，天下分绝，而诸侯之不朝者有矣。以《书》考之，禹别九州，而舜又肇十二州；其分为幽、并、营者，皆在冀之东北，必其前闭而后通、前距而后服者也。而此三州以外，则舜不得而有之矣。此后世幅员，所以止于禹迹九州之内；而天地之气，亦自西北而趋于东南，日荒日辟，而今犹未已也。驺子之言，虽不尽然，亦岂可谓其无所自哉？

幽、并、营三州，在《禹贡》九州之外；先儒谓以冀、青二州地广而分之，殆非也。幽则今涿、易以北至塞外之地，并则今忻、代以北至塞外之地，营则今辽东、大宁之地；其山川皆不载之《禹贡》，故靡得而详。然而益、稷之书，谓"弼成五服，至于五千"，则冀州之北，不应仅数百里而止。《辽史·地理志》言：幽州在渤碣之间，并州北有代、朔、营州，东暨辽海。《营卫志》言：冀州之南，历洪水之变，夏后始制城郭，其人土著而居；并、营以北，劲风多寒，随阳迁徙，岁无宁居，旷土万里。或其说之有所本也。刘三吾《书传》谓孔氏以辽东属青州，隔越巨海，道里殊远，非所谓"因高山大川以为限"之意。盖幽、并、营三州，皆分冀州之地，今亦未有所考。

禹画九州在前，舜肇十二州在后；肇，始也，昔但有九州，今有十二州，自舜始也。然则谓《禹贡》九州为尽虞、夏之疆域者，疏矣！

夏、商以后，沿上世九州之名，各就其疆理所及而分之，故每代小有不同。《周礼》："量人掌建国之法，以分国为九州。"曰"分"，则不循于其旧可知矣。

州有二名，《舜典》肇十有二州，《禹贡》九州，大名也。《周礼·大司徒》"五党为州"，州长注：二千五百家为州。《左传》僖十五年，"晋作州兵"；宣十一年，"楚子入陈乡，取一人焉以归，谓之夏州"；昭二十二年，"晋籍谈、荀跞帅九州之戎"；哀四年，"士蔑乃致九州之戎"；十七年，"卫侯登城以望见戎州"；《国语》"谢西之九州何如"，并小名也。陈祥道《礼书》："二百一十国谓之州，五党亦谓之州；万二千五百家谓之遂，一夫之间亦谓之遂；王畿谓之县，五鄙亦谓之县。"

六国独燕无后

春秋之时，楚最强，楚之官，令尹最贵；而其为令尹者，皆同姓之亲。至于六国已灭之后，而卒能自立以亡秦者，楚也。尝考夫七国之时，人主多任其贵戚：如孟尝、平原、信陵三公子毋论，楚之昭阳、昭奚恤、昭睢，韩之公仲、公叔，赵之公子成、赵豹、赵奢，齐之田婴、田忌、田单，单之功至于复齐国。至秦则不用矣，而泾阳、高陵之辈，犹以擅国闻。独燕蔑有，子之之于王哙，未知其亲疏。自昭王以降，无一同姓之见于史者。及陈、项兵起，立六国后，而孙心王楚、儋王齐、咎王魏，已而歇王赵、成王韩；惟燕人乃立韩广，岂王喜之后，无一人与？不然，燕人之哀太子丹，岂下于怀王而忽亡之也？盖燕宗之不振久矣。呜呼！楚用其宗而立怀王者，楚也；燕用非其宗而立韩广者，燕也！然则晋无公族而六卿分，秦无子弟而阎乐弑，魏削藩王而陈留篡于司马，宋卑宗子而二帝辱于金人，皆是道矣。《诗》曰："宗子维城，无俾城坏，无独斯畏。"人君之独也，可不畏哉！

郡　县

《汉书·地理志》言：秦并兼四海，以为周制微弱，终为诸侯所丧；故不立尺土之封，分天下为郡县，荡灭前圣之苗裔，靡有孑遗。后之文人，祖述其说，以为废封建、立郡县，皆始皇之所为也。以余观之，殆不然：《左传》僖公三十三年，晋襄公以再命命先茅之县赏胥臣；宣公十一年，楚子县陈；十二年，郑伯逆楚子之辞曰："使改事君夷于九县"；十五年，晋侯赏士伯以瓜衍之县；成公六年，韩献子曰："成师以出而败楚之二县"；襄公二十六年，蔡声子曰："晋人将与之县以比叔向"；三十年，绛县人或年长矣；昭公三年，二宣子曰："晋之别县，不惟州"；五年，薳启疆曰："韩赋七邑，皆成县也"，又曰："因其十家九县，其余四十县"；十年，叔向曰："陈人听命而遂县之"；二十八年，晋分祁氏之田以为七县，分羊舌氏之田以为三县；哀公十七年，子谷乃谓彭仲爽申俘也，文王以为令尹，实县申息。《晏子春秋》："昔我先君桓公，予管仲狐与谷，其县十七。"《说苑》："景公令吏致千家之县，一于晏子。"《战国策》：智过言于智伯曰："破赵则封二子者，各万家之县一。"《史记·秦本纪》：武公十年，伐邽、冀、戎，初县之；十一年，初县杜、郑。《吴世家》：王余祭三年，予庆封朱方之县。则当春秋之世，灭人之国者，固已为县矣。

《史记》：吴王发九郡兵伐齐，范蜎对楚王曰："楚南塞厉门而郡江东。"甘茂谓秦王曰："宜阳大县，名曰县，其实郡也。"春申君言于楚王曰："淮北地边齐，其事急，请以为郡便。"《匈奴传》言赵武灵王置云中、雁门、代郡，燕置上谷、渔阳、右北平、辽西、辽东郡以拒胡；又言魏有西河、上郡以与戎界边。则当七国之世，而固已有郡矣。

吴起为西河守，冯亭为上党守，李伯为代郡守，西门豹为邺令，荀况为兰陵令，城浑说楚新城令，卫有蒲守，韩有南阳假守，魏有安邑令。苏代曰："请以三万户之都封太守，千户封县令。"而齐威王朝诸县令长七十二人。则六国之未入于秦，而固已先为守令长矣。故史言乐毅下齐七十余城，皆为郡县。而齐愍王遗楚怀王书曰："四国争事秦，则楚为郡县矣！"张仪说燕昭王曰："今时赵之于秦，犹郡县也。"安得谓至始皇而始罢侯置守邪？《传》称：禹会诸侯，执玉帛者万国；至周武王，仅千八百国；春秋时，见于经传者，百四十余国；又并而为十二诸侯，又并而为七国。此固其势之所必至，秦虽欲复古之制而封之，亦有所不能；而谓罢侯置守之始于秦，则儒生不通古今之见也。

秦分天下为三十六郡，其中西河、上郡，则因魏之故；云中、雁门、代郡，则赵武灵王所置；上谷、渔阳、右北平、辽西、辽东郡，则燕所置。《史记》不志地理，而见之于匈奴之传。孟坚《志》，皆谓之秦置者，以汉之所承者秦，不言魏、赵、燕尔。

秦始皇议封建，实无其本。假使用淳于越之言而行封建，其所封者，不过如穰侯、泾阳、华阳、高陵君之属而已，岂有建国长世之理？

秦始皇未灭二国

古封建之国，其未尽灭于秦始皇者：《卫世家》言"二世元年，废卫君角为庶人"，是始皇时卫未尝亡也；《越世家》言"越以此散，诸族子争立，或为王，或为君，滨于江南海上，服朝于楚"，《秦始皇本纪》言"二十五年，王翦遂定荆江南地，降越君"，汉兴，有东海王摇、闽越王无诸之属，是越未尝亡也。《西南夷传》又言秦灭诸侯，唯楚苗裔尚有滇王，然则谓秦灭五等而立郡县，亦举其大势然耳。

汉王子侯

汉王子侯之盛，无过哀、平之间。《王莽传》：五威将帅七十二人还奏事，汉诸侯王为公者，悉上玺绶为民。《后汉·光武纪》：建武二年十二月戊午，诏曰："惟宗室列侯，为王莽所废，先灵无所依归，朕甚愍之，其并复故国。若侯身已没，属所上其子孙，见名尚书封拜。"是皆绝于莽，而复封于光武之时。然《汉书》表、传中，往往言"王莽篡位绝"；而表言安众侯崇"居摄元年举兵，为王莽所灭。侯宠，建武二年，以崇从父弟绍封。十三年，侯松嗣，今见。"师古曰："作表时，见为侯也。"表言"今见"者，止此一人。是光武之时，侯身已没者，其子孙亦但随宜封拜而已。惟安众之以故国绍封者，褒崇之忠，非通例也。又《莽传》云："嘉新公国师，以符命为予四辅；明德侯刘龚、率礼侯刘嘉等凡三十二人，皆知天命，或献天符，或贡昌言，或捕告反寇，诸刘与三十二人同宗共祖者，勿罢，赐姓曰王。唯国师公以女配莽子，故不赐姓。"《武五子传》：广阳王嘉，以献符，命封扶美侯，赐姓王氏。《诸侯王表》：鲁王闵，献神书言莽德，封列侯，赐姓王；中山王成都，献书言莽德，封列侯，赐姓王。《王子侯表》：新乡侯佟，元始五年，上书言莽宜居摄，莽篡位，赐姓王。若此之类，光武岂得而复封之乎？又《王子侯表序》曰："元始之际，王莽摄朝，伪褒宗室侯及王之孙焉，居摄而愈多非其正，故弗录，旋踵亦绝。"又可见莽摄位之所封者，光武皆不绍封也。夫惟于亲亲之中，而寓褒忠之意，则于安众之封见之。史文虽略，千载之下，可以情测也；此一代之大典，不可不论。

《武王子传》："昌邑王贺，废封为海昏侯，薨；元帝复封贺子代宗为海昏侯，传子至孙，今见为侯。"《表》云："贺以侯爵三年薨，坐故行淫僻，不得置后；初元三年，釐侯代宗以贺子绍封，传至孙原侯保世嗣，传至曾孙侯会邑嗣免，建武复封。"是光武之复封有此二人，安众以褒忠，海昏以尝居尊位故与？

《功臣表》："萧何九世孙禹，王莽始建国元年，更为萧乡侯；莽败，绝。""曹参十世孙宏，举兵佐军，诏封平阳侯，十一世侯旷嗣，今见。"非光武之薄于鄚侯而厚于平阳也，非有功不侯，高帝法也。

红阳侯王泓，以与诸刘结恩，父丹降为将军，战死；富平侯张纯，以先来诣阙，皆得绍封；而杜宪、赵牧并以先降梁王，不得嗣：光武命功之典如此。

汉侯国

《汉书·地理志》，京兆尹左冯翊、右扶风，并无侯国，以在畿内故也。然《功臣侯表》有阳陵侯傅宽、高陵侯王虞人，《恩泽侯表》有高陵侯翟方进，并左冯翊县名。《功臣侯表》，平陵侯苏建、平陵侯范明友，右扶风县名。而高陵下曰琅琊，二平陵下曰武当，则知此乡名之同于县者，而非三辅也。若后汉，则新丰侯单超、新丰侯段颎，京兆县；夏阳侯冯异、栎阳侯景丹、临晋侯杨赐，并左冯翊县；好畤侯耿弇、槐里侯万修、槐里侯宝武、槐里侯皇甫嵩、栒邑侯宋弘、郿侯童卓，并右扶风县。而《嵩传》云："食槐里、美阳两县八千户。"盖东都之后，三辅同于郡国矣。

《地理志》侯国有注有不注，殆不可晓；意者班史亦仍前人之文，止据此时之见在而书之乎？

都

《诗》毛氏传："下邑曰都。"后人以为人君所居，非也。考之经，则《书》之云"大都""小伯"，《诗》之云"在浚之都""作都于向"者，皆下邑也。《左传》曰："先王之制，大都不过参国之一，中五之一，小九之一。"又曰："邑有宗庙先君之主曰都，无曰邑。"故晋二五言于献公曰："狄之广莫，于晋为都"，谓蒲也、屈也；士伯谓叔孙昭子曰："将馆子于都"，谓箕也；公孙朝谓季平子曰："有都以卫国也"，谓成也；仲由为季氏宰，将堕三都，谓郈也、费也、成也；莱章曰："往岁克敌，今又胜都"，谓廪丘也；《孟子》"王之为都者，臣知五人焉"，谓平陆也；《韩子》"卫嗣君，以一都买一胥靡"，谓左氏也。《史记》，赵良劝商君"归十五都，灌园于鄙"；秦王请蔺相如"召有司案图，指从此以往十五都予赵"；齐王令章子"将五都之兵，因北地之众以伐燕"；张仪说楚王，"请效万家之都，以为汤沐之邑"；而陈恢见沛公亦曰："宛，大郡之都也"。其名始于《周礼·小司徒："九夫为井，四井为邑，四邑为丘，四丘为甸，四甸为县，四县为都。"而王之子弟所封，及公卿之采邑在焉，于是乎有都宗人、都司马，其后乃为大邑之称耳。故《诗》云："彼都人士"；《礼记·月令》："命农勉作，毋休于都"，而宰夫"掌群都县鄙之治"；商子言"百都之尊爵厚禄"；《史记》信陵君之谏魏王，谓"所亡于秦者大县数十名，都数百"，则皆小邑之称也。三代以上，若汤居亳，太王居邠，并言"居"，不言"都"。至秦始皇始言："吾闻周文王都丰，武王都镐，丰镐之间，帝王之都也。"而项羽分立诸侯王，遂各以其所居之地为都。王莽下书言"周有东都、西都之居"，而以雒阳为新室东都，常安为新室西都。后世因之，遂以古者下邑之名，为今代京师之号，盖习而不察矣。

《史记·商君传》：筑冀阙宫庭于咸阳，秦自雍徙都之，而集小都乡邑聚为县，置令丞凡三十一县。上都，国都之都；下都，都鄙之都。史文兼古今语。

《汉书·晁错传》言"忧劳百姓，列侯就都"，是以所封国邑为都。《后汉书·安帝纪》"涉金城郡，都襄武"，《庞参传》"烧当羌种号多等皆降，始复得还都令居"，是以郡治为都。而《食货志》言"长安及五都",以雒阳、邯郸、临淄、宛、成都为五都,而长安不与焉。此又所谓"通邑大都,居一方之会"者也。若后世国都之名,专于天子,而诸侯王不敢称矣。

《史记》:孝景中三年,"军东都门外"。此时未有东都,其曰"东都门",犹言"东郭门"也。《三辅黄图》:长安城东北北头第一门曰宣平门,民间所谓东都门。

乡　里

以县统乡,以乡统里,备书之者,《史记》"老子,楚苦县厉乡曲仁里人","樗里子室在昭王庙西,渭南阴乡樗里"是也。书县、里而不言乡,《史记》"高祖沛,丰邑中阳里人","聂政,轵深井里人","淳于意,师临菑元里公乘阳庆",《汉书》"卫太子亡至湖泉鸠里"是也。亦有书乡而不言里,《史记》"陈丞相平,阳武户牖乡人","王翦,频阳东乡人"是也。

古时乡亦有城。《汉书·朱邑传》:"其子葬之桐乡西郭外"。

都　乡

《集古录·宋宗悫母夫人墓志》:"涅阳县都乡安众里人",又云:"窆于秣陵县都乡石泉里"。都乡之制,前史不载。按:都乡,盖即今之坊厢也。汉济阴太守孟郁《尧庙碑》,"成阳仲氏,属都乡高相里。"

都乡侯

后汉封国之制,有乡侯,有都乡侯。传中言都乡侯者甚多,皇甫嵩封槐里侯，忤中常侍赵忠、张让，削户六千，更封都乡侯；具瑗有罪，诣狱，谢上还东武侯印绶，诏贬为都乡侯。是都乡侯在列侯之下也。赵忠以与诛梁冀功，封都乡侯；延熹八年，贬为关内侯。是都乡侯在关内侯之上也。良贺卒，帝封其养子为都乡侯三百户，是都乡侯所食之户数也。梁冀得罪，徙封比景都乡侯，是都乡侯亦必有所封之地，而不言者，史略之也。乡侯、都亭侯、亭侯，或言地、或不言地，亦同此。

封　君

七国虽称王，而其臣不过称君。孟尝君、平原君、信陵君、春申君是也。秦则有称侯者，如穰侯、应侯、文信侯，而蔡泽但为刚成君。汉兴，列侯曰侯，曰关内侯，曰君。孔霸以师赐爵关内侯，号襃成君。其薨也，谥曰烈君。

图

宋时《登科录》，必书某县某乡某里人。《萧山县志》曰：改乡为都，改里为图，自元始。《嘉定县志》曰：图，即里也；不曰里而曰图者，以每里册籍首列一图，故名曰图是矣，今俗省作图。谢少连作《歙志》，乃曰："图音鄙，《左传》都鄙有章，即其立名之始。"其说凿矣。

亭

秦制，十里一亭，十亭一乡；以今度之，盖必有居舍，如今之公署。郑康成《周礼·遗人》注曰："若今亭有室矣。"故霸陵尉止李广宿亭下，张禹奏请平陵肥牛亭部处上以赐禹，徙亭它所；而《汉书》注云："亭有两卒，一为亭父，掌开闭扫除；一为求盗，掌逐捕盗贼"是也。又必有城池，如今之村堡。《韩非子》：吴起为魏西河守，秦有小亭临境；起攻亭，一朝而拔之。《汉书》：息夫躬归国，未有第宅，寄居丘亭；奸人以为侯家富，常夜守之。《匈奴传》：见畜布野而无人牧者，怪之，乃攻亭。《后汉书·公孙瓒传》"卒逢鲜卑数百骑，乃退入空亭"是也。又必有人民，如今之镇集，汉封功臣有亭侯是也。亦谓之"下亭"，《风俗通》"鲍宣州牧行部，多宿下亭"是也。其都亭，则今之关厢。"司马相如往临邛，舍都亭"，"严延年母止都亭，不肯入府"，"何并斩王林卿奴头，并所剥建鼓，置都亭下"；《后汉书》："陈王宠有强弩数千张，出军都亭"，"会稽太守尹兴，使陆续于都亭，赋民饘粥酒泉"，"庞娥刺杀仇人于都亭"；《吴志》："魏使邢贞拜权为吴王，权出都亭侯贞"是也。京师亦有都亭，《后汉书》："张纲埋其车轮于雒阳都亭"，"窦武召会北军五校士，屯都亭"，"何进率左右羽林五营士屯都亭"，"王乔为叶令，帝迎取其鼓，置都亭下"是也。蔡质《汉仪》：雒阳二十四街，街一亭；十二城门，门一亭，人谓之旗亭。《史记·三代世表》，褚先生言"与方士考功，会旗亭下"是也。后代则但有邮亭、驿亭之名，而失古者居民之义矣。

亭　侯

《通典》："献帝建安初，封曹操为费亭侯。亭侯之制，自此始也。"恐不然。"灵帝以解渎亭侯入继"，《桓帝纪》"封单超等五人为县侯"，"尹勋等七人为亭侯"。列传中为亭侯者甚多，大抵皆在章和以后。丁綝言："能薄功微，得乡亭厚矣。"樊宏愿还寿张，食小乡亭。则建武中，似已有亭侯矣。《汉书·王莽传》："改大郡至分为五郡县，以亭为名者三百六十，以应符命文。"

社

社之名，起于古之国社、里社，故古人以乡为社。《大戴礼》："千乘之国，受命于天子，通其四疆，教其书社。"《管子》："方六里，名之曰社。"是也。《左传》：昭公二十五年，齐侯喑公曰："自莒疆以西，请致千社。"注："二十五家为社，千社二万五千家。"哀公十五年，齐与卫地，自济以西，禚、媚、杏以南，书社五百。《晏子》："景公予鲁君地，山阴数百社。"又曰："景公禄晏子以平阴与槀邑，反市者十一社。"又曰："昔吾先君桓公，以书社五百封管仲，不辞而受。"《荀子》："与之书社三百，而富大莫之敢距。"《战国策》：秦王使公子他谓赵王曰："大国不义，以告敝邑，而赐之二社之地。"《商子》：汤武之战，"士卒坐陈者，里有书社"。《吕氏春秋》："武王胜殷，诸大夫赏以书社。"又曰："卫公子启方，以书社四十下卫。"又曰："越王请以故吴之地，阴江之浦，书社三百以封墨子。"今河南、太原、青州乡镇，犹以社为称。

古者，春秋祭祖，一乡之人，无不会集。《三国志》注："蒋济为太尉，尝与桓范会社下"是也。《汉书·五行志》："兖州刺史浩赏，禁民私所自立社。"臣瓒曰："旧制二十五家为一社，而民或十家、五家共为田社，是私社。"《隋书·礼仪志》："百姓二十五家为一社，其旧社及人稀者不限。"后人聚徒结会，亦谓之社。万历末，士人相会课文，各立名号，亦曰某社某社。崇祯中有陆文升奏讦张溥等复社一事，至奉旨察勘；在事之官，多被降罚。《宋史·薛颜传》：耀州豪姓李甲，结客数十人，号"没命社"。《曾巩传》：章丘民聚党村落间，号"霸王社"。《石公弼传》：扬州群不逞为侠于闾里，号"亡命社"。而隋末谯郡贼，有"黑社""白社"之名。《元史·泰定帝纪》：禁饥民结"扁担社"，伤人者杖一百。不知今之士人，何取而名此也？天启以后，士子书刺往来，"社"字犹以为泛；而曰盟、曰社盟，此《辽史》之所谓刺血友也。

今日人情相与，惟年、社、乡、宗四者而已；除却四者，便窅然丧其天下焉！

历代帝王陵寝

宋太祖乾德四年十月癸亥诏："历代帝王陵寝，太昊以下十六帝，各给守陵五户，蠲其他役，长吏春秋奉祀。商中宗以下十帝，各给三户，岁一享；秦始皇以下十五帝，各给二户，三岁一祭。周桓王以下三十八帝，州县常禁樵采；仍诏吴越国王钱俶修奉禹墓。"其时天下未一，而首发此诏，可谓盛德之事；惜当日儒臣考之不审，以致传讹后世。如云周文王、武王、成王、康王，并葬京兆咸阳县者。按：刘向曰："文、武、周公，葬于毕。"《史记·周本纪》，太史公曰："毕在镐东南杜中。"《皇览》曰："文王、武王、周公冢，皆在京兆长安镐聚东杜中。"郭璞《山海经》注同。《书序》："周公薨，成王葬于毕。"《传》曰："不敢臣周公，故使近文、武之墓。"《正义》曰："案《帝王世纪》云：'文、武葬于毕，毕在杜南。"《晋书·地道记》亦云："毕在杜南，与毕陌别。"

《史记·周本纪》《正义》引《括地理志》曰："文王、武王墓，在雍州万年县西南二十八里毕原上。"此其在渭水之南、杜县之中甚明，而今乃祭于渭北咸阳县之北十五里。盖据颜师古

《刘向传》注"毕陌在长安西北四十里"之误。按《史记·秦本纪》《集解》引《皇览》曰："秦武王冢，在扶风安陵县西北，毕陌中大冢是也，人以为周文王冢，非也。周文王冢在杜中。"又《秦始皇本纪》末《正义》曰："《括地志》云，秦惠文王陵，在雍州咸阳县西北一十四里。"又云："秦悼武王陵，在雍州咸阳县西十里，俗名周武王陵，非也。"是昔人已辩之甚明，今祭周之文王、武王，而于秦惠文王、悼武王之墓，不亦诬乎？至云后魏孝文帝长陵在耀州富平县东南，尤谬。《魏书》言帝孝于文明太后，乃于永固陵东北里余营寿宫，遂有终焉之志。及迁雒阳，乃自表瀍西，以为山陵之所，而方山虚宫号曰万年堂云。其曰方山者，代都也；瀍西者，雒阳也。孝文自代迁雒，安得葬富平哉？葬富平者，西魏之文帝，乃孝文之孙，名宝炬，以南阳王为宇文泰所立，在位十七年，葬永陵。《魏书》出于东朝，不载其事，而《北史》为立本纪，且曰："尝登逍遥观，望嵯峨山，谓左右曰：望此令人有脱屣之意。"然则今富平县东南三十里之陵，即永陵也。上有宋碑，乃谬指为孝文之葬；而历代因之，岂非五代丧乱之余，在朝罕淹通之士，而率尔颁行，不遑寻究，以至于今日乎？嗟乎，近事之著在史书，灼然如此，而世之儒生，且不能知；乃欲与之考桥山、订苍梧，其茫然而失据也宜矣！

又考《册府元龟》："唐高宗显庆二年二月，帝在雒阳宫，遣使以少牢祭汉光武、后魏孝文帝陵。"则孝文之祭在雒阳，于唐时未误。又曰："宪宗元和十四年正月，诏以周文王、武王祠在咸阳县，俾有司修饰。"则似已在渭北矣。《魏书》孝文太和二十一年五月，遣使者以太牢祭周文王于丰，武王于镐；《隋书》祀周文王、武王于澧、渭之郊；《旧唐书》周文王、太公配祭于澧，周武王、周公、召公配祭于镐；并与《皇览》之言合。自古所传，当在渭南。又韩文公《南山》诗："前寻径杜墅，岔蔽毕原陋。"亦谓其在杜中。韩即元和间人，或其遗迹未泯；宪宗之诏，言"祠"不言"墓"，非一地也。

乾德四年诏，误以孝文、文帝为一人；《淳化阁帖》，误以梁高祖、武帝为二人。

尧冢灵台

《汉书·地理志》：济阴成阳有尧冢灵台；《后汉书·章帝纪》：元和二年二月，东巡狩，使使者祠唐尧于成阳灵台；《安帝纪》：延光三年二月庚寅，使使者祠唐尧于成阳。《皇览》云："尧冢在济阴成阳。"皇甫谧《帝王世纪》云："尧葬济阴成阳西北四十里，是为谷林。"《水经注》："成阳西二里，有尧陵；陵南一里，有尧母庆都陵，于成为西南，称曰灵台。乡曰崇仁，邑号修义，皆立庙；四周列水潭而不流，水泽通泉，泉不耗竭，至丰鱼笋，不敢采捕。庙前并列数碑，栝柏成林；二陵南北列，驰道径通，皆以砖砌之，尚修整。尧陵东城西五十余步，中山夫人祠，尧妃也。石壁阶墀仍旧，南、西、北三面，长栎联荫，扶疏里余。中山夫人祠南，有仲山甫冢，冢西有庙，石羊虎破碎略尽。于城为西南，在灵台之东北。"《宋史》：神宗熙宁元年七月己卯，知濮州韩铎言："尧陵在雷泽县东谷林，山陵南有尧母庆都灵台庙。请册本州，春秋致祭，置守陵五户，免其租，奉洒埽。"从之。而《集古录》有汉尧祠，及尧母祠碑；是庙与碑，宋时犹在也。然开宝之诏，帝尧之祠，乃在郓州。意者，自石晋开运之初，黄河决于曹、濮，尧陵为水所浸，乃移之高地乎？而后代因之，不复考正矣。

舜陟方乃死，见于《书》；禹会诸侯于涂山，见于《传》；惟尧不闻有巡狩之事。《墨子》曰："尧北教乎八狄，道死，葬蛩山之阴；舜西教乎七戎，道死，葬南己之市；禹东教乎九夷，道死，葬会稽之山。"此战国时人之说也。自此以后，《氏吕春秋》则曰："尧葬于穀林。"太史公则曰："尧作游成阳。"刘向则曰："尧葬济阴。"《竹书纪年》则曰："帝尧八十九年，作游宫于陶；九十年，帝游居于陶；一百年，帝陟于陶。"《说文》："陶即成丘也。在济阴有尧城，尧尝所居，故尧号陶唐氏。"而尧之冢，始定于成阳矣。但尧都平阳，相去甚远；耄期之年，禅位之后，岂复有巡游之事哉？"囚尧偃朱"之说，并出于《竹书》；而鄄城之迹，亦复相近。《诗》《书》有所不载，千世之远，其安能信之？

《山海经·海外南经》："狄山，帝尧葬于阳。"注："《吕氏春秋》曰：尧葬穀林。"今成阳县西，东阿县城次乡中，赭阳县湘亭南，皆有尧冢。《临汾县志》曰："尧陵在城东七十里，俗谓之神林，高一百五十尺，广二百余步。旁皆山石，惟此地为平土，深丈余；其庙正殿三间，庑十间，山后有河一道，有金泰和二年碑记。窃考舜陟方乃死，其陵在九疑；禹会诸侯于江南，计功而崩，其陵在会稽；惟尧之巡狩，不见经传，而此其国都之地，则此陵为尧陵无疑也。"按：志所论，似为近理，但自汉以来，皆云尧葬济阴成阳，未敢以后人之言为信。

生　祠

《汉书·万石君传》："石庆为齐相，齐人为立石相祠"；《于定国传》"父于公为县狱吏，郡中为之立生祠，号曰于公祠"；《汉纪》："栾布为燕相，有治迹，民为之立生祠"，此后世生祠之始。

今代无官不建生祠，然有去任未几而毁其像、易其主者。

《旧唐书》：狄仁杰为魏州刺史，人吏为立生祠；及去职，其子晖为魏州司功参军，贪暴，为人所恶，乃毁仁杰之祠。则唐时已有之矣。《后汉书》："张禽为越嶲太守，有遗爱，其子湍复为太守，蛮人欢喜，奉迎道路，曰：'郎君仪貌，类我府君。'后湍颇失其心，有欲叛者，诸蛮耆老相晓语曰：'当为先府君故。'遂以得安。"然则魏人之因子而毁其父祠，曾越嶲蛮人之不若邪？

生　碑

《西京杂记》：平陵曹敞，其师吴章为王莽所杀，人无敢收葬者，弟子皆更名他师。敞时为司徒掾，独称吴章弟子，收葬其尸，平陵人生为立碑于吴章墓侧。此立生碑之始也。

《晋书》：南阳王模为公师藩等所攻，广平太守丁绍，率众救模；模感绍德，敕国人为绍立生碑；唐彬为使，持节监幽州诸军事，百姓追慕彬功德，生为立碑，作颂。史之所书，居官而生立碑，有此二事。

唐武后圣历二年，制州县长吏，非奉有敕旨，毋得擅立碑。刘禹锡《高陵令刘君遗爱碑序》曰："太和四年，高陵人李仕清等六十三人，具前令刘君之德，诣县请以金石刻；县令以状申于府，府以状考于明法吏，吏上言。谨按宝应诏书，凡以政绩将立碑者，具所纪之文上尚书考功，有司考其词，宜有纪者，乃奏。明年八月庚午，诏曰可。"《旧唐书·郑瀚传》："改考功员外郎，刺史有驱迫人吏上言政绩，请刊石纪德者，瀚探得其情，条责廉使，巧迹遂露，人服其敏识。"是唐时颂官长德政之碑，必上考功，奉旨乃得立。《宋史》言：太祖建隆元年十月戊子，诏诸道长贰有异政请立碑者，委参军验实以闻。今世立碑，不必请旨；而华衮之权，操之自下。不但溢美之文无以风劝，而植于道旁，亦无过而视之者,不旋踵而与他人作镇石矣!

《册府元龟》:宋璟为相,奏言:"臣伏见韶州奏事云,广州与臣立遗爱颂。夫碑所以颂德纪功。臣在郡日,课无所称,幸免罪戾;一介俗吏,何足书能,滥承恩施?见在枢密,以臣光宠,成彼诐谀;欲革此风,望自臣始,请敕广府即停。"从之。时郑州百姓,亦为前刺史孟温礼树碑,因是亦命罢之。

张籍《送裴相公赴镇太原》诗:"明年塞北清蕃落,应建生祠请立碑。"以晋公之勋名,而颂祝之辞止此,当日碑祠之难得可知矣。

张公素

《大明一统志》:永平府名宦,有唐张仲素。德宗时,以列将事卢龙军节度使张允伸,擢平州刺史。允伸卒,诏仲素代为节度使,同平章事。考之新、旧《唐书》列传,则云:"张仲武为卢龙节度使,破降回鹘,又破奚北部及山奚,威加北翟,累擢检校司徒同中书门下平章事。卒,子直方多不法,畏下变起,奔京师军中,以张允伸总后务,诏赐旌节。在镇二十三年,比岁丰登,边鄙无虞。张公素以军校事允伸,擢平州刺史,允伸卒,子简会为副大使。公素以兵来会丧,简会出奔。诏以公素为节度使。性暴厉,眸子多白,燕人号曰'白眼相公'。为李茂勋所袭,奔京师,贬复州司户参军。"按:卢龙节度使,前后三人,皆张姓,曰仲武,曰允伸,曰公素。今乃合二名而曰仲素。及详其历官,即公素也。又其逐简会,在懿宗咸通十三年,距德宗时甚远,且又安取此篡夺暴戾之人而载之名宦乎?今滦州乃祀之名宦祠。吁,其辱朝廷之典,而贻千载之笑也已!

又考唐时别有一张仲素,字绘之,元和中为翰林学士,有诗名。《旧唐书·杨於陵传》所谓"屯山员外郎张仲素",白居易《燕子楼诗序》所谓"司勋员外郎张仲素绘之",即其人也。然非卢龙节度使。

王　亘

《肇庆府志》：宋王亘，淳熙中为博罗令，筑随龙、苏村二堤，民赖其利，后知南恩。《一统志》误作王旦。今《博罗名宦》称：宋丞相文正公，前博罗令。而不知文正未尝为此官。淳熙，又孝宗年号也。盖士不读书，而祀典之荒唐也久矣！

姓

言姓者，本于五帝，见于《春秋》者，得二十有二：妫，虞姓，出颛顼，封于陈；姒，夏姓，出颛顼，封于杞、鄫、越；子，殷姓，出高辛，封于宋；姬，周姓，出黄帝，封于管、蔡、郕、霍、鲁、卫、毛、聃、郜、雍、曹、滕、毕、原、酆、郇、邘、晋、应、韩、凡、蒋、邢、茅、胙、祭、吴、虞、虢、郑、燕、魏、芮、肜、荀、贾、耿、滑、焦、杨、密、随、巴诸国。任宿、须句、颛臾，风姓也，自大皞。秦、赵、梁、徐、郯、江、黄、葛、麋，嬴姓也，自少皞。莒，己姓；薛，任姓；南燕，姞姓也，自黄帝。杜，祁姓也，自陶唐。楚、夔、权、芈姓、邾、鄅，曹姓；鄾偪、阳，妘姓；谿夷，董姓也，自祝融。齐、申、吕、许、纪、州、向，姜姓也，自炎帝。蓼、六、舒、舒鸠，偃姓也，自咎繇。胡，归姓；邓，曼姓；罗，熊姓；狄，隗姓；鄋瞒，漆姓；阴戎，允姓：六者不详其所出。略举一二论之，则今之孟氏、季氏、孙氏、宁氏、游氏、丰氏皆姬，陈氏、田氏皆妫，华氏、向氏、乐氏、鱼氏皆子，崔氏、马氏皆姜，屈氏、昭氏、景氏皆芈。自战国以下之人，以氏为姓，而五帝以来之姓亡矣。赵、徐乃其后。凡注疏家所引姓氏，大抵出于《世本》，今其书亡，不能备考。

氏　族

《礼记·大传》《正义》：诸侯赐卿大夫以氏，若同姓公之子曰公子，公子之子曰公孙；公孙之子，其亲已远，不得上连于公，故以王父字为氏。若适夫人之子，则以五十字伯仲为氏，若鲁之仲孙、季孙是也。若庶子、妾子，则以二十字为氏，则展氏、臧氏是也。若异姓，则以父祖官及所食之邑为氏，以官为氏者，则司马、司城是也；以邑为氏者，若韩、赵、魏是也。凡赐氏族者，比为卿；乃赐有大功德者，生赐以族，若叔孙得臣是也。虽公子之身，若有大功德，则以公子之字赐以为族，若仲遂是也。其无功德，死后乃赐族，若无骇是也。其子孙若为卿，其君不赐族，子孙自以王父字为族也；氏、族对文为别，散则通也。故《左传》云"问族于众仲"，下云"公命以字为展氏"是也。其姓与氏散亦得通，故《春秋》有姜氏、子氏，姜、子皆姓，而云氏是也。

战国时人，大抵犹称氏族；汉人则通谓之姓，然氏族之称，犹有存者。《汉书·恩泽侯表》："褒鲁节侯公子宽，以鲁顷公玄孙之玄孙奉周祀。元始元年六月丙午，封子相如嗣，更姓公孙氏，后更为姬氏。公子公孙，氏也；姬，姓也。此变氏称姓之一证。

《水经注》："汉武帝元鼎四年，幸雒阳，巡省豫州，观于周室，邈而无祀；询问耆老，乃得孽子嘉，封为周子南君，以奉周祀。"按《汲冢古文》谓卫将军文子为子南弥牟，其后有子南劲。

《纪年》:"劲朝于魏,后惠成王如卫,命子南为侯。秦并六国,卫最后灭。疑嘉是卫后,故氏子南而称君也。"据此,嘉本氏子南,武帝即以其氏命之为爵,而《汉书·恩泽侯表》竟作"姬嘉",则没其氏而书其姓矣。与褒鲁之封公孙氏、更为姬氏者正同。

姓氏之称,自太史公始混而为一。《本纪》于秦始皇则曰姓赵氏,于汉高祖则曰姓刘氏。

先生《原姓篇》曰:男子称氏,女子称姓;氏一再传而可变,姓千万年而不变。最贵者国君,国君无氏,不称氏称国。践土之盟,其载书曰:"晋重、鲁申、卫武、蔡甲午、郑捷、齐潘、宋王臣、莒期。"荀偃之称齐环,卫太子之称郑胜、晋午是也。次则公子,公子无氏不称氏,称公子,公子张、公子益师是也。最下者庶人,庶人无氏,不称氏称名。然则氏之所由兴,其在于卿大夫乎?故曰:诸侯之子为公子,公子之子为公孙,公孙之子以王父字,若谥、若邑、若官为氏。氏焉者,类族也,贵贵也。

考之于《传》,二百五十五年之间,有男子而称姓者乎?无有也。女子则称姓。古者男女异长,在室也称姓,冠之以序,叔隗、季隗之类是也;已嫁也,于国君则称姓,冠之以国,江芈、息妫之类是也;于大夫则称姓,冠之以大夫之氏,赵姬、卢蒲姜之类是也;在彼国之人称之,或冠以所自出之国若氏,骊姬、梁嬴之于晋,颜懿姬、鬷声姬之于齐是也;既卒也称姓,冠之以谥,成风、敬嬴之类是也;亦有无谥而仍其在室之称,仲子、少姜之类是也。范氏之先,自虞以上为陶唐氏,在夏为御龙氏,在商为豕韦氏,在周为唐杜氏。士会之帑,处秦者为刘氏,夫概王奔楚为堂溪氏,伍员属其子于齐为王孙氏,智果别族于太史为辅氏,故曰"氏可变"也。孟孙氏小宗之别为子服氏、为南宫氏;叔孙氏小宗之别为叔仲氏;季孙氏之支子，曰季公鸟、季公亥、季寤，称季不称孙，故曰"贵贵"也。鲁昭公娶于吴，为同姓，谓之吴孟子。崔武子欲娶棠姜，东郭偃曰："男女辨姓，今君出自丁，臣出自桓，不可。"夫崔之与东郭氏异，昭公之与夷昧代远；然同姓百世而昏姻不通者，周道也。故曰"姓不变"也。是故氏焉者，所以为男别也；姓焉者，所以为女坊也。自秦以后之人，以氏为姓，以姓称男，而周制亡而族类乱。

氏族相传之讹

氏族之书，所指秦汉以上者，大抵不可尽信。《唐书》表李氏，则云"纣之时，有理征，字德灵，为翼隶中吴伯"，不知三代时无此名字、无此官爵也。表王氏，则云"周灵王太子晋，以直谏废为庶人"，传、记亦无此事。王氏定著三房，一曰琅邪，二曰太原，皆出灵王太子晋；三曰京兆，出魏信陵君。是凡王皆姬姓矣。乃王莽自为舜后，莽败，其族尚全，未必无后裔；而春秋吴有王犯，晋有王良，范氏之臣王生；战国齐有王斗、王蠋、王驩，费有王顺，魏有王错，赵有王登，秦有王稽、王龁、王翦、王绾、王戎，且亦未必同出于灵王也。韩文公作《王仲舒神道碑》文云："王氏皆王者之后，在太原者为姬姓；春秋时王子成父败狄有功，因赐氏。"此语却有斟酌。

窦氏，古无所考，类族者不得其本。见《左传》有"后缗方娠，逃出自窦"之文，即为之说曰："帝相妃有奶氏女，逃出自窦，奔归有仍，生少康；少康次子曰龙，留居有仍，遂为窦氏。"此与王莽引《易》"伏戎于莽，升其高陵"，"莽，皇帝名也；升，刘伯升也"，何以异哉？乃韩文公作《窦牟墓志》"后缗窦逃闵腹子，夏以再家为窦氏"，亦用此事。窃意古者以窦名者甚多，必是以地为氏。《路史》曰："余尝考之，古之得姓者，未有不本乎始封者也，其氏于事者盖寡矣。而姓书、氏谱一每为之曲说，至有弃其祖之所自出，又牵异类而属之，岂不悲哉！"正谓若此之类也。

汉时碑文所述氏族之始，多不可据；如魏蒋济《郊议》，称《曹腾碑文》云："曹氏族出自邾。"王沈《魏书》云："其先出于黄帝，当高阳世，陆终之子曰安，是为曹姓。周武王克殷，封曹侠于邾；至战国，为楚所灭，子孙分流，或家于沛而。"魏武作《家传》，自云"曹叔振铎之后"；陈思王作《武帝诔》曰："于穆武王，胄稷允周。"则又姬姓之后，以国为氏者矣。及至景初中，明帝从高堂隆议，谓魏为舜后，诏曰："曹氏世系，出自有虞氏；今祀圆丘，以始祖帝舜配。"后少帝《禅晋文》亦称"我皇祖有虞氏"，则又不知其何所据？夫以一代之君而三易其祖，岂不可笑？况于士大夫乎？

程氏，出程伯休父。《太史公自序》云："重黎氏，世序天地，其在周程伯休甫其后也。"应劭曰："封为程国伯。休甫，字也，其后为司马氏。"而《左传》成十八年，"晋栾书中行偃，使程滑弑厉公"，注："程滑，晋大夫。"襄二十三年，"程郑嬖于公"，注："郑亦荀氏宗"，此则晋之程氏，乃荀氏之别，不与休甫同出。今既祖休甫，又祖程婴，则误矣。

沈氏。《宋书》沈约《自序》："昔少皞金天氏，有裔子曰昧，为玄冥师，生允格、台骀。台骀能业其官，宣汾、洮，障大泽，以处大原。帝颛顼嘉之，封诸汾川。其后四国，沈、姒、蓐、黄。沈子国，今汝南平舆沈亭是也。春秋之时，列于盟会。定公四年，诸侯会召陵，伐楚，沈子不会，晋使蔡伐沈，灭之，以沈子嘉归。"按：沈、姒、蓐、黄四国，皆在汾水之上，为晋所灭；黄非"江人、黄人"之黄，则沈亦非"沈子嘉"之沈，休文乃并立而合之，为一误也。《唐宰相世系表》曰："沈氏出自姬姓，周文王第十子聃叔季食采于沈，汝南平舆沈亭，即其地也。"此为得之。

白氏。唐白居易自序《家状》曰："出于楚太子建之子白公胜，楚杀白公，其子奔秦，代为名将，乙丙已降是也。裔孙白起，有大功于秦，封武安君。"按：白乙丙见于僖之三十三年，白公之死，则哀之十六年，后白乙丙一百四十八年。曾谓乐天而不考古，一至此哉！

杨氏。《汉书·扬雄传》曰："其先出自有周伯侨者，以支庶食采于晋之杨，因氏焉；杨在河、汾之间，周衰而杨氏或称侯，号曰杨侯。会晋六卿争权，韩、魏、赵兴，而范中行、知伯亡。当是时，偪杨侯，杨侯逃于楚巫山，因家焉。"此误以杨侯与杨食我为一人也。《唐书·宰相世系表》曰："杨氏出自姓，周宣王子，尚父封为杨侯。"又云："晋之公族，食邑于羊舌。凡三县：一曰铜鞮，二曰杨氏，三曰平阳；羊舌四族，叔向食采杨氏，其地平阳杨氏县是也。及晋灭羊舌氏，而叔向子孙逃于华山仙谷，遂居华阴。"用修据此，以杨、阳、扬、羊四姓为一，尤误。按：杨城即今之洪洞县，本杨侯国，《左氏》女叔侯所云霍、杨、韩、魏，皆姬姓也。而子云《反离骚》亦云："有周氏之婵嫣兮，或鼻祖于汾隅；灵宗初谍伯侨兮，流于末之杨侯！"不知其字，何以为扬？及其灭于晋而为大夫羊舌氏邑，则食我始见于《传》；而杨朱与老子同时，又非羊舌之族也。阳氏则以国为氏，以邑为氏，皆不可知。晋有阳处父，乃在叔向之前；而楚之阳匄、鲁之阳虎，非一阳也。宋之羊斟、邾之羊罗，非一羊舌也。安得谓阳为平阳、羊为羊舌，而并附之叔向乎？

段氏。《后汉书》："段颎，其先出郑共叔段。"古人无以祖父名为氏者，凡若此类，皆不通之说。按：段氏当出自段干，《史记》老子之子名宗,宗为魏将,封于段干。《魏世家》有段干木、段干子,《田完世家》有段干朋。

褚氏。唐《宰相世系表》云:"出自子姓。宋共公子段,字子石,食采于褚,其德可师,号曰褚师。"按:褚师乃官名,不独宋有此官,郑亦有之,昭公二年,"郑公孙黑请以印为褚师"是也。卫亦有褚师声子。

贺氏。《晋书·贺循传》曰:"会稽山阴人也,其先庆普。汉世传《礼》,所谓庆氏学。族高祖纯,安帝时为侍中,避安帝父讳,改为贺氏。"《宋史》:"贺铸自言出王子庆忌,居越之湖泽;所谓镜湖,乃庆湖也。"按:古但有以王父字为氏,无以名为氏者;庆忌,名也,不得为氏。而镜湖本名鉴湖,庆古音羌,声不相近;若齐之庆氏居吴朱方,见于《左传》。后人以庆封有弑君之恶讳之,而欲更其祖,其不及司宋马华孙远矣!

刁氏。《姓谱》以为齐大夫竖刁之后。胡三省曰:"竖刁安得有后?"《汉书·货殖传》有刁间。愚按:古书"刁"与"貂"通,齐襄王时,有貂勃。

寇氏。《姓谱》:出自武王弟康叔,为周司寇后人,因以氏焉。按:康叔为卫国之祖,必无以王官氏其支庶之理;此乃卫之司寇。《左传》哀二十五年,有司寇亥,即冠氏之祖也。《檀弓》有司寇惠子。

孔颜孟三氏

今之颜氏,皆云兖国之裔;考《仲尼弟子列传》,有颜圭、颜高、颜祖、颜之仆、颜哙、颜何,而孔子于卫,主颜雠由。此六人与雠由,皆无后乎?今之孔氏,皆云夫子之裔。春秋,齐有孔虺,卫有孔达,陈有孔宁,郑有孔叔、孔张。此五族者,皆无后乎？且夫子出于宋，为子姓，而郑姬姓，陈妫姓，卫姞姓，可合而为一乎？

颜鲁公作《家庙碑》云："其先出于颛顼之孙祝融，融孙安，为曹姓；其裔邾武公，名夷甫，字颜；子友，别封郳为小邾子，遂以颜为氏。多仕鲁，为卿大夫。"按《左传》襄公十九年，齐侯娶于鲁，曰颜懿姬，其侄鬷声姬。注曰："颜、鬷皆姬母姓。"则颜为姬姓、为鲁族，审矣。其出于邾之说，本自圈称、葛洪，盖徒见《公羊》于邾有颜公之称，而不考之于《左氏》也。莒之犁比公，岂必为犁比之祖乎？

春秋时，以孟为字者甚多，今之孟氏，皆祖子舆，前代亦未之有也。《魏书》：孟表，济北蛇丘人，自云本属北地，号索里诸孟。

《元史·孔思晦传》："五季时，孔末之后方盛，欲以伪灭真，害宣圣子孙几尽；至是，其裔复欲冒称宣圣后。思晦以为不早辨，则真伪久益不可明，彼与我不共戴天，乃列于族，与共拜殿庭，可乎？遂会族人斥之，而重刻宗谱于石。"然则今之以孔姓而滥通谱牒者，可以戒矣！

仲　氏

汉济阴太守孟郁《修尧庙碑》曰："惟序仲氏，祖统所出；本继于姬，周之遗苗，天生仲山甫，翼佐中兴，宣平功遂，受封于齐。周道衰微，失爵亡拜；后嗣乖散，各相土译居。帝尧萌兆，生长葬陵，在于成阳；圣化常存。慕巍巍之盛业，风俗之美，遂安处基业。属都乡高相里，因仲氏焉，以传于今。"其阴列仲氏有名者三十余人；又《廷尉仲定碑》，略同。汉时仲氏，自谓仲山甫之后，托墓于帝尧之陵，而今则以为孔子弟子子路之后，援颜、曾、孟之例，而求为五经博士矣。然春秋之以仲氏者不一，而仲山甫未尝封齐，则汉人之祖山甫未必是，而今人之祖子路，亦未必非也。

以国为氏

古人之氏，或以谥，或以字，或以官，或以邑，无以国为氏者。其出奔他国，然后以本国为氏，敬仲奔齐，而为陈氏是也。其他若郑丹、宋朝、楚建、郈甲之类，皆是也。不然，则亡国之遗胤也。

今人姓同于国者，多自云以国为氏，非也。夏氏出于陈之少西，而非夏后氏之夏；齐氏出于卫之齐氏，而非齐国之齐。《左氏》《史记》其早著明者矣。

姓氏书

姚宽《西溪丛语》曰："姓氏之学，莫盛于《元和姓纂》。自南北朝以官职相高，至沿于唐，崔、卢、李、郑，纠纷可鄙。若以圣贤所本，如妫姓、子姓、姬姓、姜姓之类，各分次其所从来，以及《春秋》所纪，用《世本》、荀况《谱》、杜预《公子谱》为法，则唐、虞、三代、列国诸侯，俱可成书。此似太史公欲为而未就者耳。"愚尝欲以经传诸书次之，首黄帝之子得姓者十二人，次则三代以上之得国受氏而后人因以为姓者，次则战国以下之见于传记而今人通谓之姓者，次则三国、南北朝以下之见于史者，又次则代北复姓、辽、金、元姓之见于史者；而无所考者，别为一谱。此则若网之在纲，有条而不紊；而望族五音之纷纷者，皆无所用。岂非反本类族之一大事哉？

汉刘向撰《世本》二卷，其书不传；今《左传》注疏多本之，然亦未必无误。

通　谱

　　同姓通族，见于史者，自晋以前未有。《晋书·石苞传》："曾孙朴没于寇，石勒以与朴同姓，俱出河北，引朴为宗室，特加优宠，位至司徒。"《南史·侯瑱传》："侯景以瑱与己同姓，托为宗室，侍之甚厚。"此以殊族而附中国也。《晋书·孙旂传》："旂子弼及子弟髦、辅、李琰四人，并有吏材，称于当世，遂与孙秀合族。"《南史·周弘正传》："诣附王伟，与周石珍合族。"《旧唐书·李义甫传》："义甫既贵之后，自言本出赵郡，始与诸李叙昭穆，而无赖之徒苟合，藉其权势，拜伏为兄叔者甚众。"《李辅国传》："宰相李揆，山东甲族，见辅国，执子弟之礼，谓之五父。"此以名门而附小人也。凡此史皆书之，以志其非。今人好与同姓通谱，不知于史传居何等也？

　　北人重同姓，多通谱系；南人则有比邻而各自为族者。《宋书·王仲德传》："北土重同姓，谓之骨肉；有远来相投者，莫不竭力营赡。仲德闻王愉在江南，是太原人，乃往依之，愉礼之甚薄。"《魏书·崔玄伯传》："崔宽自陇右通款，见司徒浩，浩与相齿次，厚抚之。及浩诛，以远来疏族，独得不坐，遂家于武城，以一子继浩弟览，妻封氏，相奉如亲。"《北史·杜铨传》："初，密太后杜氏父豹丧在濮阳，太武欲令迎葬于邺，谓司徒崔浩曰：'天下诸杜，何处望高？朕意欲取杜中长老一人以为宗正，令营护凶事。'浩曰：'京兆为美。中书博士杜铨，其家今在赵郡，是杜预后，于今为诸杜最。'召见铨，以为宗正，令与杜超子道生送豹丧葬邺南，选（铨）遂与超如亲。超谓铨曰：'既是宗正，何缘侨居赵郡？'乃延引同属魏郡。"《南史·韦鼎传》："陈亡入隋，时吏部尚书韦世康兄弟显贵，文帝从容谓鼎曰：'世康与公远近？'对曰：'臣宗族南徙，昭穆非臣所知。'帝曰：'卿百代亲族，岂忘本也？'命官给酒肴，遣世康请鼎还杜陵，鼎乃自楚太傅孟以下二十余世，并考论昭穆，作《韦氏谱》七卷示之，欢饮十余日，乃还。"

近日同姓通谱，最为滥杂，其实皆植党营私，为蠹国害民之事，宜严为之禁。欲合宗者，必上之于官，使谙悉古今者为之考定；岁终以达礼部，而类奏行之。其不请而私通者，屏之四裔，然后可革其弊。古之姓氏，有专官掌之。《国语》曰："使名姓之后，能知上下之神祇，氏姓之所出者，为之宗。"又曰："司商协名姓。"《春官·宗伯》，其属有都宗人、家宗人，而女官亦有内宗、外宗。今日姓氏、昏姻二事，似宜专设一官，方得教民之本。"

氏族之乱，莫甚于五代之时。当日承唐余风，犹重门荫，故史言唐、梁之际，仕宦遭乱奔亡，而吏部铨文书不完，因缘以为奸利，至有私鬻告敕，乱易昭穆，而季父、母舅反拜侄甥者。《册府元龟》："长兴初，鸿胪卿柳膺将斋郎文书两件，卖与同姓人柳居，则大理寺断罪当大辟，以遇恩赦减死，夺见任官，罚铜，终身不齿。敕曰：'一人告身，三代名讳，传于同姓，利以私财；上则欺罔人君，下则货鬻先祖，罪莫大焉。自今以后，如有此弊，传者授者，并当极法。'"今则因无荫叙，遂弛禁防。五十年来，通谱之俗，遍于天下；自非明物察伦之主，亟为澄别，则滔滔之势将不可反矣！

唐朝已前，最重谱牒。如《新唐书》言"河南刘氏，本出匈奴之后"，"刘库仁柳城李氏世为契丹会长"，"营州王氏本高丽"之类，此同姓而不同族也。又如《魏书·高阳王雍传》，言"博陵崔显世，号东崔，地寒望劣"，此同族而不同望也。故《高士廉传》言"每姓第其房望，虽一姓中，高下悬隔"。

异姓称族，自汉以来，未有此事。杜子美《寄族弟唐十八使君》诗云："与君陶唐后，盛族多其人。圣贤冠史籍，枝派罗源津。"则杜与唐为兄弟矣。《重送刘十弟判官》诗云："分源豕韦派，别浦雁宾秋；年事推兄忝，人才觉弟优。"则杜与刘为兄弟矣。韩文公《送何坚序》亦云："何与韩同姓为近。"按《诗·扬之水》一章言成申，二章言成甫，三章言成许。孔氏曰："言甫、许者，以其俱为姜姓；既重章以变文，因借甫、许以言申，其实不成甫、许也。"六国时秦、赵同为嬴姓，《史记》《汉书》多谓秦为赵，亦此类也。《崧高》言"岳生甫及申"，孔氏曰："此诗送申伯而及甫侯者，美其上世，俱出四岳，故连言之。"今人之于同姓，几无不通谱，何不更广之于异姓，而以子美、退之为例也？

李华《淮南节度使崔公颂德碑》云："惟申伯翼宣王，登南邦，兴周室；小白率诸侯，征楚翟，奉王职。与崔公叶德同勋，皆系姜姓也。"

开元十九年，于两京置齐太公庙。建中初，宰相处杞，京兆尹卢谌，以卢者齐之裔，乃鸠其裔孙若崔、卢、丁、吕之族，合钱以崇饰之。

元吴澄《送何友道游萍乡序》云："袁柳、抚何二族，各以儒官著；而其初实一姬姓。"文之昭由鲁之展而为柳，武之穆由晋之韩而为何，氏不同而姓同。"宋邵伯温《闻见录》云："司马温公一日过康节先生，谒曰：'程秀才既见。'则温公也。问其故，公笑曰：'司马出程伯休父。'"

二字姓改一字

古时以二字姓改为一字者，如马宫本姓马矢，改为马；唐宪宗名纯，诏姓淳于者，改姓于；《唐宰相世系表》，钟离昧二子，次曰接，居颍川长社，为钟氏。见之史册，不过一二。自洪武元年，诏：胡服、胡语、胡姓一切禁止，如今有呼姓本呼延、乞姓本乞伏，皆明初改；而并中国所自有之复姓，皆去其一字，氏族之紊，莫甚于此。且如孙氏有二：卫之良夫，楚之叔敖，并见之于《春秋》；而公孙、叔孙、长孙、士孙、王孙之类，今皆去而为孙，与二国之孙合而为一，而其本姓遂亡。公羊、公沙、公乘之类，则去而为公；毋丘、毋将之类，则去而为毋，而本姓遂亡。司徒、司空之类，则去而为司；司马氏，则去之而或为司，或为马，而司马之仅存于代者，惟温公之后。所以然者，盖因儒臣无学，不能如魏孝文改代北之姓，一一为之条理，而听其人之所自为也。然胡姓之改，不始于是时，《唐书》："阿史那忠以擒颉利功，拜左屯卫将军，妻以宗女；定襄县主赐名为忠，单称史氏。"韩文公《集贤院校理石君墓志》云："其先姓乌石兰，从拓跋魏氏入夏，居河南，遂去'乌'与'兰'，独姓石氏。"刘静修《古里氏名字序》云："吴景初本姓古里氏，以女真诸姓今各就其近似者，易从中国姓，故古里氏例称吴。"则固已先之矣。

《章丘志》言："洪武初，翰林编修吴沈奉旨撰《千家姓》，得姓一千九百六十八；而此邑如术、如仵，尚未之录。今访之术姓有三四百丁，自云金丞相术虎高琪之后。"盖二字改为一字者，撰姓之时，尚未登于黄册也。以此知单姓之改，并在明初以后；而今考山东氏族，其出于金元之裔者多矣。

洪武元年，禁不得胡姓者，禁中国人之更为胡姓，非禁故人之本姓也。三年四月甲子，诏曰："天生斯民，族属姓氏，各有本原；古之圣王尤重之，所以别昏姻、重本始以厚民俗也。朕起布衣，定群雄为天下主；已尝诏告天下，蒙古诸色人等，皆吾赤子，果有材能，一体擢用。比闻入仕之后，或多更姓名。朕虑岁久其子孙相传，昧其本原，非先王致谨氏族之道。中书省其告谕之，如已更易者，听其改正。"可谓正大简要。至九年三月癸未，以火你赤为翰林蒙古编修，更其姓名曰霍姓；盖亦仿汉武赐日磾姓金之意。然汉武取义于休屠王祭天金人，亦以中国本无金姓也。今中国本有霍姓，而赐之霍，则与周霍叔之后无别矣。况其时又多不奉旨，而自为姓者。其年闰九月丙午，淮安府海州儒学正曾秉正言："臣见近来蒙古、色目人，多改为汉姓，与华人无异，有求仕入官者，有登显要者，有为富商大贾者。'非我族类，其心必异'，宜令复姓，庶可辨识。又臣前过江浦，见塞外之俘累累而有，江统'徙戎'之论，不可不防。"至永乐元年九月庚子，上谓兵部尚书刘儁曰："各卫鞑靼人多同名，宜赐姓以别之。"于是兵部请如洪武中故事，编置合勘，给赐姓氏，从之。三年七月，赐把都帖木儿名吴允诚、伦都儿灰名柴秉诚、保住名杨效诚，自此遂以为例；而华宗上姓，与旃裘之种相乱。惜乎当日之君子，徒诵"用夏变夷"之言，而无类族辨物之道；使举籍蕃人之来归者，赐以汉姓所无，不妨如拓跋、宇文之类，二字为姓，则既不混于古先帝王氏族神明之胄，而又使百世之下，知昭代远服四裔，其得姓于朝者凡若干族。岂非旷代之盛举哉？

北方门族

杜氏《通典》言："北齐之代、瀛、冀诸刘，清河张、宋，并州王氏，濮阳侯族，诸如此辈，近将万室。"《北史·薛胤传》："为河北太守，有韩、马两姓各二千余家。"今日中原北方虽号甲族，无有至千丁者；户口之寡，族姓之衰，与江南相去复绝。其一登科第，则为一方之雄长；而同谱之人，至为之仆役，此又风俗之敝。自金、元以来，凌夷至今，非一日矣。

冒　姓

今人多冒母家之姓者。《汉书·外戚恩泽侯表》："扶柳侯吕平，以皇太后姊长姁子侯。"师古曰："平既吕氏所生，不当姓吕，盖史家唯记母族也。"按：是时太后方封吕氏，故平以姊子冒吕姓而封耳。《唐书·天后纪》："圣历二年腊月，赐皇太子姓武氏。"然则有天子而令之冒母姓者与？

《汉书·景十三王传》："赵王彭祖取江都易王宠姬、王建所奸淖姬者，甚爱之，生一男，号淖子。"《晋书·会稽王道子传》：许荣上疏言："今台府局吏、直卫武官及仆隶婢儿，取母之姓者，本臧获之徒，无乡邑品第。"是知冒母为姓，皆人伦之所鄙贱；然亦有帝子而称母姓者，如栗太子、卫太子、史皇孙之类，则以其失位而名之也。

吕平以太后姊长姁子侯，此冒母姓之始。《史记·灌夫传》："父张孟，为颍阴侯婴舍人，传（得）幸，因进之至二千石，故蒙灌氏姓为灌孟。"《大宛传》："堂邑氏故胡奴甘父。"《汉书》注：服虔曰："堂邑，姓也，汉人。其奴名甘父。"师古曰："堂邑氏之奴，本胡人，名甘父；下云'堂邑父'者，盖取主之姓以为氏，而单称其名曰父。"此冒主姓之始。

先生《答毛锦衔书》曰：异姓为后，见于史者，魏陈矫本刘氏子，出嗣舅氏；吴朱然本姓施，以姊子为朱后，惟此二人为贤。而贾谧之后充，则有莒人灭鄫之议矣。惟《晋书》有一事，与君家相类云。吴朝周逸，博达古今，逸本左氏之子，为周氏所养。周氏自有子，时人有讥逸者，逸敷陈古事，卒不复本姓，学者咸谓为当然。亦未可引以为据，以经典别无可证也。

两　姓

《汉书·百官表》：建昭三年七月戊辰，卫尉李延寿为御史大夫，一姓繁。

古人二名止用一字

晋侯重耳之名，见于《经》；而定四年，祝佗述践土之盟，其载书止曰"晋重"。岂古人二名可但称其一与？昭二年，莒展舆出奔吴，《传》曰："莒展之不立。"《晋语》：曹僖负羁称叔振铎为"先君叔振"，亦二名而称其一也。昭二十一年，蔡侯朱出奔楚；《穀梁传》作"蔡侯东出奔楚"，乃为之疏曰："东者，东国也。何为谓之东也？王父诱而杀焉，父执而用焉，奔而又奔之曰东，恶之而贬之也。"然则以削其一名为贬也。

王莽孙宗，得罪自杀，复其本名会宗，贬厥爵，改厥号，是又以增其一名为贬也。

班固《幽通赋》："发还师以成命兮，重醉行而自耦。"潘岳《西征赋》："重戮带以定襄，弘大顺以霸世。"文公名止用一字，本于践土载书，却非剪截古人名字之比。至岳为《关中诗》云："纷纭齐万，亦孔之丑"，《马汧督诔诔》云："齐万哮（虓）阚，震惊台司"，则不通矣，岂有以"齐万年"为"齐万"者邪？若梁王肜为征西大将军，而诗云"桓桓梁征"，尤不成语。

班固《幽通赋》："巨滔天而泯夏。"王莽字巨君，止用一"巨"字。王逸《九思》："管束缚兮桎梏，百贸易兮传卖；遭桓缪兮识举，才德用兮列施。"百里奚止用一"百"字，此体后汉人已开之矣。

《吕氏春秋》："干木光乎德"，去"段"字；《惜誓》："来革顺志而用国"，去"恶"字，此为剪名字之祖。

文中并称两人，而一氏一名，尤为变体。杞殖、华还，二人也，而《淮南子》称为殖华。贾谊《新书》："使曹勃不能制。"曹，曹参；勃，周勃也。《史记·孟子荀卿传》，"管婴不及。"管，管仲；婴，晏婴也。司马迁《报任安书》："周魏见辜。"周，周勃；魏，魏其侯窦婴也。扬雄《长杨赋》："乃命骠卫。"骠，骠骑将军霍去病；卫，大将军卫青也。《杜钦传》："览宗宣之飨国。"韦昭曰：宗，殷高宗也；宣，周宣王也。《徐乐传》："名何必夏子，俗何必成康。"服虔曰：夏，禹也；子，汤也，汤子姓。班固《幽通赋》："周贾荡而贡愤。"周，庄周；贾，贾谊也。《汉厈彰长碑》云："丧父事母，有柴颍之行。"柴，高柴；颍，颍考叔也。夏侯湛《张平子碑》云："同贯宰贡。"宰，宰我；贡，子贡也。《风俗通》"清拟夷叔"，郤正《释讥》"褊伯夷叔之高恧"，《傅子》"夷叔迁武王以成名"，杜预《遗令》"南观伊雒，北望夷叔"，陶潜诗"积善云有报，夷叔在西山"，皆谓伯夷、叔齐。汉《广汉属国侯李翊碑》"夷史之高"，《巴郡太守樊敏碑》"有夷史之直"，皆谓伯夷、史鱼。陶潜《读史》"述九章程杵"，是程婴、公孙杵臼。《新唐书·尉迟敬德传》"隐巢"，是隐太子、巢刺王，一谥一爵。

古人谥止称一字

古人谥有二字、三字，而后人相沿止称一字者。卫之叡圣武公，止称武公；贞惠文子，止称公叔文子；晋赵献文子，止称文子；魏惠成王，止称惠王，楚项襄王，止称襄王；秦惠文王，止称惠王；悼武王，止称武王；昭襄王，止称昭王；庄襄王，止称庄王；韩昭釐侯，止称昭侯；宣惠王，止称宣王；赵悼襄王，止称襄王，汉诸葛忠武侯，止称武侯。

称人或字或爵

颜、曾、思、孟，三人皆氏，而思独字，以嫌于夫子也；樊、郦、绛、灌，三人皆姓，而勃独爵，以功臣同姓者多也。《史记》垓下之战："孔将军居左，费将军居右"。孔将军，蓼侯孔藂也；费将军，费侯陈贺也。费独以爵者，以功臣陈姓者多也。

子孙称祖父字

子孙得称祖父之字。子称父字，屈原之言"朕皇考曰伯庸"是也。孙称祖字，子思之言"仲尼祖述尧舜"是也。

《仪礼》筮宅之辞曰："哀子某为其父某甫筮宅"，又曰："哀子某来日某卜葬其父某甫"，字父也。虞祭之祝曰："适尔皇祖某甫"，卒哭之祝曰："哀子某来日某隮祔尔于皇祖某甫"，字祖也。祔祭之祝曰："适尔皇祖某甫，以隮祔尔孙某甫"，两字之也。

字为臣子所得而称，故周公追王其祖曰"王季"，王而兼字。

已祧不讳

《册府元龟》：唐宪宗元和元年，礼仪使奏言："谨按《礼记》曰：既卒哭，宰夫执木铎以命于宫曰：舍故而讳新。此谓已迁之庙，则不讳也。今顺宗神主升祔，礼毕，高宗、中宗神主上迁，请依礼不讳。"制可。

文宗开成中刻石经，凡高祖、太宗及肃、代、德、顺、宪、穆、敬七宗讳，并缺点画；高、中、睿、玄四宗，已祧则不缺。文宗见为天子，依古卒哭乃讳，故御名亦不缺。

韩退之《辩讳》*，本为二名嫌名立论；而其中"治天下"之"治"，却犯正讳。盖元和之元，高宗已祧，故其潮州上表，曰"朝廷治平日久"，曰"政治少懈"，曰"巍巍治功"，曰"君臣相戒，以致至治"，举张行素曰"文学治行众所推"，《平淮西碑》曰"大开明堂，坐以治之"，《韩弘神道碑铭》曰"无有外事，朝廷之治"，惟《辩讳》篇中似不当用。

汉时祧庙之制不传，窃意亦当如此。故孝惠讳盈，而《说苑·敬慎篇》引《易》"天道亏盈而益谦"四句，"盈"字皆作"满"，在七世之内故也。班固《汉书·律历志》"盈元""盈统""不盈"之类，一卷之中字凡四十余见。何休注《公羊传》曰："言孙于齐者，盈讳文。"已祧故也。若李陵诗："独有盈觞酒，与子结绸缪。"枚乘《柳赋》："盈玉标之清酒。"又诗："盈盈一水间。"二人皆在武、昭之世而不避讳，又可知其为后人之拟作，而不出于西京矣。

后唐明宗天成四年，中书门下奏少帝册文内有"基"字，是玄宗庙讳；寻常诏敕，皆不回避。少帝是继世之孙，册文内不欲斥列圣之讳，今改为"宗"字。

《宋史》：绍兴三十二年正月，礼部太常寺言："钦宗祔庙，翼祖当迁。以后翼祖皇帝讳依礼不讳。"诏恭依。

谢肇淛曰："宋真宗名恒，而朱子于书中'恒'字独不讳；盖当宁宗之世，真宗已祧。"

崇祯三年，礼部奉旨颁行天下，避太祖、成祖庙讳，及孝、

---

* 韩愈此文，应作《讳辩》。此处原文如此，下文则作《讳辩》。

武、世、穆、神、光、熹七宗庙讳，正依唐人之式；惟今上御名，亦须回避。盖唐、宋亦皆如此。然止避下一字，而上一字天子与亲王所同，则不讳。

皇太子名不讳

《册府元龟》：唐王绍为兵部尚书，绍名臣（处），与宪宗同，宪宗时为广陵王，顺宗即位，将册为皇太子，绍上书请改名；议者或非之曰："皇太子亦人臣也，东宫之臣当请改，尔奈何非其属而遽请改名？岂为以礼事上邪？"左司员外郎李藩曰："历代故事，皆自不识大体之臣而失之，因不可复正，无足怪也。"

《三国志》注言：魏文帝为五官中郎将，宾客如云，邴原独不往。太祖微使人问之，原答曰："吾闻国危不事冢宰，君老不奉世子。"万历中年，往往有借国本之名而以为题目者，得毋有愧其言？

唐中宗自房州还，复立为皇太子；左庶子王方庆上言："太子皇储，其名尊重，不敢指斥。晋尚书仆射山涛启事，称皇太子而不言名。朝官犹尚如此，宫臣讳则不疑。今东宫殿及门名，皆有触犯，临事论启，回避甚难。孝敬皇帝为太子时，改'宏教门'为'崇教门'；沛王为皇太子，改'崇贤馆'为'崇文馆'，皆避名讳以遵典礼，伏望依例改换。"制从之。史臣谓方庆欲尊太子，以示中兴之渐。然则方庆之言，盖有为言之也。

有明之制，太子、亲王名俱令回避，盖失之不考古也。崇祯二年，兵部主客司主事贺烺，以避皇太子名，改名世寿；而光宗为太子，河南府及商州属县，并未尝改。

《实录》言洪武十四年十月辛酉，给事中郑相同请依古制，凡启事皇太子，惟东宫官属称臣，朝臣则否，以见尊无二上之义。诏下群臣议，翰林院编修吴沈言："太子，所以继圣体而承天位者也；尊敬之体，宜从同之。"历代不称臣之制，自斯而变。

亲王之名，尤不必讳，而亦讳之。正统十二年，山西乡试，《诗经》题内"维周之桢"；"桢"字犯楚昭王讳，考试及同考官俱罚俸一月。

二名不偏讳

二名不偏讳，宋武公名司空，改"司空"为"司城"，是其证也。

杜氏《通典》：大唐武德九年六月，太宗居春宫、总万机，下令曰："依礼，二名不偏讳。其官号、人名，及公私文籍，有'世'及'民'两字不连读者，并不须讳避。"《唐书·高宗纪》："贞观二十三年七月丙午，改治书侍御史为御史中丞，诸州治中为司马，别驾为长史，治礼郎为奉礼郎，以避上名。上以贞观初不讳先帝二字，有司奏曰：'先帝二名，礼不偏讳。上既单名，臣子不合指斥。'上乃从之。"

后唐明宗名嗣源，天成元年六月，敕曰："古者，酌礼以制名，惧废于物；难知而易讳，贵便于时。况征彼二名，抑有前例：太宗文皇帝自登宝位，不改旧称；时则臣有'世南'，官有'民部'，靡闻曲避，止禁连呼。朕猥以眇躬，托于人上；祇遵圣范，非敢自尊。应文书内所有二字，但不连称，不得回避；若臣下之名，不欲与君亲同字者，任自改更。务从私便，庶体朕怀。"

嫌　名

卫桓公名完，楚怀王名槐；古人不讳嫌名，故可以为谥。

韩文公《讳辩》言"不讳浒、势、秉、机"。乃玄宗御删定《礼记·月令》曰"野鸡入大水为蜃",曰"野鸡始雏",则讳"雉"以与"治"同音也。李林甫序曰"璇枢玉衡,以齐七政",则讳"玑"。德宗《九月九日赐曲江宴》诗:"时此万枢暇,适与佳节并。"则讳"机",以与"基"同音也。《南史》刘秉不称名,而书其字曰彦节,则讳"秉",以与"昺"同音也。又如武后父讳士彟,而孙处约改名茂道,韦仁约改名思谦;睿宗讳旦,而张仁亶改名仁愿;玄宗讳隆基,而刘知几改名子玄,箕州改名仪州;德宗讳适,而括州改名处州;顺宗讳诵,而斗讼律改为斗竞。宪宗讳纯,凡姓淳于者改姓于,唯监察御史韦淳不改。既而有诏以陆淳为给事中,改名质,淳不得已,改处厚名。而懿宗以南诏酋龙名近玄宗讳,遂不行册礼。则退之所言,亦未为定论也。

唐自中叶以后,即士大夫亦讳嫌名,故旧史以韩愈为李贺作《讳辩》为纰缪。而《贾曾传》则曰:"拜中书舍人,曾以父名忠,固辞。议者以为中书是曹司名,又与曾父名音同字别,于礼无嫌,曾乃就职。"《懿宗纪》则曰:"咸通二年八月,中书舍人卫洙奏状称:'蒙恩除授滑州刺史,官号内一字与臣家讳音同,请改授闲官。'敕曰:'嫌名不讳,著在礼文;成命已行,固难依允。'"是又以为不当讳也。

《册府元龟》:咸通十二年,分司侍御史李溪进状曰:"臣准西台牒及金部称,奉六月二十七日敕,内园院郝景全事奏状内'讼'字,音与庙讳同,奉敕罚臣一季俸者。臣官位至卑,得蒙罚俸,屈与不屈,不合有言。而事关理体,若便隐默,耻负圣时,愿陛下宽其罪戾,使得尽言。臣前奏状,称'准敕因事告事旁讼他人',是咸通十一年十月十三日敕语,臣状中具有'准敕'字,非臣自馔辞句。臣谨按,《礼》'不讳嫌名',又按《职制律》'诸犯庙讳嫌名不坐',注云'谓若禹与雨',疏云'谓声同而字异'；注疏重复，至易分晓。伏惟皇帝陛下，明过帝尧，孝逾大舜，岂自发制敕而不避讳哉？故是审量礼律，以为无妨耳。即引陛下敕文而言，不敢擅有移改，不谓内园便有此论奏也。臣非敢诉此罚俸也，恐自此有援引敕格者，亦须委曲回避，便成诡弊。臣闻赵充国为将，不嫌伐一时事，以为汉家后法；魏征为相，不存形迹，以致贞观太平。臣虽未及将相，忝为陛下持宪之臣，岂可以论俸为嫌，而使国家幸命有误也？愿陛下留意察纳，别下明敕，使自后章奏，一遵礼、律处分，则天下幸甚。"敕免所罚。

南唐元宗，初名璟，避周信祖庙讳，改名景，是不讳嫌名。

按嫌名之有讳，在汉未之闻。晋羊祜为都督荆州诸军事，及薨，荆州人为祜讳名，室户皆以门为称，改户曹为辞曹，此讳嫌名之始也。

后魏《地形志》天水郡上邽县犯太祖讳，改为上封。魏太祖名珪。

宋代制，于嫌名字皆避之。《礼部韵略》，凡与庙讳音同之字，皆不收。太祖讳匡胤，十阳部去王切一十三字，二十一震部羊晋切一十一字，皆不收；它皆仿此。朱子《周易本义·诟卦》下以"故为姤"，作"故为遇"，避高宗嫌名也。岂不闻《颜氏家训》所云"吕尚之儿如不为'上'，赵壹之子傥不作'一'，便是下笔即妨、是书皆触"者乎？

明代不嫌名讳，如建文年号是也。

以讳改年号

唐中宗讳显，玄宗讳隆基，唐人凡追称高宗显庆年号，多云"明庆"；永隆年号，多云"永崇"。赵元昊以父名德明，改宋明道年号为"显道"，而范文正公《与元昊书》，亦改后唐明宗为"显宗"。

前代讳

孟蜀所刻《石经》，于唐高祖、太宗讳皆缺书；石晋《相里金神道碑》，民、珉二字，皆缺末笔。南汉刘龑尊其父谦为代祖圣武皇帝，犹以"代"字易"世"，至宋，益远矣。而乾德三年卜諲《伏羲女娲庙碑》民、珉二字，咸平六年孙冲序《绛守居园池记碑》民、珉二字，皆缺末笔，其于旧君之礼，何其厚与？

杨阜，魏明帝时人也，其疏引《书》"协和万国"，犹避汉高祖讳；韦昭，吴后主时人也，其解《国语》，凡"庄"字皆作"严"，犹避汉明帝讳；唐长孙无忌等撰《隋书》，易《忠节传》以"诚节"，称苻坚为苻永，固亦避隋文帝及其考讳。自古相传，忠厚之道如此，今人不知之矣！

元移剌迪为常州路总管，刻其所点《四书章句或问集注》，其凡例曰："凡序注或问中，题头及空处，并存其旧，以见当时忠上之意。"近岁新刊《大学衍义》亦然，时天历元年也。《资治通鉴·周太祖世宗纪》，"太祖皇帝"皆题头，至今仍之。《孟子见梁惠王章》末注，苏氏曰："予观孟子以来，自汉高祖及光武及唐太宗及我太祖皇帝，能一天下者四君。""太祖"上空一字。永乐中修《大全》，于其空处添一"宋"字；后人之见，与前人相去，岂不远哉？

名父名君名祖

《金縢》：周公之祝辞曰"惟尔元孙某"；《左传》：荀偃济河而祷，称"曾臣彪"，名君也。《左传》：楚子围宋，申犀见王称

"无畏";知罃对楚王称"外臣首";鄢陵之战,栾鍼曰"书退",名父也。华耦来盟,称"君之先臣督";栾盈辞于周行人,曰"陪臣书",曰"其子黡",名祖若父也。

弟子名师

《论语》:长沮曰:"夫执舆者为谁?"子路曰:"为孔丘。"《孟子》:乐正子入见曰:"君奚为不见孟轲也?"是弟子而名师也。

同辈称名

古人生不讳名,同辈皆面呼其名。《书》周公若曰"君奭",《礼记·曾子问篇》老聃曰"丘",《檀弓篇》曾子曰"商",《论语》微生亩谓孔子曰"丘",是也。

以字为讳

古人敬其名则无有不称字者。《颜氏家训》曰:"古者,名以正礼,字以表德;名终则讳之,字乃可以为孙氏。孔子弟子记事者,皆称仲尼。吕后微时,尝字高祖为季;汉袁种,字其叔父盎曰丝;王丹与侯霸子语,字霸为君房。江南至今不讳字也。河北士人,全不辨之。"故有讳其名而并讳其字者。《三国志·司马朗传》:"年九岁,人有道其父字者,朗曰:'慢人亲者,不敬其亲者也。'客谢之。"《常林传》:"年七岁,有父党造门问:'林伯先在否?'林不答。客曰:'何不拜?'林曰:'虽当下拜,临子字父,何拜之有?'"《晋书·儒林·刘兆传》:"尝有人着靴骑驴,至兆门外,曰:'吾欲见刘延世。'兆儒德道素,青州无称其字者，门人大怒。兆曰：'听前。'"《旧唐书·韩愈传》："拜中书舍人，有不悦愈者，言：'愈前左降为江陵掾曹，荆南节度使裴均馆之颇厚，近者均字锷，还省父，愈为序饯锷，仍呼其字。'此论喧于朝列，坐是改太子右庶子。"至于《山阳公载记》言："马超降蜀，尝呼先主字；关羽怒，请杀之。"此则面呼人主之字，又不可以常侪论矣。

自称字

《汉书》注：张晏曰："匡衡少时字鼎，世所传衡《与贡禹书》，上言'衡敬报'，下言'匡鼎白'。"《南史》："陶宏景，自号'华阳隐居'，人间书札即以'隐居'代名。"此自称字之始也。

《东观馀论》言：古人或有自称字者，王右军《敬谢帖》云"王逸少白"，《庐山远公集·卢循与远书》云"范阳卢子先叩首"，柳少师《与弟帖》云"诚悬呈"。今按唐权德舆《答杨湖南书》，称"载之再拜"；柳冕《答郑卫州书》，称"敬叔顿首"；白居易《与元九书》，称"乐天再拜"；宋陈抟《谒高公诗》，称"道门弟子图南上"。

唐张谓《长沙风土碑铭》"有唐八叶，元圣六载；正言待理湘东"；张洗《济渎庙祭器币物铭》"濯缨不才，谬领兹邑"；元稹作《白氏长庆集序》自书曰"微之序"，乃是作文自称其字。

自称其字，不始于汉人，"家父""吉甫""寺人孟子"之《诗》，已先之矣。

人主呼人臣字

汉高帝曰："运筹策帷帐之中，决胜千里之外，吾不如子房。"景帝曰："天下方有急，王孙宁可以让邪？"皆人主呼人臣字也。

晋以下，人主于其臣多不呼名。《南史》：梁蔡撙为吏部尚书侍中，武帝尝设大臣面，撙在坐，帝频呼姓名，撙竟不答，食面如故。帝觉其负气，乃改唤蔡尚书，撙始放箸执笏曰尔。帝曰："卿向何聋，今何聪？"对曰："臣预为右戚，且职在纳言；陆下不应以名垂唤。"帝有惭色。又南朝人如王敬宏、王仲德、王景文、谢景仁，北朝人如萧世怡、李元操之辈，名犯帝讳，即以字行，不复更名。魏王昕对汝南王悦自称"元景"，北齐祖珽长广王湛自称"孝征"，隋崔颐《答豫章王启》自称"祖浚"，王贞《答齐王暕启》自称"孝逸"。而唐太宗时，如封伦、房乔、高俭、尉迟恭、颜籀，并以字为名；盖因天子常称臣下之字，故尔。其时堂陛之间，未甚阔绝，君臣而有朋友之义，后世所不能及矣。

《因话录》："文宗对翰林诸学士，因论前代文章。裴舍人素数道陈拾遗名，柳舍人璟目之，裴不觉。上顾柳曰：'他字伯玉，亦应呼陈伯玉。'"

两　名

《礼记正义》："公羊说《春秋》，讥二名，谓二字作名，若魏曼多也。左氏说二名者，楚公子弃疾弑其君，即位之后，改名为居，是为二名。许慎谨案云：文武贤臣，有散宜生、苏忿生，则公羊之说非也。"今按：古人两名，见于经传者，不止楚平王，如晋文侯名仇，而书云"父义和"；楚灵王名围，而《春秋》书"弑其君虔于乾溪"；赵简子名鞅，而鐡之战自称"志父"；南宫敬叔名说，一名绍，字容，又字括；蕫廉《石棺铭》，自称"处父";屈原名平,其作《离骚》也,名正则,字灵均;《贾谊传》"梁王胜"注,李奇曰:《文三王传》言揖,此言胜,为有两名。

假名甲乙

《史记·万石君传》:"长子建,次子甲,次子乙,次子庆。"甲、乙非名也,失其名而假以名之也。《韩安国传》"蒙狱吏田甲",《张汤传》"汤之客田甲",《汉书·高五王传》"齐宦者徐甲",《严助传》"闽越王弟甲",疑亦同此。《任安集》:"某子甲何为不来乎?"《三国志》注:许攸呼魏太祖小字曰:"某甲,卿不得我,不得冀州也。"《左传·文十四年》:"齐公子元,不顺懿公之为政也,终不曰'公',曰'夫己氏'。"注:"犹言某甲。"

《汉书·魏相传》:"中谒者赵尧举春,李舜举夏,儿汤举秋,贡禹举冬。"不应一时四人同以尧、舜、禹、汤为名,若有意撰而名之者。及读《急就章》,有云"祖尧舜,乐禹汤",乃悟若此类,皆古人所假以名之也。或曰:"高帝时实有赵尧,然非谒者。"

蜀汉费祎作《甲乙论》,设为二人之辞。晋人文字,每多祖此,虚设甲乙。中书令张华造《甲乙之问》云:"甲娶乙为妻,后人娶丙。"博士弟子徐叔中《服议》,以母为甲,先夫为乙,后夫为丙,先子为丁,继子为戊。梁范缜《神灭论》有张甲、王乙、李丙、赵丁。而《关尹子》云:"甲言利,乙言害,丙言或利或害,丁言俱利俱害。"《关尹子》亦魏晋间人所造之书也。先秦以上,即有以甲乙为彼此之辞者,《韩非子》:"罪生甲,祸归乙,伏怨乃结。"

以姓取名

古人取名，连姓为义者绝少；近代人命名，如陈王道、张四维、吕调阳、马负图之类，榜目一出，则此等姓名几居其半。不知始自何年？尝读《通鉴》，至五代后汉，有虢州伶人靖边庭，胡身之注曰："靖，姓也，优伶之名，与姓通取一义，所以为谑也。"考之自唐以来，如黄幡绰、云朝霞、镜新磨、罗衣轻之辈，皆载之史书，益信其言之有据也。嗟乎，以士大夫而效伶人之命名，则自嘉靖以来然矣！

以父名子

《左传》成十六年，"潘尪之党"，潘尪之子名党也；襄二十三年，"申鲜虞之傅挚"，申鲜虞之子名傅挚也。按《仪礼·特牲馈食礼》"筮某之某为尸"，注曰："某之某者，字尸父而名尸也。"亦此类也。

以夫名妻

《左传·昭元年》："当武王邑姜方震大叔。"《汉书·杜钦传》："皇太后女弟司马君力。"《南齐书》：周盘龙爱妾杜氏，上送金钗镯二十枚，手敕曰："饷周公阿杜。"《孔丛子》："卫将军文子之内子死，复者曰'皋媚女复'。子思闻之，曰：'此女氏之字，非夫氏之名也。妇人于夫氏，以姓氏称，礼也。'"

兼举名字

史文有一人而兼举名、字，如子玉得臣、百里孟明视之类，已于《左传》见之。若骈俪之文，必无重出，而亦有一二偶见者。《焦氏易林》："申公颠倒，巫臣乱国。"刘琨《答卢谌》诗："宣尼悲获麟，西狩涕孔丘。"谢惠连《秋怀》诗："虽好相如达，不同长卿慢。"沈约《宋书·恩幸传论》："胡广累世农夫，伯始致位公相；黄宪牛医之子，叔度名动京师。"皆一人而兼举其名字也。古诗"谁能刻镂此，公输与鲁班"，下一"与"字，竟以公输、鲁班为二人，则不通矣。

排　行

兄弟二名而用其一字者，世谓之排行。如德宗、德文，义符、义真之类，起自晋末，汉人所未有也。《水经注》："昔北平侯王谭不同王莽之政，子兴生五子，并避乱隐居。光武即帝位，封为五侯：元才北平侯，益才安喜侯，显才蒲阴侯，仲才新市侯，季才唐侯。"是后人追撰妄说，东汉人二名者亦少。

单名以偏旁为排行，始见于刘琦、刘琮；此后应璩、应场，卫瓘、卫玠之流，踵之而出矣。

今人兄弟行次，称一为大，不知始自何时。汉淮南厉王常谓"上大兄"，孝文帝行非第一也。

二人同名

有以二人同名而合称之者，《左传·庄二十八年》：晋献公外嬖梁五与东关嬖五，晋人谓之"二五耦"。《战国策》：杜赫谓楚王曰："此用二忌之道也。"以齐田忌、邹忌为二忌。唐高宗显庆二年，诏曰"踪二起于吴、白"，盖仿此称。

字同其名

名字相同，起于晋、宋之间。史之所载，晋安帝讳德宗、字德宗，恭帝讳德文、字德文，会稽王道子字道子，殷仲文、字仲文；宋蔡兴宗、字兴宗；齐颜见远、字见远；梁王僧孺、字僧孺，刘孝绰、字孝绰，庾仲容、字仲容，江德藻、字德藻，任孝恭、字孝恭，师觉授、字觉授；北齐慕容绍宗、字绍宗，魏兰根、字兰根；后周王思政、字思政，辛庆之、字庆之，崔彦穆、字彦穆之类。至唐时尤多，《藩镇传》：田绪字绪，刘济字济。此起家军伍，未曾立字，如李载义辞"未有字"之比尔。史家以例为字，非也。且其文不可省乎？

变姓名

古人变姓名，多是避仇，然亦有无所为而变者：范蠡适齐，为鸱夷子皮；之陶，为朱公。第五伦客河东，自称王伯；齐梁鸿适齐，姓运期、名耀。

生而曰讳

生曰名，死曰讳；今人多生而称人之名曰讳。《金石录》云："生而称讳，见于石刻者甚众。"因引孝宣元康二年诏曰"其更讳询"，以为西汉已如此。《蜀志》刘豹等上言"圣讳豫睹"，许靖等上言"名讳昭著"。《晋书》高頵言:"范伯孙恂,恂率道,名讳未尝经于官曹。"束皙《劝农赋》:"场功毕,租输至;录社长,召闾帅。条牒所领,注列名讳。"

生称谥

《汉书·张敖传》:"吕后数言张王以鲁元故,不宜有此。"刘攽曰:"史家记事,或有如此追言谥者。"《史记》:贯高与张敖言,谓帝为"高祖";《公羊传》:公子翚与桓公言,"吾为子口隐矣",皆此类。

今按:传记中,此例尚多。如《左氏传》石碏曰:"陈桓公方有宠于王。"《国语》:鲍国谓子叔声伯曰:"子何辞苦成叔之邑?"《战国策》:智过曰:"魏桓子之谋臣曰赵葭,韩康子之谋臣曰段规。"《史记·秦本纪》,晋文公夫人请曰:"缪公怨此三人,入于骨髓。"《鲁世家》:周公戒伯禽曰:"我文王之子,武王之弟,成王之叔父。"《宋世家》:华督使人宣言国中曰:"殇公即位十年耳,而十一战。"《楚世家》:国人每夜惊曰:"灵王入矣!"随人谢吴王曰:"昭王亡,不在随。"齐愍王遗楚王书曰:"今秦惠王死,武王立。"《郑世家》:庄公曰:"武姜欲之楚。"共王曰:"郑成公孤有德焉。"《赵世家》:吴延陵季子使于晋,曰:"晋国之政,卒归于赵武子、韩宣子、魏献子之后矣。"《韩世家》:屈宜臼曰:"昭侯不出此门。"《吴起传》:公叔之仆曰:"君因先与武侯言。"《仲尼弟子传》:子羔曰:"出公去矣,而门已闭。"《鲁仲连传》:新垣衍谓赵王曰:"诚发使尊秦昭王为帝。"褚先生补《梁孝王世家》:窦太后谓景帝曰:"安车大驾,用梁孝王为寄。"《三王世家》:公户满意谓燕王曰:"今昭帝始立。"《荀子》:周公谓伯禽之傅曰:"成王之为叔父。"《吕氏春秋》:豫让欲杀赵襄子，其友谓之曰："以子之才，而索事襄子。"《淮南子》：先轸曰："昔吾先君与缪公交。"诸御鞅复于简公曰："陈成常、宰予二子者，甚相憎也。"《吴越春秋》：子胥曰："报汝平王。"《说苑》：景公曰："善为我浮桓子也。"卫叔文子曰："今我未以往，而简子先以来。"并是生时，不合称谥。又如《礼记·曾子问》：孔子曰："季桓子之丧，卫君请吊，哀公辞不得命；公为主客，入吊，康子立于门右。"孔子没时，哀公、康子俱存，此皆后人追为之辞也。自东京以下，即无此语，文益谨而格卑矣！

《史记·田敬仲世家》：齐人歌之曰："枢乎采芑，归乎田成子。"《史通》曰："田常见存，而遽呼以谥。"苏氏曰："田常之时，安知其为成子而称之？"

称王公为君

称周文王为文君，《焦氏易林》："文君燎猎，吕尚获福；号称太师，封建齐国。"汉张衡《思玄赋》："文君为我端蓍兮，利飞遁以保名。"称晋文公为文君，《楚辞·惜往日》："介子忠而立枯兮，文君寤而追求。"《淮南子》："晋文君大布之衣，牧羊之裘。"又云"介子歌龙蛇而文君垂泣。"称宋文公为文君，《墨子》："昔者宋文君鲍之时。"称楚庄王为庄君，《荀子》："庄君之胁。"称齐庄公为庄君，《墨子》："昔者齐庄君之时。"称鲁昭公为昭君，《焦氏易林》："乾侯野井，昭君丧君。"称齐景公为景君，宋何承天《上林篇》："指营丘，感牛山，爽鸠既没景君叹。"称宋襄公为襄君，周庾信《入彭城馆》诗："襄君初建国。"称宋元公为元君，《庄子》："宋元君夜半而梦。"

祖 孙

自父而上之，皆曰祖，《书》微子之命曰"乃祖成汤"是也。自子而下之，皆曰孙，《诗》閟宫之篇曰"后稷之孙，实维太王"，又曰"周公之孙，庄公之子"是也。

高 祖

汉儒以曾祖之父为高祖。考之于《传》，高祖者，远祖之名尔。《左传·昭公十七年》郯子来朝曰："我高祖少皞挚之立也。"则以始祖为高祖。《书·盘庚》，"肆上帝将复我高祖之德，乱越我家。"《康王之诰》："张皇六师，无坏我高祖寡命。"则以受命之君为高祖。《左传·昭公十五年》：王谓籍谈曰："昔而高祖孙伯黡，司晋之典籍。"则谓其九世为高祖。

艺 祖

《书》："归格于艺祖。"注以艺祖为文祖，不详其义。人知宋人称太祖为艺祖，不知前代亦皆称其太祖为艺祖。唐玄宗开元十一年，幸并州，作《起义堂颂》曰："东西南北，无思不服；山川鬼神，亦莫不宁。实维艺祖储福之所致。"十三年，封泰山，其序曰："惟我艺祖文考，精爽在天。"此谓唐高祖。张说作《享太庙乐章》曰："肃肃艺祖，滔滔浚源；有雄武剑，作镇金门。元（玄）王遗绪，后稷谋孙。"此谓高祖之高祖讳熙，追尊宣皇帝者也。后汉高祖乾祐元年改元，制曰："昔我艺祖神宗，开基抚运，以武功平祸乱，以文德致昇平。"此谓前汉高祖。金世宗大定二十五年，《封混同江神册文》曰："仰艺祖之开基，佳江神之效灵。"此谓金太祖。然则是历代太祖之通称也。

唐武宗会昌三年，讨刘稹，制曰："顷者烈祖在藩，先天启圣。"是以玄宗为烈祖。宋王旦《封祀坛序》："烈祖造新邦，臻大定，经制而未遑；神宗求至理，致昇平，业成而中罢。"是以太祖为烈祖，太宗为神宗，亦古人之通称也。

《左传·哀二年》：卫太子祷曰："曾孙蒯聩敢昭告皇祖文王、烈祖康叔、文祖襄公。"《书·文侯之命》："汝克昭乃显祖、烈祖。"显祖皆谓其始封之君，此古人之通称。

冲　帝

幼主谓之冲帝。《水经注》："汉冲帝诏曰：'翟义作乱于东霍，鸿负倚蓥屋芒竹。'"以孺子婴为冲帝。

考

古人曰父、曰考，一也。《易》曰："干父之蛊，有子，考无咎。"《书·大诰》："若兄考，乃有友伐厥子，民养其劝弗救。"《康诰》："子弗祗服厥父事，大伤厥考心。"《酒诰》："厥心臧，聪听祖考之彝训。"尹伯奇《履霜操》曰："考不明其心兮听谗言。"自《曲礼》定为生曰父、死曰考之称，而为人子者当有所讳矣。

伯父叔父

古人于父之昆弟，必称伯父、叔父，未有但呼伯、叔者。若不言父而但曰伯、叔，则是字之而已。《诗》所谓"叔兮伯兮""伯兮朅兮""叔于田"之类，皆字也。

今之天子称亲王为叔祖、曾叔祖，甚非古义。《礼》：天子称同姓诸侯曰伯父、叔父，称其先君亦曰伯父、叔父。《左传》：昭九年，景王使詹桓伯辞于晋曰"伯父惠公"；十五年，景王谓籍谈曰"叔父唐叔"，皆称其先君为伯父、叔父之证也。故《礼》有诸父、无诸祖。

族兄弟

《书》："克明俊德；以亲九族。"郑康成谓：九族者，据己上至高祖，下及玄孙之亲。《左传·襄公十二年》："凡诸侯之丧，同宗临于祖庙，同族于祢庙。"注："同族谓高祖以下"是也。故晋叔向言肸之宗十一族。贾谊《新书》："人有六亲，六亲始曰父；父有二子，二子为昆弟。昆弟又有子，子从父而昆弟，故为从父昆弟；从父昆弟又有子，子从祖而昆弟，故为从祖昆弟；从祖昆弟又有子，子从曾祖而昆弟，故为曾祖昆弟；曾祖昆弟又有子，子为族兄弟，备于六，此之谓六亲。"是同姓高祖之兄弟即为族，族非疏远之称。《颜氏家训》："凡宗亲世数，有从父、有从祖、有族祖。江南风俗，自兹以往，皆云族人；河北虽二三十世，犹呼为从伯、从叔。梁武帝尝问一中土人曰：'卿北人，何故不知有族？'答云：'骨肉易疏，不忍言族耳。'"当时虽为敏对，于理未通。

亲　戚

《史记·宋世家》："箕子者，纣亲戚也"。《路史》谓"但言亲戚，非诸父昆弟之称"，非也。古人称其父子兄弟亦曰亲戚。

《韩诗外传》：曾子曰："亲戚既没，虽欲孝，谁为孝？"此谓其父母。《左传》：僖公二十四年，"封建亲戚，以藩屏周。"此谓其子弟。昭公二十年，"棠君尚谓其弟员曰：'亲戚为戮，不可以莫之报也。'"《三国志》：张昭谓孙权曰："况今奸宄竞逐，豺狼满道；乃欲哀亲戚，顾礼制。"此谓其父兄。

哥

唐时人称父为哥。《旧唐书·王琚传》：玄宗泣曰："四哥仁孝同气，惟有太平。"睿宗行四故也。玄宗子《棣王琰传》："惟三哥辨其罪。"玄宗行三故也。有父之亲，有君之尊，而称之为四哥、三哥，亦可谓名之不正也已。玄宗与宁王宪书，称大哥，则唐时宫中称父称兄皆曰哥。

妻 子

今人谓妻为妻子，此不典之言，然亦有所自。《韩非子》："郑县人卜子，使其妻为袴。其妻问曰：'今袴何如？'夫曰：'象吾故袴。'妻子因毁新，令如故袴。"杜子美诗："结发为妻子，席不暖君床。"

称 某

经传称"某"有三义。《书·金縢》："惟尔元孙某。"史文讳其君，不敢名也。《春秋·宣公六年》《公羊传》："于是使勇士某者往杀之。"《传》："失其名也。"《礼记·曲礼》："内事曰孝王某，外事曰嗣王某。"《仪礼·士冠礼》："某有子某。"《论语》：

"某在斯，某在斯。"通言之也。

周公以讳事神，《牧誓》之言"今予发"，《武成》之言"周王发"，生则不讳也。《金縢》之言"惟尔元孙某"，追录于武王既崩之后，则讳之矣。故《礼》："卒哭乃讳。"

互　辞

《易》："干父之蛊，有子，考无咎。"言"父"又言"考"；《书》："予恐来世以台为口实。"言"予"又言"台"，"汝猷黜乃心。"言"汝"又言"乃"，"予念我先神后之劳尔先。"言"予"又"言"我，"越予冲人，不印自恤。"言"予"又言"印"；《诗》："岂不尔受，既予女迁。"言"尔"又言"女"；《论语》："吾不欲人之加诸我也。"《孟子》："我善养吾浩然之气。"言"我"又言"吾"；《左传》："尔用而先人之治命。"言"尔"又言"而"，"女畏而宗室。"言"女"又言"而"；《史记·张仪传》："若善守汝国，我顾且盗而城。"言"若"言"汝"又言"而"；《诗》："王于出征，以佐天子。"言"王"又言"天子"，"乃命鲁公，俾侯于东。"言"公"又言"侯"；《穀梁传》："言君之不取，为公也。"言"君"又言"公"；《左传》："以其子更公女，而嫁公子。"言"公女"又言"公子"；《史记·齐世家》："子我盟诸，田于陈宗。"言"田"又言"陈"：皆互辞也。

豫　名

《诗》："鸟乃去矣，后稷呱矣！"子初生而已名之为后稷也。"为韩姞相攸。"女在室而已名之为韩姞也。皆因其异日之名而豫名之，亦临文之不得不然也。

重 言

古经亦有重言之者。《书》："自朝至于日中昃，不遑暇食。"遑即暇也。《诗》："无已太康"，已即太也；"既安且宁"，安即宁也；"既庶且多"，庶即多也。《左传》"一薰二莸，十年尚犹有臭"，尚即犹也；"周其有颎王，亦克能修其职"，克即能也。《礼记》："人喜则斯陶"，则即斯也。

后

《白虎通》曰："天子之配，商之前，皆称妃，周始立后。"今考帝喾四妃，帝舜三妃，以至周初太姜、太任、太姒、邑姜，皆无后名；而《诗》《书》所云后，皆君也。《春秋》：桓八年，"祭公来遂，逆王后于纪"；襄十五年，"刘夏逆王后于齐"，于是始称"后"。《曲礼》："天子有后、有夫人、有世妇，有嫔、有妻、有妾。"又云："天子之妃曰后。"而宣王晏起，姜后脱簪，见于《列女之传》。此周人立后之据。惟《左传·哀元年》"后缗方娠"，是夏时事，疑此后人追称之辞。自春秋以下之文，则有以君为后者，有以妃为后者，杂然于书传矣。

人君之号，唐虞曰帝，夏曰后，商曰王。然帝王，天子所传；后，则诸侯皆得称之。故《书》言"肆觐东后"，"四后四朝"，"禹乃会群后，誓于师"；《伊训》之词，"先王侯甸，群后咸在"；周王《大诰》武成，亦曰"呜呼群后"。群后而后夔、后羿、伯明后寒之称，皆见于传。《胤征》之篇，亦称胤后。康王作《毕命》曰："三后协心，同底于道。"穆王作《吕刑》曰："乃命三后，恤功于民。"然则禹之降帝而称后，是禹之谦，禹之不矜也。

诸侯谓之"群后",故天子独称"元后"。

汉时郡守之于吏民,亦有君臣之分,故有称府主为"后"者。《汉武都太守李翕西狭颂》云:"赫赫明后,柔嘉维则。"《桂阳太守周憬铭》云:"懿贤后兮发圣英。"晋应詹为南平太守,百姓歌之曰:"徼幸之运,赖兹应后。"兰亭宴集,有郡功曹魏滂诗云:"明后欣时丰,驾言映清澜。"

王

三王之名,自后人追称之;而禹之为王,未尝见于《书》也。《甘誓》:"王曰:嗟!六事之人,予誓告汝。"《胤征》:"胤后承王命徂征。"而《夏小正》言:"十有一月,王狩。"夏之王见于《书》者,始此。然无称禹为王者。经传之文,凡言夏必曰"夏后氏"。

周人之追王,止于太王,而组绀以上至后稷则谓之"先公"。《诗》"禴祠烝尝,于公先王"是也。通言之,则亦可称之为王。《书·武成》:"惟先王建邦启土",《周语》"太子晋谏灵王:'自后稷之始基靖民,十五王而文始平之,十八王而康克安之'"是也。

王而尊之曰帝,黄歇《上秦昭王书》:"先帝文王、武王、王之身三世不忘,接地于齐以绝从亲之要"是也。王而等之曰诸侯,汉王告诸侯曰"愿从诸侯王击楚之杀义帝者"是也。

君

古时有人臣而隆其称曰君者,"周公若曰君奭"是也。篇中言"君奭"者四，但言"君"者六；而成王之书，"王若曰君陈"；穆王之书，"王若曰呜呼君牙"，皆此例也。犹汉时人主称丞相为"君侯"也。《礼记·坊记》云："大夫不称君，恐民之惑也。"故《春秋传》中称君者皆国君，然亦有卿大夫而称为君者。庄十一年，楚斗廉语屈瑕曰："君次于郊郢，以御四邑。"襄二十五年，郑子产对晋士庄伯曰："成公播荡，又我之自入，君所知也。"至家臣则直谓其主曰君。昭十四年，司徒老祁卢癸谓南蒯曰："举臣不忘其君。"二十八年，晋祁盈之臣曰："愁使吾君闻胜与臧之死也以为快。"哀十四年，宋司马命其徒攻桓氏，其父兄故臣曰"不可"；其新臣曰："从吾君之命。"是也。《仪礼·丧服篇》："公士大夫之众臣，为其君布带绳屦。"《传》曰："君，谓有地者也。"郑氏曰："天子、诸侯及卿大夫有地者，皆曰君。"《丧大记》"大夫君"，孔氏曰："大夫之臣，称大夫为君。"《周礼》"调人"注："主，大夫君也。"此则上下之通称，不始于后代矣。

人臣称君，自三代以前有之。《孟子》："象曰：谟盖都君。"

《汉书·高帝纪》："爵或人君，上所尊礼。"师古曰："爵高有国邑者，则自君其人，故曰人君也。上谓天子。"

汉时，曹掾皆称其府君为君，至苍头亦得称其主人为君，《后汉书·李善传》"君夫人善在此"是也。女亦得称其父为君，《汉书·王章传》"我君素刚，先死者必我君"是也。妇亦得称其舅为君，《尔雅》"姑舅在则曰君舅、君姑，没则曰先舅、先姑"，《淮南子》"君公知其盗也，逐而去之"，《列女传》"我无樊、卫二姬之行，故君以责我"是也。

《丧服》"妾为君"，郑氏注曰："妾谓夫为君者，不得体之，加尊之也。虽士亦然。"

主

春秋时，称卿大夫曰主。故齐侯喑昭，公称主君，子家子曰"齐卑君矣"；而南唐降号"江南国主"，亦以奉中国正朔，自贬其号。若刘玄德帝，蜀谥昭烈，葬惠陵，初无贬绌；末帝降魏，封为安乐公，自可即以本封为号。陈寿作《三国志》，创立先主、后主之名，常璩《蜀志》因之。以晋承魏统，义无两帝，令千载之后而犹沿此称，殊为不当。况改汉为蜀，亦出寿笔，当时魏已篡汉，改称昭烈为蜀，使不得附汉统。异代文人，不察史家阿枉之故，若杜甫诗中便称"蜀主"，殊非知人论世之学也。昔刘知几论《后汉书·刘元列传》，以为"东观秉笔，容或诣于当时；后来所修理，宜刊革"。今之君子，既非曹氏、司马氏之臣，不当称昭烈为先主矣。

诸葛孔明书中，亦多有称先主者，本当是"先帝"，传之中原，改为"先主"耳。"主"者，次于君之号，苏林解《汉书》"公主"云："妇人称主。"引《晋语》："主孟啖我。"

陛　下

贾谊《新书》："天子卑号称陛下。"蔡邕《独断》："陛，阶也，所由升堂也。天子必有近臣执兵陈于陛侧，以戒不虞；谓之陛下者，群臣与天子言，不敢指斥天子，故呼在陛下者而告之，因卑达尊之义也。上书亦如之。及群臣士庶，亦与言曰殿下、阁下、执事之属，皆此类也。"据此，则陛下犹言执事，后人相沿，遂以为至尊之称。

足　下

今人但见《史记》秦阎乐数二世称"足下",遂以为相轻之辞,不知乃战国时人主之称也。如苏代遗燕昭王书,乐毅报燕惠王书,苏厉与赵惠文王书,皆称足下。又如苏秦谓燕易王,范雎见秦昭王,苏代谓齐愍王,齐人谓齐愍王,孟尝君舍人谓卫君,张丐谓鲁君,赵郝对赵孝成王,郦生说沛公,张良献项王,亦皆称足下。《汉书·文帝纪》:"丞相臣平、太尉臣勃、大将军臣武、御史大夫臣苍、宗正臣郢、朱虚侯臣章、东牟侯臣与、居典客臣揭,再拜言大王足下。"

《宋书·西南夷传》载诸国表文:诃罗陀国称"圣王足下",又称"天子足下";阿罗单国称"大吉天子足下",阇婆婆达国称"宋国大王大吉天子足下",天竺迦毗黎国称"大王足下"。《梁书·诸夷传》表文,盘盘国称"常胜天子足下",干陁利国称"天子足下",狼修牙国称"大吉天子足下",婆利国称"圣王足下"。

阁　下

赵璘《因话录》曰:"古者三公开阁,郡守比古之侯伯,亦有阁,故世俗书题有'阁下'之称。前辈呼刺史太守,亦曰'节下';与宰相大僚书,往往称'执事',言阁下之执事人耳。刘子玄为史官,《与监修宰相书》称'足下',韩文公《与使主张仆射书》称'执事',即其例也。若记室,本系王侯宾佐之称,他人亦非所宜;执事则指其左右之人,尊卑皆可通称。侍者,则士庶可用之。近日官至使府、御史及畿令,悉呼阁下。至于初命宾佐,犹呼记室,今则一例阁下,上下无别;其执事才施于举人,侍者止行于释子而已。今之布衣相呼，尽曰阁下，虽出于浮薄相戏，亦是名分天壤矣！"

谢在杭《五杂俎》言："阁，夹室也，以板为之。《礼记·内则》：天子之阁，左达五，右达五。盖古人置此以庋饮食之所，即今房中之板阁。而后乃广之为楼观之通名，如石渠、天禄、麒麟之类，或以藏书，或以绘像，或以为登眺游览之所。阁者，门旁小户也；因设馆于其旁，即谓之阁。《汉书·公孙弘传》："开东阁以延贤人。"师古曰："阁者，小门也，东向开之，避当庭门而引宾客，以别于掾史官属。"如今官署角门，旁有延宾馆是也。故《萧望之传》言"自引出阁"，而《隽不疑传》："暴胜之为直指使者，不疑至门，胜之开阁延请。"是凡官府皆有阁，不独三公也。《韩延寿传》："行县至高陵，入卧传舍，闭阁思过。"如今之闭角门，不听官属入也。《朱博传》："召见功曹，闭阁数责"，此又是闭角门不听出也。东晋太极殿有东西阁，唐制仿之，以宣政为前殿，紫宸为便殿；前殿谓之正衙，天子不御前殿而御紫宸，乃自正衙唤仗，由阁门而入，百官候朝于衙者，因随以入见，谓之入阁。盖中门不启而开角门也。《尔雅》："小闱谓之阁。"而室中之门，亦或用此为称，是则二字之义，本自不同。《汉旧仪》曰："丞相听事门曰黄阁。"不敢洞开朱门，以别于人主，故以黄涂之，谓之黄阁。今代以文渊阁藏书，而大学士主之，故谓之阁老；盖亦论经石渠、校书天禄之遗意尔。然西京但有阁而未以为官曹之称，至后汉始谓之台阁。古诗《为焦仲卿作》云："汝是大家子，仕宦于台阁。"陈寿《三国志》评曰："魏世事统台阁，重内轻外；故八座尚书，即古六卿之任也。"裴松之《三国志》注引《魏略》曰："薛夏为秘书丞，尝以公事移兰台，兰台自以台也，而秘书署耳。谓夏为不得移，推使当有坐者。夏报之曰：兰台为外台，秘书为内阁，台、阁一也，何不相移之有？"兰台相无以折，自是之后，遂以为常。《唐书·职官志》："光宅元年九月，改门下省为鸾台，中书省为凤阁。"然则今之内阁，实本于此，而非取三公黄阁之义；其言入阁办事，谓入此内阁尔，而与唐之随仗入阁不相蒙也。阁下之称，犹云台下，古今异名，亦何妨乎？

相

《管子》曰："黄帝得六相。"《宋书·百官志》曰："殷汤以伊尹为右相，仲虺为左相。"然其名不见于经，惟《书·说命》有"爰立作相"之文，而《左传》定公元年，薛宰言"仲虺居薛，以为汤左相"。《礼记·月令》，"命相布德和令"，注："相谓三公，相王之事也。"《正义》曰："按《公羊》隐五年《传》曰，'三公者何？天子之相也。自陕而东者，周公主之；自陕而西者，召公主之。'一相处乎内，是三公相王之事也。至六国时，一人知事者，特谓之相。故《史记》称穰侯、范雎、蔡泽皆为秦相，后又为丞相也。"杜氏《通典》曰："黄帝六相，尧十六相，为之辅相，不必名官。"是则三代之时言"相"者，皆非官名。如孟子言"舜相尧""禹相舜""益相禹""伊尹相汤""周公相武王"，《礼记·明堂位》"周公相武王"之类耳。《左传》：桓公二年，"太宰督遂相宋公"；庄公九年，鲍叔言于齐侯曰："管夷吾治于高溪，使相可也。"昭公元年，祁午谓赵文子曰："子相晋国。"按当时官名，皆不谓之相。哀公十七年，"右领差车，与左史老，皆相令尹、司马以伐陈"。又是相二官而非相楚王。惟襄公二十五年，崔杼立景公而相之，庆封为左相。"则似真以相名官者。定公十年，"公会齐侯于夹谷，孔丘相"。杜氏解曰："相，会仪也，如'愿为小相焉'之相。"《史记·孔子世家》乃云："孔子为大司寇，摄相事。"是误以"傧相"之相为"相国"之相，不知鲁无相名，有司寇而无大司寇也。

将　军

《春秋传》："晋献公作二军，公将上军，太子申生将下军。"是已有将军之文，而未以为名也。至昭公二十八年，阎没女宽对魏献子曰："岂将军食之而有不足？"《正义》曰："此以魏子将中军，故谓之将军。"及六国以来，遂以将军为官名，盖其元起于此。《公羊传》"将军子重谏曰"，《穀梁传》"使狐夜姑为将军"。《孟子》："鲁欲使慎子为将军。"《墨子》："昔者晋有六将军，而智伯莫为强焉。"《庄子》："今将军兼此三者。"《淮南子》："赵文子问于叔向曰：晋六将军，其孰先亡？"张武为智伯谋曰"晋六将军"，又曰"鲁君召子贡授之将军之印"；而《国语》亦曰"郑人以詹伯为将军"，又曰："吴王夫差，黄池之会，十行一嬖大夫，十旌一将军"；《礼记·檀弓》"卫将军文子之丧"；《史记·司马穰苴传》"景公以为将军"，《封禅书》"杜主者，故周之右将军"，《越世家》"范蠡称上将军"，《魏世家》"令太子申为上将军"；《战国策》"梁王虚上位，以故相为上将军"。《汉书·百官表》曰："前后左右将军，皆周末官。"《通典》曰："自战国置大将军，楚怀王与秦战，秦败楚，虏其大将军屈匄。"汉则定以为官名矣。

相　公

前代拜相者必封公，故称之曰"相公"；若封王，则称"相王"。自洪武中，革去丞相之号，则有公而无相矣。即初年之制，亦不尽沿唐、宋,有相而不公者,胡惟庸是也;有公而不相者,常遇春之伦是也;封公拜相,惟李善长、徐达,三百年来,有此二相公耳。魏王粲《从军行》:"相公征关右,赫怒震天威。"《羽猎赋》:"相公乃乘轻轩、驾四骆。""相公"二字,似始见此。

司　业

国子司业,以为生徒所执之业,非也。唐归崇敬授国子司业,上言:"司业义在《礼记》'乐记(正)司业'。正,长也,言乐官之长,司主此业。《尔雅》云:'大版谓之业。'按《诗·周颂》:'设业设虡,崇牙树羽。'则业是悬钟磬之簨虡也。今太学既不教乐,于义无取,请改国子监为辟雍,祭酒为太师氏;司业一为左师,一为右师。"诏下尚书集百僚定议以闻。议者重难改作,其事不行。按《灵台》之诗曰"虡业维枞",即此"业"字。传曰:"业,大版也;所以饰栒为县也。捷业如锯齿,或白画之。"《尔雅》:"大板谓之业。"《左氏》昭九年《传》:"辰在子卯,谓之疾日。君彻宴乐,学人舍业。"《礼记·檀弓》:"大功废业。"并谓此也。悬者,常防其坠,故借为敬谨之义,《书》之"兢兢业业",《诗》之"赫赫业业""有震且业"是也。凡人所执之事,亦当敬谨,故借为事业之义。《易传》之"进德修业""可大则贤人之业""盛德大业",《礼记》之"敬业乐群"是也。然三代《诗》《书》之文,并无此义;而"业广惟勤"一语,乃出于梅赜所上之古文《尚书》。

梁刘勰《文心雕龙》,谓《论语》以前,经无"论"字;"六韬三论",后人追题。今《周官篇》有"论道经邦"之语,盖梅赜古文之书,其时未行;然即此二字,亦足以察时世言语之不同矣。

翰　林

《唐书·职官志》曰："翰林学士之职，本以文学言语备顾问，出入侍从，因得参谋议、纳谏争，而翰林院者，待诏之所也。"唐制：乘舆所在，必有文辞经学之士，下至卜医伎术之流，皆直于别院，以备燕见；而文书诏令，则中书舍人掌之。太宗时，名儒学士，时时任以草制，然犹未有名号。乾封以后，始号北门学士。玄宗之代，张说、陆坚、张九龄、徐安贞、张垍等，召入禁中，谓之翰林待诏，掌中外表疏批答、应和文章；继以诏敕、文告悉由中书，每多壅滞，始选朝官有辞义学识者，入翰林供奉，然亦未定名制。开元二十六年，始改翰林供奉为学士，别置学士院，专掌内命；至德以后，天下用兵，军国多务，深谋密诏，皆从中出，置学士六人。内择年深德重者一人，为承旨，以独当密命故也。德宗好文，尤难其选。贞元以后，为学士承旨者，多至宰相。而其官不见于《唐六典》，盖书成于张九龄，其时尚未置也。

《旧书》言："翰林院有合练、僧道、卜祝、术艺、书弈，各别院以禀之。"陆贽与吴通玄有隙，乃言承平时工艺书画之徒，待诏翰林，比无学士，请罢其官。其见于史者，天宝初嵩山道士吴筠，乾元中占星韩颖、刘烜，贞元末弈棋王叔文、侍书王伾，元和末方士柳泌、浮屠大通，宝历初善弈王倚、兴唐观道士孙准，并待诏翰林。又如黎幹，虽官至京兆尹，而其初亦以占星待诏翰林。而贞元二十一年二月丙午，罢翰林医工、相工、占星、射覆冗食者四十二人。宝历二年十二月庚申，省教坊乐官、翰林待诏伎术官并总监诸色职掌内冗员共二千二百七十人。此可知翰林不皆文学之士矣。赵璘《因话录》云："文宗赐翰林学士章服，续有待诏，欲先赐本司以名上。上曰：'赐君子小人不同日，且待别日。'"

成化三年，以明年上元张灯，命翰林院词臣撰诗词。编修章懋、黄仲昭，检讨庄昶，上疏言："翰林之官，以论思代言为职。虽曰供奉文字，然鄙俚不经之词，岂宜进于君上？固不可曲引宋祁、苏轼之教坊致语，以自取侮慢不敬之罪。臣等又尝伏读宣宗章皇帝御制《翰林箴》，有曰：'启沃之言，惟义与仁；尧舜之道，邹孟以陈。'今张灯之举，恐非仁义之道；应制之诗，恐非仁义之言。臣等知陛下之心，即祖宗之心，故不敢以是妄陈于上；伏愿采蒭荛之言，于此等事一切禁止。"上怒，命杖之，谪懋临武知县、仲昭湘潭知县、昶桂阳州判官，各调外用。已而谏官为之申理，乃改懋、仲昭南京大理寺评事，昶南京行人司司副，自此翰林之官重矣。

洗　马

《越语》："句践身亲为夫差前马。"《韩非子》云："为吴王洗马。"洗音铣。《淮南子》云："为吴兵先马走。"《荀子》："天子出门，诸侯持轮挟舆先马。"贾谊《新书》："楚怀王无道，而欲有霸王之号，铸金以象诸侯人君；令大国之王，编而先马。梁王御，宋王骖乘，滕、薛、卫、中山之君随而趋。"然则洗马者，马前引导之人也。亦有种"马洗"者，《六韬》："赏及牛竖马洗厩养之徒。"《汉书·百官表》，"太子太傅、少傅属官有先马。"张晏曰："先马，员十六人，秩比谒者。先或作洗。"又考《周礼》"齐右"职云："凡有牲事则前马。"注："王见牲则拱而式，居马，却行，备惊奔也。"又"道右"职云："王式则下前马。"是此官古有之矣。《庄子》："黄帝将见大隗乎具茨之山，张若謵朋前马。"

比　部

《周礼·小司徒》："及三年则大比，大比则受邦国之比要。"注："大比，谓使天下更简阅民数及其财物也。"郑司农云："五家为比，故以比为名，今时八月案比是也。"《庄子》云："礼法度数，刑名比详。"唐时刑部有刑比都官，司门四曹。《通典》："比部郎中，龙朔二年，改为司计大夫；咸亨元年，复旧。天宝十一载，又改比部为司计，至德复旧。"《旧唐书·职官志》："比部郎中及员外郎之职掌，勾诸司百僚俸料、公廨、赃赎、调敛、徒役、课程、逋悬数物，周知内外之经费而总勾之。"《杨炎传》："初，国家旧制，天下财赋皆纳于左藏库，而太府四时以数闻尚书，比部覆其出入。"《宋史·职官志》，"比部郎中、员外郎，掌勾覆中外帐籍；凡场务、仓库、出纳在官之物，皆月计季考岁会。从所隶监司检察以上比部，至则审覆其多寡登耗之数，考其陷失而理其侵负。"《山堂考索》："会计通欠，每三月一比，谓之比部。"故昔人有刑罚与赋敛相为表里之说。今四曹改为十三司，而财计之不关刑部久矣，乃犹称郎官为比部，何邪？

员　外

员外之官，本为冗秩。《旧唐书·李峤传》："峤为吏部时，志欲曲行私惠，冀得复居相位，奏置员外官数千人；以至官寮倍多，库减减耗。"事在中宗神龙二年。又有谓之员外置同正员者，迨乎玄宗，犹不能尽革。故肃宗乾元二年九月诏曰："应州县见任员外官，并任其所适；其中有材识干济、曾经任使州县所资者，亦听量留。上州不得过五人，中州不得过四人，下州不得过三人，上县已上不得过一人。"今则副郎而取名员外，于义何居？当由定制之初，主爵诸臣，未考源流，有乖名实。子不云乎："必也正名。"则斜封墨敕之朝，不可沿其遗号矣。

主　事

后汉光禄勋有南北庐主事，主三署之事，于诸郎之中，察茂材者为之，然其职不过如掾史之等。故范滂迁光禄主事时，陈蕃为光禄勋；滂执公仪诣蕃，滂（蕃）亦不止，滂怀恨，投版弃官而去；后因郭泰之言，蕃乃谢之。而张霸、戴封、戴就、公沙穆，并以孝廉为光禄主事，其他府寺，则不闻有此名也。《宋书·百官志》"中书通事舍人"下云："其下有主事，本用武官，改宋用文史。"至后魏，则于尚书诸司置主事令史。隋炀帝去令史之名，但曰主事。唐时并流外为之，尚书省主事六人，从九品上；门下省主事四人，中书省主事四人，并从八品下。而刘祥道上疏言："尚书省二十四司，及门下省中书都事、主书、主事等，比来选补，皆取旧任流外有刀笔之人，纵欲参用士流，皆以侪类为耻。前后相承，遂成故事。望有厘革，稍清其选事。"竟不行。《宋史·职官志》："门下省吏四十有九，录事、主事各三人，令吏六人，书令史十有八人，守当官十有九人。"是在前代，皆掾史之任也。明初设六部主事，意亦仿此。永乐十四年，永新伯许成以擅杖工部主事王景亮，被勘。

主　簿

《周礼》"司会"注："主计会之簿书。"疏云："簿书者，古有简策以记事,若在君前以笏记事,后代用簿,簿,今手版,故云吏当持簿,簿则簿书也。"汉御史台有此官,御史大夫张忠署孙宝为主簿;而魏晋以下,则寺监以及州郡,并多有之。杜氏《通典》"州佐"条下云:"主簿一人,录门下众事、省署文书,汉制也,历代至隋皆有。"又引晋习凿齿为桓温荆州主簿,亲遇深密,时人语曰:'徒三十年看儒书,不如一诣习主簿。'"在当时为要职。

郎中待诏

北人谓医生为大夫,南人谓之郎中;镊工谓待诏,木工、金工、石工之属,皆为司务。其名皆起于宋时。《老学庵笔记》:"北人谓医为衙推,卜相为巡官。巡官,唐五代郡僚之名,或以其巡游卖术,故有此称,亦莫详其所始也。"《实录》:"洪武二十六年十二月丙戌,命礼部申禁军民人等,不得用太孙、太师、太保、待诏、大官、中郎等字为名称。"

外 郎

今人以吏员为外郎。按《史记·秦始皇纪》"近官三郎",《索隐》曰:"三郎,谓中郎、外郎、散郎。"《通典》:"汉中郎将分掌三署,郎有议郎、中郎、侍郎、郎中,凡四等,皆无员,多至千人,掌门户,出充车骑;其散郎,谓之外郎。"今以之称吏员,乃世俗相袭之辞。

门 子

门子者,守门之人。《旧唐书·李德裕传》"吐蕃潜将妇人嫁与此州门子"是也。今之门子，乃是南朝时所谓县僮。《梁书·沈瑀传》："为余姚令，县南有豪族数百家，子弟纵横，递相庇荫，厚自封殖，百姓甚患之。瑀召其老者为石头仓监，少者补县僮。"《唐志》二品以下有白直执衣，皆中男为之。

快 手

快手之名，起自《宋书》。《王镇恶传》："东从旧将，犹有六队千余人；西将及能细直吏快手，复有二千余人。"《建平王景素传》："左右勇士数十人，并荆楚快手。"《黄回传》："募江西楚人，得快射手八百。"亦有称"精手"者，沈约《自序》："收集得二千精手。"《南史·齐高帝传》："王蕴将数百精手，带甲赴粲。"《梁书·武帝纪》，"航南大路，悉配精手利器，尚十余万人。"

火 长

今人谓兵为户长，亦曰火长。崔豹《古今注》："伍伯，一伍之伯也。五人为伍，五长为伯，故称伍伯，一曰户伯；汉制，兵五人一户灶，置一伯，故曰户伯，亦曰火伯，以为一灶之主也。"《通典》："五人为列，二列为火，五火为队。"《唐书·兵志》："五十人为队，队有正；十人为火，火有长。"又云："十人为火，五火为团。"则直谓之"火"矣。《宋书·卜天与传》："少为队将，十人同火。"《木兰诗》："出门看火伴。"柳子厚《段太尉逸事状》："叱左右皆解甲，散还火伍中。"或作"伙"，误。

楼 罗

《唐书·回纥传》:"加册可汗以登里颉咄登密施含俱录英义,建功毗伽可汗。"含俱录,华言"娄罗"也,盖聪明才敏之意。《酉阳杂俎》引梁元帝《风人辞》云:"城头网雀,楼罗人著。"《南齐书》顾欢论云:"蹲夷之仪,楼罗之辩。"《北史·王昕传》:尝有鲜卑聚语,崔昂戏问昕曰:"颇解此不?"昕曰"楼罗楼罗,实自难解。时唱染干,似道我辈。"《五代史·刘铢传》:"诸君可谓楼罗儿矣。"《宋史》:"张思钧起行伍,征伐稍有功,质状小而精悍;太宗尝称其楼罗,自是人目为小楼罗焉。"

白 衣

白衣者,庶人之服,然有以处士而称之者。《风俗通》:"舜、禹本以白衣砥行显名,升为天子。"《史记·儒林传》"公孙弘以《春秋》,白衣为天子三公";《后汉书·崔骃传》"宪谏以为不宜与白衣会",《孔融传》"与白衣祢衡,跌荡放言";《晋书·阎缵传》"荐白衣南安、朱冲可为太孙师傅",《胡奋传》"宣帝之伐辽东,以白衣侍从左右"是也。有以庶人在官而称之者。《汉书·两龚传》"闻之白衣",师古曰:"白衣,给官府趋走贱人,若今诸司亭长掌固之属。"苏伯玉妻《盘中诗》:"吏人妇,会夫希;出门望,见白衣,谓当是,而更非。"《续晋阳秋》:"陶潜九月九日无酒,于宅边菊丛中坐,望见白衣人,乃王弘送酒。"是也。人主左右,亦有白衣。《南史·恩倖传》:"宋孝武选白衣左右百八十人";《魏书·恩倖传》:"赵修给事东宫,为白衣左右","茹皓充高祖白衣左右"。

唐李泌，在肃宗时不受官。帝每与泌出，军人环指之曰："衣黄者，圣人也；衣白者，山人也。"则天子前不禁白。《清波杂志》言："前此仕族子弟，未受官者皆白衣，今非跨马及吊慰不敢用。"

白衣，但官府之役耳，若侍卫则不然。《史记·赵世家》："愿得补黑衣之缺，以卫王宫。"《汉书·谷永传》："擢之皂衣之吏。"《诗》："麻衣加雪。"郑氏曰："麻衣，深衣也，古时未有棉布，凡布皆麻为之。"《记》曰："治其麻丝，以为布帛。"是也。然则深衣亦用白。

郎

郎者，奴仆称其主人之辞。唐张易之、昌宗有宠，武承嗣、三思、懿宗、宗楚客、晋卿等，候其门庭，争执鞭辔，呼易之为五郎，昌宗为六郎。郑杲谓宋璟曰："中丞奈何卿五郎？"璟曰："以官言之，正当为卿；足下非张卿家奴，何郎之有？"安禄山德李林甫，呼十郎；王鉷谓王銲为七郎；李辅国用事，中贵人不敢呼其官，但呼五郎；程元振，军中呼为十郎；陈少游谒中官董秀，称七郎，是也。其名起自秦汉郎官。《三国志》："周瑜至吴，时年二十四，吴中皆呼为周郎。"《江表传》："孙策年少，虽有位号，而士民皆呼为孙郎。"《世说》："桓石虔，小字镇恶，年十七八，未被举，而僮隶已呼为镇恶郎。"《后周书》："独孤信少年，好自修饰，服章有殊于众，军中呼为独孤郎。"《隋书》："滕王瓒，周世以贵公子，又尚公主，时人号曰'杨三郎'云。"温大雅《大唐创业起居注》："时文武官人，并未署置，军中呼为太子、秦王为大郎、二郎。"自唐以后，僮仆称主人，通谓之郎；今则舆台厮养无不称之矣。

又按：北朝人子呼其父，亦谓之郎。《北史·节义传》："李宪为汲固长育，至十余岁，恒呼固夫妇为郎婆。"

门　生

《后汉书·贾逵传》："皆拜逵所选弟子及门生为千乘王国郎"，是弟子与门生为二。欧阳公《孔宙碑阴题名跋》曰："汉世公卿多自教授，聚徒常数百人；其亲受业者为弟子，转相传受者为门生。"今庙碑残缺，其姓名邑里仅可见者几六十二人，其称弟子者十人，门生者四十三人，故吏者八人，故民者一人。愚谓汉人以受学者为弟子，其依附名势者为门生。《郅寿传》："时大将军窦宪以外戚之宠，威倾天下。宪常使门生赍书诣寿，有所请托。"《杨彪传》："黄门令王甫，使门生于京兆界辜榷官财物七千余万。"宪，外戚；甫，奄人也，安得有传授之门生乎？

《南史》所称门生，今之门下人也。《宋书·徐湛之传》："门生千余人，皆三吴富人之子；姿质端妍，衣服鲜丽。每出入行游，涂巷盈满；泥雨日，悉以后车载之。"《谢灵运传》："奴僮既众，义故门生数百。"《南齐书·刘怀珍传》："怀珍北州旧姓，门附殷积。启上，门生千人充宿卫；孝武大惊。"其人所执者，奔走仆隶之役。《晋书·刘隗传》："周嵩嫁女，门生断道，斫伤二人。建康左尉赴变，又被斫。"《南史·齐东昏侯纪》："丹阳尹王志被驱急，狼狈步走，唯将二门生自随。"《后妃传》："门生王清，与墓工始下锸。"《刘瓛传》："游诣故人，惟一门生持胡床随后。"是也。其初至，皆入钱为之。《宋书·颜竣传》："多假货礼，解为门生，充朝满野，殆将千计。"《梁书·顾协传》："有门生始来事协，知其廉洁，不敢厚饷，止送钱二千；协怒，杖之二十。"《南史·姚察传》："有门生送南布一端，花练一疋，察厉声驱出。"是也。故

《南齐书·谢超宗传》云"白从王永先",又云"门生王永先";谓之"白从",以其异于在官之人。而《宋书·顾琛传》:"尚书寺门有制,八座以下,门生随入者各有差,不得杂以人士。"其冗贱可知矣。梁傅昭不蓄私门生,盖所以矫时人之弊乎?

守门之人,亦有称门人者。《春秋·襄公二十九年》:"阍杀吴子余祭。"《公羊传》:"阍者何?门人也。"《韩非子》:"门人捐水而夷射诛。"

府　君

府君者,汉时太守之称。《三国志》:"孙坚袭荆州刺史王叡,叡见坚,惊曰:'兵自求赏,孙府君何以在其中?'""孙策进军豫章,华歆为太守,葛巾迎策。策谓歆曰:'府君年德名望,远近所归。'"

官　人

南人称士人为官人。《昌黎集·王适慕志铭》:"一女怜之,必嫁官人,不以与凡子。"是唐时有官者方得称官人也。杜子美《逢唐兴刘主簿》诗:"剑外官人冷。"

明制,郡王府自镇国将军而下,称呼止曰官人。

对人称臣

汉初人对人多称臣,乃战国之余习。《史记·高祖纪》:吕公曰:"臣少好相人。"张晏曰:"古人相与言,多自称臣;犹今人相与言,自称仆也。"至天下已定,则稍有差等,而臣之称惟施之诸侯王,故韩信过樊将军哙,哙趋拜送迎,言称臣,曰:"大王乃肯临臣。"至文、景以后,则此风渐衰。而贾谊《新书》有"尊天子,避嫌疑,不敢称臣"之说。《王子侯表》有利侯刘钉,"坐遗淮南王书称臣,弃市";《功臣侯表》安平侯鄂但,"坐与淮南王女陵通,遗淮南王书,称'臣尽力',弃秦市";平棘侯薛穰"坐受淮南王赂,称臣,在赦前,免",皆在元狩元年。而《严助传》,天子令助谕意淮南王,一则曰"臣助",再则曰"臣助";史因而书之,未尝以为罪,则知钉等三人所坐者交通之罪。而自此以后,廷臣之于诸侯王,遂不复有称臣者尔。然王官之于国君,属吏之于府主,其称臣如故。《宋书》孝武孝建元年十月己未,大司马江夏王义恭等奏:"郡县内史及封内官长,于其封君,既非在三罢官,则不复追敬,不合称臣。"诏可,齐、梁以后,王官仍复称臣,而属吏则不复称矣。

诸侯王有自称臣者。齐哀王《遗诸侯王书》,曰"惠帝使留侯张良立臣为齐王"是也。天子有自称臣。高祖"奉玉卮,起而为太上皇寿曰:始大人常以臣无赖,不能治产业","景帝对窦太后言"始南皮章武侯,先帝不侯,及臣即位乃侯之"是也。

先　卿

称其臣为卿,则亦可称其臣之父为先卿。《宋史·理宗纪》:"工部侍郎朱在进对奏人主学问之要,上曰:'先卿《中庸序》言之甚详,朕读之不释手,恨不与同时。'"此如《商书》之言"先正保衡",盖尊礼之辞也。

先　妣

人臣对君称父为先臣,则亦可称母为先妣。《左传》:晏婴辞齐景公曰："君之先臣容焉。"《战国策》：匡章对齐威王曰："臣非不能更葬先妾也。"陈沈炯表言："臣母妾刘，年八十有一；臣叔母妾丘，七十有五。"

称臣下为父母

"父母"二字，乃高年之称。汉文帝问冯唐曰："父老何自为郎？"是称其臣为父也。赵王谓赵括母曰："母置之，吾已决矣。"则称其臣之母为母也。

人臣称人君

人臣有称"人君"者。《汉书》：高帝诏曰："爵或人君，上所尊礼。"师古曰："爵高有国邑者，则自君其人，故云或人君也。"

郡县初立，亦有君臣之分，故尉缭说秦王曰："以秦之强，诸侯譬如郡县之君臣。"《水经注》引黄义仲《十三州记》曰："郡之言君也，改公侯之封而言君者，至尊也；今'郡'字'君'在其左，'邑'在其右，君为元首，邑以载民，故取名于君谓之郡。"

上下称通

《汉书·霍光传》："鸮数鸣殿前树上。"师古曰："古者室屋高大，则通呼为殿耳，非止天子宫中。"《高霸传》："丞相请与中二千石博士杂问郡国上计长吏、守丞，为民兴利除害者为一辈，先上殿。"师古曰："殿，丞相所坐。"是也。《董贤传》："为贤起大第北阙下，重殿洞开。"《后汉书·蔡茂传》："梦坐大殿。"《三国志·张辽传》,"为起第舍,又特为辽母作殿。"左思《魏都赋》:"都护之堂,殿居绮窗。"是人臣亦得称"殿"也。《鲍宣传》:"为豫州牧,行部乘传,去法驾,驾一马。"是人臣亦得称"法驾"也。《旧唐书·吴元济传》:"诏以裴度为彰义军节度使,兼申、光、蔡四面行营招抚使,以郾城为行在,蔡州为节度所。"是人臣亦得称"行在"也。

汉人有以郡守之尊,称为"本朝"者。《司隶从事郭究碑》云"本朝察孝,贡器帝庭",《豫州从事尹宙碑》云"纲纪本朝"是也。亦谓之"郡朝"。《后汉书·刘宠传》"山谷鄙生,未尝识郡朝"是也。亦谓之"府朝"。《晋书·刘琨传》"造府朝,建市狱"是也。亦有以县令而称"朝"。晋潘岳为长安令,其作《西征赋》曰"励疲钝以临朝"是也。

汉《丹阳太守郭旻碑》有曰:"君之弟故太尉甍,归葬旧陵。"欧阳永叔以人臣为疑,盖徒见唐卢粲驳武承训造陵之奏,以为"陵"之称谓施于尊极,不属王公已下。此自南北朝已后然尔。按《水经注》言:"秦名天子冢曰山,汉曰陵";又引《风俗通》言:"王公坟垄称陵。"书中有子夏陵、老子陵,及诸王公妃之陵甚多。《后汉书》明、章二帝纪,言祠东海恭王陵、定陶太后恭王陵、东平宪王陵、沛献王陵。《西京杂记》:董仲舒之墓,称下马陵。曹公《祭桥玄文》:"北望贵土,乃心陵墓。"《三国志》注:陈思王上书言:"陛下既爵臣百寮之右,居藩国之任,屋名为宫,冢名为陵。"则人臣而称陵,古多有之,不以为异也。吕东莱《大事记》:"墓之称陵,古无贵贱之别。"《国语》管仲曰:"定民之居,成民之事,陵为之终。"是凡民之墓,亦得称陵。

人臣称"卤簿"。《石林燕语》曰:"卤簿之名,始见于蔡邕《独断》。唐人谓:卤,橹也,甲楯之别名;凡兵卫以甲楯居外,为前导,扞蔽其先后,皆著之簿籍,故曰卤簿。"因举南朝御史中丞、建康令,皆有卤簿,为君臣通称。

今人以"皇叔"称为宗室,考之于古,不尽然。凡人之同宗者,即相谓曰"宗室"。《左传·昭六年》:宋华亥谗华合比而去之,左师曰:"女丧而宗室,于人何有?"《魏书·胡叟传》:"叟与始昌虽宗室,性气殊诡,不相附。"《北齐书·邢邵传》:"十岁便能属文;族兄峦有《人伦鉴》,谓子弟曰:宗室中有此儿,非常人也。"《张雕传》:"胡人何洪珍大蒙主上亲宠,与张景仁结为婚媾;雕以景仁宗室,自托于洪珍。"《后周书·裴侠传》:"让九世伯祖。"《贞侯传》:"欲使后生奉而行之。宗室中知名者,咸付一通。"《薛端传》:"为东魏行台薛循义所逼,与宗室及家僮等走免。"《杜叔毗传》:"兄君锡及宗室等为曹策所害。"《徐陵集》有《在北齐与宗室书》。

《颜氏家训》论孙楚《王骠骑诔》云"奄忽登遐",以为非所宜言。然夏侯湛昆弟诰曰:"我王母薛妃登遐。"又曰:"蔡姬登遐。"则晋人固尝用之,不以为嫌也。

人臣称"谅闇"。《晋书·山涛传》:"除太常卿,遭母丧,归乡里。诏曰:'山太常尚居谅闇。'"

人臣称"大渐"。《列子》:"季梁得疾,七日大渐。"齐王俭《褚渊碑文》:"景命不永,大渐弥留。"任昉《竟陵王子良行状》:"大渐弥留,话言盈耳。"沈约《安陆王缅碑文》:"遘疾弥留,欻焉大渐。"隋《膺扬郎将义城子梁罗墓志》:"大渐之期,春秋六十有一。"唐王绍宗,为其兄玄宗临终口授铭:"吾六兄同人见疾,大渐惟几。"卢藏用《苏许公璟神道碑文》:"大渐之始,遗令遵行。"

《书·武成》:"垂拱而天天下治。"《记·王藻》:"凡侍于君,绅垂,足如履齐,颐霤,垂拱。"是"垂拱"之云,上下得同之也。

人臣称万岁

《后汉书·韩棱传》："窦宪有功还，尚书以下，议欲拜之，伏称万岁。棱正色曰：'夫上交不谄，下交不渎，礼无人臣称万岁之制。'议者皆惭而止。"然考之《战国策》言："冯谖为孟尝君以责赐诸民，因烧其券，民称万岁。"《马援传》言：援击牛酾酒，劳飨军士，吏士皆伏称"万岁"。《冯鲂传》言：责让贼延褒等，令各反农桑，皆称"万岁"。《吴良传》注引《东观记》："岁旦，郡门下掾王望，举觞上寿，掾史皆称万岁。"则亦当时人庆幸之通称。而李固出狱，京师市里皆称万岁，遂为梁冀所忌，而卒以杀之，亦可见其为非常之辞矣。

重 黎

《左传》蔡墨对魏献子言："少昊氏有四叔：曰重，曰该，曰修，曰熙。使重为句芒，该为蓐收，修及熙为玄冥。颛顼氏有子曰犁，为祝融。"犁即"黎"字异文，是重、黎为二人，一出于少昊，一出于颛顼。而《史记·楚世家》则曰："帝颛顼高阳者，黄帝之孙，昌意之子也。高阳生称，称生卷章，卷章生重黎。"《太史公自序》，则曰："重黎氏世序天地，其在周程伯、休甫其后也。"《晋书·宣帝纪》："其先出自帝高阳之子，重黎为夏官祝融。"《宋书》载晋尚书令卫瓘、尚书左仆射山涛、右仆射魏舒、尚书刘寔、司空张华等奏，乃云："大晋之德，始自重黎，实佐颛顼。至于夏商，世序天地，其在于周，不失其绪。"似以重黎为一人，不容一代乃有两祖，亦昔人相沿之谬。

巫　咸

古之圣人，或上而为君，或下而为相；其知周乎万物而道济天下，固非后人之所能测也。而传者猥以一节概之：黄帝，古圣人也，而后人以为医师；伯益，古贤臣也，而世有"百虫将军"之号。以彼事迹章章在经籍者，且犹如此，若乃尧之臣名羿，而有穷之君亦名羿；尧之典乐名夔，而木石之怪亦为夔；汤居亳，而亳戎之国亦名汤。夫苟以其名而疑之，则道德之用微，而谬悠之说作。

若巫咸者，可异焉。《书·君奭篇》："在太戊时，则有若伊陟、臣扈格于上帝，巫咸乂王家；在祖乙时，则有若巫贤。"《书序》："伊陟相太戊，亳有祥，桑谷共生于朝。伊陟赞于巫咸，作《咸乂》四篇。"《孔安国传》曰："巫咸，臣名。"马融曰："巫，男巫也；名咸，殷之巫也。"孔颖达《正义》曰："《君奭》传曰：'巫氏也，当以巫为氏，名咸。'"郑玄云："巫咸谓之巫官。"按《君奭》，咸子巫贤，父子并为大臣，必不世作巫官，故孔言"巫氏"是也，则巫咸之为商贤相明矣。《史记正义》谓：巫咸及子贤家，皆在苏州常熟县西海隅山上，盖二子本吴人云。《越绝书》云："虞山者，巫咸所出也。"是未可知，而后之目天官者宗焉，言卜筮者宗焉，言巫鬼者宗焉。言天官，则《史记·天官书》所云"昔之传天数者，高辛之前重黎，于唐虞羲和，有夏昆吾，殷商巫咸"者也。言卜筮，则《吕氏春秋》所谓"巫彭作医、巫咸作筮"者也。言巫鬼，则《庄子》所云"巫咸招曰'来'"，《楚辞·离骚》所云"巫咸将夕降兮，怀椒糈而要之"，《史记·封禅书》所云"巫咸之兴自此始"，许氏《说文》所云"巫咸初非巫"，又"其死而为神"，则秦《诅楚文》所云"不显大神巫咸"

者也。而又或以巫咸为黄帝时人，《归藏》言"黄神将战，筮于巫咸"是也；以为帝尧时人，郭璞《巫咸山赋序》言"巫咸以鸿术为帝尧医"是也；以为春秋时人，《庄子》言"郑有神巫曰季咸"，《列子》言"神巫季咸自齐来处于郑"是也。至《山海经·海外西经》言："巫咸国在女丑北，右手操青蛇，左手操赤蛇，在登葆山，群巫所从上下也"；《大荒西经》言："大荒之中有山，名曰丰沮玉门，日月所入；有灵山，巫咸、巫即、巫盼、巫彭、巫姑、巫真、巫礼、巫抵、巫谢、巫罗十巫，从此升降，百药爰在"；《淮南子·地形训》言："轩辕丘在西方，巫咸在其北方"，则益荒诞不可稽，而知古贤之名，为后人所假托者多矣！

河　伯

《竹书》：帝芬十六年，雒伯用与河伯冯夷斗；帝泄十六年，殷侯微以河伯之师伐有易，杀其君绵臣。是河伯者，国居河上，而命之为伯，如文王之为西伯；而冯夷者，其名尔。《楚辞·九歌》，以河伯次东君之后，则以河伯为神。《天问》："胡羿射夫河伯而妻彼雒嫔。"王逸《章句》，以射为实，以妻为梦；其解"远游令海若舞冯夷"，则曰："冯夷，水仙人也。"是河伯、冯夷，皆水神矣。《穆天子传》，"至于阳纡之山，河伯、无夷之所都居。"《山海经》："中极之渊深三百初，惟冰夷恒都焉，冰夷人面，乘两龙。"郭璞注："冰夷，冯夷也，即河伯也。"《庄子》："冯夷得之，以游大川。"司马彪注引《清泠传》曰："冯夷，华阴潼乡堤首里人也，服八石，得道为水仙，是为河伯。"是以冯夷死而为神，其说怪矣。《龙鱼河图》曰："河伯姓吕，名公子；夫人姓冯、名夷。"以冯夷为河伯之妻，更怪。《楚辞·九歌》有河伯，而冯夷属海若之下，亦若以为两人。大抵所传各异，而谓河神有夫人者，亦秦人以君主妻河、邺巫为河伯娶妇之类耳。

《魏书》："高句丽先祖朱蒙，朱蒙母河伯女，为夫余王妻；朱蒙自称为河伯外孙。"则河伯又有女、有外孙矣。

《真诰》载：有一人，"旦旦诣河边拜河水；如此十年，河侯、河伯遂与相见，予白璧十双，教以水行不溺法"。注曰：河侯、河伯，故当是两神邪？

湘　君

《楚辞》湘君、湘夫人，亦谓湘水之神，有后、有夫人也。初不言舜之二妃。《记》曰："舜葬于苍梧之野，盖三妃未之从也。"《山海经》："洞庭之山，帝之二女居之。"郭璞注曰："天帝之二女，而处江为神。即《列仙传》'江妃二女'也，《九歌》所谓'湘夫人称帝子者'是也。"而《河图玉版》曰："湘夫人者，帝尧女也。秦始皇浮江至湘山，逢大风，而问博士：湘君何神？博士曰：闻之尧二女，舜妃也，死而葬此。"《列女传》曰："二女死于江湘之间，俗谓之湘君。"郑司农亦以舜妃为湘君。说者皆以舜陟方而死，二妃从之，俱溺死于湘江，遂号为湘夫人。按《九歌》湘君、湘夫人自是二神，江湘之有夫人，犹河雒之有虙妃也。此之为灵，与天地并，安得谓之尧女？且既谓之尧女，安得复总云湘君哉？何以考之？《礼记》云："舜葬苍梧，二妃不从。"明二妃生不从征，死不从葬。且《传》曰："生为上公，死为贵神。"《礼》："五岳比三公，四渎比诸侯。"今湘川不及四渎，无秩于命祀，而二女帝者之后，配灵神祇，无缘复下降小水而为夫人也。原其致谬之由，由乎俱以帝女为名；名实相乱，莫矫其失，习非胜是，终古不悟，可悲矣！此辨甚正。又按《远游》之文，上曰"二女御《九招》歌"，下曰"湘灵鼓瑟"，是则二女与湘灵，固判然为二。即屈子之作，可证其非舜妃矣。后之文人，附会其说，以资谐讽；其渎神而慢圣也，不亦甚乎！

禹崩会稽，故山有禹庙，而《水经注》言："庙有圣姑。《礼乐纬》云：禹治水毕，天赐神女圣姑。"夫舜之湘妃，犹禹之圣姑也。

甚矣，人之好言色也！太白，星也，而有妻。《甘氏星经》曰："太白上公，妻曰女媊，女媊居南斗，食厉，天下祭之曰明星。"河伯，水神也，而有妻。《龙鱼河图》曰："河伯姓吕、名公子，夫人姓冯、名夷。"常仪，古占月之官也，而《淮南子》以为羿妻窃药而奔月，名曰常娥。霜露之所为，雪水之所凝也，而《淮南子》云："青女乃出，以降霜雪。"巫山神女，宋玉之寓言也，而《水经注》以为天帝之季女，名曰瑶姬。雒水宓妃，陈思王之寄兴也，而如淳以为伏羲氏之女。崧山启母，《天问》之杂说也，后人附以少姨，以为启母之妹，而武后至封之为玉京太后、金阙夫人。青溪小姑为蒋子文之第三妹，则见于杨炯之碑；并州妬女，为介子推之妹，则见于李諲之诗。小孤山之讹为小姑也，杜拾遗之讹为十姨也，是皆湘君夫人之类；而《九歌》之篇，《远游》之赋，且为后世迷惑男女、渎乱神人之祖也。或曰：《易》以坤为妇道，而《汉书》有媪神之文，于是山川之主，必为妇人以象之。非所以隆国典而昭民敬也已！

金元好问《承天镇悬泉》诗，注曰："平定土俗，传介子推被焚，其妹介山氏，耻兄要君，积薪自焚，号曰妬女祠。其碑大历中判官李諲撰，辞旨殊谬，至有'百日积薪，一日烧之'之语。乡社至今以百五日，积薪而焚之，谓之祭妬女。"其诗有曰："神祠水之浒，仪卫盛官府。颇怪祠前碑，稽考失葬卤。吾闻允格台骀，宣汾洮，障大泽，自是生有自来归有所，假而自经沟渎，便可尸祝之。祀典纷纷果何取？子胥鼓浪怒未泄，精卫衔薪心独苦；楚臣百问天不酬，肯以诞幻虚荒惊聋瞽。自有宇宙有此水，此水绵绵流万古。人言主者介山氏，且道未有介山之前复谁主？山深地古自是有神物，不假灵真谁敢侮！稗官小说出闾巷，社鼓村箫走翁妪。当时大历十才子，争遣李諲镌陋语。"此是千古正论。杜氏《通典》："汾阴后土祠，为妇人壕像；武太后时，移河西梁山神壕像，就祠中配焉。开元十一年，有司迁梁山神像于祠外之别室。"夫以山川之神，而人为之配合，其渎乱不经尤甚矣！

泰山顶碧霞元君，宋真宗所封，世人多以为泰山之女。后之文人知其说之不经，而误为黄帝遣玉女之事以附会之，不知当日所以褒封，固真以为泰山之女也。今考封号，虽自宋时；而泰山女之说，则晋时已有之。张华《博物志》："文王以太公为灌坛令，期年风不鸣条。文王梦见有一妇人当道而哭，问其故，曰：'我东海泰山神女，嫁为西海妇；欲东归，灌坛令当吾道。太公有德，吾不敢以暴风疾雨过也。'文王梦觉，明日召太公；三日三夕，果有疾风骤雨自西来也。文王乃拜太公为大司马。"此一事也。干宝《搜神记》："后汉胡母班尝至泰山侧，为泰山府君所召，令致书于女婿河伯。云：'至河中流，扣舟呼青衣，当自有取书者。'果得达，复为河伯致书府君。"此二事也。《列异传》记蔡支事，又以天帝为泰山神之外孙。自汉以来，不明乎天神、地祇、人鬼之别，一以人道事之，于是封岳神为王，则立寝殿，为王夫人，有夫人则有女，而女有婿，又有外孙矣。唐宋之时，但言灵应，即加封号，不如今之君子，必求其人以实之也。

又考泰山不惟有女，亦又有儿。《魏书·段承根传》："父晖，师事欧阳汤。有一童子，与晖同志。后二年，辞归，从晖请马；晖戏作木马与之，童子甚悦，谢晖曰：'吾泰山府君子，奉敕游学，今将归，损子厚赠，无以报德，子后至常伯封侯。'言讫，乘马腾空而去。"《集异记》言：贞元初，李纳病笃，遣押衙王祐祷岱岳，遥见山上有四五人，衣碧汗衫半臂；路人止祐下车，言"此三郎子、七郎子也"。《文献通考》："后唐长兴三年，诏以泰山三郎为威雄将军。宋大中祥符元年十月，封禅毕，亲幸加封炳灵公。"夫封其子为将军、为公，则封其女为君，正一时之事尔。

又考管子对桓公曰："东海之子类于龟。"不知何语！而房玄龄注，则以为海神之子。又元刘遵鲁《漠岛记》曰："庙中神妃，相传为东海广德主第七女。"夫海有女，则山亦有女，曷足怪乎？

共　和

《史记·周本纪》："厉王出奔于彘，厉王太子静，匿召公之家。周公、召公，二相行政，号曰共和。共和十四年，厉王死于彘，二相乃共立太子静为王。"以二相为共和，非也。《汲冢纪年》："厉王十二年，出奔彘；十三年，共伯和摄行天子事，号曰共和。二十六年，王陟于彘，周定公召穆公，立太子靖为王，共伯和归其国。"此即《左氏》王子朝所谓"诸侯释位，以间王政"者也。但其言共伯归国者，未合；古者无天子之世，朝觐讼狱，必有所归。《吕氏春秋》言："共伯和修其行，好贤仁；周厉之难，天子旷绝，而天下皆来请矣。"按：此则天下朝乎共伯，非共伯至周而摄行天子事也。共伯不以有天下为心，而周公、召公亦未尝奉周之社稷而属之他人；故周人无易姓之嫌，共伯无僭王之议。《庄子》曰："许由娱于颍阳，而共伯得乎共首。"盖其秉道以终，得全神养性之术者矣。

《左传》："郑大叔出奔共。"注："共国，今汲郡共县。"《史记·春申君传》："通韩上党于共，宁使道安成出入赋之。"《田敬仲完世家》：王建降秦，秦迁之共，饿死。齐人歌之曰："松邪柏邪！王建共者客邪？"《汉书·功臣表》有共庄侯卢罢师。《唐书·地理志》："卫州共城县。武德元年，置共州。"即今卫辉府辉县。今辉县有共姜台，后人之附会也。

介子推

介子推事见于《左传》，则曰："晋侯求之不获，以绵上为之田，曰：'以志吾过，且旌善人。'"《吕氏春秋》则曰："负釜盖簦，终身不见。"二书去当时未远，为得其实；然之推亦未久而死，故以田禄其子尔。《史记》之言稍异，亦不过曰"使人召之，则亡，闻其入绵上山中，于是环绵上之山中而封之，以为介推田，号曰介山"而已。立枯之说始自屈原，燔死之说始自《庄子》。《楚辞·九章·惜往日》："介子忠而立枯兮，文公寤而追求；封介山而为之禁兮，报大德之优游。思久故之亲身兮，因缟素而哭之。"《庄子》则曰："介子推，至忠也，自割其股以食文公；文公后背之，子推怒而去，抱木而燔死。"于是瑰奇之行彰，而廉靖之心没矣。今当以《左氏》为据，割股燔山，理之所无，皆不可信。魏武帝令曰："闻太原、上党、西河、雁门，冬至后百五日，皆绝火寒食，云为介子推。且北方沍寒之地，老少羸弱，将有不堪之患；令到，人不得寒食；若犯者，家长半岁刑，主吏百日刑，令长夺一月俸。"后魏高祖太和二十年二月癸丑，诏："介山之邑，听为寒食，自余禁断。"

《册府元龟》："龙星，木之精也，春见东方，心为火之盛，故为之禁火。"俗传介子推以此日被焚，禁火。

《路史·燧人改火》论曰："顺天者存，逆天者亡，是必然之理也。昔者燧人氏作，观乾象、察辰心而出火，作钻燧，别五木以改火，岂惟惠民哉？以顺天也。予尝考之，心者天之大火，而辰、戌者火之二墓；是以季春心昏见于辰而出火，季秋心昏见于戌而纳之，卯为心之明堂，至是而火大壮，是以仲春禁火，戒其盛也。《周官》：每岁仲春，命司烜氏以木铎修火禁于国中，为季春将出火，而司爟掌行火之政令；四时变国火以救时疾，季春出火，季秋内火，民咸从之。时则施火令。凡国失火，野焚莱，则随之以刑罚。夫然，故天地顺而四时成，气不愆伏，国无疵疠，而民以宁。郑以三月铸刑书，而士文伯以为必灾，六月而郑火；盖火未出而作火，宜不免也。今之所谓寒食一百五者，熟食断烟，谓之龙忌，盖本乎此。而周举之书，魏武之令，与夫汝南《先贤传》、陆翙《邺中记》等，皆以为为介子推，谓子推以三月三日燔死，而后世为之禁火。吁，何妄邪！是何异于言子胥溺死，而海神为之朝夕者乎？予观左氏、史迁之书，曷尝有子推被焚之事？况以清明、寒食初靡定日，而《琴操》所记，子推之死，乃五月五，非三日也。夫火，神物也，其功用亦大矣。昔隋王劭尝以先王有钻燧改火之义，于是表请变火，曰：'古者《周官》四时变火，以救时疾，明火不变，则时疾必兴；圣人作法，岂徒然哉？在晋时，有人以雒阳火渡江，世世事之，相续不灭，火色变青。昔师旷食饭，云是劳薪所爨；晋平公使视之，果然车辋。今温酒炙肉，用石炭火、木炭火、竹火、草火、麻荄火，气味各自不同。以此推之，新火旧火，理应有异。伏愿远遵先圣，于五时取五木以变火；用功甚少，救益方大。'夫火恶陈，薪恶劳，晋代荀勖进饭，亦知薪劳；而隋文帝所见江宁寺晋长明灯，亦复青而不热。传记有以巴豆木入爨者，爰得泄利；而粪臭之草，炊者率致味恶。然则火之不改，其不疾者鲜矣。泌以是益知圣人之所以改火、修火，正四时五变者，岂故为是烦文害俗，得已而不已哉？《传》不云乎："违天必有大咎。"先汉武帝犹置别火，令丞典司燧事，后世乃废之邪？方石勒之居邺也，于是不禁寒食；而建德殿震，及端门、襄国西门，雹起西河介山，大如鸡子，平地三尺，洿下丈余，人禽死以万数千里，摧折秋稼荡然。夫五行之变如是，而不知者亦以为为之推也。虽然，魏晋之俗，尤所重者，辰为商星，实祀大火；而汾晋参墟，参辰错行，不毗和所致。"

杞梁妻

《春秋传》："齐侯袭莒，杞梁死焉；齐侯归，遇杞梁之妻于郊，使吊之，辞曰：'殖之有罪，何辱命焉？若免之罪，犹有先人之敝庐在，下妾不得与郊吊。'齐侯吊诸其室。"《左氏》之文，不过如此而已。《檀弓》则曰："其妻迎其柩于路，而哭之哀。"《孟子》则曰："华周、杞梁之妻，善哭其夫而变国俗。"言哭者，始自二书。《说苑》则曰："杞梁、华舟进斗，杀二十七人而死，其妻闻之而哭，城为之阤，而隅为之崩。"《列女传》则曰："杞梁之妻无子，内外皆无五属之亲；既无所归，乃枕其夫之尸于城下而哭，道路过者莫不为之挥涕，十日而城为之崩。"言崩城者，始自二书。而《列女传》上文亦载《左氏》之言。夫既有先人之敝庐，何至枕尸城下？且庄公既能遣吊，岂至暴骨沟中？崩城之云，未足为信。且其崩者城耳，未云长城；长城筑于威王之时，去庄公百有余年。而齐之长城，又非秦始皇所筑之长城也。后人相传乃谓秦筑长城，有范郎之妻孟姜送寒衣至城下，闻夫死，一哭而长城为之崩，则又非杞梁妻事矣。夫范郎者，何人哉？使秦时别有此事，何其相类若此？唐僧贯休乃据以作诗云："筑人筑土一万里，杞梁贞妇啼呜呜。"则竟以杞梁为秦时筑城之人，似并《左传》《孟子》而未读者矣。

古诗："谁能为此曲？无如杞梁妻。"崔豹《古今注》："乐府

《杞梁妻》者，杞殖妻妹朝日所作也。殖战死，妻曰：'上则无父，中则无夫，下则无子，人生之苦至矣！'乃抗声长哭，杞都城感之而颓，遂投水死；其妹悲姊之贞操，乃作歌名曰《杞梁妻》焉。梁，殖字也。"按此则云杞之都城。《春秋》杞成公迁于缘陵，今昌乐县；文公又迁于淳于，今安丘县。其时杞地当已入齐，要之，非秦之长城也。

池　鱼

东魏杜弼《檄梁文》曰："楚国亡猿，祸延林木；城门失火，殃及池鱼。"后人每用此事。《清波杂志》云："不知所出。以意推之，当是城门失火，以池水救之，池竭而鱼死也。"《广韵》："古有池仲鱼者，城门失火，仲鱼烧死。故谚云：城门失火，殃及池鱼。"据此，则池鱼是人姓名。按《淮南子》云："楚王亡其猿，而林木为之残；宋君亡其珠，池中鱼为之殚。故泽失火而林忧。"则失火与池鱼，自是两事，后人误合为一耳。

考池鱼事，本于《吕氏春秋·必己篇》，曰："宋桓司马有宝珠抵罪出亡，王使人问珠之所在，曰投之池中；于是竭池而求之，无得，鱼死焉。"此言祸福之相及也。此后人用池鱼事之祖。

庄　安

《汉书·五行志》"严公二十年"，师古曰："严公，谓庄公也，避明帝讳，改曰严。凡《汉书》载谥姓为严者，皆类此，则是严姓本当作庄。"今考《史记》有庄生、庄贾、庄豹、庄舅、庄忌、庄助、庄青翟、庄熊罴、庄参、庄蹻、庄芷，而独有严君疾、严仲子、严安。邓伯羔谓安自姓严，然《汉书·艺文志》

曰："主父偃二十八篇，徐乐一篇，庄安一篇。"是安本姓庄，非严也。严君平亦姓庄，扬子《法言》"蜀庄沈冥"是也。严尤亦姓庄，《后汉书·光武纪》注引桓谭《新论》曰："庄尤，字伯石，避明帝讳改之。"又改庄周为严周。《汉书·王贡两龚鲍传》"老子、严周"，《叙传》"黄老严之术"。改楚之庄生为严先生。《古今人表》"严先生"，师古曰："即杀陶朱公儿者也。"王褒《洞箫赋》："师襄、严春不敢窜其巧。"李善注："《七略》，有庄春言琴。"《汉书》之称庄安，班氏所未及改也。《史记》之称严安，后人所追改也。

《艺文志》："常侍郎庄忽奇赋十一篇，严助赋三十五篇。"师古曰："上言庄忽奇，下言严助，史驳文。"

李广射石

今永平府卢龙县南，有李广射虎石。广为右北平太守，而此地为辽西郡之肥如，其谬不辨自明。《水经注》言"右北平西北百三十里有无终城"，亦非也。考右北平郡，前汉治平刚，后汉治土垠。郦氏所引魏氏《土地记》曰："蓟城东北三百里有右北平城。"此后汉所治之土垠，而平刚则在卢龙塞之东北三四百里，乃武帝时郡治，李广所守，今之塞外，其不在土垠明矣。又考《西京杂记》，述此事则云"猎于冥山之阳"。《庄子》言："南行者至于郢，北面而不见冥山。"司马彪注："冥山，北海山名。"是广之出猎乃冥山，而非近郡之山也。《新序》曰："楚熊渠子，夜行见寝石，以为伏虎，关弓射之，灭矢饮羽；下视，知石也，却复射之，矢摧无迹。"《韩诗外传》、张华《博物志》亦同。是射石者，又熊渠，而非李广也。即使二事偶同，而太史公所述本无其地；今必欲指一卷之石以当之，不已惑乎！

《后周书·李远传》:"尝校猎于莎栅,见石于丛薄中,以为伏兔,射之,镞入寸余;就而视之,乃石也。太祖闻而异之,赐书曰:'昔李将军亲有此事,公今复尔,可谓世载其德。虽熊渠之名,不能独羡其美。'"李广、熊渠二事并用。

大小山

王逸《楚辞章句》言:"淮南王安,博雅好古,招怀天下俊伟之士,著作篇章,分造辞赋,以类相从,故或称小山,或称大山,其义犹《诗》有《小雅》《大雅》也。"

梁昭明太子《十二月启》,乃曰:"桂吐花于小山之上,梨翻叶于大谷之中。"庾肩吾诗:"梨红大谷晚,桂白小山秋。"庾信《枯树赋》:"小山则丛桂留人,扶风则长松系马。"是以山为"山谷"之"山",失其旨矣。

《梁书》:"何胤二兄求、点,竝栖遯,求先卒,至是胤又隐。世号点为大山,胤为小山。"

丁外人

丁外人非名,言是盖主之外夫也。犹言齐悼惠王肥,高帝外妇之子也。服虔曰:"外人,主之所幸也。"然《王子侯表》有"山原孝侯外人,齐孝王五世孙","乘丘侯外人,中山靖王曾孙",则是姓刘而名外人,不知何所取义?

毛延寿

《西京杂记》曰:"元帝后宫既多,不得常见,乃使画工图形，案图召幸之。诸宫人皆赂画工，多者十万，少者亦不减五万，独王嫱不肯，遂不得见。匈奴入朝，求美人为阏氏；于是上案图，以昭君行。及去，召见，貌为后宫第一，善应对，举止闲雅。帝悔之，而名籍已定，帝重信于外国，故不复更人。乃穷案其事，画工皆弃市，籍其家赀，皆巨万。画工有杜陵毛延寿，为人形丑好、老少，必得其真；安陵陈敞，新丰刘白、龚宽，并工为牛马飞鸟众势，人形好丑，不逮延寿。下杜阳望，亦善画，尤善布色；樊育亦善布色，同日弃市。京师画工，于是差稀。"据此，则画工之图后宫，乃平日，而非匈奴求美人时；且毛延寿特众中之一人，又其得罪以受赂，而不独以昭君也。后来诗人谓匈奴求美人，乃使画工图形，而又但指毛延寿一人，且没其受赂事，失之矣！

名以同事而晦

《吕氏春秋》言："秦穆公兴师以袭郑，过周而东。郑贾人弦高、奚施，将西市于周，遽使奚施归告，乃矫郑伯之命，以十二牛劳师。"是奚施为弦高之友，而《左氏传》不载。《淮南子》言："荆轲西刺秦王，高渐离、宋意为击筑而歌于《易水》之上。"宋玉《笛赋》，亦以荆卿、宋意并称。是宋意为高渐离之侣，而《战国策》《史记》不载。

《战国策》："东孟之会，聂政、阳坚刺相兼君。"注云："坚，政之副，犹秦武阳。"按：聂政告严仲子曰："其势不可以多，人未必有副。"

《淮南子》注："秦皇帝二十六年，初兼天下，有长人见于临洮，其高五丈，足迹六尺，放写其形，铸金人以象之，翁仲、君何是也。"今人但言翁仲，不言君何。

名以同事而章

《孟子》：禹、稷当平世，三过其门而不入。考之《书》曰："启呱呱而泣，予弗子。"此禹事也，而稷亦因之以受名。华周、杞梁之妻，善哭其夫，而变国俗。考之《列女传》曰："哭于城下七日，而城为之崩。"此杞梁妻事也，而华周妻亦因之以受名。

人以相类而误

《墨子》："文王举闳夭、泰颠于罝网之中，授之政而西土服。"于《传》未有此事，必太公之误也。《吕氏春秋》："箕子穷于商，范蠡流于江。"范蠡未尝流江，必伍员之误也。《史记》："孙叔敖三得相而不喜，三去相而不悔。"孙叔敖未闻去相，必令尹子文之误也。《淮南子》："吴起、张仪车裂支解。"张仪未尝车裂，必苏秦之误也。《易林》："贞良得愿，微子解囚。"微子未尝被囚，必箕子之误也。晋潘岳《太宰鲁武公诔》："秦亡蹇叔，春者不相。"蹇叔之亡，不见于书，必百里奚之误也。后魏穆子容《太公吕望碑文》："大魏东苞碣石，西跨流沙，南极班超之柱，北穷窦宪之志。"班超未尝南征，必马援之误也。后周庾信《拟咏怀诗》："麟穷季氏罝，虎振周王圈。"季氏未尝获麟，必叔孙之误也。

《晋书·夏统传》："子路见夏南，愤恚而忼忾。"子路未尝见夏南，盖卫南子之误。

传记不考世代

张衡言《春秋元命包》有公输班与墨翟事，见战国，非春秋时；又言别有益州，益州之置，在于汉世，以证图谶为后人伪作。今按传记之文，若此者甚多。《管子》称三晋之君，其时未有三晋。《轻重篇》称鲁、梁、秦、赵，其时未有梁、赵；称代王，其时未有代王。《国语》"句践之伯、陈蔡之君，皆入朝"，其时有蔡无陈。《说苑》"句践聘魏"，其时未有魏；又言仲尼见梁君，孟简子相梁，其时未有梁，鲁亦无孟简子；又言韩武子出田，栾怀子止之，韩氏无武子；又言楚庄王以椒举为上客，椒举事灵王，非庄王。《吕氏春秋》："晋文公师咎犯、随会。"随会不与文公、咎犯同时；"赵襄子攻翟，一朝而两城下，有忧色，孔子贤之。"赵襄子为晋卿时，孔子已卒；"颜阖见鲁庄公"，颜阖，穆公时人，去庄公十一世。《史记·孔子世家》"使从者为宁武子臣于卫"，孔子时宁氏已灭；《扁鹊传》"虢君出见扁鹊于中阙"，其时虢亡已久；《龟筴传》"宋元王"，宋有元公、无元王。《庄子》"见鲁哀公"，而其书有魏惠王、赵文王，鲁哀公去赵文王一百七十岁。《韩非子》"扁鹊见蔡桓侯"，桓侯与鲁桓公同时，相去几二百岁。《越绝书》"晋郑王"，晋郑未尝称王；又言"孔子奉雅琴见越王"，越灭吴，孔子已卒。《列子》"晏平仲问养生于管夷吾"；《盐铁论》"季桓子听政，柳下惠忽然不见"，又言"臧文仲治鲁，胜其盗而自矜，子贡非之"，平仲去管子，季桓子去柳下惠，子贡去臧文仲，各百余岁。《韩诗外传》"孟尝君请学于闵子"，闵子、孟尝君相去几二百岁；冉有对鲁哀公言："姚贾，监门子。"姚贾，秦始皇时人，相去二百余岁。

《史记》《通鉴》兵事

秦楚之际，兵所出入之涂，曲折变化，唯太史公序之如指掌。以山川郡国不易明，故曰东、曰西、曰南、曰北，一言之下，而形势瞭然。以关塞江河为一方界限，故于项羽则曰"梁乃以八千人渡江而西"，曰"羽乃悉引兵渡河"，曰"羽将诸侯兵三十余万行略地至河南"，曰"羽渡淮"，曰"羽遂引东欲渡乌江"；于高帝则曰"出成皋玉门北渡河"，曰"引兵渡河，复取成皋"。盖自古史书，兵事地形之详，未有过此者。太史公胸中固有一天下大势，非后代书生之所能几也。

司马温公《通鉴》，承《左氏》而作，其中所载兵法甚详，凡亡国之臣、盗贼之佐，苟有一策，亦具录之。朱子《纲目》，大半削去，似未达温公之意。

《史记》于序事中寓论断

古人作史，有不待论断，而于序事之中即见其指者，惟太史公能之。《平准书》末载卜式语，《王翦传》末载客语，《荆轲传》末载鲁句践语，《晁错传》末载邓公与景帝语，《武安侯田蚡传》末载武帝语：皆史家于序事中寓论断法也。后人知此法者鲜矣，惟班孟坚间一有之，如《霍光传》载任宣与霍禹语，见光多作威福；《黄霸传》载张敞奏见祥瑞多不以实，通传皆褒，独此寓贬，可谓得太史公之法者矣。

《史记》

《史记·秦始皇本纪》末云："宣公初志闰月。"然则宣公以前皆无闰，每三十年多一年，与诸国之史皆不合矣。则秦之所用者何正邪？

子长作《史记》，在武帝太初中。《高祖功臣年表》"平阳侯"下云："元鼎三年，今侯宗元年。""今侯"者，作《史记》

时见为侯也。下又云:"征和二年,侯宗坐太子死,国除。"则后人所续也。卷中书"征和"者二,"后元"者一。《惠景间侯者年表》书"征和"者一,"后元"者三;《建元以来侯者年表》书"征和"者二。《汉兴将相年表》,有天汉、太始、征和、后元,以至昭、宣、元、成诸号,历书亦同。《楚元王世家》书"地节二年",《齐悼惠王世家》书"建始三年"者二,《曹相国世家》书"征和二年"。《贾谊传》贾嘉至孝昭时,列为九卿;《田叔传》《匈奴传》《卫将军传》末,有戾太子及巫蛊事;《司马相如传赞》,扬雄以为"靡丽之赋,劝百而讽一":皆后人所续也。

《河渠书》东海引钜定,《汉书·沟洫志》因之,"东海"疑是"北海"之误。按《地理志》齐郡县十二,其五曰钜定,下云:"马车、渎水首受钜定,东北至琅槐入海。"又千乘郡博昌下云:"博水东北至钜定,入马车渎。"而《孝武纪》曰:"征和四年春正月,行幸东莱,临大海;三月,上耕于钜定,还幸泰山,修封。"计其道里,亦当在齐,去东海远矣。

凡"世家",多本之《左氏传》,其与《传》不同者,皆当以《左氏》为正。

《齐世家》:"吾太公望子久矣。"此是妄为之说。周之太王、齐之太公、吴之太伯,有国之始祖谓之太祖,其义一也。

《赵世家》:"赵简子除三年之丧,期而已。"此因《左传》"降于丧食"之文,而误为之解,本无其事。

敬侯十一年,魏、韩、赵共灭晋,分其地;成侯十六年,与韩、魏分晋,封晋君以端氏。此文重出。

《田仲完世家》:"敬仲之如齐,以陈氏为田氏。"此亦太史公之误。《春秋传》未有称田者,至战国时始为田耳。

《仲尼弟子传》:"公孙龙,字子石,少孔子五十三岁。"按

《汉书》注："公孙龙，赵人，为坚白异同之说者；与平原君同时，去夫子近二百年。"殆非也。且云少孔子五十三岁，则当田常伐鲁之年，仅十三四岁尔；而曰"子张、子石请行"，岂甘罗、外黄舍人儿之比乎？

《商君传》："以鞅为大良造，将兵围魏安邑，降之。"此必安邑字误。其下文曰："魏惠王使使割河西之地，献于秦以和。而魏遂去安邑，徙都大梁。"乃是自安邑徙都之事耳。安邑，魏都，其王在焉，岂得围而便降？《秦本纪》："昭王二十一年，魏献安邑。"若已降于五十年之前，何烦再献乎？

《虞卿传》楼昌、楼缓，恐是一人；虞卿进说，亦是一事。记者或以为赵王不听，或以为听之，太史公两收之，而不觉其重尔。

燕王遗乐间书，恐即乐毅事，而传者误以为其子孙。以二事相校，在乐毅当日，惠王信谗易将，不得不奔，其后往来复通，燕亦未失故君之礼。若乐间不过以言之不听，而遂怼君、绝君，虽遗之书而不顾，此小丈夫之悻悻者矣！

《屈原传》："虽放流，睠顾楚国，系心怀王，不忘欲反，卒以此见怀王之终不悟也。"似屈原放流于怀王之时。又云："令尹子兰闻之大怒，卒使上官大夫短屈原于顷襄王，顷襄王怒而迁之。"则实在顷襄之时矣。放流一节，当在此文之下。太史公信笔书之，失其次序尔。

随何说英布，当书"九江王"，不当书"淮南王"。归汉之后，始立为淮南王也。盖采之诸书，其称未一。

《淮阴侯传》先云"范阳辩士蒯通"，后云"齐人蒯通"，一传互异。

韩王信说汉王语，乃淮阴侯韩信语也，以同姓名而误。

《汉书》

《孝武纪》："天汉四年秋九月，令死罪人赎钱五十万，减死一等"；"太始二年九月，募死罪人赎钱五十万，减死罪一等"。此一事而重见，又同是九月。

《高帝功臣表》"十八侯"位次：一萧何，二曹参，三张敖，四周勃，五樊哙，六郦商，七奚涓，八夏侯婴，九灌婴，十傅宽，十一靳歙，十二王陵，十三陈武，十四王吸，十五薛欧，十六周昌，十七丁复，十八蛊达。当时所上者战功，而张良、陈平皆居中计谋之臣，故平列在四十七，良列在六十二也。至《十八侯赞》，则萧何第一，樊哙第二，张良第三，周勃第西，曹参第五，陈平第六，张敖第七，郦商第八，灌婴第九，夏侯婴第十，傅宽第十一，靳歙第十二，王陵第十三，韩信第十四，陈武第十五，蛊达第十六，周昌第十七，王吸第十八，而无奚涓、薛欧、丁复。此后人论定，非当日之功次矣。且韩信诛已死，安得复在功臣之位？即此可知矣。

史家之文，多据原本；或两收而不觉其异，或并存而未及归一。《汉书·王子侯表》，长沙顷王子高，成节侯梁，一卷中再见，一始元元年六月乙未封，一元康元年正月癸卯封，此并存未定，当删其一而误留之者也。《地理志》于宋地下云："今之沛、梁、楚、山阳、济阴、东平及东郡之须昌、寿张，皆宋分也。"于鲁地下又云："东平、须昌、寿张，皆在济东，属鲁，非宋地也，当考。"此并存异说以备考，当小注于下，而误连书者也。《楚元王传》："刘德，昭帝时为宗正丞，杂治刘泽诏狱。"而子《向传》则云："更生父德，武帝时治淮南狱。"一传之中，自为乖异；又其更名，向在成帝即位之后，而元帝初年即曰："征堪、向，欲以为谏大夫。"此两收而未对勘者也。《礼乐志》上云："孝惠二年，使乐府夏侯宽备其箫管"；下云："武帝定郊祀之礼，乃立乐府"。《武五子传》上云："长安白亭东为戾后园"；下云："后八岁，封戾夫人曰戾后，置园奉邑"。乐府之名，蚤立于孝惠之世；戾园之目，预见于八年之前。此两收而未贯通者也。夫以二刘之精核，犹多不及举正，何怪乎后之读书者愈卤莽矣！

《天文志》："魏地，觜、觿、参之分野也。其界自高陵以东，尽河东、河内；南有陈留及汝南之召陵、㶏疆、新汲、西华、长平，颍川之舞阳、郾、许、鄢陵，河南之开封、中牟、阳武、酸枣，悉皆魏分也。"按《左传》子产曰："迁实沈于大夏，主参。"故参为晋星，然其疆界亦当至河而止；若《志》所列陈留已下郡县，并在河南，于春秋自属陈、郑二国角亢氏之分也，不当并入。魏本都安邑，至惠王始徙大梁，乃据后来之疆土割以相附，岂不谬哉？《食货志》"单穆公谏景王铸大钱"，本之《周语》"王弗听，卒铸大钱"。此废轻作重、不利于民之事，班氏乃续之曰："以劝农，赡不足，百姓蒙利焉。"失其指矣！

《地理志》丹阳下云："楚之先，熊绎所封，十八世，文王徙郢。"此误。按《史记·楚世家》："成王封熊绎于楚，居丹阳。"徐广曰："在南郡枝江县。"《水经注》曰："丹阳城据山跨阜，周八里二百八十步；东北两面悉临绝涧，西带亭下溪，南枕大江，崄峭壁立，信天固也。楚熊绎始封丹阳之所都也。"《地理志》以为吴子之丹阳，寻吴、楚悠隔，缆缕荆山，无容远在吴境，非也。

《枚乘传》上云："吴王不纳，乘等去而之梁"；下云："枚乘复说吴王"。盖吴王举兵之时，乘已家居，而复与之书，不然无缘复说也。

《杜周传》："周为执金吾，逐捕桑弘羊、卫皇后昆弟子，刻深。"按《百官表》："天汉三年二月，执金吾杜周为御史大夫，四年卒；而卫太子巫蛊事，乃在征和二年，周之卒已四年。"又十一年，昭帝元凤元年，御史大夫桑弘羊，坐燕王旦事诛。史家之谬如此。

《王尊传》："上行幸雍，过虢。"按：今之凤翔县，乃古雍城，而虢在陕，幸雍何得过虢？当是过美阳之误。且上文固云："自虢令转守槐里。"兼行美阳令事矣。

《王商传》："春申君献有身妻，而产怀王。"误，当是幽王。

《外戚传》："徙共王母及丁姬归定陶，葬共王冢次。"按：丁姬先已葬定陶，此"及丁姬"三字，衍。

《汉书》二志小字

《汉书》地理、艺文二《志》，小字皆孟坚本文；其"师古曰""应劭曰""服虔曰"之类，乃颜氏注也。近本《汉书》不刻注者，误以此为颜氏注而并删之。

《续汉·郡国志》云："本志惟郡县名为大书，其山川地名悉为细注。今进为大字，新注证发，臣刘昭采集。"是则前书小字为孟坚本文，犹《后汉》之细注也。其师古等诸注，犹《后汉》之新注也。当时相传之本，混作一条，未曾分别耳。

《汉书》不如《史记》

班孟坚为书，束于成格，而不得变化。且如《史记·淮阴侯传》末载蒯通事，令人读之感慨有余味；《淮南王传》中伍被与王答问语，情态横出，文亦工妙。今悉删之，而以蒯、伍合江克、息夫躬为一传。蒯最冤，伍次之，二淮传寥落不堪读矣！

荀悦《汉纪》

荀悦《汉纪》，改纪、表、志、传为编年，其叙事处，索然无复意味。间或首尾不备，其小有不同，皆以班书为长。惟一二条可采者。

杜陵陈遂，字长子，上微时，与游戏博弈，数负遂。上即位，稍见进用。至太原太守，乃赐遂玺书曰："制诏太原太守，官尊禄重，可以偿遂博负矣。"妻君宁，时在旁，知状，遂乃上书谢恩曰："事在元平元年赦前。"其见厚如此。《汉书》以"负遂"为"负进"，又曰："可以偿博进矣。""进"乃悼皇考之名，宣帝不应用之。荀《纪》为长。元康三年三月诏曰："盖闻象有罪，而舜封之有庳。骨肉之亲，放而不诛。其封故昌邑王贺为海昏侯。"《汉书》作"骨肉之恩，粲而不殊"，文义难晓。荀《纪》为长。后有善读者，仿裴松之《三国志》之体，取此不同者，注于班《书》之下，足为史家之一助。

纪王莽事，自始建国元年以后，则云其二年、其三年以至其十五年，以别于正统，而尽没其天凤、地皇之号。

《后汉书》

《后汉书·马援传》上云："帝尝言：伏波论兵，与我意合。"下乃云："交阯女子征侧，及女弟征贰反，于是玺书拜援伏波将军。"此是采辑诸书，率尔成文，而忘其"伏波"二字之无所本也。自范氏以下，史书若此者甚多。《桓谭传》："当王莽居摄篡弑之际，天下之士，莫不竞褒称德美，作符命以求容媚；谭独自守，默然无言。"按《前汉书·翟义传》："莽依《周书》作《大诰》，遣大夫桓谭等班行谕告，当反位孺子之意，还，封谭为明告里附城。"是曾受莽封爵，史为讳之尔。光武终不用谭，当自有说。

《杨震传》："河间男子赵腾，诣阙上书，指陈得失；帝怒，收考诏狱。震上疏救不省，腾竟伏尸都市。"乃安帝时事，而《张皓传》以为"清河赵腾上言灾变，议刺朝政，收腾系考；皓上疏谏，帝悟，减腾死罪一等"，又以为顺帝事，岂有两赵腾邪？

桥玄以太尉罢官，就医里舍，少子十岁，独游门次；卒有三人持杖劫，执之入舍，登楼就玄索货。其家之不贫可知。乃云："及卒，家无居业，丧无所殡。"史传之文，前后矛盾。玄以灵帝之世，三为三公，亦岂无钱者？

《刘表传》："与同郡张俭等，俱被讪议，号为'八顾'。"而《党锢传》，表、俭二人列于"八及"，前后不同。

蒯越、韩嵩及东曹掾傅巽等，说琮降操，则是表卒之后，琮已赦嵩而出之矣。下文云："操至州，乃释嵩之囚。"此史家欲归美于操，而不顾上下文之相戾也。

《蔡邕传》谓邕亡命江海，积十二年；中平六年，灵帝崩，董卓为司空，辟之，称疾不就。卓切敕州郡，举邕诣府，邕不得已，到署祭酒。而《文苑传》有议郎蔡邕荐边让于大将军何进一书。按中平元年，黄巾起，以何进为大将军；正邕亡命之时，无缘得奏记荐人也。

《郡国志》："陉阳本宋国，有鱼门。"引《左传·僖公二十二年》"升陉之战，邾人获公胄，县诸鱼门"为证。按杜预注："鱼门，邾城门。"非宋也。

《三国志》

《蜀志·谯周传》：建兴中，丞相亮领益州牧，命周为劝学从事。而先主未称尊号，即有劝学从事张爽、尹默、谯周等上言，前后不同。按：周卒于晋泰始六年，年七十二；而昭烈即位之年，仅二十有三，未必与劝进之列，从本传为是。

孙亮太平元年，孙綝杀滕胤、吕据，时为魏高贵乡公之甘露元年。《魏志》：甘露二年，以孙壹为侍中车骑将军，假节交州牧。吴侯本传云："壹入魏，黄初三年死。"误也。

《陆抗传》："拜镇军将军，都督西陵；自关羽至白帝。"于文难晓。按《甘宁传》曰："随鲁肃镇益阳，拒关羽，号有三万人；自择选锐士五千人，投县上流十余里浅濑，云欲夜涉渡。肃以兵千人益宁，宁乃夜往。羽闻之，住不渡而结柴营，今遂名此处为关羽濑。"据此，则当云"自益阳至白帝"也。

作史不立表志

朱鹤龄曰："太史公《史记》帝纪之后，即有十表、八书；表以纪治乱兴亡之大略，书以纪制度沿革之大端。班固改书为志，而年表视《史记》加详焉。盖表所由立，昉于周之谱牒，与纪、传相为出入；凡列侯、将、相、三公、九卿，其功名表著者，既系之以传。此外大臣无积劳、亦无显过，传之不可胜书；而姓名爵里、存没盛衰之迹，要不容以遽泯，则于表乎载之。又其功罪事实传中有未悉备者，亦于表乎载之；年经月纬，一览瞭如。作史体裁，莫大于是，而范书阙焉。使后之学者，无以考镜二百年用人行政之节目，良可叹也！其失始于陈寿《三国志》，而范晔踵之；其后作者，又援范书为例，年表皆在所略。不知作史无表，则立传不得不多；传愈多，文愈繁，而事迹或反遗漏而不举。欧阳公知之，故其撰《唐书》，有宰相表，有方镇表，有宗室世系表、宰相世系表，始复班、马之旧章云。"

陈寿《三国志》、习凿齿《汉晋春秋》无志，故沈约《宋书》诸志，并前代所阙者补之。姚思廉梁、陈二《书》，李百药《北齐书》，令狐德棻《周书》，皆无志，而于志宁、李淳风、韦安仁、李延寿别修《五代史志》，诏编第入《隋书》。古人绍闻述往之意，可谓宏矣。

史文重出

《汉书·王子侯表》：长沙顷王子高成节侯梁，一卷中两见：一始元元年六月乙未封，一元康元年正月癸卯封。然则王字中多一"侯"矣。

《续汉·郡国志》：侯城改属玄菟，而辽东复出一侯城；无虑改属辽东属国，而辽东复出一无虑，必有一焉宜删者。然则天下郡国中少二城矣。

史文衍字

《汉书·吴王濞传》："吴有鄣郡铜山"，误多一"豫"字。《后汉书·光武纪》："以前密令卓茂为太傅"，误多一"高"字；《党锢传》："黄令毛钦操兵到门"，误多一"外"字。

《后汉书·皇后纪》："桓思窦皇后父讳武。"后父不当言讳，"讳"字衍。《儒林传》："立五经博士，各以家法教授。《易》有施、孟、梁丘、京氏，《尚书》欧阳、大小夏侯，《诗》齐、鲁、韩、毛，《礼》大小戴，《春秋》严、颜：凡十四博士，太常差次总领焉。"按：此则十五，非十四也，盖衍一"毛"字，其下文载建初中诏，有"《古文尚书》《毛诗》，穀梁、《左氏春秋》，虽不立学官"之语。又下卷云，"赵人毛苌传《诗》，是为《毛诗》，未得立"。而《百官志》博士十四人，本注曰："《易》四，施、孟、梁丘、京氏；《尚书》三，欧阳、大小夏侯氏；《诗》三，鲁、齐、韩氏；《礼》二，大小戴氏；《春秋》二，《公羊》严、颜氏。"则此"毛"字，明为衍文也。《灵帝纪》："光和三年六月，诏公卿举能《尚书》《毛诗》、左氏、穀梁《春秋》各一人，悉除议郎。"《尚书》上脱"古文"二字。

史家误承旧文

史书之中，多有仍旧文而未及改者。《史记·燕世家》称"今王喜"。《魏书·孝静帝纪》称"太原公今上"。《旧唐书·唐临传》"今上"字再见，《徐有功传》《泽王上金传》，"今上"字各一见，皆谓玄宗；《韦贯之传》"上即位"，谓穆宗。此皆旧史之文，作书者失于改削尔。

《宋书·武帝纪》："永初元年八月戊午，西中郎将荆州刺史宜都王讳进号镇西将军。"《文帝纪》："元嘉十三年九月癸丑，立第三皇子讳为武陵王。""二十五年八月甲子，立第十一皇子讳为淮阳王。"《顺帝纪》："昇明三年正月丁巳，以新除给事黄门侍郎萧讳为雍州刺史。""三月丙午，以中军大将军讳为南豫州刺史、齐公世子。"《萧思话传》："遣司马建威将军南汉中太守，萧讳五百人前进。"《隋书·高祖纪》："开皇十五年七月乙丑，晋王讳献毛龟。""十九年二月己亥，晋王讳来朝。"《张照传》："晋王讳为扬州总管。"《王韶传》："晋王讳班。"《师铁勒传》："晋王讳北征。"《北史·李弼传》："谕使持节太尉、柱国大将军大都督、尚书左仆射、陇西行台少师、陇西郡开国公李讳。"《旧唐书·中宗纪》："临淄王讳，举兵诛韦、武。"《睿宗纪》："临淄王讳，与太平公王子薛崇简等。"《玄宗纪》："诏以皇太子讳充天下兵马元帅。"《郝处俊传》："周王讳为西朋。"并当时臣子之辞。

《三国志·魏后妃传》注："甄后曰：'讳等自随夫人。'"此"讳"字，明帝名，当时史家之文也。《宋书·武帝纪》："刘讳龙行虎步。"《后周书·柳庆传》："宇文讳忠诚奋发。"《北史·魏彭城王勰传》："帝谓勰曰：'讳是何人，而敢久违先敕？'"并合称名，史臣不敢斥之尔。然《宋纪》中亦有称"刘裕"者，一卷之中，往往杂见。

《文选》任昉《为齐明帝让宣城郡公表》称"臣公言"，《为萧扬州荐士表》称"臣王言"。表辞本合称名，而改为公、王，亦其臣子之辞也。

《晋书》

《晋书·宣帝纪》，当司马懿为魏臣之时，然（无）不称之为"帝"；至蜀将姜维闻辛毗来，谓亮曰："辛毗杖节而至，贼不复出矣！"所谓"贼"者，即懿也。当时在蜀人，自当名之为贼。史家杂采诸书，不暇详考，一篇之中，"帝""贼"互见。

《天文志》："虚二星，冢宰之官也，主北方邑居、庙堂、祭祀、祝祷事，又主死丧哭泣。"按此冢宰，当作冢人。又曰："轸四星主冢宰辅臣也。"则《周官》之冢宰矣。

《艺术传》：戴洋言："昔吴伐关羽，天雷在前，周瑜拜贺。"按：瑜卒于建安十四年，而吕蒙之袭关羽，乃在二十四年，瑜亡已十年矣。

《顾荣传》前云"友人张翰"，后又云"吴郡张翰"；《张重华传》前云"封谢艾为福禄伯"，后又云"进封福禄县伯"；《戴若思传》"举孝廉入雒"，《周顗传》"若思举秀才入雒"；《南阳王模传》"广平太守丁邵"，《良吏传》"丁绍"；《石勒载记》前作"段就六眷"，后作"段疾六眷"，《阳裕传》又作"段眷"；《吕篹载记》前作"句摩罗耆婆"，后作"鸠摩罗什"；《慕容熙载记》"宏光门"，《冯跋载记》作"洪光门"，又作"洪观门"。

《宋书》

《宋书·州郡志》"广陵太守"下云："永初郡国，又有舆、肥如、潞、真定、新市五县。"肥如本辽西之县，其民南渡而侨立于广陵。《符瑞志》所云"元嘉十九年九月戊申，广陵肥如石梁涧中出石钟九口"，是广陵之有肥如也。乃"南沛太守"下复云：《起居注》："孝武大明五年，分广陵为沛郡，治肥如县。"时无复肥如县，当是肥如故县处也。二《汉》、晋《太康地志》，并无肥如县。一卷之中，自相违错。且二《汉》之肥如，自在辽西，安得属之广陵、分之沛郡乎？

《魏书》

《魏书·崔浩传》："浩既工书，人多托写《急就章》，从少至老，初不惮劳；所书盖以百数，必称'冯代彊'，以示不敢犯国，其谨也如此。"史于"冯代彊"下注曰："疑。"案《急就篇》有"冯汉彊魏起漠北"，以"汉彊"为讳，故改云"代彊"，魏初国号曰"代"故也。颜师古《急就篇序》曰："避讳改易，渐就芜舛"，正指此。郦道元《水经注》以"广汉"并作"广魏"，即其例也。

《梁书》

《刘孝绰传》："众恶之，必监焉；众好之，必监焉。"梁宣帝讳詧，故改之。盖襄阳以来，国史之原文也。乃其论则直书"姚察"。

书中亦有避唐讳者，《顾协传》以"虎丘山"为"武丘山"，《何点传》则为"兽丘山"。

《后周书》

《庾信传》：《哀江南赋》："过漂渚而寄食，托卢中而渡水。"漂渚，当是"溧渚"之误。张勃《吴录》曰："子胥乞食处，在丹阳溧阳县。"《史记·范睢传》，"伍子胥橐载而出昭关，至于陵水。"《索隐》曰："刘氏云，陵水即栗水也。"《吴越春秋》云："子胥奔吴，至溧阳，逢女子濑水之上，子胥跪而乞餐。女子食之，既去，自投于水。后子胥欲报之，乃投白金于此水，今名其处为投金濑。"《金陵志》曰："江上有渚，曰濑渚。"是也。或以二句不应皆用子胥事，不知古人文字不拘，如下文"生世等于龙门"四句，亦是皆用司马子长事。

《隋书》

《经籍志》言："汉哀帝时，博士弟子秦景，使伊存口授浮屠经。"又云："后汉明帝遣郎中蔡愔，及秦景使天竺，得佛经四十二章及释迦立像。"按：自哀帝之末，至东京明帝之初，垂六十年；使秦景尚存，亦当八十余矣，不堪再使绝域也。盖本之陶隐居《真诰》言："孝明遣使者张骞、羽林郎秦景、博士王遵等十四人之太月氏国，写佛经四十二章，秘之兰台石室。"作史者知张骞为武帝时人，姓名久著，故删去之，独言秦景，而前后失于契勘；故或以为哀帝，或以为明帝耳。

《突厥传》上言"沙钵略可汗西击阿波,破擒之",下言"雍虞闾以隋所赐旗鼓,西征阿波,敌人以为得隋兵所助,多来降附,遂生擒阿波"。此必一事,而误重书为二事也。

《北史》一事两见

北齐武成帝河清三年九月乙丑,封皇子俨为东平王;后主天统二年五月己亥,封太上皇帝子俨为东平王。一事两书,必有一误。

《徐之才传》:"尝与朝士出游,遥望群犬竞走,诸人试令目之;之才即应声曰:为是宋鹊,为是韩卢,为逐李斯东走,为负帝女南徂。"其序传又云:"于路见狗,温子升戏曰:为是宋鹊,为是韩卢。神儁曰:为逐丞相东走,为共帝女南徂。"一事两见,且序传是延寿自述其先人,不当援他人之事以附益也。

宋齐梁三《书》、《南史》一事互异

《南齐书》:"李安民为吴兴太守,吴兴有项羽神护郡听事,太守不得上;太守到郡,必须祀以轭下牛。安民奉佛法,不与神牛,着屐上听事,又于听上八关斋。俄而牛死,葬庙侧,今呼为李公牛冢。安民卒官,世以神为祟。"按《宋书·孔季恭传》:"为吴兴太守。先是,吴兴频丧太守,云项羽神为下山王,居郡听事,二千石至,常避之。季恭居听事,竟无害也。"《梁书·萧琛传》:"迁吴兴太守,郡有项羽庙,土民名为愤王,甚有灵验。遂于郡听事安施床幕,为神座,公私请祷。前后二千石皆于听拜祠,而避居他室。琛至,徙神还庙,处之不疑。又禁杀牛解祀,以脯代肉。"此似一事,而作史者一以为遭祟,一以为厌邪,立论不同如此。

又《南齐书·萧惠基传》:"惠基弟惠休,自吴兴太守征为右仆射。吴兴郡项羽神,旧酷烈。世人云,惠休事神谨,故得美迁。"《南史·萧猷传》:为吴兴郡守,与楚王庙神交;食至一斛,每酹祀,尽欢极醉,神影亦有酒色,所祷必从。后为益州刺史,值齐苟儿反,攻城,兵粮俱尽,乃遥祷请救;有田老逢数百骑如风,言吴兴楚王来救临汝侯。是日猷大破苟儿。"则又以为获佑,益不可信矣。

又《南史·萧惠明传》:"秦(泰)始初,为吴兴太守,都界有卞山,下有项羽庙;相承云羽多居郡听事前后,太守不敢上。惠明谓纲纪曰:'孔季恭尝为此郡,未闻有灾。'遂盛设筵榻接宾。数日,见一人,长丈余,张弓挟矢,向惠明,既而不见,因发背,旬日而卒。"此又与李安民相类,而小变其说。

《旧唐书》

《旧唐书》虽颇涉繁芜,然事迹明白,首尾该赡,亦自可观。其中《唐临传》"今上"字再见;《徐有功》《泽王上金传》"今上"字各一见,皆谓玄宗,盖沿故帙而未正者也。《懿宗纪》:"咸通十三年十二月,李国昌小男克用,杀云中防御使段文楚,据云州,自称防御留后。"则既直书其叛乱之辈;而《哀帝纪》末云"中兴之初",《王处直传》称"庄宗",王镕、郑从谠、刘邺、张浚《传》,各有"中兴"之语,自相矛盾。按:此书纂于刘昫,后唐末帝清泰中为丞相,监修国史,至晋少开运二年,其书始成。朝代迁流,简牍浩富,不暇遍详而并存之。后之读者,可以观世变矣!

杨朝晟一人两传,一见七十二卷,一见九十四卷。

《新唐书》

《旧唐书·高宗纪》:"乾封元年春正月戊辰朔,上祀昊天上帝于泰山,以高祖、太宗配飨。己巳,升山行封禅之礼;庚午,禅于社首。"是以朔日祭天于山下,明日登封,又明日禅社首,次序甚明。《新书》改云:"正月戊辰封于泰山,庚午禅于社首。"是以祭天、封山二事并为一事,而系于戊辰之日,文虽简而事不核矣。

《天后纪》:"光宅元年四月癸西,迁庐陵王于房州;丁丑,又迁于均州。垂拱元年三月丙辰,迁广陵王于房州。"《中宗纪》:"嗣圣元年正月,废居于均州,又迁于房州。"按《旧书》:"嗣圣元年二月戊午,废皇帝为庐陵王,幽于别所;四月丁丑,迁庐陵王于均州;垂拱元年三月,迁庐陵王于房州。"《中宗纪》亦同,而以"四月"为"五月",然无先迁房州一节。疑旧史得之,欧公盖博采而误。

《代宗纪》上书"四月丁丑,幽皇后于别殿";下书"六月辛亥,追废皇后张氏"。曰"追废",则张后之见杀明矣;而不书其死,亦为漏略。

《文宗纪》:"太和九年十一月壬戌,李训及河东节度使王璠、邠宁节度使郭行馀、御史中丞李孝本、京兆少尹罗立言,谋诛中官不克,训奔于凤翔。"下云:"左神策军中尉仇士良杀王涯、贾餗、舒元舆、李孝本、罗立言、王璠、郭行馀。"而独于李训不言其死,况训乃走入终南山,未至凤翔,亦为未当。

《艺文志》:"萧方《三十国春秋》三十卷"。当作"萧方等",乃梁元帝世子,名方等。

《新唐书》志,欧阳永叔所作,颇有裁断,文亦明达;而列传出宋子京之手，则简而不明。二手高下，迥为不侔矣。如《太宗长孙后传》："安业之罪，万死无赦，然不慈于妾，天下知之。"改曰："安业罪死无赦，然向遇妾不以慈，户知之。"意虽不异，而"户知之"三字，殊不成文。又如《德宗王后传》诏曰："祭筵不可用假花果，欲祭者从之。"改曰："有诏祭物无用寓，欲祭听之。"不过省《旧书》四字，然非注不可解也。

　　史家之文，例无重出；若不得已而重出，则当斟酌彼此，有详有略，斯谓之简。如崔沔驳太常议加宗庙笾豆，其文两载于本传及《韦縚传》，多至二三百言。又如来济与高智周、郝处俊、孙处约四人言志，及济领吏部，遂以处约为通事舍人，两见于本传及《高智周传》；而石仲览一人，一以为宣城，一以为江都。此而忽之，则亦不得谓之能简矣！

　　《杨玚传》言："有司帖试明经，不质大义，乃取年头月日，孤经绝句。"帖试之法，用纸帖其上下文，止留中间一二句，困人以难记。年头如元年、二年之类，月日如十有二月、乙卯之类。如此，则习《春秋》者，益少矣，故请帖平文。今改曰"年头月尾"，属对虽工，而义不通矣。

　　《严武传》："为成都尹、剑南节度使。房琯以故宰相为巡内刺史，武慢倨不为礼。最厚杜甫，然欲杀甫数矣。李白作《蜀道难》者，乃为房与杜危之也。"此宋人穿凿之论，李白《蜀道难》之作，当在开元、天宝间，时人共言锦城之乐，而不知畏途之险、异地之虞；即事成篇，别无寓意。及玄宗西幸，升为南京，则又为诗曰："谁道君王行路难，六龙西幸万人欢；地转锦江成渭水，天回玉垒作长安。"一人之作，前后不同如此，亦时为之矣。

　　《张孝忠传》："孝忠魁伟，长六尺。"《李晟传》："长六尺。"古人以六尺为短，今以六尺为长，于他书未见。

《旧书·段秀实传》:"阴说大将刘海宾、何明礼、姚令言判官岐灵岳,同谋杀泚,以兵迎乘舆。三人者,皆秀实夙所奖遇。"此谓姚令言之判官岐灵岳,与海宾、明礼为三人耳。按文,姚令言上当少一"及"字。《新书》遂谓:"结刘海宾、姚令言、都虞侯、何明礼欲图泚。此三人者,皆秀实素所厚。"而下文方云"大吏岐灵岳"。令言,贼也,安有肯同秀实之谋者哉?

《旧唐书》高仙芝、封常清二《传》,并云四镇节度使。"夫蒙灵詧",而李嗣业、段秀实二《传》,则云"安西节度使马灵詧",《刘全谅传》则云"安东副都护保定军使马灵詧"。按《王维集》,有《送不蒙都护》诗。注:不蒙,蕃官姓也。古"不"字有"夫"音,"不蒙"当即"夫蒙",然未知其何以又为"马"也?《新书》因之,两姓并见,而《突厥传》则云安西节度使"夫蒙灵詧"。

《马总传》:"李师道平,析郓、曹、濮等为一道,除总节度,赐号天平军。长庆初,刘总上幽镇地,诏总徙天平,而召总还,将大用之;会总卒,穆宗以郓人附赖总,复诏还镇。"上云"诏总徙天平",刘总也;下云"召总还",马总也;又云"会总卒",刘总也;又云"郓人附赖总",马总也。此于人之主宾、字之繁省,皆有所不当。当云"诏徙天平"而去"总"字,其下则云"会刘总卒";于文无加,而义明矣。

《旧唐书·皇甫镈传》附柳泌事云:"泌系京兆府狱,吏叱之曰:'何苦作此虚矫?'泌曰:'吾本无心,是李道古教我,且云寿四百岁。'府吏防虞周密,恐其隐化。及解衣就诛,一无变异。"语虽烦而叙事则明。《新书》但云:"皆道古教我,解衣即刑,卒无它异。"去其中间语,则"它异"二字何所本邪?

《曹确传》:"太宗著令,文武官六百四十三。"按《百官志》:"太宗省内外官定制,为七百三十员。"

《旧唐书·郑綮传》：昭宗"谓有蕴蓄，就常奏班簿侧注云：'郑綮司礼部侍郎、平章事。'中书胥吏诣其家参谒，綮笑曰：'诸君大误，使天下人皆不识字，宰相不及郑五也！'胥吏曰：'出自圣旨特恩，来日制下。'綮抗其手曰：'万一如此，笑杀他人。'明日，果制下。"《新书》改曰："俄闻制诏下，叹曰：万一然，笑杀天下人！"制已下矣，何"万一"之有？

《礼乐志》："贞观二十一年，诏左丘明、卜子夏、公羊高、穀梁赤、伏胜、高堂生、戴圣、毛苌、孔安国、刘向、郑众、贾逵、杜子春、马融、卢植、郑康成、服虔、何休、王肃、王弼、杜预、范宁二十二人，配享。"《儒学传》复出此文，而阙贾逵，作二十一人。

《林蕴传》："泉州莆田人，父披，以临汀多山鬼淫祠，民厌苦之，撰《无鬼论》。刺史樊晃奏署临汀令。"此当是署令在前，作论在后，而倒其文。

凡吴氏《纠谬》所已及者，不更论。

昔人谓宋子京不喜对偶之文，其作史，有唐一代，遂无一篇诏令。如德宗兴元之诏，不录于书；徐贤妃谏太宗疏、狄仁杰谏武后营大像疏，仅寥寥数言；而韩愈《平淮西碑》，则全载之。夫史以记事，诏疏俱国事之大，反不如碑颂乎？柳宗元《贞符》，乃希恩饰罪之文，与相如之《封禅颂》异矣，载之尤为无识。

《宋史》

《宋史》言："朝廷与金约，灭辽，止求石晋赂契丹故地，而不思营、平、滦。三州非晋赂，乃刘仁恭献契丹以求援者。既而王黼悔，欲并得之；遣赵良嗣往，请之再三，金人不与。"此史家之误。按《通鉴》："初，幽州北七百里，有渝关，下有渝水通海；自关东北循海有道，道狭处才数尺，旁皆乱山，高峻不可越。北至进牛口，旧置八防御军，募士兵守之，田租皆供军食，不入于蓟；幽州岁致缯纩，以供战士衣。每岁早获，清野坚壁，以待契丹；契丹至，辄闭壁不战，俟其去，选骁勇据隘邀之，契丹常失利走，士兵皆自为田园，力战有功，则赐勋加赏。由是契丹不敢轻入寇。及周德威为卢龙节度使，恃勇不修边备，遂失渝关之险，契丹每刍牧于营、平之间。"又按《辽史》："太祖天赞二年春正月丙申，大元帅尧骨克平州，获刺史赵思温、裨将张崇；二月，如平州，甲子，以平州卢龙军置节度使。"辽之天赞二年，乃后唐庄宗同光元年，是营、平二州，契丹自以兵力取之于唐，而不于刘仁恭，又非略以求援也。若滦，本平州之地，辽太祖以俘户置滦州，当刘仁恭时，尚未有此州，尤为无据。《辽史》于"滦州"下云，"石晋割地在平州之境"，亦误也。

元人作《宋史》，于《天文志》中，如"胡兵大起""胡主忧"之类，改曰"北兵""北主"。昴为胡星，改曰"北星"。惟"北河"下一曰"胡门"，则不能改也，仍其文。书中凡"卤"字皆改为"敌"，至以"金卤"为"金敌"。惟胡铨二书不改。

阿鲁图《进宋史表》

元阿鲁图《进宋史表》曰："厥后瀛国归朝，吉王航海。齐亡而访王蠋，乃存秉节之臣；楚灭而论鲁公，堪矜守礼之国。"《金史·忠义传序》曰："圣元诏修辽、金、宋史，史臣议凡例，前代之臣，忠于所事者，请书之无讳。朝廷从之。"此皆宋世以来，尊经儒、重节义之效；其时之人心风俗，犹有三代直道之遗，不独元主之贤明也。

齐武帝使太子家令沈约撰《宋书》，疑立《袁粲传》，审之于帝；帝曰："袁粲自是宋室忠臣。"

《辽史》

《宋史·富弼传》言："使契丹，争'献''纳'二字，声色俱厉。契丹主知不可夺，乃曰：'吾当自遣人议之。'复使刘六符来。弼归奏曰：'臣以死拒之，彼气折矣，可勿许也。'朝廷竟以'纳'字与之。"《辽史·兴宗纪》亦云："感富弼之言，和议始定。"而《刘六符传》则曰："宋遣使，增岁币以易十县。六符与耶律仁先使宋，定进贡名，宋难之。六符曰：'本朝兵强将勇，人人愿从事于宋；若恣其俘获，以饱所欲，与进贡字孰多？况大兵驻燕，万一南进，何以御之？顾小节忘大患，悔将何及？'宋乃从之，岁币称'贡'。"《耶律仁先传》亦同。二史并脱脱监修，而不同如此。

《金史》

《金史》大抵出刘祁、元好问二君之笔，亦颇可观，然其中多重见而涉于繁者。孔毅父《杂说》谓："自昔史书，两人一事，必曰'语在某人传'。《晋书》载王隐谏祖约弈棋一段，两传俱出。此为文繁矣。"正同此病。

《海陵诸子传赞》，当引楚灵王曰："余杀人子多矣，能无及此乎？"而反引荀首言："不以人子，吾子其可得乎？"似为失当。

幽兰之缢，承麟谥之曰"哀宗"；息州行省，谥之曰"昭宗"。史从哀宗为定，而《食货志》末及《百官志》复有"义宗"之称，不著何人所上。

金与元，连兵二十余年，书中虽称"大元"，而内外之旨截然不移。是金人之作，非元人之作，此其所以为善。

承麟即位不过一二日，而史犹称之为末帝；其与宋之二王，削其帝号者绝异，故知非一人之笔矣。

《元史》

《元史》列传八卷速不台，九卷雪不台，一人作两传；十八卷完者都，十九卷完者拔都，亦一人作两传。盖其成书不出于一人之手。宋濂序云："洪武元年十二月，诏修《元史》，臣濂、臣祎总裁。二年二月丙寅，开局，八月癸酉，书成。纪三十七卷，志五十三卷，表六卷，传六十三卷。"顺帝时无实录可征，因未得为完书。上复诏议曹遣使行天下，其涉于史事者，令郡县上之。三年二月乙丑开局，七月丁亥书成。纪十卷，志五卷，表二卷，传二十六卷；凡前书有所未备，颇补完之。总裁仍濂、祎二臣，而纂录之士，独赵埙终始其事。然则《元史》之成，虽不出于一时一人；而宋、王二公与赵君，亦难免于疏忽之咎矣。

昔宋吴缜言："方新书来上之初，若朝廷付之有司，委官覆定；使诘难纠驳，审定刊修，然后下朝臣博议可否。如此，则初修者必不敢灭裂，审覆者亦不敢依违，应乎得为完书，可以传久。"乃历代修史之臣，皆务苟完；右文之君，亦多倦览，未有能行其说者也。洪武中，尝命解缙修正《元史》舛误，其书留中不传。

《世祖纪》："中统三年二月，以兴、松、云三州隶上都。""四年五月，升上都路望云县为云州，松山县为松州。"是三年尚未升州，预书为"州"者误。

本纪有脱漏月者，列传有重书年者。

《天文志》，既载月五星凌犯，而本纪复详书之，不免重出。

志末云"余见本纪",亦非体。

诸《志》皆案牍之文,并无镕范。如《河渠志》言耿参政、阿里尚书,《祭祀志》言田司徒、郝参政,皆案牍中之称谓也。

《张桢传》有《复扩廓帖木儿书》曰:"江左日思荐食上国。"此谓明太祖也。晋陈寿《上诸葛孔明集表》曰:"伏惟陛下远踪古圣,荡然无忌;故虽敌国诽谤之言、咸肆其辞,而无所革讳。所以明大通之道也。"于此书见之矣。

《石抹宜孙传》上言"大明兵",下言"朝廷"。朝廷,谓元也。内外之辞,明白如此。

《顺帝纪》:"大明兵取太平路。""大明兵取集庆路。"其时国号未为大明,曰"大明"者,史臣追书之也。古人记事之文有不得不然者,类如此。

《通鉴》

吕东莱《大事记》曰:"《史记》商君本传》云:'不告奸者腰斩,告奸者与斩敌首同赏,匿奸者与降敌同罚。'《通鉴》削'不告奸者'一句,而以'匿奸之罪'为'不告奸之罪'。本传又云:'民有二男以上不分异者,倍其赋。'《通鉴》削之。本传又云:'名田宅臣妾者以家次。'《通鉴》削'以家次'三字。皆当以本传为正。"

《孟子》以伐燕为宣王事,与《史记》不同;《通鉴》以威王、宣王之卒,各移下十年,以合《孟子》之书。今按《史记》,愍王元年,为周显王之四十六年,岁在著雍阉茂;又八年,燕王哙让国于相子之;又二年,齐破燕,杀王哙;又二年,燕人立太子平。则已为愍王之十二年,而《孟子》书"吾甚惭于孟子",尚是宣王。何不以宣王之卒移下十二三年,则于《孟子》之书无不皆合，而但拘于十年之成数邪？《史记·万石君列传》："庆尝为太仆御，出，上问车中几马，庆以策数马毕，毕举手曰'六马'。庆于诸子中最为简易矣，然犹如此。"太史公之意，谓庆虽简易，而犹敬谨不敢率尔即对，其言"简易"，正以起下文之意也。《通鉴》去"然犹如此"一句，殊失本指。

《通鉴》："汉武帝元光六年，以卫尉韩安国为材官将军，屯渔阳；元朔元年，匈奴二万骑入汉，杀辽西太守，略二千余人，围韩安国壁。又入渔阳雁门，各杀略千余人。"夫曰"围韩安国壁"，其为渔阳可知；而云又"入渔阳"，则疏矣。考《史记·匈奴传》本文，则云："败渔阳太守军千余人，围汉将军安国，安国时千余骑亦且尽。会燕救至，匈奴引去。"其文精密如此，《通鉴》改之，不当。

《汉书·宣帝纪》："五凤二年春三月，行幸雍祠五畤。"《通鉴》改之曰："春正月，上幸甘泉，郊泰畤。"《考异》引《宣纪》云："三月行幸甘泉。"而《宣纪》本无此文，不知温公何所据？

光武自陇蜀平后，非警急，未尝复言军旅。皇太子尝问军旅之事，帝曰："昔卫灵公问陈，孔子不对，此非尔所及。"据《后汉书》本文，皇太子即明帝也。《通鉴》乃书于建武十三年，则东海王强尚为太子，亦为未允。

唐德宗贞元二年，李泌奏："自集津至二门，凿山开车道十八里，以避底柱之险。"按《旧唐书·李泌传》并无此事，而《食货志》曰："开元二十二年八月，玄宗从京兆尹裴耀卿之言，置河阴县及河阴仓、河清县伯崖仓、三门东集津仓、三门西盐仓；开山门北山十八里，以避湍险。自江淮而泝鸿沟，悉纳河阴仓；自河阴送纳含嘉仓，又送纳太原仓，谓之'北运'。自太原仓浮于渭，以实京师。凡三年，运七百万石，省陆运之佣四十万贯。"又曰："开元二十九年，陕郡太守李齐物，凿三门山以通运，辟三门巅，踰岩险之地,俾负索引舰,升于安流,自齐物始也。天宝三载,韦坚代萧炅,以浐水作广运潭于望春楼之东而藏舟焉。"是则北运始于耀卿,尚陆行十八里;河运始于齐物,则直达于长安也。下距贞元四十五年,无缘有李泌复凿三门之事。

《通鉴》不载文人

李因笃语予:"《通鉴》不载文人。如屈原之为人,太史公赞之谓'与日月争光',而不得书于《通鉴》;杜子美若非'出师未捷'一诗为王叔文所吟,则姓名亦不登于简牍矣。"予答之曰:"此书本以资治,何暇录及文人?昔唐丁居晦为翰林学士,文宗于麟德殿召对,因而授御史中丞;翼日制下,帝谓宰臣曰:'居晦作得此官。朕曾以时谚谓杜甫、李白辈为四绝问居晦,居晦曰:此非君上要知之事。尝以此记得居晦,今所以擢为中丞。'如君之言,其识见殆出文宗下矣!"

祕书国史

汉时天子所藏之书,皆令人臣得观之,故刘歆谓外则有太常、太史、博士之藏,内则有延阁、广内、祕室之府。而司马迁为太史令,䌷石室金匮之书;刘向、扬雄,校书天禄阁;班斿进读群书,上器其能,赐以秘书之副。东京则班固、傅毅为兰台令史,并典校书;曹褒于东观撰误次礼事。而安帝永初中,诏谒者刘珍及博士、议郎、四府、掾史五十余人,诣东观校定五经、诸子、传记。窦章之被荐,黄香之受诏,亦得至焉。晋宋以下,此典不废。左思、王俭、张缵之流,咸读祕书,载之史传;而柳世隆至借给二千卷。唐则魏征、虞世南、岑文本、褚遂良、颜师古皆为秘书监，选五品以上子孙工书者，手书缮写，藏于内库；而玄宗命弘文馆学士元行冲，通撰古今书目，名为《群书四录》。以阳城之好学，至求为集贤院吏，乃得读之。宋有史馆、昭文馆、集贤院，谓之三馆。太宗别建崇文院，中为祕阁，藏三馆真本书籍万余卷，置直阁校理。仁宗复命缮写校勘，以参知政事一人领之，书成藏于太清楼，而范仲淹等尝为提举。且求书之诏，无代不下；故民间之书得上之天子，而天子之书亦往往传之士大夫。自洪武平元，所收多南宋以来旧本，藏之祕府，垂三百年，无人得见；而昔时取士，一史、三史之科又皆停废，天下之士，于是乎不知古。司马迁之《史记》、班固之《汉书》、干宝之《晋书》、柳芳之《唐历》、吴兢《唐春秋》、李焘之《宋长编》，并以当时流布；至于《会要》《日历》之类，南渡以来，士大夫家亦多有之，未尝禁止。今则《实录》之进，焚草于太液池，藏真于皇史宬，在朝之臣，非预纂修，皆不得见；而野史、家传，遂得以孤行于世，天下之士，于是乎不知今。是虽以夫子之圣，起于今世，学夏、殷礼而无从，学周礼而又无从也。况其下焉者乎？岂非密于禁史而疏于作人，工于藏书而拙于敷教者邪？遂使帷囊同毁，空闻《七略》之名；家壁皆残，不睹六经之字。呜呼悕矣！

十三经注疏

自汉以来，儒者相传，但言"五经"。而唐时立之学官，则云"九经"者，三《礼》、三《传》分而习之，故为九也；其刻石国子学，则云"九经"，并《孝经》《论语》《尔雅》。宋时程、朱诸大儒出，始取《礼记》中之《大学》《中庸》，及进《孟子》以配《论语》，谓之"四书"。本朝因之，而"十三经"之名始立。其先儒释经之遵，或曰"传"，或曰"笺"，或曰"解"，或曰"学"，今通谓之"注"。《书》则孔安国传，《诗》则毛苌传、郑元笺，《周礼》《仪礼》《礼记》则郑玄注，《公羊》则何休学，《孟子》则赵岐注，皆汉人；《易》则王弼注，魏人；《系辞》韩康伯注，晋人；《论语》则何晏集解，魏人；《左氏》则杜预注，《尔雅》则郭璞注，《穀梁》则范宁集解，皆晋人；《孝经》则唐明皇御注。其后儒辨释之书，名曰"正义"，今通谓之"疏"。

《旧唐书·儒学传》："太宗以经籍去圣久远，文字多讹谬，诏前中书侍郎颜师古考定五经，颁于天下。又以儒学多门，章句繁杂，诏国子祭酒孔颖达与诸儒撰定五经义疏，凡一百七十卷，名曰《五经正义》，令天下传习。"《高宗纪》："永徽四年三月壬子朔，颁孔颖达《五经正义》于天下，每年明经，令依此考试。"时但有《易》《书》《诗》《礼记》《左氏春秋》五经。永徽中，贾公彦始撰《周礼》《仪礼义疏》。《宋史·李至传》："判国子监，上言：'五经书既已板行，惟二《传》、二《礼》《孝经》《论语》《尔雅》七经疏未修，望令直讲崔颐正、孙奭、崔偓佺等，重加雠校，以备刊刻。'从之。"今人但知《五经正义》为孔颖达作，不知非一人之书也。《新唐书》颖达本传云："初，颖达与颜师古、司马才章、王恭、王琰，受诏撰《五经义训》百余篇；其中不能无谬冗，博士马嘉运驳正其失，诏更令裁定，未就。永徽二年，诏中书门下与国子三馆博士、弘文馆学士考正之，于是尚书左仆射于志宁、右仆射张行成、侍中高季辅，就加增损，书始布下。"

监本二十一史

宋时止有十七史，今则并宋、辽、金、元四史为二十一史；但辽、金二《史》，向无刻本；南北齐、梁、陈、周《书》，人间传者亦罕。故前人引书，多用《南北史》及《通鉴》，而不及诸书，亦不复采辽、金者，以行世之本少也。嘉靖初，南京国子监祭酒张邦奇等，请校刻史书，欲差官购索民间古本；部议恐滋烦扰，上命将监中十七史旧板考对修补，仍取广东《宋史》板付监，辽、金二《史》无板者，购求善本翻刻。十一年七月成，祭酒林文俊等表进；至万历中，北监又刻十三经、二十一史，其板视南稍工，而士大夫遂家有其书，历代之事迹，粲然于人间矣。然校勘不精，讹舛弥甚，且有不知而妄改者，偶举一二。

如《魏书·崔孝芬传》：李彪谓崔挺曰："比见贤子谒帝，旨谕殊优，今当为群拜纪。"此《三国志·陈群传》中事，非为隐僻，今所刻《北史》改云："今当为绝群耳。"不知纪、群之为名，而改"纪"为"绝"，又倒其文，此已可笑。

又如《晋书·华谭传》末云："始，淮南袁甫，字公胄，亦好学，与谭齐名。"今本误于"始"字绝句，左方跳行添列一"袁甫"名题，而再以"淮"字起行。《齐王冏传》末云："郑方者，字子回。"此姓郑名方，即上文所云"南阳处士郑方，露版极谏"，而别叙其人与书，及冏答书于后耳；今乃跳行添列一"郑方者"三字名题。《唐书·李敬玄传》末附"敬玄弟元素"，今以"敬玄"属上文，而"弟元素"跳行。此不适足以彰太学之无人，而贻后来之姗笑乎？十三经中，《仪礼》脱误尤多：《士昏礼》脱"婿授绥姆辞曰未教不足与为礼也"一节十四字，《乡射礼》脱"士鹿中翿旌以获"七字，《士虞礼》脱"哭止告事毕宾出"七字，《特牲馈食礼》脱"举觯者祭卒觯拜长者答拜"十一字，《少牢馈食礼》脱"以授尸坐取箪兴"七字。此则秦火之所未亡，而亡于监刻矣！

至于历官任满，必刻一书，以充馈遗，此亦甚雅；而卤莽就工，殊不堪读。陆文裕《金台纪闻》曰："元时州县，皆有学田，所入谓之学租，以供师生廪饩；余则刻书，工大者合数处为之，故雠校刻画，颇有精者。洪武初，悉收上国学，今南监《十七史》诸书地里、岁月、勘校、工役，并存可识也。今学既无田，不复刻书；而有司间或刻之，然只以供馈赆之用，其不工反出坊本下，工者不数见也。"闻之宋、元刻书，皆在书院，山长主之，通儒订之，学者则互相易而传布之。故书院之刻，有三善焉：山长无事而勤于校雠，一也；不惜费而工精，二也；板不贮官而易印行，三也。有右文之主出焉，其复此，非难也。而书之已为劣生刊改者，不可得而正矣！是故信而好古，则旧本不可无存；多闻阙疑，则群书亦当并订。此非后之君子之责而谁任哉？

《旧唐书》病其事之遗阙，《新唐书》病其文之晦涩，当兼二书刻之，为二十二史。宋、魏诸国，既各有书，而复有《南史》《北史》，是其例也。

张参《五经文字》

唐人以《说文》《字林》试士，其时去古未远。开元以前，未改经文之日，篆籀之学，童而习之。今西安府所存唐睿宗书景龙观钟，犹带篆、分遗法。至于宋人，其去古益远，而为说日以凿矣！大历中，张参作《五经文字》，据《说文》字刊谬正失，甚有功于学者。开成中，唐玄度增补，复作《九经字样》，石刻在关中；向无板本，间有残缺，无别本可证。近代有好事者，刻《九经补字》，并属诸生补此书之阙，以意为之。乃不知此书特五经之文，非经所有者不载；而妄添经外之字，并及字书中泛博之训。予至关中，洗刷元石，其有一二可识者，显与所补不同。乃知近日学者之不肯阙疑而妄作如此。

别　字

《后汉书·儒林传》："谶书非圣人所作，其中多近鄙别字。""近鄙"者，犹今俗用之字；"别字"者，本当为此字，而误为彼字也。今人谓之"白字"，乃"别"音之转。

山东人刻《金石录》，于李易安《后序》"绍兴二年玄黓岁壮月朔"，不知"壮月"之出于《尔雅》，而改为"牡丹"。凡万历以来所刻之书，多牡丹之类也。

《三朝要典》

《宋史·蹇序辰传》：绍圣中为起居郎、中书舍人，同修国史，疏言："朝廷前日正司马光等奸恶，明其罪罚，以告中外。惟变乱典刑，改废法度，讪讟宗庙，睥睨两宫；观事考言，实状彰著。然踪迹深秘，包藏祸心，相去八年之间，盖已不可究质。其章疏案牍，散在有司；若不汇辑而存之，岁久必致沦失。愿悉讨奸臣所言所行，选官编类，人为一帙，置之二府，以示天下后世大戒。"遂命序辰及徐铎编类，由是搢绅之祸，无一得免者。天启中纂辑《三朝要典》，正用序辰之法。

门户之人，其立言之指，各有所借；章奏之文，互有是非。作史者两收而并存之，则后之君子，如执镜以照物，无所逃其形矣。褊心之辈，谬加笔削，于此之党，则存其是者，去其非者；于彼之党，则存其非者，去其是者。于是言者之情隐，而单辞得以胜之。且如《要典》一书，其言未必尽非，而其意别有所为，继此之为书者，犹是也。此国论之所以未平，而百世之下，难乎其信史也。崇祯旁批讲官李明睿之疏曰："纂修《实录》之法，惟在据事直书，则是非互见。"大哉王言，其万世作史之准绳乎！

密　疏

唐武宗会昌元年十二月，中书门下奏："宰臣及公卿论事，行与不行，须有明据；或奏请允惬，必见褒称，或所论乖僻，因有惩责。在藩镇上表，必有批答；居要官启事，自有记注，并须昭然在人耳目。或取舍存于堂案，或与夺形于昭敕。前代史书所载奏议，罔不由此。近见《实录》，多载密疏，言不彰于朝听，事不显于当时，得自其家，未足为信；今后《实录》所载章奏，并须朝廷共知者，方得纪述，密疏并请不载。如此则理必可法，人皆向公；爱憎之志不行，褒贬之言必信。"从之。此虽出于李德裕之私心，然其言不为无理。

自万历末年，章疏一切留中，抄传但凭阁揭；天启以来，谗慝宏多，嘖言弥甚。予尝亲见大臣之子，追改其父之疏草而刻之以欺其人者。欲使盖棺之后，重为奋笔之文；遒遗议于后人，俟先见于前事，其为诬罔，甚于唐时。故志之于书，俾作史之君子，详察而严斥之也。

贴　黄

章奏之冗滥，至万历、天启之间而极至；一疏而荐数十人，累二三千言不止，皆枝蔓之辞。崇祯帝英年御宇，厉精图治，省览之勤，批答之速，近朝未有；乃数月之后，颇亦厌之，命内阁为"贴黄"之式。即令本官自撮疏中大要，不过百字，黏附牍尾，以便省览，此"贴黄"之所由起也。

宋叶梦得《石林燕语》曰："唐制，降敕有所更改，以纸贴之,谓之'贴黄';盖敕书用黄纸,则贴者亦黄纸也。"今奏状、札子皆白纸,有意所未尽,揭其要处,以黄纸别书于后,乃谓之"贴黄",盖失之矣!其表章略举事目,与日月道里见于前及封皮者,又谓之"引黄"。

记 注

古之人君,左史记事,右史记言;所以防过失而示后王。记注之职,其来尚矣。唐太宗通晓古典,尤重其事。苏冕言:贞观中,每日朝退后,太宗与宰臣参议政事,即令起居郎一人执简记录;由是贞观注记政事,称为毕备。及高宗朝会,端拱无言,有司惟奏辞见三事;其后许敬宗、李义甫用权,多妄论奏,恐史官直书其短,遂奏令随仗便出,不得备闻机务,因为故事。

《旧唐书·姚璹传》:"长寿二年,迁文昌左丞,同凤阁鸾台平章事。自永徽以后,左右史惟得对仗承旨,仗下后,谋议皆不预闻。璹以为帝王谟训,不可遂无纪述;若不宣自宰相,史官无从得书,乃表请仗下所言军国政要,宰相一人专知撰录,号为'时政记',每月封送史馆。"宰相之撰《时政记》,自璹始也。

《四书五经大全》

自朱子作《大学、中庸章句、或问》《论语、孟子集注》之后,黄氏有《论语通释》;而采《语录》附于朱子《章句》之下,则始自真氏,名曰《集义》,止《大学》一书;祝氏乃仿而足之,为《四书附录》;后有蔡氏《四书集疏》,赵氏《四书纂疏》,吴氏《四书集成》。昔之论者,病其泛溢;于是陈氏作《四书发明》,胡氏作《四书通》,而定宇之门人倪氏合二书为一,颇有删正，名曰《四书辑释》。自永乐中，命儒臣纂修《四书大全》，颁之学官，而诸书皆废。

倪氏辑释，今见于刘用章所刻《四书通义》中，永乐中所纂《四书大全》，特小有增删，其详其简，或多不如倪氏。《大学、中庸或问》，则全不异，而间有舛误。至《春秋大全》，则全袭元人汪克宽《胡传纂疏》，但改其中"愚按"二字为"汪氏曰"，及添庐陵李氏等一二条而已。《诗经大全》，则全袭元人刘瑾《诗传通释》，而改其中"愚按"二字为"安成刘氏曰"。其三经，后人皆不见旧书，亦未必不因前人也。当日儒臣奉旨修《四书五经大全》，颁餐钱，给笔札，书成之日，赐金迁秩，所费于国家者，不知凡几。将谓此书既成，可以章一代教学之功，启百世儒林之绪，而仅取已成之书，抄誊一过，上欺朝廷，下诳士子，唐宋之时，有是事乎？岂非骨鲠之臣，已空于建文之代；而制艺初行，一时人士，尽弃宋元以来所传之实学，上下相蒙，以饕禄利，而莫之问也？呜呼，经学之废，实自此始。后之君子，欲扫而更之，亦难乎其为力矣！

《书传会选》

洪武二十七年四月丙戌，诏征儒臣定正宋儒蔡氏《书传》。上以蔡氏《书传》日月五星运行，与朱子《诗传》不同，及其他注说，与番阳邹季友所论，间亦有未安者，遂诏征天下儒臣定正之，命翰林院学士刘三吾等总其事。凡蔡氏《传》得者存之，失者正之；又采诸家之说，足其未备。九月癸丑书成，赐名《书传会选》，命礼部颁行天下。

今按：此书若《尧典》谓"天左旋，日月五星，违天而右转"，《高宗肜日》谓"祖庚绎于高宗之庙"，《西伯戡黎》谓是武王，《洛诰》"惟周公诞保文武受和惟七年"，谓周公辅成王之七年，皆不易之论。

每传之下，系以经文及传，音释于字音、字体、字义辩之甚详；其传中用古人姓字、古书名目，必具出处，兼亦考证典故。盖宋元以来，诸儒之规模犹在；而其为此书者，皆自幼为务本之学，非由八股发身之人。故所著之书，虽不及先儒，而尚功于后学。至永乐中修《尚书大全》，不惟删去异说，并音释亦不存矣。愚尝谓自宋之末，迨以至有明之初年，经术人材，于斯为盛。自八股行而古学弃，《大全》出而经说亡，十族诛而臣节变，洪武、永乐之间，亦世道升降之一会矣！

内　　典

古之圣人，所以教人之说，其行在孝弟忠信，其职在洒扫、应对、进退，其文在《诗》《书》《礼》《易》《春秋》，其用之身在出处、去就、交际，其施之天下在政令、教化、刑罚。虽其和顺积中，而英华发外，亦有体用之分，然并无用心于内之说。自老庄之学行于战国之时，而外义者，告子也；外天下、外物、外生者，庄子也。于是高明之士，厌薄诗书，以为此先王所以治天下之糟粕。而佛氏晚入中国，其所言清净慈悲之说，适有以动乎世人之慕向者。六朝诸君子，从而衍之，由清净自在之说而极之，以至于不生不死，入于涅槃，则杨氏之"为我"也；由慈悲利物之说而极之，以至于普度众生，荐拔苦海，则墨氏之"兼爱"也。天下之言，不归杨则归墨，而佛氏乃兼之矣。其传寖盛，后之学者，遂谓其书为内典。推其立言之旨，不将内释而外吾儒乎？夫内释而外吾儒，此自缁流之语，岂得士人亦云尔乎？

《黄氏日钞》云："《论语》'曾子三省'章，《集注》载尹氏曰:'曾子守约,故动必求诸身。'语意已足矣。又载谢氏曰:'诸子之学,皆出于圣人,其后愈远而愈失其真;独曾子之学,专用心于内,故传之无弊。'夫心,所以具众理而应万事,正其心者,正欲施之治国平天下;孔门未有专用心于内之说也,用心于内,近世禅学之说耳。象山陆氏因谓曾子之学,是里面出来,其学不传;诸子是外面入去,今传于世者,皆外入之学,非孔子之真。遂于《论语》之外,自谓得不传之学,凡皆源于谢氏之说也。后有朱子,当于《集注》中去此一条。"

褚少孙补《滑稽传》,以传记、杂说为外家,是以六经为内也;东汉儒者,则以七纬为内学,六经为外学,举图谶之文,一归之"性与天道,不可得闻"。而今百世之下,晓然皆悟其非;今之所谓内学,则又不在图谶之书,而移之释氏矣!

心　　学

《黄氏日钞》解《尚书》"人心惟危,道心惟微,惟精惟一,允执厥中"一章曰:"此章本尧命舜之辞,舜申之以命禹而加详焉耳。尧之命舜曰:'允执厥中。'今舜加'危微精一'之语于'允执厥中'之上,所以使之审择而能执中者也。此训之之辞也,皆主于尧之'执中'一语而发也。尧之命舜曰:'四海困穷,天禄永终。'今舜加'无稽之言勿听,以至敬修其可愿'于'天禄永终'之上,又所以警切之,使勿至于困穷而永终者也。此戒之之辞也,皆主于尧之'永终'二语而发也。'执中'之训,正说也;'永终'之戒,反说也。盖舜以昔所得于尧之训戒,并其平日所尝用力而自得之者,尽以命禹,使知所以执中而不至于永终耳,岂为言心设哉?近世喜言心学,舍全章本旨而独论人心、道心,甚者单撼'道心'二字而直谓'即心是道';盖陷于禅学,而不自知其去尧、舜、禹接受天下之本旨远矣！蔡九峰之作《书传》，述朱子之言曰：'古之圣人，将以天下与人，未尝不以治之之法而并传之。'可谓深得此章之本旨。九峰虽亦以是明帝王之心，而心者，治国平天下之本，其说固理之正也；其后进此书，传于朝者，乃因以三圣传心为说，世之学者，遂指此书十六字为传心之要，而禅学者借以为据依矣！"

愚按：心不待传也，流行天地间，贯彻古今而无不同者，理也；理具于吾心而验于事物，心者，所以统宗此理而别白其是非，人之贤否、事之得失、天下之治乱，皆于此乎判。此圣人所以致察于危微精一之间，而相传以执中之道，使无一事之不合于理，而无有过不及之偏者也。禅学以理为障，而独指其心曰："不立文字，单传心印。"圣贤之学，自一心而达之天下国家之用，无非至理之流行。明白洞达，人人所同，历千载而无间者，何传之云？俗说浸淫，虽贤者或不能不袭用其语，故僭书其所见如此。

《中庸章句》引程子之言曰："此篇乃孔门传授心法。"亦是借用释氏之言，不可无酌。

《论语》一书，言心者三：曰"七十而从心所欲，不逾矩"，曰"回也，其心三月不违仁"，曰"饱食终日，无所用心"。乃操则存、舍则亡之训，门人未之记，而独见于《孟子》。夫未学圣人之操心，而骤语夫从心，此即所谓"饱食终日，无所用心"，而旦昼之所为有牿亡之者矣。

唐仁卿答人书曰："自新学兴而名家著，其冒焉以居之者不少；然其言学也，则心而已矣。元闻古有学道，不闻学心；古有好学，不闻好心。'心学'二字，六经、孔孟所不道；今之言学者，盖谓心即道也，而元不解也，何也？危微之旨在也，虽上圣而不敢言也。今人多怪元言学而遗心，孰若执事责以不学之易了,而元亦可以无辞于执事。子曰:'有能一日用其力于仁矣乎?'又曰:'一日克己复礼。'又曰:'终日乾乾,行事也。'元未能也。孔门诸子,日月至焉,夫子犹未许其好学,而况乎日至未能也,谓之不学可也。但未知执事所谓学者,果仁邪?礼邪?事邪?抑心之谓邪?外仁、外礼、外事以言心,虽执事亦知其不可。执事之意,必谓仁与礼、与事,即心也;用力于仁,用力于心也;复礼,复心也;行事,行心也。则元之不解犹昨也,谓之不学可也。"

又曰:"孳孳为善者,心;孳孳为利者,亦未必非心。危哉心乎!判吉凶,别人禽,虽大圣犹必防乎其防;而敢言心学乎?心学者,以心为学也;以心为学,是以心为性也。心能具性,而不能使心即性也。是故求放心则是,求心则非;求心则非,求于心则是。我所病乎心学者,为其求心也。心果待求,必非与我同类;心果可学,则'以礼制心、以仁存心'之言,毋乃为心障与?"

《论语》"仁者安仁",《集注》谢氏曰:"仁者心无内外、远近、精粗之间,非有所存而自不亡,非有所理而自不乱。"此皆《庄》《列》之言,非吾儒之学。太甲曰:"顾諟天之明命。"子曰:"回之为人也,择乎中庸,得一善,则拳拳服膺而弗失之矣。"故曰:"操则存,舍则亡",不待存而自不亡者,何人哉?

举 业

林文恪《福州府志》曰:"余好问长老前辈时事,或为余言:林尚默方游乡序,为弟子员,即自负其才当冠海内士云。然考其时,试诸生者,则杨文贞、金文靖二公也。夫尚默当时所习,特举子业耳,而杨、金二学士,皆文章宿老,蔚为儒宗,尚默乃能必之二公,若合符节,何哉?当是时也,学出于一,上以是取之,下以是习之;譬作车者,不出门而知适四方之合辙也。正德末,异说者起,以利诱后生,使从其学,毁儒先,诋传注,殆不啻弁髦矣!由是学者偻偻焉莫知所从,欲从其旧说,则恐或主新说;从其新说,则又不忍遽弃传注也。己不能自必,况于人乎?呜呼!士之怀瑾握瑜,范驰驱而不遇者,可胜道哉?是故射无定鹄,则羿不能巧;学无定论,则游夏不能工。欲道德一、风俗同,其必自大人不倡游言始。"

又曰:"近日讲学之辈,弥近理而大乱真。士附其门者,皆取荣名,于是一倡百和,如伐木者呼'邪许'然。徐而叩之,不过徼捷径于终南,而其中实莫之能省也。"

东乡艾南英《皇明今文待序》曰:"呜呼!制举业中,始为禅之说者,谁与?原其始,盖由一二聪明才辩之徒,厌先儒敬义诚明、穷理格物之说,乐简便而畏绳束;其端肇于宋南渡之季,而慈湖杨氏之书为最著。国初功令严密,匪程朱之言弗遵也。盖至摘取'良知'之说,而士稍异学矣。然予观其书,不过师友讲论、立教明宗而已,未尝以入制举业也。其徒龙溪、绪山,阐明其师之说而又过焉,亦未尝以入制举业也。龙溪之举业不传,阳明、绪山,班班可考矣。衡较其文,持详矜重,若未始肆然欲自异于朱氏之学者;然则今之为此者,谁为之始与?吾姑为隐其姓名,而又详乙注其文;使学者知以宗门之精粕,为举业之俑者,自斯人始。呜呼!降而为传灯,于彼教初说,其浅深相去已远矣;又况附会以援儒入墨之辈,其鄙陋可胜道哉!今其大旨,不过曰'耳自天聪,目自天明',犹告子曰'生之谓性'而已。及其厌穷理格物之迂而去之,犹告子曰'不得于目,勿求于心'而已。任其所之而冥行焉,未有不流于小人之无忌惮者。此《中庸》所以言性不言心,《孟子》所以言心而必原之性,《大学》所以言心而必曰正其心。吾将有所论著，而姑言其概如此，学者可以废然返矣。"

又曰："嘉靖中，姚江之书，虽盛行于世，而士子举业，尚谨守程朱，无敢以禅窜圣者。自兴化、华亭两执政，尊王氏学，于是隆庆戊辰《论语程义》首开宗门；此后浸淫，无所底止，科试文字，大半剽窃王氏门人之言，阴诋程朱。"坊刻中有伪作罗伦《致知在格物》一篇，其破题曰："良知者，廓于学者也。"按：罗文毅中成化二年进士；当时士无异学，使果有此文，则"良知"之说，始于彝正，不始于伯安矣！况前人作破，亦无此体，以其为先朝名臣而借之耳。

破题用《庄子》

五经无"真"字，始见于老庄之书。《老子》曰："其中有精，其精甚真。"《庄子·渔父篇》：孔子愀然曰："敢问何谓真？"客曰："真者，精诚之至也。"《大宗师篇》曰："而已反其真，而我犹为人猗。"《列子》曰："精神离形，各归其真，故谓之鬼；鬼归也，归其真宅。"《汉书·杨王孙传》曰："死者，终生之化，而物之归者也；归者得至，化者得变，是物各反其真也。"《说文》曰："真，仙人变形登天也。"徐氏《系传》曰："真者，仙也，化也。从匕，匕即化也；反人为亡，从目从匕，入其所乘也。"以生为寄，以死为归，于是有真人、真君、真宰之名。秦始皇曰："吾慕真人。"自谓"真人"，不称"朕"。魏太武改元太平真君，而唐玄宗诏以四子之书谓之"真经"，皆本乎此也。后世相传，乃遂与假为对。李斯《上秦王书》："夫击瓮叩缶、弹筝搏髀，而歌呼呜呜快耳目者，真秦之声也。"韩信请为假王，高帝曰："大丈夫定诸侯，即为真王耳，何以假为？"又更东垣曰

"真定"。窦融上光武书曰："岂可背真旧之主，事奸伪之人？"而与老庄之言真，亦微异其指矣。宋讳"玄"，以"真"代之，故庙号曰真宗，玄武七宿改为真武，玄冥改为真冥，玄枵改为真枵。《崇文总目》谓《太玄经》为《太真》，则犹未离其本也。隆庆二年，会试为主考者，厌五经而喜老庄，黜旧闻而崇新学；首题《论语》"子曰由诲女知之乎"一节，其程文破云："圣人教贤者以真知，在不昧其心而已。"始明以《庄子》之言入之文字。自此五十年间，举业所用，无非释老之书；彗星扫北斗、文昌，而御河之水变为赤血矣！崇祯时，始申旧日之禁，而士大夫皆幼读时文，习染已久，不经之字，摇笔辄来；正如康昆仑所受邻舍女巫之邪声，非十年不近乐器，未可得而绝也。虽然，以周元公道学之宗，而其为书犹有所谓"无极之真"者，吾又何责乎今之人哉？

《孟子》言"所不虑而知者，其良知也"，下文明指是爱亲敬长。若夫因严以教敬，因亲以教爱，则必待学而知之者矣。今之学者，明用《孟子》之"良知"，暗用《庄子》之"真知"。

科场禁约

万历三十年三月，礼部尚书冯琦上言："顷者皇上纳都给事中张问达之言，正李贽惑世诬民之罪，尽焚其所著书，其崇正辟邪，甚盛举也！臣窃惟国家以经术取士，自五经四书、二十一史、《通鉴》、《性理》诸书而外，不列于学官；而经书传注，又以宋儒所订者为准。此即古人罢黜百家、独尊孔氏之旨。自人文向盛，士习浸漓，始而厌薄平常，稍趋纤靡；纤靡不已，渐骛新奇；新奇不已，渐趋诡僻。始犹附诸子以立帜，今且尊二氏以操戈；背弃孔孟，非毁程朱，惟《南华》、西竺之语，是宗是竞。

以实为空，以空为实；以名教为桎梏，以纪纲为赘疣；以放言高论为神奇，以荡轶规矩、扫灭是非廉耻为广大。取佛书言心言性略相近者，窜入圣言；取圣经有'空'字、'无'字者，强同于禅教。语道既为舂驳，论文又不成章；世道溃于狂澜，经学几为榛莽。臣请坊间一切新说曲议，令地方官杂烧之；生员有引用佛书一句者，廪生停廪一月，增附不许帮补，三句以上降黜；中式墨卷，引用佛书一句者，勒停一科，不许会试，多者黜革。伏乞天语申饬，断在必行。自古有仙佛之世，圣学必不明，世运必不盛；即能实诣其极，亦与国家无益。何况袭咳唾之余，以自盖其名利之迹者乎？夫道术之分久矣，自西晋以来，于吾道之外，别为二氏；自南宋以来，于吾道之中，自分两歧。又其后，则取释氏之精蕴，而阴附于吾道之内；又其后，则尊释氏之法，而显出于吾道之外。非圣主执中，建极群工，一德同风，世运之流，未知所届。"上曰："祖宗维世立教，尊尚孔子；明经取士，表章宋儒。近日学者，不但非毁宋儒，渐至诋讥孔子，扫灭是非，荡弃行检，复安得节义忠孝之士，为朝廷用？览卿等奏，深于世教有裨，可开列条款奏来。仙佛原是异术，宜在山林独修，有好尚者，任其解官自便。"自此稍为厘正，然而旧染既深，不能尽涤；又在位之人，多以护惜士子科名为阴德，亦不甚摘发也。至于末年，诡僻弥甚。

新学之兴，人皆土苴六经，因而不读传注。崇祯三年，浙江乡试题"乂用明，俊民用章"，上文"岁月日时无易"，《传》曰："不失其时也。"第三名龚广生文，误以为历家一日十二时之时，而取冠本经，刻为程文。九年，应天乡试题"王请大之"至"文王一怒而安天下之民"，内有"以遏徂莒"，注曰："莒，《诗》作旅，众也。谓密人侵阮、徂、共之众也。"第二十三名周天一文，误以为《春秋》"莒人"之"莒"，亦得中式，部科不闻磨勘。诏令之不行至此！

朱子晚年定论

《宋史·陆九渊传》:"初,九渊尝与朱熹会鹅湖,论辩所学,多不合;及熹守南康,九渊访之,熹与至白鹿洞,九渊为讲'君子小人喻义利'一章,听者至有泣下。熹以为切中学者隐微深痼之病,至于无极而太极之辩,则贻书往来,论难不置焉。"

王文成所辑《朱子晚年定论》,今之学者多信之;不知当时罗文庄已尝与之书而辩之矣。其书曰:"详《朱子定论》之编,盖以其中岁以前所见未真,及晚年始克有悟;乃于其论学书牍三数十卷之内,摘此三十余条。其意皆主于向里者,以为得于既悟之余,而断其为定论,斯其所择宜亦精矣。第不知所谓'晚年'者,断以何年为定?偶考得何叔京氏,卒于淳熙乙未,时朱子年方四十有六;后二年丁酉,而《论孟集注》《或问》始成。今有取于答何书者四通,以为晚年定论。至于《集注》《或问》,则以为中年未定之说,窃恐考之欠详,而立论之太果也。又所取《答黄直卿》一书,监本止云此是向来差误,别无'定本'二字;今所编增此二字,而序中又变'定'字为'旧'字,却未详本字所指。朱子有《答吕东莱》一书,尝及定本之说,然非指《集注》《或问》也。凡此,愚皆不能无疑,顾犹未足深论;窃以执事天资绝世,而日新不已。向来恍若有悟之后,自以为证诸"五经""四子",沛然若决江河而放诸海;又以为精明的确,洞然无复可疑,某固信其非虚语也。然又以为独于朱子之说有相抵牾,揆之于理,容有是邪?他说固未敢请,尝读《朱子文集》,其第三十二卷,皆与张南轩答问书。内第四书,亦自以为其于实体似益精明,因复取凡圣贤之书,以及近世诸老先生之遗语读而验之,则又无一不合。盖平日所疑而未白者,今皆不待安排,往往自见洒落处，与执事之所自序者，无一语不相似也。书中发其所见，不为不明；而卷末一书，提纲振领，尤为详尽；窃以为千圣相传之心学，殆无以出此矣。不知何故独不为执事所取，无亦偶然也邪？若以此二书为然，则《论孟集注》、《学庸章句》《或问》，不容别有一般道理；如其以为未合，则是执事精明之见，决与朱子异矣。凡此三十余条者，不过姑取之以证成高论；而所谓'先得我心之所同然'者，安知不有毫厘之不同者，为崇于其间，以成抵牾之大隙哉？又执事于朱子之后，特推草庐吴氏，以为见之尤真，而取其一说，以附三十余条之后；窃以草庐晚年所见，端的与否，良未易知。盖吾儒昭昭之云，释氏亦每言之，毫厘之差，正在于此。即草庐所见，果有合于吾之所谓昭昭者，安知非其四十年间钻研文义之效，殆所谓真积力久而豁然贯通者也？盖虽以明道先生之高明纯粹，又备获亲炙于濂溪，以发其吟风弄月之趣，亦必反求诸六经而后得之；但其所禀，邻于生知，闻一以知十，与他人极力于钻研者不同耳。又安得以前日之钻研文义为非，而以堕此科臼为悔？夫得鱼忘筌，得兔忘蹄，可也；矜鱼兔之获，而反追咎筌蹄以为多事，其可乎哉？"

东莞陈建作《学蔀通辨》，取朱子年谱、行状、文集、语类，及与陆氏兄弟往来书札，逐年编辑而为之辩，曰："朱、陆早同晚异之实，二家谱集具载甚明。近世东山赵汸《对江右六君子策》，乃云：'朱子《答项平父书》，有"去短集长"之言。岂鹅湖之论，至是而有合邪？使其合并于晚岁，则其微言精义，必有契焉，而子静则既往矣。'此朱、陆早异晚同之说所萌芽也。程篁墩因之，乃著《道一编》，分朱、陆异同为三节；始焉如冰炭之相反，中焉则疑信之相半，终焉若辅车之相依。朱、陆早异晚同之说，于是乎成矣。王阳明因之，遂有《朱子晚年定论》之录；专取朱子议论与象山合者,与《道一编》辅车之说正相唱和矣。凡此皆颠倒早晚以弥缝陆学,而不顾矫诬朱子、诳误后学之深;故今编年以辩,而二家早晚之实,近儒颠倒之弊,举昭然矣。"

又曰:"朱子有朱子之定论,象山有象山之定论,不可强同。专务虚精,完养精神,此象山之定论也;主敬涵养以立其本,读书穷理以致其知,身体力行以践其实,三者交修并尽,此朱子之定论也。乃或专言涵养,或专言穷理,或止言力行,则朱子因人之教、因病之药也。今乃指专言涵养者为定论,以附合于象山,其诬朱子甚矣!"

又曰:"赵东山所云,盖求朱、陆生前无可同之实,而没后乃臆料其后会之必同;本欲安排早异晚同,乃至说成生异死同,可笑可笑!如此岂不适所以彰朱、陆平生之未尝同,适自彰其牵合欺人之弊?奈何近世咸信之而莫能察也!昔裴延龄掩有为无,指无为有,以欺人主;陆宣公谓其愚弄朝廷,甚于赵高指鹿为马。今篁墩辈分明掩有为无,指无为有,以欺弄后学,岂非吾道中之延龄哉?"

又曰:"昔韩绛、吕惠卿代王安石执政时,号绛为传法沙门,惠卿为护法善神。愚谓近日继陆学而兴者,王阳明是传法沙门,程篁墩则护法善神也。"

宛平孙承泽谓:"阳明所编,其意欲借朱子以攻朱子。且吾夫子以天纵之圣,不以生知自居,而曰'好古敏求',曰'多闻多见',曰'博文约礼',至老删述不休,犹欲假年学《易》。朱子一生效法孔子,进学必在致知,涵养必在主敬,德性在是,问学在是。如谬以朱子为支离、为晚悔,则是吾夫子所谓好古敏求、多闻多见、博文约礼,皆早年之支离,必如无言、无知、无能为晚年自悔之定论也。"

以此观之,则《晚年定论》之刻,真为阳明舞文之书矣!盖自弘治、正德之际,天下之士,厌常喜新,风气之变,已有所自来;而文成以绝世之资,倡其新说,鼓动海内。嘉靖以后,从王氏而诋朱子者,始接踵于人间。而王尚书发策,谓:"今之学者,偶有所窥,则欲尽发先儒之说而出其上;不学,则借一贯之言以文其陋;无行,则逃之性命之乡以使人不可诘。"此三言者,尽当日之情事矣。故王门高弟,为泰州、龙溪二人:泰州之学,一传而为颜山农,再传而为罗近溪、赵大洲;龙溪之学,一传而为何心隐,再传而为李卓吾、陶石篑。昔范武子论王弼、何晏二人之罪深于桀纣,以为一世之患轻,历代之害重,自丧之恶小,迷众之罪大。而苏子瞻谓李斯乱天下,至于焚书坑儒,皆出于其师荀卿高谈异论而不顾者也。《困知》之记,《学蔀》之编,固今日中流之砥柱矣!

《姑苏志》言:姚荣国著书一卷,名曰《道馀录》,专诋程朱。少师亡后,其友张洪谓人曰:"少师于我厚,今死矣,无以报之,每但见《道馀录》,辄为焚弃。"少师之才,不下于文成;而不能行其说者,少师当道德一、风俗同之日,而文成在世衰道微、邪说又作之时也。

嘉靖二年,会试发策,谓:"朱、陆之论,终以不合;而今之学者顾欲强而同之,岂乐彼之径便,而欲阴诋吾朱子之学与?究其用心,其与何澹、陈贾辈亦岂大相远与?至笔之简删,公肆诋訾,以求售其私见;礼官举祖宗朝故事,燔其书而同斥之,得无不可乎?"当日在朝之臣,有能持此论者,涓涓不塞,终为江河;有世道之责者,可无履霜坚冰之虑!

以一人而易天下,其流风至于百有余年之久者,古有之矣。王夷甫之清谈,王介甫之新说;其在于今,则王伯安之"良知"是也。孟子曰:"天下之生久矣,一治一乱。"拨乱世反之正,岂不在于后贤乎?

李　贽

《神宗实录》："万历三十年闰二月乙卯，礼科给事中张问达疏劾李贽：'壮岁为官，晚年削发；近又刻《藏书》《焚书》《卓吾大德》等书，流行海内，惑乱人心。以吕不韦、李园为智谋，以李斯为才力，以冯道为吏隐，以卓文君为善择佳耦，以秦始皇为千古一帝，以孔子之是非为不足据：狂诞悖戾，不可不毁。尤可恨者，寄居麻城，肆行不简；与无良辈挽游庵院，挟妓女白昼同浴，勾引士子妻女入庵讲法，至有携衾枕而宿者，一境如狂。又作《观音问》一书，所谓观音者，皆士人妻女也。后生小子喜其猖狂放肆，相率煽惑，至于明劫人财，强搂人妇，同于禽兽而不之恤。迩来搢绅士大夫亦有诵咒念佛，奉僧膜拜，手持数珠以为律戒，室悬妙像以为皈依，不知遵孔子家法而溺意于禅教沙门者，往往出矣。近闻贽且移至通州，通州距都下四十里；倘一入都门，招致蛊惑，又为麻城之续。望敕礼部檄行通州地方官，将李贽解发原籍治罪；仍檄行两畿及各布政司，将贽刊行诸书，并搜简其家未刻者，尽行烧毁，无令贻祸后生，世道幸甚。'得旨：'李贽敢倡乱道，惑世诬民，便令厂卫五城严拿治罪。其书籍已刻、未刻，令所在官司尽搜烧毁，不许存留；如有徒党曲庇私藏，该科道及各有司访奏治罪。'已而贽逮至，惧罪不食死。"

愚按：自古以来，小人之无忌惮，而敢于叛圣人者，莫甚于李贽；然虽奉严旨，而其书之行于人间自若也。天启五年九月，四川道御史王雅量疏："奉旨：李贽诸书，怪诞不经，命巡视衙门焚毁，不许坊间发卖，仍通行禁止。"而士大夫多喜其书，往往收藏，至今未灭。

钟　惺

钟惺，字伯敬，景陵人，万历庚戌进士。天启初，任福建提学副使，大通关节。丁父忧去职，尚挟姬妾，游武夷山，而后即路。巡抚南居益疏劾，有云："百度逾闲，五经扫地。化子衿为钱树，桃李堪羞；登驵侩于皋比，门墙成市。公然弃名教而不顾，甚至承亲讳而冶游。疑为病狂丧心，讵止文人无行。"坐是沉废于家，乃选历代之诗，名曰《诗归》，其书盛行于世。已而评《左传》，评《史记》，评《毛诗》，好行小慧，自立新说，天下之士，靡然从之；而论者遂忘其不孝、贪污之罪，且列之为文人矣。

余闻闽人言："学臣之鬻诸生，自伯敬始。"当时之学臣，其于伯敬，固当如茶肆之陆鸿渐，奉为利市之神，又何怪读其所选之诗，以为《风》《骚》再作者耶？其罪虽不及李贽，然亦败坏天下之一人。

举业至于抄佛书，讲学至于会男女，考试至于鬻生员，此皆一代之大变，不在王莽、安禄山、刘豫之下。故书其事于五经诸书之后。呜呼！"四维不张，国乃灭亡。"《管子》已先言之矣！

窃　书

汉人好以自作之书而托为古人，张霸"百二"《尚书》、卫宏《诗序》之类是也。晋以下人，则有以他人之书而窃为己作，郭象《庄子注》、何法盛《晋中兴书》之类是也。若有明一代之人，其所著书，无非窃盗而已！

《世说》曰："初，注《庄子》者数十家，莫能究其旨要；向秀于旧注外，为《解义》，妙析奇致，大畅玄风。唯《秋水》《至乐》二篇未竟而秀卒。秀子幼，《义》遂零落，然犹有别本。郭象者，为人薄行，有隽才，见《秀义》不传于世，遂窃以为己注。乃自注《秋水》《至乐》二篇，又易《马蹄》一篇，其余众篇，或定点文句而已。后《秀义》别本出，故今有向、郭二《庄》，其一义也。"今代之人，但有薄行而无隽才，不能通作者之意，其盗窃所成之书，必不如元本。名为"钝贼"，何辞？

《旧唐书》："姚班尝以其曾祖察所撰《汉书训纂》多为后注《汉书》者隐没名字，将为己说；班乃撰《汉书绍训》四十卷，以发明旧义，行于代。"吾读有明弘治以后经解之书，皆隐没古人名字，将为己说者也。

先生《抄书篇》曰："先祖曰：著书不如抄书。凡今人之学，必不及古人也；今人所见之书之博，必不及古人也。小子勉之，惟读书而已。"又曰："凡作书者，莫病乎其以前人之书改窜而为自作也。班孟坚改《史记》，必不如《史记》也；宋景文之改《旧唐书》，必不如《旧唐书》也；朱子之改《通鉴》，必不如《通鉴》也。至于今代，而著书之人几满天下，则有盗前人之书而为自作者矣。故得明人书百卷，不若得宋人书一卷也。"

勘　书

凡勘书，必用能读书之人。偶见《焦氏易林》旧刻，有曰"环绪倚鉏"，乃"环堵"之误，注云："绪疑当作珮。""井堙水刊"，乃"木刊"之误，注云："刊疑当作利。"失之远矣。幸其出于前人，虽不读书而犹遵守本文，不敢辄改。苟如近世之人，据臆改之，则文益晦、义益舛，而传之后日，虽有善读者，亦茫然无可寻求矣！然则今之坊刻，不择其人而委之雠勘，岂不为大害乎？

梁简文帝《长安道》诗："金椎抵长乐，复道向宜春。"是用《汉书·贾山传》："隐以金椎，树以青松，为驰道之丽，至于此。"《三辅决录》："长安十二门，三涂洞开，隐以金椎，周以林木，左出右入，为往来之径。"今误作"金槌"，而又改为"椎轮"。唐阎朝隐《送金城公主适西蕃》诗："还将贵公主，嫁与傉檀王。"是用《晋书·载记》"河西王秃发傉檀。"今误作"褥檀"，而又改为"褥毡"，比于"金根车"之改"金银"而又甚焉者矣！

《庄子》："婴儿生，无石师而能言。"一本作"所师"，盖魏晋以后，写书多有作草者，故以"所"而讹"石"也。

改　书

《东坡志林》曰："近世人轻以意改书，鄙浅之人，好恶多同，故从而和之者众；遂使古书日就讹舛，深可忿疾。孔子曰：'吾犹及史之阙文也。'自予少时，见前辈皆不敢轻改书，故蜀本大字书皆善本。"

《汉书·艺文志》曰："古者书必同文，不知则阙，问诸故老；至于衰世，是非无正，人用其私。故孔子曰：'吾犹及史之阙文也，今亡矣夫！'盖伤其寖不正。"是知穿凿之弊，自汉已然；故有行赂改兰台漆书，以合其私者矣。

万历间，人多好改窜古书。人心之邪，风气之变，自此而始。且如骆宾王《为徐敬业讨武氏檄》，本出《旧唐书》，其曰"伪临朝武氏"者，敬业起兵在光宅元年九月，武氏但临朝而未革命也。近刻古文改作"伪周武氏"，不察檄中所云"包藏祸心，睥睨神器",乃是未篡之时,故有是言。其时废中宗为庐陵王,而立相王为皇帝,故曰"君之爱子,幽之于别宫"也。不知其人,不论其世,而辄改其文;缪种流传,至今未已。又近日盛行《诗归》一书,尤为妄诞。魏文帝《短歌行》:"长吟永叹,思我圣考。"圣考,谓其父武帝也,改为"圣老";评之曰:"圣老字奇。"《旧唐书》李泌对肃宗言:"天后有四子,长曰太子宏,监国而仁明孝悌。天后方图称制,乃鸩杀之,以雍王贤为太子。贤自知不免,与二弟日侍于父母之侧,不敢明言,乃作《黄台瓜辞》,令乐工歌之,冀天后悟而哀愍。其辞曰:'种瓜黄台下,瓜熟子离离;一摘使瓜好,再摘使瓜稀,三摘犹尚可,四摘抱蔓归。'而太子贤终为天后所逐,死于黔中。"其言"四摘"者,以况四子也。以为非四之所能尽,而改为"摘绝",此皆不考古而肆臆之说,岂非小人而无忌惮者哉?

《易林》

《易林》疑是东汉以后人撰,而托之焦延寿者。延寿在昭、宣之世,其时《左氏》未立学官;今《易林》引《左氏》语甚多,又往往用《汉书》中事。如曰"彭离济东,迁之上庸",事在武帝元鼎元年;曰"长城既立,四夷宾服,交和结好,昭君是福",事在元帝竟宁元年;曰"火入井口,阳芒生角,犯历天门,窥见太微,登上玉床",似用《李寻传》语;曰"新作初陵,踊陷难登",似用成帝起昌陵事。又曰"刘季发怒,命灭子婴",又曰"大蛇当路,使季畏惧",则又非汉人所宜言也。

日知录节要卷三　考证

汉人注经

　　左氏解经，多不得圣人之意；元凯注传，必曲为之疏通，殆非也。郑康成则不然，其于二《礼》之经，及子夏之传，往往驳正。如《周礼·职方氏》："荆州其浸颍湛"，注云："颍水出阳城，宜属豫州，在此非也。""豫州其浸波溠"，注云："《春秋传》曰：'除道梁溠，军营临随。'则营宜属荆州，在此非也。"《仪礼·丧服篇》："唯子不报"，传曰："女子子适人者为其父母期，故云不报也。"注云："唯子不报，男女同不报尔；传以为主谓女子子，似失之矣。""女子子为祖父母"，传曰："何以期也？不敢降其祖也。"注云："经似在室，传似已嫁。""公妾以及士庶为其父母"，传曰："何以期也？妾不得体君，得为其父母遂也。"注云："然则女君有以尊降其父母者，与《春秋》之义，虽为天王后，犹曰吾季姜；是言子尊不加于父母，此传似误矣。"《士虞礼篇》"用尹祭"，注云："尹，祭脯也；大夫士礼无云脯者，今不言牲号而云尹祭，亦记者误矣。"于《礼记》则尤多置驳：如《檀弓篇》："齐穀王姬之丧，鲁庄公为之大功。"注云："当为舅之妻，非外祖母也，外祖母又小功也。""季子皋葬，其妻犯人之禾。"注云："恃宠虐民，非也。""叔仲衍请繐衰而环绖。"注云："弔服之经服其舅，非。"《月令篇》："孟夏之月，行赏封诸侯。"注云："《祭统》曰：'古者于禘也，发爵赐福，顺阳义也；于尝也，出田邑发秋政，顺阴义也。'今此行赏可也，而封诸侯则违于古。

封诸侯、出土地之事，于时未可，似失之。""断薄刑，决小罪。"注云："《祭统》曰：'草艾则墨，谓立秋后也。'刑无轻于墨者，今以纯阳之月断刑决罪，与毋有坏堕自相违，似非。""季夏之月，命渔师伐蛟，取鼍，登龟，取鼋。"注云："四者甲类，秋乃坚成。《周礼》曰：'秋献龟鱼。'又曰：'凡取龟，用秋时。'是夏之秋也。作《月令》者，以为此秋据周之时也；周之八月，夏之六月，因书于此，似误也。""孟秋之月，毋以封诸侯，立大官；毋以割地，行大使，出大币。"注云："古者，于尝出田邑，此其尝并秋，而禁封诸侯割地，失其义。"《郊特牲篇》"季春出火"，注云："言祭社，则此是仲春之礼也。仲春以火田，田止弊火，然后献禽，至季春火出而民乃用火；今云季春出火，乃《牧誓》社，记者误也。""郊之用辛也，周之始郊日以至。"注云："言日以周郊天之月而至，阳气新用事，顺之而用辛日，此说非也。郊天之月而日至，鲁礼也。三王之郊，一用夏正，鲁以无冬至祭天于圜丘之事，是以建子之月郊天，示先有事也。""尸，陈也。"注云："尸或诂为主。此尸神象，当从主训之。言陈，非也。"《明堂位篇》："夏后氏尚明水，殷尚礼，周尚酒。"注云："此皆其时之用耳，言'尚'，非。""君臣未尝相弑也，礼乐、刑法、政俗，未尝相变也。"注云："春秋时，鲁三君弑。又士之有诔由庄公始；妇人髽而吊始于台骀，云君臣未尝相弑，政俗未尝相变，亦近诬矣。"《杂记下》："或曰主之而附于夫之党。"注云："妻之党自主之，非也。""圭，子男五寸。"注云："子男执璧，作此赞者失之矣。"此其所驳，虽不正当，视杜氏之专阿《传》文，则不同矣。经注之中，可谓卓然者。

《论语》"子见南子"传，孔安国曰："行道既非妇人之事，而弟子不说，与之祝誓，义可疑焉。"此亦汉人疑经而不敢强通者也。

宋黄震言：杜预注《左氏》，独主《左氏》；何休注《公羊》，独主《公羊》；惟范宁不私于《穀梁》。而公言三家之失，如曰："《左氏》以鬻拳兵谏为爱君，是人主可得而胁也；以文公纳币为用礼，是居丧可得而昏也。《穀梁》以卫辄拒父为尊祖，是为子可得而叛也；不纳子纠为内恶，是仇雠可得而容也。《公羊》以祭仲废君为行权，是神器可得而阚也；妾母称夫人为合正，是嫡庶可得而齐也。"又曰："《左氏》艳而富，其失也诬；《穀梁》清而婉，其失也短；《公羊》辩而裁，其失也俗。"今考《集解》中纠《传》文者得六事："庄九年，公伐齐，纳纠。"传："当可纳而不纳，齐变而后伐，故乾时之战，不讳败，恶内也。"解曰："雠者无时而可与通，纵纳之迟晚，又不能全保雠子，何足以恶内乎？然则乾时之战不讳败，齐人取子纠杀之，皆不过其文，正书其事。内之大恶，不待贬绝，居然显矣。恶内之言，传或失之。""僖元年，公子友帅师败莒师于郦，获莒挐。"传："公子友谓莒挐曰：'吾二人不相说，士卒何罪，屏左右而相搏。'"解曰："江熙曰：经书败莒师，而传云二人相搏，则师不战何以得败？理自不通也。子所慎三，战居其一；季友令德之人，岂当舍三军之整，佻身独斗，潜刃相害，以决胜负者哉？此又事之不然，传或失之。""僖十四年，季姬及缯子遇于防，使缯子来朝。"传："遇者，同谋也。"解曰："鲁女无故远会诸侯，遂得淫通，此又事之不然。《左传》曰：'缯季姬来宁，公怒之。'以缯子不朝，遇于防而使来朝，此近合人情。""襄十一年，作三军。"传："古者天子六师，诸侯一军，作三军，非正也。"解曰："《周礼》《司马法》：王六军，大国三军，次国二军，小国一军；总云诸侯一军，又非制也。""昭十一年，楚子虔诱蔡侯般，杀之于申"。传："夷狄之君，诱中国之君而杀之，故谨而名之也。"解曰："蔡侯般弑父之贼，此人伦之所不容，王诛之所必加；礼，凡在官者杀无赦,岂得恶楚子杀般乎?若谓夷狄之君,不得行礼于中国者;礼既不通,事又不然。""宣十一年,楚人杀陈,夏征舒不言入。"传曰:"明楚之讨有罪也。似若上下违反不两立之说。""哀二年,晋赵鞅帅师纳卫世子蒯聩于戚。"传:"纳者,内弗受也;何用弗受也?以辄不受也。以辄不受父之命,受之王命也。信父而辞王父,则是不尊王父也;其弗受,以尊王父也。"解曰:"江熙曰:齐景公废世子,世子还国书纂;若灵公废蒯聩立辄,则蒯聩不得复称曩日世子也,称蒯聩为世子,则灵公不命辄审矣。此矛楯之喻也。然则从王父之言,传似失矣。经云'纳卫世子','郑世子忽复归于郑',称世子,明正也;明正则拒之者非邪?"以上皆纠正传文之失。

宋吴元美作《吴缜〈新唐书纠谬〉序》曰:"唐人称杜征南、颜秘书为左丘明、班孟坚忠臣,今观其推广发明二子,信有功矣!至班、左语意乖戾处,往往曲为说以附会之,安在其为忠也?今吴君于欧、宋大手笔,乃能纠谬纂误,力裨前阙,殆晏子所谓'献可替否,和而不同'者,此其忠何如哉?然则唐人之论忠也陋矣!"可谓卓识之言。

注疏中引书之误

《尔雅·释山》:"多草木岵,无草木峐;石戴土谓之崔嵬,土戴石为岨。"毛传引之,互相反。郑康成笺《诗·采蘩》,引《少牢馈食礼》"主妇被裼",误作《礼记》;《皇矣》引《左传》"郑公子突,使勇而无刚者尝寇而速去之","晋士会若使轻者肆焉其可",误合为一事。注《周礼·大司徒》引《左传·成二年》"先王疆理天下",误作"吾子强理天下",引《诗》"锡之山川,土田附庸",误作"土地";《射人》引《射义》"明乎其节之志,以不失其事，则功成而德行立"，误作《乐记》；《县士》引《左传》"韩襄为公族大夫"，误作"韩须"；注《礼记·月令》引《夏小正》"八月，丹鸟羞白鸟"，误作"九月"；引《诗》"称彼兕觥，万寿无疆"，误作"受福无疆"。范武子解《穀梁传·庄十八年》，引《玉藻》"天子玄冕而朝日于东门之外"，误作《王制》。郭景纯注《尔雅》，引《孟子》"止或尼之"，误作"行或尼之"；引《易》"巩用黄牛之革"，"固志也"，误以《革》《遯》二爻合为一传。韦昭《国语》注"公父文伯母赋《绿衣》之三章"，误引"四章"。高诱《淮南子》注，引《诗》"鼍鼓逢逢"，误作"鼍鼓洋洋"。孔颖达《左传·文十八年》正义引《孟子》"柳下惠，圣之和者也"，误作"伊尹，圣人之和者也"。苏轼《书传·伊训》引《孟子》"从流下而忘反，谓之流"，误作"从流上而忘反，谓之游"。朱震《易传·井》大象引《诗》"维此哲人，谓我劬劳"，误作"知我者，谓我劬劳"。赵汝楳《易辑闻·蹇》大象引《孟子》"我必不仁，我必无礼"，误作"我必不仁不义"。朱元晦《中庸章句》，引《诗》"后稷之孙，实维大王，居岐之阳，实始翦商"，误作"至于大王"；《诗集传·闵予小子》引《楚辞》"三公穆穆，登降堂只"，误作"三公揖让"。

朱子注《论语》："夏曰瑚，商曰琏。"此仍古注之误。《记》曰："夏后氏之四琏，殷之六瑚。"是夏曰琏、商曰瑚也。《享礼》注引"发气满容"，今《仪礼》文作"发气焉盈容"。汉人避惠帝讳，"盈"之字曰"满"，此当改而不改也。

《孟子》"有为神农之言"注："史迁所谓农家者流也。"仁山金氏曰："太史公《六家同异》无农家，班固《艺文志》分九流，始有农家者流。《集注》偶误，未及改。"

杨用修言："朱子《周易本义》引《韩非子》'参之以比伍，物之以合虚'，误以'合虚'为'合参'。原其故，乃自《荀子》

注中引来，不自《韩非子》采出也。"按：伍所以合参，安得谓之合虚？乃今《韩非子》本误。

姓氏之误

《穀梁传》：隐九年，"天王使南季来聘。南，氏姓也；季，字也"。南非姓，"姓"字衍文。桓二年，"及其大夫孔父。孔氏，父字谥也"。父非谥，"谥"字衍文。

《诗·白华》笺："褒姒，褒人所入之女。姒，其字也。""字"当作"姓"，此康成之误。孔氏曰："褒国，姒姓，言姒其字者，妇人因姓为字也。"乃是曲为之解耳。

朱子注《论语》《孟子》，如太公姜姓吕氏、名尚，其别姓氏甚明；至子夏，孔子弟子，姓卜、名商；子禽，姓陈、名亢；子贡，姓端木、名赐；子文，姓斗、名穀於菟之类，皆以氏为姓。齐宣王姓田氏，名辟疆，则并姓、氏而为一矣。岂承昔人之误而未之正与？

《左传》注

隐五年，"使曼伯与子元潜军军其后"，按：子元疑即厉公之字；昭十一年，申无宇之言曰："郑庄公城栎而寘子元焉，使昭公不立。"杜以为别是一人。厉公因之以杀曼伯，而取栎，非也。盖庄公在时，即以栎为子元之邑，如重耳之蒲、夷吾之屈，故厉公于出奔之后取之特易，而曼伯则为昭公守栎者也。九年，"公子突请为三覆以败戎"，桓五年，"子元请为二拒以败王师"，固即厉公一人，而或称名、或称字耳。合三事言之，可以知厉公之才略，而又资之以虢邑，能无篡国乎？十一年，"立桓公而讨蒍氏，有死者"，言非有名位之人，盖微者尔。如司马昭族成济之类，解曰："欲以弑君之罪加蔫氏，而复不能正法诛之。"非也。

桓二年，"孔父嘉为司马"，杜氏以孔父名而嘉字，非也，孔父字而嘉其名。按《家语·本姓篇》曰："宋愍公熙生弗父何，何生宋父周，周生世子胜，胜生正考父，考父生孔父嘉，其后以孔为氏。"然则仲尼氏孔，正以王父之字，而楚成嘉、郑公子嘉皆字氏孔，亦其证也。

郑康成注《士丧礼》曰："某甫，字也；若言由甫、孔甫。"是亦以孔父为字。刘原父以为己名其君于上，则不得字其臣于下。窃意春秋诸侯卒必书名，而大夫则命卿称字，无生卒之别，亦未尝以名字为尊卑之分。

桓十一年，郑伯嘉生卒，葬郑庄公夫人执郑祭仲。十七年，蔡侯封人卒，蔡季自陈归于蔡；名其君于上，字其臣于下也。昭二十二年，刘子单子以王猛入于王城。二十三年，尹氏立王子朝；二十六年，尹氏、召伯、毛伯以王子朝奔楚。得其臣于上，名其君于下也。然则"孔父"当亦其字，而学者之疑，可以涣然释矣。

君之名，变也；命卿之书字，常也。重王命，亦所以尊君也。

"其弟以千亩之战生。"解曰："西河、介休县南，有地名千亩。"非也。穆侯时，晋境不得至介休。按《史记·赵世家》："周宣王伐戎，及千亩战。"《正义》曰："《括地志》云：千亩原在晋州岳阳县北九十里。"

五年，"蔡人，卫人，陈人，从王伐郑"。解曰："王师败，不书，不以告。"非也。王师败，不书，不可书也，为尊者讳。

六年，"不以国"。解曰："国君之子，不自以本国为名。"焉有君之子而自名其国者乎？谓以列国为名，若定公名宋、哀公名蒋。

八年，"楚人上左，君必左，无与王遇"。解曰："君，楚君也。"愚谓君谓随侯，王谓楚王，两军相对；随之左，当楚之右。言楚师左坚右瑕，君当在左以攻楚之右师。

十二年，"及齐侯、宋公、卫侯、燕人战，齐师、宋师、卫师、燕师，败绩"。解曰："或称人，或称师，史异辞也。"愚谓燕独称人，其君不在师。

庄十二年，"萧叔大心"。解曰："叔萧，大夫名。"按：大心当是其名，而叔其字，亦非萧大夫也。二十三年，"萧叔朝公"。解曰："萧，附萧国。叔，名。"按《唐书·宰相世系表》云："宋戴公生子衍，字乐父，裔孙大心，平南宫长万有功，封于萧，以为附庸，今徐州萧县是也。其后楚灭萧。"

十四年，"庄公之子犹有八人"。解："庄公子，传惟见四人：子忽、子亹、子仪并死，独厉公在；八人名字，记传无闻。"按：犹有八人者，除此四人之外，尚有八人见在也。桓十四年，"郑伯使其弟语来盟"，传称其字曰"子人"，亦其一也。

二十二年，"山岳则配天"。解曰："得太岳之权，则有配天之大功。"非也。《诗》曰："崧高维岳，峻极于天。"言天之高大，惟山岳足以配之。

二十五年夏六月，"辛未朔，日有食之；鼓用牲于社，非常也"。惟正月之朔，应未作日有食之，于是乎用币于社，伐鼓于朝。周之六月，夏之四月，所谓正月之期也，然则此其常也，而曰非常者何？盖不鼓于朝而鼓于社，不用币而用牲，此所以谓之非常礼也。杜氏不得其说，而曰以长历推之，是年失闰；辛未，实七月朔，非六月也。此则咎在司历，不当责其伐鼓矣。又按："唯正月之朔"以下，乃昭十七年，季平子之言，今载于此，或恐有误。

僖四年,"昭王南征而不复,寡人是问"。解曰:"不知其故而问之。"非也。盖齐侯以为楚罪而问之,然昭王五十一年南征,不复至;今惠王二十一年,计三百四十七年,此则孔文举所谓丁零盗苏武牛羊,可并案者也。

五年,"太伯不从"。不从者,谓太伯不在太王之侧尔。《史记》述此文曰:"太伯虞仲,太王之子也;太伯亡去,是以不嗣。"以亡去为不从,其义甚明。杜氏误以不从父命为解,而后儒遂傅合《鲁颂》之文,谓太王有翦商之志,太伯不从;此与秦桧之言"莫须有"者,何以异哉?

六年,"围新密,郑所以不时城也",实密,而经云新城,故传释之,以为郑惧齐而新筑城,因谓之新城也。解曰:"郑以非时兴土功,故齐桓声其罪以告诸侯。"夫罪孰大于逃盟者?而但责其非时兴土功,不亦细乎?且上文固曰"以其逃首止之盟故也",则不烦添此一节矣。

十五年,"涉河,侯车败"。解曰:"秦伯之军涉河,则晋侯车败。"非也。秦师及韩晋尚未出,何得言晋侯车败?当是秦伯之车败,故穆公以为不祥而诘之耳。此二句乃是实,非卜人之言。若下文所云"不败何待",则谓晋败。古人用字,自不相蒙。

"三败及韩",当依《正义》引刘炫之说,是秦伯之车三败。及韩在涉河之后,此韩在河东,故曰:"寇深矣。"《史记正义》引《括地志》云:"韩原在同州韩城县西南。"非也。杜氏解但云"韩,晋地",却有斟酌。

十八年,"狄师还"。解曰:"邢留距卫。"非也。狄强而邢弱,邢从于狄而伐者也。言狄师还,则邢可知矣。其下年,"卫人伐邢",盖惮狄之强不敢伐,而独用师于邢也。解曰:"邢不速退,所以独见伐。"亦非。

二十二年,"大司马固谏曰"。解曰:"大司马固,庄公之孙公孙固也。"非也。大司马即司马子鱼。固谏，坚辞以谏也。隐三年，言召大司马孔父而属殇公焉，桓二年，言孔父嘉为司马，知大司马即司马也。文八年，上言杀大司马公子卬，下言司马握节以死，知大司马即司马也。定十年，"公若藐固谏曰"，知固谏之为坚辞以谏也。

二十四年，"晋侯求之不获，以绵上为之田"。盖之推既隐，求之不得，未几而死，故以田禄其子尔。《楚辞·九章》云："思久故之亲身兮，因缟素而哭之。"明文公在时，之推已死。《史记》则云："闻其入绵上山中，于是环绵山上中而封之，以为介推田，号曰介山。"然则受此田者何人乎？于义有所不通矣。

二十三年，"晋人及姜戎败秦师于殽"。解曰："不同陈，故言及。"非也；"及"者，殊戎翟之辞。

文元年，"于是闰三月，非礼也"。古人以闰为岁之余，凡置闰必在十二月之后，故曰"归馀于终"。考经文之书，闰月者皆在岁末；文公六年闰月不告月，犹朝于庙，哀公五年闰月葬齐景公，是也。而《左传》成公十七年、襄公九年、哀公十五年，皆有闰月，亦并在岁末。又经传之文，凡闰不言其月者，言闰即岁之终可知也。今鲁改历法，置闰在三月，故为非礼。《汉书·律历志》曰"鲁历不正，以闰余一之岁为蔀首"是也。又按：《汉书·高帝纪》"后九月"，师古曰："秦之历法，应置闰者，总致之于岁末。盖取《左传》所谓"归馀于终"之意。何以明之？据《汉书·表》及《史记》，汉末改秦历之前屡书'后九月'，是知历法故然。"

二年，"陈侯为卫请成于晋，执孔达以说"。此即上文所谓我辞之者也，解谓晋不听而变计者，非。

三年，"雨螽于宋"。解曰："宋人以螽死为得天祐，喜而来告，故书。"夫陨石鹢退，非喜而来告也。

七年,"宣子与诸大夫皆患穆嬴且畏偪"。解曰:"畏国人以大义来偪己。"非也;畏穆嬴之倡也,以君夫人之尊故。

十三年,"文子赋《四月》"。解曰:"不欲还晋。"以传考之,但云成二国,不言公复还晋。《四月》之诗,当取乱离瘼矣,维以告哀之意尔。

宣十二年,"宵济,亦终夜有声"。解曰:"言其兵众,将不能用。"非也。言其军器,无复部伍。

成六年,"韩献子将新中军,且为仆大夫"。必言仆大夫者,以君之亲臣,故独令之从公而入寝庭也,解未及。大夫,如王之太仆,掌内朝之事。

十六年,"邲之师,荀伯不复从"。解曰:"荀林父奔走,不复故道。"非也,谓不复从事于楚。

"子在君侧,败者壹大。我不如子,子以君免。"败者壹大,恐君之不免也。我不如子,子之才能以君免也。解谓君大崩为壹大,及御与车右不同者,非。

襄四年,"有穷由是遂亡"。解曰:"浞因羿室不改有穷之号。"非也。哀元年,称有过浇矣;此特承上死于穷门而言,以结所引《夏训》之文尔。

十年,"郑皇耳帅师侵卫,楚令也"。犹云从楚之盟故也。解谓"亦兼受楚之敕命"者,非。

十一年,"政将及子,子必不能"。解谓:"鲁次国而为大国之制,贡赋必重,故忧不堪。"非也。言鲁国之政,将归于季孙,以一军之征而供霸国之政令,将有所不给,则必改作;其后四分公室,而季氏择二,盖亦不得已之计,叔孙固已豫见之矣。

十八年,"堙防门而守之广里"。解曰:"故经书'围'。"非也。围者,围齐也,非围防门也。

二十一年,"得罪于王之守臣"。守臣谓晋侯。《玉藻》"诸侯之于天子曰某土之守臣某"是也。解以为范宣子，非。

二十三年，"礼为邻国阙"。解曰："礼，诸侯绝期，故以邻国责之。"非也。杞孝公，晋平公之舅，尊同不降，当服缌麻三月，言邻国之丧且犹彻乐，而况于母之兄弟乎？

二十八年，"陈文子谓桓子曰：'祸将作矣，吾其何得？'对曰：'得庆氏之木百车于庄。'文子曰：'可慎守也已。'"解曰："善其不志于货财。"非也。邵国贤曰："此陈氏父子为隐语以相谕也。"愚谓：木者，作室之良材；庄者，国中之要路，言将代之执齐国之权。

三十一年，"我问师故"。问齐人用师之故。解曰："鲁以师往。"非。

昭五年，"民食于他"。解曰："鲁君与民无异，谓仰食于三家。"非也。夫民生于三而君食之，今民食于三家而不知有君，是昭公无养民之政可知矣。

八年，"舆嬖、袁克，杀马毁玉以葬"。解以舆为众，及谓欲以非礼厚葬哀公，皆非也；舆嬖，嬖大夫也，言舆者掌君之乘车，如晋七舆大夫之类。马，陈侯所乘；玉，陈侯所佩。杀马毁玉，不欲使楚人得之。

十年，"弃德旷宗"，谓使其宗庙旷而不祀。解曰："旷，空也。"未当。

十二年，"子产相郑伯，辞于享，请免丧而后听命，礼也"。子产能守丧制，晋人不夺，皆为合礼，解但得其一偏。

十五年，"福祚之不登，叔父焉在"？言忘其彝器。是福祚之不登，恶在其为叔父乎？解以为"福祚不在叔父，当复在谁"者，非。

十七年，"夫子将有异志，不君君矣"。日者，人君之表，不救日食，是有无君之心，解以为"安君之灾"者，非。

十八年,"振除火灾"。振如"振衣"之振,犹火之着于衣,振之则去也。解以振为"弃",未当。"郑有他竟,望走在晋。"言郑有他竟之忧也,解谓"虽与他国为竟"者,非。

二十三年,"先君之力可济也"。先君,谓周之先王。《书》言"昔我先君文王、武王"是也。解以为"刘贫之父献公",非。

二十七年,"事君如在国"。当时诸侯出奔,其国即别立一君,惟鲁不敢,故昭公虽在外,而意如犹以君礼事之。范鞅所言,正为此也。解以为"书公行,告公至",谬矣!

三十二年,"越得岁而吴伐之,必受其凶"。解曰:"星纪,吴、越之分也;岁星所在,其国有福,吴先用兵,故反受其殃。"非也。吴越虽同星纪,而所入宿度不同,故岁独在越。

定五年,"卒于房"。房疑即"防"字,古"阝"字作"阜",脱其下而为"房"字,汉《仙人唐公房碑》可证也。《汉书》"汝南郡吴房",孟康曰:"本房子国。"而《史记·项羽纪》封阳武为吴防侯,字亦作防。

哀六年,"出莱门而告之故"。解曰:"鲁,郭门也。"按定九年,解曰:"莱门,阳关邑门。"

十一年,"为王孙氏",传终言之,亦犹夫概王奔楚为堂溪氏也。解曰:"改姓欲以辟吴祸。"非。

凡邵、陆、傅三先生之所已辩者,不录。

《考工记》注

《考工记·轮人》注:"郑司农云:掣读为纷容掣参之掣。"《正义》曰:"此盖有文,今检未得。"今按司马相如《上林赋》云:"纷溶萷蔘,猗狔从风。"字作萷,音萧,而上文"既建而迤,崇于轸四尺"注:"郑司农云:迤读为倚移从风之移。"《正义》则曰:"引司马相如《上林赋》。疏其下句,忘其上句";盖诸儒疏义,不出一人之手。

《尔雅》注

《尔雅·释诂篇》:"梏,直也。"古人以觉为梏。《礼记·缁衣》引《诗》"有觉德行"作"有梏德行",注未引。

《释言篇》:"邮,过也。"注:"道路所经过,是以为邮传之邮。"恐非。古人以"尤"为"邮"。《诗·宾之初筵》"是日既醉,不知其邮",《礼记·王制》"邮罚丽于事",《国语》"夫邮而效之,邮又甚焉",《家语》"苫而麛裘,投之无邮",《汉书·成帝纪》"天著变异,以显朕邮",《五行志》"后妾当有失节之邮",《贾谊传》"般纷纷其离此邮兮,亦夫子之故也",《谷永传》"卦气悖乱,咎征著邮",《外戚传》班健仔赋"犹被覆载之厚德兮,不废捐于罪邮",《叙传》"讥苑扦偃,正谏举邮",皆是"过失"之义。《列子》"鲁之君子,迷之邮者",则又以为"过甚"之义。

《国语》注

《国语》之言"高高下下"者二。周太子晋谏灵王曰:"四岳佐禹,高高下下;疏川道滞,钟水丰物。"谓不堕高、不堙卑,顺其自然之性也。申胥谏吴王曰:"高高下下,以罢民于姑苏。"谓台益增而高、池益浚而深,以竭民之力也。语同而意则异。

"昔在有虞,有崇伯鲧"。据下文"尧用殛之于羽山",当言"有唐",而曰"有虞"者,以其事载于《虞书》。

"至于九月，王召范蠡而问焉"。注云："鲁哀公十六年九月。"非也。当云鲁哀公十六年十一月，夏之九月。

《楚辞》注

《九章·惜往日》："甘溘死而流亡兮，恐祸殃之有再。"注谓"罪及父母与亲属者"，非也。盖怀王以不听屈原而召齐（秦）祸，今顷襄王复听上官大夫之谮，而迁之江南。一身不足惜，其如社稷何！《史记》所云"楚日以削，数十年竟为秦所灭"，即原所谓"祸殃之有再"者也。

《大招》："青春受谢。"注以谢为去，未明。按古人读谢为序，《仪礼·乡射礼》"豫则钩楹内"注："豫读如成周宣榭之榭，《周礼》作'序'。"《孟子》："序者，射也。"谓四时之序，终则有始，而春受之尔。

《九思》："思丁文兮圣明哲，哀平差兮迷谬愚；吕傅举兮殷周兴，忌嚣专兮郢吴虚！"此援古贤不肖君臣各二，丁谓商宗武丁，举傅说者也。注以丁为当，非。

《荀子》注

《荀子》："案角鹿埵陇种东笼而退耳。"注云："其义未详，盖皆摧败披靡之貌。"今考之《旧唐书·窦轨传》，高社谓轨曰："公之入蜀，车骑骠骑，从者二十人，为公所斩略尽；我陇种车骑，未足给公。"《北史·李穆传》："芒山之战，周文帝马中流矢，惊逸坠地；穆下马，以策击周文背，骂曰：'笼冻军士，尔曹主何在？尔独住此？'"盖周隋时人，尚有此语。

《淮南子》注

《淮南子·诠言训》："羿死于桃棓。"注云："棓，大杖，以桃木为之，以击杀羿；自是以来，鬼畏桃也。"《说山训》："羿死，桃部不给射。"注云："桃部，地名。"按"部"即"棓"字，一人注书而前后不同若此。

《史记》注

《秦始皇纪》："五百石以下，不临，迁，勿夺爵。"五百石以下，秩卑任浅，故但迁而不夺爵。其六百石以上之不临者，亦迁而不夺爵也。史文简古，兼二事为一条。"山鬼固不过知一岁事也。"其时已秋，岁将尽矣；今年不验，则不验矣。山鬼岂能知来年之事哉？退言曰：祖龙者，人之先也；谓称祖乃亡者之辞，无与我也，皆恶言死之意。始皇崩于沙丘，乃又从井陉抵九原，然后从直道以至咸阳；回绕三四千里而归者，盖始皇先使蒙恬通道，自九原抵甘泉，堑山堙谷千八百里，若径归咸阳，不果行游，恐人疑揣，故载辒辌而北行，但欲以欺天下。虽君父之尸，臭腐车中而不顾，亦残忍无人心之极矣！

《项羽纪》："搏牛之蝱，不可以破虮虱。"言蝱之大者能搏牛而不能破虱。喻巨鹿城小而坚，秦不能卒破。鸿门之会，沛公但称羽为将军，而樊哙则称大王，其时羽未王也。张良曰："谁为大王画此计者？"其时沛公亦未王也。此皆臣下尊奉之辞，史家因而书之，今百世之下，辞气宛然如见。又如黄歇上秦昭王书，"先帝文王、武王"。其时秦亦未帝，必以书法裁之，此不达古今者矣。"背关怀楚"，谓舍关中形胜之地，而都彭城；如师古之解，乃背约，非背关也。古人谓倍为二：秦得百二，言百倍也；齐得十二，言十倍也。

《孝文纪》"天下人民，未有嗛志"，与《乐毅传》"先王以为嗛于志"同，皆厌足之意。《荀子》"惆然不嗛"，又曰"由俗谓之道尽嗛也"，又曰"向万物之美而不能嗛也"，又曰"不自嗛其行者言滥过"；《战国策》"齐桓公夜半不嗛"，又曰"膳啖之嗛于口"，并是"慊"字而误从口。《大学》"此之谓自谦"，亦"慊"字而误从言。《吕氏春秋》"苟可以傔剂貌辨者，吾无辞为也"，亦慊字而误从人。

"三年，复晋阳中都民三岁。"《正义》曰："晋阳故城在汾州平遥县西南。"此当言中都故城在汾州平遥县西南，言晋阳，误也。"文帝前后死，窦氏，妾也。"诸侯皆同姓，谓无甥舅之国可致，《索隐》解，非。"十一月晦，日有食之。"《汉书》多有食晦者，益置朔参差之失；其云"十二月望日又食"，此当作月耳。"民或祝诅上，以相约结，而后相谩"。谓先共祝诅，已而欺负乃相告言也。故诏令若此者勿听治。注并非。

《孝武纪》："其后三年，有司言元宜以天瑞命，不宜以一二数。一元曰建元，二元以长星曰元光，三元以郊得角兽一曰元狩云。"是建元、元光之号，皆自从追为之，而武帝即位之初，亦但如文、景之元，尚未有年号也。

《天官书》"疾其对国"，谓"所对之国"。如《汉书·五行志》所谓"岁在寿星，其冲降娄。"《左氏传·襄二十八年》："岁弃其次，而旅于明年之次，以害鸟帑，周楚恶之。"杜氏解谓"失次于北，祸冲在南"者也。"四始者，候之日。"谓岁始也。冬至日也，腊明日也，立春日也；《正义》专指正月旦，非也。"星陨如雨"，乃宋闵公之五年，言襄公者，史文之误；《正义》以"僖公十五年陨石于宋五"注之，非也。

《封禅书》:"成山斗入海。"谓斜曲入之如斗柄然,古人语也。《匈奴传》"汉亦弃上谷之斗辟县造阳地以予胡",又云"匈奴有斗入汉地,直张掖郡"。

"各以胜日驾车辟恶鬼。"胜日谓五行相克之日也,《索隐》非。

"天子病鼎湖甚。"湖,当作"胡";鼎湖,宫名。《汉书·扬雄传》"南至宜春鼎湖,御宿昆吾"是也。

故卒起幸甘泉,而行右内史界;《索隐》以为"湖县在今之阌乡;绝远,且无行宫"。

"唯受命而帝者,心知其意而合德焉。"按:此即谓武帝,服虔以为高祖,非。

"奉车子侯暴病,一日死。"死于海上,非死于泰山下也。《索隐》所引《新论》之言,殊谬。

《河渠书》:"引洛水至商颜下。"服虔曰:"颜音崖。"崖当作"岸"。《汉书·古今人表》屠岸贾作"屠颜贾"是也。师古注谓山领象人之颜额者,非;其指商山者,尤非。刘攽已辩之。

《卫世家》:"顷侯厚赂周夷王,夷王命卫为侯。"是顷侯以前之称伯者乃"伯子男"之伯也。《索隐》以为"方伯"之伯,虽有《诗序》"旄丘责卫伯"之文可据,然非太史公意也,且古亦无以方伯之伯而系谥者。

《楚世家》:"武王使随人请王室尊吾号,王弗听,还报楚,楚王怒,乃自立,为楚为武王。""乃自立"为一句,"为楚武王"为一句,盖言自立为王,后谥为武王耳。古文简,故连属言之。如《管蔡世家》:"楚公子围弑其王郏敖而自立,为灵王。"《卫世家》《郑世家》皆云:"楚公子弃疾炫(弑)灵王自立,为平王。"《司马穰苴传》:"至常曾孙和因自立,为齐威王。"又如《韩世家》:"晋作六卿,而韩厥在一卿之位,号为献子。"与此文势正同。刘炫云号为武,武非谥也,此说凿矣。项梁立楚怀王孙心为楚怀王,尉佗自立为南越武帝,此后世事尔。"西起秦患,北绝齐交,则两国之兵必至。"此两国,即谓秦、齐也。《索隐》以为韩、魏,非也。

《越世家》:"乃发习流二千。"习流谓士卒中之善泅者,别为一军。《索隐》乃曰"流放之罪人",非也。庾信《哀江南赋》:"彼锯牙而钩爪,又巡江而习流。""不者且得罪",言欲兵之。

《赵世家》:"吾有所见子晰也。"晰者,分明之意。《易·大有》象传:"明辨,晳也。"即此字,音折,又音制。《索隐》误以为"郑子晳"之晳。

《魏世家》:"王之使者出过,而恶安陵氏于秦。"安陵氏,魏之别封,盖魏王之使过安陵,有所不快而毁之于秦也。

《孔子世家》:"余低回留之不能去云。"按《玉篇·彳部》:"彽,除矶切,彽徊,犹俳徊也。"然则字本当作"彽徊",省为"低回"耳。今读为"高低"之低,失之。《楚辞·九章·抽思》:"低徊夷犹宿北姑兮。""低"一作"俳"。

《绛侯世家》:"此不足君所乎?"谓此岂不满君意乎?盖必绛侯辞色之间露其不平之意,故帝有此言,而绛侯免冠谢也。"建德代侯,坐酎金不善;元鼎五年,有罪国除。"当云"元鼎五年,坐酎金不善,国除",衍"有罪"二字。

《梁孝王世家》:"乘布车。"谓微服而行,使人不知耳;无降服自比丧人之意。

《伯夷传》:"其重若彼。"谓俗人之重富贵也;"其轻若此",谓清士之轻富贵也。

《管晏传》:"方晏子伏庄公尸哭之,成礼然后去;岂所谓见义不为无勇者邪?"此言晏子之勇于为义也。古人著书,引成语而反其意者多矣。《左传·僖九年》:"君子曰:《诗》所谓'白圭之玷，尚可磨也；斯言之玷，不可为也。'荀息有焉。"言荀息之能不玷其言也。后人持论过高，以荀息赞献公立少为失言，以晏子不讨崔杼为无勇，非左氏、太史公之指。

《孙膑传》"重射"，谓以千金射也；《索隐》解以为好射，非。"批亢捣虚"，《索隐》曰："亢，言敌人相亢拒也。"非也。此与《刘敬传》"扼其肮"之"肮"同。张晏曰："喉咙也。"下文所谓"据其要路"是也。以敌人所不及备，故谓之虚。

《苏秦传》："前有楼阙轩辕。"当作"轩县"。《周礼·小胥》："正乐县之位，王宫县诸侯轩县。"注谓："轩县者，阙其南面。""殊而走"。《说文系传》曰："断绝分析曰殊。"谓断支体而未及死。

《樗里子传》："今伐蒲，入于魏，卫必折而从之。"此文误，当依《索隐》所引《战国策》文为正。

《甘茂传》："其居于秦，累世重矣。"谓历事惠王、武王、昭王。

《孟子荀卿传》："始也滥耳。"滥者，泛而无节之谓，犹《庄子》之洸洋自恣也。注引滥觞之义，以为"初"者，非。"傥亦有牛鼎之意乎？"谓伊尹负鼎、百里奚饭牛之意；藉此说以干时，非有仲尼、孟子守正不阿之论也。

《孟尝君传》："婴卒，谥为靖郭君。"以号为谥，犹之以氏为姓，皆汉初时人语也。《吕不韦传》"谥为帝太后"，与此同。王褒《赋》"幸得谥为洞箫兮"，亦是作号字用。

《平原君传》："非以君为有功也而以国人无勋。"当作一句读，言非国人无功而不封，君独有功而封也。

《信陵君传》："如姬资之三年。"谓以资财求客报仇。"徒豪举耳"，谓特貌为豪杰举动，非真欲求有用之士也。

《蔡泽传》："岂道德之符而圣人所谓吉祥善事者与？""岂"

下当有"非"字。

《乐毅传》:"室有语,不相尽,以告邻里。"谓一室之中,有不和之语,乃不自相规劝,而告之邻里,此为情之薄矣。《正义》谓"必告"者,非。

《鲁仲连传》:"邹鲁之臣,生则不得事养,死则不得赙襚。"谓二国贫小,生死之礼不备。《索隐》谓"君弱臣强"者,非。"楚攻齐之南阳"。南阳者,泰山之阳;《孟子》:"一战胜齐,遂有南阳。"

《贾生传》:"斡弃周鼎兮而宝康瓠。"应劭曰:"斡音筦。筦,转也。""斡流而迁兮,或推而还。"《索隐》曰:"斡音乌活反,斡,转也。"义同而音异。今《说文》云:"斡,蠡柄也,从斗,倝声。"扬雄、杜林说皆以为轺车轮斡,乌括切。按倝字,古案切。《说文》既云倝声,则不得为乌括切矣。颜师古《匡谬正俗》云:"《声类》《字林》并音管。"贾谊《服鸟赋》云"斡流而迁",张华《励志诗》云"大仪斡运";故知斡、管二音不殊,近代流俗音乌括切,非也。《汉书·食货志》:"浮食奇民,欲擅斡山海之货。"师古曰:"斡谓主领也,读与管同。"

《张敖传》:"要之置。"置,驿也。如《曹相国世家》"取祁善置",《田横传》"至尸乡厩置"之"置"。《汉书·冯奉世传》"燔烧置亭"。

《淮阴侯传》"容容无所倚","容容"即"禺禺"字。

《卢绾传》:"匈奴以为东胡卢王。"封之为东胡王也。以其姓卢,故曰东胡卢王。

《田荣传》:"荣弟横,收齐散兵,得数万人,反击项羽于城阳。"《正义》以为濮州雷泽县,非也。《汉书》城阳郡治莒,《史记·吕后纪》言齐王乃上城阳之郡,《孝文纪》言"以齐剧郡立朱虚侯章为城阳王",而《淮阴侯传》言击杀龙且于潍水上,齐王广亡去，信遂追北，至城阳。皆此地。按《战国策》貂勃对襄王曰："昔王不能守王之社稷，走而之城阳之山中；安平君以敝卒七千禽敌，反千里之齐。当是时，阖城阳而王，天下莫之能止；然为栈道木阁而迎王与后于城阳之山中，王乃覆反，子临百姓。"则古齐时已名城阳矣。"无不善画者，莫能图"，谓以横兄弟之贤，而不能存齐。

《陆贾传》："尉陀乃蹶然起坐，谢陆生。"坐者，跪也。"数见不鲜"，意必秦时人语；犹今人所谓"常来之客不杀鸡"也。贾乃引此以为父之于子，亦不欲久恩，当时之薄俗可知矣。

《袁盎传》："调为陇西都尉。"此今日调官字所本；"调"有更易之意，犹琴瑟之更张乃调也。如淳训为"选"，未尽。

《扁鹊传》："医之所病病道少。"言医之所患患用其道者少，即下文六者是也。

《仓公传》："臣意年尽三年，年三十九岁也。"按：徐广注，高后八年，意年二十六，当作"年尽十三年，年三十九岁也"。脱"十"字。《孝文本纪》："十三年，除肉刑。"

《武安传》："与长孺共一老秃翁。"谓尔我皆垂暮之年，无所顾惜，当直言以决此事也。《索隐》以为共治一老秃翁者，非。"因匈奴犯塞，而有卫霍之功"。故序匈奴于《卫将军骠骑传》之前。

《南越尉佗传》："发兵守要害处。"按《汉书·西南夷传》注："师古曰：要害者，在我为要，于敌为害也。"此解未尽。要害谓攻守必争之地，我可以害彼，彼可以害我，谓之"害"。人身亦有要害，《素问》："岐伯对高帝曰：'脉有要害。'"《后汉书·来歙传》："中臣要害。"

《司马相如传》："其为祸也不亦难矣。"衍"亦"字。

《汲黯传》"愚民安知"为一句。

《郑当时传》："高祖令诸故项籍臣名籍。"谓奏事有涉项王者，必斥其名曰"项籍"也。

《酷吏传》："尸亡去，归葬。"言其家人窃载尸而逃也；谓尸能自飞去，怪矣。

《游侠传》："近世延陵、孟尝、春申、平原、信陵之徒，皆因王者亲属，藉于有土，卿相之富厚。"延陵谓季札，以其遍游上国，与名卿相结，解千金之剑而系冢树，有侠士之风也。

《货殖传》："廉吏久久更富，廉贾归富。"又曰："贪贾三之，廉贾五之。"夫放于利而行，多怨。廉者知取知予，无求多于人，义然后取，人不厌其取，是以取之虽少，而久久更富，廉者之所得，乃有其五也。注非。"洛阳街居在齐、秦、楚、赵之中。"《说文》："街，四通道。"《盐铁论》："燕之涿蓟，赵之邯郸，魏之温轵，韩之荥阳，齐之临淄，楚之宛丘，郑之阳翟，二周之三川，皆为天下名都，居五诸侯之衢，跨街冲之路。""尽椎埋去就、与时俯仰。"椎埋当是"推移"二字之误。

《太史公自序》："申吕肖矣。"肖乃"削"字，脱其旁耳，与《孟子》"鲁之削也滋甚"义同。徐广注以为痟者，非。

《汉书》注

《汉书叙例》，颜师古撰。其所列姓氏，邓展、文颖下，并云"魏建安中"；建安，乃汉献帝年号，虽政出曹氏，不得遽名以"魏"。

《高帝纪》："诸侯罢戏下，各就国。"注引一说云："时从项羽在戏水之上。"此说为是。盖羽入咸阳，而诸侯自留军戏下尔。他处固有以"戏"为"麾"者，但云"罢麾下"，似不成文。"不因其几而遂取之。"训几为危，未当；几即机字，如《书》"若虞机张"之机。"遣诣相国府,署行义年。"谓书其平日为人之实迹。如《昭帝纪》"元凤元年三月,赐郡国所选有行义者,涿郡韩福等五人帛",《宣帝纪》"令郡国举孝弟有行义、闻于乡里者各一人"是也。刘攽改"义"为"仪",谓若今团貌,非。

《武帝纪》:元封元年,"诏用事八神"。谓东巡海上,而祠八神也。即《封禅书》所谓八神,一曰天主,祠天齐之属。文颖以为祭太一,开八通之鬼道者,非。"天汉元年秋,开城门,大搜"。与二年及征和元年之大搜同,皆搜索奸人也,非逾侈者也。

《昭帝纪》:"三辅太常郡得以叔粟当赋。"汉时田租,本是叔粟,今并口算杂征之用钱者,皆令以叔粟常之。其独行于三辅太常郡者,不独为谷贱伤农,亦以减漕三百万石,虑储偫之乏也。

《元帝纪》:永光元年,"秋,罢"。如淳曰:"当言罢某官某事,衔脱失之。"是也。《左传·成二年》:"夏,有。"亦是阙文。杜氏解曰:"失新筑战事。"

建昭二年,"戊己校尉"。师古曰:"戊己校尉者,镇安西域,无常治处,亦犹甲乙丙丁庚辛壬癸各有正位,而戊己四季寄王,故以名官也。时有戊校尉,又有己校尉。一说戊置位在中央,今所己校尉处三十六国之中,故曰戊己也。"《百官公卿表》注亦载二说,《汉官仪》曰:"戊己中央,镇覆四方。"又:"开渠播种以为厌,故胜称戊己焉。"按马融《广成颂》曰:"校队案部,前后有屯;甲乙相伍,戊己为坚。"则不独西域,虽平时校猎,亦有部伍也。又知其甲乙,八名皆有,而西域则但置此戊己二官尔。《车师传》:"置戊己校尉,屯田,居车师故地。"《乌孙传》:"汉徙己校屯姑墨。"而《后汉书·耿恭传》:"恭为戊校尉,屯后王部金蒲城,谒者关龙,为己校尉屯前王柳中城。"故师古以为无常治。

《哀帝纪》:"非赦令也,皆蠲除之。"犹《成帝纪》言"其吏也迁二等",同一文法。盖赦令不可复反,故但此一事不蠲除也。

《王子侯表》:"瓡节侯息城阳顷王子。"师古曰:"瓡即'瓠'字也,又音孤。"《地理志》北海郡下"瓡侯国",师古曰:"瓡即'执'字。"二音不同。而《功臣表》"瓡讘侯杅"者,师古曰:"瓡狐同。"河东郡下作"狐讘",又未知即此一字否也?

《百官表》:"长水校尉,掌长水校、宣曲胡骑。"师古曰:"长水,胡名也;宣曲,观名,胡骑之屯于宣曲者。"按:长水,非胡名也。《郊祀志》:"霸产丰涝,泾渭长水,以近咸阳,尽得比山川祠。"《史记索隐》曰:"《百官表》有长水校尉。"沈约《宋书》云:"营近长水,因名。"《水经》云:"长水出白鹿原,今之荆溪水是也。"元凤四年,蒲侯苏昌为太常。十一年,"坐籍霍山言泄秘书,免"。师古曰:"以祕书借霍山。"非也。盖籍没霍山之书,中有祕书,当密奏之,而辄以示人,故以宣泄罪之耳。山本传言:"山坐写祕书,显为上书,献城西第,入马千匹,以赎山罪。"若山之祕书,从昌借之,昌之罪将不止免官,而元康四年,昌复为太常,薄责昌而厚绳山,非法之平也。且如颜说,当云"坐借霍山祕书,免"足矣,何用文之重辞之复乎?建昭三年七月戊辰,"卫尉李延寿为御史大夫,一姓繁"。师古曰:"繁音蒲元反。"《陈汤传》"御史大夫繁延寿",师古曰:"繁音蒲胡反。"《萧望之传》,师古音婆;《谷永传》,师古音蒲河反。蒲元则音盘,蒲胡则音蒲,蒲河则音婆,三音互见,并未归一。然繁音似有婆音。《左传·定四年》:"殷民七族繁氏。"繁音步何反。《仪礼,乡射礼》注,"今文'皮树'为'繁竖',皮古音婆。"《史记·张丞相世家》:"丞相司直繁君。"《索隐》曰:"繁音繁。"《说文》"繁休伯",吕向音步何反,则繁之音婆,相传久矣。

《律历志》:"寿王候课比三年下。"谓课居下也;下文言"竟以下吏",乃是下狱,师古注,非。

《食货志》:"学六甲五方书计之事。"六甲者,四时六十甲子之类;五方者,九州岳渎列国之名;书者,六书;计者,九数。瓒说未尽。"国亡捐瘠者",瘠古"胔"字,谓死而不葬者也。《娄敬传》"徒见羸胔老弱",《史记》作"瘠"。《后汉书·彭城靖王恭传》:"毁胔过礼。"《大戴礼》:"羸醜以胔。"皆是"瘠"字。则此瘠乃胔字之误,当从孟康之说。"课得谷皆多其旁田,亩一斛以上"。盖壖地乃久不耕之地,地力有余,其收必多,所以作代田之法也。"天下大氐无虑,皆铸金钱矣。"无虑,犹云"无算",言多也。"布货十品",师古曰:"布即钱耳,谓之布者,言其分布流行也。"按本文,钱、布自是二品,而下文复载,改作货布之制,安得谓布即钱乎?《莽传》曰:"货布长二寸五分,广一直(寸),直货钱二十五。"今货布见存,上狭下广而歧,其下中有一孔,师古当日或未之见也。

《郊祀志》:"文公获若石,云于陈仓北阪城祠之;其神岁或不至,或岁数来也,常以夜光烨,若流星,从东方来,集于祠城,若雄鸡,其声殷,云野鸡夜鸣。"如淳曰:"野鸡,雉也;吕后名雉,改曰野鸡。"《五行志》:"天水冀南山,大石鸣声隆隆,如雷,有顷止,埜鸡皆鸣。"师古曰:"雉也。"窃谓野鸡者,野中之鸡耳。注拘于荀悦云:"讳雉之字曰野鸡。"夫讳"恒"曰常,讳"启"曰开,史固有言常、言开者,岂必其皆为恒与启乎?又此文本,《史记·封禅书》,其上文云:"有雉登鼎耳雊。"其下文云:"公孙卿言,见仙人迹缑氏城上,有物如雉往来城上。"又云:"纵远方奇兽飞禽及白雉诸物。"并无所讳。而《汉书·地理志》:南阳郡有雉县,江夏郡有下雉县;《五行志》:"王音等上言,雉者听察,先闻雷声",则汉时未尝讳雉也。

"木寓龙一驷,木寓车马一驷"。李奇曰:"寓,寄也,寄生龙形于木。"此说恐非；古文偶、寓通用，木寓，木偶也。《史记·孝武纪》"作木偶马"，而《韩延寿传》曰："卖偶车马下里伪物者，弃之市道。"古人用以事神及送死，皆木偶人、木偶马，今人代以纸人、纸马。又《史记·殷本纪》："帝武乙无道，为偶人，谓之天神。"《索隐》曰："偶，音寓。"《酷吏传》："匈奴至为偶人，象郅都。"《汉书》曰："《汉书》作寓人。"可以证寓之为偶矣。

《五行志》："吴王濞，封有四郡五十余城。""四"当作"三"。古四字积画以成，与三易混。犹《左传》"陈蔡不羹三国"之为四国也。"隐公三年二月己巳，日有食之，其后郑获鲁隐。"按：狐壤之战，事在其前，乃隐公为公子时。此刘向误说，班史因之，不必曲为之解。

《沟洫志》："内史稻田租挈重。"挈，偏也。《说文》有"𦥑"字，注云："角一俯一仰。"意同。

《楚元王传》"孙卿"，师古曰："荀况，汉以避宣帝讳，改之。"按：汉人不避嫌名，荀之为"孙"，如孟卯之为"芒卯"，司徒之为"申徒"，语音之转也。"上数欲用向为九卿，辄不为王氏居位者，及丞相御史所持，故终不迁。"衍一"不"字，当云"辄为王氏居位者及丞相御史所持"。"持"者，挟制之义，而非挟助之解也。

《季布传》"难近"，谓令人畏而远之，师古以"近"为近天子为大臣，非也。

《樊哙传》："项羽既飨军士，中酒。"中酒，谓酒半也。《吕氏春秋》谓之"中饮"。凡事之半曰"中"，《左传·昭公二十八年》"中置"，谓馈之半也；《史记·河渠书》"中作而觉"，谓工之半也；《吕氏春秋》"中关而止"，谓关弓弦正半而止也。中酒，犹今人言半席；师古解以不醉不醒，故读之中，失之矣。

《淮南厉王传》"命从者刑之";《史记》作"剄之",当从剄,音相近而讹。下文"太子自刑不殊",又云"王自刑杀",《史记》亦皆作"剄"也。"孝先自告反,告除其罪。"按《史记》无下"告"字,是衍文,师古曲为之说。

《万石君传》"内史坐车中自如,固当"者,反言之也,言贵而骄人,当如此乎?

《贾谊传》:"上数爽其忧。"谓秦之所忧者在孤立,而汉所忧者之在诸侯;汉初之所忧者在异姓,而今之所忧者在同姓。张敖不反,故添一"贯高为相"句,古人文字之密。"植遗腹,朝委裘,而天下不乱。"必古有是语,所谓"君薨而世子生者"也。季桓子命其臣正常曰:"南孺子之子男也,则以告而立之。"遗腹之为嗣,自人君以至于大夫,一也。

《邹阳传》:"宋任子冉之计囚墨翟。"《史记》作"子罕",文颖曰:"子冉,子罕也。"按:子罕是鲁襄公时人,墨翟在孔子之后,子冉当别是一人。"秦皇帝任中庶子蒙之言",师古曰:"蒙者,庶子名也。"今流俗书本"蒙"下辄加"恬"字,非也。按《史记》,秦王宠臣中庶子蒙嘉,为先言于秦王,非蒙恬,蒙亦非名,传文脱一"嘉"字。

《赵王彭祖传》"椎埋",即掘冢也;新葬者谓之埋。师古曰:"椎杀人而埋之",恐非。

《李广传》"弥节白檀",考"弥"与"弭"同;《司马相如传》:"于是楚王乃弭节徘徊。"注:郭璞曰:"弭,犹低也;节,所杖信节也。""陵当发出塞,乃诏强弩都尉令迎军。"言当俟陵出塞之后,乃诏博德迎之。

《苏武传》:"陵恶自赐武,使其妻赐武牛羊数十头。"今人送物与人,而托其名于妻者,往往有之。其谓之"赐"者,陵在匈奴已立为王故也。云"恶自赐",武盖嫌于自居其名耳;师古注,谓若示己于匈奴中富饶以夸武者，非。

《司马相如传》：《子虚》之赋，乃"游梁时作"，当是侈梁王田猎之事而为言耳；后更为楚称齐难而归之天子，则非当日之本文矣。若但如今所载《子虚》之目，不成一篇结构。

《张安世传》："无子，于安世小男彭祖。"谓贺无见存之子，而以安世小男为子。其蚤死之子，别有一子，乃下文所谓孤孙霸，非无子也。

《杜周传》："吏所增加十有余万。"谓辞外株连之人。

《张骞传》："竟不能得月氏要领。"古人上衣下裳，举裳者执要，举衣者执领。

《广陵王胥传》："女须泣曰：'孝武帝下我言。'"孝武帝降凭其身而言。"千里马兮驻待路。"言神魂飞扬，将乘此马而远适千里之外。张晏注以为驿马，非。

《严助传》："臣闻道路言闽越王弟甲弑而杀之。"即下文所云"会闽越王弟馀善杀上以降"者也。当淮南王上书之时，不知其名，故谓之"甲"，犹云"某甲"耳，师古曰："甲者，闽越王弟之名。"非。

《朱买臣传》："买臣入家中。"即会稽邸中也。邸，如今京师之会馆。

《东方朔传》："以剑割肉而去之。"裴松之注："《魏志》云：古人谓藏为去。"《苏武传》："掘野鼠去中实而食之。"师古曰："去，谓藏之也。"

《杨恽传》"廷尉当恽大逆无道"者，以书中有"君父送终"之语。

《梅福传》："诸侯夺宗。"如帝挚立不善，崩，而尧自唐侯升为天子是也。《梅福传》云："殷鉴不远，夏后所闻。"谓福引吕、霍、上官之事，以规切王氏。师古注谓封孔子后，非。

《霍光传》："张章等言霍氏皆雠有功。"晋灼曰："雠，等也。"非也。此如《诗》"无言不雠"之雠。《左传·僖五年》："无丧而戚忧，必雠焉。"注："雠，犹对也。"《律历志》："广延宣问，以理星度，未能雠也。"郑德曰："相应为雠也。"《郊祀志》："其方尽多不雠。"《伍被传》赞："忠不终而诈雠。"《魏其传》："上使御史簿责婴所言，灌夫颇不雠。"

《赵充国传》："微将军，谁不乐此者？"言岂独将军苟安贪便，人人皆欲为之。师古注，以"微"字属上句读，非。

《辛庆忌传》："卫青在位，淮南寝谋。"谓伍被言大将军数将习兵，未易当，又曰虽古名将不过，是为淮南所惮。

《于定国传》："万方之事，大录于君。"按：今所传王肃传《舜典》"纳于大麓"曰："麓，录也。纳舜，使大录万机之政。"盖西京时已有此解，故诏书用之。

《于定国传赞》："哀鳏哲狱。"按：《毛诗》《礼记》，凡鳏寡之鳏，皆作"矜"，此亦"矜"之误；"哲"则"折"之误也。师古以传中有哀鳏寡语，遂以释此文，而以哲为"明哲"之哲。

《龚胜传》："勿随俗动吾冢，种柏作祠堂。"师古曰："多设器备，恐被发掘，为动吾冢。"非也。古人族葬，胜必已自有墓，若随俗人之意，更于冢上种柏作祠堂，则是动吾冢也。盖以朝代迁革，一切饰终之礼，俱不欲用。

《韦贤传》："岁月其徂，年其逮耈；于昔君子，庶显于后。"孟自言年老，慕昔之君子，垂令名于后，欲王信老成之言而用之也。在邹诗曰"既耇且陋"，则此为孟之自述可知。"下从者与载送之。"下如《爰盎传》"下赵谈"之下，与之共载，复送至其家也。

《尹翁归传》："高至于死。"高谓罪名之上者，犹言上刑。

《王尊传》："狠被共工之大恶。"谓御史大夫劾奏尊以靖言庸远,象共滔天。

《萧育传》:"鄠名贼,梁子政。"名贼犹言"名王",谓贼之有名号者也。师古曰:"名贼者,自显其名,无所避匿,言其强也。"非。

《宣元六王传赞》:"贪人败类。"《大雅·桑柔》之诗,师古注误以为《荡》。

《张禹传》:"两人皆闻知,各自得也。"崇以禹为亲之,宣以禹为敬之,故各自得。

《翟方进传》:"万岁之期,近慎朝暮。"谓宫车晏驾,故下文郎贲丽以为可移于相也。

《扬雄传》:"不知伯侨周何别也。"谓不知是何王之别子。"冠伦魁能。""能"字当属上句言,为能臣之首。

史书之文中有误字,要当旁证以求其是,不必曲为之说。如此传《解嘲篇》中,"欲谈者宛舌而固声",固乃"同"之误。"东方朔割名于细君",名乃"炙"之误,有《文选》可证。而必欲训之为固、为名,此小颜之癖也。《颜氏家训》云:"《穀梁传》:'孟劳者,鲁之宝刀也。'"有姜仲岳,读刀为"力",谓公子左右,姓孟名劳,多力之人,为国所宝,与吾苦诤。清河郡守邢峙,当世硕儒,助吾证之,赧然而废。此传"割名"之解,得无类之?

《儒林传》:"弟子行虽不备,而至于大夫郎,掌故以百数。"谓不必皆有行谊,而多显官。

《货殖传》:"为平陵石氏持钱。"持钱,犹今人言"掌财"也。如氏、苴氏,皆平陵富人,而石氏訾亦次之。

《游侠传》:"酒市赵君都、贾子光。"服虔曰:"酒市中人也。"非也。按《王尊传》:"长安宿豪大猾,箭张禁,酒赵放。"晋灼曰:"此二人作箭、作酒之家。"今此上文有箭张回,即张禁也；君都亦即放也，名偶异耳。

《佞幸传》："朕惟噬肤之恩未忍。"是取《易·睽》六五"厥宗噬肤"，言贵戚之卿，恩未忍绝。

《匈奴传》："孤偾之君。"偾如《左传》"张脉偾兴"之偾。《仓公传》所谓"病得之欲男子而不可得也"。"卫律为单于谋穿井筑城治楼以藏谷，与秦人守之"。师古曰："秦时有人亡入匈奴者，今其子孙尚号秦人。"非也。彼时匈奴谓中国人为秦人，犹今言汉人耳。《西域传》："匈奴缚马前后足，置城下，驰言：'秦人，我匄若马。'"师古曰："谓中国人为秦人，习故言也。"是矣。其言"与秦人守者"，匈奴以转徙为业，不习守御，凡穿井、筑城之事，非秦人不能为也。《大宛传》："闻宛城中新得秦人，知穿井。"亦谓中国人。"去胡来王唐兜。"师古曰："为其去胡而来降汉，故以为王号。"非也。《西域传》："婼羌国王号去胡来王。""臣知父呼韩邪单于，蒙无量之恩。"其时尚未更名，当曰"臣囊知牙斯"。作史者从其后更名录之耳。故印已坏，乃云"因上书求故印"者，求更铸如故印之式，去新字而言玺。

《南粤传》："朕高皇帝侧室之子。"师古曰："言非正嫡所生。"非也。《春秋左氏》桓公二年，传曰："卿置侧室。"杜解："侧室，众子也。"文公十二年，传曰："赵有侧室，曰穿。"

《西域传》："康居国王东羁事匈奴。"言不纯臣，但羁縻事之，与乌孙羁属意同，当用彼注删此注。"宜给足，不可乏。"当作"可不乏"。

《外戚传》："常与死为伍。"言滨于死。"其条刺史大长秋来白之。""史"，当作"使"。"丞知，是何等儿也。"言藏之以辨，是男非女。师古注，非。"奈何令长信得闻之。"谓何道令太后闻之。"终没，至乃配食于左坐。"谓合葬渭陵，配食元帝。

《王莽传》："治者掌寇大夫陈成，自免去官。"盖先几而去。

自称"废汉大将军"者,自称汉大将军也。下文云"亡汉将军",同此意。自莽言,谓之废汉、亡汉耳。"会省户下。"省户即禁门也。蔡邕《独断》曰:"禁中者,门户有禁,非侍御者不得入,故曰禁中。"孝元皇后父大司马阳平侯名禁,当时避之,故曰省中。"右庚刻木校尉。""刻""克"同,取金克木。

《叙传》:"刘氏承尧之后,氏族之世,著乎《春秋》。"《左氏》昭公二十九年传:"陶唐氏既衰,其后打刘累者,学扰龙于豢龙氏,以事孔甲。"师古引"士会奔秦,其处者为刘氏",则又其苗裔也。"雕落洪支",谓中山、东平之狱。服虔以为废退王氏,非。

《后汉书》注

《光武纪》:"今此谁贼而驰骛击之乎?"注:"谁谓未有主也。"非,言此何等贼,不足烦主上亲击也。"敢拘制不还,以卖人法从事。"言比略卖人口律罪之,重其法也。

《质帝纪》:"先,能通经者,各令随家法。"注:"儒生为《诗》者谓之诗家,为《礼》者谓之礼家。"非也。谓如《诗》有齐、鲁、韩、毛。通《齐诗》者自以为《齐诗》教授,通《鲁诗》者自以为《鲁诗》教授。韩、毛及五经皆然,乃所谓"家法"耳。《鲁丕传》言:"法异者,各令自说师法。"《徐昉传》言"伏见大学士博士弟子,皆以意说,不循家法"是也。

《安帝纪》:"永初元年九月癸酉,调扬州五郡租米,赡给东郡、济阴、陈留、梁国、下邳、山阳。"注:"五郡,谓九江、丹阳、庐江、吴郡、豫章也;扬州领六郡,会稽最远,盖不调也。"按《顺帝纪》:"永建四年,分会稽为吴郡。"安帝时未有吴郡,止五郡,无可疑者,注非。冯异遗李轶书:"苟令长安尚可扶助,延期岁月，疏不间亲，远不逾近，季文岂能居一隅哉？"言季文于更始为亲近之臣，当在朝秉政，岂得居此一隅？注失其指，反以为疏远，非。

《景丹传》："邯郸将帅数言我发渔阳、上谷兵，我聊应言然。"谓邯郸将帅有此言，我亦聊以此言应之，不能必二郡之果来也。本文自明，注乃谓王郎欲发之，谬矣！

《鲍永传》："大守赵兴叹曰：'我受汉茅土不能立节，而鲍永死之，岂可害其子乎？'""永"字误，当作"鲍宣"。

《杨厚传》："阴臣近戚妃党当受祸。"阴臣谓妇人，下文宋阿母也是。注："阴，私也。"非。

《郎𫖮传》："思过念咎，务消祇悔。"注："祇，大也。"非也。按《易·复》："初九，天祇悔。"九家本作"多"。古人多、祇二字通用。

《朱浮传》："自损盛时。""损"当作"捐"。

《贾逵传》："乡人有所计争，辄令祝少宾。"注云："祝，诅也，争曲直者辄言：敢祝少宾乎？"非也。言敢于少宾之前发誓乎？事之如神明也，古人文简尔。

《钟离意传》："光武得奏，以见霸。""见"当作"视"，古"示"字。作视谓以意奏示霸也。

《张禹传》："祖父况为常山关长，会赤眉攻关城。"按《前汉志》，常山郡之县十八，其十二曰关，《续汉志》无此县，世祖所省也。其地当即今之故关。建武十五年，徙雁门、代郡、上谷三郡，民置常山关、居庸关以东。

《梁节王畅传》："今陛下为臣收污天下。"收污，犹《左氏传》所谓"国君含垢"。

《李云传》："当有黄精代见。"注："黄精，谓魏氏将兴也。"按：云本不知是魏，故下言陈、项、虞、田、许氏尔。黄之代赤，自是五运之序，王莽亦自以为祖黄帝也。

《曹腾传》："颍川堂溪赵典等"，按《蔡邕传》作"五官中郎将堂溪典"。注："堂溪，姓也。"此文衍一"赵"字。

《文选》注

阮嗣宗《咏怀诗》："西游咸阳中，赵李相经过。"颜延年注："赵，汉成帝后赵飞燕也；李，武帝李夫人也。"按：成帝时自有赵李，《汉书·谷永传》言赵李从微贱专宠，《外戚传》："班倢伃侍进者李平，平得幸，亦为倢伃。"《叙传》："班倢伃供养东宫，进侍者李平为倢伃，而赵飞燕为皇后。自大将军薨后，富平定陵侯张放、淳于长等，始爱幸，出为微行，行则同舆执辔，入侍禁中，设宴饮之，会及赵李诸侍中，皆引满举白，谈笑大噱。"史传明白如此，而以为武帝之李夫人，何哉？

陶渊明诗注

《西溪丛语》："陶渊明诗云：'闻有田子春，节义为士雄。'《汉书·燕王刘泽传》云：'高后时，齐人田生游乏资，以书干泽，泽大悦之，用金二百斤为田生寿，田生如长安求事，幸谒者张卿讽高后立泽为琅邪王。'晋灼曰：《楚汉春秋》云：'田生字子春。'"非也。此诗上文云："辞家夙严驾，当往至无终。"下文云："生有高世名，既没传无穷。"其为田畴可知矣。《三国志》："田畴，字子泰，右北平无终人也。""泰"一作"春"。若田生游说取金之人，何得有高世之名而为靖节之所慕乎？

"遂尽介然分，终死归田里。"是用方望《辞隗嚣书》"虽怀介然之节，欲洁去就之分"。

"多谢绮与角,精爽今何如?"多谢者,非一言之所能尽;今人亦有此语。《汉书》:赵广汉为京兆尹,常记召湖都亭长,西至界上,界上亭长戏曰:"为我多问赵君。"注:"所问者,言殷勤,若今人千万问讯也。"

李太白诗注

李太白《飞龙引》:"云愁海思令人嗟。"是用梁豫章王综《听鸡鸣辞》:"云悲海思徒掩抑。"《胡无人篇》:"太白入月敌可摧。"是用《北齐书·宋景业传》:"太白与月并,宜速用兵。"二事前人未注。

太白诗有《古朗月行》。又云:"今人不见古时月。"王伯厚引《抱朴子》曰:"俗士多云今日不及古日之热,今月不及古月之朗,是则然矣。"而又云:"狂风吹古月,窃弄章华台。"又曰:"海动山倾古月摧。"此所谓古月,则明是"胡"字,不得曲为之解也。然太白用此亦有所本,《晋书·苻坚载纪》:"古月之末乱中州,洪水大起健西流。"此其本也。或曰:"析字之体,止当著之谶文,岂可以入诗乎?""藁砧今何在,山上复有山。"古诗固有之矣。

"谁怜李飞将,白首没三边。"昔人讥其以"飞将军"蓢截为"飞将"者,然古人自有此语。《后汉·班勇传》:"班将能保北卤,不为边害乎?"后魏唐求(永),正光中为北地太守,数与贼战,未尝败北。时人语曰:"莫陆梁,恐尔逢唐将。"并以"将军"为"将"。

"海上碧云断,单于秋色来。"单于是地名,《通典》:"麟德元年,改云中都护将为单于大都护府,领县一,曰金河,有长城,有金河、李陵台、王昭君墓。"《旧唐书·突厥传》:"车鼻既破之后，突厥尽为封疆之臣，于是分置单于、瀚海二都护府，单于都护领狼山、云中、桑乾三都督，苏农等一十四州。"《新书》言："碛以北蕃州悉隶瀚海，南隶云中，云中者，义成公主所居也，颉利灭，李靖徙突厥嬴破数百帐居之，以阿史德为之长，众稍盛，即建言愿以诸王为可汗，遥统之。帝曰：'今可汗，古单于也。'乃改云中府为单于大都护府，以殷王旭轮为单于都护。"《通鉴》注引宋白曰："唐振武军，旧单于都护府，即汉定襄郡之盛乐县也。在阴山之阳，黄河之北，后魏所都盛乐是也。唐平突厥于此，置云中都督府，后改单于府。"《新唐书·地理志》曰："唐之盛时，开元、天宝之际，东至安东，西至安西，南至日南，北至单于府。"徐九皋诗题曰"送部四镇人往单于"，崔颢诗题曰"送单于裴都护赴西河"，岑参《轮台即事诗》"轮台风物异，地是古单于"是也。

杜子美诗注

《寄临邑舍弟》诗："徐关深水府。"《送舍弟颖赴齐州诗》："徐关东海西。"徐关在齐境，今不可考。《左传》：成公二年，"齐师败于鞌，齐侯自徐关入"；十七年，"齐侯与国佐盟于徐关而复之"。

《行次昭陵诗》："威定虎狼都。"注引《苏秦传》"秦虎狼之国"，甚为无理，此乃用《秦本纪赞》："据狼弧，蹈参伐。"参为白虎，秦之分星也。"往者灾犹降，苍生喘未苏"，谓武、韦之祸。"指麾安率土，荡涤抚洪炉"，谓玄宗再造唐室也。本于太宗之遗德在人，故诗中及之。钱氏谓此诗天宝乱后作，而改"铁马"为"石马"，以合李义山诗"昭陵石马"之说，非矣。其《朝享太庙赋》曰："弓剑皆鸣汗，铸金之风马。"此在未乱以前，又将何说？必古记有此事，而今失之尔。

《奉赠韦左丞文诗》："残杯与冷炙，到处潜悲辛。"《颜氏家训》："古来名士，多所爱好，惟不可令有称誉，见役勋贵，处之下坐，以取残杯冷炙之辱。"

《高都护骢马行》："安西都护胡青骢。"《魏书·吐谷浑传》："吐谷浑尝得波斯草马，放入海，因生骢驹，能日行千里。世传青海骢者，是也。"

《送蔡希鲁还陇右诗》："凉州白麦枯。"杜氏《通典》："凉州贡白小麦十石。"

《天育骠骑歌》："伊昔太仆张景顺，监牧攻驹阅清峻；遂令大奴守天育，别养骥子怜神骏。"按：史言玄宗初即位，牧马有二十四万匹，以太仆卿王毛仲为内外闲厩使，少卿张景顺副之。开元十三年，玄宗东封有马四十三万匹，牛羊称是；上嘉毛仲之功，加开府仪同三司，是景顺特毛仲之副尔；今斥毛仲为大奴，而归其功于景顺。殆以诗人之笔而追黜陟之权乎？

《哀王孙诗》："但道困苦乞为奴。"《南史》：齐明帝为宣城王，遣典签柯令孙杀建安王子真，子真走入床下，令孙手牵出之，叩头乞为奴，不许而死。"朔方健儿好身手"，《颜氏家训》："顷世离乱，衣冠之士虽无身手，或聚徒众。"

《大云寺赞公房诗》："狋狋国多狗。"《韩非子·外储说右上》："夫国亦有狗，有道之士陈其术，而欲以明万乘之主。大臣为猛狗，迎而龁之。此人主之所以蔽胁，而有道之士所以不用也。"

《晚行口号》："远愧梁江总，还家尚黑头。"刘辰翁评曰："人知江令自陈入隋，不知其自梁时已达官矣。自梁入陈，自陈入隋，归尚黑头，其人物心事可知，著一'梁'字而不胜其愧矣。诗之妙如此，岂待骂哉？"按《陈书·江总传》：侯景寇京都，诏以总权兼太常卿。台城陷，总避难崎岖，至会稽郡，复往广州，依萧勃。及元帝平侯景，征总为明威将军、始兴内史；会江陵陷，不行，总因此流寓岭南积岁。天嘉四年，以中书侍郎征还朝。以本传总之年计之，梁太清三年己巳，台城陷，总年三十一，自此流离于外十四五年，至陈天嘉四年癸未还朝，总年四十五，即所谓"还家尚黑头"也。总集有《贻孔中丞奂诗》曰："我行五岭表，辞乡二十年。"子美遭乱崎岖，略与总同，而自伤其年已老，故发此叹尔，何暇骂人哉？《传》又云：京城陷，入隋为上开府；开皇十四年，卒于江都，时年七十六。去祯明三年己酉陈亡之岁，又已五年，头安得黑乎？其台城陷而避乱，本在梁时，自不得蒙以陈氏，何骂之有？且子美诗有云"莫看江总老，犹被赏诗鱼"，有云"管宁纱帽净，江令锦袍鲜"，有云"江总外家养，谢安乘兴长"，亦已亟称之矣。

《北征诗》："君诚中兴主，经纬固密勿。"《汉书·刘向传》引《诗》"密勿从事"，师古曰："密勿，犹黾勉。""不闻夏殷衰，中自诛褒妲。"不言周，不言妹喜，此古人互文之妙。自八股学兴，无人解此文法矣。

《晚出左掖诗》："骑马欲鸡栖"，盖欲效古人敝车羸马之意。《后汉书·陈蕃传》："朱震字伯厚，为州从事。奏济阴太守单匡赃罪，并连匡兄、中常侍车骑将军超，桓帝收匡下廷尉以谴超，超诣狱，谢三府。语曰：'车如鸡栖马如狗，疾恶如风朱伯厚。'"鸡栖，言车小也，余闻之张锦衣纪云。

《垂老别诗》："土门壁甚坚，杏园度亦难。"土门在井陉之东，杏园度在商州汲县，临河而守，以遏贼，使不得度，皆唐人控制河北之要地也。《旧唐书》：郭子仪自杏园渡河，围卫州；史思明遣薛岌围令狐彰于杏园；李忠臣为濮州刺史，移镇杏园渡。今河南徙，而故迹不可寻矣。唐崔峒《送冯将军诗》："想到滑台桑叶落，黄河东注杏园秋。"

《秦州杂诗》："西戎外甥国。"注引吐蕃表称外甥为证。按《册府元龟》载吐蕃书，皆自称外甥，称上为皇帝舅。开元二十一年，从公主言，树碑于赤岭。其碑文曰："维大唐开元二十一年岁次壬申，舅甥修其旧好，同为一家。"则盟誓之文，诏敕之语已载之矣。"胡舞白题斜"。按《南史》，裴子野为著作舍人，时西北远边有白题国，遣使绿岷山道入贡；此国历代弗宾，莫知所出。子野曰："汉颍阴侯斩白题将一人。"服虔注云："白题，胡名也。"然则白题乃是国名。而此诗以为白额，傥亦词家所谓借用者乎？

《喜闻官军已临贼境二十韵》："家家卖钗钏，准拟献香醪。"《南史·庾杲之传》："杲之尝兼主客郎，对魏使，使问杲之曰：'百姓那得家家题名帖卖宅？'答曰：'朝廷既欲扫荡京雒，克复神州，所以家家卖宅耳！'"

《送郑虔贬台州司户诗》："酒后常称老画师。"《旧唐书·阎立本传》："太宗尝与侍臣学士泛舟于春苑池中，有异鸟随波容与，召立本，令写鸟。阁外传呼云：'画师阎立本！'"

《寄岳州贾司马六丈巴州严八使君》诗："贾笔论孤愤，严君赋几篇。"是用《史记》贾谊至长沙吊屈原事。《汉书·艺文志》："严助赋三十五篇。"

古人经史皆是写本，久客四方，未必能携；一时用事之误，自所不免，后人不必曲为之讳。子美《寄岳州贾司马六丈巴州严八使君诗》："弟子贫原宪，诸生老伏虔。"本用济南伏生事，伏生名胜，非虔。后汉有服虔，非伏也。《示獠奴阿段诗》："曾惊陶侃胡奴异。"盖谓士行有胡奴，可比阿段。胡奴，侃子范小字，非奴也。

《佐还山后寄诗》："分张素有期。"后魏高允《征士颂》："在者数子，仍复分张。"《北史》：蠕蠕阿那瓌言："老母在彼，万里分张。"后周庾信《伤心赋》："兄弟则五郡分张，父子则三州离散。"

《蜀相》诗："三顾频繁天下计。"《入衡州诗》："频繁命屡及。"《蜀志·费祎传》："以奉使称旨，频繁至吴。"《晋书·刑法志》："诏旨使问频繁。"《山涛传》："手诏频繁。"《文选》庾亮《让中书令表》："频繁省闼，出总六军。"潘尼《赠张正治诗》："张生拔幽华，频繁登二宫。"陆云《夏府君诔》："频繁帏幄。"《答兄平原书》："锡命频繁。"

《题郭明府茅屋诗》："频惊适小国。"《左传·僖公七年》："楚文王戒申侯：'无适小国。'"

《寄韩谏议诗》："色难腥腐餐枫香。"《汉书·佞幸传》："太子齰痈而色难之。"

《送李卿诗》，上四句谓李卿，下四句乃公自道。"晋山虽自弃"，是用介之推入绵上山中事。

《伤春诗》："大角缠兵气。"《后汉书·董卓传赞》："矢延王辂，兵缠魏象。""钩陈出帝畿。"《水经注》："紫微有钩陈之宿，主斗讼兵陈。"

"耆旧把天衣。"《南齐书·舆服志》："衮衣，汉世出陈留襄邑所织。宋末用绣及织成。齐建武中，乃彩画为之，加饰金银薄，时亦谓天衣。"梁庾福吾《和皇太子重云殿受戒诗》："天衣初拂石，豆火欲然新。"唐姚元景《光宅寺造佛像赞》："姜被承欢，曳天衣而下拂。"

《赠王二十四侍御诗》："女门裁褐稳，男大卷书匀。"《南齐书·张融传》：与从叔征北将军永书曰："世业清贫，民生多待；榛栗枣修，女贽既长；束帛禽鸟，男礼已大。勉身就官，十年七仕；不欲代耕，何至此事？"

《八哀诗》:"长安米万钱。"《汉书·高帝纪》:"关中大饥,米斛万钱。"《食货志》:"米至石万钱。"

《解闷诗》:"何人为觅郑瓜州?"公自注:"今郑秘监审。"刘辰翁曰:"因金陵有瓜州,号郑瓜州。"谬甚。按:瓜州,唐时属润州,非金陵,且其字作"洲",非"州"也。本文并无金陵,即令秘监流寓金陵,遂可以二百里外江中之一洲,为此君之名号乎?《唐书·地理志》:"瓜州,侯(晋)昌郡,下都督府;武德五年,析沙州之常乐置,属陇右道。《萧嵩传》:"开元十五年,吐蕃陷瓜州,执刺史田元献,以嵩为兵部尚书、河西节度使;嵩奏以命张守珪为瓜州刺史,修筑州城,招辑百姓,令其复业。"《张守珪传》:"以战功加银青光禄大夫,仍以瓜州为都督府,以守珪为都督。"岑参《为宇文判官诗》:"君从万里使,闻已到瓜州。"盖必郑审尝官此州,故以是称之,今不可考矣。

《夔府书怀诗》:"苍生可察眉。"《列子》:"晋国苦盗,有郑雍者,能视盗之貌,察其眉睫之间而得其情。"

《观公孙大娘弟子舞剑器行》,序记于郾城观公孙氏舞剑器浑脱。《旧唐书·郭山恽传》:"中宗引近臣宴集,将作大匠宗晋卿舞浑脱。"胡三省注《通鉴》:"长孙无忌以乌羊毛为浑脱毡帽,人多效之,谓之赵公浑脱,因演以为舞。"中宗神龙二年三月,并州清源县尉吕元泰上疏言:"比见都邑坊市,相率为浑脱,骏马胡服,名为苏莫遮,非雅乐也。"

《遣怀诗》:"元和辞大炉。"扬雄《解难》:"陶冶大炉。"

《秋兴诗》:"直北关山金鼓震。"《史记·封禅书》:"遂因其直北立五帝坛。""波漂菰米沉云黑"。梁庾肩吾《奉和皇太子纳凉梧下应令诗》:"黑米生菰叶,青花出稻苗。"

《久居夔府将适江陵四十韵》:"摆阖盘涡沸。"《鬼谷子》有《捭阖篇》,"捭""摆"古今字,通。

《哭李尚书诗》:"奉使失张骞。"《旧唐书·蒋王恽传》:恽孙之芳,幼有令誉,颇善五言诗,宗室推之。开元末,为驾部员外郎;天宝十三载,安禄山奏为范阳司马。禄山反,自拔归西京,投右司郎中,历工部侍郎、太子右庶子;广德元年,遣之芳兼御史大夫,使吐蕃,被留境上,二年而归。除礼部尚书,寻改太子宾客。"秋色凋春草,王孙若个边。"五臣注《文选·招隐士》曰:"屈原与楚同姓,故云王孙。"

《宴王使君宅诗》:"留欢卜夜閒。""閒"字当从月,甫父名闲,自不须讳此閒字。《说文》:"閒,隙也。"閒暇之"閒"本从隙生义,祇是一字。《至日遣兴诗》:"朱衣只在殿上閒。"音异字同。

韩文公诗注

韩文公《游青龙寺赠崔大补阙诗》:"侧耳酸肠难濯澣。"是用《诗·柏舟》"如匪澣衣"。《秋怀诗》:"戚戚拘虚警。"是用陆士衡《叹逝赋》"节循虚而警立"。注皆不及。

《通鉴》注

"赋于民而食人二鸡子。""赋于民而食"者,取之于民也;"人二鸡子"者,每人令出二鸡子也;胡氏未注。

"几能令臧三耳矣。"言几令人以为实有三耳。

"汉武帝太初三年,胶东太守延广为御史大夫。"注:"延广,史逸其姓。"按:延即姓也。三十九卷"南郑人延岑"注"延,姓。岑,名";四十五卷有京兆尹南阳延笃。

诸葛亮《出师表》云:"后值倾覆,受任于败军之际,奉命于危难之间,尔来二十有一年矣。"所谓"败军",乃当阳长坂之败；其云"奉命"，则求救于江东也。注乃云："事见上卷文帝黄初四年。"非。

"虞翻作表示吕岱，为爱憎所白。"注曰："逸佞之人，有爱有憎而无公是非，故谓之爱憎。"愚谓爱憎，憎也，言憎而并及爱，古人之辞，宽缓不迫故也。又如得失，失也，《史记·刺客传》："多人不能无生得失。"利害，害也，《史记·吴王濞传》："擅兵而别，多佗利害。"缓急，急也，《史记·仓公传》："缓急无可使者。"《游侠传》："缓急，人之所时有也。"成败，败也，《后汉书·何进传》："先帝尝与太后不快，几至成败。"同异，异也，《吴志·孙皓传》注："荡异同如反掌。"《晋书·王彬传》："江州当人强盛时，能立异同。"赢缩，缩也，《吴志·诸葛恪传》："一朝赢缩，人情万端。"祸福，祸也，晋欧阳建《临终诗》："潜图密已构，成此祸福端。"皆此类。

"庾亮出奔，左右射贼，误中柂工，应弦而倒船上，咸失色欲散；亮不动，徐曰：'此手何可使着贼。'"注曰："言射不能杀贼而反射杀柂工，自恨之辞也。"非也，亮意盖谓有此善射之手，使着贼身，亦必应弦而倒耳。解嘲之语也。

宋明帝泰始三年，"沈文秀攻青州刺史明僧暠，帝遣辅国将军刘怀珍浮海救之；进至黔陬，文秀所署长广太守刘桃根，将数千人戍不其城，怀珍军于洋水，遣王广之将百骑袭不其城，拔之"。注云："洋水，即巨洋水。"按：不其城在今即墨县西南，而巨洋水乃今之巨蔑河，在临朐、益都、寿光三县之境，与黔陬、不其相去三四百里，安能以百骑而袭取之乎？《水经注》云："拒艾水出黔陬县西南拒艾山，又谓之洋洋水。"《胶州志》曰："洋河在州南三十里，发源铁橛山，东流入于海。"此即怀珍所屯军处耳。

梁武帝大通二年，"魏尔朱荣欲讨山东群盗，请敕蠕蠕主阿那瓖发兵，东趋下口，以蹑其背。"注云："下口，盖指飞狐口。"非也。此即居庸下口。一百六十六卷注曰："幽州军都县西北有居庸关，湿余水出上谷沮阳县之东南，流出关，谓即下口。"

周主从容问郑译曰："我脚杖痕，谁所为也？"对曰："事由乌丸轨、宇文孝伯。"谓由此二人也。下云"因言轨捋须事"，亦是译言之也。故轨见杀，而孝伯亦赐死。注以宇文孝伯属下读，而云"孝伯何为出此言"，误矣。

"突厥立刘武周为定杨可汗"。注云："将使之定扬州。"非也。杨者，隋姓，下条云："刘武周为定杨天子，郭子和为平杨天子。"犹言定隋、平隋耳，"杨"字从木。

武后永昌元年二月丁酉，"尊魏忠孝王曰周忠孝太皇，妣曰忠孝太后，文水陵曰章德陵，咸阳陵曰明义陵。"注云："武氏之先葬文水，士彟及其妻葬咸阳。"非也。后父士彟葬文水，母杨氏葬咸阳。后章德改名昊陵，明义改名顺陵，其碑文云然。

刘肃《大唐新语》："中宗宴兴庆池，侍宴者并唱《回波词》。给事中李景伯歌曰：'回波词，持酒卮。微臣职在箴规，侍宴既过三爵，喧哗窃恐非仪。'"首二句三言，下三句六言，盖"回波词"体也。今《通鉴》作"回波尔时酒卮"，恐传写之误。

唐穆宗长庆元年，刘总奏分所属为三道，以幽、涿、营为一道，平、蓟、妫、檀为一道，瀛、莫为一道。注云："营州治柳城，道里绝远；刘总奏以为一道，必有说。"按《唐书·地理志》："营州，柳城郡。万岁通天元年，为契丹所陷。圣历二年，侨治渔阳，开元五年，又还治柳城。"意者，中唐之世，复侨治于幽蓟之间，而史家自天宝乱后，于东北边事略而不详，故今无所考耶？

"李茂贞不敢称帝，但开岐王府，置百官，名其所居为宫殿，妻称皇后。"注曰："自为岐王而妻称皇后，妻之贵，逾于其夫矣。"窃谓此事理之必不然,"皇后"乃"王后"之误。

《后汉·高祖纪》:"吴越内牙指挥使诸温。"注:"《汉书·地理志》琅邪郡有诸县,盖以邑为氏也。"非。按:越有大夫诸稽郢。

周太祖广顺元年,慕容彦超遣使入贡,帝虑其疑惧,赐诏慰安之。曰:"今兄事已至此,言不欲繁,望弟扶持,同安亿兆。"今兄者,太祖自谓也;事已至此,谓为众所推而即帝位也。观下文称之为弟,语意相对,可知注以汉祖为彦超之兄,改作"令兄"者,非。

而

《孟子》:"望道而未之见。"《集注》:"'而'读为'如',古字通用。"朱子答门人,引《诗》"垂带而厉",《春秋》"星陨如雨"为证。今考之,又得二十余事。《易》:"君子以莅众用晦而明。"虞翻解:"而,如也。"《书·顾命》:"其能而乱四方。"《传》释为"如"。《孟子》:"九一而助。"赵岐解:"而,如也。"《左传》:隐七年,"歃如血。"服虔曰:"如,而也。"僖二十六年,"室如悬磬。"注:"如,而也。"昭四年,"朱谓叔孙,见仲而何?"注:"而何,如何。"《史记·贾生传》:"化变而嬗。"韦昭曰:"而,如也,如蝉之脱化也。"《战国策》:"威王不应而此者三。"《韩非子》:"嗣公知之,故而驾鹿。"《吕氏春秋》:"静郭君泫而曰:不可。"又曰:"而固贤者也,用之未晚也。"《荀子》:"黭然而雷击之,如墙压之。"《说苑》:"越诸发曰:意而安之,愿假冠以见;意如不安,愿无变国俗。"又曰:"而有用我者,吾其为东周乎?"《新序》引邹阳书:"白头而新,倾盖而故。"后汉《督邮斑碑》:"柔远而迩。"皆当作"如"。《战国策》:"昭奚恤曰：'请而不得，有说色，非故如何也。'綌疵曰：'是非反如何也。'"《大戴礼》："使有司日省如时考之。"又曰："然如曰《礼》云《礼》云。"又曰："安如易，乐而湛。"又曰："不赏不罚，如民咸尽力。"又曰："知一而不可以解也。"《春秋繁露》："施其时而成之法，其命如循之。"《淮南子》："尝一哈水如甘苦知矣。"汉乐府："艾如张。"后汉《济阴太守孟郁修尧庙碑》："无为如治，高如不危，满如不溢。"《太尉刘宽碑》："去鞭拊，如获其情；弗用刑，如弭其奸。"《郭辅碑》："其少也，孝友而悦学；其长也，宽舒如好施。"《易》王弼注："革而大亨以正，非当如何？"皆当作"而"。《汉书·地理志》："辽西郡，肥如，莽曰肥而。"《左传·襄十二年》："夫妇所生若而人。"注云："若如人。"《说文》："需从雨，而声。"盖即读"而"为"如"也。唐人诗多用"而今"，亦作"如今"。今江西人言如何，亦曰"而何"。

《周礼》"旅师而用之以质剂"注："'而'读为'若'，声之误也。"陆德明《音义》云："'而'音'若'。"《仪礼·乡饮酒礼》"公如大夫入"注："'如'读为'若'。"

奈　何

"奈何"二字，始于《五子之歌》："为人上者，奈何不敬。"《左传》："河鱼腹疾，奈何？"《曲礼》曰："国君去其国。止之曰：'奈何去社稷也！'大夫曰：'奈何去宗庙也！'士曰：'奈何去坟墓也！'"《楚辞·九歌·大司命》："愁人兮奈何！"《九辩》："君不知兮可奈何！"此"奈何"二字之祖。《左传》华元之歌曰："牛则有皮，犀兕尚多，弃甲则那！"直言之曰"那"，长言之曰"奈何"，一也。又《书》"如五器"，郑康成读"如"为乃个反。《论语》"吾末如之何也已矣"，音亦与"奈"同。

六朝人多书"奈"为"那"。《三国志》注文钦《与郭淮书》曰："所向全胜，要知后无继何！"《宋书·刘敬宣传》："牢之曰：'平元之后，今我那骠骑何！'"唐人诗多以"无奈"为"无那"。

语　急

《公羊传》：隐元年，"母欲立之，已杀之，如勿与而已矣。"注："'如'即'不如'，齐人语也。"按：此不必齐人语。《左传》：僖二十一年，"宋子鱼曰：'若受重伤，则如勿伤；受其二毛，则如服焉。'"成二年，"卫孙良夫曰：'若知不能，则如无出。'"昭十三年，"蔡朝吴曰：'二三子若能死云，则如违之，以待所济；若求安定，则如与之，以济所欲。'"二十一年，"宋华多僚曰：'君若受司马，则如亡。'"定五年，"楚子西曰：'不能如辞。'"八年，"卫王孙贾曰：'然则如叛之。'"《汉书·翟义传》："义曰：'欲令都尉自送，则如勿收邪？'"《左传正义》曰："古人语然，犹'不敢'之言'敢'也。"

古人多以语急而省其文者，《诗》："亦不夷怿。""怿"下省一"乎"字。《书》："弗慎厥德，虽悔可追。""可"上省一"不"字。"我生不有命在天。""不"上省一"岂"字；"在今尔安百姓，何择非人，何敬非刑，何度非及。""人"下、"刑"下、"度"下，各省一"乎"字；《孟子》："虽褐宽博，吾不揣焉。""不"上省一"岂"字。《礼记》："幼壮孝弟，耄耋好礼，不从流俗，修身以俟死者，不在此位也；好学不倦，好礼不变，旄期称道不乱者，不在此位也。""幼"上、"好"上各省一"非"字。

《公羊传》：隐公七年，"母弟称弟，母兄称兄。"注："母弟，同母弟；母兄，同母兄。不言同母，言母弟者，若谓'不如'言'如'矣，齐人语也。"

岁

天之行谓之岁,《书》以闰月定四时成岁;"岁二月,东巡守"是也。人之行谓之年。《书》:"维吕命王,享国百年。"《左传》:"季隗曰:'我二十五年矣。'""绛县人有与疑年,使之年,师旷曰:'三十三年矣。'""于是昭公十九年矣。"《史记》"盖太公之卒百有余年"是也,今人多读年为岁。

《周礼》"太史"注:"中数曰岁,朔数曰年。自今年冬至至明年冬至,岁也;自今年正月朔明年正月朔,年也。"

古人但曰年几何,不言岁也。自太史公始变之。《秦始皇本纪》曰:"年十三岁。"

今人以岁初之日而增年,古人以岁尽之日而后增之。《史记·仓公传》:"臣意年尽三年。"年三十九岁也。

月 半

今人谓十五为月半,盖古经已有之。《仪礼·士丧礼》:"月半不设奠。"《礼记·祭义》:"朔月月半,君巡牲。"《周礼,大司乐》:"王大食三侑。"注:"大食,朔月月半,以乐侑食时也。"晋温峤与陶侃书:"尅后月半大举。"然亦有以上下弦为月半者。刘熙《释名》:"弦,月半之名也。其形一旁曲,一旁直,若张弓施弦也;望,月满之名也,月大十六日,小十五日,日在东,月在西,遥相望也。"是则所谓"月半"者,弦也。《礼经》之所谓"月半"者,望也。弦曰半,以月体而言之也;望曰半,以日数言之也。

巳

　　吴才老《韵补》："古'巳午'之巳，亦谓如'已矣'之'已'。"汉《律历志》："振美于辰，已盛于巳。"《史记》："巳者，言阳气之已尽也。"郑玄梦孔子告之曰："起起！今年在辰，明年岁在巳。"愚按：古人读"巳"为"矣"之证不止此。《淮南子》："斗指巳，巳则生，已定也。"《说文》："巳，已也；四月阳气已出，阴气已藏，万物见成文章，故巳为蛇（蛇），象形。"《释名》："巳，已也，阳气毕布已也。"《诗》："似续妣祖。"笺云："似读如巳午之巳；巳续妣祖者，谓已成其宫庙也。"《五经文字》："起从辰巳之巳。"《白虎通》："太阳见于巳，巳者，物必起。"《晋书·乐志》："四月之辰，谓之巳。巳者，起也；物至此时，毕尽而起也。"《诗·江有汜》亦读为"矣"。《释名》："水决复入为汜，汜，已也，如出有所为，毕已复还而入也。""以享以祀"亦读为"矣"。《说文》："祭无已也，从示、巳声。"《公羊传》何休注："言祀者，无已长久之辞。"《释名》："商曰祀。祀，已也，新气升，故气已也。"今人以"辰巳"之"巳"读为"士"音。宋毛晃曰："阳气生于子，终于巳。巳者，终已也。象阳气既极回复之形。"故又为"终已"之义。今俗以有钩为"终已"之"已"，无钩为"辰巳"之"巳"，是未知字义也。

　　季春三月，辰为建，巳为除，故用三月上巳祓除不祥。古人谓病愈为已，亦此意也。

　　"戊己"之"己"，篆作"𢀒"，"辰巳"之"巳"，篆作"𠃑"，象蛇形。隶书则混而相类，止以直笔上缺为己，上满为巳。

里

《穀梁传》："古者三百步为里。"今以三百六十步为里，而尺又大于古四之一；今之六十二里，遂当古之百里。《穀梁传》："窜去国五百里。"今自历城至临淄，仅三百三十里。《左传》："黄人谓自郢及我九百里。"今自江陵至光州，仅七百里。邾子谓："吴二千里，不三月不至。"今自苏州至邹县，仅一千五百里。《孟子》："不远千里而来"，"千里而见王"，今自邹至齐至梁，亦不过五六百里。又谓："舜卒鸣条，文王生岐周，相去千有余里。"今自安邑至岐山，亦不过八百里。《史记》：张仪说魏王，言从郑至梁二百里；今自郑州至开封，仅一百四十里。《戚夫人歌》："相离三千里，当谁使告汝？"贡禹尚（上）书言："自痛去家三千里。"自今琅邪至长安，亦但二千余里，赵则二千里而近。是则荀子所谓"日中而趋百里"者，不过六十余里；而千里之马，亦日驰五六百里耳。《王制》："古者百里，当今百二十一里六十步四尺二寸二分。"殆未然。

仞

《说文》："仞，伸臂一寻八尺，从人，刃声。"《书》："为山九仞。"《孔传》："八尺曰仞。"《正义》曰："《考工记·匠人》'有畎、遂、沟、洫，皆广深等，而浍云广二寻，深二仞；则浍亦广深等，仞与寻同，故知八尺曰仞。"王肃《圣证论》及注《家语》，皆云"八尺曰仞"，与孔义同。郑玄云："七尺曰仞。"与孔义异。《论语》"夫子之墙数仞"注："包云七尺。"《孟子》"掘井九轫"注："八尺。"朱子乃两从之，当以八尺为是。若《小尔雅》

云"四尺",《汉书》应劭注云"五尺六寸",则益非矣。

不 淑

人死谓之"不淑",《礼记》"如何不淑"是也。生离亦谓之"不淑",《诗·中谷有蓷》云"遇人之不淑矣"是也。失德亦谓之"不淑",《诗·君子偕老》"子之不淑,云如之何"是也。国亡亦谓之"不淑",《逸周书》"王乃升汾之阜,以望商邑,曰:呜呼,不淑"是也。

不 吊

古人言不吊者,犹曰不仁。《左传》:成十三年,"穆为不吊";襄十三年,"君子以吴为不吊";十四年,"有君不吊";昭七年,"兄弟之不睦,于是乎不吊";二十六年,"师群不吊之人,以行乱于王室",皆是"不仁"之意。襄二十三年,"敢告不吊"及《诗》之"不吊昊天""不吊不祥",《书》之"弗吊,天降丧于殷",则以哀闵之辞。杜氏注皆以为"不相吊书恤",而于"群不吊之人"则曰:"吊,至也。"于义不通。惟成七年:"中国不振旅,蛮夷入伐而莫之或恤,无吊者也夫。"乃当谓大国无恤邻之义耳。

亡

亡有三义:有以死而名之,《中庸》"事亡如事存"是也;有以出奔于外而名之,"晋公子称亡人"是也;有但以不在而名之,《诗》"予美亡此",《论语》"孔子时其亡也,而往拜之"，是也。《汉书·袁盎传》："不以在亡为辞。"

乾　没

《史记·酷吏传》："张汤始为小吏乾没。"徐广曰："乾没，随势沉浮也。"服虔曰："乾没，射成败也。"如淳曰："豫居物以待之，得利为乾，失利为没。"《三国志·傅嘏传》："岂敢寄命洪流，以徼乾没？"裴松之注："有所徼射，不计乾燥之与沉没而为之也。"《晋书·潘岳传》："其母数诮之曰：'尔当知足而乾没不已乎？'"《张骏传》："从事刘庆谏曰：'霸王不以喜怒兴师，不以乾没取胜。'"《卢循传》："姊夫徐道覆，素有胆决；知刘裕已还，欲乾没一战。"《魏书·宋维传》："维见乂宠势日隆，便至乾没。"《北史·王劭传赞》："为河朔清流，而乾没荣利。"《梁书·止足传序》："其进也光宠夷易，故愚夫之所乾没。"晋《鼙舞歌·明君篇》："昧死射乾没，觉露则灭族。"《抱朴子》："忘发肤之明戒，寻乾没于虿兴。"

乾没，大抵是徼幸取利之意。《史记·春申君传》："没利于前，而易患于后也。"即此意。

辱

《仪礼注》："以白造缁曰辱。"故老子谓杨朱曰："大白若辱。"

姦

《广韵》："姦，古颜切。私也，诈也，亦作奸。"今本误

"奸"作"奸",非也。奸音干,犯也。左氏僖公七年《传》曰:"君以礼与信属诸侯,而以奸终之。"曰:"父子不奸之谓礼。"一传之中,二字各出,而义不同。《释名》:"奸,奸也,言奸正法也。"以"奸"释"奸",其为两字审矣。又奸字亦可训为"干禄"之"干",《汉书·荆燕吴传》:"齐人田生以画奸释。"《史记》作"干"。然则"奸"但与"干"通用,而不可以为"奸"也。后人于案牍文移中以"奸"字画多,省作"奸"字,此如"繁"之为"烦","衝"之为"冲","驿"之为"驲","臺"之为"台",皆借用之字。

讹

"讹"字古作"譌","伪"字古亦音讹。《诗·小雅》:"民之讹言。"笺云:"伪也,小人好诈伪为交易之言。"《尔雅》注:"世以妖言为讹。"《太平御览》引武王之《书钥》曰:"昏谨守,深察讹。"泰昌元年八月,御史张拨言:"京师奸宄丛集,游手成群,有谓之把棍者,有谓之拏讹头者。请将巡城改为中差,一年一代。"

谁 何

《诗》:"室人交遍摧我。"《韩诗》作"谁",《玉篇》作"谁",丁回切,谪也。《六韬》"令我垒上,谁何不绝。"《史记》:贾谊《过秦论》:"陈利兵而谁何?""谁""谁"同,"何""呵"同。《汉书·五行志》:"主公车大谁卒?"注:"大谁,主问非常之人,云姓名是谁何也?"此解未当。《焦氏易林》:"当年少寡,独与孤处;鸡鸣犬吠,无敢谁者。"《说苑》:"民知十已,则尚与之争,曰不如吾也;百已则庇其过,千已则谁而不信。"扬雄《卫尉箴》:"二世妄宿,败于望夷;阎乐娇搜,就者不谁。"

《史记·卫绾传》:"岁余,不谯呵绾。"《汉书》作"不孰何绾",难晓,疑"谯"讹为"谁","谁"又转"孰"也。

《周礼·射人》:"不敬者苛罚之。"注:"苛谓诘问之。"按此,"苛"亦"呵"字。

信

《东观馀论》引晋武帝、王右军、陶隐居帖及《谢宣城传》,谓:"凡言信者,皆谓使人。"杨用修又引《古乐府》"有信数寄书,无信长相忆"为证,良是。然此语起于东汉以下,杨太尉夫人袁氏《答曹公卞夫人书》云:"辄付往信。"《古诗为焦仲卿妻作》:"徐徐自可断,来信更谓之。"魏杜挚《赠毋丘俭诗》:"开有韩众药,信来给一丸。"以使人为信,始见于此。

若古人所谓"信"者,乃符验之别名。《墨子》:"大将军使人行守,操信符。"《史记·刺客传》:"今行而无信,则秦未可亲也。"《汉书·石显传》:"乃时归诗,取一信以为验。"《西域传》:"匈奴使持单于一信到国,国传送食。"《后汉书·齐武王传》:"得司徒刘公一信,愿先下。"《周礼·掌节》注:"节,犹信也。"行者所执之信,此如今人言印信、信牌之信,不得谓为使人也。故梁武帝赐到溉《连珠》曰:"研磨墨以腾文,笔飞豪以书信。"而今人遂有书信之名。

出

《尔雅》:"男子谓姊妹之子为出。"《传》中凡言"出"者,皆是外甥。《左氏》庄二十二年："陈厉公，蔡出也。"僖七年："申侯申出也。"成十三年："康公，我之自出。"襄二十五年："我周之自出。"又："桓公之乱，蔡人欲立其出。"二十九年："晋平公，杞出也。"三十一年："莒去疾奔齐，齐出也；展舆，吴出也。"昭四年："徐子，吴出也。"《公羊》文十四年《传》："接菑，晋出也。""蒦且，齐出也。"《史记·秦本纪》："晋襄公之弟名雍，秦出也。"《汉书·五行志》："王子龟，楚之出也。"而《公羊》襄五年《传》："盖舅出也。"则以舅甥为"舅出"矣。

鳏 寡

鳏者，无妻之称；但有妻而于役者，则亦可谓之鳏。《诗》："何草不元（玄），何人不矜。""矜"读为"鳏"是也。寡者，无夫之称；但有夫而独守者，则亦可谓之寡。《越绝书》："独妇山者，句践将伐吴，徙寡妇独山上，以为死士，示得专一。"陈琳诗："边城多健少，内舍多寡妇。"是也。鲍照《行路难》："来时闻君妇，闺中霜居独宿有贞名。"亦是此义。妇人以夫亡为寡，夫亦以妇亡为寡。《左传·襄二十七年》："齐崔杼生成，及疆而寡。"《小尔雅》曰："凡无夫、无妻，通谓之寡。"《焦氏易林》，"久鳏为偶，思配织女；求其非望，自令寡处。"

丁 中

唐高祖武德六年三月：人始生为黄，四岁为小，十六为中，二十一为丁，六十为老；玄宗天宝三载十二月癸丑，诏曰："比者成章之岁，即挂轻徭；既冠之年，便当正役。悯其劳苦，用轸于怀。自今宜以十八已上为中男，二十三已上成丁。"杜子美《新安吏》诗："府帖昨夜下，次还中男行。"是十八以上皆发之也。然史文多有言"丁中"者，举丁、中可以该黄、小矣。《辽史·耶律学古传》："多张旗帜，杂丁黄，为疑兵。"盖中小皆杂用之；而史文代以"黄"字，黄者，四岁以下，何可杂之兵间邪？

阿

《隶释·汉骰坑碑》阴云：其间四十人，皆字其名而系以"阿"字；如刘兴阿兴、潘京阿京之类，必编民户，未尝表其德；书石者欲其整齐而强加之，犹今闾巷之妇，以"阿"挈其姓也。《咸阳灵台碑》阴，有主吏"仲东阿东"，又云："惟仲阿东年在元冠，幼有中质。"又可见其年少而未有字。《抱朴子》："祢衡游许下，自公卿国士以下，衡初不称其官，皆名之云阿某，或以姓呼之为某儿。"《三国志·吕蒙传》注："鲁肃拊蒙背曰：'非复吴下阿蒙！'"《世说》注："阮籍谓王浑曰：'与卿语，不如与阿戎语。'"皆是其小时之称也。妇人以阿挈姓，则隋独狐后谓云昭训为"阿云"，唐萧淑妃谓武后为"阿武"，韦后降为庶人称"阿韦"，刘从谏妻裴氏称"阿裴"，吴湘娶颜悦女，其母焦氏称"阿颜""阿焦"是也。亦可以自称其亲，《焦仲卿妻诗》："堂上启阿母，阿母谓阿女。"是也；亦可为不定何人之辞，《古诗》："道逢乡里人，家中有阿谁？"《三国志·庞统传》："先主谓曰：'向者之论，阿谁为失？'"《晋书·沈克传》："敦作色曰：'小人阿谁是也？'""阿"者，助语之辞，古人以为慢应声；《老子》："唯之与阿，相去几何？"今南人读为入声，非。

幺

一为数之本，故可以大名之；一年之称"元年"，长子之称"元子"是也。又为数之初，故可以小名之，骰子之谓一为"幺"是也。《尔雅》："幺，幼。"注曰："豕子最后生者，俗呼为幺豚。"故后人有"幺麽"之称。《说文》："幺，小也，象子初生之形。"幼字从幺，亦取此义。《汉书·食货志》："王莽作钱货六品：小钱、幺钱、幼钱、中钱、壮钱、大钱；贝货五品：大贝、壮贝、幺贝、小贝及不盈寸二分者；布货十品：大布、次布、弟布、壮布、中布、差布、厚布、幼布、幺布、小布。"《隋书·律历志》："凡日不全为余，积以成余者曰秒，度不全为分，积以成分者曰蔑，其有不成秒曰磨，不成蔑曰幺。"班彪《王命论》："幺麽尚不及数子。"蔡邕《短人赋》："其余尪幺。"晋陆机《文赋》："犹弦幺而徽急，故虽和而不悲。"郭璞《萤火赞》："熠熠宵行，虫之微幺。"卢谌《蟋蟀赋》："享神气之幺舛。"并用此字。《唐书·杨炎传》："卢杞貌幺陋。"《宋史·岳飞传》："杨幺本名杨太，太年幼，楚人谓小为幺，故曰扬幺。"俗作"么"，非。

元

元者，本也。本官曰元官，本籍曰元籍，本来曰元来；唐宋人多此语，后人以"原"字代之，不知何解？原者，再也。《易》"原筮"，《周礼·马质》《礼记·月令》"原蚕"，《文王世子》"末有原"，汉"原庙"之"原"，皆作"再"字解，与"本来"之义全不相同。或以为洪武中，臣下有称元任官者，嫌于元朝之官，故改此字。

古人亦有称"原官"者，后汉张衡应问："曩滞曰官，今又原之。"注："《尔雅》曰：'原，再也。'衡为太史令，去官五载，复为太史令，故曰原之。"然则"原官"乃"再官"之义也。

写

写，《说文》曰："置物也。"《诗》："驾言出游，以写我忧；既见君子，我心写兮。"《周礼》："稻人以浍写水。"《仪礼·特牲馈食礼》："主人出，写嗇于房。"《礼记·曲礼》："器之溉者不写，其余皆写。"《韩非子》："卫灵公召师涓而告之曰：'有鼓新声者，其状似鬼神，子为听而写之。'"《国语》："王命工以良金写范蠡之状而朝礼之。"《史记·秦始皇纪》："写放其宫室，作之咸阳北坂上。"《苏秦传》："宋王无道，为木人以写寡人。"《新序》："叶公子高好龙，钩以写龙，凿以写龙，屋室雕文以写龙。"《周髀经》："笠以写天。"《上林赋》："肸蚃布写。"《汉书·贾捐之传》："淮南王盗写虎符。"

今人以书为写，盖以此本传于彼本，犹之以此器传于彼器也。始自《特牲馈食礼》"卒筮写卦"注："卦者，主画地识爻，爻备，以方写之。"《汉书·艺文志》："孝武置写书之官。"《河间献王传》："从民得善书，必为好写与之，留其真迹。"《温舒传》："取泽中蒲，截以为牒，编成写书。"《霍光传》："山又坐写秘书。"《师丹传》："吏私写其草。"《淮南子·说山训》："窃简而写法律。"孔安国《尚书序》："更以竹简写之。"至后汉，而有图写、缮写之称，传之至今矣。

今人谓马去鞍曰写，货物去舟车亦曰写，与"器之溉者不写"义同；《后汉书·皇甫规传》："旋车完封，写之权门。"《晋书·潘岳传》："发福写鞍，皆有所憩。"《说文》作

"御",舍车解马也,读若汝南人"写书"之"写"。

行 李

古者,谓行人为"行李",亦曰"行理"。《左传》:僖三十年,"行李之往来,共其乏困。"襄八年:"亦不使一介行李,告于寡君。"皆作"李"。昭十三年:"行理之命,无月不至。"作"理"。《国语》:"周之秩官,有之曰:'敌国宾至,关尹以告,行理以节逆之。'贾逵曰:"理,吏也,小行人也。"汉李翕《析里桥郙阁颂》:"行理咨嗟。"

至唐时,谓官府导从之人,亦曰"行李"。《旧唐书·温造传》:"左拾遗舒元褒言:'元和、长庆中,中丞行李不过半坊,令乃远至两坊,谓之笼街喝道。'敕曰:'宪官之职,在指佞触邪,不在行李。'"岂其不敢称卤簿,而别为是名耶?

耗

今人以音问为耗,起自《后汉书·章德窦皇后纪》:"家既废坏,数呼相工问息耗。"注引薛氏《韩诗章句》曰:"耗,恶也;息耗,犹言善恶也。"

量 移

唐朝人得罪,贬窜远方,遇赦改近地,谓之"量移"。《旧唐书·玄宗纪》:"开元二十年十一月庚午,祀后土于脽上,大赦天下,左降官量移近处。""二十七年二月己巳,加尊号,大赦天下,左降官量移近处。""量移"字始见于此。李白《赠京兆韦参军量移东阳诗》云:"潮水还归海,流人却到吴!相逢问愁苦,泪尽日南珠。"白居易《贬江州司马自题》云:"一旦失恩先左降,三年随例未量移。"及迁忠州刺史,又云:"流落多年应是命,量移远郡未成官。"故韩愈自潮州刺史量移袁州,有"遇赦移官罪未除"之句;而《宋史》卢多逊贬崖州,诏曰:"纵经大赦,不在量移之限。"今人乃称迁职为量移,误矣!

罘罳

罘罳,字虽从网,其实屏也。《汉书·文帝纪》:"七年六月癸酉,未央宫东阙罘罳灾。"师古曰:"罘罳,谓连阙曲阁也,以覆重刻垣墉之处,其形罘罳然。一曰屏也。"崔豹《古今注》曰:"罘罳,屏之遗象也;臣朝君,行至门内屏外,复应思惟。罘罳,复思也。汉西京罘罳合板为之,亦筑土为之,每门阙殿舍前皆有焉,于今郡国亦树之。"《考工记·匠人》:"宫隅之制七雉,城隅之制九雉。"注:"宫隅城隅,谓角浮思也。"《广雅》:"罘罳谓之屏。"《书》,"巫门外罘罳者。春申君去吴,假君所思处也。"鱼豢《魏略》:"黄初三年,筑诸门阙外罘罳。"参考诸书,当从屏说。又《五行志》:"刘向以为东阙,所以朝诸侯之门也。罘罳在其外,诸侯之象也。"则其为屏明甚;而或在门内,或在门外,则制各不同耳。《盐铁论》:"祠堂屏阁,垣阙罘罳。"《董贤传》:"外为徼道,周垣数里,门阙罘罳。"《王莽传》:"遣使坏渭陵、延陵园门罘罳,曰毋使民复思也。"《后汉书·灵帝纪》:"中平四年二月己亥,南殿,罘罳自坏。"

《酉阳杂俎》曰:"今人多呼殿榱桷护雀网为罘罳,误也。《礼记·明堂位》疏:'屏,天子之庙饰。'注云:'屏谓之树,今桴思也。刻之为云气虫兽,如今阙上为之矣。'"亦引《广雅》及刘熙《释名》为证,作书者段成式;盖唐时有呼护雀网为罘罳之目，故吏言甘露之变，宦者扶上升舆，决殿后罘罳，疾趋北出。而温庭筠亦有"罘罳昼卷，闾阖夜开"之句矣。

罘罳字有作"桴思"者，《礼记·明堂位》注，有作"浮思"者，《考工记》注并见之。有作"罘罳"者，《博雅》："罘罳谓之屏。"有作"复思"者，《水经注》："象魏之上，加复思以易观。"又云："谯城南有曹嵩冢，冢北有庙堂，榱栌及柱皆雕镂云矩，上复思已碎。"有作"覆思"者，宋玉《大言赋》："大笑至兮摧覆思。"言一笑而垣屏为之倾倒也。若榱桷护雀网亦不足大也。

陈氏《礼书》曰："古者门皆有屏，天子设之于外，诸侯设之于内。礼，台门而旅树，旅，道也；当道而设屏，门之屏也。治朝在路门之外，天子当宁而立，宁在门屏之间，此路门之屏也。《国语》曰：'王背屏而立，［夫人］向屏。'此寝门内之屏也。《鲁庙》疏：'屏，天子之庙饰。'此庙门之屏也。《月令》：'天子田猎，整设于屏外。'此田防之屏也。晋《天文志》：'屏四星，在端门之内，近右执法。'然则先王设屏，非苟然也。"

场　屋

场屋者，于广场之中而为屋，不必皆开科试士之地也。《隋书·音乐志》："每岁正月，万国来朝，留至十五日，于端门外建国门内，绵亘八里，列为戏场；百官起棚夹路，从昏达旦，以纵观之，至晦而罢。"故戏场亦谓之场屋。唐元微之《连昌宫辞》："夜半月高弦索鸣，贺老琵琶定场屋。"

豆

《战国策》张仪说韩王曰："五谷所生，非麦而豆；民之所食，大抵豆饭菜羹。"姚宏注曰："《史记》作'饭寂而麦',下文亦作'菽'。古语但称菽,汉以后方谓之豆。"今按《本草》有赤小豆、大豆之名,《本草》不皆神农所著。《越绝书》："丙货之户曰赤豆为下物,石五十;已货之户曰大豆为下物,石二十。"《越绝书》亦非子贡所作。《汉书·杨恽传》："种一顷豆,落而为萁。"

陉

今井陉之"陉",古书有作"钘"者,《穆天子传》"至于钘山之下"是也;有作"研"者,《汉书·地理志》"上党郡有石研阙"是也;有作"岍"者,《晋书·石勒载记》"使石季龙击托侯部,掘拙哪于岍北,大破之"是也;有作"硎"者,《晋书·胡奋传》"顿军硎北"是也;有作"□璟"者,扬子《法言》"山硜之蹊"是也;有作"径"者,李尤《函谷关赋》"于北则有萧居天井、壶口石径,贯越代阙,以临北庭"是也。

豸

《庄子·在宥篇》："灾及草本,祸及止虫。""止"当作"豸",古止、豸通用。《左传·宣十七年》："庶有豸乎?"豸,止也。

关

关者,所以拒门之木。《说文》："关以木横持门户也。"《左传》："臧孙纥斩鹿门之关。"《吕氏春秋》："孔子之劲,举国门之关,而不肯以力闻。"贾谊《新书》："豫让曰:'我事中行之君,与帷而衣之,与关而枕之。'"《鲁连子》："譬若门关,举之以便,则可以一指持中而举之；非便，则两手不能。关非益加重，手非加罢也；彼所起者，非举势也。"皆谓拒门之木。后人因之，遂谓门为关也。

《史记》谓拒门之木为关，《汉书·杨恽传》："有犇车抵殿门，门关折，马死。"《赵广汉传》："斩其门关而去。"《宋书·少帝纪》："突走出昌门，追者以门关踣之。"《王镇恶传》："军人缘城得入门，犹未及下关。"《唐书·李诩传》："关者欲扃锁之，为中人所叱，执关而不能下。"

宙

《说文》："宙，舟所舆极覆也。"此解未明。《淮南子·览冥训》："燕雀佼之，以为不能与之争于宇宙之间。"高诱注："宙，栋梁也。"似合。"宙"字从宀，本是宫室之象。后人借为往古来今之号耳。

石　炭

今人谓石炭为墨。按《水经注》："冰井台井深十五丈，藏冰及石墨焉。石墨可书，又然之难尽，亦谓之石炭。"是知石炭、石墨一物也，有精粗尔。北人凡入声字，皆转为平，故呼墨为煤，而俗竟作"煤"字，非也。《玉篇》："煤，炱煤也。"《韵会》："煤，炱炭集屋者。"《吕氏春秋》："孔子穷于陈、蔡之间，七日不尝粒，昼寝，颜回索米，得而爨之，几孰。孔子望见颜回，搜其甑中而食之，选间食熟，谒孔子而进食。孔子起曰：'今者梦见先君，食洁而后馈。'颜回对曰：'不可，向者煤室入甑中，弃食不祥。'回援而饭之。"高诱曰："煤室，烟尘之煤也。"《素问》："黑如炱者死"注："炱，谓炱煤也。"唐张祜诗："古墙丹腹尽，深栋墨煤生。"李商隐诗："敌国军营漂木柹，前朝神庙锁烟煤。"温庭筠诗："烟煤朝奠处，风雨夜归时。"是煤乃梁上烟煤之名，非石炭也。崔铣《彰德志》作"烸"。按《玉篇》《广韵》，并无"烸"字。

终　葵

《考工记》："大圭长三尺，杼上终葵首。"《礼记·玉藻》："终葵，椎也。"《方言》："齐人谓椎为终葵。"马融《广成颂》："翚终葵，扬关斧。"盖古人以椎逐鬼，若大傩之为耳。今人于户上画钟馗像，云唐时人，能捕鬼者；玄宗尝梦见之，事载沈存中《补笔谈》，未必然也。《魏书》："尧暄本名钟葵，字辟邪。"则古人固以钟葵为辟邪之物矣。又有淮南王佗子名钟葵，有杨钟葵、丘钟葵、李钟葵、慕容钟葵、乔钟葵、段钟葵，于劲字钟葵，张白泽本字钟葵，《唐书》有王武俊将张钟葵，则以此为名者甚多。岂于其形似而名之，抑取辟邪之义与？《左传·定四年》："分康叔以殷民，七旅有终葵氏。"是又不可知其立名之意也。

魁

今人所奉魁星，不知始自何年，以奎为文章之府，故立庙祀之；乃不能像奎，而改奎为"魁"。又不能像魁，而取之字形，为鬼举足而起其斗。不知奎为北方玄武七宿之一，魁为北斗之第一星；所主不同，而二字之音亦异。今以文而祀，乃不于奎而于魁，宜乎今之应试而获中者，皆不识字之人与？

又今人以榜前五名为五魁，《汉书·酷吏传》："所置，皆其魁宿。"《游侠传》:"闾里之侠,原涉为魁。"师古曰:"魁者,斗之所用盛而杓之本也。"故言根本者皆云魁,《说文》:"魁,羹斗也。"赵宧光曰:"斗首曰魁,因借凡首皆谓之魁。"其见于经者,《书·胤征》之"歼厥渠魁",《记·曲礼》之"不为魁,主人能则执兵而陪其后"。然则"五魁"之名,岂佳语哉?或曰:里有里魁,市有市魁,皆长帅之意,要非雅俊之目。

近时人好以"魁"命名,亦取五魁之义。古人以魁命名者绝少,《左传》有鄋魁垒,卢蒲就魁,《吕氏春秋》齐王灭燕将张魁。

桑 梓

《容斋随笔》谓:"《小雅》'维桑与梓,必恭敬止',并无乡里之说;而后人文字乃作乡里事用。愚考之张衡《南都赋》云:'永世克孝,怀桑梓焉;真人南巡,睹旧里焉。'蔡邕作《光武济阳宫碑》云:'来在济阳,顾见神宫,追惟桑梓褒述之义。'陈琳为袁绍檄云:'梁孝王先帝母弟,坟陵尊显,松柏桑梓,犹宜肃恭。'汉人之文,必有所据。齐、鲁、韩三家之《诗》不传,未可知其说也。以后魏钟会《与蒋斌书》:'桑梓之敬,古今所敦。'晋左思《魏都赋》:'毕昂之所应,虞夏之余人,先王之桑梓,列圣之遗尘。'陆机《思亲赋》:'悲桑梓之悠旷,愧蒸尝之弗营。'《赠弟士龙诗》:'迫彼窀穸,载驱东路,继其桑梓,肆力丘墓。'《赠顾彦先诗》:'眷言怀桑梓,无乃将为鱼。'《百年歌》:'辞官致禄归桑梓。'潘尼《赠陆机出为吴王郎中令诗》:'祁祁大邦,惟桑与梓。'《赠荥阳太守吴子仲诗》:'垂覆岂他乡,回光临桑梓。'潘岳《为贾谧作赠陆机诗》:'旋反桑梓,帝弟作弼。'陆云《答张士然诗》:'感念桑梓域,髣髴眼中人。'阎式《复罗尚书》:

'人怀桑梓。'刘琨《上愍帝表》：'蒸尝之敬在心，桑梓之情未克。'袁宏《三国名臣赞》：'子布擅名，遭世方扰；抚翼桑梓，息肩江表。'宋武帝《复彭沛下邳三郡租诏》：'彭城桑梓本乡，加隆攸在。'文帝《复丹徒租诏》：'丹徒桑梓，绸缪大业攸始。'谢灵运《孝感赋》：'恋丘坟而萦心，忆桑梓而零泪。'《会吟行》：'东方就旅逸，梁鸿去桑梓。'何承天《铙歌》：'愿言桑梓思旧游。'鲍照《从过旧宫诗》：'严恭履桑梓，加敬览枌榆。'梁武帝《幸兰陵诏》：'朕自违桑梓五十余载。'刘峻《辨命论》：'居先王之桑梓，窃名号于中县。'江淹《拟陆平原诗》：'明发眷桑梓，永叹怀密亲。'则又从《南都赋》之文而承用之矣。"

按：古人桑梓之说，不过敬老之意，《说苑》："常枞谓老子曰：过乔木而趋，子知之乎？'老子曰：'过乔木而趋，非谓敬老邪？'常枞曰：'嘻，是已！'"此于诗为兴体，言桑梓犹当养敬，而况父母为人子之所瞻依。

胡 咙

《说文》："胡，牛颔垂也。"徐曰："牛颔下垂皮也。"《释名》："胡，互也，在咽下垂，能敛互物也。"《诗》："狼跋其胡。"狼之老者，颔下垂胡。《汉书·郊祀志》："有龙垂胡髯，下迎黄帝。"师古曰："胡，颈下垂肉也。"《金日磾传》："捽胡投何罗殿下。"晋灼曰："胡，颈也。"《张敖传》："仰绝亢而死。"注："苏林曰：'亢颈，大脉也，俗所谓胡脉也。'"《后汉书》："请为诸君鼓咙胡。"《太元（玄）经》："七为瑕嗗。"范望解："谓唐胡"也。古人读"侯"为"胡"。《息夫躬传》师古曰："咽，喉咙，即今人言胡咙耳。"

胡

《说文》:"胡,牛颈垂也,从肉古声。"《续汉·舆服志》"圣人见鸟兽有冠角髶胡之制"是也。《诗》曰:"狼跋其胡。"狼之老者,颔下垂胡,故以为寿考之称。《诗》曰:"胡考之宁。"《传》曰:"虽及胡耇。"《谥法》:"弥年寿考曰胡,保民耆艾曰胡。"陈有胡公,而蔡仲及周厉王名胡,似皆亦取此义。

《考工记》:"戈广二寸,内倍之,胡三之。"谓戈锋之曲而旁出者,犹牛胡也。《周礼·大行人》:"侯伯七十步,立当前疾。"注:"前疾,谓驷马车辕前胡下垂柱地者。"《礼记·深衣》:"袂圜以应规。"注:"谓胡下也,下垂曰胡。"《方言》"凡箭镞胡合卢"者,郭璞解"胡镝在于喉下",则亦取像于牛胡也。又国名,今之胡姓,以国为氏,或以谥为氏者也。

又与"何"字义同,如"胡能有定""胡然而天""胡斯畏忌"之类。见于经传,如此而已。《史记·匈奴传》曰:"晋北有林胡、楼烦之戎,燕北有东胡、山戎。"盖必时人因此名戎为胡。而下文遂云:"筑长城以拒胡。"是以二国之人而暨北方之种,一时之号而蒙千载之呼也。盖北狄之名胡自此始。而《考工记》亦曰:"粤无镈,燕无函,秦无庐,胡无弓车。"春秋,北燕仅再见于经,而于越至哀公时始盛;以此知《考工》之篇,亦必七国以后之人所增益矣。

又"虏"者,俘获之称,《曲礼》:"献民虏者操右袂。"《公羊传》:"闵公矜此妇人妪其言,顾曰此虏也,尔虏焉。"故鲁仲连所谓"虏使其民",韩非所谓"臣虏之劳",而《戚夫人歌》所谓"子为王,毋为虏",东方朔《答客难》所谓"尊之则为将,卑之则为虏"者也。故汉高帝言"虏中吾指",而骂娄敬为"齐虏",戾太子骂江充为"赵虏"。《水经注》:"临淄外郭,世谓之虏城。"言齐愍王伐燕,燕王哙死,虏其民,实居郭,因以名之。是以自南北朝以后,其名遂以加之北翟,亦习而不察也。

草 马

《尔雅》:"马属牡曰骘,牝曰騇。"郭璞注:"以牝为驳马,牡为草马。"《魏志·杜畿传》:"为河东太守,课民畜牸牛草马。"《晋书·凉武帝王传》:"家有騸草马,生白额驹。"《魏书·蠕蠕传》:"赐阿那瓌父草马五百匹。"《吐谷浑传》:"吐谷浑尝得波斯草马,放入海因生骢驹。"《隋书·许善心传》:"赐草马二十匹。"今人则以牝为儿马,牡为骒马,而唯牝驴乃言草驴。

草驴女猫

今人谓牝驴为草驴。《北齐书·杨愔传》:"选人鲁漫汉在元子思坊,骑秃尾草驴。"是北齐时已有此语。山东、河北人,谓牝猫为女猫。《隋书·外戚·独狐陀传》:"猫女可来,无住宫中。"是隋时已有此语。

雌雄牝牡

飞曰雌雄,走曰牝牡。雉鸣求其牡,诗人以为不伦之刺。然亦有不一者,《周礼》疏引《诗》"雄狐绥绥",走亦曰雄;《书》"牝鸡无晨",飞亦曰牝。今按经传之文,不止于此。如《诗》:"尔牧来思,以新以蒸,以雌以雄。"《左传》:"千乘三去,三去之余,获其雄狐。"《庄子》:"猨猵狙以为雌。"《焦氏易林》:"雄犬夜鸣，雄罢在后。"《晋书·五行志》："吴郡娄县人，家闻地中有犬子声，掘之得雌雄各一。"《木兰诗》："雄兔脚扑朔，雌兔眼迷离。"皆走而称雌雄者也。

《尔雅》："鹩鹑，其雄鶛牝痹。"《山海经》："带山有鸟焉，其状如乌，五采而赤文；名曰鸰鴼，是自为牝牡。""阳山有鸟焉，其状如雌雉，而五采以文，是自为牝牡，名曰象蛇。"则飞而称牝牡者也。

龙亦可称雌雄，《左传》"帝赐之乘龙，河汉各二，各有雌雄"是也。虫亦可称雌雄，《列子》"纯雌其名大腰，纯雄其名穉蜂"是也。介虫亦可称雌雄，《庄子》注"司马云：'雄者鼍类，雌者鳖类'"是也。人亦可称雌雄，《管子》"楚人攻宋、郑，令其人有丧雌雄。"《庄子》：鲁哀公之言哀骀他，曰"且而雌雄合乎前"是也。虹亦可称雌雄，《诗》疏"虹双出，色鲜盛者为雄，雄曰虹；暗者为雌，雌曰蜺"是也。干支亦可称雌雄，《史记索隐》"雄在阏逢岁，雌在摄提格月，雄在毕，雌在訾日，雄在申，雌在子"是也。金亦称雌雄，王子年《拾遗记》"禹铸九鼎，择雌金为阴鼎，雄金为阳鼎"是也。石亦可称雌雄，《续汉·郡国志》"夜郎出雄黄、雌黄"是也。符契亦可称雌雄，《隋书·高祖纪》"颁木鱼符于总管、刺史，雌一雄一"，《唐六典》"太府寺置木契九十五只，雄付少府将作监，雌留大府寺"是也。箭亦可称雄雌，《辽史·仪卫志》"木箭内箭为雄，外箭为雌；皇帝行则用之，还宫，勘箭官执雌箭，东上阁门使执雄箭"是也。

草木亦可称牝，《周礼》"牡樟牡蓻"，《檀弓》"牡麻"，《尔雅》"牡荵""牡蕢""牡茅"，《仪礼》注"牡蒲"，《史记·封禅书》"牡荆"，《本草》"牡桂"是也。车箱亦可称牝，《考工记》"牝服"，《正义》云："车较，即今人谓之平鬲，皆有孔，内軨子于其中，而又向下服，故谓之牝服"是也。管钥亦可称牝牡，

《汉书·五行志》"长安章城门，门牡自亡"，《月令》注"键牡闭牝也"，《正义》"凡锁器，入者谓之牡，受者谓之牝"是也。棺盖亦可称牝牡，《礼记·丧大记》"君盖用漆"，《正义》"用漆者，涂合牝牡之中也"是也。瓦亦可称牝，《广韵》"瓯，牡瓦"是也。五藏亦可称牝牡，《灵枢经》"肝心脾为牝藏，肺肾为牡藏"是也。齿牙亦可称牡，《说文》"牙，牡齿"是也。病亦可称牡，《史记·仓公传》"牡疝"是也。星亦可称牝牡，《天文志》"太白在南，岁在北，名曰牝牡"是也。五行亦可称牝牡，《左传》"水，火之牝也"是也。铜亦可称牝牡，《抱朴子》"灌铜当以在火中向赤时，有凸起者牡铜，凹陷者牝铜"是也。

若《淮南子》云："北斗之神有雌雄，月从一辰；雄左行，雌右行。"而《隋书·经籍志》有《孝经雌雄图》三卷。《五代·四夷附录》，高丽王建进《孝经雌图》一卷，载日食、星变不经之说，则近于诞矣。

日知录节要卷四 世风

周末风俗

《春秋》终于敬王三十九年庚申之岁，西狩获麟；又十四年，为贞定王元年癸酉之岁；鲁哀公出奔，二年卒于有山氏，《左传》以是终焉。又六十五年，威烈王二十三年戊寅之岁，初命晋大夫魏斯、赵籍、韩虔为诸侯；又一十七年，安王十六年乙未之岁，初命齐大夫田和为诸侯。又五十二年，显王三十五年丁亥之岁，六国以次称王，苏秦为从长；自此之后，事乃可得而纪。自《左传》之终以至此，凡一百三十三年；史文阙轶，考古者为之茫昧。如春秋时犹尊礼重信，而七国则绝不言礼与信矣。春秋时犹宗周王，而七国则绝不言王矣。春秋时犹严祭祀、重聘享，而七国则无其事矣。春秋时犹论宗姓氏族，而七国则无一言及之矣。春秋时犹宴会赋诗，而七国则不闻矣。春秋时犹有赴告策书，而七国则无有矣。

邦无定交，士无定主，此皆变于一百三十三年之间史之阙文，而后人可以意推者也。不待始皇之并天下，而文武之道尽矣。驯至西汉，此风未改；故刘向谓其"承千岁之衰周，继暴秦之余弊，贪饕险诐，不闲义理"。观夫史之所录，无非功名势利之人，笔札喉舌之辈；而如董生之言正谊明道者，不一二见也。盖自春秋之后至东京，而其风俗稍复乎古；吾是以知光武、章、明果有变齐至鲁之功，而惜其未纯乎道也。自斯以降，则宋庆历、元祐之间为优矣。嗟乎！论世而不考其风俗，无以明人主之功；余之所以斥周末而进东京，亦春秋之意也。

秦纪会稽山刻石

秦始皇刻石凡六，皆铺张其灭六王、并天下之事。其言黔首风俗，在泰山则云："男女礼顺，慎遵职事，昭隔内外，靡不清净。"在碣石门则云："男乐其畴，女修其业。"如此而已。惟会稽一刻，其辞曰："饰省宣义，有子而嫁，倍死不贞。防隔内外，禁止淫泆，男女絜诚。夫为寄豭，杀之无罪，男秉义程。妻为逃嫁，子不得母，咸化廉清。"何其繁而不杀也？考之《国语》，自越王句践，栖于会稽之后，惟恐国人之不蕃；故令壮者无取老妇，老者无取壮妻。女子十七不嫁，其父母有罪；丈夫二十不取，其父母有罪。生丈夫，二壶酒，一犬；生女子，二壶酒，一豚。生三人，公与之母；生二人，公与之饩。《内传》子胥之言亦曰："越十年生聚。"《吴越春秋》至谓：句践以寡妇淫泆过犯，皆输山上，士有忧思者，令游山上，以喜其意。当其时，盖欲民之多而不复禁其淫泆。传至六国之末，而其风犹在；故始皇为之厉禁，而特著于刻石之文。以此与灭六王、并天下之事并提而论，且不著之于燕齐而独著之于越，然则秦之任刑虽过，而其坊民正俗之意，固未始异于三王也。汉兴以来，承用秦法，以至今日者多矣。世之儒者，言及于秦，即以为亡国之法，亦未之深考乎？

两汉风俗

汉自孝武表章六经之后，师儒虽盛而大义未明；故新莽居摄，颂德献符者遍于天下。光武有鉴于此，故尊崇节义，敦厉名实;所举用者,莫非经明行修之人,而风俗为之一变。至其末造,朝政昏浊,国事日非;而党锢之流、独行之辈,依仁蹈义,舍命不渝,风雨如晦,鸡鸣不已。三代以下,风俗之美,无尚于东京者;故范晔之论,以为桓、灵之间,君道秕僻,朝纲日陵,国隙屡启,自中智以下,靡不审其崩离。而权强之臣,息其阚盗之谋;豪俊之夫,屈于鄙生之议。所以倾而未颓、决而未溃,皆仁人君子心力之为,可谓知言者矣。使后代之主,循而弗革,即流风至今,亦何不可?而孟德既有冀州,崇奖跅弛之士,观其下令再三,至于求负污辱之名、见笑之行,不仁不孝而有治国用兵之术者,于是权诈迭进,奸逆萌生。故董昭太和之疏,已谓当今年少不复以学问为本,专更以交游为业;国士不以孝悌清修为首,乃以趋势求利为先。至正始之际,而一二浮诞之徒,骋其智识,蔑周孔之书,习老庄之教,风俗又为之一变。夫以经术之治,节义之防,光武、明、章,数世为之而未足;毁方败常之俗,孟德一人变之而有余。后之人君,将树之风声、纳之轨物,以善俗而作人,不可不察乎此矣。

　　光武躬行俭约,以化臣下,讲论经义,常至夜分。一时功臣如邓禹,有子十三人,各使守一艺,闺门修整,可为世法;贵戚如樊重,三世共财,子孙朝夕礼敬,常若公家。以故东汉之世,虽人才之偫傥,不及西京;而士风家法,似有过于前代。

　　东京之末,节义衰而文章盛,自蔡邕始;其仕董卓,无守;卓死惊叹,无识。观其集中,滥作碑颂,则平日之为人可知矣。以其文采富而交游多,故后人为立佳传。嗟乎!士君子处衰季之朝,常以负一世之名,而转移天下之风气者;视伯喈之为人,其戒之哉!

正　始

　　魏明帝殂，少帝即位，改元正始，凡九年；其十年，则太傅司马懿杀大将军曹爽，而魏之大权移矣。三国鼎立，至此垂三十年，一时名士风流，盛于雒下；乃其弃经典而尚老庄，蔑礼法而崇放达，视其主之颠危若路人然，即此诸贤为之倡也。自此以后，竞相祖述；如《晋书》言王敦见卫玠，谓长史谢鲲曰："不意永嘉之末，复闻正始之音。"沙门支遁，以清谈著名于时；莫不崇敬，以为造微之功，足参诸正始。《宋书》言羊元保二子，太祖赐名曰咸、曰粲；谓元保曰："欲令卿二子，有林下正始余风。"王微《与何偃书》曰："卿少陶玄风，淹雅修畅，自是正始中人。"《南齐书》言袁粲言于帝曰："臣观张绪，有正始遗风。"《南史》言何尚之谓王球："正始之风尚在。"其为后人企慕如此。然而《晋书·儒林传序》云："摈阙里之典经，习正始之余论，指礼法为流俗，目纵诞以清高。"此则虚名虽被于时流，笃论未忘乎学者，是以讲明六艺，郑、王为集汉之终；演说老庄，王、何为开晋之始。以至国亡于上，教沦于下；羌戎互僭，君臣屡易。非林下诸贤之咎而谁咎哉？

　　有亡国，有亡天下，亡国与亡天下奚辨？曰：易姓改号，谓之亡国；仁义充塞而至于率兽食人，人将相食，谓之亡天下。魏晋人之清谈，何以亡天下？是孟子所谓"杨墨之言，至于使天下无父无君而入于禽兽"者也。

　　昔者嵇绍之父康被杀于晋文王，至武帝革命之时，而山涛荐之入仕，绍时屏居私门，欲辞不得。涛谓之曰："为君思之久矣！天地四时犹有消息，而况于人乎？"一时传诵，以为名言，而不知其败义伤教，至于率天下而无父者也。夫绍之于晋，非其君也，忘其父而事其非君；当其未死三十余年之间，为无父之人亦已久矣，而荡阴之死，何足以赎其罪乎！且其入仕之初，岂知必有乘舆败绩之事，而可树其忠名以盖于晚也？自正始以来，而大义之不明，遍于天下。如山涛者，既为邪说之魁，遂使嵇绍之贤，且犯天下之不韪，而不顾夫邪正之说，不容两立；使谓绍为忠，则必谓王裒为不忠而后可也。何怪其相率臣于刘聪、石勒，观其故主青衣行酒而不以动其心者乎？是故知保天下，然后知保其国。保国者，其君其臣，肉食者谋之；保天下者，匹夫之贱，与有责焉耳矣！

宋世风俗

《宋史》言士大夫忠义之气，至于五季，变化殆尽。宋之初兴，范质、王溥犹有余憾；艺祖首褒韩通，次表卫融，以示意向。真、仁之世。田锡、王禹偁、范仲淹、欧阳修、唐介诸贤，以直言谠论倡于朝；于是中外荐绅，知以名节为高，廉耻相尚，尽去五季之陋。故靖康之变，志士投袂，起而勤王，临难不屈，所在有之；及宋之亡，忠节相望。呜呼！观哀、平之可以变而为东京，五代之可以变而为宋，则知天下无不可变之风俗也。《剥》上九之言，硕果也；阳穷于上，则复生于下矣。

人君御物之方，莫大乎去浮止竞。宋自仁宗在位四十余年，虽所用或非其人；而风俗醇厚，好尚端方。论世之士，谓之"君子道长"。及神宗朝，荆公秉政，骤奖趋媚之徒，深鉏异己之辈；邓绾、李定、舒亶、蹇序辰、王子韶诸奸，一时擢用，而士大夫有"十钻"之目；干进之流，乘机抵隙。驯至绍圣、崇宁而党祸大起，国事日非，膏肓之疾，遂不可治。后之人，但言其农田、水利、青苗、保甲诸法为百姓害，而不知其移人心、变士习为朝廷之害。其害于百姓者，可以一旦而更；而其害于朝廷者，历数十百年，滔滔之势一往而不可反矣。李应中谓："自王安石用事，陷溺人心，至今不自知觉；人趋利而不知义，则主势日孤。"此可谓知言者也。《诗》曰："毋教猱升木，如涂涂附。"夫使庆历之士风一变而为崇宁者，岂非荆公教猱之效哉？

《苏轼传》："熙宁初，安石创行新法，轼上书言：'国家之所以存亡者，在道德之浅深，不在乎强与弱；历数之所以长短者，在风俗之厚薄，不在乎富与贫。臣愿陛下务崇道德而厚风俗，不愿陛下急于有功而贪富强。仁祖持法至宽，用人有序，专务掩覆过失，未尝轻改旧章。考其成功，则曰未至；以言乎用兵，则十出而九败；以言乎府库，则仅足而无余。徒以德泽在人，风俗和美；故升遐之日，天下归仁。议者见其末年，吏多因循，事不振举，乃欲矫之以苛察，齐之以智能，招徕新进勇锐之人，以图一切速成之效。未享其利，浇风已成；多开骤进之门，使有意外之得。公卿侍从，跬步可图；俾常调之人，举生非望。欲望风俗之厚，岂可得哉？近岁朴拙之人愈少，巧进之士益多，惟陛下哀之救之。'"当时论新法者多矣，未有若此之深切者。根本之言，人主所宜独观而三复也。

《东轩笔录》："王荆公秉政，更新天下之务，而宿望旧人，议论不协；荆公遂选用新进，待以不次。故一时政事，不日皆举；而两禁台阁内外要权，莫非新进之士也。及出知江宁府，吕惠卿骤得政柄，有射羿之意；而一时之士，见其得君，谓可以倾夺荆公，遂更朋附之以兴大狱。寻荆公再召，邓绾反攻惠卿，惠卿自知不安，乃条列荆公兄弟之失数事面奏。上封惠卿所言，以示荆公。故荆公表有云：'忠不足以取信，故事事欲其自明；义不足以胜奸，故人人与之立敌。'盖谓是也。既而惠卿出亳州，荆公复相，承党人之后，平日肘腋尽去，而在者已不可信，可信者又才不足以任事。当日唯与其子雱机谋,而雱又死;知道之难行也,于是慨然复求罢去。遂以使相再镇金陵,未几纳节,久之得会灵观使。"其发明荆公情事,至为切当。子曰:"君子易事而难说也。"而《大戴礼》言:"有人焉,容色辞气,其入人甚愉,进退周旋,其与人甚巧,其就人甚速,其叛人甚易。"迹荆公昔日之所信用者,不惟变士习、蠹民生而已,亦不飨其利。《书》曰:"其后嗣王,罔克有终,相亦罔终。"为大臣者,可不以人心风俗为重哉!

《东轩笔录》又曰:"王荆公在中书,作《新经义》以授学者,故太学诸生几及三千人;又令判监、直讲程第诸生之业,处以上中下三舍。而人间传以为试中、上舍者,朝廷将以不次升擢,于是轻薄书生,矫饰言行,坐作虚誉,奔走公卿之门者若市矣。"

苏子瞻《易传·兑卦解》曰:"六三,上六,皆兑之小人,以说为事者均也。六三,履非其位,而处于二阳之间,以求说为兑者,故曰'来兑',言初与二不招而自来也。其心易知,其为害浅,故二阳皆吉,而六三凶。上六,超然于外,不累于物,此小人之托于无求以为兑者也,故曰'引兑',言九五引之而后至也。其心难知,其为害深。故九五孚于剥,虽然其心盖不知而贤之,非说其小人之实也,使知其实则去之矣,故有厉而不凶。然则上六之所以不光,何也?曰:难进者,君子之事也;使上六引而不兑,则其道光矣。"此论盖为神宗用王安石而发。孟子曰:"好名之人,能让千乘之国;苟非其人,箪食豆羹见于色。"荆公当日处卑官,力辞其所不必辞;既显,宜辞而不复辞。矫情干誉之私,固有识之者矣。夫子之论观人也,曰"察其所安",又曰"色取仁而行违,居之不疑,在邦必闻,在家必闻"。是则欺世盗名之徒,古今一也,人君可不察哉?《陆游岁暮感怀诗》:"在昔祖宗时，风俗极粹美；人材兼南北，议论忘彼此。谁令各植党，更仆而迭起；中更金源祸，此风犹未已。倘筑太平基，请自厚俗始。"

清　议

古之哲王所以正百辟者，既已制官刑，儆于有位矣，而又为之立闾师，设乡校，存清议于州里，以佐刑罚之穷；"移之郊、遂"，载在《礼经》；"殊厥井疆"，称于《毕命》。两汉以来，犹循此制，乡举里选，必先考其生平；一玷清议，终身不齿。君子有怀刑之惧，小人存耻格之风；教成于下而上不严，论定于乡而民不犯。降及魏晋，而九品中正之设，虽多失实，遗意未亡；凡被纠弹付清议者，即废弃终身，同之禁锢。至宋武帝篡位，乃诏："有犯乡论清议、赃污淫盗，一皆荡涤洗除，与之更始。"自后凡遇非常之恩，赦文并有此语。《小雅》废而中国微，风俗衰而叛乱作矣！然乡论之污，至烦诏书为之洗刷，岂非三代之直道，尚在于斯民；而畏人之多言，犹见于《变风》之日乎？予闻在下有鳏，所以登庸；以比三凶不才，所以投畀。虽二帝之举措，亦未尝不询于刍荛。然则崇月旦以佐秋官，进乡评以扶国是，倘亦四聪之所先，而王治之不可阙也。

陈寿居父丧有疾，使婢丸药；客往见之，乡党以为贬议，坐是沉滞者累年。阮简父丧，行遇大雪寒冻，遂诣浚仪令；令为他宾设黍臛，简食之，以致清议，废顿几三十年。温峤为刘司空使劝进，母崔氏固留之，峤绝裾而去，迄于崇贵，乡品犹不过也，每爵皆发诏。谢惠连先爱会稽郡吏杜德灵，及居父忧，赠以五言诗十余首，文行于时，坐废不豫荣伍。张率以父忧去职，其父侍伎数十人，善讴者有色貌，邑子仪曹郎顾玩之求聘焉，讴者不愿，遂出家为尼；尝因斋会率宅，玩之为飞书，言与率奸。南司以事奏闻，高祖惜其才，寝其奏；然犹致世论，服阕后久之不仕。官职之升沉，本于乡评之与夺，其犹近古之风乎？

天下风俗最坏之地，清议尚存，犹足以维持一二；至于清议亡，而干戈至矣！洪武十五年八月乙酉，礼部议："凡十恶、奸盗诈伪，干名犯义，有伤风俗，及犯赃至徒者，书其名于申明亭，以示惩戒；有私毁亭舍、涂抹姓名者，监察御史、按察司官以时按视，罪如律。"制可。十八年四月辛丑，命刑部录内外诸司官之犯法罪状明著者，书之申明亭，此前代乡议之遗意也。后之人视为文具。风纪之官，但以刑名为事，而于弼教新民之意，若不相关，无惑乎江河之日下已！

名　教

司马迁作《史记·货殖传》，谓："自廊庙朝廷岩穴之士，无不归于富厚；等而下之，至于吏士，舞文弄法，刻章伪书，不避刀锯之诛者，没于赂遗。"而仲长敖《覈性赋》谓："倮虫三百，人最为劣；爪牙皮毛，不足自卫，唯赖诈伪，迭相嚼啮。等而下之，至于台隶僮竖，唯盗唯窃。"乃以今观之，则无官不赂遗，而人人皆吏士之为矣！无守不盗窃，而人人皆僮竖之为矣！自其束发读书之时，所以劝之者，不过所谓千钟粟、黄金屋；而一旦服官，即求其所大欲；君臣上下，怀利以相接，遂成风流，不可复制。后之为治者，宜何术之操？曰："唯名可以胜之。"名之所在，上之所庸，而忠信廉洁者显荣于世；名之所去，上之所摈，而怙侈贪得者废锢于家。即不无一二矫伪之徒，犹愈于肆然而为利者。《南史》有云："汉世士务修身，致忠孝成俗；至于乘轩服冕，非此莫由。晋宋以来，风衰义缺；故昔人之言曰名教、曰名节、曰功名，不能使天下之人以义为利，而犹使之以名为利。虽非纯王之风，亦可以救积污之俗矣！"

《旧唐书》：薛谦光为左补阙，上疏言："臣窃窥古之取士，实异于今；先观名行之源，考其乡邑之誉。宗礼让以厉己，显节义以标信；以敦朴为先最，以雕虫为后科。故人崇劝让之风，士去轻浮之行；希仕者，必修贞确不拔之操，行难进易退之规。众议已定其高下，郡将难诬其曲直；故计贡之贤愚，即州将之荣辱。假有秽行之彰露，亦乡人之厚颜。是以李陵降而陇西惭，干木隐而西河美。故名胜于利，则小人之道消；利胜于名，则贪暴之风扇。自七国之季，虽杂纵横；而汉代求才，犹征百行。是以礼节之士，敏德自修，闾里推高，然后为府寺所辟。今之举人，有乖事实。乡议决小人之笔，行修无长者之论；策第喧竞于州府，祈恩不胜于拜伏。或明制才出，试遣搜敩；驱驰府寺之门，出入王公之第。上启陈诗，唯希咳唾之泽；摩顶至足，冀荷提携之恩。故俗号举人，皆称'觅举'。觅者，自求之称也。夫徇己之心切，则至公之理乖；贪仕之性彰，则廉洁之风薄。是以知府命虽高，异叔度勤勤之让；黄门已贵，无秦嘉耿耿之辞。纵不能挹己推贤，亦不肯待于三命。故选司补置，喧然于礼闱；州贡宾王，争讼于阶闼。谤议纷合，渐以成风。夫竞荣者，必有争利之心；谦逊者，亦无贪贿之累。自非上智，焉能不移？在于中人，理由习俗。若重谨厚之士，则怀禄者必崇德以修名；若开趋竞之门，则徼幸者皆戚施而附会。附会则百姓罹其弊，修名则兆庶蒙其福；风化之渐，靡不由兹。"嗟乎！此言可切中今时之弊矣！

汉人以名为治，故人材盛；今人以法为治，故人材衰。

宋范文正《上晏元献书曰》："夫名教不崇，则为人君者谓尧舜不足法，桀纣不足畏；为人臣者，谓八元不足尚，四凶不足耻。天下岂复有善人乎？人不爱名，则圣人之权去矣！"

今日所以变化人心、荡涤污俗者，莫急于劝学、奖廉二事。天下之士，有能笃信好学，至老不倦，卓然可当方正有道之举者，官之以翰林、国子之秩而听其出处，则人皆知向学而不竞于科目矣。庶司之官，有能洁己爱民，以礼告老，而家无儋石之储者，赐之以五顷十顷之地，以为子孙世业；而除其租赋，复其丁徭，则人皆知自守而不贪于货赂矣。岂待蒥川再遣，方收牧豕之儒；优孟陈言，始录负薪之允。而抉风之子，特赐黄金；涿郡之贤，常颁羊酒。遂使名高处士，德表具僚；当时怀稽古之荣，没世仰遗清之策；不愈于科名、爵禄劝人，使之干进而饕利者哉？以名为治，必自此涂始矣。

汉平帝元始中，诏曰："汉兴以来，股肱在位，身行俭约，轻财重义，未有若公孙弘者也。位在宰相封侯，而为布被脱粟之饭；奉禄以给故人宾客，无有所余，可谓减于制度而率下笃俗者也。与内富厚而外为诡服以钓虚誉者殊科，其赐弘后子孙之次见为适者爵关内侯，食邑三百户。"

《魏志》："嘉平六年，朝廷追思清节之士，诏赐故司空徐邈，征东将军胡质，卫尉田豫，家谷二千斛，帛三十束，布告天下。"

后魏宣武帝延昌四年，诏曰："故处士李谧，屡辞征辟，志守冲素；儒隐之操，深可嘉美。可远傍惠康，近准玄晏，谥曰'贞静处士'，并表其门闾，以旌高节。"《唐六典》："若蕴德丘园，声实明著，虽无官爵，亦赐谥曰先生。"以余所见，崇祯中，尝用巡按御史祈彪佳言，赠举人归子慕、朱陛宣为翰林院待诏。

《唐书》："牛僧孺，隋仆射奇章公弘之裔，幼孤，下杜樊乡，有赐田数顷，依以为生。"则知隋之赐田，至唐二百年而犹其子孙守之；若金帛之颁，廪禄之惠，则早已化为尘土矣。国朝正统中，以武进田赐礼部尚书胡濙，其子孙亦至今守之。故窃以为奖廉之典，莫善于此。

廉　耻

《五代史·冯道传论》曰："礼义廉耻，国之四维；四维不张，国乃灭亡。善乎，管生之能言也！礼义，治人之大法；廉耻，立人之大节。盖不廉则无所不取，不耻则无所不为；人而如此，则祸败乱亡亦无所不至。况为大臣而无所不取、无所不为，则天下其有不乱、国家其有不亡者乎？"然而四者之中，耻尤为要，故夫子之论士曰："行己有耻。"孟子曰："人不可以无耻，无耻之耻，无耻矣。"又曰："耻之于人大矣，为机械之巧者，无所用耻焉。"所以然者，人之不廉而至于悖礼犯义，其原皆生于无耻也。故士大夫之无耻，是谓国耻。吾观三代以下，世衰道微，弃礼义，捐廉耻，非一朝一夕之故。然而松柏后雕于岁寒，鸡鸣不已于风雨；彼昏之日，固未尝无独醒之人也。顷读《颜氏家训》，有云："齐朝一士夫，尝谓吾曰：'我有一儿，年已十七，颇晓书疏；教其鲜卑语及弹琵琶，稍欲通解，以此伏事公卿，无不宠爱。'吾时俯而不答。异哉，此人之教子也！若由此业自致卿相，亦不愿汝曹为之。"嗟乎，之推不得已而仕于乱世，犹为此言，尚有《小宛》诗人之意；彼阉然媚于世者，能无愧哉！

罗仲素曰："教化者，朝廷之先务；廉耻者，士人之美节；风俗者，天下之大事。朝廷有教化，则士人有廉耻；士人有廉耻，则天下有风俗。"

古人治军之道，未有不本于廉耻者。《吴子》曰："凡制国治军，必教之以礼，励之以义，使有耻也；夫人有耻，在大足以战，在小足以守矣。"《尉缭子》言："国必有慈孝廉耻之俗，则可以死易生。"而太公对武王："将有三胜：一曰礼将，二曰力将，三曰止欲将。"故礼者所以班朝治军，而《兔置》之武夫皆本于文王后妃之化,岂有淫荔苨、窃牛马而为暴于百姓者哉?

《后汉书》:"张奂为安定属国都尉,羌豪帅感奂恩德,上马二十匹;先零酋长又遗金鐻八枚,奂并受之。而召主簿于诸羌前,以酒酹地,曰:'使马如羊,不以入厩;使金如粟,不以入怀。'悉以金马还之。羌性贪而贵吏清。前有八都尉,率好财货,为所患苦;及奂正身洁己,威化大行。"呜呼,自古以来,边事之败,有不始于贪求者哉?吾于辽东之事有感。

杜子美诗:"安得廉颇将,三军同晏眠。"一本作"廉耻将",诗人之意,未必及此。然吾观《唐书》言王佖为武灵节度使,先是吐蕃欲成乌兰桥,每于河壖先贮材木,皆为节帅遣人潜载之,委于河流,终莫能成。蕃人知佖贪而无谋,先厚遗之,然后并役成桥,仍筑月城守之。自是朔方御寇不暇,至今为患,由佖之黩货也。故贪夫为帅而边城晚开,得此意者,郢书燕说,或可以治国乎?

流　品

晋、宋以来,尤重流品;故虽蕞尔一方,而犹能立国。《宋书·蔡兴宗传》:"兴宗为征西将军,开府仪同三司、荆州刺史、常侍如故,被征还都时,右军将军王道隆任参国政,权重一时,蹑履到兴宗前,不敢就席,良久方去,竟不呼坐。"元嘉初,中书舍人狄当诣太子詹事王昙首,不敢坐。其后中书舍人王弘,为太祖所爱遇,上谓曰:"卿欲作士人,得就王球坐,乃当判耳。殷、刘并杂,无所益也。若往诣球,可称旨就席。"及至,球举扇曰:"若不得尔。"弘还,依事启闻。帝曰:"我便无如此何。"五十年中,有此三事。

《张敷传》:"迁江夏王义恭监军记室参军,时义恭就文帝求一学义沙门,会敷赴假远江陵,入辞,文帝令以后骑载沙门,敷不奉诏,曰:'臣性不耐杂迁。'正员郎、中书舍人狄当、周赳并管要务,以敷同省名家,欲诣之。赳曰:'彼若不相容,便不如不往。'当曰:'吾等并已员外郎矣,何忧不得共坐?'敷先设二床,去壁三四尺,二客就席,酬接甚欢。既而呼左右曰:'移吾床远客。'赳等失色而去。"

《世说》:"纪僧真得幸于齐世祖,尝请曰:'臣出自本县武吏,遭逢圣时,阶荣至此,无所须,惟就陛下乞作士大夫。'上曰:'此由江敩、谢瀹,我不得措意,可自诣之。'僧真承旨,诣敩登榻坐定,敩顾命左右曰:'移吾床远客。'僧真丧气而退,以告世祖。世祖曰:'士大夫故非天子所命。'"

《梁书·羊侃传》:"有宦者张僧胤候侃,侃竟不前之,曰:'我床非阉人所坐。'"

自万历季年,搢绅之士,不知以礼饬躬,而声气及于宵人,诗字颁于舆皂;至于公卿上寿,宰执称儿,而神州陆沉,中原涂炭,夫有以致之矣!

重　厚

世道下衰,人材不振;王怀之《吴语》,郑綮之《歇后》,薛昭纬之《浣溪沙》,李邦彦之俚语辞曲,莫不登诸岩廊,用为辅弼。至使在下之人,慕其风流,以为通脱;而栋折榱崩,天下将无所庇矣!及乎板荡之后而念老成,播迁之余而思耆俊,庸有及乎?有国者,登崇重厚之臣,抑退轻浮之士,此移风易俗之大要也。

侯景数梁武帝十失,谓皇太子吐言止于轻薄,赋咏不出桑中;张说论阎朝隐之文,如丽服靓妆,燕歌赵舞,观者忘疲,若类之《风》《雅》，则罪人矣！今之词人，率同此病；淫词艳曲，传布国门，有如北齐阳俊之所作六言歌辞，名为《阳五伴侣》，写而卖之，在市不绝者，诱惑后生，伤败风化，宜与非圣之书，同类而焚，庶可以正人心术。

何晏之粉白不去手，行步顾影；邓飏之行步舒纵，坐立倾倚；谢灵运之每出入，自扶接者常数人，后皆诛死。而魏文帝体貌不重，风尚通脱，是以享国不永，后祚短促。史皆附之《五行志》，以为貌之不恭。昔子贡于礼容俯仰之间，而知两君之疾与乱，夫有所受之矣。子曰："君子不重则不威，学则不固。"扬子《法言》曰："言轻则招忧，行轻则招辜，貌轻则招乱，好轻则招淫。"四明薛冈谓："士大夫子弟不宜使读《世说》，未得其隽永，先习其简傲。"推是言之，可谓善教矣！防其乃逸乃谚之萌，而引之有物有恒之域，此以正养蒙之道也。南齐陈显达语其诸子曰："麈尾蝇拂，是王、谢家物，汝不须捉此。"即取于前烧除之。

耿　介

读屈子《离骚》之篇，乃知尧舜所以行出乎人者，以其耿介同乎流俗，合乎污世，则不可与入尧舜之道矣。

非礼勿视，非礼勿听，非礼勿言，非礼勿动，是则谓之耿介；反是，谓之昌披。夫道若大路然，尧桀之分，必在乎此。

乡　原

老氏之学所以异乎孔子者，和其光，同其尘，此所谓似是而非也；《卜居》《渔父》二篇尽之矣。非不知其言之可从也，而义有所不当为也。子云而知此义也，《反离骚》其可不作矣。寻其大指，生斯世也，为斯世也，善斯可矣。此其所以为莽大夫与？

《卜居》《渔父》，法语之言也；《离骚》《九歌》，放言也。

俭　约

国奢，示之以俭，君子之行、宰相之事也。汉汝南许劭为郡功曹，同郡袁绍，公族豪侠，去濮阳令归，车徒甚盛。入郡界，乃谢曰："吾舆服，岂可使许子将见之。"遂以单车归家。晋蔡充好学，有雅尚，体貌尊严，为人所惮。高平刘整，车服奢丽，尝语人曰："纱縠，吾服其常耳。遇蔡子尼在坐，而经日不自安。"北齐李德林父亡，时正严冬，单衰徒跣，自驾灵舆，反葬博陵；崔谌休假还乡，将赴弔，从者数十骑，稍稍减留，比至德林门，才余五骑；云："不得令李生怪人熏灼。"李僧伽修整笃业，不应辟命；尚书袁叔德来候，僧伽先减仆从，然后入门。曰："见此贤令，吾羞对轩冕。"夫惟君子之能以身率物者如此，是以居官而化一邦，在朝廷而化天下。

魏武帝时，毛玠为东曹掾，典选举，以俭率人；天下之士，莫不以廉节自励，虽贵宠之臣，舆服不敢过度。唐大历末，元载伏诛，拜杨绾为相；绾质性贞廉，车服俭朴，居庙堂未数日，人心自化。御史中丞崔宽，剑南西川节度使宁之弟，家富于财；有别墅，在皇城之南，池馆台树，当时第一。宽即日潜遣毁撤。中书令郭子仪，在邠州行营，闻绾拜相，坐中音乐，减散五分之四；京兆尹黎幹，每出入，驺从百余，亦即日减损，惟留十骑而已。李师古跋扈，惮杜黄裳为相，命一干吏寄钱数千缗，毡车子一乘；使者到门，未敢送，伺候累日，有绿舆自宅出，从婢二人，青衣褴褛，言是相公夫人。使者遽归告师古，师古折其谋，终身不敢改节。此则禁郑人之泰侈,奚必于三年?变雒邑之矜夸,无烦乎三纪。修之身,行之家,示之乡党而已,道岂远乎哉!

大 臣

《记》曰:"大臣法,小臣廉,官职相序,君臣相正,国之肥也。"故欲正君而序百官,必自大臣始。然而王阳黄金之论,时人既怪其奢;公孙布被之名,直士复讥其诈。则所以考其生平而定其实行者,惟观之于终,斯得之矣。

季文子卒,大夫入敛,公在位,宰庀家器为葬备;无衣帛之妾,无食粟之马,无藏金玉,无重器备。君子是以知季文子之忠于公室也。相三君矣,而无私积,可不谓忠乎?诸葛亮自表后主曰:"成都有桑八百株,薄田十五顷,子孙衣食,悉仰于家,自有余饶;至于臣在外任,无别调度,随身衣食,悉仰于官,不别治生,以长尺寸。若臣死之日,不使内有余帛,外有赢财,以负陛下。"及卒,如其所言。

夫廉,不过人臣之一节,而左氏称之为"忠"、孔明以为"无负"者,诚以人臣之欺君误国,必自其贪于货赂也。夫居尊席腆,润屋华身,亦人之常分尔;岂知高后降之弗祥,民人生其怨诅,其究也,乃与国而同败邪?诚知夫大臣家事之丰约,关于政化之隆污,则可以审择相之方,而亦得富民之道矣!

杜黄裳,元和之名相,而以富厚蒙讥;卢怀慎,开元之庸臣,而以清贫见奖。是故贫则观其所不取,此卜相之要言。

除 贪

汉时赃罪被劾,或死狱中,或道自杀;唐时赃吏,多于朝堂决杀，其特宥者，乃长流岭南。睿宗太极元年四月，制官典，主司枉法，赃一匹已上，并先决一百；而改元及南郊赦文，每曰："大辟罪已下，已发觉、未发觉，已结正、未结正，系囚见徒，罪无轻重，咸赦除之。官典犯赃，不在此限。"然犹有左降遐方、谪官蛮徼者。而卢怀慎重以为言，谓屈法惠奸，非正本塞源之术。是知乱政同位，商后作其丕刑；贪以败官，《夏书》训之必杀。三代之王，罔不由此道者矣。

宋初，郡县吏承五季之习，黩货厉民，故尤严贪墨之罪。开宝三年，董元吉守英州，受赃七十余万；帝以岭表初平，欲惩掊克之吏，特诏弃市。而南郊大赦，十恶、故劫杀及官吏受赃者不原。史言宋法有可以得循吏者三，而不赦犯赃其一也。天圣以后，士大夫皆知饰簠簋而厉廉隅，盖上有以劝之矣。于文定谓本朝姑息之政，甚于宋世。败军之将，可以不死；赃吏巨万，仅得罢官；而小小刑名，反有凝脂之密，是轻重胥失之矣！盖自永乐时，赃吏谪令戍边；宣德中，改为运砖纳米赎罪，浸至于宽，而不复究前朝之法也。呜呼！法不立，诛不必，而欲为吏者之毋贪，不可得也！人主既委其太阿之柄，而其所谓"大臣"者，皆刀笔筐篚之徒，毛举细故以当天下之务，吏治何由而善哉？

《北梦琐言》："后唐明宗，尤恶墨吏。邓州留后陶玘，为内乡令成归仁所论，税外科配，贬岚州司马；掌书记王惟吉，夺历任告敕，长流绥州。亳州刺史李邺，以赃秽，赐自尽。汴州仓吏犯赃，内有史彦珣旧将之子，又是驸马石敬塘亲戚；王建立奏之，希免死，上曰：'王法无私，岂可徇亲？'供奉官丁延徽，巧事权贵，监仓犯赃；侍卫使张从宾方便救之，上曰：'食我厚禄，盗我仓储，苏秦复生，说我不得。'并戮之。以是在五代中，号为小康之世。"

《册府元龟》载："天成四年十二月，蔡州西平县令李商，为百姓告陈不公;大理寺断止赎铜,敕旨:'李商招愆,俱在案款,大理定罪,备引格条。然亦事有所未图,理有所未尽。古之立法,意在惜人。况自列圣相承,溥天无事,人皆知禁,则遂从轻;丧乱以来,廉耻者少,朕一临寰海,四换星灰,常宣无外之风,每革从前之弊。惟期不滥,皆守无私。李商不务养民,专谋润己;初闻告不公之事件,决彼状头,又为夺有主之庄田,挞其本户。国家给州县篆印,只为行遣公文;而乃将印历下乡,从人户取物。据兹行事,何以当官?宜夺历任官,杖杀。'"读此敕文,明宗可谓得轻重之权者矣!

《金史》:"大定十二年,咸平尹石抹阿没剌,以赃死于狱;上谓其不尸诸市,已为厚幸。贫穷而为盗贼,盖不得已;三品职官以赃至死,愚亦甚矣。其诸子皆可除名。"夫以赃吏而祸及其子,似非"恶恶止其身"之义;然贪人败类,其子必无廉清。则世宗之诏,亦未为过。《汉书》言李固、杜乔朋心合力,致主文宣;而孝、桓即位之诏,有曰:"赃吏子孙,不得详举。"岂非汉人已行之事乎?

《元史》:"至元十九年九月壬戌,敕中外官吏赃罪轻者决杖,重者处死。"

有庸吏之贪,有才吏之贪。《唐书·牛僧孺传》:"穆宗初,为御史中丞。宿州刺史李直臣,坐赃当死;中贵人为之申理,帝曰:'直臣有才,朕欲贷而用之。'僧孺曰:'彼不才者,持禄取容耳。天子制法,所以束缚有才者。安禄山、朱泚以才过人,故乱天下。'帝是其言,乃止。"今之贪纵者,大抵皆才吏也;苟使之惕于法而以正用其才,未必非治世之能臣也。

《后汉书》称袁安为河南尹,政号严明,然未尝以赃罪鞫人;此近日为宽厚之论者所持以为口实。乃余所见,数十年来姑息之政,至于纲解纽弛,皆此言贻之敝矣!嗟乎!范文正有言:"一家哭何如一路哭耶？"

朱子谓近世流俗，惑于阴德之论，多以纵舍有罪为仁，此犹人主之以行赦为仁也。孙叔敖断两头蛇而位至楚相，亦岂非阴德之报耶？

唐《柳氏家法》："居官不奏祥瑞，不度僧道，不贷赃吏法。"此今日士大夫居官者之法也。宋包拯戒子孙："有犯赃者，不得归本家，死不得葬大茔。"此今日士大夫教子孙者之法也。

贵　廉

汉元帝时，贡禹上言："孝文皇帝时，贵廉洁，贱贪污，贾人赘婿，及吏坐赃者，皆禁锢不得为吏；赏善罚恶，不阿亲戚。罪白者伏其诛，疑者以与民，亡赎罪之法；故令行禁止，海内大化，天下断狱四百，与刑错无异。武帝始临天下，尊贤用士，辟地广境数千里，自见功大威行；遂从耆欲，用度不足，乃行一切之变。使犯法者赎罪，入穀者补吏；是以天下奢侈，官乱民贫，盗贼并起，亡命者众。郡国恐伏其诛，则择便巧史书、习于计簿，能欺上府者以为右职。奸轨不胜，则取勇猛能操切百姓者，以苛暴威服下者，使居大位。故亡义而有财者显于世，欺谩而善书者尊于朝，悖逆而勇猛者贵于官。故俗皆曰：'何以孝弟为，财多而光荣；何以礼义为，史书而仕宦；何以谨慎为，勇猛而临官。'故黥劓而髡钳者，犹复攘臂为政于世；行虽犬彘，家富势足，目指气使，是为贤耳。故谓居官而致富者为雄杰，处奸而得利者为壮士；兄劝其弟，父勉其子。俗之败坏，乃至于是。察其所以然者，皆以犯法得赎罪，求仕不得真贤，相守崇财利，诛不行之所致也。今欲兴至治、致太平，宜除赎罪之法；相守选举不以实及有赃者，辄行其诛，亡但免官；则争尽力为善，贵孝弟，贱贾人，进真贤，举实廉，而天下治矣。"呜呼，今日之变，有甚于此！自神宗以来，黩货之风，日甚一日；国维不张，而人心大坏，数十年于此矣！《书》曰："不肩好货，敢恭生生，鞠人谋人之保居，叙钦。"必如是，而后可以立太平之本。

禹又欲令"近臣自诸曹侍中以上，家亡得私贩卖，与民争利；犯者辄免官削爵，不得仕宦。"此议今亦可行，自万历以后，天下水利、碾硙、场渡、市集，无不属之豪绅，相沿以为常事矣。

禁锢奸臣子孙

唐太宗诏禁锢宇文化及、司马德戡、裴虔通等子孙，不令齿叙。武后令杨素子孙不得任京官及侍卫。至德中，两京平，大赦，惟禄山支党及李林甫、杨国忠、王鉷子孙不原。宋高宗即位，诏蔡京、童贯、王黼、朱勔、李彦、梁师成、谭稹皆误国害民之人，子孙更不收叙，而章惇子孙，亦不得仕于朝。明太祖有天下，诏宋末蒲寿庚、黄万石子孙不得仕宦；饕餮之象周鼎，梼杌之名楚书，古人盖有之矣。窃谓宜令按察司各择其地之奸臣一二人，王法之所未加，或加而未尽者，刻其名于狱门之石，以为世戒，而禁其后人之入仕。九刑不忘，百世难改，亦先王树之风声之意乎？

《旧唐书·太宗纪》：贞观二年六月辛卯，诏曰："天地定位，君臣之义以彰；卑高既陈，人伦之道斯著。是用笃厚风俗，化成天下；虽复时经治乱，主或昏明，疾风劲草，芬芳无绝。剖心焚体，赴蹈如归。夫岂不爱七尺之躯，重百年之命？谅由君臣义重，名教所先，故能明大节于当时，立清风于身后。至如赵高之殒二世，盖卓之鸩弘农，人神所疾，异代同愤；况凡庸小竖，有怀凶悖，遐观典策，罔不诛夷。辰州刺史长蛇县男裴虔通，昔在隋代，委质晋藩，炀帝以旧邸之情，特相爱幸，遂乃忘蔑君亲，潜图弑逆，密伺间隙，招结群丑。长戟流矢，一朝窃发，天下之恶，孰云可忍？宜其夷宗焚首，以彰大戮。但年代异时，累逢赦令；可特免极刑，投之四裔，除名削爵，迁配骊州。"

《册府元龟》："权万纪为治书侍御史。贞观四年正月，奏宇文智及受隋厚恩而蔑弃君亲，首为弑逆。人臣之所同疾，万代之所不原。今其子乃任千牛，侍卫左右，请从屏黜，以为惩戒。制可。"

《杨元禧传》载，武后制曰："隋尚书令杨素，昔在本朝，早荷殊遇；禀凶邪之德，怀谄佞之才，惑乱君上，离间骨肉。摇动家嫡，宁惟掘蛊之祸；诱扇后主，卒成请蹯之衅。生为不忠之人，死为不义之鬼，身虽幸免，子竟族诛。斯则奸逆之谋，是其庭训；险薄之行，遂成门风。刑戮虽加，枝胤仍在，岂可复肩随近侍，齿迹朝行？朕接统百王，恭临四海；上嘉贤佐，下恶贼臣。常欲从容于万机之余，褒贬于千载之外。况年代未远，耳目所存者乎？其杨素及兄弟子孙，并不得令任京官及侍卫。"

宋末，蒲寿庚叛逆之事，皆出于其兄寿宬之画；是时寿宬佯着黄冠野服，归隐山中，自称处士，以示不臣二姓，而密为寿庚作降表，令人自水门潜出，送款于唆都。其后寿庚以功授平章，富贵冠一时，而寿宬亦居甲第。有投诗者云："剑戟纷纭抉主日，山林寂寞闭门时；水声禽语皆时事，莫道山翁总不知。"呜呼！今之身为戎首而外托高名者，亦未尝无其人也！或欲盖而弥章，则无逃于三叛之笔矣！

家　事

孔子曰："居家理故治可移于官。"子木问范武子之德于赵孟,对曰:"夫子之家事治,言于晋国无隐情;其祝史陈信于鬼神,无愧辞。"子木归以语王,王曰:"宜其光辅五君,以为盟主也。"夫以一人家事之理,而致晋国之霸;士大夫之居家,岂细行乎?

《史记》之载宣曲任氏曰:"富人争奢侈,而任氏折节为俭,力田畜;田畜,人争取贱贾,任氏独取贵善,富者数世。然任氏家约,非田畜所出弗衣食;公事不毕,则身不得饮酒食肉。以此为闾里率,故富而主上重之。"《汉书》载张安世曰:"安世尊为公侯,食邑万户;然身衣弋绨,夫人自纺绩。家童七百人,皆有手技作事;内治产业,累积纤微。是以能殖其货,富于大将军光。"《后汉书》载樊宏父重曰:"世善农稼,好货殖,性温厚有法度,三世共财;子孙朝夕礼敬,常若公家。其营理产业,物无所弃;课役僮隶,各得其宜。故能上下戮力,财利岁倍。"今之士大夫,知此者鲜,故富贵不三四传而衰替也。

两家奴争道,霍氏奴入御史府,欲蹋大夫门,此霍氏之所以亡也。奴从宾客,浆酒藿肉,此董贤之所以败也。然则今日之官评,其先考之《僮约》乎?

以正色立朝之孔父,而艳妻行路,祸及其君;以小心谨慎之霍光,而阴妻邪谋,至于灭族。夫纲之能立者鲜矣!

戎王宠女乐而牛马半死;楚铁剑利而倡优拙,秦王畏之。成帝宠黄门名倡丙强、景武之属,而汉业以衰;玄宗造《霓裳羽衣》之曲,而唐室遂乱。今日士大夫才任一官,即以教戏唱曲为事;官方民隐,置之不讲。国安得不亡,身安得无败?

奴　仆

《颜氏家训》:"邺下有一领军,贪积已甚,家僮八百,誓满一千。"唐李义府多取人奴婢,及败,各散归其家。时人为露布云:"混奴婢而乱放,各识家而竞入。"太祖数凉国公蓝玉之罪,亦曰:"家奴至于数百。"今日江南士大夫,多有此风,一登仕籍,此辈竞来门下,谓之"投靠",多者亦至千人;而其用事之人,则主人之起居食息,以至于出处语默,无一不受其节制。有甘于毁名丧节而不顾者,奴者主之,主者奴之。嗟乎!此六逆之所由来矣!

《汉书·霍光传》:"任宣言:大将军时,百官已下,但事冯子都、王子方等。"又曰:"初,光爱幸监奴冯子都,常与计事;及显寡居,与子都乱。"夫以出入殿门,进止不失尺寸之人,而溺情女子、小人,遂至于此;今时士大夫之仆,多有以色而升、以妻而宠。夫上有渔色之主,则下必有烝弑之臣。"清斯濯缨,浊斯濯足",自取之也。是以欲清闺门,必自简童仆始。

严分宜之仆永年,号曰"鹤坡";张江陵之仆游守礼,号曰"楚滨"。不但招权纳贿,而朝中多赠之诗文,俨然与搢绅为宾主;名号之轻,文章之辱,至斯而甚!异日媚阉建祠,非此为之嚆矢乎?

人奴之多,吴中为甚;其专恣暴横,亦惟吴中为甚。有王者起,当悉免为良而徙之,以实远方空虚之地。士大夫之家,所用仆役,并令出赀雇募,如江北之例;则豪横一清,而四乡之民,得以安枕。其为士大夫者,亦不受制于人,可以勉而为善。讼简风淳,其必自此始矣!

阉　人

《颜氏家训》:"昔者,周公一沐三握发,一饭三吐哺,以接白屋之士;一日所见七十余人,门不停宾,古所贵也。失教之家，阍寺无礼，或以主君寝食嗔怒，拒客未通，江南深以为耻。黄门侍郎裴之礼，号善待士；有如此辈，对宾杖之。其门生僮仆，接于他人，折旋俯仰，辞色应对，莫不肃敬，与主无别也。"《史记》："郑当时诫门下客，至无贵贱，无留门者。"《后汉书》："皇甫嵩，折节下士，门无留客。"而《大戴礼》："武王之门，铭曰：'敬遇宾客，贵贱无二。'"则古已言之矣。观夫后汉赵壹之于皇甫规，高彪之于马融，一谒不面，终身不见；为士大夫者，可不戒哉！

《后汉书·梁冀传》："冀、寿共乘辇车，游观第内；鸣钟吹管，或连继日夜。客到门，不得通，皆请谢门者，门者累千金。"今日所谓"门包"，殆昉于此。

田　宅

《旧唐书》："张嘉贞在定州，所亲有劝立田业者；嘉贞曰：'吾恭忝官荣，曾任国相。未死之际，岂忧饥馁？若负谴责，虽富田庄，何用？比见朝士，广占良田；及身殁后，皆为无赖子弟作酒色之资，甚无谓也。'闻者叹服。"此可谓得二疏之遗意者。若夫世变日新，人情弥险；有以富厚之名而反使其后人无立锥之地者，亦不可不虑也。书又言马燧赀货甲天下，既卒，子畅承旧业，屡为豪幸邀取。贞元末，中尉曹志廉讽畅，令献田园第宅，顺宗复赐畅；中贵人逼取，仍指使施于佛寺，畅不敢吝。畅晚年财产并尽，身殁之后，诸子无室可居，以至冻馁。今奉诚园亭馆，即畅旧第也。王锷家财，富于公藏；及薨，有二奴告其子稷，改父遗表，匿所献家财。宪宗欲遣中使诣东都简括，以裴度谏而止。稷后为德州刺史，广赍金宝仆妾以行。节度使李全略利其货而图之，教本州军作乱，杀稷，纳其室女，以伎媵处之。吾见今之大家，以酒色费者居其一；以争阋破者居其一；意外之侮夺，又居其一；而三桓之子孙微矣！

三　反

今日人情有三反，曰弥谦弥伪，弥亲弥泛，弥奢弥吝。

召　杀

巧召杀，忮召杀，吝召杀。

南北风化之失

江南之士，轻薄奢淫，梁、陈诸帝之遗风也；河北之人，斗很劫杀，安、史诸凶之余化也。

南北学者之病

"饱食终日，无所用心"，难矣哉！今日北方之学者是也。"群居终日，言不及义，好行小慧"，难矣哉！今日南方之学者是也。

范文正公

史言，范文正公先天下之忧而忧，后天下之乐而乐；而文正自作《鄂郊友人王君墓表》云："今兹方面，宾客满坐，钟鼓在庭，白发忧边，对酒解乐；岂如圭峰月下，倚高松，听长笛，欣然忘天下之际乎？"马文渊少有大志，及至晚年，犹思建功边陲，而浪泊西里，见飞鸢跕跕堕水中，终思少游之言。古今同此一辙，阮嗣宗《咏怀诗》所云"宁与燕雀翔，不随黄鹄飞；黄鹄游四海，中路将安归"者也。若夫知几之神，处亢之正；圣人当之，亦必有道矣。

辛幼安

辛幼安词："小草旧曾呼远志，故人今有寄当归。"此非用姜伯约事也。《吴志》："太史慈，东莱黄人也，后立功于孙策。曹公闻其名，遗慈书，以箧封之。发省，无所道，但贮当归。"幼安久宦南朝，未得大用，晚年多有沦落之感，亦廉颇思用赵人之思尔。观其与陈同甫酒后之言，不可知其心事哉！

士大夫晚年之学

南方士大夫，晚年多好学佛；北方士大夫，晚年多好学仙。夫一生仕宦，投老得闲，正宜进德修业，以补从前之阙。而知不能及，流于异端，其与求田问舍之辈，行事虽殊；而孳孳为利之心，则一而已矣！《宋史·吕大临传》："富弼致政于家，为佛氏之学；大临与之书曰：'古者三公无职事，惟有德者居之，内则论道于朝，外则主教于乡。古之大人，当是任者，必将以斯道觉斯民，成己以成物。岂以位之进退、年之盛衰，而为之变哉？今大道未明，人趋异学；不入于庄，则入于释，疑圣人为未尽善，轻礼义为不足学，人伦不明，万物颠顿。此老成大人恻隐存心之时，以道自任，振起坏俗。若夫移精变气，务求长年，此山谷避世之士，独善其身者之所好，岂世之所以望于公者？'弼谢之。"以达尊大老而受后生之箴规，良不易得也。

唐玄宗开元六年，河南参军郑铣、虢州朱阳县丞郭仙舟，投匦献诗，敕曰："观其文理，是崇道法；至于时用，不切事情。可各从所好。"并罢官，度为道士。

士大夫家容僧尼

《册府元龟》："唐玄宗开元二年七月戊申，制曰：'如闻百官家，多以僧尼道士为门徒往还，妻子无所避忌；或诡托禅观，妄陈祸福；争涉左道，深斁大猷。自今已后，百官不得辄容僧尼道士等至家，缘吉凶要须设斋，皆于州县陈牒寺观，然后依数听去。仍令御史、金吾明加捉搦。'"

唐制，百官斋日，虽在寺中，不得过僧。张籍《寺宿斋诗》云："晚到金光门外寺，寺中新竹隔簾多；斋宫禁与僧相见，院院开门不得过。"

《金史·海陵纪》："贞元三年，以右丞相张浩、平章政事张晖，每见僧法宝，必坐其下，失大臣体，各杖二十。僧法宝妄自尊大，杖二百。"

贫者事人

贫者不以货事人，然未尝无以自致也。江上之贫女，尝先至而扫室布席；陈平侍里中丧，以先往后罢为助。古人之风，吾党所宜勉矣。

分　居

宋孝建中，中军府录事参军周殷启曰："今士大夫，父母在而兄弟异居，计十家而七；庶人父子殊产，八家而五。共甚者，乃危亡不相知，饥寒不相恤；忌疾谗害其间，不可称数，宜明其禁，以易其风。"当日江左之风，便已如此。《魏书·裴植传》云："植虽自州送禄奉母及赡诸弟，而各别资财，同居异爨，一门数灶。"盖亦染江南之俗也。隋卢思道聘陈，《嘲南人诗》曰："共甑分炊饭，同铛各煮鱼。"而《地理志》言："蜀人敏慧轻急，尤足意钱之戏；小人薄于情礼，父子率多异居。"

《册府元龟》："唐肃宗乾元元年四月，诏百姓中有事亲不孝，别籍异财，玷污风俗，亏败名教；先决六十，配隶碛西。有官品者，禁身闻奏。"《宋史》：太祖"开宝元年六月癸亥，诏荆蜀民，祖父母、父母在者，子孙不得别财异居"。"二年八月丁亥，诏川峡诸州，察民有父母在而别籍异财者，论死。"太宗"淳化元年九月辛巳，禁川峡民父母在，出为赘婿"。真宗"大中祥符二年正月戊辰，诏诱人子弟析家产者，令所在擒捕流配"。其于教民厚俗之意，可谓深且笃矣！若刘安世劾章惇，"父在，别籍异财，绝灭义理"，则史传书之，以为正论。马亮为御史中丞，上言父祖未葬，不得别财异居。乃今之江南犹多此俗，人家儿子娶妇，辄求分异；而老成之士，有谓二女同居，易生嫌竞，式好之道，莫如分爨者，岂君子之言与？

《史记》言商君治秦，令民有二男以上不分异者，倍其赋；又言秦人家富子壮，则出分；家贫子壮，则出赘，以为国俗之敝。而陆贾家籍好畤，有五男，出所使越得橐中装，卖千金，分其子，子二百金，令其生产。陆生常安车驷马，从歌舞琴瑟，侍者十人，宝剑值百金。谓其子曰："与汝约：过汝，汝给吾人马酒食极欲，十日而更；所死家，得宝剑、车骑、侍从者。"后人或谓之为达。至唐姚崇遗令以达官身后子孙失荫，多至贫寒；斗尺之间，参商是竞。欲仿陆生之意，预为分定，将以绝其后争。呜呼，此衰世之意也！

汉桓帝之世，更相滥举。时人为之语曰："举秀才，不知书；察孝廉，父别居。"当世之俗，犹以分居为耻。若吴之陈表，世为将督；兄修亡后，表母不肯事修母。表谓其母曰："兄不幸蚤世，表统家事，当奉嫡母；母若能为表屈情，承顺嫡母者，是至愿也。母若不能，直当出别居耳。"由是二母感悟雍穆，可以见东汉之流风矣！

《陈氏礼书》言："周之盛时，宗族之法行，故得以此系民，而民不散；及秦用商君之法，富民有子则分居，贫民有子则出赘。由是其流及上，虽王公大人，亦莫知有敬宗之道；寖淫后世，习以为俗，而时君所以统驭之者，特服纪之律而已。间有纠合宗族，一再传而不散者，则人异之，以为义门，岂非名生于不足欤？"应劭《风俗通》曰："凡兄弟同居，上也；通有无，次也；让，其下耳！"岂非中庸之行，而今人以为难能者哉？

《五杂俎》言："张公艺九世同居，高宗问之，书'忍'字百余以进。"其意美矣，而未尽善也。居家御众，当令纪纲法度，截然有章，乃可行之永久；若使姑妇勃溪，奴仆放纵，而为家长者，仅含默隐忍而已，此不可一朝居，而况九世乎？善乎！浦江郑氏对太祖之言曰：'臣同居无他，惟不听妇人言耳。'此格论也，虽百世可也。"唐玄宗天宝元年正月，敕："如闻百姓有户高丁多，苟为规避；父母见在，乃别籍异居，宜令州县勘会。其一家之中，有十丁已上者，放两丁征行赋役；五丁已上，放一丁，即令同籍共居，以敦风教。其赋丁孝假，与免差科。"可谓得化民之术者矣！

父子异部

《三国志》言："冀州俗，父子异部，更相毁誉。"今之江浙之间，多有此风。一入门户，父子兄弟各树党援，两不相下；万历以后，三数见之。此其无行谊之尤，所谓"惟弔，兹不于我政人得罪，天惟与我民彝大泯乱"者矣。

生　日

生日之礼，古人所无。《颜氏家训》曰："江南风俗，儿生一朞，为制新衣，盥浴装饰；男则用弓矢纸笔，女则刀尺针缕，并加饮食之物，及珍宝服玩，置之儿前。观其发意所取，以验贪廉智愚，名之为试儿；亲表聚集，因成宴会。自兹以后，二亲若在，每至此日，常有饮食之事；无教之徒，虽已孤露，其日皆为供顿，酣畅声乐，不知有所感伤。梁孝元年少之时，每〔八月六日载诞之辰，〕尝设斋讲，自阮修容薨后，此事亦绝。"是此礼起于齐梁之间。迨唐宋以后，自天子至于庶人，无不崇饰；此日开筵召客，赋诗称寿，而于昔人反本乐生之意去之远矣！

陈思王植

陈思王植，初封临菑侯，闻魏氏代汉，发服悲哭，文帝恨之。司马顺，宣王第五弟通之子，初封习阳亭侯；及武帝受禅，叹曰："事乖唐虞而假为禅名。"遂悲泣，由是废黜，徙武威姑臧县，虽受罪流放，守意不移而卒。滕王瓒，隋高祖母弟，周宣帝崩；高祖入禁中，将总朝政，瓒闻召不从，曰："作随国公，恐不能保，何乃更为族灭事邪？"广王全昱，全忠之兄；全忠称帝，与宗戚饮博于宫中。酒酣，全昱忽以投琼击盆中迸散，睨帝曰："朱三！汝本砀山一民，从黄巢为盗；天子用汝为四镇节度使，富贵极矣。奈何一旦灭唐三百年社稷，自称帝王？行当灭族，奚以博为？"帝不怿而罢。夫天人革命，而中心弗愿者，乃在于兴代之懿亲，其贤于裸将之士、劝进之臣远矣！

降　臣

《记》言："孔子射于矍相之圃，贲军之将、亡国之大夫不入。"《说苑》言："楚伐陈，陈西门燔，使其降民修之。孔子过之不轼。"《战国策》：安陵君言："先君手受太府之宪，宪之上篇曰：国虽大赦，降城亡子不得与焉。"下及汉魏，而马日磾、于禁之之流，至于呕血而终，不敢腼于人世。时之风尚，从可知矣。后世不知此义，而文章之士，多讲李陵；智计之学，或称谯叟。此说一行，则国无守臣，人无植节，反颜事仇，行若狗彘而不知愧也；何怪乎五代之长乐老，序平生以为荣，灭廉耻而不顾者乎？《春秋·僖十七年》："齐人歼于遂。"《穀梁传》曰："无遂则何以言遂？其犹存遂也。"故王蠋死而田单复齐，弘演亡而桓公救卫，此足以树人臣之鹄；而降城亡子，不齿于人类者矣！

楚汉之际，有郑君，尝事项籍；籍死，属汉高祖，悉令诸籍臣名"籍"。郑君独不奉诏，于是尽拜名籍者为大夫而逐郑君。金哀宗之亡，参政张天纲见执于宋；有司令供状书金主为"虏主"。天纲曰："杀即杀，焉用状为！"有司不能屈，听其所供，天纲但书"故主"而已。呜呼，岂不贤于少事伪朝者乎？

唐肃宗至德三年正月，大赦，诏："自开元已来，宰辅之家，不为逆贼所污者，与子孙一人官。"

本　朝

古人谓所事之国为本朝。魏文钦降吴，表言："世受魏恩，不能扶翼本朝，抱愧俛仰，靡所自厝。"又如吴亡之后，而蔡洪与刺史周浚书，言"吴朝举贤良"是也。《颜氏家训》："先君、先夫人皆未还建业旧山，旅葬江陵东郭。承圣末，启求扬都，欲营迁厝，蒙诏赐银百两，已于扬州小郊卜地烧砖。值本朝沦没，流离至此。"之推仕历齐、周及隋，而犹称梁为本朝；盖臣子之辞，无可移易，而当时上下亦不以为嫌者矣。

《旧唐书》，刘昫撰，昫为石晋宰相，而其《职官志》称唐曰"皇朝"，曰"皇家"，曰"国家"；《经籍志》称唐曰"我朝"。

宋胡三省注《资治通鉴》，书成于元至元时，注中凡称宋，皆曰"本朝"，曰"我宋"；其释地理，皆用宋州县名。惟一百九十七卷"盖牟城"下注曰"大元辽阳府路"，"辽东城"下注曰"今大元辽阳府"，二百六十八卷"顺州"下曰"大元顺州领怀柔、密云二县"，二百八十六卷"锦州"下曰"陈元靓曰：大元于锦州置临海节度，领永乐、安昌、兴城、神水四县，属大定府路"，二百八十八卷，"建州"下曰"陈元靓曰：大元建州，领建平、永霸二县，属大定府路"，以宋无此地，不得已而书之也。

书前代官

陶渊明以宋元嘉四年卒，而颜延之身为宋臣，乃其作诔，直云"有晋征士"。真定府《龙藏寺碑》，隋开皇六年立；其末云："齐开府长兼行参军九门张公礼撰"，齐亡入周，周亡入隋，而犹书齐官；韩偓自书《襄郡君祭文》，书"甲戌岁"，书"前翰林学士承旨银青光禄大夫行尚书户部侍郎知制诰昌黎县开国男食邑三百户韩偓"。是岁，朱氏篡唐已八年，犹书唐官而不用梁年号。

《宋史·刘豫传》：豫改元阜昌，朝奉郎赵俊书甲子、不书僭年，豫亦无如之何。

日知录节要卷五　杂事

拜稽首

古人席地而坐，引身而起，则为长跪；首至手，则为拜手；手至地，则为拜；首至地，则为稽首：此礼之等也。君父之尊，必用稽首。拜而后稽首，此礼之渐也；必以稽首终，此礼之成也。今《大明会典》曰："后一拜，叩头成礼。"此古之遗意也。

古人以稽首为敬之至。《周礼·太祝》："辨九拜，一曰稽首。"注："稽首，拜中最重，臣拜君之礼。"《礼记·郊特牲》："大夫之臣不稽首，非尊家臣，以避君也。"《左传》僖公二十三年："秦伯享晋公子重耳，公赋《六月》，公子降拜稽首，公降一级而辞焉。"襄公三年："盟于长樗，公稽首。知武子曰：'天子在而君辱稽首，寡君惧矣。'"二十四年："郑伯如晋，郑伯稽首，宣子辞。子西相，曰：'以陈国之介，恃大国而陵虐于敝邑，寡君是以请罪焉，敢不稽首。'"哀公十七年："盟于蒙，齐侯稽首，公拜。齐人怒，孟武伯曰：'非天子，寡君无所稽首。'"《国语》："襄王使召公过及内史过赐晋惠公命，晋侯执玉卑，拜不稽首。内史过归以告王曰：'执玉卑，替其贽也；拜不稽首，诬其上也。替贽无镇，诬王无民。'"可以见稽首之为重也。自敌者皆从顿首，李陵《报苏武书》称"顿首"。

《陈氏礼书》曰："稽首者，诸侯于天子、大夫士于其君之礼也。"然君于臣亦有稽首，《书》称太甲稽首于伊尹、成王稽首于周公是也。大夫于非其君，亦有稽首。《仪礼》"公劳宾，宾再拜首稽；劳介，介再拜稽首"是也。盖君子行礼于其所敬者，无所不用其至。则君稽首于其臣者，尊德也；大夫士首稽于非其君者，尊主人也。春秋之时，晋穆嬴抱太子顿首于赵宣子，鲁季平子顿首于叔孙，则顿首非施于尊者之礼也。

《荀子》言平衡曰拜，下衡曰稽首，至地曰稽颡，似未然。古惟丧礼始用稽颡，盖以头触地，其与稽首乃有容、无容之别。

稽首顿首

今表文皆云稽首、顿首，蔡邕《独断》："汉承秦法，群臣上书，皆言'昧死言'。王莽盗位，慕古法，去'昧死'，曰'稽首'；光武因而不改，朝臣曰'稽首顿首'，非朝臣曰'稽首再拜'。"

百　拜

百拜，字出《乐记》。古人之拜，如今之鞠躬；故通计一席之间，宾主交拜也。至于百，注云"壹献，士饮酒之礼，百拜以喻多"是也。若平礼，止是一拜、再拜；即人臣于君，亦止再拜。《孟子》"以君命将之，再拜稽首而受"是也。礼至末世而繁，自唐以下，即有四拜。《大明会典》："四拜者，百官见东宫亲王之礼；见其父母，亦行四拜礼。其余官长及亲戚朋友相见，止行两拜礼。"是四拜唯于父母得行之，今人书状动称百拜，何也？

古人未有四拜之礼，唐李涪《刊误》曰："夫郊天祭地，止于再拜，其礼至重，尚不可加。"今代妇谒姑章，其拜必四，详其所自，初则再拜，次则跪献衣服、文史，承其筐筐，则跪而受之。常于此际授受多误，故四拜相属耳。

《战国策》："苏秦路过雒阳，嫂蛇行葡伏，四拜自跪而谢。"此四拜之始。盖因谢罪而加拜，非礼之常也。

今人上父母书用"百拜"，亦为无理。若以古人之拜乎，则古人必稽首然后为敬，而百拜仅宾主一日之礼，非所施于父母；若以今人之拜乎，则天子止于五拜，而又安得百也？此二者，过犹不及，明知其不然而书之，此以伪事其亲也。

洪武三年，上谕中书省臣曰："今人书札，多称顿首、再拜、百拜，皆非实礼；其定为仪式，令人遵守。"于是礼部定仪，凡致书于尊者，称"端肃奉书"，答则称"端肃奉复"；敌己者称"奉书""奉复"。上之与下称"书寄""书答"；卑幼与尊长，则曰"家书敬复"；尊长与卑幼，则曰"书付其人"。

九顿首三拜

九顿首，出《春秋传》；然申包胥元是"三顿首"，未尝九也。杜注："《无衣》三章，章三顿首。"每顿首必三；此亡国之余，情至迫切，而变其平日之礼者也。七日夜哭于邻国之庭，古人有此礼乎？七日哭也，九顿首也，皆亡国之礼也，不可通用也。

韩之战，秦获晋侯，晋大夫三拜稽首。古但有再拜稽首，无三拜也。申包胥之九顿首，晋大夫之三拜也。

《楚语》："椒举遇蔡声子，降三拜，纳其乘马。"亦亡人之礼也。

《周书·宣帝纪》："诏诸应拜者，皆以三拜成礼。"后代变而弥增，则有四拜，不知天元自拟上帝，凡冕服之类，十二者皆增为二十四；而答棰人，亦以百二十为度，名曰"天杖"。然未有四拜。

东向坐

古人之坐，以东向为尊；故宗庙之祭，太祖之位东向；即交际之礼，亦宾东向，而主人西向。《新序》："楚昭奚恤为东面之坛一，秦使者至，昭奚恤曰：'君客也，请就上位'"是也。《史记·赵奢传》言："括东向而朝军吏。"《田单传》言："引卒东乡坐，师事之。"《淮阴侯传》言："得广武君东乡坐，西乡对，师事之。"《王陵传》言："项王东乡坐陵母。"《周勃传》言："每召诸生说士，东乡坐，责之'趣为我语'。"《田蚡传》言："召客饮坐，其兄盖侯南乡，自坐东乡，以为汉相尊，不可以兄故私挠。"《南越传》言："王太后置酒，汉使者皆东乡。"《汉书·盖宽饶传》言："许伯请之，乃往，从西阶上，东乡特坐。"《楼护传》言："王邑父事护，时请召宾客，邑居樽下，称贱子，上寿。坐者百数，皆离席伏，护独东向正坐，字谓邑曰：'公子贵如何？'"《后汉书·邓禹传》言："显宗即位，以禹先帝元功，拜为太傅，进见东向。"《桓荣传》言："乘舆尝幸太常府，令荣坐东面，天子亲自执业。"此皆东向之见于史者。

《曲礼》："主人就东阶，客就西阶。"自西阶而升，故东乡；自东阶而升，故西乡。而南乡特其旁位，如庙中之昭，故田蚡以处盖侯也。

《孝文纪》："西乡让者三，南乡让者再。"注："宾主位东西面，君臣位南北面。"是时群臣至代邸上议，则代王为主人，故西乡。

《旧唐书》：卢简求子汝弼为河东节度使，"使府有龙泉亭，简求节制时，手书诗一章，在亭之西壁。汝弼复为亚帅，每亭中燕集，未尝居宾位西向，俛首而已。"是唐人亦以东向为宾位也。

坐

古人席地而坐，西汉尚然。《汉书·隽不疑传》："登堂坐定，不疑据地曰：'窃伏海滨，闻暴公子威名旧矣。'"是也。古人之坐，皆以两膝着席，有所敬，引身而起，则为长跪矣。《史记·范睢传》言："秦王跽而请"，"秦王复跽"。而褚先生补《梁孝王世家》："帝与梁王俱侍坐太后前，太后谓帝曰：'吾闻殷道亲亲，周道尊尊，其义一也。'帝跪席举身曰：'诺。'"是也。《礼记》"坐"皆训"跪"。《三国志》注引《高士传》言："管宁尝坐一木榻，积五十余年，未尝箕股，其榻上当膝处皆穿。"以此。

土 炕

北人以土为床，而空其下以发火，谓之炕，古书不载。

《左传》："宋寺人柳，炽炭于位，将至则去之。"《新序》："宛春请卫灵公曰：'君衣狐裘，坐熊席，隩隅有灶。'"《汉书·苏武传》："凿地为坎，置煴火。"是盖近之，而非炕也。《旧唐书·东夷高丽传》："冬月皆作长坑，下燃煴火以取煖。"此即今之土炕也，但作"坑"字。

《水经注》："土垠县有观鸡寺，寺内有大堂，甚高广，可容千僧；下悉以石为之，上加涂塈，基内疏通，枝经脉散，基侧室外四出上爨火，炎势内流，一堂尽温。"此今人暖房之制，形容尽之矣。

冠　服

《汉书·五行志》曰："风俗狂慢，变节易度，则为剽轻奇怪之服，故有服妖。"余所见五六十年服饰之变，亦已多矣，故录其所闻，以视后人焉。

《豫章漫钞》曰："今人所戴小帽，以六瓣合缝，下缀以檐如筩。阎宪副闳谓予言，亦太祖所制，若曰'六合一统'云尔。杨维祯廉夫以方巾见太祖，问其制，对曰：'四方平定巾'。上喜，令士人皆得戴之。商文毅用自编民，亦以此巾见。"

《太康县志》曰："国初时，衣衫褶前七后八。弘治间，上长下短，褶多；正德初，上短，下长三分之一，士夫多中停。冠则平顶，高尺余，士夫不减八九寸。嘉靖初，服上长下短，似弘治时。市井少年帽尖长，俗云边鼓帽。弘治间，妇女衣衫仅掩裙腰，富者用罗缎纱绢织金彩通袖，裙用金彩膝襕，髻高寸余。正德间，衣衫渐大，裙褶渐多，衫唯用金衫补子，髻渐高。嘉靖初，衣衫大至膝，裙短褶少，髻高如官帽，皆铁丝胎，高六七寸，口周回尺二三寸余。"

《内丘县志》曰："万历初，童子发长犹总角，年二十余始戴网；天启间，则十五六便戴网，不使有总角之仪矣。万历初，庶民穿䏶䩺，儒生穿双脸鞋，非乡先生首戴忠靖冠者，不得穿厢边云头履。至近日，而门快舆皂，无非云履；医卜星相，莫不方巾。又有晋巾、唐巾、乐天巾、东坡巾者。先年妇人，非受封不敢戴梁冠，披红袍，系拖带；今富者皆服之，又或着百花袍，不知创自何人？万历间，辽东兴冶服，五彩炫烂，不三十年而遭屠戮，兹花袍几二十年矣。服之不衷，身之灾也；兵荒之咎，其能免与！"

衩　衣

《通鉴》："唐僖宗乾符元年，王凝、崔彦昭同举进土，凝先及第，尝衩衣见彦昭。"衩，楚懈反，《广雅》："梢袽衵谓之襩衩，一曰禫衣。"李义山诗："芙蓉作裙衩"；又曰："裙衩芙蓉小"。

对襟衣

《太祖实录》："洪武二十六年三月，禁官民步卒人等服对襟衣，惟骑马许服，以便于乘马故也。其不应服而服者，罪之。"今之罩甲，即对襟衣也。《戒庵漫笔》云："罩甲之制，比甲稍长，比襦减短；正德间创自武宗，近日士大夫有服者。"按《说文》："无袂衣谓之褡。"赵宧光曰："半臂衣也。文士谓之蔽甲，方俗谓之披袄，小者曰背子。"即此制也。《魏志·杨阜传》："阜尝见明帝着帽被缥绫半袖，问帝曰：'此于礼何法服也？'"则当时已有此制。

左　衽

宋周必大《二老堂诗话》云："陈益为奉使金国属官，过滹沱光武庙，见塑像，左衽。"岳珂《桯史》云："至涟水，宣圣殿像，左衽。泗州塔院设五百应真像，或塑或刻，皆左衽。"此制盖金人为之，迄于明初而未尽除。其见于《实录》者，永乐八年，抚安山东给事中王铎之奏；宣德七年，河南彰德府林县训导杜本之奏；正统十三年，山西绛县训导张干之奏。屡奉明旨，而未即改正。

《丧大记》:"小敛大敛,祭服不倒,皆左衽。"注:"左衽,衽乡左,反生时也。"《正义》曰:"衽,衣襟也;生乡右,左手解抽带便也。死则襟向左,示不复解也。"

行　縢

《诗》:"邪幅在下。"笺云:"邪幅,如今行縢也;偪束其胫,自足至膝。"《左传》:"带裳幅舄。"注同。亦作"偪"。《礼记》:"偪屦着綦。"《释名》:"偪所以自逼束,今谓之行縢,言以裹脚,可以跳腾轻便也。"《战国策》:"苏秦赢縢负书担囊。"《吴志》:"吕蒙为兵作绿衣行縢。"《旧唐书》曰:"德宗入骆谷,值霖雨,道涂险滑,卫士多亡归朱泚。东川节度使李叔明之子升,及郭子仪之子曙、令狐彰之子建等六人,恐有奸人危乘舆,相与啮臂为盟,着行縢钉鞾,更鞾上马,以至梁州,它人皆不得近。及还京师,上皆以为禁卫将军,宠遇甚厚。"

古人之袜,大抵以皮为之。《春秋左氏传》注曰:"古者臣见君解袜,既解袜,则露其邪幅,而人得见之。《采菽》之诗,所以为咏。今之村民,往往行縢而不袜者,古人之遗制也。吴贺邵为人美容止,坐常着袜,希见其足。"则汉魏之世,不袜而见足者多矣。

乐　府

乐府是官署之名,其官有令,有音监,有游徼,《汉书·张敖传》:"使大奴骏等四十余人,群党盛兵弩,白昼入乐府,攻射官寺。"《霍光传》:"奏昌邑王,大行在前殿发乐府乐器。"《续汉书

·律历志》："元帝时，郎中京房知五声之音、六十律之数，上使太子太傅韦玄成、建议大夫章杂试问房于乐府。"是也。后人乃以乐府所采之诗，即名之曰"乐府"，误矣；曰"古乐府"，尤误。

寺

"寺"字自古至今，凡二变。二代以上，凡目寺者，皆奄竖之名，《周礼》"寺人"注："寺之言侍也。"《诗》云"寺人孟子"，《易》之"阍寺"，《诗》之"妇寺"，《左传》"寺人貂""寺人披""寺人孟张""寺人惠墙、伊戾""寺人柳""寺人罗"，皆此也。自秦以宦者任外廷之职，而官舍通谓之寺。

汉人以太常、光禄勋、卫尉、太仆、廷尉、大鸿胪、宗正、大司农、少府为九寺。

又变而浮屠之居，亦谓之寺矣。

省

十三布政使司，今人谓之"十三省"者，沿元之旧而误称之也。元时为行中书省者十一：曰辽阳等处，曰镇东，曰陕西等处，曰四川等处，曰河南、江北等处，曰云南等处，曰江浙等处，曰江西等处，曰湖广等处，曰甘肃等处，曰岭北等处。国初沿元制，立行中书省。洪武七年，以京畿、应天等府，直隶六部，改行中书省为布政使司；今当称"十三布政使司"，不当称省。

职官受杖

撞郎之事，始于汉明，后代因之，有杖属官之法。曹公性严,掾属公事,往往加杖。宋刘道锡为广州刺史,杖治中荀齐文垂死;魏刘仁之监作晋阳城,杖前殷州刺史裴瑗、并州刺史王绰稽。隋文帝诏诸司论属官罪,有律轻情重者,听于律外斟酌决杖。燕荣为幽州总管,元弘嗣除长史,惧辱,固辞;上知之,敕荣曰:"弘嗣杖十已上罪皆奏闻。"荣忿曰:"竖子何敢弄我!"乃遣弘嗣监纳仓粟,扬得一糠一秕皆罚之,每笞不满十;然一日中,或至三数。杜子美《送高三十五诗》:"脱身簿尉中,始与捶楚辞。"唐时自簿尉以上,即不加捶楚,优于南北朝多矣。

《黄氏日钞》:"读韩文公《赠张功曹诗》云:'判司卑官不堪说,未免捶楚尘埃间。'然则唐之判司、簿尉类然与?"然唐人之待卑官虽严,而卑官犹得以自申其法。如刘仁轨为陈仓尉,擅杀折冲都尉鲁宁是也。我朝判司、簿尉以待新进士,而笔库监当不以辱之,视唐重矣。乃近日上官苦役,苛责甚于奴仆。官之辱,法之屈也。此事关系世道。

唐自兵兴以后,杖决之行,即不止于簿尉;张镐杖杀豪州刺史闾丘晓,严武杖杀梓州刺史章彝,韩皋杖杀安吉令孙澥,柳仲郢杖杀南郑令权奕。刘晏为观察,自刺史六品以下,得杖而后奏,则著之于令矣。《宋史》:理宗淳祐二年三月,诏今后州县官有罪,帅司毋辄加杖责。

《晋书·王濛传》:"为司徒左西属。濛以此职,有谴则应受杖,固辞;诏为停罚,犹不就。"则不独外吏矣。《南齐书·陆澄传》:"郎官旧有坐杖,有名无实;澄在官,积前后罚,一日并受千杖。"《南史·萧琛传》:"齐明帝用法严峻,尚书郎坐杖罚者,皆即科行。琛乃密启曰:'郎有杖,起自后汉,尔时郎官位卑,亲主文案,与令史不异,故郎三十五人,令史二十人,士人多耻为此职;自魏晋以来,郎官稍重,今方参用高华。吏部又近于通贵,不应官高昔品,而罚遵曩科。所以从来弹举,止是空文,许以推迁，或逢赦恩，或入春令，便得息停。宋元嘉、大明中，有被罚者，别鯀犯忤主心，非关常准。泰始、建元以来，并未施行。自奉敕之后，已行仓部郎重江欣，杖督五十，无不人怀惭惧。乞特赐输赎，使与令史有异，以彰优缓之泽。'帝纳之，自是应受罚者，依旧不行。"此今日公谴拟杖之所自始。

《世说》："桓公在荆州，耻以威刑肃物。令史受杖，正从朱衣上过，桓式年少，从外来云：'向从阁下过，见令史受杖，上捎云根，下拂地足。'桓公曰：'我犹患其重。'"是令史服朱衣而受杖也。

《南齐书·张融传》："大明五年制：二品清官行僮幹杖不得出十。"《梁书·江蒨传》："弟葺为吏部郎，坐杖曹中幹免官。"郎官之杖，虚杖也，故至于千；僮幹之杖，实杖也，不得过十。然亦失中之法。

沈统，大明中为著作佐郎。先是，五省官所给幹僮，不得杂役。太祖世坐，以免官者，前后数百人；统役僮遂差，有司奏免。世祖诏曰："自顷幹僮多不祗给，主可量聪行杖。"得行干杖，自此始也。

北朝政令，比之南朝尤为严切。《高允传》言："魏初法严，朝士多见杖罚。"《孝昭帝纪》言："尚书郎中剖断有失，辄加捶楚。"而及其末世，则有如高阳王雍之以州牧而杖杀职官，唐邕之以录尚书而挝挞朝士者矣。

押　字

《集古录》有五代时帝王将相等"署字"一卷，所谓"署字"者，皆草书其名，今俗谓之"画押"，不知始于何代。岳珂《古冢盆杅记》言："得晋永宁元年甓，有匠者姓名，下有文如押字。"则晋已有之,然不可考。《南齐书》:"太祖在领军府,令纪僧真学上手迹下名,报答书疏,皆付僧真。上观之,笑曰:'我亦不复能别也。'"何敬容署名,"敬"字则大作苟,小为文,"容"字大为"父"。陆倕戏曰:"公家苟既奇,大父亦不小。"《魏书》:"崔玄伯尤善行押之书,特尽精巧而不见遗迹。"《北史》:"斛律金不识字文,初名敦,苦其难署,改名为金,从其便易;犹以为难,神武乃指屋角,令识之。"《北齐书》库狄干不知书,署名为"干"字,逆上画之,时人谓之"穿锥"。又有武将王周,署名先为"吉"而后成其外。《陈书》:萧引善隶书,高宗尝披奏事,指引署名曰:"此字笔势翩翩,似鸟之欲飞。"《唐书》:董昌僭位,下制诏皆自署名;或曰:"帝王无押诏。"昌曰:"不亲署,何由知我为天子?"今人亦谓之"花字"。《北齐·后主纪》:"开府千余,仪同无数,领军一时二十,连判文书,各作花字,不具姓名,莫知谁也。"黄伯思谓:"魏晋以来法书,梁御府所藏皆是。朱异、唐怀克、沈炽文、姚怀珍等,题名于首尾纸缝间,故或谓之'押缝',或谓之'押尾'。后人花押,盖沿于此。"又云:"唐人及国初前辈,与人书牍,或只用押字,与名用之无异;上表章亦或尔;近世遂施押字于檄移。不知南北诸史,言'押'字者如此之多,而《韩非子》言:'田婴令官具押券,斗石参升之计。'则战国时已有之,又不始于后世也。"

《三国志·少帝纪》注:"《世说》及《魏氏春秋》并云:姜维寇陇右,时安东将军司马文王镇许昌,征还击维,至京师,帝御平乐观以临军过。中领军许允与左右小臣谋,因文王辞,杀之,勒其众以退大将军。已书诏于前。文王入,帝方食粟,优人云午等唱曰:'青头鸡,青头鸡!'青头鸡者,鸭也。帝惧,不敢发。"按:鸭者,劝帝押诏书耳。是则以亲署为押,已见于三国时矣。

邸　报

《宋史·刘奉世传》："先是，进奏院每五日具定本报状，上枢密院，然后传之四方；而邸吏辄先期报下，或矫为家书，以入邮置。奉世乞革定本，去实封，但以通函腾报，从之。"《吕溱传》："侬智高寇岭南，诏奏邸毋得辄报。溱言一方有警，使诸道闻之，共得为备；今欲人不知，此意何也？"《曹辅传》："政和后，帝多微行，始民间犹未知。及蔡京谢表，有'轻车小辇，七赐临幸'，自是邸报闻四方。""邸报"字见于史书，盖始于此时。然唐《孙樵集》中有《读开元杂报》一篇，则唐时已有之矣。

酒　禁

先王之于酒也，礼以先之，刑以后之。《周书·酒诰》："厥或告曰：'群饮，汝勿佚，尽执拘以归于周，予其杀。'"此刑乱国用重典也。《周官·萍氏》："几酒谨酒。"而《司虣》："禁以属游饮食于市者；若不可禁，则搏而戮之。"此刑平国用中典也。一献之礼，宾主百拜，终日饮酒而不得醉焉，则未及乎刑而坊之以礼也。故成康以下，天子无甘酒之失，卿士无酗歌之愆；至于幽王，而"天不湎尔"之诗始作，其教严矣。汉兴，萧何造律，三人以上，无故群饮酒，罚金四两。曹参代之，自谓遵其约束。乃园中闻吏醉歌呼，而亦取酒张饮，与相应和，是并其画一之法而亡之也。坊民以礼，鄘侯既阙之于前；纠民以刑，平阳复失之于后。弘羊踵此，从而榷酤，夫亦开之有其渐乎？

武帝天汉三年，初榷酒酤。昭帝始元六年，用贤良文学之议罢之，而犹令民得以律占租卖，酒升四钱，遂以为利国之一孔；

而酒禁之弛，实滥觞于此。然史之所载，自孝宣以后，有时而禁，有时而开。至唐代宗广德二年十二月，诏天下州县，各量定酤酒户，随月纳税；除此之外，不问官私，一切禁断。自此名禁而实许之酤，意在榷钱而不在酒矣。宋仁宗乾兴初，言者以天下酒课月比岁增，无有艺极，非古禁群饮节用之意。孝宗淳熙中李燾奏，谓设法劝饮以敛民财。周煇《杂志》以为惟恐其饮不多，而课不羡，此榷酤之弊也。至今代，则既不榷缗，而亦无禁令，民间遂以酒为日用之需，比于饔飧之不可阙；若水之流，滔滔皆是。而厚生正德之论，莫有起而持之者矣！

邴原之游学，未尝饮酒，大禹之疏仪狄也；诸葛亮之治蜀，路无醉人，武王之化妹邦也。

《旧唐书·杨惠元传》："充神策京西兵马使，镇奉天，诏移京西，戍兵万二千人，以备关东。帝御望春楼，赐宴诸将列坐，酒至神策将士，皆不饮；帝使问之，惠元时为都将，对曰：'臣初发奉天，本军帅张巨济与臣等约曰："斯役也，将策大勋，建大名，凯旋之日，当共为欢；苟未戎捷，无以饮酒。"故臣等不敢违约而饮。既发，有司供饩于道路，唯惠元一军缾罍不发，上称叹久之，降玺书慰劳。及田悦叛，诏惠元领禁兵三千，与诸将讨伐御河，夺三桥，皆惠元之功也。"能以众整如此，即治国何难哉？

魏文成帝大安四年，酿酤饮者皆斩；金海陵正隆五年，朝官饮酒者死；元世祖至元二十年，造酒者本身配役，财产女子没官。可谓用重典者矣，然立法太过，故不久而弛也。

水为地险，酒为人险。故《易》爻之言酒者，无非《坎卦》；而萍氏"掌国之水禁"，水与酒同官。徐尚书石麒有云："《传》曰：'水懦弱，民狎而玩之，故多死焉。'酒之祸，烈于火，而其祸人，甚于水。有以夫！世尽殀于酒而不觉也！"读是言者，可以知保生之道。《萤雪丛说》言："顷年陈公大卿，生平好饮；一日，席上与同僚谈，举'知命者不立乎岩墙之下'问之，其人曰：'酒亦岩墙也。'陈因是有闻，遂终身不饮。"顷者，米醪不足而烟酒兴焉，则真变而为火矣！

赌　博

万历之末，太平无事，士大夫无所用心，闻有相从赌博者；至天启中，始行马吊之戏。而今之朝士，若江南、山东，几于无人不为此，有如韦昭论所云"穷日尽明，继以脂烛；人事旷而不修，宾旅阙而不接"者，吁可异也！考之《汉书》：安丘侯张拾、邵侯黄遂、樊侯蔡辟方，并坐博捶，免为城旦。师古曰："博，或作'簙'，六博也；捶，意钱之属也。"皆戏而赌取财物。《宋书·王景文传》："为右卫将军，坐与奉朝请毛法因蒱戏，得钱百二十万，白衣领职。"《刘康祖传》："为员外郎十年，再坐樗蒱戏免。"《南史·王质传》："为司徒左长史，坐招聚博徒免官。"《金史·刑志》："大定八年，制：品官犯赌博法，赃不满五十贯者，其法杖，听赎；再犯者，杖之。上曰：'杖者，所以罚小人也。既为职官，当先廉耻；既无廉耻，故以小人之罚罚之。'"今律犯赌博者，文官革职为民，武官革职随舍余食粮差操，亦此意也。但百人之中，未有一人坐罪者，上下相容而法不行故也。

晋陶侃勤于吏职，终日敛膝危坐；阃外多事，千绪万端，罔有遗漏。诸参佐或以谈戏废事者，命取其酒器、蒱博之具，悉投于江；将吏则加鞭扑，卒成中兴之业，为晋名臣。唐宋璟为殿中侍御史，同列有博于台中者，将责名品而黜之；博者惶恐自匿。后为开元贤相。而史言文宗切于求理，每至刺史面辞，必殷勤戒敕曰："无赌博，无饮酒。"内外闻之，莫不悚息。然则勤吏事而纠风愆，乃救时之首务矣。

《唐书》言：杨国忠以善樗蒲得入供奉，常后出，专主蒲簿，计算钩画，分铢不误。帝悦曰："度支郎才也！"卒用之而败。玄宗末年荒佚，遂以小人乘君子之器，此亦国家之妖孽也。今之士大夫，不慕姚崇、宋璟而学杨国忠，亦终必亡而已矣！

《山堂考索》："宋大中祥符五年三月丁酉，上封者言，进士萧元之，本名琉，尝因赌博抵杖刑，今易名赴举，登第；诏有司召元之诘问，引伏，夺其敕，赎铜四十斤，遣之。"宋制之严如此，今之进士，有以不工赌博为耻者矣！

《晋中兴书》载："陶士行言：樗蒲，老子入胡所作，外国戏耳。近日士大夫多为之，安得不胥天下而为外国乎？"

《辽史》："穆宗应历十九年正月甲午，与群臣为叶格戏。"解曰："宋钱僖公家，有叶子揭格之戏。"而其年二月己巳，即为小哥等所弑。君臣为谑，其祸乃不旋踵；此不祥之物，而今士大夫终日执之，其能免于效尤之咎乎？

《宋史·太宗纪》："淳化二年四月己丑，诏犯蒱博者斩。"《元史·世祖纪》："至元十二年，禁民间赌博，犯者流之北地。"刑乱国用重典，固当如此。今日致太平之道何繇？曰："君子勤礼，小人尽力。"

京　债

赴铨守候，京债之累，于今为甚。《旧唐书·武宗纪》："会昌二年二月丙寅，中书奏：'赴选官多京债，到任填还，致其贪求，罔不由此。今年三铨，于前件州府得官者，许连状相保，户部各备两月加给料钱，至支时折下。所冀初官到任，不带息债；衣食稍足，可责清廉。'从之。"盖唐时有东选、南选，其在京铨授者，止关内、河东两道采访使所属之官，不出一千余里之内，而犹念其举债之累，先于户部给与两月料钱；非惟恤下之仁，亦有劝廉之法。与今之职官，到任先办京债，剥下未足，而或借库银以偿之者，得失之数，较然可知已！

若夫圣主之所行，有超出于前代者。《太祖实录》："吴元年七月丙子，除郡县官二百三十四人，赐知府、知州、知县文绮四，绢六，罗二，夏布六，父如之，母妻及长子各半；府州县佐贰官，视长官半之，父半之，母妻及长子又半之。各府经历、知事同、佐贰官，州县吏目、典史，视佐贰官又半之，父母妻子皆如之。其道里费，知府赐白金五十两，知州三十五两，知县三十两，同知视知府五之三，治中半之，通判、推官五之二，州同知视府通判、经历及州判官视府同知半之，县丞、主簿视知县又半之，知事、吏目、典史皆十两，著为令。上曰：'今新授官，多出布衣；到任之初，或假贷于人，则他日不免侵渔百姓，不有以养其廉而责之奉公，难矣。'""洪武元年二月，诏中书省自今新除府州县官，给赐白金一千两，布六匹。""十年正月甲辰，上谓中书省臣曰：官员听选之在京者，宜早与铨注，即令赴任；闻久住客邸者，日有所费，甚至空乏，假贷于人。昔元之弊政，此亦一端；其常选官淹滞在京者，资用既乏，流为医卜，使人丧其所守，实朝廷所以待之者，非其道也。自今铨选之后，以品为差，皆与道里费，仍令有司给舟车送之，著为令。'""十七年七月癸丑，北平税课司大使熊斯铭言：'仕者得禄养亲，此人子之所愿也。然有道远而不得养其父母者，乞令有司给以舟车，俾得迎养，以尽人子之情。'延议以云南、两广、四川、福建官员家属赴任者，官为给车舟，已有定例；自今凡一千五百里以外者，宜依例给之。制可。"岂非爱民之仁，先于恤吏者乎？

居官负债

居官负债，虽非君子之行，似乎不干国法；乃考之于古，有以不偿债而免列侯者。《汉书》：孝文三年，"河阳侯陈信，坐不偿人债，过六月，免"是也；有以不偿债而贬官者，《旧唐书》："李晟子愻，累官至右龙武大将军，沉湎酒色，恣为豪侈，积债至数千万；其子贷回鹘钱一万余贯，不偿，为回鹘所诉。文宗怒，贬愻为定州司法参军"是也。然此犹前代之事，使在今日，则回鹘当更贷之以钱，而为之营其善缺矣。

《元史》：太宗十二年，以官民贷回鹘金偿官者，岁加倍，名"羊羔息"，其害为甚；诏以官物代还，凡七万六千锭，仍命凡假贷岁久，惟子本相侔而止，著为令。

纳　女

汉王商为丞相，皇太后尝诏问商女，欲以备后宫；时女病，商意亦难之，以病对，不入。及商以闺门事见考，自知为王凤所中，惶怖，更欲纳女为援。乃因新幸李婕妤家白见其女，为大中大夫张匡所奏，免相，欧血薨，谥曰戾侯。后魏郑羲为西兖州刺史，贪鄙，纳女为嫔，征为秘书监，及卒，尚书谥曰"宣"。诏曰："盖棺定论，激浊扬清，义虽夙有文业，而治阙廉清。尚书何乃情遗至公，愆违明典。依《谥法》'博文多见曰文'，'不勤成名曰灵'，谥曰'文灵'。"古之士大夫，以纳女后宫为耻，今人则以为荣矣。

古之名士，犹不肯与戚畹同列。魏夏侯玄为散骑黄门侍郎，尝进见，与皇后弟毛曾并坐，玄耻之，不悦，形之于色。宋路太后颇豫政事，弟子琼之宅与太常王僧达并门，尝盛车服卫从造僧达，僧达不为之礼。琼之以诉太后，太后大怒，告上曰："我尚在，而皆陵我家，死后乞食矣！"欲罪僧达，上曰："琼之年少，自不宜轻造诸王；僧达贵公子，岂可以此事加罪？"

王女弃归

《汉书·衡山王传》："太子女弟无采嫁，弃归。"以王女之贵，为人妻而犹有见弃者。近古"七出"之条犹存，而王者亦不得以非礼制其臣下也。

罢官不许到京师

《后汉书》言："汉法，罢免守令，非征召，不得妄到京师。"今制：内外官员至京师，必谒鸿胪寺报名见朝；至南京，必谒孝陵。罢职者，不得入国门。此汉人之成法，所以防夤缘、清辇毂之意深矣。

《册府元龟》载："后唐明宗长兴二年九月丙戌，太傅致仕。王建立，不由诏旨至京，通事不敢引对，留于阁门久之。自至后楼召见，帝以故将，不之罪。"则知五代之朝，此法亦未尝弛也。

传统文化修养丛书

清初五大师集（第三册）

许啸天 编

金歌 点校

上海科学技术文献出版社

目 录

王船山集

新序 ··· 3
卷一　思问录 ·· 9
卷二　俟解 ··· 64
卷三　噩梦 ··· 80
卷四　黄书 ·· 115
　原极第一 ··· 115
　古仪第二 ··· 117
　宰制第三 ··· 120
　慎选第四 ··· 128
　任官第五 ··· 131
　大正第六 ··· 135
　离合第七 ··· 139
后序 ·· 144

朱舜水集

新序 ·· 149
卷一　传记 ··· 153
　舜水先生行实 ··· 153

舜水先生遗事 …………………………………… 164
舜水先生别传 …………………………………… 166

卷二 文章集 …………………………………… 169

勿斋记 …………………………………………… 169
立庵记 …………………………………………… 170
德始堂记 ………………………………………… 171
典学斋记 ………………………………………… 172
高枕亭记 ………………………………………… 172
书《读书乐》卷后 ……………………………… 174
汉唐宦官论 ……………………………………… 174
《孙子兵法》论 ………………………………… 176
忠孝辩 …………………………………………… 177
书剑堂说 ………………………………………… 179
孝说 ……………………………………………… 180
敬斋箴 …………………………………………… 181
祭王侍郎文一 …………………………………… 183
祭王侍郎文二 …………………………………… 185
祭王侍郎文三 …………………………………… 187
加贺中将菅原纲利字"取益"说 ……………… 189
赤林重政字"尊五"说 ………………………… 189
藤浩之字"伯养"说 …………………………… 190
杂说 ……………………………………………… 192
题神农像 ………………………………………… 198
题太公望像 ……………………………………… 199
题周公像 ………………………………………… 200

圣像 …………………………………………	200
题圣像合图四配 …………………………	202
题颜子像 …………………………………	202
题曾子像 …………………………………	203
题孙武子像 ………………………………	203
题汉丞相萧何像 …………………………	203
题留侯像 …………………………………	204
题樊将军像 ………………………………	205
题苏子卿像 ………………………………	205
题诸葛武侯像 ……………………………	206
题陶靖节像 ………………………………	206
题杜子美像赞 ……………………………	207
题周濂溪像 ………………………………	208
题程明道像 ………………………………	208
题司马温公像 ……………………………	209
题苏文忠公像 ……………………………	209
题岳武穆像赞 ……………………………	210
卷三　讲学集 ……………………………	211
策问诸生一 ………………………………	211
策问诸生二 ………………………………	211
策问诸生三 ………………………………	212
策问诸生四 ………………………………	213
答奥村德辉 ………………………………	214
答源光国杂问 ……………………………	215
答野传问 …………………………………	219

答吉弘元常杂问 …… 220
答安东守约杂问 …… 221
答奥村庸礼问 …… 236
答古市务本问 …… 238
答加藤朋友问 …… 241
答林春信问 …… 242
答野节问 …… 244
答中村玄贞问 …… 251
答小宅生顺问 …… 253
答藤井德昭问 …… 266

卷四　议论集 …… 267
  上长崎镇揭 …… 267
  与释独立 …… 269
  答释独立 …… 270
  答释断崖元初 …… 270
  答释月舟 …… 271
  答太串次郎左卫门 …… 272
  答木下贞幹 …… 274
  答加藤明友一 …… 275
  答加藤明友二 …… 275
  答明石源助 …… 276
  答佐野回翁 …… 278
  答某书 …… 279
  与冈崎昌纯一 …… 282
  与冈崎昌纯二 …… 283

答小宅重治 …………………………………… 284
与小宅生顺 …………………………………… 285
答小宅生顺一 ………………………………… 285
答小宅生顺二 ………………………………… 287
答野传一 ……………………………………… 288
答野传二 ……………………………………… 289
与安东守约 …………………………………… 290
答安东守约一 ………………………………… 291
答安东守约二 ………………………………… 293
答安东守约三 ………………………………… 295
答安东守约四 ………………………………… 295
答安东守约五 ………………………………… 297
答安东守约六 ………………………………… 297
答安东守约七 ………………………………… 298
答安东守约八 ………………………………… 299
答安东守约九 ………………………………… 300
答安东守约十 ………………………………… 302
与奥村庸礼一 ………………………………… 302
与奥村庸礼二 ………………………………… 303
答奥村庸礼一 ………………………………… 304
答奥村庸礼二 ………………………………… 305
答奥村德辉一 ………………………………… 306
答奥村德辉二 ………………………………… 307
答奥村德辉三 ………………………………… 308
答古市务本 …………………………………… 309

与平贺勘右卫门 …………………………… 309
　　与源光国启 ………………………………… 311
　　与源光国 …………………………………… 311
　　谢源光国贺七十算 ………………………… 312
　　谢木下贞幹 ………………………………… 313
　　答小宅生顺 ………………………………… 314
　　答安东守约 ………………………………… 317
卷五　阳九述略 …………………………………… 320
　　致虏之繇 …………………………………… 320
　　虏势二条 …………………………………… 322
　　虏害十条（妇人放衙参附） ……………… 325
　　灭虏之策 …………………………………… 329

颜习斋集

新序——整理后的感想 …………………………… 335
卷一　年谱 ………………………………………… 343
　　凡例 ………………………………………… 343
　　（一） ……………………………………… 344
　　（二） ……………………………………… 393
　　跋 …………………………………………… 434
卷二　言行录 ……………………………………… 436
　　凡例 ………………………………………… 436
　　（一） ……………………………………… 436
　　　　常仪功第一 …………………………… 436

理欲第二	437
齐家第三	440
言卜第四	444
学人第五	449
法乾第六	454
刚峰第七	458
吾辈第八	461
三代第九	464
禁令第十	467
（二）	470
鼓琴第十一	470
王次亭第十二	474
学须第十三	478
教及门十四	481
杜生第十五	485
赵盾第十六	489
世情第十七	492
不为第十八	495
刁过之第十九	498
学问第二十	502

卷三 四存编 …… 505
  存学 …… 505
    （一） …… 505
      由道 …… 505
      总论诸儒讲学 …… 507

明亲 …… 508
上征君孙锺元先生书 …… 511
上太仓陆桴亭先生书 …… 513
学辩一 …… 515
学辩二 …… 518
（二） …… 520
性理评 …… 520
（三） …… 536
性理评 …… 536
（四） …… 553
性理评 …… 553
存性 …… 564
（一） …… 564
驳气质性恶 …… 564
明明德 …… 565
棉桃喻性 …… 566
借水喻性 …… 567
性理评 …… 567
（二） …… 581
性图 …… 581
图跋 …… 593
附录同人语 …… 594
书后 …… 595
存治 …… 595
序 …… 595

王道	596
井田	597
井田经界图说	598
方百里图说	599
治赋	600
八陈图说	602
学校	602
封建	604
宫刑	606
济时	607
重征举	608
靖异端	609
书后	610
存人	611
（一）	611
唤迷途	611
第一唤	611
第二唤	615
第三唤	620
（二）	622
唤迷途	622
第四唤	622
第五唤	629
（三）	635
明太祖高皇帝《释迦佛赞》解	635

（四） ……………………………………………………… 638
　　束鹿张鼎彝《毁念佛堂议》 ……………………… 638
　　《辟念佛堂说》 …………………………………… 640
　　《拟谕锦属更念佛堂》 …………………………… 642

王船山集

新　序

许啸天

船山先生是怎样的人？我们从他"六经责我开生面，七尺从天乞活埋"这两句上，便可以知道他是一位苦志的著作家。我们中国的学术，固然大半是在六经里面；但他也只是一时代事实的纪录，或是一时代学术的表现，传述在后代，不是简略，便是芜乱。倘然老依着孔老夫子"述而不作"的话，不加整理，不加证解，那六经依然是个六经，我依然是个我，六经永远得不到自我的实现，我永远得不到六经的实利。中国的学术老没有一个统系，老埋没在故纸堆里；只能充古物陈列所里的古物，不能成福国利民的一种科学。这都由于后代的学子，不肯加以整理，不肯加以证明，只知道拿他来自己玩诵玩诵、自己享用享用的缘故。这经天纬地、济生利物的六经之学，只落得成了读书人书桌上的清供、书架上的古董；最后，那读书人自己也变成了富豪的清供、社会的古董！人和书，两种都成了废物。这不是书害了人，简直是人害了书！

不论一样事物，一种学术，他在创始的时候，总是简略的。这全靠后代的学者，不断的整理，不绝的改造，才能成功一种伟大的事业。西洋近代的学者，倘然不努力于整理研究，那所谓希腊文明，还不过是个希腊文明，决不能够做到如今西洋这样科学的文明；文艺复兴，还不过是个复兴到罗马以前的文艺，决不能造成如今西洋的近代哲学。独有我们中国的学子，只因死守着"述而不作"的祖训，对于学问，没有创造的精神，没有改革的胆量。不独是对于六经之学，凡是周秦以来诸子百家的学术思想，只知道在故纸堆中咬文嚼字，不肯在方法上研究研究，学术上发明发明，思想上布传布传。直把他耽误了二三千年，尽让他们后辈小子的什么希腊文明、近世哲学跑上前去；我们这一部伟大的经史百家中国学问，到如今遂整理不出一个头绪来。说也可怜！

我们做中国人的，莫说受不到中国的学问；倘然有人问我们：你们中国有什么学问？我简直的回答不出来。我若回答说：我们中国有六艺之学，有经史之学，还有那诸子百家之学；这是滑稽的答语，也是一句笑话。试问所谓经史之学、诸子百家之学、六艺之学，是一个什么学问？我依旧是回答不出来。所以老实说一句：我们中国，莫说没有一种有统系的学问；可怜连那学问的名词，也还不能成立。如今外面闹的什么国故学、国学、国粹学；这种不合逻辑的名词，还是等于没有名词。试问国故是什么？国故学又是什么？况且立国在世界上，谁没有一个国故？谁没有一个历史？便是谁没有一个所谓国故学？谁没有一个所谓经史之学？这国故经史，是不是算一种学问？好似我姓许的，能够背三代祖宗的名姓履历，是不是算一种本领？是否一种学问本领，是一种问题；这一种学问本领，是否人类社会所需要，又是一个问题。在我的见解，所谓学术者，须具有两种条件：一种，是有统系、有理知的方法；一种，是拿这个方法，可以实现在人生，或是解决人生的困难，或是增加人生的幸福。没有方法的，固然算不得是一种学术；这方法不能解决人生一部分问题的，也算不得是有用的学术。你看科学界上的天文、地理、数、理、化、力等学问，上至哲学、文学，谁不是各有他独立的名词？谁不是各具有学术条件上两种的效用？从没有像中国这样笼统而无方法的国故学，可以在学术界上独立一科的。倘然国故可以成功一种学术，那全地球上的各国，每一国都有他自己的国故；为什么却不听得有英国故学、法国故学、德国故学的名称传说？所以国故实在算不得是一种学问，我们中国的有"国故学"三字发见，正是宣告我们中国学术界程度的浅薄、智识的破产，而是一个毫无学问的国家！

　　翻过来说：中国的国故学，何尝不是学问？中国的国故学，不但是中国的真学问，而且是全世界的真学问。那六经子史，我们一向认为是哲学、文学的府库的，里面何尝没有科学？里面不但有科学，而且有最深、最高、最丰富的科学；不但是科学，那政治学、社会学、法学、军事学，以中国先进国家的资格，研究的格外周到，发明得格外在先。所以我说的国故学不是学问，是说国故学不能成功一种学问的名词；那国故里面，自有他的真学问在。倘然后代的学者，肯用一番苦功，加以整理；把一个囫囵的国故学，分晰出来，什么政治学、政治史、社会学、社会史、文学、文学史、哲学、哲学史，以及一切工业、农业、数理、格物，一样一样的整理出来，再一样一样的归并在全世界的学术界里，把这虚无漂渺学术界上大耻辱的"国故学"名词取销。这样一做，不但中国的学术界上平添了无限光荣，而且在全世界的学术上，一定可以平添无上的助力。因为中国的文化，开辟在三千年以前，那六经全是中国文化的纪录，再加周秦时期思想的发展，种种发明，种种经历，都可以充得世界的导师，而与以无上的教训。

　　虽然，这件工作，谈何容易。只因经史是最古文化的纪录，在他纪录的时候，因求一时代的适合，总有一大部分是芜杂的；诸子百家，是一时代环境造成的人生哲学，总有一大部分是简陋不完的。这个现象，不但是中国，凡是初期的纪录和初期的发明，都有这一点困难。希腊的文明，决不便是如今的西洋文明；柏拉图的思想，决不便是如今德先生——德谟克拉西——的思想。这其间几经整理，几经改造，才能得如今物质上、精神上的两大成功。我们中国的学者，只因不肯整理，不敢改造，所以直到如今，六经依旧是六经，诸子百家依旧是诸子百家。那国故是各种物质的原料，科学是从国故原料里提出成分来制成的器物；如今我们中国的学术界，白丢着这许多丰富而又宝贵的原料，空感受器物缺乏的痛苦，这全是一班中国学者的罪。做中国学问，本来不是一件容易的事；只因不曾经过整理，不但使后代学者找不出一个头绪来——不得其门而入——便是找到了头绪，好似走进了一座凌乱芜杂的栈房里面，都是片段的不适用的多。好不容易，用披沙淘金的工夫，整理出一点切于实用的学问来，学者仅仅拿他看作一种陶情适性的玩物，既没有公开的著作，也没有澈底的研究。前者摸过这一条黑衖，却不肯把黑衖里的走法告诉人，一任那后者再去费一番摸黑衖的工夫。因此，中国的学术界，便永远没有进步，永远没有成功。我们倘然甘心永居于无学术国的地位，那便不用说了；倘然中国的学者，不甘自弃，还希望把中国的学术扶持出来，和世界的学术相见，非但相见，还要和世界的学术合并，使中国老前辈留下丰富而伟大的学术，使世界学术界得到一种伟大的帮助，那非努力于整理六经诸子的工作不可。

这整理的目标有两个：一是要精当而有统系；一是要适于人生实用。王船山先生的"六经责我开生面"是何等的有改造精神？"七尺从天乞活埋"是何等的肯努力于著作事业？况且船山先生做学问的方法，完全注力于"实用"两字上；而他的人生哲学，尤其是指导出我们一条正确的路。梁任公说："先生之学，大半具要创造个人一派的哲学，而关于心理学部分的话尤多；其宇宙观、人生观，与宋明诸儒异点很多。据我个人观察，船山先生是要创新哲学而未成。"至于他苦志著作的情形，在《船山遗书·姜斋公（船山先生的号）行述》里的一段话，可以证明：

> 明人道以为实学，欲尽废古今虚妙之说而返之实。自潜修以来，启瓮牖，秉孤灯，读《十三经》，《廿一史》，及张、朱遗书；玩索研究，虽饥寒交迫、生死当前而不变。迄于暮年，体羸多病，腕不胜砚，指不胜笔，犹时置楮墨于卧榻之傍，力疾而纂注。颜于堂曰"六经责我开生面，七尺从天乞活埋"。于《四书》，及《易》《诗》《书》《春秋》，各有稗疏：悉考订草木、鱼虫、山川、器服，以及制度同异，字句参差，为前贤所疏略者。盖府君从少喜从人问四方事，至于江山险要，士马食货典制沿革，皆极意研究。读史读注疏，于书志年表考较同异；人之所忽，必详慎搜阅之，而更以闻见证之，以是参驳古今，共成若干卷。至于敷宣精义，羽翼微言：《四书》，则有《读大全说详解授义》；《周易》，则有《内传》《外传》《大象解》；《诗》，则有《广传》；《尚书》，则有《引义》；《春秋》，则有《世论家说》；《左传》，则有《续博议》；《礼记》，则谓陈氏之书应科举者也，更为《章句》。其中《大学》《中庸》，则仍矢子章句而衍之。末年作《读通鉴论》三十卷，《宋论》十五卷；以上下古今兴亡得失之故，制作轻重之原。诸种卷帙繁重，一一皆楷书手录……

梁启超说："此种书在科举废后，人都视为平常；其实先生具有特别眼光，翻案文学很多。最有应响的，是排满论调；所以同治年间印出此书，便造成光、宣之际一般的种族革命论，这是不可磨灭的。"《船山遗书》，我虽常常翻读，但全书二百八十八卷——遗失的还有不少——不但这一部集子里容纳不下，而且不是涉略先生学问门径的目前所需要。所以我先把关于先生思想一部分的著作——《思问录》《黄书》《俟解》《噩梦》等——整理出来，使读者了解他一部分的人生哲学。此外我所要请大家注意的，是他一番整理经史的事业，使学问近于实用；所以看过这部集子以后，如有余力，还须读他的全书。我并希望后来的学者，继续他别开生面的事业，去努力于整理六经！

十五，三，二六，在上海

卷一　思问录

"学而时习之，不亦说乎？有朋自远方来，不亦乐乎？人不知而不愠，不亦君子乎？"人性之善征矣！故以言征性善者，必及乎此而后得之。诚及乎此，则若火之始然、泉之始达，道义之门启而常存；若乍见孺子入井，而怵惕恻隐，乃梏亡之余仅见于情耳。其存不常，其门不启，或用不逮乎体，或体随用而流；乃孟子之权辞，非所以征性善也。

目所不见，非无色也；耳所不闻，非无声也；言所不通，非无义也；故曰："知之为知之，不知为不知。"知有其不知者存，则既知有之矣，是知也。因此而求之者，尽其所见，则不见之色章；尽其所闻，则不闻之声著；尽其所言，则不言之义立；虽知有其不知而必因此以致之，不迫于其所不知而索之，此圣学异端之大辨。

目所不见之有色，耳所不闻之有声，言所不及之有义，小体之小也；至于心而无不得矣，思之所不至而有理，未思焉耳。故曰："尽其心者知其性。"心者，天之具体也。

知、仁、勇，人得之厚，而用之也至；然禽兽亦与有之矣。禽兽之与有之者，天之道也。"好学近乎知，力行近乎仁，知耻近乎勇。"人之独而禽兽不得与，人之道也。故知斯三者，则所以修身、治人、治天下国家以此矣。近者，天、人之词也，易之所谓继也；修身、治人、治天下国家以此，虽圣人恶得而不用此哉？

太虚一实者也；故曰："诚者，天下之道也。"用者皆其体也；故曰："诚之者，人之道也。"

无极，无有一极也，无有不极也。有一极，则有不极矣，无极而太极矣；无有不极，乃谓太极；故君子无所不用其极。"行而后知有道"——道犹路也，"得而后见有德"——德，犹得也。储天下之用，给天下之得者，举无能名言之。天曰无极，人曰至善，通天人曰诚，合体用曰中，皆赞辞也。知者喻之耳，喻之而后可与知道、可与见德。

天不听物之自然；是故絪缊而化生，乾坤之体，立首出以屯，雷雨之动满盈，然后无为而成；若物动而己随，则归妹矣——归妹，人道之穷也。虽通险阻之故，而必动以济之，然后使物莫不顺帝之则；若明于险阻之必有，而中虚以无心照之，则行不穷，而道穷矣！庄生《齐物论》所凭者，照也，火水之所以未济也，未济以明测险，人道之穷也。

太极动而生阳，动之动也；静而生阴，动之静也。废然无动而静，阴恶从生哉？一动一静，阖辟之谓也；繇阖而辟，繇辟而阖，皆动也。废然之静，则是息矣。"至诚无息"，况天地乎？维天之命，於穆不已，何静之有？

时习而说，朋来而乐，动也；人不知而不愠，静也，动之静也；嗒然若丧其耦，静也，废然之静也。天地自生，而吾无所不生。动不能生阳，静不能生阴，委其身心如山林之高深、大木之穴窍，而心死矣！"人莫悲于心死"，庄生其自道矣乎？

在天而为象，在物而有数，在人心而为理。古之圣人，于象数而得理也；未闻于理而为之象数也。于理而立之象数，则有天道而无人道。

"乾以易知"，惟其健也；"坤以简能"，惟其顺也。健则可大，顺则可久；可大则贤人之德，可久则贤人之业。久、大者，贤人之以尽其健、顺也。易简者，天地之道，非人之能也。

"知至至之",尽人道也;"知终终之",顺俟天也。九三上不在天,下不在田,人道之所自立;故夭寿不贰,修身以俟命,所以立人道也。非跃而欲跃,以强合乎天体;非潜而欲潜,以委顺而无能自纪;人道不立矣,异端以之。

诚,斯几;诚、几,斯神。诚无为,言无为之有诚也。几善恶,言当于几而审善恶也。无为而诚不息,几动而善恶必审,立于无穷,应于未著,不疾而远,不行而至矣。神也。

用知不如用好学,用仁不如用力行,用勇不如用知耻。故曰:"心能检性;性不知自检其心。"

庄周曰:"至人之息以踵。"众人之言动喜怒,一从膺吻而出,故纵耳目之欲,而鼓动其血气,引其息于踵,不亦愈乎?虽然,其多废也,浚恒之凶也。五官百骸,心肾顶踵;雷雨之动满盈,积大明以终始,天下之大用,奚犹踵邪?

过去,吾识也;未来,吾虑也;现在,吾思也。天地古今,以此而成;天下之亹亹,以此而生。其际不可紊,其备不可遗。呜呼难矣!故曰"为之难",曰"先难"。泯三际者,难之须臾,而易以终身,小人之徼幸也。

乾称父;父,吾乾也;坤称母;母,吾坤也。父母者,乾坤之大德,所以继吾善也。"我日斯迈而月斯征,夙兴夜寐,无忝尔所生",思健顺之难肖也。

不畏心之难操则健;不疑理之难从则顺。

"力其心不使循乎熟,引而之于无据之地,以得其空微,则必有慧以报之。"释氏之言悟,止此矣。覈其实功,老氏之所谓专气也。报之慧而无余功,易也。为之难者不然,存于中历至赜而不舍。温故而知新,死而后已;虽有慧,吾得而获诸?

勇者,曾子之实体也;乐者,颜子之大用也。藏于无所用,体之不实者多矣;见于有所用,用之而不大也久矣!

舜之饭糗茹草，若将终身；及为天子，被袗衣，鼓琴，二女果，若固有之。以处生死，视此尔。"终日乾乾，夕惕若"，故无不可用也。先立其大者，以尽人道，则如天之无不覆，地之无不载。近取诸身，饮食居处，富贵贫贱，兼容并包而无疑也。非此而欲忘之，卑者不可期月守，高者且绝人理而刍狗天下，愈入于僻矣。

"立人之道，曰仁与义"，在人之天道也；"由仁义行"，以人道率天道也。行仁义，则待天机之动而后行，非能尽夫人之所以异于禽兽者矣。天道不遗于禽兽，而人道则为人之独。由仁义行，大舜存人道；圣学也；自然云乎哉！

阴礼，阳乐；礼主乎减，乐主乎盈。阴阳之撰，可体验者，莫此为显。故曰："明则有礼乐；幽则有鬼神。"鬼神，阴阳之几也，礼乐之蕴也。幽者，明之藏；明者，幽之显也。知此，则太极动而生阳，静而生阴；阳有条理，阴有秩叙。非有以生之，则条理不成，秩叙亦无自而设矣。静生秩叙，非幽谧闃寂之为静可知。呜呼！静之所生，秩叙之实，森森乎其不可斁，而孰其见之？

天者道，人者器，人之所知也；天者器，人者道，非知德者，其孰能知之？"潜虽伏矣，亦孔之昭"，"相在尔室，尚不愧于屋漏"，非视不见、听不闻、体物而不可遗者乎？天下之器，皆以为体而不可遗也。人道之流行，以官天府地、裁成万物而不见其迹。故曰："天者器，人者道。"

人欲，鬼神之糟粕也。好学、力行、知耻，则二气之良能也。

甘食悦色，天地之化机也。老子所谓"犹橐籥动而愈出"者也，所谓"天地以万物为刍狗"者也。非天地之以此刍狗万物，万物自效其刍狗尔。有气而后有几，气有变合，而攻取生焉。此在气之后也明甚。告子以为性，不亦愚乎！

天之使人甘食悦色，天之仁也。天之仁，非人之仁也；天有以仁人，人亦有以仁天、仁万物。恃天之仁而违其仁，去禽兽不远矣。

有公理，无公欲；私欲净尽，天理流行，则公矣；天下之理得，则可以给天下之欲矣。以其欲而公诸人，未有能公者也；即或能之，所谓违道以干百姓之誉也，无所住而不称愿人也。

风雨露雷之所不至，天之化不行；日月星之所不至，天之神不行。君子之言天，言其神化之所至者尔。倒景之上，非无天也；苍苍者，远而无至极，恶庸知之哉？君子思不出其位，至于神化而止矣。

神化之所不行，非无理也，所谓清虚一大也；神化之所行，非无虚也，清虚一大者未丧也。清受浊，虚受实；大受小，一受赜。清虚一大者不为之碍，亦理存焉耳。函此以为量，澄此以为安。浊而不滞，实而不塞；小而不烦，赜而不乱。动静各得其理，而量不为诎，则与天地同体矣。若必舍其神化之迹，而欲如倒景以上之天，奚能哉？抑亦非其类矣。神化者，天地之和也。天不引地之升气而与同，神化则否矣。仁智者，貌、言、视、听、思之和也；思不竭貌、言、视、听之材而发生其仁智，则殆矣。故曰："天地不交，否"，"思而不学则殆"。

五性感而善恶分，故天下之恶，无不可善也；天下之恶，无不因乎善也。静而不睹，若睹其善；不闻；若闻其善；动而审其善之或流，则恒善矣。静而不见有善，动而不审善流于恶之微芒，举而委之无善无恶，善恶皆外而外无所与，介然返静而遽信为不染，身心为二而判然无主，末流之荡为无忌惮之小人而不辞，悲夫！

善恶，人之所知也；自善而恶，几微之介，人之所不知也。斯须移易而已，故曰独。

不学而能，必有良能；不虑而知，必有良知。喜怒哀乐之未发，必有大本。敛精存理，翕气存敬，庶几遇之。堕气黜精以丧我而息肩者，不知有也。

能不以慕少艾妻子、仕热中之慕，慕其亲乎？能不以羊乌之孝、蜂蚁之忠，事其君父乎？而后人道显矣。顺用其自然，未见其异于禽兽也。有仁，故亲亲；有义，故敬长。秩叙森然，经纶不昧，引之而达，推行而恒；返诸心而夔夔齐栗，质诸鬼神而无贰尔心：孟子之所谓"良知良能"，则如此也。

天地之塞，成吾之体；而吾之体，不必全用天地之塞。故资万物以备生人之用，而不以仁民之仁爱物。天地之帅，成吾之性；而吾之性既立，则志壹动气，斟酌饱满，以成乎人道之大用，而不得复如天地之帅以为帅。故喜怒哀乐有权，而生杀不可以无心为用。

天气入乎地气之中而无不浃，犹火之暖气入水中也。性，阴之静也；气，阴阳之动也；形，阴之静也。气浃形中，性浃气中；气入形，则性亦入形矣。形之撰，气也；形之理，则亦性也。形无非气之凝，形亦无非性之合也。故人之性虽随习迁，而好恶静躁，多如其父母，则精气之与性，不相离矣。繇此念之，耳目口体发肤，皆为性之所藏。日用而不知者，不能显耳。"鸢飞戾天，鱼跃于渊"，道之察上下，于吾身求之自见矣。

主一之谓敬，非执一也；无适之谓一，非绝物也。肝魂、肺魄、脾意、肾志、心神，不分而各营。心气交辅，帅气充体，尽形神而恭端，以致于有所事，敬一之实也。

无心而往，安而忘之曰适。主敬者，必不使其心有此一几耳。

静无而动有,天子皆静无而动有也,奚以圣人为?静无而不昧其有,则明远。动有者,有其静之所涵;感而通,而不缘感以生,则至正;乃以为五常之本、百行之原也。

颜子好学,知者不逮也;伊尹知耻,勇者不逮也。志伊尹之志,学颜子之学,善用其天德矣。

世教衰,民不兴行;"见不贤而内自省",知耻之功,大矣哉!

见不贤而内自省,求己严则为之难,为之难则达情而无过量之求,亦可以远怨矣。

攻人之恶,则乐察恶;乐察人之恶,则恶之条理熟,厉熏心矣!慎之哉!

"同归而殊涂,一致而百虑",故"肫肫其仁,渊渊其渊,浩浩其天",德无不备矣!诚未至者,奚以学之邪?"默而识之,学而不厌,诲人不倦",所以行殊涂、极百虑而协于一也。

"天下何思何虑",言天下不可得而逆亿也;故曰"无思,本也",物本然也。义者,心之制,思则得之;故曰"思,通用也",通吾心之用也。死生者,亦外也,无所庸其思虑者也;顺事没宁,内也,思则得之者也。不于外而用其逆亿,则患其思之不至耳,岂禁思哉?

"大匠能与人以规矩,不能使人巧。"巧者,圣功也,博求之事物以会通其得失,以有形象无形而尽其条理,巧之道也。格物穷理而不期旦暮之效者,遇之。

"修辞立其诚",无诚之辞,何以修之哉?修辞诚,则天下之诚立。未有者,从此建矣;已有者,从此不易矣。孔子成《春秋》而乱臣贼子惧,诚也。

"艮其背,不获其身;行其庭,不见其人。"无咎之道焉耳。"观盥而不荐",非荐之时,然而必盥也。"观我生",君子而后可无咎；"观其生"，君子而后可无咎；不然，咎矣。内不见己，外不见人，而后得所止焉，其为天理也孤矣！忧世之将剥而不与尝试，非"与臣言忠、与子言孝""居处恭，执事敬，与人忠"以为德，则且与之为婴儿，知之益明而益困矣。《艮》《观》同道，故君子尤难言之。

"履，德之基也。"集义，素履也。宜兄弟，乐妻子，而一以戒慎不睹、恐惧不闻之德行之，所谓和而至也。九卦以处忧患，而此为基；君子坦荡荡，修此故也。

见道义之重，则外物为轻；故铢视轩冕，尘视金玉。纯乎其体道义者，天下莫匪道义之府，物不轻矣。一介不以与人，一介不以取诸人，非泛然而以铢尘挥斥之也。处贫贱患难而不易其官天地、府万物之心，则道义不息于己而己常重矣。

独知炯于众知，昼气清于夜气，而后可与好仁、恶不仁。

知地之在天中，而不知天之在地中，惑也：山川金石，坚确浑沦，而其中之天常流行焉。故浊者不足以为清者病也，以浊者为病，则无往而不窒，无往而不疑，无往而不忧。"安汝止，惟几惟康"，"被袗衣、鼓琴、二女果，若固有之"；"箪食瓢饮，不改其乐"，无所窒也，奚忧疑之有哉？

言幽明而不言有无，至矣！谓有生于无，无有于有；不得谓幽生于明，明生于幽也。幽明者，阖辟之影也；故曰："是故知幽明之故"，"原始反终，故知死生之说"。

"天尊地卑，乾坤定矣；卑高以陈，贵贱位矣；动静有常，刚柔断矣。"此分而为二，倍而为四，参而为六，剖而为八；参乘四而为十二，五乘六而为三十；十二、三十相乘而为三百六十，皆加一倍之定体也。知其说者，知天地之自然而已。若夫"鼓之以雷霆"（《震》），"润之以风雨"（《巽》）；"日月运行，一寒一暑"（《坎》《离》）；"乾道成男"（《艮》），"坤道成女"

（《兑》），交相摩荡而可大可久之业著焉，则未可以破作四片、破作八片之例例矣。以例例神化，因其自然而丧其匕鬯；天下之理奚以得，而人恶足以成位于中乎？

吉凶、得失、生死，知为天地之常然，而无足用其忧疑，亦可以释然矣。释然之余，何以继之？继之以恶，而为馀食赘行；继之以善，而亦为馀食赘行，忧疑自此积矣。知者不惑，仁者不忧；惟其不于吉凶生死而谋道矣。

言"无"者，激于言"有"者而破除之也。就言有者之所谓"有"，而谓无其"有"也，天下果何者而可谓之"无"哉？言龟无毛，言犬也，非言龟也；言兔无角，言麋也，非言兔也。言者必有所立，而后其说成。今使言者立一"无"于前，博求之上下、四维、古今、存亡而不可得穷矣！

寻求而不得，则将应之曰"无"。姚江之徒以之。天下之寻求而不得者众矣，宜其乐从之也。

不略于明，不昧于幽，善学、思者已。

画前有易，无非易也；无非易而舍画以求之于画前，不已愚乎？画前有易，故画生焉；画者，画其画前之易也。

"两端"者，虚实也，动静也，聚散也，清浊也；其究，一也。实不窒虚，知虚之皆实；静者静动，非不动。聚于此者散于彼，散于此者聚于彼；浊入清而体清，清入浊而妙浊，而后知其一也。非合两而以一为之纽也。

节者，中之显者也。喜怒哀乐之未发而未有节者存，则发而中者，谁之节乎？岂天下之有节乎？是从其白于外之说矣。故周子曰"中也者，和也"，张子曰"大和所谓道"，卓矣。虽喜怒哀乐之未发，而参前倚衡，莫非节也。充气以从志，凝志以居德；庶几遇之阒寂空窔者，失之远矣。迨发而始慎之，必有不审不及之忧。

"无不敬"，慎其动也；"俨若思"，静而存也；"安定辞"，立诚于天下也。"俨若思"，于是而有思，则节无不中矣，仁之熟也。

"视思明，听思聪，色思温，貌思恭"，奚以思之哉？"俨若思"之谓也。旁行而不流，安止而几，其功密矣夫！

恃一端之意知，以天下尝试之，强通其所不通，则私，故圣人毋意；即天下而尽其意知，以确然于一，则公，故君子诚意。诚意者，实其意也，实体之之谓也。

意虚则受邪，忽然与物感通，物投于未始有之中，斯受之矣。诚其意者，意实则邪无所容也；意受诚于心，知意皆心知之素，而无孤行之意，故曰"无意"。慎独者，君子加谨之功，善后以保其诚尔。后之学者，于心知无功，始专恃慎独为至要；遏之而不胜遏，危矣！即遏之已密，但还其虚，虚又受邪之壑；前者朴而后者熹矣。泰州之徒，无能期月守者，不亦宜乎？

"欲修其身者，先正其心"，圣学提纲之要也。"勿求于心"，告子迷惑之本也。不求之心，但求之意，后世学者之通病。盖释氏之说，暗中之以七识为生死妄本。七识者，心也；此本一废，则无君无父，皆所不忌。呜呼！舍心不讲，以诚意而为玉钥匙；危矣哉！

求放心，则全体立而大用行。若求放意，则迫束危殆；及其至也，逃于虚寂而已。

"默而成之，存乎德行"，故"德不孤，必有邻"。灼然有其几，而不可以臆测。无他，理气相涵，理入气则气从理也。理气者，皆公也，未尝有封畛也。知此，则亦知生死之说、存亡没宁之道也。

"吉、凶、悔、吝生于动。"畏凶、悔、吝而始戒心于动，求其坦荡荡也，能乎哉？

"神之格思，不可度思。"待平旦之气而后好恶与人相近，危矣、危矣！不幸而仅有此，可不惧哉？

死生，昼夜也；梏之反复，则夜气不足以存。故君子曰"终"，小人曰"死"。

"浩然之气，直养而无害，则塞乎天地之间。"塞乎天地之间，则无可为气矜矣。"闲来无事不从容"，无可为气矜者也。

"尽性以至于命。"至于命，而后知性之善也。天下之疑，皆允乎人心者也；天下之变，皆顺乎物则者也。何善如之哉！测性于一区，拟性于一时，所言者皆非性也，恶知善？

命曰降，性曰受。性者，生之理，未死以前皆生也，皆降命受性之日也。初生而受性之量，日生而受性之真。为胎元之说者，其人如陶器乎？

"成性存存"，存之又存，相仍不舍。故曰："维天之命，於穆不已。"命不已，性不息矣。谓生初之仅有者，方术家所谓胎元而已。

感而后应者，心得之余也；无所感而应者，性之发也。无所感而兴，若火之始然、泉之始达，然后感而动焉，其动必中，不立私以求感于天下矣。"寂然不动，感而遂通天下之故"，鬼谋也，天化也，非人道也。诚不必豫，侍感而通，惟天则然。下此者，草木禽虫与有之，蓍龟之灵是也。

大匠之巧，莫有见其巧者也；无感之兴，莫有见其兴者也。"明发不寐，有怀二人"，寻过去也；"视于无形，听于无声"，豫未来也。舍其过去、未来之心，则有亲而不能事，况天下之亹亹者乎。

孩提之童之爱其亲；亲死而他人字之，则爱他人矣。孟子言不学不虑之中，尚有此存；则学虑之充其知能者可知。断章取此以为真，而他皆妄，洵夏虫之于冰也。

质以忠信为美，德以好学为极。绝学而游心于虚，吾不知之矣！导天下以弃其忠信，陆子静倡之也。

"天下何思何虑"，则天下之有无，非思虑之所能起灭明矣。妄者，犹惑焉。

"有不善未尝不知"，豫也；"知而未尝复行"，豫也。诚积于中，故合符而爽者觉；诚之者裕于用，故安驱而之善也轻。

闻善则迁，见过则改，损道也，而非益不能；无十朋之龟为之宝鉴，则奚所迁，而又恶得其改之道哉？惘于道，则惮于改矣！

水之为沤、为冰，激之而成，变之失其正也；沤、冰之还为水，和而释也。人之生也，孰为固有之质？激于气化之变而成形；其死也，岂遇其和而得释乎？君子之知生者，知良能之妙也；知死，知人道之化也。奚沤、冰之足云？

至于不可谓之为"无"，而后果无矣；既可曰"无"矣，则是有而无之也。因耳目不可得而见闻，遂躁言之曰"无"，从其小体而蔽也。善恶，可得而见闻也；善恶之所自生，不可得而见闻也。是以躁言之曰"无善无恶"也。

"我战则克"，慎也；"祭则受福"，慎也。福者，礼成而敏，知神享之，君子以为福莫大焉。慎于物，慎于仪，慎于心；志壹气合，雍雍肃肃，不言而靡争，则礼成而敏，神斯享焉。疾风雷雨不作，灾眚不生；气志之感盛，孝子之养成矣。君子之所谓福也。

事人，诚而已矣。正己而无求于人，诚也。诚，斯上交不谄，下交不渎。故子路问事鬼神，而夫子以事人告之。尽其敬爱，不妄冀求；必无非鬼而祭之谄，再三不告之渎。无他，不以利害交鬼神而已。

道莫盛于趋时：富贵、贫贱、夷狄、患难，极于俄顷之动静云为，以与物接，莫不有自尽之道。时驰于前，不知乘以有功；逮其失，而后继之以悔；及其悔，而当前之时又失矣。故悔者，终身于悔之道也。动悔有悔，终身于葛藟。往而即新，以尽其乾惕，然后得吉焉。故曰"吉行"，吉在行也。

"君子之过，如日月之食"，更新而趋时尔。以向者之过为悔，于是而有迁就补缀之术，将终身而仅给一过也。

人役而耻为役；如耻之，莫如为仁。若子路，人告之以有过则喜，善用其耻矣！夫唯不以悔累其心也。

于不可耻而耻，则移其良耻以从乎流俗，而耻荡然矣！故曰："知耻者，知所耻也。"

"一以贯之"，圣人久大之成也。"曲能有诚"，圣功专直之通也。未能即一，且求诸贯，贯则一矣。贯者，非可以思虑材力强推而通之也。寻绎其所已知，敦笃其所已能，以熟其仁；仁之熟，则仁之全体现；仁之全体既现，则一也。

"群龙无首"，故一积众精以自强，无有遗也；有首焉，则首一矣，其余不一也。然后以一贯之。不然者，而强谓之然；不应者，而妄億其应。佛老以之，皆以一贯之之术也。

主静，以言乎其时也；主敬，以言乎其气象也；主一，以言乎其量也。摄耳目之官以听于心；盈气以充志，旁行于理之所昭著而不流；雷雨之动，满盈而不先时以发：三者之同功也。

天地之生，人为贵；惟得五行敦厚之化，故无速见之慧。物之始生也，形之发知，皆疾于人，而其终也钝；人则具体而储其用，形之发知，视物而不疾也多矣，而其既也敏。孩提始知笑，旋知爱亲长；始知言，旋知敬兄；命日新而性富有也。君子善养之，则耄期而受命。

程子谓"鸡雏可以观仁"，观天地化机之仁也。君子以之充仁之用而已。

佛老之初，皆立体而废用；用既废，则体亦无实。故其既也，体不立而一因乎用，庄生所谓"寓诸庸"、释氏所谓"行起解灭"是也。君子不废用以立体，则致曲有诚；诚立而用自行逮其用也，左右逢原而皆其真体。故知先行后之说，非所敢信也。《说命》曰："非知之艰，惟行之艰。"次第井然矣！

百物不废，故惧以终始；于物有废，偷安而小息，亦为之欣然，学者之大害也。人欲暂净，天理未还，介然而若脱于桎梏；其几可乘，而息肩之心起矣，危矣哉！惧以终始，故愤；百物不废，故乐。愤、乐互行，阴阳之才各尽则和，和而后与道合体。

极深而研几，有为己、为人之辨焉。深者，不闻不见之实也；几者，隐微之独也。极之而无问，研之而审，则道尽于己而忠信立；忠信立则志通而务成，为己之效也。求天下之深而极之，迎天下之几而研之，敝敝之以为人而丧己；逮其下流，欲无为权谋术数之渊薮，不可得也！

言无我者，亦于我而言无我尔；如非有我，更孰从而无我乎？于我而言无我，其为淫遁之辞可知。大抵非能无我，特欲释性流情，恣轻安以出入尔；否则，惰归之气，老未至而蓁及之者也。公者，命也，理也，成之性也；我者，大公之理所凝也。吾为之子，故事父；父子且然，况其他乎？故曰："万物皆备于我。"有我之非私，审矣。迭为宾主，亦飨舜；尧之无我也。《春秋》书归郓、讙、龟阴之田，自序其绩；孔子之无我也。无我者，为功名势位而言也，圣人处物之大用也。于居德之体而言无我，则义不立而道迷。

有性之理，有性之法。性之理者，吾性之理，即天地万物之理；论其所自受，因天因物，而仁义礼知，浑然大公，不容以我私之也。性之德者，吾既得之于天，而人道立，斯以统天而首出万物；论其所既受，既在我矣，惟当体之知能为不妄，而知仁勇之性情功效，效乎志以为撰。必实有我，以受天地万物之归；无我，则无所凝矣。言无我者，酌于此而后不徇辞以贼道。

"鱼在于渚，或潜于渊"，逐物者不能得也。故君子为己而天下之理得矣。

耳目口体，互相增长以为好恶，则淫矣；淫于众人之淫习，舍己而化之，则溺矣。耳目口体，各止其所，节自具焉，不随习以迁；欲其所欲，为其所为，有过则知，而节可见矣。"艮其背，不获其身"，背非身也，不于身获之；"行其庭，不见其人"，身非人也，不于人见之。能止其所，遏恶之要也；循而持之，安而中节。耳顺、从欲、不逾矩，自此驯致。

己十九而非己也。天下善人恒少，不善人恒多；诐而淫，邪而遁，私欲私意，不出于颖，而迭为日新；喜其新而惊为非常之美，惊喜移情而遂据为己之畛域。故曰："习与性成。"苟能求其好恶之实，而不为物迁；虽不即复于礼，不远矣！故曰："为仁由己。"

佛老之言，能动刍荛而警之；然刍荛可询，而佛老不可询，何也？"人之患，在好为人师"，但好为师，则无父无君，皆可不恤。刍荛无为师之心也。以刍荛视佛老而夺其为师之说，可也；片辞有采于其为师之说，隐恶而扬善，不可也。隐恶扬善，则但得其为师之邪，而不知用其刍荛也。

不出于颖，一间而已矣！舜与跖之分，利与善之间也。尽用其视听心思于利害，则颖；超于利害，则如日月之明离于重云之中，光明赫然，不可涯量。

因得失而有利害；利害生而得失隐，昏也。不昧于利害之始，则动微而吉先见，奚利害之足忧？驰驱于生死之涂，孰为羿之彀中乎？

待物感之不交而后欲不妄，待闻见之不杂而后意不私，难矣哉！故为二氏之学者，未有能守之终身者也。推而极之，于其意之萌，未有能守之期月者也。

以天下而试吾说，玩人丧德之大者也。尽其才以应天下，发己自尽，循物无违，奚技俩之可试哉？

为因物无心之教者，亦以天下而试吾无心之技俩者也。无所不用其极之谓密；密者，圣人之藏，异端窃之以为诡秘。

气者，理之依也；气盛则理达。天积其健盛之气，故秩叙条理，精密变化而日新。故天子之齐，日膳大牢，以充气而达诚也。天地之产，皆精微茂美之气所成；人取精以养生，莫非天也。气之所自盛，诚之所自凝，理之所自给；推其所自来，皆天地精微茂美之化。其酝酿变化，初不丧其至善之用；释氏斥之为鼓粥饭气，道家斥之为后天之阴，悍而愚矣！

"先天而天弗违"，人道之功，大矣哉！邵子乃反谓之"后天"。

知见之所自生，非固有；非固有而自生者，日新之命也。原知见之自生，资于见闻；见闻之所得，因于天地之所昭著，与人心之所先得。人心之所先得，自圣人以至于夫妇，皆气化之良能也。能合古今人物为一体者，知见之所得，皆大理之来复，而非外至矣。故知见不可不立也，立其诚也。介然恃其初闻初见之知为良能；以知见为客感，所谓不出于颖者也，悲夫！

尧、舜、禹、汤、文、武、周、孔，相师而道不同；无忌惮之小人，不相师而所行若合符节。道理一而分殊。不学不虑，因意欲而行，则下流同归也。谓东海西海此心此理之同者，吾知其所同矣。

上天下地曰宇，往古来今曰宙。虽然，莫为之郭郭也；惟有郭郭者，则旁有质而中无实，谓之空洞可矣。宇宙其如是哉？宇宙者，积而成乎久大者也。二气絪缊，知能不舍，故成乎久大。二气絪缊而健顺章，诚也；知能不舍而变合禅，诚之者也。谓之空洞，而以虚室触物之影为良知，可乎？

不玩空而丧志，不玩物而骄德；信天地之生而敬之，言性道而能然者，鲜矣！

病则喜寂，哀则喜慜；喜者阳之舒，寂慜者阴之惨。阴胜而夺其阳，故所喜随之而移于阴；非病与哀，则小人而已矣！"帝出乎震"，"震来虩虩，笑言哑哑"，乐在其中矣。故曰"吾未见刚者"。喜流于阴柔，而以呴沫为仁，以空阒为静者，皆女子、小人之道也！

"形而下者谓之器"，器则老子所谓"当其无，有车器之用"也。君子之所贵者道也，以诚体物也；车器云乎哉？

无心而待用者，器而已矣。镜与衡，皆器也。君子不器，而谓圣人之心如镜空衡平，可乎？镜能显妍媸而不能藏往，衡能测轻重而随物以轻重，本无故也。明其如日乎，继明以照于四方也；平其如水乎，维心亨行险而不失其信也。继，恒也；信，恒也；有恒者，圣功之藏也。

"道远人，则不仁。"夫孰能远人以为道哉？杨墨佛老，皆言人也；诞而之于言天，亦言人也，特不仁而已矣。人者，生也；生者，有也；有者，诚也。礼明而乐备，教修而性显，彻乎费隐而无不贯治之谓仁；窃其未有之几，舍会通之典礼，以邀变合往来之几，斯之谓远人已耳！

"谦亨，君子有终。"君子望道未见，而爱人不忍伤之，故能有终；小人欲取固与，柔逊卑屈以行其钩致之术，则始于谦恒者，终于行师，谦不终矣！谦者，仁之不容已，而或流于忍，故戒之！

先难则愤，后获则乐；地道无成，顺之至也。获与否，无所不顺,其乐不改,则老将至而不衰。今之学者,速期一悟之获;幸而获其所获,遂恣以佚乐。佚乐之流,报以尩骪惰归之戚,老未至而耄及之,其能免乎!

诚则强,形乃著明;有成形于中,规模条理未有而有,然后可著见而明示于天下。故虽视不可见,听不可闻,而为物之体历然矣。当其形也,或谓之"言语道断",犹之可也;谓之"心行路绝",可乎?心行路绝则无形;无形者,不诚者也。不诚,非妄而何?

"名之必可言",言或有不可名者矣;"言之必可行",行或有不容言者矣。能言乎名之所不得限,则修辞之诚尽矣;能行乎言之所不能至,则藏密之用备矣。至于行而无所不逮,行所不逮者,天也,非人之事也;天之事,行不逮而心喻之,心止矣。故尽心则知天,放其心于心行路绝者,舍心而下从乎意以迁流者也。志、神、气交竭其才,写实以发光辉,谓之尽心。

不识无迹之可循,不能为之名也;不知不豫,测其变也。知能日新,则前未有名者;礼缘义起,俟命不贰则变。不可知者,冥升不息,以斯而顺帝之则,乃无不顺也。识所不逮,义自喻焉,况其识乎?知所不豫,行且通焉,况其知乎?此文王之德之纯也,非谓绌识泯知而后帝则可顺也。

诚于为,则天下之謇謇者皆能生吾之心物,无非天象也;变,无非天化也;凶吉、得失、亨利、悔吝,无非天教也。或导之以顺,或成之以逆,无不受天之诏。故曰:"帝谓文王,无然畔援,无然歆羡。"诚于为而已矣!

天继,故善;圣人缉,故熙。人能有恒,则曲能有诚,而形著明矣。

能一能十,非才之美者也;能百能十而不厌不倦,其才不可及已!得天之健,故不倦;得地之顺,故不厌;好学、力行、知耻，皆秉此以为德。其有恒者，生知安行者也。

吉凶成败，皆有自然之数，而非可以人力安排。澹于利欲者，廓其心于俯仰倚伏之间而几矣。乃见仅及此，而以亿天理之皆然，遂以谓莫匪自然；而学问、思辨、笃行，皆为增益，而其天理不相应。是以利之心而测义也，陋矣！故人心不可以则天道，道心乃能知人道。言自然者，虽极观物知化之能，亦尽人心之用而已；尽其心者，尽道心也。

禹之治水，行其所无事；循乎地中，相其所归，即以泛滥之水为我用，以效浚涤之功。若欲别凿一空洞之壑以置水，而冀中国之长无水患，则势必不能，徒妄而已，所谓"凿"也。言性者，舍固有之节文条理，凿一无善无恶之区，以为此心之归，讵不谓之"凿"乎？凿者必不能成，迨其狂决蹙发，舍善而趋恶如崩，自然之势也。

心浮乘于耳目而遗其本居，则从小体；心不舍其居而施光辉于耳目，则从大体。虽从大体，不遗小体；非犹从小体者之遗大体也。

天不言，物不言，其相授受，以法象相示而已。形声者，物之法象也。圣人体天以为化，故欲无言。言者，人之大畏也，绍天有力而异乎物者也。子贡求尽人道，故曰："子如不言，则小子何述焉？"竖指摇拂、目击道存者，吾不知之矣！

子孙，体之传也；言行之迹，气之传也；心之陟降，理之传也。三者各有以传之，无戕贼污蚀之，全而归之者也。

但为魂，则必变矣。魂日游而日有所变，乃欲拘其魂而使勿变，魏伯阳、张平叔之鄙也，其可得乎？魂之游变，非特死也；死者，游之终尔。故鬼神之事，吾之与之也多矣。灾祥、险易、善恶、通否，日生于天地之间者，我恒与之矣。唯居大位、志至道者为尤盛焉。

"惠迪吉，徒（从）逆凶"之不差，居天下之广居者，如视诸掌。欲速见小者，不能知尔。

习气熏然，充满于人间，皆吾思齐自省之大用；〔用大，则体非妄可知。〕勿以厌恶之心当之，则心洗而藏密矣。"三人行，必有我师"，非圣人灼知天地充塞无间之理，不云尔也！

无妄，灾也；灾而无妄，孰为妄哉？故孟子言："好色好货，于王何有？"眚且不妄，而况灾乎？"诚者，天之道也"，无变而不正也，存乎诚之者尔。

形色，天性也；故身体发肤，不敢毁伤，毁则灭性以戕天矣。知之始有端，志之始有定，行之始有立。其植不厚，而以速成期之，则必为似忠、似信、似廉洁者所摇。仁依姑息，义依曲谨，礼依便僻，知依纤察；天性之善，皆能培栽而覆倾。如物之始蒙，勿但忧其稚弱；正恐欲速成而依非其类，则和风甘雨亦能为之伤。故曰"蒙以养正"。养之正者，学以聚之，问以辨之，宽以居之，仁以行之，则能不依流俗之毁誉、异端之神变，以期速获而丧其先难。故曰"利御寇"。

"默而成之"，乐也；"不言而信"，礼也。乐存乎德，礼存乎行；而乐以养德，礼以敦行。礼乐德行，相为终始。故君子之于礼乐，不以斯须去身；然则无礼之则而言尚行，无乐之意而言养德者，其为异端可知已。

知崇法天，天道必下济而光明；礼卑法地，或从王事，则知光大与天絜矣。天一而人之言之者三：有自其与地相絪缊化成而言者，有自清晶以施光明于地而言者，有以空洞无质与地殊绝而言者。与地殊绝而空洞无质，讵可以知法乎？法其与地絪缊成化者，以为知其不离乎礼固已；即其清晶以施光明于地者，亦必得地而光明，始凝以显。不然，如置灯烛于辽廓之所，不特远无所丽，即咫尺之内，亦以散而昏。彼无所丽而言良知者，吾见其咫尺之内散而昏也！

知者，知礼者也；礼者，履其知也。履其知而礼皆中节，知礼则精义入神，日进于高明而不穷。故天地交而泰，天地不交而否。是以为"良知"之说者，物我相拒，初终相切，心行相戾，否道也。

"苟志于仁矣，无恶也。"物之感，己之欲，各归其所，则皆见其顺而不逾矩，奚恶之有？灼然见其无语，则推之好勇、好货、好色而皆可善，无有所谓恶也。疑恶之所自生以疑性者，从恶而测之尔；志于仁而无恶，安有恶之所从生而别为一本哉？

言性之善，言其无恶也；既无有恶，则粹然一善而已矣。

有善者，性之体也；无恶者，性之用也。

从善而视之，见性之无恶，则充实而不杂者显矣；从无恶而视之，则将见性之无善，而充实之体堕矣。故必志于仁，而后无恶；诚无恶也，皆善也。

苟志于仁，则无恶；苟志于不仁，则无善，此言性者之疑也。乃志于仁者，反诸己而从其源也；志于不仁者，逐于物而从其流也。[体验乃实知之]夫性之己而非物、源而非流也明矣，奚得谓性之无善哉？

气质之偏，则善隐而不易发、微而不克昌者有之矣；未有杂恶于其中者也。何也？天下固无恶也，志于仁则知之。

五行无相克之理，言克者，术家之肤见也。五行之神，不相悖害，[木神仁，火神礼，土神信，金神义，水神知。]充塞乎天地之间，人心其尤著者也。故太虚无虚，人心无无。

得五行之和气，则能备美而力差弱；得五行之专气，则不能备美而力较健。伯夷、伊尹、柳下惠，不能备美而亦圣。五行如太极，虽专而犹相为备，故致曲而能有诚。气质之偏，奚足以为性病哉？

"乘六龙以御天",位易而就不易也,乘之者不易也;"博学而详说之,以反约",则潜见跃飞,皆取诸源而给之,奚随时而无适守乎?此之不审,于是无本之学,托于乘时观化,以逃刑而邀利;其说中于人心,而末流不可问也。

天德不可为首,无非首也,故"博学而详说之,以反说约";"学以聚之,问以辨之,宽以居之,仁以行之"。不执一以贯万,乃可行乎变化而体德全也。

统此一物,形而上则谓之道,形而下则谓之器;无非一阴一阳之和而成。尽器,则道在其中矣。

圣人之所不知、不能者,器也;夫妇之所与知、与能者,道也。故尽器难矣!尽器,则道无不贯。尽道所以审器;知至于尽器,能至于践形,德盛矣哉!

"一阴一阳之谓道",不可云二也。自其合则一,自其分则多寡随乎时位,繁赜细密而不可破,亹亹而不穷,天下之数不足以纪之,参差衰益,莫知其畛。乃见一阴一阳之云,遂判然分而为二。随而信之,瓜分缕析,谓皆有成数之不易,将无执与?

"继之者,善也";善则随多寡损益以皆适矣。"成之者,性也";性则浑然一体,而无形埒之分矣。

以数言理,但不于吉凶、成败、死生言之,则得;以数言吉凶、成败、死生,喻义乎?喻利乎?吾不知之也。

"成章而后达";成章者,不杂也,不黯也。"言顾行,行顾言",则不杂;"较然易知而易从",则不黯。异端者,始末倏忽,自救其弊以无恒,人莫能执其首尾;行所不可逮而姑为之言说,终身而不得成其章,奚望达乎?

德成而骄,非其德矣;道广而同,非其道矣。泰而不骄,和而不同,君子之守也。"惟精惟一,允执其中",至矣,而申之以"无稽之言勿听,弗询之谋勿庸";酌行四代之礼乐,盛矣,而申之以"放郑声、远佞人"。圣人洗心退藏而与民同患。邪说、佞人，移易心志。凡民之公患也，圣人不敢不以为患。若庞然自大，谓道无不容，三教百家，可合而为一治，亦无忌惮矣哉！

谓井田、封建、肉刑之不可行者，不知道也；谓其必可行者，不知德也。勇于德则道凝，勇于道则道为天下病矣！德之不勇，褐宽博且将揣焉，况天下之大乎？

"所欲与聚，所恶勿施"；然匹夫匹妇，欲速见小，习气之所流，类于公好公恶而非其实，正于君子而栽成之。非王者起，必世而仁。习气所扇，天下贸贸然胥欲而胥恶之；如暴潦之横集，不待其归壑而与俱泛滥，迷复之凶，其可长乎？是故有公理，无公欲；公欲者，习气之妄也。不择于此，则胡广、谯周、冯道，亦顺一时之人情，将有谓其因时顺民如李贽者矣，酷矣哉！

性者，善之藏；才者，善之用。用皆因体而得，而用不足以尽体。故才有或穷，而诚无不察。于才之穷，不废其诚，则性尽矣。"多识阙疑，多见阙殆"；"有马者，借人乘之"，（借犹请也，谓有马而自不能御，则请善御者为调习，不强所不能以徼幸，玩"之"字可见。）皆不诎诚以就才也。充其类，则知尽性者之不穷于诚矣。

"不屑之教诲，是亦教诲之"；教诲之道有在。不屑者，默而成之，卷而怀之，以保天地之正，使人心尚知有其不知而不逮，亦扶世教之一道也。释氏不择知愚、贤不肖，而皆指使之见性，故道贱；而托之者之恶，不可纪极；而况姚枢、许衡之自为枉辱哉？

"居处恭，执事敬，与人忠；虽之夷狄，不可弃"，自尽之道也。"不可与言而不言"，卫道之正也；"不可与言而与之言"，必且曲道以徇之，何以回天而俟后乎？*

---

* 《思问录》分内、外篇，以上为《内篇》，以下则《外篇》。——编注

绘《太极图》，无已而绘一圆圈尔，非有匡郭也；如绘珠之与绘环，无以异，实则珠、环悬殊矣。珠无中、边之别，太极虽虚而理气充凝，亦无内外、虚实之异。从来说者，竟作一圆圈，围二殊、五行于中，悖矣！此理气，遇方则方，遇圆则圆，或大或小，絪缊变化，初无定质；无已而以圆写之者，取其不滞而已。王充谓从远观火，但见其圆，亦此理也。

太极第二图，东有《坎》，西有《离》；颇与元（玄）家毕月乌、房日兔、龙吞虎髓、虎吸龙精之说相类，所谓"互藏其宅"也。世传周子得之于陈图南，愚意陈所传者此一图，而上下四图，则周子以其心得者益之，非陈所及也。

立之于前而视其面，在吾之左者，彼之右也；彼自有定方，与吾相反。《太极图》位阴静于吾之右，彼之左也；阳动于吾之左，彼之右也。初不得其解，以实求之，图有五重，从上而下。今以此图首北趾南，顺而悬之，从下窥之，则阳东阴西，其位不易矣。

"动极而静，静极复动"，所谓"动极""静极"者，言动静乎此太极也。如以极至言之，则两间之化、人事之几、往来吉凶、生杀善败，固有极其至而后反者，而岂皆极其至而后反哉？《周易》六十四卦、三十六体，或错或综，疾相往复；方动即静，方静旋动；静即含动，动不舍静。善体天地之化者，未有不如此者也。侍动之极而后静，待静之极而后动；其极也，唯恐不甚；其反也，厚集而怒报之。则天地之情，前之不恤其过，后之褊迫以取偿，两间日构而未有宁矣！此殆夫以细人之衷测道者与？

治乱循环，一阴阳、动静之几也。今云乱极而治，犹可言也；藉曰治极而乱，其可乎？乱若生于治极，则尧、舜、禹之相承，治已极矣，胡弗即报以永嘉、靖康之祸乎？方乱而治人生，治法未亡，乃治；方治而乱人生，治法弛，乃乱。阴阳动静，固莫不然。阳含静德，故方动而静；阴储动能，故方静而动，故曰"动静无端"；待其极至而后大反，则有端矣！

邵子"雷从何方起"之问，窃疑非邵子之言也。雷从于百里内外耳。假今此土闻雷，从震方起，更在其东者，即闻从兑方起矣。有一定之方可测哉？

筮以归奇志奇偶，简便法尔。《易》曰："归奇于扐以象闰"，历之有闰，通法而非成法。归奇亦通法也。归奇之有十三、十七、二十一、二十五；胥于法象蔑当也，必果揲乎？过揲之三十六，九也；三十二，八也；二十八；七也；二十四，六也：七、八、九、六，上生下生，四象备矣。舍此而以归奇纪数，吾不知也。老阴之归奇二十五，为数最多；老阳之归奇十三，为数最少。岂阴乐施而有余、阳吝与而不足乎？至以四为奇、九为偶，尤非待审求而后知其不然也。

纯乾，老阳之象也；六位各一，以天道参之，以地道两之，每画之数六，六其六，三十六也。纯坤，老阴之象也；六位各一，以阳爻拟之，三分而中缺其一，左右各得二为四，六其四，二十四也。阳之一，为一，为三（阴一、二阳更加中一为三），为六；阴之一，为三之二，为六之四。阳实有余，阴虚不足；象数皆然，故纪筮之奇偶，必以过揲为正。

黄钟之律，九九八十一，自古传之，未有易也。闽中李文利者，窃《吕览》不经之说，为三寸九分之言，而近人亟称之，惑矣！夫所谓吹律者，非取律筩而吹之也，以律为长短、厚薄、大小之则，准以作箫管、笙竽而吹之也。且非徒吹之也，金、石、土、革、木，搏拊戛击之音，型模之厚薄、长短、轻重、大小，丝之多寡，一准乎律。言"吹"者，统词耳。文利之愚，以谓筩长则声清，筩短则声浊；黄钟以宏大为诸律君，故其筩必短；乃长者大称之，短者小称之。长大浊，短小清，较然易知，彼惛而不察耳。今俗有所谓管子、剌八、琐拿、画角，长短清浊具在，文利虽喙长三尺，其能辨此哉？若洞箫之长而清，则狭故也。使黄钟之长三寸九分，则围亦三寸九分，径一寸三分，狭于诸律，清细必甚。况乎律箎者，无有旁窍，顽重不舒，固不成响，亦何从而测其清浊哉？且使黄钟之竹三寸九分，则黄钟之丝亦三十九丝；金石之制，俱必极乎短小轻薄，革属腔桊必小，音之幺细，不问而知矣。乃黄钟者，统众声以为君者；小不可以统大，薄不可以统厚，短不可以统长，一定之理也。今欲以极乎小、薄、短、轻者，入众乐而君长之，其为余律所夺，且不可以自宣，而奚以统之邪？故应钟之律，极乎短者也；以之为宫，则必用黄钟变宫之半，而不敢还用黄钟，畏其偪也。使其为二寸九分，则诸律可以役之而不忧其偪，何云诸律之不敢役乎？且天下之数，减也有涯，而增也无涯。减而不已，则视不成形，听不成声，人未有用之者矣。故立乎长、大、重、厚以制不逾之节，渐减之，则可；至于不可减而止；如使立于短、小、轻、薄以为之制，而渐增之，则愈增无已；而形愈著、声愈宣，复奚从而限之乎？故古之圣人，极乎长、大、厚、重之数，至黄钟而止；为之不可增，以止其淫也。由是而递减之，至应钟之变宫，四寸六分七毫四丝三忽一初四秒而止；又或用其半，至无射之二寸四分四厘二毫四丝而止。下此，则金薄而裂，竹短而瘠，丝弱而脆，革小而不受桴；虽有欲更减者，无得而减也。藉令由三寸九分以渐而增之，虽至于无穷之长、大、厚、重而不可复止矣。《乐记》曰："乐主乎盈，盈而反。"黄钟，盈也；其损而为十一律，反也。舍圣经而徇《吕览》一曲之言，亦恶足与论是非哉！

《太极图》，以象著天地之化也。《易》曰："天一、地二，天三、地四，天五、地六，天七、地八，天九、地十"，以数纪天地之化也。可言，皆化也。天地之体，象无不备，数无有量，不可拟议者。天一非独，九亦非众；地二非寡，十亦非赜。先儒言《洪范》五行之序，谓水最微，土最著，尚测度之言耳。聚则谓之少，散则谓之多。一，最聚者也；十，最散者也。气至聚而水生，次聚而火生，木、金又次之，土最散者也。是以块然钝处，而无锐往旁行坚津之用；数极其散而化，亦渐向于惰归矣。九聚，则一也；十聚，则二也。天地之数，聚散而已矣，其实均也。

"润下作咸，炎上作苦，曲直作酸，从革作辛，稼穑作甘。"作者，用也。五味成于五行之发用，非五行之固有此味也；执水、火、木、金、土而求味，金何尝辛？土何尝甘？木兼五味，岂仅酸乎？稼之穑之，土所作也；若夫稼穑，则未也。以木之甘言土，言其致用者可知已。区区以海水成盐、煮焦成苦征之，亦"致远恐泥"之说；况云两木相摩则齿酸，金伤肌则辛痛，求味于舌而不得，求之耳闻，又求之肤肉，不亦诞乎？

天地之德不易，而天地之化日新。今日之风雷，非昨日之风雷；是以知今日之日月，非昨日之日月也。风同气，雷同声，月同魄，日同明，一也。抑以知今日之官骸，非昨日之官骸。视听同喻，触觉同知耳，皆以其德之不易者，类聚而化相符也。其屈而消，即鬼也；伸而息，则神也。神则生，鬼则死，消之也速而息；不给于相继，则夭而死。守其故物而不能日新，虽其未消，亦槁而死；不能待其消之已尽而已死，则未消者槁。故曰"日新之谓盛德"，岂特庄生"藏舟"之说为然哉？

已消者，皆鬼也；且息者，皆神也。然则自吾有生以至今日，其为鬼于天壤也多矣。已消者，已鬼矣；且息者，固神也。则吾今日未有明日之吾，而能有明日之吾者不远矣。以化言之，亦与父母未生以前一而已矣。盈天地之间，絪缊化醇，皆吾本来面目也。其几，气也；其神，理也。释氏交臂失之而冥搜索之，愚矣哉！

其化也速，则消之速；其化也迟，则以时消者亦以时息也。故仓公谓洞下之药为火齐。五行之化，唯火为速。大黄、苓、连、栀、檗之类，皆火齐也，能疾引入水榖之滋、膏液之泽而化之；方书谓其性寒者，非也。火挟火以速去，则府藏之间，有余者清以适，不足者枵以寒，遂因而谓之寒；可谓其用寒，不可谓其性寒也。呜呼！不知性者之不以用为性，鲜矣。天地之命人物也，有性、有材、有用，或顺而致，或逆而戍，或曲而就。牛之任耕，马之任乘，材也；地黄、巴戟天之补，栀、檗、苓、连之泻，用也。牛不以不任耕、马不以不任乘，而失其心理之安。地黄、巴戟天之黑而润，受之于水；栀、檗、苓、连之赤而燥，受之于火，乃胥谓其性固然，岂知性者哉？

药食不终留于人之府藏，化迟则益，化速则损；火郁而有余者，不消则需损耳。损者，非徒其自化之速不能致养，抑引所与为类者而具速。故栀、檗以其火引火而速去，半夏、南星以其滑液引入之液而速去；谓栀、檗凉，半夏、南星燥者，犹墨吏贫人之国而谓墨吏贫也。

《内经》云："寒之中人，巨阳先受之。"方术之士不知其说，谓膀胱之为府也薄，寒易入焉。夫纩絮之厚，以御服之者之寒，岂自御乎？膀胱中虚，将谁御乎？府藏之位，肺最居上，膀胱最下；肺捷通于咽，膀胱捷通于阴窍。凉自上入，肺先受之；寒自下生，膀胱先受之。故感凉而骯咳，必中于手太阴；感寒而炙热，必中于足太阳。《姤》之二所以为"包有鱼"，《夬》之五所以为"苋陆夬夬"也。故力未足以闲邪者，莫如远邪。

《易》言"先天而天弗违，后天而奉天时"，以圣人之德业而言，非谓天之有先后也。天纯一而无间，不因物之已生、未生而有殊，何先后之有哉？先天、后天之说，始于元（玄）家；以天地生物之气为先天，以水、火、土、穀之滋所生之气为后天，故有"后天气接先天气"之说。此区区养生之琐论尔，其说亦时窃《易》之卦象附会之。而邵子于《易》亦循之，而有先、后天之辨；虽与魏、徐、吕、张诸黄冠之言气者不同，而以天地之自然为先天，事物之流行为后天，则抑暗用其说矣。夫伏羲画卦，即为筮用；吉凶大业，皆由此书。文王亦循而用之尔，岂伏羲无所与于人谋，而文王略天道而不之体乎？邵子之学，详于言自然之运数，而略人事之调燮；其末流之弊，遂为术士射覆之资。要其源，则"先天"二字启之也。胡文定曰"伏羲氏，后天者也"一语，可以破千秋之妄矣。

《河图》出，圣人则之以画八卦。则者，则其象也。上下，乾、坤也；一、五、七，乾也；六、十、二，坤也。乾尽乎极南而不至乎极北，坤生乎极北而不底乎极南；乾皆上而坤皆下也。故曰"天地定位"。上下，奠也；左右，坎、离也。八、三、十，坎也，位乎右不至乎左；九、四、五，离也，位乎左不至乎右。中五与十互相函焉，以止而不相逾，故曰"水火不相射"。一、三、二，兑也；二、四、一，艮也；一二互用，参三四而成艮、兑，故曰"山泽通气"。兑生乎二，故位南东；艮成乎二，故位南西。艮、兑在中少者，处内也，而数极乎少；少则少也。九、六、八，震也；八、七、九，巽也；八九互用，参六七而震、巽成。震自西而北而东，巽自东而南而西，有相迫逐之象焉，故曰"雷风相薄"。震成乎八，故位东北；巽成乎九，故位西南；震巽在外，长者处外也，而数极乎多；多则长也。朱子曰："析四方之合以为乾、坤、坎、离，补四隅之空以为兑、巽、震、艮。"亦此谓与？

《河图》明列八卦之象，而无当于《洪范》；《洛书》顺布九畴之叙，而无肖于《易》。刘牧托陈抟之说而倒易之，其妄明甚。牧以书为图者，其意以为《河图》先天之理，《洛书》后天之事；而元（玄）家所云"东三南二还成五，北一西方四共之"，正用《洛书》之象，而以后天为嫌；因《易》之为《河图》，以自旌其先天尔。狂愚不可瘳哉！

历家之言，天左旋，日、月、五星右转，为天所运，人见其左耳。夫天日左行一周，日日右行一度；月日右行十三度十九分度之七。五星之行，金、水最速，岁一小周；火次之，二岁而一周；木次之，十二岁而一周，故谓之岁星；土最迟，二十八岁而始一周。而儒家之说非之，谓历家之以右转起算，从其简而逆数之耳。日阳月阴，阴之行不宜逾阳，日月五行皆左旋也。天日一周而过一度，天行健也；日日行一周天，不及天一度；月日行三百五十二度十九分度之十六七十五秒，不及天十三度十九分度之七。其证始于张子，而朱子韪之。夫七曜之行，或随天左行，见其不及；或迎天右转，见其所差。从下而窥之，未可辨也。张子据理而论，伸日以抑月，初无象之可据，唯阳健阴弱之理而已。乃理自天出，在天者即为理，非可执人之理以强使天从之也。理一而用不齐，阳刚宜速，阴柔宜缓，亦理之一端耳；而谓凡理之必然，以齐其不齐之用，又奚可哉？且以理而求日、月，则亦当以理而求五星；日、月随天而左，则五星亦左矣。今以右转言之，则莫疾于金、水，而莫迟于土；若以左旋言之，则是镇星日行一周，而又过于周天者二十八分度之二十七矣。谓天行健而过，土亦行健而过乎？是七曜之行土最疾，木次之，火次之，金、水、日又次之；其劣于行者，唯月而已。金、水与日并驱，而火、木、土皆逾于日；此于日行最速、太阳健行之说，又何以解邪？日，夫也；月，妻也；妻让夫得矣。日、月，父母也；五星，子也；子疾行而先父，又岂理哉？阴之成形，凝重而不敏于行者，莫土若也；土最敏而月最钝，抑又何所取乎？故以理言，天未有不穷者也。姑无已而以理言：日，火之精；月，水之精也。三峡之流，晨夕千里；燎原之火，弥日而不逾乎一舍。五行之序，水微而火著，土尤著者也。微者轻疾，著者重迟，土愈著而愈钝矣。抑水有质、火无质，日、月非有情于行，固不自行，大气运之也。有质者易运，无质者难运；难易之分，疾徐因之。阳火喜纤，而阴水怒决；阴之不必迟钝于阳，明矣。然此姑就理言之，以折阳疾阴迟之论耳。若夫天之不可以理求，而在天者即为理，故五纬之疾迟，水、金、火、木、土以为序，不必与五行之序合。况木以十二岁一周，岁历一次，故谓之岁星；使其左旋，则亦一日一周，天无所取义于岁矣。以心取理，执理论天，不如师成宪之为得也。

谓日行当敏，月行当钝，东西之度既尔，南北之道何独不然？乃日之发，敛也，黄道一岁而一终。自冬至至于夏至，百八十二日六千二百一十二分半，始历四十七度八千六十分；若月之发敛也，二十七日二千一百二十二分二十四秒，南出乎黄道之南，北出乎黄道之北者，五度十七分有奇，盖不及乎一岁者，十一日四千五百三十二分有奇而已。十三经天矣，其自最北以至最南，才十三日六千六十一分一十二秒，而已过乎太阳一百八十二日六千二百一十二分半所历之道，则是太阴南北行之疾于日者，十三倍三十六分八十七秒半。南北发敛，月疾于日，既无可疑；而独于东西之行，必屈为说，以伸日而抑月，抑为不知通矣！

远镜质测之法，月最居下，金、水次之，日次之，火次之，木次之，土最居上。盖凡术者，必有所凭；凭实则速，凭虚则迟。气渐高，则渐益清微，而凭之以行者亦渐无力。故近下者行速，高则渐缓。月之二十七日三十一刻而一周，土星之二十九年一百五日有奇而一周，实有其理。而为右转亡疑已。西洋历家，既能测知七曜远近之实，而又窃张子左旋之说以相杂立论。盖西夷之可取者，唯远近测法一术；其他则皆剽袭中国之绪余，而无通理之可守也。

古之建侯者，有定土疆而无定爵：宋，公也；秦，伯也；而微仲、秦仲以字称，是二君之爵视大夫耳。齐，侯也，而丁公称公。当周制初定之时，应无僭谥，则尝进爵而公矣。《春秋》进退诸侯，用周道尔，非若《纲目》"莽大夫"之为创笔也。

其君从苟简而用夷礼，其国之俗未改，则狄其君，不狄其国；故滕、杞称子，而国不以号举。其政教风俗，化于夷而君不降礼，则狄其国，不狄其君；故秦不贬其伯而以号举。吴、楚、越两用之，尽乎夷之辞，以其礼坏而俗恶也。

《未济》，男之终也；《归妹》，女之穷也。缘此二卦，中四用爻，皆失其位；而《未济》初阴而上阳，《归妹》初阳而上阴。上者，终穷之位也；离乎初，则不能生；至乎上，则无所往矣。《周易》以《未济》终；京房所传卦变以《归妹》终，盖取诸此。乃以循环之理言之，阳终而复之以阳，化之所以不息；阴穷而复之以阳，则阴之绝已旷矣。故《未济》可以再起《乾》，而归妹不能。此《周易》之所以非京房之得与也。

京房八宫六十四卦，整齐对待，一倍分明。邵子所传《先天方图》、蔡九峰《九九数图》，皆然。要之，天地间无有如此整齐者；唯人为所作，则有然耳。圆而可规，方而可矩，皆人为之巧；自然生物，未有如此者也。《易》曰："周流六虚，不可为典要。"可典可要，则形穷于视，声穷于听，即不能体物而不遗矣。唯圣人而后能穷神以知化。

唯《易》兼十数，而参差用之：太极，一也；奇偶，二也；三画而小成，三也；揲以四，四也；大衍之数五十，五也；六位，六也；其用四十有九，七也；八卦，八也；乾坤之策三百六十，九也。十虽不用，而一即十也；不倚于一数而无不用，斯以范围天地而不过。《太元（玄）》用三，《皇极经世》用四，《潜虚》用五，《洪范》皇极用九，固不可谓三、四、五九非天地之数；然用其一，废其余；致之也固而太过，废之也旷而不及，宜其午合而多爽也。

《皇极经世》之旨，尽于朱子"破作两片"之语，谓天下无不相对待者耳。乃阴阳之与刚柔，太之与少，岂相对待者乎？阴阳，气也；刚柔，质也。有是气则成是质，有是质则具是气，其可析乎？析之，则质为死形，而气为游气矣。少，即太之稚也；太，即少之老也。将一人之生，老、少称为二人乎？自稚至老，渐移而无分画之涯际，将以何一日焉为少之终而［老］之始乎？故两片、四片之说，猜量比拟，非自然之理也。

《乾》《坤》之策三百六十，当期之数，去气盈朔虚不入数中，亦言其大概耳。当者，髣髴之辞也，犹云万一千五百二十当万物之数，非必物之数恰如此而无余欠也。既然，则数非一定，固不可奉为一定之母以相乘相积矣。《经世》数十二之又三十之，但据一年之月、一月之日以为之母；月之有闰，日之有气盈朔虚，俱割弃之，其母不真，则其积之所差必甚。自四千三百二十以权于《坤》数之至赜，其所差者以十万计。是市侩家"收七去三"之术也，而以限天地积微成章之化，其足凭乎？

京房"卦气"之说立，而后之言"理数"者一因之。邵子《先天圆图》，蔡九峰《九九圆图》，皆此术耳。扬雄《太元（玄）》，亦但如之。以卦气治历，且粗疏而不审，况欲推之物理乎？《参同契》亦用卦气而精于其术者；且有"活子时""活冬至"之说。明乎以历配合之不亲也，何诸先生之墨守之也？邵子据"数往者顺，知来者逆"之说以为卦序，乃自其圆图观之，自《复》起午中至《坤》为子半，皆左旋顺行，未尝有所谓逆也。

九峰分八十一为八节，每节得十，而冬至独得十一；亦与《太元（玄）》赘立《踦》《嬴》二赞，均皆无可奈何而姑为安顿也。

宋熙宁中，有郑夬者，著书谈《易》变。曰：《坤》一变生《复》，得一阳；二变生《临》，得二阳；三变生《泰》，得四阳；四变生《大壮》，得八阳；五变生《夬》，得十六阳；六变生《归妹》，得三十二阳。《乾》一变生《姤》，得一阴；二变生《遯》，得二阴；三变生《否》，得四阴；四变生《观》，得八阴；五变生《剥》，得十六阴；六变生《归妹》，得三十二阴。同时有秦玠者，附会艳称之，谓其泄天地之藏，为鬼神所谴。成、宏（弘）中，桑通判悦矜传以为神秘，皆所谓"一隅窥天"者耳。其云二、四、八、十六、三十二者，谓其所成之卦也。一阳卦，即《复》也；一阴卦，即《姤》也。得者，谓其既得也。二阳卦，《复》《师》也；二阴卦，《姤》《同人》也；四阳卦，《复》《师》《临》《升》也；四阴卦，《姤》《同人》《遯》《无妄》也。以次上变，上下推移，则三十二卦各成而备乎六十四矣。其说亦卦气之流耳，何所尽于天地之藏？而玠与悦乃为之大言不惭至是邪？三十二卦阴，三十二卦阳，又即邵子"一破两片"之旨；乃玠又云："西都邵雍所不能知"，不亦诬乎？夬又曰："《乾》《坤》，大父母也；《复》《姤》，小父母也。"则邵子亦尝言之矣。父母而有二，是二本矣；以《复》《姤》为小父母者，自其交构而言之，元（玄）家最下之说也。且以一阳施于阴中谓之父，似矣；一阴八阳中谓之母，其中施受、禽辟、多寡之义，岂不悖哉？故《易》曰："复其见天地之心。"天施地生，父母之道皆于《复》见之。一阳，父也；五阴，母也。《姤》者杀之始，何足以为万物之母哉？故《姤》之《象》曰"勿用取女"，初六曰"嬴，豕孚蹢躅"，其不足以当母仪，明矣。

水生本，一生三也；则老子"一生二"之说，不行矣。木生火，三生二也；则老子"二生三"之说不行矣。金生水，四生一也；则邵子"四生一八"之说不行矣。天地之纪，迭相损益，以上下其生，律吕肖之，而微有变通。要非自聚而散，以之于多而不可卷；自散向聚，以之于少而不可舒也。

五行生克之说，但言其气之变通、性之互成耳，非生者果如父母、克者果如仇敌也。克，能也，制也；效能于彼，制而成之。术家以克者为官，所克者为妻，尚不失此旨；医家泥于其说，遂将谓脾强则妨肾，肾强则妨心，心强则妨肺，肺强则妨肝，肝强则妨脾；岂人之府藏，日构怨于胸中，得势以骄，而即相凌夺乎？悬坐以必争之势，而泻彼以补此；其不为元气之贼也几何哉！

证金克木，以刃之伐木，则水渍火焚，不当坏木矣。证木克土，以草树之根蚀土，则凡蘖息其中者，皆伤彼者乎？土致养于草树，犹乳子也；子乳于母，岂刑母耶？证土克水，以土之堙水则不流；是鲧得顺五行之性，而何云"汩乱"？土壅水，水必决，土劣于水明矣。证水克火，以水之熄火，乃火亦燥水矣，非水之定胜也。且火入水中而成汤，彼此相函而固不相害也。证火克金，以冶中之销铄，曾不知火炀金流，流已而固无损，固不似土埋水渍之能蚀金也。凡为彼说，皆成戏论，非穷物理者之所当信。故曰：克，能也；致能于彼而互相成也。天地之化，其消其息，不可以形迹之，增损、成毁测之；有息之而乃以消之者，有消之而乃以息之者，无有故常而藏用密。是故他无恩怨，而天地不忧，奈何其以攻取之情测之？

水之为体最微，而其为利害最大；要其所为利者，即其所为害也。愚尝谓不贪水之利，则不受水之害；以黄河漕者，进寇于庭，而资其刃以割鸡也。吾乡大司马刘舜咨先生所著《河议》，言之娓娓矣。乃天子都燕，则漕必资河。以要言之，燕固不可为天子之都。无粟而悬命于远漕，又因之以益河患，岂仁且知者之所择处哉！

以都燕为天子自守边，尤其悖者。独不闻孤注之说乎？西周扼西陲，而北狄日逼；东迁以后，委之秦而有余。弥与之近，则觊觎之心弥剧，艳而忮也；艳忮动于寇心，而孤注之势又成，不亦危乎？天子所恃以威四夷者，太上以道，其次以略；未闻恃一身两臂之力也。徒然率六军而望哺于万里，以导河而为兖、徐忧；自非金源、蒙古之习处苦寒，何为恋此哉？

郊以事天，社以事地，礼有明文，古无伉地于天而郊之之礼。天之德德，地之德养；德以立性，养以适情。故人皆养于地，而不敢伉之以同于天，贵德而贱养，崇性而替情也。人同性也，物如养也，故无可分之天，而有可分之地。天主气，浑沦一气而无疆埒；地主形，居其壤、食其毛，其地之人，即其人之地矣。是以惟天子统天下而后祀天；若夫地，则天子社之，诸侯社之，大夫以至庶人各有置社，无不可祀也，无不可祀，而天子又奚郊邪？天子、诸侯自立社，又为民立社。自立社者，无异民之自社也；为民立社，天子止社其畿内而不及侯国，诸侯社其国中而不及境外，分土之义也；性统万物，而养各有方也。地主形，形有广狭而祀因之，形有崇卑、大小而秩因之。故五岳四渎，秩隆于社。今乃靭立夫皇地祇至尊之秩，而岳渎从祀，则不知所谓地祇者何也？岂概九州而统此一祇乎？山泽异形，燥湿异形，坟埴异形，垆黎异形，草谷异产，人物异质，则其神亦异矣；而强括之以一，是为"皇地"之名者，诬亦甚矣。《周礼》"夏至合乐方泽"之说，肄习社稷、山川祀事之乐耳，非谓祀也；后世不察于性情德养之差、形气分合之理、阴阳崇卑之别，伉北郊以拟天，下伐上，臣干君，乱自此而生，乃纷纷议分议合，不愈慎也乎！

继父之服，不知其义所自出。继父者，从乎母而亲者尔。从母而亲者，莫亲于外祖父母，其服之也，小功而已；而同居继父之服期，何独私于母之后夫戡？即其为营寝庙，修祭祀，亦朋友通财之等；营寝庙，修祭祀，其财力为之也。古者，母之服期，母之后夫亦期焉；从服者，视所从而无杀，殆以伉诸尊父而尊继母之礼与？则亦禽狄之道矣！孰立继父之名，因制继母之服？父其可继乎哉？同母异父之兄弟姊妹，视从兄弟而小功，亦野人之道也；母之后夫，同母异父之兄弟姊妹，以朋友皆在他邦之服服之，袒免焉可矣。

从服，因所从者为之服，不以己之昵而服之，则亦不以己之嫌而已之。兄弟，一体之亲，从乎兄弟，而为兄弟之妻服，庸不可乎？若以嫂叔不通问为疑，乃嫌疑之际，君臣、男女一也。未仕者从父而为父之君服，不以不为臣不见之义为疑而已之。盖所从者，义之重者也；嫌疑，义之轻者也。其生也，不为臣不见；嫂叔不通问，厚君臣、男女之别；其没也，从乎父与兄弟而服之，以笃尊亲之谊，亦并行而不悖矣。男子从乎兄弟而服兄弟之妻，妇人从乎夫而服夫之兄弟，今礼有善于古者，此类是已。

明堂之说，制度纷纭，大抵出于汉，新垣平、公玉带之徒，神其说而附益之尔。《戴记·明堂位》不言十二室、五室之制，而有应门之文，则亦天子之庙堂耳。孟子曰："明堂者，王者之堂也。"《孝经》称："宗祀文王于明堂，以配上帝。"所谓"配上帝"者，谓以天子之礼祀之，成其配天之业也。后世增大飨而以人道事天，又分天与帝为二，傅以谶纬之诬说，荒怪甚矣！

《月令》为青阳、明堂、总章、元（玄）堂之名，随月居之以听政；琐屑烦冗，拟天而失其伦。不知吕不韦传于何一曲儒，以启后世纷纭之喙？乃欲创一曲房斜户之屋，几令匠石无所施其结构。宋诸先生，议复古多矣，而不及明堂，诚以其不典而徒烦也。

《月令》位土于季夏，惟不达于相克者相成之义；疑火、金之不相见而介绍之以土，且以四时无置土之位，弗获已而以季夏当之尔。其云律中黄钟之宫，既不可使有十三律，则虽立宫之名，犹是黄钟也。将令林钟不能全应一月，于义尤为卤莽。其说既不足以立，历家又从而易之，割每季之十八日以为土王，尤虚立疆畛而无实。五行之运，不息于两间，岂有分时乘权之理？必欲以其温凉晴雨之大较而言之，则《素问》六气之序，以六十日当一气，为风寒、燥温、阳火、阴火之别；考之气应，实有可征，贤于每行七十二日之说远矣。且天地之化，以不齐而妙，亦以不齐而均；时自四也，行自五也，恶用截鹤补凫，以必出于一辙哉？《易》称"元亨利贞"，配木、火、金、土而水不与；则四序之应，虽遗一土，亦何嫌乎？天地非一印板，万化从此而出，拘墟者自不知耳。

水之制火，不如土之不争而速。《素问》"二火"之说，以言化理尤密。龙雷之火，附水而生，得水益烈，遇土则蔑不伏也；土与金，虽相抱以居，而块然其不相孳乳，燥湿之别久矣。《素问》以湿言土，以燥言金，皆其实也。金既燥，与水杳不相亲，奚水之生乎？两间之金几何，而水无穷，水岂待金而生邪？五行同受命于大化，《河图》五位浑成，显出一大冶气象；现成五位具足，不相资，抑不相害。故谈五行者，必欲以四时之序序之，与其言生也，不如其言传也；与其言克也，不如其言配也。

《月令》及汉历，先惊蛰而后雨水；汉以后历，先雨水而后惊蛰。盖古人察有恒之动于其微，著可见之动于其常也。正月蛰虫振于地中，察微者知之；待著而后喻者，不知也。正月或雨雪、或雨水，虽或雨水而非其常；二月，则以雨水为常。惊蛰者，不待其变之定而纪之；不验者多矣。护蛰虫之生，当于其微而后生理得苏；效天时之和润以起田功，当待其常，而后人以不困。后人之不古若，而精意泯矣！

　　天无度，人以太阳一日所行之舍为之度；天无次，人以月建之域为之次。非天所有名，因人立；名非天造，必从其实。十有二次，因乎十有二建而得名；日运刻移，东西循环，固无一定之方也。大寒为建丑之中气，故以夏正十有二月为星纪之月，而丑因从为星纪之次；斗柄所指，在地之北东隅，丑方也。丑所以为星纪者，一日之辰，随天左移，所加之方而为十二时，正方也。东正卯、西正酉、上正午、下正子，八方随之以转，则因卯、酉而立之名也。故卯、酉定之方，而为十二次之纪。建丑之月，古历日在子，其时日方正午；加于子宿，未加亥，申加戌，酉正卯正，在天卯酉之位，与在日卯酉之时，相值而中。方卯而卯中，方酉而酉中，故曰星纪。此古历"冬至日在斗，大寒日在虚"之所推也。自岁差之法明，尧时冬至日在虚，周汉以后，冬至日在斗；而今日在箕三度矣。治历者，不为之通变之术，仍循汉唐之法，以危十二度起，至女二度为元（玄）枵之次，其辰子；女二度起，至斗二度为星纪之次，其辰丑；斗二度起，至尾三度为析木之次，其辰寅。则是大寒之气，日在牛三度而加丑；在天之丑，值日之午，酉加戌，卯加辰，不得谓之为星纪矣。方是月也，斗柄指丑，而人之以十二次分之者乃在子，不亦忒乎？用今之历，纪今之星，揆今之日，因今之时，定今之次，自当即今冬至日在箕三度至牵牛四度为丑，牵牛三度至危六度为子，危七度至东壁三度为亥，岁差则从之而差；所不可差者，斗柄所建之方而已。循是而推之，则冬至日仍在丑，雨水日仍在亥；建丑之月，卯仍卯中，酉仍酉中。名从实起，次随建转，即今以顺古，非变古而立今，其尚允乎？

　　古之为历者，皆以月平分二十九日五十三刻有奇为一朔；恒一大一小相间，而月行有迟疾，未之审焉。故日月之食，恒不当乎朔望。穀梁子未朔、既朔、正朔之说，由此而立；而汉儒遂杂以灾祥之说，用相熻览。至祖冲之谂知其疏，乃以平分大略之朔为经朔，而随月之迟疾出入于经朔之内外为定朔，非徒为密以示审也，以非此则不足以审日月交食之贞也。西洋夷乃欲以法求日，而制二十四气之长短，则徒为繁密而无益矣。其说大略以日行距地远近不等、迟疾亦异，自春分至秋分，其行盈；自秋分至春分，其行缩，而节以漏准。故冬一节不及十五日者，十五刻有奇；夏一节过于十五日者，七十二刻有奇。乃以之测日月之食，则疏于郭守敬之法而恒差。若以纪节之气至与否，则春夏秋冬、温暑凉寒，万物之生长收藏，皆以日之晨昏为主，不在漏刻之长短也。故曰：日者，天之心也。则自今日日出以至于明日日出为一日，阖辟明晦之几，定于斯焉。若一昼一夜之内，或长一刻，或短一刻，铢累而较之，将以何为平？日之有昼夜，犹人之有生死、世之有鼎革也；纪世者，以一君为一世、一姓为一代足矣。倘令割周之长，补秦之短，欲使均齐而无盈缩之差，岂不徒争紊乱乎？西夷以巧密夸长，大率类此，盖亦"三年而为棘端之猴"也！

雾之所至，土气主之；雷电之所至，金气主之；云雨之所至，木气主之；七曜之所至，水火之气至之。经星以上，苍苍而无穷极者，五行之气所不至也。因此知凡气皆地气也，出乎地上，则谓之天气；一升一降，皆天地之间以絪缊者耳。《月令》曰："天气下降，地气上腾。"从地气之升而若见天气之降，实非此晶晶苍苍之中，有气下施以交于地也。经星以上之天，既无所施降于下，则附地之天，亦无自体之气，以与五行之气互相含吐而推荡，明矣。天主量，地主实；天主理，地主气；天主澄，地主和：故张子以"清虚一大"言天，亦明乎其非气也。

不于地气之外，别有天气，则元（玄）家所云"先天气"者无实矣。既生以后，元（玄）之所谓后天也，则固凡为其气者，皆水、火、金、木、土、谷之气矣。未生以前，胞胎之气，其先天者乎？然亦父母所资六府之气也，在己与其在父母者，则何择焉？无已，将以六府之气在吾形以内酝酿而成，为后天之气；五行之气自行于天地之间以生化万物，未经夫人身之酝酿者，为先天乎？然以实推之，彼五行之气自行而生化者，水成寒，火成炅，木成风，金成燥，土成湿，皆不可使丝毫漏入于人之形中者也。鱼在水中，水入腹则死；人在气中，气入腹则病。入腹之空，且为人害，况荣卫魂魄之实者乎？故以知所云"先天气"者，无实也。栖心淡泊，神不妄动，则酝酿清微而其行不迫；以此养生，庶乎可矣。不审而谓此气之自天而来，在五行之先，亦诞也已。

邵子之言先天，亦倚气以言天耳。气，有质者也；有质，则有未有质者。《淮南子》云"有夫未始有无者"，所谓"先天"者此也。乃天固不可以质求，而并未有气；则强欲先之，将谁先乎？张子"清虚一大"，立诚之辞也；元有先于清虚一大者也。元（玄）家谓"顺之则生人生物"者，谓由魄聚气，由气立魂，由魂立神，由神动意；意动而阴阳之感通，则人物以生矣。"逆之则成佛成仙"者，谓以意驭神，以神充魂，以魂袭气，以气环魄，为主于身中，而神常不死也。呜呼！彼之所为秘而不宣者，吾数言尽之矣！乃其说，则告子已为之嚆矢。告子曰："不得于心，勿求于气"，亦心使气、气不生心之说。夫既不待我，而孟子折之详矣。天地之化，以其气生我；我之生，以魄凝气，而生其魂神，意始发焉。若幸天地之生我而有意，乃窃之以背天而自用，虽善盗天地以自养，生也有涯，而恶亦大矣！故曰："小人有勇而无义为盗。"

释氏之所谓"六识"者，虑也；"七识"者，志也；"八识"者，量也。前五识者，小体之官也。呜呼！小体，人禽共者也；虑者，犹禽之所得分者也。人之所以异于禽者，唯志而已矣。不守其志，不充其量，则人何以异于禽哉？而诬之以名曰"染识"。率兽食人，罪奚辞乎？

释道生曰："敲空作响，击木无声。"此亦何足为名理而矜言之也？天下莫大之声，无逾于雷霆，乃岂非敲空作响乎？木之有声者，其中空也；即不空者，击空向木，木止空不行，反触而鸣也。举木按木，虽竭贲、获之力，声亦不生，则击木固无声矣。释氏之论，大抵如此；愚者初未置心于其际，乍闻而惊之尔。如《楞严》所称"耳闻梅而涎从口出"之类，亦复成何义旨？有血性者，当不屑言亦不屑辨也。

三代之政，简于赋而详于役；非重用其财而轻用其力也，赋专制于君者也。制一定，虽墨吏附会科文以取之，不能十溢其三四也；役则先事集而后事息，随时损益，固难画一，听吏之上下，而不能悉听于君上。不为之不可溢之数，尽取君与吏可必需于民者而备征之，则吏可以遽不请命而唯意为调发；虽重法以绳吏，而彼固有辞。是故先王不避繁重之名，使民逐事以效功；则一国之常变巨细，皆有期会之必赴，而抑早取其追摄不逮、冗促不相待之数，宽为额而豫其期，吏得裕于所事而弗能借口于烦速；其庀具供给之日，不移此以就彼，吏抑无从那移而施其巧。且役与赋，必判然分而为二，征财虽径，征力虽迂，而必不敛其值以雇于公。民即劳而事有绪，吏不能以意欲增损之，而劳亦有节矣。知此，则刱为"一条鞭"之法者，概役而赋之；其法苟简而病民于无穷，非知治体者之所尚矣。"一条鞭"立，而民不知役，吏乃以谓民之未有役而可役；数十年以后，赋徒增而役更起，是欲径省其一役而两役之矣！王介甫雇役之法倡之，朱英之

"一条鞭"成之；暴君者，又为裁减公费、驿递、工食之法，以夺之吏而偿之民。夺之吏者一，而偿之民者百，是又不如增赋之虐民有数也。

　　置邮之说，始见于《孟子》而传闻于孔子，《周礼》无述焉；意亦衰周五伯之乱政，非三代之制也。《春秋传》鲁庄公传乘而归，楚子乘驲会师于临品，皆军中所置以侍急迫，犹今之塘拨耳。孔子所谓"传命"者，亦谓军中之命令也。三代之制，大夫以上皆自畜马；有所使命，自驾而行，而不需于公家。士及庶人，在官者之衔命，则公家予以驾，而不取给于赋役。故问国君之富，数马以对；国马蕃于公厩，无所资于民矣。吉行日五十里，马力不疲，适远而不须更易，驾以往者即驾以返，无用驲也。诸侯之交，适远者少；天子之使，或达于千里之外，则有轩辒之车。舆轻马良，亦即所乘以远届而已。古之政令，立法有章，号令统一，事豫而期有恒，故日行五十里而不失期会。后世有天下者，起于行陈，遂以军中驿传之法取快一时者，为承平之经制；先事之不豫，征求期会之无恒，马力不足给其意欲，而立法以求急疾。至于鱼蟹、瓜果口腹之需，一惟其速而取办于驿传。天下增此一役，而民困益甚矣！诚假郡县以畜牧之资，使自畜马以供公役；自近侍以至冗散，皆丰其禄饩僆从，各得多其蕃畜，一切奏报征召，皆自乘以行，而特给以刍秣，虽乘舆之圉，亦取之国马而足；则赋可减，役可捐，而中国亦资以富强，将不待辇镪笼茶以请命于番夷，上下交益之道也。开国之主，一为籾制，捷于反掌，非如井田、封建之不易复也。

　　张子曰："日月之形，万古不变。"形者，言其规模仪象也，非谓质也。质日代而形如一，无恒器而有恒道也。江河之水，今犹古也，而非今水之即古水；灯烛之光，昨犹今也，而非昨火之即今火。水火近而易知，日月远而不察耳。爪发之日生而旧者消也，人所知也；肌肉之日生而旧者消也，人所未知也。人见形之不变，而不知其质之已迁；则疑今兹之日月为邃古之日月，今兹之肌肉为初生之肌肉，恶足以语日新之化哉？阳而聚明者，恒如斯以为日；阴而聚魄者，恒如斯以为月；日新而不爽其故，斯以为无妄也。与必用其故物而后有恒，则当其变而必昧其初矣。

月食之故，谓为地影所遮，则当全晦而现青晶之魄矣。今月食所现之魄赤而浊，异乎初生明时之魄，未全晦也；抑或谓太阳阇虚所射，近之矣。乃日之本无阇虚，于始出及落时谂之自见。日通体皆明，而人于正午见之，若中阇虚而光从旁发者，目眩故尔。日犹火也，岂有中、边之异哉？盖月之受辉于日，犹中宵之镜受明于灯也；今以灯临镜，而人从侧视之，灯与镜不正相值，则镜光以发；灯正临镜，则两明相冲，镜面之色微赤而浊，犹月食之色也。介立其中者，不能取照于镜矣。日在下，月在上，相值相临，日光逼冲乎月魄；人居其中，不见返映之辉，而但见红昏之色，又何疑哉？

历法有日月之发敛，而无步五星发敛之术；盖土星二十九年有奇而始一周，行迟则发敛亦微，未易测也。乃五星固各有其发敛，则去黄道之近远，与出入乎黄道，亦各自有其差。太白于五星，光芒最盛，去黄道近，则日出而隐；其或经天昼见者，去黄道甚远，则日不能夺之也。然则使置五星发敛之术以与太阳互算，则太白经天，亦可推测之矣。其为休咎，则亦与日月食之虽有恒度，而人当其下则为灾也等，要皆为有常之异也。

盐政开中之法，其名甚美；综核而行之乍利，要不可以行远，非通计理财之大法也。商之不可为农，犹农之不可为商也。商其农，徒瘵其农而贫之于商；农其商，徒困其商而要不可为农。开中者，将使商自耕乎？抑使募人以耕乎？商固不能自耕，而必募人以耕，乃天下可耕之人，皆怀土重迁者；商且悬重利以购之，则贪者舍先畴以趋远利，而中土之腴田芜矣。不则，徒使商豢游惰之农，而出不能裨其入也。抑天下果有有余之农为可募邪，则胡不官募之，而必假于商乎？农出粟而使之输金，唐宋以降之弊政也；商利用金而使之输粟，则开中之弊法也。颠倒有无，而责非其有；贸迁于南，而田庐于北。人心拂而理势逆，故行之未百年而叶淇得以挠之，商乃宁输数倍之金以丐免遥耕之苦，必然之势也。耕，犹食也，莫之劝而自勤者也；强人以耕，殆犹夫强人以食，与不噎而哕者几何哉？宜开中之不能久也。

与其开中而假手于商以垦塞田也，亡宁酷民以实塞；民就徙，则渐安其可怀之土矣，独疑无从得民而募徙之尔。叶淇以前，商所募者为何许人？当时不留之以为官佃，则淇之罪也；或者游惰而卤莽者乎？乃今广西桂平、浔梧之间有僮人者，习于刀耕火种，勤苦耐劳，徒以府江左右皆不毛之土，无从得耕，故劫掠居民行旅以为食。韩雍以来，建开府，增戍卒，转饷千里，大举小入，数百年无宁日，斩杀徒勤而终不悛。若置之可耕之土，则贼皆农也。或虑其犷不受募，则可用雕剿之法，以兵迁其一二，得千许人，丰给其资粮牛具，安插塞下，择良将吏拊循之；数年以还，俾既有饱暖之色，择其渠魁，假之职名，还令自相呼致。行之十年之外，府江之僮可空，塞下之莱可熟矣。且其人数犷悍习战，尤可收为墩堡之备，即因之简兵节饷可也。汉迁瓯人而八闽安，中国实用此道尔。他如黔、蜀之苗、仡，可迁者有矣；亳、宿、郧、夔之流民，可耕者有矣；汀、邵之山民，转耕蓝麻于四方，可募者有矣。当国者以实心而任良吏，皆为塞下之农也，奚必开中而后得粟哉？

《内经》之言，不无繁芜，而合理者不乏。《灵枢经》云："肝藏血，血舍魂；脾藏荣，荣舍意；心藏脉，脉舍神；肺藏气，气舍魄；肾藏精，精舍志。"是则五藏皆为性情之舍，而灵明发焉，不独心也；君子独言心者，魂为神使。意因神发，魄待神动，志受神摄，故神为四者之津会也。然亦当知凡言心，则四者在其中，非但一心之灵，而余皆不灵。孟子言持志，功在精也；言养气，功加魄也。若告子，则孤守此心之神尔！《灵枢》又云："天之在我者，德也；地之在我者，气也。"亦足以征有地气而非有天气矣。德无所不凝，气无所不彻，故曰"在我"；气之所至，德即至焉，岂独五藏胥为舍德之府而不仅心哉？四支百骸，肤肉筋骨，苟喻痛痒者也，地气之所充，天德即达，皆为吾性中所显之仁、可藏之用。故孟子曰："形色，天性也。"

庄子谓"风之积也厚，故能负大鹏之翼"；非也。浊则重，清则微；天地之间，大气所蒸，渐上则渐清，渐下则渐浊。气浊以重，则风力亦鸷；气清以微，则风力亦缓。然则微霄之上，虽或有风，微飑而已，安所得积而厚哉？莺、鸠之飞不能高，翼小力弱；须有凭以举，能乘重而不能乘轻也。鹏之高也，翼广力大，不必重有所凭而亦能乘也。使大鸟必资厚气以举，如大舟之须积水，虽九万里亦平地之升尔。则方起翼之初，如大舟之一试于浅水，而早不能运，何从拔地振起以得上升哉？庄生以意智测物而不穷物理，故宜其云然。

"东苍天，西白天，南赤天，北元天"；于晴夕月未出时观之，则然，盖霄色尔。霄色者，因日月星光之远近、地气之清浊而异，非天之有殊色也。自霄以上，地气之所不至，三光之所不行，乃天之本色。天之本色，一无色也；无色、无质，无象、无数，是以谓之清也、虚也、一也、大也，为理之所自出而已矣。

周正建子，而以子、丑、寅之月为春，卯、辰、巳之月为夏，午、未、申之月为秋，酉、戌、亥之月为冬。肇春于南至，而讫冬于大雪，非仅以天为统之说也。子、丑、寅之月，寒色略同；卯、辰、巳之月，温色略同；午、未、申之月，暑色略同；

酉、戌、亥之月，凉色略同。因其同者而为之一，时气之验也。自南至以后九十一日有奇，日自极南而至乎赤道；又九十一日有奇，自赤道而至乎极北；北至以后九十一日有奇，自极北而返乎赤道；又九十一日有奇，自赤道以至乎极南。赤道中分，南北大返。四至而分四时，天之象也。一阳生于地中，水泉动；故曰"春者，蠢也"。雷发声，电见，桃李荣，故曰"夏者，大也"。一阴生，反舌无声，故曰"秋者，揪也"。水始涸，蛰虫坏户，故曰"冬者，终也"，化之征也。然则周所谓四时者，不可谓无其理矣；既有其理，而《泰誓》"春大会于孟津"，又明著其文，则知以建子之月为春王正月，自鲁史之旧，而非夫子以夏时冠周月，刱亡实之文。胡文定之说，诚有所未审，而朱子驳之宜矣。

盖天之说，亦就二十八宿所维系之天而言也；北极出地四十度，南极入地四十度。赤道之南，去地七十一度有奇耳；其北，去地一百一十度有奇也，则有如斜倚于南矣。其法当以赤道之中，当盖之部尊；南北二极，当盖之垂溜；既倚于南，而复西转，当盖之反动；其说不过如此，非谓尽天之体而北高南下也。推其说，则北极之北，经星之所不至，当不得谓之天。故曰："天不满西北。"然则极北之苍苍者，果何名邪？此其说之窒者也。抑即以经星之天论之，使以赤道为部尊，南北二极为垂溜，则赤道之中，当恒见而不隐；北极出地上，当以日推移而不恒见。而今反是，则倚盖之譬，可状其象，而不可状其动也。此浑天之说所以为胜。乃浑天者，自其全而言之也；盖天者，自其半而言之也。要皆但以三垣三十八宿之大言天，则亦言天者画一之理。经星以上，人无可得而见焉；北极以北，人无可得而纪焉。无象可指，无动可征；而近之言天者，于其上加以应动天之名，为蛇足而已矣！

浑天家言天地如鸡卵，地处天中，犹卵黄。黄虽重浊，白虽轻清，而白能涵黄，使不坠于一隅尔；非谓地之果肖卵黄，而圆如弹丸也。利玛窦至中国而闻其说，执滞而不得其语外之意；遂谓地形之果如弹丸，因以其小慧附会之，而为地球之象。人不能立乎地外，以全见地，则言出而无与为辨，乃就玛窦之言质之。其云地周围尽于九万里，则非有穷大而不可测者矣。今使有至圆之山于此，绕行其六七分之一，则亦可以见其迤逦而圆矣；而自沙漠以至于交趾，自辽左以至于葱岭，盖不但九万里六七分之一也；其或平或陂，或洼或凸，其圆也安在？而每当久旱日入之后，则有赤光间青气数股自西而迄乎天中，盖西极之地，山之或高或下、地之或侈出或缺入（人）者为之。则地之欹斜、不齐、高下、广衍，无一定之形审矣。而玛窦如目击而掌玩之，规两仪为一丸，何其陋也！

　　利玛窦地形周围九万里之说，以人北行二百五十里，则见极高一度为准；其所据者，人之目力耳。目力不可以为一定之征，远近异则高下异等。当其不见，则毫厘迥绝；及其既见，则倏尔寻丈，未可以分数量也。抑且北极之出地，从平视而望之也；平视则迎目速而度分如伸；及其渐升，至与人之眉目相值，则移目促而度分若缩。今观太阳初出之影，晷刻数丈；至于将中，则徘徊若留。非其行之迟速、道之远近，所望异也。抑望远山者，见其耸拔蔽霄；及其近，则失其高而若卑，失其且近而旷然远矣。盖所望之规有大小，而所见以殊；何得以所见之一度为一度，地下之二百五十里为天上之一度邪？况此二百五十里之涂，高下不一，升降殊观，而谓可准乎？且使果如玛窦之说，地体圆如弹丸；则人处至圆之上，无所往而不蹑其绝顶，其所远望之天体可见之分，必得其三分之二；则所差之广狭莫可依据，而奈何分一半以为见分，因之以起数哉？弹丸之说，既必不然；则当北极出地之际，或侈出，或缺入，俱不可知。故但以平线准之，亦弗获已之术也，而得据为一定邪？且人之行·不能一依鸟道；则求一确然之二百五十里者而不可得，奚况九万里之遥哉？苏子瞻诗云："不识庐山真面目，只缘身在此山中。"王元泽有云："铢铢而累之，至两必差。"玛窦身处大地之中，目力亦与人同；乃倚一远镜之技，死算大地为九万里，使中国有人焉，如子瞻、元泽者，曾不当其一笑。而百年以来无有能窥其狂駼者，可叹也！

岁之有次，因岁星所次而纪也；月之有建，因斗柄所建而纪也；时之有辰，因太阳所加之辰而纪也。是故十干、十二枝之配合生焉。若日之以甲子纪，不知其何所因也。既观象于天，而无所因以纪，则必推原于所自始而因之矣；倘无所纪，又无所因，将古今来之以六十甲子纪日者，皆人为之名数而非其固然乎？非其固然，则随指一日以为甲子，奚不可哉！日之有甲子，因历元而推者也；上古历元天正，冬至之日以甲子始，故可因仍鳞次，至于今而不爽。乃以验之于天，若以甲庚执破候晴雨之类，往往合符。是以知古人之置历，元非强用推测为理，以求天之合也。郭守敬废历元，趋简而已；历元可废，则甲子将谁从始哉？古法有似徒设无益而终不废者，天之用一不端，人之知天不一道，非可径省为简易。惟未曙于此，则将有如方密之阁学，欲尽气盈朔虚，一以中气分十二节而罢朔闰者，天人之精意泯矣！

年与日之以甲子纪，皆以历元次第推而得之；月之因乎斗柄，时之因乎太阳，但取征于十二次，则亦但可以十二枝纪之而已。若同一建寅之月，孰为丙寅，孰为戊寅？同一加子之时，孰为甲子，孰为丙子？既无象数之可征，特依倚历元"初始月，时始于甲子"而推尔。乃以历元言之，则冬至月建甲子，已为岁首；而今用夏正，甲子之岁始于丙寅，抑申子之建自冬至始，而大雪以后即建甲子，义亦相违。故古人于月，但言建某枝之月；于时，但言时加某枝，而不系以天干，立义精慎。后世琐琐壬遁星命之流，辄为增加以饰其邪说，非治历之大经也。

谓黄帝吹律以审音，吹者，吹其律之笙箫管籥也；而蔡西山坚持"吹"之一字，以讥王朴用尺之非，过矣！朴用尺而废律，固为不可。尺者，律之一用耳，可以度长短大小，而不可以测中之所容与其轻重。且律兼度量衡而为之准，是律为母而尺其子也；用一子以废群子之母，其失固然矣。然律者，要不可以吹者也；枵然洞达之筒，音从何发？即令成音，亦怒号之窍、于喁之声而已。且吹之有清浊也，不尽因乎管，而因乎吹之者洪纤舒疾之气。今以一管，易人而吹之，且以一人异用其气而吹之，高下鸿杀，固不一矣。又将何据以定中声乎？唯手口心耳无固然之则，故虽圣人，必倚律以为程；则管不待吹，弦不待弹，鼓不待伐，钟不待考，而五音十二律已有画一之章。然则言吹律者，律已成，乐已审，而吹以验之也；非藉吹之得声而据之以为乐也。用尺，虽于法未全，自贤于任吹者之徒徇口耳矣。

黄道出入赤道内外之差，冬至自南而反北，初迟后疾；至于赤道，则又渐向于迟。夏至自北而反之南，亦初迟后疾；至于赤道，则又渐向于迟。唯近赤道则疾，远则渐迟，历家测其实。未明其故。盖赤道当天之中，其体最高，则黄道所经亦高，渐移而南、北，则渐降而下。"在天成象"者，清虚而利于上，故趋于高则其行利，趋于下则其行滞，犹在地成形者之利于下。是以二至之发敛三十秒，二分之发敛于三十八分九十五秒也。

谓日高，故度分远，是以日行一度；月下，故度分近，是以日行十三度有奇，亦周旋曲护，阴当迟、阳当疾之说尔。七曜之行，非有情则非有程；而强为之辞，谓月与五星一日之行，各如日一度之远近，亦诬矣！且经星托体最高，其左旋何以如是之速邪？夫使日之一度，抵月之十三度有奇；则土星之一度，当抵月之三百五十一度有奇矣。果如是，其远焉否也？抑必七政之疾徐，画一而无参差，但以度分之远近而异，东西既尔，南北亦宜然；月之九道，何以出乎黄道外者五度十七分有奇邪？天化推迁，随动而成理数；阴阳迟疾，体用不测，画一以为之典要，人为之妄也。以之论天，奚当焉？

月中之影，或以为地影，非也。凡形之因照而成影，正出、旁出、横出、长短、大小，必不相类。况大地之体，恶能上下四旁之如一哉？今观其自东升，历天中，以至于西坠，其影如一；自南至北，阅九道出入四十八度，其影如一；地移而影不改，则非地影明矣。乃其所以尔者，当由月魄之体，非如日之充满匀洽尔。受明者，魄也；不受明者，魄之缺也。意者，魄之在天，如云气之有断续疏漏；或浓或淡，或厚或薄。所疏漏者，上通苍苍无极之天，明无所丽，因以不留乎？亦阳用有余、阴用不足之象也。有余则重而行迟，不足则轻而行速，抑可通于日月迟疾之故矣。

月行之道所以斜出入于黄道者，日行黄道之差，每日大概以二十六分强为率，三日半而始得一度。若月，则一日而差三度半弱，故日虽渐迤南北，而其道恒直；月则每日所差既远，其道恒斜也。日其经而月其纬乎？

"孙可以为王父尸"；"可以"者，通辞也，不必定其孙而为之也。假令周当平、桓以降，祭文、武二世室，则安从得孙而为之尸乎？天子七庙，虽无孙，而在五世祖免之内，亲未尽则形气相属不远，皆可为尸。文、武、后稷虽已远，而德厚者流光；凡其子孙与同昭穆者，皆可尸也。然则祭祢庙者而未有孙，或取诸五世以内为诸孙之列者与？若又无之，则收之所祭者再从以外之兄弟，期于无乱昭穆而已。

自汉以来，祭不立尸，疑其已简。古人阴厌阳厌，于彼于此，亦不敢信祖考之神，必栖于尸；弗获已，而以有所施敬者为安，要亦孝子极致之情尔。礼有不必执古以非今者，此其一邪？且祖考之尸用诸孙，祖妣之尸，将用诸孙之妇邪？则形气固不相属矣。《诗》云："谁其尸之，有齐季女。"是明乎必取诸孙女之列也。一堂之上，合族以修大事于祖考；乃使女子与昆弟同几筵以合食，而取象于夫妇；人道之别，不亦紊乎？必无已，而不必其形气之相属，使为祖尸者之妇为祖妣尸；乃同牢之礼，仅用于始昏，亦同于室而不同于堂。自此以外，必厚其别。乃于礼乐之地，兄弟具来，而夫妇合食以无嫌，亦媟甚矣！更无已，而妣配无尸，即以祖之尸摄之，则一人而两致献酬，男子而妇人之，又已不伦。念及此，则不立尸为犹愈也。司马、程、朱定所作《家礼》，论复古备矣；而不及尸，亦求之情理而不得其安也。

《素问》之言天曰运，言地曰气；运者，动之纪也，理也，则亦天主理、地主气之验也。故诸家之说，唯《素问》为见天地之化，而不滞五运之序。甲己土，乙庚金，丙辛水，丁壬木，戊癸火，以理序也；天以其纪善五行之生，则五行所以成材者，天之纪也。土成而后金孕其中，土金坚立，水不漫散而后流焉；水土相得，金气坚之，而后木以昌植；木效其才，而火丽之以明，故古有无火之世，两间有无木之山碛，无无金之川泽；而土水不穷，自然而成者长，有待而成者稚。五行之生，虽终始无端，而以理言之，则其序如此；故知五运者，以纪理也。地主气，则浑然一气之中，六用班焉而不相先后；同气相求，必以类应。故风木，与阳火相得也；阴热，与燥金相得也；湿土，与寒水相得也。相得则相互，故或司天，或在泉，两相唱和，无适先也。以类互应，均有而不相制，奚生克之有哉？倘以生克之说求之，则水土克也，金火克也，胡为其相符以成岁邪？理据其已成而为之序，而不问其气之相嬗；故以土始，不以水始，亦不以木始，非有相生之说也。气因其相得者而合，风兴则火炀，火烈则风生；

热燠则燥成，燥迫则热盛；湿荫则寒凝，寒嘘则湿聚，非有相克之说也。风，春气也，故厥阴为初火；热，夏气也；燥，秋气也；湿寒，冬气也：应四时之序而不虚。寄土位于中宫，于以体天地之化，贤于诸家远矣。有滞理而化与物不我肖也，则不得已而为之增减相就。如八卦配五行者，木二，金二，土二，水、火一。不知水、火之何以不足，木、金、土之何以有余也？以五行配四时者，或分季夏以居土，或割四季月之十八日以居土；不知土之何以必主此一月之中，与此十八日之内也？抑不知季夏之气、林钟之律，何为当自减以奉土也？唯《素问》"天有一火，地有二火"之说为不然。天主理；理者，名实之辨，均之为火，名同而实未有异。故天著其象，凡火皆火一而已矣。地主气，气则分阴阳之殊矣。阴阳之各有其火，灼然著见于两间，不相欣合，不能以阴火之气为阳火也。阴火，自然之火也；阳火，翕聚之火也。阴火不丽木而明，不炀金以流，不炼土以坚，不遇水而息；而阳火反是。萤入火则焦，烛触电则灭，反相息矣。故知二火之说，贤于木、金、土各占二卦之强为增配也。

五运在天而以理言，则可以言性也。性著而为五德：土德信，金德义，水德知，木德仁，火德礼。信者，人之恒心，自然而成，诸善之长也；恒心者贞，是非之不易而固存者也。是非在我之谓义，是非在物之谓知，知非而存其是、油然不舍之谓仁。仁著于酬酢之蕃变之谓礼；礼行而五德备矣。故恒心者，犹十干甲己，五行之土，包孕发生乎四德而为之长也。《论语》谓之识，《易》谓之蕴，《书》谓之念；作圣之始功，《蒙》之所谓"果行育德"也。故通乎《素问》之言天者，可与言德。

蔡伯靖言"水异出而同归，山同出而异归"；非也。水，流者也，故有出有归；山，峙者也，奚以谓之出，奚以之归乎？自宋以来，闽中无稽之游士，始刱此说，以为人营葬。伯靖父子习染其术，而朱子惑之，亦大儒之疵也。古之葬者，兆域有定，以世次昭穆而附焉。即至后代，管辂、郭璞有相地之说，犹但言形势高下，未指山自某来为龙也。世传郭璞《葬经》一卷，其言固自近理。自鬻术者起，乃窃《禹贡》"导山"之文，谓山来去。不知"导山"云者，因山通路，启荆榛，平险阻，置传舍尔；非山有流裔，而禹为分疏之也。水之有出归，往者过矣，来者续矣；自此至彼，骎骎以行明矣。若山则亘古此土，亘古此石；洪蒙不知所出，向后无所归，而奚可以出归言之？彼徒见冈脊之容，一起一伏，如波浪之层迭、龙蛇之蜒屈；目荧成妄，犹眩者见空中之花，遂谓此花有植根、有结实，其妄陋可笑，自不待言。如谓有所自起，有所自止，则高以为基，可云自平地拔起，至于最高之峰而止，必不可云自高峰之脊，而下至于丘阜也。海滨，最下者也，必欲为连属之说，海滨为昆仑之祖，非昆仑之行至海滨而尽。一峰之积，四面培壅而成，亦可谓异而同归矣。水以下为归，山以高为归，不易之理也。况乎踞峰四望，群山杂列于地下；正如陈孟盏于案，彼此之各有其区域而固不相因，明矣。术士之说，但以夸张形似，诱不孝之贪夫；以父母之骴骼，为富贵之资。有王者起，必置之诛而不舍之科；为君子者，如之何犹听其导于迷流邪？

谓"天开于子，子之前无天；地辟于丑，丑之前无地；人生于寅，寅之前无人"；吾无此邃古之传闻，不能征其然否也。谓"酉而无人，戌而无地，亥而无天"；吾无无穷之耳目，不能征其虚实也。吾无以征之，不知为此说者之何以征之如是其确也？古古者，以可闻之实而已；知来者，以先见之几而已。故吾所知者，中国之天下，轩辕以前，其犹夷狄乎？太昊以上，其犹禽兽乎？禽兽不能全其质，夷狄不能备其文；文之不备，渐至于无文，则前无与识，后无与传，是非无恒，取舍无据。所谓饥则呴呴、饱则弃余者，亦植立之兽而已矣。魏晋以降，刘、石之滥觞，中国之文，乍明乍灭；他日者，必且凌蔑以之于无文，而人之返乎轩辕以前，蔑不夷矣。文去而质不足以留，且将食非其食、衣非其衣；食异而血气致，衣异而形仪殊，又返乎太昊以前而蔑不兽矣。至是而文字不行，闻见不征；虽有亿万年之耳目，亦无与征之矣，此为混沌而已矣。

天地之气衰旺，彼此迭相易也。太昊以前，中国之人，若麇聚鸟集，非必日照月临之下而皆然也。必有一方焉，如唐虞三代之中国也。既人力所不通，而方彼之盛、此之衰而不能征之；迨此之盛，则彼之衰而弗能述以授人，故亦蔑从知之也。以其近且小者推之：吴、楚、闽、越，汉以前夷也，而今为文教之薮；齐、晋、燕、赵，唐隋以前之中夏也，而今之椎钝驳戾者，十九而抱禽心矣。宋之去今，五百年耳，邵子谓南人作相，乱自此始，则南人犹劣于北也。洪、永以来，学术节义，事功文章，皆出荆、扬之产；而贪忍无良、弑君卖国，结宫禁、附宦寺、事仇雠者，北人为尤酷焉。则邵子之言，验于宋而移于今矣。今且两粤、滇、黔，渐向文明；而徐、豫以北，风俗人心，益不忍问。地气南徙，在近小间有如此者；推之荒远，此混沌而彼文明，又何怪乎？《易》曰："乾坤毁则无以见。"《易》非谓天地之灭裂也；乾坤之大，文不行于此土，则其德毁矣。故曰："黄帝、尧、舜，垂衣裳而天下治。"盖取诸乾坤，则虽谓天开地辟于轩辕之代焉可矣。

卷二 俟 解

博文约礼，复礼之实功也。以礼治非礼，犹谋国者固本自强而外患自辑，治病者调养元气而客邪自散。若独思御患，则御之之术即患所生；专攻客邪，则府脏先伤而邪传不已。礼已复而己未尽克，其以省察克治自易；克己而不复礼，其害终身不瘳。元（玄）家有炼己之术，释氏为空诸所有之说，皆不知复礼而欲克己者也。先儒谓"难克处克将去"。难克处甗锢已深，未易急令降伏，欲克者，但强忍耳。愚意程子言见猎心喜，亦是难克处毕竟难克。若将古人射御师田之礼，服而习之，以调养其志气，得其比礼比乐、教忠教孝者有如是之美，而我驰驱鹰犬之乐淡然无味矣，则于以克己不较易乎？颜子已于博文约礼欲罢不能，故夫子于是更教以克己，使加上一重细密细勘工夫，而终不舍礼以为对治之本。若学者始下手做切实事，则博文约礼，如饥之食、寒之衣，更不须觅严冬不寒、辟谷不饥之术；且遵圣人之教，循循不舍，其益无方、其乐无已也。

读史，亦博文之事；而程子斥谢上蔡为"玩物丧志"。所恶于丧志者，玩也。玩者，喜而弄之之谓。如《史记·项羽本纪》及《窦婴灌夫传》之类，淋漓痛快，读者流连不舍，则有代为悲喜，神飞魂荡而不自持；于斯时也，其素所忘尚者不知何往。此之谓"丧志"，以其志气横发，无益于身心也。岂独读史为然哉？经亦有可玩者，玩之亦有所丧：如玩《七月》之诗，则且沉溺于妇子生计、盐米布帛之中；玩《东山》之诗，则且淫佚于室家嚅呢、寒温拊摩之内。《春秋传》此类尤众。故必约之以礼，皆以肃然之心临之；一节一目、一字一句，皆引归身心，求合于所志之大者，则博可弗畔，而礼无不在矣。近世有《千百年眼》《史怀》《史取》诸书，及屠纬真《鸿苞》、陈仲淳《古文品外录》之类，要以供人之玩；而李贽《藏书》，为害尤烈。有志者勿惑焉，斯可与于博文之学。

人之所以异于禽兽者，君子存之，则小人去之矣。不言小人而言庶民，害不在小人，而在庶民也。小人之为禽兽，人得而诛之。庶民之为禽兽，不但不可胜诛，且无能知其为恶者；不但不知其为恶，且乐得而称之，相与崇尚而不敢逾越。学者但取十姓百家之言行而勘之，其异于禽兽者，百不得一也。营营终日，生与死俱者何事？一人倡之，千百人和之，若将不及者何心？芳春昼永，燕飞莺语，见为佳丽；清秋之夕，鹃啼蛩吟，见为孤清。乃其所以然者，求食、求匹偶、求安居，不则相斗已耳，不则畏死而震慑已耳。庶民之终日营营，有不如此者乎？二气五行，抟合灵妙，使我为人而异于彼，抑不绝吾有生之情而或同于彼；乃迷其所同而失其所以异，负天地之至仁以自负其生，此君子所以忧勤惕厉而不容已也。庶民者，流俗也；流俗者，禽兽也。明伦、察物、居仁、由义，四者禽兽之所不得与。壁立万仞，止争一线，可弗惧哉！

以明伦言之，虎狼之父子，蜂蚁之君臣，庶民亦知之，亦能之；乃以"朴实"二字覆盖之，欲爱则爱，欲敬则敬，不强于所不知不能，谓之为率真。以察物之言，庶物之理，非学不知，非博不辨；而俗儒怠而欲速，为恶师友所锢蔽，曰何用如彼，谓之所学不杂；其惑乎异端者，少所见而多所怪，为绝圣弃智、不立文字之说以求冥解，谓之妙悟。以仁言之，且无言克复敬恕也；乃"事其大夫之贤者，友其士之仁者"，亦以骄惰夺其志气，谓之寡交；居处、执事、与人，皆以机巧丧其本心，谓之善于处世。以义言之，且无言精义入神也，以言餂、以不言餂，有能此者，谓之伶俐；鸡鸣而起，孳孳为利，谓之勤俭传家。庶民之所以为庶民者，此也。此之谓禽兽。

有豪杰而不圣贤者矣，未有圣贤而不豪杰者也。能兴即谓之豪杰。兴者，性之生乎气者也。拖沓委顺当世之然而然、不然而不然，终日劳而不能度越于禄位、田宅、妻子之中，数米计薪，日以挫其志气；仰视天而不知其高，俯视地而不知其厚；虽觉如梦，虽视如盲，虽勤动其四体而心不灵，惟不兴故也。圣人以诗教以荡涤其浊心，震其暮气，纳之于豪杰，而后期之以圣贤，此救人道于乱世之大权也。

君子、小人，但争义利，不争喻不喻。即于义有所未喻，己必不为小人；于利未喻，终不可纳之于君子。所不能喻利者，特其欲喻而不能，故苛察于鸡豚，疑柱于寻尺。使其小有才，恶浮于桀、纣必矣。此庶民之祸所以烈于小人也。

梁惠王鸿雁麋鹿之乐，齐宣王之好乐及雪宫之乐，孟子皆以为可推而行王政；独于利，则推而及于大夫士庶，其祸必至于篡弑，言一及之，即如堇毒之入口。此理自天子至于庶人，一也。私之于己则自贼，推之于人则贼人。善推恩者，止推老老、幼幼而已，非己有祂祂之屋、薮薮之粟，而推之人使有之也。禽鱼、音乐、游观，私之于己而不节，则近于禽兽；祂祂之屋、薮薮之粟，擅有之而置于无用之地，禽兽之所不为也。孔子言"后其食"，言"不谋食"，君子忠厚待人之词也；抑春秋之时，风俗犹淳，贪者谋食而已。食之外，有陈红贯朽无用之物，以敛怨而积之，自战国始，至秦而烈，痴迷中于人心而不可复反矣。欲曰人欲，犹人之欲也；积金困粟，则非人之欲而初不可欲者也。流俗之恶至此，乃有食淡衣粗而务此者。君子有救世之心，当思何以挽之，必不可丝毫夹带于灵府，尤不待言。

欲速成之病，始于识量之小。识量小，则谓天下之理、圣贤之学，可以捷径疾取而计日有得。陆象山、杨慈湘以此诱天下，其说高远，其实卑陋苟简而已。识量小者恒骄。夜郎王问"汉孰与我大"，亦何不可骄之有？苟简速成，可以快意，高深在望，且生娼忌之心，终身陷溺而不知愧矣。见贤思齐而可忌乎哉？贤无穷，吾初不知有之境，贤者已至。乃至一得之善，吾且不能测其何以能然，而敢忌乎哉？见不贤而内自省，而可傲乎哉？不贤亦无穷，不贤者之所不为而已或为之，归于不贤一也，而敢傲乎哉？立身天地之间，父母生之，何以不忝？终日与人酬酢，何以不疚？会其理则一；通其类，则尧不足以尽善，桀不足以尽恶。不可以意度，不可以数纪，方且无有告成之日，而况于远！故学者以去骄去惰为本，识自此而充。如登高山，登一峰，始见彼峰之矗立于上；远望，则最上之峰早如在目，果"在目也"云乎哉？

不获其身易，不见其人难。《艮》以一阳孤立于二阴之上，阴盛之世，其庭之人皆无足见者也。其是非鄙，其毁誉诬，其去就速，其恩怨轻。苟见其人而与之就，不屑也，流俗污世，不可与同也；见有其人而与之竞，亦不屑也，其喜怒无恒，徒劳吾之喜怒而彼不受也。孤行一意，迥不与之相涉，方且忘其为非，而况或取其一得之是。鸟兽不与同群，唯不见其人而已。是以笃实之光辉，如泰山乔岳，屹立群峰之表。当世之是非、毁誉、去就、恩怨，漠然于己无与，而后俯临乎流俗污世而物莫能撄。故孔子可以笔削诛乱臣、讨贼子，而凶人不能害；孟子可以距杨、墨，斥公孙衍、张仪为妾妇，而不畏其伤。不然，虽自信其皭然之志操，而谦退则逢其侮，刚厉则犯其怒，皆瘩瘀焉，唯见有人而与之为忻、与之为拒也。三代以下，惟黄叔度其庶几乎！为陈寔则流,为张俭、石介则折,皆行乎阴盛之庭而见有人也。

《易》曰:"知鬼神之情状。"然则鬼神之有情有状明矣。世之所谓鬼神之状者,髣髴乎人之状;所谓鬼神之情者,推之以凡近之情。于是稍有识者,谓鬼神之无情无状,因而并疑无鬼无神。夫鬼神之状,非人之状;而人之状,则鬼神之状。鬼神之情,非人之情;而人之情,则鬼神之情。自无而之有者,神未尝有而可以有;自有而之无者,鬼当其无而固未尝无。特人视之不能见、听之不能闻耳。

雷者,阳气发于地中,以有光响而或凝为斧之石;斜日微雨沾苗叶,渐成形而能蠕动。于此可验神之状。汞受火煎,无以覆之,则散而无有;盂覆其上,遂成米粉。油薪爇于空旷,烟散而无纤埃;密室闭窒,乃有煤墨。于此可验鬼之状。发生之气,条达循理,可顺而不可逆,神之所好者,义也;所恶者,不义也。悫蒿悽怆,悲死而依生,鬼之所恶者,不仁也;所好者,仁也。于此可验鬼神之情。如谓两间之无鬼神,则亦可谓天下之无理气。气者,生无从而去无迹;理者,亦古人为之名而不可见、不可闻者也。司马迁曰:"何知仁义,以享其利者为有德。"循名责实,必求其可见可闻者以为情状,则暴气逆理,而但据如取如携之利,亦何所不可哉?鬼神者,圣人知之,君子敬之,学者尽人事以事之,自与流俗之下愚媚妖妄以求福者天地悬隔,何得临下愚之滦(深)以为高乎?

"明则有礼乐,幽则有鬼神",人道之通于天、天德之察乎人者也。鬼神则视不可得而见、听不可得而闻,礼乐则饥不可得而食、寒不可得而衣,亦奚用此哉?苟简嗜利之人,或托高明以蔑鬼神,或托质朴以毁礼乐;而生人之心,固有所不安。于是下愚鄙野之夫,以其不安之情,横出而为风俗,以诬鬼神,以乱礼乐,皆苟简嗜利者激而导之也。以艸野之供箸、酬酒为礼,以筮管、筚栗、大钹、独弦及狭邪之淫哇为乐，以小说杂剧之所演、游髡妖巫之所假说者为鬼神。如钟馗，斧首也，而谓为唐进士；张仙，孟昶像也，而谓求嗣之神；文昌，星也，而谓之梓潼；元（玄）武，龟蛇也，而谓修行于武当：皆小说猥谈。涂关壮缪之面以朱，绘雷霆之喙以鸟，皆优人杂剧倡之。而鬼神乱于幽，礼乐乱于明，诚为可恶。乃名山大川，仅供游玩，行歌互叫，自适情欲；取野人不容昧之情而澌灭之，则忠孝皆赘疣，不如金粟之切于日用久矣。存养省察之几，临之以鬼神则严；君民亲友之分，文之以礼乐则安。所甚恶于天下者，循名责实之质朴，适情荡性之高明也。人道之存亡，于此决也。

堂堂巍巍，壁立万仞，心气自尔和平。如强壮有力者，虽负重任行赤日中，自能不喘，力大气必和也。毋以箪豆竿牍为恩怨，毋以妇人稚子之啼哭、田夫市贩之毁誉为得失。以之守身，以之事亲，以之治人，焉往而生不平之气哉？故曰："未有不人而仁者也。"卑下之必生于惨刻也。学道好修之士，自命为豪杰，于此亦割舍不下，奚足以与于仁！王龙溪家为火焚，其往来书牍，言之不置。平生讲良知，至此躁气浮动，其所谓良知者，非良知也。夫子厩焚不问马，故恻怛之心专注于人；人幸无伤，则太和自在圣人胞中。以之事亲则底豫，以之立身则浩然，以之治人则天下归之，此之谓良知。

吝似俭，鄙似勤，懦似慎。吝者贪得无已，何俭之有？鄙者销磨岁月，精力于农圃箪豆之中，而荒废其与生俱生之理，何勤之有？懦者畏祸而避之，躬陷于大恶而不恤，何慎之有？俭者节其耳目口体之欲，节己而不节人；勤者不使此心昏昧，偷安于近小，心专而志致；慎者畏其身入于非道，以守死持之而不为祸福利害所乱。能俭、能勤、能慎，可以为豪杰矣。庄生非知道者，且曰"人莫悲于心死，而身死次之"。吝也、鄙也、懦也，皆以死其心者也。

凡事但适如其节，则神化不测之妙即于此。礼者，节也，"道前定则不穷"，秉礼而已。圣人自有定式之可学，但忽略而不知通耳。陈白沙与庄定山同渡江，舟中有恶少，知为两先生而故侮之，纵谈淫媟，至不忍闻。定山怒形于色，回视白沙，神色甚和，若不见其人、不闻其语者，定山以此服白沙为不可及。定山之怒，正也，而轻用之恶少，则君子之威亦亵；白沙抑未免有柳下不恭之意，视其人如鸡犬之乱于前。不恭者，君子所不由，至此而二者之用穷矣。子曰："以吾从大夫之后，不可徒行。"秉周礼也。白沙已授词林，定山官主事矣，渡江自当独觅一舟，而问津于买渡之艇，使恶少得交臂而坐，遂无以处之于后，非简略之过欤？圣人不徒行，但循乎礼制之当然，而以远狎侮者，即此而在。养其性情之和，不妄于喜怒，容纳愚贱，以使不得罪于君子，亦即在此。此即所谓"圣而不可知"也，无往而非礼焉耳。

罗念庵殿试第一，闻报之日，自袖米赴野寺讲学，此贤于鄙夫耳。闻报之明日，即面恩拜命，乃君子出身事主之始，自当敬慎以俟，而置若罔闻，何也？名位自轻于讲习，君义则重矣。《诗》云："被之僮僮，夙夜在公。"妇人且虔虔夙夜以待事，而况君子！念庵此等举动，自少年意气，又为阳明禅学所惑，故偏而不中如此。后来见龙溪之放纵，一意践履，自应知当时之非。凡但异于流俗，为流俗所惊叹而艳称者，皆皮肤上一重粗迹；立志深远者，不屑以此自见。

生污世、处僻壤，而又不免于贫贱；无高明俊伟之师友相与熏陶，抑不能不与恶俗人相见，其自处莫要于慎言。言之不慎，因彼所知而言之，因彼所言而言之，则将与俱化。如与仕者言，则言迁除交结；与乡人言，则言赋役狱讼。不知痛戒而习为固然，其迷失本心，难以救药矣！守口如瓶，莫此为至。吾所言非彼所欲闻，则量晴较雨，问山川、谈风物可尔。若范希文做秀才时，以天下为己任，不容不询刍荛，以达天下之情。然必此中莹净，不夹带一丝自家饥寒利害在内，方可出而问世；不然，且姑自爱其口。若恶俗无耻，苦相聒厌，则当引咎自反，我必有以致此物之至，益加缄默，生彼之愧，勿容自恕也。

庄生云："参万岁而一成纯。"言万岁，亦荒远矣。虽圣人，有所不知，而何以参之？乃数千年以内，见闻可及者，天运之变，物理之不齐，升降、污隆、治乱之数，质文风尚之殊，自当参其变而知其常，以立一成纯之局，而酌所以自处者；历乎无穷之险阻，而皆不丧其所依，则不为世所颠倒而可与立矣。使我而生乎三代，将何如？使我而生乎汉、唐、宋之盛，将何如？使我而生乎秦、隋，将何如？使我而生乎南北朝、五代，将何如？使我而生乎契丹、金、元之世，将何如？则我生乎今日而将何如，岂在彼在此遂可沉与俱沉、浮与俱浮耶？参之而成纯之一审矣。极吾一生数十年之内，使我而为王侯卿相，将何如？使我而饥寒不能免，将何如？使我而蹈乎刀锯、鼎镬之下，将何如？使我而名满天下、功盖当世，将何如？使我而槁项黄馘、没没以死于绳枢瓮牖之中，将何如？使我不荣不辱、终天年于闾巷田畴，将何如？岂如此如彼遂可骄、可移、可屈耶？参之而成纯之一又审矣。变者，岁也；不变者，一也。变者，用也；不变者，体也。岁之寒暄、晴雨异，而天之左旋、七曜之右转也一。手所持之物，足所履之地，或动或止异，而手之可以持、足之可以行也一。唯其一也，是可以参于万世。无恒之人，富而骄，贫而谄；旦而秦，暮而楚；缁衣而出，素衣而入；蝇飞蝶惊，如飘风之不终日，暴雨之不终晨。有识者哀其心之死，能勿以自警乎?！

"朴"之为说，始于老氏，后世习以为美谈。朴者，木之已伐而未裁者也。已伐，则生理已绝；未裁，则不成于用。终乎朴，则终乎无用矣。如其用之，可栋可楹，可豆可俎；而抑可溷可牢、可杻可梏者也。人之生理在生气之中，原自盎然充满，条达荣茂、伐而绝之，使不得以畅茂，而又不施以琢磨之功，任其顽质，则天然之美既丧，而人事又废，君子而野人，人而禽，胥此为之。若以朴言，则唯饥可得而食、寒可得而衣者，为切实有用；养不死之躯以俟尽，天下岂少若而人耶？自鬻为奴，穿窬为盗，皆以全其朴，奚不可哉？养其生理自然之文，而修饰之以成乎用者，礼也。《诗》曰："人而无礼，胡不遄死！"遄死者，木之伐而为朴者也。

唯"直"之一字，最易蒙昧，不察则引人入禽兽。故直情径行，礼之所斥也。证父攘羊，欲直而不知直，堕此者多矣。子曰："父为子隐，子为父隐。""隐"字，切难体会。隐非诬也，但默而不言，非以无作有、以皂作白，故左其说以相欺罔也，则又何害于道哉！岂犹父子为然乎？侍天下人，论天下事，可不言者，隐而不言，又何尝枉曲直耶？父而攘羊，不可证，固不俟言；即令他人攘羊，亦自有证之者。假令无证之者，亦无大损，总不以天下之曲直是非揽之于己，而远其坦然自遂、付物之是非于天下公论之心。即至莅官听讼，亦以不得已之心应之。吾尽吾道，不为人情爱憎起一波澜曲折，此之谓"直"。隐，即直也；隐而是非曲直原不于我一人而废天下之公，则直在其中矣。

子之于父母，去一"媚"字不得；臣之于君，用一"智"字不得。口之于味，目之于色，耳之于声，鼻之于嗅，四肢之于安佚，小人之媚人也在此；而加以色之温、言之柔，其媚乃工。舜尽事亲之道，此而已矣。辱之不避，斥之不退，刑戮将加而不忧；知必无可为之理，而茫昧不知止，可谓不智矣。已而以之穷困，以之躯不得全、妻子不保，不智之尤也。宁武子、刘子政、段太尉、方正学之所守，此而已矣。自非君父，则媚者小人之术，不智者下愚之自陷于阱矣。以处人之道事君父，以事君父之道事人，学术之不明，而害性情之正，故人不可以不学。

语学而有云秘传密语者，不必更问，而即知其为邪说。"夫子之言性与天道，不可得而闻"，待可教而后教耳。及其言之，则亦与众昌言。如呼曾子而告"一以贯之"，则门人共闻；而曾子亦不难以"忠恕"注破，固夫子之所雅言也。密室传心之法，乃元（玄）、禅两家自欺欺人事，学者未能拣别所闻之邪正且于此分晓，早已除一分邪惑矣。王龙溪、钱绪山天泉传道一事，乃摹仿慧能、神秀而为之；其"无善无恶"四句，即"身是菩提树"四句转语。附耳相师，天下繁有其徒，学者当远之。

无誉者，圣人之直道；而曲成天下之喜，即在于此。誉则有过情之言，因而本无此坚僻之志者，以无知者之推崇而成乎不肯下之势，则力护其名，而邪淫必极。如阳明抚赣以前，举动俊伟，文字谨密，又岂人所易及？后为龙溪、心斋、绪山、萝石辈推高，便尽失其故吾。故田州之役，一无足观。使阳明而早如此，则劾刘瑾、讨宸濠事，亦不成矣。盖斥奸佞、讨乱贼，皆分别善恶事，不合于"无善无恶"之旨也。翕然而为人所推奖，乃大不幸事。孔子自颜子无言不说、子贡力折群毁外，他弟子皆有疑而相助之意，不失其訚訚、侃侃、行行之素。固当时人才之盛，亦圣人之熏陶学者，别是一种气象。自不至如蠡之绕王，蘉蘉扇羽也。况德未立、学未成，而誉言至乎？闻誉而惧，庶几免夫！

天地既命我为人，寸心未死，亦必于饥不可得而食、寒不可得而衣者留吾意焉。圣贤之言，皆不可食、不可衣者也；今之读书者，以之为饥之食、寒之衣，是以圣贤之言为俗髡妖巫之科仪巫咒也。哀哉！

王介甫以经义易诗赋，其意良善。欲使天下之为士者，自习于圣贤之言，虽未深造，而心目之间，常有此理作镜中之影，以自知妍媸而饰之。自王守溪以"弱肉强食"之句为邱琼山所赏拔，而其所为呼应开合、裁翦整齐之法，群相奉为大家。不知天地间要此文字何为？士风日流于靡，盖此作之俑也。子曰："辞达而已矣。"有意不达，达而不已，拙也；元意可达，惟言是饰，是谓"言不由衷"。王守溪、薛方山之经义，何大复、王元美之诗，皆无意可达者也。为士于今日，不能不以此为事。能达其意，如顾泾阳可矣；黄石斋之文狂，黄蕴生之文狷，殆其次乎？

侮圣人之言，小人之大恶也。自苏明允以斗筲之识，将《孟子》支分条合，附会其雕虫之技；孙月峰于《国风》《考工记》《檀弓》《公羊》《穀梁》，效其尤而以纤巧拈弄之，皆所谓"侮圣人之言"也。然侮其词，犹不敢侮其义。至姚江之学出，更横拈圣言之近似者，摘一句一字以为要妙，窜入其禅宗，尤为无忌惮之至！读五经、四书，但平平读去，涵泳中自有无穷之妙。心平则敬，气平则静，真如父母师保之临其上，而何敢侮之有？

陶渊明"读书但观大意"。盖自汉以后，注疏家琐琐训诂，为无益之长言；如昔人所诮"曰若稽古"四字，释至万余言。如此者，不得逐之以泛滥失归。陶公善于取舍，而当时小儒惊为迥异，乃此语流传，遂为慵惰疏狂者之口实。韩退之谓"《尔雅》注虫鱼"为非磊落人，而其讥荀、扬择不精、语不详，则自矜磊落者必至之病。读书者以对父母师保之心临之，一謦欬、一欠伸，皆不敢忽，而加以视于无形、听于无声之情，将顺于意言之表，方可谓圣人之言。以疏慵之才而效陶公，自命为磊落，此之谓自暴。

"唯仁者，能好人，能恶人。"苟仁未熟而欲孤行，其好恶也必僻，则必有所资以行吾好恶者。与君子处，则好君子之好，恶君子之恶；与小人处，则好小人之好，恶小人之恶。又下而与流俗顽鄙者处，则亦随之以好恶矣。故友善士者，自乡国天下以及于古人，所谓"以友辅仁"也；谓引吾好恶之情，而扩充吾善善恶恶之量也。

君子之怀刑者，常设一圣王在上、且有司奉法惟谨之象；于衰乱之世，则其所必不可为者见矣。乱世末俗之所谓不可为者，有可为者也；其所可为者，多不可为者也。出乎刑者入乎礼，岂惝惝然趋利避害之谓乎？

"毋友不如己者"，安所得必胜己者而友之？必求胜己，则友孤矣。恒人之病，乐友不如己者，以自表暴；而忌胜己者，不与之友，故切以为戒。人之气质，互有胜劣，动静敏迟，刚柔俭博，交相为胜。忌其相胜，则取近己之偏者而与友；近己之偏，则固不如己矣。以其动振己之静，节己之动；以其刚辅己之柔，以其柔抑己之刚；以其敏策己之迟，以其迟裁己之敏；以其俭约己之博，以其博益己之俭，则虽贤不如己而皆胜己者矣。凡见为如己者，皆不如己者也。从己之偏，己既有一偏之长矣，彼无能益而相奖以益偏，此之谓不如己。

守其所见而不为违心之行，亦可谓之信；忘乎己而一于理之谓诚，故曰"言不必信"，一于理也。朱子谓"众人之信，只可唤作信，未可唤作诚"，盖流俗之所谓诚者，皆不必之信。天下之物理无穷，己精而又有其精者，随时以变，而皆不失其正；但信诸己而即执之，如何得当？况其所为信诸己者，又或因习气，或守一先生之言，渐渍而据为己心乎？

人之所为，万变不齐，而志则必一，从无一人而两志者。志于彼，又志于此，则不可名为志，而直谓之无志。天下之事，无不可行吾志者。如良医用药，温凉寒热，俱以攻病；必欲病之愈者，志也。志正，则无不可用；志不持，则无一可用。婞婞然一往必伸者，介然之气也。气则有伸有屈，其既必迁，以此为志，终身不成。

学易而好难，行易而力难，耻易而知难。学之不好，行之不力，皆不知耻而耻其所不足耻者乱之也。不学、不行者，有矣；人未有一无所耻者，乞人与有之。自恶衣恶食，宫室之不美，妻妾之不奉，所识穷乏者之不得我；至于流俗之毁誉，污世之好尚，皆足以动人之耻心。抑有为害最大而人不知者：师友之规谏，贤智之相形，不以欣然顺受，企慕之、心承之，而愤怍掩覆，若惟恐见之、唯恐闻之。此念一蒙，则虽学而非其所好，虽行而必不力，乐与谀谄面谀之人交，而忌媢毁夸，以陷溺于不肖之为，皆无所不至。故耻必知择，而后可谓之有耻。

直而济之以慎，乃非证父攘羊之直；慎而用之于直，乃非容头过身之慎。道听之，涂说之，闻善则誉，闻不善则毁之，纵心纵口，无忌惮而为小人，直之贼也，惟不慎也。欲进而不敢进，欲退而不敢退，无取怨于人之道，而犹畏人之怨己；无不可伸志之为，而犹隐忍而不敢争，慎之贼也，唯不直也。一失足于流俗，则终身之耻不可洒；一得罪于清议，则百行不能掩其非，如之何不慎！慎者，慎吾之不直也。惟恐不直，则惟恐不慎。直而不慎，则为似忠信之乡原；慎而不直，则为患得失之鄙夫。将以免尤悔，幸而免焉，鬼神谪之，况其不能免乎？

忽然一念横发，或缘旧所爱憎，或驰逐于物之所攻取，皆习气暗中于心而不禁其发者。于此而欲遏抑之，诚难。如见人食梅，则涎流不能自禁；若从未尝食梅者，涎必不流。故天下之恶，以不闻为幸。闻之而知恶之，亦是误嚼乌喙，以药解之，特不速毙，未尝不染其毒。亲正人，远宵小，庶几免夫！若莅官听讼，不容已于闻人之恶，乃《易》曰"无留狱"，曾子曰"勿喜"，非止矜恤之，亦以天下千条万绪之恶，不堪涵泳也。

末俗有习气，无性气。其见为必然而必为，见为不可而不为，以婥婥然自任者，何一而果其自好自恶者哉？皆习闻习见而据之，气遂为之使者也。习之中于气，如瘴之中人；中于所不及知，而其发也，血气皆为之㶇涌。故气质之偏，可致曲也；欲嗜之动，可推以及人也。惟习气移人，为不可复施斤削。呜呼！今之父教其子，兄教其弟，师友之互相教者，何一而非习气乎！苟于事已情定之际，思吾之此心此气，何自而生？见为不可已者，果不可已乎？见为可不顾者，果可不顾乎？假令从不闻此，从不见此，而吾必不可不如此乎？吾所见所闻者，其人果可以千古、可以没世乎？则知害之所自中矣。吾性在气之中，气原以效性之用；而舍己以为天下用，是亦可以悔矣。如其不能自觉，则日与古人可诵之诗、可读之书，相为浃洽而潜移其气，自有见其本心之日昧者。不知者，曰"吾之性气然也"；人亦责之，曰"其性气偏也"。呜呼！吾安得性中之生气而与之乎。

"伯夷隘，柳下惠不恭，君子不由"，君子之所耻，如此其大也。圣人之瑕，且耻由之矣。降而为天下之善士，有不足者，耻与之同；降而一国之善士，耻与之同其矢；降而一乡之善士，耻与之同其失，止矣。若夫人之与我不同类，其卑陋颠倒之为，屑屑然以之为戒，则将以幸不为彼之为而自足。呜呼！吾之生也，而仅异于彼乎？人之大小，自截然分为两涂，如黑白之不相杂。舍其黑而求全于白之中，雪也，玉也，且于雪、玉有择焉，而但求白之异于黑乎？三人行，"择其不善而改之"，圣人之大用，非尔所及也。

法语之言而从，巽与之言而说，即不绎、不改之心也。法言而能说，巽言而能从；说而后改，从而后绎，闻教之下，移易其情，则善矣。巽言而说者，好谀之心也；法言而从者，无耻之耻也。待言而生，改过迁善之心已末矣，况但以声音笑貌而易其情乎？

孟子言"性",孔子言"习"。性者天道,习者人道。《鲁论》二十篇,皆言习,故曰:"性与天道,不可得而闻也。"已失之习而欲求之性,虽见性且不能救其习,况不能见乎?《易》言:"蒙以养正,圣功也。"养其习于童蒙,则作圣之基立于此。人不幸而失教,陷入于恶习,耳所闻者非人之言,目所见者非人之事,日渐月渍于里巷村落之中,而有志者欲挽回于成人之后,非洗髓伐毛,必不能胜。恶他人之恶,不如恶在我。昔日之所知、所行、所闻、所见,高洋治乱丝,拔刀斩之,斯为直截;但于其中拣择可为、不可为,而欲姑存以便所熟习,终其身于下愚而已。

　　人之唯其意之所发而为不善者,或寡矣;即有之,亦以无所资藉、无所印证,而不图其失已著,尚可革也。故唯其所发而为不善者,过也,非恶也。闻恶人之言,因而信之,则成乎恶而不可救。故君子于人之不善,矜其自为之过,而望其改;其听恶人之言而效之,则深恶而痛绝之。臣岂敢杀其君,子岂忍杀其父,皆有导之者也;导之者,皆言之有故、行之有利者也。国有鄙夫,家有败类,以其利口,强有力成人之恶;习焉安焉,遂成乎下愚不移,终不移于善矣。故圣人所以化成天下者,习而已矣。

　　做经生读书时,见古今之暴君污吏,怒之怨之,长言而诋诽之。即此一念,已知其出而居人上,毁廉耻、肆戕虐者,殆有甚焉。何也?其与流俗诋诽者,非果有恶恶之心,特以甚不利于己而怨怒之耳。有志者,其量亦远。伊尹当夏桀之世乐,何屑与之争得失乎?且彼之为暴为污者,惟其以利于己为心也;彼以利于己而为民贼,吾亦以不利于己而怨怒之,易地皆然。故曰:出而居人上,殆有甚焉。恶人之得居人上而害及人,天也;晦蒙否塞,气数之常也,安之而已。退而自思,吾虽贫贱,亦有居吾下者,亦有取于人者,亦有宜与人者。勿见可为而即为,见可欲而即欲;以求异于彼而不为风气所移,则孤月之明,炳于长夜,充之可以任天下。

不得已而为资生之计,言者曰惟勤惟俭;俭尚矣,勤则吾不知也。勤所以不可者,非惰之谓。人之志气才力,与有涯之岁月,唯能胜一勤而不能胜二勤。吾自有吾之志气,勤于此则荒于彼。鸡鸣而起,孳孳为利;专心并气,以趋一涂,人理亡矣。若失俭,则古人有言曰:"俭,德之恭也;侈,恶之大也。"俭所以为德之恭者,俭则事简,事简则心清,心清则中虚,而可以容无穷之理;而抑不至浮气逐物,以丧其所知所能之固有。彼言资生而以俭与勤并称者,非俭也,吝也;俭以自节,吝以成贪,其别久矣。吝而勤,充其所为,至不知君父,呜呼,危矣哉!天地授我以明聪,父母生我以肢体,何者为可以竭精疲神而不可惰?思之思之,尚知所以用吾勤乎?

所言至浅,解之良易,此愚平情以求效于有志者也。然窃恐解之者希也,故命之"俟解",非敢轻读者而谓其不解,惧夫解者之果于不解尔。其故有三:一者,以文句解之,如嚼蜡然,而未尝解之。以己反诸其所言、所行、所志、所欲,孰与之合,孰与之离,以因是而推之以远大。此解者也,吾旦莫俟之。一者,谓汝之所言者然也,而吾之所尚尚者异于是,是犹进野蕨于王公之前,非所甘也。虚其心,平其气,但察其与人之所以为人者离合何如,而勿曰汝能言之,未必能行之,况于我而焉用此为,则俯而从之。此解者,吾旦莫俟之。一者,则谓汝所言者陈言也,生乎今之世,善斯可矣。如汝所言,则身且不安,用且不利,吾焉能从汝哉!同此天地,同此日月,吾亦同此耳目,同此心思,一治一乱,同此世运,尧、舜之世不无恶习,夏、殷之末自有贞人,同污合俗,不必安身而利用,亦何为而不可自处于豪杰哉!此解者,吾旦莫俟之。甲子重午,船山病笔。

卷三 噩　梦

　　教有本，治有宗，立国有纲，知人有道，运天下于一心而行其典礼，其极致不易言也。所可言者，因时之极敝而补之，非其至者也。如衡低而移其权，又虑其昂；虽然，亦有其平者。卑之勿甚高论，度其可行，无大损于上而可以益下，无过求于精微而特去流俗苟且迷复之凶，民亦易从，亦易见德；如大旱之得雨，且破其块，继之以霡霂者，亦循此而进之。鲁两生曰："礼乐必百年而后兴。"百年之始，荡涤烦苛，但不违中和之大端而已。天欲其苏人之死，解人之狂，则旦而言之，夕而行之可也。呜呼，吾老矣！惟此心在天壤间，谁为授此者？故曰"噩梦"。*

　　孟子言井田之略，皆谓取民之制，非授民也。天下受治于王者，故王者臣天下之人而效职焉。若土，则非王者之所得私也；天地之间，有土而人生其上，因资以养焉。有其力者治其地，故改姓受命，而民自有其恒畴，不待王者之授之。唯人非王者不治，则宜以其力养君子。井田之一夫百亩，盖言百亩而一夫也。夫既定而田从之，田有分而赋随之。其始也，以地制夫而夫定；其后，则唯以夫计赋役，而不更求之地，所以百姓不乱而民劝于耕。后世之法，始也以夫制地，其后求之地而不求之夫；民不耕则赋役不及，而人且以农为戏，不驱而折入于权势奸诡之家而不已。此井田取民之制，所以为盛王之良法，后世莫能及焉。夫则

---

　　* 以上为《噩梦序》。末尾还有"玄黓阉茂之岁，阳月朔旦甲戌，船山遗老识"一句。

有制矣，田则无制也。上地不易，百亩而一夫；中地一易，二百亩而一夫；下地再易，三百亩而一夫。田之易［不易］，非为法禁民，使旷而不耕也，亦言赋役之递除耳。再易者，百亩三岁而一征也；一易者，间岁而一征也。上地百亩而一夫，中地二百亩而一夫，下地三百亩而一夫；三代率因夏禹之则壤，为一定之夫家，而田之或熟或否（莱）、或有广斥，皆不复问。其弃本逐末，一夫之赋自若，民乃谨守先畴而不敢废。故《春秋》讥初税亩，舍版籍之夫，而据见在垦田之亩以税也。讥作邱甲用田赋者，先王之制，五百七十六夫而出长毂一乘，至此则覈实四邱之田为一甸，其后并以井邑邱甸为不实，而据见在之田亩合并畸零以起赋。舍人而从土，鲁之所以日敝也。然则取民之制，必当因版籍以定户口，即户口以制税粮。虽时有登降，而抛荒卤莽、投卖强豪、逃匿隐漏之弊，民自不敢自贻以害。得井田之意而通之，不必问三代之成法，而可以百世而无敝也。

　　孟子言农夫获谷之数凡五等，以中为率。古者上岁，民食月四鬴，中岁三鬴，下岁二鬴；以三鬴为准，十一而取一夫之税，岁赋二十五鬴有奇，鬴六斗四升。古斗、斛大小不可详考，大率一鬴当今三斗而弱。其赋七石五斗，以爻半折之，为米三石七斗有奇，赋未尝轻也。古今量制虽难通算，而以食七人准之，则岁获略止四十九石。今南方稻田，岁获上日不过十二亩，下田不过二十亩，今法止额粮一石内外耳。是古之赋税，且三倍于今而有余，民何以堪？惟古者以夫定税，一夫止取其百亩之赋。殷、周一沿夏之则壤，而但记其民籍之登耗。地虽辟而赋不溢，若其荒废而赋亦不减，则所谓农服先畴而治安长久也。今云南以工计田，傜洞以户起科，皆其遗意。故民有余而无逋欠，岁入有恒，量入为出，亦无忧国用之不给也。即如洪武间，惟征本色一石，亦不患金钱之遗；则覈户口于立国之始，以求定田制，民何忧不足？地何忧不垦？逋负无所容奸，蠲赦可以不数，而国抑何忧之哉！

立国之始，法不得不详；有国之道，用不得不丰。不详，则苟横者议其后，而变易增加之无已；不丰，则事起而猝无以应，必横取之民以成乎陋习。如驿递者，国之脉络，不容壅滞者也。故在国初，水马驿枊比蔓绵，恒处于有余。建驿官，设驿卒，站马站夫，红船快船，铺程供应口粮，皆细计而优储之。即驿官利其有余而私之，勿问也；乃以济公事，而民力以〔事，而民力以〕不与闻而舒。嘉靖间，言利之小人始兴；万历继之，崇祯又继之，日为裁减。为之说曰："非勘合火牌，不许应付。"而实则大不然，水则掳船，陆则派夫；县不给则委之殷实、委之行户，已而全委之里甲。孰为作此俑者，流毒无穷；则何如加赋之犹有定额也？驿递之外，莫如公费。且若皇华衔命，监司巡行，宾客经过，节序宴会，相为酬酢；宾兴考课，必有供奖；廨宇桥路，必时修理；下逮舆皂犒赐，孤贫拯给，皆人情物理不可废之需。无故统天不下而作贫苦无聊之态，实则不能废而听吏横取之民。苟其横取，则无可复制而益趋奢滥，于是而民日困、国日贫，诬上行私，莫之纪极矣！

《会典》田粮起科，上田每亩不过七升八合极矣；乃今南方额派，有亩一石有奇至二石者。其源有二：苏、松、常、湖等郡，则张士诚君臣没官之田，与籍没豪右及迁徙濠、泗之产，皆名为官田，俱照田客纳租田主之数，输官而免其赋役。当时稍便之，愚民利小利，赁耕之，遂为世业。其后督责不堪，民以逃亡。海中丞瑞，不能为奏请改民以均苏之，而平铺于民田，以为一切苟且之计。故无官无民，其派均重而民困极矣。若他处虽无官田，而市郭民居，山林、园圃、陂池，皆丈量起科。其后鬻产者，留宅地、山林而卖其田，乃以彼粮铺于田亩，岁久移易，莫从稽考,而粮有倍堕者矣。其失在不念廛居之征,以市肆冲僻为上下,初非可以丈量定者;山林则荣落无恒,园池则修废因人,岂得计亩以为额?古者廛有廛税,不入经界,林木竹苇,则可于鬻处税之,而不可限以恒有。今欲苏民之困,唯有据见在之垦田,以七升八合递下为准,而元额断不可复。但令实科实征,民自可无逋欠,亦何国计不足之有?若宏(弘)治、万历两次丈量,所司皆以取足元额,而略为增减;其万历中江陵操切,尤为一切之法,愈不足据也。

言三代以下之弊政,类曰强豪兼并,赁民以耕而役之;国取十一,而强豪取十五,为农民之苦。乃不知赋敛无恒,墨吏猾胥,奸侵无已,夫家之征,并入田亩村野。愚懻之民,以有田为祸,以得有强豪兼并者为苟免逃亡、起死回生计之。惟强豪者,乃能与墨吏猾胥相浮沉,以应无艺之征。则使夺豪右之田以畀贫懻,且宁死而不肯受。向令赋有成法而不任其轻重,孤儿独老可循式以输官,则不待夺有余授不足,而人以有田为利,强豪其能横夺之乎?赋役名数不简,公费驿递不复,夫家无征,一切责之田亩,田不尽归之强豪不止,而天下之乱且不知所极矣。

唐制:郡县有赤、畿、望、雄、紧、上、中、下八等,以为官秩之崇卑、出身之优劣、升迁之上下,事之繁简、任之轻重、人才之进退,因以分焉,诚善法也。今官制于府、州、县注以繁简,犹之可尔;注以顽淳,已非奖励风俗、责成教养之道;况注以饶瘠,则是羡之以贪而悼其廉也。筮仕之初,已有饶瘠在其胸中,欲士之有廉耻、民之有生理,得乎?

税粮分派,令民征纳多寡,有截然之类,则愚民易知,而奸诡无所容。立法者在上,一切为苟简,而使下分析之为繁难,此甚无谓也。如漕运以四百石为准,派于直省各若干万。乃额粮之多寡初不整齐,而部授教于司,司分派于州县,取必于部授之总数,以碎细洒分之,遂于斗、升之下,立合、勺、抄、撮、圭、粒、粟等虚立之名,因而轻赍、耗脚、水利河南、过湖江西、两尖及楞木、松板,亦就零星派数而洒加之。奸伪相乘,善算者莫之能诘,而况愚氓乎?夫名因实而生者也。勺、抄以下,无此量器,何从而为之名?十粒为圭,千粒为抄,谁为历数?粒下有粟,岂剖碎稻麦为十粟耶?凡此,皆可资一笑,乃徒以爓乱人之耳目;而施之以利析秋毫之教,非小失也。且如北运以广储偫,亦岂必四百万之整齐而无余欠哉?则何如通计可漕地面,夏税秋粮共若干,因坐派民米一石,运米几斗几升,至于升而止。即或于四百万石之数有余有欠,亦何不可?官仓所入,不妨岁有畸零;农民所输,自可截然画一。若民亩之有畸零,自以三从五、七从十,一二消除,皆至升而止;则一切脚耗之类,皆可简明计之矣。如折色输银者,亦但可至厘而止;其下有毫、丝、忽、杪、微、尘、纤、埃,猥诞亡实名目,尽属可汰。盖部司惮烦,不先为分析,而约略授以总数;乃使郡邑缕分,而至于泛滥以成乎纤诡耳。至丈量地亩,古人至亩而止;不成亩者,勿计也。今即不能,亦可至一亩十分而止;如厘、毫、丝、忽之名,奚从而生?使于亩、分之外,算有余盈,蠲以与民,亦不至于病国。王者亦何爱此锱铢,而显受尽地力之恶哉?凡诸琐细不经之名数,前代未有,始于宋、元之间舞文小生,窃律历家之余渖以殃民。祸虽小而实大,安得一涤除之,以快天下之心目也耶?

　　光禄寺岁费二十四万,郊庙、社稷、群小祀、庆成、长至、元旦、万寿、番使、赐宴,皆取给于内;乾清、坤宁二宫常膳,上奉慈养,旁及东宫与未就封之皇子皇女,下给六宫、六尚,以至宫婢、奄寺之食料,莫不仰资。一日之费,仅六百六十两有奇,其俭蔑以加矣。盖米面出于正供,酒醋盐菹、禽鱼蔬果具于各署,盐茶蜡枣俱有实收本色,不尽以烦太仓,其措置亦密矣,乃抑（仰）未免有唐、魏之风焉。故逮成化时，虚祖宗积贮之帑藏，以供御用，而后又可知已。至正德，移太仓银一百一万有奇为金花，以供游幸犒赐之用，凡四倍于岁供，而国遂虚。嘉靖初，新都总已，于遗诏未能复归太仓，以待新主之善政，因循一年，遂转为醮坛之费。醮坛罢而御用承之，相沿以至于匮乏，则二十四万二千余两之制，空有其名，而费不赀矣。然后知《周礼》"唯王及后不会"之用意精也。王后之好赐，虽不会而取给于职币；职币之入，多寡随时，俭可以畜而奢有所止，中主之志欲亦得矣。萧何有言："使后世无以加"，诚远虑也。子孙处承平之后，不能深喻艰难，束之则愈纵，势所必至，何似豫达其情以为之节宣哉？

黄册之法，始于开尚书济一言而定一代之规；乃行之既久，十甲司册者，习为奸私，以成影射飞漏之弊。然法虽诡而人存，脱漏堕射，犹有所稽核；迨册书废而愈乱矣。一县数万户，册籍轮掌，而总寄之一县吏，又非大猾不任此，安能持之数十年乎？若通黄册之法而善用之，无如不专任十甲，而当十年大造之际，于十甲内递轮一甲管十年之籍，新旧交相对验，各存旧册以相稽考。且县之有丞簿，非漫设也；唐、宋有司户之官，正为此设。无如专委于簿，以统纠其鬻卖别户收除之实；每一官交代，则举任内有无推收，具册呈县。其县每岁实征之册，必从簿发，而令当年里长与册书对验，无有差讹而后开征。此最为民事利病之尤者，必不可以苟且取便者也。

立法之作，无取太宽，常留有余之德意于法外，以使有可宽；故大貉、小貉之弊，必至于大桀、小桀。唯通国计之，常变而处于有余之地；乃宽之于课程，则民不狎为易供，而其后受束湿之苦，斯以乐生有道矣。今百姓之困敝殆无孑遗，皆自守令之考成为始祸之本。闻嘉、隆间，具以岁课满八分以上者，大计膺贪酷之黜；上虽未为之法，而下自体德意以行之。故民力裕而民心固，虽土木之变，邓茂七、黄萧养、刘、赵、鄢、蓝诸寇之窃发，弗能摇也。以税粮完欠为有司之殿最，法始于江陵，一决其藩而不可复收矣。申、王二相，反江陵而过为纵弛，乃以资言利者之口实。温体仁全师江陵之术而加甚焉，有户书李待问者，为之羽翼，乃令知推行取，府县印官给由，皆行户部，比较任内完久；遂使牧民者唯鞭笞赤子为务，而究之逋负山积，激成大变。所谓"则何益矣"者，信矣！故户部考成之陋制不革，而欲民之免于深热，必不可得也。

军卫之制，行之百余年而大坏。成、弘间，军尚可用，卫弁亦尚自力于武事；正、嘉而后，不可复理，势所必然也。唐变府兵为彍骑，而特重边帅之寄；故虽有渔阳之祸，而终得朔方之益；捪吐蕃、回纥而进之，而终诎于中国之强。宋与本朝，仍旧相沿，惮为改彻。宋之禁军、厢军，与卫军略同。禁军，团营也；厢军，卫所也，皆散武备于腹里也。夫唯军卫聚屯于边，其身家托焉，而又沐浴于刚劲之气，则莫之劝惩，而自练习于武勇。若散屯于腹里，使其黠者游文墨歌舞之中，其陋者龌龊于鸭豚园池之利；心厌甲胄，而神气俱为之疲荼，欲其不化而为惊麏缩猬，不可得已。且兵聚则勇，散则怯；故东汉自平乱以后，置屯黎阳，所以聚之于勇武之乡也。天下皆有兵，而天下无兵矣。腹里之所防者，盗贼耳，其始发也，良有司率机快健捕制之而有余；藉令其啸聚渐众，移边兵而讨之，亦易尔，乌庸是郡郡而置军乎？洪、永闻分列卫所，颇以迁就功臣而处之善地，遂以坏一代之军政。即以屯田言之，使屯于腹里而耕民所可垦之田，何若屯于边而垦民所不耕之土乎？制腹里之盗贼，以民兵而已足；畜厚威于边，不特夷狄莫之敢窥，腹里之奸宄，亦隐然然有所畏詟而不敢逞。南循海澨，接南宁、太平，绕黔、滇、建昌、黎、岷，遵九边尽于登、莱，皆用武之区；中间要害，如徐州、虔南、偏沅、郧、夔、潼关，亦可扼险而收土著丁健之用；沿海，则水师训习之地也。环绕以固中区，为诗礼耕桑之域，运天下于掌，而处九州如一室，莫便于此；勿为袭赵宋褊忌之计，以自翦羽翼而成禽也。

　　武举之制，至乌程、武陵秉国之后，而败坏极矣！顾其始，亦未为得也。文章、吏治，有循序渐进之道焉：养之以从容，而慎重之以奖其廉耻，固一道也。若武夫，则用其朝气，而不用其暮气者也。以次而举之，果有能者，必不耐其迂迟；其能耐者，必其大不堪者也。勿为之科，而于大阅之日，募草泽之有智略勇敢者，督抚试而特举之，部核之而授之以试职，即使之从大帅军中以待命于边，或为突骑，或为队哨之长，或分城堡之守，或效幄幕之用，实委之以战守之事。其失也，不过亡一人；其得也，遂可以拔非常之士。而黜惵者不敢以身尝试。则（以）岁一举之而已足，何事于科场之琐琐，决取舍于数矢之中否、数行之通塞哉！

　　言治术者，有名美而实大不然，则乡团、保甲是已。其说摹仿《周礼》，而所师者管仲"轨里连乡"之制尔。自周以前，列国各自立军，大国三军，次国二军，小国一军。一国之陭，无从别得勇武之士而用之，则就农民而尽用其丁壮；亦如今土司之派其狼猡以为兵，盖以防邻国之兼并，而或因以兼并邻国。其事本不道，而毒民深矣。封建既废，天下安堵，农工商贾，各从其业，而可免于荷戈致死之苦；此天地穷则变而可久者也，奈何更欲争斗其民哉！朱子自谓守郡日，时有二寇，故欲训练保甲；后熟思此土之民，已竞武勇，奈何复导之以强，因而已之。大儒体国靖民之远图，不泥于古，固如此；未尝挟一"寓兵于农"之成说，以学术杀天下，如王介甫之鳃鳃于保甲也。盗贼，初非敌国也，以政安之，以法治之。天子建吏，不能为民弭盗，而使民之以生死争一旦之利乎？团、保之立，若不实覈之以武备，则徒为儿戏而只以扰民；若使器械必精，期会必壹，技击必试，立之以长而纠之，小则黠豪以牟侵贫弱，大则教之以乱，而邓茂七之祸，不旋踵而发。唯刘念台先生尹京时所行条规，以申六条饬冠昏丧祭之礼，而讥察游惰非违者，不责之以武备，庶为可行，盖亦王政之枝叶也。

自盐政边储之坏，议者争言开中输粟旧法之善，而不知其非：既违事之宜，又拂人之情。故叶淇得以利动一时，而尽废边屯，诚有以召之也。法之最颠倒者，农所可取者粟，而条鞭使输金钱；商所可征者金钱，而屯盐使之输粟。边可屯，官不能屯，而委之素不安于农之商；粟可博金钱，官不移丰以就歉，而责农之易金钱以偿官，其不交困也，得乎？取之必于其所有，使之必于其所长；一人效一人之能，一物抵一事之费，《周官》之善，尽于此耳。

人各效其所能，物各取其所有，事各资于所备，圣人复起，不能易此理也。且如周制，兵车之赋，出于商贾；盖车乘、马牛，本商之所取利，而皮革、金铁、丝麻、竹木、翎毛、布絮之类，皆贾之所操。是军器、皮作、火器各局之费，应责之于商贾也无疑。如曰税重则物价贵，还以病民，乃人之藉于市买者，皆自度有余，而非资生所必藉；非若粟之一日不得而即死者也。且在周之世，天子未尝全有九州之壤，若列国封域，尤为褊小；所需之产，什不得一，则但责之商贾尔。今四海一家，官山府海，何产不丰？凡诸军国所需，取铁于冶，取皮于原，取竹木于林，取丝于桑土，取麻絮于园；或就民而税，或官自畜植，又不必尽责之于商贾。乃国计尽弛，悉授之末业之黠民，而徒督责之于田亩之征；不给，则令死于桁杨，死于逃窜，不亦僭乎！农所输者，止以养君子、饱士马，何患乎不足；而一切取办，则何望其能支？汉人盐铁之论，言之似理，而实不然；汉之所以舒农民而培国本者，非后世之所能及。王介甫狭小汉制，而以青苗、免役、保马诸法，重困农氓，其利害亦曙然。洪武棕园、漆园之设，可推为万世法，后人且视为迂琐。民之方苏，其俟之何日邪？

行盐之有地界，商人之奸利，而有国者听之；同此天下之人，食此天下之盐，何畛域乎？通行，则商人不得持有无，以增一时腾涌（踊）之价。若地分，则舟车之浩繁，自然不行，其可行者，自然各有所底止。唯偶然一方缺乏，则他方济之；究竟商人可以通融得利而无所大损，但不能操低昂以抑勒细民而已。无地界，则盐价恒平，商之利亦有恒；而狡者愿者，不至赀获之悬绝。且如河东盐池，因晴雨而盈诎。诎也，则食河东盐之地界，其淡食者多矣；其盈也，又不能通贸之他方，而或视为赘余，置之不足收，此两病也。又如广东、海南之盐，行赣、吉、衡、永、郴、宝，有上泷、过陡、过山之迟阻。当议法时，唯以佐广西之经用；而不知天下一家，随在可以挪给，岂必在粤输粤，而割裂以为之限乎？利便一听之民，而上但取其固然之利于所出之地，何至殉商人之奸以困编甿，而召私盐挟仗行凶之祸！诚欲惠商，支放以时，而无坐待寄引之苦，则已足矣。

国以马为强弱。秦之强也，肇于非子，而赵唯骑射，乃能以一国抗初张之匈奴；汉、唐之所以能张者，皆唯畜牧之盛也。五代方域小而年促，仅作旦夕之计；而宋承之，举汉、唐之故苑，置之于蔓草畴田之中，而强赋之民为保马，其视金、元，如鼠之遇狸，诚不敌也。昭代乘金、元之披靡，驱之无角逐之劳；其与张、陈争成败者，皆舟师步卒格斗于吴楚，用马之力少，而马亦仅矣。然犹广置牧苑，为边防计，使循而不弛，不百年而蕃庶可待。乃不知谁为之策,俵养于江北、山东、河南、北直民间,使民牧而责其驹。其为民患也,则始领种马之日,愚民稍以为利;既而子孙怠于牧畜,则或家无三尺之驹,而岁供孳生之马。垂至百年以外,刷马、印马之繁,折价之苦,计户坐征,加赋外之赋,而民敝极矣。其为国患也,民贫而诡,则以驽羸之马应官,既不堪用,莫能整饬;而苟且之臣,又谓承平,无用此赘物,不如折价贮于同寺为国储。其边镇需马,则上疏奏讨,发同帑以听其自买。偾帅十不买一,而徒充囊橐,于是中国几无马。而或资茶以贸于西番,仰鼻息于裔夷;抑且水草失性,动至仆毙,徒为猾驵墨吏之中饱。边警以来,人持短兵,以当万骑之冲突,责之以不败,必不可得已。夫自宁夏而南,至于岷、黎、建昌,又南而滇、洱,皆宜马之地也。黄河退滩,自同、华而东,至于淮泗,皆可牧之场也。舍弥望之荒壤,捐数千顷之闲田,调坐食之冗卒,募游食之余夫,通天下而计之,为费几何?行之一二十年,而入番之茶,可使以金代马,中国之孳息,自较夷狄而尤盛。固可蠲江北、中原之马价以苏民,而民益苏矣。谋国者不以家视国,国之蠹也。八口之家,牛豕鸡鹜不仰于市;佣夫惰妇,一切藉粒粟以易之,其馁可待。舍其生聚,听产乘之空灵,驱偏塞之卒,以当践蹂,而国以沦胥,良可为痛哭也。保马为祸阶,俵马继之;赔折积怨,同金尽而国随,亦必然之势已。

牧苑之法行,国马取给于牧地,而通其法,以广公私之畜,纾民役之苦者,又莫若随府州县而置牧。每邑各有牧场,以邑之大小、草料之难易,酌其多寡。其收放、打草、剔除之役,量置官夫,谷粟取之县仓本色。特恐传舍之吏不加爱惜,则无如分任正佐官,每官牧若干匹,交盘清楚之外,许寄牧私马半于公马,任满听其作归装之用。其官牧之马,以半供驿递,半授民兵操演逐盗之用,使民兵之壮者习骑射焉。若其孳息赢余,则三年一计；其登耗斥卖，为亭传修饬之用，恒令宽然有余，而不为吏苦。且乘人者，夏桀之虐政也；马不给用，而狡胥之顽躯，皆以累良民之项领。马既蕃衍，则严乘人之禁：在任官非五品以上，休致官非七品以上，士儒耆老非七十以上，及有病妇女非五十以下及受封者，不许用肩舆；则民相劝于养马，而无形之富强寓于居平，以待不测，此通数百年强本治内之要图也。

严于督民而宽于计吏，则国必无与立。史称元政不纲，唯其宽也。唐制：州县官秩满，则谢事赴都，至吏部铨简，而后更授新除，谓之选人。虽士大夫不无疲劳之苦，及待选之难；然使受命临民者，皆得奉一王之灵爽而听廷臣之清议，则自郑重其官箴而不取偷。三年入觐，因行大计之典，亦通此法而得其平也。考满给由，必亲领司文赴部考核，而后授以官阶；则不满于公议者，昏眊老疾者，皆无所隐匿，而吏道清矣。自以催科为急，于是有借口钱粮任重，而郡县长吏，有终身不入都门者；升降皆遥为除授，其陟其黜，一听之上官；上且不知有天子，而况知有廷臣之公是非乎？上官者，唯知己之好恶；又其下，则唯知贿赂已耳。而天子设部司、设台省，将以何为？故郡邑之吏，不入觐受计、赴部考满，而觊天下之治，必无此理。

核吏不得不严，而士大夫自有廉耻；奖掖之者，抑其本也。孟子言："君之视臣如犬马，则臣视君如国人。"养犬马者，犹必充其刍豢；而官俸勿论多少，皆实支三石，折绢折钞，则尽名有而实无。一月但支三石，以食九人而不足，庶人在官者之稍食也；为吏者去其乡，荒废其资生之田里，子女僮仆取给于实支者，十不偿一，勿论其上有父母之甘旨也。况其葬祭昏嫁、子孙读习之费，而在官抑有往来酬赠、楮笔灯油之需，虽至俭约，亦岂能如於陵仲子之资屦纑乎？全与实支，犹且不给。故唐、宋之制，店舍、鱼步、园圃，皆委之郡邑，而不以上供，所以佐俸入之穷也。至于修理公廨，铺程酒饭，花红油蜡，一切皆有经费；宽为数而不问其盈余，要令公私各得。拔葵逐织，而出无政事之埤，入无交遍之谪，然后秉国法以课其廉顽。则贤者奖、不肖者惩而不怨。今俸入不堪，吏莫能自养，其始也，亏替公费，耗没祭祀、学校、夫马、铺递、民快之赀以自入；而一责之民；其既也，则无所不为，而成乎豺虎矣。国家常畜数千饥鹰以牧飞鸟，犹且曰彼自有之，而无待于公家，则何以为民元后耶？

历文纪建除、宜不宜，其弊始于唐，沿于宋，相循以为故常，未有知其非者。唯解大绅庖西封事言之，而未能详也。王者敬授民时之大典，而以惑世诬民之小道当之；导民以需而为事之贼，其亵天迷人甚矣。故《王制》曰："假于鬼神时日卜筮以疑众，杀。"尤可异者，历尾逆推六十年甲子一周之岁，徒列其年而无所取。宋人以天子年逾六十，欲展为百二十；盖使六十以外之人，不登于历数，非恤老者之所忍。不但天子然也，且下注男几宫、女几宫，仅合婚之邪说，尤为俾民卒迷，而以此失其配偶之正者多矣。不能利民而滋害之，君道亡矣。历授民时，使民知因时而趋事，则但当首纪月之大小、月建之所临，次纪某日、某时、某日躔某，次纪中、节、日、时、刻、分、社、伏，次纪朔、弦、望、盈、虚，次纪方今月令之宜。如立春正月节，则曰自某日立春以后，某候至，可以作某事，如出耒耜，火田莱，五谷播、薅、获，生蚕，种草绵，理桑苎，种瓜蔬，合牛马，字鸡鹜，拥鱼苗，平道涂，架桥梁，苫墙屋，备薪炭之类，逐月逐候而示民乘时以竟功。其次则纪六气，司天、在泉之正变，示民以节饮食、慎起居而远疾眚；其次纪官司祀事，民闻尝新、荐寝、社、蜡、傩饮之时。如此，则本天以治人之道立矣。若御用历，则因一岁之节序、时之德刑、日之刚柔，定戎祀庆威之度，及发政布令之期，以宪天而出治；尤不当以琐琐灾祥，干有国之典礼明矣。至壬遁历以命将临戎，尤为誖逆。两军相当，生死争于俄倾，废智勇而听命于妄人之说，不亦危乎！

因逆臣之阻兵而废藩镇，因权臣之蠹国而废宰相，弃尔辅矣！宰相废而分任于六官，以仿周制，是或一道也。乃周六官之长，无所不统，而今太仆不统于兵部，鸿胪不统于礼部，光禄、上林不统于吏部，通政、大理不统于刑部，国子监不统于户部。官联不审，事权散乱；统之者，唯秉笔内臣而已。至于内臣之必统于吏部，尤为国之大纲；而都督位兵部之上，莫能仰诘。二者乃治乱安危之枢机，《周官》之扼要。于此一失，纲纪尽亡，区区以行人司、钦天监为礼部之遥属，胡不推此以正六卿之职也？

牧民之道，教养合而成用；故古者学校领于司徒，精意存焉。今学政贡举，一归礼部，则以为此彬彬者，仪文而已；户部但操头会箕敛以取民，为国家收债之驵侩。王者意之重轻，形著于命官分职，治乱于此决矣。督学官，司教者也，宜为布政使司之分司亡疑；而以按察司官为之，欲以刑束天下士乎？其始制之意，不过欲重其事权，以弹压提调之有司耳；乃按察只以纠大奸、折大狱为职，若经常教养之事，布政司领所属长吏之治而考其成，以上计定黜陟。今学政兴废，无所事事，而授之廉访提刑之官；则布政司一持筹督迫之租吏，使为一方之师帅，天下何缘而治也？

洪、永间岁贡最重，与进士相颉颃，故授以训导，其选师儒，未尝不重也。其时学校初立，岁贡生前无积累，非有日暮涂穷之意；而朱善、苗夔皆以教官权大位，曹鼐自陈不敢为人师，其不以闲冗视之可知也。相沿既久，挨贡法行，岁贡者皆学不足以博一举，而视此为末路；其能擢国学县令者，百不得一。惰归之气乘之，虽欲不弃教道而弋脯脩，不可得已。要未始非立法者之不图其后也。学政唯宋为得，师儒皆州县礼聘，而不系职于有司；若令提调，就附近致仕闲住、告病、告养品官之中，及举人年四十以上，学行果尔表著者，官率生徒，执贽拜请，以典教事。其禄养资给，因地方大小、生徒众寡，差等以立之经制。督学官一以宾礼接见，不与察计之列，行移不通于有司，迎诏拜表，岁时朔望，无所参谒。若其教无成绩，而所教生徒屡科不与，乡举岁试优等少而劣等多，及行劣至三五人以上，不先送提调官详黜，又或告发干名犯义及数干门禁者，则引身告退。若提调官所聘非人，及奖劝乖方，致令惰劣者，督学官纠参如法。师儒若有成教，则不论年岁，敦留卒业；待其果老果疾，或品官起用、举人中式受职，而后更聘。一以道义廉耻相奖，则人才士风，庶几可改。长此不革，师道贱而教无术；监司府县任意差委，滥与钱谷刑名之役，若簿尉仓巡为奔走之下吏，仆仆参候，与僧道之长同其趋跄，不肖者因之以希锱铢之利，害极于末流，而其始抑有以启之也。

弘治间，初命按察司官督学，授之特敕，其敕皆劝奖人才之语；至万历初所改敕，则如诘奸制盗，置士子于不肖之中而勒束之。故率天下于寡廉鲜耻之涂者，万历之初政、江陵之变法、申商之莠说也。两敕具载《会典》。江陵之法行，而劣生把持包揽，赇吏鹭爵（青衿），受嘱托之风益烈，盖以扑之者炀之也。

进士科始于隋，垂千年而不能易；后有易之者，未知以何道为得。王安石革词赋、用书义，亦且五百余载矣；使学者习效圣贤之言以移其志气，其贤于词赋明甚。至文体之屡变，或趋于陋，或淫于邪，皆乘时会，不能为之豫谋；但可厘正者，导以读书穷理之实而已。书义而外，论以推明经史而通其说于治教之详，策以习天人、治乱、礼乐、兵刑、农桑、学校、律历、吏治之理。非此，则浮辞靡调，假于五经四书，而不知其所言者何谓；国无可用之士，而士益偷则益贱，固其宜已。闻万历初年，县试儒童，无策者不送；府试且有以河图雒书、九宫八卦策问儒童者，则所重可知已。万历中叶，姚江之徒兴，剽窃禅悟，不立文字；于是经史高阁，房牍孤行，以词调相尚，取士者亦略不识字，专以初场软美之套为取舍，而士气之不堪，至此极矣！原其所始，立法亦有未善者，故流弊有所必至。科场七日而三试，作者倦而阅者亦烦；则操一了事之心，以应后场，必矣。二场所试者，表判骈艳之语，将何以为？旧制：诰诏表随科一道，诰诏视表判为愈矣。然士方在衡茅，使习知经国长民之道，固无不宜；若王者命令之大体，非立朝廷之上、深喻国体者不知。故唐、宋知制诰者，即文名凤著、官在清要者，尚须试授，则不可使士子揣摩为之，明矣。诰诏既所不能，表判又为无实，何如改三场为两试：初场书义淹通，每解额一人，取定二人，令赴二场，试以二论三策，然后决取一人中式。初场以十日阅文，一日折卷，凡十二日而试二场，又五日而放榜；则作者精力有余，阅者安详不遽。尊经穷理以为本，适时合用以为宜，登士于实学，固科场救弊之一道也；未得创制显庸之圣，作法以待贤者，亦将必出于此。

问刑官故出入人罪，律以概论。然考之宋制，故出罚轻，而故入罚重，此王政也。故出故入，有受赃、不受赃之别，亦但当于故出项下分受赃、不受赃，而不受赃者从轻；其故入，则虽不受赃，自应与受赃者等。故出则勿论已决遣、未决遣，一例行罚。盖虽已决遣而覆蹶，果当从重，不难补决，自不致逸元恶之诛。若故入，已决遣与未决遣者，固应殊科。盖故入决遣，死者不可复生，刑者不可复完，徒流已配者，不可追偿其已受之劳辱，已决遣之罚，自应加重；其致死者，倍宜加等，即不抵偿，而终身禁锢，与大计贪官同处，不得朦胧起废，及以边材等项名目，滥与荐举。则问刑之吏，尚知所惩，而酷风衰止，贪亦无以济矣。

赃以满贯抵重罪，刻法绳人，此所谓"一切之法"也。抑贪劝廉，唯在进人于有耻。画一以严劾之，则吏之不犯者尠，更无廉耻之可恤，而唯思巧为规避；上吏亦且重以锱铢，陷人于重罚，而曲为掩盖。上愈严而下愈匿，情与势之必然也。且凡所受于下吏、部民者，乃至鸡凫、扇帕、纸墨、油炭，皆坐价抵赃；绳人于交际之涂，且必开其掠夺之大。焉有出身事主，而可如於陵仲子争名于一鹅半李之间者乎？既不枉法矣，则何谓之赃？其枉法也，则所枉之大小与受赃之多少，孰为重轻？假令一兵部官，滥授一武职，以致激变丧师，或因情面嘱托，实所受贿仅得五十贯；令一吏部官，滥授一仓巡河泊，其人无大过犯，而得贿二百贯。又令一问刑官，受一诬告者之贿，而故入一人于死，仅得五十贯；其一受诬告者之贿，而故入人于杖，得二百贯：岂可以贯之多少定罪之重轻乎？则无如不论贯而但论其枉、不枉；于枉法之中，又分所枉之重轻。但除因公科敛，因所剥削之多少，分等定罪；其他非黄白狼藉、累万盈千者，苟非枉法，但付吏部记过，全士大夫之名节于箠牍饮食之中，而重之于箕敛渔猎之条。唯宽也，乃能行其严，恶用此一切之法为！

弭盗无上策，逐捕亦法之所不可废。宋制：捕盗获全伙者，加一官，其法校善。盖责有司以捕盗，唯可赏而不可罚；罚一行，则匿盗不报以苟免于谪，而盗益猖獗矣。盗无可全获之理，十人得七，即可膺全伙之赏；其未获者，责令乡保户族长立认状，不拘年分、曾否经赦，及已获贼首处决与否、失主存亡、旧案远近，皆一应责令擒送。若有隐匿，被人首出，即同窝盗。嗣后捕盗员役，若能盘拏积年未获之盗，旧案分明不枉者，即照捕获全伙例纪录；能捕人役，一例给赏。其犯盗人田产，在逃未获者，即行变卖，给失主赔赃。如此，则官司无讳盗之心，而失主自告报后，非其火下识认、须当官指证者，但具一真实赃单，明填记识，俟验合认领，更不烦频令到官，一听官司自行审决，则被盗亦何惮而不泄其荼毒乎？此亦弭盗于末流之善术也。

冗事于一官，而冗官于无事，两失之道也。在京如吏部稽勋司，其职掌漫无可课之功；而文选冗沓，以滋黠吏乘司官之促迫，瞀乱而雠其奸。何如以初选任之文选，而以升迁、调降、起复之补除任之稽勋，则曹务繁简称矣。工部屯田司，亦无实之署也；何不令三岁一稽天下田亩荒垦，有无崩坍淤退，并课有司陂堰圩堤之兴废，而核实地亩增减，以授户部而登耗其税粮。都水则专任黄、漕二渠之通塞，在外则同知、通判、推官，沿五代及宋制之陋以建置而漫无专任，为课最所不及。自好者持禄以待迁，否则法外生事以扰民，而事集于知府之一人，求暇以课农桑、亲学校而不可得；何似明任以诘戎、捕盗、督粮、问刑之职，如汉分曹之制，受成于知府，而各给印信，得上达于监司。俾知府一意教养，则前代行春劝农、宾贤饮射之典，可复也。

官自有体，国家授之以体，则为吏者有所矜式，以养其品行，民亦受其福矣。相沿非九卿堂上官，及法司属官差审刑狱，五城四门巡视官，不置刑杖。若内阁翰林等清署，虽僚从有犯，亦送兵马司杖治，所以优君子于清简和平，而刑亦不滥。不然，在京文武吏且盈千，辇毂之下，血溅肉飞矣。以在外言之，凡为吏者，即置刑具。如捕盗理刑官，固其职掌；若分司守巡，及府州县佐贰首领，用此何为？以快其怒、张其威，甚则胁民而取其货耳。若布政司府州县正印官，不得无刑人之事；律既有笞杖定制，或稍使得用讯杖竹篦，以警欺窳可尔。若夹髁拶指，乃不得已而用以诘盗；今牧居者以施于民，是长吏者，民之鸷鸟猛兽；而刑具者，其爪牙也。失父母师保之尊亲而为狱吏，知自好者亦应耻为之；相习不媿，因而不仁，岂自知其辱之贱行耶？乃民亦何辜,而縻血肉于司牧者之堂也?仓巡驿泊,师师相仿,民其余几!乃至教职,亦挟杖以行,廉耻荡然矣!自应急为厘正:讯盗之刑,唯捕盗官得用之;理刑官得用讯杖,正印官得用小薄竹篦,以惩不恪;若正犯笞杖,即与如法的决。奸欺大蠹,即本署役从,亦大则送理刑官,小则发巡捕首领讯治。斯以矜重长吏,全其君子之体,而以宽斯民之束湿者,即在乎此。征收税粮,除奸欺里甲付理刑官追比问罪外,则自有劝戒乐输之道在;若以天子之尊,遣数千鹰犬,威制匹夫匹妇而索升斗铢累之得,不但羞当世之士,而亦重辱朝廷矣。

  尹京之难,古今所同,故两汉多用严酷之吏以处之。然京尹,牧民之长,乃天下郡守之师表;而以毛鸷为尚,则是倡四方之舍德而崇刑戮也。顾辇毂之下,土著少而宾旅众,其去乡里而来都下者,类皆其黠者也;非可素施以渐摩之训,则非任张敞、赵广汉、严挺之之流,诚有难治者。故以郊外编甿,属京尹之政教;而国门以内,属兵马司、巡视御史之纠察,庶两得之道也。乃一城而五之,莫相统摄;窜匿闪烁,百弊所生。兵马司秩卑权轻,动为权贵所掣;巡视御史,差以月计,传舍视之,奸不胜诘,而法且穷矣。故其后也,一授法纪于缇帅、厂奄,而成乎大乱,风波之狱,毒流善类,皆巡察者之权不壹、任不重有以致之也。缇帅之职,视汉之司隶校尉也,而可使纨袴近幸之狡者任之乎?诚欲以牧民任京尹,而以辑奸任执法,无如以五城内外,乡饮、读约、厘税、夫役听京尹,畿县仍视外府州县;其缉拿、探丸、发箧、窥探、贿诈,禁止饮博、猖狂、阑狱、扰市,凡属五城所掌之禁令刑名,于都察院堂上副佥专任一员总提督之,劾其纵怠,禁其淫刑,官尊威重,法可必伸。移缇帅之权,以授廉直刚毅之大臣;养京尹之仁,使尽抚字敬敷之大体,斯为经国之良规也乎!

常平仓，良法也；而每中圮不行，非但不得其人，亦立法之未尽也。仓米不出于经制，故墨吏可以侵牟，窳吏可容怠弛。若于立法之始，每年夏、秋二税内，借征本色，田亩起科最轻者，每民米一石，借征一斗五升；其次，借征一斗；最重者，借征五升。但遇饥荒谷贵之年，即行平价粜卖，坐充输粮人户本年应纳钱粮；若价过五钱以上，即以有余银米赈济。如三年不遇岁饥，将存米一半，于应解漕粮地方支解，照数减征粮户本年漕米。其非水次、无漕运地方，亦支放一半，或发卖，或充官吏俸粮，民皂、铺递、膳夫、斗级等项公食；每石酌价五钱，坐减粮户本年应纳折色。至六年而旧米支尽，新者相仍。假有民米万石之县，以中则准之，恒有六千石之畜矣。其米于高爽寒燥地面，征火米、黄米；卑湿蒸热之乡，每米一斗，征晾过干谷二斗二升，皆于十月十五日输仓为止。支放之日，数有亏欠，经收官不论在任及升调降罢，行提坐赃，追赔问罪。盖有粮之家，类非粜贵坐馁之人，通有余以补不足，但损其息，不损其实。三年而无歉岁，则亦适如其应输之数，而通济均平之道得矣。坐抵起解钱粮，则有司无所施其侵渔；若湿漏雀鼠之坏腐折耗，典守者固无所逃其责。不此之图，而丰年发官本以收籴，则有押勒强买之害，挪移狼藉之弊；至于罚谷存仓，则只以启墨吏肉攫折金入橐之门，而五刑收赎之外有无涯之峻罚，徒为民蠹，无粒粟之实惠也。

黄籍户口之外，有司别有烟民册，此政之颠倒而但可一笑者。"率土之滨，莫非王臣"，此穰穰耆何人，而徒以勤耕苦获，供国家之租赋者谓之户口也。且如人丁绢，唐之庸调也；桑丝绢，则元按户课桑之加征也。户口盐钞者，原以国初盐课每引止输边粟四斗，盐价贱，民食其利，故稍派令出钞以助正课也。丝绢之税，不专于农民，通城市村坊逐末技作之民均输之；既宅不毛者，不免里布之遗意。而食盐之利，计其多寡，则逐末技作者必多，而农民恒有经旬淡食者，固宜分派烟民也无疑。但宅其地，不论客户土著、佃耕自种、工商游食，一令稍有输将，以供王民之职；乃名不登于天府，无一丝文钱之奉公，而重困农民，代为堕输，尚得为有君统理、有吏分治之天下乎？即烟民而为户口，三载而考去留登降之数，何所不宜？而执数百年已朽之鬼录，索非法之财邪！

朱子言救荒无良策，不如修水利，诚牧民之要言也。然仅为东南可潴可堰者言尔。江淮以北中原平衍之地，更无水利可修；且修水利者，在良有司躬亲之。朝廷都水所掌，非不具立条贯；无人奉行，则亦听民之有雨则弛、无雨则争，非画一可久必行之道也。《周礼》荒政，多兴工作，以聚失业之人，此最为通变之善术；盖年虽凶荒，病在民而国未尝遽瘵也。若河南、山东、淮泗一带，黄、漕二渠，岁费不赀；假令灾伤之岁，于九月后度所宜修之堤岸，所当疏浚之支流，即行就灾伤地面，募无食之民，鸠工起事，以所应用钱粮，于相近成熟州县，平价和籴米麦，或截抵价漕粮，给丁夫口食佣直，及采买竹木甓石，俱以见米支价。其在山、陕、北直，则就近相视边墙、堡哨、墩台、壕堑合当修者，即借支漕米，募饥民挑筑；仍扣该镇应支修边银两，解户部仓场堂上官，俟次年成熟，于相近水次地方，买米麦补运。若黄、漕二渠应有河工银两，工部即交割仓场，候熟买补，尤为利便。倘更不足，则临清、德州二仓预备米，正可挪支。唯在丰年，则自非房冲要紧地面，崩坍急须挑筑，及漕河十分淤塞，黄河异常决坏，为患深大，一概不得修理；留待荒岁，民有所仰，以全其生，而流散团聚，积为寇盗之源塞矣。若东南，既有水利之可修，但在严立课程，专官管辖，则自无大歉；倘水旱太甚，亦可修城、浚壕、治道涂、葺馆驿、缮公廨、学宫、神祠，以合用钱粮，告籴于邻近成熟郡邑，支给工食。大抵北方之旱，千里弥绵，又无野蔬鱼赢之产，故死徙寇盗，倍甚于南方；因地制宜，存乎良有司之实心实政，非朝廷之可为遥处。唯留工作以待荒年，可设为成法。且民有宁死而不受米粥之拯，且吏胥耆约无所雠其奸欺，唯募工之为两得。荒政十二，此为要已。

移度支以供滇、黔、粤右，固不容已；然能安其人而渐化之，则虽劳而有造。乃田粮起科，极乎无可轻，而州县之虐取，更倍于腹里之重赋。郡邑之吏，有坐升而无内转，虽行取而不得清要，有拏问而无重法，弃置之于荣辱不加之地，无所顾恤，而听其为蟊贼，以求远人之绥而移易其犷顽，其可得耶？使悉从乎直省之法，官有箴，事有制，赋役有经，即以粤之财治粤、以黔之财治黔而亦足，而何况于滇。且其名为州县，大小饶瘠，恒不相称；如临桂乃省会首邑，而壤地瘠隘，不能供一城三日之食；灵川县界去三十余里，何不可并为一县？其他蕞尔箐峒之中，不能当一乡保者，亦强立州县；如修仁、荔浦、荔波、永从、独山等，皆设城隍、学校、官吏以牵其民，而使日暮涂远之人以脧削之者，又不可胜纪。苗、僮非庸懧之守令可制，但不生事以激之，则可以渐而引之向方。若八闽全土，在汉为东冶一县而已；东晋以还，日革故俗，今遂为庶富文明之巨省。简以治之，易从而可亲，何事此纷纭建置哉！如以郡县少，不能成一省会，则兼两广为一布政司，而建司治于梧苍，分贵州入湖广、四川、云南三布政司使，习腹里之政教，以移易其吏民苟且之心；则此日之粤右、滇、黔，不可如他日之闽、浙乎？倘以苗夷窃发，必须弹制，自可于贵阳、柳州设督制镇巡，干军府如甘肃、郧、赣、湘、沅，亦何用此无政无刑之藩臬为也。

兵柄无所专统，自宋而始，然枢密院犹与宰相相为颉顽，盖亦仿西汉大司马、大将军之制而稍替其权，未为失也。若《周官》九伐，一掌于司马，全领夏官之政，不专任兵事，则封建、郡县，形势不同。周之戎事，止于千里王畿之车徒，以讨诸侯之不庭者，非后世外有强夷、内有大盗，争安危存亡于一战也。兵部统武选承袭矣，又统职方九边之战守，及车驾、武库、卤簿、驿递、兵器之繁；吏治杂而枢机仅其偶应之一节，乃使军中遥禀其节度，与督巡镇帅均其功罪，欲军之不偾，不可能已。分奏覆、清覈冗沓簿书之余力，以揣度千里外之进止，虽曰斩丁汝夔、王洽，亦徒为淫刑而已。兵部所可司者，兵制之常也。军卫勾补绝除添调之政，腹里武职世袭黜陟之铨，裔夷朝贡封削之典，驿传夫马摆给之制，兵器造作给发之数，已不胜其繁矣。若边防征剿，出大师以决安危，自应别有专任庙算者。殿阁学士，固参赞密勿之官，既有文华、武英之别号，则首辅统理而外，宜分武英殿大学士专理机密文字，调度边镇守御征剿；无事则申饬训练，以考核镇巡。凡有军政之官而进退之，其枚卜会推，一视阁臣，而必于曾任督制及本兵尚书、侍郎中曾有边功及威望隆重者推之，而慎选武英殿中书舍人，听其委任；庶乎不以有国之司命，付之悠悠持禄之人，涂饰而趋于赢以毙也。

题奏得旨，科抄下部，印发邸报，使中外咸知，此固以公是非得失于天下，而令知所奉行。然在寻常铨除、降调、论劾、荐举、典礼、刑狱、钱粮、工役之类则可，即如缇骑逮问，刑科且先行驾帖，不发邸抄；况用兵大事，奸细窥觇，密之犹恐不密，乃使喧传中外，俾夷狄盗贼得以早测进止乎？若仿唐、宋枢密院之遗意，专任一阁臣典司之，则凡系军情奏请、敕旨传谕及上言兵事者，不论可否从违，每科抄即送武英，应会议者即集官会议，应传谕军中镇巡将领者即弥封传谕，应知会直省督抚、监司、军卫调发接济者即行部知会；其建言兵事可否采用，即召赴阁，熟问奏行。自余不应知闻衙门，及在外官民，自不当遍令测知，一概勿得抄入邸报；敢有漏泄者，如律治之。不然，律禁漏泄，而邸报流传远迩，一何諩也！其夷虏入犯、盗寇窃发，该汛地官飞报，与临阵胜败、城堡存亡、贼势衰盛，及侦探敌情一应塘报，皆止抄发应与知闻衙门，俱不得抄入邸报；唯扫荡大捷，应行露布通传者，方许发抄。则机事密而人心定，斯为庙算之永贞乎！

六科之职，有封驳，有抄参。封驳之制，唐门下省掌之。门下与中书，俱宰执也；而相为驳异，非大臣协恭之体。给事中，门下属员也，廷诤为宜，以正君德、饬国政、儆官箴、尽民隐，自不易之良法；若抄参，则为私意横行之便径矣。且如抄出严之，抄出速之，抄出商之，与六部相斟酌而申饬焉，犹之可也；若抄出已之，尤为非法。使其事大而必不可行，则自当封驳；若事小而在可行、可不行之间，且以听部院各衙门之行止，而徐议其得失未晚。乃唯一人之意，更不俟公论、不请君命，而以意为废兴，此何法也？自持禄养交之阁臣务为诡随，任科臣之泛滥以免指摘；于是而上下争权，以成乎灭裂，一激而为尽削台省之权，以任六部，贿赂公行，纲纪蔑绝，后有作者，必且大反而又失其平。则封驳、抄参，酌中正以适治理，所必熟讲也。

总宪得其人，则吏治自饬；大司成得其人，则士气自清。顾公佐之在都察院，李公时勉之在国子监，其明效也。六科无所统属，故吏科都给事中宜任大计，及分发红本、封驳抄参之事。若御史，员虽多，业有总宪为之纲纪；又任掌河南道印者，以大计、提差、考覈之权，则虽有方严之总宪，或掣之矣。国子监不得与闻直省之学政，而以督学官之磨勘授之部科；教之不壹，而望文体之正，士习之端，难矣！凡差提学官，一委祭酒、司业保任；以所保者之称职与否，为保者之殿最。若私通贿赂，及宽而纵弛、严而苛刻，及倡率士子为诡诞肩陋之学者，同学不先纠论，而台省举发者，大司成以不职坐废。其所颁条约，俱国子监颁行之，或因时规正，大司成具列奏准酌定，庶教出一源，而士风其可齐也。

鬻爵之政，始自晁错；所鬻者爵耳，爵非官也，以复除、以赎罪而已矣。后世乃以鬻官，又其甚者，乃至于鬻士，纳马、纳粟而入太学。成化间之乱政，从古所未有闻，其说开自大学士邱濬；濬之为人，乐道秦桧者也，固其宜矣。天子自鬻国子生，则下之鬻乡会试，鬻弟子员，孰从禁之？未几而程敏政、唐寅之事起。自有虞氏设庠以来，极乎金、元之贱士，未有灭裂人廉耻，以败国之纲维如此者。乃相沿二百年而趋益下，濬之罪可胜诛乎！粟、马之纳，于国计几何？乃以教化之源，为铜臭之府耶？万不获已，如晁错之急于实边以纾民力，自可别立闲散秩名以酬之，免其徭役，而自杖以下，有司不得辄加讯辱；又进而假以鸿胪、光禄、上林诸署冗员，任事则给以禄俸，犹未至重亏夫名教也。

今之乡饮酒，非古之乡饮酒也；然如《会典》行之，亦有裨于风教。乃有司奉行故事者犹数百年，而里正之饮于乡者久废。无他，里正疲于徭税，偷薄狼戾，先自里正倡之也。其徒至（更）有"钱粮不认父子"之谣，而尚暇及此乎？惟公费驿递，自有经制，不遣里正任其荼苦，正供简明易遵，按籍以责税户，不诛完欠于里正，则里正不任为嗾放入山搜攫之猎犬。力既有余，而播恶之习气且革，则亦知自爱，而以风教任之。彼且以得行典礼、司教化为己荣矣。若古之乡饮酒，则今之起送科举，及乡试鹿鸣宴是已；此尤崇奖始进于礼教之大者。乃架月桥，令伎人簪花作杂剧，殊为可耻；宜其一变而以犒兵、饷役之酒食，呼蹴而与，以讫于不复行也。《鹿鸣》虽歌古诗，而音节无传，仅同符咒；簪花挂䌽，轻艳不伦。今古乐不可复，不如且革淫乐，而以宾主献酢之礼行之。

州县统于府，而府别有学，其制与州县等，此甚无谓。宜于州县学中岁试优者，行提调官覈其德行，无出入公门、亏损名义等过，升之府学而饩之。量府之大小，人才之盛衰，而为之额，多者不过百人。凡州县学，但与乡试，不得岁贡，士升于府学而后贡之，廷试；其优者与出身，次者入太学。大府岁试而贡之者三人，次二人，小府一人。不但名实相称，且学之于乡，已小成而进于郡；及就郡学，则师友益广，勿使局促井里，狎昵习气，至以钱粮、讼狱陷溺其心，所以扩其耳目、逸其志趣以变之，《礼》所谓"游其志"也。升府学，则以胡安定教法，及白鹿洞学规，酌而教之，学以渐而可大。孰与老于乡校，锢蔽于腐诗时文之中，而以乡贡为日暮涂穷之旁径，使偷靡以终其身乎？

截解似两便于国民，而不知其适为两害也。财用出纳消息之权，必操之朝廷，而复张弛随宜，裕于用而民不困。为苟且之术者，规一时之简易，而卤莽灭裂之祸不可言。如嘉靖间，因吉囊、俺答之患，陕西三边，用兵孔棘，遂将陕西一应钱粮，尽行截作三边之饷；不足，则截四川盐课补充。当时在民，则免于解京之难，而利解边之近；在户部，则免接济不及之咎，以委之总制之自为催督，而以速济边事、减省路费为辞。乃自此而后，户部付西边之有无于度外，至甘肃一镇，经数十年而无斗粟一镪之给，宁夏、延绥，亦仅有给者，收支无可稽考，托于未解以匿为中饱者多矣。兵数损而士心离，起而为盗，所必然也。催督之权，一归总制，任非其人，则胥吏威行于郡邑，令牌、令箭驰突官府，动以军兴相恐喝。民日死于催科桁杨之下，水旱流离，莫能告缓，故激而为流寇。流寇之独盛于关、陕者，非秦人之乐为寇也，截解之催督使然也。完欠支放，朝廷无从户稽覈，百姓无可控告；以陕西委陕西，而求其不叛，庸可得乎？此夏、严之流，任意而听部司之委卸；为总制者，又贪利权之归己，以成乎患害。不知法必有迂曲，而后可无弊者；概从简径，则无纪纲而必裂。夫民必输国，而兵必待养于度支，此定理也。水旱可以宽恤，边事之缓急可以损益，皆听庙堂之张弛；恶有刻定民间若干之赋税，为边兵若干之军需，而不忧额饷之有时不给、民力之有时不支者乎？穷乡远徼之民，皆知输正供于京师，而饥馑可以望恩；行伍之士，亦知待养于司农，而节宣皆唯庙算，然后兵民之分义明，中外之血脉通，而无痿痹隔壅之病。谋国者苟且无术，而贻祸无穷，亦可为永鉴也已！

历代唯唐以钱绢杂用，盖沿北魏、周、隋。江淮以北，地不产铜而钱诎；开通元宝，始铸而不给也。自余皆以钱为通用之资。宋以前，银价虽贵，然仅用为器饰，犹今之黄金耳。银产少而淘炼难，铜随在可采，而通市交易尤易充足；物有余，斯可为不穷之用也。若宋末会子、交子，元变为钞；洪武初犹承用之，其法极乎陋敝而必不可久。然则利生民之用，自太公以来迄于今，无如钱矣。钱法之坏，乱世贪人坏之也。国贫而攘利亟，铜本少而钱薄劣，觊多得利而终于不行，盗铸亦因之以起。有天下者，通计而期之久远，何汲汲于旦夕之厚获耶？即令千钱之本，费至九百五十文，但得息五十文，在国家计之，亦为无穷之益；而民之盗铸者，以无利而废然返矣。拣精铜而以佳锡点之，每文足重一钱二分，而当银一厘；轮郭圆好，文画清整，铜色纯青，漆背光坚。非是者，官收炼铜，而以铜价偿之，虽一钱亦不放行。要令鼓铸不辍，则青钱广而恶钱自息，不待严之以流配之刑也。假使岁得百万缗，则岁增百万两银之用于天下；无论在官在民，优然有余，而国自不贫。况实有五万缗之息，虽至薄，亦岁计之余乎？增此百万缗于人间，则粟麦丝麻、水陆物产之流通皆速。惟钱少而银不给，故物产所出之乡，留滞而极平贱；非所出之乡阻缺而成乎贵。民之饥寒流离，国之赋税逋欠，皆职此之由；上下交患贫，而国非其国矣。钱多则粟货日流，即或凶荒，而通天下以相灌输，上下自无交困。故钱法行者，非一朝一夕骤获之利；积始终、彻上下，而自然以裕乎财用者也。欲钱之行，无他法，惟少取息、务精好而已矣。

户部天平，金针玉铰，滑易而平倾速效，吏无能为奸弊；各布政司用铜铁者，猾吏隔宿以醋浇之，生绿涩，随手一拗，加至数两不能移，挥槌连击不能动。有天下者，何惜此数两金、数片玉，不为民除无穷之蠹乎？斗斛铁铸，信善矣；然但用以较量，而重不可举。若以桐木为之，加铁裹二三寸于唇上，三年而一颁，通行天下司府州县，不过二千余具；请旨验发，敢以私斗斛收税粮者，以矫旨从重论。所颁既广，自莫有敢为同异者。大抵有国者，不可惜费惮烦，如此类者亦多矣。

班匠之制，一以开国之初所定为额；阅数百载后，其子孙或耕或商、或读或吏，不复知有先世之业，而犹使之供班，或令折银，徒为无穷之累。若彼操技术以食于民者，曾不供一王之役，此政之大不平者也。且直省之中，若广东、四川、云南为工作之薮，广西、贵州地虽瘠，而百工之所为亦备，乃独无班匠，亦非法也。朝廷所用工匠，自宜招募和雇，其廪饩之资，则当即取之工匠无疑。诚于十五直省州县分为九等，制其名额，每名依公句之制，岁役三日，酌其佣值多少，量加路费。不论土著客作，但于地面应付经一月者，即令著役，给以当年经收信票，即往他处，本岁不致重征。岁役一二人为甲首，征收纳解。合用工匠衙门，召募拣选工匠，称其难易巧拙而分饩之。其或上用之匠多而民间少，或民间之匠多而上用少，通各色免役之实征，则均足矣。若召募不以其道，工食克侵，役使过度，刑责过峻，以致销沮其趋事求精之心，甚至避逃不赴，造作稽迟，及粗恶不中程序，但责之部司之官而不责之匠，则弗患其不能来百工矣。若国有大兴作，非大匠不能经度，工成应赏以禄秩，宜于工部别建职名，丰其禄秩；特不可假以尚书、侍郎、郎中等名色，以乱流品而已。匠无世业，巧者能之；不以匠还匠，而求之农民，农之困非一端，耒柄鉏矜且不能不以钱粟往求于匠，而尤代之供京班之役，无怪乎人之乐舍南亩而趋末作也。

所与守天下者，军也；军所尤重者，北边、南嶂之屯戍也，城堡之哨瞭也。天子倚边军以固天下，三军倚瞭哨以决死生，自非与将吏同心以效忠于国者，不可以此委之矧矣。乃自充军之例兴，杂犯死罪，若流若徒，皆以例发充军军舍。武职有大罪，则调边卫；边卫有大罪，则发哨瞭，是此封疆大故为刑人抵罪之地，明示阃外之任为辱贱投死之罚。督制镇将且为罪人之渠帅，如驿吏之领囚徒；国家之神气，几何而不沮丧乎？且其人既已奸宄，幸脱于死；而无惜廉耻以告乡里之心，无保井庐以全亲戚之念，其不叛不逃，复何顾焉？其尤黠者，甘心延寇，以快报复于一朝耳。本死地也，而使之乐；本劳地也，而使之劝；本险地也，而使愿者处之以保其贞，乃可令兵亲其将，而以躯命报恩礼。正当于民间拣选有志行者，奖以荣名而使之为兵；于腹里屯卫拣选有志行者，奖以荣名而使之居边；于边军拣选有志行者，奖以荣名而使之瞭哨。人慕荣名，然后上下相亲而乐为之死。彼罪谪戍边，秦、隋之所以速亡；刺配军州，宋之所以拱手而授天下于元人，而何效焉？

惟合万国以享帝，享帝则编甿皆所应效。太常寺所需，当责之户口田亩，土产者征本色，非土产者征折色以和买。自外则米、麦以供禄饷，为农民所应输；次则绵绒、豆料、丝麻、牲口、柴薪，可均派天下之户口；枣茶、竹漆，可派之园林。此外凡国用所需，若皮张、弓箭、翎毛、蜡油、颜料、铅铁、筋角之类，皆商贾之所居赢以射利者也。田野之民，辛苦以采畜之，虽有余而市之，亦以供终岁之用而不足，商贾坐而邀其利。乃自"一条鞭"之法行，而革税课河泊所官之税务，尽没其从出之原，概责之地亩；抑本崇末，民日偷而国日贫矣。盖农民愿懦，责取之也易；商贾黠狡，责收之也难。悉举国用而胁蚩蚩之氓以输将，其始具列名目，虽若繁细，犹存名色；一条鞭矣，则并其名而去之，但知征粟征金，而不知何为而须此矣。万历间，每府州县皆置税场，但不宜遣内使督扰耳。言者谓之扰民，其云扰者，要皆市井奸嚣之宵小，于国家根本所依南亩之劳人，未有怨咨也。或且谓农民日用，亦必资于商贾；随地而税，则物价增贵，农民亦受其病。不知人必免于冻馁而后可有求于市，则以税故而价稍增，亦其所可堪者也。若苦于饥寒征徭而无告之民，经年而不入市者多矣，曾何损耶？议法于廷者，皆不耕而食，居近市而多求于市买，利商贾以自利，习闻商贾之言而不知稼穑之艰难者也。孰能通四民之有余不足、劳逸强懦而酌其平乎！杂派分责之商税，则田亩之科征可减，而国用自取（处）于优，国、民两赖之善术也。孟子言"关讥而不征"，又言"市廛而不征，法而不廛"，谓当时列国分据，彼疆此界，商贾阻难，需货于邻国；非宽恤之，使厚获利，则趋他国而不至，故以不征诱之耳。后世四海一家，舟车衔尾而往来，何患于商贾之不来乎？孟子言恤商，而孔子不言；鲁用田赋，以商贾之赋赋农民则讥之，斯万世不易之法也。

边粮有本色、折色之异。本色粮料草束，就近截解，以省飞挽，可矣；折色银两，转解无难，自当总解户部，请旨发边。盖事有缓急，兵有增减，有调彼赴此、随急而应之异；采买粮料，有丰凶、缺足、贵贱之不等，原不可以一定之数，听之督制镇巡，使有余则恣其渔猎，不足则或短少粮料以亏军士，或更请增加以病国。唯必从部定，相缓急、贵贱而为之制；省无事之费以储之而侍有事，节丰足之价以储之而待凶缺，一定于庙堂之斟酌而权衡皆专于壹，则事用恒足，而民亦不受边镇雷霆风火之督迫，边亦不苦有司秦越肥瘠之视。假令岁觧银百万，柱道由京而至边，所费二千人之役而已。以都燕言之，蓟、宣、大同，近在肘腋；辽左、延绥、宁夏，不过旬余；惟固原、甘肃为远，然亦沿涂驿站之均劳耳。财者，朝廷所以维系边关者也，散纲纽于四外而听其自为取与，可乎？苟且以趋便，所谓"以细人之心谋国"也。

天子所都，即不得陆海之地而居之，亦未有不生五谷者。宫中之食，与百官之禄，支本色者亦有限，未有不可给者。以都燕言之，顺、永、保、河四府，夏秋二税，二十三万有奇；所需细糙白粮于苏、松、常三府者，十五万有奇耳。即以四府二税之米麦供宫中及百官、师生、吏役之禄入，及酒醋之需，犹有盈余以资他用；而必责之数千里逆流闸水之挽运，其船脚尖耗、松板垫席之费，且倍于正供。又金解大户，使倾产殒命以任之，此何为者？盖沿洪武定都金陵，苏、松、常带水之便，因就近上供；及永乐北迁，谋国者苟且从欲，莫为改厘，其害遂至于今而不已。不知近者纳本色，远者纳折色，此通禹贡五服百里、二百里异职贡之道，万世必因者也。若谓天子之都，民食宜裕，不可使输粟过多；则何不增此十五万之漕粮于应漕之地，以代畿民之他赋，而免此更端之扰、偏重之役乎？或以吴下粳米精好，玉食者所宜享；则慈闱上用，中宫、东宫、诸王妃主之常膳，岁可数百石而给，令三府酌贡足矣。若遵大禹菲食之道，居其地，食其产，以为百官倡，尤盛德之事。食不厌精而已，何土之粟不可精耶？况郊庙粢盛，取之籍田，一畿之土产耳，又何以仰质于上帝与祖考乎？

流民不知何时而始有，自宋以上无闻。大抵自元政不纲，富者骄而贫者顽惰，有司莫之问。未流之先，不为存恤；既流之后，不为安集，相沿至于成化而始剧。初为流民，既为流寇，遂延绵而不可弭。江北、河南，旷莽千里，旱蝗一起，赤地无余，舟楫不通，籴买无从，劝农之法不讲，而税粮又多征本色。无三年之食，国已非国。及其弃土就熟，乃更授以公据文凭，令横行天下以索食。夫此流者，既不难去其乡矣，使屯种于边，何不可者？即不欲赴边，而土广人稀之地，如六安、英、霍，接汝、黄之境，及南漳以西，白河以南，夔府以东，北接淅川、内乡之界，有所谓禁山者，何为而禁之？若饥民告去其乡者，于彼山地安插之，使刀耕火种，各成聚落；于郧、夔、汉中、庐、安、汝、黄诸府，增县建官以牧之，轻其税徭以安之；又如崇阳而南，至于浏、醴，东接瑞、袁、吉安之西境，宣、歙、衢、严，南至于建、汀，山肥土泽，可粟可麻；而不耕不税，为豪民之影占，择地而立之邑，授土而奠之耕，皆可以安寘此曹。而化疲顽为率教之氓，易荒穷为错绣之国，此以处夫既流而不复业之民矣。乃以妥未流之民，使永安其土者，则除已流之户籍，分给田产于土著而使之广种；减其漕运本色之数，多置常平以权丰凶之积，使有所凭借而不欲去其土，十年之后，将必耻恶其游荡索食之故态，而况忍为探丸啸伏之奸乎？河南、江北，唐、宋以前皆文治之国，朴秀之俗也；谁移之而使成为乞、为盗之俗？任教养之责者，乃更给之符檄以奖之乎？转移之权，在加意而已。

勾捕逃军之禁甚严，横及于无辜之户族邻里；作法之弊，乃使袭而为之者，捕逃、送逃，毒深于中原之赤子，亦憯矣！夫惟出征临敌而逃者，于军法不可贳，亦立募获之赏，禁沿涂之诱匿于授钺之日而已。若其著伍之日，无出征之令，而或操或屯，则天下必不可强之使为者兵也，欲其捐生以效命于原野，而拘絷怯儒离心之人以尝试乎？养之有恩，驭之有道，能为兵者，自乐为之；不能为兵者，听其告退而归民籍，别募以补伍，奚患乎无兵而待严逃禁哉！其有逃者，必其为长、为帅者之不能恤士也；诘其所以逃之故，亦罪坐主者而已矣。唯问罪发充之军，逃所必诛。然罪人充配，损国威而短士气；始为谪罪充军之议者，庸人误国之祸原也。以屯田言之，则人逃而田改在；如其欲脱籍而去，即以所屯之田归之官，而更授募者。假令募者不能耕，即坐收屯田以为新军之食，固亦甚易。唯典买军屯之禁不严，故或军退而无田可归。其法但按始授军屯之籍，不论其所卖之或军或民，责于余粮子粒之外。苟非正身著伍，即令输上仓十二石月粮之数，则典卖不行，而田产恒在，有以给新军矣。人之才力性情，各有所宜，不欲为兵者，强使为兵而不得；欲为兵者，亦抑令为民而不安，在经国者之裁成耳，如之何为苛法以虔刘斯民也！

　　自文官不许封侯之法立，而五等夷为粗官；朝廷奖驭勋劳之权日轻，故王威宁以封侯入右班为耻。公侯之为帅者，匍伏于士大夫之门；上欲扬之而只以抑之，势之所激必然也。自隋、唐重进士之科，崇尚文墨，则古者文武并于一涂之道，不可复行。然出身之涂可异，而自三品以上，为国大臣，出而屏藩，入而经纬，固宜合也。诚使自行伍而登仕者，至三品则通经术、明法律者，自词林而外，卿贰督抚，皆可历试；其不谙文事者，亦可兼衔。自科目而登仕者，至三品则出而提督边关，皆可挂印充总兵官；入而理戎政，为枢部之长贰，亦可兼都督之职。苟为尽忠宣力之大将，亦得进而与闻乎国政。而文臣登籍以后，志在大用者，不徒高吟曳裾，以清流自标榜，而贻无用之诮于武夫。分释褐从入之途，以使各专其业，合大臣宪邦之用以使交重，而不相激以偏轻。君天下者，勿任意见之私，当开剏之始，不矜马上而贱诗书；在守成之日，不忘武备而轻介胄，纳（致）天下于揆文奋武之治，在其斡运而已。

　　文臣不许封侯，至以极刑严之；顾亦念古今之以文臣窃天下者凡几。若宋赵普、韩琦，皆赠王爵，亦何病于国？虽秦桧亦滥王封，然不可以桧之失，訾普、琦之得也。名爵为人生所必惜，固也；乃惜之于文臣，而以正二品之世爵，施之汉贼张鲁之苗裔，使与阙里并崇，因宋、元之陋而流及于今，亦可长太息者也！滥名器，崇邪说，其徒乃得藉以游食，煽贫民而取其财，数百年无一人言及者，可异也。今所谓王侯者，非古之列士牧民者也，名焉耳；生而爵之，没而赠之，以褒臣子，以宠鬼神，一也。公侯之名，惜于论道经邦、尊俎折冲之文臣如此其重。帝一而已，昊天之尊称，一人之大号也。真武，一龟蛇之灵耳；关壮缪，一将帅之雄耳，而封之曰"上帝"，曰"大帝"，乃使愚人无以复加，而称之曰"夫子"，公然一洙泗矣。上行下效，曾何纪极？此其宜与禹放蛇龙，孔子成《春秋》黜荆、吴之僭王同法也奚疑。

　　三恪之封，自曹魏而下，攘人之天下，而姑以虚名谢疚耳。然迄于唐，介、酅之封，犹不失为天下贤；但承所窃之闰位，而非崇元德显功之嗣以修配天之事守，如唐舍汉后而尊宇文、杨氏，非帝眷之不忘、民心之不昧也。宋得柴氏之天下，遂废李唐之祀；其于柴氏也，抑未尝为显名，于兹偷矣。唯汉舍秦而崇殷、周，独得三代之遗意焉。洪武初，置此礼于不讲，乃使李、赵拨乱安民，数百年天地神人之主，降为编氓；顾授买的里以侯封。此当时赞襄诸臣，自有仕元之慝，而曲学阿世，以成乎大失，其罪不容逭也。李、赵之苗裔，于今未远，谱系非无可征。且其如汉室宗支，若长沙定王之后，散在江楚者，历四十余世，统绪尚未佚亡，而况于李、赵之近而可稽乎？为中国之主，嗣百王而大一统；前有所承，则后有所授。沛国之子孙，若手授之陇西；陇西之子孙，若手授之天水；天水之子孙，若手授之盱眙：所宜访求其嫡系，肇封公侯，使修其先祀，护其陵寝，以正中夏之大绪。而国家有纳后妃、降公主之典，自应于此族选之；选之不得，而后及于他族，又清流品、正昏姻之大义也。一姓不再兴，何嫌何疑？而顾与盗贼相先后而不耻乎？以赫赫炎炎汉、唐、有宋之功施有夏，而顾不及妖贼张鲁之余孽，世受宠光，不待义夫而为之扼腕矣！敦忠厚立国之道以定民志，昭功德而俟后王，固不容不于此加之意也。

卷四 黄 书

原极第一

夫观初始于天地者，岂不大哉！洋洋乎金以铣之，木以干之，土以敦之，火烜、风挠、水裹以蒸化之，彼滋此孕以繁之，脉脉门门、泮涣搏翕以离合之：故盛德行于无疆，而不知其届也。然而清其族，绝其畛，建其位，各归其屏者，则函舆之功所以为虑至防以切。是故山禽趾疏，泽禽趾幂；乘禽力横，耕禽力纵；水耕宜南，霜耕宜北。是非忍于其泮散而使析其大宗也，亦势之不能相救而绝其祸也。

是故圣人审物之皆然而自畛其类，尸天下而为之君长。区其灵冥，渳其疑似，乘其蛊坏，峻其墉廓，所以绝其祸而使之相救。故曰"圣人与天地合德"者，岂虚获（构）哉？夫人之于物，阴阳均也，食息均也，而不能绝乎匆；华夏之于夷狄，骸窍均也，聚析均也，而不能绝乎夷狄。所以然者何也？人不自畛以绝物，则天维裂矣；华夏不自畛以绝夷，则地维裂矣；天地制人以畛人，不能自畛以绝其党，则人维裂矣。是故三维者，三极之大司也。

昔者，周之衰也，誓诰替、刺雅兴，镐京沦、东都徙，号祭存、纲纽佚，诅盟屡私，数圻日兼；故包器服而思烹溉者，日恻恻然移玉之为忧。而圣人之所深长思者，或不在此。作《春秋》，明王道，内中夏，外戎狄；疑号者正其辜而终徕之，外会者斥其贱而等摈之。夫周之衰，非有匈奴、吐蕃、契丹、鞑靼以为之外逼也；陆浑、吾离、允姓、侨如之族种，不能配中国之一名都也；燕之北鄙，秦之西陲，未尝晨夕于奔命也。葵邱束牲，而小白求三脊之茅；城濮馆谷，而重耳干隧道之请。周之玉步，将上逼之为兢兢，而圣人终不以彼忧此恤者，则其故何也？文武之兴，昕履牧率，夕步天祚；滥唐沿虞，服夏裼商，承建列侯，各君分长，山河塞阽，际蛮戎夷貊者，昔之天下也。既规规然惴其旁午，复鼎鼎然虞其上下，诸侯或僻介荒小，用寡捍强，以小藩大，势诎于所守，力仅于所争，固未尝不纠迴蜿蜒于圣王之心。夫廷万国、一君长，挟尺捶而奔役四宇，功施鈇钺，烂然开于共主，而天下弗分其功名，圣人岂异人情而不欲此哉？然而山、河以西，师旦分牧；函、崤以东，召奭代理；五侯九伯，州长连率，经纬缝紩、割制员幅者，使之控大扶小，连营载魄。是故偏方远服，不受孤警；连城通国，若运掣臂。则周之盛王，所以维系神皋、摈拒夷类者，意未有所弛，而权不可得而衰。夷、厉而降，牧长无命，纲维溃破；锋矢寻于同仇，牖户薄于外御。是故孤竹蹙燕，淮夷病杞，鄋瞒、义渠侮齐，宋而窥河、渭；然而天子不能命伯。列侯之强大者，矫激奋起，北斥南征，故斩令支、轹卑耳、拓西戎、刈潞氏者，犹赫赫然震矜其功，以张赤县之帜。彼其左旋右携、夸武辟疆者，虽不足以与圣王权衡三维、裘领八极之盛心，而圣人犹将登进之，为稍持其祸而异于澌灭也。是以周之天子，赐胙俎，锡彤弓，命随会，攸黻冕，贺任好，播金鼓，而不见讥于《春秋》。故曰"其事则齐桓晋文，其义则某窃取之矣"，盖进之也。

夫奠三极，长中区，智周乎四皇，心尽乎来许；清露零柯而场圃入保，片云合岱而金堤戒滥，吴呼好冠而晋视命圭，杞用夷礼而胄绌神禹，莫不逆警萌甲而先靖宫庭。是故智小一身，力举天下，保其类者为之长，卫其群者为之邱。故圣人先号万姓，而示之以独贵；保其所贵，匡其终乱，施于孙子，须于后圣，可禅、可继、可革，而不可使夷类间之。然后植其弱，掖其僵，扬其洁，倾其滓；冠昏饮射以文之，哭踊虞祔以哀之，堂廉级次以序之，刑杀征伐以整之；清气疏曜，血脉强固，物不干人，沴不侵祥；黄钟以节之，唱叹以浏之，故礼乐兴，神人和，四灵集，而朱草、醴泉，相踵而奔其灵也。今夫元（玄）驹之右君也，长其穴壤；而赤虮飞蚋之窥其门者，必部其族以噬杀之，终远其垤，无相干杂，则役众蠢者，必有以护之也。若夫无百祀之忧，尟九垓之辨，尊以其身于天下，愤盈俦侣，畛畔同气，猜割牵役，弱靡中区；乃霍霍然保尊贵，偷豫尸功，患至而无以敌，物偪而无以固，子孙之所不能私，种类之所不能覆，盖王道泯绝而春秋之所大憨也！

古仪第二

自昔炎裔德衰，轩辕肇纪；闵陆危，铸五兵，诛铜额，涤飞沙，弭刃于涿鹿之埜，垂文鼓弦，巡瑞定鼎，来鹓鹓弭，建屏万邦；而神明之胄，骈武以登天位者，迄于刘汉五姓，百十有七后，岂不伟与！是岂有私神器以贻曾元之心哉？而天贶不舍、灵光来集者，盖建美意以垂家法，传流云昆，不丧初旨；群甿蒸蒸，必以得此而后足以凭依。故屡滨播弃，而卒不能舍去以外求宗主；迹其所以煮冒天下者，树屏中区，闲摈殊类而止。若乃天命去留、即彼舍此之际，无庸置心；要以衣冠舄带之伦，自相统役，奠维措命，长远酭孽者，宝以为符，得人而遂授之。然而帝眷民怀，丝游胶液，纷纷延延，弥保云系者，则贸于相求而隐于相报也。

迄于孤秦，家法沦坠，胶胶然固天下于挚握；顾盼惊猜，恐强有力者旦夕崛起，效己而劫其藏，故翼者剪之，机者撞之，腴者割之，贰人主者不能藉尺土，长亭邑者不能橐寸金。欲以凝固鸿业，长久一姓，而俙败旋趾。由此言之，詹詹凿陋，未尝回轸神区而援立灵族，岂不左与？

汉承其敝，古型秦轨，白黑兼半，而强干植条，为数百年之计者，亦自创异意，冥合十九。侯王封君、兼城占籍，铸兵支粟，不为禁戒。故长沙可以支三粤之侵叛，而燕旦受封制册之中，所以防遏獯鬻氏者，三致意焉。景、武以还，推恩少力，酎金夺侯，虽輶辅弱助，而命大将、遣单使，得以意行消息，权制士马。而且金虎铜驼，虽握禁闼；军民部署，尤隆刺守。故元、成运替，安、顺爽凌。然而楼兰、郅支，绝亢悬首；乌桓、羌部，踬驾伏尸。虽莽僭西都，丕夺许鼎，而南阳、益部连衍而接坠绪者，犹此枌榆之苗裔也。

晋氏失计，延非族以召祸乱；中国隤隤，非无自致，而州牧分土，长其君、子其民，措施不拔，琅琊以延。向使泮散消弱，守牧无资，十六国之戎马精悍，非江东之所能敌也。六代文赢，漫不足纪；遗法余力，仅支江介者，二百七十年。使彼屡主孤邦，日斤斤焉以孤寡陵迟、倒柄藩牧为虑，曾不足以建十年，而石、苻、拓拔已寒裳而绝安流矣。

是故天下之势，有合者、有分者，有张者、有弇者，有纵而随者，强彼而固此者。故曰"大制不割"，乐天下之成而成之，选天下之利而利之。今夫柔鸷击、辑纵横，驱合于农，则实去；要愿朴、建脆弱，驱合于兵，则名存。名存实去，则自忘其弱而丧其畛，方且割万有、专己私，佽身臂、矜总持；不纵以权，不张其辅，则所以善役天下而救其祸者，荡然无所利赖。此仁者之悲膺疾頞，而俗儒之利以为名也。

唐无三代牧伯帅长之援，无深仁大计、建民固本、清族类、拒外侮之谋；窃尸寓农之遗号，强合兵农，分制府兵，征发宿戍，一听于京师。此其法，足以数世速亡；而迄于天宝，祸发始尅者，岂府兵之败轨特迟哉？溯其仅存，寻其利赖，自西州、沿北庭、迄辽左，置督护、都督者，不随腹里，得专措置。故一时大勋名将若李勣、薛仁贵、王忠嗣、郭元振之流，进止刑赏，不受中覆；选士马，审机宜，滂沛椎（榷）酤，奴隶偏裨；下至乾没，犹无所问。极重不返，而节度逆行，干天历以成五季者，事势澜流洄漩，激而反倒其归也。然且更迭闰位，图箓弈改，石晋北倾，恃怙蠢丑；而并阳不拔，胡马北首，数阅而仍归中国，内强之效，亦可睹焉。

宋以藩臣暴兴鼎祚，意表所授，不寐而惊。赵普斗筲菲姿，负乘铉器，贡谋苟且，肘枕生猜，于是假杯酒以固欢，托孔云而媚下。削节镇，领宿卫，改易藩武，建置文弱，收总禁军，衰老填籍，孤立于强虏之侧，亭亭然无十世之谋。纵佚文吏，拘法牵执，一传而弱，再传而靡。赵保吉之去来，刘六符之恫喝，玩朝（在）廷于股掌（偶线）之中，而莫或省。城下受盟，金缯岁益，偷息视肉，崇以将阶，推毂建牙，遗风撕灭。狄青以枢副之任，稍自掀举，苟异一切，而密席未温，嫌疑指斥。是以英流屏足，巨室寒心。降及南渡，犹祖前谋；蕲、循仅存于货酒，岳氏邃陨于风波。挠栋触藩，莫斯为甚！夫无为与者，伤之致也；交自疑者，殊俗之所乘也。卒使中区趋靡，形势解散，一折而入于女真，再折而入于鞑靼。以三五、汉唐之又宇，尽辫发负笠，澌丧残刚，以溃无穷之防。生民以来未有之祸，秦开之而宋成之也。是故秦私天下而力克举，宋私天下而力自诎；祸速者绝其胄，祸畏者丧其维。非独自丧也，抑丧天地分建之极。呜呼，岂不哀哉！

夫石守信、高怀德之流，非有韩、彭倔强之资也；分节旄，拥镇牙，非有齐秦百二剖土君民之厚实也；谭笑尊豆，兵符立释，非有田承嗣、王武俊、李纳之跋扈而不可革也。使宋能优全故将，别建英贤，颠倒奔奏，星罗牙错，充实内地，树结边隅，一方溃茂，声援谷响；虽逮陵迟，取资百足，亦何至延息海滨，乞灵潮水，皋亭纳玺，磵岛沉渊；终使奇渥吞舟，乾坤霾塞，滨百年而需远复哉！惟其涂蔽万民，偷锢大器；瓦缶之量，得盈为欢；婴儿护饵，偃鼠贪河。愚夫之惑，智者哂焉。《易》曰："其亡其亡，系于苞桑。"苟有系也，足以固矣；而必于苞桑焉，秦、宋之系于苔枝，而不知其根之拔也。故曰"前事之失，后事之师"，其来兹之谓与！

宰制第三

今欲取天下而宰［制］之，有圣人，反三维，起在位，度不十数传，复有白□□□□之等夷，狡焉思裂维而盗神器；如□所为，彼固狃以为故常，无足难也。而天不亦恬不知所怪。天地之气相干凌矣，亦或羸槁不能为人救；圣人坚掔定趾以救天地之祸，非大反孤秦陋宋之为，不得延。固以天下为神器，毋凝滞而尽私之。故《易》曰："圣人之大宝曰位。何以守位曰人。何以聚人曰财。"非与于贞观之道者，亦安足以穷其辞哉！

天地之产，聪明材勇，物力丰富，势足资中区而给其卫。圣人官府之，公天下而私存，因天下用而用天下。故曰："天无私覆，地无私载；王者无私，以一人治天下。"此之谓也。今欲宰制之，莫若分兵民而专其治，散列藩辅而制其用。今之自县以上，三进而及布政使司，凡以治民者，自秦而下不能易也。县隶府，府隶司，司受命于天子，足以呼应，无关格之疚矣。府治其属，既不能专，其有事，旁挠于同、判、推官，而巡守兵备安坐其上，以扼郡邑之呼吸，则分司之建可革也。山东府六而分司者十六，山西府五而分司者十三，陕西府八而分司者二十四，四川府九而分司者十七；或倍之，或参倍之，其佐倅遇府设焉，或稍浮于府，未有一道而兼制数府者也。所以束湿缠系于知府者，可谓急矣。而一郡数邑，不得以制其短长之命；旦夕不测，其民视牧长，如逸兔之于惊鹰也。况其为天子守疆圉，取必而与城共命乎！

魏尚之于云中，李广之于陇西，以一郡捍匈奴之名王者，事权重而战守专也。故革分司、重府权，尽治其郡，设推官以赞其吏治，立武监以简其兵赋；兵赋所讲，受成于府，有所征发，府受台计而遣之，刑名、钱粮、驿置、屯田、水利，奏最于两司足矣。夫挠郡权而临其上者，不过治府绪之余；而形隔势碍，推委以积其坏，是庞睢儋耳，无益于视听，而益损其官也。自郡上之，为民之治者受于司；为兵之治者，请仍巡抚使之任，而去其京衔，定其镇地，制其厄塞，重其威令，金其劲锐，闲其文武，假其利资：七者具修，以置藩辅，各战其境，互战其边。行之百年，以意消息，中国可反汉唐之疆，而绝孤秦陋宋之丰祸也。中区之地，四斁用文，河山用武；沙衍耐骑，箐峒耐步，江海耐舟，麦食耐勇，稻食耐智，杂食耐劳，广土坟争，釜崎壁守；卤国给醝，泽国给积，涝乡给鱼，赭山给铸，林阜给荈，边徼互马，殷道课关。其它连锡、丝枲、筋鳔、皮革、蒲条、硝黄、翎毛、杉柟、冈桐、栟榈、漆材、苎絮之所产者，可相输而各奏其利。大司农不登之书，非中监渔采，则豪猾墨吏兼并闾右之所攘也。一切取足，其瘵疲而耐给者，百之四五。故曰利资可假，劲锐可金，厄塞可制也。

请置河北、山东为一使，江北、济南为一使，河南、荆北为一使，燕南、河东为一使，关陕、秦陇为一使，荆南、江右为一使、江南、福、浙为一使，巴西、泸南为一使，南赣、岭海为一使、岭西、桂象为一使，滇黔、洱海为一使。此十一区者，用武地六，用文地四；兼错犬牙，率得险者或十六七，或十三四。因舒蜿，随原隙，各固其围，取材其产，搜其军实，以听边关之不时。畿辅为一使，左辅为一使，右辅为一使，大同为一使，延绥为一使，宁夏为一使，河西为一使。此七区者，战地十九，内地十一，大司农因漕委输，转十五司之粟米以灌注之。滑州襟带黄河，右腋太行，左腋巨野，临制河南之膺膈，一要区也，河北、山东行台治之。其地起大名，北有广平、顺德，南有彰德、卫辉、封邱、延津、阳武、原武；东得东昌、济南，东傅于海，得益都、临淄、泰安、博兴、寿光、昌乐、临朐、高苑，又东得登、莱，极于海；西得怀庆、潞安、泽、沁，扼太行，窥冀、晋，傅于山。雒阳据土中，左京、索，右潼关，三涂、岳鄢，神明之区也，河南、荆北行台治之。其地起河南，东北得汝州、开封、许、禹、郑之属邑，穷于荥泽；东南得汝南，南得襄、郧、承德，西南得兴安、平利、石泉、洵阳、紫阳、白河、汉阴，滨汉、沔，间洺、洧，承楚脊，控关南，东固汝水，放于淮。徐州凭黄流，睨大江，披带长淮，东枕琅琊，咽喝南北，一要区也，江北、济南行台治之。其地起徐州，东南得凤阳、淮安，南得庐州、安庆、黄州、滁、和，尽于江东；北得兖州、安丘、诸城、蒙阴、莒州、沂水、日照，北阻大岘，东傅于海，西得归德、太康、陈州、商水、西华、项城、沈丘，穷于汝、颖之交。太原以故晋之墟，左山右河，北阻忻、代，士马劲疾，险障重沓，一要区也，燕南、河东行台治之，别治晋阳，别嫌藩司，形势无相互格。其地起阳曲、太原、榆次、太谷、祁、徐沟、清源、交城、文水、寿阳、盂、静乐、平定，割雁塞以为大同守；西南得汾州、平阳、辽州；西画河，南不尽太行，以壮泽、潞；东出土门，历常山，得真定，弥互络绎，以承右辅之或嬴（赢）。咸阳居渭流之北，与长安相望，秦川八百，关河沃衍之区也，关陕、秦陇行台治之，别治渭北，别嫌藩司，形势无相互格。其地起西安，北尽北雒，界梁山；西南得凤翔、汉中、宁羌之属，割兴安界河南为右腋；西得巩昌，阻阴平，锁蜀汉；北得平凉、华亭、镇原、崇信、泾州、灵台、安化、合水、宁州、真宁、狄道、渭源、庆、洮、平凉诸边之剧邑，割实边藩，为所保守，有秦川供三边之奔命；又西得峨、洮，北阻萧关，西戒河、湟，以司茶马之居儎；又西不尽于生番。武昌，长江东下，清汉南来，雄挽中流，搏蛮中引，江外一要区也，荆南、江右行台治之，治故鄂城，别嫌藩司，形势无相互格。其地起武昌，逾江得汉阳，阻溳水；南得岳州、长沙、衡阳、安仁、衡山、酃县、耒阳、常宁，讫南条；西南逾洞庭，得荆州、辰、常、沅于沅，有黎平、平溪、清浪，迄于偏镇；中括施、撒、永定、永顺、保靖，兼汉土；西又南，得邵阳、新化、分资水为南塞；有（东）得南昌、瑞州、九江、袁、临、饶、广、南康，包彭蠡，有江右之衍区，挟诸岭为闽、广脊，受无赖者，割以为南赣守。镇江，因京、岘，缘扬子，西接汉、岷，北拒淮、泗，漕守山东，俯拾建业，一要区也，江南、福、浙行台治之。其地起镇江，得苏、松、常州、广德，西上夹辅应天，沿江得宁国、池、太；东有徽州，倚三天、子鄣，沿浙江，东有全浙；循海而南，得福、泉、兴化、福宁；渡江北直海门狼山，锁大江，得扬州，尽淮东；罄折江海，索腴赋，休士马，辉戈船，根抵南国，以备倭盗，而资山东之奔命。合州，三江所会，鱼复、僰道、褒骆、武都、严道、夜郎之奏而会，一要区也，巴西、泸南行台治之。其地全有四川，自威、茂、杂谷、天全、黎、邛、昌，跨大渡，度相岭，右绕东川、乌撒、乌蒙界水西，尽辖土夷；南渡乌江，得平越；东北上，得清平、兴隆、思南、石阡、思州、铜仁，穷五塞，南尽于沅。赣州，咳颐梅关，延纡岭塞，注泻海峤，络引大帽、猁头、东乡之条纪，武备所向，楼船步卒之冲，一要区也，南赣、岭海行台治之。其地起赣州、南安，西得郴、桂、临、蓝、嘉禾，尽楚徭地；北得吉安；东北缘山有建昌、抚州，故盗区数；下杉关，得延平、邵武、建宁，南迤汀、漳，穷于海；次海滨，得惠、潮、广州，蔓引连阳，与临桂会，而西尽于漓之交。梧州控肘楚峤，垂臂琼海，是漓潭、牂牁、漉江之下游，逆邀其所趣，土、汉噤喉之要区也，岭西、桂、象行台治之。其地起梧州，东得肇庆，穷于漓口；东南得罗定、高州、雷、廉，南极交趾，滨于海，渡海得琼；西泝三江，全有广西；北越秦城，放湘源，得永州、武冈、城步、新宁、靖州，通西延、古泥之径；寻左江西上，得都匀，犬牙楚、黔，界于播夷。大理、叶榆所派，金、沧所维，北捍土蕃，南覆挞、甸、六诏，上游之雄徼，一要区也，滇、黔、洱海行台治之。其地全有云南，并夷部，东径县度出箐道，得贵州西境；东有贵阳，讫乎新添；北缘陆广、赤水、乌撤而界于泸；南沿平伐、镇宁，顶营募役，凿初道以通乎泗城，而西南穷于交趾。

于是登其甲乘，制其刑典，宅其赏罚，司其汰补，宽其踪指，要其连系；盗贼踞山谷、泛洋汛者，府自部讨之，闻于台。盗名城，蹒旁邑，暨小夷之窃发，台部讨之，闻于司马。边徼奔命，巨寇弥延，羽书驰于司马，下檄台使，因其形势，奔走疾呼以应其邻左，劳逸腴瘠、搏（抟）隘劲脆以视其往来。滑台涉巨鹿、通天津，以纡左辅；徐州沿淮泗、下盱眙，以固江南。东放琅琊，以应登、莱之不逮；河南蒐练腹里，于花园、党子，西南缀上庸瓯脱，纡秦、蜀，制山南，北守黄河，犄角畿南而抚其急。太原居西，补河曲，急则东纡右辅，或出雁塞，以应大同。

关陕阻关自保，声势山河，视其旁午，连川河以轸绥宁、河曲之恤。江、湖、赣、岭、巴、蜀、滇、黔，既随以蛮夷、海汛，分其所守，就近参援而调置往来。泝大海，沿淮海，以纡山东；入武关，绕松、洮，以纡关外；或驰孔道，下冥陁，骋大梁，绝黄河，以卫京畿。因裹糇兵，取给于十五使司，登大司农而受裁于庙议者，皆以流荡营魄而振戴根本也。台之所治，或千余里，或二三千里，际荒陲，容受不轨，卒相摇动，禁制不时。河北则东登、莱，滨海线通海、盖；西泽、潞，太行伏戎。河南则襄阳受沔下游，制郧，西受夔、庸逋逃。江北则定庆以名城阻江、楚，江南则温州总海以须岛夷，芜湖对濡须直江北之冲。荆南则沅州领苗夷，殷黔道。关陕则阶、文制生蕃，匡川北之不虞。巴西则马湖逼泸水，亢嗦南中，威州孤悬乌术，垂制江外。南赣则潮州承闽而分海汛；岭西则雷州障交夷，县穷发、庆远，南扈田泗，西系那丹，以通都泥。滇、黔则贵阳总线道，飞系荒远；楚雄殷六诏之中，右哀牢，左特磨，直下车里、老挝，以距南丑。凡各分司以镇之，而受其生死动静之数于台；武监之治，请视兵赋之多寡，弱郡并之，劲郡专之，或赢置之，以登成于知府，而受其生死动静之数于台，故指臂相须，而批导形便也。

诸行边领重镇者，地偬于腹里，而刍粟士马、节制旌旄、秩等部从，不亚于中区；或覆增之系其任，或卿尹出牧，或他台使以崇望右陟，或大将起裨校，威信足恃，赖以大将军行使系其人。昌平屏拥翠微，衡盖辇下，左古北、右居庸，畿辅行台治之。起喜峰，出定州，西至延庆为其守；北抵滦西、清兀良哈之塞。永平东北极徼，环海循山，外邀三垒、白狼之险，东丑之所出入也，左辅行台治之。接喜峰，画滦水，东尽关门，沿海下天津为其守；东北出三卫、金源故地，穷兴中、大定，东捣开、铁，靖其庭穴。宣府有偏岭、飞狐之胜，繁饶悍鸷，直开平之吭，右辅行台治之。起怀来，阻桑干，西抵广昌为其守；北出兴和，扩亭障，斥地沙漠。大同平衍广埜，内护句注，散战之区也，大同行台治之。内连广昌，北出天城、阳和，绕黑河而西，尽东胜，遵浊河，不偏关，抵河曲、保德，画大河为其守；渡黑水，击云内，奏集宁，斥丰州之塞。葭州外控榆林，左拊西河，保甘泉之外障，延绥行台治之。东起黄甫，际河而西；西抵花马池之右，怀抱环、庆为其守；直北清河，南修受降之遗地。宁夏左省㲄、右贺兰，赫连兀卒之自雄其都也，灵武之所由收关、雒也，宁夏行台治之。修杨制使之遗塞，东起花马池，东尽兰州为其守；北逾贺兰，驰燕支之下。甘州绵缀新秦，壤地数千里，孤峙以制西夷之生命，河西行台治之。东起口浪，西极嘉峪，南绕西宁、归德，渡碛石，抵河州为其守；出酒泉，修瓜、沙之塞，横亘自保，以维西陲；余力蓄士马，奔他边之棘；相附郡邑，守隧所统，形势所奏，则分隶其台。畿辅得保安、延庆、顺天，效上供之余；左辅得永平、河间、天津，右辅得保定、万全。大同得大同、忻、代、岢岚、保德之属，延绥得延安、环县，宁夏得六卫、中卫、靖房、固原、静宁、庄浪、隆德、兰州、金县，河西得甘、凉、肃、庄浪、西宁、镇番、永昌、河州：以资其刍牧、工匠、挚养、鼓铸之用。丁男挽运，城堡筑浚之役，征调游弈，视中区为费，司农宽赋役以休息之。疲者不赋于大官，藩司登计其入，移台用者十可三四给也；不足，仰于腹里。行漕开中，不尽于京师，便归其塞。胶、莱漕关东；汴渠、屯氏、沽、潞漕畿，分漕万全；桑干漕大同；淇、沁漕太行，浮于河；河漕延绥，浮渭抵陕，济宁夏。河西不足漕者，牛车橐驴之所任也。渠河流，润苦壤，修屯积粟，大农济其畚锸，稍给牛具金铁之资焉。凡军伍之金，中区之厚土烈风、山箐水国之任为兵者，可数也。边徼先其土著，阅其子弟，蓄其牧养；不足，请命逾台以调益之。中区各佥其治毋逾,十八而传,六十而老,废疾而给,及身而放,不传子弟。子弟以卯角从军,验其娴熟精僄者传之。榆关而西,极乎大同,其民小悍;延绥、灵、朔、环、庆之区,其民大焊;庄浪度河,甘、凉、洮、岷之间,其民小悍,皆家丁子弟之闻于天下者也。泽、潞、太行、河北、山东之弓马,登、莱海舟,死走盐利;南阳毛葫芦之桑弓菉矢。郧阳杂五方,依老山,沿汉而上,南通庸、蜀,流民之苗孽;庐、凤习江北,轻生乐祸;舒、皖、六安茶山射猎之徒,劲弩药镞,洞中沸麇。木陵、黄土、新市之脊,共争之区,依砦步斗者,以寡击众。太原、汾、辽、易、定之间,赵、代也,民小悍。京口僄锐,沿江海者渐为下;义乌之步卒,青溪之亡命,其族故存。徽之行贾,便习剑击;宣、泾喜弩猎,在江表为强。福、广濒海习舟,依山习步,猿接猱跳,飞瓦攫樯;赣、抚、汀、建依山者嗜利喜死,抚、建为下。辰、沅而西,起永定、篁子,迄乎云、贵,宋、蔡犷猡,西南之尤悍者也。蜀沿江有巴、渝之遗,汶、黎、松潘相岭冲天之徼,东绕马、泸,迄黔、酉土司,各以标枪、利弩、火器、革氅之资,耐劳奔险,乐死好斗。南、太狼家尽泗城而西,不下数十万,顾保其区,不战散地。其一邑或一邻,颇有劲悍者。守监随多寡占募,不以额金,如府兵、彍骑、禁厢、卫所之制,老死子孙而诛及疲劣,则上下数百年,中区之材用,可因时消息而登之用也。夫捐父老、犯零露、践伏尸、间燎火,争死于百一者,莅以洁清爴白之率,长使唉栎茹薂,穷年永岁,无酾酒割鲜、蒲塞驰射之欢,携修眉、听啭歌、縻滥柔煨、妖娈弦索之戏,则蛇慵麇散而不可止。故牛酒时作,金钱飞沥,所以贾桀骜之死心也。而况旗帜、帷幛、弓矢、刀矛、火器、马匹、鞍鞯之精铣,率不再岁而敝坏与?夫间谍、伺探、游宾、说客、死士之往来,国家不能括资于经费之中,则假台使以权,宽其缮具。倘如昔者，守司农效，率不得请，请不得报，报不得速；事机先失，守文吏随持其后，此以约束庸愚而坐自弱其势矣。

今夫中区之产八，谷不与赋于大农，其滂溢横射，走天下全利者，醝政为上。淮安、通、泰隶两淮者，北食陈、汝，南食长沙，利参天下之一。长芦领北海，食畿下。山东领胶东、滨、乐，并食徐、邳。解池三场食两河，届泽、沁。陕西领灵州池、障、西和井，食陇右、河西。山丹红盐，居延白盐，稍食其地。浙江领许村、仁和、嘉兴、松江、宁、绍、温、台，食吴会。福建自食。广东食岭东、南海北，兼食广西，北食衡、宝。云南黑白井自食。四川领成都、富顺、涪川、荣昌、大昌、开县、盐亭诸井，食其地。或因其产，或因其食，隶之台治。商引料价，批杂税，割太仓之半，分界台使。开中者饱其自募牢盆，稍食稍取给焉。川、湖、六、霍，茶荈之所出也，铁、铅、铜、锡炉、甘、苎、竹有所产；吴、松原蚕，滨江芦荻鱼利，山后石煤，边番互市，福、广番舶，浒墅、临清、九江、芜湖、梅岭、钱塘以放关市船、綦布丝紫者，间饱渔侵。使台使诸得自领，会出其余，以佐他镇之欤迫，台无上计，部无授程，悉俟九载以奏其出纳，而纳其奇羡。于是因盈余，饬六师，精器备，广城堡、溢赏格，走死智勇于边徼杀戮之地，为天子使。是故中国财足自亿也，兵足自强也，智足自名也。不以一人疑天下，不以天下私一人，休养厉精，土仡粟积，取威万方，濯秦愚，刷宋耻，此以保延千祀，博衣弁带，仁育义植之士虻，足以固其族而无忧矣。

慎选第四

万族蒸蒸，各保其命，各正其性；所以为之者，岂非天哉？饮食而有血气，阴阳而有生死，天之同人于物也。出尘光，漂轻存重；变不变以为信智，敢不敢以为仁勇；拔万类而授之人，拔人族而授之圣贤之族，天之异人于物、异圣贤于人也。同者为贱，异者为贵，以有尤贵滋性而统君之。无同则害命，无异则沦性。故圣王齐物以为养，从大之同也；别物以为教，宠天之异也。从者差养，宠者辨教；澄汰滓魄，濯洗清明，分万命，理万性，拣其粹白以珍之万族之上，所以助天而保合太和者，始于大公而终于至正也。

《虞书》曰："日宣三德，夙夜浚明；有家日严，祗敬六德；亮采有邦。"一等而下之，知九德之有天下，明矣。家邦以给之，三六以别之，德以画之，使乂咸事，来章一人。天下之大，万民之众，审其所撰，忖其所藏，由臣之不虚贵也，知主之不虚王也。如此，则踞天位而长万邦者，彼何人哉？德未至，不敢干；德已至，不敢越，井井然犹墙堞阶戺之絫上，故奇杰意消，聪明思返，卒以奠大宝而徕尊亲矣。故同异、贵贱、差辨，此六数者，圣王所以正天下之性，效阴阳之位也，而一以胥天下之和平。尚其所尊，而鼓钟以乐之，则和矣；量其所不能，而桑亩以安之，则平矣。故怨讟不起，而奸宄息也。

三代以降，汉之选举，以郡邑州将；曹魏六代，以大小中正。始于扬汰、终于浮滥，衺薄天宠、流觞媮竞者，往往弊自上开；而当其严整，犹有差别之足纪焉。隋承陈、梁之末造，宫体先摛，文争实长；其曼声曳趾、挑绮拾英之流习，滥于崇朝。科目之兴，寻远古则然，世会所争，不能逆流而沂之上矣。因缘其轨，欲以稍静天否者，固当心载大公，较隆天秩；则异非所异，而宠殊所宠，犹可以徐俟和平，来附人心，而明贵贱之级。流及于宋，窃窃然唯恐天下之异心也，师武曌之智，开笼络之术，广进士、明经、学究之科，下逮七科乙等之目；推郊祀、任子、异姓甥婿、门客之恩，摇荡诱饵天下于堂陛嫌微之际。而当时桀黠者，亦微测上旨，倒持来去，以邀荣腾；不得，则李巨川、张元、吴昊之流，愤起而播其乱。其君臣之间，犹发箧行贷之相为禁持，故和平去心，而粹白失性，胥中区而沦虐于兽心之俗者，非无所自开其源也。

近世之为政者，踵而用之，增文学，益解额，倍制科，升乙榜，推恩乡贡，职名不足，缀冗员、速资格以济之，而天下之怨亦由是而兴。夫天下，恩之不胜恩也，怨之不胜怨也；恩之所止，怨之所流，故曰"和大怨者必有余怨"。而窃天地之恩以鬻贩人民而胶饴其心，施天下以私而责其公报，犹假敌戈鋋，望其稽伏，其不伤胆陷胸于彼者，盖亦题矣。《诗》曰："鸿鸠在桑，其子七兮。"淑人君子，均平专一，而风流雏鷇，无私之谓也。故孔子射于矍相之圃，退者十九；早知不能而使退，故法严而怨不起。今广其科目于此，人倖得焉；而得者百一，则怨一矣。捷其资格于此，人倖速焉；而速者十一，则怨二矣。两者，皆以恩天下也，而贸其怨。故士自授经成读，昧偏傍，盲语助，老死童子者，皆有怨心。其极则蹑六卿，登黄阁，皓发返林，赐镪驰驿，祖帐辉煌于传亭，而闲语乘兴，犹戟髯把擘，呃塞而不得语。彼亲天子之侧者，乖沴横塞，奴虏驵贩如此；其他上偪下流，畜狡伺而幸翻覆，侵寻沉淖，尤不知其所届。是何也？始诱之以甚易，而后继之以极难也。弓之解也，胶液筋缓，则煣而张之；承今之敝，建小康之术，莫若先其甚难，而后稍授以易。先其所难，则知不能者退矣；犹矍相之射也，废然而无妒媚之心矣。

是故以贤者厕不肖，不肖者忮；以不肖者厕贤，贤者惭。惭发于贤者，故拾橡织絇，愤弃君父之忧；忮发于不肖，溃决奸宄，郁不可折之势以仇君父、长乱阶，不瀕之亡而不止。《坤》之履霜，不肖之忮也；括囊，贤人之惭也。贤人隐，弑逆作，相乘之理，渐不知保，岂一朝一夕之故哉？是故顺异同，立差辨，以小人养君子，天之制也；观其所养，故养而不穷。今一邑之小，补生徒者养于民，成岁贡者养于民，偕乡计者养于民，登进士者养于民，授职官者养于民：五累而上，养之益丰；五降而下，养之益繁。而又无以观其所养，博泛丛闻，登进苟且；其一切所为，卒无以异于阛阓。拚除卒伍之行，籍起上流，尸避徭役，公私谒请，流连嬉燕，以操细民之生命；其不一旦得当，裂冠冕而泄其不堪者寡矣！裁生徒，节贡举，省进士，谨资格，持之以难，择之以慎；天下乃晓然知上所尊尚之旨，其不容苟且如此，而抑欢然奉养，于长吏孝秀而永谢其望心。况累是而上，享玉食、蹈天位者，不愈震耀肌魄以推戴莫京哉！

故差其所养，别其所教，执相成而功相倚也；王者规天道，长万族，顺其所从，珍其所宠，则性命正矣。累上以为益尊，则天位凝矣；忘恩以远怨，则和平臻矣；节养以息民，返不率以归农，则民志定矣；革陋宋鬻贩之私，则大公行矣；百年之内，乘千岁之弊，仍科目而减其额，核资格而难其选，则始基立矣。然后抑浮藻，登德行，立庠序，讲正学，厉廉耻，易科目，升孝秀；俟之必世之后，而天气清，人维固，禽心息，口行泯，沄沄陶陶，太和旋复。《诗》曰："文王在上，于昭于天。"言其赞助清明而扶光霄极，叶天道也。

任官第五

董子曰："仁者，人也；义者，我也。"以仁爱人，以义制我。以仁爱人，不授以制而尽其私；以义制我，不私所爱而厚其疑。恶有为天下王者，自爱而制人，可以宰九州、建千禩者乎？且诚非所以自爱，天有四时、五行、四方，各位其位、时其时，不疑冬之凄苦而间以燠，不疑夏之歊暑而间以寒；不疑西北之有昆仑，崇堕崟崔，隔己而陵夷之；不疑东南之有尾闾，淫浸[沉]没，泛己而埋燥之。四时、五行、四方，各行其职，胥以归功，盖相报也。《诗》云："投我以木桃，报之以琼瑶。"言齐桓推亡固存，以诚信礼卫，毁于两河胒吻之间而不相疑，故取似实果而赠美琼瑶也。王者拜贶天醮，宅履中区，感河流光，承剑启琁，以贻后世；得之丁宁，付之郑重，固其所也。然三、五之代，以历迭兴，或及身而授，或数十世而授，卒不越神明之允（胤）；恶有如赵宋之削其援、弱其族，以□之□□者乎？彼耶律、完颜、奇渥温之初始，亦尝分尺土、籍一民，伏莽啮蹑，以为窥窃之资也哉！若晋、宋、梁、唐之末造，僭偪孤寡，权壅上流；彼畀受苟简，日习而次垂之，此又无庸致怪也。

流风沿递，疑积相仍，乃至论道之职，喉舌之司，六官之长，甸宣之使，下及郡邑，城不足百雉，户不满三千者，盈天下而无非疑也。以为不可疑也，是戈矛填心而瓽炮割腕也；以为可疑也，是授蹢跧以钥键而稍滞其户牡也；以为疑在此而制以彼也，是忌狸窃雏而闻之以狐也。舜之命官也，禹陟司空、宅百揆，弃为后稷，契作司徒，皋陶作士，伯作秩宗，夔典乐、教胄子，龙作纳言：各专其采。虽稽让从容，后心载俞，而旁任必咈。其汝谐以往者，共工百度之薮，虞理名山大泽之长也。故劳谢专尸以体其爱，道孤独赞以去其制，则仁义立而天工亮矣。

天地之气，刑德相召，祸喜相感。甘草兆熟，苦草兆饥。醴泉甘露，不流桀池；夹珥阴风，不凄尧宇。诚由诚往，疑用疑来。是故五臣十乱、鄾留冯邓之侣，布心洒血而不恤，彼有以召之也。李广射石，非虎也，而饮金没羽。诚以拔之，则小人革面；疑之任之，则君子寒心。是故豫生饮药于赵都，百里行哭于秦族，越石授命于并阳，袁、刘縻姓于台下，杨业介马以丧元，余阙凭城而洒血：此数子者，事二姓，弃旧君，比匪类，仕伪邦，非有皦日白水之畴昔也；而一旦甘死趋祸，大贸其夙夜之狂心者，岂非任服躬而难委、诚推心以必酬者乎？故专任者不期报而报臻，疑投者不期叛而叛应矣。

　　今命官之制，在外者，一县之令，丞簿不听命焉；一郡之守，同知、判、推不听命焉；一司之使，分以左右，二参、副、佥不听命也。文移印信，封掌押发，登于公座，唯恐长官之或偷也，而钳束之如胥吏。行未百年，法已圮坏，犹使藉口公座，脱独尸之咎，疑制之患，已大可睹。又复分其屯田、水利、钱法、驿传、盐政，分为数道以制司；道立分司，督察、巡守、兵粮之务以制郡。巡按之使，络绎驰道，循环迭任，无隙日月以尽制之。所以制外者，无遗力矣。在内者，取都督一府而五之，间之以同、佥。六部卿贰，或七八员，都察、大理、通政、太仆以下，虽有长贰之别，而事权散出，不受裁制。黄扉论道之席，至永刊极刑以废其官。其文移印信、封掌押法公同朝参者，犹外也，复使给谏、御史巡视刷卷以制之；卒有爰立大僚、边关盗贼、建置河漕、三礼疑似之事，所部不得决，又设会议、抄参、私揭以制之。所以制内者，无遗力矣。以一人敌天下之力，以一代敌数百年之力；力穷法匮，私蠹蚀烂，乃使相委而谢之。非己之专事也，则是开以滑避之径，而绝其功名之涂也，岂不拂与？

　　夫一职而分官以领之，连衔以辖之，所以疑制不肖也。人材之数，曰贤，曰不肖，曰中人。贤制不肖则不肖惧，不肖制贤则贤者忧；中人制不肖则恶不弭，中人制贤则善不长；贤制中人则疲于效命，不肖制中人则靡于朋淫；贤制贤则意见差，不肖制不肖则声气叶。不肖惧则裂而伤贤，贤者忧则引而避不肖；恶不弭则忌惮益忘，善不长则登进无助；疲于效命则事会圮，靡于朋淫则媚术张；意见差则乖左折衷，声气叶则胶固两利。然则疑制者,唯两不肖而后谐也,亦将大违其疑制之始心矣。

天原道,君原天,相原君,百官原相;大哉滂沛万登,而纲纽尺握,乃以禁制朕兆、膏泛群族也。今以天下之大,选贤简德之繁且久,不能得一二心膂之臣,任以论思,乃靳然果废其官。夫唯开业于风雨,英敏神灵者,括万几,统一心,无所凝滞;过此以往,奏报日冗,陈案日仍,晏安日藉。声色玩好,禽马柔曼,淫音幻技,日进于深宫;外劳内蛊,其不折而入于中奄者,无几也。故胡惟庸、汪广洋之祸,消于纶扉,移于涓寺;而万安、焦芳、黄立极、丁绍轼之徒,承颏颐、奉密教于北门者,且波溶瓦散而不可救。元气痿,大务阁,民愁闾左,士叹十亩,粞空于野,金蚀于藏;彼揖此让,晋□□而□之大□,可不痛与!则仁义不立,而疑制深也。《传》曰:"贱妨贵,新间旧,小加大,逆也。"故王者制名,天下奉名,百官赴名;倒其所制,昧其所奉,贸其所赴,则将贱爵禄而重事权。爵禄者,天之秩也;事权者,上之意也。菲天秩则士薄功名,尊上意则人丧廉耻。是以王者慎名,名正则任重,任重则责隆,责隆则政理矣。

今夫学士之秩,五品也,使立于九乡之上,贱妨贵,小加大,背螯凌迟者,莫甚于此。则将使天下蜗督蝇营以趋事权,而天秩之自然,荡然不可复稽。夫虚一品之置者,斩其爱以制物也;爱以我私而制尽人族,与仁义背驰而求治天下,亦难矣!给事、御史之秩,胥七品也。给事以巡视遣,御史以巡按遣,则操六卿、两司大臣之臧否,以乱其掌故。彼之历职任、累岁时,登进崇阶,代天工,作民牧,其前效已可赌也。早知不能,废之而已;乃升新进、夸小臣,翻戾趾肘,使黄发卿尹呵斥所辍者,屏息蹙踵、褫绣隅坐以承其欤笑,不亦左与?故主贵其名,莫不贵之也;贱其名,莫不贱之也。制名以任贤能,疑名以尊意旨,浮薄长进,权藉推委;效著于偶然,而垂为法制,故人纪贱而天维缺，非建国不拔之典矣。唯除疑制者不然，尊其尊，卑其卑；位其位，事其事；难其选举，易其防闲；公其心，去其危；尽中区之智力，治轩辕之天下，族类强植，仁勇竞命，虽历百世而弱丧之祸消也。

大正第六

昔者，三、五之王也，推五德，承终始；其原本洒被嬗革之际，如平旦之受夜、虞渊之受昼也。后世五德失坠，治无主尚，以意为轻重；至于湔恶俗，拯民瘝，刱业中兴，莫不有仿佛之意焉。粤自成汤革夏配天，伊尹、仲虺以弼之，一德馨闻；廷野革面，不数十世，而故家大族盘枕膏腴、湛溺财贿者，以乱阿衡之治。故《盘庚》之诰曰："无总于货宝，生生自庸。"由是言之，凌迟乾没，绍治而启乱者，明主所深患也。《传》曰："国家之败，由官邪也；官之失德，宠赂彰也。"可不戒与！

天以五行养万民，食于阴，饮于阳，衣被荣毳，侑佐盐醴，水滋土敦，木实火调；若此者，民承养于天，无须于王者之制，而流荡生死、紫纡往来，通愚强之力，致文弱之养。金之为用，王者所加于天，以损民而益之上也；故水之德润，木之德成，土之德安，火之德化，金之德贼：是以圣人尤难之，行于不得已而用其利，戒于祸之必克而制其贼。愚强者宝之以劝其功，文弱者贱之以杀其滥。沃以所宝，则小人和平；教以所贱，则君子张固。此为节宣五行而胜其害气也。其有不率教者，于是诃斥以辱之，裔夷以逖之，缧棘以锢之，刑杀以威之。

夫王者之于万姓，视犹一父之子也；其聪明文辨、便数强固者，亦克家当户之子也，则岂不惨怛割裂、涕痍于刑戮之加哉？而其受五行之贼，犯王者之贱，越幅败轨，沉没淫滥，螟螣细民,愁痛孤寡者,则尤恝然以忍之。《诗》曰:"去其螟螣,及其蟊贼,无害我田稚。田祖有神,秉畀炎火。"言远害也。今夫农夫汙耕,红女寒织,渔凌曾波,猎犯鸷兽,行旅履霜,酸悲乡土,淘金、采珠,罗翠羽、探珊象,生死出入、童年皓发以获赢余者,岂不顾父母、拊妻子,慰终天之思、邀须臾之乐哉?而刷元(玄)鬓、长指爪,宴安谐笑于其上者,密布罘网,巧为射弋,甚或鞭楚、斩杀以继其后,乃使县磬在堂,肌肤剗削,含声陨涕,郁闷宛转于老母弱子之侧,此亦可寒心而栗体矣!而以是鼓声名、市奏最,渔猎大官,驰封门荫,层累封垤,以至于无穷,则金死一家,而害气亦迸集焉。夫故家名族、公卿勋旧之子孙,其运数与国家为长短;而贼害怨咨之气,偏结凝滞,则和平消亹,倾否折足,亦甚非灵长之利也。即或狼藉著见,挂吏议,左降褫锢者,犹衔舟络马,飞运以返乡里;有司宾之,乡社祝之,闾里畏之,广顷亩,益陂池,敞榭邃房,鼓钟妖舞,舂容鱼雅,以终其天年;锢石椁,簪翁仲,梵呗云潮,以荣施于重泉之下;而游佻公子,发其赢余,买越娃,拥小史,食游客,长夜酣饮,骎马轻纨,六博投琼,而散犹未尽。亦恶知向之胁削零丁者,已灭族斩首(靳胤)于寒阡荒塾之旁也?岂不痛与!

赵宋之有天下也,解散法禁,以惑媚强智而苟固其位者,可谓泰矣;然京朝长吏以赃贿败者,其刑大辟,岁论决,若而人无所赦,法合世重,惠逮孤寡,以振起五代之残刘者,有足重焉。降及太宗,减大辟,流沙门岛,而滥觞起矣。真宗以还,复减流岛之科,刺配腹里军州;天书降赦而后,此法愈减,贪墨跋扈、运罃尺水者,恣无所恤;而蔡京、王黼、韩侂胄、贾似道之流,鸣上风以登飞鸟之音矣。鞑靼九十年间,其狼戾睢盱者,不仅在阿合马、桑哥之尤著。太祖起田间,尤惨其所为,故刑法严厉,夷风以革;数传而后,仅以大计褫削当炎火迎猫之刑,无惑其裂廉隅而莫惩也。律法监临主守，盗公物盈贯以上，积至死罪，而敕使、守臣、郡邑之长，猎部民极巨万，不以抵辟。绎成汤之责，寻仲蒐之言，亦已訏矣。《诗》云："君子如怒，乱庶遄沮。"承贪乱之余，不以刑辟整绝之，未有能齐壹天步、柔辑悍独者也。

天地之奥区，田蚕所宜，流肥潴聚，江海陆会所凑。河北之滑、浚；山东之青、济；晋之平阳；秦之泾阳、三原；河南大梁、陈、睢、太康，东傅于颍；江北淮、扬、通、泰；江南三吴滨海之区；歙、休良贾移于衣冠；福、广番舶之居储；蜀都盐、锦，建昌番布；丽江氂甄金碧所自产，邕管、容、贵稻畜滞积。其他千户之邑，极于瘠薄，亦莫不有素封巨族冠其乡焉。此盖以流金粟，通贫弱之有无，田夫畎叟，盐鲑布褐、伏腊酒浆所自给也。卒有旱潦，长吏请蠲赈，卒不得报；稍需日月，道殣相望；而怀百钱、挟空券，要豪右之门，则晨户叩而夕炊举矣。故大贾富民者，国之司命也。今吏极亡赖，然朘刻单贫，卒无厚实；抑弃而不屑，乃藉锄豪右，文致贪婪，则疐名厚实之都矣。以故粟货凝滞，根柢浅薄，腾涌焦涩，贫弱孤寡〔佣〕作、称贷之涂窒，而流死道左相望也。汉法：积粟多者，得拜爵免罪，比文学孝秀；今纵鹰鸷攫猎之，曾不得比于偷惰苟且之游民，欲国无贫困，以折入于分□□，势不得已。故惩墨吏、纾富民，而后国可得而息也。

《易》曰："观，盥而不荐，有孚颙若。"阴长于下，连类遂志，刑害阴私，贪吝污鄙，偪天位而无忌。故圣人神道以示观，退省其躬，行不言之教，成加民之治。故曰"下观而化"，慎所示也。明兴，家法忠质，宫庭洁清；无别馆、离宫之崇饰，龙舟、步辇、驰道旁午之游观，无置骑飞轲、千里割鲜、铜狄花石之供，无算车、料产、均输、酒酤、香药、子母责息之利谋，观道尽矣。而贪沿下游，极重不复者，法教不施而风俗苟简也。州县之制，以差选人者，唐宋分畿、赤、次、雄、望、繁、上、中、下，凡九等，以分别资格，升降除擢而止。今吏都之注府州县，分系以瘠、饶、淳、顽，进士、乙科、乡贡、任子视以除授，则将部、台、藩、臬、分司、岁时、生辰、荐奖之苞苴，视以厚薄；钦使往来，供亿、劳贿、车船之悉索，视以苟简；而长吏之乾没其民者，亦将视以衰益。胥上下之耳目交注于淳饶，而其惫可知也。抑县垂格范，为割蜜分羹不刊之则，固授之以亡廉消耻之术径矣。

古者，未命之士，食如其力；等而上之，亚于国君，位次升，禄次腆，车乘家老次备，赠答宴祭次隆。故延州投缟，子产献纻，足于己而无藉于物也。今万户之邑，十万之都，皆古诸侯之治也，稍给禄养，不逮家臣；居禁掖、登小卿者，劣食十口，宾客、服佩之不给；郎官冗散，称子息，仰给责家，指拟差遣外除以售所贷，而子弟横乡里、尸狱讼，以仅完田庐。徒广其科目，易其升擢，博置员额，以诱其仕心。禄入已菲，米钞又折减其什五，率天下养百官而不足，纵百官食天下而有余，此何异饥鹰以攫雉兔乎！请罢劝贪之的，革饶瘠之目；除授之别，以轻重、边腹差等其发色，而禄石、僣从、薪马、纴丝、公私宴答之给，授以本色而丰溢之。不率，则刑辟拟其后，而无仁恕之歉也。

比国家之加惠搢绅者，下逮休废，尤为沦洽。起废员，晋勋阶，有大庆则播为恩例；其非制科，不登王品者，宾于乡饮酒礼。而髦荒畜厚之家，迹绝金闺，犹走谒要津，窥幸庆典；清白县车者，复恬静自远恩外。抑褫夺、靡戍、狼藉、篦脱之寒灰，晋与饮礼，终日百拜，清酒九酢，习为优戏。荣施愚目，而自好者莫不非笑之。今为之定制，诸非居任以廉最者，虽边功建言，不得与起废晋阶之科；其尤沉没之伦，遇乡饮酒，齿之下座以折辱之。而告老闲住者，买声色、教歌舞、广亭榭，不以俭率子弟，所司岁具上闻，追还封诰，齿于僇民。帛锁终于在笥，桑榆鉴于□□，斯不肖销心而贤廉得意，亦移风振俗之一道也。

学校者，国之教也，士之所步趋而进退也。比者邑置郡设，鸣琴释菜，虚器岁修；官掌故者，垂老气尽，渔猎生徒。学使奖行绌劣，率一二人，视掌故、郡邑之喜怒。士之诵习帖括者，固已羔雁视之，寓目横经，则朵颐温饱。廉耻风衰，君师道丧，未有如斯之酷烈也！今即旦暮不能废隋、宋之格而稍涤正之，尤当以行相参，定其殿最；如较文之等，州县之长，起乙科、廉静文弱、才不任剧者，改邑教授；郎舍、守令起制科者，改郡教授，晋其秩如先所任。纪其教成，以为礼曹太常、国子学使之选。或乡老休致者，郡邑得聘领之，为之授兼经，讲正学，考〔内行〕，辨同异，究性命。举于乡者，不通四民之旨，及因缘长吏、与闻狱讼者，学使犹得按而黜之。以需数十年之后，廉耻厉，行简修，学术正，然后革词章，慎乡物，较隋宋，媲庠序；虽有泛驾之士，亦戒足沉溺而正衿棱觚矣。故王者养贤以养民，□□以配天。继于其乱，先以刑禁；继于其治，终以德化。相因小民之疾苦，则焦棘焚灼，妖怨亟起，而欲望建亨和以迓祥吉者，是孳息螟蟓而冀登嘉谷也。

离合第七

中区之间，轩辕所治（冶），大禹之所经；维起勾注之西，迤石梯，画黄河，东逾白登，阻桑乾，复山迭嶂，界以野狐、居庸二翮之险，极东尽渝关，凭海阳。其外乱岫荒原、丰草大泊、曾冰酷寒、毛革酪乳之乡，殊形诡嗜，以讫北维之止。西自黄甫，川阻奢延之水；度盐池，跨南河，有贺兰、燕支、车箱、雪山之险，以西极乎青海，黑水逆流而南，放乎湟、洮。其外平沙朔野，横吹万里，间以西戎。积石而南，西倾、三危、乌枢、太白、岷、嶓、严道、越巂、峨、崃，经脊地岫，峻削崩奔；其内羌、沔大江，若、沫支流，倾润乎中国；其外緸流沙，赤土头痛，积雪夏飞之野，戒以碧目鼇面、剪发环耳之俗。滇、诏之西，金沙、潞江、麓川之水，羊肠盘曲，南结以护嶒、岷之塞，放特磨，界交趾，以络乎广右。其南则邕部、百粤、铁围、鬼门、狼夷高髻藤笠之族，东被而尽乎海滨。渝关以南，巨浸浮绝，滴沸淳泊；南历沭榆、之罘、琅琊、海门、三江、舟山、雁荡、霍童、紫帽、甲子之门、罗浮、七星以柱南维。过崖、碙而西，接合浦而界以日南。其他东辽水，北开平，西瓜、沙，南哀牢、缅甸、交趾北户之乡，盖中区之余气也。

崇峦沓嶂以垣结之，沙衍茅苇以纷披之，绝壁渴涧以降（沟）画之，瀚海尾闾以凝荡之。其中带束脉绕，搏聚约固，寒暑相剂，言语相译，形象相若，百谷相养，六畜相字，货贝相灌，百川流恶，群山荫夕，以禽成乎中区之合，自无（然）之合也。天地之气，辅其自然而循其不得已；辅其自然故合，循其不得已故离。是故知天地之昼夜者，可与语离合之故矣。行其不得已，知其有离不得已者，抑自然之所出也。而后统以三条，分以两戒。郭景纯、僧一行、朱元晦之说，由此其选焉。中区之形，首建乎西北而穷乎东南；支山自主，支水自戒，文武自俗，陁塞自理。大河中画，北燥南润；火故润之，水故燥之，天地所以节阴阳也，而遂有不相需之时，以成南北。河北则桑乾以南，恒山之支，历井陉、少山、黑岭、伏牛、羊头，峙以太行、王屋，穷于中条，委于河，而太行之东，淇、洹、漳、漯凑山东者，成为一区；河右则割黄流，汜秦川，南穷于褒、斜者，或稍与山西合，而离乎河山以东；河南则出潼、殽、嵩、少、熊耳、桐柏之山，东延成皋，南间平靖、黄土、木陵、岐岭，结为灊、霍之岳，以渐乎江，是大江之所守也。江南则岷、峨南垂，放泸水以北，径牂牁，出夫夷，东被衡山，以尽乎彭蠡；而上庸之北，障以武当，沿沔而西，北极武关，萦纡汉中，限以大散，南赴荆门、归峡，穷于沅、酉；江东浙岭、浙江分以太湖。闽有武林、仙霞、杉关之隘，粤有五岭、泷水、秦城、潭中之塞。若此者，旁条畦列，亦乘天地之间气，率以为离也。间气际离，纯气际合；合气恒昼，离气恒夜。无平不陂，无往不复，否泰之所都也。

虽然，亦存其人焉。昔者轩辕之帝已，上承羲、炎，下被有周；敦亲贤，祚神明，建万国，树侯王，君其国，子其民，修其徽圉，差其政教，顺其竞绎，乘其合，科其离，虽为之所，而无夸大同。然后总其奔奏，戴其正朔，徕其觐请，讲其婚姻，缔其盟会；系以牧伯，纠以州长，甥舅相若，死丧相闻，水旱相周，兵戎相卫，仕宦羁旅往来，富贵相为出入，名系一统而实存四国。此三、五之代，寓涣散于纠缠，存天地之纯气，而戒其割裂；故气应以正而天报以合，数千年之间，中区之内，闾阎如也。

秦汉以降，东南一尉，西北均候，缀万国于一人之襟，而又开河西，通瓯洛，郡朱崖，县滇笮，其合也泰焉。物不可以久合，故河山条派、奇杰分背之气，率数百年而一离。建安以后，裂为七八，而离为三；太康合之，未百年而又离，播为十六。宇文、高氏稍合，而别于江左者终离为三；开皇合之，未三十年而又离。以逮乎武德而后，合者几三百年，天宝乱而河北小离，广明乱而并晋、大梁、幽冀（镇）、吴越、闽广、荆湖、两川之草据者，不胜离也。雍熙合之，而燕、云终离，未二百年而卒离为二。鞑靼驱除其离，以授其合于洪武。祥兴以后，中区之气，永合于兹者四百载矣。是故合极而乱，乱极而离；离极而又合，合而后圣人作焉，受命定符，握枢表正，以凝保中区之太和，自然之节，不得已之数也。天且弗能违，而况于人乎？故太史儋曰："始秦与周合而离，离五百岁而复合；合七十余岁，而霸王者出焉。"终南、汧、渭之交，周、秦之先所合处也；平王东迁，弃其故地，秦阻殽函，东西并峙。其后守府仅存，四伯迭起，不能复问丰镐之王迹；迄于战国，瓜分瓦解，而河山以东，仅敌一秦者，东西相离之大致也。故三川并而天下一，驱除尽而汉祖兴。由此言之，离合之际，非深识者不测其旨矣。

夫三、五而降，其得姓授氏，为冠盖之族，或稍凌夷衰微，迁徙幕占，南屯北戍，逮为殊俗者，其始皆数姓之允（胤）胄矣。精脉嬗演，筋肉同抵，姻亚僚寀，欢若臂腋。迨其涣散，不可寻忆；则有兄弟互斗于原野，甥舅各畜其戈鋋，血肉狼藉，巴吞鸠禁。此非惨心痛髓之事，而天地之所深悼哉！然而闻其害气，则姑且听之，行其不得已；尤惧其坏溃而无以救其孑遗，则原坂以阻之，江河以堑之，金铁、粟米、盐卤、皮革散其产以资之，贤豪材勇各君其地、帅其师以长之。是故合者，圣人之德也；离者，贤人之功也。今戒其或离而求致其功，所以因条戒、络地脉、靳天宝、采物杰、因民志、建规抚（橅）者，无庸褒耳经纬而蔽目规画矣。南条之纪，不得熊耳、冥阨、寿春，不足于守；中条之纪，不得杨刘、曹濮、河内、太行，不足于守；东条之纪，不得虎牢、广武、少室、熊耳，不足于守。江汉之纪，不得荆门、上庸、襄阳、舒、皖、濡须，不足于守；坤维之纪，不得武都、天水、仇池、陈仓，不足于守。武林放海，余气也，不阻太湖，不足于守；五岭穷于蛮中，余气也，不左洞庭、右彭蠡，不足于守。用文之国，士马佻脆，数战以逗；魄浸耀，气浸衰，而不知因长以攻瑕者，不足于守。珍先王之典器，葆其训物，崇廉耻，敬臣民，厉风轨，敌苛虐，武建以邀辅皇天，而故反其道、谐于霸夷者，不足于守。鱼盐、秔稻、锦绮、玑象，宅其地，登其盈，以争长靡丽、嬉荡民心而弱败之，不足于守。不制其臣，不珍其宝，盗窃偷步，祸发堂簾（廉），授敌间而乘之；或惩其道，上猜下离，自弃其辅，偏一于此，不足于守。此"十一不守"者，贤者所必鉴也。故地有必争，天有必顺，气有必养，谊有必正，道有必反，物有必惜，权有必谨，辅有必强：取"必八术"以遂其功，所以憨爱余民，救害气于十一，抑可以为百年之谋矣。

《诗》曰："既顺乃宣，而无永叹。"顺民之离遏，以经其畛畔，遏救残刘，消弭啼怨，公刘之所以延天笃也。或曰：天地之数，或三或五，或五或三，百年而小变，千五百年而大变。由轩辕迄桀，千五百年，禅让之消，放伐变之；由成汤迄汉，千五百年，封建之消，离合变之；由汉迄乎祥兴，千五百年，离合之消，纯杂变之。纯以绍合，杂以绍离；纯从同，杂乱异。同类主中国，□□□□□，各往其复，各泰其否。然则授天命以振三维者，非奖掖中区，宰制清刚，作智勇之助，骁悍硗驳之气，固不能早绝纯杂之消，反之于太古轩辕之治，后之治也，而无所俟焉。呜呼，非察消息、通昼夜，范围天地而不过者，又恶足以观其化哉！

后　序[*]

述古继天而王者，本轩辕之治；建黄中，拒间气殊类之灾，扶长中夏以尽其材，治道该矣。客曰：昔者，夫子惩祸乱，表殷忧，明王道，作《春秋》；后儒绍隆其说，董、胡为尤焉，莫不正道谊，绌权谋。今子所撰，或异于是，功力以为固，法禁以为捂；苟穷诸理，抑衍而论其数，虽复称仁义、重德化、引性命，探天地之素，恐乖异乎《春秋》之度也。曰：何为其然也？民之初生，自纪其群，远其害沴，摈其[异类]，统建维君；故仁以自爱其类，义以自制其伦，强干自辅，所以凝黄中之纲缊也。今族类之不能自固，而何他仁义之云云也哉！

客曰：宰制所谟，以贻无疆，固当通其变而不滞其常。汉起西京，中兴雒阳，子之所制定，燕蓟为会同之邦，不已固与？曰：王者相阴阳，定风雨，建之邦畿，为宰治主，亦莫不用气之厚，而固自然之宇也。是故羲、农之都，或陈或鲁，平阳、蒲坂、安邑、耿、相，凭河东北，以为安处；长安、雒阳、大梁之士，后王宅之，数百年之下，而后地力衰歇，渐以薄卤。今燕蓟之宅，受命而兴者，女真、鞑靼曾不足以称数。永乐定鼎，始建九五，水土未薄，天气翕聚，天子守边，四方来辅，后之所宅，固当踵迹灵区，以光赞我成祖也。

客曰：贤哲制未乱，庸愚谋已然，立说之大凡也；今子所

---

[*] 此篇为《黄书》后序，原编者置于"新序"之后，今仍移后。——编注

撰，陈于数十年之前，可以救而保其坚；方兹陆沉，□□忽其斩焉，过述先事之失，为期忌愆，子所谓"失鱼而求筌"也。曰：孔子著《春秋》，定、哀之间多微辞。言之当时，世莫我知，聊忾寤而陈之，且亦以劝进于来兹也。昔者承平，祸乱未臻，法祖从王，是为俊民；虽痛哭流涕以将其过计，进不效其言，而退必裁其身矣。天下师师，谁别玉珉？荏苒首解，大命以沦。于是哀其所败，原其所剧，始于嬴秦，沿于赵宋，以自毁其极，推初弱丧，具有伦脊。故哀怨繁心，於邑填膈；矫其所自失，以返轩辕之区画。延首圣明，中邦作辟，行其教，制（削）其辟，以藩扞中区，而终远［夷狄］，则形质消阋，灵爽亦为之悦怿矣。

岁德在丙，火运宣也；斗建维辰，春气全也；文明以应，窃承天也；太原之系，世胄绵也；为汉大行，忠效捐也；悲懑穷愁，退论旃也；明明我后，遹播迁也；俟之方将，须永年也。《黄书》之所以传也，意在斯乎！

朱舜水集

新 序

许啸天

　　舜水先生，名之瑜，号鲁玙，是浙江的余姚地方人，和王阳明先生同里而又同时。当时讲王学的人，十分热闹，独有先生不肯随势附和；又黄梨洲先生同住在舟山地方，彼此闻名，却始终不曾见过一面。他不喜标榜，有特立独行的气节，在这一点上，便可以看得出来。讲到年纪，舜水还比梨洲大上二十多岁。那时梨洲练兵排满，事业做得很大了，但舜水不以梨洲为然。梨洲也很知道，在他文集里有一篇《两异人记》，把"朱"字改作"诸"字，说的便是舜水先生。

　　舜水复明的思想，十分坚强；待到清兵进关，他便逃往日本。又在安南、暹罗、南洋一带地方来往着，所到的地方，便把苦志力行的模范感化后辈；这十多年里面，始终不曾踏到中国的地土。鲁王在舟山，把舜水请去，谋划国事，住下一年多；这时梨洲先生把兵权交与王翊，舜水和王翊的交情很厚，所以留在舟山、四明一带地方，帮助王翊调度兵事，日子很久。到清朝顺治十五年，台湾郑成功起兵反满，攻进长江，舜水也在台湾筹划兵事；后来他见成功意气骄横，知道不能成事，便奔走南洋、安南、日本一带，很想借海外华侨的力量，组织军队，恢复明室。安南王知道舜水先生是一位中国的学者，便留住他，封他官爵，迫他行臣子跪拜的礼；舜水直立不肯跪，安南王便当着舜水跟前，杀了许多人威吓着他，但舜水到底是不肯屈节。直到顺治十七年，先生才终止了他的政治生活；但立志不到清国，便寄住在日本。

日本人这时正大倡排外的议论，只有长崎一隅是商埠，开放着容留外国人居住；舜水先生孑然一身，忍辱含辛，在长崎住下十数年，把他的人格学问去感化着人。日本人渐渐的知道敬重他，有许多崇拜汉学的人，都来拜他做门生。舜水住在长崎的时候，讲学读书，空下来，便在园中种菜；一时日本人学他行为的很多。现在的德川大将，在当时才得六岁；他叔父德川光伯，在朝里摄政；听得舜水先生的名气，便派人迎进京去，敬以宾师之礼。从此舜水先生便住在东京。德川十分敬重先生，每走过先生的门口，便要下车下马，表示他的敬意。先生有病，德川常在床前问候，也可以见得那时舜水先生在日本的价值了。

　　照实说来，先生的学问道德，在当时，于中国人虽受不到如何的影响；但先生拿中国的礼教去教导日本人，使日本人注意汉学，深受先生的人格感化，直到如今，日本人受了我们大陆国的教化，又受着舜水强毅人格的感化，而有今日发扬蹈厉的一天，这是日本人应该感激先生的。在满清入关，满朝汉臣称奴称子、人格堕地的时候，独有先生把中国人固有的礼教，移植到海外去，使中国文化的价值，不因一班无耻的贰臣而堕落，这也是中国人应该感谢先生的地方。梁启超先生也说："现在我们可以说，日人所以有二百年太平之治，实由舜水教化而成；即中国儒学化能为日本社会道德基础，也可以说由舜水造其端。……舜水人格极高尚严峻，所以日本智识阶级受其感化最深。……前几年，日本人开舜水三百年纪念，非常热闹；可见其感化力之深，历久如一。盖先生之学，专以人格坚强高尚为主；在最近三百年内，能把中国日本打成一片，实在是先生的功绩。"——见梁启超演讲《清初五大师学术梗概》——就这几句话看来，便可以知道先生人格的伟大了。

　　舜水先生完全是一个实行家，他历史的前半段，是政治的实行家；后半段，却又是礼教的实行家。他生平痛恨结党标榜，著作钓名；所以他一生著作很少；他的学问人格，完全表现在他的行为上。他自身的享用，和给人的享用，完全在人格的暗示。人格的力，就是康德学说所谓理性（Uecnunft；Reason）。如今我附带把理性的界说转录在下面：

> 理性，是我心底本体，称为意志，也不外无此。物如——宇宙本体——是大的理性，乃是理性——我人心中之本体——所由生的。所以这物如称做"大我"，也称做"神"。因为理性是万人所同具的，所以由理性认为善的行为，也必定是万人皆以为善的。为宇宙本体的物，如表现在于我人的理性，给我人以神圣不可侵犯的命令；这叫做"大我之命"，也可叫做"先天内应之声"。道德律，因为是出于这命令的缘故，所以有无上的威权；无论什么人，必须无条件的服从。只因为是善，所以应该为善；在这不完全的现世，善行虽未必伴有幸福，却因为这个缘故，我人为善，不可蹰躇；若在理想的世界，善和幸福必定一致，是毫没有疑义的。我们人类现在虽然在极不完全的状态，但有和那"大我"性质相同的理性，所以不能不互相尊重人格。所谓无论在什么地方，不可把人格作为手段，就是这个缘故。

舜水先生是以人格为方法，不以人格为手段；所以在自己便得到伟大的修养，在他人便得了他伟大的默化。这默化的力量，日本人直享用到现在，成了一种强毅坚苦的根性。我前几年因为办铁矿的事体，在辽阳——本溪湖八盘岭矿山主任——和日本人共过几年事；暗地留心他们从工程师到苦力头，都有一种坚苦卓绝、勤慎耐劳的气概。——他们对于中国人底行为的善恶又当别论——比到中国人的宽懈浮逸的恶根性，实在叫我惭愧！日本人的能够得到这个好教育，也未始不是在三百年前我们这位中国的朱舜水先生指导，和他们那位德川光伯提倡的功劳。所以人格的感化，比到理知的教育，他的效用要胜过万倍。在哲学上最根本的统一原理，便是人格说（Persoonalism）。在瑞典的哲学家朴斯德楼姆（Bostrom）和德国的哲学家倭铿（Encken）等，都是这人格说的代表人物。朴先生说："绝对或实有是具体的，并且是被组成为有机的体系的自己意识底统一。""神，是完成到于无限的人格。""吾人住在神的里面，所以是永入不灭的。""所有真实的事物，都是精神的、人格的。"倭先生也承认永久的心灵活动，并且承认各自人格的独立。他以为心灵的活动，包含独立的人格之全部而成为人格世界。

所以我们相信舜水先生的人格，是随处能给与我们以善的默化；你倘然要找寻舜水先生的著作，或是什么学理，他是没有的；他只能给我们一个克苦自励人格的暗示。此外我们在他留住日本时候和朋友往还的信札里面，可以找得出他底学识的一班。我如今便拿他的信札和零星的文件合刻起来，成一部集子，给我自己也是给大家做一种人格修养的工具。

中华民国十五年三月二十九日，在上海

卷一　传　记

舜水先生行实[*]

　　文恭先生，讳之瑜，字鲁玙，姓朱氏，号舜水；明浙江余姚人。其先封邾，《春秋》所谓"邾子"也；后改为邹。秦楚之际，去邑为朱。汉兴，流转鲁、魏之间。在东汉时，曰晖，曰穆，俱显于世，亦其先也。元季，明太祖高皇帝定鼎金陵，当时远祖某，帝之族兄也，雅不欲以天潢为累；帝物色累征，而某坚卧不起，帝不能夺。家居终身，改姓为诸；及祔主入庙，题姓为朱，子孙复今姓。高祖龙山处士，不仕，卒家；高祖妣黄氏。曾祖讳诏，号守愚，累历显职，诰赠荣禄大夫；曾祖妣孟氏，诰赠夫人。祖讳孔孟，号惠翁，诰赠光禄大夫；祖妣杨氏，诰赠夫人。父讳正，字存之，号定寰，别号位垣，累迁总督漕运军门；及卒，诰赠光禄大夫、上柱国。妣金氏，前封安人，诰赠一品夫人。先生，其第三子也，以明万历二十八年庚子十月十二日申时生焉。

　　幼而颖悟绝伦，殆若成人；九岁丧父，哀毁逾礼。初从慈溪李契玄学，及长，受业于吏部左侍郎朱永祐，及东阁大学士兼吏户工三部尚书张肯堂、礼部尚书吴钟峦，研究古学，特明《诗》《书》。

　　初为南京松江府儒学学生，——所谓秀才也。少抱经济之

---

[*] 此文为日人今井弘济、安积觉同撰。——编注

志，动辄适礼；宗族及乡先生，多以公辅相期。弱冠，见世道日坏，国是日非，慨然绝进仕之怀，而有高蹈之致。每对妻子云："我若第一进士，作一县令，初年必逮系；次年、三年，百姓诵德，上官礼誉，必得科道。由此建言，必获大罪，身家不保。自揣浅衷激烈，不能隐忍含弘，故绝志于上进耳。"乡党每有疑难，先生片言折之。尝有人携家谱来谓曰："我朱文公之裔也。文公之子为余姚令，子孙因家焉。"意欲认先生为同族；及阅谱，世系大同，而唯有一世可疑者。宗族皆欲从之，先生正色曰："一世不明，则余不足据。方今九族尚不能敦睦，何用舍近求远耶？狄青武人，尚不认仁杰。若能自立，自我作祖；弃其先德，则四凶非圣人之后乎？"宗族皆服其卓识而从其言。

先生始娶叶氏，先殁；继妻陈氏，志意克谐，事姑尽孝，能安贫贱，有"短裳挽鹿"之风。年至四十，欲弃举子业，退安耕凿；诸父兄弟爱其器度可大用而不许，于是每逢大比，徒作游戏了事而已。或有劝显达者，则恬然不省。崇祯某年，提督苏松等处学政、监察御史亓某，举文武全才第一名，荐于礼部；崇祯十六年癸未十月，幕府辟为监纪同知，不受。寻擢恩贡生，考官吴钟峦贡札称为开国来第一。十七年甲申，诏特征，不受。弘光元年乙酉正月，又诏征，亦不受。四月，即授江西提刑按察司副使兼兵部职方清吏司郎中，监荆国公方国安军，不拜。于是台省交章论劾："之瑜偃蹇不奉朝命，无人臣礼。"先生即不别家人，星夜逃避海滨。此时左良玉之子梦庚背叛，报急，羽檄张皇，故得免于逮捕。既而自舟山至日本，转抵交趾；未几，还舟山。隆武三年丁亥，舟山守将招讨大将军威房侯黄某，承制授昌国县知县，不受。十月，又题请监察御史管理屯田事务，亦不受；聘请军前赞画，不就。

永历五年辛卯，舟山诸将互抱疑贰，欲相屠杀。清兵将至，先生豫料祸败，欲自舟山至安南而阻风；转至日本。先生素与经略直浙兵部侍郎王翊，深相缔结；且与舟山诸将，密定恢复之策。时王翊兵势颇振，屡立战功。盖先生所以屡至日本者，欲以王翊为主将乡导而借援兵也。然在日本，未尝露情泄机。既而王翊战败被禽，不屈而死。久之，先生得闻其讣，然莫详其月日；乃以八月十五日设祭祀焉，哀悼激烈，发于其文。尔来每逢八月十五日，杜门谢客，怆然不乐，终身废中秋赏月。

自是而后，先生归路梗塞。然以日本禁淹留外邦人，复过舟山。六年壬辰，监国鲁王驻跸舟山；时安洋军门刘世勋疏荐监纪推官，不受。吏部左侍郎朱永祐（祐），拟兵科给事中，旋改吏科给事中，亦不受。礼部尚书吴钟峦，拟授翰林院官，辞而不就。时先生有浮海之志，偶在舟中，为清兵所迫胁，白刃合围，欲挟使降髡发；先生誓以必死，谈笑自若。同舟刘文高等七人，感其义烈，驾舟送还舟山。因是巡按直浙监察御史王某嘉其节操，荐举孝廉，不受，上疏固辞。时天下大乱，宪纲荡然，先生虽有志于匡救，而时事不可为；累蒙征辟十有二次，前后力辞。

七年癸巳七月，复来日本。十二月，复赴安南。先生雅有意于经历外邦而资恢复之势，是故东南海外，虽暹罗小夷，亦曾至焉。

监国九年丙申三月，鲁王特敕征。敕书降自舟山，而先生东漂西流，莫能速达；至明年丁酉正月，始达交趾。先生特制处士衣巾，设香案开读，叩头谢恩，歔欷慷慨，欲自海路赴思明而就征，适遭安南之役，不果。所谓役者，是时安南国王檄取中原识字人；差官举以先生，一时掩捕，如擒寇虏。而使先生面试作诗写字，先生不作诗，但书"朱之瑜，浙江余姚人，南直隶松江籍。因中国折柱缺维，天倾日丧，不甘薙发从虏，逃避贵邦，于今一十二年。弃捐坟墓妻子，虏氛未灭，国族难归；溃耄忧焚，作诗无取"。该艚作色,百般恐吓,欲令屈服;而先生毫无沮色。其间往复之言,忠愤义烈,激切慨然,夷人亦为之改容。遂将至外营砂,即日命见。文武大臣悉集,露刃环立者数千人,意欲令拜国王;或慰谕焉,或怒逼焉,先生故为不解其状。差官举仗画一"拜"字于砂上,先生乃借其仗,加一"不"字于"拜"字上;又牵袖按抑令拜,先生挥而脱之。国王大怒,令长刀手押出西行,先生毫无顾盼,挥手即行,心决一死耳,遂将赴该艚所。于是阇国君臣震怒,必欲杀之,而先生执意弥固。有黎医官者,从容劝谕曰:"君必不拜,见杀无疑,何不自爱至此?"先生厉声曰"今日守礼而死,含笑入地耳!何必多言!"次日黎明,自取牖下水洗沐更衣,撮土向北,拜辞讫;俟天明,内楼供奉敕书拜讫,附吕苏吾,瞩托后事。谓黎医官曰:"我死后,料尔辈不敢收骨。如可收,乞题曰'明征君朱某之墓'。"

国人稍稍探知其无事遭难,乃有叹服而称奇者;国王亦差人访察举动,知其履历事实,于是擅杀之计圮,而任用之心萌矣。然先生未之知焉,独在困厄之际,惟恐身名埋没于外夷而无达于天朝,乃密草奏疏,且录遭役本末,封付王凤,使上于鲁王。数日,国王致书于先生,令仕,有"太公佐周而周王,陈平在汉而汉兴"等语。先生复书拒之。自此而后,阇国君臣,悉知先生贞烈义勇,凛乎不可犯,反相敬重。如国王之弟,亦至称为"大人",其敬服如此。时国王遣人书一"确"字来问,先生解以"坚确"之义,遂使先生作《坚确赋》。

先生既无拘留之患,欲浮海而归,乃作书辞国王。归至会安寓中,盗窃罄空;亲友皆言是居停所为,显有证据,而先生明察非寓主之所为,一概不究,诸人笑以为痴。后事发,竟与寓主无涉;诸人嗟叹,谓非常人所能也。其后先生录遭役本末往复事实,名曰《安南供役纪事》。

先生欲归桑梓，潜察中兴之势；而屡经窘迫，资装匮耗。乃又上疏鲁王，陈其情状。明年戊戌夏，又至日本，盖因鲁王之召，而欲从日本抵思明，亲据情实而决去就也。是时海内幅裂，兵革鼎沸，欲从安南直赴，则行路艰涩，是以欲取海路；而舟山既陷，先生师友拥兵怀忠者如朱永祐、吴钟峦等，皆已死节。先生闻之，进退狼狈。然欲审察时势，密料成败，故濡滞沿海，艰厄危险，万死如发。于是熟知声势不可敌，壤地不可复，败将不可振；若处内地，则不得不从清朝之俗，毁冕裂裳，髡头束手。乃决蹈海全节之志，以明年乙亥，又至日本。

先是，筑后、柳川有安东守约者，钦其学植德望，师事之；深体先生忠义之心，知其归路绝，宿望沮，固请先生留日本，先生从焉。乃与同志者联署白长崎镇巡，镇巡许之。然先生流离屯塞四海，空囊孤身，飘然不能自支；守约乃分禄奉其半，先生辞以过多。守约曰："先贤有以麦舟救朋友之急者，古人称'师与君父，所在致死'，况其余哉？然则义当悉献年俸，自取其三之一；然辱爱之深，恐不许之，故今取其中以分其半。若非其义、非其道，则奉者、受者犹之匪人。老师高风峻节，必不受不义之禄，岂以守约之所奉为不义之禄乎？守约百事不如人，惟于取与，欲尽心以合理。若拒之，则为匪人也，岂相爱之道哉？"先生重辞以心不安。答曰："守约为生，丰于老师，则岂于心安乎？从使倾家奉之，志则在矣，难以致久；故酌其宜以中分之，有余则不在此限，不足则亦不必如此，愿不过为虑也。守约尊信老师，本非为名；老师爱守约，亦岂有私。惟欲斯道之明而已。"先生乃知其志不可移，而许其所请。自是守约任宦之暇，穷微探赜，学术顿进。先生虽客寓于兹，莫不日向乡而泣血，时背北而切齿；惟以邦雠未雪为憾，不以阖室既破为悲。所恃者，旧邦二三之忠臣；所仰者，明室累世之积德耳。

辛丑岁，守约问明室致乱之由，及恢复兵势；先生乃撰书一卷答之，名曰《中原阳九述略》。先生幼时尝梦"夜暖溶霜月，风轻薄露冰"二句；因以"溶霜"名斋，而未知其兆；及在日本，习其风土，恍然自悟曰："吾漂零海外，命也夫！"

癸卯春，长崎大火，先生侨居亦荡尽。因寄寓于皓台寺庑下，风雨不蔽，盗贼充斥，不保旦夕。守约闻之，曰："我养老师，四方所俱知也；使老师饥死，则我何面目立乎世哉？"即时赴之，拮据绸缪而还。

甲辰，我宰相上公，遣儒臣小宅生顺于长崎，采访硕德耆儒；生顺屡诣先生，谈论古今，谓先生曰："东武若有奉先生为师者，能东游否？"先生曰："兴学设教，是国教大典，而在贵国为更重，我深有望于贵国；但以我才德菲薄，何遽足为庠序之师？至若招我不论禄而论礼，恐今日未易轻言也。惟看其意何如耳。"及顺归，上公备闻先生才德文行；明年乙巳，禀明公廷，聘召先生。先生乃与译者及门人，议其去就。皆曰："上公好贤嗜学，特召先生，不可违拒。"先生乃应其聘。七月，至武江，自是礼接郑重，待以师友。八月，上公就邦；九月，迎先生至水户。十二月，归武江。丁未八月，又至水户；每引见谈论，先生援引古义，弥缝规讽，曲尽"忠告善道"之意。上公亦与之论难经史，讲究道义。冬，上公铸钟簴于城楼，以备警时，乃使先生作铭，自书于钟；及上公构高枕亭于禄冈，又使志其亭。

先是，上公欲为先生起第于驹笼别庄，先生力辞数四。且曰："吾藉上公之眷顾，孤踪于外邦，得养志守节而保明室之衣冠，感恩浴德，莫之大焉，而不能报其万一；至于衣之、食之、居之，或丰或俭，则未尝置之怀抱也。且吾祖宗坟墓，乔木秀美，想必为虏发掘剪除；每念及此，五内惨裂！耻逆虏之未灭，痛祭祀之有阙；若丰屋而安居，非我志也。"上公慰谕恳至，乃勉从之。甲申二月，归武江新第。

先生常念守约倾心之笃，每通书信，或寄黄金、衣服，以据情素；守约领其轻，还其重。先生乃代金以绢帛，书谕之曰："昔及相见，分微禄以其半赡不佞；贤契敝衣粝饭，乐在其中。盖以我为能贤，以为道在是也。岂有有道之人而忘人之德者乎？贤契而忘之则可也，不佞而忘之，尚得谓之人乎？大凡贤者处世，既当量己，又当量人；贤契自居高洁，则不佞处于不肖矣。不几与初心相纰缪乎？况非所谓高洁乎？"自是不敢拒而受之。

己酉，先生岁七十，自以年老神耗，欲辞西归，乃启陈其意；上公嘉其肫笃，慰勉款曲，先生不得已而从之。十一月十二日，先生诞日，上公设养老之礼，飨先㳄于后乐园，授几杖而礼养焉。十六日，视临其第，酒殽币帛，礼接稠叠，新制屏风，画以倭汉，年邵德高者六人，祝其遐寿，尽欢而归。是岁，先生作《诸侯五庙图说》，博采众说，通会经史，旁考古今，以理折衷，识者皆谓不朽之盛典。

庚戌，先生以桧木作寿器，制度周宻，漆而藏之。先是，每岁欲用油杉制之，而终无良材称意者，故以桧木代焉。乃谓门人曰："我既老在异邦，自誓非中国恢复，不归也。而或一旦老疾不起，则骸骨无所归，必当葬于兹土。然汝曹素不知制棺之法，临期苟作，则工手不精，制度不密，数年之后，必致朽败。后来傥有逆虏败亡之日，我子若孙，有志气者，或欲请之归葬。而墓木未拱，棺椁朽弊，则非徒二三子之羞，亦日域之玷也。吾之所以作此者，非为手足也，为后日虑耳。况礼有'七十月制'之文乎？"

是岁，上公使先生作《学宫图说》，商确古今，剖微索隐，览者若烛照而数计焉。上公乃使梓人依其图而以木模焉，大居其三十分之一；栋梁枅橑，莫不悉备。而殿堂结构之法，梓人所不能通晓者，先生亲指授之；及度量分寸，凑离机巧，教喻缜密，经岁而毕。文庙、启圣宫、明伦堂、尊经阁、学舍、进贤楼、廊庑射圃、门楼墙垣等，皆极精巧。及上公作石桥于后乐园，先生亦授梓人以制度，梓人自愧其能之不及。又命造祭器之合古典者，先生乃作古升古尺，揣其称胜，作簠簋笾豆登铏之属，古意焕乎溢目。如周庙欹器，唐宋以来，图虽存而制莫传；先生依图考古，研覈其法，巧思默契，指画精到。授之工师，工师咨受频烦，未能洞达；乃为之揣轻重，定尺寸，关机运动，教之弥年，卒得成之。

壬子冬，上公使先生率儒学生习释奠礼，改定仪注，详明礼节，学者通其梗概。明年癸丑，复于别庄权装学宫，使再习之；于是学者皆精究其礼。甲寅，先是上公使先生制明室衣冠，至是而成，朝服、角带、野服、明道中（巾）、纱帽、幞头之类也。

上公素遇先生以殊礼，寒暑风雨，必问起居；殽馔牲牢，莫不备焉。常念先生客居他邦，精节厉操，乡信阻绝，而言不及子孙；乃谕先生，寄书于家，问其家信，且召一孙侍养焉。先生作书寄之。

先生之在乡也，兄曰启明，一名之琦，号苍曙，登进士第；因忤阉宦，妄为所劾。虽两奉明旨昭雪，而不赂权要，故十年不得复。后漕运缺，御笔亲除，时因流贼破北京，未得到任，遂归。南京洋务军门缺，理应启明推补，而时相马士英惟赂是图，又起奸党阮大铖为兵部侍郎，以为羽翼，而共推刘安行补焉。启明摈落，但奉朝请而已。清朝欲强用之，不可；都院陈锦欲杀之，以操江唐际盛力救得免。后锢于南京，弄居灌园；及先生流离海外，莫知其存亡。次兄某，字仲琳，未弱冠而卒。先生继妻陈氏亦没，后聘胡氏。先是妻父胡公，必欲配之先生。而先生固辞者三，且作书苦辞；胡公不许，聘后，先生适会母丧未娶，后值乱离奔逃，数寄书而使别许配，而胡公坚执不允，后亦莫知其存亡。

先生有二子一女，长大成，字集之；次大咸，字咸一；女高，字桑端，即陈氏所生也。高忠孝性成，聪明绝世；儿时三岁，便如成人，一言一动，俱有矩矱，长者皆爱之惮之。六岁丧母，哭泣之惨，吊祭者哀不能起。遇事先意成志，先生藉以忘忧。变革以来，年十二三，严备利刃，昼夜不去身。其妗骇焉，问之曰："佩此作何事？"曰："今夷虏犬羊，岂知礼义。儿若以不幸，即以此自刎，宁肯辱身。"其妗与同卧起，欲窃其刀，四年不能得。幼字同邑何氏，因其舅为满官，日夜思父，又愧愤其舅失节，忿懑遘疾，未嫁而亡。是时，先生在外，不知其亡年，大约在壬辰癸巳间也。大成隐居教授，不就清朝考试，以己酉年卒。大成先没，无子；大咸有二子，曰毓仁、毓德，孤贫养于外祖姚泰家。

先生所寄书达姚家，家人相与惊叹，始知其尚在天壤间，且悲且喜；然未审海外险夷禁讳，是以切欲访求而不敢轻动，乃托外家亲姚江赴日本，候察邦宪及先生安否。泰谓先生离乡年久，不识姚江，故授之以先生所尝有金扇及命纸等为证，而附以家书。丙辰，江至长崎，先生览书，始知大成之死，泫然陨涕。江之在崎也，备识先生与上公相得，而保明室衣冠，及召一孙之意；及归，被清朝官吏监察，而以犯禁充于军。后泰及毓仁、毓德传闻先生消息明确，戊午，毓仁直来日本。十二月，至长崎，而碍法禁，不能诣武江，先生亦老疾不能赴长崎，唯以书通情而已。上公闻之悯恻，欲召毓仁侍养；而毓仁受母命而来，当归报母，故踟蹰不敢遵命也。于是上公谕先生，使门人今井弘济往长崎，赐赍毓仁甚优渥。先生寄书，审问祖宗之坟墓、旧友之存亡，且警之以"国亡家破，农圃渔樵，自食其力，百工技艺，亦自不妨；惟有房官，决不可为耳"，竟不及其他。己未四月，弘济抵长崎，与毓仁相见，备述先生之意，且谕毓仁侍养。毓仁谓弘济曰："毓仁幼失父，家有母及弟，而无负郭之田；我之来也，欲问家祖安否，面陈情实，归告母及外祖，以慰其渴望。然后辞母再来，而终侍养之孝耳。前者，姚江之来，不及至家，中途遭事；而毓仁家贫不能赎，常独居郁陶。忽焉浮海而长留不归，虽有事祖之诚，而实缺倚门之望；今且归而报母，必图后举。然则于祖于母，孝心两得矣。"七月，弘济归都，备述毓仁之意，及桑梓之信，先生怃然感怆。

是岁，先生年八十矣。及先生诞日，上公又设养老礼。前一日，亲就第祝寿，奉以羔裘、鸠杖、龟鹤屏等，凡二十品。明日，先生设香烛拜告天地，祝以："逆虏未亡，故土为墟，而身在异邦。迟暮衰疾，久受上公隆恩，无以报之。"歔欷流涕，感动傍人。是日，上公命奏古乐而乐之。

庚申，先生素患咳血二十余年，精神俊爽，苟无惰容；年逾八十，老疾稍渐，肤燥体寝，因生疥疮，不胜起坐，岑岑在床。明年辛酉，衰损日甚。上公屡使人问候，馈以果穀，且使医官奥山玄建诊察进药。先是，先生每疾，常服玄建之药。至此，先生辞曰："玄建者，常在公侯之门，医疗权要者也；今吾之疾也，疥痒浸淫，手足污烂，而使之诊脉，恐传染医手，则累人居多，未必不由吾也。利己而损人，君子戒之。且犬马之齿，既过耄耋，而欲用药石延旦夕之命，未为知命者也。吾必不敢承命矣！"上公为之慰喻恳款，玄建亦屡至累请，而先生力辞，不使诊脉。玄建乃望闻而制药，先生服之，意在重上公之命而已。壬戌三月，设宴招亲友及门人等，力疾起坐，谆谆教诲，盖永诀也。四月十七日，无有他疾，语言声色，不异平日，未时，奄然而逝。年八十三。

先生既制棺，又逆备葬具，门人敛毕，上公叹惜不已。临送其葬，视题神主，世子亦会焉。以四月二十八日，葬于常陆久慈郡大田乡瑞龙山麓，依明朝式成坟焉。

癸亥七月十二日，上公与群臣议谥曰文恭先生，亲诣墓荐少牢。文曰："呜呼先生！道德坤厚，才望高崧。生于明季之衰，遭于阳九之厄。危行砥节，屯塞隐居。鹤书连征，确乎不拔；身陷贼窟，守正不移。流离转蓬，经几年所，衣冠慕古，未曾变夷。歃血尝胆，至诚无息；韬光肥遯，谢恩远辞。鼓翼南溟，奋麟东海；风饕雪虐，义气益坚。宽文乙巳夏六月，惠然寓我，我兹师资，终日谆谆，论文讲礼。呜呼先生！博学强记，靡事不知；起废开蒙，孜孜善诱。敩我未半，天不假年，去岁夏初，奄奄忽逝。呜呼先生！生有懿行，死不可无美谥。古言曰，道德博闻曰'文'，执事坚固曰'恭'，盖先生之谓乎，故谥曰'文恭'。肃摅哀诚，敢告茔墓。呜呼哀哉，伏尚先生之灵，来听来飨！"

甲子，上公命构祠堂于驹龙别庄；十二月十二日，迁主，祭用少牢。自作文祝之曰："呜呼先生！玥之遗民，避难乘槎，来止秋津。瘝瘝忧国，老泪沾巾，衡门常杜，箪瓢乐贫。韬光晦迹，德必有邻。天下所仰，众星拱辰。既见既觐，真希世人。温然其声，俨然其身；威容堂堂，文质彬彬。学贯古今，思出风尘。道德循备，家保国珍。函丈师事，恭礼夤宾。呜呼哀哉！齿超八旬，遽尔捐馆，今及三春，情所不忍，结不能伸。相攸构庙，轮奂维新。簠簋笾豆，云设云陈；牲醴粢盛，克祀克禋。敢告微诚，焚香参神；神若有知，来绥来臻。尚飨！"自是每忌日，亲举祭礼。然是日适当东照公之忌日，有事于大庙，故移祭于明日，率以为常。

先生性质谨慎，强记神敏，虽老而疾，手不释卷；凡所经览，钩深体实，博而约，达而醇。尝谓门人曰："学问之道如治裘，遴其粹然者而取之；若曰吾某氏学某氏，则非所谓'博学审问'之谓也。"又曰："为学之道，外修其名者无益也；必须身体力行，方为有得。故子贡天质颖悟，不得与圣道之传；无他，华而不实也。"作文雄壮古雅，持论逸宕，笔翰如流，随手成章。尝曰："大凡作文，须本六经，佐以子史，而润泽之以古文；内既充溢，则下笔自然凑泊，不期文而自文。若有意为文，便非文章之至也。"硕儒学生，常造其门者，相与讨论讲习；善诱以道，于是学问之方，简牍之式，科试之制，用字之法，皆与有闻焉。

先生饬身以礼，燕居俨若也。平居见客，虽亲昵必具衣冠。谦而接物，不尽人欢，严而自持，苟无虚饰。治家以俭，量入为出。离家四十年，不接妇女。或论以置妾以备药饵之奉，而先生不许焉。格物穷理，志虑精纯；古今礼仪而下，虽农圃梓匠之事，衣冠器用之制，皆审其法度，穷其工巧。识者服其多能而不伐、该博而精密也。为人刚毅方直，操履中规；择交而慎言，晦迹以远疑。如其祖宗官衔，及身蒙征辟之荣者，虽亲友、门人，未尝与之言也。鲁王敕谕，亦不示人。及卒，有古匣锁而封焉，于中得所自书祖宗以下纸牌及奏疏、履历等，敕书别藏于描龙箱；于是人皆服其深密谨厚，而知本末事实云。

舜水先生遗事[*]

先生朔望必望拜。黎明，门弟子扫堂设几，展毡，备香烛；先生披道服，戴包玉巾，东向而拜，口诵细语，食顷，竟不知其如何等语。盖《文集》所载，庚寅年《陷难告天文》等类也。作书牍不立稿，或楷或草，挥笔辄成；作大文字则立稿。文成而经

---

[*] 文为日人安积觉撰，又题《朱文恭遗事》，此盖节略也。——编注

行室中，殆数十返；朗诵其文，有不允惬者，复座改之。盖音节响亮，抑场（扬）顿挫之谓，而门人辈皆不能晓也。

先生喜宾客，不择贵贱；非有疾病事故，未尝不应接。飨客随家有无，必竭其诚。客有问起居，惮其劳勤，不见而去者，意不怪，曰："辞客在主人，客何辞主人？"若钜儒硕士来访，论道谈文，则自日午至夜半。觉等惟思困睡，而文恭未尝厌倦也。不能饮酒而喜客饮，时或对棋，棋不甚高。藏书甚少，其自崎港带来者，不过两簏；而多缺失，完全者亦少。好看《陆宣公奏议》《资治通鉴》；及来武江，方购得京师所锓《通鉴纲目》。至作文字，出入经史，上下古今，娓娓数千言，皆其腹中所蓄也。

先生酷爱樱花，庭植数十株；每花开，赏之。谓觉等曰："使中国有之，当冠百花。乃知或者认为海棠，可谓樱花之厄。"义公环植樱花于祠堂旁侧，存遗爱也。

先生不作诗，尝曰："今诗比古诗，无根之华藻，无益于民风世教；而学者汲汲为之，不过取名干誉而已。即此一念，已不可入于圣贤大学之道。"亦以明季浮薄之流，祖尚钟、谭、袁中郎之说，诋诃何、李，凌蔑高、杨、张、徐。犹文章之徒，攻击道学之士；不唯无益，而反有害，故绝口不为耳。其论李杜曰："究竟李不如杜，李秀而［杜］老，李奇险而杜平淡；然不奇奥之极，造不得平淡。"

先生暇日尝谓觉曰："我在中国所经历诸名胜之地，试与汝言之：三关、庐沟桥、大石桥、滹沱河、荆轲易水、燕昭王黄金台、杨家府，在北直隶顺天府；兰亭，在绍兴府；洞庭湖在岳州，岳阳楼临湖水；防风池，在会稽府，会稽之侧；严子陵钓台，在严州；戴安道剡溪在嵊县；雁宕，在台、温二州之界，冬夏有雁；金陵、蒋山、石头城、乌衣巷、米石、燕子矶，在南直隶应天府；临春、结绮、望春三阁，景阳楼，今为荒墟；孟东野射鸭堂，在芜湖；乌江，在芜湖上流；金山、北固山，在镇江府；甘露寺，刘玄德试剑石，在北固山；姑苏台、虎丘、寒山寺，在苏州；滕王阁、铁柱宫、石钟山、鄱阳湖，在江西；表忠观，在杭州；林和靖放鹤亭，苏公堤，在杭之西湖，至今犹盛；桃源、君山、东城、赤壁，在湖广；周瑜赤壁，则非此处；祭风台，今亡；五溪在湖广、江西之界；辰、沅之地，汉伏波将军驻兵处；黄鹤楼，在武昌；召伯埭，在扬州；邯郸，在彰德府；孤竹，在大名府；登封、渔封、嵩山之地，虎牢、成皋、鸿沟、敖仓、彭城、许昌、官渡、邺、轘辕、少林、太室，在河南；金谷园、铜雀台，今为荒草；测景台，凡存量天尺；秦时大夫松，至今犹存，大可十围；白松亦在河南，大松树三株，遥望之，宛如白龙，松有香，近而摩之者，到家手犹香。凡此者，可追忆者；其余不知几许，今忘之矣。"觉退而笔之，虽不足考据，而当时所亲闻者；若参以《一统志》，容有差误。今想其事，正逾五十年矣，可胜一慨！因附于此。

舜水先生别传[*]

朱之瑜，字楚屿，至海外，复字鲁屿，又号舜水；余姚人。少伉爽有志概。有持谱献者，谓朱文公子为余姚令，家于此，族人欲附之。之瑜曰："中有一世讹脱，即难征信；且人贵自立，不必攀附紫阳也。"寄籍松江，成诸生。提学御史亓某，以才备文武，上诸礼部；癸未、甲申，两奉征辟。明社既屋，福王建号江南，总兵方国安，荐授江西按察副使，兼兵部职方司郎中、监国安军。马士英方用事，遣私人周某，偕同邑何进士东平招之。

---

[*] 此文撰人署"海东逸史"，又题《朱之瑜别传》。——编注

之瑜念方、马终误大计,力辞;台省劾"偃蹇不奉诏",将逮捕。会南都亡,遂解。

黄斌卿奉表闽中,劝进;唐王加斌卿肃卤伯,镇舟山。之瑜往依焉,于斌卿强悍不法,数有所救正。承制授昌国知县,又表授监察御史,管理屯田事务,聘军前赞画,均不应。御史冯京第之自湖州军破也,间关入四明王职方翊军中。时内地单弱,欲藉海外之师为响应;京第劝斌卿乞师日本,斌卿因命弟孝卿偕京第往,之瑜从之。撒斯玛王许发罪人三千,及洪武钱数十万。京第先归,之瑜留而,师不果出。

己丑,鲁王驻舟山,安洋将军刘世勋疏荐监纪推官,吏部拟兵科给事中,改吏科。时礼部尚书吴钟峦扈王兼督学政,以"开国第一人"荐,将授翰林院官,先后力辞。王翊之朝王也,见之瑜,恨晚;举孝廉,辞。

辛卯,舟山陷,飘泊海岛,转浮日本、交阯、暹罗间。甲午,征还敕书达交阯,焚香开读,东望涕零。戊戌,赴厦门朝王,不果。己亥,朝王金门。时朱成功、张煌言会师入长江,之瑜主建威伯马信营——信,台州副将,降于张名振者也。名振死,以兵属成功与忠靖伯陈辉。之瑜常往来两军间,克瓜州,下镇江,皆亲历行阵。未几事败,益彷徨无所向,返日本;日本人安东守约周给之。

丁未,水户藩侯源光国为筑第驹龙别庄,造膝访道。东国未有学,著《学宫图说》,依以创造;凡古升古尺,簠豆笾铏之属,咸备。又命俊秀子弟,从受释奠礼。己酉,年七十,辞归,不听;飨之后乐园,以屏风为寿,绘东国及中华耆德六人。——则武内宿祢、藤原在衡、藤原俊成、太公望、恒荣、文彦博也。己未,年八十,致祝如初。壬戌四月十七日卒,年八十三。光国遣世子纲条临丧,葬当陆久慈郡大田乡瑞龙山,谥曰"文恭"。构祠堂驹龙别庄，亲制文诔之。

之瑜生八岁而孤，伯兄启明，天启乙丑武进士，南京神武营总兵都督同知；以忤阉削职，特旨昭雪，授漕运总督，国变未赴任，行由总兵劾归。国朝强起之，不可；后以老寿卒。仲兄之瑾，诸生，弱冠即夭。

之瑜在日本苦蚊，有劝陈以纱厨者，谢曰："先世葬域，兵后恐遭蹂躏，辗转思维，不敢身处安逸耳。"凡中华人来，必泣问伯兄近状。娶叶氏，生子元棋、元楷；继娶陈氏，生女高、字柔端。元棋屡省父交阯、厦门，辛丑，殁于海外。元楷隐居教授，己酉卒。柔端六岁丧母，年十二，遭世乱，即佩刀自防。字何东平子，郁郁未嫁而亡。

之瑜笃于友谊，初以诗受知于张国维。朝列相知者，陈函辉，张肯堂；同县则邹元实、斗东叶大受，陕遵之族子锦，尤与王翊、吴钟峦、朱永祐契。

之瑜之返日本也，诸将留之，张煌言挽之尤力；之瑜以海滨无田可耕，坐而縻饷，有负本志，遂行。

初，交阯王檄取通晓中华文字者，被摄至，不拜；王怒，锢禁之，继知不可屈，遗书有"太公望佐周而周王，陈平在汉而汉兴"语。答曰："天祸明室，不佞逃遁贵邦，苟全性命；如欲委质他国，皇天后土，实鉴此心！傥异日者，瑜藉大王之灵，遄归桑梓，当举贵国携贰之端，昌言于朝。使圣主明见万里，贵国得世守藩维，岁贡终王，宁不贤于瑜之竭蹶贵邦哉？"乃纵之归。

之瑜学赅博，少从业慈溪李契元，有诗数十篇，附刻《姚江诗存》。《文集》二十八卷，皆海外所作。日本正德二年，源纲条刻之；有安东守约序。日本高弟，有守约子安积觉，又今井将兴。

卷二 文章集

勿斋记

生知安行者,古今之所共贵,而人生之所大愿也;由此而隮于圣人,无难矣。然生而齐圣广渊者,旷代而不一见;而世不乏圣人大贤者,曷故哉?或者作圣有其道,而不必尽出于生知安行哉?世人不乏聪明特达之士,然高自位置,斁蔑彝伦,夷犹傲睨,荡检踰闲,好异厌常,离经叛道,或反为名教之罪人者,又曷故哉?此诚作圣有其道,而不必尽出于生知安行也。《书》曰:"惟圣罔念作狂,惟狂克念作圣。"又曰:"念兹在兹,释兹在兹;名言兹在兹,允出兹在兹。"可以知作圣之道矣。然世之学圣人者,视圣人太高,而求圣人太精。为(谓)圣人之道,一皆出于自然,而毫无勉强。故论议臻于寥廓,析理入于牛毛;而究竟于圣人之道,去之不知其几千万里而已也!容有至止之时,卒之马牛其风,愈趋而愈远,是皆好高喜新之病害之也。

古今之称至圣者,莫盛于孔子;而聪明睿知,莫过于颜渊。及其问仁也,夫子宜告之以精微之妙理,入于言思俱断之路,超越于"惟精惟一"之命,方为圣贤传心之秘;何独曰:"非礼勿视,非礼勿听,非礼勿言,非礼勿动?"夫视听言动者,耳目口体之常事;礼与非礼者,中智之衡量,而"勿"者,下学之持守。岂夫子不能说玄说妙、言高言远哉?抑颜渊之才,不能为玄为妙、骛高骛远哉?夫以振古聪明睿知之颜渊,而遇生民未有之孔子,其所以授受者,止于日用之能事,下学之工夫；其少有不及于颜渊者，从可知矣。故知道之至极者，在此而不在彼也。

吉永守藤君素好学，有志于"四勿"也，以名其斋，因号"勿斋"。勿斋公雅欲有浚郊之贲，而余辞之；初见于竹洞野太史所，以《春秋》之例律之，斯遇也，非见也，非会也。士大夫相遇，自有礼矣，不得轻有所请谒也，奈何以勿斋请余为之记也？余未知其人，不得其生平，亦何得轻为搦管，如贾人之衔其玉而求售也？抑其心久厌夫高远玄虚之故习，茫如捕风；一旦幡然，欲得余言以证其生平之志、中庸之德乎？或亦知道之至极者，不在于"生知安行"，而偏在于"学知利行"，及"勉强而行"之者乎？先民有言："询于刍荛。"勿斋有之矣！"狂夫之言，圣人择焉。"余亦有之矣！

余常患不得使天下之人皆可以为尧为舜，奈何问焉而不对，举焉而不详；而必以士大夫相遇之礼律之也？勿斋其念之哉！念兹在兹，其尚有非礼者得以干之哉？毋舍"四勿"之功力，而肤言仁之体用已。

——藤公名潜，字子默，官朝散大夫，任石州吉永守。

立庵记

宇内有三不朽：太上有立德，其次有立功，其次有立言。夫立言，岂圣人之得已哉？盖圣人以拯救天下为心，德无其位，功非其时，不得已，徒托之空言；庶几后之君子，读其书，勃然而兴起，修其德而建其功，与吾身亲见之者，一间耳。诚使德泽被于生民，而功烈著于天壤，又何为以言自见哉？然而大行之日恒少，卷藏之日恒多；故不若艺慎于仁术，而业擅夫专门。起不起之沉痼，保残喘于生全，功也。

俛进而求之，居然"不谋其利，不计其功"，而一以济人生物为心，是即所谓德矣。虽功有小大，德有偏全，夫孰非立德、立功之类也哉？昔孙思邈（邈）功侔造化，德动天地，夫孰非斯术也哉？吾故以记立庵云尔。

——立庵氏奥山，讳玄建，师承于法印交泰院井上玄彻，其术业之精，夫固有所渊源也，非偶然矣！

德始堂记

穆叔论"三不朽"，谓"太上有立德"，旨哉其言之也！德乃生而自足，然必立而后成；子不能以席诸父兄，父不能以俟诸子弟。必也身自基之，身自进之；若曰非我始之，则无所于始尔。然而江河沟浍，不同量矣；泰山丘垤，不同高矣。是故德厚者流光，德薄者流卑，贤其勉而进于其厚者乎？世间凡物，皆如逝波，惟此其不可诬、不可泯灭者也。去秋议及于植德，贤乃慨然有夷回、跬蹰之感，殆非也矣！贤其佐理兴治者也，不当以此权尽委之天，以此咎尽归诸天也。

余平生不款曲于人，容有龃龉；自流离丧乱以来，二十六七年矣，其濒于必死，大者十余，似乎呼吸之间，可通帝座。其有能知之人，乃偏存于庸愚，故恒以此自信也。是故青天皦日，隐然有雷霆震惊于上；至于风波崄巇，倾荡颠危，则坦然无疑，盖自信者素耳。今与贤之相知也新，而又语言不能通，不当有明珠按剑之举；万一他时复有晤期，更当掀髯抵掌，援古引今，自征其必然也。向欲颜其退食之堂而问名于余，遂以余之自信者告之，故曰"德始堂"云尔。

典学斋记

人之所以必资于学者何？盖前人之学也已成，所以著之即为教；后人之学也未成而求成，因以循古先圣贤之道而为之，斯为学。学之于人也，其执柯伐柯也乎？今人以学为戏，邯郸之步履，优孟之衣冠，皆为学矣；或者以学为市，修其天爵，以要人爵，既得人爵，弃其天爵，皆为学矣。无怪乎终身为学，终身未之学也！

夫学者，所以学为人尔：子臣弟友，皆为学之地；忠孝谨信，皆为学之方；出入定省，皆为学之时；诗书执礼，皆为学之具。终身处于学之中，而一心越于学之外，欲求如古先圣贤也，其可得乎？玉不琢，不成器；人不学，不知道：始之典于学也。一息尚存，此志不容少懈：终之典于学也。终始典于学，而学有不成者乎？歌焉，诵焉，泳焉，游焉，而学有不典者乎？至于不知手之舞之、足之蹈之，则与学化矣；所谓"入芝兰之室，久而不闻其香"者也。

夫典，常也，宪也；谓一念离此，无以为法。九峰先生谓常在于学，是犹与学为二也。吾子资质温淳，学之无有不至。昔者，自谓性非善、亦非恶，岂有学焉而为不善人者乎？特患志意未定，当以论取友亲贤进使为务，其毋纳履于鲍鱼之肆乎！

——清原季敬，名务本，初及吾门，遂从其君而西北归；何以赠之？略举为学之大意，以道其行云。

高枕亭记

水户侯宰相上公，于都城之近郊，新筑别馆，茅茨土阶，疎棂越席；不欲殚民力以壮游观，不欲极土木以开侈靡。不惟不欲而已也，兢兢焉实不敢出乎此，遂颜其亭曰"高枕"。每观省之勤劳，息马蹄于是墅；及是时之闲暇，察政刑于民风。恒思皓月当空，烟波静尽，妇子宁止，百室阜盈；竹柏之影，尽成荇藻，松枏之干，雅堪栋梁。美富中函，非复遂荒之境；藩垣饬治，岂犹草昧之初？

于是惠风和畅，对月劝酬；与二三臣工，叙往事，说勤渠，辟闭塞，翦蓁芜，锄非种，植嘉禾；是穛是䆀，必有丰年，实颖实栗，以开家室。于是饮酒乐甚，陶然竟醉矣！下莞上簟，乃安斯寝；无营无虑，一枕黑甜，於都乐哉！

客有从傍而窃听之者，让余曰："子之言，无乃启怠荒而贡谀乎？吾子直声震于中外，侧闻信义之著，于今五十余年；兹乃化为绕指耶？吾闻之，天生民而立之君，将使其忧劳百姓也；岂使之安意肆志于臣民之上哉？"余谢之曰："敬闻名（命）矣！子之言然乎，然未达也；谅矣，而非信也。夫高枕者，治定功成，虑周理得，心旷神怡，而后能为之者，非可一蹴而至也。世方涾泥扬波，而公之志独洁；世方餔糟歠醨，而公之性不嗜酒。设使此邦之中，有颠连而无告；四境之内，有冤抑而莫伸者，公能偃然而高枕乎？长道有未顺，群丑有未屈；克明其德，未尽其所以诒孙翼子者，公能偃然而高枕乎？——无宁惟是：公属尊而近亲，曲高而和寡；设使庙堂之上，一德之未孚，一事之失理，公虽欲偃然而高枕，其可得乎？兹之所云志也，而非事也；远期之也，而非遽为之也。子观之迹象之粗，而不谅夫制行之高卑；考诸《说文》之义，而不征其襮期之远大。余故曰'未达而未信也'。"客乃面热汗颜，瞿然而觉，曰："吾小人也哉！昧于道之腴，而泥之肤革；是犹凤凰轩翥于重霄，而吾谓其抢于枌榆篱落也。吾陋矣！而今而后，请执鞭以事子。窃子之余，以淑吾身，而因怀以事吾君也。"

书《读书乐》卷后

读书之道，理乎心性，通乎神明；不独元士、庶士日于此孜孜焉，而天子、公侯、卿大夫，有治国平天下之责者，于此为尤亟矣。先儒云："士大夫三日不读书，便觉语言无味，面目可憎。"知不读书之为可忧，则知读书之洵可乐也已。挽近世治不师古，辄有马上得天下之意；上不以圣王之道励俗，下不以圣王之道自励。风俗颓敝，良可惋叹！果能"考诸三王而不谬，建诸天地而不悖，质诸鬼神而无疑，百世以俟圣人而不惑"乎？

余罹中国之乱，飘泊舟次，于今廿年；四海空囊，绝无书史。回想缥缃插架，牙签万轴，居然梦境；而且市井喧嚣，尘氛杂扰，无冬无夏，碌碌不遑；欲如罗鹤林、唐子西咏歌言笑，晤对无非圣贤，泉竹禽花，会心皆成学问，迥隔仙凡矣！若余飘零偃蹇，圯泛尘涂，固无足齿；士大夫幸有其地、有其时、有其遇、有其资，益当于此寻味无穷，翼赞徽猷，光于千古，猗欤盛哉！若以其他嗜好难之，则光阴电驶，不大可惜乎？因录《读书四乐》，及罗氏《山林幽致》，附赘数言，而为贤明者勖之。

汉唐宦官论

为邦之道，庙朝清肃，纲举目张，寇攘、奸宄不作，而民风愿朴，礼义兴行；岂非人君之大愿，而治理之极则哉？然古来治日恒少，乱日恒多；君子不幸生于斯世，以一身系天下之安危，而作狂澜之砥柱，更当永思其终，使宁辑无同流之耻，激扬无震竦之疑，斯为善之善矣。

愚每读史，至汉唐之诛宦官，未尝不废卷而长太息也。夫宦官职任亲近，日夕宫闱，谄媚母后，比昵姬妾；窥伺人主意向，凭城凭社，熏之则燔其木，灌之则败其涂。汉不当藉之以威权，唐不宜授之以兵柄；祸已至此，诛之亦反，不诛亦反，无问愚智而咸知之也。而古今独以其罪归之陈蕃、窦武、李膺、韩縯，及唐之文宗与李训、郑注者，何哉？盖君子举事，一不当则宗社蒙其祸，而身受恶名。窦武贪天之功，训、注憸壬倾侧，固不足惜；至于陈蕃、李膺，颇立名字，表表一时；文宗读书求治，耻为庸主，岂尽若史官之所记载，如鹰隼之悍厉，儿童之嬉戏，以致此酷烈哉？盖事成则天下之善皆归之，事一不成，则天下之恶皆归之，理势之必然者。

汉不忍贵戚之专恣，初犹以贵戚浣濯之；其后遂谋及于中官宦竖，拉杀梁冀，如孤豚腐鼠，而宦官骄横，遂不可制已！譬犹去疥癣之疾，而毒入于膏肓肺腑也。谚云："疔之着人，在肉则割，在指则截。"若夫瘿丽于颈而附于咽，不思所以消之溃之，不忍忿愤之气而求捷效于一割，内则有性命之忧，外则为当世所非笑，甚不可不慎也。

桓、灵之世，名贤硕辅，比肩接踵，不能为訏谟硕画，而决计于女主；终以妇人之仁，阻乱大谋。文宗之朝，裴度、李德裕、牛僧孺、白居易，固在也；或闲散，或放废，而委心于训、注，撩虺蛇之头，蹈虎狼之尾，失计固已甚矣！其后袁绍大肆诛夷，如薙草然，滥及于无须男子；崔昌遐乘时掩杀，使无噍类。皆不过二千余人而止耳，其祸尚至于此；况有什伯千万于此者哉？

宦官深根固蒂，结连宫禁，故不易除；况有自内自外，无贤无愚，无贵无贱，共为附丽者哉？然则必不可去乎？曰：是有道焉：人君以方富之年，操专明之断；若能持之以坚定，守之以安静,而行之以有渐,有罪不舍,有阙不补。彼宦官不能产子生孙,行之数年,何患其不立尽?所谓过十万之师于衽席之上,折百尺之冲于樽俎之间,天下之耳目不惊,而悬夫愚妇沸羹蜩螗之议论不起,无智名,无勇功,於都盛哉!顾乃为此急遽苟且之计,身被污恶之言,而庙社阽危,亦甚无术矣!

尝谓天下之势,如人之一身:不幸而有疾,极重而不起,但当审察脉理,徐思拯救之方略;俟其元气稍复,然后进之糜粥,或补之,或泻之,所谓"急则治标,缓则治本"之说也。若一旦投之附子、金石以劫其内,针砭、灼铄以攻其外,必无幸矣。

更可异者:汉患贵戚之骄蹇,卖官鬻狱,作福作威,而矫之以黄门阉竖;卒之所以亡汉者,宦官也。唐患藩镇之悖逆,藉口军将,遥执朝权,而矫之观军容、监军、枢密、左右神策中尉;卒之所以亡唐者,宦官也。故谚有之曰:"前门拒虎,后门进狼。"兹则前门逐狐,而后门进虎矣!前车既覆,而后人复踵其弊而增剧焉,则甚可哀已!

然天下事,固明白而易晓也,而蚩蚩聩聩者,方刺刺不休。先儒有言:"厝火于积薪之下而寝处其上,火未及然,方且泄泄焉众以为安;即有智者私忧而过计,则弱者怒之于色,而强者怒之于言矣。"可胜叹哉!

《孙子兵法》论

世以孙武子为战将者,皆非也。何以明其然也?其曰道、天、地、将、法者,治国之良谟也。何谓天?阴阳寒暑时制也;何谓地?远近险易广狭死生也;何谓将?智信仁勇严也;何谓法?"曲制、官道、主用也。"至于所谓道者,令民与上同意,可与之死、可与之生而不畏危也。夫可与之死、可与之生而不畏危，以攻则取，以守则固；是人君立国，舍此又何求焉？若不得已而以正于天下，夫孰有逆其颜行者哉？王者之师，不过如斯而已，而谓孙子为战将哉！

北宫黝者，万人之敌，抚剑疾视，人莫敢连，至今名湮灭不传。孙子曰："全国全城全卒为上；破国破城破卒次之。"又曰："不战而屈人之兵，善之善者也。"又曰："屈人之兵而非战。"是果以战陈为先乎？即于吴试勒宫人，可以为兵，与之赴汤蹈火而可，是训练之善也。若孙子者，可谓大将也矣！

不特孙子也，咎犯之用于晋文，管仲之用于齐桓，皆此道也。孙子齐人，只不过修明管子内政而已；即太公为千古兵家之祖，其所以用于武王，一戎衣而天下定。及其著书立言，亦不过如是而止耳。《六韬》《三略》者，非有异乎《十三篇》也；若不能用其民，而区区于天地风云、龙虎鸟蛇、部伍进止、坐作击刺、火攻水战、用间用奇，则赵括之徒读父书焉耳，何兵之足法哉！

忠孝辩

生子皆欲祈其孝，求臣咸欲冀其忠，乃君亲之至情也。岂惟君亲之愿为然，即人子孺慕之初，无不欲孝其亲者；人臣策名之始，无不欲忠其君者。举天下林林总总，夫非尽人之子与？然何以孝子如晨星不可多得也？凡在庭跄跄济济，亦何莫非鹓鹭之班耶？然何以忠臣如祥麟威凤不可概见哉？此无他，身家之念重，则君国之爱轻；妻子之情深，则明发之怀浅。无怪乎忠臣孝子之寥寥也。

然而亦有故焉：父母之于子，不能如鸤鸠之心，均平而专一；或者有爱有不爱焉，或者怜其少而矜其愚焉，而不顺之子，遂以此藉口也。《礼》不云乎："父母爱之，喜而弗忘；父母恶之，惧而无怨"乎？人主之于臣，不能如人臣之望庆赏而都俞；或者位不称其才，禄不满其欲焉，或者遗之大而投之艰，刚者力而贤者劳焉，而不令之臣，遂以此觖望矣。《诗》不云乎："率土之滨，莫非王臣"，"天王圣明，负罪引慝"乎？今试于大庭广众之中，指一人而谓之曰："汝不忠之臣也！"又指一人而谓之曰："汝不孝之子也！"有不奋然而怒，攘臂而起，思有以加之者乎？即或驽钝退怯不能自振，有不嗔目切齿，思有以中之者乎？是何也？诚耻之也，诚是也；然何以耻其名而不耻其实乎？

耻其名而不耻其实者，亦有故乎？曰：有故，是皆君与相不能训教之过也。君与相讲而明之，则子弟群工循而习之，比闾族党之间，子与子言孝，臣与臣言忠，则耳目之所见闻，无非忠与孝矣。万一有一不忠不孝者出乎其间，如冰玉之于涂炭，兰麝之于臭秽，莫不竞起而斥逐之，况肯与之齿埒乎？故曰："上有好者，下必有甚焉者矣。"今不能讲而明之，蚩蚩者既无知矣，而世之敝民，又窃忠孝之浮辞，诳子臣之听睹；不敬之养，不顾而唾，皆侈然自为忠且孝矣。且有怨懟其君父者矣。此皆君与相不教之过也。

教孝之道当何先？始于昏定晨省、冬温夏凊矣；进而求之瀞瀡甘旨，必诚必敬，乐其耳目，安其寝处矣；进而求之深爱和气，愉色婉容，洞洞属属，如恐弗胜矣；又进而求之乐其心，不违其志，竭诚致死，慎终追远，出言举足不敢忘父母矣；又进而求之立身行道，扬名于后世以显父母矣。夫至立身行道、扬名于后世以显父母，而孝子之道无以复加矣。

教忠之道当何先？始于小心翼翼，共而弗贰矣；进而求之过则归己、善则称君、不尸其位、不素其餐矣；进而求之明罚饬法，显忠遂良，下无隐忧、上无壅泽矣；又进而求之经邦弘化，正己物正，教成于上、俗美于下矣；此数世之利也，忠臣之道，亦无以复加矣。民用和睦，世跻雍熙，於郁盛哉！

忠臣孝子之道，诚为至德，诚为要道哉！奈何为人上者，坐视风俗颓靡，任其自贤自愚，忍不一教之耶？彼庸庸者，既不足责；幸而有一聪明特达圣人之姿生乎其间，又且拘挛局曲，畏首畏尾，期于独善其身而止者。又何怪乎横议沸于下，视听眩于上，风教乱于中，是岂"在田""文明"之象乎？是岂人者之道乎？良可慨已！

书剑堂说

古无所谓文武也。或曰："乃武乃文"，"允文允武"，此古之所以诵帝王者。何谓无文武哉？

曰：非谓无文武也，文武之道无所分也。君子之德，钦明者为文，刚健者为武，无从得而分别之也；出则攘除寇贼，入则镇抚国家。是故非文无以附众，非武无以威敌。春秋时，大国三卿，小国二卿，总师旅则谓之将，明弼谐则谓之相，无所谓文武也。如曰"某将上军，某佐之；某将中军，某佐之"，皆卿也。而后世始分部别户，故经生学士，羞称纨袴；长枪大戟，安用毛锥。遂相恶之如冰炭然，岂理也哉？迨至射不穿札，雅歌投壶，相传以为美谈。

刘元海病随陆无武、绛灌无文，其志甚伟矣！宜乎"书剑"之以名其堂也。内以咏歌先王，外以肃清边圉；乱则攘扬威武，治则黼黻皇猷，宁有量哉？

项羽言："书足以记姓名，剑者一人敌，不足学也。"岂知书剑之义者哉！

孝　说

圣贤千言万语，无非教人以孝而已。夫岂无他道之可言哉？盖以孝之道，大而能周，约而能博，微而能著，积厚而生生不息，足以与天地而无敌也。譬诸树木之有根本，黍稷之有嘉种，枝干饰节叶华实，无不于此具焉。君子岂不浚其源而徒沿其流乎？故曰："君子务本，本立而道生；孝弟也者，其为仁之本与？"岂惟仁哉？人心之德尽于仁义礼乐智信：仁之实为事亲，义之实为从兄，而智为知斯二者，礼为节文斯二者，乐为乐斯二者。又曰："事亲弗悦，弗信乎朋友。"然则千变万化，皆所以发明此孝弟，而弟又所以广其孝也。若舍亲亲而侈言仁民爱物，是之为悖德，是之谓不知务，况敢言仁哉？

然则孝者，止于事其亲而已乎？曾子曰："居处不庄，非孝也；事君不忠，非孝也；莅官不敬，非孝也；朋友不信，非孝也；战陈无勇，非孝也：五者不遂，灾及其亲，敢不敬乎？"故"孝始于事亲，中于事君，终于立身"。诚以"立身行道，扬名于后世以显父母"，足以为孝之终也。

昔者，公明仪问于曾子曰："夫子可以为孝乎？"曾子曰："是何言与！是何言与！君子之孝，先意承志，谕父母于道；参直养焉者也，安能为孝乎？"又曰："享孰膻芗，不当而荐之，非孝也。""君子之所谓孝者，国人称愿然曰：'幸哉，有子如此。'所谓孝也已。"孔子曰："君子也者，人之成名也，百姓归之，名曰君子之子。"是使其亲为君子也，是为成其亲之名也已。是三者，皆立身、行道、扬名之则也。

或曰：是皆为孝之道，敢问其目而可乎？曰：唯唯。曾子曰："孝子之养老也，乐其心，不违其志；乐其耳目，安其寝处，以其饮食忠养之。"《礼记》曰:"孝子之有深爱者,必有和气;有和气者,必有愉色;有愉色者,必有婉容:严威俨恪,非所以事亲也。"曾子又曰:"往而不可还者,亲也;至而不可加者,年也。是故孝子欲养,而亲不待也;木欲直,而时不待也。是故椎牛而祭墓,不如鸡豚之逮其存也。"《孝经》曰:"爱亲者,不敢恶于人;敬亲者,不敢慢于人。"乐正子春曰:"一举足而不敢忘父母,是故道而不径,舟而不游,不敢以父母之遗体行殆;一出言而不敢忘父母,是故恶言不出于口,忿言不反于身,不辱其身,不羞其亲,可谓孝矣。"罗子曰:"子不思父母生我千万劬劳乎?未能分毫报也。子不思父母望我千万高远乎?未能分毫就也。思之,自然感怆生焉,悲痛萃焉,则满腔皆恻隐矣。"凡此,非学不能及也。而近溪罗子又曰:"于此不着力理会而言学,是远人以为道也;纵是甚等聪明,甚等博洽,甚等精透,却总是无源之水,无根之木,用力虽勤,而推充不去。不止推充不去而已,即身心亦受用不来。"善乎其言之也!

孝弟之至,通乎神明,光乎四海,无所不通。故曰:"孝之为道大也。"孝之为道,治平天下之极,则非止于独善其身而已,君子可不知所务乎!

敬斋箴

晚世人心不古,政教陵迟,俗尚浮华,民怀苟简;缙绅以萧疏玄远为高致,细人鄙矜持重慎为俗流。君相不致深忧,方且共相崇奖。自古及今,未有去其敬慎、日就安偷而足称休明郅隆之治者。晋人饰虚夸、乐放旷,是以永嘉遂至沦胥,秣陵终于不竞;有识之士,早为黍离、麦秀之忧矣。《春秋左氏传》记臼季之言于晋文公也,曰:"敬,德之聚也;能敬,必有德,德以治民。臣闻之,出门如宾,承事如祭,仁之则也。"周内史过告襄王曰:"敬,礼之舆也;礼,国之幹也。不敬则礼不行,礼不行则上下昏,何以长世?"

夫敬为德之聚,则百尔德行,皆萃于敬矣;敬为礼之舆,则三百、三千,皆一敬载之而行矣。顾不重欤?不惟霸者为然,王者亦有之。三王之盛,莫盛于文王。《诗》云:"穆穆文王,于缉熙敬止。"是以雍雍在宫之时,亦肃肃而在庙矣;无时无地而不敬,斯真能缉能熙也。

敬之道不一,其用敬之为道亦不一名。譬之水然,随物赋形,因方而或以为珪,过圆而或以成璧;是故"为人君则止于仁,为人臣则止于敬,为人子则止于孝,为人父则止于慈,与国人交则止于信"。仁也,敬也,孝也,慈也,信也,无非一敬之所为也。由是推之,无德不备,无一非敬,安所往而不善哉?

前此五百年而有成汤,则"圣敬日隮","顾諟天明命"矣;前此四百余年而有大禹,则"祗台德先","后克艰厥后,臣克艰厥臣"矣。不惟王者为然,帝者亦有之:五帝之盛,莫盛于尧舜;尧之钦明允恭,光被四表;舜之温恭允塞,玄德升闻,世所称"尧兢舜业"者是也。故上而二帝三王,下而五霸,以至冀野之匹夫匹妇,其人之足以垂世立教者,皆主于敬而已。陶士行惜分阴,成功名,尝谓:"安有乱头养望,自命宏达者耶?"旨哉其言之矣!是故孔子曰:"自天子以至庶人,一是皆以修身为本。"而子思子引"不显惟德"之《诗》,而曰:"君子笃恭而天下平。"是在当事者加之意焉尔,因为之箴。

人之为德,莫大于敬:"罔念作狂,克念作圣。"一心内存,百体从令。夙夜匪懈,习惯成性。安肆日偷,庄敬日强,喜怒言论,谨慎端详。精莹浑璞,金玉其相,文生于质,追琢其章。

天子能敬，万国归仁，民淳俗厚，风动如春。公侯能敬，
敷政优优，兆民有赖，荷天之休。大夫执事，敬贵身先，为民
最率，孰不勉旃。赏僭则滥，刑过则淫，善人是惧，奸宄生
心。成人小子，惟敬为事，子臣弟友，君子道四。庶人之敬，
节用谨身，勤供租赋，善养二亲。

敬之维何？守谦执竞，内敬其心，外敬其行。衣冠瞻视，
虽曰威仪，奇衺佻达，何德不堕？动静云为，表里如一，念兹
在兹，罔敢暇逸。存养省察，有初有终，端本范俗，垂教
无穷。

祭王侍郎文一

维大明永历八年，岁次甲午，八月戊午朔，越十有三日庚
午，知友朱之瑜，谨以羔羊酒醴之奠，致祭于明故忠烈知友，经
略直浙兵部左侍郎兼都察院左副都御史、前河南道监察御史、兵
部职方清吏司主事，赠某谥某，完翁王公之神；暨祔祭明故殉节
先师礼部尚书、前广东广西等处提刑按察使司按察使佥事，霞翁
吴公之神；明故殉节先师，吏部左侍郎、前太常寺卿、吏部考功
文选清吏司郎中主事、刑部清吏司主事，闻翁朱公之神，曰：

辛卯年九月，瑜少子自舟山来，谓先生授命于七月廿六日；
是瑜去舟山未盈月，而先生死矣！瑜遂以七月廿六祭先生也。

去年是日，为先生之家大祥；瑜以是日至日本，次日始得登
陆。既已招魂于万里之外，而又逾其期，吾虞先生之来格也难
矣，深用为忧！幸日本之闰为六月，于次月之日，始得陈牲酹酒
而哭也。

今正从日本来，得定西张侯台手书，并先生就义之诗文；读
之忠壮从容，乃心王室。先生之须眉翕张，生气栗烈，忾然如再

见光仪也。诗四章，参错失次，或有其题而无其词，或有其词而无其题，瑜未敢举辞以就题也。八月十日、十一日，连有弔祭之文，则死非七月廿六，而稚子之传讹也明矣。然祭右良者，有文而无叙，未知右良死之状、死之所、死之日也。于弔完勋之文，而推之完勋之死，以七月十九，云先十七日；则右良被刑，应在八月初六七也。复云右良先不佞去六日，似已知临刑之日在十二三也；而十一日弔完勋，更不言次日临刑，终不知先生果于何日死也！

无已，吾欲以十五日为先生升逝之日。其日，天空月霁，况先生之襟怀；而天下皆仰皆见，想先生之风采。然而不敢者，屈原之死以端阳，则薄海内外，咸投黍而祠之，扬旌鼓棹而招之；而先生之死以中秋，普天且为之饮食燕乐。既已伤先生之志，而又乖天下忠臣义士之心。故于十三日，为立于交趾之旅邸，陈牲载酒而哭之曰：杀羔羊，其角如栗；爰列鸡豚，殽蔬有飨。羔备卿大夫之义，而鸡德具虎臣之质；鹿能触而蟹有匡，鲤之鳞也介，而豕之鬣也刚。是足以明先生之志，必不为先生之所吐也。

先生之于朋友也，临风而祭；而瑜之朋友也，越国而招，其哀痛一义也。先生乞得一金，易牲而奠。而瑜今日之祭，虽不腆也，实备四国之物，其丰俭一心也，先生其来格也。

先生之诗，有"戎马待鬓年"之句；先生之志则壮气则果，而先生之心则无已矣！今辛壬癸甲，先生生已四年矣；更十余年，而先生之志足酬。但胡虏之运祚疑终，而百姓之倒悬难待；瑜之疾病已深，而四千之日月难延。其或不能须也，奈之何？即及其期矣，与先生两世之知，交臂相视，未必哑然一笑也。至乃鲁太夫人生事之资，及先生之祖父母葬祭之籍；先生虽烦有言，固不释瑜之心也。况白刃在颈，惟此为惓惓乎？瑜今日赤身徒手，无一足慰先生也，然先生知瑜之志，倪瑜之志足遂也，瑜之父母葬以礼，必不使先生之父母，死者暴棺而露，生者并日而食，使先生赍志而殁，目不得瞑于九原之下也。且文丞相柴市之骨方归，而太夫人之丧同日来会；天之所以报忠臣也，宜无爽矣。但瑜病骨支离，十载不御女，而终年呕血；瑜之疾，其先生之疾也。知瑜之死在于几日，则瑜之父母、祖父母且无可奈何已，其又奈先生之父母、祖父母何哉！

言不尽意，楮不尽言，歆格之余，或能昭鉴。呜呼尚飨！

祭王侍郎文二

维大明某年，岁次丁酉，八月辛未朔，越十有四日甲申，知友朱之瑜，谨以炙鸡絮酒之奠，为位于交趾之旅次，致祭于明故忠烈知友，经略直浙兵部左侍郎兼都察院左副都御史、前河南道监察御史、兵部职方清吏司主事，赠某谥某，完翁王公之神；暨祔祭明故殉节先师，礼部尚书、前广东广西等处提刑按察使司按察使佥事，霞翁吴公之神；明故殉节先师，吏部左侍郎、前太常寺卿、吏部文选考功清吏司郎中主事、刑部清吏司主事，闻翁朱公之神，曰：

严凝鬋发，岁乃作松柏以为明；丧乱流离，天特萃忠贞而求友。若夫运会元亨，皇灵遐畅；越裳献雉，戎翟宾王。上者寅工熙载，下者纡组鸣珂，又何有忠节之名？所以然者，直忠臣适然之数；到此地位，自然而然，故从容就之耳，非先有意其如此而故为之也。故曰："忠臣者，良臣之不得已也，岂不愿为良臣哉？天也！"世乃有非笑之者曰："明室无王，普天臣虏；事不可为，无不变貌革心。尔区区一二匹夫，违天衡命，妄言志节；一部廿一史，何处纪载？而乃贸贸焉出此乎？"呜呼！此何异污泥之虾蟇，蹩躠为雄；粪壤之蚯蚓，歌吟得志，又何足与之言白黑、较短长哉？草皆莎茅而灵芝显，水尽鱼虾而蛟龙尊；鹪鹩燕雀，比翼而飞，而鸾凤鹓雏，希世而一见；大羊豵豕，称群而数，而麒麟驺虞，旷代而间生，理则然也。使忠臣者，天下皆是，则忠臣安足贵哉？是以汉之丞相、三公，接迹于朝，而苏武以使臣耀册；晋之贾、石、裴、张赫奕于时，而嵇、绍以侍中传芳；唐之节义盛矣，最著司农击笏，睢阳碎齿；宋之败亡极矣，犹有世杰、秀夫、文山、叠山。然则忠臣者，生于斯世，为于斯世，际遇何时，竭节何时；幸则为郭、李，不幸则为宗、岳，宁可含恨而殁，不可视息而生。岂庸人而识之，比肩而遇之，有意而为之，非时而不为之者哉？

瑜与先生初遇于瀹洲，相见最晚，相知最深；言论举止，未尝有毛发之间然。而平时谈燕，都未尝以节烈气概炫之口舌，若解扬之相要约也。先生早知事之不可为，于累捷之时，尝记瀹洲颓垣废址之间，屏人静对，与瑜咨嗟叹息而道；一旦为丑虏所执，从容暇豫，赋诗作文，别母别妇，弔弟祭友，屹立如山，肩背为鹄，受二十余矢而不屈，亦无怒骂嚣张之气，可谓整暇，可谓贞烈矣！

瑜不量事之不可为，而志不肯已；今春乃为交趾国王胁瑜下拜穹庐而不屈，通国震怒，霜刃相拟，十倍于苏中郎、虞常之。按瑜延颈就戮，谈笑而婉拒之曰："瑜，征士也；不可以拜，亦无诟詈求速之情。"修表修书，辞君辞友，将从先生于地下，一识荆于苏、嵇、段、张、文、谢诸君子，而往复十日而事定，而怒衰；该艚称为"好汉子"，国王赞为"大人，高人，不独我交趾所无，如此人者，恐中国亦少"。至如文章议论，揄扬喜悦，不可悉述；或又乘机构陷，亦不得死。此虽小国，殊无大观；此虽小故，非关大节。然亦不辱于君父，不辱于中国，不辱于先生；先生之知瑜最深，而见于事状明白者，今者再至矣。盖棺之论，不可预晓，然大概可知也已！故曰：忠臣者，水到渠成，适然之数，非有意而为之也；若夫有意为之，岂不愿为吉甫、召虎、高密、固始，顾独一常山太尉之足愿，而子卿之足效也哉？

《志》曰："方以类聚，物以群分。"又曰："人之相知，贵相知心。"今日所陈而奠者，无羔羊、朋酒、炮鳖、脍鲤之丰，亦只撷南国芳芹，代西山薇蕨，挹潢污行潦，方汨罗澄流耳！先生其歆之哉、吐之哉？虽然，文丞相之发与齿，义士于燕市怀归；即王琳之首与骨，朔阳犹从梁朝乞葬。先生之死六年矣，先生之发，今蒙谁氏之棘？先生之骨，知白何野之原？白水之真人不兴，金陵之王气不复，使宵小之议常伸，而浩然之气久郁于天下也，亦独何哉？呜呼尚飨！

祭王侍郎文三

岁次戊戌九月，谨以炙鸡絮酒之奠，为位于日本之旅次，致祭于明忠烈知友，经略直浙兵部左侍郎兼都察院左副都御史、前河南道监察御史、兵部职方清吏司主事，赠某谥某，完翁王公之神；暨祔享明殉节先师，礼部尚书、前广东广西等处提刑按察使司按察使佥事，霞翁吴公之神，曰：

辛卯年，儿子从舟山来，未知忠孝大节；其于先生之死也，闻焉而未审，道焉而弗详。甲午年，张侯台书至，得先生之文之诗，已知先生全节之日，非七月廿六，而终不得其真；谓先生节烈气概，大略仿佛之已。故拟八月十五日，为位于所至之次，而哭之奠之；故前之所以吊先生，俱訾訾而为之辞。

今年从交趾抵日本，是月尚在舟中，肝肠摧裂；十六夜，遇故人杨臣鹄于客邸，道先生遇害之惨且烈也，道先生志意之坚且整也，道先生大归之安且肃也。虽在逆虏，亦知爱慕，而欲生全之,而先生不可也;亦知感发,而咨嗟称道之,而先生弗屑也。故知先生之死,乃先生自杀之,非房所能杀之也;先生自磔之,非房所能磔之也。且此忠义壮激之骨,非先生灭房,必致房灭先生而后已,必然之势也,无疑也。挺然直立,口口本部院,言言必不降;自注矢丛肩,以至剮刀肉尽,绝不出一叫呼伤痛之声,骨肉未必有所收,浅土未必有所入。此亦天下之至酷烈矣!此亦今古之奇男子矣!瑜听之,泪缘于眶,莹莹然坚忍而不欲滴。瑜于先生之死也,即艰窘也,无岁不祭;即仓皇也,无祭不哭。平居思念,犹且泪淫淫下;今者所闻死事之惨,十倍于前,而翻不哭者何?不敢哭也,不可哭也。

昔来歙为公孙述所贼伤,盖延伏地而哭,不能起;来侯叱之曰:"虎牙何敢然!刀虽在身,独不能勒兵斩公耶!使者中夜中要害且死,故呼虎牙,相为戮力王事耳,乃效儿女子涕泣乎?"其言至今犹生也。瑜思自古及今,生之必有死,犹昼之必有夜也;而死得其所,犹夜之复旦也。既已得其所矣,而又悲其形骸之不全,此凡庸碌碌之见耳。

士庶人棺衾单薄,宜乎速朽,然珠襦玉匣,华表黄肠,其肉有至今存者乎?不收者以饱鸟鸢,收者亦饱蝼蚁。即不言肉与骨,其坟墓松楸,有至今在者乎?高者夷为丘垤,卑者湮为原隰;惟此气磅礴天地,惟此名昭回古今,河岳日星,历万载而不磨耳!天之所以生人,气为精而形为粗;臣之所以事君,忠为上而功为次。先生既已得其精者、上者,而又何病哉?异日者,傥可得也,必不因此言而忽也;必不可得也,亦不必端以此为恨也。

瑜去年二月十七日,生前拜疏,有"十日之内,逐日杀人,莫不先枭其首,从而齑肉菹肝,夷风惨刻,惟以张威,示知草菅,使臣惊惧。臣死之后,骸骨无敢收取,自为鸱鸢犬豕之所咀嚼，臣亦不忧"等语。可见保身惜命，原非志士之心；忿痛悲啼，未尽良朋之义。今者，所寓多忌讳，不得已假馆陈觞，抔沙酹酒，不可哭亦不敢哭也。幸有高旷，不以为嫌，慨然相许，得申其意。日仍其旧，月逾其常，牲牷不具，豚肩不掩，先生其忻然而来歆之乎？呜呼尚飨！

加贺中将菅原纲利字"取益"说

为人君者，上而天子以至于公侯伯子男，无非取诸人以为国者：庙朝宫阙，牺牲粢盛，无俟言矣；即台榭观游，皆取诸人以为材；锦衣玉食，皆取诸人以为养。至若取诸人以为善，则寥寥焉未有几人，何也？是故取人之财，用民之力，逾其制焉，遂贻"锱铢泥沙"之消；至于善，所谓取之无禁、用之不竭者也，何莫之取焉？

昔者，舜自耕稼陶渔以至为帝，无非取诸人以为善、与人为善者；故曰："大舜有大焉。"然而善取者取之天，善益者益夫天下万世。即耒耜之利以教天下，本取诸益；使天下获耕稼之利以养万民，则天施地生，其益无方矣。无方之利，诚天下万物之纲也已。由是而五教，曰术、匡、直、振、德，皆所以纪焉者也。

今天下人君之所为，取诸其民者，皆损也，非益也。取人之财，益在帑藏；取人之善，以为益在一身一国。若夫取天之道、地之利，则益在万世，民惟恐其取之不多也。字之曰"取益"，亦以道之至大者广之尔。

赤林重政字"尊王"说

圣人谆谆焉重德不重政者，盖见当时徒文具，大失先王立法之意，故为此补偏救敝之论；后儒隅见曲说，遂谓煦妪足以治天下，而政教可废；不惟不达圣人之旨，相率而祸天下者，必此人也。

孔子叹美子产，以为古之遗爱，然亦谓为"众人之母，能食而不能教"，孟子讥子产"惠而不知为政"，可知也。独不闻"举直错诸枉，能使枉者直"乎？独不闻"徒善不足以为政"乎？"仁心仁闻而民不被其泽"乎？独不闻"尧舜之道，不以仁政不能平治天下"乎？独不闻"诸侯之宝三，土地、人民、政事"乎？独不闻"尧舜之仁，不偏爱人"乎？故曰："为政以德，譬如北辰，居其所而众星共之。"总之，蕴之于躬则为德，设施于事则为政。无仁德以为之本，则为徒法；无政治张弛以纪纲之，则为徒善。二者相须而行，不可偏废者也。

夫为政至于居所星共，则时雍风动，笃恭而天下平矣；其尽善尽美，孰大于是？是故惠焉而不费，欲焉而不贪，劳焉而不怨，泰而不骄，威而不猛，是五者非甚盛德，曷足臻此？而谓所重在于政乎？吾故字之曰"尊五"，盖进吾子于德也。吾见今日之讹，不特此而已也；非礼而谓之礼，非义而谓之义，买其椟而还其珠，贤者为而不肖者议，可胜叹哉！

藤浩之字"伯养"说

峭城守朝散大夫藤公名浩，以居于樱冈也，别号樱冈，名浩之，字曰伯养。因请余为之记，余乃先为之说而可乎？

盖古之名贤，其名其字，类皆有说焉：如轼之与辙，戒也；六之一与乐天，志也。兹之所谓养者，志乎？余请得臆度而推原之。

修而致养者，熊经鸟伸，纳新吐故，养生家之所为也，非此之谓也；进而有涵养之功矣，涵泳舒徐，不随不激，含章藏垢，不惠不夷，自好之士所能也，非此之谓也；又进而有保养之道矣，节饮食，啬嗜欲，喜怒不撄其心，好恶咸付诸物，君子之有德者也，非止于如是而已也；又进而有存养之道矣，生而有本，睟盎喻于四体，直而无害，刚大塞乎两间，儒者之独善者也。夫养至于气，养斯大矣；心既存而性斯养，集其义而志已持，顾不大与？

然君子之一身，上以承天之明命，下以作民之父母；是故以一人劳天下，不以天下奉一人。独行其道，非平治之规也；泽不下究，非容民蓄众之理也。故曰："德惟善政，政在养民。"然百姓颠连无告，而吾之耳目有限；晚世理弊多端，而吾之智虑难周；势不得不藉贤人君子相助为理已。贤人之处心也公，而持身也廉。公则生明，廉则生威；明以烛闾阎之隐，威以销奸宄之萌。如是则贤人之耳目，皆吾之聪明；贤人之智虑，成吾人之睿圣。则已登斯民于衽席而保之如赤子矣。养贤以及万民，古之人岂欺我哉？

然贤人明哲，知几而不挠不屈，不可以好爵縻而饮食豢也；交之不以诚，而接之不以礼，则不可得而用也。故交以道、接以礼者，所以养贤之道也。公其豫所以养之之道哉？需其用而将伯以助，予无及矣。然余知公之能养也，余以管窥之，仅得一斑而已知全豹矣。

余门弟子下川三省，寒畯之子，仅能随俗咕哔数卷尔，非有头角之峥嵘也；公慕悦圣人之道，特拔擢此子，而令从学于余，可谓登明选公矣，非徒给之笔札、助其攻苦而已。凡饮食，凡衣被，凡居处、使令，诸凡所须之物，无一不出于公之藏府。世有养之如是者乎？此子方穉弱，未知其为干霄之豫章、丛生之棘心也；而凯风之长养，乃如是其至耶？夫凯风者，夏也；夏者，大也。公惟不得贤人而与之则已；既得贤人而与之，有不尽所以养之之道哉！

周公曰："好士，故士至；士至而后见物，见物而后知是非之所在，故能生吾心以定天下，慎毋以鲁骄士哉。"夫以周公之明圣，必好士而后知是非之所在；今也为民父母者，当审其养之之道矣。慎毋眷其樲棘而舍其梧槚也，慎毋养小以失大也。

杂　说

以铜为镜，可以鉴容貌、肃衣冠；以古为镜，可以辨几微、慎思永；以人为镜，可以审从违、征失得。彻内彻外，有初有终。镜惟三，则德惟一；自古圣贤，未有不于此朝夕孳孳焉者。余小子瑜，髫年失怙，未闲家训，昧昧而行，荒忽耋老，一跌之蹉，丧厥终身，可不惧哉！

仁者，吾心恻隐之微；而施之天下，则足以保四海。君子未尝有四海之贵，宜先具足保之体。故曰："以不忍人之心，行不忍人之政，而仁覆天下矣。"今天下有不忍于鳅鳝蚌蛤之戕其生，而忍于杀人；是亦不知务矣！此谓仁心仁闻而民不被其泽者，所贵乎扩而充之。

义者，万物自然之则，人情天理之公。譬之水然，或遇方而成珪，或因圆而成璧；若举事以求合乎者，则土之型、金之范矣，非义也。因时制宜而不失范型之意，是即所谓义矣。羞恶之心，为义之端。倪未尝慎之于始，而不胜愤忿之心，或可谓之勇尔，不可谓之义也。

礼为仁义之节文,天伦秩序,故曰:"天秩有礼。"又曰:"礼,经国家、定社稷、卫民人、利后嗣者也。"而或者以登降上下、雍容慎齐当之,果礼之实乎?虽然,执玉高卑以征修短,气扬视低以和奸回;有诸内者,必形诸外也。行中采齐,养中肆夏,尚矣;恭敬无实,玉帛云乎哉?

知为是非之心,知斯弗去,甚为平易切近,人人可能,非必其神而明之也。故曰:"好学近乎知。"世乃以察察为知,非其本然矣。孔子曰:"不逆诈,不億不信,抑亦先觉者。"刘文成曰:"宰相者,持心如水而已,无与焉者也。"斯大知矣。而或者乃以利昏之,是岂其知弗若欤?

信于四德,非班也;君子隮而埒之,如天之有五行,爵之有五等,何哉?盖盟誓契而狙诈生,如荀息之不背其君,亦庶乎其可矣。独不曰:"信近于义,言可复乎?"延陵公子心许徐君,而脱剑以挂其墓树,信之大矣;尾生与女子期待不至,抱桥而自没,亦可谓之信与!

古之人有言曰:"敬者,德之聚也。"又曰:"能敬必有德。"又曰:"敬者,礼之舆也。"然则为学之道,舍敬何适哉?不独士大夫为然也。兰陵令学业即不敢言,然犹曰:"敬事无旷。"岂有不敬而可言学哉?

敬为德之聚,是敬乃德之本也;敬为礼之舆,是礼由敬以行也。缉熙敬止,而无往不善;君子以之自强不息,奈何忽诸!

德之忠,莫大于敬;而名之堕,莫甚于慢。故曰:"惛慢则不能理性。"君子以礼存心,岂徒然乎?

君子言思可道,行思可法;作事可思,行止可度。虽欲不敬，其将能乎？

敬之时义亦大矣！非谓伛偻曲谨、外貌足恭而已，内以敬其心，外以致其事。孙卿曰："敬职无旷，敬事无旷，敬百姓无旷。"夫敬而至于百姓，其安所往而不敬哉？"能敬必有德"，岂不信然。

刘忠宣公问："一言而可以终身行之者？"温公曰："其诚乎？"诚则始终不贰，表里一致，敬信知纯，往而必孚。故曰："君子诚之为贵。"故曰："至诚而不动者，未之有也；不诚，未有能动者也。"至于事君，则诚为更亟矣；盖诚则勿欺，勿欺，忠之本也。事幼君，则诚为尤亟矣；进达善良，屏绝败类，将顺其美，匡救其恶，舍诚何适耶？然而自知人始，知人其难矣哉！子思子曰："诚则明矣，明者诚矣。"焉有诚而患其不明者哉？

《书》云："甘受和，白受采。"盖言其量之可以益也。谦者，量之可益者也。天道祸盈而福谦，地道变盈而流谦。故曰"谦受益"也。满盈者，不损何为？慎之，慎之！

孔戡于为义，若嗜欲，不顾前后；于利与禄，则畏避退怯，逡巡如不胜。此可谓勇所当勇而怯所当怯矣。能柔能刚，能弱能强，君子之道也。毅然特立，有为之士也。倘由是而进于学焉，则为曾子之所畏，而邾射之所信，无难矣。

气馁者自画，量狭者易盈，盖人之性，慎重则苟安，而明敏多矜诩。今有材能颖脱，又敬事而抑仰自持，倘当路者知所以教育而甄别之，不几可用之才也乎？

人生本然之体，无有不明，无有不强者；有物蔽焉则昏，有欲挠焉则馁。然则如之何哉？充之以学问而已矣。博学、审问、慎思、明辨、笃行之功，极而至于己百己千，无时无地少有懈弛，则蔽者尽彻，挠者尽祛，明德自明，而强干自植。倘以生质诿也，则终其身愚柔而已；或以犷悍暴戾为强者，则不明更甚矣。

先圣贤之相劝勉也，曰："学于古训乃有获。"今人才不逮先哲，而事不师古；是为方员平直而无规矩准绳也，有是理乎？

敬教劝学，建国之大本；兴贤育才，为政之先务。宁有舍此而遑他事者乎？舍此而营他事，则僻邪诞慢之说，竞进而杂揉之矣。欲求政教休明，风俗淳美，何可得哉？

世降俗薄，生质渐漓；不患不巧，独患不诚。诚者，作室之基，培筑巩固，则堂构壸奥，凌云九层，皆于斯托始焉。子今者，旭日之阳，能潜心好学，不荒于嬉，超乎世俗远矣。由是全其诚而不已，其何所不至乎？"诚者，天之道；思诚者，人之道。"子其慎思之而可乎？"大人者，不失其赤子之心者也"，非有他道也；顾諟在兹，其勿以儇巧琢之。

尽己谓忠，推己谓恕，固也；此己果易尽哉？仁义礼智，天之所赋；子臣弟友，人之所萃，于斯有歉焉，尚得谓之忠哉？老老及人，幼幼及人，即尽其已而推之耳；乃有舍其在我，轻自分外，谓之何哉？

帝尧以钦明作则，舜、禹、益一廷授受已，汤之敬跻，文之敬止，武之敬胜，一也。学问之道，与将略通，均有克敌制胜之功焉。兰陵论将略曰："敬谋，敬职，敬事，敬众，敬敌；敌而敬，则无乎不敬矣。"孙子曰："智，信，仁，勇，严。"严者，敬也。敬则未有不胜者矣，不敬则未有能胜者矣。

人之所以多误者，恒由动与噪耳。若夫一心澄澈，众梦不扰，能安能虑，自然之理也；"万物静观皆自得"，殆以是夫？

天之降才，亦甚异矣。敏者见事风生，或失则躁；慎者长虑却顾，或失则葸。若夫慎密镇静，而能迎机导窍；英俊果毅，本之持重安详，此殆全德矣！岂谓好学而已哉？

所贵乎为学者，所以修身正行、益智广才也，非徒庶民之子，藉此以为进取之地，而公卿大夫士之子为尤，函丈之席，为益更大。古语云："遗子黄金满籝，不如教子一经。"岂无取而云尔哉？世禄之家，可以深长思矣！

读书之道，所以端本善俗、励世磨钝者也，非独君子之私业也，人人皆有之。学道以临民，则爱人；学道以事上，则易使亲上之义明，刚大之气立。上无土崩瓦解之患，下无背公死党之愆，彼君子亦何为不导之使学哉？或曰："读书则风气柔弱。"是乃倒行逆施之论也。张睢阳过目成诵，至于罗雀掘鼠，犹然眦裂齿缺，是可谓之柔靡乎？彼不读书而言勇，不过粗暴尔已，何能至于刚大也？

《书》曰："君子所其无逸。"夫以无逸为之所，则夙兴夜寐，出入起居，无往而自暇矣。皋陶之陈谟，则"无教逸欲有邦"；益之赞舜，则"儆戒无虞""罔游于逸"。圣经垂范，莫不如斯。

夫五官之用，耳逸则聋，目逸则眊，心逸则放，而无所不之。天生民而使人君司牧之，盖将使其明四目、达四聪，日以一心周乎四境也；岂使之耳无闻、目无见，安意肆志，偃然于臣民之上哉？然则无逸维何？教孝教弟，兴贤举善，其大端也已。

守义者，知有义，知有非义，择一义而固执之也。善矣，何如君子之喻于义，与义为一乎？

君子之心，纯乎敬者也。敬天，敬心，敬大人，敬高贤，无地可容其慢易也；然皆生于敬天之一念矣。《诗》曰："敬之敬之，天惟显思。"

至人之乐由乎内，细人之乐由乎外。乐天乐道，乐善不倦，生乎内者也。生乎内，人尚不能知之，况得而夺之乎？

"君子庄敬日强"，小人则反是矣，安肆而日偷也。知此，则知所以敬身之道矣。

程子曰："君子庄敬日强。"然则庄敬者，非独恭谦而已也，乃所以自强也，乃所以敬其身也，乃所以敬其亲也。故曰："居处不庄，非孝也。"

修身处世，一诚之外，更无余事。故曰："君子诚之为贵。"自天子以至于庶人，未有舍而能行者也。今人奈何欺世盗名，自矜得计哉？

不害其长，即所以硕而茂之；不抑耗其实，即所以蓄之，顺其天以致其性，如斯而已矣。是故小物也，而可通于大道，养民者亦知之乎？

吾心本体，原自纯一，物欲劳扰之则不空；本来光湛，物欲锢蔽之则不明。是故虚则必灵，虚己灵己，常自惺惺，自然不昧。非释氏之所谓空，非释氏之所谓明也；学者舍其固有而求之外铄，何异提灯乞火矣！

尽己之谓忠，循己之谓私，所争毫厘之间耳；而其德业所至，祸福所基，遂有天渊之隔。凡百有位，但当致其身以事其君，幸勿狗其私而败厥德也。

藏身以恕，终身可行；任情自恕，安肆日偷，均是圣贤之道。一转移间，遂分"克念""罔念"之关；学者果能严于攻己，又能恕以及物，为仁之道，其在是乎？

题神农像

不能行二帝三王之道，而率由上古；不能遵周公、孔子之教，而远遡神农，其亦丹青之家之好为龙虎乎？然播厥百谷，而烝民有粒食之庆；辨茹药物，而生人损疾疢之忧。功在万世，又胡可得而泯焉？

诞降嘉种，树艺五谷。五谷熟而人民育，兆民免茹毛饮血之苦，远爪牙角距之害，其功犹小；至于五品亲逊，百行聿兴，开物成务，裁成辅相，俱于农焉基之。其功岂不侔天地哉！乃圣乃神，未足揄扬其烈，其心犹以为未慊也。手不释耒耜之劳，口不释嚼咀之瘝，且遇七十二毒而不悔；较之股无胈、胫无毛，其桎梏天下者孰多哉？

谷居六府之殿，实总三事之权。非谷则生无以厚，用无以利，而德无以正，此生之常也。若夫生之变，则非粱肉之功矣。是故通之于饮食之外，穷之于草木金石之间；品其寒热温凉之性，调其君臣佐使之宜，所以卫民之生也。农则神而药则师，圣人之忧民，乃如此哉！

题太公望像

作圣以德，其次以才，然亦有时与命焉。读《大礼》《尚贤》《发启》《顺启》诸书，允师、允尚、允父矣，独何以不大用于帝乙，承烈傅岩，乃巧藉于商辛，同功伊鼎，非时有遇有不遇哉？使仅赋以中寿，不有东海西伯以发其光，则朝歌之屠夫、磻溪之钓叟已尔！彼躬圣人之德，具命世之才，而名湮灭者，岂惟一人？赤乌启瑞，青社传家，莫非天也！

太公望为朝歌之佐屠，老妇之出夫，而棘津送客之舍人，亦奇穷矣；一旦达而为帝王之师，遭际岂不异哉？礼者，"发扬蹈厉"。世传《三略》《六韬》，似乎谋勇兼资之士；至于《大礼》《上贤》《发启》《顺启》诸书，吾受而读之，非圣人不能几此。及天子斋沐而问道，公南面而告之也，曰敬、曰义、曰胜，未尝有幽探玄远之言以惊世骇俗；后之惊为骛世骇俗之言，必其内之不足者也。

题周公像

自周公没而圣人之道不行；非无圣人也，圣王不作，则圣人之道不可得而行也。龙兴而致云，雕虎啸而清风生；盖儒者之道，必有藉乎时与位之大人矣。故曰："虽有其德，苟无其位，亦不能作礼乐焉。"孔子志大道之行，而东周不可为；因自伤曰："久矣，不复梦见周公。"余少也悦《周官》《周礼》，慨然欲亲见之；不幸罹此大故，乘桴而东，乃于此拜公之威容仪表。衮衣在东，赤舄耀日；意者，梦见之乎？公之时，箕子居朝鲜，八条之教兴，至今有遗风焉。近者日国，敦《诗》《书》，说礼乐；礼乐、《诗》《书》，周公之道也。若能修而明之，其治岂有量哉？

圣　像

往而不可返者，年也；至不可加者，日也。盈科而进，成章而达，苟为无本，涸可立待。大禹圣王，致惜寸阴；孔子圣人，兴怀流水。学者悠悠岁月，逝而弗悔，亦独何欤？

世之人艳称，圣人可旦暮而弋获；而夫子之道，必由家庭日用、君臣父子、达道达德，身体力行，铢积寸累，善信美大，而后几于圣神，则顿与渐相万也。世之人竞谈，祸福功罪可颠倒于俄顷；而夫子之道，必曰人心道心，兢兢业业，不敢逸豫，不敢怠荒。于是乎有诤臣诤子、严师益友，补其阙遗，掖之大道，而后臻于粹美；其有作不善者，不惟降之百殃，而且孝子慈孙百世不能改，则惧与恃相万万也。宜乎不为世之徼幸欲速者所喜也。

幸而夫子之道，事事有据，言言可征；如取火于燧，而取水于方诸，不爽锱铢毫发。有志于治国平天下者，舍此其道无由也；不然，其为世所弁髦敝屣而唾弃也，久矣。

仲尼之道，大则则天，明则并日；有心以援溺，无位而忧时。表章六经，丕承七圣，覆冒八荒，焜煌九有。岂形容仿佛之可肖，语言文字之可尽，支流小道之可拟议哉？然在中国帝王之治，或有盛衰；则仲尼之道，固有明晦。况在日本，国小而法立，气果而轻生；结绳可理，画地可牢。前乎此，未闻有孔子之教也。故好礼义而未知礼义之本，重廉耻而不循廉耻之初；一旦有人焉，以孔子之道教之，行且民皆尧舜，比屋可封，宁止八条之教朝鲜而已哉？

近于海舶中多购得书，珍藏者侈为美观，记诵者亦成书篅；其君其相，及其通国之豪杰，均未闻有作而兴之者。瑜今年从交趾复来日本，得崇信仲尼者三人焉，其二乃在父子。夫家学渊源，贻谋式穀，诚非异事；然其俗尚浮屠，千年沉锢，而独有此二人者，卓乎特立，真乃是父是子矣！

诚而明，明而诚，圣人也；进以礼，退以义，圣人也；不思不勉，从容中道，圣人也；达欲兼善天下，穷乃独善其身，圣人也；滔滔皆是，不忘悲天悯人，圣人也；和而不流，中立而不倚，圣人也；陈善闭邪，格君心之非而使天下蒙其福，圣人也。不怨不尤，下学上达，世莫宗予矣，而后代之帝王宗之；知我其天乎，而千百世之英贤明哲、愚夫愚妇，以及于薄海内外莫不知之。舍此不图，而图之于章甫缝腋，尧颡禹胫，盖亦末矣！即使形容甚似，阳虎不尝貌似孔子乎？

传圣人者，要在传其诚与明，不在传其音与声；求圣人者，但当求之学与教，不当求之笑与貌。苟能见之于羹，见之于墙，是即所谓"圣谟洋洋，嘉言孔彰"。

三王毕，素王出；亘万古，教惟一。文彬彬，本忠质。上律下袭，宪章祖述；滔滔已知皆是，何乃周流无失。举世虽莫宗予，宁敢自遑暇逸。浮海藉曰乘桴，居彝且以永日。疑为天下之清，终是声名洋溢。

题圣像合图四配

孔子集百王之大成，道则高矣、美矣；然则其道可能乎？不可能也，则及门不宜有颜、曾，而私淑不宜有孟子舆；如可能也，则至亲莫如父子，何以不传之伯鱼，而子思子复于曾氏得其宗？可见好学与不好学，存乎其人矣；非天之所得而私之也，非父与师之所得而私之也。

题颜子像

颜渊躬上圣之资，裕不改之乐；孔子宜授之以异书，其誉之也宜称其绝德；何以谓"颜回者好学，不迁怒，不贰过"，平平尔？其问仁、问为邦也，宜教之以存养之精微、康济之鸿略；何以曰"克己复礼，非礼勿视听言动"而已？夏时、殷辂、周冕、韶舞，放郑声、远佞人而已？于是知圣贤要道，止在彝伦日用；彼厌平淡而务空虚玄远者，下者心至颠蹶，上者亦终身沦丧已尔。究竟必无所益也。

题曾子像

"生而知之者,上也。"而参则鲁矣!颜渊不幸,不得究其业;其余聪明特达者,孔门不可胜数,而曾氏子独得其宗。其传"明德、新民、止至善"也,使尧、汤、文、武之道,光于日月,开天道、仁道、仁义、信善之统,当时固无有与之颉颃者已,道可以顺天下、和万民,可以自见于世矣;乃缊袍无表,二旬九食,而弃楚国之相如敝屣,不贤而能之乎?盖资深而逢原,惟在乎传习之民强,而不系乎生资也。

奉亲思孝,而至孝莫大于养志;立身思修,而修身莫先乎诚意。一唯独得其宗,百礼咸求其备。嫓克复以齐踪,启中庸而肇仁义。切磋磨琢一祈新,德自明而善自至。

题孙武子像

阖闾,吴之英主也;孙子以羁旅之臣,非有相知之素,遽斩其王之二宠姬,真有令人不可解者。楚亦霸国之余烈,三战及郢,遂无坚城,则《十三篇》非纸上之兵矣。"全国为上,破国次之","百战百胜,非善之善",是岂野战为雄者哉?"道者,令民与上同意,可与之死,可与之生,而不畏危也",岂易言之?骎骎乎几于儒矣!

题汉丞相萧何像

刘、项相距数年,惟军储为最,至后继亦不容缓;郑侯留守关中，飞刍挽粟，络绎军前，料简丁壮，前后续发。宜乎百姓嚣然，丧其乐生之心。已而乃家自劝输，人自赴关，如趋父兄之急；此其附众之才，真有大过人者！且也，目下进贤，力举大将；登场之日，戮其仆马。将军负韩厥之能，而丞相有宣孟之风矣！用能混一函夏，开汉家四百年基业。功居第一，谁曰不然？

题留侯像

贤君仍作，善政犹存，则摧陷之者难为功；若水深火烈，则廓清之者易为力。秦灰积热之势，又益之以咸阳三月之火；仅得中材，亦可因时而奏其效。况留侯之于汉祖所称"天授"者乎？阮籍之言曰："此时天下无英雄，故使竖子成名耳！"余深骇其言，然亦不足怪矣。子房阴谋，秘计必多；而独著其蹑足偶语，当由妙处不传耳。及招致四皓，又不能竟其用，是果足为帝师良模乎？其他陷秦将、烧栈道、借前箸，卑之无甚高论；至若善藏其用，则大有过乎韩、彭矣！其策略之士之雄者耶？史称留侯体不胜衣，貌若妇人，疑其然乎？

留侯智谋之士，宜其无往而不合矣；何以与他人言，如以水投石，无有入也？至与沛公言，如以石投水，无弗入也，可为言听计从矣；何以还军灞上，发端于樊哙；建都长安，策始于娄敬？二者国之大事，不当先事而言乎？定储位、荐贤人，大臣之首务；何商山之币，亦籍于建成之威劫乎？岂高祖意忌，不如此不足以自全乎？故谓之智谋则可，谓之大臣则未也。

留侯为韩报仇，椎秦博浪沙中，疑其为骏伟倜傥之姿；与沛公言，如石投水，无弗入也，疑其有鬼神不测之机。历观载籍所托,有大谬不然者:移军发于樊哙,迁都因于娄敬;迹其生平,大约潜移赞沃之功多,犯颜廷诤之事少。固储招贤,重事也,犹尚以术御其君,亦且劫于建成,以道桦非,固如是邪?汉祖称"人杰",留侯亦曰"天以臣授陛下",其必有故矣。

题樊将军像

秦燔诗书以愚黔首,当时非医药卜筮之书,家不得藏,人不得挟;故虽有奇才异能、超世之识,无由诵习先王而自淑于礼义。舞阳侯起于狗屠,而有大臣之节者三:谏留咸阳,借秦为喻,一也;鸿门折羽,理直辞严,二也;排闼直入,援引赵高,三也。使当时能读书知义,直可十萧、曹而百陵、勃,何至以椒房为累,致家国之大事乎?

题苏子卿像

懦夫视死重,故其节不完;烈士视死轻,故其节不大。子卿视其生,在轻与重之际,故其植节亦在大与小之间。世人诧其卧起操持,节旄尽落;苟非然者,将若之何?

子卿嗣封平陵侯,以侍中以命衔好通使单于。岂有屈节降虏,羡其谷量牛马,陷其老母生妻、昆弟宗戚骈首就戮,而自图异域之富贵之理?而古今又无问贤愚,咸啧啧称道者,何哉?然其十九年艰难痛楚,无不备尝,亦可云苦节矣!然不能检制其属,致副使谋杀单于之亲臣,疏也;不能防闲其子阿附贼党,以谋先帝托孤、社稷倚毗之贵重臣,以移其君之位,耄也。二者,皆危道也。君子第奖其功,盖亦谓"万里专征,不录人过"耳。

亦有身非奉使，矫矫不挠，中和严正，以临大节；使虏君臣动色，矜其节义文章，爱之如骨肉，戴之如神明，款辞厚礼以致其大官大邑，而终不能邀其一顾者，视此何如哉？

题诸葛武侯像

［自古］在昔，得出处之正者四人，［专］皆席珍以待聘，出为帝王之师。然或贻鼎俎之讥，或罹幽辱之患。其身处畎亩之中，由是以乐尧舜之道；主亟感激，遂许驰驱，受任于危难之顷，而功成若左券者，振古以来，惟先生一人而已。宋儒眩于曲笔，谓先生近于儒者；夫"澹泊明志，宁静致远"，非儒而何？

先王以帝师之才而小用之，时也；志不与魏，意不在吴，则跨有荆益而止耳。鞠躬尽瘁，成败则听之天；集思广益，责难则求之友。中庸也，非神奇也。"伯仲之间见伊吕，指麾若定失萧曹"，知言哉！

先生禀至诚之全资，立人臣之极则；而陈寿鲰儒小生，不能敷扬其致君定国、垂世立教之美，反旁搜他事以神其说，又恣意讥评，曰："将略非其所长。"而后之浅昧不经者，盖张大其神奇诡怪之术，而先生益晦矣！出处之正，于先生之行事，忠君忧国之诚，见于先生之二表；与下教，即如李严、廖立，终身放废而不怨，反致哀恸摧绝，非至公无私而能至于此哉？

题陶靖节像

刘宋取天下于桓玄之手，其功奇矣；厥后遂除刘毅、刘牢之，阴图诸葛长民，而忧惧刘穆之，运移典午，昭昭然矣。先生无可如何，故托之诗酒，夷犹以自放；存松菊以著其节，栽五柳以表其风。不必有宋朝佐命、晋室遗老之悲。岂先生之得已哉？

菊味苦而气清，不斗艳，不争妍，惟任傲骨以凌风霜耳。不为五斗求折腰向乡里小儿，萧然兴致，与之为一；斯时独有仰止高山而已，何能恤其他哉？

古今人所贵乎天下之士者，以其识时焉尔。力能，为之；力不能为，则洁身而去犹愈也。力能为之，则为汾阳、临淮、西平；力不能为，则为箕、微。若夫委运会于适然，视君父为秦越，则无贵为天下士矣。靖节先生不能束带折腰，解印绶长往，赋《归去来辞》，乐夫天命，岂真居官除职以傲督邮为贤哉？知几也。亦犹夫鲈鱼莼菜之思尔。袁粲之死，亦奇也；若褚渊者，何以生哉？

题杜子美像赞

唐以声诗取士，凡掖庭永巷、嫔嫱歌妓、伶官教坊之所，歌舞肄业，皆是物也。其隽者谱之絃管，奏之燕私，天子闻其歌而想见其人，不啻《子虚》之于相如也。工部诗为古今绝唱，宜其青钱万中矣；而当时不能博一第，岂功名富贵得之不得有命焉，而不必尽系乎其才耶？若然，则是时为之主司而按剑者，均可以无罪。而先是民谣有"糊心存抚使，瞎目圣神皇"，又何说也？至今脍炙人口，独据诗坛之上；千年以来，未有能与之争旛鼓者，又何也？此一小技耳，犹然莫之为而为，莫之致而至；况乎其为圣人之道，穷通得丧，治乱否泰，足关乎天下万世哉？

题周濂溪像

王安石以智慧术数逢其君，为祸方烈；先生委之不可，争之不能。是故爱莲以闲神志，推太极无极以寄肥遁，意深远矣。后之君子，不解其故；立得为之朝，处不讳之世，方且疲精竭神于先生。屋下架屋，何异画火以祛寒、刍龙而望雨也。

孔子尝称"仁者寿"，良以其静也。茂叔，其静者乎？万物静观皆自得，茂叔其仁且知，而兼乐与寿之理乎？唐子西之铭砚也，曰："钝者寿，静者寿。"理也。余质钝而好动，性恬淡而甚爱人；好动则损神，甚爱人则多事，盖得失半也。今天假之年，侥幸七十矣；深知已往之非，欲遂凝神啬虑以全其天，其可得乎？

图《太极》，著《通书》，谓先生之道止于斯乎？爱莲，谓先生之所以怡神养性，遂在于斯乎？先生之在当时，言足以兴，默足以容；寄意高远，人莫得而窥其际也。或曰：莲出淤泥之中，芬芳静好，殆如高贤之不缁不涅，故爱之；此后人推测之智耳，果足以尽先生乎？

题程明道像

学贵有用，先生之学则有用；学贵不阿，先生之学则不阿。先生平生仕宦履历，虽小官，必尽其心、奏其效，是有用也。当新法扰乱之时，不激不诡；及争差役、雇役于朝堂之上，理明辞达，温国不觉自屈，是不阿也。先生其和而不同、矜而不争、群而不党者耶？使当时能大用之，则幼学壮行者，吾知其庶几焉！春风和气，端坐敬修；表遗经于断简之中，开来学于百世之后，则有潞公之题，正叔之序；夫人能言之，又何藉乎余言？

存心贵实，善性欲灵。不实无以立其本，不灵无以造于虚。今人每遇春时，时和景明，携壶挈榼，三五成群，寻花问柳；不知其胸中先有乐处在否？吟风咏月，非道也，而道无乎不在也；鸢飞鱼跃，非道也，而道无乎不在也。欲知"吾与点也"之趣，只在"活泼泼地"之机。

题司马温公像

先生相女主，元祐之治，至今称美，使其主有"女中尧舜"之号；不幸遭王安石，前后祸败，不能有成耳。然妇人女子，皆知其为司马君实；及丧归洛阳，巷哭以过车。生荣死哀，岂人力所能掩饰耶？使天下有平治之福，则先生有期颐之寿，其治理之所在，宁止于是而已哉？岂复有绍述之惨？岂复有元祐党人之烈？岂复有靖康之祸哉？然则北宋之兴亡，关于先生一人之身耳；吾之所以恳恳言之者，盖以著君子小人治乱之效，为万世人君亲贤臣、远佞人之戒，非徒为笔墨赞美尔已。

题苏文忠公像

文忠年少高科，佻脱自喜，终以此罹患迁调无虚岁；其天才不及介甫，然而有用；理学不及正叔，然而适时。平生仕宦所历，皆有政绩，民到于今利赖之。位不足以展其材，遇不足以伸其志。惜夫！

子瞻旷世逸才，而失之于诙谐笑傲；及出守州郡，政绩灿然。与俗儒空谈道理，当官无尺寸之效者，相去远哉！观其内召还朝，太后述先帝之言曰"朕一日为子孙得二宰相"，因而主臣呜咽痛哭，撤金莲炬送归院，可知也已。至于小人朋比，力肆诋排，则文忠所遇之穷也，可奈何！

题岳武穆像赞

鄂侯精忠贯日，知勇绝伦，武而不黩，文而不靡；盖其天性然也。九原可作，吾将与斯人而归尔。其文可以并日月、泣鬼神，而不为书生雕绘纂组之语，真文章之独步也。然尝病其时文胜，而谓别有一样佳处；深见其时议论多、成功少而言之耳。未及见孝、光、宁、理之世，而长叹及此，侯可为前知哉！

卷三　讲学集

策问诸生一

问：《孝经》云："不爱其亲而爱他人者，谓之悖德；不敬其亲而敬他人者，谓之悖礼。"诚千古之格言，圣人复起，不能易矣！而孟子诵法先王，在孔门称亚圣，其言曰："君子以仁存心，以礼存心；仁者爱人，有礼者敬人。"是他人皆当爱、皆当敬也，何言之相戾欤？孟子犹私淑诸人，曾子则亲炙圣门而独得其传者；何以于《秦誓》曰："惟仁人放流之，迸诸四夷，不与同中国"？此谓唯仁人为能爱人、能恶人，独有取也。爱人者煦妪燠咻，谓之仁矣；恶人者，放之流之，迸四夷，则残忍惨刻矣；乃亦谓之仁人欤？不独曾子，孔子亦尝曰："惟仁者能好人，能恶人。"何前后相刺谬欤？或曰：仁者爱人之贤者，而恶人之不肖者。然则颜子为孔门具体而微，曾子为传道之器；而颜子箪瓢陋巷，葬而无椁；曾子缊袍无表，三旬而九食；原思以弊为冠，辟桑皮而纫之，鹑衣则百结也。岂孔子之力不足耶？鲁卫赋粟，皆有常数；即季孙之馈，岁入亦且千钟矣。孔子衣裘，皆配色配物，食不厌精，脍不厌细；而三高足乃一寒至此，其故何欤？

策问诸生二

问：圣人之所以治天下，与天下之所以望治者，宜无古今异宜、中外殊俗已，是故君子动而世为天下道，行而世为天下则，溥博渊泉而时出之也。然何以同际有周维新之命，同居青兖咫尺之乡，而治齐治鲁，或有不同？周公曰："不易不简，民弗能从。"何又曰："解其瑟而更张之，然后乃可鼓也"？圣人未生，道在天地；圣人既生，道在圣人；圣人已往，道在六经；则先王之道尚矣。而先儒乃曰："是欲以结绳之治，理乱秦之绪也。"而狐偃、宋襄，行仁义而败亡相踵，抑又何欤？汉家自有制度者，似矣；而识者乃曰"乃翁以马上得天下"，一时辅相诸臣，又皆厚重椎鲁，大略悃愊无文。遂使汉治不能复古，至今伤之。子舆氏有言曰："尧舜之道，不以仁政，不能平治天下。"夫道至于尧舜极矣，而仁政乃如斯重且要乎？是故仁心仁闻，民不能被其泽，法不可传诸后。故《诗》曰："不愆不忘，率由旧章。"总之两言而决之，曰："徒善不足以为政，徒法不能以自行。"今文武之政，未坠于地，布衣方策者，班班可考也。幸而处昌明之极运，不能更其善俗；而狃于浅近荒忽之谈，一则曰"如是已足"，一则曰"何必改作"。所以诵诗读书者，徒为咕哗之具，咏歌先王而已，岂不重辜先王之道哉？后有豪杰者起，将必非笑前人，因陋就简，不能作新旧邦，其又何辞以解之？愿诸君子摅其素蕴，悉心而对，为国家焕文明之治，著之史册，垂为典章，光耀万代也。

策问诸生三

问：夏正建寅，殷正建丑，周正建子；周为天统，殷为地统，夏为人统，学士大夫，夫人而知之。王者易姓受命，改正朔，易服色，自古已然矣。是故夏以平旦为朔，殷以鸡鸣为朔，周以夜半为朔；盖殷革夏，周革殷，故不从其朔而改之也。若夫夏君以禅臣，犹子以继父也；未有所革，则无有所改也。而何以曰夏正？上古远不可考矣，然以草木之勾萌剥落为春秋；至于黄帝、尧、舜，皆制作之君也，独不可指而数乎？钦若昊天，敬授人时，似乎以寅为正矣；以闰月定四时成岁，乃反累其岁之首乎？璇玑玉衡者，斗也；斗柄东而天下皆春，既已察之，而乃昧其岁之首、时之首乎？"正月上日"何？月之正也；"月正元日"何？正之月也乎？摄位而告于神宗，亦曰正月朔旦矣；岂有嗣位十七年，一旦无故而改正朔乎？若然，则夫子而行夏之时矣，又曰"之杞而得夏时焉"，未曾曰唐之时、虞之时也，其说必有所归矣。诸生学于圣人，独不闻"食哉惟时"乎？此为政之第一义也，幸摅陈而明治之。

策问诸生四

问：礼，夫人先卒，不赴于诸侯，不成丧，书卒不书薨，无谥不书葬，不反哭于寝，不祔于祖姑。而隐公二年，夫人子氏薨，《穀梁春秋》以为隐公夫人，然欤否欤？或以为仲子也，隐让桓，成其为夫人，而以赴于诸侯，是以王使宰咺之已，何以不书曰"葬我小君仲子"？九年，考其宫，何以不曰"夫人仲子之宫"？何与义例相刺谬与？《礼》："適士二庙，官师一。"又曰："大夫三，士一。"明乎士不得为王父立庙矣。又云："其妻为大夫而卒，而后其夫不为大夫而祔于其妻，则不易牲；妻卒而后夫为大夫，而祔于其妻，则以大夫牲。"明乎其妻有庙矣，于礼果有合否？《疏》云："此谓始求仕而无庙者。"礼或然欤？诸生学古入官，当先明礼义，且研精六艺久矣，必知礼之所安。其悉心以对，毋隐。

答奥村德辉

"读书励行"四字,尽为学之事矣;而又加之以勉强,则功无作辍,德不踰闲,循循而进,何有底止?咕哔非他,咕哔而咀其味、得其真,则皆励行之资也。足下尚视之为一乎?不能咀其味、得其真,则文具而已矣。读书何为?不佞老惫昏荒,不可名状;相别未能一年,事事皆日暮途穷之意。不佞性本疏慵,而藤井茂英又云:"度岁后方复命。"一迟至今,足下亦能原之乎?不尽。

不佞情怀种种,竟不知有献岁之乐;展读贺启,娓娓祝长年之庆,"上有加餐饭,下有长相思",一何恳恳哉!嗣闻足下有弄璋之喜,佳儿岐嶷,兆于初生之日矣。贺贺!

为人之父,励行益不得自弛。盖为人之子,犹得托戏舞斑衣之意,写我孺子之怀;一为人父,则房闼之中,均不得自轻,不能以无知欺孩提也。小女五岁之言,播传人口,万一再有晤时,容当共为抵掌。

怦来,知闱府安好;惟令尊初夏得少恙,至今未痊。汤药亲尝,孝之一事,非大也;体其心,代其劳,则稍大于此矣。令尊无疾而忽有疾,虽壮年,固当慎重。

祉者,福也,本从示从止,而俗书从衣耳。"吉甫燕喜,既多受祉",言福也;若从足,则驺虞麟趾矣,乃左右足之大拇指也,不可不辩。病甚不多及。

答源光国杂问

古来取士，其道惟汉为备，而得人为最盛，治法为近古。自唐以降，始有解试、省试之名，而廷试起于宋朝；张奭之子，以曳白登科，而题名强半为执政亲属。举子喧哗，天子始亲策之于廷，故曰廷试。此三试者，惟明朝为大备。唐虽设解额，而节度、廉访、观察、转运等使，俱得自辟士，署为幕职，考绩而升为朝官；士子亦得竟诣大学举进士，进士者，省试也，每年一举，试者甚少，而得第者亦复廖廖。进士科既已得隽，又复举博学宏词等科而后得官，故自不同。宋朝稍近于我明，然分天下为军，军府至为烦多，故解额亦自琐屑。大明分天下为十五国，南北两京，为天子京畿，故不言省。而十三省乃中书之分署，故曰省。浙江、江西、福建、广东、广西、山东、山西、河南、陕西、四川、湖广、云南、贵州为十三省，合南、北二京为十五国。三年一大比，子、午、卯、酉之年，大集举子于省会，朝廷差京考二员，就其地考试；而房考则督学自行聘请阅文，中式者为解元，合次四名为经魁，又次五名为亚魁，又次及末为文魁。鹿鸣设宴，此即礼之宾兴，而艰难尊宠过之。省试者，南宫之试也；南宫者，礼部也。礼部尚书、侍郎二员为贡举官，故曰省试，亦仍唐时中书省、门下省、尚书省试士之称。秘书者，监、郎、丞俱小官，不与此数，或时承乏典试，亦不此以省为名。会试者，会天下之举子，于辰、戌、丑、未之年，而试之于南宫；中式为会元，余十七名为会魁，而通为之进士，琼林设宴。廷试，天子临轩策士，宰辅阅卷进呈，对廷读卷，京兆设归第宴；故曰廷试，非以翰林院为廷也。翰林院官，特充房考诸官耳。

取士，唐朝以诗、或以赋，宋朝以赋以策；明朝初举亦甚简易，后累年更制，定为初场试制义、《四书》义三篇、经义四篇，合七篇。举子各上一经，不许有兼经者。二场论一首，诏、诰、表、判五道，三场策五道；而廷试策自为一种，不与射策相同。

初三日，世子介弟就见前朝，谓仆为翰林学士。答曰："仆非翰林学士，乃明室一书生耳。"介弟刑部君为上公，疑仆有隐情，仆则何敢！不得已以诏征一节对之；此二十一年在日本未尝一言及之者，今复言仆为状元，此言不知何来？夫以明朝之制，状元初授为修撰，十二年考满为谕德；若或九载升迁，仅得中允，又三年而为谕德赞善，又三年而为庶子，又三年而学士，前后已二十年矣。状元掇英俊之巍科，翰林学士为清华之首选，而人士之冠冕；其举动系天下观望，岂敢一毫自轻？若使仆二十年身受皇恩，不能与国存亡，而转展贵国，以偷生旦夕；则与犬豕何异，尚敢腼颜于上公之廷，而视息于人世？即使仆受明朝守令微官，食明朝儋石微禄数日乎，亦不得至此矣。仆以上公为能尊德荣道，故不自揣而远涉至此；上公傥能更治善俗，经邦弘化，谨庠序之教，申孝弟之义，而为万古之光，以仆之所闻于师者，庶或可以赞襄万一。如以其状元、学士也，则视仆为非人矣！此言可胜呜咽，不禁泪下如注，此诚道路之口误之也。至于同年进士及姓名，所射策数目并策题策眼，仆若作伪，岂不能立构以给台臺，台臺亦何处覈实而证其非耶？

进士以三月十五日廷试，十八日传胪，天子亲笔书"第一甲第一名某人"等字，属有黄榜张挂，礼部更有《题名录》缄縢而付该司收掌，所谓状也；元即元首之元，所谓"若恩赐状头"，可证也。"状"字与"壮"字形声俱近，写榜字制端方；韩人之来者无学，或者一时误对而固执以饰其非耶？自汉及今，皆云状元，考之书史，未闻"状（壮）元"之说；韩人亦何所本而遽以为大魁之号？且三韩小国，何敢创立异名？况"壮头"者，天下之亵语耶，必不然已。

科举有甲乙，前朝进士之试，百人之中，以一二十人为甲榜，授官从优；二三十人为乙榜，仅得出身。所谓"第甲乙"者此也，谓品第之也。其余不及格者，驳放回籍，后试听其更来。明朝之称不然，第进士者为甲榜，或言两榜，或言甲科；中乡试者为乙榜，或为一榜，或言乡科，更无几品与名件。

仆系出于邾，后更为邹。秦楚之际，去邑言朱；汉兴，流转鲁魏之间，始祖为朱晖，汉丞相也。后有朱辅、朱穆，亦为三公；穆之直声，震于朝廷，而吏治称之。入国初，先祖于皇帝族属为兄，雅不欲以天潢为累，物色累征，坚卧不赴，遂更姓为诸。故生则为诸，及祔主入庙，题姓夬朱。仆生之年，始复今姓。仆族人谓寒宗为晦庵先生之系，其子为余姚令，故留居于此；持其诰敕、画像、家谱来证，中间惟有一世不明白，举宗尽欲从之，惟仆一人不许。谓一世不明，其不足据，便在于此；且子孙若能自立，何必文公？如其不肖，虽以尧舜为父，只得丹朱、商均耳！寒宗入国朝来，登乡会榜者七十九，如以仆征聘敕召冠之，则八十矣。贵国之法，只字片纸，亦必简阅；少有违碍，一概概投诸水火，墓志行状，何得携来？且先人例应谕葬，以国乱侄侰，大典未及举行，故诸事草莩耳。

圣庙，即学校也；中为圣庙，西为明伦堂，北为尊经阁，东北为启圣宫，或西或东为射圃，以较射为义，故曰校也。每府每县必建学立师，卫城建学者少，故通计止千余所。

中原区画，大都从禹之迹：周十二州，虞亦肇十有二州，而地之广狭则异；自邦畿以至荒服，大约六千里。周公制礼建侯有五，分土惟三，不及三等，谓之附庸；千八百诸侯，自治其国，彻土为粮，而天子职贡有常，故当时无大富大贫之病。汉以天子之半封齐、楚、吴，其制无度，小者万户侯，亦诸侯王自割其地以侯其子弟耳。每户丁壮，少亦不下十人，故常抽数人从军，非以一夫为户也。后来田得卖买，不授公田，亦无一夫百亩之制矣。

明朝国初，分封有前十王、后十王，其末复有四王，如秦、晋、燕、周、楚、齐、潭、鲁、蜀、江等是也；及继世天子，次嫡庶子，皆有分封。长则就国，禄有常经，而不治其民；故不问其地，与地之所入。大略亲藩皆富，如鲁、唐、卫皆有分是也。功臣大者封国，小者侯县或乡，皆聚居京师，衣食县官，不得之国理民，富者绝少。

《周官》之法，固如来问；然周朝治畿内耳，故二百六十而已足。明朝文武内外皆朝廷命官，其数何止万许；至于三公，则不惟其官、惟其人，德不足以居是官则缺之；九卿以下，则咸备也。仆受业师为慈溪契玄李先生，早世；其后为上海爱启朱先生，吏部左侍郎，殉房难。少治《毛诗》，今三年读《礼》，二十一载流离，荒废二十四年，亦不足以言专门矣。

卜筮，圣人所以教人，今太卜、詹尹之宫虽废，九江之蔡虽不供，而其治则尚存，所谓灼龟者是也。筮短龟长，故优于筮耳。

筮用蓍，故以圣人之墓蓍为贵。然圣人墓田不甚广，而丛生百茎者，亦复无多。今但取蒿萧之茎近似者以充之，然未有用竹者。

答野传问

孟子云："尽信书，不如无书。"非不要书也，但当以理推断，不可刻舟求剑耳。书如人之杖，老者力不足者，倚此而行；若两足不能步履，而竟以杖行，此必无之理也。陶氏《辍耕录》云："蒙古入中国，中国方有木棉。"是凿凿有据也。然书籍言布非一，岂尽非木棉乎？犹曰"无有"实者（指实）。汉公孙弘布被，必非麻也，纻也。杜诗云："布衾多年冷如铁，娇儿恶卧踏里裂。"而非麻、纻、葛为之矣。是元以前，中国已有木棉矣。深衣为次等礼衣，取其冠裳天地，诸侯公卿皆服之；麻既不可为已，纻、葛遇秋风交，则卷如绳索，此岂冠冕礼服，无冬无夏可以服之者乎？不辨自明矣。褐为毛布，注者何不并此以注之也？

谒圣之礼，有拜于仪门中者，有拜于丹墀者；官尊者俱拜丹墀。执事者，先日于丹墀作棚厂，设拜位，铺毡；拜毕，各官繇西阶登殿，至香案前跪，三上香，俯伏再拜，复先所拜位，再四拜。礼毕，然后至明伦堂，或讲书，或讲史，拜于丹墀中甬道之上。

帷裳用全幅如帷，故谓之帷裳；前用幅六，后亦如之，所谓要有襞积也。不斜裂，故旁无缝，左右两旁，各有小小两幅子。此裳系于两腋下，前当胸，故宜长，带与裳齐。诸侯带博四寸，杂带不宜太阔，二寸以上俱可。缘用朱绿，上朱下绿；带用素熟罗绢。裳用六幅，每幅二尺一，边共六尺，亦有用八幅者。大约须看绸段广狭何如耳。下裰阔一寸向内。

规矩制度如此，至于大小，视人之肥瘠；躯干大者，从幄子上放开，以后边两马面重叠沓度为度。

答吉弘元常杂问

问：汉朝乡举里选，其法如何？

答：某人榜及第，以状元为主；某人下及第，以考试官为主。榜本用板为之，后世俱用大纸；乡试会试，用白纸，殿试用黄纸，故曰黄榜。上书第一甲第一名某人某处，如言"南直隶华亭学生，习《诗经》"是也。汉试大经十道，得五为通；唐试诗，宋试论策；明朝第一场试《四书》义三篇、经义四篇，二场论一首、诏诰表（内科一道）判五道，三场策五道，廷试策一道，所谓举子业也。

问：《广志》云："成都有柚大如斗，又闽广有一种如瓜者。"日本所谓柚甚小，如何？

答：柚有红柚、白柚。红柚者其皮皆黄色，或黄或青黄，穰红，肉实酢多而甘少，味淡不佳，大者可比二升器。穰同瓤，亦曰囊，亦曰瓣，亦曰茧。白柚者，穰白肉松，味更不及红柚，其大者可比三四升器。

问：周尺所谓六寸四分弱，用何尺为准乎？

答：用尺，今人以为今尺六寸四分弱。按文王十尺、汤九尺，以周尺量之，则文王六尺四寸也。如此人今犹在，何及见其书乎？然则知周尺非今六寸四分明矣。文公《家礼》所谓六寸四分弱，钞尺也。钞尺与今尺不甚相远。《古文尚书》以八寸尺，可见周尺六寸四分弱者，非也。

问：牛有贵骨、贱骨之分，愿闻其说；作脯法如何？

答：牛之前足与肩臂臑近脊而大者为肩，中为臂，下为臑，最下为蹄，近世总谓之前腿；后足为腔髆胳，近脊而大者为胜胜，及《汉书》之臘脾，总是一物而异其名，近世总谓之后腿。四蹄连皮卸下，经之所谓肆是也。脊有脡脊，有正脊，有横脊，名虽贵而无肉；肋有代胁，有正胁，有长胁，三者之骨亦稍贵。此皆祭祖飨燕，君与君夫人及卿大夫馂，有"贵人取贵骨"之名。诸侯宾客，豚解体解，房胥飨宴，故有此名。然殷人贵胜，周人贵肩；殷人质，故贵脾，周人文，故贵肩，亦无一定。至于寻常烹饪，惟视其喜好，无所谓贵贱也。

牛耳者，诸侯盟会，最尊一人执牛耳；歃血，非用以烹调也，惟全胥有之，其他俱不用。

作脯者，用新杀牛肉，去其筋丝瞖膜，切薄，湛以美酒，铺于萑箔上晒干，总谓之脯。如前加姜桂，上洒以盐而修治者，曰腶修。

答安东守约杂问

问：读书作文法。

答：作文以气骨格局为主，当以先秦两汉为宗。不然，则气格不高，不贵，不古，不雅；参以陆宣公、韩、柳、欧、苏，则文章自然有骨气，有见解，有波澜，有跌宕，有神采。取其精华，去其糟粕，文之最上者也。虽然，此为寒俭者言耳；若夫渊富宏迈，其所取更进乎此矣。读书作文，以《四书》《六经》为根本，佐之以《左》《国》子史，而润色之以古文。然本更有本，如郦食其所云："知天之天者王是也。"本之何在？则在乎心。若夫心不端灵，作文固是浮华，读书亦成理障。如王莽、王安石《周礼》《周官》，祸世不小。王莽不足惜，安石固绝世之资也。先贤谓《战国策》不可读，读之坏人心术；不佞谓此为初及下愚言之耳，若真能学者，如明镜在悬，凡物之来，妍媸立辨，岂为彼物所移，何能坏我心术？不见夫海乎？河汉江淮，无一不内；潢污行潦，并无去取，所以能为百谷王也。学问之道，贵在实行，颜子闻一知十，而列德行之首可见矣。余谓君义、臣忠、父慈、子孝、夫和、妇顺、兄友、弟恭，而朋友敬信，此天下之至文也；而孝又为百行之源，孝则未有不忠，未有不恭敬信诚者也。古人又曰："孝衰于妻子。"此世俗阅历之言，而非上哲之所虑也。程子又曰："未读《论语》时，是这般人；读了后，依旧是这般人，如未读《论语》一般。"孔子曰："有颜回者，好学，不迁怒，不贰过。"岂非圣贤之学，俱在践履？若文字言语，则游、夏、赐、予胜过颜子。

问：注解。
答：书理只在本文，涵泳探思，自然有会；注脚离他不得，靠他不得。如鱼之筌，兔之蹄；筌与蹄却不便是鱼龙，然欲得鱼得兔，亦须稍藉筌蹄。太繁太多，到究竟处，止在至约之地；所谓"博学而详说之，将以反说约"也。若义理融会贯通，真有活泼泼地之妙。此时《六经》皆我注脚，又何注脚之有？程子云："学者于《论语》《孟子》熟读精思，则《六经》不待读而自明矣。"《六经》岂有不读自明之理？此等议论极好，甚须寻味；盖天下文字，千头万绪，道理只是一个。若能明得此理，引而伸之，触类而长之，无往非是。若执何书以为鹄的，犹非绝顶议论。

问：大明讲书，讲及注否？

答：大明讲书，后来竞出新奇，以苟功名；即传注久已高阁，举业家久已不知《集注》为何物，虽先辈宗主传注，亦不以入讲，但读本文可也，惟取《集注》为依傍耳。旧时主意，惟《蒙引》及江陵《直解》、王观涛《翼注》，为不背传注，惟详之。

问：监国鲁王、永历皇上族属。

答：鲁王，太祖高皇帝之裔；永历，万历皇帝之孙。亲则永历，族属之尊则鲁王。监国于越而不称帝，非不可称帝也，大明之制，亲王、太子不得外交士大夫，惟监国乃得与士大夫相接。太子、亲王不敢用制、敕、诰、诏，止称令旨。太子令旨，得颁天下，亲王止行国中，不得出国门。太子令旨止称"敬此""敬遵"，今鲁王监国行天子事，故称"敕"、称"钦此""钦选""钦哉"。故敕王上加一字，谓之亲王；王上加二字，谓之郡王。郡王一概不得行监国，亦如亲王行事。其年天下大乱，人情沸然；故鲁国主未知我三诏特征之事，不佞又强藏谨密，止称恩贡生。设使彼时知其详，敕书更当郑重，不止于如此矣。然彼时知其详，我必与舟山同死，不得来此有今日之事矣。可见万事皆有倚伏也。诏书特征，古今重典，此中进士，万分隆重，溥天之下，莫不闻知；只缘彼时大乱，道涂梗塞，故有不知耳。

问：老师征辟不就，其义如何？

答：不佞事与吴征君极相类。荐吴征君者，忠国公石亨，权将也；荐不佞者，荆国公方国安，方拥重兵，有宠于上也。吴至授六品而辞之，不佞两次不开读，而即授四品官不拜，其间稍异耳。吴征君时当国者李相公贤，贤相也；英宗复辟之后，贤主也，尚有可就之理。征不佞时，当国者为马士英，奸相也。彼时马士英遣其私人周某，同不佞之亲家何不波到寓，再三劝勉，深致殷懃。若不佞一受其官，必膺异数；既膺异数，自当感恩图报。若与相首尾，是奸臣同党也；若直行无私，是背义忘恩也，是举君自伐也，均不免于君子之议，天下万世之罪。故不顾身家性命而力辞之。不然不佞亦功名之士，释褐即为四品道，官兼京职监军四十八万，与国公大将军迭为宾主，岂不煊赫，而乃力辞之乎？要知不佞见得天下事不可为而后辞之，非洗耳饮牛、羊裘钓鱼者比也，亦非汉季诸儒闭门养高以邀朝誉也。

问：大明科举取士法。

答：前者有人来问射策，余答以试场中策题，杂举他事甚多，盈篇累牍，其要只在二字四字，譬如射箭，以侯为主，而中者稀，故曰射策。彼曰：不然，用小弓架矢，对书籍射之，取其书阅之，因曰射策。余曰：彼认射为弓矢，策为书籍，故强解之耳。大明人至此，强不知为知，强解以误人，诚亦有之。昔时《廉颇传》"有顷之三遗矢矣"，解作一次射箭三次落架。又《左传》"漆智伯之头以为饮器"，彼不知是溲溺之器，解作饮酒之器。如此强解，误人尽多。不特此也，即刻本音注，亦时有错误。前见汤霍林《通鉴注释》，此名公之书也，其地名远近不考，事迹错误不究，甚有可笑者；何况小儒学究，依样画胡卢，讹以传讹，彼亦诵习之而已，何处知其错误？惟独立高冈之上，照彻远近，方能知此处是、此处不是耳。射策即是对策，以其东西炫惑人，故命之为射。

大明试士，八月初九日第一场，文七篇：《四书》义三篇、经义四篇，谓之制义，亦谓之举子业；有破题、承题、起讲、提股二、小股二、中股二、后股二，谓之八股，结题大结，制艺甚多。举子三年精力，不足以读文，所以于古学荒疏。十二日第二场，论一篇、诏诰表内科一道、判五道。十五日第三场，策五道，所谓第一问、第二问者策也。因不写题，故曰一问、二问。取中者，为乡试中式举人。子、午、卯、酉四年，为乡试四科；辰、戌、丑、未四年，为会试四科。试士于乡，谓之乡试；巡按、监察御史代天巡狩，同提调、副提调荐之天子，是以谓之乡荐，即一事也。提调谓之贡举官。秀才今谓之生员，即所谓诸生，即所谓茂才，即所谓博士弟子员，异名而同实也。其中有廪膳，有增广生，有附学生，有青衣，有社生；五者得科举以外，更有乡贤、守祠、工辽、寄学等生，不与科举之数。秀才考中一二三名补粮，谓之廪膳学生；廪膳年满无过，试中得贡，此逐名拔贡也。更有高者曰选贡生、恩贡生，此合通学廪膳考中者也，二者一同。更高者曰拔贡，此合通学之廪、增、附而超拔之者也。三者与计廪岁贡不同。至于贡士，即乡试中式之举人也，故曰某科贡士。

乡试　县试士送府，府送督学，取科举送者乡试，谓之举子。贡举官二员，即提调官，顺天、应天府尹、府丞，浙江、江西等省布政、右布政，布政者即古之方伯也。监临官即知贡举官，巡按、监察御史，顺天、应天各二员，外监临二员，不在数内。浙江以下，各巡按御史一员。考试官即总裁，即主考，顺天、应天用大翰林院官二员，如侍讲、春坊庶子、谕德之类。浙江、江西、福建用翰林一员，修撰、编修、简讨之类；湖广翰林、编检一员，部属官一员；四川、河南、山东、山西、陕西、广东、广西、云南、贵州，或通用部属，或用中书评博一员，或用别寺降官。同考试官，即分考，即房考，即经房，此五经房也；推官、知县、教谕、教授为之。

会试　贡举官为礼部尚书、侍郎二员，知贡举官为御史。考试官，即总裁官，或大学士，或侍郎二员。同考试官，即分考官,为翰林科中书博士、评士。少者十八房,多时二十房,大概与乡试同,但场期在二月初九、十二、十五日。中式者为会试中式举人。

三月十五日廷试,又为(谓)之殿试;廷试策一道,宰辅读卷,天子御笔标题。十八日传胪,第一甲第一名为状元,第二名为榜眼,第三名为探花;第二甲为赐进士出身,第三甲为赐同进士出身。状元入翰林为修撰,榜眼、探花入翰林为编修,二甲第一名及会元不中鼎甲者,考馆入翰林为庶吉士。

此乡试、会试、殿试之大略也。

问:老师所服,是大明礼服否?

答:巾、道袍,大明谓之亵衣,不敢施于公廷之上下者,非上命不敢服此见上人,上人亦不敢衣此见秀才,惟燕居为可耳。今来日本,乃以此为礼服,实非也。大明宰相极尊,不敢坐受秀才一揖,不敢以便服见秀才。

大明衣冠之制,以文官言之,有朝冠,冠有簪,冠中有梁,有金线分别官职高下;武官以缨,缨有曲。有朝衣,不论大小,黻韠珮玉俱全。有圭有笏,拜则搢之。笏有牙有板,五品以上用牙,谓之象简;圭有五等,公、侯、伯、子、男,有桓圭、躬圭、信圭、蒲璧、谷璧之别。有幞头,着公服用之;有纱帽,着圆领用之。公服有红有青,五品以上红公服,五品以下青公服;有软带,文武有别。圆领有红、有青、有油绿、有绿、有蓝、有白、有玄色,有蟒衣,有麒麟,有斗牛,有绯鱼,有坐龙。以上五种,惟一品、二品得赐,以下官不敢服;不赐不敢服。补服一品仙鹤,二品锦鸡,三品孔雀,四品云雁,五品白鹇,六品鹭鸶,七品鸂鶒,八品鹌鹑,九品练雀,杂职官黄鹂;武官不同。带有玉,有犀;三品花金,四品光金,五品雕花影金,六品花银，七品光银，八九品并杂职用黑角带；武官稍异。有朝履舄，有皂靴；有忠靖冠，有忠靖衣，有截褶，有巾，不同，随品职服之。帽有直裰、道袍、长衣、海青，一种异名，高下皆得服。有裳，有蔽膝，有行縢。其他弁冕韍韐之类更烦，尚不在此数。明朝制度极备，极精极雅，比前代制不同。

问：书柬式。

答：副启贰板为一扣、二扣、三扣、四扣、六扣可用；惟五扣不用，乃残纸耳。寸楮旧无其制，兵兴以来方有之，亦仿副启之例。稍阔则为帖，二扣者为古柬，六扣者为全柬，三扣、四扣、五扣皆不可用，俱为残纸。副启尽而书不能尽，则复用一启续之；其二、其三以至六七，俱可。粘连不粘连随意，粘连者用钤缝印记，均不割去面叶；割去面叶，则为残纸。所以谓之残纸，总之，虑其不敬也。寒舍子往来，则不在此例。书面用拜帖回帖，非也；上达者用之乎奏记、手启、副启之类；平行者用副启，如晤谈，如晤言、代面等项；下交者用札谕、札谕、帖等项。

问：师于弟子，犹君父于臣子；门生守正，虽不知中国之礼，岂不知本国之礼乎？初见以来，过于优待；然教爱勤惓，顿忘辀衷。且以言语不通，屡请不许；若强之，则恐劳老师。故每事惟从尊命耳。

答：师道诚尊重，《礼》曰："父主之，师教之，君成之。"三者并尊于天地之间，故事父有隐无犯，服勤至死，致丧三年；其事君有犯无隐，服勤至死，方丧三年。方丧者，与父同致其丧也。其于师无犯无隐，服勤至死，心丧三年，此受业之师也。此古道也，行之于今，如龟毛兔角矣！今贤契崇儒重道，再三谆谆,不佞方以师生为称,亦何可遽遵皋比之位,使足下仆仆拜于床下哉?非矫饰也,非虚伪也,日相与有成,或者酌量古今之宜而处其中可耳。大明近日以制义取士,鲜言行谊;弟子之视师,如途之人,师之视弟子,如宾客,未能如古之道也。贤契言之切切,岂有忘分不自简处,不必过为简点;即成礼之后,师徒相与之际,亦宜以和气涵育熏陶,循循善诱,非能如严父之于子也。

问:愿闻师教弟子之法,及弟子事师之礼。
答:师之教人,必因其材而笃焉,无所谓法也;弟子事师,惟以传习敬信为礼,其他皆末务也。

问:弟子称师如何?
答:尊老师者,称老师之师曰"太老师",自称曰"门孙某顿首百拜";不尊其师者,称老师之师曰"太老师",自称曰"晚学生某顿首拜"。百拜,最亲最敬;顿首百拜次之,顿首拜疎矣。门生之父兄尊长,得称其师曰老师,门生之弟,亦得称之;其子、其侄与卑下之人,不敢也。

问:作诗文。
答:所贵乎儒者,修身之谓也;身既修矣,必博学以实之;学既博矣,必作文以明之。不读书,则必不能作文;不能作文,虽学富五车,忠如比干,孝如伯奇、曾参,亦冥冥没没而已!故作文为第二义。至于做诗,今诗不比古诗,无根之华藻,无益乎民风世教;而学者汲汲为之,不过取名干誉而已。即此一念,已不可入于圣贤大学之道。故程子曰:"为之大足丧志。"

问:前日奉教曰,"正"字老师之家讳,门生名守正,改

"正"字为"拙"字如何？伏乞赐以嘉名。

答：古人之讳，家讳不出门；前将大名另易拙字，揆之人子之心，极感敬慎之意。然于省庵之义不合，故欲贤契仍旧耳。况以我家讳，而亦欲人讳之。古有李彦为督府，而其父名好古，因"彦"并讳砚为墨池，因"古"并讳皷为皮绷。适有参军名李彦古，二字俱犯，其参军书手板曰："荆州司户参军李墨池皮绷谨祗候参。"世以为笑。李彦喜曰："奉人当如此矣！"今者不佞之意殊不然，既贤契谆谆于此，或仍用"守"字，下易一"省"字何如？若竟用"省庵"二字，虽古亦有字行之礼，然稍觉不恪耳。吾辈今日还往笔札，若他日有重见天日之时，未必不达；当宁为名公硕辅之所评驳，不得草草而已。盛情谨心领之。于二者之间，权宜可也。以字行者，似名方可，如胡敬德、郭子仪之类；如"省庵"，殊不似名，能于不佞处以字，而他处仍以名，亦非也。

问：俗有言诚意伯谶书之应者，未审真伪如何？

答：诚有之。不佞以人事为主，其恍惚渺茫之事，不入言论；即以谶言之，亦甚佳。"金明见水有奇缘，会合樵中非偶然；戡乱武功诚已异，克襄文治又中天。"何等亲切！何等光大！此四句，在"草头鸡下一人耳"之下，草头下加"酉"字，又"一、人"字，右着一"阜"，合为郑（鄭）字，是国姓入南京之验也。

问：老师比年在何处？中国丧乱无所住乎？

答：两年在厦门、舟山，人人拟留，留意非不坚也，但不佞心不安。兵部左侍郎张玄著讳煌言者留之，不佞不肯留，云"尚要过日本"。张云："我们在此。年翁一人留不住，我们在此作何事？日本人闻之，亦笑我等。"然不佞不能留也。何故？彼地无田可耕，不能自食其力；此外惟渔亦可，然捕鱼舵稍与劫盗无二，不可为也。若坐而日糜其饷，彼之来者，皆百姓之肉与血，甚者打粮，——打粮者，打家劫舍、掠人质子而来物者也。焉有仁人日膳人之肉，膏人之血，食御人之食，咬人之子之骨而可为者？故决意来此。

问：朱、陆同异，不待辨说明矣。近世程篁墩《道一编》、席元山《鸣冤录》，其诬甚矣。然"尊德性，道问学"，陆说亦似亲切，奈何？

答：尊德性，道问学，不足为病，便不必论其同异；生知学知，安行利行，到究竟总是一般。是朱者非陆，是陆者非朱，所以玄黄水火，其战不息；譬如人在长崎，往京或从陆、或从水，从陆者须一步一步走去，繇水程者一得顺风，迅速可到；从陆者计程可达，从舟非得风，累日坐守，只以到京为期。岂得曰从水非、从陆非乎？然陆自不能及朱，非在德性、问学上异也。

问：阳明之学近异端，近世多为宗主，如何？

答：王文成亦有病处，然好处极多。讲良知，创书院，天下翕然，有道学之名；高视阔步，优孟衣冠，是其病也。出抚江西，早知宁王必反；彼时宸濠势焰熏天，满朝皆其党羽，文成独能与兵部尚书王琼先事绸缪，一发即擒之。其剿横水、桶冈、浰头之方略，与安岑之书，折冲樽俎，亦英雄也。其徒王龙溪有《语录》，与今和尚一般，其书时杂佛书语，所以当时斥为异端。

问：薛文清公《读书录》之外，别有作乎？其文只见《猫说》等数篇耳，恨未见全集。

答：薛公，谥文清，做官极好，直节不附权珰。人品好，文不在多。诸葛忠武止数篇，足垂万古；张睢阳忠节震世，其才一览成诵，终身不忘，人有问之者，某事在某卷第几板，展卷即是，然其文亦不多见，一脔足矣。

问：方正学先生幼时，人谓之"小韩子"，其文足比昌黎先生否？
答：韩昌黎大而有用，方先生执而不化，大不如韩；韩昌黎惟撰《淮西碑》，誉宰相裴晋公度而抑李愬，不足以服人耳，余事俱可。后人又尤其《上宰相书》为干进，未亮也。靖难之激，方先生得君之专，仿佛齐、黄而不能运筹决胜，似非通才。

问：宋太史、方正学优劣如何？
答：各有其妙。宋景濂之博洽，方先生之端肃，皆未易才也。其人品则宋不如方，故其后宋坐孙慎而贬死。

问：大明光禄大夫当汉唐何官？
答：汉唐之光禄大夫，官职也；昄朝之光禄大夫，勋阶也。凡官有勋有阶，惟一品进光禄大夫；此外有光禄寺卿，则官职矣。明朝之光禄大夫，视汉之丞相、御史、大夫、大将军，处三公之下，在九卿之上；视唐之平章政事、左右仆射，同中书门下三品，开府仪同三司。

问：老师在交趾拜监国敕书，其仪云何？
答：大明制敕至，守土官朝服，钦差官吉服，迎入，香案供奉，而后开读，则有拜礼；今不佞东西南北，无可供奉，不敢当拜礼。亲王监国，其制与天子同；巡按各道，俱钦差。巡抚虽系钦差，其官衔无"钦差"字样；布政司、按察司、都司、府县，俱守土官。

问：殿下之称如何？
答：明朝自太子、亲王、郡王、将军、中尉，一概俱称殿下，别其为宗室也；前代同姓、异姓诸侯王，皆无之。

问：监国鲁王行在所在何地；老师得见否？
答：前在南澳，故至厦门而不得朝见；旧年已在金门，去厦门一海之隔。

问：老师姓朱氏，文公之裔否？
答：寒族多为此言。丙子、丁丑年间得家谱，言文公子为敝邑令，家于余姚，惟一世不清楚；像赞、诰敕、国玺，班班可考也。阖族俱欲附会，独不佞云："只此一世，便不足凭，且近不能惇睦九族，何用妄认远祖？狄武襄青，武人，尚不认狄梁公，何用如此？文公新安人，不佞余姚人，若能自树立，何必不自我作祖？若弃其先德，则四凶非贤圣之裔乎？实堕其家声。更不闻乐、郤之胄，降为皂隶乎？"

问：杨秉"三不惑"，学者所当宗师？守约常欲守之。
答：尧百榼，孔千钟，无害于酒；及姜女来相宇，无害于色。周公受分独多，古今称富，无害于财；陈仲子能绝四者，独与其妻居于于陵，然济得甚事？真圣贤，大豪杰，却不在此中寻求。

问：守约尝欲谥楠公正成为忠武，庶人议谥，得无罪乎？

答：柳下惠之称，乃其妻谥之；文中子，乃门生谥之，但要公而当耳，于礼无戾也。易名之典，在于人心；人心思慕哀伤之，谥为忠武，适得其宜。

问：六朝唐宋文字，如何分别？
答：六朝文要少读，肉厚而气不清，文品不高。《昌黎集》好，柳亦佳，苏长公亦好，但嫌熟耳。欧阳文忠佳，王安石文亦好，只是人不好。

又曰：文字要用古，但要化耳；如餐美馔，若不化，便成病矣。

又曰："呜呼"在《书经》，为叹美之辞，后世为叹伤之辞，宜少用。

又曰：非读书不能作文，非熟读不能作文；土语自然入不得文字；用古文不化，着迹欠清爽、欠有意致。

又曰，不佞文字无甚佳致，只是一字不杜撰，一字不落套，一字不剿袭；他人唾馀，信手作百篇，其间格局句语，少有同者而已。更长短俱成格局，无有潦草涂塞、勉强凑搭之病。

问：唐诗，李、杜为最，未知二公有优劣否？
答：李、杜齐名，究竟李不如杜。李秀而杜老，李奇险而杜平淡，李用成仙等语更不经，炼丹等殊不雅，不若杜家常茶饭有味也。然不奇奥之极，造不得平淡；有意学平淡，便水平箭、豆腐汤矣！

又曰：诗贵秀贵逸，着理学语，须要脱得头巾气；不然便老学究，可厌可唾矣！前日佳作，多有用此等，然十分是（不十分）犯手。

问：食酒馈食，主人先饮先尝，未知合于礼否？

答：饮酒而致爵于宾，宾致主人，主人先饮卒爵者，示酒无毒也；主人复献客，客饮而饮主人，主人复献客，客受而奠爵。今日本全是古礼，馈食则主人不先尝，先尝者宰夫之职也。臣有为君尝食者，以膳夫之礼自居，"君祭先饭"是也，亦不敢当宾之意。

问：由布惟长奉书老师，称颂高义，其人质美而好学；但今年五十，有扞格难成之忧，为可惜耳！

答：老而好学，如秉烛之光；不佞年六十二，一日不肯释手，故诗词绝不拈着，因质性愚下，无暇及此耳。五十岁，比不佞少十二年，谓之一纪，何谓老而难成？真好则无有不可成也。蔡元定之年，长于朱夫子，初时为友，后来遂执弟子之礼，何以至今称为晦庵高弟。

又曰：不佞见典籍，窃自伤心，每每泪下；不幸幼龄丧父，不知为学之道，遂昧昧至此。刘元海，异国人，犹曰"一物之不知，君子之羞也"；不佞窃自耻其言。若老者一日不放松，少者更力加精进；自然足以扬名天下后世，必不若不佞之老大无成也！

问：《易·系辞》注"匡郭"二字，其义如何？

答：两耳之外棱亦曰轮郭，耳无棱曰聃，所以老子名聃；可见轮郭者，外周之义。注钱者，以孔方为郭，亦非也；彼以轮为圆转之物，故以郭为孔方耳。总之，"轮郭"二字，连读为是郭，必不可言在内也。"肉好"二字亦然，言卣与文皆好也，注者之多讹如此。"匡郭"二字不连，或曰匡、或曰郭，总是外周也。天地如物，而我之道为匡；天地如人民，而我之道为郭。范者天地不能改于其度，围者天地不能越乎其域。匡，正也，此却不作

"正"字解。《成人之歌》曰："蚕则绩而蟹有匡。"则蟹之大壳为匡，所谓介也；器曰筐，目之四围曰眶，均是周围之义。郭者，钱之外周也；曰轮郭、肉好，轮者外面圆棱，郭者内中方棱，肉者钱之背，好者钱之孔。然城外之城为郭，似非内中方棱。总之，匡与郭，俱是外围，但匡有外围端整之义耳。一匡天下，只作"正"字解，亦未是。桓公称霸，则天下诸侯俱束于霸图之中而整肃之，则亦是外围之义。

读书如酒量，有能饮一石者，有不胜一勺者，各当自量其力；若骛多而不精熟，与不读一般，不如简约为妙。倘过目成诵，自当博及群书。

书读得多，读得熟，自然笔机纯熟。不见夫蚕乎？功候既足，丝绪抽之不穷，自然之理也。

苏子瞻聪明绝世，读书每百过，或数百过；今人聪明不及子瞻十分之一，乃欲以涉猎游戏读书，如何得工夫纯熟？工夫纯熟，则古人精意皆在心口中、笔头上，挥洒立就。

韩文公虽有可议，然其功甚大，则其小者可原。文公处六朝之后，摘章绘句，独能起八代之衰，使后人知有圣学，其小疵不足摧也。

明道先生，甚浑厚宽恕；伊川先生，及晦庵先生，但欲自明己志，未免有吹毛求疵之病。

《前汉书》《后汉书》，熟读甚佳。文章要典雅，不读先秦两汉，觉无古奥之致。文章自衬之句，为杜撰；有半句、没半句，为耕凑；用近世之语，为软弱。俱是病。

凡作文，宜相题立意，先使规模大定，中间起伏布置，要有法有情，一篇脉络，要使一气；若断续不贯，先后倒置，虽文词秀丽，亦不入格。

题中字字俱要安顿，有大力者，索性将题目掀翻，另用议论，此又是一格。字义俱要的确，若字义不明，读时不解用处，便错。

文字最难，是单刀直入，然直须要有力；一声便要喝得响亮。明朝文集极多，知者亦寥寥。一家之言，不必劳神；如杨升庵、李空同集，极佳。

答奥村庸礼问

问：幼年而丧父母，人之不幸也；先是，不知圣贤之道，故日用之间，不能尊信圣贤之规范；及长，国政之暇，阅经书，其理难涩，面墙立处，遮不足行继述之孝道。古曰："事亡如事存。"又曰："祭日，入室则僾然，出户则肃然，容貌声音，洋洋焉如在前。"忠孝之感应自然，所以发越凡人。以孝敬事君长，则忠顺不失；爵禄祭祀，两者守保。虽然，国俗不任所欲，祭祀长废，或欲成终远之志，性情软孱，气品粗笨，孝敬之心日弛，圣贤之道弥离，伏冀先生示严谕。

答：圣贤之所以持心，君子之所以守道，其得力政不在多，只要一句两句扼其要领，遂终身用之不尽。如此条所问，止在"事亡如事存"一句。人之所以敢于不孝、敢于为非者，只是忘却父母耳；苟能充此"如事存"之心，自然行住坐卧，无适而非父母也。僾然见乎其位，肃然见乎其容声，皆此"如存"之念为之也。自然一举足而不敢忘父母，一出言而不敢忘父母。以孝事君则忠，以敬事长则顺；忠顺不失，自能保其禄位宗庙。孝敬之心日加纯谨，圣贤之道不在他求，刚而不挠，精而不浮，莫过于是，何多自逊也？

至于祭祀长废，国俗不任所欲，愚谓不然。公侯卿相者，礼义之所司，作则于上，而为士民之所观感而取法焉者也；闻有矫国而革俗者矣，岂有委身以循故俗者哉？孔子之答问孝也，曰："生，事之以礼；死，葬之以礼，祭之以礼。"《孝经》曰："养则致其乐，丧则致其哀，祭则致其严。"吾子以孝立身之外，祭其要道也。

吾闻自古明王以孝治天下矣，未闻不以孝而可谓之治国者，未闻治国而禁人之为孝者。昔者，郑子产，小国之卿耳，犹能以礼治其国、制其俗，生为君子，殁称神明。愚尝游于郑矣，郑人家至户到，莫不尸而祝之，至今颂其遗爱不衰。此禀之周天子乎？抑禀之晋、楚乎？况乎其敦《诗》《书》、说礼乐者哉？况乎其言于晋国无隐情、光辅其君者哉？

问：黎民参天地之间，在气质之清浊；二气相合则生，二气散则死。贤者受其清，愚者受其浊，清者全性情之纯粹，可归其本。然自上古迄今，贤者少而愚者多，如彼不肖者，二气散则其浊气归何处、依何地？据天地之变化，为鸟兽哉？为草木哉？贤、不肖，其精神所归，差别如何？

答：贤者受其清，愚者受其浊；儒者固有是说，不足异也。然此天赋之乎？抑人受之乎？既有受之者，则必有予之者矣。果尔，则天地常以清气私贤智，而以浊气困愚不肖；如种瓜得瓜，种豆得豆。然则愚不肖之为不善，乃其理所应尔，是则天地有过，而愚不肖无罪也。又何以天则降之百殃，而人主则施之刑戮耶？至于虽愚必明、虽柔必强者，或有改行从善者，又何以称焉？岂清浊气相离而禀欤？抑前禀其浊而后禀其清欤？亦有素行皆贤，一旦为利回、为害怵，不保其末路者，又何以称焉？尧舜之民，比屋可封；桀纣之民，比屋可诛。岂尧舜之民之气皆清，桀纣之民之气皆浊哉？试观孩提之童，无不知爱其亲，无不知爱其兄；乳之则喜，威之则啼。薄海内外，天性无所异也。及其长也，父母之训教也无方，世俗之引诱也多故；习之既久，灵明尽蔽，昏惑奸狡横生，相去遂有万万不侔者。《书》曰："巧言令色，孔壬。"盖大为奸恶之人，言必巧，色必令；其所以营私败俗者，心思无所不至。若夫礼义道德之训，昏昏而不知，是皆习俗之害也。子思子曰："天命之谓性。"则既莫不与之以仁义礼智矣。刘康公曰："民受天地之中以生。"所谓命也如是，则天地岂有偏私厚薄于其间哉？人自取其清，人自取其浊耳。譬之水然，渭之源，至清也；及其支流派别，入于潢污，小秽者小浊，大秽者大浊。是岂渭之有所区别哉？譬之鉴然，时时磨莹，光烛须眉；委之泥涂，昏翳如铁、如瓦砾，不辨形貌。是岂鉴之本然哉？譬之大路然，君子履之，趋以"采齐"，步以"肆夏"，周旋中规，折旋中矩；狂瞽邪忒者入焉，踉跄奔蹶，汗肤喘急。是岂道路之独厚于君子哉？《诗》云："周道如砥，其直如矢；君子所履，小人所视。"故曰："自暴也，自弃也。"故曰："清斯濯缨，浊斯濯足。"自取之也，天曷尝以浊气限人哉？孔子曰："性，相近也；习，相远也。"又曰："唯上智与下愚不移。"夫上智下愚，世宁有几人哉？

若夫死生之际，君子道其常，不道其异；尽其所以生之礼，不穷其所以死之事。季路问死，夫子曰："未知生，焉知死。"此之谓也。虽然，彼生存之日，无一而非禽兽矣，焉有死而不禽兽焉哉？彼形体百骸、心思智虑，居然而草木矣，焉有死而不草木焉哉？

答古市务本问

问：仆经星霜，向二十余年，汲汲世事，皇皇职务；而虽不知圣贤之道腴，遂不归老佛之徒，仅欲尊信王道。然天所赋之性，惑为人欲，辄被遮蔽，无由得其全。孟子曰："性，善也。"仆性非善。荀子曰："性，恶也。"且亦非恶。胸次之间，不能解其迷。噫嘻！致"克己复礼"之工夫，则岂不得性之全哉？幸希示焉。

答：性非善、亦非恶，如此者，中人也。中人之性，习于善则善，习于恶则恶，全藉乎问学矣。学之则为善人、为信人，又进而学之则为君子，又进而学之不已则为圣人。《书》曰："惟圣罔念作狂，惟狂克念作圣。"无所迷，无不可解者也。既能学，自知人欲之非，自不受其蔽；既能学，知王者圣之贤道之为美，自知老佛之徒之邪之伪，不待辨而自明矣。若夫汲汲世事，皇皇职务，遂谓荒废学业，则必明窗净几、伊吾咕哔而后谓之学矣；则身体力行者非学，而吟诗作文者为学矣。是殆不然。先儒谓当官之法，惟有三事：曰清，曰慎，曰勤。知斯三者，则知所以持身矣。孰谓知所以持身而非学者？但问日夕之所以汲汲皇皇者，公私利欲之间何如耳？苟或背公植党，营其私家，则罪也；如果勤思职业，宣君德、达民隐，访贤良、察奸慝，恤鳏寡、赒困穷，则汲汲皇皇乃学问之大者，又何病焉！

所谓"克己复礼"者，未易言也。"非礼勿视，非礼勿听，非礼勿言，非礼勿动"，可循循而学也：循循而学之，可能也。己克而礼复，则仁者之事，已得其性之全矣，未可一蹴而至也，但在吾子勉之而已矣。强勉不已，遂成自然，人固未易量也。

问：孔子曰："殷有三仁焉。"虽微子、箕子、比干三人之行相异，皆称仁。想夫三贤之行，同出于至诚恻怛之意，各谓得其本心。微子去，所以称仁，自古虽多论说，不解称其仁之意。盖三人之行，各随时安心，故称其仁否，庶几仔细告焉。

答："殷有三仁"之论，致疑于微子之去，不得为仁，此局于一隅之见也：必以一死为忠为仁也。夫臣子之事其君，居恒不能尽启沃之道，不能竭谏诤之诚，使其君荣国治；迨夫社稷沦亡，徒以一死塞责，其心必曰"吾忠也"，必曰"吾忠如是足也"。是乃忠臣之罪人耳！安得谓之仁哉？

微子之所以去者，有故焉。微子为纣之嫡兄，非庶母兄也，注疏之所摭者，妄也。其母先为次妃而生启，后陟王后而生受。受生而机警多才，帝乙爱之，欲立为嗣；故举"子以母贵"之说以厌众耳，非微子之母贱也。箕子为太师，固欲立启已，帝乙不从而立纣，纣立而忌之，特以父师少师在而缓其死耳，微子未尝得在位焉。孟子谓"相与辅相之"，或者大概臆度之辞耳，或者古有其书而今则无所据矣。以元子而不得为冢嗣，又不在其位，而责其死焉，亦已过矣！微子之言曰："父子有骨肉，而臣主以义属；人臣三谏而不听，则其义可以去矣。"父师之诏微子曰："王子以出为道，王子弗出，我乃颠隮自靖，人自献于先王。"夫箕子，仁人也，岂有己欲为仁而陷人于不义者？使其不义也，何以为自靖、自献乎？微子之出，蹈危履险，艰难困苦，不言可知。其曰"抱祭器以归周"，又曰"衔璧面缚"者，注疏及左氏，自相矛盾之语，无可信也。其后武庚诛而微子封于宋，备三恪以奉汤祀，绵已绝之祚于七百载，独不可谓之仁乎？仁也者，于心无所不尽，于义无所不安，至诚恻怛而无憾焉者也。三仁者，死者易，而奴与去者为独难，死者径行直遂，而奴与去者之心为更苦；究竟颠危而不失其正，谁得谓之非人乎？

或又疑蔡注"庶兄"之说，今考之成王曰"殷王元子"。夫成王，贤君也，岂有以庶子而谓之"元子"乎？箕子，贤臣也，又为殷太师，尝欲立微子矣；岂有以庶子乱统承之大纲大法，而得谓之贤人乎？不信经而信传，于何折衷焉？

答加藤朋友问

问：《四书》《六经》，用何人注乎？

答：朱子之注不可废，《礼》以陈澔，《易》以某某，（二字原本讹，今阙之。）《尚书》用蔡沈，此其大略也。然看书未必单单靠得住注脚，况台下经国理民，以愚言之，为学当见其大，实有裨于君臣，恐不当如经生寻章摘句也。

问：仁之体用，何物为体，何物为用？

答：适已言之矣，台下之学，与经生异，当以不忍人之心为体，不忍人之政为用。

问：不忍人之心及不忍人之政，意思如何？

答：常怀一点爱民之心，时时刻刻皆此念充满于中，自然事事为百姓算计；有一民不被其泽，便如己溺己饥，安得无不忍人之政？

问："太极生两仪。"按太极者，心之谓也；阴阳乃何物哉？

答：贵国专言太极，既以心为太极，则舒惨者乃阴阳也。夫子至圣，不言天道；子贡名贤，言"天道不可得闻"。今贵国诸儒，贤于古人，而宋儒过于夫子、子贡也。

问：词章之习，害于道义乎否？

答：即无害于道义，亦无益于身心。今之诗词，与古人之诗远矣！诚能如杜子美、元次山，固自佳耳。

问：存心之术，如何乃心存？

答：心在腔子里，又何必存？惟是为物欲外诱放了去，故须要存心工夫，故曰："操之则存。"仆闻之曰："大人者，不失赤子之心者也。"既不失矣，却从何处存来？

问：赤子之心何形象？

答：又是宋儒口角。赤子之心，"不识不知，顺帝之则"；浑然天真，绝无一毫私伪。惟知父母为当爱、兄长为当敬而已。若问形象，昔人有问王阳明先生曰："良知形色何如？"阳明答曰："是赤的。"良知岂是赤的来？

问：仆素宗宋儒，故平生之说话，往往效之，请莫讶。至若阳明之学，陆氏之裔，我党之所不雅言。

答：宋儒之学可为也，宋儒之习气不可师也。至若阳明之事，偶举其说，"良知是赤的"以为笑谈耳。故曰"良知岂是赤的来"？非仆宗阳明也，幸勿深疑。

答林春信问

问：崇祯年中，巨儒鸿士，为世所推者几人？愿录示其姓名。

答：明朝中叶，以时文取士；时文者，制举义也。此物既为尘饭土羹，而讲道学者，又迂腐不近人情。如邹元标、高攀龙、刘念台等，讲正心诚意，大资非笑；于是分门标榜，遂成水火，而国家被其祸。未闻所谓巨儒鸿士也。巨儒鸿士者，经邦弘化、康济艰难者也。

问：相成水火，其实如何？

答：水火玄黄之战，道学家与文章之士互相攻击，亦如宋朝程氏、苏氏互相诋讥朝廷之上，舌战不已，遂使国家被其害耳。

问：闻朝廷之官，三品已上赤衣，四品已下青衣云云。然则三品已上，均是赤衣乎？所谓一品、二品、三品，何以分别乎？翰林学士，其位级如何？

答：所言三品以上红公服者，但言公服而已；至于锦绣花样带，逐品分别，一毫不容混也。翰林学士，京官五品，兼左右春坊者四品，兼正少詹事者三品。

问：公以溶霜为斋号，"溶霜"二字，其义如何？

答：仆幼时于书窗之下得一梦，有"夜暖溶霜月，风轻薄露冰"之句，因以为斋名，亦未知为兆其应何如耳。

问：元次山一代之才子耳，公乃与诗圣之少陵并称，其说如何？

答：少陵圣于诗，但就诗言耳。元次山无限情事，尽见于诗；其治道州也，绝无牢骚佻达之态，台兄乃以才子少之耶？少陵保房琯、比严武，未必无可议也。

问：《花间集》及《草堂诗馀》，凡近世乐府，悉皆协于丝竹乎？

答：乐府固协于丝竹，《草堂诗馀》有阴阳平仄之谱，盖以比于丝竹而为之也。

答野节问

问曰：贵国恢复之事，自周之衰以来，汉、晋、唐、宋一破而难再续，上无龙德之人，下无风云之化，则民庶皆有励志，然谁适从乎？况夫诸豪各抱自计之心，遂不得恢复之功，可深叹也。

先生答曰：胜兵先胜而后求战，败兵先战而后求胜；恢复之兵，誓心天地，忘身忘家，然后天心格、民志一，东征西怨，南征北怨；一有自私自利之心，则豪杰窥其衅而四方解体矣。袁本初、曹孟德其榜样也，况才略又万万不及孟德者耶？

问：凡治国，博施于众，自古难矣，乃莫若劝农务本；然而有富民、贫民而不一矣，富民则虽荒年而不冻馁，贫民则虽丰年而冻馁。其政不善，到此者宜矣；其政虽善，而积年累月而致之者有矣。治之之要，如何而可乎？

答：治国有道，因民之所利而利之，岂在博施？《春秋传》曰："小惠未遍，民弗怀也。"富民当以礼节之，贫民当以省耕省敛以补助之；但要万民免于饥寒，亦不必多历年所，若要更化善俗，非积年不可也。昔者卫文公初年，男女七十余人；末年，骐牝三千。张全义为河阳节度使，合巡属只一千七百户；行之数年，殷富甲天下。治要无难，惟在人君诚心举行，不为逸人所间耳。

问：先生所习之《诗》，用何传乎？旧说所言，与朱晦庵所传大异。

答：明朝近来传经与古先大异，有习读而无专门；名家者特取一时新说,为作文之资耳,非所以为诗也。不若《春秋》之必藉师传也。至于晦翁之注,自当遵依《诗序》等。但可参考,不敢以古而戾今也。然看书贵得其大意,大意既得,传注皆为刍狗筌蹄,岂得泥定某人作何解、某人作何讲也?

问:晦翁略不依《小序》之说,吕东莱本于《小序》作《读诗记》;欲知其大意,则两先正之说参考而可乎?
答:如此参考而裁之于心,又设身处于其地,必无不得者矣。仆三年读《礼》,二十一年飘零异国,目不见书史。古人云:"三日不读,口生荆棘。三日不弹,手生荆棘。"今者自顾增惭,尚敢矢口谈《诗》乎?

问:唐太宗命魏征作《打毬乐》,后终战伐之功,为《七德舞》。此两舞,吾国乐官传之久矣。明朝所传之正乐,何等音乎?
答:古乐之不入耳,魏文侯之贤,尚惟恐卧;齐宣王非能好古之乐,直好世俗。今相去二千余年,何复古?明朝古乐,特备其数耳。宫中之所演者,皆传奇、杂剧,出相扮演,以资谑笑,贤者取以为鉴;非能陶镕性情也。鱼龙角觝,梨园子弟,霓裳羽衣,皆非古乐也。

问:前日以来,欲谈性理之事,浅学不免躐等之罪,故不及此。闻昨吉水太守问"格物"之义,"格物"者,先儒所说多多,至晦翁说出"穷理"来,其所以"居敬"为本。穷理、居敬工夫,虽非旦暮容易说出之事,日用之工夫,先生之意如何?
答:前答吉水太守问"格物致知",粗及朱、王异同耳。太守以临民为业,以平治为功;若欲穷尽事事物物之理,而后致知,以及治国平天下,则人寿几何?河清难俟,故不若随时格物致知，犹为近之。至若居敬工夫，是君子一生本等，何时何事可以少得？仆谓治民之官，与经生大异；有一分好处，则民受一分之惠，而朝廷享其功，不专在理学研穷也。晦翁先生以陈同甫为异端，恐不免过当。

问：危坐、安坐，读书多是焚香危坐。
答：古人席地而坐，多是与日本相似；读书宜敬谨，所以焚香危坐耳。危坐，即日本今日坐法也。

问：危坐拜者，跪而拜乎？
答：拜者鞠躬，即今之立而揖也。拜则两膝跪地而稽颡已，兴则起而再揖也。再拜者三揖两拜，四拜者五揖四拜。危坐者，以踵着尻、趾着地也。

问：《论语》"学而时习"之义，旧说多就儒生效学之上说，到宋儒，兼致知力行以为之义。谨思学且习者，上自天子至士庶人，于彝伦常行之上，所学所习，不可不慎思明辨，如何？
答：兼致知力行，方是学，方是习。若空空去学，学个甚底？习个甚底？慎思明辨，即是此中事。

问：先正曰学而习，习而察。窃惟加"察"字添一层工夫，如何？
答：极是。

问：程子谓"悦在心，乐主发散在外者"，彼与此共信从斯道，诚以可乐；然发散在外者，"不知手之舞之、足之蹈之"之谓乎？

答：悦、乐分内外，只是要分别两字耳。然悦豫且康，未必单单在心胸间；手舞足蹈，其乐非根心而何？"有朋自远方来"，疑亦只是心中欢喜。

问：《诗》云："为龙为光大全。"如今俗谐"宠晃"云。宠晃何等语？
答：晃字易解，龙字不解；故向来俱作"龙光"看，言古字通用也。然天子燕以示慈惠，虽无所不至，不当加以"宠"字。愚以谓龙者神物也，阳德也，升沉隐见，变化不测，兴云致雨，泽被万物，不若如字看，而与"光"字作二意为纱。高明以为何如？光如光降、光顾，宠如宠临、宠贶。

问：凡国家之礼制，饮食、衣服、器用之法，尚文则其弊为豪奢矣；尚质以示节俭，则其弊欲至鄙吝矣。《传》所谓"与其奢，宁俭"，然又"质胜文则野"，不可不使文质并行也乎？乃于斯二物，如何防其弊乎？
答：凡为天下国家之礼，在乎有制；有制则贵贱有等，上下有章。文不至于奢华，俭不至于固陋。古之人绘衣绣裳，山龙华虫，灿然可观；蒌豢为酒，宾主百拜，始终秩秩，何尝无文？何尝非质？质而至于野、文而至于靡者，皆无制之礼也。国家必欲崇俭，当自本根始；纷纷末制，何益于事乎？

问：今指为本根者，如何？
答：君臣、父子、夫妇、昆弟、朋友，天地间之定位也；士、农、工、商，国之石民也。男耕而食，女织而衣，民生之常经也。所谓"本根"者，如斯而已；而又"壮者以暇日，修其孝弟忠信"，国何患不治？何患不富？何事于浮文末节哉？以末节而国治，是犹理丝而棼之也，吾未见其能治者矣！

问：孟子说齐、梁之君者，皆是也，所以其不用者，亦皆是也。本根末节，不能辨别，则何以为治乎？若乃理丝而棼之，则遽解其结而可乎？缓舒而理之，待其自解而可乎？

答：得其道，急起而图之，无张皇之病；舒徐而自化，无优柔瘫痪之嫌，但在有志者求之、有心者计之耳。蚩蚩者，厝火积薪之下，寝处其上，而自谓曰安，谓之何哉！

问：几社，复社。

答：几社、复社者，社会也，单以作文为主。如所言张受先、张天如、周简臣、马臣常，复社盟主也；周勤卣、徐闇公、彭燕父、宋上木、杜仁趾、陈卧子，几社盟主也。庠序虽设，末世已失先王造士之意；至于经义讲劚，全是各家父兄延师教子之事。校雠则在翰林，不涉乡学；讲习讨论，贤明者特出新裁，迎合主司，所谓闭门造车、出门合辙者也。

问：明季先生交游之际，必有怀义秉志而不屈虏庭之士；若能有以礼招之者，肯至于日本乎？

答：三四日前致书奥村显思云：不佞视贵国人如一家昆弟父子，尝恠周虪量窄意偏，尊中国而贬秦邦，岂足语于圣贤之道。仆虽浅陋，非无此意；但见贵国人意思，殊不如此，所以此念灰冷。傥国君好善，厚礼招贤，自应有至者；但患无移风易俗、发政施仁之志耳。惟是近来士人，既已剃头辫发，甘心从虏；虽筑黄金之台，恐来无乐毅、邹忌之徒耳！

问：文章之士，党首者何人乎？吴三桂亦其徒乎？

答：吴三桂，武人也，世胄也。文章之士之为党首者，其初起于李三才之躁进；邵辅忠、尚葵之轻薄卑微；其后周延儒、许誉卿、钱龙锡之徒，纷纷不可数矣！

问：前日闻刘宗周道学之徒也，吴甡、郑三俊亦其徒乎？尝见明季遗闻，有北京殉死之士，皆赐谥之事。顷日考之，不载王侍郎，无赐谥乎？邹漪不知而不载乎？

答：刘念台盛谈道学，专言正心诚意，其为大京兆也，非坐镇雅俗之任矣而其伎如此；性颇端方廉洁，而不能闲妻子。郑三俊先任大司农，颇著政绩，后为大冢宰，亦有清操；方正不逊于刘而无其癖。吴鹿友有用之才，其制行则与二公不同；惜乎时不足以展其才，初叨枚卜，事已不可为矣！王侍郎为浙直经略，其事在后。

问：施邦曜，先生之所亲也，亦在赐谥之中。

答：施四老为仆表兄，在围城之外，入城就死；其促家兄曰："汝领敕已久，何故不出城！此城旦夕间必破，吾特来就死耳！"观此，知其烈，烈过于诸公矣！

问：前所呈《明季遗闻》及《心史》，未开卷否？

答：明季以道学之故，与文章之士，互相标榜；大概党同伐异。邹漪，南直之常镇人，朋党之俗不能除，故其毁誉不足尽信；且其笔亦非史才，但取其时事以备采择耳矣。

问：邹漪亦文章之徒乎？

答：大明之党有二：一为道学诸先生，而文章之士之黠者附之，其实蹈两船，占望风色而为进身之地耳；一为科学诸公，本无实学，一旦登第，厌忌群公，高谈性命，一居当路，遂多方排斥道学，而文章之士亦附之。仆平日曰：明朝之失，非鞑虏能取之也，诸进士驱之也；进士之能举天下而倾之者，八股害之也！

问：先生昔日往南京，往来北京，已经登第，敢问其年科场出何题？
答：仆困于场屋屡矣，未有登第之事。近忽有"翰林学士"之言，又有"状元"之说，此言胡为乎来？莫知所以，方欲作数字以剖白之，而因病未果，心常怏怏。

问：所言固然矣。国俗太拙文字，故鄙野之人看华客皆为翰林，或为状元，不解其称其号，勿疑，何至作数字乎？就问大明各县有校，校即有孔庙，皆仿阙里之制乎否？
答：大明各府各县，俱有学校，每学皆立孔庙；但不能仿阙里之制，阙里之制甚大，非各府各县所能及也。

问：事实行状，亦题碑石乎？
答：孝子孝孙，编次其父祖素行而请之乡先生，谓之事实；乡先生就其事实中增芟抑扬之，谓之行状。然后进之礼部，宰相议其易名，撰为祭葬碑文。若例未得有祭葬者，即以行状请之朝贵，或海内名公，撰为碑文墓志；或者存之史馆，以为作传、赐谥之地。

问：谥则人尊师为某先生亦然乎？
答：此亦有之。然亦不宜轻举，必久惬舆情而后为之，方不为弁髦耳。

问：父母在而有兄丧者，可降一等乎？

答：父丧斩衰三年，母丧齐衰三年，兄丧期服；布之生熟升数不同，无所嫌疑，不必降等。惟父在而为母，则有或降或不者。

问：不谥而称先生，则冠其姓号乎？冠其姓字乎？

答：字亦可，号亦可，某字某姓先生。

问：惩忿塞欲者，人之所难也。先生二十年来塞欲，感仰[感仰]！程夫子七十而气力胜于前时，所谓以忘生殉欲为深耻；先生能居此，故血痰呕咳者无妨耳。

答：水至柔，人多蹈而死焉；色欲至为末事，然君子于此自振为难。仆事事不如人，独于此中鲜能惑之。近者自解云：所谓入水不濡、入火不爇者，释子但能言之而不能行之，仆能行而未尝言之。至于呕血者，盖以阴阳不接，又多家国之忧，宜乎其有此疾耳；其不致性命之伤者，则又在廿一年保啬之功。

问：裹脚者，古所谓偪者乎？

答：偪者，缚也，行縢也，邪幅也；同是此物。

问：行缠何物？

答：行缠者，俗名搭膊，又曰料缴；邪缝之，可大可小，即橐也。

答中村玄贞问

问：此文某人所作也，未知能合作者之法否？

答：作文者，句句字字俱要从经史中来，著一句杜撰句法不得，著一字杜撰字法不得；圆滑而非熟，新秀而不生，则佳矣。若其中见理明，主意大，前后首尾，如常山之蛇，击首尾应，击尾首应，节节相生，字字灵动，则文之极致也。此等书疏，胸中无一毫书史气；字字凑泊，逐件排砌，如何谓之学者？多读古来名公文字，自晓作法。

问：伊川先生治丧不用浮屠法，今中国能遵行否？

答：中国治丧，非如贵国棺敛之际，浮屠不与，惟后七日为之头七，已后无七，必要作佛事四十九日而七终；又有百日、周年及三年丧满，俱有道场，谓之超度，不然父母亡者，便入地狱，剉烧舂磨，受诸痛苦。佛教既盛，谓超度便可升天堂，不超度地狱沉沦；以故愚迷子弟，多信而为之，即有稍知其非也，又世俗之人共相非笑，指作之为不孝，故倜焉特拔者，无有几人。近日亦如之，惟不肖家治丧，毫不为此。

问：高才能文章，伊川先生谓之"学者不幸"，盖有高才而能文章者，志功名，趋利禄，不过以文字取名，终不可入乎圣贤之大道也。若退之、永叔以文章振于当世，然不免于词章之学耳。

答：韩文公变六朝委靡之格，故曰"文起八代之衰"；且其气骨勋业，人不可及，颇有功于圣门，何为止以文章名世？若欧阳文忠，其立朝行己有可观，不抗不挠，亦非无所得者，何为止以文章名世？尚论古人，俱要其终始，不可妄言；有高才能文章者，不止于志功名、趋利禄而已。如作诗作赋，无益于世道人心，而但逢迎时俗之所好，即其用心已自不肖，岂非不幸耶？

答小宅生顺问

问：本邦近代儒风日盛，师及门生，往往服深衣、野服等，堂堂有洙泗之风，然所制者，皆以《礼记》及《朱子家礼》、罗氏《鹤林玉露》等考之。异域殊俗，虽以义兴之，而广狭长短，不便人体；想天度之品，制法之义，别有所传乎？赐教示。

答：贵国山川人物之秀美，幅员之广远，物产之丰盛，自敝邑而外，诚未有与之匹休。惟是文教不足，实为万代之可惜！秉钧当轴者，岂不为此虑？至若分为学、修身为二义，仆更为不解。近代儒风日盛，敢问学行兼优者几何人？文章冠代者几何人？仆匏系长崎，如坐井观天，以蠡挹海；惟祈明教之。至若深衣之制，亦只学圣之粗迹耳。《玉藻》文深义远，诚为难解；《家礼》徒成聚讼，未有定规。服深衣必冠缁布，上冒幅巾，腰束大带；系带有绦，垂与裳齐，屦顺裳色，绚繶纯纂。贵国衣服有制，恐未敢轻易改易也。

问：向所谕妈祖、关帝，顺未知之，抑何神哉？
答：妈祖者，天妃也；专管海道之神，舟船东西洋往来，是其职司。关帝者，蜀汉大将云长，讳羽，封汉寿亭侯，以正真公忠为神，尤显于明朝。故薄海内外，无不尸祝二神，非如异教之荒唐也。

问：承教。关帝，知是为蜀汉名将关羽也，赠帝号在何时乎？蜀中有诸葛孔明，尊号不在武侯者如何？
答：关帝著灵于明室，明神宗万历皇帝，由武安王晋爵崇隆，至协天大帝；诸葛孔明初薨之后，后谥即为忠武侯，至今未改。

问：蜀汉自古有英杰出焉，扬雄、司马氏鸣汉家，眉山三苏及陆游等鸣宋家，不知今亦有如此人哉？

答：国朝有宰相之子杨升庵讳慎者，探花陈秋涛讳子壮者，或负奇才，如子云；或显忠节于胜国，亦自有人。

问：杨升庵文集已得见之，陈秋涛之书未得见之，想有文章著述而传世。皇明人物，高出汉唐者，虽我外国而知之有素。如顺之管见，虽不知所议，而窃闻之先辈。如薛文清、蔡虚斋者，所谓君子儒；如王守仁、王龙溪、林子中、袁了凡者，淫老佛，不免三脚猫；如王世贞、李梦阳、李于鳞者，文章与五《诰》三《盘》相类，而大不及；如徐中行、茅鹿门、钟伯敬者，不过醉古人糟粕。今依先生，欲质问之，果如何？

答：陈秋涛亦有著述，有《经济录》已刊行；未知国变后，其书刊行否。国朝人物，如薛文清、李梦阳，气骨铮铮，足为国家砥柱；所谓烈风劲草、板荡忠臣也，无愧儒者。若王阳明先事之谋，使国家危而复安；至其先时击刘瑾，堪为直臣。惜其后多坐讲学一节，使天下多无限饶舌。王龙溪虽其高第门人，何足复道。袁了凡恬静清和，亦其好处，全然是一老僧，何足称为人物？其他或以理学名家，或以诗词擅声，未足可以著称贵国者；其中如王弇州，犹少长于数子耳。愚见如此，有当高明否？

问：富哉高论启发，如披云仰日！所谓"一夜话胜十年书"者也。我国当今志学者，《易》用朱义，《春秋》用胡传，《书》用蔡传，《诗》用朱传。间亦有好异者，舍宋儒之说，而用近世快活之说。故其所辨论，如长流之不可障。虽然，步步不由实地,如顺者,困此弊久矣,如之何而可乎?

答:为学当有实功、有实用,不独诗歌辞曲无益于学也,即于字句之间标新领异者,未知果足为大儒否?果有关于国家政治否?果能变化于民风士俗否?台臺深知其弊,必不复蹈于此。果能以为学、修身合而为一,则蔡传、朱注、胡传,尽足追踪古圣前贤;若必欲求新,则禹、稷、契、皋陶、伯益,所读何书也?

问:偶得造儒宗之门,可为一代之面目;唯恨言语不通,书不尽言,情绪多端,不能伸之。余愿奉先生于东武,欲得日夜亲炙。渴望渴望!

答:幼年稍尝学问,近者荒废廿年;谬谓儒宗,甚差圣道。台臺有情绪欲教谕之,而言语不相通;前翰教中问善辞命者,未知其指,不教遽尔烦人。若仆至东武,东武才士之林,即往,恐无益也。

问:退托,诚为过也;东武虽多才子,或文人,或游说,间亦志君子之学者惟多矣。虽然,如先生身生仁义之国,学究圣贤之奥,何为无益乎!小生所不解也。

答:孔子历聘七十二君,求一日王道之行而不可得;以仆之荒陋而得行其志,岂非人生之大愿?诚恐贵国惑于邪教,未见有真能为圣人之学者;此事必君相极力主持之,岂一二儒生与下任微官所能挽回气运也,仆故不敢承命。如有其机而故为退托,得罪于孔子多多矣!况仆之视贵国,同为一体,未尝有少异于中国也。贵国惑于邪教,深入骨髓,岂能一旦豁然?

问:明教悉矣。圣教隆替,诚在时君与时相,方今东武,我学日行,国之牧伯,邑之宰主,多是有道之人也,有为之时也。

一方之流，虽深入骨髓，而得博雅君子相与唱我道之美，攻彼方之弊，则虽不在一朝一夕，而或十年，或七年五年，亦可以小异。况今东武有大成殿，春秋二祭不懈，彼一方之流虽饶舌，而士大夫辈无敢闻之者。唯避南蛮天王教之嫌，故其迹似尊信一方，实不及我道之行耳。

答：仆在此廿年，所闻俱谬；兹承大教，积疑释然。果尔，世道人心之大庆也！吾道之功，如布帛菽粟，衣之即不寒，食之即不饥；非如彼邪道说玄说妙，说得天花乱坠，千年万年，总来无一人得见。所云有悟者，亦是大家共入窠臼中，未有一句一字真实；可惜无限聪明人，俱被他瞒却，诚可哀痛！吾道明明现前，人人皆具，家家皆有；政如大路，不论上下男妇、智愚贤不肖，皆可行得，举足即有其功。贤君能主之于上，宰相能严之于下，不至数年，风俗立改；若至十年，王化可行，何止变其风俗而已？且行之甚易，不必如禁南蛮如此之难也。

问：先生所冠所服，是贵国儒服儒冠乎？

答：仆之冠服，终身不改；大明国有其制，不独农工商不敢混冒，虽官为郡吏郡倅，非正途出身亦不敢服。近者房变已来，上下无等，清浊无分；工商敢服宰相之衣，吏卒得被王公之服，无敢禁止者。无论四民，即倡优隶卒，亦公然无忌，诚可叹伤！仆所服者，犹是便衣；至于礼衣，此间不便携来，亦力不能制。

言者，心之声也；文者，言之英也。非言，则圣人之心亦不宣；非文，则圣人之言亦不传。然文须通于天下，达于古今，方谓之文；若止一方之人自知之而已，则是方言调侃，非谓之文也。今贵国事事盛美，而无文以达于中华，则亦何能知其美且大？万一后来之治不能如今日，则贵国之名永永不传矣。此君相士君子之忧也，亦君相士君子之耻也。

问：文之为用，不可胜计。中国之文章，直写平日言语而已；我邦文字不然，平日言语，与中国大异，故作文字亦不自由。是故文才迢逸者良希。虽然，有掌文字官，务学中国之文；其所传者，《日本纪》《续日本纪》《日本后纪》《续日本后纪》《三代实录》《文德实录》《新国史》《旧事纪》《古事记》等，皆是我邦典常也。方今东武，亦有日次记录，备来世而已。君相士君子，大概祖先出武队，中升高位，子孙世官世禄，无暇学文字，故多不满人意，亦无如之何。

答：中国言语自言语，文字自文字。我朝以制义取士，士子只以功名为心，不务实学。故高贵之文，与世亦无几人，多者十余人而已；非读书者皆能作文也，然代不乏人耳。若云君相起于武职，汉高祖亦起于卒伍，而今日圣教之不坠地者，皆汉武帝表章之功。所以文章之盛，亦惟西汉为最。仆之为此言者，谓贵国今处极盛之时，若曰惜乎，其独少此尔。

问：《本朝文粹》入高览，其文章如何？《文粹》有三善清行者，我邦儒者也，意见封事十篇，载在此书。

答：大概一见耳，至三善清行者，亦失记其名；仆以台臺真恳，故亦抒诚言之，傥务为虚美之词，不如此唐突矣。仆素以西蜀秦宓、晋朝桓温、刁彝事为非，岂肯身自为之乎？直视贵国为一体，故披沥心胆，无少忌讳，非以气概为事也。

问：没来由国在暹罗国西，所谓身毒国欤？

答：交趾人谓白头回回之类，谓之"没来由"，未知其字果是何如，亦未知其国果在何处。如是身毒之国，则今古之流毒者，皆其国人之所谓也。

问：阿兰陀国通中国否？

答：和兰在中国之西北，南蛮红毛，三国鼎足而居；由海道，不由中国。

问：中国西北有大宛、匈奴等，和兰应在西南方。

答：匈奴在西北近边，大宛则过楼兰、车师、疏勒、龟兹、乌孙，由陆路涉广漠，固与此有别也。

问：栢，我邦今作桶，葺屋者欤？

答：栢，中国树于坟墓寺观，其材坚而美，可为器具及为棺；天子黄肠，即此也，所谓"东园秘器"。

问：右北平去沙漠几千里？金陵去北京几千里？

答：右北平之外，即为蓟州、昌平，去房地六七十里，故有"黄里太逼胡沙"之语。其去大同亦止二百余里，其出喜峰口、墙子岭、古北口、永平府俱不远。金陵至北京，有二千六七百里。

问：交趾去南京几千里？所谓台湾、东京、安南，皆交趾之种否？交趾古五溪蛮否？

答：交趾先为布政司，以其数反复，宣宗皇帝弃之；贡道由广西南宁，几及万里至京。东京、安南，即交趾也。台湾，为海中一岛，近福州；五溪蛮，则湖广沅辰之峒蛮也，非交趾。

顺曰：古来中国称我邦曰倭奴，是非我邦之通号；近世入寇贵国，皆筑紫、九州之人，乘乱逃逸，抄掠沿海，遂视之为盗贼，此不可不辨。

答：中国与贵国不通之故，皆边吏之罪；天子远在万里，竟不能知其情。仆久有此志，又平心夷气，绝无客气为梗于中。倘有中兴之日，仆得仗节归朝，特当奏柬其颠末；若先朝露填沟壑，贵国之污名永永不白，而中国之边疆未得无事也。入寇之时，淫乱惨毒备至；加之恶名，不亦宜乎？

问：贵国去我邦几千里？交趾去日本几千里？来日本向何方？人人曰交趾在日本西南，其间有几岛、有几山否？

答：中国去贵国水道一千六七百里，交趾去贵国八九千里；来则向东北方行，交趾故宜在西南也。其间几岛几山，仆见之尚不能识，况能知其数、标其名乎？

问：芜陋文字，辱一览，谢谢！未知似为文理否？愿无皮里阳秋，而直论其非，则素望足矣。

答：仆好直言，故多唐突；台臺不患无学，要在清理气脉，若使气脉未清，未为文之绝义也。幸勿为罪。

问：气脉之清，有何术而可得之？

答：别无他术，只是多读书，有来历耳。试看从古大方之文，佳与不佳，则时有之；其气脉则无有不清者。又贵国之文字，多自造以填入之，行之远方能通解否？

问：文章气脉，盖从时代风气而已。唐、宋、元文字，大概气脉相同，读过不滞；就中韩柳欧苏、周程邵朱之文为然。唯迄明家诸公文章，全不相类；终日读之，徒觉聱牙。我邦文字，多学唐宋，故与明家文章殊不同，未知先生意谓如何？

答：聱牙者，此借艰深以文其浅陋者也，或一时偷取功名则有之，不可掩天下万世之目也。至于气脉神理，自古及今，未之有异，何有时代之不同？

问：贵门人省庵，虽未知其为人，而闻人人说天性启明，且亲炙先生有日，其极致不可易言。仆何敢望省庵，拙作《拟兴国学书》，先生已见之，若幸其书有称寡君之旨。而国学之制施行，则施教之师想乏其人，仆得便宜，则欲荐先生当今教授之师，其禄足养七八口；万一有招，则可东游否？

答：省庵之为人，如其文；其立志，更有人不可及者。今者欲来长崎，未奉其主令，未敢见黑川公，是以不得来。然今年四十余矣，台臺若能虚心极力，日夜精进，且可过之，何遂不可及？兴国学事，是国家大典，而在贵国为更重，仆深有望于贵国；但以仆之才德菲薄，何遽足为贵国庠序之师。至若招仆，仆不论禄而论礼，恐今日未易轻言也，惟看贵主尊意何如耳。贵国主读书好礼，雅意欲兴圣人之学，必有非常之识，亦非今日可遥度也。

问：日本上世文学大行，中世以来，荒败；神祖初受命五六十年，略虽事文字，未有杰出之才。故学者之病，皆如先生言。

答：汉武帝内多欲而外施仁义，其表章《六经》，实为万代之功；若非汉武，则圣人之学久已灭绝矣，岂宋儒所能开辟也？今贵国但患不能好圣人之学耳，果能好之，且可为尧为舜，何患文章之不及中国也？此为之数年，便可见效，十年便可有成，何不试之？而徒作临渊羡鱼之叹。此言非如释氏之捉风捕影也。

问：古人不欲封万户侯，而欲一识韩荆州者，何也？日闻其所未闻，月见其所未见也。顺非敢以古人自处者，然亦闻古人之道，喜之有日；先生以古人之道教我则为幸。来千里之远，而逢所未逢之人，而闻所未闻之论；所谓"虚往实归"者也，不亦悦乎？今当远行，再闻至论，亦未可知，愿得拜昌言以没身诵之，幸勿辞焉。

答：相晤两月，中间间阔日多；今当远行，可胜依依。"临别赠言"，君子之道。魏公子牟之言，可念也；应侯英雄，犹然心醉。若在圣门，颜子之若无若虚不可及矣。贾太傅非不有才，惟不善藏其用耳；能使少有含蓄，汉家事业，光于文帝之时，必不至汉武令平津、武安开其端也。文章昌一句两句，以至长江大河，皆当从经史古文中来；必不可用土语凑泊，及自杜撰字语填塞。有此，虽集千狐之腋，犹贻续貂之讥矣！

问：郑玄云："格，来也；物，事也。"司马温公云："格，扞也；物，外物也。"王阳明云："格，正也；物，事物也。"

答：格兼至、正二义，"扞"字全非。扞格之格，非格物之格。

问：或人评至、正二义，曰上已曰正心，下何又曰正物？所谓床下架床者，此说如何？

答：床下安床，屋下阁屋，非此之谓也；若如此，上已曰"明明德"，何下复曰"致知"？

问：物，物理也；正物理则虽不及致知，而无妨乎？

答：至、正有相兼之义，非以正物也。

问：程子曰："今日至一事，明日至一事。"此说仆亦不信，先此谓之何？然"至"字义则格。至，正也，物，物理也；先生亦从此说否？

答：格者，随其物而格之；亦非今日至一事，明日至一事。若今日之事，关系父子、君臣、夫妇，又将如之何？

问：修身正心之要。

答：心无邪无柱，无党无偏，便谓之正；故《大学》不言正心之功，而历言心之不得其正。心若不在，则视听饮食俱非矣。程子云："心要在腔子里。"既能时时在腔子里，如何得有不正？至于修身者，亦非如释子修行之修，只是还其本来无欠缺之身，便是修了。

问：姊妹嫁一夫，恐无此理；舜娶之非是，如何？

答：诸侯一娶九女，正不必以不置妾媵为贤；且天下之事，惟调停妇女为最难，而姊妹同室，比之侄娣尤为难御。尧欲试其处之道，故曰"观厥刑于二女"。天子之命舜，岂敢违；非舜欲娶之也，何疑于此？

问：雷灾大行十余年，每年自正月至十二月，无寒暑，无昼夜。雷必有灾，有灾必有杀人；今年五六月之交，震死者七八人。盖执政要权之过，而天责之，则何不在其人，而在此不辜民乎？

答：圣王治世，五日一风，十日一雨；雨不破块，风不鸣条。今雷应收声之时，而反为灾，甚至杀人，则阴阳变易极矣！此必时政有所阙，是在上之人严加修省以回天变耳。若一人为非，而必雷以激之，是天代人君为政矣，古今必无小人矣；小人失道，自然殃及百姓，无疑也。

问：以生物为心者，天也；继天施德者，圣人也。然则天无言圣人，圣人有言天也。杀一不辜而得天下，则圣人不敢为之。今雷不杀万人之人、千人之人，而杀一人之人；是何足畏？是何足责？请承其详。

答：成王之时，大风拔木偃禾，木与禾有何罪？是天动威以彰周公也。今不宜杀而杀，天其或者以此警戒人君与执政欤？

问：今早上公见先生谢札曰"拜登"二字，不能解；拜即伏拜之拜，登亦登级之登欤？谢是先生之谢，而高书者何谓也？

答：拜者，是既拜而登其物也；谢，是谢上公，礼宜高台。中国庙堂之礼，"闻"字、"请"字、"特"字，俱一抬头，又谓之双抬。

问：登有尊阁之义否？
答：登者，升也；与《左传》"下拜登受"之义稍异。

问：解额，何谓也？
答：解试有额，或多或少；如南京每科一百四十八名，而云南、贵州止四十余名。

问：分署何谓也？
答：国初各省俱用中书省官治之，为平章事；副之者曰参政，乃参知政事也，故曰紫薇分署。

问：京考差何官？
答：南京为应天差，翰林大老二员，顺天同浙江，江西差大翰林一员，科臣一员。

问：房考，房是斋室房局类耶？此任是何官？
答：是经房分考官。《诗经》六房，《易经》六房，《书经》四房，《春秋》一房，《礼记》一房。

问：韩愈《祭十二郎》云云，此"十二"字，何数量？或谓杜甫曰杜二，此"二"字亦同如此数量之字，不知其义为何？
答：中国有从兄弟、再从、三从族兄弟，宗族众盛者，恐上下无别，故用一字以排之，谓之排行，故曰行几；自一至百，或有百外者，杜二、十二郎，即行也。

问："具庆"义何谓？
答：父母俱存者曰"具庆下"。父母存而上有祖父祖母者，曰"重庆下"；父存母殁者，曰"严侍下"；父殁母存者，曰"慈侍下"；父母俱殁者，曰"永感下"；有三代俱存者，曰"重重庆下"，然不可得也，有则诧为希世之奇矣。

问：野服法，朱文公初制之，然世无服之者；迄罗大经时，其服已绝，才在赵李仁处见之。先生在南京，见其服否？但历代有异乎？
答：晦翁先生言，"得见祖宗旧制"，则非初制矣。但明朝冠裳之制大备，于古自有法服；故不用先代之物，而其制遂不可见耳。

问：深衣制，明朝所用如何？先生所见者法《礼记》乎？法朱文公《家礼》乎？

答：仅见《家礼》耳。明朝如丘文庄亦尝服之，然广东远不可见。王阳明门人亦服之，然久而不可见。《家礼》所言，自相矛盾，成之亦不易；故须得一良工，精于此者，方能为之。

问：祭服古来有法，明朝士大夫公侯家庙时祭，其服用何物？圣庙释奠，有司等所服者，服其官服乎，抑别有祭服耶？
答：外祭用吉服，吉服者，绯绵绣帯，随其官品，玉犀、金花、素银花、素明角、黑角之不同；内祭用素服，素服者，黑也。释奠，外祭也，用吉服，世亦称青公服，为祭服；官之高卑，俱束黑角带，但镶者不同。内祭中大祭时，祭亦用吉服，或绵绣。

问：大祭谓何祭乎？
答：如祭始祖、祭先祖，正月元日是也。

问：黑即黝素服乎？
答：审黝素色似灰色，与黑色有异；黝者，丧服，与黑稍异。黑者，今日本多此色。

问：唐山有煎茶久矣。唐陆羽、龟蒙、卢同、张文新等，皆有煎茶诗，宋朝有点茶诗。煎也、点也，其别如何？
答：自宋以来，皆用点茶。所谓点茶者，点汤也，水大沸，恐伤茶气，先用冷水数匙，入于汤中而瀹茗，则气味俱全；故曰点茶。煎茶别自一种，如六安等茶，则久煮而后味全，故亦有"煮茗"之说。然煎茶、点茶，世人亦互用之，不甚别也。

问：瀹字意如何？六安，何谓也？

答：瀹者，泡也，入半汤入茶，又加汤注满为瀹。六安，地名，产茶甚佳；能消积滞油腻，故须久煮而味足耳。

答藤井德昭问

问：刀剑、弓马、枪戟等技艺，士子所当学为，而于心术之学恐有害乎？

答：学者志不可杂，顷言专心致志，此也。若今日欲学何事，明日又欲学何事，其人到老不能精一艺。何也？以其志泛而心浮，且欲速也。孔子曰："欲速则不达。"足下禀赋薄弱，恐非用武之器；且今既食厚禄，又复汲汲于他事，何为也哉？

卷四　议论集

上长崎镇揭

辛卯岁十月日，朱之瑜谨揭：敝邑运当季世，奸贪无道，以致小民怨叛，天下丧于逆虏；使瑜蒙面丧心，取尊官如拾芥耳，然而不为者，以瑜祖父兄世叨科甲，世膺诰赠，何忍辫发髡首、狐形豸状以臣仇虏？然而不死者，瑜虽历举明经孝廉，三蒙征辟；固见天下大乱，君子道消，故力辞不就，不受君禄。而家有父母未襄之事，义不得许君以死。侧闻贵国敦诗书而尚礼义，是以不谋家人，遁逃至此。

不意来此七年，忧辱百端，无因一见阁下之玉颜。瑜意阁下，巡方之任耳；其官则御史钦差，其职则管榷廉访。既与大明通市，宜乎大明细大之情，朝至而夕闻，乃犹难见如此；尚安望见贵国之执政大臣，尚安望贵国之王加礼远人哉？

古者，君灭国亡，其卿大夫以及公子、卿大夫之子，义可无死者，皆出奔他国；所至之国，待之者有五：太上，则郊迎（秦穆公、楚庄王之于重耳），而宾之师之（汤之于伊尹，秦昭王之于范雎，随在皆然，不能悉数）；其次，则廪饩而臣之；畏彼国之见讨，则因而归之（施伯之于管仲）；有罪则逐之（季文子之于莒仆）。载在典册，可稽而考也。未有不闻不见，听其自来自去者。倪贵国念忠义不可灭，慨然留之，亦止瑜而已，此外更无一人可以比例。

且瑜世守忠贞，家传清白，读周公、孔子之书，不识南蛮天主之教；况敝邑与南蛮远去万里无可疑。若蒙收恤瑜，或农，或圃，或卖卜，或校书以糊其口（汉杨恽南山种豆，东陵侯邵平种瓜，齐世子法章灌园，严君平卖卜成都市，射迭山卖卜洛阳桥，汉宗室刘向校书于天禄阁），可不烦阁下之廪饩；即四方观听者，宁不播扬而诵美？异日著之史书，一者全孤臣之节，一者增贵国之光；阁下何惮于瑜一人，而必欲去之？

贵国取与有义，辞让有礼，富而知方，仁而好勇，真洋洋乎大国之风也！既读书好古，岂不知救灾恤怜之道，保全忠义之方？特以通事年行诸司，畏法而自全，画地以相守；不知此虽小故，关系国家大体。阁下巡方重臣，职守大亨，乃不能扬贵国之盛名，而反示四方以僻陋哉？瑜碌碌无才，诚不足数；设使大明有慕义而来者，德如孔子、颜渊，胸罗锦绣，口吐珠玑，亦且没没于商贾之中，拒之使归乎？

夫锦绨药饵，尊罍盘盂，大明之小物耳，贵国犹且重价以招徕之，专官以防察之，恐人之匿之也；则搜简而封职之，罗列于庭而看验之，验而中也，则飞递以上之。至于贤人君子，为国重宝，既不简搜，亦不看验，弃之如敝屣，置之不得不死之地，亦独何哉？宋人宝燕石而弃美玉，郑人千金买椟而还人之珠，世以为笑；岂大国识鉴精明，而亦同于宋郑之人，取笑后世哉？

今瑜归路绝矣！瑜之师友三人，或阖室自焚，或赋诗临刑，无一存者矣。故敢昧死上书，惟阁下裁择而转达执政，或使瑜暂留长崎，编管何所，以取进止；或附船往东京、交趾，以听后命。瑜之祖宗坟墓，家之爱子女，皆在故国，远托异域，岂不深悲？只欲自全忠义，不得已耳，幸阁下哀怜而赐教之！

瑜虽亡国之士，不敢自居于非礼，亦不敢待阁下以非礼；故尚人赍书进上，非敢悖慢也。临可械（械可）胜惶悚待命之至！

与释独立

前夏路出丰前，去山中咫尺，和尚不能亲来面诀，反引结夏为辞。不能无憾，憾和尚不能率真，多所做作也。健翁昧于事理，不能自立，不得不随人脚跟；和尚必能知其非，乃反摭儿童语为遮饰耶？揆之情理，必不能安。然事已往矣，言之何补？近者，崎人来问，知和尚及健翁，步履如飞，饮啖如故，此大好事；去年人谓尚在岩国者，妄也。长崎往来人甚多，闻问皆不易，始信别时易、见时难也。

此间有一诸侯欲延和尚；和尚来此，必不寂寞。但彼以二事相要，托居间者来议；弟意和尚必难允从，故不轻诺。昨日又复来，言万一可允，晤期应自不远；则往日之深慰，又似多此一事矣。笑笑！俟书来，当以此二事奉闻。和尚即来，健翁必不肯行，欲觅一通事甚难，不必求其佳，止要一语言诚实者，已自不可得矣。和尚虽与弟不同，然旧年新例，能唐言者尽为舩主小通，每年可得百金，而父母妻子厮守人，谁肯舍之而涉远道？故知其不可得也。

东武户口百万，而名为儒者，仅七八十人；加以妇女则二万人中一儒也，而其人又未必不佛。就此七八十人中，又自分门别户，互相妒忌，互相标榜；欲望儒教之兴，不几龟毛兔角乎！乃欲以辟佛，是以蚊撼山也。

上公相遇，礼意勤拳，虽魏文侯之于子夏，不是过也。今年五月以来，更加十倍，事物细微，虽一匙一箸，亦必亲自经心；恐文侯之诚恳，不能至此，诸卿大夫，又能仰体盛心，更加殷勤。始知奸人弥天布网，枉自作孽，枉自劳心也。

意长楮短，病后体弱，不次，惟希鉴原。外具绵绸一匹将意，莞纳是幸。

答释独立

昨暮得手书,因病甚,将就枕,头目眩晕,未得即答为罪。

弟惟靖难时,忠臣极多,惟程词林济最为艰难,最有始终;今日革除之际,忠臣极多,惟弟最为艰难,最为坚忍,而尚兢兢于末路。尝曰:盖棺事始定也。羞辱困苦,分明宜然,总不必论;彼时程亦剪发为头陀,诚权宜之计,于理无妨,盖建文主为和尚也。今日普天下俱剃头,此事大不可草草;盖类有相似也。弟于祖宗祭祀坟墓,旷绝十七年,罪不可擢发数;但欲留此数茎之发,下见先大夫于九原耳!

前承面论及之,弟半晌不复,而和尚更端,弟亦不究竟其辞;万一念头一错,其所可虑者,翰教之所及,尚未能什一也。尊札恳恳言之,或有他人以游词相诳者;弟念虑梦想,都不及此。所面达云云,弟即时力言不可;别后再见,坐谈极久,弟并不及一字。和尚果何所闻?相爱筹量之情,感戢无穷矣!

秋冬出关告归,大是美事。中国大丛林尽多,名胜不少;飞锡所及,亦不限定南海,若必欲证修潮音,亦庶无雒蜀之分。弟后得归耕陇亩,当作一方外之交。不尽缕缕,统容晤磬(罄)。

答释断崖元初

归读翰教,知昨日两过敝止,失迓为歉!

仆以中国丧乱,往来遄播荡摇于波涛中者十七年;去冬方得暂借一枝,栖息贵邦,衣粗茹藿,身操婢仆之役。所冀天下稍宁,遄归敝邑,本非为倡明儒教而来也。生于圣道榛芜之日,而贵国又处积重难回之势；若以仆之荒鄙，而欲倡明绝学，犹以管蒯之朽索，系万钧之石，垂之千仞不测之悬崖，其不绝而坠者，自古及今，未之尝闻。所以闭门扫迹，意自可知。

至若儒释纷纭之议，舌敝耳聋，不得肯綮，何足复道。彼以削发披缁者为僧，峨冠广襦者为儒；互相攻击，专在此辈。仆谓究其大罪，什七乃在儒者；呫哔剿袭，嘲风咏月，俨然自命为儒，是岂谓之儒哉？若非叛儒入佛，便思以儒攻佛；遂使佛者摭为口实，亦不自量之甚矣！不知儒教不明，佛不可攻；儒教既明，佛不必攻；何为徒尔纷纷哉？

来教反求于身，极恳挚，极简当，妙妙！孟夫子非时非位，直欲以口舌挽回天下，安在其辞而辟之廓如也？

答释月舟

自别芝颜，倏忽间已七载矣！光阴之速乃尔。每念癸卯年大灾酷烈，举全崎而焦土。此时寄居庑下，家人异趣，扰杂清规；和尚不以为嫌，反于万众之中，独为尊礼。况平日对门而居，两年未曾识面者乎？午夜挑灯，烹茶酌酒，款款隆情，至今时在心目；每欲修候，又以道教殊方，恐犯昌黎之诮，把笔而止者数四。近乃慨然自悟，此特鲁男子事耳！昔与健老人朝夕起居者十年，彼亦时以其道诱我；此时仆甚贫困，终不为彼所移。心既灼知是非，虽褰裳涉津，亦复何害，且又未必至此。况略人之情，忌人之惠，以洁一己，是岂君子之道乎？折简相通，礼自宜然。

外具总绢壹端、绉布壹端将意，惟冀哂存。禅林寺三林长老近况何似？亦欲以微物寄候，而高冈兄以行李烦重辞之，故不及致书，幸为道意。

答太串次郎左卫门

昨问极当，书到，以俗务酬酢，抵暮而归，未能即答；今晨发函读之，甚喜足下已能见大意，果能及此，则与足下相与其成之易也，十倍于他人；然想足下识力未必及此，若剿袭他人之言，则意先不诚，与《大学》《中庸》大相背戾，况乎经纶建立乎？

古人于强梁之夫，负薪之子，亦勉令就学，岂不佞之有异耶？前所以不许足下者，以足下有其志而时与势必不能也；倘浮慕圣贤之名，而实为负贩之行，候伺于船主贾客之门，虚恢于有无贵贱之际；明恣欺瞒，少图利润，则大辱此典籍矣！若竟弃此不务，则家无恒产，妻子不免于啼饿号寒，治生为急之谓何？所以不敢轻许耳。不然，不佞于寥寥寡和之日，岂不欲玉足下于成也。

至于尚论古人之言，当更论其世而可。故孟子曰："诵其诗，读其书，不知其人可乎？"程子去孟子千四百余年，世远年湮，圣学亦既灭息矣！黄老、庄列之书，虚无清静之旨；为祸于世者，十四朝矣！以及诸子百家，蛙鸣紫色，棼然嘈杂，使人无所适从。然疏而近俚，荒唐而易见，非其甚者也；其最烈者，无如彼释氏之言。如佛图澄、鸠摩罗什、达磨、惠能、志公、生公之徒，遂能举天下之人心而摇之；高明者昏，愚者、贵者、贱者、善者、恶者，一鼓牢笼于其术中。惨亦甚矣！有宋伟人，为韩魏公、范希文、富郑公、文潞公，功业闻望，炳耀人寰，而力未能除去，间亦有猎较其中者。欧阳文忠文章，为一代宗工；然未尝得深于圣学；邵康节学行均优，出处可则，惜颇流于术数；苏明允父子学富才隽，或间以纵横捭阖之说，或杂以佛释高旷之谈；

其无可议者，惟濂溪先生一人，而程氏两夫子宗师之。

然文献不足，无征不信，后得《古本大学》于蚕丛榛莽之中，残编断简之余，足以发明其志，溢喜之极，故曰："于今可见古人为学次第者，独赖此篇之存，而《孟》次之。"而使学者亟诵《大学》，非谓《论》《孟》后于《大学》，亦非谓《论》《孟》之义不如《大学》也。至于《中庸》，虽圣人传授极致之言，大本大经，参天地、知化育；然亦子思子为下学而作也，非曰言性言天，下学必当后之也。然君子之教人，譬如医者之用药；元气无伤而止于虚弱则补之，邪气侵凌、虚火炎上则祛之。祛之泻之，即所以补之也。若不知标本之治，而遽投以参、芪、附子，未有不害之者已！

苏子曰："药虽进于医手，方多传于古人。进药宜审其虚实、寒热、燥湿、轻重，未可执方以误后人也。"子路问"闻斯行诸"，子曰："有父兄在，如之何闻斯行之？"冉有问"闻斯行诸"，子曰："闻斯行之。""闻斯行之"者是也，则不宜曰"父兄在"；"有父兄在者"是也，则不宜曰"闻斯行之"。何问同而答异耶？急于《四书》、先于《大学》是已，亦顾其所用何如耳，非谓缓《四书》、后《大学》也。

至曰"弃此不务，他说先焉"，则不佞之所未解也。不佞今日未尝开门授徒，高自标榜，则不佞之为此，不绰绰乎？即使开门授徒，庸讵不绰绰乎？玄贞之来，属辞之而不获，至今尚未定名谊；又喜兵卫在此无事，故令留读《小学》耳。《小学》者，《大学》之基本，即絺此而止，亦如期广《孝经》，何乃比之于释老之虚无，躁进之功利？事亲从兄，与忠君理民之业，顾与《大学》异乎？又何以得罪于圣人之门也？小学而虚空功利，得罪于圣人之门；则与凡天下之书，皆虚空功利，得罪于圣人之门者矣。不佞未尝俨然皋比，炫耀一世，而顾责备之如此哉？此非足下之言也，必有为此说者，亦深见足下之非诚矣。

"门生"之称，非可泛泛；至若"恩师"之称者，谊埒于父子，人生无有二三，未可滥加于路人，已后幸勿复为之。欲尽其说，而一时事冗，统容他日详复。

答木下贞幹

建国君民，教学为先；非欲其文辞遒畅、黼黻皇猷而已，诚欲兴道致治、移风而易俗也。自非然者，经纶草昧之初，日给不遑，何贤圣之君必以学校为先务哉？《礼》曰："学则善人多而不善人少。"夫善人多，所以兴道；不善人少，所以致治。

今贵国君英年骏发，慨然有志于圣贤之学，斯贵国之福也；独是狂澜既倒之日，乃能力砥颓波，未谂何以遂能臻此？兹遣源氏子就学于弟，事甚寻常，而来教则大为郑重；盖人君之好恶向背，则一国理乱之关，而人民祸福之枢机，未可苟焉而已。源氏子诚能祛除俗务，潜心力学，身可为法，言而有征；奖率后进，拯救痴迷，则刚伯为贵国之功臣。若或不能仰体君心，优游岁月，抽黄对白，绮靡秕糠；行垢不浣，德缺不补，使武人俗吏佞邪邀福之徒，指摘之以为口实，曰某儒者某儒者，则刚伯为名教之罪人。刚伯既有罪已；弟庸得有功乎？是以属望之心为更切耳。使其青出于蓝，冰寒于水，则弟亦与有荣施矣！独幸其风度温和，质性驯谨，充之以奋发振兴，必不烦于过虑。

圣贤之学，行之则必至，为之则必成；譬之农夫然，深耕易耨，则坚好颖栗；卤莽而布之，则灭裂而报之矣。非若他道之荒缪，可望而不可即，可喜而不可食也。

本欲详悉奉复，奈何交浅言深，古人所戒，殊不禁笔端津津欲滴已！

答加藤明友一

今（竟）日厚扰，款曲绸缪，石磴扶筇，陟阿观海，轰訇澎湃，荡涤心胸，日夕披襟对此，足以汇纲百川，尚何有纷纷未定得以干我神思？诚哉其为万里流也！

下问数条，如食之有菽粟，衣之有布帛，民生日用，不可一日废者；所望力奖当轴，实力举行，勿徒仅托空言而已。然世人喜好不同，或爱联缀槲叶，采茹草实，则亦无如之何矣。若以贵国为褊小、为东夷，谦让不遑，则大不然；贵国今日之力，为之尚有余裕。昔者，滕壤褊小，不能五十里，一旦举行学校，犹且未能究其功用；而学士大夫，至今犹啧啧称之。今贵国幅员广大，千倍于滕，而百倍于丰、镐，而物产又甚饶富；失今不为，后必有任其咎者矣。至若以风物礼义为歉者，则建学立师，乃所以习长幼上下之礼，申孝弟之义，忠君爱国而移风易俗也，何歉焉？惟期锐志举行之。

仆生于越，而贯于吴，周之东夷也，摈而不与中国之会盟者也；断发文身，侏离椎结，以御蛟龙魑魅者也。仆荒陋不足数，然自汉以来，文物轨章，何如者？今日之吴与越，则天下不敢望其项背矣！举凡亘古圣帝明王之都，贤哲接踵比肩之乡，亦拱手缩胸而逊让之矣。顾在作人者何如耳，岂以地哉？

答加藤明友二

伏以履端之庆，增长垆于春阳；骈祉之臻，荣茂姜乎卉木。燕喜通夫一国，雀跃先于远人。恭维老先生阁下，武文全略，知勇奇才，天赐以颖异之资，偏能好问而好察；世载其高满之位，最勤下士以下人。政治祖"三谟",讲读穷搜"二酉"。亲贤如渴,未必谋之父兄百官;见善沛然,即今已为出类拔萃。至贤亦犹人耳,尧舜奚不可为之?瑜所以企望良深、晤言独切者也。

初二日,旌节贲临,即图瞻对;缘耳目孤陋,闻知已为后期;旅寓迂回,奔驰遂尔难及。适遇镇公燕会,不欣坐候回车;讹传次日星旋,不能伏谒行斾。鄙怀怏怏,不知何日重瞻台范也!后承命召,即刻整冠而趋,忽闻国事相催;前旗已发,又复中道而归。及林道荣至,谓阁下垂注无已,延伫再三,误闻返舍之言,方决升舆之计。复令道荣申意,恳款殷懃;是阁下之自处有礼矣,益令瑜趑趄(趑趄)怅惘、无地自容也!

窃惟曳裾侯王之门,候伺公卿之府,诚非素士之礼。至如阁下僾周公之风,吐握见士;慕萧王之德,坦易延宾。瑜三造于庭,未尝少留铃阁之下,是阁下之令行而教素也,是从官之循理而共上也;如是而不可见,瑜将以贫贱骄人乎?贫贱骄人,又岂得为礼之至当乎?况贵国未知士大夫相见之礼,而阁下为之嚆矢;瑜当共成其美,同底大道,而反以偃塞开罪于执事,则浅薄固陋,过于段干、申泄矣!所以惶悚踟蹰,不少自安,即欲修候谢罪;又以初五日小修先人之祀,悲伤致病,呕血不已,更复稽延数日,罪甚,统容面日荆请。特恐寓居辽远,仍蹈前辙,是欲补过而益之戾矣,奈何!

率泐耑布,统希鉴涵。外拙稿壹篇,谨录呈览。

答明石源助

远辱书问,自应作答;盖士君子之相接也,有情、有文、有礼,未可苟焉而已也。如其苟焉而已,则亦何以异于市井负贩、百工伎术之徒哉?是以君子慎之。礼,三摈三介而后相见,不然则已亵；三揖三让而后升，不然则已逼。古之君子，岂好为烦琐而不近于事情，缘礼不可渎耳。不佞虽亡国之遗民，来此求全，情文即不能备；然而不敢陨越者，徒以礼为之防也。

不佞总角时，恒见先人与士大夫相接，冠裳济济，言论丰采，进退周旋，皆雍容彬彬焉；斯时太平气象，致足尚也。其后士大夫好高脱略而恶言礼，以为厌物，以为王道。所谓"王道"者，非尊之也，亦借名斥绝之辞耳。未能二十年而国已沦亡。前年至厦门，赴国姓之召；见其将吏，并寄居荐绅，皆佻达自喜，屏斥礼教，以为古气，以为骨董。不佞知其事必无成，故万里遄行，不投一刺而返；不幸果无所济，今纷纷未有所底。可见礼也者，不特为国家之精神荣卫，直乃为国家之桢干；在国家为国家之干，在一身为一身之干，未可蔑也。牧曰："礼乐不可斯须去身。"知礼之国，当藉君卿大夫爱惜存全之；未知礼之国，当赖明哲贤豪讲求而作兴之，以登进于有礼。不然，其何以自异椎结箕踞、雕题凿齿之属哉？

礼者，乃天理自然之节文，初非苛礼多仪之谓也；然讲求而作兴，非博览旁搜、瘠瘠孜孜焉不可得已。故学问之道为贵也。来论欲绝今而学古，惧其死于茅茨之下，恐无了期；恐之诚是也，惧之诚是也，若实实如此，气亦奋而志亦苦矣。诚可嘉尚！《书》曰："学古有获。"《志》曰："慒前经而不耻，语当世而解颐。"是言不知古之可耻也，可耻则宜恐宜惧矣。气恒奋而不靡，志恒苦而不弛，何脚跟之不能立定而圣贤之不可几及哉？最吃紧者，无如"我亦秉彝之民，不可不行"之语；诚知其在我，则亦何必他求？若使饘于斯，粥于斯，歌于斯，哭泣于斯；则亦世俗之民尔，已非所贵乎豪杰之士也。夫千人之中，万人之中，翘翘特拔，谓之豪杰；混混然随波逐流，同声附和，谓之乡人。二者惟足下择而安焉尔。

前书却回，后书不答，足下既不尤人，复能痛自刻责；书辞又质实不润非，繇此一念而充之无已，则子路可希，尧舜可为，岂斯文之不可与，而惧其始终见绝于先生？"诲人不倦"，不佞窃尝奉教于君子，足下不自绝于长者，长者何为而绝足下哉？且贵国初知向方，不佞虽闭门却扫乎，然奖进之意多，责备之意少，故昨暮发书，今早欣然作答；非谓足下之尽出于礼也，亦喜其诚耳。

柳川、安东、省庵者，真贵国豪杰之士，学行俱超超足尚；其苦心刻志，更不可及。足下同产一邦，犹未之知见耶？友一国之善士，其谓之何？傥有晤言之日，当略陈其梗概也。草率附复，不尽。

答佐野回翁

辱惠书问，遂如素交；风土不同，语言难晓，诚所患矣。破牖不御气寒，敝庐不蔽风雨，使令不供，百具不足；贫士之宜然，无足怪者。惟父母坟墓荒芜，未知为何人牧马之地？胞兄戚友在远，未知为何人鱼肉之资？不得不魂梦为伤耳！其他更有痛心疾首之事，初交未便深言。台臺为加贺公挂许，侨寓其州；虽北堂在远，幸有尊闻贤郎，代供甘旨，未足兴流离之叹。以仆方之，不啻天渊也。

来问朱、王之异，不当决于后人之臆断、寒暖之向背，即当以孔子断之。生知之资，自文王、周公而后，惟孔子、颜渊而已。孔子曰："我非生而知之者，好古，敏以求之者也。"又曰："十室之邑，必有忠信，如某者焉；不如某之好学也。"他如"学而不厌""下学上达"，不一而足。其于颜渊也，不称其"闻一知十"，而亟道其"不迁怒、不贰过"为好学，是可见矣。

朱子道问学、格物致知,于圣人未有所戾;王文成即有高才,何得轻诋之?不过沿陆象山之习气耳!王文成固染于佛氏,其欲排朱子而无可排也,故举其格物穷理以为訾议而已。愚谓此当争其本源,不当争其末流。孟子于伯夷、伊尹、柳下惠尚曰"不同道";周公、召公分陕而治,德教相似,治效相方,犹且不相悦,此岂有所是非耶?

孔子之道,宜可万世无弊已;何以学者各得其性之所近,分处诸侯之国,遂有异同?子夏之教,行于西河,一再传而遂有吴起、庄周之祸,岂孔子之道非耶?若使从其善者,改其不善者,阙其疑而麀麂者;三人行,尚有我师。若愚不肖,必不可化;陈子禽、叔孙武叔尚毁孔子,二人固及门之徒也,又何有于考亭耶?

王文成为仆里人,然灯相焰,鸣鸡相闻;其擒宸濠、平峒蛮,功烈诚有可嘉。官大司马,封新建伯,后厄于张璁、桂萼、方献夫,牢骚不平之气,故托之于讲学。若不立异,不足以表见于世,故专主"良知",不得不与朱子相水火,孰知其反以伪学为累耶?愚故曰:文成多此讲学一事耳!

是故古今人,惟无私而后可以观天下之理,无所为而为而后可以为天下之法;今贵邦纷纷于其末流而急于标榜,愚诚未见其是也,又何论朱与王哉?

蠡测如斯,仅塞来问,未知有当于采择否也?连日积念,日不得息,夜不得眠;率复不次,统希崇焰。

答某书

发来书,纠摘前序之谬,读之惊颤错愕,不知所云。或者彼时病困心烦,稍涉谬戾,容或有之,必不应乖戾至此极也。虽自信甚真，然必得原文考证而后即安，一时求之无有。久苦寓中硕鼠为耗，是稿虑为鼠窃；累日行坐惝怳，自念不佞既以辞章吟咏镂冰刻棘非学，复以明兴制义尘饭土羹非学，乃一旦背缪于濂洛关闽，且又自误于惑世诬民之说，不佞将安所托其足乎？数日后，忽于故纸中得其草，于是拭目凝神，彻首彻尾读之，又反复再四读之，不禁讶然失笑矣。足下何一误至此耶？

文中大意谓：圣贤之道，止是"中庸"，当求之于心性气志之微，体之于家庭日用之际；不但索之迹象之粗者，总是糟粕，即过于推敲刻覈者，亦不足以引掖后生。迹象摹拟，既足使人厌弃；而理穷渺忽，亦易令人沮丧。既已厌弃，又复沮丧，最易入于异端邪说；一入于异端邪说，岂尚复有出头日子？故不若君臣、父子、夫妇、昆弟、朋友之间，平平常常做去，自有一段油然发生、手舞足蹈之妙。岂有君臣、父子、夫妇、昆弟、朋友之道，而与濂洛关闽之学有异焉者？濂洛关闽五先生，研精穷理，宁有疑贰？晦庵先生得力于道问学，尚与尊德性者分别顿渐，朱、陆之徒，遂尔互相牴牾。凡此，皆实理实学，与浮夸虚伪，岂不风马牛不相及乎？浮夸处伪，以文其奸，以售其术，此小人无行之尤者，而谓君子为之乎？足下何一误至此？浮、夸、虚三者，固不辨而自明矣。

至若指之为伪，惟有王淮、郑丙、韩侂胄（胄）、陈贾、林栗、沈继祖之流，龌龊奸邪，无君无父，营私植党，排陷名贤，所谓"桀犬吠尧"者也。不佞今日舍置故园妻子，漂泊异乡，古人所为"举目言笑，无与为欢"者，又且食蔬衣敝，伶仃憔悴，廿年于外，百折不挠，自苦者何心，所为者何事，更未尝高自标榜，口舌动人。即使终留贵国，止求数亩之地，抱瓮灌园，才自给足即止，初无意于人间世；足下乃以王淮、郑丙目之耶？所谓浮夸处伪者，明明白白，自有立言之旨；足下即不能融会一篇大意,乃并不看上下文乎?足下既不知古今原委,又不知国朝典故,宜乎一闻此言,遂嚣嚣不自禁也。且未尝求其说而不得,而遽嚣嚣然辩驳如是,是又一"刻舟求剑"者矣,可笑之甚也!

文中云:"足下但取其精意而已矣;慎毋于声音笑貌之间,溷其泥而扬其波。"所指本自真切,若使周、程、张、朱诸夫子而既浮夸虚伪矣,又何有所为精意者而令吾子取之耶?末言"子慎毋下于章甫缝掖之间求孔子",然则孔子亦浮夸虚伪乎?辞旨逾不相涉,无俟明者而后知之也。即言洛闽之徒,失其先王本意,以致纷然聚讼,痛愤明室道学之祸,丧败国家,委铜驼于荆棘,沦神器于犬羊,无限低徊感慨故耳,未尝自叛于周、程、张、朱也。即使其中指摘一二,亦未为过。不闻"君子和而不同"乎?

伊尹自佐成汤,以成王业,殷汤崇之为元圣;而伊亦自言曰:"惟尹躬暨汤,咸有一德。"颜子不迁不贰,孔子亦叹其庶乎;曾子独得其宗,而未能仿佛其好学;孟子学业成就,已不能及于颜子之浑然。假令其道大行,而王业所成,亦不能过于伊尹之光大。而一则曰"姑舍是",一则曰"不同道",则孟子亦非与?晦庵先生之于程氏两夫子,虽曰私淑诸人,然崇奉而蓍蔡之者,莫过于此矣。及其著书立言,未尝率繇无改,且有直纠其失者。熙宁、淳熙,先后百年,其间未甚相悬也;及今世远事殊,而必于葫芦画样,吾恐其谬于圣贤者,不啻千里矣!

不佞初为此序,本谓足下未必能晓然;闻尊公鸿才宿学,而贵州又多英贤誉髦,故慨然为之。然其罪多矣:失言,罪一也;辞不能达意,而使足下谜误,罪二也;立相信之地,多言而尽,罪三也。又且异邦孤孑,足下虽刻书无盐,良不为过,但于文义不能解,又不谋之父兄,遂尔大肆讥评,不深得罪于贵州之先生、长者乎?

"取法乎上，仅得乎中"，古有是言矣。愚以为学仲尼而不得其要，不若学乡国之君子；学乡国之君子而未得其真，不若学比间族党之善人。何也？其事父事兄，道得其要，意得其真，吾乃相观为善，涵育深而熏陶久，则亲炙切而引掖伸；迨既及于善人，于以进于君子，又进而希于仲尼，斯循序而有渐矣。若后生小子，未知洒扫进退之节，未达爱亲敬长之方，而遽于天人、理欲、义利、公私之际，与之辩析毫芒，彼不蹶然而去，则有嗒然而丧尔。

其曰："所论益精，所普益寡者，为不用世"，及"天地泰否"等，其言果何谓也？不佞徒以避难苟全，本非倡明道学而来，亦不以"良知赤白"，自立门户，足下幸勿再生葛藤，以滋烦扰。

论议既不相合，必无复受馈遗之理；来仪藉手敬璧，惟希炤入，万勿以日本之礼责我也。

与冈崎昌纯一

春间手札，论三木兄转致盛意，深感厚情！

台下循行阡陌，遍历闾阎，凡农民勤惰田亩、垦治污莱，妇子嬉愉，以及贫家终岁作苦，莫不厘然在目，纤悉备举，以告上公，此诚鞅世之盛事，而为万民造福也。今年各处饥荒，沟渠损瘠，被苦行乞者，不可指数；岌岌恐有他变；而独贵邦无一饿莩，此诚君卿大夫之荣，而万民之所尸祝者也，当宁闻之，理当宠异。

仆谓救荒之策，殆如日用饮食；朝饔甫竣，当思夕飧。今日枵腹，又恐来朝辍釜；为之君父者，忧未歇也。故当有以处此，为之十年而殚于一岁，则全功尽弃矣。语曰："七年之病，求三年之艾。"今正蓄艾之时也。晏子云："春省耕而补不足，秋省敛而助不给。"助不给者，或非台下之所能为，然不可不知其意。民间固有刈获方毕而甑石无储，父母无以养者。别其勤惰，审其疾苦；间施特恩，以恤不得已之人，政在此时行其激劝也。傥能及今蓄之，邀天之幸，数年丰稔，则公私廪积盈溢，虽有水旱凶荒，亦无大患，即赈亦不必尽蠲公帑矣。惟在台下谋之，诸卿大夫加之意焉尔。

嗣后又辱翰教，方在病中，手书则不能，代笔多为虚语，故致迟迟，幸亮原之。前期已近，仆病四月，今已稍愈；晤时当竟夜挑灯，详细往复也。伊藤贵同寅，希为道意，或即以此示之。病后草率，不宣。

与冈崎昌纯二

世俗之人以加官进禄为悦，贤人君子以得行其言为悦；言行，道自行也。盖世俗之情，智一周身，及其子孙，官高则身荣，禄厚则为子孙数世之利，其愿如是止矣。大人君子，包天下以为量；在天下则忧天下，在一邦则忧一邦，惟恐民生之不遂。至于一身之荣瘁，禄食之厚薄，则漠不关心；故惟以得行其道为悦，虽世莫之宗，其栖栖皇皇之心，固无已也。仆在此屡有启迪，疑上公漫无可否，故连年坚欲求去，台下之所知也。特为贵邦风俗所拘，事事皆藉他人为主，非似中华进退皆自裁酌，欲去则翩然高举，无有以绦宠之者。是故身虽勉留，居常怏怏。

昨谕上公鸿恩汪泽，覃被士民，此诚有高世主之心，而有志先王之道者；非深心为民，岂能至此？台谕谓是行仆之言，别后喜而不寐；若能扩而充之，则水户一邦，当无有匹夫匹妇不被其泽者矣！今且使仁心仁闻，达乎四境，使含恩之民欢欣鼓舞，歌颂君德；而上公亦无反汗之虞。傥仆明岁尚存者，当俟台下明秋至止，考究一可大可久之妙；不然，则事或中乖，而盛德穷于难继，斯强弩之末矣。盖蠲民租，贷民种、食，则仓廪将虚；仓廪虚，犹可言也，若代民偿百官之禄，斗食以上或可，千石、数百石，将如之何？则是小凶而公帑反为大凶也。其间必有其变通经久之道，至子孙亦世世可行者。

昨暮以候久倦怠，素所蓄积者七事，一言不得发；傥今夕贱体可支，初十日当入朝，出朝即造邸中，当扰贵署家常一饭，庶可备谈一二事。若十一、十二准还轸，又不能矣。侵晨反承华翰致谢，益愧。

答小宅重治

古来为学，不问其贫富贵贱，不问其事冗事简，惟问其好不好耳。好则最烦、最不足者，偏有余力、余功；不好则千金之子，贵介之胄，只以嗜酒渔色、求田问舍，何复有一念及于学问？且学问者，亦何必废时荒业、负笈千里而后为学哉？家有母，学为孝；家有弟，学为友；家有妇，学为和；出而有君上，学为忠慎；有朋友，学为信：无往而非学矣。其不得其意者，时取古人之书以印之证之，扩之充之，即此是学矣。

茅容，樵子耳；郭林宗劝令为学，卒为大儒。世何有不可学之人？汉光武、明帝之时，期门、羽林，皆读《论语》《孝经》，分番上直，以书纳之怀中，暇则出而读之，何有不可学之时哉？日日而积之，则小之为善人、信人，大而君子，无不可为者已；惟佛氏为丧心败俗，必不可为者也。欲为圣人之道，而以佛氏杂之，是犹烹大牢于函牛之鼎，而投之以鼠矢，谁能食之？

承惠柹子壹盘，领谢！足下抱恙未痊，何故为此？先以小札奉复，诸容晤尽。

与小宅生顺

文章之贵，立格立意，练气练神；常山之蛇，处处皆应，节节俱灵，真文之神品也。若踞高山绝顶，俯瞰万物，则遣辞命意，自然超旷；而其要，务使有关于世道人心，虽小小题亦自有独到之识，出人虑表，乃为可贵耳。若止于摘辞绘句，虽复脍炙人口，正如春苑之华，鲜妍易谢，况复有不及此者乎？为文务使字字句句，俱从经史古文中来，而又不见其痕迹；水乳相和，一气冲融，如蜂之酿蜜，蜜成不复辨其为何花之英也。至能自开手眼，则《六经》皆供我驱策矣。或谓摹某人某作，仿某人某句，大为可笑！

佳作路头醇正，气势冲沛，辞意雅驯，与往日所见贵国之文迥然不群，展读终卷，喜跃不可言。贵国自是有人，足以践仆平日之语；若能着力研磨，深造其极，自可一洗旧习，超然自命。近所嫌者，语意不敷，辄自铸数言补凑，使人窥见底里；故曰"狐白之裘，不可补以他兽之皮"，惟祈慎之。

歌曲、传奇，可用方言调侃，记、志亦有之；作文不宜用方言奇字，屈平、扬雄终不得埒于经也。佶屈聱牙，以文其浅陋，岂是大手笔？

集中辞铭皆佳，奉命评骘，故遂僭妄至此，幸勿为罪。

答小宅生顺一

初识荆颜，惓惓慰谕，深铭厚意，敢効区区。仆以中华秽乱，义不应死，漂零海外，已二十年；幸蒙樾荫，许得留止贵邦，全忠臣孝子之节。非独有大造于仆，远近莫不闻知，亦所以章贵国之明于大义也。兹得偃仰栖迟，毕其余生足矣，宁敢有厚望哉？

仆幼学之时，固有用行之志；逮夫弱冠不偶，彼时时事大非，即有退耕之心。荆妻颇能一德，饶有孟光、桓少君之风，而父兄宗族戚友不听，不得不勉强应世，实无心于富贵矣。壮年谬膺主眷，起家远过东山，然国是颠危，艰难十倍典午。是以屡违诏命，依稀蔡道明竟日临轩，举朝纠劾，祸将不测；星夜潜迹，自窜海曲。仆素民物为怀，绥安念切，非敢以石隐为高，自矜名誉。但一木之微，支人既倾之厦；近则为他人任过，远则使后之君子执笔，而讥笑之无为也，故忍死不为耳。

仆事事不如人，独于富贵不能淫、贫贱不能移、威武不能屈，似可无愧于古圣先贤万分之一；一身亲历之事，固与士子纸上空谈者异也。今寂寥海壖，只希十亩之园，闲闲泄泄，多者十余亩，种植瓜蔬，易粟糊口，非为困厄，何有咨嗟？至于我道泰否，气运盛衰，仆不敢与闻，仆固非其人也。若果士大夫专意兴圣人之学，此诚天下国家莫大之福，莫重之典，莫良之务，惟台臺相敦勉焉。仆虽远人，不惟举手加额，亦日夜拭目思见德化之成也。

又曰"除一方之害"，愚窃以为不然。仆闻之，本必先拨也而后风颠之，心必先感也而后谗乘之；高堂广厦，主人旷而弗居，则必有狐狸鬼怪从旁窃入而据之矣。元神荣卫，不能自固，则寒热风邪交至侵寻而为之祟矣。上公元侯、大夫君子，果能知先王之道之为美，修而明之，力而行之，作而兴之，威而惩之；则政治自善而风物聿新，洪水平而鸟兽之害人者消，至教明而异端之害民者亦消，又何待于除之而后去哉？此非和阳五山、京师五山能遗臭流毒、巢穴而蓁塞之，是乃主持政教者之过也。

武将悍卒，闲居退处，得禄而无所用，积金而无所泄；又上畏宪令，不敢有所举行。及夫细民富室，黠慧士女，饱食暖衣，群居无事，安能郁郁兀坐屋子下；乃思招提兰若，引类呼朋，说法听经，谈因论果，冀忏从前之罪过，妄希身后之福缘，于是穷愁抑郁，罪恶过多之流，一鼓而牢笼之矣。彼释子恣其颠诬，万千变化，愚迷欲生极乐，一味贪痴，故如寒热风邪，交侵迭乘而不已，岂非元气不固之患哉？彼诚知圣王之道之为美，则名教之中自有乐地；君臣父子之际，无限精微。家修之尚惧不足，何有余功及于邪径耶？仆故曰：是主持政教者之过也。

或者谓贵国"尚武，何必读书"，是未知古来名将读书者之多也。为将而不读书，则恃勇力而干礼义；能读书，则广才智而善功名。彼恶知之？

谬承深爱，故敢自献其愚，任笔极言，不顾忌讳；若夫自伤落魄，至烦援天以明诏之，仆实未尝有此。草庐容膝，歌咏先王，有敝门人安东省庵一人，志同道合，亦足为不孤；断齑划粥，亦足以不馁。生中国不用而不悔，安望居贵邦乃得行圣人之道，况景在桑榆耶？厚意诚无限，仆自揣陋劣，故不敢有此奢愿也。连日以敝门人事须，报复迟迟，幸惟原宥。

答小宅生顺二

仆以台臺志同识朗，学富谋高，可以与言；且前所教者皆大事，故披肝沥胆而不惜。接昨日书，甚悔失言之罪。一书之中，有所得所疑，有不安不辨，台臺何用意之深挚耶？

初见之日，有"节义巍巍"之语，仆谓台臺已得鄙人之素，故洞开胸腑，遂有"富贵威武"之论，致烦相诘；贫贱不移者，此高明所亲见也。僮仆顽梗，不可理喻德化；捉衿露肘，不能指石点金,夫非以贫且贱之故哉?然仆之志则必不可移,其有非义非道者,一介不可玷也。富贵不淫,威武不屈,交趾船头商旅、目稍工社诸人,及漳、泉州船客与长崎之闻其事而见在者,应不下数百人,历历能言之,无烦仆自为夸诩也。苟在大明之故,未可一二数,亦或有能道之者,仆亦不必言之矣。

圣政体用之谕,极有分别;然《传》曰:"务德莫若滋,去恶莫如尽。"《兵志》曰:"明其为贼,敌乃可服。"如徒以诛杀为事,而不能使天下万姓晓然明于邪正之辨,而中心诚服焉,是非拔本塞源之论也。乃若吾道泰否,贵国尚武,及仆居贵邦,安望其得行圣人之道三条;或是仆意疏语滞,或是台臺阅去书不详,不能知发言之意,而徒奋其英锐耳。盖进退以礼,谦让不遑,自是吾儒宜然之道;彼大言不惭,是乃异端诳诱愚弄之术,而谓吾儒为之耶?孔子、孟子,岂独善其身、无有人心者,虽栖栖皇皇,然亦未闻自衔其玉,揭竿于市以市之也。台谕"语似偶然,辨之太早"等语,仆愚陋,终不能解。台臺有其诚而未有其度,顾以仆之志为不同,失之远矣!何如将去书再三详观,则心自舒、气自平,未必负三千里之远行也。

昨夜分还寓,今早又有小恙;率率不尽,统惟鉴涵。

答野传一

从古据高位,威棱惕息者多矣,而恭谦下士者独传;蛇行匍伏、足恭贡媚者多矣,而义礼进退者独传。宁非礼之不可踰越哉?然而其间亦难矣!故惟卫长平与汲长孺千古传为盛事,而未若今兹之盛也。仆所以冒昧而来者,盖稔闻上公以周室之至亲,居冢宰之重位;问学优于五车,德誉隆于一代;而汲汲下士,不异姬公,故晋谒之时,从容长揖。上公毫不致疑,而情至言耳,殷懃无已；贤明之声，顷刻遍于辇下，不日间，四方莫不闻之，岂非圣贤举动，能使天下观感哉？然仆之微名，亦附骐骥而远矣。台臺至许之为"大丈夫"，仆恐过已。种种奖藉，推以人师，退自省循，愈增惭悚。

台臺妙龄博学，志广辞华，诚国家之上瑞，当代之名珍；私愿观光，已见其一，乃孰谦如此乎？师旷有言："少而好学，如旭日之光。"繇此而历于日中昃，不至从心不踰矩不已也，何达夫、老泉之足云？故知上公培植之深，立达之广；傥得尽观上林琪树，此时不知如何夺目！

前者导引劳神，中心感佩，未伸执贄，先贶佳仪，益深铭戢！对使拜嘉，统容面颂。贱恙头岑岑眩晕，潦草不恭，更希崇炤。

答野传二

前月十八日奉华翰，适当尊公老丈枉顾，别后即眩晕伏枕。后虽小愈，手颤不能作小楷。奉复迟迟，罪甚罪甚！虽在病中，读来书大为喜跃。

自古以来，世不乏才能俊乂，特以不遇贤君圣主，故使瓌奇抱德之士，赍志而殁，良可深痛！今上公种种明德，直可迈越古来哲王；若夫"敬"之一字，尧舜至于文武，心法相传惟此耳。弘此远谟，万善咸萃；自然野无遗贤，自然至于"惠鲜鳏寡"。王道之行，于今见之，此正台臺际会之时也，惟冀共为敦勉，力襄至治，必期成贵国无前之美，必期为王者之法，方惬鄙怀。比之他州区区小善，人人所艳称而乐道者，不啻太阳爝火矣！仆虽衰朽远人，蒙上公破格隆礼，亦扶杖而观章叟之鼓舞，可藉手以雪胸中愤闷矣。

台翰"敬胜怠胜",诚师尚父之格言也;至若引用文王一节,仆以为少有过差。盖文王之圣,生而知之,终身以之,故曰"缉熙敬止",非从忧患而得之也。若从忧患而得之,则困心衡虑,已不识高明以为何如。

近闻上公之招,若藉庇无恙,拟于望日东行,旬日间便当会晤。率率不尽。

与安东守约

昨暮得前月廿八日书,内云:"顷读至贤之书,反己求之,可愧者不一。"此是好消息。后复云"一念之差,几为百行之谬,及大自惩创"等语,甚为骇愕!

贤契以沉潜纯粹之资,学问大端,俱已有获;或者为宵小所欺,不能照察则有之,或者过误则有之,何至有一念之差,此必有所指也。丈夫但不愧于地,不愧于衾影而已,不必求调于众口也。如不佞与颍川龃龉,繁言沸腾;如琢与江口摭拾莫须有之疑,遂为萋斐贝锦。如琢大肆蜚言至今,不佞必当落于污泥之中矣;何以水落石出,终不能加我?缘我念头不差,非彼所能污。惑其言者,或者贵州数人而已。前江口到柳川,见贤契亦稍有愧悔之心否?或欺天遂非,犹尚自文其过也。

伊藤诚修学识文品,为贵国之白眉,然所学与不佞有异。不佞之学,木豆瓦登、布帛菽粟而已;伊藤之学,则雕文刻镂、锦绣纂组也,未必相合,一也。且不佞居于此地,人地则甚轻,而声价则甚重;京华人士,不敢轻与相接,即有书来,亦当禀明黑川公,其为烦琐,二也。此间人情多好自高,稍有学识,犹且岸然;如此淹贯,岂更求益?且不佞亦不能有以益之,三也。其他僮仆乏人,手长袖短,班荆非礼,倾盖无资,又不在此数。贤契幸婉辞之，多一事不若少一事也。且又无益，万万不须务此。

杜诗不必更寄。郑儆老书，已致之矣。

答安东守约一

十月十七暮得翰教，虽传命者失指，亦应作书奉答；缘来书有不可草草率复者。一者，执礼过谦；二者，足下立志砥行，慨然以圣学自勉；三者，鸿文惠教，辱命丹铅，此真手披荆棘，力辟草莱，而欲奋然身任绝学。彼时倏改行期于十九日，而不肖行李，事事未办，大为仓皇；次早即送文籍书札于通事所，公同封验，无论此夜力有不能，即力能及之，亦如涉者猎者一阅而过，漫作游辞赞扬，虽无失于应酬之数，然甚拂足下远来下问之义，而深绝贵国真实上达之机。得罪于足下者一人，而得罪于日本通国者万世。瑜则何敢？况古人之书，有经年不答者，有三数年而后答者，足下好古有获，必不以瑜言为饰说也。

贵国山川降神，才贤秀出，恂恂儒雅，蔼蔼吉士，如此器识而进于学焉，岂孔、颜之独在于中华而尧舜之不生于绝域？然而亘千古而未见者何？不肖虽面墙充耳，闻见狭小；即举其所见所闻者，盈尺之璧，不能无瑕，径寸之珠，不能无颣，正以不学之故耳。不学则执非礼以为礼，袭不义以充义；虽上智容有过差，况其下焉者哉？其为弊亦有三端：岸然自高，枵然自是，而耻于下人，一也；在日本者，不自安其分，在中国者，尝欲求其疵，斗捷于口颊，二也；愚蔽于他端，而希必不然之获，老死而不悔，三也。三者横于中，其何以进于学哉？

虽然，中国之人，亦有罪焉。向者，中国有禁，无敢蹢出；其来者非负匿奸贩，则渔钓篙工。偶有人士来游，而学行不兼，况有全然背戾者；下者剽风云之句以为韵，高者镂月露之形以矜奇。圣贤践履之学，中国已在世季，宜乎贵国之未闻之也。今足下感愤奋发，率德励行，殚精六艺之圃，评骘群贤之林；以此躬行，以此淑世，本来识见卓越，绝不为流波所靡。此诚贵国之开辟而首出者，宁区区由余之拔于戎，而陈良之产于楚哉？

读来教，踊跃健羡。元定真吾老友，而乃谦以自牧，退就弟子之列；然而不敢辞者，亦有故焉。学术之不明，师道之废坏，亦已久矣！世不闻以仁义礼乐为宗，况乎其言行而身化之；且子牙之圣，不过于周公，尝为文武之师尚父；貱卒之智，不逮于安平君，亦为田单之神师，此其中未必无意焉。英材教育，古人乐得；至比之"天伦无恙，名德允孚"，又曰"王天下不与存焉"，亦綦乎重且大矣！不肖性行质直，一无所长，惟此"与人为善"之诚，迫于饥渴，十四年倦倦望切；而今一旦意外遇之，其敢阻进修之志哉？

亥冬戴春，俱非百全之举；国主国藩，远在南北，不肖一见之后，即当告辞；拟于明夏遄（崇）来贵国，与足下横经往复，互为开发。万一敝邑徼天之幸，乾坤再造，亦必特奏当宁，备陈贵国之忠诚明信，敬来修睦，当与足下相见于玉帛之坛，畅论圣贤传心之秘，必不虚今日恳恳之诚。且夫贵国家诗书，户礼乐，士兴行，俗醇美；与中国世世通好，若汉赵之交，岂非儒者之一事哉？虽然，不肖迂拙朴樕，必不能毁方以希合，事正未可知也。

细阅诸作，志大而任重，忧深而虑远，尚论古人，卓有独见。退自儆策，刻不容弛。诗序隽雅警拔，时时不失本初，饶有风人之致；然品骘不无太过太刻之弊。

文文山鞠躬尽瘁，死而后已，不肖亦亟称其忠；至于天下万世之称其忠者，虽繇其死节安详，亦由《正气》之歌、《伶仃洋》诸诗及告墓之文耳。乃若称之为圣，则过矣！身为总帅，未建尺寸之功；北归而误中虏计，几为李督府捕斩；岭表再俘，过庐陵而复食，致王炎午有生祭之文，刘尧举有"谁向西山饭伯夷"之句，何忍冒蓬生麻中之嫌乎？事已无可如何，乃思黄冠归故乡；何处是其乡邦？何途是其归路？他若"道生""佛生"以名其子，甚非大儒所宜，故略其小疵、取其大节可也；犹未若张世杰者，一主死复立一主，匪躬不懈，枹鼓不衰。其弟张弘范为虏大将，战必胜，攻必取，号令迅风雷，指麾摇山岳，间谍日至，游说万端。凡人至此，岂不动情？宋必不可为，蒙古必不可灭，岂不熟揣？富贵与穷蹙相形，猖獗与溃败相逼。而且辕门相向，而且铙角箫鼓，日夕相闻，自非铁石为肝，未有不移。而且麾下吏士，孰不畏死亡、乐贵富，谁肯委肉以当饿虎之蹊，日夜裹创力战哉？此必有大过人者。卒之国亡与亡，终不失臣子之谊，终不使人纤毫疑贰，精忠贯日，岂不诚大丈夫哉？

至若陆象山、王文成之学，事烦楮短，不可得尽，当于面时详悉。

不肖到此月余，酬对纷杂，舍馆未宁，答言不次，统希炤鉴。

答安东守约二

来教殷勤，自非虚饰，国典载在，谁敢或踰？其遇与不遇，皆天也。天或有意为明、为日本，后会亦未可知，不必以此为忧念。贤契吃紧之致，未尝不心志之也。不佞欲与贤契讲究针砭者，身心性命之大，动关中国、日本千年之好，岂区区人力所能为？欷歔之际，仍为慰藉。

中国以制义取士，后来大失太祖高皇帝设科之意；以八股为文章，非文章也，志在利禄，不过藉此干进。彼尚知仁义礼智为何物，不过钩深棘远，图中试官已耳，非真学问也。不佞父兄，俱缘此得科甲，岂敢自鄙其业；但实见其弊如此。然科甲之中，时或有人：先父乡试房师郑讳郛，四川□县人，为苏州府推官十一年，署府印者九年，殁于官；先君为之视其含殓，其匣笥所存，止银贰两七钱，其清节如此。家兄大座师宰相贺对扬先生讳逢圣者，湖广武昌人，事亲至孝，居乡平易；流贼焚掠武昌，杀戮最惨，藩王被屠，环贺相公之居里许，不容一人蹂躏。然此千百中得一，无救于败亡。缙绅贪戾，陵迟国祚，岂非学问心术之所坏哉？故其《四书》《五经》之所讲说者，非新奇不足骇俗，非割裂不足投时；均非圣贤正义，彼原无意于修身齐家治国平天下也。至若注脚之解，已见别幅；即嘉、隆、万历年间，聚徒讲学，各创书院，名为道学，分门别户，各是其师。圣贤精一之旨未阐，而玄黄水火之战日烦；高者求胜于德性良知，下者徒袭夫峨冠广袖，优孟抵掌，世以为笑。是以中国问学真种子几乎绝息，况乎贵国素未知此种道理，而又在稂莠桀桀之时，独有嘉禾油然秀出于其畔，然亦甚可危矣！

贤契慨然有志于此，真千古一人！此孔孟、程朱之灵之所钟，岂以华夷、近晚为限。幸惟极力精进，以卒斯业，万勿为时俗异端所挠也。至若以不佞为程朱，不佞问学荒陋，文学尫疎，岂易当此？贤契求师之专，故以未似之有若为似也，愧极愧极！如文文山先生，不佞学不足以方之，而志节未敢少逊；但历履更难，劳瘁更甚，而均一无成，惟高明能知之，奈何自比之画龙哉？丹心相炤，不佞亦具有明眼，独恨不得面布！

近日船头方图此，缘之所至，亦未可期，即行亦当在来月初旬。近日病甚，序文自当构上，毋烦再四。疑问数条，逐一割（剖？）悉。来仪迭迭，不敢祇承。吾辈意气相期，享不在物，藉手完上，惟希炤存。

答安东守约三

读来翰,知蕴结愤发之概,表章羽翼之诚,敬美!贤契其将以身率末俗乎?抑将以口舌争之乎?中国大乱,至道晦蚀已久;即贵国,亦在勾萌初动之时。足下但当与二三贤智嘘息而滋培之,自然发生荣茂,慎勿以斧斤剥柮之也。前者"稂莠长亩,嘉种间生"之说,已殷殷危之,岂尚忽祝之与?譬如人,膏肓之疾,尪羸不支;近幸少有主意,且当宝啬精神,调和糜粥。明知二竖之为烈,然不敢攻之也。俟其元气大复,则百邪俱退;养之以粱肉,治之以药石,宜无所不可。贤契何愤愤于一击之力,急欲以将绝之息,与二竖争衡乎?

且此不可以口舌争也。争之而不胜,助彼江河日下之势,足下任蕃武之讥;争之而胜,遂成万澜横决之忧,足下罹卓绍之咎。千古以来,惟玄圭之功为不磨也。昌黎功侔神禹,当时亦不肯口舌相争。万希高明留意!子厚文雄奇磊落,足以庶几昌黎;要我胸中自有主裁,何必忌其形迹。圣贤之学,惟患不好,既好之,随其质性所近,必将有得,毋以未罄为歉。圣学有不备,一语直透狂夫心髓,的的如是。

韩文贰本璧上,并《述略》壹部。不佞力疾数日书此,封志二十许日矣,因无便,竟不得寄将。此外更有一书,临发避疑,遂复留取;贤契幸详览《述略》,若必欲得此书,可遣一急足取去。傥在可否之间,俟驾临面致之,未晚也。

答安东守约四

自寓中装治门槛之后,于今两月矣。如琢回崎,于今一月余五日矣！日夕茫茫，如在梦中。即如年之卧室，欲扫除而糊理之，亦自无一日之暇。即有半日空闲，亦自心中厌烦，不耐举手矣。尝忆初夏时语贤契云：此后谢绝人事，可作自己工夫。今半年矣，两月病后，闲务较多，匆匆酬应，犹尚获戾于人；可见受人牵掣，不独不许高尚，即使患病，亦复不许。因诵西子之句："年年紩铁藕，为他人作嫁衣裳；夜夜辟纑，常向邻家借灯火。"夫借灯纺绩，勤至矣，贫婆亦甚矣；他人嫁衣，总来于己无与。西子绝世之姿，颠倒如此。不佞于他人之事，攒眉以应之；于贤契之务求，则束之高阁，谓之情则非情，谓之理则非理；非情非理，谓不佞胸中有泾渭乎？

昨午接来书，具悉雅意，但不佞食之有愧尔！

东行之事，非不佞之意；前月廿六日，镇公所促一稿，在如琢处，自当寄览。前答他国佛者云：不肖本为避难，初非为倡明道学而来；目下圣道榛芜，而贵国又处极难回之势，若以仆之荒陋而冀倡明绝学，是犹以素朽之索，系万钧之石，悬于不测之深豁，岂有其不陨而坠之理乎？纵虽东行，自可想见，何如与贤契啜茗促膝，抱瓮之暇，尚论古人，挥去俗务，自砥身心，不更夷犹满志乎？

先儒将现前道理，每每说向极微极妙处，固是精细工夫；不佞举极难重事，一概都说到明明白白、平平常常来，似乎肤浅庸陋。先儒之言，"惟危""惟微""惟精惟一"之旨也，不如此不足以立名；然圣、狂分于毫厘，未免使人惧。不佞之言，"人皆可以为尧舜"之意也；"有为者亦若是"，或可使初学庶几焉。而不佞绝无好名之心，此其所异也。末世已不知圣人之道，而偶有向学之机，又与之辨析精微以逆折之，使智者诋为刍狗，而不肖者望若登天，则圣人之道，必绝于世矣。此岂引掖之意乎？贤契尚须于此体认，择其优者而从事焉。

答安东守约五

闻贵国京江户有设学校之举，甚为喜之！贵国诸事俱好，只欠此耳。然此事是古今天下国家第一义，如何可以欠得？今贵国有圣学兴隆之兆，是乃贵国兴隆之兆也。自古以来，未有圣教兴隆而国家不昌明平治者。近者，中国之所［以］亡，亡于圣教之隳废。圣教隳废，则奔竞功利之路开，而礼义廉耻之风息，欲不亡，得乎？知中国之所以亡，则知圣教之所以兴矣。

至云贤契省诸费，欲少益于不佞，廿宁有此理乎？贤契虽加意无已，亦不得越于礼义而行，为他人所非笑，反非所以益不佞；且不佞近日颇有起色，即使借债多，不过百金，亦为易了。

近作极好极进，甚喜！静坐澄心，亦不必改；亦不当用佛氏"本来面目"语；豫章、延平亦不必如此顾忌也。冗甚，不多及。

答安东守约六

来文贰本，并前年所寄叁轴，一概批阅已竟，奉上。来教真切，故不敢泛泛虚誉，然过于直笔，似非近世所宜，幸有以亮之。

大凡作文，须根本《六经》，佐以子史，而润泽之以古文；内既充溢，则下笔自然凑泊，不期文而自文。若有意为文，便非文章之至也。譬如贫儿开筵，不少器具，便少醯酱，如何得称意？而性灵尤是作文之主。

老弟性醇美，见解卓越，固是名手，而得之于贵国未知学问之乡，真开创大英雄。但时有纯驳，则善人未入室，理之常也。非笔舌可尽，须面剖始明。

诸诗未见大方,然近日之诗,非理学所急。即夫推敲工致,不过炫世靡文;尚祈加意精研理性,以为一超世奇男子。望切望切!

不肖在舟既久,到此多病,头目眩晕,足浮气虚;加以心绪未宁,当事又复促行,序文未得构上,少暇当为之。先附上五本轴,乞照收。余俟再言不尽。

答安东守约七

前书仓卒,未罄所怀;次日复得手书,谨再条答:

不佞年逾六十,平生不敢傲妄,至于"知己"两字,他人以为寻常赠遗语,不佞绝不肯许人。两老师如少宰朱闻老、大宗伯吴霞老,骨肉之爱,最真最切,不佞亦未尝用此。惟少司马全节完勋王先生足以当之,今得贤契而再矣。如武林张书绅,庶几近之,而未可必。敝友陈遵之者,有无相共,患难相恤,胤息相子,未尝有形骸尔我之隔。不佞往时面谓之云:若足下可称相厚矣,不可言相知也。他若威房侯黄虎老,知之而未尽;其余比比皆知敬爱,或者称许过当,总未能相知。不佞于二字之严如此,

来札云不佞非能言不能行者,此贤契极有眼力处;不佞生平无有言而不能行者,无有行而不如其言者。至若文章合道,行谊合天,此是子思、孟子一流人;伊川先生以下,或多愧焉,不佞岂敢当之?今贤契恳恳求不佞之为人,不佞敢自评骘!不佞之为人也,心为上,德次之,行又次之,文学又次之,而书法为下。不佞之心,尧、舜、禹、稷、契、皋陶暨伯益之心也,而无其位。方龀而先大夫即世,未闻君子之大道,立身行己与人之要,俱从暗中摸索,故德次之。事不足以及远,功不足以长世,故行又次之。三者同条共贯,而为之区别者,时与遇之故也。学与文

者,仅仅咿唔涂抹而已,岂能望见古人?书法无师承,无功力,抑文(又)不足言矣。勉旃勉旃!共昈斯学,于贤契有厚望焉。不佞一息尚存,亦未肯少懈也。

贤契既好圣贤之学,自然能知能行;未能知、未能行,非所患也。况今日所知所行,种种皆是能事,但贵引而伸之;他日圣贤真种子崛起,当在贵国,毋多让也。

所答《子房赞》中,"虽若"二字,因汉高有"人杰"语,故子房为百世所推;不佞独心不满于张良、赵普,而前此有阮籍深贬之,极得予心,故用"虽若"二字,少扬之,随即痛下贬辞也。

《左传》用杜林《合注》极得,合朎《传》更妙;杜襄阳一生精力,独在《左传》,或者远胜孔氏《疏》耳。屏贰幅书上。诸再罄。

答安东守约八

狂澜莫砥之时,有能屹然自立,便足为中流之柱;贵国惑于邪教,举世不能自拔,忽有以圣人之道葬其亲,而不以邪教诬其亲者,便当为之执鞭,不必问其尽合于礼否也。此亦庶几素冠素韡之意。若必以紾兄徐徐律之,独不闻西归者怀之好音乎?但其中文饰之辞多,恻怛之真少,是其所偏耳。其有大错处则议之,至于治棺治圹作灰隔,绝然不知,其于《家礼》,亦似影响,未尝真有所得也。

前闻久留米礒部勘平,目下行三年之丧。今日有书至者云:土佐大夫野中传右卫门葬父依圣法,甚恶佛氏,居丧三年不弛,往往使国中行葬礼如此;则贵国非尽以邪教陷其亲,特人自没溺而不能振耳!此后有行之者,亦不为惊世骇俗。居今反古,不足虑也。

来字所驳问者，事事切当，前文又剀爽精当，得之甚喜，足见贤契近学之大进。

作棺图全式，及分合之式，俱画成奉览；其中有不明者，不妨往复，此大事也。贵国板佳而价廉，闻京中每五块不过拾两，与中国大相悬绝矣。礼虽不豫凶事，然亲年七十，当以时制；若一促求之，岂能有及？特惧所见不一，不能如人子之怀耳。若贤契得行其志，则治棺治圹，葬祭之礼，《家礼》之意，斩衰、齐衰之制，尚当细讲；但虑相去远，有事不能面罄，甚为怅怏！不一一。

答安东守约九

贤契之号，知者甚多，必不可更；若使贤契之更，是不佞以不肖之心相与也。异时两人均受其罪，均不得为全人，所关岂眇小哉？若非贵国初有此空谷之音，系于天下国家为甚重，不佞早已辞却之矣。

晋时苏峻之乱，会稽重地，朝廷以王舒为之内史，舒以父名"会"力辞之；朝议以为会稽之会音贵，不当回避，舒以音异而字同，终于不拜，朝廷不得已，改郡名为郐稽。彼纤儿目不知书，安知大义；彼又不乐闻人有好事，必思所以撞坏之，是故信口胡柴而已。而善人君子一时不察，则必为所欺。

辛丑四月，贤契欲改，而不佞止之者，一则以事未有定，二则以"守拙"之名未佳，故不听耳。至引李彦古为笑，贤契亦常忆之耶？是冬贤契请改，而伧父挠之，一误遂三年，中怀日夕耿耿，是以有前此之书；书到贤契毅然改易，诚为快事。深感深感！"省庵"者，前因曾姓而成，今名须得与"省"字关合；缘未闇贵国之音，多致数字，惟贤契抡其佳者用之。守约、守仁、守义、守礼、守道，均为曾子之事；若守整，与曾子未合，且不典雅，贤契颇有所考据否？今当详定，毋容亟改也。

贤契之学之行，远近所推；前书"一念之差"之语，大为骇然。今来五事犹未贴切，不佞于贤契之来，一事无迕，一字无疑，惟此大费推敲耳。谈论轻疾，乘喜失仪，习俗渐化，言涉非礼，必不至此；稍稍有之，亦自无妨大德。曾子曰："狎甚则相简也，庄甚则不亲。"是故君子之狎足以交欢，庄足以成礼而已。可见君子无时不庄，而犹以近人为念。不佞质性庄严，不能自化，每每以此为病；贤契岂可复蹈之？且"足容必重，手容必恭"，《礼》特言其大要尔。自朱子言之，俨然泥塑木雕，岂复可行于世？贤契人品已成，学识已裕，循循深造，雅俗相安；小有过差之处，但当随事省改，一心不懈，自至纯全之境。何得有"百事俱非"之理？若果有此，又不当于尔我之间讳言之也。

习射非恶事，多至十数人，亦不得望望焉去之；独不闻不如公荣者，不得不与饮酒乎？但须默有主张，自然不为所移。饮烟不能绝，只是欠刚毅，非为大害；心役于毁誉，诚哉乡愿之学，必不可也。若使毁誉以为美恶，是他人为我作主，我不得为一身之主矣。世有他人代我为圣为贤者乎？不必远引，近日交趾人来问，彼大为传诵。不佞在交时，岂无有毁之者？今日久而万口同辞，自然可强也，自有其真也。不佞今者在此，犹之在交也，虽有一二谗人，必不能乱我之真；即今谗人心术隐隐之中，已早有神明降之鉴而夺之魄，此即天地间至公无私之道也。特彼羞惭，不肯直陈其造谋之罪；若彼能自首，实将来未必不可改行从善也。毁誉之来，但当自反于己，自反无缺，便屹然不动。孔子尚有"无戾""无邮"之歌，子产有"孰杀我与"之谣，毁言何可徇也？诸容另闻。

答安东守约十

代管之事,悉如来议,别无所嫌,惟一年求仕进,不得则归乡,此事大须斟酌。大明人求微名,尚有五年不得、十年不得者,今贵国仕进则得禄,得禄则终身享之,尚可延于后世;而欲取必于一年,何仕进如此之易也?繇此推之,则躁进之心,无所不至矣,则亦少不更事矣!果能一年而仕进,则取青紫如俯拾地芥,即有如此之才,亦不敢出如此之言。欲此自藉其才力门地乎?抑藉不佞为之阶也?故曰"少不更事"也。若曰恐其后来万一有不妥之事,而持两端之见,则大不然。人有少年老成者,亦有老奸巨猾者,何可以年论也?但当视其前日之明所为何如耳,前日之处心积虑何如耳。若恐后来万一有事,则举天下之少年无一人可保,此非贤者之言也。既已商之于十时、繇布二公,而又夺之于悠悠道路之口;若遇大事,孰肯出一言以保举人材也?

内称臣,外称客,无有不可;贵国风俗之降等者,与代管毫无所异。不佞何吝而不与之名?且必不能向远来外来之人自号于人曰:我客也,我客也。且不佞之病,好以廉耻待人,故往往为小人下流之所侮弄;彼若果能自好,虽代管亦自优礼,不必于此屑屑也。

与奥村庸礼一

三好安宅,贫士也,介士也。饥不可得而食,寒不可得而衣;矜其门第,困守衡茅,其戚友瓜葛,亦时有悯其穷而饱之粟帛者,不屑受也。大布穿结,二旬九食,恬焉自以为得。不佞知其然,故减关柝之禄而衣之食之;安宅谬以为伯夷所树,衣之食之而无疑，如是有年矣。不料纤悉皆闻于贤契，而贤契又洞知其家世，洞察其行藏。夫搜访人才，乃钧轴之任；而进贤受上赏，又振古之志也。今世之士，大抵奔竞也，饰貌也；而君相之取才，大抵先容也，捷给也。先容则轮囷而为千乘之器，饰貌则败絮而登清庙之笾。

安宅悃愊无华，未尝见其才具。昔者，子贡问士之上者，孔子曰："行己有耻，使于四方，不辱君命，可谓士矣。"孟子曰："人有不为也，而后可以有为。"然则取士者可知也已。安宅与不佞游，于今六七年；淡水之交，始终如一，晦明风雨，未之或改。其立身、其存心之可见者如此，若或受知遇之恩，彼必能竭其力以报称之矣。至于才华，宁戚、百里奚盐车自力、短布商歌，亦何尝以才略自衒哉？贤契有意拔擢之，姑罗而置之台下；试可也而后升诸公。他日在安宅不失处士之节，在贤契不失知人之明，斯两得之矣，且足下以励世磨钝也。

与奥村庸礼二

昔吕蒙为石城长，吴主孙权谓之曰："卿今当涂掌事，须当读书。"蒙辞以军中多务，权曰："卿多务，孰与孤？孤少暇即读书，自知开卷有益。孤非欲卿为学如博士应举，但不学而莅事，犹如面墙；义理违错，何繇断决？"蒙遂折节读书。后过鲁肃，谈议之顷，肃惊曰："卿非复吴下阿蒙！"曰："士君子三日不见，便当刮目相待，君何见之晚也？"其后荐于吴主，遂为大帅。

夫以蒙为屯将曲长，而石城为小邑，犹且谓之"当涂掌事"；今贤契职亲禄重，大用有日矣。又且年富力强，耳聪目明；而不及今为学，一旦参掌大政，机务填委，轻重孤疑，不晓畅，岂不贻霍子孟、寇莱公之诮乎？古人云："世间何物最益人神智？曰无如读书。"然则读书非特修身正行，适所益人神智也。汉光武投戈讲艺，息马论文，盖为此也。

然中年尚学，经义简奥难明，读之必生厌倦，不若读史之为愈也。《资治通鉴》，文义肤浅，读之易晓，而于事情又近。日读一卷半卷，他日于事理脗合，世情通透，必喜而好之。愈好愈有味，繇此而《国语》、而《左传》，皆史也，则义理渐通矣。

吟诗作赋，非学也；而弃日废时，必不可者也。"空梁落燕泥"，工则工矣，曾何益于治理？"僧推月下门"，覈则覈矣，曾何补于民事？"鸡声茅店月，人迹板桥霜"，新则新矣，曾何当于事机？而且捻髭呕心，傥或不能工致，徒足供人指摘，又何益于诗名？

贤契若欲犹夫人而已，即今宜无不及人者；若欲希踪往哲，自求出类，非学古，岂能有获哉？其详已与木顺老面言之矣，并欲作一书致令郎及令婿，冗甚不能也。幸即以是语之。

答奥村庸礼一

古之能自得师者，公侯间庶几有之。周公、齐桓、楚庄王、魏侯，斯其最著者也。汉亦有平阳侯参，而盖公非圣贤之徒，然犹能载其清静，治齐，作丞相，而有宁壹之效。至于卿大夫之求师者，盖鲜矣。《诗》云："子子干旌。"朱夫子谓大夫之下贤也，不佞谓慨当时卿大夫之不能下贤，创见干旌而发耳。就"子子"二字，已自可见矣。若曰仅仅有此也，下贤且不可得，况有求师者哉？

世之最难者，无如交道矣；而师弟子为尤难，而富贵贫贱之际为尤难；以中原人为之师，而贵邦卿大夫为之弟子为尤难。不佞耳目聋瞽，而口复喑哑；贤弟何取于不佞，而欲以为之师哉？

贤弟笃敬温淳，志在立德，参赞机宜，地亲任重。不佞与贤，相去辽远，今入觐抵都，又以政务旁午，未尝得与不佞久处，真知其某事为贤、某事为贤，欣然而羡慕之、而敬服之也，不过以人言誉之而信之耳。以人言誉之而信之，不将以人言毁之而疑之乎？况贵邦毁人者，比比而然。吾见毁精金美玉为瓦砾者矣，吾见诋宝鼎为康瓠者矣，未闻有誉人者也。况不佞儒而日本遍地皆佛，嘘佛之气足以飘我，濡佛之沫足以溺我，孰有誉之者哉？不望其誉之也，谁复有谅之者哉？水户上公尊之信之，亦已至矣；动之者多端，未尝见疑，然能保其终不摇夺哉？语曰："易合者易离，善始者不必善终。"吾欲其终之善，故不轻其始之合也。是以门人三省屡以为言，不佞难于造次；盖欲坚却之，则乖贤弟特达之知，欲冒昧承之，则犯前贤"好为"之戒。是以再三迟疑。

前谕欲如安东省庵，省庵虽一介寒士，然其高才卓识、盛德虚心，则有不可及者矣。亲疏戚友之间，摇之者万方，而终不惑；敝衣陋室而不耻，粝饭瓢饮而不悔，使大邦能振兴于圣贤之道，则若人诚君子而尚德者矣。使贤之志意能如省庵，则不佞又何有世俗之虑哉？

前月廿六日，再请于上公，谕以贤弟意思真诚，理无可却，且言之甚为肫切，不得已惭觍勉承之耳。闻之德足以为世仪，言足以为世法，而后可以为人师，今不佞有一于此乎？但期相与有成，进德修业，致君泽民，功在社稷，不为世俗所讪笑，他日不为两邦口实，则幸矣幸矣！裁复迟迟，统希原亮。

答奥村庸礼二

廿七日承翰教，备谂近来福祉，及详读史之有益于治理。司马温公辑《通鉴》，始于以魏斯、赵籍、韩虔为诸侯，亦犹孔子作《春秋》，始于鲁隐公；圣贤之大经大法，于此见端焉。俗儒金履祥，不佞乡人也，乃取李焘《长编》，及龙门《史记》以冠其首，名为"前编"；此卖菜佣之见耳，徒使读者厌观！故前书云《资治通鉴》也，且看此一部，俟文义透彻，玩索精熟，然后取别部以益之，不在豫先求全也。傥得同志之友十人、五人，共相讲磨，则事理自然明白，见识自然增长；若有疑难者，姑置之，待来年到此，不佞尚无恙，互相质证。疑者阙之，愈久愈觉有味，自然不至厌烦。

昔子房与他人语，如水投石，无有入也；与沛公语，如石投水，无弗入也。今不佞之言，贤契深相契悦，他年表表于世，谓是不佞领袖之，庶可无愧一番相与也。

不佞旧年多病，今岁殊康健；每年病夏，今年亦无此疾，可慰远怀。秋冬或有大病，亦不可知。目下急欲作一棺以俟之，迟速非所计也。草草布复，不备。

答奥村德辉一

"慨焉激励，以竭其力"，意思甚好。孔子尝言"不愤者不启，不悱者不发"矣，慨焉激励者，其愤悱者也。慨然者，志也；激励而竭力者，气也。志气感奋，其学有不成者乎？"竭力"二字，受用无穷。竭力以事君必忠，竭力以事亲必孝，竭力以读书修己，则必为贤为圣。人之所以不肖者，皆不能竭其力者也，或竭其力于无用之地耳。

又思天下能言之士恒少，而富贵之子受病恒多；非富贵之子生而不善也，其所与游者使之然也。其所与者，软熟谐媚，奔走趋跄者已耳。大者希其恩泽，小者资其衣食；导之非僻，诱其邪淫，以为悦；无美而誉之，有恶而饰之，以为功。父母又敦礼而难于责善，则有过而不得闻，日流于污下矣。

昔者，驺忌盛服将朝，举镜自照，谓其妾曰："吾孰与城北徐公美？"妾曰："君美甚！徐公不及也。"少焉，其妻至，问之；妻曰："徐公不及君美远甚。"因出而问其客，客曰："徐公岂能及君？"忌倾之入朝，而谓齐王曰："城北徐子，天下之美丈夫也；臣自知不及徐子远甚。晨起将朝，问臣之妻、之妾及臣之客，皆誉臣之美不容口。此无他，臣之妻私臣也，臣之妾畏臣也，臣之客皆有求于臣也。今王之宫中，皆私王者也；立于朝者，皆有求于王者也；四境之内，皆畏王者也。臣恐王不得闻其过矣！"今足下虽万万无此，吾恐他日为软熟谐媚者所阴中，故预言之，使吾子察之而不逢不若也；又恐为他富贵者见之而怒，故阁笔者再三。又恐逾七之年，一旦溘先朝露，则斯言遂不得闻于吾子之耳矣；宁可言而过，不可自爱而不言也。

"光阴若流，事业无就"，此蹈袭前人语，非也；但当曰："光阴若流，不读书行己，则事业必无所就。"此即慨然之意已。

远惠能州海参，与老年人甚相宜，谢谢！诸惟激励而竭力耳。

答奥村德辉二

盛使来，承惠厚仪，领到谢谢！因询足下用功何如，备悉近来安好，且闻今冬毕姻，甚喜。夫婚礼，万世之始也；而古者婚礼不贺，何也？古人意味深长，礼义周至，甚可思也。足下其悉心以体之。

夫人之处世也，出入不立异于时俗，而行己不负愧于古人，斯可矣。欲不负愧于古人，非讲书明道无繇也。前年见足下时，方在成童；转瞬之间，已冠已昏矣。《诗》云："未几见兮，突而弁兮。"即此也。冠者，责为人臣、为人弟、为人少者之行于人，故礼不可不重；而足下今将有为人父之责，若失今不学，不过一时俗庸人已耳！出则骑大马、乘高轩，仆从如云，拥卫之已耳，其能有出类之望乎？惟在足下勉之矣。

孟子谓："待文王而兴者，凡民也。若夫豪杰之士，虽无文王，犹兴。"其言可深长思也。夫待文王而兴，犹且谓之凡民；待文王而不兴者，其将谓之何哉？足下欲为豪杰之士乎？欲为凡民之不若者乎？吾知足下必欲为豪杰矣。他人类以好言赠遗，而不佞责成独深，非不知时俗之习也；特以一日之义，不可泛泛耳。

外具花绸二疋，非以为贺也，但不脱俗已尔。惟希哂存。不一。

答奥村德辉三

远出方归，溱溱家室，乃于百忙中存念老朽，作书相问耶？初愿甚奢，后来机会不偶，转瞬之间，归期已迫，人情事势，大抵皆然。然而不必以此为怅怏也。

能学，则稠人群聚之时，必有我师；事务纷错之际，皆有其学。人人所能而我不能，则不劣而不得不学；人所不能而我犹能，能则不广而益奋于为学，则无地非学也。彼自暴自弃之徒，日与其师相接，且不知其师之白黑青黄，岂能有益于学哉？

昔有一名公元老，命吏书牍曰"于宝"；其吏跪而复曰："命是晋臣，合是'干宝'。"此老瞿然起敬，改容称谢，与各部堂曰："此吾一字之师也！"若能如此，则何学不成；傲然自足，则何德不隳？故曰：学者立志当如山，求师当如海；以此思学，无弗得矣。

不佞近虽多病，不足为害；然"老健春寒秋后热"，终非长久之事，况未必健乎？匆匆裁复，不尽。

答古市务本

为诗岂尽无益哉？能如《三百篇》，风者足以劝，刺者足以惩，善心发而逸志创，于世道人心，未尝无补也。然必天子巡狩肆观，陈诗纳贾，而后有益也。是故王迹熄而诗亡，岂遂无诗哉？诗之用亡矣！至宋之中叶，天子犹自读书知诗，"琼楼玉宇，高处不胜寒"，则曰："苏轼终是爱君。""世间惟有蛰龙知"，则曰："彼自咏桧，何名谤讪？"今之诗，益无用矣！高者宣淫导豫，下者学步效颦；掇取《事文类聚》及《诗学大成》等书节令名物，敷衍数字，杂合成章；此不过欲虚张名誉，巧取世资，何尝发之性灵？甚至公侯卿相不能禁饬，反舍其政治，习效成风。如东晋清谈，遗落世事，及嗤时贤，谓含瓦砾、执鄙吝，是岂邦家之福哉？故曰：诗不可为也。

得来书，深喜。勤学则不患资质钝；勤学则不患无立。两目如灯光水晶，焉用彼相？将乘长风破万里巨浪，岂虞无舵？若失今不学，则涉大川而无舻楫，罔水而行舟，何所依而定乎？使旋率复，惟希加意勉之。惟不自安于庸人，则必为豪杰矣。

与平贺勘右卫门[*]

辱惠书问，具悉爱厚。去秋百谷顺戎，足下政绩茂著，不辜夙望。前谕弘济生，谓五致书而未达，此邮筩之过，亦所托非人，然雅意已心志之矣。

---

[*] 此题中的"与"，应为"答"，本为应问而答之书简。——编注

足下向膺郡命，闻之大为称庆；在政府可谓为官得人，在足下可谓才称其职。其时即欲作书，少竭愚衷，以勷新政；特恐足下莅事之初，求治太速，行之或不以渐。而贵邦积疲之民，积猾之口，彼意所不堪，易腾怨谤，适足为盛美之玷，故宁徐徐耳。今上下已相信矣，竭诚鼓舞，此正其时。

旧冬与玄仍吉兄言，勿减赋以求悦民，勿增赋以求媚上；一如旧额，而勤力其中。百姓得其盈余，渐可仰事俯育；倘若有心立异，甚非长策。盖不能安其位，则善政无从得施，康节先生谓："宽一分，则民受一分之惠。"其言可深长思。万一有非时轻用民力，自当尽职力争，不可畏威惕慑。方春一日不耕，则举家终岁不饱，何易于以县令执笏牵舟，而不敢扰百姓；可法也。

井田之法，固后世所万万不能行；而井田之制，沟涂封洫，旱涝蓄泄，制度详尽，则田官所不可不知者也。向亦尝言其梗概已，足下尚能忆之乎？

古者农官，方春，即舍于郊；岁内，即阅谷种，戒农具。如此勤敏，百姓安得不饶裕。"衣食足而后礼义生"，此教化之厚，不可不留意也。贵邦田多沮洳，水浸则土膏不存，土寒则禾稼不发；而且播种太密，冗杂逼迫，求其畅茂蕃硕难矣！盖阳多则气蒸，雨之溉之，其苗浡然而秀；种疏则条达，或耘或耔，其禾芃芃而兴。汉《耕歌》云："深耕溉种，立苗欲疏；非其种者，锄而去之。"可征也。惰民妄言土恶，则必不可信；此间土地肥饶，黑坟赤埴，用力省而发生多，远过敝乡。若或久荒久瘠，岂可归罪土田，自非墝埆，必须亲为试验，毋轻听也。

古者二十五家为里，里有门，所谓闾也、闬也；里有正、有胥，耕耘刈获之时，日坐里门，朝则出民于田，夕则入民而息。如此，则游手媮惰之弊除，非僻奸宄之萌杜，法甚善也。今民零星散居，亦可以渐而复否？子产曰："政如农功，日夜思之；思其始而成其终，朝夕而行之，行无越思。"然则农功之当日夜以思，朝夕以行，可知也已。

昔者，赵过富其民，枣柢富其公，杜诗、张堪，百姓歌而乐之。惟愿足下追踪古人，先劳无倦，上嘉其功，下歌其德，名垂后世，式布四邻，则丈夫男子之事已。士惟在有为耳，不在官职之大小崇卑也。书不尽言，言不尽意。

与源光国启

伏以启宇于东，正青社之攸寄；建中为极，奠赤子于咸宁。虽继世以守其成，实创业而垂其统。愚民诚难与虑始，识者先知其克终。忭舞情深，揄扬莫罄。

恭惟上公阁下，文事武备，学优行成；仁义裕于天常，孝弟诚堪世则。为子为弟为叔父，贵无匹于当今；敬贤敬德敬多闻，法可传于来裔。慈惠之声，日遍宇下；忧勤之志，夕惕胸中。兹适孝思之有终，正当访落之伊始。万民已安于衽席，一心若纳诸沟中。非为号令之一新，改其旧政；但使整齐其已甚，济此徽猷。欲臻美大之观，聿新庠序之教。成德有造，寿考莫逾于西伯；制礼作乐，达孝欲协于周公。诚得弦歌徧于一国，竚看仁政被于八纮。蔀屋无丰，人民胥庆；华封多祝，奕业其昌。伏愿好善好士，兴让兴仁；舍己以从人，居尊而忘势。法旸曦而为照，无一人不钦其明；矢金石以为盟，非他道可渝其志。缵旧邦而作新民，与斯人而入圣域。之瑜临启，可胜欢欣踊跃之至！

与源光国

恭惟沼囿乃观游所时有，与民偕乐则为灵；燕会亦慈惠之恒情，奉三无私而称胜。咏物华乎天宝，玩美景于良辰。兹盖伏遇水户侯宰相上公阁下，恩均化育，德洽阳春。兴发遍于域中，黎庶忘阻饥之厄；补助周乎四境，苍生赖回天之功。于是乘时行乐，陟卷阿而矢泮奂之音；遂欲一视同仁，蒸吉士以继优游之躅。

瑜诚无似，眷顾尤深。屈公侯之尊以隆寒士，处理道之最而启后人。纵观名园，流连胜境。琼花夹道，斗瑶英而霏玉屑；琪树成林，绽黄金以傩蠙玑。济楚肆筵，贯鱼衔命。池凝碧落，披载籍于东方；酒滴葡萄，来醰醹于西域。事事咸留清思，一一尽发渊衷。身进食饮者三人，千古仅闻周公之美；躬观馈醋者数矣，一介敢矜桓子之蒙。在之瑜深惭叨滥以非宜，闻上公方责有司之失序。况值王朝聘问之日，适当勅使旅见之时。百执已夙戒于阶墀，主君宜寅清而晋接。大抵意必移于尊重，而乃神专属于卑微。在昔方策夸谈，雅意疑多溢美；于今躬逢盛典，始知未尽铺张。勒之丹衷，佩殉白骨；藏诸箧笥，留贻子孙。犹祈宣附史官，昭明奕世；尚当播扬舆诵，作则遐方。但恐礼义率度，如椽之笔，莫既形容；诚悃诞将，载道之碑，难得万一。伏愿兼备七经，笃行一德；三事允治，六府咸修。九功之叙皆可歌，与众之乐斯无尽矣！临启可胜欢忭踊跃之至！

谢源光国贺七十算

伏以兴邦之大道非一，而其要止在于尊贤；明君之至理多端，而所重莫先乎养老。故惟夏后殷周之盛，始著虞庠胶序之仪；自非其人，何敢叨滥？兹盖伏遇宰相上公阁下，天挺人豪，敏求好古。仁义礼智，道咸粹于厥躬；弟友子臣，德自敦夫庸行。允文允武，亶听亶明。诞生乎龙章韶乐之地，笃行夫诗书名教之文。卓尔独知，不藉乎离奇蟠木之冘容；毅然特立，遑惜夫父兄百官之不足。庭翔乌雀，訑神道于安平；台筑黄金，启哲人于燕路。至于饮食起居，尽关渊思；而且疾痛灾害，深切隐忧。

伏念之瑜异邦樗朽，儒林赘疣。寸寸櫱材，曾何资藉于补衮？纠纠葛屦，奚能步武于承筐？仅效晋平之好学，难希五羖之适秦。内举外举，雅愿慕夫祁奚；戏綵弄雏，心伤悲乎莱子。比拟耆英往圣，能无形秽神惊？幼安明哲保身，潞公华夷钦仰。或为王者之师，或奏旂常之绩。其最下者，学贯天人；方之之瑜，品殊霄壤。负兹蓬矢之志，深幸棘心之吹。而乃赐之杖，授之几，膺殊礼以冒高贤；酱而馈，爵而酳，归西伯而称大老。文武周公而下，邈矣其风；后王烈辟之尊，孰闻斯义？元王知其意而未必备其礼，明帝循其度而未必竭其诚。求其情意交孚，节文如贯；泂矣华夏罕俦，古今希遘！岂惟冠友邦之冕，直欲开编录之宗。展也大成，允矣君子！

伏愿扩而充之，怙冒必先四者；引申勿替，敷陈普及三农。兴贤立教，夙于变于黎民；崇德遴才，广明扬于白屋。伫见含哺击壤，祝效华封；自当勒石铭金，名垂万古矣。临启可胜悚惶祈望之至！

谢木下贞幹

弟生不辰，逢天僤怨。中原沦陷，累累几同丧家；薄海流离，栖栖竟无宁宇。出没波涛险恶之域，自分僝躯必葬鱼肠；亢礼雕题椎结之庭，逆知劲骨决遭毒手。长怀辗转，无计图维。深荷贵邦容纳之宏仁，不吝增太仓之稊米；欲报水户君尊崇之大德，妄希足岱岳以轻尘。奈何道不逢原，竟诧师傅于谁氏；行非出类，敢云雨化以何人？

幸遇台臺，文苑之宗，人伦之冠；博综夫典谟子史，研穷乎孔孟程朱。逖矣闻名于西土，晚哉相见于东都。身体力行，无须拾格致之余沥；意诚心正，自能袪理气之肤言。外修抑抑之威仪，内蕴渊渊之学术；胸罗烨烨之文采，自成表表之词章。实而若虚，谦不自满；逞悝兼葭映玉，不觉醇醪醉人。念弟四海无家，数甲子于绛县之老；一身多病，晞夕景于桑榆之杪。台臺乃贶以琼瑶，望其长久。极知爱厚之情，温然挟纩；深铭比况之意，展也劳心。敢不加餐自喜，或有一得之可期；冀毋金玉尔音，庶几半载之室迩。临缄率复，统惟馨涵。

答小宅生顺

来教事事切中，敬服台臺之有学有识。其所以责仆者，敢不深自引咎；但未知贵国主之志何如，礼自须逊辞耳。何足下之愤愤耶？足下之辞虽坚决，若所行之事尽如其言，仆可胜大愿；一生求之而不可得，安肯交臂失之？即刻当往候黑川公。且有众客须复礼，终日而毕；明日若少暇，别当奉复。

日候上公福履，知于十日回镳；适读翰教，又闻龙旂白斾，悠悠扬扬，可胜欣慰。远狩号令殷烦，复锡以豕膏一器，何注存无已至此。即刻拜命之辱，祈台兄先为申谢，明当面颂。并闻台兄行旌康泰，甚喜。草草奉复。不宣。

昨暮之谈大快，绝不致倦；脱粟羹藜，不以为亵，不足云扰。弟性真率，毫不犹人；不论大明、日本，惟独行其是而已，不问其有非之者也。

雷蛇诸事，似涉语怪；然世界存而不论之事尽多，不当以经生一隅之理，胶固断定也。

佳作惠下，捧读为望，但须徐徐，必不使致倦怠耳。此复。

君子去就，自有道矣，何可苟焉？弟若以富贵为心，何缘得至贵国？先正云："迎之致敬以有礼，言将行其言也则就之；其次虽未行其言也，礼貌未衰则就之。"弟非中国中兴，与胡尘迅扫，终无归理；无归理而纷更反复，弟岂如此之人乎？何台兄疑弟之深也？

面言求尽，译者又不能达，故复草草致意，惟祈照鉴。不一一。

节间杯酒，饮不至醉；何突罹此无妄，此弟之罪也！后来当如命，微醺而止耳。

"官家"乃天子之称，他无敢称之者；至于朝廷，则非天子之专称，孔子"朝，与上下大夫言"，又"其在宗庙朝廷"。孔子虽入周，未尝一登周天王之朝，且书中明系鲁国之朝廷也。今将军之尊，何遽不及鲁侯哉？殿下、公方、御前，此在国俗则可，若欲传久行远，恐有碍也。惟裁之。

敝止无屐可着，重九佳节，不能走贺，歉甚！逐日欲造府以悉阔悰，引领望天，不得晴霁；飞鸢贴贴堕水中，是用怅然！

承谕禾头生耳，灶底产蛙，深为惊讶；又闻有尊恙，益为念切。仆两日亦不爽，今盍见益中积血如墨，然无可如何也。

来问"急性子"，仆寡陋无所知，于药材、草木、鸟兽更无所知；然闻急性子乃凤仙花子，不辨是非，触手即肆躁暴，未知是否。此复。

上公狩大野，获野犬，夜分见遗，此二十五年未尝之味，喜极矣！词命郑重，不敢当礼，今夕当烹治，候台兄同享之。有事欲晤语，午后专迟台驾，弟亦有前约欲面奏也。

　　佳作大妙，寓意于不隐不显之中；掉结又洁净劲爽，且无《长杨》较猎等套语，敬服敬服！诸晤尽。

　　今暮乃以令堂老夫人他出，不能移玉过我，怏怅之极。幸借《文选》二三卷以消岑寂，诸容明晨晤罄。

　　大雪盈尺，特为小酌以破寂寥，本非礼法之饮也。且主人庖厨乏人，中馈无主，不衫不履，事事可哂；今早诘敝门人，诚为可笑。台见或能相亮，不深责耳。何敢当谢？又饮不至醉，懽惧不至戏；何至追思，此台兄谨慎之过也。

　　记稿蚤起寻觅不得，佳篚俟天和、事闲书上。先此奉复。

　　《自贡园记》甚佳，足称大方矣。弟闻见狭陋，未尝见贵国有此完文也。因命之恳恳，已为改削奉上，奉（拳？）石不足以增山使高也。记中"县"字有着落否？妻之侄曰外侄，故二字皆缺之，惟考定以入。诸晤尽。

　　佳篚委书，以久病，遂致沉搁，罪罪！顷者简出书上，又以久病气虚手颤，未有成一笔得成字画，可笑可伤。弟自看犹尔，况可污大方之目乎？罪甚罪甚！希炤存。诸容晤言不既。

　　蚤晨遣数人助工役，何故拒却？用时幸命下唤取，弗以形迹为嫌也。适有遗我魁栗，大者如拳，敢分二十枚奉上，幸惟炤存，毋视为殷七七着鼻物也。

答安东守约

昨来两札俱佳,不必更改。凡作书助语,如"之、乎、者、也"等字,非甚不得已,不可用。句要劲,词要古,而无用古之迹为佳。所以一应文字,出之先秦两汉者为妙;若要近便适用,或取尺牍争奇,苏、黄小品,选其可者熟玩亦可。冗次不既。

前书醉后所草,深夜笔冻,诚恐率误,未知何如?夙夜弗懈,劝学励行,此今日空谷之音也;而贤契能笃信而行之,及门必有可观。贵国之文教,其有兴乎!

讲《周易》《左传》《纲鉴》,烦劳极矣,咬菜之躯堪之乎?笑笑!

《左传》合经者,宜于解经,不便于读,别有善本否?杜诗即欲寄上,因来人不能多带,止寄五七律陆本。希炤收。

久不见贤契文,及今乃大长进,格局、文势、意语俱绝佳,非寻常所可几及。尚祈研精古来大作手,当成贵国一大作手大名公。勿徒草草也。至于理障之学,人己俱入混沌,须一切屏去,千万勿以扰心。

繇布公屏风六叶,要真字大字二行,如此则二十字内外,圣贤格言,如何可尽?此或是落笔时差误,故须问明,然后为之,即祈示知。若必欲如此,恐语短意深、不足以晓人也。

《文公家礼》,觅得速速寄来,以便起手;更得《仪礼》《周礼》为妙。不考定诸书,不见定裁,恐不尊不信,不信不从也。序稿改定附上,希炤收。

两书俱领到，贤契因不佞乏人使令，欲遣盛使前来，此休戚相关之至情，极感极感！无论盛使有病，即病愈亦勿遣来：言语不省，一也；往来多费，二也。万万！

前烛欠精致，有一人能为之，当别寄来，不尽。

忠孝事大，不佞才劣计庸，自揆初心，实多内疚。父子、夫妇之间，情义挚然。贤契乃独上推夷齐，下逮鲁连，谓为义士；不独今人贵古贱今，甚骇闻听，即不佞冒昧承此，罪戾转深。他日得无忝所生，庶不为知交之辱。

秋间来此，共相讲磨，食蔬饮水，相与有成，亦不佞大不幸中一大乐事。不佞于中夏四国，本来一体为亲；凡遇英才，乐于奖进。既已道合心孚，岂有彼此间别。门墙之谕，虽为谦德，实未深悉鄙怀也。寄来书籍，照单察入。

昨见贤契来书，知畏三励志向学，甚喜！畏三本有可教之资，久于荒弃；旧年忽有此想，所谓天牖其衷也，所为极大关头也。彼时闻之，曾对如琢云："此极妙事。"今果然矣。

贤契循循善诱，大启其机；与他人教之，功相百倍。异日有德有造，恩侔生育，不虚通家之谊矣。

贤契前日之所誉，似为过当；若使移以赠之，真切实而不浮也。喜而不寐，良然良然！

伊藤诚修兄策问甚佳，较之旧年诸作，遂若天渊；倪嚞此而进之，竟成名笔，岂逊中国人才也。敬服敬服！

片冈宗顺文虽未得肯綮，而语气绝无蹇涩之病，大不类日本风味；少年又能力学，当大加奖进也。三诗不佳，且有大病，殊不似其文。

　　二兄作，本不应批阅改窜，因贤契之言，遂不顾僭越耳。至若门人之称，恐非所宜；好为人师，古今通病，且恐世人未必复有安东省庵也。

　　三省回，竟无信息；闻其母已故，或为此耳。诸再悉。

　　初六日奉手书，距今二十日，怀念之深，似乎辽阔；昨暮惠颁翰教，足慰渴思。复谕秋仲可晤，益喜。惟盛使舟行遇风，几至倾覆，此心殊不安耳。

　　前书似不必复寄，既承来命，附使将上，惟慎之。虚嚣自矜之士，不足与解也。希炤入。

　　叠承台惠，甚媿多仪！酻爵贪饕，难于报称。

　　《韩柳批评》，自当如前点阅。诸情缕缕，非晤言不得罄也。不次。笔谈一册，附璧。

卷五　阳九述略

致虏之繇

中国之有逆虏之难，贻羞万世；固逆虏之负恩，亦中国士大夫之自取之也。语曰："木必朽而后蛀生之。"未有不朽之木，蛀能生之者也。杨镐养寇卖国，前事不暇渎言；即如崇祯末年，搢绅罪恶贯盈，百姓痛入骨髓，莫不有"时日曷丧，及汝偕亡"之心。故流贼至而内外响应，逆虏入而迎刃而破竹；惑其邪说流言，竟有前途倒戈之势。一旦土崩瓦解，不可收拾耳！不然，河北二十四郡，岂无坚城，岂无一人义士？而竟令其殳戈服矢，入无人之境至此耶？总之，莫大之罪，尽在士大夫；而细民无智，徒欲泄一朝之忿，图未获之利，不顾终身及累世之患，不足责也。

明朝以制义举士，初时功令犹严；后来数十年间，大失祖宗设科本旨。主司以时文得官，典试以时文取士，竞标新艳，〔何〕取渊源；父之训子，师之教弟，猎采词华，埋头呫哔。其名亦曰文章，其功亦穷年皓首，惟以剽窃为工，掇取青紫为志，谁复知读书之义哉？既不知读书，则奔竞门开，廉耻道丧；官以钱得，政以贿成，岂复识忠君爱国？出治临民，坐沐猴于堂上，听赋租于吏胥；豪右之侵渔不闻，百姓之颠连无告。乡绅受赂，操有司狱讼之权；役隶为奸，广暮夜苞苴之路。朝廷蠲租之诏，不敌部科参罚之文；乍萌抚字之心，岂胜一世功名之想？是以习为残忍，仿效模糊。水旱灾荒，天时任其丰歉；租庸丝布，令长按册征收。影占虚悬，巨猾食无粮之士；收除飞洒，善柔赔无土之粮。敲骨剥肤，谁怜易子；羡余加派，岂顾医疮。全入长安，蟊贼腾循良之誉；客先曲木，屠伯叨卓异之旌。未闻黩货有勾罢之条，惟见催科注阳城之考。盗贼载途，惟工涂饰；虫蝗满路，孰验灾伤？夫如是，则守令安得不贪！繇是而监司、而抚按，尽可知也矣；而佐贰、而首领，更可知也矣。此见任官害民之病也。

其居乡也，一登科第，志切馈遗；欲广寝余，多收投靠。妻宗姻娅，四出行凶；子弟豪奴，专攻罗致。女子稔色，则多方委禽；田园逆心，则百计垂饵。缓急人所时有，事会因尔无穷；攘夺图谋，终期必济。钉田封屋，管业高标者，某府某衙；诉屈声冤，公事至偃者，何科何院。曲直挠乱，白黑苍黄；庇远亲为宦户，挤重役于贫民。事事贴赔，产已卖而役仍在；年年拖累，人已毙而名未除。官司比较未完，满堂欢喜；隶役牌勾欠户，阖室栖遑。士夫循习故常，糊心民瘼；被害胥谗，瞋詈没齿。官邪鱼肉小民，侵牟万姓。闾左吞声而莫诉，上官心识矣谁何。饶财则白丁延誉，寒素则贾董沉沦；荐剡猥多，贤路自塞。此乡官害民之病也。

凡属一榜科甲，命曰同年同门；繇其决择取中，是曰门生座师；辗转亲临辖属，是曰通家故吏。又有文社甄拔之亲，东林西北之党；插足其中，丝纷胶结其间。问岂遂无仁贤廉洁之士？总之一壶之醪，不能味一河之水；一杯之水，不能熄车薪之火。而且憸壬机巧，竞赏圆通；持重端力，咸嗤古执。圆通者涂附，古执者群离；必使一气呵成，牢不可破，则小民安得不被其害？且幽、冀、兖、豫五省，苦于俵马驿马；俵马有孳生印烙之弊，驿马有恤马需索等弊。江南有白粮糙粮、粗布细布之弊，一经签役，立致倾家。总来官不得人，百弊丛集。

百姓者，黄口孺子也；绝其乳哺，立可饿死。今乃不思长养之方，独工掊克之术，安得而不穷。既被其害，无从表白申诉，而又愁苦无聊，安得不愤懑切齿，为盗为乱，思欲得当，以为出尔反尔之计。繇前所言，谓之巧宦，语之以趋炎附势、门户夤缘则独工，语之以兴利除害、御灾捍患则独拙。尝之以朱提白粲、朘削肥家，则攘臂争首；告之以增阵浚隍、储糗桑土，则结舌不谈。他如饰功掩败，鸎爵欺君，种种罪恶，罄竹难尽。

是以逆虏乘流寇之讧而陷北京，遂布散流言，倡为均田均役之说；百姓既以贪利之心，兼欲乘机而伸其抑郁无聊之志，于是合力一心，翘首徯后。彼百姓者，分而听之则愚，合而听之则神；其心既变，川决山崩。以百姓内溃之势，歆之以意外可欲之财；以到处无备之城，怖之以狡虏威约之渐。增虏之气，以相告语；诱我之众，以为先驱。所以逆虏因之，溥天伦丧。非逆虏之兵强将勇，真足无敌也；皆士大夫为之驱除难耳。若果逆虏兵强将勇，足以无敌，彼江阴一小县，不过靴尖踢倒尔已；虽内有储积而外无救援，乃犹慨然拒虏，闭城坚守，男子出战，妇人馈饟，虏攻之百道，半年始拔；阖城自屠，妇女婴儿俱尽，而虏之骁骑死于城下者亦且数万。其时南徐、毗陵、吴兴、金闾，设能各出奇兵掎角，此虏其有只轮北济乎？奈何孤城独抗，远近俱靡，粮尽胆丧而力竭无益也。细民不能远虑，岂知逆虏得国之后，均田不可冀，赋役不可平；贪黩淫污，惨杀荼毒，又倍蓰于搢绅之祸哉！今虽悔之痛之，无可为也矣！《书》曰："天作孽，犹可违；自作孽，不可逭。"此之谓也。

虏势二条

奴虏种类，原自不蕃。先年李宁远以奴隶儿子畜之，玩之掌股，使其长养内地；知我虚实情形，又加以龙虎将军名号，使得控制别部，狡焉启疆，失于防御，遂灭北关、白羊骨诸种，益致披猖。又贼臣杨镐、袁崇焕前后卖国，继丧辽阳、广宁，滋蔓难图；然犹廿年蹂躏三韩、燕云，屹然无恙。即曾两入朔易、山东，未敢公然盘踞。只因流寇攻陷京城，惨杀文武；吴三桂愚士（駷）竖子，失于较计，欲报家仇，勾引入寇，逆虏遂令三桂为导，乘机掩袭北京。我人既以为德，不复先事防闲；复以南北中分之说，愚我满朝文武。处堂燕雀，仓皇不暇绸缪；又乘我四镇之乱，并取河北江东。

此时弘光初立，又非令主；倚毗者，枢府马士英，勋镇方国安。士英借台衡密勿之重，开西邸以卖官；国安总四十八万之师，拥中军而作奸。大将既系庸材，参赞都非佳士；仅逞枭然之气，谁知堵御之方？遂致虏［马］渡江，只矢不折，两浙八闽，卷箨飚风。其时瑜已潜来日本，未尝目击沦亡，兴言及兹，目眦尽裂！

奴虏之下江南浙闽也，本借西虏之兵；江阴亡失过多，赔偿大费周折。西虏恃协赞之方，责报终无已时；满部倚老旧之恩，恣行全无忌惮。责报者尚未盈其欲，恣行者有简制之嫌；繇是外内之心，渐生乖异。八旗各有头领，政每出于多门；一朝自相龃龉，疮难补于百孔。而且老本有子女玉帛之乐，心所恶闻者战争；蛮子遂卤掠溪壑之怀，意所图全者规避。地方既广，防守自多。尽发满虏，则满虏有限；纯用汉人，则汉人可疑。进退维艰，固难自决。初时内地殷富，一抄抢则盈千累百，是以钻营入伍；近者民间财尽，极搜索仅锱铢升㪷，因而厌苦为兵。奉调发则涕泗沾襟，闻鼓鼙则心胆堕地。名城无百骑之守，省会少及千之营。尽是蛮子汉官，一味虚听恐喝。今所防者，浙闽边海而已，内地义师，未敢突起，自已（已自）络绎旁午，十室九空；如此其沿海诸营，甚至半年无饷。万一忽有纪律之师，乘间而起；已敝之房，如何可支？家家装束辎重，人人顾恋妻孥，惟有长驱渡江而已。虽有郎二省公忠爱民，然一木难支圮厦；又且各房久已疑贰，事势急迫，满汉终不相能。此直浙之房，势已尽在目中矣。

既得南京、浙、直，则江右湖、湘、福郡、延建一时骚动，粤东粤西，截为悬瘿。盖广信既下，常山固守，则房兵不敢下南雄、越梅岭；袁州复定，湖湘驿骚，则房兵不敢出韶州、度杉关。马病无可更，伍虚无所补；二房若不面缚归降，惟有束手待尽，故曰"悬瘿"也。如此，则天下财赋之区，一旦皆非房有；云南即无他故，仅足协济贵州。逆房号令所行、征发所及者六省；山西、陕西、四川之粮，尚不敷汉中、交城之用。漕储既绝，太仓日空；长芦盐法不行，宣文税课虚设。其余河南、山东、北直租庸有几，临清、南旺、夏镇尽成废阁；况宫中燕赐，郊庙祭飨，百官俸料，军卫月粮，边关款赏，军前火药弓矢衣甲器械，一概取给于此，而又加之以士马刍粮。唱筹何计量砂，点金亦难指石；脱巾之呼，势所必至。逆房其能支乎？

而且南畿江浙，劲兵逼临，国藩从中而起，则八闽两粤奄为我有，则房之所防者愈广；睢汝、归陈、蕲黄、汉武、鄂襄、樊荆、湖南北、许颍、青徐数千里间，处处须设重兵。大将少则不足以战，多则力有不能；与前代汉赵秦晋之事，时异势殊。西房及西北辽人，不利犒赏抢掠，而有锋镝死亡之忧，谁肯复应其募？掉臂而去，转生内难。瑜谓房国日困一日，房力日竭一日，房兵日少一日，房势日衰一日，房民日苦一日，房心日离一日，万不可复振，盖谓此也。逆房不北遁，不久必有图之者。此幽燕辽陕之房势已尽在目中矣。

去年八月十四日，天日晴明，但闻空中厮杀声，人马旌旗，历历可数；自巳至未，外来者大胜，从内出者尽灭，飞血洒空，岐头一镇，数百人家家尽见，老幼俱见。其余民谣，各处如出一口。以天时人事合之，虏之败亡必矣。虏既出口之后，万分不敌明朝。应昌地广城坚，水草美善，部落蕃衍，马壮粮饶；且祖宗功德在人，人不忍背。逆虏事事不及蒙古，抑且壤地褊浅，海西毛鳞，鱼皮穷寇。中国即不穷追，其灭亡可翘足而待。一应进取机宜，奇正道路，今徒托之空言，不必预为宣泄。

虏害十条（妇人放笞参附）

东人之害，自江以北至南京。

沿海有防边、养兵、藏匿、接济之言。

近海有造船、帮工、值匠之害。

签发舵梢之害。

内地有签派船料、搬运木植之害。

省会近城各郡有放债举息、买官附营之害。

仕宦有配发上阳堡、宁古塔之害，并入旗披甲之害。

买官但计得钱，不问色目之害。

"打老鼠"之害。

拆房屋之害。

何谓东人？奴属辽东诸人，先将童男女狡狯者或婢妾之属出之于外，虚词哀哭，以乞人家收留；或旁于左近空房门庑止宿，或倩人做媒鬻卖。觇知既有着落，或数日，或数月，近者一二日，远者年余；其人来认，声言捉获，诬以诱逃拐带，僮婢历历招承。但凡干涉满州官司，听其指挥，无敢违抗，其家立破，如其欲而后止。更有串同人家旧役奴仆，合词拐骗，本人无处称屈，邻右不敢证明；是以无良奴婢，挟比纵肆，上下无等，最可痛伤。

何谓防边养兵？沿海营伍，以防边为名；一月半月徼巡一次，便须附近民家打火。所过之处，趋承供应；临行并其鸡豚畜产、罂粟壶浆，一概倾倒担负而去，甚者掠人床帐衣被，铛釜器皿。是以近兵处所二三十里之内，每日黎明，便将各物搬入山僻丰草菁篁之中，但留破釜窳器，在家食用支应。

其营兵平年无粮，编派民间分养；既有鱼羹酒饭，复索鸡肉菜茹。贫者两三家派供一日，稍可者日逐坐养一兵。贫民半菽不饱，情何以堪？既已养之，仍要淫其妻女，不敢不从。若有一家杀死兵丁，诬以谋逆，则阖村洗荡；不得已忍辱忍气，不敢轻举。

何谓藏匿接济？义兵登陆，素与虏人饮博欢呼，结盟交托，途遇问讯，毫无嫌疑。义兵在船，除鱼鲜外，其余醢酱菜蔬、酒浆肉食、布花絺苎，自须市之乡人，米粮亦征取民户，油麻竹木，事事须之陆地。其欲札诈乡民者，便捏曰某窝藏山海寇盗，某家接济海贼；需索既遂，官司亦不根究虚实。

造船、帮工、值匠者。海口造船，并派近海民帮工，舂灰牢钻；匠作饭食，更须民家承值。名虽官给朱银，百姓不胜扰害。今岁造船，明岁又须修船；修而复烂，烂而复造。何时底止，穷民何以聊生！

签发舵梢者。农田之家，本来不谙水利；或时内港小舫来往，岂堪出海撑驾。大船奸人，妄报某某堪作舵工，某某可充水手；其人心不愿行，势必重贿营脱。既签之人，不论家口多少，着落本村公保；便终年赡养，又要明派舵梢辛力银两，穷民有屈难伸。

更苦者，签派船料、搬运木植。小木犹可，十人或数十人足以举之，数日便交割。访知某家山有大木，堪作含檀舵梢、大小桅木者，不论远水十里百里，一笔号取，曰某衙门官用。湿松桅木,非千人不胜,次者亦数百人而后举。劳苦一日,或曳十里,或曳里许;逐晚止宿树傍,不顾豺狼虎豹。倘有奸人伤损,赔累必致倾家。何处佣募千人,知于何日得赴深水,不幸有一巨本,阖境受其灾殃;又且所过之处,坟茔禾稼,一蹍俱平。利害如斯,其家安得不重贿营免。营免之后,仍不许砍斫损伤,以需后用。其人明知后累无已,权且医疗眼前。往时祖茔乔木以为荫庇美观,今惟祝其速为枯朽,子孙犹得延生。

省会郡城,有放债举息之害,买官挂名之害。访知其家殷实,诱以买官;或有官事牵连,劝令附着营头名色。始初亦甚有效,一时狐假虎威;凡属酬谢馈送、叩见贽仪、衙门犒赏,一切代为料理,不须私囊见取一钱。于是高低上下,成群结盟;管家厮养,打合一伙。大哥兄弟,称谓视之,酬酢往来,酒杯捷捷。年深月久,一一堆积,子母盘算,囊橐俱空。或以多余银钱,委托生息。他如急切借贷,倍称难偿。拴锁鞭箠,为过期之利息;出妻献子,作别项之添头。其软局坑人有如此者。

京官外任有配遣上阳堡、宁古塔之害,旗下披甲之害。初入旗下,如投座主;既欲得官,复索见钱。有人招认应发,俱名京债;官才到任,债主随临。百事未遑,先要理完本利;自非贪酷,其钱何处得来?或托本管干办,别处设法,挪补京价甫毕,又须遣人入京,叩头送礼谢荐。渔猎所得,仅仅供给恩主。瑜谓逆虏之畜汉官,以渔民也;譬之渔人畜鸬鹚以取鱼,谨其绦嗉,放之中流。阳乔小鲜,充其口食;巨鱼力举,扼其吭而攘之。攘而复放,放而复攘;循环不休,毙而后止。或者犯赃发觉,或者随坐作奸;动辄配发上阳堡、宁古塔,奥援有力,入至旗下,披甲充兵,虽官职极尊,亦自编入营伍。比时无钱营免,必须荷戟差操;较之明朝差戍,前代贬窜,统体不同,相去悬绝。即如输作城旦,尚为过之。此辈亦名缙绅,不知何乐于此?而蒙面丧心，甘为人役之如此者！

倡优、奴仆、舆台、丐户，法所禁锢其身，远者及其子孙，而有钱可以身致青云。逆虏秽乱中华，宪纲扫地；不拘色目诸人，有无过犯，输钱皆可买官。或十人五人朋买一官，登场傀儡，惟一人出色；官资多寡，诸人照分均摊。或诸色贱役人等，入在旗下，或乳母阉宦之家承应；视其口舌便利、活动小心、有意营谋者，认定几千几万，不论道将大小，随缺辄讨一官。朝为仆隶，暮列冠裳；昨日俳优，今朝弁冕。倚托恩主势焰，宪司一体施行。凡属此辈得官，比常更加察之（察），心恐他人轻慢，无端作福作威。凡系同僚属官，更须加意周挚，分外小心；若非良心尽死，廉耻尽丧，岂肯狼藉至此？士风何恃而不坏，民生何恃而不穷？

丑莫丑于"打老鼠"。满营妇女，靓妆艳服，三四成群，联袂行游；市廛酒馆，无有不到。或取币帛，或赍酒殽；所值数金，一文不与。但曰："今日不曾带得银来，算该你银几两；你看那位奶奶标致，拣一位打个老鼠罢。"若与理论，或索还原物，便称调戏，反行喊叫；非魇非梦，任其匄夺。业在市肆，反不得不开列营生；源源若此，何门控诉？

惨莫惨于拆房屋。翚翼乌衣，高门大第，有无眷属，任意鸠居；出入启闭无期，饮食喧嚣无度。初时仅止厅事，以渐沿入深闺。阀阅门楣，立见一时狼狈；窗棂墙带，必令四面通穿。殖殖其庭，广堆刍粪；有觉其楹，专系马骡，此犹其小者也。必使外内无别，百道宣淫；少不遂心，构成大逆。又且借居停之好，多生枝节；无穷嫌衅，尽起于日夜盘桓。是以缙绅巨室，反就乡舍村居；本宅欲图别卖，又无旧主。乘其迁移，代去自行拆毁；栋梁桁柱，拆作柴薪，甃石连甍，委之粪土。数千金拮据而成，数十金零星而尽。毁拆之后，数月便长蓬蒿；一望蕃芜，黍离伤感。至于边海房屋，借窝藏奸细名色，务便家家壁落穿通。一则便其搜索财物，一则妇女无所隐藏。诸凡所为，何惨刻之甚！

奇莫奇于赵固山之妻以妇人放衙参。凡遇有事，高座堂皇；开门唱赞，标属长随。排班参谒，拘提笞责，发放施行。有时出外游观，或者亲属燕饮，飞黄熠熠，车马轩轩；列骑卫行，前驱警道。霜戈耀日，赤帜绯云，俨然一雌固山也！虏人之纲纪如此。

其余奸淫万状，科派百端，又其罪之最重者。然一部十七史，无处说起，故反阙此二项。他如既纳民丁，复输盐灶；一人两役，朝暮值官。见事风生，吹毛索垢。牧养生刍，遇物攘夺。大兵所过，四出骚扰；指称奸细，搜灶株连，处处皆然，人人饮恨。虽民间冤惨号天，然无力俾离水火。又苦笔力短弱，不能绘监门之图，播道州之咏。奈何！

灭虏之策

灭虏之策，不在他奇，但在事事与之相反。彼以残，我以仁；彼以贪，我以义。解其倒悬，便已登之衽席；幽之汤火，斯为沃之清凉。则天下之赤子，与天下英雄豪杰，皆我襁褓之子，同气之弟；安有不合群策、毕群力，以报十七年刺骨之深雠哉？逆虏虽有神谋秘策，亦无所再施；况黔驴之技久穷，山鬼之术尽露。全为百姓勘破，毫无足惧；故知一败涂地，必不可支也。

彼之所以能据我中国者，原乘我民心之叛而用以张其威；所以到处望风溃散，未尝一战而已窃取天下矣。今百姓之叛虏，更十倍于前日之叛明；而民心之思明，更百倍于前日之望虏。何以知其然也？己亥年同国藩入长江，南京未下，兵律尚未严；而江右、江北、蕲黄、汉沔已云合响应，翘首而望时雨。即家室妻子躯命事事可捐，而惟望大明之光复。民心之迫切，亦甚可怜矣！倘能不毁其家室，不污其妻女，不戕其躯命，民心之爱戴，不言可知矣！瑜身在行间，亲知而灼见；日与各处士大夫相接，已自与耳食而涂说者不同。况瑜之拳拳恳恳梦寐饮食于此者哉？

有人焉，果能以仁义之师，过之枕席之上，而又雷厉风行；譬则鼓洪炉以燎毛，决冲波而漂炭，咄嗟而办耳！然而万有一虑者，即以己亥之秋之故也。攻城不能拔，而去之如弃敝屣，使天下戴香盆。供馈饷之父老，人受毒痛；海上之师，恐不复取信于天下。然国藩入江之初，有识者已先策其必败矣。今若议定下手吃紧之处，更其弦，易其辙，威之以武，陈之以文；诛其残贼，绥其士庶，玉帛无所贪，子女无所幸；而又号令严信，处置得宜，则垂绝之百姓，忽然更生，民情鼓舞欢乐何如也。既信而乐之，则数郡之后，远迩归心；东征西怨，传檄而定矣。彼即不量其力，欲与我抗；譬之以卵投石，以指挠沸，至则糜烂尔已，何能有幸哉？

前日南都之败，乃周师之自溃，非虏者胜之，亦何得藉以为口实也。即如时俗之见，谓虏弓劲骑勇，何以当之？此未知战者也。骋檀车于平原孔道，则飚驰电逐；遇五尺之坑，则忽然自陷。转圜石于高山峻岭，则雷击霆摧；入寻常之谷，则颓焉不出，理势然也。今江南多河塍沟浍，无成列之道，则马不得驰；我取敌于数百步之外，敌射我于数十步之近，则箭无所用。即与比力较投，犹以我之所长，攻彼之所短；况我熟其山川，审其要害，据其形胜，结其豪杰，得其民心，鼓其士气。又且出奇无穷，从天而下，虽有乌获，不能奋其力；虽有神鬼，不能测其机。是惟有不战，战必胜，万万无疑也。彼逆虏不走不降，则釜中之鱼，惟有焦灼而已矣！若顺治不死，取之较易；惜今乱离纷杂，恐江北已致分崩。《军志》曰："天道后起者胜"，今有其时矣；"兵义者王"，今有其势矣。

孤臣饮泣十七载；鸡骨支离，十年呕血，形容毁瘠，面目枯黄；而哭无其廷，诚无所格。申包胥其人杰也！能感动雠仇之秦，为之出五万之师，统之以三大将，阅国历都，复既亡之楚，不失尺寸。况此时，秦楚岁岁构兵者，故曰包胥其人杰也！彼独非人臣哉？瑜觍视息，能无愧之哉！

民之憔悴于虐政，未有甚于此时者也。立功成名，声施万世，未有易于此时者也。时乎时乎！遇此千万年难遇之期，而弃之轻于鸿毛，吾谓智者之所不为也，仁者义者之所不为也，有志者之所不为也，亦甚可惜矣！

以前数款，名曰"述略"：述者，记其行事，无有粉饰文致；略者，具其梗概，不能委曲周详。诛恶者法贵从宽，执笔者理宜存厚，况乎鬼蜮暧昧，败俗伤风，事难宣书，须敦大体；又且年来酬应既寡，闻见日疏，年衰善忘，转眼遗忽。偶追俗事，数日难寻；一时欲历叙精详，其势不能捷得。是以挂一漏百，略述大端。然已发上冲冠，罪不容戮矣！贤契幸为存之，他日采逸事于外邦，庶备史官野乘耳。

辛丑年六月望日，明孤臣朱之瑜，泣血稽颡拜述

颜习斋集

新 序
——整理后的感想
许啸天

我们从竖的——过去的——历史，看到横的——现在的——社会，那人类事业，经过种种创造、种种失败、种种团结、种种破裂：千辛万苦、前仆后继的接续着做那创造而又失败、团结而又破裂、循环无端的事业，以至于亿万斯年而不休息，而亦不成功。这是为什么来？人类同是天地间千万种生物中的一种，同受着天地的豢养，现现成成有吃、有住、有穿，你若不创造，天一般也要生你的；你若不组织，地一般也要养你的。你看别的生物社会，他有什么创造？他有什么组织？即使有创造、有组织，总赶不上人类那模样伟大的创造、繁琐的组织；但他们不见得因此断了种，也不见得因此绝了食。独有人类的社会，却永古千年不住的在那里创造什么事业，组织什么社会，闹得乌烟瘴气；又但是事业只管翻新，社会只管复杂，而人类依旧是住在地球上，依旧是靠天养活的。这样说来，人类所经营的种种，岂不是白辛苦么？明知是白辛苦，还是进行不休，这又是为什么来？这个答案，我可以总说一句：是受着人生观的驱迫。

人虽同是天地间的一种生物，但因生理上的组织，比较现有的别种生物——将来有无胜过人的生物产生却不得而知——格外细致一点，所以他思想界的领域，便也格外扩大一点；因思想界的扩大，他智识的欲望也跟着扩大起来，生活的欲望也跟着扩大起来。凡是他所创造、他所组织，都无非是求智识上的安慰和生活上的享受。人是最聪明而又最贪心——据现有的生物界说话

——的动物,所以他的智识也永不能得到安慰的一日,他的生活也永不能得到满足的一日;因此,他的人生观也永不能得到完善解决的一日。明知道不能解决,但我们做一天人,那智识界上受着一天人生观的驱迫——下愚的除外——不由你不去做一天解决人生观的事业和维持人生的事业,因此,便也无意中延长了人生的历史,组织成复杂的社会。

凡是人虽都有人生观——便是下愚的人也有下愚的人生观——但因各人受着环境的驱迫力不同,习惯的蓄养力不同,性情的趋向不同,学识的方向不同,因之而各人有各人的人生观,甚至同是一个人,一时代有一时代的人生观。虽是这样说,大概一个民族,因为同住在一处地方,同受着一处风俗的教养,同受着一处人性的遗传,因此,在一民族中,虽有人人不同的人生观,却可寻得一条人人相同的人生观的趋向。根据他的趋向,我又可以把全世界人类对于人生观大别的态度,分出三种来说:第一种,是向前看;第二种,是向左右看;第三种,是向后看。我再约略分说在下面:

第一种,向前看的人生观。这一种,他把人看作无上尊贵而又万能的,不但是万物之灵,而且是天地间的主人翁。在人的智力范围以内,没有不可解决的事,也没有不能明了的理;遇到了困难,便一味的向前要求,研究、创造、享用,成了如今物质文明的世界。

第二种,向左右看的人生观。这一种,他果然也把人看做万物之灵,但同时也承认自己为天地间生物中之一员;在天地的范围以内,任你人的智力如何发达,终不能得到人生观的究竟。还不如安分守己,尽万物之灵的本能,创造得一分,便享用一分;凡事不要求澈底的解决,凡理也不要求澈底的了解;眼前如有困难,便向左右看,在这困难境地上求自己的满足。不想破坏局面,也不想改造局面,成了如今趋重情志的中坚社会。

第三种,向后看的人生观。这一种,他把人生看做无上的烦恼而又虚空的。人生观,是天地间永远不能揭晓的一个大谜;既然是猜不透的东西,何必白费心思去研究他。在主张物质文明的人,以谓多研究得一分,便多明了得一分人生观的原理;多创造得一分,便多解决得一分人生观的事业。其实,他不知道这人生观之门,是从外开进去的,不是从里开出来的;它是一座迷宫,愈向里开进去,里面的门路愈多,愈叫人迷失了来时的道路。那求澈底了解人生观的,愈是研究得精细,发生的问题愈多;社会上事业愈发达,人生愈是烦恼,愈是危险。凭我们做人的智力,终于不能解决自己的问题;何如不求解决,并且根本不要这个无谓的人,岂不是不解决而大解决了?凭这个态度,便成了如今趋向厌世的宗教社会。

总起来说:向前看的,是入世的人生观;向左右看的,是处世的人生观;向后看的,是出世的人生观。这三种人生观,各走各的路,各说各的话;自有人类社会几千年以来,也便走了几千年,说了几千年。到如今,还不曾走得通,还不曾说得明白。倘然入世的人生观走通了、说通了,人的寿命也可以仗着物质的保障,弄成永古不死的神仙;世界上各种事业发达完成,早已把地球弄成天国了。因又倘然处世的人生观走通了、说通了,人人各安天命,不奋斗,不创造;直到如今,也可以保持几千年以前穴居野处的原人状态,又如何能造成如今这样物质文明的状态呢?又倘然出世的人生观走通了、说通了,那更是干脆,人类早可以灭尽死绝,何必再叫我们的子孙永古千年留在世界上,受尽烦恼吃尽辛苦呢?这三种人生观,到如今一种也得不到成功者;只因他们都有走不通的地方,互相维系着,以造成今日这半明不暗的社会。

我还可以说一句,这三种人生观,莫说眼前有走不通、说不通的地方,便是再过亿万年,也还是个走不通、说不通;他们走不通、说不通,难道说叫我们便不做人了吗?还是候着他们走通了、说通了再做人吗?还是暂时做一个没有人生观的人吗?这都是不可能的。既是不可能,当然不能不做人;既不能不做人,当然要有一种人生观。这三种人生观,都不是可靠的;依我的主意,我们既在世界上做人,只是低着头去做罢!且不要抬着头观罢!观是空想,做是实事;随你什么空想,都不足为凭,只有做成功的事实,是可以算得数的。向前看的人生观,只须去做他的向前的事业;向左右看的人生观,只须去做他向左右的事业;向后看的人生观,只须去做他向后的事业。谁做得成功便是谁的人生观不错,这"做"的一个字,便是西洋文化上所说的 Positivism。我如今且把他的理由约略介绍几句在下面:

> Positivism 是什么呢?便是所谓实证论。实证论是什么呢?便是说哲学必须以经验的事实为其研究上唯一的出发点,以确实的事实做基础,排斥一切思辩的理论为空论,尊重实验和观察,主张与其消极的、毋宁积极的这一种主义。这实证论的倾向,是十九世纪差不多同时起于英、法、德诸国,给与思想界以极大的影响。其代表学者:在英国,是穆勒(Mill)和斯宾塞(Spencer);在法国,是孔德(Comte)、列德勒(Littr'e);在德国,是法协尔巴哈(Feuerbach)、拉斯(Loas)、来尔(Reihl)、杜林(Duhring)等。但实证论这一个名词,是始于孔德称他自己的哲学体系为实证哲学(Phelosphie Positive)。孔德排斥在他以前的哲学家之欲认识事实——就是现象——和其关系以外的东西,而以现象底本质、其第一原因和其究极的目的等为超绝我人底认识能力,不是我们所得而知的;我们只不过依着观察研究,比较得知

道现象间所存在的不易的关系和事实的连续、类同间所存在的整一的法则罢了。那么，一切知识，都是相对的；绝对的认识，是没有的。这是因为事实的本质、起原和其生起底方法等，我们不能知道的缘故。我们只能单依着经验，知道甲的现象和乙的现象不绝的结合——乙常与甲连续而生起——其所谓原因也同是现象，并不是那人格的神或超感觉的形而上学的原理。这样看来，我们底认识，只限于现象的连续和共存之上；所以，我们所能得到的唯一知识，是唯一有用的知识。我们所以探求原因，是要促进阻止变更他的结果，或欲预知他的结果以为之准备。这样，结果的预知和变更，依着认知其法则连络现象上的因果关系可达到。学问，就是为着欲预知结果；预知结果，依着这实证论可以达到目的。——《新文化辞书》（七五九）

预知结果，便是要得到人生观的究竟。他明告诉我："一切智识，都是相对的。"他又说："我们所能得到的唯一知识，是唯一有用的知识。"相对，是限于人生底一部分的；人生的一部分，是发生于现象的。人生是切实的现象，是要人去做出来的；所以说："并不是那人格的神，或超感觉的形而上学的原理。"人生第一切要的，是要得到用；如何可以得到月？是要做，是要立刻去做；不是说如何做法，也不是说想去做，更不是那超感觉的空想。我们看还是空想能够安慰人生，还是去做出来得到实在的利益能够安慰人生？这当然是实利能够得到人生的安慰。最浅近的比方，肚子饿了，只有立刻去吃饭，还要吃饱，才能够得到安慰；这吃饭是要去做才能得到的，倘然说肚子饿了不去吃饭，只是想饭，这怕是不能解决人生问题的吗？倘然说肚子饿了，非但不吃饭，并且不许想饭；又因为吃了还是要饿的，索兴把这吃的事实取销了，这还成吗？这因为吃饭底本质起原和其生起底方法等，我们不能知道的缘故。你要取销吃饭，势必先要取销吃饭的本质起原和其生起底方法，这是人的智力范围内能成的吗？所以空想是不适用于人生的，须是有实证方法才能解决人生；但是实证方法，还不过是一个方法罢了，要得到实证的利益，还是在做。上面所介绍的实证论，还不过是一个做的方法，并不是做；不做，只有一个空方法，还是不中用。譬如害病，只有一个乐（药）方，也是不中用的；一定要拿药方去赎了药来，给病人吃进肚子去才中用。所以我们中国有一位颜习斋先生，他的人生观，非但是鼓吹做，简直是实行"做"的一个字。他的《存学编》里有一段说道：

> 以读经史订群书为穷理处事以求道之功，则相隔千里；以读经史订群书为即穷理处事而曰道在是焉，则相隔万里矣！……譬之学琴然：书，犹琴谱也：烂熟琴谱，讲解分明，可谓学琴乎？故曰，以讲读为求道之功，相隔千里也。更有一妄人，指琴谱曰：是即琴也；辨音律，协风韵，理性情，通神明，此物此事也。谱果琴乎？故曰，以书为道，相隔万里也……歌得其调，抚娴其指，弦求中音，徽求中节，是之谓学琴矣，未为习琴也；手随心，音随手，清浊疾徐有常功，鼓有常规，奏有常乐，是之谓习琴矣，未为能琴也；弦器可手制也，音律可耳审也，诗歌惟其所欲也，心与手忘，手与弦忘，于是乎命之曰能琴。今手不弹，心不会，但以讲读琴谱为学琴，是渡河而忘江也，故曰千里也；今目不睹，耳不闻，但以谱为琴，是指蓟北而谈滇南也，故曰万里也。

你看他这一段话，把空想和实行的界限，分得何等的清晰？把实行和空想的利害，又说得何等的明瞭？似乎比那提倡实证哲学只讲方法的一班西洋学者,说得格外坞实些。所以,我们要得到人生观的究竟,仗趋重情志的空想,果然是不中用;便是仗趋重理知的议论,也是不中用的。非得要求理知的实行,才能得到人生观的实现。我们中国的智识界,大别为汉、宋两时期:汉儒讲考据——理知的,宋儒讲理学——情志的。直到明末清初的时候,才出了几个学者——王阳明、黄黎洲、王船山、顾亭林、颜习斋这班人——渐渐的知道趋向于人生的实现,提倡"知行合一"的议论。其中经过三百年浅薄的八股文的束缚,这一线中国实证派的学说,也湮没了三百多年;如今的知识界,又把舶来的什么主义、什么思想搬弄了三四十年了!只是搬弄,不去实行,还是得不到一个究竟;所以我再把三百年前中国的实证派学者请出来,把他的学说传播出来。内中要算颜习斋先生,是一个积极的实证派;他自己取名一个"习"字,便是表示实证的意思。你们要得到人生观的究竟么?快研究他的学说和他一块儿习去!——这一番话,便是我整理过《颜习斋集》以后对于思想界上的感想。

十四年,十二月,二十六日,于上海啸天书室

卷一 年 谱

门人李塨 纂　　王源 订

凡 例

一，颜先生年谱，甲辰三月以前，本之先生追录稿，及塨所传闻；以后皆采先生日记。然日记共七十余帙，每岁日记，不下七八十叶；嘉言卓行，不可胜收。又塨守先生"省减览读"之戒，修年谱，起乙酉六月二十有五日，讫甲申八月十有二日。除应他事外，一日务完一岁；则其涉猎而录出者，略亦甚矣。故每言，如有每为修谱者，将其日记节录，尚可得五六编；编各不同，皆可传世，亦一快也。

二，二帝三王之道，至孔子而集其成；然秦火以后，兴衰划然一分。汉唐之士，抱残守缺；宋明之士，伪袭僭篡，而圣道几委于地矣！先生崛兴而寻坠绪，全体大用，焕然重明；天心世道，所关非尠。有志者详谛之，可以兴矣。

三，孔子不可得而见矣！然予以为孔子生知安行，如《鲁论·乡党》所载，人或尚疑高远，以为非中材可以步趋。先生年谱"日日改过，时时省躬"，虽愚柔观之，亦不可托言自诿也。诚为后人作圣模范。且讲道透快，剖陈世故剀切。修己治人之方，皆具于是。

四，先生平居教学，每叹先儒伐异党同，虚学欺世。一次，河北诸儒为孙征君祝寿；王五公先生代先生作一诗，后先生以书规曰："祝征君，鄙意也；但某不知而代为吟咏，则非立诚之道矣！"其严如此。故今谱，先生功过并录，一字不为饅饰，以守先生之教也。王昆绳规我曰："词戆，非述尊者体，可易而婉之。"予曰：谨受教，然终无曲隐者。

五，先生交游，论定者各附上传。或谓先生年谱，不传他人；然先生"会友辅仁"之学，见于是焉。故宁赘勿削。

六，是编成，王子昆绳订之，实裨不逮。然终愧识浅学薄，不足写状先生；或再有赐订者，万祈无吝金玉。

丁亥，七月，李塨识

（一）*

明崇祯八年乙亥，三月十一日，卯时，先生生。

先生姓颜，讳元，字浑然，号习斋；父讳昹。博野县北阳村人。蠡县刘村朱翁九祚养为子，遂姓朱，为蠡人。妻王氏，孕先生十有四月；乡人望其宅，有气如麟，忽如凤，遂产先生。啼声甚高，七日能翻身。适园甃井，因乳曰园儿。数月后，母疮损一乳，乳缺；朱媪抱乞奶邻妪不得，则与朱翁嚼枣肉、胡麻、薄饼，交哺之。

先生顶圆，后一凹。发少年甚长，晚岁尺许。面方腴，少红白色，晚苍赤隐白。颧微峙，准方正而巨，孔有毫；睛黑白分，中年病目上疮，左目遂眇，然卒视之，若目睛如故者。左眉下疮痕如横小枣核，眉晚出，毫三五。耳有轮郭，珠垂，额丰博，横有纹。天庭一凹，大指顶。口方正，有髭，丰下；须约四寸左右，髯五六株。两辅各一志，生毫二寸余；身五尺，胖白；手纹生字，掌红润；舌

---

* 颜习斋《年谱》《言行录》，一般分上、下卷。此本均以一、二为别，"一"则上卷，"二"则下卷。——编注

有文曰"中"。足蝉翅文甚密,其"言中行洁"之象乎?

朱号盛轩,有才智,少为吏,得上官意。沧桑变,偕众守蠡城及刘村有功。妻刘氏无出。　父昹,形貌丰厚,性朴诚;膂力过人,爱与人较跌。善植树。

丙子,二岁。

丁丑,三岁。

戊寅,四岁。
冬,畿内警,兵至蠡;先生父不安于朱,遂随去关东。时年廿有二,自此音耗绝。

己卯,五岁。
朱翁为兵备道禀事官,移居入蠡城。

庚辰,六岁。
崇祯十三年,岁凶,人相食。　朱翁纳侧室杨氏。

辛巳,七岁。
朱翁为先生订张氏女为室。女长先生三岁,博野王家庄李芳润女;因乱弃野,蠡人张宏文收为女。至是,宏文为道标巡捕官,故联姻。

壬午,八岁。
就外傅吴洞云学。洞云,名持明,能骑射剑戟。慨明季国事日靡,潜心《百战神机》;参以己意,条类攻战守事宜二帙。时不能用，以医隐。又长术数，多奇中。盖先生之学，自蒙养时即不同也。

癸未，九岁。

朱翁时以钱给先生，令买饼饵；先生俱易笔。

甲申，十岁。

三月，贼李自成陷京师，烈皇帝殉社稷。

五月，清兵入，是为顺治元年。先生尝言："曾戴蓝𫄨晋巾二顶，明之服色也。"

乙酉，十一岁。

始学时文。　朱翁侧室杨氏，生子晃。

丙戌，十二岁。

吴师洞云纳婢生子，妻弃之枥下，先生连血胞抱至家，告朱媪刘乳之。吴妻怒，捶其婢，婢逃；复遁之朱家，匿之。乃缓颊洞云夫妻，卒还养子，遂成立。然终以吴妻怨怒，不得从吴游矣。　母王氏，改适。

丁亥，十三岁。

蠹生员蒋尔恂——明户部主事蒋范化子也——以众入城，杀知县孔养秀，称大明中兴元年。朱翁挟先生避之博野。尔恂东略河间，众败遁去，乃还里。　从庠生贾金玉学。

戊子，十四岁。

看《寇氏丹法》，遂学运气术。　见《斥奸书》，知魏阉之祸，忿然累日夜，恨不手刃之。

己丑，十五岁。
娶妻，不近——学仙也。

庚寅，十六岁。
知仙不可学，乃谐琴瑟，遂耽内；又有比匪之伤，习染轻薄。

朱翁为先生谋贿入庠，先生哭不食，曰："宁为真白丁，不作假秀才！"乃止。　县试策问"弭盗安民"，先生对，略曰："淫邪惰肆，身之盗也；五官百骸，身之民也。弭之者在心君，心主静正，则淫邪惰肆不侵而四体自康和矣。乱臣贼子，国之盗也；士农工贾，国之民也。弭之者在皇极，皇建其极，则乱贼靖息而两间熙皞矣。"县幕客孙明明大奇之，试《四书》文亦异；迎见如上宾，骑遇辄下。

朱媪之母王氏患疮，先生日为拭血秽不倦；后卒，祭其墓者二十年。

辛卯，十七岁。
浮薄酣歌如故。　冬，会友。夜读书，二三过，辄不忘。

壬辰，十八岁。
习染犹故也，然无外欲，虽邪媚来诱，辄峻拒之。

癸巳，十九岁。
从贾端惠先生学，习染顿洗。而朱翁以讼遁，先生被系讯。作文倍佳，端惠喜曰："是子患难不能乱，岂凡人乎！"一日，役缥之行，遇妓揖，不顾。役曰："此而敌所慑者，盍求之解？"先生笑不答，大书其前室曰"养浩堂"。未几，入庠，讳邦良。讼解，因思父，悲不自胜。

端惠，名珍，字袭什。蠡庠生，幼有文名，长庄悫。厌蠡城纷嚣，栖西北野，从而居者廿家，因名廿家庄。摄邑篆刘公请见，不往，悬扁馈仪以致之，亦不往。及释任去，乃往谢。一姻属，捕厅有讼，艰包苴，曰："闻汝，贾文学姻也，持渠只字来即免。"端惠笑曰："必令姻有进，宁货之财耳。字不可得也。"禁及门结社酬歌，及子弟私通馈遗。先生遵其教，故力改前非。及卒，先生为持心丧五月，私谥曰"端惠先生"。

甲午，二十岁。

讼后家落，告朱翁曰："时辈招筵构会，从之丧品，不从媒祸；且贫不能捐城费，不如旋乡居。"翁遂返乡。以年迈，日费尽责之先生；先生身任之，耕田灌园，劳苦淬砺。初食蒟秋如蒺藜，后甘之，体益丰，见者不以为贫也。与乡人朱参两、彭恒斋、赵太若、散逸翁父子友。参两名湛，端谨士也。恒斋，名士奇，颇有学，先生尝与究天象、地理及兵略。初负节高尚，后技痒，以拔贡。康熙四年，授长洲令，厉禁妇女游虎丘。欲有为，终累繁剧，失官卒。太若，少学问，粗直。先生每谓其能攻己过也而友之。散逸翁，姓彭，名之炳，能诗善饮，为庄老学；子通，亦如之。更工画，虽极贫困，夷然无累也。炳弟之灿，甲申后弃家出，南游苏门，至顺治戊戌，谓孙征君、高荐馨曰："吾不愿生矣！"遂坐饿死于百泉之啸台。

乙未，二十一岁。

阅《通鉴》，亡寝食；遂弃举业。虽入文社应岁试，取悦老亲而已。

丙申，二十二岁。

元日，望东北四拜父，大哭恸，作《望东赋》。 以贫，为养亲计学医。

丁酉，二十三岁。

见《七家兵书》，悦之，遂学兵法；究战守机宜，尝彻夜不寐。技击亦学焉。——源按：宋儒不知兵，以横渠之才，一讲兵法，即为范公所斥，其屈于辽、夏，辱于金、元，不亦宜乎！先生初学未几，即学兵法，此所以远迈宋儒，直追三代经世之学也。

戊戌，二十四岁。

始开家塾，训子弟。王之佐、彭好古、朱体三从游。 名其斋曰"师古"，自号"思古人"，谓治不法三代，终苟道也。举井田、封建、学校、乡举、里选、田赋、阵法，作《王道论》，后更名《存治编》。 好古，父通，号雪翁，以往来孙征君、刁文孝间也，时作道学语。先生问之，乃出薛文清、王文成、蔡文庄《指要》，及《陆王要语》。复言孙、刁行迹。先生深嘉陆、王，手抄《要语》一册。 渐为人治疾。

己亥，二十五岁。

三月初六日，将之易州岁试。生子，名之曰"赴考"。 抵易，访王五修于山厂，订交。五修，名之征，保定新安人，孙征君高足，安贫志道，自号寻乐子。

作《大盒歌》，略曰："盒诚大兮诚大盒！大盒中兮生意多。

此中酿成盘古味，此中翻为叔季波。兴亡多少藏盒内，高山拍掌士几何？此处就有开匣剑，出脱匣来我婆娑。"《小盒歌》略曰："盒诚小兮盒诚小！小盒生意亦不少。个中锦绣万年衣，就里佳肴千古饱，如何捧定无失却，如何持盈御朽索。忽而千里向谁觅？反而求之惟孔老。识得孔叟便是吾，更何乾坤不熙皞。呜呼！失不知哭，得乃知笑！"

庚子，二十六岁。

得《性理大全》，观之，知周、程、张、朱学旨。屹然以道自任，期于主敬存诚；虽躬稼胼胝，必乘间静坐，人群讥笑之，不恤也。一日，朱翁怒，不食，三请，不语；大惧，辟席待罪。又祗请，呵曰："汝弃身家耶？"——盖闻人议先生不应秋试也。谢曰："即赴科考。"遂入京。

寓白塔寺椒园，有僧无退者，大言曰："念经化缘僧，犹汝教免站营田秀才；参禅悟道僧，犹汝教中举会试秀才。"先生曰："不然。吾教中中举会试秀才，正是汝教念经化缘和尚；吾教自有存心养性秀才。"僧又侈夸佛道。先生曰："只一件不好。"僧问之。曰："可恨不许有一妇人！"僧惊曰："有一妇人，更讲何道？"先生曰："无一妇人，更讲何道？当日释迦之父，有一妇人，生释迦，才有汝教；无退之父，有一妇人，生无退，今日才与我有此一讲。若释迦父与无退父，无一妇人，并释迦、无退无之矣！今世又乌得佛教？白塔寺上又焉得此一讲乎？"僧默然俯首。逾日复来，先生迎谓之曰："无退参禅悟道，连日何轻出禅关也？"曰："僧之剃发师，即生父母；参禅师，即受业师。今悯众寺和尚，某削发师也，将归西矣！贫无葬具，力募竣事耳。"先生曰："吾知汝不募缘久矣，今乃为即兰父母破戒，非即孝亲之意乎？"曰："然。"僧绍兴人，因诘之曰："绍兴有父母否？"

曰："无。""有墓否？"曰："有。""孰拜曰乎？"曰："有兄。"先生曰："即生父母，尚多一'即'字，遂破戒以致孝；真父母宜如何？乃舍其墓于数千里外而不省，舍汝兄于数千里外而不弟，此际不当一思欤？"僧俯首泣下，长叹曰："至此，奈何！"曰："未晚也。足下年方富，返而孝弟，何难？"先生行后，无退南归。　设教于西五夫村，徐之琇从游。

辛丑，二十七岁。

先生昼勤农圃，夜观书史，至夜分，不忍舍；又惧劳伤，二念交争。久之，尝先吹烛，乃释卷。　祁州刁非有，以母寿，托彭雪翁求诗。先生因两书问学，俱有答书，入祁拜谒，得其所辑《斯文正统》。归，立"道统龛"，正位伏羲至周、孔；配位颜、曾、思、孟、周、程、张、邵、朱，外及先医虞、龚。非有，名包，祁州人，举天启丁卯乡试。尝曰："作时文不作古文者，文不文；作时人不作古人者，人不人。"甲申，闻变，设烈皇帝位于所居之顺积楼，斩衰朝夕哭临。闯命敦趣七书，拒之，几及难，遂不仕。孝母，研程朱学。蔚州魏敏果公象枢，甚重之，月送日记求正。所居立"益友龛"，朔望拜。及卒，江南高汇旃等公呈当道，入主东林道南祠。五公山人私谥曰"文孝"。

壬寅，二十八岁。

时为康熙元年，与郭敬公、汪魁楚等十五人，结文社，立社仪。至日，夙集，社长焚香，同拜孔子四，起分班，长东、幼西，北上再拜。遂列坐，各据所闻，劝善规过；或商质经史，讫，乃拈题为文。先生尝言："敬公端悫，不面折过。"礼毕，尝秘授一小封，规失。敬公构文，好步思；先生或对众有溢语，辄遥读曰"愿无伐善"。先生深投好，为子赴考，聘其次女。敬公名靖共，蠡庠生。

通州任熙宇闻先生名，寄书言："道不外饮食男女、应事接物之间，惟在变化气质、力行不倦。"先生答书云："君抱萧曹之才，兼慕孔孟之道。"以其长刀笔也。熙申（宇）又书至曰："凡誉人失实，即己身离道；仆之驽下，轻诬以萧曹，即道丈须臾之离道。"先生展书，竦然感佩，每向人道之。后复书至，规先生进锐，恐滋退速。

癸卯，二十九岁。

朱翁及侧室杨子晃，与先生日有间言，先生不知其父，非朱氏子，第以为翁溺少子耳；奉翁命，与朱媪刘，别居东舍，尽以南王滑村民田让晃。刘病剧，先生祷神求假寿，跪伏昏仆；忽闻空中声若大鼓者六，病顿愈。日之西舍，事翁如常。

作文社规，勉会友共力圣道。作《求源歌》示门人，略曰："六经注脚陆非夸，只须一点是吾家；廿史作锹经作镢，诚敬桔槔勿间歇。去层沙壤又层泥，滚滚源头便在兹；溉田万顷均沾足，涤荡污室如洗厄。小子勿惊言太远，试为阙塞负一畚。"辛未年后，先生追录之。识曰："此与大、小《盒歌》，乃予参杂于朱陆时所作也。几许虚憍，几许幻妄；周程所谓孔颜乐处，陆王所谓先立其大、致良知，与释氏之洞照万象、自谓极乐世界者，想皆以此也。一追忆之，堪羞堪恨！使当日而即死也，岂不为两间妄诞之鬼哉！尧舜、周孔，自有正途，录之以为同病者醒；而彼三途者，亦不得以此误人矣。" 闻王法乾焚帖括，读经，投佛像于井；居必衣冠，率家众朔望拜祖祠父母，相其生母拜嫡母。人曰癫，先生曰："士皆如此癫，儒道兴矣！"驰书奖之。后又闻法乾自称真武化身，曰："此则无辅而癫矣！"乃先达信，十二月斋戒三日，廿六日往拜之。

王子法乾名养粹，蠡之北泗人。少狂放，十六岁入定川卫庠。尝以文事从先孝悫于会，孝悫语以道，迄年十九，奋然曰："不作圣，非人也！"遂取所读八股焚之，诵五经，依朱文公《家礼》作礼。先生闻之，纳交，为日记，十日一会，考功过。及后先生悟周孔正学，王子终守程朱，后亦移其说，曰："程朱固一家学问耳！"每会，二人规过辨学，声气胥厉，如临子弟；少顷，和敬依然。大约先生规王子腐旷，而王子规先生以流杂霸也。初，王子志圣学，力于行。习礼，习射，习舞；退食，辄令门人站班，高声歌"战战兢兢，如临深渊，如履薄冰"，王子竦起拱听乃退。已，连遭妻、子丧，心颇冷，因嗜《南华》；至谓孔学亦佳，有益于中人。先生力攻之，数年乃出。生平以明理为学，自慊为验，于非道事、非道人，收视静坐，不屑一睇也。或盗其柴，曰："吾欲周之，非渠盗也。"粮被窃，人以告，曰："不我窃，当谁窃者？"遭侵绝炊，忻然曰："今乃得贫之益也！向家人不勤，比皆力操作矣。"一骡骤死，曰"吾每念命蹇，牛或毙；天乃毙骡骤而不毙牛，幸也！"其善处拂逆，类如此。

甲辰，三十岁。

正月四日，王法乾来答拜，约十日一会；会日，焚香拜孔子四，乃主东、客西再拜，主人正客座，客一拱，主人下，同客揖，客为主人亦然。乃就坐，质学行，劝善规过。

三月，与王法乾为日记，先生序之曰："月之十七日，法乾王子请予曰：'迩者易言，意日记所言，是非多少，相见质之，则不得易且多矣。'予曰：'岂惟言哉？心之所思，身之所行，俱逐日逐时记之；心自不得一时放，身自不得一时闲。会日，彼此交质，功可以勉，过可以惩。'王子喜，于是为日记。"

四月，行家礼；朔望，随祖拜先祠四，拜祖父母四，东向拜父四；元旦、冬至，则六拜。先圣孔子四拜，炎帝、黄帝四——以行医也。日寅起，扫先圣室，揖；扫祖室、祖母室，昏定晨省，揖；出告、反面，揖。经宿再拜，五日以往四拜。院亦自扫，有事，乃以仆代；躬耕耨、灌园、铡艸，则静坐。

五月，定每日躬扫室，令妻扫院。晨昏安祖枕衾，取送溺器；冬炙衣，夏扇；进祖食，必亲必敬。妻供祖母枕衾饮食。终日不去衣冠。读书必端坐，如古人面命。朔望前一日，齐戒，勉力寡欲。

十五日起甚早，行礼毕，静坐观"喜怒哀乐未发时气象"，觉和适；修齐治平，都在这里。——源按：宋儒静坐，与二氏何殊？先生当日，原遵此学；后乃能脱去窠臼，直追孔孟正传，岂不异哉！　柳下坐，记曰："思古人引仆控穇，披棉褐，驮麦里左，令仆稑，独坐柳下，仰目青天，和风泠然，白云聚散，朗吟程子'云淡风轻'之句，不觉心泰神怡。覆空载厚，若天地与我外，更无一物事。微闭眸观之，浓叶蔽日，如绿罗裹宝珠，精光隐露。苍蝇绕飞，闻其声不见其形，如跻虞廷听'九韶'奏也。胸中空焉洞焉，莫可状喻。孔子疏水曲肱，颜子箪瓢陋巷，不知作何心景？今日或庶几矣！所愧学力未纯，一息不敬，即一息不仁；一息不仁，即一息不如圣、不如天。以当前即是者，如隔万重矣！吾心本体，岂易见也哉？虽然，亦可谓时至焉矣！一时之天，与一日、一月、一岁之天，有以异乎！密克复之功，如天之於穆不已，岂不常如此时哉？"辛未，复自录而识之曰："暑月被棉驮麦，贫且劳矣，犹能自娱，不谓之穷措大微长不可；然即生许多妄想，为如许大言。尝论宋儒之学，如吹猪膀胱，以眇小为虚大。追录之，自惩自勉也。"塨以为此禅悦也！而宋儒误以为吾心之仁体、圣学之诚敬，所谓"主一无适""洒落诚明"者，皆此也。是指鹿为马矣！存养遂歧于异端矣，岂只虚大哉！

约王法乾访孙征君,以事不果。征君,名奇逢,号钟元,容城人。成童即交定兴鹿忠节公善继,道义、气节共淬磨。十七岁,举乡试;居忧,庐于墓。时左光斗、魏大中、周顺昌为魏珰所陷下狱,征君与鹿忠节公父正、张果中,藏匿其子弟,醵金谋完拟赃,时称"三烈士"。鼎革后,移居辉县之夏峰。鹿忠节公夙与征君讲学宗姚江,及没,征君过东昌,访张司空凤翔,凤翔立晦庵;征君遂著论调和朱、王。而接人乐易,道量甚广;兼以气谊鼓舞天下,故从游者甚众。明、清间,征聘者累次,皆不就,天下称之曰"孙征君"云。

六月,与王法乾纂《洒扫应对进退仪注》,作《勺诗舞节》。——按:《勺诗舞节》,塨从学时,先生以仪节未备,亡其稿,塨后辑《勺诗舞仪》,具《小学稽业》。 时往随东村,看嫁母。夜闻风雨,必起坐,食必祭。

闰六月,朔望,偕妻行礼。已而夫妻行礼,身南面起拜再,妻北面不起拜四。

八月,九日,欲视非礼;忽醒,遂止。 往耕田,行甚敬。日鸡鸣,夙兴。 二十二日,妻不敬,愧无"刑于"之道,自罚跪,朱媪命起,妻亦悔过,乃起。 自勘过:易怒,多言。

九月,三日晚,坐侧,觉,即正坐;又躐履行,觉,即纳。定日功,若遇事,宁缺读书,勿缺静坐与抄《家礼》。盖静坐为存养之要,《家礼》为躬行之急也。 朱翁病,祷于医神、先祠;自此时病,药饵服食,竭力将以敬。 同王法乾访五公山人,问学。五公山人,王姓,讳余佑,字介祺,保定新城人。父行昆弟,皆官于明。少年才誉,长念明季多故,乃读孙、吴书,散万金产结士。甲申,闯寇据京师,遂从父延善,及从兄余厚、兄余恪、弟余严、雄县马于等,起兵讨贼;破雄县、新城、容城,诛其伪官。已而贼败,清师入,众散,隐居五公州双峰;每至峰顶，慷慨悲歌，泣数行下。益博读书，尤邃于《韬钤》；尝搜集《廿一史兵略》，为此书十卷：曰"兵行先知所向"，曰"兵进必有奇道"，曰"遇敌以决战为先"，曰"出奇设伏"，曰"招降"，曰"攻取必于要害"，曰"据守必审形胜"，曰"立制在有规模"，曰"兵聚必资屯田"，曰"克敌在无欲速"。又著《通鉴独观》。工诗、字，浩气清风，见者倾倒。　入蠡城，晤张鹏举文升，与语《通鉴》，勉以实修于内，勿尚发露。　内子归宁，返涂失银花，问曰："返面礼行否？"朱媪云："失银花不怪，何行？"曰："失银花小事，遽废大礼，得失当何如？"命行之。书范益谦"七不言"及《正蒙》数语于记额："一不言朝廷利害，边报差除；二不言州县官员长短得失；三不言众人所作过恶；四不言仕进官职，趋时附势；五不言财利多少，厌贫求富；六不言淫媟戏嫚女色；七不言求觅人物、干索酒食。"《正蒙》云："言有教，动有法，昼有为，宵有得，息有养，瞬有存。思省察、操行（存），交济为功；近讲操行（存），不讲省察，故多过。"

　　十一月，四日，驮棉之五夫市，骑至朱祖墓；恐下不能上，不下，心则不安。下，步至五夫。乃知凡事心安胜于身安。　十三日，子赴考痘殇，恸甚，犹强慰祖母及妻。查礼，不及下殇者，以日易月，服十二日，素衣冠，革缨麻屦，常功俱废，惟事亲仪不废。　十四日，奠告以文，略曰："自汝之稍有知也，不詈人，不与群儿斗；吾表弟三祝时与儿斗，辄引曰：'无然，恐长者嗔。'自汝能执箸也，遇我之贫，蔬精者、面白者，以奉祖、祖母，我夫妻食其粗黑；汝孩，亦当同老食，汝每推取粗黑。祖母强以分，辄辞曰：'奶老矣，当须（食）此。'自尔能举止记忆也，每晨、午饭后至我前，正面肃揖，侧立诵《名教歌》三遍，认字三四句，乃与我击掌唱和，歌三终，又肃揖始退。汝所欲为者，畏吾即止；所不愿为者，顺吾即起。入人之家，玩好不取，饼果之赐，辞而不受。遭吾不德，与叔异产，少汝者寸草知私，汝无分毫为吾累。未病一二日，犹同三祝行礼于祖，又至东院拜祖母，且笑三祝不揖而叩，傍鞠躬伏兴必示之。尔以六载之身，于曾祖父母称孝孙，于父母称顺子。呜呼恸哉！"二十五日，复常功。　　往北泗，会涂风寒射面，侧跨驴上，忽醒曰："岂可因寒邪其身哉？"正之。以明岁元旦祭先圣先灵，二十一日，戒；二十八日，齐。朱媪率先生内子，亦致齐三日。

乙巳，三十一岁。

元日，书一岁常仪功于日记首。常仪常功，逐年酌定，详后。又书日记额曰："苟日新，日日新，又日新。"每月朔日，书云："操存、涵养、省察，务相济如环；迁善改过，必刚而速，勿片刻踌躇。"

二月九日，访塽父问学。先生深慕先君子，此后入蠡城，尝谒先子；先子返乡曹家蕞，涂去先生居伊迩，不往报也。先生同王法乾邀先子入会，先子不往，复法乾弓曰："有道之士，文章皆秋实；浮狂之士，道德亦春华。今足下与易直先生在朱时乃结道义交，'以文会友，以友辅仁'。愚知学问将大进矣！气质将大变矣！英浮者其将浑融乎？矫强者其将自然乎？圭角者其将沉潜乎？愚于二贤之好学，因而思颜子之好学，何其当时、后世莫有及也？所以异于人者何哉？子曰：'不迁怒，不贰过。'又曰：'回也如愚。'或其所难及者，即在'如愚'乎？曰'如愚'，不惟不见圭角，亦聪明睿智之毫不露也。即实学之曾子，追而思之，亦惟曰：'以能问于不能，以多问于寡；有若无，实若虚，犯而不校。'曾子之得于颜子深哉！承邀入会，则愚不能：一，居家多故；二，骑乘不便；三，质腐学薄，无能为役，谨辞。"又复先生问学书曰："承下询，无可言；必妄言之，当涵养沉潜，炼至'如愚'光景，则英资不露，浮俗全销。至此，效孔子之无言可，罕言可，即终日不言，有何不可；故孔子于'时然后言'，不轻为公叔文子信也。至涵养之功，务以诚笃而已。"又复书略曰："人之相知，贵相知心。或易直至寒家不能相候，或当往贵府不克必往，此中有情理可谅也。祈如君子之汪汪。"

源按：李先生，讳明性，字洞初，号晦夫，蠡县人，明季诸生。事亲孝，日鸡鸣，趋堂下四拜，然后升堂问安；亲日五六食，必手进。疾，侍汤药，洁拂厕牏。夜闻辗转或瘖噫咳，则问：睡苦如何，思何饮食。比三月如一日。妻马氏，亦笃孝，相之无远。亲殁毁瘠，遵古礼三年。事兄如父；兄尝怒而詈，举履提其面，则惶恐柔色以请曰："弟罪也！兄胡为尔？气得无损乎？"时年六十七矣。初，崇祯末，天下大乱；先生方弱冠，与乡人习射御贼，挟利刃、大弓、长箭，骑生马疾驰，同辈无敌者。甲申变后，闇然歾晦，足迹不履市阓。念圣学以敬为要，颜其堂曰"主一"。慎独功甚密，祭必齐，盛暑衣冠必整，力行古礼。读书乏膏火，则然条香映而读。晚年益好射，时时率弟子值侯比耦，目光箕张，审固无虚发。元旦，设弧矢神位，置弓矢于傍，酹酒祀之，曰："文武缺一，岂道乎？"颜先生尝谓生平父事者五人：刁文孝、张石卿、王五公、张公仪与先生也。及卒，率同人私谥之，曰"孝悫先生"。作《妇人常训》三章。馌田，即存心于担步。梦自矢曰："临财勿忘义，见义生可轻。"一日耘蒜，下杂莴苣，工细繁，欲已；思尝言学耐烦，岂可任己便乎？遂耘至半，静坐；息片时，耘终畦。王法乾将赴真定，先生赠之言曰："千万人中须知有己，中正自持；千万人中不见有己，和平与物。"又云："良尝往祁，常思如与贤弟对则少过。大凡人每如诤友在前，可无大失。"又曰："人有一分意必心未化，即不能保不为伯、鲦；有一分财色心未去，即不能保不为桀、纣；有一分怨君父心,即不能保不为乱臣贼子。"会友李贞吉达先君子候言,及半,止;先生诘曰:"不曾言圭角太露乎?"贞吉笑曰:"言君能直规友,惜少一人直之。"先生因乞言郭敬公、徐蓝生规伐善。

思人不论过恶大小,只不认不是,即终身真小人,更无变换。　一日,闻客至,行急,心亦忙;忽思急行耳,心何亦忙,乃急步而缓心。　王法乾批曰:"记曰清刚所长也,似涉粗暴;言语明尽所长也,似少简约。"先生深纳之。

五月,增常仪:事亲必柔声下气。

六月,赴试易州,遇朔望,望拜朱翁媪。

七月,访张石卿问学。石卿曰:"'敬者德之聚',所聚者何德?'诚者自成',所成者何事?仁而已。仁须肫肫;屯肉象也,厚之至也。"石卿,名罗喆,保定府清苑人。甲申城守死难,吏部主事张罗彦之弟也。于时弃诸生,讲学以仁为主;对乞丐如宾。贫甚,非贤友之周,不受也。卒后,魏一鳌莲陆,立刘静修等五贤祠,袝食焉。　王介祺来,谈经济。　自勘为学调理性情甚难定。每静坐,以十四事自省:心无妄思欤?口无妄言欤?耳无妄听欤?目无妄视欤?足无妄走欤?坐如尸欤?立如齐欤?事亲爱而敬欤?居家和而有礼欤?启蒙严而宽欤?与人平而正欤?对妻子如严宾欤?读书如对圣贤欤?写字端正欤?　与王法乾言:"六艺惟乐无传;御非急用。礼、乐、书、数宜学,若但穷经明理,恐成无用学究。"塨按:此时正学已露端倪矣,盖天启之也。　始教内子读书。　思敬则一身之气皆上升。圣人以礼治天下,合乾坤作一敬,自然淑气上腾、位育可奏矣。所谓"笃恭而天下平"欤?集曾子言行。　有所感,思父悲怆。　思所为既已离俗,居以浑木,犹可容世;而浮躁棱厉,始于绝物,终于杀身,可不畏哉!乃拟勿轻与人论理,勿轻责人过;非有志者,勿与言学，勿露己长。

十一月，晤先君子。先子言"冬日可爱"者再，先生曰："教我矣。"

十二月，往见石卿，石卿言："性皆善，而有偏全厚薄不同，故曰'相近'。义理即寓于气质，不可从宋儒分为二。"又言："天者，理而已，是；濂语'无极'，非是。"访吕文辅，文辅言："四书朱注有支离者。"先生时宗程朱，皆不然之。问文辅天文。文辅名申，清苑人，习天文六壬数，讲经济。

丙午，三十二岁。

正月，定行见墓则式，见灾异民变则式。"式"者，骑据鞍而起，在车凭箱而起。思日记纤过不遗，始为不自欺。虽闇室有疚，不可记者，亦必书"隐过"二字。至喜怒哀乐，验吾心者，尤不可遗。

二月，王法乾谓曰："李晦夫先生言'吾子欠涵养，且偏僻，恐类王荆公'。先生曰：'某尝谓如有用我者，可谏议、参谋，而不可以宰政、总师。'亦自知耳。"朱媪耳聋，先生叹曰："人子不早自尽，至此，虽欲柔声下气，岂可得乎！"定日记，每时勘心：纯在则〇，纯不在则×；在差胜则〇中白多黑少，不在差多则黑多白少，相当则黑白均。

三月，看《纪效新书》。

四月，思学者自欺之患，在于以能言者为已得。勘静坐，心有所驰，目便劲阔；忽忘，则又睁开。必是"主一无适"，睫毛间乃得不及不离之妙。——塨按：以此为"主一无适"，乃外氏之垂帘内视矣。为先儒误乃尔，不谓一转而即悟也。

五月，益日功，以切言为要。

七月，侍朱翁坐，交股；觉，即开之。入京秋试，拜寻辽东人，求传寻父报帖。

八月，凡达友书，必下拜；接友书，必拜乃展。

十一月，思孔孟之道，不以礼乐，不能化导万世。

十二月，思吾身不修，受病莫过于口；吾心不道，受病莫甚于欲。 除夕，写先儒主，称周濂溪为"先圣"。——塨按：先小亦尝称朱子为圣人，即宗信之，亦何至是！盖先生性笃挚锐往，故早年见似而以为真也。

丁未，三十三岁。

年仪：增过祖墓，经时四拜，月再拜，旬揖，望墓式。 先生以先君子不答拜，稍疎。

二月朔日，曰："此非所以亲贤也。"复入城，谒先子。先子言行古礼必以诚，先生约翌日再会；乃次晨至，则以事出矣。见先子日记，有"易直立朝，必蹈矫激之僻"。先生悚然，观先生学规，又闻先子骨力劲特，为学惟日不足。及年高习射事，叹息而去。 曰："王介祺春风和气，李晦夫闇然恂恂。吾羡之，不能之，即见贤不能齐，不善不能改，柔莫甚焉！虽有猛厉方强，是暴也，非刚也。" 二十日，新兴村延往设教，石鹭、石鸾、孙秉彝、齐观光、贺硕德、张澍、李仁美、王恭己、宋希廉、李全美、石继搏从游；立学规，每晨谒先圣孔子揖，出告、反面揖，揖师不答。朔望率拜先圣，揖师，师西面答揖；节令拜师，师答其半。朔望令诸生东西相向揖，节令相向拜。 思得仁则富，有礼则贵；言多言贱，言少言贵。

四月，先君子有书至云："易直凡事皆有卓见，吐时事之务。"先生曰："谓我有卓见者，是规我好任己见也；谓我吐时务者，是规我轻谈时事也。"王法乾亦附书，规以默、以悠。先生书"李晦翁、王法乾"六字于笔筒，每坐，一拱，敬对之。 养一朱族子，名之曰"切言"。 先生每外出，遇朔望，内子必望肃拜四，先生遥答之。

九月，先生辞新兴馆，归。

十一月，旗人贾士珩从游。辩性善、理气一致，宋儒之论，不及孟子。

戊申，三十四岁。

二月十四日，朱媪病卒，先生拟以为父出亡，宜代之承重，三年服也。三日不食，朝夕奠，午上食，必哭尽哀，余哭无时；不从俗用鼓吹，恸甚，鼻血与泪俱下。不令僧道来吊者焚疏。四日敛，入棺。易古礼"朝一溢米，夕一溢米"，为三日一溢米，荐新如朝奠。朱翁力命廿四日葬，乃具椁朝祖，祖奠，及墓，触棺号咷闷绝。既窆，王法乾叱曰："宜奉主归室堂为孝，何得尔？"乃返，行三虞礼。废业，惟读《丧、祭礼》；不废农医，以非此则养祭俱无也。

三月，行朔望奠。后以礼，士惟朔奠，乃望日会哭不奠。

四月六日，修倚庐于殡宫外、大门内，寝苦枕块三月，昼夜不脱衰绖；思"齐衰不以边坐"，曰："近过矣！"自此，疲甚宁卧，坐勿偏。

五月十五日，行卒哭礼。已后惟朝夕哭，其间哀至，不哭而泣。寝地伤湿，四肢生小疡。朱翁命造地炕。

六月三日夜，始解衰绖，素冠，着常衣寝。

七月，病。

八月十四日，闻妻病，遥问之。

十月一日，责切言，以其诈传祖不用辰膳，致误也。时朱翁日必六食；卯一，辰一，巳一，午一，申一，昏黑一。先生以祖母深恩，且恸父出亡，不能与敛葬，故过哀病殆。朱氏一老翁怜之，间语曰："噫！尔哀毁，死徒死耳！汝祖母自幼不孕，安有尔父？尔父，乃异姓乞养者。"先生大诧，往问嫁母，信，乃减哀。时晃唆朱翁逐先生；先生乃请买居随东村，翁许之。

先生居丧，一遵《朱子家礼》，觉有违性情者，校以古礼，非是。著《居丧别记》。兹哀杀，思学，因悟马公之六德六行六艺，孔子之四教，正学也。静坐读书，乃程朱陆王为禅学、俗学所浸淫，非正务也。——源按：先生自此毅然以明行周孔之道为己任，尽脱宋明诸儒习袭，而从事于"全体大用"之学，非二千年学术气运一大关乎？

十一月十一日，夜梦纳一秀才主于文庙，切言用火香点之，一老妇随后。寤而思曰：子点主，非死兆乎？养子拈香，非终无后乎？然主妇已老，则死期尚远也。惟学程日退，焉得入孔庙乎？或后有妄传妄信者乎？愧矣！因知而居丧不同。又王法乾主古礼，父在为母期，定十一月而练，期而除，仍心丧三年。　思厉言暴色加于人者不仁，致人加者亦如之。

十二月十五日，盛奠，随朱翁致祭几筵，以练告，甚哀；去负版辟领，焚麻冠，仍悬衰、练衣前，乃复外寝，枕布枕，解衣带。止朝夕哭，惟朔望哭；若无时哭，则记。只食菜果，仍非疾不御酒肉。曰："衰，表心之衰痛也，去之，何以名斩衰、齐衰？"

己酉，三十五岁。

正月，著《存性编》，原孟子之言"性善"，排宋儒之言气质不善。画《性图》九，言气质清浊厚薄，万有不同，总归一善；至于恶，则后起之引蔽、习染也。故孔子曰："性相近，习相远。"——塨后并为七图。　觉思不如学，而学必以习；更思古斋曰"习斋"。　戒讲著多言，服膺王法乾语曰："口边才发出，内力便已少。"

二月，思宋儒不特斥气质之性，是染禅：见人辄言性天，即为禅染。 十四日，行忌祭，大哭；思父，益恸哭。十五日除服，祔主于朱氏祠。 朱参两赠联曰："谭天下事务，何得容易；做身上功夫，还要安详。" 二十一日，迁居随东。春祭，倩晃办而佐之。时先生虽知身非朱氏，而念翁、媪抚养恩，又以翁性厉，未敢质言也。 与王法乾言书、数功，即治心功，精粗一贯。 自移居，每出无所告，反无所面，即怅然；晨盥后，无所谒，辄悲楚，乃议立父生主。 始知齐礼，饮酒不至醉，食肉不茹荤；向之不御酒肉，为异端乱也。 时往刘村问朱翁安，朔望往行礼；米面逾月一送，酒钱、日需物无时。

三月，入祁州，以只鸡清酒，哭奠刁文孝。 十一日，以初度，望拜父；妻拜，答之；往刘村拜朱翁，奠朱媪。嫁母贫，时周问。 曰："天下小过，圣人必为提撕，恐陷于恶也；天下大坏，圣人必为包荒，恐绝于善也。故陶诗云：'亟亟鲁中叟，弥缝使其醇。'" 东平宋瑜从游。

五月，入府哭奠张石卿，遂入山，弔王介祺父丧。会坎下田沛然及子经埏、界埏，游雷溪而还。

六月廿九日，戌时，书曰："两时之收心，不敌一时之肆口。"大自恨。

七月，学习数，自九九以及因乘归除，渐学《九章》。 闻太仓陆桴亭自治、教人，以六艺为主。

八月，为王法乾书《农政要务》：耕耘、收获、辨土、壤粪，以及区田、水利，皆有谟画。思心如天之清，毫无遮蔽；如地之宁，一无震摇，岂不善乎？ 思五福惟"攸好德"可自主，此一福不自享，真无福人也；六极惟"忧、恶"可尽去，此二极不自远，直极祸人也！ 甲雇耕，欲少直，平留之，不悦；思不获利而怒人，与不与人利而致人怒，一也，即出钱与之，仍立一可受名，甲悦。

十月，学习冠礼。冠礼：告祠堂，朔日。主人拜，告家祠，卜上旬日；若庶子庶孙，则以月之中旬。戒宾：宾择亲友贤而有礼者一人为之。前期三日，主人使子弟冠服，奉庄启诣其堂，再拜致辞曰："某之子某，年渐长成，将以某日加冠于其首；敬烦吾子教之。"宾辞曰："某不娴于礼，恐不堪供事，以玷大礼，敢辞。"使者再恳，宾再辞；使者固恳，宾曰："某辞不获命，敢不敬戒，以俟使者。"再拜而退，宾俱答拜。宿宾：前期一日，使子弟奉主人帖宿宾，揖致辞曰："某将以某日加冠于某子某，承吾子许以辱临，敢宿宾。"曰："承再命，敢不齐宿趋事。"陈设，用时制冠服，三加各异，以次加，盛设房中桌上，皆有覆，鞸带杂佩皆具，梳栉帉盛匣中，酒肴、果品、盏箸、盘席、盥盘、巾架、毡八条，大门挂红彩。

厥明，夙兴，安置内外，洒扫房外。近东向西布席，加毡，置几其后，移梳栉匣于此。房西置筵南向，筵南北各一毡；筵上列肴果，筵西有酒尊，所置壶盏盘其上。堂中东布一毡，为主位，西向；西布一毡，为宾位，东向。稍后在毡左布一毡，为赞位；东之对赞者，傧立位也。西阶下西壁置一桌，移安三冠各盘，仍覆之；阶下之东安盥盆、巾架，西向西阶之南少东布一毡、南向，为冠者字位。稍南近西布一毡，东向，为宾答拜位。其衣带鞸佩等存房中，各用司执一人；非嫡长子孙，仍冠立而醮。

宾至，宾自择习礼者为赞。至，入更衣所；其门亦挂小红彩，子弟迎候，一茶，洗尘更衣；或路远，略用酒饭。执事者告备，子弟延宾，立大门西东向，赞在宾左；傧入揖，告宾至，请迎宾。主人出，立大门，东西向，傧立主人右；傧赞唱"揖让，再揖,再让;三揖,三让"。宾入门,先左足,主人先右足,每门一揖一让。及阶,三揖三让,唱同前。升堂,傧赞唱"就位",宾主各就位。傧唱"拜宾,鞠躬俯伏,兴,再拜,平身";赞唱"答拜",同。傧唱"执事者各司其事",将冠者出房南而立,赞降西阶,盥洗,升,唱"宾揖,将冠者即席";将冠者就冠位,西向。傧唱"将冠者跪",赞跪其后,为之梳栉合紒。赞复位,唱"行始加冠礼"。诣盥洗所,引宾降,酌水净巾,傧亦引主人降级下,对宾立;盥毕,赞、傧唱"复位",宾主一揖让,升复位。傧唱"执事者进冠",赞唱"降级受冠"。宾降级一等,受冠执之;赞唱"诣宾者前",宾正容,徐诣冠者前。赞唱"祝宾",宾祝曰:"吉月令日,始加元服;弃尔幼志,顺尔成德。寿考维祺,以介景福!"赞唱"跪,加冠",赞者佐整冠缨毕,起唱"兴,复位",傧唱"冠者兴",赞唱"宾揖冠者适房,易礼服、韡带"。傧唱"冠者出房,南面立";赞唱"宾揖冠者,即席"。傧唱"冠者跪",赞唱"行再加礼"。傧唱"执事者进,再加冠";赞唱"降级受冠",宾降级二等受冠。赞唱"诣冠者前",执行如初加仪。赞唱"祝冠",宾祝曰:"吉月令辰:乃申尔服,谨尔威仪,淑慎尔德。眉寿永年,享尔遐福!"赞脱前冠,唱"跪加冠",佐整如初,唱"兴,复位";傧唱"冠者兴",赞唱"宾揖冠者适房,异职服,具杂佩",职服如其祖父。冠者出房如初,赞唱"行三加礼"。傧唱"执事者进职服冠"。宾降没阶受冠,余同再加。祝曰:"以岁之正,以月之令;咸加尔服,兄弟具在,以成厥德。黄耉无疆,受天之庆!"余同再加。赞唱"行醮礼",宾揖冠者即醮位,诣醮席右、南向,傧唱"执事者酌酒",赞受之,授宾。唱"祝醮",宾北面,祝曰:"旨酒既清,嘉荐芬芳;拜受祭之,以定尔祥。承天之休,寿考不忘!"冠者受爵置于席,傧唱"鞠躬,俯伏兴"者再,赞唱"复位",东向答拜亦再。傧唱"冠者席前祭酒",冠者升,取酒进席前南向;宾唱"跪祭酒"。兴,退就席,末跪啐酒,授执事者盏,兴。席前谢宾,鞠躬,俯伏兴者再;赞唱"宾答拜",同。傧唱"拜赞者,鞠躬,俯伏兴者"再;赞答傧同,平身。唱"宾字冠者"。诣字位,引宾降自西阶,冠者从之;傧引主人降自阵阶下,西向对宾,宾东向立,冠者在阶东南面立。赞唱"祝字",宾祝曰:"礼仪既备,吉月令日;昭告尔字,爰字孔嘉。髦士攸宜,宜之于嘏;永受保之,曰某甫。"冠者对曰:"某虽不敏,敢不夙夜祗奉。"宾唱"谢字,鞠躬,俯伏兴"再,赞唱"答拜"如之,平身,唱"礼毕"。

主人延宾、赞就次,使子弟陪之而退;率冠者见于祠堂,冠者从拜。拜父母四拜,见家诸父兄各为常仪;见宗亲乡尊长,皆使年长子弟引之。主人出醴宾,向宾曰:"某子加冠,赖吾子教之,敢谢。"鞠躬,俯伏兴者再;宾答如之。谢赞者礼同。如傧非子弟,亦谢之。凡亲友预者,皆为礼。升坐,主人献酒进馔,筵终,主人奉币,以盘进宾;宾受之,授从者。宾谢,主人答拜如前仪;力能酬赞傧,皆奉币谢,答礼同。送大门外,揖,俟上马,归宾俎。

十一月,著《存学编》共四卷。大要谓:学者,士之事也;学为明德,亲民者也。《周官》取士以六德:知、仁、圣、义、忠、和,六行:孝、友、睦、姻、任、恤,六艺:礼、乐、射、御、书、数。孔门教人以礼乐兵农,心意身世,一致加功,是为正学;不当徒讲,讲亦学习道艺,有疑乃讲之,不专讲书。盖读书乃致和中一事,专为之则浮学,静坐则禅学。定自力常功,日习数,存理去欲。日记时,心在则○,不在则●;以黑白多少,别在否分数。多一言则◐,过五则⊕;忿(忿)一分则◑,里(过)五则⊗,中有×,邪妄也。

十二月，邑士民以先生居丧尽礼，将举贤孝；先生自引不德，且曰："以亲亡得名，良所深悼。"力止之。与邑诸生为游孔林会。　自验无事时种种杂念，皆属生平闻见言事境物；可见有生后，皆因习作主。圣人无他治法，惟就其性情所自至，制为礼乐，使之习乎善，以不失其性；不惟恶念不参，俗情亦不入。此尧舜、三王所以尽人之性而参赞化育者也。　朱省文从游。

庚戌，三十六岁。

正月，学习书、射及歌舞，演拳法。　訾《存学编》曰："存学将以明学，而书多潦草，即身谤之一端。　古云：'明无人非，幽无鬼责。'今抑程朱而明孔道，倘所学不力，何以辞程朱之鬼责哉？"

二月，与孙征君书，论学，略曰："某思宋儒发明气质之性，似不及孟子之言性善最真。得天生作圣全体，因习染而恶者反归之气质，不使人去其本无，而使人憎其本有，晦圣贤践形尽性之旨。又思周孔教人以礼乐射御书数，故曰'以乡三物教万民而宾兴之'，故曰'身通六艺者七十二人'。故诸贤某长治赋，某礼乐，某足民；至于性天，则以其高远，不凌等而得闻也。近言学者，心性之外无余说，静敬之外无余功；与孔门若不相似。然仆妄著《存性》《存学》二编，望先生一辨之，以复孔门之旧，斯道幸甚！"有聘作馆师者，以方解正学，恐教时文费功，辞之。口占曰："千年绝业往追寻，才把功夫认较真；吾好且须从学习，光阴莫卖与他人。"　刘焕章、齐泰阶来访。焕章，名崇文，蠡人；崇祯己卯举于乡，后任荆州兴山县，以寇据不得之任，巡抚委署枣阳宜城县事。及解组，䌷巾布袍，恬如也。母性严，晨昏朔望，拜侍惟谨。五旬后，母怒，辄跪受责，曲意务得欢心。闻先生学，忘年爵，来拜入会，力涤凤习。立日记，以圣贤相规勉者几二十年,至卒不懈。身顾直,容庄而和,见人谦抑,善谭论。七十五岁,无疾而逝,门弟子甚众。泰阶,名治平,荆州人,性通豪,官至都司,访先生问礼。　遥哭奠任熙宇。　定州某聘为馆师,甲价,先生辞曰:"家有子弟,以买宅累之,不得往。"价曰:"还所假。"价曰:"义不得也。"价曰:"聘仪甚厚,曰:"以义,不以利。"

闰二月,迎朱翁,养于随东,复事祖常仪。同寝,当夜出溺,朱翁曰:"披吾裘,不裤可。"对曰:"出门如见大宾,脱披裘不裤,敢见大宾乎?孙夜出,必衣冠具也。"曰:"溺室中如何?"对曰:"不敢露体。"　先生时知父为博野颜氏而不得其乡,乃往博野访之。有王翁者,为先生父居间过嗣于朱氏者也;访之王庄,亡矣。其子在,问之悉,导之北阳村一巷,皆颜姓,果其父乡也。祖母张氏尚存,八十矣。先生悲喜泪零,族众欢留,次日乃返。刘焕章谓先生曰:"朱翁抚育恩不可负,年迫旦夕,俟其终归宗,情理乃合。"先生然之。　见王法乾日记曰:"妇人性阴,可束而不可顺。"是之。　语法乾曰:"我辈多病,不务实学所致。古人之学,用身体气力;今日只用心与目、口,耗神脆体,伤在我之元气。滋六气之浸乘,乌得不病?"　思后儒每以"一警策便与天地相似"自多,不知人子原是父母血气所生,但不毁伤玷污,便可仿佛父母形体;然必继志述事,克家干蛊,乃为肖子耳。

三月朔日,始不往谒朱氏家祠,朱翁祭拜,仍随之。　马遇乐从游,能规先生过。先生欣然谢之曰:"吾之于人,虽良友,非责吾善,其交不深;虽嫌隙,但责吾善,其憾即释。"　出吊归,过友人,留酒食,辞以吊。友曰:"非吊处也。"先生曰:"昔固然也。后读《礼记》曰:'吊丧之日,不饮酒食肉。'岂特吊处然哉?"然先生自谓此礼,凡三断而后能行,初未决也。断之自弔柏氏始，移处犹饮食也；终日，自读礼始，归家晚夜犹饮食也；既思日戒而夜违之，伪也，又一断也。 思世人尽有聪明慈惠，而交人无善道、应事无成法者；亦有内外善交而德性不修、礼乐不明者，又有娴习技艺而邦家多怨、秉彝不可问者。乃知《周礼》之"三物"，缺一不可也。

五月，著《会典大政记》，摘《大明会典》可法可革者，标目于册。 罢道统龛所祀炎帝、黄帝、唐帝、虞帝、殷西伯主，不祀，专祀孔子；以刘焕章言，士不得祀帝王也。 行端午礼，以内子病，令免。曰："佳节忍见相公独为礼乎？"勉起行之。先生曰："能自强矣！" 王法乾如元氏，先生有忧色，内子问之，曰："良友远离，恐自倒塌耳。"曰："无虑，外无强辅，妾当努力相规，勿即于邪。"先生喜曰："果如此，虽古贤女，何以过焉！"家人私假人器，让之，曰："小事。"曰："小事亦不可私。"

齐泰阶曰："天下之元气在五伦。"先生曰："元气虚矣，何以壮之？""六艺所以壮之也。如父慈子孝，岂托空言？自有父子之礼。四伦皆然，故礼，序此五伦者也；乐，和此五伦者也；射、御、书、数，济此五伦者也。舍是而言伦常，即为空虚，即为支离。"

七月，朱翁子晃，唆翁百计凌虐先生；一日，谋杀之，先生踰垣逃，忧甚。旋自宽，益小心就养。

十月二十九日，立父生主，刺指血和墨书牌；出告反面，晨参，朔望行礼，一如在堂。但不敢献酒食，恐类奠祭也。

十一月，常仪增：过祠则下，淫祠不下，不知者式之，所恻、所敬皆式。 定不答子弟拜，遵"明典"也。 访王介祺于河间，介祺出所著此书及《通鉴独观》示先生。 思己近墨，王法乾近杨，宜返于中。

十二月，以贫，断自新岁礼节再减，虚门面再落，身家勤苦事再加；此即"素贫贱行乎贫贱"，自古无袖手书斋、不谋身家，而听天命之圣贤也。　解《乾》卦九三爻辞。旧解"终日乾乾，夕惕若"为昼夜惕厉，未晰也。"终日乾乾"，乃终日加力习行。子臣弟友，礼乐兵农，汲汲皇皇，一刻紧于一刻，至夕，无可作事，则心中提撕警觉，不自息尔。观下释曰"终日乾乾行事也"，可见。　以王法乾言，主五祀主，春、夏、季夏、秋、冬分祀之。

辛亥，三十七岁。

正月，增常仪：斋戒礼：戒食肉，不茹荤，饮酒不过三盏，不入内，不与秽恶，不弔丧，不问疾，不形怒。齐迁坐变食，沐浴着明衣；不会客，不主医方，专思神。小祭一日，时祭三日，大祭七日戒、三日齐。凡食先祭，祭必齐如也；惟馂馀不祭。内子言："隐过不可记。"先生曰："恶！是伪也，何如不为记？且卿欲讳吾过，不如辅吾无过。夫凡过皆记，虽盈册无妨，终有改日也；若不录，即百过尽销，更愧，以终无改机也。"　之杨村，拜祖母、叔母及族尊长。　刘焕章评先生日记，规以静穆，先生服之。

二月，之杨村，随族长致清明祭。止孔子位前出告反面礼；以事亲仪，非所以事神也。　谓王法乾曰："甲辰、乙巳，功程颇可对，至夫妇三月一榻，身未尝比；不意后反退也。"相约日新。学习士相见礼，祭礼。

士相见礼：来见者，先使价通姓名于主人，主人使辞曰："吾子辱顾，不敢当也。请暂旋驂，卜日往见。"宾固请，傧入，告曰："宾至，请迎宾。"宾立大门之西，东面，介在其后稍北立。主人出，立大门之东，西面，傧在主人后，稍北立。赞揖宾，介赞答揖，傧介揖，傧介赞让，再揖再让、三揖三让。宾入门，先左足，主人先右足；每门让一拱。及阶，傧介赞二揖三让，同前；宾先左，主人先右，同前。每阶，聚足。登堂，傧介赞就位；傧赞拜宾，介赞答拜。若宾敬主人，则介赞拜主人。傧赞答拜，鞠躬，俯伏兴者再，平身。傧赞安座，展坐，宾拱揖，傧赞献爵，宾拱揖；傧赞献箸，宾拱揖，主人降，并揖，介赞为主人同，并揖。毕，傧介赞即席，乃拱让就坐；若非食宴，去献酒、献箸。

祭礼：副通唱："执事者各司其事；排班，班齐，分献官就位。献官就位，瘗毛血。"通赞唱："迎神，鞠躬，俯伏兴，俯伏兴，俯伏兴，俯伏兴，平身。献帛，行初献礼。"引赞唱"诣盥洗所"，取酌水净巾；"诣酒尊所"。司尊者举幂酌酒，诣至圣先师孔子神位前，祭他神随宜。"跪献帛，刃献爵；俯伏兴，平身。""诣读祝位，跪读祝文。"副引跪献官之左；读祝毕，引赞唱："俯伏兴，平身，复位。"凡引赞神前唱伏兴，通赞赞陪祭者，俱同。通唱："行亚献礼。"仪注同初献，但无献帛，不读祝。通唱："行终献礼。"仪注同亚献，平身后，引唱："点酒，诣侑食位。"主人立门左，引唱"出烛"；执事者皆出，阖门。若祭祠五祀，主妇立门之右；引唱："初侑食祝。"祝曰："请歆。"再侑食，三侑食，并同。启门，燃烛。通唱："饮福食胙。"引唱："诣饮福位，跪，饮福酒，受胙，俯伏，兴，平身，复位。"通唱"拜兴"，同引，通唱："谢福胙，鞠躬，俯伏兴，俯伏兴，平身。"彻馔送神，四拜，与迎神同。读祝者捧祝，执帛者执帛，各诣燎所，焚帛，焚祝文，望揖，副通唱："礼毕。"

从王法乾学琴，鼓《归去来辞》未就；后从张函白学《客窗夜话》《登瀛洲》诸曲。　王法乾曰："宋儒，孝女也，非孝子也。"先生曰："然。明末死节之臣，闺中义妇耳。"

四月，习恭，日日习之，即《论语》"居处恭"也。自验身心气象，与学静坐时天渊。　十二月（日）寅，盥毕，把巾出室门。内子谏曰："君昏夜从无露首出，今何有此？"先生即整冠，曰："吾昏放矣！"　十七日，思习礼一人亦可，乃起习周旋之仪。凡习礼，以三为节，转行宅巷，必习折旋。

五月，张公仪遥赠《颐生微论》，乃达以书，摘《存性》《存学》数篇相质。　习卜，备邂行及朱翁终寻父资也。

七月，蠡县教谕王心举先生行优，先生达书力辞。邑令单务嘉请见，不往。　补六艺、六府于《开蒙三字书》内，端蒙识也。

十一月，定凡饮酒不过三爵，极欢倍之，过一盏必书。　赴曲阜会，以其馔丰，减食。　先生与人骑行，马逸，先生善御无失，其一坠。众因共言：明朝生员骑马，必一二人控辔，近失其规；先生窃叹："不悔不惯乘，而悔不多控仆，士习为如何哉！"

张公仪约会于祁州刁宅，论学，深以《存性》《存学》为是。公仪，宁晋人，原名来凤，中崇祯年乡试魁；鼎革后，易名起鸿，号河朔石史。逆闯屡征不起，特下伪敕，擢为防御使，怒骂不受，伪守执之，槛解北上。至保定，而李自成败奔，监送者碎槛放归。笑曰："几追文文山挹矣！乃不及。"

十二月十六日，先生因会日王法乾悼学习六艺，曰："古人以文会友，后世以友会话。谭论，声话也；纸笔，画话也；敬静之空想，无声未画之话也。"　三十日，立祖神主，用父称，曰"显考王庄颜翁讳发神主"，侧题"孝子昹奉祀"。于其祭也，曰"孝子某，使冢孙元致荐"。王庄翁娶张氏，于万历四十五年举先生父，日者言难育；遂以天启元年，因宅主王翁过给蠡东朱氏为子，至三年，复举先生叔父愉如。家贫而尚礼，严内外，因赁居王庄以卒也，故以追号。是时先生易名元，元、园同声。先生念初生名园，父知之也。自此日记书朱翁、媪称"恩祖、恩祖妣"。

壬子，三十八岁。

二月，谓王法乾曰："人资性其庶人耶，则惟计周一身，受治于人；其君子耶，则宜明亲兼尽，志为大人。若俱不为，而敢置身局外，取天地而侮弄之，取圣贤而玩戏之，此仆所恶于庄周为人中妖者也！"　哭奠师吴洞云，助其葬。

三月，与陆桴亭书论学。桴亭，名世仪，字道威，太仓人，隐居不仕。其学重六艺，言性善即在气质，气质之外无性。著《思辨录》。先生喜其有同心也，致之书，略曰："汉唐训诂，魏晋清谈。宋人修辑批注，犹训诂也；高坐讲论，犹清谈也。甚至言孝弟忠信不可教，气质本有恶，其与老氏以礼义为忠信之薄，佛氏以耳目等为六贼者，相去几何也？某为此惧，著《存性编》，大旨明理气一致，俱是天命。人之气质，虽各有差等，而俱善；恶者，乃由引蔽习染也。为丝毫之恶，皆自玷其本体；极神明之善；止自践其形骸。著《存学编》，申明尧舜、周孔三事、六府、六德、六行、六艺之道，大旨明道不在章句，学不在颖悟诵读，而期如孔门博文约礼，身实学之、实习之，毕生不懈者。"

闰七月，族婿贻桃，食之，又食蔡米、商瓜二条；先生平日非力不食，用识人纸半张，留钱三文。吴丘强食片瓜，曰："数载犹在胸中未化。"至是曰："近思吾与斯人为徒，若贻我以情、款我以礼，不宜过峻以绝物也。"

八月，哭奠彭朝彦。朝彦，刘村佣者也；狷介勤力，少有余即施人，力为善。先生敬而筵之，朝彦曰："生平非力，不食人一盂。"先生曰："翁守高矣！然请大之。"为述如其道舜受尧天下事，朝彦犹辞；又述徐穉食茅季伟事，乃食。

九月，先生以王法乾遭妻子凶变，遂耽庄周《南华》而惰正学也，乃告以止会。自矢独立不惧。　十五日，祭孔子。自是每季秋致祭，祝文略曰："夫子一身之仕止久速，即天时也；缝掖章甫，即水土也；府事行艺，即尧舜、文武也；为学，为教，为治，皆是也。迨以无能用者，不得已而周流，又大不得已而删述。苏、张学夫子之不得已，汉后以至宋明儒学夫子之大不得已，而俱舍其为学、为教、为治之身，则非矣！元不自揣，妄期博文约礼，实由圣教；惟神相之，俾无颠踬；且佐帝牖民，多生先觉，圣道重光，元庶免罪戾焉！"

十月，至杨村，叔父愉如自山西归，拜聚。

十一月，王法乾来悔过，请复会，定仍以月之三、六日。

十二月，王法乾曰："兄遭人伦之穷，历贫困之艰而不颓，可谓能立矣。"盖是时先生尽以朱氏之产与晃，且代偿其债百余缗；而晃又欲夺其自置产，屡与变难也。 内子病，不服药，曰："妾既不育，夫子有年，坚不置再醮，而处女又不轻为人贰；不如妾死，使相公得一处女，犹胜于待绝也。"先生曰："此有天焉，汝勿躁。"强之药。 书孙征君联云："学未到家终是废，品非足色总成浮。"

癸丑，三十九岁。

正月朔，祭显祖考，望祭恩祖妣，因限饮三盏，改齐戒款云：饮酒不至三盏。凡恩祖生日、父生日、己生日，俱同朔望仪；凡扫祠及恩祖室，自东而西，从容挨次，转则面向尊而身自移，却扫至门，除出。夏则先洒，每晨一次；非重故、疾病，不令人代。室人不用命，罚之跪；至二鼓，谢过，乃命起。 与人曰："穷苦至极，愈当清亮，以寻生机，不可徒为所困。" 同会人如曲阜，遇风，次日大风，吟云："谷风凛凛逆行人，继日尘霾日倍昏；山左扬鞭游孔墓，不堪回首望燕云。"

二月三日，至曲阜，齐戒具牲。五日，祭孔子庙及墓，思圣人之道，若或临之。九日，祭泰山。赋诗云："志欲小天下，宁须祭泰山；聊以寄吾意，身陟碧云天。"　旋至杨村，过祖茔下拜，入里门下，出里门乘，后为常。　思吾身、口及心，何尝有"从容"二字？须学之。　与王法乾习祭礼，法乾曰："劳矣，可令子弟习，观之。"先生不可，曰："所贵于学礼者，周旋跪拜，以养身心，徒观何益？"乃同习。

四月五日，朱翁卒，先生哭尽哀；是日，三不食，次日晨始食。与王法乾议律，异姓不许归宗，即同姓而其养父有子者，许归宗；今若以孙礼服期，是二本矣。可义服大功，既葬，练，复内，复常食。若葬缓，从俗以五、七日可也。　越五日，以遭变中之变，不能朝夕会哭；定哀至，北面跪哭。　先生本族叔父羽洙来，许归宗；先生求俟毕葬终丧。羽洙又促之，先生曰："葬，秋以为期，倘逾时即归。"羽洙语以危行言孙，谨慎保身。

五月九日，练，惟朔望往哭殡宫，不与燕乐，不歌；复常功，如习书、数类。仍废常仪，如朔望拜类，晨谒告面生祠不废。十四日，买食豆腐，怆然流涕。盖先生养恩祖、祖母十一年，未尝特食一腐，今伤腐之入口也。投呈于县，转申学院，求定服丧毕归宗。批许归宗，服以期，乃将让产。后凡存朱氏物，尽还之，令养子讱言亦归宗，曰："吾不忍讱言之徒父予也！"给以物。

六月，至阳村，携叔父之子至，名曰亨，教之读书。　闻刘村孝子朱莪贫，馈以钱。　论明政四失：设僧道职衔，信异端也；立宦官衙门，宠近幸也；以貌招选驸马、王妃，非养廉耻也；问罪充军，以武为罪徒也。谁复敌忾？

七月，思无事之时，朔望前一日，必齐戒；迨遭三年丧，则无日不哀，亦无日不齐且戒矣。故朔望、节令哭奠，皆不云齐戒；若期、功以下，既葬则饮酒食肉，非常戒，哀不及重丧之纯，亦不得言常齐。凡朔望前一日，仍当齐戒。遇横逆不校，然郁郁。思君子有终身之忧，无一朝之患，愧悔久之。　一日，觉气浮；思气不自持，其灾乎？已而伤手。

十一月十五日，哭奠恩祖考妣墓，以出馆博野杨村告，又哭招亡子赴考之魂，令从而西。盖杨村族人公议，挽先生还家教子弟也。时朱晃复谋吞先生随东产，起衅。先生不校，且使人解之，不肯与绝往来也。　十九日，杨村颜氏族人，来迎先生归，复为颜氏，告父祠，奉生主升车，随之西归。朱族及刘村、随东各乡，诸亲友饯送；或村首，或至蠡城，或及杨村，皆哭泣不忍别。刘焕章赠圜樝一，内果，曰："外无圭角，美在其中。"先生受之，谢曰："敢不佩教！"至杨村，次日夙兴，易吉服，告新宅五祀之神；毕，反丧服，宅本其祖居，先生复之者也。边之藩、颜士俊、士佶、士钧、士侯、士镇、士锐、夏希舜、王久成从游。　王法乾述焕章规先生之言曰："对宾言长，不能尽人之意；偏向，不及遍人之欢。"先生谢之。

十二月，朔望，拜哭朱翁于野所。

甲寅，四十岁。

正月朔，哭祭朱翁于南学。五日，大功服阕，以学宪批期，定内除，常仪俱复。祭先与神，吉服；会服素。终期，乃之蠡，哭奠朱翁墓。告大功阕，期服内除。　以《大明会典》品官祀四世，废人祀二世，立显祖考讳子科、祖妣某氏神主，旁书"孝元孙臬奉祀"，及显考讳发神主，以先生殇子赴考祔食。春祀祖，以考配享；秋祀祢，不及祖。盖髣髴程伊川所撰礼，而谓分时专祭祀一主，齐心乃一，乃能聚涣。又祭尊得以援卑，祭卑不可援尊也。后以为误，改之。

三月，率家人行忌祭礼于恩祖母墓，并哭恩祖。阖族供清明祭于墓，先生奉族长命，立族约，约孝约弟，约行冠、昏、祭、丧诸礼，约周恤，约勿盗赌奸欺，详载家谱。

四月五日，期服阕，率家人舁供入蠡，祭恩祖考、妣于墓；告以归宗。易吉服，延朱晃及朱氏族长、贤者共饯，遍拜辞。先生既归宗，谋东出寻父。值三藩变，塞外骚动，辽左戒严，不可往，日夜凄怆。　思向谓有心作欺之害大，无心为欺之害小；今知有心作欺之害浅，无心为欺之害深。或劝先生献策，曰："张齐贤不以此出乎？"先生笑曰："王文中何以不出？人隐见命耳，天之用吾也，深隐而人求焉，故刘穆之困卧无袴，一朝而相宋；天之废吾也，插标自市而终不售。韩昌黎三上宰相书，何益哉！"　魏帝臣来访，先生待以脱粟。帝臣欣然曰："君以君子待我矣！"帝臣名弼直，博野县庠生，善容仪周旋；喜宾客，谭论款款然，终日无倦。施目疾药，远来者辄延款下榻；尝仆马居数月，疾愈乃去。与妻宋氏相敬如宾，每外退必入宋榻，宋氏尝请之副室；或已至副室，宋氏辄来，副趋出，垂手迎，搴帘肃入。夫妻坐谈久，副侍，不命不坐也。及宋氏卒，副祝氏以哭病，亦死。帝臣晚年闻先生学，甚重之，致敬尽礼焉。　士钧问："孔子称管仲为仁，而孟子不许，何也？"曰："孟子因时立论，所谓'时中'也。春秋周室卑，荆楚偪；若不有管仲，孰为尊攘？至七雄之世，功利夸诈之习成，发政施仁之道息。孟子自不得傍孔子口吻也。后之讲学则不然，虎豹已鞟矣，犹云宁质；邢卫已亡矣，犹云羞管；虚言已蠹世矣，犹云讲读纂修。而生民之祸烈矣！"

九月，修家谱，其目十七：曰姓氏源流，曰世系派衍，曰迁移离合，曰别嫌明微，曰庄居宅第，曰坟茔图像，曰祭田树株，曰馆宴仪注，曰家礼仪注，曰家法劝戒，曰人才列传，曰嘉言善行，曰先人遗影，曰珍器文章，曰简书诰命，曰妇女甥婿，曰拾遗杂记。　买田氏女为婢。　王法乾为子加冠，使先生为宾，行如礼。　王法乾谓先生曰："凡食，祭先代造食之人；敌客，客先自祭,降等之客,主人先祭导客,客从之。臣侍君食,则君祭而己不祭,若君以客礼待之,命之祭乃祭。大兄凡食自祭,非礼也。"先生曰:"此体久废,故吾独行,以为人倡。承教,敢不如礼。" 自勘有美言伤信之过。 或言:"天下多事,盍济诸?"曰:"仆久有四方之志,但年既四十,血嗣未立,未敢以此身公之天下耳!"因怆然。

乙卯,四十一岁。

正月,增常仪:洒扫,惟冬不洒。清明、十月朔祭墓,恩祖考、妣忌日,亦往祭其墓。

时及门日众,乃申订教条。每节令读书教条,诸生北面恭揖,令一长者立案侧,高声读讲毕,又一揖而退。有新从游者,必读讲一次。教条:一,孝父母。须和敬并进,勿狎勿怠;昏定晨省,出告反面,各一揖,经宿再拜,旬以上四拜、朔望、节令俱四拜,惟冬至、元旦六拜,违者责。有丧者不为礼,但存定省、告面;父母有丧者,亦然。一,敬尊长。凡内外尊长,俱宜小心侍从,坐必隅,行必随,居必起,乘必下,呼唯,过必趋,言必逊,教必从;勿得骄心傲气,甚至戏侮,干犯者责。一,主忠信。天生人只一实理,人为人只一实心;汝等存一欺心即欺天,说一谎话即欺人,务存实心、言实言、行实事,违者责。一,申别义。五伦若父子之亲、君臣之义、长幼之序、朋友之信,其义易晓;独夫妇一伦,圣人加以"别"字,洵经纶大经之精义也!七年,男女不同席;行路,男子由右,女子由左;叔嫂不通问,男女援(授)受不亲,是皆男女远嫌之别也。至于夫妇相敬如宾,相戒如友;必因子嗣乃比御,夫妇之天理也,必齐戒沐浴而后行。"别"义极精,小子识之。一,禁邪僻。自圣学不明,邪说肆行,周末之杨墨,今日之仙佛,及愚民之焚香聚会、各色门头，皆世道之蟊蛊、圣教之罪人也；汝等勿为所惑，勿施财修淫祠，勿拜邪神，勿念佛，勿呼僧道为师。若宗族邻里或迷者，须感化改正；至于祖父有误，谕之以道，更大孝也。违责者，罪重者逐。一，勤赴学。清晨饭后，务期早到；一次太迟及三次迟者责。一，慎威仪。在路在学，须端行正坐；轻佻失仪者责。一，肃衣冠。非力作，不可去礼衣；虽燕居、昏夜，不可科头露体。一，重诗书。凡读书，必铺巾端坐，如对圣贤；大小便后，必盥帨洁净，方许展读。更宜字句清真，不许鼻孔唔唔，违者责。一，敬字纸。凡学堂街路，但见字纸，必拾积焚之；或不便，则填墙缝高处。一，习书。每日饭后，仿字半纸；改正俗讹，教演笔法，有讹落忘记者责。一，讲书。每日早晨试书毕，讲《四书》或经；及酉时，讲所读古今文字，俱须潜心玩味，不解者，不妨反复问难；回讲不通者，责。一，作文。每逢二、七日，题不拘经书史传、古今名物，文不拘诗辞记序、诰示训传，愿学八股者听。俱须用心思维，题理通畅；不解题、不完篇者，俱责。一，习六艺。昔周公、孔子，专以艺学教人；近士子惟业八股，殊失学教本旨。凡为吾徒者，当立志学礼乐射御书数，及兵农钱谷、水火工虞。予虽未能，愿共学焉。一、六日课数，三、八日习礼，四、九日歌诗习乐，五、十日行射。一，行学仪。每日清晨饭后，在师座前一揖，散学同。每遇朔望、节令，随师拜至圣先师四；起，北面序立，以西为上，与师为礼。再分东西对立，长东幼西，相再拜。一，序出入。凡出入齐班。上、中、左鱼贯论前后；行辈异者，以行辈叙，相遇相别，皆拱手。出学隔日不相见，见必相揖；十日不相见，见必再拜，皆问纳福。一，轮班当直。凡洒扫学堂，注砚，盛夏汲水，冬燃火，敛仿进判，俱三日一班，年过十五、文行成章者免。惟有过免责，则罚执小学事一班，随有善可旌者即免。一，尚和睦。同学之人,长幼相敬,情义相关;最戒以大凌小,以幼欺长,甚至殴詈者,重责。一,贵责善。同学善则相劝,过则相警;即师之言行起居有失,俱许直言,师自虚受。至诸生不互规有成,而交头接耳、群聚笑谭者,责;甚至戏嘲亵侮者,重责。一,戒旷学。读书学道,实名教乐地;有等顽童,托故旷学,重责。有事不告假者,同。

二日,闻王五修卒,为位齐戒,哭奠。曰:"瞽瞍,愚父也;而舜齐栗祗载;定、哀,庸君也,而孔子鞠躬踧踖。故孝莫大于严父,忠莫大于严君。

二月,王契九来访,观《存性》《存学编》,是之。契九,名钜,清苑人;少有高才,与吕申习兵学,好雌黄人,为恶少所侮,深悔之,晚年绝口不言人过,有以文事质者,辄称佳。博学工诗。

闰五月,陈见勇来访。见勇,名振瞻,清苑人,豪狂博览。

托束鹿任最六访父,以其为商于关东也。 二十八日未,坐不正,觉即正之;申,交股坐,觉而开之。

九月五日,率门人习射村首,中的六,门人各二。因思孔子曰:"回之仁贤于丘,赐之辩贤于丘,田之勇贤于丘。"此圣道之所以光也。汉高祖曰:"运筹吾不及子房,攻战吾不如韩信,输粮饷守国吾不及萧何。"此汉代所以兴也。今从吾者更不吾若,吾道其终穷矣乎! 思人不亲、教不成、事不谐,多以忿累之。屡惩而不免,愧甚。给孙衷渊书,规其惑佛老也。衷渊,名之萍,万阳人,孙文正公侄孙。隐居力学,以孝母名。访彭大训永年,博野庠生,孝继母,端谨。

丙辰,四十二岁。

正月,保定府阎经略鸣泰之裔,有妇人被妖魅,符箓驱之莫效。其妖自言:"一无所畏,惟畏博野颜圣人。"是时先生与王法乾,人皆以"圣人"称之,专价来聘;先生谢不往,又力请,力却之,恐虚传招祸也。　有求文者,谢以仪,却之。语门人曰:"君子贵可常,不贵矫廉邀誉。昔子路拯溺人,劳之以牛而不受;孔子责之曰:'自此鲁无拯溺者矣!'今蠡无医,自朱振阳施方,医始也。博人无师,自吾家先三祖施馆教食,学者始也。小子识之,吾之却此,有谓也,不可法也。"曰:"言而尽人者大,尽于人者小。"　二十七日之市,市麻不成,信手拈麻一丝,将作鞭提;思麻未买而用其一丝,非义也,还之。谓门人曰:"君子于桓、文也,贱其心而取其功;于程、朱也,取其心而贱其学。"

日功增:抄天文占法,读《步天歌》,废本日迎出告家祠礼;从王法乾"之死而之生之不智"之言也。

三月,易砥石十余片,后出者不如前所目。念贫人也,如所言与之。　知刘焕章缺粮,馈粮六石。　思体人之情则不校,体愚人之情则生怜心,体恶人之情则生惧心。怜则不忍校,惧则不敢校。又思祸莫大于驳人得意之语,恶莫重于发人匿情之私。一僧求人邀入寺,辞曰:"儒为尽人伦之道,寺为无人伦之地。"不往。　思齐明者,正吾身之德也。耳聪目明,肢体健利,吾身之用也;寡欲积精,寡言积气,寡营积神,厚吾身之生也。否则,非尧舜之修身也。闲男女之邪心,饬彝伦之等杀,正一家之德也;宫室固,器具备,职事明,利一家之用也;仓箱盈,凶札豫,厚一家之生也;建学校,同风俗,正一国之德也;百工修,百官治,利一国之用也;仓府实,乐利远,厚一国之生也。否则,非尧舜之齐治也。

六月十一日,牧驴;思事虽至琐,但当为即义,不可有厌心。题日记面曰:"学如愚。"思心神在内,天清地宁,岂不善乎?惜未能久也!勉诸!　二十日晚,与人坐,遇可言,乃一二语；即正言，但见人非倾听，即止。

八月，定此后行医，非价非聘不往。

九月，立齐戒牌。

十月，过王家庄，问室人生父家，无后矣，但有同曾祖兄弟三人。思得从弟子者，其道行；得畏弟子者，其道光。羽洙规先生未融锋棱。

丁巳，四十三岁。

正月朔，思气不沉，神外露，非雄壮也；萎歎不学，而省言敛气，非沉定也。萧九苞问曰："复井田，则夺富民产，恐难行。"先生曰："近得一策，可行也。如赵甲田十顷，分给二十家，甲止得五十亩，岂不怨咨；法使十九家仍为甲佃，给公田之半于甲，以半供上；终甲身，其子贤而仕，仍食之，否则一夫可也。"元宵，悬斋前一灯，群聚观。先生叹曰："盌大纸灯，何足观？而群聚者，通巷无灯也。士君子生于后世，虽群望集之，必当进而与尧舜、周孔相较，则自见其卑，前途无穷；若遽以寸光自多，不几穷巷之纸灯乎！"王法乾曰："每苦无聊，便思息肩。"先生曰："此大恶，宜急改。庄周、佛氏，大约皆不耐境遇之苦而逃者也。"

五月，嫁祖母张氏逝，服弔衰，葬除。

六月，如易州，会田治埏、冯绘升、杨孔轩，论学。治埏（埏）名乃宙，易州人，孙征君弟子；绘升，名梦祯，安州人，孝继母，知正学；孔轩，名思茂，山东人，以祖旅辽左，遂入旗，孔轩赎归民籍，居新城，有文武伟志，亲丧，庐三年。

九月，与王法乾交责为学不实，宜天降殃。共服先君子朴实。

十月，访宋赓休、杨计公，论学。赓休，名会龙，博野人；童年游京师，一僧讲法曰："说人登天堂，自己升天堂；说人下地狱，自己下地狱。"赓休笑。僧曰："童子何笑？"曰："笑汝不识字耳！说，悦也；一言罪小，悦人福，心何其善，福至矣；悦人祸，心何其恶，祸至矣。"僧愕然，已而曰："君必前世如来也。"拉至一水瓮照之，见己头璎珞环垂，如绘佛菩萨状。赓休遽醒曰："幻僧，而以术愚我入邪教耶？"僧惊谢去。善事继母，祭神必齐戒，乐施与。邑数十乡，有纷难难平，赓休到即释。某生忿弟殴其子，且将兴讼；赓休曰："君爱子乎？惜令先君不在耳！若在，令弟胸创可使见乎？"生遽已。一少妇缢死，其母必令婿家作佛事；赓休往说之，妪掩扉拒曰："翁所言皆听，惟吾女苦死，必资佛力拔，勿启齿。"赓休曰："嫂寿几何？"曰："七十。"曰："求出共商。"曰："吾妇人，孰与男立？"赓休乃大言，曰："七十老妪，尚不立男侧；况幼女牌位令群僧随舁，不惊魂飞越乎？若女苦死，怜之惟慈母，又可使僧众喧阗惊散其魂乎？"乃止。其他类此难仆数，而不食人一盂，不受人一钱谢也。 计公、安平诸生，知兵，能技击，精西洋数学。

十一月，如宁晋，哭奠张公仪；之赵处士墓，弔之。处士名琰，安肃人；甲申后不应童子试，就学于公仪。其卒也，白虹贯日。先生诗云："孝友清高素慕君，神交未遂范张心；白虹贯日当年事，遂拜孤坟凭弔深。" 过滱水、由桥。思桥、舟，王霸之分也；桥普济而无惠名，舟量济而见显功。君子其桥乎！曰："陈同甫谓：人才以用而见其能否，安坐而能者不足恃；兵食以用而见其盈虚，安坐而盈者不足恃。吾谓：德性以用而见其醇驳，口笔之醇者不足恃；学问以用而见其得失，口笔之得者不足恃。"

十二月，访安平赵卫公、启公兄弟，皆有武勇。言何切言少年，志为圣贤，亦访之。训切言，名默，自此时来问学。

戊午，四十四岁。

正月，定每年元旦后，以次宴敬族尊长。　　思海刚峰曰："今日之信程朱，犹战国之信杨墨。"吾谓：杨墨道行，无君无父；程朱道行，无臣无子。试观今日臣子，其有以学术致君父之安、救君父之危者，几人乎？　　抄《祈州学碑》，刻洪武八年颁学校格式：六艺以律易御，礼、律、书为一科，训导二员教之；乐、射、算为一科，训导二员教之。守令每月考试，三月学不进，训导罚俸半月；监察御史、按察司巡阅考试，府生员十二名，州八名，县六名。学不进者，守令、教授、训导罚俸有差；甚多，则教官革职，守、令答四十。三代后无此学政，亦无此严法，谁实坏之？——源按：三代以后，开创帝王可与言三代治道者，明太祖一人而已。惜无王佐之才如先生者以辅之，遂将所创良法如此类，不久即变；不变者，后人坏之。惜哉惜哉！

八月一日，亲御载粪，失新易鞭。思以年长多疾，定不力作；今复力作；省半工而失一鞭，非命乎？徒自贻不安，命之咎耳！

九月，会李天生于清苑，论学。天生，名因笃，陕西富平人，能诗文，时以博学鸿儒举，至京考，授翰林院检讨而归。

十月，一门童殴先生弟亨，责之不伏，逐之失言；既而悔之，以犯刘焕章所戒也。焕章尝规先生曰："君待人恩义甚切，而人不感，或成雠者，以怒时责人语过甚也。"夜不眠，内子问故，曰："吾尝大言不惭，将同天下之良才为生民造命；乃恩威错用，不能服里中之童。愧甚！忧甚！"　与高生言承欢。生曰："非无心也，发不出耳。"曰："发不出，痼蔽深。愉色婉容，性质本具；但痼蔽后须着力发，发出又须频频习熟。故曰：'庸德之行，不敢不勉。'"

十一月，入蠡，哭郭敬公，三日不歌不笑；送葬，哭之哀。

先生族人为尉丑（虐），被系累累，乃讼之县，事解。　曰："为治去四秽，其清明矣乎？时文也、僧也、道也、娼也。"

十二月，以今岁觉衰，书一联曰："老当更壮，贫且益坚。"

己未，四十五岁。

正月，塨同李毅武拜先生问学，先生谓塨曰："尊君先生，老成寡言，仆学之而未能；内方而外和，仆学之而未能。足下归求之而已。"毅武，名儞，邢台人。志学圣学，笃孝友，燕居必衣冠，如对大宾；见不义事，去之如掩鼻而走恶臭也。如蠡，与塨交，共学琴、学舞、学礼，辟佛老力，故同问学于先生。

二月，谓门人曰："天废吾道也，又何虑焉；天而不废吾道也，人材未集，经术未具，是吾忧也。孔子修《春秋》，曰：'我欲托之空言，不如见诸行事深切著明也。'《会典大政记》，实窃取之。如有志者鲜何！"因吟曰："肩担宝剑奇崆峒，翘首昂昂问太空；天挺英豪中用否，将来何计谢苍生？"　或问：守礼，人将以为执。先生曰："礼须执，圣言也。"安州陈天锡来问学，谓：朱程与孔孟隔世同堂，似不可议。曰："请画二堂，子观之：一堂上坐孔子，剑佩、觿、决、杂玉、革带、深衣。七十子侍，或习礼，或鼓琴瑟，或羽籥舞文、干戚舞武；或问仁孝，或商兵农、政事，服佩皆如之。壁间置弓矢、钺戚、箫磬、算器、马策、各礼衣冠之属。一堂上坐程子，峨冠博服，垂目坐如泥塑，如游、杨、朱、陆者侍，或返观打坐，或执书吾伊，或对谭静敬，或搦笔著述。壁上置书籍、字卷、翰砚、梨枣。此二堂，同否？"天锡默然笑。　之田行徐而庄，思；此无暴其气也，而即所以持志。思老将至，而身心未可自信；如作圣初志何？又思：致用恐成马谡，宜及时自改。　贾子一问家变，先生曰："舜之化家也，其机在不见一家之恶；为子计，须目盲、耳聋、心昧，全不见人过失，止尽吾孝友，方可化家而自全。" 途遇蠡令，避入门下；令回首谛视久之。因思吾人不言不动，犹的然致世别眼；况轻言妄动，焉能晦其明以求免乎？

九月，谓人曰："人宅内供仙佛，不祥；如人请僧或道士常住宅中，可乎？"吊蠡县殉夫徐烈妇。客有见先生扬场者，异之；先生曰："君子之处世也，甘恶衣粗食，甘艰苦劳动，斯可以无失已矣！"语何訒言曰："佛氏是无观、听、言、动；吾儒是非礼勿视、听、言、动。"

十月，左目上生疮，后久不愈，左目遂眇。途行遇风，辄作痛，避息。

庚申，四十六岁。

正月朔，丑，兴，隐然见一乌衣矮人。巳，祭祖考，父生牌忽跌仆，如稽首状；疑父已逝矣，大恸！自此，于父生位前供箸馔，以神人之间事之。 看陈龙川答朱子书，至"今之君子，欲以安坐而感动之"，浩叹曰："宋人好言习静，吾以为今日正当习动耳！" 王法乾父廷献卒，先生往哭奠，规法乾行丧礼。廷献翁名蕴奇，定州卫诸生，性仁厚，友于弟，以次女妻墭，已而卒。先君子曰："先共法乾议，'婿则犹是也，而君女亡矣'；俗以婿继娶为续女，归宁非礼也。"翁然之。其女未于归时，有粮数石，翁遣车送至。先君子曰："令女在时，未闻有此也；则君家物耳，请载归。"翁曰："亡女为李氏之鬼，其遗物岂王氏之物哉？"必不可归，先君子受之。

四月廿四日，先生叔父愉如，卒于京邸；先生闻之，恸哭成服。

五月，墭来谒，先生衰麻出见，见教学《小学》《曲礼》。深州国公玉来问学。公玉初名之元，避先生，改名之桓。先生自二月买石氏女为侧室，以身有疾，未纳；女痴且颠，为媒欺也。至四月，让媒氏返之，得原金。

六月，媒转鬻之旗下，先生悔之。

七月，塨往谏。先生泣曰："吾过矣！吾父无处所，而年四十余，先人血嗣未立，住与行，罪皆莫逭！前拟有子即出，后迫于时晚，以为但见子产即出；后更不及待，但见有孕即出。乃天降罚，老妻不育，置一婢，为人所欺，短；又置一侧，为人所欺，痴。故眩乱之极，遂欲将此原金再图一人，而不知其过戾至此也，敢不速更。"尽出原金，赎女归其父，不责偿。塨感先生改过之勇，立日谱自考，自此始。

闰八月，思为学之难也，如行步也；心在则中规矩，心不在则不中规矩，所争在敬、肆，而人见其某时如此、某时又如彼，遂指以为伪矣。敢不力乎？　王法乾指其门人某曰："渠能以冷眼窥人。"先生曰："切不可教之如此。昔人有言：社稷丘墟，凡为子孙者，当戮力王室，且勿以名分相责。方今孔子之道涂地，但有志者，即宜互相鼓舞，以相勉乎圣道之万一。有八长而二短，姑舍其二；有八短而二长，姑取其二。后生尺寸未进，先存心摘人短，此何意也？"　或告兄弟恶，先生凄然曰："君有恶兄弟，幸也；若某欲求一恶兄而恭之，一恶弟而友之，得乎？"其人感动。　闻先君子事亲，夙兴，拜床下，初不令父母知；独左右就养，委曲有道，以使昆弟安。叹曰："吾不如也！　塨规先生言躁而长，犹未改。先生曰："古人养充而神灵。养充则改过有力，神灵则一点即化，仆正赖良友夹扶耳。"因出日记，令塨评。　刘焕章规先生曰："颜子之明，何至为佞人欺？而夫子教之远者，乃恐贤豪恃聪明，欲驾驭英雄，不觉为佞人误耳。"先生服其言。

九月，博野乡耆，谋公举先生贤能，先生力沮之。　语塨曰："春秋惟当以道致霸，战国必当以道致王。孔子欲为尊攘事，故仁管仲；孟子无须此矣，故卑之。易地则皆然。" 教塨三减曰："减冗琐以省精力，减读作以专习行，减学业以却杂乱。如方学兵，且勿及农；习冠礼未熟，不可更及昏礼。" 又语塨曰："犹是事也，自圣人为之，曰时宜；自后世豪杰出之，曰权略。其实此'权'字，即'未可与权'之'权'，度时势，称轻重，而不失其节是也。但圣人纯出乎天理而利因之，豪杰深察乎利害而理与焉。世儒等之诡诈之流，而推于圣道外；使汉唐豪杰不得近圣人之光，此陈龙川所为扼腕也！仆以为三代圣贤，'仁者安仁'也；汉唐豪杰，'知者利仁'也。" 塨问："古人子妇事舅如父，今远避以为礼，何也？"曰："古人三十而娶，有子妇，则已老矣，故可近事；今人皆早昏，父、子年，多不甚相远，则别嫌为礼，今时之宜也。"

十二月，先生叔父柩还自京，竭力佐其子亨葬之。因思父，哭甚恸。 曰："勇，达德也，而宋人不贵，专以断私克欲注之，则与夫子'不惧'二字，及'勇士不忘丧其元''临阵无勇非孝'等语，俱不合矣。奈之何不胥天下而为妇人女子乎？"

辛酉，四十七岁

正月，携塨如献县，拜王五公先生，吊高公梦箕墓，并会五公门人吴瑾等。回，过深州国公玉家。抵安平，晤彭古思、彭子谅。 二十五日，哭奠叔父主前，告练。

二月，往哭奠朱参两。 坐王法乾斋，相对祈祈，勿觉期服忘哀，即谨。

三月，观塨日谱，白圈甚多，曰："此非慊也，怠也；怠则不自觉其过，不怠则过多矣。仆记中，纯白圈，终岁只数个。自勘私欲不生，七情中节，待人处事无不妥当，乃为慊。故尝与吕文辅言：圣门'三月不违仁'者，固难及；即月至日至，亦何容易？'仆刻不可言时至，只刻至耳。"　期服虽练，每月必思慕数次。　谓夏希舜曰："舜何罪？知父母不悦，即我之罪；舜何懑？须知感父母不能，即我之懑。'懑'字更苦、更精，盖罪犹有事实可指，懑则并无其事；但见父母不允不若，必我心中暗有不可感动者在也。"　养同高祖侄为子，名之曰尔檥。　书垯所箴"縢口木鸡"四字于东西壁，庄对致敬，如诤友存旁。　思人不能作圣，只是昏惰；惰则不绎，昏则不熙。　参照司马光十科取士法——源按：唐宋科目甚繁，温公十科差胜；要皆出仕之人，而间杂以未仕者，总不外明经、进士而已。是取之以章句辞华，而另设科以用之，欲人才之得难矣！不如即以先生所述三物之教，复古制，乡举里选，各取其长；而分兵农、礼乐诸科以用之，终身于一职。以其职之尊卑为升降，而不杂其途；庶人才可以竞出，政事可以毕举。又何事于唐宋科目哉？先生存治之意如此，今盖姑取其科之近似者，检较之耳。　曰："彭济寰尝戒予，谓：'大病是心中话，即说在口中。'至今二十年未改也。耻哉！"

　　四月廿四日，哭奠叔父主，告释服。　闻刘宰宇以豪侠，老而甘贫，奖之。齐爗燧侯，问学。　时垯与张文升共学《韬钤》，先生每入蠡城，则商酌彻昼夜。　观王法乾日记曰："仁者不见菲薄之人，情不相召也；存乎中者戾，而感应甚神，可畏哉！"服其深中膏肓，录之。　思周孔似逆知后世有离事物以为道、舍事物以为学者，故德、行、艺总名曰物。明乎六艺，固事物之功；即德行亦在事物内。《大学》明、亲之功何等大？而始事只曰"在格物"。空寂静悟，书册讲著，焉可溷哉！

　　八月，以患疮久，气血虚，乃更弔，日在丧家，不御酒肉，移处则用。　偕垯习礼，教之曰："旋转贵方圆，唱礼贵高亮；方圆又贵中节，高亮又贵有谨慎意。仆尝谓：呼弟子及奴仆，声音亦宜庄重,而忌凌傲也。" 王法乾摘塨过曰:"刚主交某某,又与某通有无,可忧。"先生曰:"果有之乎?然吾以为刚主不及吾二人在此,其胜吾二人亦在此。吾二人不苟交一人,不轻受一介,其身严矣;然为学几廿年,而四方未来多友,吾党未成一材。刚主为学仅一载,而乐就者有人,欲师者有人。夫子不云乎:'水清无鱼,好察无徒。'某将以自改也。" 思齐家之难,诚哉!颦笑不可苟也。 行必习恭,步步规矩,如神临之。 始制悬门齐戒牌,每齐戒,悬大门外,云:"今日交神,不会客,不主医方;亲友赐访,请暂回,或榻他所,祭毕领教。" 看《家语》至"赵简子铸刑鼎,孔子叹曰:'晋其亡乎!法铭在鼎,何以尊贵,何业之守?'"因著说,谓:法,寄之人也;铭在鼎,将重鼎而轻人,法必失。道,行之人也;刻在书,将贵书不贱人,道亦亡。

十月,约塨以月之三、五日会,质学。 先生从不入寺,不与僧道言;至是,悔曰:"如此,何由化之?此即褊狭不能载物之一端也。"

十二月,著《明太祖释迦佛赞解》。

壬戌,四十八岁。

正月,先君子设谷日之筵,先生司礼,同刘焕章、张函白、王法乾、张文升、魏秀升诸友弹琴赋诗、习射演数、歌舞藏钩,极乐。先生作《谷日燕记》。 塨从先生入献县,与王五公先生议经济。 国公玉邀衡水魏纯煆来,传天文学。 思古学教法,开而弗达,强而弗抑;又古人奖人,尝过其量,吾皆反此,不能成人材,不能容众,自今再犯此过,必罚跪。 先君子规先生曰:"满腹经济,再求中节。"先生谢焉。

四月,塨病疫,先生盘桓蠡城,医之。

七月，著《唤迷途》，后又名曰《存人编》：一唤寻常僧道，二唤参禅悟道僧道，三唤番僧，四唤惑于二氏之儒，五唤乡愚各色邪教。

九月，与塨订规约，以对众不便面规者，可互相秘觉也，云："警惰须拍坐，箴骄示以睛；重视禁暴戾，多言作嗽声；吐痰规言失，肃容戒笑轻。"谓张函曰："千古学者，皆被孔子'狂、简'二字说定；狂而不简，则可进于中行矣。千古狂者，皆被孟子'进取不忘其初'一语说定；进取而忘其初，则可几于圣域矣。吾与法乾、刚主皆愧是焉。"如保定府，哭奠吕文辅；晤孙征君十一子君夔。塨进于先生曰："五谷之生也，生而已矣；长也，长而已矣，不自知其实而穑也。学者有进而无止也，如之。孔子'从心不逾'时，犹思其进也。塨近窥先生，近若有急急收割意焉。且夫英雄，取于摧拆者少，取于消磨者多；故消磨之患，甚于摧拆，不知是否？"先生曰："是也。愿急改策。"

癸丑，四十九岁。

正月，如易州，望荆轲山，诗云："峰顶浮图挂晓晴，当年匕首入强嬴。燕图未染秦王血，山色于今尚不平。"

四月，博野知县罗士吉差役来候；以王修五子赟及崔詹事蔚林、杨太仆尔淑言也。蔚林，字夏章，学宗陆王；尔淑，字湛子，孙征君门人，俱新安人。

六月，河南杨荫千来访问学，奉《唤迷途》而去。乔百一书来论学。百一，名己百，临城人；明末，给事范士髦尝荐于朝，已而国变，遂高隐。与塨往返书有云："孔子教人，不过忠信、忠恕等语，不止罕言命，亦罕言性。盖性命之说渺茫，不如实行之有确据也；实行敦，而性命自在其中矣。此孔子维世立教之深意也。"可为名言。

闰六月，纳所买田氏女为侧室。　张函白规先生固执，兼轻信人。王五公先生亦谓曰："流丸止于瓯臾，流言止于智者。"先生服之。　一族弟无状，先生责之。其人曰："大兄惠我一家，厚感不忘；因大兄表功，故反成怨耳。"先生悚然自悔。

九月，先君子病，先生视之；既弥留，先生问教，曰："嘉哉！尚有始有终！"卒，先生哭奠，挽联曰："劲脊柱乾坤，操严端介；柔肠和骨肉，德重孝恭。"　批周子《太极图》之误、主静之失。

（二）

甲子，五十岁。

正月，国公玉来讲执贽，先生以其年长于己，辞之。

二月，王五公先生卒，先生闻之大恸。已而闻其目不瞑，叹曰："五公不瞑目矣，吾之目其可瞑耶？"　初志寻父，以事恩祖不遂，及归宗，值天下多故，又思为父母立一血嗣，及出，耽延数年。今不及待矣，遂决计寻亲。

三月，为位哭奠王若谷。若谷字余厚，五公从兄，同起兵讨贼者，尝过先生。至易州坎下，会葬五公先生，私谥曰"庄誉"。又之郎仁，哭奠杨计公。　先生自誓寻父辽东，不得则寻之乌喇、船厂诸处；再不得，则寻之蒙古各部落；再不得，则委身四方，不获不归。故凡友朋当哭奠者，皆行乃出，不欲留亡者以缺也。

四月八日，只身起行，如关东寻父。　过涿州，晤陈国镇。国镇名之鋐，涿州人，鹿忠节公善继弟子。善继讲学宗王守仁，而躬行切实过之。尝语人曰："传吾学者，杜越而外，陈氏子而已。"年七十余，谆谆提引后进不少倦。人问之曰："先生亦苦寂寞乎？"曰："动静皆有事，何寂寞之有？"大学士冯铨同城居，谋请见，不得。　十七日，入京，刻寻父报帖，贴四城门，及内城各处。对人言则泣，人聚观则叩首白，求代寻；来报，重谢之。斧资取给医卜，亲友馈赆亦受之。

五月十五日，出朝阳门而东；每朔望，必望拜家祠，答室人拜。　二十日，抵山海关。海吼，山水暴涨，又无路引，不得出关。　见山海之雄，叹曰："夏、殷、周之得天下也以仁，失以不仁；汉、唐、宋之得天下也以智，失以不智；金、元之得天下也以勇，失以不勇。"

六月四日，遇豪士曹梅臣者，为经营路引，乃得出。　十三日，过韩英屯南，已至奉天府——即沈阳也。主堂兄在旗者希汤家。时束鹿友人张尚夫之兄张鼎彝束岩，任奉天府丞。往拜尚夫，因见束岩，求散布州县寻父报帖。逢人则流涕跪恳，与之报帖，求其传布。

七月，张束岩作《毁锦州念佛堂议》，先生为之作檄、作说，入《存人编》。

八月，报者沓至，往验则非；先生日夜悲楚。　交程玉行。玉行，山东人，有学，具壮志，以事编居沈阳。　满洲笔帖式关拉江问"性、情、才"，先生曰："心之理曰性，性之动曰情，情之力曰才。"因言：宋儒不识性，并才、情俱误。拉江惊服，遂拜从学。拉江宿于外，先生问之，曰："吾妻有亲丧，念妇人亦人子也，岂可乱其丧哉！"先生喜曰："《礼》所未制之礼也，而合矣！"四出寻觅，日祷父信于神明。

乙丑，五十一岁。

二月朔日，传盖州南有信，先生如海、盖等处。

三月，宿辽阳城，出陷翻浆泥中。七日，至盖平。十九日，又陷泥中，失履出；过耀州。二十日，入海城县。二十五日，入辽阳，俱贴报帖，遍咨询不得。三十日，复返辽阳。　三月二日，拟东往抚顺。四日，沈阳有银工金姓者，其妇见先生报帖，类寻其父者，使人延先生至家，问先生寻亲缘故；先生泣诉，妇惊泣曰："此吾父也！"先生乃详问父名字、年貌、疤识，皆合；妇又言：父至关东，初配王氏无出，继配刘氏生己。曾以某年逃归内地，及关被获，遂绝念。康熙十一年四月十二日卒，葬韩英屯。因相向大哭，认为兄妹。先生又出，遍访父故人，言如一。八日乃定税服。十一日，宰猪羊祭墓，立主恸哭；自此寝苫枕块，不食甘旨，朝夕奠，午上食，哭无时。识交皆来弔奠，人人叹息称道。十二日，行初虞礼。

四月朔，奠告奉主归，只身自御车，哭导而行。日朝夕奠，午上食，不怠。凡过大水、桥梁、城门，必下而再拜祝告；沟渠、徒杠、庄门，车上跪祝，或俯车秘祝，乃过。是日，兄及妹夫金定国识交等，俱远送哭别。十二日，达松山堡，行忌日奠。途哭无时，惟至人宅，哭止数声、不扬。十八日，入关，往谢曹梅臣。梅臣来弔奠。嗣后遇前助力馈赆者，皆谢之，弔奠绎接。十九日，行再虞礼。三十日，过京。

五月五日，至博野七里庵，先期达服亲，皆成服迎奠，哭拜，相向哭。已入里，至宅安主，行三虞礼。远地亲友，皆来弔奠，赙则辞。十三日，葬父生主于祖兆，告蠡庠教谕以丁忧。

六月八日，行卒哭礼。九日，行祔祭礼。自此惟朝夕哭。读《士丧礼》，叹古圣书多记事，后儒书多谈理，此虚实之别也。

从三叔父怡如病，请同寝奉养之。

七月十六日，怡如卒，其子早壮方孩提，贫；先生代葬之。是后朝夕哭考，其间思及从叔，则哭叔。

十二月十六日，哭奠三从叔，告除服。　高阳齐林玉，有雄才，河南垦荒，先生赾之。

丙寅，五十二岁。

正月，教谕不敢以税服报先生丁忧，先生必不易服应考，因弃诸生。

二月，思孟子曰"先立乎其大"，今小事皆能动心，小不平皆能动性，正是大不立也。

三月八日，行小祥礼。自此易练服，止朝夕哭，惟朔望哭奠；颇食甘美，但不饮酒，不食鱼肉稻。 王学诗来贽，先生不许。长跽两昼夜以请，先生曰："吾恶夫世之徒师弟名而无其实者，汝今居大母丧，能从吾丧礼行，再来，受子矣。"乃去。学诗字全四，完县人，佣身丧父，割股肉疗母疾。学使奏闻，并及其父三锡之孝，祖母金氏、母边氏之节；领六十金，建三世节孝坊。尝从孙钟元征君、魏庸斋司寇游。

四月十一日，思丧礼不言齐戒，以无时不齐戒也。今予年逾五十，愧不成丧；食疏不免葱韭，则祭前须齐戒。十二日，行忌日奠。 博野知县罗士吉，具牲来吊祭成礼；先生往谢，致胙二方，望署门稽首（颡）拜而还。 先生偶坐门外，闻言几失笑；乃知丧礼不耦坐，不旅行，有以也，遂入。一日晏起，因思丧中废业，兼以毁瘠，极易萎惰。故先生制祝词曰："夙兴夜处，不惰其身。"然期以内，哀慕不遑，不惰犹易；练以后，哀思日杀，心身少事，逸斯惰矣，惰愈怠矣！故孔子曰："丧事不敢不勉。"

五月十三日，闻关东大兄卒，税服三月。 先生自外，过中门，侧室田氏急掩扉避；先生遥嘉之曰："可谓能守礼矣！"

八月十三日，为关东大兄位，奠告服阕。 谓门人曰："初丧礼，'朝一溢米，夕一溢米，食之无算'；宋儒《家礼》删去'无算'句，致当日居丧，过朝夕不敢食，当朝夕遇衰至又不能食，几乎杀我。今因《家礼》'练后止朝夕哭，惟朔望未出服者会哭',凡哀至皆制不哭;疑圣人过抑人情。昨读《子夏传》曰:'既练,舍外寝,始食菜果,饭素食,哭无时。'乃叹先王制礼,尽人之性;宋人无德无位,不可作也。"

丁卯,五十三岁。

自儆曰:尧舜之圣在精一,吾不惟不精,而方粗如糠秕;不惟不一,而且杂如市肆。愧哉!惧哉!须极力培持,上副天之所以生我者,可也。

三月二日,闻嫁母病,亟之随东侍疾。 五日,回里齐戒。八日,行大祥礼,始参用《仪礼》。先生主初献,主妇亚献;以边生作宾,三献。 祭讫,急如随东,则母卒矣。大哭,服弔衰。宾为先生来者,拜谢,非则否。十一日,奠;十五日,送葬;十六日,哭拜,辞主而回。二十五日,行禫祭礼。

四月朔日,奉考主于家祠,行吉祭礼。乃迁曾祖考妣主于祧室,安祖考主于祖室,考主于祢室,以殇子赴考衬。十二日,行忌日祭;十五日,始行望礼于家祠。习斋与家人为礼,命田氏随女君拜祠,拜君,女君,皆四。坐受子拜父母毕,揖之。一切复常,惟不乐、不华饰,以尚有心丧也。 行医于祁州济贫,且欲广成人材也。

六月,刁过之、石蓝生约共习礼。罗令县匾先生门。 许酉山致书于先生论学,先生以周、孔答之。酉山先生,讳三礼,河南安阳人。顺治辛丑进士,选杭州海宁令,邑烦剧,又值三藩变,政务旁午;先生抚民擒寇,皆有方略。且延士讲学,行礼乐,考经史,厨传缤纷,先生处之裕如也。署后建告天楼,每晨必焚香,告以所为。辛酉,入授御史;己巳,还至副宪。特疏劾内阁徐元燮与其兄尚书乾学、侍郎高士奇,镌一级,而徐、高亦由是去位。著《河洛源流》《政学合一》等书。《源流》略云:

"圣道一、中，原通天地民物为一，全体大用，撰文奋武，皆吾心性能事；但自孔子没而中行绝，狂、狷两途，分任圣道，乃气数使然，不可偏重。狂者进取，为张良、韩信、房、杜诸人，皆能开辟世界，造福苍生；然求其言行之尽规规圣道，不能也。狷者不为，如程颢、朱熹、陆九渊诸人，不义不为，主持名教；然欲其出而定鼎济变，如古圣之'得百里而君之，朝诸侯，有天下'，不能也。二者分承协任，广见圣道。若但视孔子为一经学儒生，则非矣。庚午，官至兵部督捕右侍郎。辛未卒。塽与张文升推衍《存治》，文升著《存治翼编》，塽著《疗忘编》，先生订正之。

七月三日，谓绍洙曰："橳其来，予心告矣。"绍洙问，曰："素不妄动。"已而尔橳果至。绍洙，远族叔也，以贫，养于习斋，数年如一。

八月，过保定府，入谒魏莲陆所建五贤祠：程明道、程伊川、刘静修、鹿忠节、孙征君，以其皆郡人也。配飨者为杜紫峰、张聚五、张石卿、孙君侨、高荐馨、孙衷渊。王法乾谓先生曰："君子口代天言，宁容易乎？"先生是之。

十一月，过安平，何切言劝先生以时文教人，借以明道倡学，先生曰："近亦思及此。"

十二月，订塽所著《阅史却视》。闻刘焕章无病而卒，面色如生，大哭。往吊奠，为作行状。

戊辰，五十四岁。

正月，常功增：日三复："毋不敬，俨若思，安定辞，安民哉！" 朔日，遭还初伯偬丧，哭奠恸。时先生内子复姓李。复移祁州药铺于家。 思待圣贤以豪杰（侠），待豪杰（侠）以圣贤，待庸愚以圣贤、豪（侠），待奸恶以圣贤、豪（侠）；或处之为庸愚,则失其心,则致其侮,或害,皆己过也,而乃委命之不淑、人之难交耶!

二月,出棉百斤,助还初子文芳冶丧。文芳,尔檥父也。王学诗卒,先生如完县弔之,揖而不拜;以其归能行朔望哭奠礼,收之为门人也。

四月朔日,告还初伯于殡宫,除服。看塨《四书言仁解》。

七月朔日,行礼毕,谓内子曰:"吾与子虽病,但能起,勿怠于礼。" 塨规先生病中郁郁,是中无主也。先生即书于册面自警。 鹿密观来访。思宋室臣子所宜急商榷者,正在朝廷利害、边报差除,而范益谦首以为戒;与门人舍职掌谈学,皆失圣道,而予中年曾受其疫染也。

十月,如献县,哭奠王曙光。

十一月,如高阳,拜孙文正公祠。 如新安,拜谢马开一,会僧鹦立。是时凡助寻父者,皆往谢之。 如郝关,与冯绘升言《存性》《存学》;绘升初疑,后是之。

十二月,李植秀从学,学礼。

己巳,五十五岁。

正月,订一岁常仪常功:凡祭神用今仪,通三献,诣位,读祝,共十二拜。较《会典》减三拜者为成仪,连献五拜者为减仪。春祭祖考,秋祭考,俱大齐;季秋特祀孔子,孟春祀户,孟夏祀灶,季夏祀中霤,孟秋祀门,孟冬祀水,俱中齐;清明、十月朔,从族众祭祖墓,亦中齐,皆用成仪。凡朔望、节令、亲忌日、己生日及祭外亲友,或同老幼祭分派族人墓,俱小齐,用减仪。朔有荐,望惟酒果。大齐,七日戒,三日齐;中齐,散齐二日,致齐一日;小齐,散齐一日,致齐一夜。大齐必沐浴,中齐沐浴或澡拭,必入齐房;小齐必别寝。戒日,悬内齐戒牌,书云："戒不吊丧，不问疾，不怒责人，不入内，不与秽恶，饮酒不至三盏，食肉不茹荤。"齐，沐浴，着明衣，迁坐，不会客，不主方，不理外事，致思所祭如在。齐日，悬外齐戒牌，书云："今方交神，不敢会客，不敢主方；赐访亲友暂回，祭毕候教。如远客，烦族亲延榻他所，祭毕恭迎。"凡仓卒与祭外神亲友，又有时齐、刻齐之例，谓立刻即屏他念、禁言语，专思所祭也。凡祭，令家人办祭品务洁肃。凡朔望、节令谒祠，出中堂南面，妻北面，四拜。惟冬至、元旦八，皆答再；妾拜同，不答；子拜同，不答；妾非妻，仪同拜君。子孙惟元旦拜妾再，妾答拜。凡出告、反面于家祠前，俱如生人礼。今因《礼》言'无事不避庙门'，定即日反者，揖告祠外；经宿以上，再拜告簾外；旬日以上，乃启簾焚香设荐告之。教妻行礼同，是谓家礼。朔望出至习斋，焚香，率子及从学弟子拜圣龛四，毕，坐，受弟子拜四，是谓学仪。凡出，过祠必下，淫祠不下，不知者式之。行树壁外式，文庙壁外亦下。过墓必式，恶墓不式。若名贤宗族及至亲厚友之父母，准下祠例。有所恻必式，如是瞽者、残疾、丧衰、城仓倒、河决、杀场之类；有可敬必式，如遇耄耋，望祠庙、望祖茔，过忠臣孝子节烈遗迹、贤人里之类。凡过祖茔，日一至揖，再至趋，旬以上再拜，月以上四拜；恩祖父母、师墓同。凡宾主相见，见师，日见揖，旬以上再拜，月以上四拜；交友皆再拜。会常客如常仪。凡吉礼，遭丧皆废，虽缌亦然。此一岁常仪也。习礼乐射御书数，读书随时书于日记；有他功，随时书。每日习恭，时思对越上帝，谨言语，肃威仪。每时心自慊则〇，否则●，以黑白多少别欺慊分数；多一言 ϭ，过五则⊗，忿一分 ꝋ，过五则⊗，中有×，邪妄也。如妄念起，不为子嗣比内，皆是。每晨为弟子试书讲书，午判仿教字，此一岁常功也。有缺必书。新为却疾求嗣计，增中夜坐功。　谓张文升曰："如天不废予，将以七字富天下：恳荒、均田、兴水利；以六字强天下：人皆兵、官皆将；以九字安天下：举人材、正大经、兴礼乐。"

二月，塨执贽，正师弟礼。 先生叹曰："'素隐行怪'者，有其人；'半涂而废'者，有其人。'依乎中庸、遁世不悔'者，吾非其人也。窃有志焉。" 思心时时严正，身时时整肃，足步步规矩，即时习礼；念时时平安，声气时时和霭，喜怒时时中节，即时习乐也。玉帛周旋，礼也，不尔亦礼；琴瑟钟鼓，乐也，不尔亦乐。故曰：'礼乐不可斯须去身。'" 王法乾论友主择交，先生主节取。

三月，习琴。十一日，诞日也，家人请拜。先生泣下，曰："予两间罪人，不及事父母，敢当家人祝乎？"乃例不祝寿。是日，与人送葬，遂泣不已，自伤也。 知养子有隐疾，不能嬗嗣，且有室变，大忧；旋以命自解，乃谋养孙为后。 李植秀来问礼，曰："子有祖父在，礼不得专行。吾闻人子善言常悦于亲耳，善行常悦于亲目，须潜孚祖父，若自其己出，而我善行之者，乃善。此吾在朱氏时所自勉也。" 习骑刀式，始及双刀。

四月，学使李公应荐、知蠡县事赵公旭，俱遣人悬匾旌间，赵兼有馈仪；先生受而不报。时蠡人士公举先生于县，将达道院上奏，国公玉亦谋遍扬当道，先生力止之。 谓塨弟培曰："仆抱禹、稷之心，而为沮、溺之行，如函剑而欲露寸光者。法乾谓'不如全函'，刚主谓'不如多露'，皆非仆志也。"如蠡哭奠塨世父保初。世父讳成性，康熙初以恩贡截留提选通判，辞老不就。先生私谥之曰"节白"。

五月，塨问曰："近日此心提起时，万虑皆忘，只是一团生理，是存养否？"先生曰："观子九容之功不肃，此禅也；数百年理学之所以自欺也，非存养也。予素用力，静则提醒操持，动则明辨刚断，而总以不自恕。盖必身心一齐提起，方是存养；不然，则以释氏之照彻万象，混吾儒之万物一体矣。"

七月，教李植秀及幼弟利，学士相见献酬礼，令肄之。王法乾曰："程、朱何可操戈？试看今日气运，是谁主持？家读其书，取士立教，致君临民。皆是也。"先生曰："元亦谓今日是程、朱气运，正如周季，自是五霸持世；然必以为五霸持世，不如尧舜，程朱持世不为孔孟。"已而曰："程朱持世，尚过其分。十分世道，佛氏持三分，豪侠持三分，程朱持三分，仙氏持一分。圣道焉得不皇皇表章也！" 刁文孝之子静之来言，灵寿知县陆陇其求先生所著书，清苑知县邵嗣尧欲相见，先生谢曰："拙陋不交时贵，吾子勿游扬也。"陇其字稼书，浙江平湖人，为程朱学，居官清介。嗣尧字子昆，山西猗氏人，学陆王，清威有吏才。以祭门神，齐戒有杂念，思祭神犹难于齐，况平常而能齐明也，即专思神。 二十九日，出也行中规矩，入则否。叹曰："甚矣，周旋中礼之难也！" 李植秀问曰："秀寻师问道，人多毁忌，如何？"曰："天下方以八股为正业，别有讲作，皆曰闲杂，皆属怪异。汝初立志，当闇然自进，不惊人，不令人知，方可也。然亦须坚定骨力，流言不惧，笑毁不挫，方能有成。"

八月，抚院于公成龙使来，悬匾旌闾，先生受而不报。

九月，定塨所编《讼过则例》。吹篪。自勘，"出门如见大宾"，近多如此。 国之桓介塨执贽，先生辞；固请，乃受之。思"戒慎不睹，恐惧不闻"，必于湛然虚静之中，懔上帝临汝之意，则静在正功也。若宋人观喜怒哀乐未发气象，非丹家所谓内视乎？ 塨问："自整饬矣，已又忽忘昏惰，何以免此？"先生曰："《汤铭》——'苟日新'矣，何必复曰'日日新'？日日则无间矣，何必赘曰'又日新'？可见忽忘昏惰，古今学者通患；除时常振刷，无他法矣。" 李植秀问："闲念朋从，屏之不退，如何？"先生曰："但将精神竦起，使天君作主，诸念自然退听；

然非用力有素，而骤言竦起退听，亦殊不易。先儒所谓'功夫即是效验'也。"　族弟借乘家人对确矣。先生思此人鲁钝无所借，命家人改日确。

十二月，往哭奠阎大夫大来。大来名际泰，蠡人；豪侠好义，所施散万余金，交游几遍天下。而待人宽让，遇横逆，坐受之，不报。　三从叔子早壮，以孩提从母嫁；至是取归养之，率之招神于墓，立主习斋旁室，行虞礼。　书一联云："虚我观物，畏天恕人。"

庚午，五十六岁。

正月三日，养族孙保成为孙。　国之桓至，先生曰："学人未有真诚如子者，惜老矣。"之桓曰："竭力向前，死而后已，敢以老阻乎！"　先生与王法乾同榻，问曰："元有寸进否？"曰："有遇人争辩，能不言矣。"　二十二日，行中矩，望见壁上书"毋不敬"，快然。思：敬时见箴而安，怠时见箴而惕。不啻严师诤友矣。汤、武逐物有名，有以哉！　博野令罗公致仕，先生往谢；罗公寻来拜谒，深以先生之学问为是。作《唤迷涂序》。

二月，张束岩通政来访。二十二日，遭从世母缌服。

三月，订埊族约。　思：事可以动我心，皆由物重我轻；故兵法曰"败兵若以铢称镒"。　曰："后世诗文字画，乾坤四蠹也。"　习射。门左演爨弄，家众寂然，室中各理女工，如无闻。先生喜曰："谁谓妇人不可入德也！"

五月九日，弟子俱往田；思吾庭除日新，有乏人，无废事，今不洁，衰惰甚矣！乃各处亲扫，惟场，三息乃毕。　思：内笃敬而外肃容，人之本体也，静时践其形也；六艺习而百事当，性之良能也，动时践其形也。絜矩行而上下通，心之万物皆备也，同天下践其形也。禅宗焉能乱我哉？　二十二日，哭奠从世母墓，告除服。

六月，书谨言八戒：一戒闲言，二戒俗言，三戒类引，四戒表暴，五戒凌人，六戒幽幻，七戒传流言，八戒轻与人深言。思文墨之祸，中于心则害心，中于身则害身，中于家国则害家国。陈文达曰："本朝自是文墨世界！"当日读之，亦不觉其词之惨而意之悲也。思高明覆物，万物归我，洞照万象，一象不沾。儒释相去天渊也！　思定其心而复言，自无失言；定其心而后怒，自无妄怒。失言、妄怒，皆由逐物，未尝以我作主。

八月朔日，以祭门神齐，思人心不如圣人之纯一也。齐日之心，必如圣人，而神乃可格；人身不如圣人之九容也，齐日之身，必如圣人，两神斯可交。　一日，行容恭，因思刘焕翁。谓门人曰："予当恭庄时，辄思刘焕章；矜庄时，思吕文辅；坦率时，思王五修；恳挚时，思陈国镇；谦抑时，思张石卿；和气包括、英气愤发时，思王五公。嗟乎！使诸友皆在，其修我岂浅鲜哉！"

九月，思人大则事小。伊尹五就汤，五就桀，人未闻讥其反复背逆也。　二日，行中规矩，思昨日中度，今日惟此时，纯敬之难也！思人才无用矣，厌其无用，即己才无用；世路不平矣，怨其不平，即己情不平。　以祭考齐戒，思齐戒日，有不悦，宜宽之，曰先考之量容之也；有交财，宜让之，曰先考之惠及之也。

十月，为蠡人士作《祭刘润九文》。润九，名荫旺，蠡人，恭兄，富而行仁；环居十余村，有讼争，皆往质之。

十一月，涞水曹敦化来问学，求列门人，先生辞。　王法乾曰："自知周孔三物之学，却缺静功，不及前日。"先生曰："《易》'洗心'，《中庸》曰'齐明'。非齐不明，非明不齐；非洗心不能齐明，非齐明不能洗心。何事闭目静坐，拾释子残渖也？"

十二月，教之桓、敦化学礼。敦化介塽执贽，先生许之。先生语塽曰："伯夷，仁也；柳下惠，义也。"塽曰："塽亦谓伯夷非佛老可托，以其不念旧恶也；柳下惠非乡愿可托，以其必以道也；伊尹非杂霸可托，以其乐尧舜之道，而一介取与必严也；孔子非经生可托，以其志为东周，而教人以兵农、礼乐也。"先生曰："然。" 先生曰："唐杨管疏言，选士专事文辞，自隋炀帝置进士科始；加以帖括，自唐高宗听刘思立之奏始，乃为世害至今乎！"

辛未，五十七岁。

正月，思凡罪，皆本于自欺。言圣人之言而行小人之行，全欺也；即言圣人之言而行苟自好者之行，亦半欺也。法乾规先生曰："身不及口，口不及笔。"先生曰："心更不及身，愿共勉之。" 思有一夫不能下，亦傲恶；有一事不耐理，亦怠恶；有一行不平实，亦伪恶；有一钱不义得，亦贪恶。又思不怨不尤，下学而上达，真无声无臭、於穆不已、上通于天矣！故曰："知我者，其天乎！"内返歉然自愧！ 看《韩非子》至《说难》"强以其所不能为，止以其所不能已，如此者身危"，怃然。恨予交人每蹈此，危哉！ 名保成曰"重光"。 思予以泄露为直、暴躁为刚、执滞为坚定；屡过不改，废才也！

三月，先生将出游。曰："苍生休戚，圣道明晦，敢以天生之身偷安自私乎？"于是别亲友，告家祠，十六日南游中州。至安平县阎晖光斋。阎教其门人揖立应对，朔望拜父母仪；奖之。 至深州，国之桓请从。以其年老、家贫、子幼，辞之。对曰："吾敢逊子路乎？"固请，徒步从。先生教之曰："正心修身之功，不可因途行懈；吾尝内自提撕也。"又教以齐家先严内外。野庄头遇郑光裕克昌，示以《唤迷途》，大悦。 至顺德府冯庄，访杨雨苍，及其弟济川，示以《唤迷途》，杨录之。　晤邢台教谕贾聿修——故人也。曰："人言教职为闲署；不知人才为政事之本，而学校尤人才之本也。"勉以修身布教之道。

　　四月朔日，行望拜家祠，答拜家人门生礼。　至安阳，哭奠许西山先生。访徐孝子适，适问《存学》《存治》曰："适每夜祝天生圣贤，以卫圣道，其在先生矣！"　抵回龙，与陈子彝、耿子达、宁天木、熊伯玉、耿敬仲、孙实则、柴聚魁、丁士杰论学，为宁季和、阎慎行言经济。　至浚县，教谕国之蒲男玉——之桓弟也，来迎游大伍山，谕道士归伦。　考忌日，齐宿，遥奠；终日素衣冠，不御酒肉。　与男玉论井田，固留之桓而行。宿班胜固，见民以岁凶流亡，恻然，出钱及衣周之。　草《游客书》，寄县令，讽以四急：一急停征；一急赈济；一急捕蝻；一急请上官行文各处，安集流民。至夏峰，晤孙征君子：五君协，七君孚，十一君夔。具鸡酒祭征君，哭之。拜耿保汝，因同孙平子、孙箕岸登啸台，游安乐窝，弔彭饿夫墓，酹以酒。盥漱百泉。　时保汝率子尔良及杨荫千、杨诚甫、李天祐、孔益仲陆续至，乃以《存学》质保汝曰："请问孔孟在天之神，以为是否？程朱罪我否？"保汝曰："孔孟必以为是也；程朱亦不之罪也。但目前习见不脱者，起纷纭耳。"先生曰："苟无获戾先儒，而幸圣道粗明，生死元不计也。"保汝曰："如此，无虑矣！"乃为畅言六艺之学。保汝出其《王制管窥》，论井田、封建，与先生《存治》合，深相得；流连几十日，乃别。荫千以车马送。保汝，名极，定兴人。从孙征君移家夏峰，高隐力学。　至延津，访周础公，论学。渡黄河。

　　五月，至河南开封府，张医卜肆以阅人。　思今出游即"用九"也，必见"无首"，乃为善用。　十日夜，店人喊盗；先生坚卧，亦不言。　访张子朗、刘念庵、郭十同、李瑶之。杜聿修、周炎、赵龙文来访。　时时习恭，心神清坦，四体精健。时疫气流行，兼之斧资不济，而先生浩歌自得，绝不动心。　一日，见一翁过，骨甚健；异之，挽入座，则孙征君门人——原武张灿然天章也。先生以常功及《存学》贶之，天章喟然曰："礼乐亡矣，《存学》诚不能不作。"问水政，先生略言之。天章曰："先生何不著《礼仪水政书》？"先生曰："元之著《存学》也，病后儒之著书也。尤而效之乎？且纸墨功多，恐习行之精力少也。"自此来问学者日众。　二十七日，始食杏；恐食早，家人未荐也。张天章来，曰："学者须静中养出端倪，书亦须多读，著书亦不容已。"先生曰："孔子强壮时，学成教就，陶铸人材，可以见一代之治平矣。不得用，乃周流；又不得用，乃删述。皆大不得已而为之者也。如效富翁者，不学其经营室家之实，而徒效其凶岁转移、遭乱记产籍以遗孙子者乎？且孔子自居于'述'，乃'武、周述事'之述；家居习礼乐，执射御，为司寇，辨五土之性，乃述六府、三物之事也，非注记其文字也。后儒以讲书批注，托圣人之'述'，可乎？况静中了悟，乃释氏镜花水月幻学，毫无与于性分之真体、位育之实功也。圣门'下学上达'，原有正途。不然，孔子日与七十子习行粗迹，而性命不得闻，孔子不几为千古之拙师，七十子竟成愚徒乎？"天章曰："颜子仰、钻、瞻前，如立卓尔，是何物？岂颜子枯禅乎？"先生曰："否。颜子明言'博我以文，约我以礼'；岂空中玩弄光景者比耶！后儒以文墨为文，以虚理为礼；将博学改为博读、博讲、博著，不又天渊之分耶？"天章拜手曰："闻命矣！"时主客坐久，体愈庄，容愈恭。先生因指曰："非凤用戒慎功，此容不得于人前矫强妆饰也，故一望识君。"天章悦服，抵夜乃去。　偶见笔有乱者，因思杏坛之琴书不整，孔子不得谓之"恭而安"，俱正之。

六月，游于衢，遇一少年，颇异；问之，朱超越千也。约来寓，已而果至；问其志，愿学经济。乃沽酒对酌，与之言；已，提剑而舞。歌曰："八月秋风雕白杨，芦荻萧萧天雨霜，有客有酒夜彷徨；彷徨良久鹳鹆舞，双眸炯炯空千古，纷纷诸儒何足数？直呼小儿杨德祖！尊中有酒盘有餐，倚剑还歌《行路难》。美人家在青云端，何以赠之双琅玕。"翌日，报一刺，曰"吴名士拜"。遂行。　抵杞县，访田椒柏、郑吉人，皆以《存学》为是。　至鄢陵，访梁廷援以道；于伏村，晤刘子厚。　访王延祐次亭，次亭述其师张仲诚所传，将好货、好色作成色相制绝。先生曰："是主人不务守家，而无事喊盗也。予谓白昼乾健习行，夜中省察操存，私欲自不作；即或间作，只一整起，亦必退听。孔门为仁与克伐怨欲不行之分，即在此。"次亭请执贽，辞之。晤常贞一、苏子文。

　七月，访刘从先，言礼当习。从先奋起曰："此时即习，何待乎？"习祭礼二度。日入，从先曰："灯可读书，灯不可习礼乎？"秉烛终三。教从先三郎丧礼。从先问丧服制，言之。　访韩旋元。旋元阅《存性》，曰："仁者，人也；合言之，道也。岂心之理善而身乃杂恶乎？"阅《存学》，曰："是吾儒唤迷涂也！"

　访韩智度，指《易》"修业、居业"，曰："学者须知田产籍非祖业，讲读籍上田产非修业，乃得求其业而修之，修乃得居之，吾侪急事也。"智度曰："然。"　观邓汝极传，以当时心学盛行，崇证觉以九容九思、四教六艺为多。汝极驳之曰："九容之不修，是无身也；九思之不谨，是无心也。"先生续曰："四教之不立，是无道也；六艺之不修，是无学也。"

　闰七月，思化人者，不自异于人。　抵上蔡，访张仲诚。仲诚曰："修道即在性上修，故为学必先操存，方为有主。"先生曰："是修性，非修道矣。周公以艺教人，正就人伦日用为教，故曰'修道谓教'。盖三物之六德，其发现为六行，而实事为六艺；孔门'学而时习之'，即此也，所谓格物也。格物而后可言操存诚正。先生教法，毋乃于《大学》先后之序有紊乎？"论取士，仲诚曰："如无私，八股可也。"先生曰："不然。不复乡举里选，无人才，无治道。"仲诚，名沐，以进士知内黄县事，有惠政。论学大旨宗陆、王而变其面貌，以"一念常在"为主。弟子从者甚夥。 观上蔡知县杨廷望所开杜渠。又闻其毁佛寺，重建蓍台伏羲庙，清丈地亩，躬率人习文庙礼乐，盖有用才也。先生谓李子楷曰："朱子论延平观喜怒哀乐未发时气象，曰'以不观观之'，此是禅宗否？"子楷曰："此诚近禅。愚等操存不如此，乃将学问思辨俱在'戒慎不睹，恐惧不闻'内用功。"先生曰："如此，则孔子学于识大识小、问礼问官，终日以思，辨闻与达，皆其兀然静存、不睹不闻时也。而可通乎？"

八月，先生与仲诚及其门人明辨婉引，几一月。将行，申曰："学原精粗内外，一致加功。近世圣道之亡，多因心内惺觉、口中讲说、纸上议论三者之间见道，而身世乃不见道；学堂辄称'书院'，或曰'讲堂'，皆倚'学之不讲'一句，为遂非之柄。殊不思置'学之'二字于何地？孔门是为学而讲，后人便以讲为学，千里矣！"仲诚笑曰："向以为出脱先儒藩篱，不知仍在其窠中也！"及行，仲诚率门人远送，先生拜手曰："承教不敢自弃，勉加操行（存）。先生操存有年，愿进习行，以惠苍生。"仲诚拜诺。 访侯子宾诸人，勉以习行有用之学。 至商水，访傅惕若论学，惕若服焉。以"吴名士"刺，拜李子青木天，与言经济，木天是之。先生佩一短刀，木天问曰："君善此耶？"先生谢不敏。木天曰："君愿学之，当先拳法。拳法，武艺之本也。"时酒酣，日下解衣，为先生演诸家拳法，良久。先生笑曰："如此，可与君一试。"乃折竹为刀，对舞，不数合，击中其腕。木天大惊曰："技至此乎！"又与深言经济，木天颠倒下拜。次日，令其长子珙、次子顺、季子贞，执贽从游。　渡小黄河，访王子谦及寇楣等，随问引以正学。　抵奉天峙，访王焉倚、李象乾。焉倚初执习见，已而服。　返鄢陵，访李乾行等，论学。乾行曰："何须学习？但操存功至，即可将百万兵，无不如意。"先生悚然，惧后儒虚学诬罔至此。乃举古人兵间二事，叩其策，次日问之。乾行曰："未之思，亦不必思。小才小智耳！"先生曰："小才智尚未能思，大才智又何在？岂君操存尚未至耶？"乾行言塞。

　　九月朔日，偕王次亭昆仲，习冠、燕诸礼。次亭问"明德、亲民"，先生曰："修六德，行六行，习六艺，所以明也；布六德、六行、六艺于天下，所以亲也。今君等在仲诚先生之门，从未以此为学教，然则何者为若所以明之、亲之者乎？闭门静坐，返念收心，乃二氏之学，非吾儒之操行（存）也。"次亭感佩。

　　先生渡河北归，过淇县，访王馀严柔之，五公先生弟也；老病，留金于其孙世臣，为养资。　至汤阴，访朱敬主一，他出；其父宁居出会，凤儒也，语之学，抵掌称善。主一归，先生与主一及其子侄习礼。宁居曰："予可任老乎？"即主位伏兴，彬彬如也。夜与主一论学、论治，主一曰："不见先生，几枉度一世！"行，徐适仲容已来迎，出"日省记"求教，问礼乐；答之。已而主一复来，追送至磁州，别。主一请先生习恭，观之。因并坐习恭。先生曰："吾儒无一处不与异端反：即如我二人并坐习恭，俨然两儒；倘并静坐，则俨然两禅和子矣！"

　　十月，至临城，拜乔百一；耄耋清苦，布衣单敝。馈以金，力却；出酒食，寒舍论学。　五日，抵里；族侄修己、尔俨从游。　闻家人前以家书至，相谓曰："不闻朝廷诏至，人臣必拜受乎？夫子，一家之君也，宁以妻子异人臣？"相率拜受。先生惕然曰："吾无以当之，尚容少自菲薄乎！"因以非礼勿视听言动，与家人相勉。　思言终未能谨，复拟五字用力，曰：少、徐、文、礼、逊，或少寡乎？　王法乾论"道在于书"。先生曰："书之文字固载道，然文字不是道；如车载人，车岂是人？"法乾曰："如'坐如尸'，非道乎？"曰："是人坐乎？书坐乎？抑读之即当坐乎？"法乾无以应。　给李介石书，返其币；以南游后，介石具币仪，来问学也。介石，名柱，深泽人，黄门人龙子也。辛酉，举于乡，能技击，好乐；教子甥及门人各习一音，每日读书毕，即登歌合乐，汎汎如也。乐易好施，人多德之。

壬申，五十八岁。

二月，观塨所辑《诸儒论学》。关中李中孚曰："吾儒之学，以经世为宗；自传久而谬，一变训诂，再变词艺，而儒名存实亡矣。"批曰："见确如此。乃膺抚台尊礼，集多士景从，亦只讲书说话而已。何不举古人三事三物之经世者，与人习行哉？后儒之口笔，见之非，无用；见之是，亦无用，此所以吾心益伤也！"

观古《月令》，每月教民事，至乐正习舞，命宗正入学习乐之类；叹今历，授时布政之法亡，添入建垛、宜忌诸术，亦周、孔学失所致也。　谓塨曰："子纂《诸儒论学》，名曰《未坠集》。盖忧于存性、存学，大翻宋明之案，逆而难入；录其合道之言，欲使人信吾说之不谬于先儒，而教易行，意甚盛也。然予未南游时，尚有将就程朱、附之圣门支派之意；自一南游，见人人禅子、家家虚文，直与孔门敌对；必破一分程朱，始入一分孔孟，乃定以为孔孟、程朱判然两途，不愿作道统中乡愿矣！且所谓'未坠'者，非也；未坠者，在身世也。今诸儒之论，在身乎、世乎？在口笔耳！则论之悖于孔孟，坠也；即合乎孔孟，亦坠也。吾与子，今日苟言而不行，更忧其坠矣！而暇为先儒文饰，曰'未坠'哉！"

六月，教俨曰："人之不为圣人也，其患二：一在视圣人之大德为不敢望,一在视圣人之小节为圣不在此。吾党须先于小节用功。"

七月,录《四书正误偶笔》,皆平日偶辩朱子《集注》之误者;至是,命门人录为卷。

八月,侧室田氏卒,葬之祖茔傍,行三虞礼于别室;以无所出,准无服殇例。令子弟十二日除服。田名种宜,有女德,柔顺而正,事先生十八年,未尝一昵近,未尝仰首一视先生面也。事女君如慈母,死后数年,女君时时哭焉。

十一月,王次亭北来问学,先生详示之。 王法乾规先生杂霸。先生曰:"子以仆为杂霸,或即子染于老庄之见乎?仆以子为老庄,或即仆流于杂霸之见乎?各宜自勘。"

癸酉,五十九岁。

正月,书塎规先生"道大而器小,宜去褊、去矜、去躁、去隘"语于记首。

二月,王法乾曰:"吾二人原从程朱入。"先生曰:"从程朱入之功,不可没也,然受其害亦甚;使我二人不见程朱之学,自幼专力孔孟,所成岂如今日而已哉!即以贤弟聪颖,屡悟屡蔽,受害岂浅?故吾尝言仙佛之害,上蔽庸人;程朱之害,偏迷贤知。" 置侧室姜氏。 亡岐刘懿叔延往,先生曰:"后儒失孔子之道,致我辈不能见君子'以文会友'之乐矣。即如今日,如圣学未亡,与公郎等吹笙鼓琴,演礼习射,其快何如!乃只闲论古今,差胜俗人酬酢而已。可胜叹哉!"

四月,以三物一一自勘。思一日不习六艺,何以不愧"习斋"二字乎? 阅宋人劝其君用晓事人,勿用办事人。叹曰:"官乃不许办事耶?晓事者,皆不办事耶?愚谬至此,不亡,得乎!"

六月，王越千来，问学。　观《明臣传》，每以著书成，加官进秩。夫爵位，所以待有功者也，而以赏著书之人，朝野胥迷乃尔！　观周密《癸辛杂识》，载周平原云："程伊川言：'有真知，所行自然无失。'以致学者但理议论，不力实行。沈仲固云：'道学之名，起于元祐，盛于淳熙。居官不理政事，以为俗吏所为；惟建书院、刊书注、辑语录，为贤者。或稍议之，其党必挤之为小人。异时必为国家莫大之祸，不在典午清谈下也！'当时儒者，犹觉其害如此；今则举世罔觉矣，吾敢不惧哉！"　李植秀问曰："张仲诚学术错，先生亦时称之，何也？"曰："辩学不容假借；若其居官廉干，自是可取。吾尝谓今日若遇程朱，亦在父事之列，正此意也。"　思与常人较短长者，常人也；与小人争是非者，小人也。如天之无不覆帱，斯大人矣！

十月，观《春秋》，思孔子只记某事某事，其经济裁处之道，皆在胸中，未录也，故游、夏不能赞一辞。读《皇明大政记》，只录条件，不参一议，以待用之则行；似孔子当日，亦此心事。后人专以文字观经，至年月日，皆寻义意；遇不相合，又曰"美恶不嫌同辞"，恐皆寝语耳！　如涿州，哭奠陈国镇。

十二月，与尔俨言致用以税本色、均田为第一政。

甲戌，六十岁。

正月，朔日，祭祖考；侧室田氏，亦祔食。

二月，肥乡郝文灿公函来问学，请先生主漳南书院设教，先生辞。　王法乾为定州过割地亩于己名下，书状不如式，气象郁郁然。先生曰："为爱静坐谈之学，久必至厌事；厌事必至废事，遇事即茫然。贤豪不免，况常人乎？予尝言误人才、败天下事者，宋人之学。不其信夫！"

六月，以祭中霤，齐，自勘行坐皆如礼，使他日尽如齐日也，无愧矣；而不如也，非忘乎？故"助、忘"二字，非孟子实加作圣功，不能道也。　语塾曰："吾与文千不言操存，与法乾不议经济，兼语者惟子；子其勉之！勿以虚文毕事也。"谓魏帝臣曰："近世林院侍读讲、修撰等官，为朝廷第一清贵之臣；奈何唐虞命官诏牧，乃忘此要职乎？学术误及政事，可叹也！"

十月，思夫子之温良恭俭让，石卿先生有三焉，温、恭、让也；卖祺先生有二焉，温、恭也；晦夫先生有二焉，良与俭也；予曾未有一焉，愧哉！

十一月，郝公函具币帛舆仆，遣苗生尚俭来聘主漳南书院，先生又辞。

乙亥，六十一岁。

三月，修己曰："近日取士，书艺攒砌，策表互换，只为欺局。"先生叹曰："岂惟是哉？孟子后之道之学，千千年总成一大谎！"

四月，曰："施惠于人，乃其人命中所有，第自吾手一转移耳，何德之有！故世间原无可伐之善、可施之劳。"

七月，之小店。途诵程子四箴，觉神渟气耸。因思心静（净）气舒一时，乃为生一时，故君子寿长；神昏气乱一日，即是死一日，故小人年短。　谓敦化曰："三重之道，王者之迹也；三物之学，圣人之迹也。亡者，亡其迹也。故孟子曰：'王者之迹熄。'孔子曰：'不践迹。'吾人须践迹。"又曰："多看诗书，最损精力，更伤目。"　教修己、尔俨曰："学者但不见今日有过可改、有善可迁，便是昏惰一日。"

十一月，谓修己曰："子读律，而时文乃进。可知经书皆益于文，不在读八比矣。然尚未尝实学之味也。苟时时正吾心，修吾身，则养成浩气，天下事无不可为也。况区区文艺乎？仁义之人，其言霭如也；韩退之，文人之雄，亦云。"

十二月，初三日，为孙重光行冠礼，延杜益斋为宾。　思以厚病人之薄，即已薄也；以宽形人之刻，即已刻也。

丙子，六十二岁。

二月，朔日，行朔礼；已旦矣，出行学仪，久之，入，家人仍蜷懒候请拜。先生曰："吾德衰，不能振一家之气，不足拜也。"室人惧，拜内户外，立而不答；侧拜，坐而不立。谓曹敦化曰："天下无治乱，视礼为治乱；国家无兴衰，视礼为兴衰。"

四月，郝公函三聘请主教肥乡漳南书院，乃往。重光及门人钟錂从。

五月朔日，在涂，率重光行望拜礼，使錂望拜其父母。　四日，抵屯子堡，漳水泛，公函率乡人以舟迎入。公函学士相见礼，因告家事。先生曰："为兄之道，只不见子弟之过，则善矣。"　议书院规模：建正厅三间，曰"习讲堂"；东第一斋东向牓曰"文事"，课礼、乐、书、数、天文、地理等科；西第一斋东向牓曰"武备"，课黄帝、太公及孙、吴诸子兵法，攻守、营阵、陆水诸战法，并射御、技击等科；东第二斋西向，曰"经史"，课十三经、历代史、诰制、章奏、诗文等科；西第二斋东向，曰"艺能"，课水学、火学、工学、象数等科。门仍悬"许公三礼漳南书院"扁，不没旧也。门内直东曰"理学斋"，课静坐，编著程朱陆王之学；直西曰"帖括斋"，课八比举业，皆北向，以应时制，且渐引之也。北空二斋，左处傧价，右宿来学。门外左房六间，榻行宾；右厦六间，容车骑。东为更衣亭，西为步马射圃堂，东北隅为仓库、厨灶，西北隅积柴炭。　思孔子讨陈桓而料其民不予，会夹谷而却莱兵、反汶田，圣人之智勇也。

乃宋儒出而达德没，仅以明理解智；去私觧勇，其气运之阨哉！

又思君巨、父子、夫妇、昆弟、朋友，天下之达道也，自佛氏出而天下有〔不〕达之道；知、仁、勇，天下之达德也，自宋儒起而天下有不达之德。　郝也鲁、苗尚信、白宗伊、李宏业、韩习数、郝也廉、郝也愚，拜从学。

六月，书习讲堂联云："聊存孔绪励习行，脱去乡愿禅宗训诂帖括之套；恭体天心学经济，斡旋人才政事道统气数之机。"

思多言，由于历世事不熟，看人情不透。　阅《家语》，至游农山，叹曰："观于子路、子贡，则赵奢、李靖、仲连、陆贾，皆吾道所不摈矣。乃自宋儒分派，而诸色英俊，胥不得与于吾道。异哉！"　思有所事，则心思日上；无所事，则心思日下。《尚书》曰："所其无逸。"有以也。　命诸生习恭、习数、习礼，与公函顾而乐之。

七月朔，行学仪毕，曰："朔望行礼，匪直仪文，盖欲每月振刷自新也。汝等知之。"又教弟子舞，举石习力，先生浩歌。

八月，如回龙，晤诸故友。程潜伯请筵。语之曰："程朱与孔门体用皆殊。居敬，孔子之礼也；静坐惺惺，程朱之礼也。兵农礼乐为东周，孔子之用也；经筵进讲正心诚意，程朱之用也。"潜伯曰："觧矣！"　访路趋光骧皇，论治主封建、井田相合。谓之曰："圣人不能借才异代，须宽以收天下之材，和以大天下之交。"　十六日，以漳水愈涨，书斋皆没，叹曰："天也！"乃旋。门人皆哭别，也鲁送至家，九月始返。　思"非礼勿视"四句，向二字一读，谓"不视邪色"云云，非孔子复礼意也；当四字一气读，重在一"礼"字。谓视听言动，必于礼也。"天下归仁"，即"王天下有三重，民其寡过也"，皆复于礼也。　思威不足以镇人，而妄夷之；惠不足以感人，而妄居之。不智也，祸于是伏焉。

十一月，十五日，为爽然行冠礼，延刘涤翁为宾；爽然即早壮也。　二十七日，遭叔母丧，寝于外，不入内；饮食行处，非哭时皆如平居，不致毁矣。

十二月，著《宋史评》，为王安石、韩侂（侂）胄辩也。

其辩安石略曰："荆公昼夜诵读，著书作文，立法以经义取士，亦宋一书生耳；然较之当时，则无其伦比。廉孝高尚，浩然有古人正己以正天下之想。及既出也，慨然欲尧舜三代其君，所行法如农田、保甲、保马、雇役、方田、水利、更戍、置弓剑手于两河，皆属良法，后多踵行。即当时至元祐间，范纯仁、李清臣、彭汝砺等，亦诵其法，以为不可尽变。惟青苗、均输、市易，行之不善，易滋弊窦。然人亦曾考当日之时势乎？太宗北征，中流矢；二岁，疮发而卒。神宗言之，悁焉流涕。夏本宋臣，叛而称帝，此皆臣子所不可与共戴天者也。宋岁输辽、夏银百二十五万五千两，其他庆弔、聘问、赂遗近幸又倍是，宋何以为国？买以金钱，求其容我为君，宋何以为名？又臣子所不可一日安者也。而宋欲举兵，则兵不足；欲足兵，饷又不足。荆公为此，其得已哉！辟之仇雠，戕若父兄；吾急与之讼，遂至数责家赀，而岂得已哉？宋人苟安日久，闻北风而战憟，于是墙堵而进，与荆公为难。大哄极诟，指之曰奸、曰邪；并无一人与之商榷，曰某法可、某法不可，或更有大计焉。惟务使其一事不行、立见驱除而后已，而乃独责公以执拗，可乎？且公之施为，亦彰彰有效矣。用薛向、张商英等办国用，用王韶、熊本等治兵，西灭吐蕃，南平洞蛮，夺夏人五十二砦，高丽来朝宋几振矣；而韩琦、富弼等必欲沮坏之，毋乃荆公当念君父之雠，而韩、富、司马光等，皆当恝置也乎？郏琦之劾荆公也，其言更可怪笑，曰：'致敌疑者近有七：一，招高丽朝贡；一，取吐蕃之地建熙河；一，植榆柳树于西山，制其蕃骑；一，创团保甲；一，筑河北城池；一，置都作院，颁弓矢新式，大作战车；一，置河北三十七将。皆宜罢之，以释其疑。'嗟乎！敌恶吾备则去备，若敌恶吾有首，将去首乎？此韩节夫所以不保其元也。噫！腐儒之见，亦可畏哉！且此七事，皆荆公大计，而史半削之；幸琦误以为罪状，遂传耳。则其他削者何限？范祖禹、黄庭坚修《神宗实录》，务诋荆公，陆佃曰：'此谤书矣！'既而蔡卞重行刊定；元祐党起，又行尽改，然则《宋史》尚可信耶？其指斥荆公者，是耶非耶？虽然，一人是非何足辩？而（所）恨诬此一人，而遂并忘君父之雠也，而天下后世，遂群以苟安颓靡为君子，而建功立业、欲搘拄乾坤者为小人也，岂独荆公之不幸、宋之不幸也哉！"

辩侂胄略曰："南宋之金，与北宋之辽，又不可同年而语也。乃累世知岳飞之忠，累世皆秦桧之智。独韩平原毅然下诏代金，可谓为祖宗雪耻地下者矣；仗义复雠，虽犹败荣者矣。乃宋人必欲诛之以畀金也，尚有人心哉！然兵临城下，宗社立墟，敌问戎首，无何如也。乃夷考当时叶适、丘崈、辛弃疾等支吾于北，敌无胜计，而宋相之首已不保矣。异哉！有题朝门者曰：'晁错既诛终叛汉，于期一入竟亡燕。'可见当时人即惜之，非诛平原而宋存、留平原而宋亡也。及金主见平原首，率群臣哭祭礼葬，曰：'此人忠于谋国，缪于谋身。'谥曰'忠缪'，则金非恶平原，而深笑宋室也可知矣。《宋史》乃入之《奸臣传》，徒以贬道学曰'伪学'，犯文人之深恶耳。宋儒之学，平心论之，支离章句，染痼释老，而自居于直接孔孟，不近于伪乎？其时儒者如沈仲固、周密等，皆曰'今道学辈，言行了不相顾'，其徒不已有伪乎？而遂深疾之也。至于指数其奸，除贬伪学外，实无左验。徒曰'姬媵盛，左右献媚'而已。郭汾阳犹穷奢极欲，张曲江犹喜软美，而欲责平原以圣贤乎？且此等又未必非珥笔文人媒蘖之也，而七百年来，直视为奸宵，无一察焉，不其冤哉！"

郭子固寓书问学。子固，名全城，北京人，少能诗文；闻塨言颜先生之道，辄弃去，为天文、地理、礼乐、书数、河渠诸学。仕刑部员外郎，精练刑名，十四司稿皆倚定。每奏谳，再四欷歔，全活甚夥。升御史，上疏谓官冗残民，请汰之。性孝友，谦默有容；非其义，强之财，则弗受也。年四十一卒。　博野知县徐公国绶，造庐拜见。

丁丑，六十三岁。

正月，偶观宋孙蘻、吴时二传，叹宋家每论人，先取不喜兵、能作文读书，不可疗之痼癖也！殃其一代君臣，毒流奕世。伤哉！　思人至衰老，容色气度，宜倍宽和，以乐人群；骨力志情，宜更刚毅，以保天命。吾未有一焉，岂不可惧！

二月，思宋人但见料理边疆，便指为多事；见理财，便指为敛聚；见心计材武，便憎恶斥为小人。比风不变，乾坤无宁日也。阅《韩诗外传》，仁道有四：圣仁、智仁、德仁，而磏仁为下。叹曰："予求仁而好其下，殆哉！"　观古书言十淫，有"淫中破礼"，"淫文破典"，曰："其宋儒之谓乎？"

三月，广平陈宗文来访。

四月，王法乾与先生言学，忽叹曰："宋儒竟是惑世诬民。"先生笑曰："子乃今始知乎？"　答塨书曰："吾所望与于此道者，惟足下一人；故惧其放，畏其杂，相见责善过切。如日暮途远，担重力罢，将伯之呼，不觉其声高而气躁也。"

六月，思天之所祚报者，人不感称，己不表见，所谓阴德也。又思对越上帝，不为世味纠缠，不为喜怒劳扰，不为疾病苦缚，乃为晚年进益。

七月，定兴刘菜旃甫刊先生订改王应麟《三字书》。

九月，思古人静中之功，如"洗心退藏于密"，乃洗去心之污染，退然自藏；极其严密，一无粗疏，即"不动而敬"也。可惜（何事）宋人借禅宗空静，而文之以"主一"，又赘之以"无适"，以似是而非者乱吾学哉！

十一月，二十七日，哭奠叔母墓，告服阕。

戊寅，六十四岁。

正月，登厕，皆粱之糠秕也。出谓人曰："昔年岁俭，入刚主家厕，矢积蒭糠，此处正堪自对，焉知贫之苦乎？"

二月八日，忽长吁，自愧必有隐忧不自觉者。　思千古无暴戾之君子。

四月，思诸子不及门，吾即无学习，亦是无志；遂独习士相见礼，如对大宾。　鄢陵裴文芳子馨来问学。

五月，观《朱子语类》"秦桧爱与理学交，自谓敬以直内，终日受用"；则当日理学之为小人假者，固多矣！

六月，保定詹远定侯来问学。　观《语类》曰："本朝全盛时，如庆历、元祐间，只是相共扶持，不敢做事，不敢动；被外人侮，亦只忍受，不敢与较，方得天下稍宁。积而至于靖康，一旦所为如此，安得天下不乱？"不知此言，是怨庆历、元祐诸人乎？抑怨康靖诸人乎？宋家可笑可怜！积成祸乱之状如此，而乃归狱荆公，何也？　思宋儒如得一路程本，观一处又观一处，自喜为通天下路程，人人亦以晓路称之；其实一步未行，一处未到，周行榛芜矣！遽返已，正堕此：处事非惰即略，待人非褊即隘，仍一不能走路之宋儒也。可愧可惧！塧谓走路者，兵农礼乐也；路程本者，载兵农礼乐之籍也，宋儒亦不甚喜观此籍，盖其所喜者，尚在安乐窝居，不在通晓路程也。如《论语》"敬事而信"等书，必曰"是心不是政"，可见。　思吾身原合天下为一体，"行夏时，弃殷辂，服周冕，舞韶乐，放郑声，远佞人"；合天下之视听言动,俱归于礼也。故曰:"天下归仁。"

七月,曰:"天下宁有异学,不可有假学;异学能乱正学,而不能灭;正学有似是而非之学,乃灭之矣!"　徐公解任,来拜别,先生往答之。

八月,觉胸中恬静,与天地相似。

十月,王法乾曰:"自居功者,人必共怨之;自居长者,人必共短之;自居是者,人必共非之。"先生曰:"然。"

十二月,李植秀请专志于礼,先生曰:"善。刚主在浙学乐,俊射粗可,修己学律,希濂学书;赏白及俨,数俱可用;近法乾大奋于礼,汝又佐之。六艺备于吾党矣,予何憾?勉之!"　习祭礼,为身近衰惰,乃主献,升降跪拜以自振。　国之桓卒,先生闻之,大哭;易素冠服,为位哭奠,受弔,持心丧三月。之桓,字公玉,深州生员;性乐善,恧诚敢为。邑人王之俊庐墓苦孝,桓遍走当道及诸王举扬。田逢年行佣,得直以佐斧资,桓辞之,逢年恚曰:"善不分人乎?"凡五载,卒上达,建石坊于之俊墓。长颜先生八岁,束脩长跽求教,先生辞。桓曰:"昔董萝石执贽王阳明,不论年,桓乃逊萝石耶?"卒成礼。先生南游,桓步从,时年几七十矣。尝拟《草民疏》,言天下疾苦,人笑其愚,不恤也。老以无子,置侧,凡求嗣,必偕齐戒沐浴,联生三子。

为重光娶妇,行醮命、亲迎、馈食、飨妇礼。

己卯,六十五岁。

二月,规王法乾不系念民物。法乾引《易》"何思何虑",先生曰:"子自返已至圣人乎?元则自愧衰昏,不能'昼有为,宵有得'矣!"　观《朱子语录》,见其于岳忠武也,虽从天下之公好称之,有隐忌焉,曰"岳飞诛",曰"岳飞亦横",曰"岳飞只是乱杀";于秦桧也,虽从天下之公恶而贬之,有隐予焉,曰

"秦老",曰"士夫之小人"。何也？为植秀、錂言,用人:自乡约保长,与州县吏胥同禄,更代任用;三年,乡里公课其功德,而上之邑宰,邑升府,府升监司,监司登之朝,以至公卿。

思每昼夜自检,务澄澈方寸,无厌世心,无忘世心,无怨尤心,无欺假心,方与天地相似;不然,昏昏如无事人,老而衰矣！ 吟诗云:"本来一点无亏缺,遭际穷陋奈我何！自从知得吾儒事,不大行也亦婆娑。"

三月,思言行不相顾,即欺世也;使路人指为圣人,而一德未立,一行未成,即盗名也。见祸于天,受侮于人,不亦宜乎？

四月,之桓心丧已阕,以未得往哭,犹未忍歌笑为乐。 十八日,王法乾卒,先生恸哭,为之持缌服,朔望祭礼俱废。

五月,送法乾葬,为谋家事,托其门人王怀万,教遗孤溥。 一僧从先生言归伦,姓姚,名之曰宏绪,字曰昌裔。 思畏友尽亡,须时时畏天,不则堕。

六月,思三事、六艺,若尽亡,三才亦不立矣;所亡者,士不以为学术耳。语修已,勿观《性理》《语录》。 抵某家,寅起,宾主皆未寤,思吾方自愧衰惰,而人犹称励精。世运乃至此哉！ 省过,近多自老,大过也。

七月,以前不时哭恸,至十九日之北泗,哭奠释麻;既而考礼,乃悔,误废吉礼。盖朋友麻,乃弔服加麻,非缌麻服也。谢过于家祠、五祀。

闰七月,塨自浙来,见先生,命吹篴笙听之。塨谓先生曰:"先生昌明圣学,功在万世;但窃思,向者,束身以敛心功多,养心以范身功少;恐高年,于内地更宜力也。"乃以无念有念、无事有事,总持一敬之功质。先生[曰]:"然。吾无以进子,子乃于外出得之,可愧也,敢不共力！"乃书"小心翼翼,昭事上帝"二语于日记首,日服膺之。 观毛大可《乐书》、王草堂

《书解正误》。大可先生名奇龄,浙之萧山人;多学善文,少为仇家构,避之四方。康熙戊午,举博学鸿儒,授翰林院检讨;已告归,益邃经学,《礼》《乐》《易》《诗》《书》《春秋》,各有论著,一洗旧儒痼说。草堂,名复礼;淑行好学,初年调和朱、陆,晚见益邃。著《四书集注补书正误》,驳朱注讹谬,内入颜先生说。

曹敦化以新乡尚重威如及朱主一咏先生辞来。威如辞曰:"卓识绝胆,踢篱折藩。存性学,恨不亲孔孟传;讲治法,真如见三王面。不得已,跳过汉唐,举首尧天;眼睁睁,总不教尘沙眩。"主一辞曰:"唤回迷涂,亿兆添多,三存如愿,万邦协和。喜先生寿考作人,闻风起,焉肯蹉跎。"威如、主一寄辞,俱四拜。

埭质所著《大学辨业》于先生,大略言:格物致知者,博学于文也,学问思辨也;诚正、修齐、治平者,约之以礼也,笃行也。物,即三物之物;格,至也,即"学而时习之";诚意,慎独也,内省也;正心,心在也,"洗心退藏于密"也,"不动而敬"也。总之,不分已发、未发,皆持一敬,孔子所谓"修己以敬也"。谓心无静时,只一慎独尽之而已。朱子分静存、动察者,非也;分静于动,而以主静为功者,亦非也。何者?心之静而为其所不睹不闻者,只属须臾,不可主之也;主之,必入二氏矣。先生喜曰:"吾道赖子明矣!"后为之作序。

八月,语曹敦〔化〕曰:"《论语》,孔子之经济谱也。汉高只得'惠则足以使人'一句,即兴;项王只犯'有司出纳'一条,即亡。" 自以衰病,敬身功疏,省过自振。

九月,安州冯绘升来;以法乾亡,与绘升约一年两会,责善辨学。 以衰病不能理他功,惟常习恭:觉萎惰,习恭庄;觉放肆,习恭谨;觉暴戾,习温恭;觉矜张,习谦恭;觉多言,习恭默;觉矫揉,习恭安。 先生以屯子堡水患益甚,屡请不往。至是,郝公函书至候安,附一契云:"颜习斋先生,生为漳南书院师，没为书院先师。文灿所赠庄一所，田五十亩，生为习斋产，没为习斋遗产。" 十一日，省过，恐振厉时是"助"，平稳时是"忘"。

十一月，博野知县杜公开铨造庐拜见。 阅陆桴亭《思辨录》。

庚辰，六十六岁。

二月，把总赵玘光玉光拜去，谓俨曰："汝今日见吾会武夫辞气乎？"对曰："异平日矣。"先生曰："因事致礼，因人致对，窃有慕焉。友人不知吾者多矣！"

三月，朱主一来，考习六艺；复具赘，令其少子本良从学。

一日，习恭，忽闭目自警曰："此昏惰之乘也！不恭孰甚？"已而喟然叹曰："天置我于散地二十有八年，曾不切劘我矣！"植秀问曰："何也？"曰："困抑不若在蠡之甚，左右共事，不若在蠡之才。忽忽老矣，是以叹也。"

五月，因思法乾不已，因曰："行敬一步，即若法乾之监我一步也；心敬一念，即若法乾之范我一念也，何必戚戚为无益之悲乎？" 作先君子传曰："年岁七十，受兄掌面，不怒益恭；此一节也，几尧舜矣！"

六月二日，觉天清地宁，风和气爽，身舒心泰；诚如象山所云"欲与天地不相似不得"者。倘如是以死，子张所称"君子曰终"，其庶乎！ 思昔年工程，静敬中检昏惰；近日昏惰中检静敬。

七月，徐仲容来问学。 思释氏、宋儒静中之明，不足恃也；动则不明矣。故尧舜之正德、利用、厚生谓之三事；不见之事，非德、非用、非生也。周公之六德、六行、六艺谓之三物，不征诸物，非德、非行、非艺也。 许恭玉忧学人弱如妇人女子。先生曰："非去帖括制艺与读著、主静之道，祸终此乾坤矣！"

八月，高阳李霖沛公寓书问学，称"弟子"。谓李命侯曰："法乾卒，良友中再无以圣人相责者！"遂泣下不已。

十月，思家人有不化者，须谆谆谕之，以法齐之。乃书"言教、法束，人治之要"于日记额。悔过，自讼"骄、浮"二事。

十一月，思文王"缉熙敬止"，若宋人释之，必写一派禅宗；《大学》"为人君"五句，乃真熙、真敬。十八日夜，就榻矣；闻子弟樵还，复出围坐，成一联云："父子祖孙，幸一筵共乐；渔樵耕牧，喜四景长春。"

十二月，课重光曰："三达德之定天下也，有互用之时，有独胜之时。光武战昆阳，雌德勇独胜之时也。"评塨日谱，戒以用实功、惜精力，勿为文字耗损。口占云："宇宙无知己，惟有天地通；须臾隔亦愧，自矢日兢兢。"思人使之才易，使人之才难。

辛巳，六十七岁。

正月十五日，祭户神，祝成。教重光安五祀龛，奉上额，正行；家众当者令辟，坐者令起。净扫神位，拂拭神主，置祝炉前，恭揖禀明日寅时恭祭，垂帘而退。此仪几四十年，皆先生自行，今始命孙。塨弟培从学。

二月，培请先生之李家庄，塨门人管廷耀、李廷献、管绍昌皆来习礼。

三月，修己侍，告之曰："浮躁人无德，亦鲜福寿。吾年少自断不过三十，今幸苟延也，子戒之。阎公度半日默对，尝阖座称羡。"

四月，李甥问《孟子》"尽其心"节。先生曰："尽其恻隐、羞恶、辞让、是非之心者，知其仁义礼智之性也；知其仁义礼智之性，则知元亨利贞之天矣！"

五月，曹乾斋刻（刊）《存学编》。

六月，思"小心翼翼"；翼翼者，如翼之飞，进进不已也。

八月，塨将入京。先生曰："道寄于纸千卷，不如寄于人一二分；北游，须以鼓舞学人为第一义。"　自伤三老：有不下之族墓，一也；田有荒旷，二也；歌兴不长、多忘句，三也。

九月，语杜生曰："道莫切于礼，作圣之事也。今人视礼之精钜者曰不能，粗细者曰不必，是使圣人无从学也。有志者，先其粗、慎其细，学得一端，亦可。即如出告反面，苟行之，家道不亦秩，孝弟不亦兴乎？"　教塨曰："今即著述尽是，不过宋儒为误解之书生，我为不误解之书生耳，何与于儒者本业哉？愿省养精神，苟得行此道之分寸，吾即死无憾矣！"

十二月，有惑者，盛气解之；思此即已惑也。　曹乾斋寄所刻《存学编》至，或言：盍走谢之？先生不可，曰："吾二人不识面，渠以明道也，非以为我也，何谢？"后有问学至，乃答之。

壬午，六十八岁。

正月朔日，始祖、祢同祀。初，先生遵程伊川说，春祭祖，秋祭祢。——塨按：古礼皆祖、祢同日祀，程说非也。质之先生，先生考而然之。至是改，从古礼。　闻人称边之藩孝、恤二行，曰："吾门有人矣！"　雪夜，重光取薪供火；他人者近，欲把之，思不可，而远取己薪。先生闻而奖之曰："充此意，可为圣矣！昏夜不欺，一也；义利分明，二也；举念能断，三也。"

二月四日，哭从姑丧。思：礼，七十衰麻在身而已，而况功、缌？乃定葬日、朔望礼，哭勿伤；其余但追慕，不哭。　服膺"小心,昭事",思任人情之颠倒,事变之反复,君子之心,总不失其对越上帝之常,其几矣!

三月八日,忽思少年最卑污事,因思张仲诚言"鸢飞戾天,一敛翅即落地",岂不信乎?自今不可任此身颓衰,须日日有工程,但择老力可为者为之耳。 刘懿叔称其长郎"近勤子职",先生因奖之。语懿叔曰:"数子十过,不如奖子一长。数过不改也,徒伤情;奖长,益劝也,且全恩。"

五月四日,哭奠从姑,告除缌。 自勘期人过高,望人过厚,百苦百咎所从来也。 或馈肉,家人德之。先生曰:"此施百而报一也。"家人言报一亦佳,先生因自愧一言三失:伐善、校物、器小。 思老来懈惰之态不施于身,昏慢之慝不作于心,无所郁累,无所贪系,斯学力之验也已!

六月,自勘曰:"李晦夫气象朴穆,全不入世局;王法乾专一畏避,故皆不受侮。予既甘心沮、溺,而又不能认确'穷则独善'一句,且至诚不足动人,恭也皆取耻辱,爱也皆招玩侮,是谁之过与?" 思宋儒之学,南误张仲诚,西误李中学,北误王法乾,皆天生秀杰,可为斯人立命者;误常人之患小,误秀贤之祸大。 又思吕新吾、陆道威,材识又高矣,亦沾泥带水,更可惜也! 族孙保邦,初不识字,先生爱其勇,力教之武。为讲《鉴史》,遂渐通文。

闰六月,乃入班行学仪。习恭,觉足容微开,敛之。 十四日,小便秘,几殆。书命塨勉力益光圣道;已少静,谈笑如常,夜乃通。越数日,鋑侍,请曰:"刚主曾请于师,以习斋作千秋公所,门人恭祀师主,集则讲学其中,先生可手书一纸。"先生许之。

七月,先生闻某不分父劳,叹曰:"古者,弟子为学,即教之事父事兄,服劳奉养;今学读书作文,必袖手静坐,安其身而奴隶其父兄。此时文取士之害，读、作为学之弊也！"

八月，思大人自恃其聪明，则不能用人；小人自恃其聪明，则不能为人用。　闻师贾金玉卒，奔哭，持心丧；五月罢，无时哭，犹朝夕哭。葬时，率门人往哭送。

九月，河南周璕，价塥执贽从学，先生率行释菜礼于先圣，传之经济，嘱以勿为书生所误。　培始编日记求教，诲之曰："务有恒。"

癸未，六十九岁。

正月，或求教授书文。先生曰："衰疲自知天废，姑舌耕以济绝粮，亦可也。"于是曹可成、田得丰、郝品、郝梦祥、郝梦麒来从游。清苑冯辰拱北，书来问学，答之。

六月，大兴王源，介塥执贽从学，先生辞不受；固请，乃受之，曰："文升、刚主，道吾友英雄之气，与夫文章识力，想望久矣；近又闻因刚主言，为《省身录》，从事身心，尤使仆喜而不寐。过谦不敢当。然相期于周孔之道者，宁有既乎？愿断自今，一洗诗文之习，实行圣学，斯道斯民之幸也。"因问曰："闻子知兵，其要云何？"对曰："源何足知兵要，但以为不过奇正而已。"又曰："假以乌合数千，使子治之，何法为先？"对曰："莫先束伍。"先生跃然曰："子真其人矣！"次日，率源祭告孔子，行释菜礼，祝圣阴佑，使之成德兴行，有功乾坤。评《省身录》，勉以迁善改过。源问刀法，告之。源纪二诗曰："离迷禾黍问南村，惭愧担簦五柳门。十载低颜随燕雀，半生孤眼横乾坤。先生有道青云上，今日从游皂帽尊；虞夏高歌人未老，无边风雨正黄昏。""藜羹麦饭话情亲，今古兴亡赖有人。破屋寒飞宵练影，荒篱远隔夕阳尘。直将文武传洙泗，未许安危并洛闽。山势东蟠沧海尽，应知燕赵自生申。"

七月，塨使弟培、门人陈北兴，为共学会，以日记质之先生。塨质所撰《小学勺舞仪节》，画舞位，执干戚、羽籥以舞，先生观谱，监之。

八月，评培日记曰："既脱俗局而高视远望，再敛空虚而自卑自迩，则可与适道矣。" 俨侍，言有心疾。曰："习行于身者多，劳枯于心者少，自壮。" 一日，遭（曹）可成观天象，言寅时东方见黑云，以雨兆，然不大；次晨，果微雨。先生曰："若可成者，可与传瞻天之学矣！"

九月，祭孔子。祝曰："李培从元及其兄塨学日记，逐时自省，改过迁善；因之元门下侄修己、尔俨及门人李植秀、钟錂，各集册，互相纠绳；元亦用自振拂，庶末路无踬，惟神相之！"
订塨所谱《小学》。

十月，夜坐久，无惰容；为修己述改友刘肇南，以六十乡宦，夫一出告，受跪责于其母事。

十一月，与（语）可成曰："孔子称仲弓可使南面，称子贱霸王之佐，论由、求等从政，及子贡、孟子之称孔子'得邦家''得百里而君'，圣贤之学、之德可想矣。宋人相推，有是乎？" 先生见学堂礼器位，乃知诸子自习礼也，錂盖倡之，私喜。培来，与錂习勺文舞式。 教培痛除假冒将就。

十二月，齐，凭案者再；因思古人之老也，行有杖，凭有几，是古人固不讳老。齐之日，不拘行立坐卧，以一心思神而不忘为主，不必尽庄坐也。

甲申，七十岁。九月二日酉时，先生卒。

正月朔日，祀祖、祢，祝文末曰："尚其冥佑，末路乾乾，寡增罪戾，庶保降衷以归元。"率门人亼礼，先生作通赞；新岁习勤也，必终肄三。 汉军崔璠奂若来问学，先生谓之曰："学之亡也，亡其粗也，愿由粗以会其精；政之亡也，亡其迹也，愿崇迹以行其义。"　十五日，行学仪，有后至者，乃命凡遇行礼日，专任一人，或轮班传呼齐集，务于先生未出前，严办听候勿误。　自勘一生勉于明虞周之政，学孔孟之学，尊祖敬宗，老老恤孤，隆师重友，辟邪卫正，改过修慝，日新时惕，懔乎帝监，勿负苍生；乃年及七十而反身自证，无一端可对尧舜、周孔而无惭者，且有败坏不可收拾，如化族一事，良可伤也！　戒子侄，后日敛用布，勿以丝帛。

二月朔日，习礼，先生主献，问诸生有失仪否？俨曰："无失。且始终恭敬。"　谓门人曰："孟子'必有事焉'句，是圣学真传；心有事则心存，身有事则身修。至于家之齐、国之治，皆有事也；无事则道统、治统俱坏。故乾坤之祸，莫甚于释氏之空无、宋人之主静。"　与门人言博、蠡修河法，曰："北人只思除水患，不思兴水利；不知兴利即除害也。"　二十日，看书。俨曰："伯父言诵书为病，而又犯之；况年迈，宜养。"先生笑置之，曰："子弟不当如是乎！"　族祭，饡，三盏及限，若有醉意，乃久坐，止一盏，较指输一盏，即止。　曰："吾事水学，不外'分、浚、疏'三字；圣王治天下，亦只此三字。"

三月，将以银易新冠。思此门人周璕所寄遗者，当为天下公用之，不可以私华其身；乃易纸，抄《唤迷涂》。　思生存一日，当为生民办事一日，因自抄《存人编》。　游西圃，可成从。因言王五公之教于陑阳也，谓主人曰："吾登山，即偕弟子登山，玩水即偕玩水；吾吟酌，吾看花，吾步骑射，无不弟子偕，诸公勿问也。只取弟子学问科名胜人耳，学且勿论。"其门人甲，遂中进士；即帖括也，岂仅在诵读哉？　书"立心高明，俯视一切"于记首。

四月，谓门人曰："齐宣王欲授孟子室，养弟子，使大夫、国人矜式；是以宋儒待孟子也。孟子志作名世，乌肯居哉！倘以留宋儒，必悦。"使翻朱注，程子果曰："齐王处孟子，未为不可。"慨然叹曰：'程朱之学，焉得冒孔孟之学哉！" 十二日，素服行忌礼。其祝末曰："呜呼，显考飨哉！知儿之将献，尚得几时哉？悲咽哀怆，何有极哉！" 塨来邘禀，应郾城知县温公益修聘，因议南迁。先生曰："吾夙志也。然屡谋不遂，而竟昏瞀，天殆使我葬斯土也已矣！"

五月，坐场中，觉脊骨俯屈，振起习恭。 二十五日，塨以往郾城拜辞求教。先生曰："持身庄辣，力断文墨，爱惜精神，留心人才，佐政仁廉，足民食用，特简武壮，不问小过，出入必慎，交游勿滥。"塨拜受。行后，先生凄然。 许恭玉来，言《一统志》《广舆记》等书，皆书生文字，于建国规模、山河险要未详也。先生曰："岂惟是哉？自帖括文墨遗祸斯世，即间有考纂经济者，总不出纸墨见解矣！"

六月，沐后，见指肉红润，甲色隐秀。叹曰："天何不使我栉风沐雨、胼手胝足也！"以祭中霤，齐。戌，卧以致思，觉不专一，则坐；坐觉不专一，则立；期不以暑困胜吾心之齐。 思"修其天爵，以要人爵"，虽文、武盛时，不能保无其人也；惟修之久，则习与性成，功名之事，皆性命之事矣。即或虚假，而有此一修，其存天理、成人材者亦不浅。故战国才俊，犹盛后世，此周公立法之善也；今时文取士，求一修天爵以要者，亦安可得哉！

七月，谓门人曰："心性天所与，存养所以事天；道义师所授，习行所以事师。" 曹可成死，先生哭之恸，为素服十二日。

八月二日，夜梦中大哭父，阖巷皆闻。 十一日，行中矩，习恭。 十二日，行中矩，已而习恭，坐如泥塐。夜半，左肋下病发，儿时积也。 十三日，习恭者二。 十五日，行中秋礼，献先祠瓜果、酒肉，夜与修己、尔俨、尔橚、重光饮月下，不歌，不能忘可成也。　二十五日，寝疾，李植秀、钟錂俱来侍。

二十七日，张振旅、张智吾来视，起，冠。智吾曰："病，何必冠？"先生曰："卧则脱，起则冠，固也。"　三十日，王巽发、王浚、王泽、王怀万、王溥、王绳其来候，命人扶揖。

九月，朔日，张文升来视疾。二日，辰，令燂汤沐浴。培及贾子一来视疾，先生谓门人曰："天下事尚可为，汝等当积学待用。"申，命自学舍迁于正寝。酉，卒，面貌如生。　安阳徐适闻讣，北面拜哭，正弟子礼。　堧闻讣，自郾城奔回，哭奠，与及门培、边之藩、颜修己、李植秀、颜尔俨、钟錂、贾易、田得丰、郝品、郝梦麒执丧，衰服加绖；绅士许璠、彭大训等百余人，共奠，嘱堧为祝，曰：

"呜呼！秦火焰而大道隐，讲坛盛而学术歧；悠忽者千余年，昧痼者数百载。乃今始得一先生，而先生又忽逝也，悲哉！天之于人，其有意耶，其无意耶？

"先生崛起侧陋，直以圣道为己任；以为圣人必可学而至，希贤则已卑。方总卯，即能干师门内难。及长，躬灌园，事恩祖，甘毳随欲敬进，虽劳不怨。日五漏起，坐必直手端身，两足分踏地，不逾五寸；立不跛，股不摇移；行折必中矩，周旋必中规。盛署终身未尝去衣冠。尊长、恤族里。与王法乾十日一会，纠日记，记详十二时言行，时下圈黑白，别欺慊。好言论，行尝忤俗。然生平无一言非道，无一事不以尧舜、周孔相较勘。朔望谒家祠，二时祭以及冠、昏，力行古礼。居丧倚庐垩室，衰麻无时哭，三年不懈，虽功、缌皆如礼，无少假。待妻如君，抚子如师；屋漏独居，身未尝倾欹。是为先生之躬行。非其有，一介不取；一钱赠，必报。邑令约车骑造斋下拜，惟遣子弟答；士民公举德学苦孝，学使者李公、巡抚于公，将交章上荐，先生力沮，若伤之，乃止。是为先生之守。慨然谓周孔之道在六德、六行、六艺，后儒以静坐、致良知参杂异端，纂吾心之德，且乡党自好，遂负高谊，罕见一一考行古道、丝发不苟者。至攻诗文、纂章句，群趋无用；而先王兵农礼乐之艺，嗒然丧失。以致天地不得位，万物不得育。乃定课外整九容，内顾明命，一致加功，自终日迄夕，乾乾惕若。家礼学规，酌古准今，务曲当。帅弟子分日习礼、习射、习乐、习教、习书，考究兵农水火诸学。学堂中洒扫洁甚，琴竽、决拾、筹管森列，众生揖让进退其间，已而歌讴舞蹈；唐宋后儒室，久不见此三代威仪矣！于是著《存性》《存学》《存治》《存人》以立教。是为先生之学术。而谓先生之生，徒然耶？天无意耶？

"故尝谓先生之力行，为今世第一人；而倡明圣学，则秦后第一人。海内文士无论，即称笃儒行者，与先生疏密，固大有间；而至秦火之余，如董仲舒、郑康成、文中子、韩昌黎、程明道、张横渠、朱晦庵、王阳明，其于学术，皆禶此蹯彼，甚至捉影捕风，浸淫虚浮以乱圣道。呜呼，千余年于兹矣！先生生亦晚，近居蓬荜。孰傅之？孰启之？一旦爬日抉月，尧舜周孔之道，拾之坠地而举之中天。奚其然耶？岂天道运会，一盛一衰，尧舜盛以至于周秦衰，而迤逦至明。自此以后，乾旋坤转，圣道重明，斯民蒙福，故特生其人耶？乃少困以患难，中阨贫贱，内苦于家庭，外之闻者，或疑或信，或谤且滋，而且奄忽以去；抑天地之气，如烛炧火烬，已成灰滞，后转萤点，红艳炯然，自照而竟燔耶？呜呼！吾无以知天矣！呜呼痛哉！凡我同人，皆有后死者之责，其何以不负先生？其何以终邀福于天？先生之神，万世不磨，矧兹旦夕，而不予临。呜呼哀哉！尚飨。"

李植秀挽联云："持身矹矹，备历错节盘根，大德行二千年后无双士；树议岩岩，直排迷途歧路，真学述十八代来第一人。"

钟錂联云:"手著《四存》,继绝学于三古;躬习六艺,开太平以千秋。"颜俨云:"关外寻亲,辽水东西钦大节;洛中辩道,嵩山南北识真儒。"张文升上私谥曰"文孝先生"。

十二月六日,葬于北杨村西祖兆。塨与及门诸子送葬,哭恸失声。葬返,从孝子尔檥、孝孙重光行虞祭,相向哭尽哀,持心丧三年。　先生卒前,遗嘱子孙,以习斋为门人公聚学习之所。塨等共议悬扁门额曰"习斋学舍"。敬书神牌曰"颜习斋先生神位",供于习斋,晨兴设祭告。以后每年六月上辛公集致祭,讲习先生学术。

乙酉四月,郾城知县温德裕,刊先生《存性》《存人》《存治》三编于郾城。　六月,塨修先生年谱。

丙戌八月,王源哭奠先生于习斋学舍。　十月,订先生年谱。

跋

阅习斋先生年谱,见其自幼英毅,慨然有志于圣道,切己束修;壮而明周孔不传之学,礼乐、兵农,实履其事;晚年上达,所见益精,其德弥上、心弥歉,倍加淬励。造世之志,无顷刻忘;行己教人,乾惕如一日。呜呼,此真周孔之道、之学也!

璋自甲申秋阅《国语》,感古人父子君臣之际,民社、世故、政事之端,莫不实有规画;自反无似,因发愤与郑君知芳共学。乙酉立日记,记得失过恶以自考。抵上谷,始闻先生;而先生已没,不可见矣!呜呼!何璋之不幸哉?虽然,其言与行俱在,穆思然之,如见先生。璋苟能孜孜不懈,学先生之学,是即亲受教于先生也。况有刚主李先生,身得其传,谆谆以此道提诲;就而正之,犹见先生也,又何憾焉?是在自勉而已。

     康熙丁亥三月,棘津后学张淑璋谨识。

  杨子云:"务学不如务求师;师者,人之模范也。"嗟乎!模范讵易得哉?今观颜先生年谱,诚焉模范矣!平居每叹大儒自命,而误以面壁为存养、章句为学问,如焚鼎造冰;至于言行相违、借名行私者,又不足道也。今得先生模范,窃有志焉。但自顾谫陋,不知果能私淑以善其身否也?行滋惧矣!

     丁亥菊月,后学郑知芳拜识。

卷二 言行录

受业门人钟錂　纂

凡　例

一、先生嘉言卓行，不可更仆；录未百卅，遗佚尚多。然可想见其他。观者惟期则效，不必以睹一班为憾。

二、年谱已载者，不复更录；然于振励后学、扶树道教恳恻动人者，亦间或重出。

三、录中惟各章首段书"先生"二字，余不赘；以是编专属先生言行也。

四、先生日谱，亦载他人言行善者，兹亦偶有摘录；然必冠以姓字，庶几披览瞭然。

五、是编挨日谱摘录，门类未分；然亦列为章数者，亦窃取《鲁论》"学而"等章之义。

六、仆学极谫陋，不足传述先生之学德；言行之录，谨志遗泽于不坠耳。傥仁人君子赐之裁订，得以传世行远；不惟仆感且不朽，即先生在天之灵，亦攸尔称快也。

（一）*

常仪功第一

每日清晨，必躬扫祠堂宅院；神、亲前各一揖，出告、反面

---

* 《颜习斋先生言行录》原分上下卷，《五大师》本限于体例，改为（一）（二）。——编注

同。经宿再拜，旬日以后四拜；朔望、节令，四拜。昏定晨省，为亲取送溺器，捧盥授巾；进膳必亲必敬，应对承使，必柔声下气。——此在蠢事恩祖父母仪也，归博无亲，去此仪矣。写字看书，随时闲忙；不使一刻暇逸，以负光阴。操存省察，涵养克治，务相济如环；改过迁善，欲刚而速，不片刻踌躇。处处箴铭，见之即拱手起敬，如承师训。非衣冠端坐不看书，非农事不去礼衣。出外过墓则式——骑则两手据鞍而拱，乘则凭箱而立，恶墓不式；过祠则下，淫祠不下，不知者式之。见所恻、所敬皆式。——所恻如见瞽者、残疾、丧家齐衰之类，所敬如见耄耋及老而劳力、城仓圮、河决、忠臣孝子节妇遗迹、圣贤人庐里类。非正勿言，非正勿行，非正勿思。有过，即于圣位前自罚跪伏罪。

按：先生常仪功至老不解，病笃犹必衣冠，真"仁为己任，死而后已"者也。

理欲第二

先生曰："'理欲'之界，若一毫不清，则'明德'一义先失；'刑于'之际，若妻子未化，则'亲民'一义先失。又何以'止于至善'乎？努力做去！定要在此处求自谦，乃是学者。"

"'天行健'，乾乾不息，天之诚也；人能长思敦其敬而无怠惰之念，则几于诚而同乎天矣！"

"为人子者，不可因亲之怒即不近前；必愈加言笑，致亲之悦然后已。若曾子之耘瓜，薛包之洒扫，不废晨夕，岂人所不能哉？"

"人若外面多一番发露，里面便少一番着实；见人如不识字人，方好。"

"凡读书，即如古人面命，何书不当以敬对之？若不衣冠端坐看书，即是侮慢古人，须深戒之。"

"善恶要知，更要断；知一善，则断然为之；知一恶，则断然去之。庶乎善日积而恶日远也。"

"恶人之心无过，常人之心知过，贤人之心改过，圣人之心寡过。寡过，故无过；改过，故不贰过。仅知过，故终有其过；常无过，故怙终而不改其过。"

"世俗非类相从，止知斥辱。女子之失身，不知律以守身之道；男子之失身，更宜斥辱也。"

"学必求益：凡举步，觉无益就莫行；凡启口，觉无益就莫言；凡起念，觉无益就莫思。"

"怠惰之容不设于身，淫肆之言不出于口，放僻之念不生于心。君子人与？君子人也。"

友人陈印尼苦为命困，先生曰："'知命乐天'，四字相连，知之则乐矣。"曰："非不知之，殊觉忧苦。"先生曰："是知不真耳！君子之事天，如孝子之事亲；爱之喜而不忘，恶之劳而不怨。岂有孝子真知亲心而犹怨者乎？岂有君子真知天命而犹不乐者乎？"

"阳刚阴柔而天下定，阳下阴上而天下和；反而求之，家也、身也、心也，无不同也。今夫心，天理，阳念也，常令刚；人欲，阴念也，常令柔，吾心有不定乎？天理虽为主，而常合乎人情，阳下也；人欲虽无能绝，而常循乎天理，阴上也，吾心有不合乎？至于父兄惟其刚，子弟惟其柔；而又刚柔相得焉，其家无不定且和者矣。"

"读书无他道，只须在'行'字着力。如读'学而时习'，便要勉力时习；读'其为人孝弟'，便要勉力孝弟。如此而已。"——錂尝教弟子曰："凡书不可徒读，必一一在自己身心上体认。如书言善，必审自己有是善否，必求有是善乃已；书言不善，必审自己有是不善否，必求无是不善乃已。果能如此，不惟学问进益，且不患不到圣贤地位也。"

或问："祸福皆命中造定，信乎？"先生曰："不然。地中生苗，或可五斗，或可一石，是犹人生之命也；从而粪壤培之，雨露润之，五斗者亦可一石。若不惟无所培润，又从而蟊贼之，摧折牧放之，一石者幸而五斗，甚则一粒莫获矣！生命亦何定之有？夫所谓命一定者，不恶不善之中人，顺气数而终身者耳；大善大恶，固非命可囿也，在乎人耳。"或大悦。

恩祖母老而重听，先生大不怿，曰："人子不早自尽，至此虽欲柔声下气，尚可得乎？若不及时勉力，他日悔恨，更有不可胜言者矣！"

"人之治家，家众若多，必使之各举其职，则人愈多，家长愈乐；否则多一人，即多一累矣。"

一日，心中不乐，忽慨然曰："心不虚则不乐，所谓'心体上不可加一物'也。虽然，玩物而乐，离物则不乐，固非能乐者也。无物而乐，有物则不乐，亦非能乐者也。颜子箪瓢陋巷乐，不箪瓢陋巷亦乐。是何如乐？正宜理会。"

"学莫先于敬身，乐莫大于孝亲；愿言思之，前惟古人，近惟孙子。——高阳人自识有云：'无亲非富，有母非贫。'呜呼，大乐孰如事亲！"

"学者与圣贤不同：圣人忘其为圣，贤人不敢恃其为贤。学者要常见我为正人君子；不然，恐随流逐污而不自觉矣！"

"学者自欺之患，莫大于以能言者为己得。"——錂亦谓："口头说出、笔下写出，不如身上做出，乃是不自欺，乃为有实得。"

"人心中具有仁义位育，但得活理养之，则学成具全体大用；否则，血肉腐朽而已矣！如鸡卵中具有羽肉冠距，但得暖气养之，则化成而飞鸣走食；否则，青黄死水而已矣。"

"吾用力农事,不遑食寝;邪妄之念,亦自不起。若用十分心力,时时往天理上做,则人欲何自生哉?信乎'力求(行)近乎仁'也。"

彭好古问实学,曰:"学为人子,学为人弟,学为人臣也。"又问,曰:"学自六艺为要。"好古曰:"算何与于学?"曰:"噫!小子未之思也。人而不能数,事父兄而无以承命,事君长而无以尽职;天不知其度也,地不知其量也,事物不知其分合也。试观公西子之礼乐,冉子之艺能,当知夫子之所以教,与三千人之所以学矣!但七十子,或备、或精耳。"

"幼者拜长者,向上可也;勿与长者推逊,嫌序齿也。"

"学贵远其志而短其节;志远则不息,节短则易竟而乐。"

"人子事亲,但致亲怒,便是过;并不问有过与否。若怀嗔意者,是不自见其过,非孝也。"

"开聪明,长才见,固资读书;若化质养性,必在行止得之。不然,虽读书万卷,所知似几于圣贤;其性情气量,仍毫无异于乡人也。"

齐家第三

先生曰:"齐家,要观一家所受病在何事、何人,便当全副精神,注此一人、一事,竭力做去。正心、修身,亦然。"

"子贡赞夫子为'天纵',想来人皆有天纵;天既与人以心,则以此心调燮,以此心挽回,或以此心病,或以心狂,天皆有不得而主之者;但善则天福之,不善则天祸之。犹人君命人以位,则以此位致泽,以此位显扬,或以此位忠,以此位奸,君皆有不得而主之者;但功则赏之、罪则君罚之而已。人各有心,可不愧夫子而逃天乎?"

或言兄宽弟忍,真是好事。先生曰:"虽然,此为俗人言之耳。但说'忍',则先有不平意;古圣只言'兄友弟恭',夫'兄友'者,不问弟之恭不恭,惟知爱弟也;'弟恭'者,不问兄之友不友,惟知敬兄也。孟子言舜'不藏怒,不宿怨,亲爱之而已矣',舜可谓千古之圣,孟子可谓千古之善言圣者也。"

王法乾曰:"骨、肉有间乎?可离乎?顾名思义,骨虽恶肉,不得而厌之;肉虽恶骨,不得而怒之。处骨、肉之间者,可以悟矣。"

"思诚,固是学者切功,然必思此一善即作此一善,乃有益;若只思仁思义,久之,一若思所及,便有我已得者,则思亦属自欺之端矣!"

凡达人帖与承人帖,素不拜者,皆揖之。语弟子曰:"世俗相见,亦谓之拜;若不揖,则帖上'拜'字便伪矣。君子无伪。"

"人若不真心存仁,将言行尽无着落处矣!任有多少言论著述,都成'巧言';任有多少威仪周旋,都成'令色',毕竟是'鲜仁'。"

《思慎言》一绝云:"见人须着意,静中得力多;从今勤检点,刻刻莫轻过。"

"体乎仁则富,行乎礼则贵;若色、货等念生,则损吾富,真吾心之盗贼、不肖子弟也;怠惰、轻躁等意生,则降吾贵,真吾心之赃贼、权奸、谗邪也!"

"君子爱人深,恶人浅;爱人长,恶人短。小人反是。"

"人自信易,令人信之难,令圣贤人信之尤难;故百庸人服之,不如一君子信之也。"

"孝子见老则思亲,是以无老不敬也。"

"夫子叹'才难',有伤心处。予意天之生才不易,生一起才,成个'平成';又生一起才,成个'征诛';生七十子,竟无可做。此夫子所以叹'才难',深有所惜、深有所伤也。"

"吾人事亲不敬,兄弟不友,夫妇不相待如宾,不相成如友朋,不相辅仁,便有狎侮五常,恶同殷纣矣!"

"夫凡读圣人书,便当为转世之人,不要为世转之人;如韶龄入学受书,即不得随世浮沉矣!"

"衣冠不是要妆象好看,乃所以敬身;冠以敬吾首,衣以敬吾体也。"——錂谓:"人衣冠则文采典雅,不衣冠则鄙俗野陋。孔子讥子桑伯子不衣冠而处,同人道于牛马。是人之所以异于禽兽者,衣冠也;人不衣冠,其亦不思也,亦不敬其身也。"

遭水患,粮绝,喜曰:"吾兹为水困,乃尝此味矣。"

"'君子以文会友,以友辅仁',二句串讲,为是字字着重,倒提竖放,则瞭然矣。君子所求者,仁也;非友无以辅之。辅仁者,友也;非文无以会之。故君子之会友也必以文:或与之讲习六艺,以通日用之实务;或与之诵说诗书,以考圣贤成法;或与之讨论古今,以识事理之当然,则文章之道相感,良朋毕集;诗书之味相亲,高贤盈目。于是以友之高明,开我之蒙蔽;以友之宽厚,化我之私狭。对端方之儒,怠惰不觉其潜消;得直谅之助,过端不觉其日寡。人欲之自为去者,得友而去之益力;天理之自为存者,得友而存之益纯。其辅吾仁也深矣!不然,会之不以文,则所聚者,皆'群居终日,言不及义'之徒,焉能得友?既无友以辅之,则观摩无人,幽独易于自恕;进修无助,志气每至中衰。何以为仁?君子所以亟亟于会之者,而以辅之也。"

谓门人曰:"汝等于书不见意趣如何,好不好如何得?某平生无过人处,只好看书;忧愁非书不释,忿怒非书不解,精神非书不振。夜读不能罢,每先息烛,始释卷就寝。汝等求之,但得意趣,必有手舞足蹈而不能已者,非人之所能为也。"

指"知我其天",问诸生:"如何是天降鉴夫子,天契夫子?天无心意耳目。"曰:"天是理。"先生曰:"元兼理、气、数,须知我与天是一个理，是一个气、数；又要知这理与气、数是活泼，而呼吸往来、灵应感通者也。若不看到此，则'帝谓文王，乃眷西顾，予怀明德'等，皆无着落，皆为妄诞矣！"曰："如何是理、气、数？"曰："为寒热风雨生成万物者，气也；其往来代谢流行不已者，数也。而所以然者，理也。"

"圣人亦人也，其口鼻耳目与人同；惟能立志用功，则与人异耳。故圣人是肯做工夫庸人，庸人是不肯做工夫圣人。试观孔子是何等用功？今人孰肯如此做！"

"读书、观史，非学；惟治心，乃是学。置田房、积金粟，非治家；惟教子，乃是治家。"

郭生问："作养将才如何？"先生曰："武，凶事，不比文，当以历练为作养，乃可用。以武生为乡落保长，其能守御捉贼者，即擢为郡邑关口守将；其守将之能守御捉贼者，即擢为总帅、参副之职。庶几历练之干略，不比纸上之韬钤矣。不然，即尊宠一同科甲，恐亦如无用之文人而已！"

"'二三子何患无君'，皆主狄人来亦汝君说。则是太王视邠民全无情义，徒委之于狄人，不似仁人气象；且与下句'我将去'不顺。吾恐狄人迫至之际，邠人必有不谅强弱，贾其忠勇，欲与狄人交锋者。故太王曰：'吾闻之也，君子不以养人者害人。'邠人必有环哭对叹，忧太王之陷害者。故太王曰：'二三子何患乎无君？我将去之。'不谓之臣民，而谓之'二三子'，亲邠人于己也；不谓之我，而谓之其'君'，亲己于邠人也。君民一体，光景至今可想。"

"防口，贵逐事思量，如某人某事是不当说，如见某人断不当说某话；预先用功，必有得力。"

郭敬公曰："今人辄言断不能到圣人处，故不为；是必待到圣人处而后为乎？吾以为进一步亦是一步，彼原是不为，故托此言耳。"

"人读书，只为难记，耽阁许多；不知纵记，亦无用。大要古书，只管去读看，不问能记与否；但要今日这理磨我心，明日那理磨我心，久之，吾心本体之明自现，光照万里，所谓'一旦豁然贯通'者也。然须以清心寡欲为本。"

人送仪于先生曰："媿薄甚。"先生曰："情之厚薄，若在财物，则贫者尽薄情人矣。"

"敬身之功，衾蓐之内为最切；傥此处不慢其四肢，亦'尊德性'之一端。"

或忧年凶产业难保，先生曰："人生产业、身体、性命，皆祖、父之遗。三者俱昌大之，上也；俱保全之，次也；不幸不可得兼，宁破产业，勿亏身体。若恋惜房田而忧劳以致疾病，是重祖、父产业而轻祖、父身体，不孝也。甚不幸，又不可得兼，宁伤身体，勿坏性命；若迫于冻馁而丧志以为不义，是保祖、父身体，而贼祖、父性命，更不孝也。故孔子曰：'志士不忘在沟壑，勇士不忘伤其元。'盖极天下痛苦之境，至丧沟壑止矣；极天下凶残之祸，至丧其元止矣。人诚了此，则无累吾心矣。如曾子曰：'三日不火，歌声如出金石，宁知第四日得食乎？'即令饿亦如此矣。"

"寡欲以清心，寡染以清身，寡言以清口。"

语法乾曰："天生我此身，置在群生中，果较之亦庸众，可也；若犹出众也，而不为持世之人，是天生我以君子之身而自旷之矣，是为负天。"

言卜第四

先生曰："言、卜，圣门高弟。当其问'孝'，夫子一告以'敬'，一告以'和'；盖中虽爱亲，稍出以傲戾之气，即不孝矣!"

或问:"鬼中神,神中鬼,如何?"先生曰:"如春是气之伸,其寒是神中鬼也;秋是气之屈,其暖是鬼中神也。"问"屈伸往来",曰:"如吾开口便有伸,闭便有屈;气出是往,入是来。"问"性情功效",曰:"如风起止是鬼神,其所以为风处是性,发而动是情;吹木是功,吹木使之青、发枝发叶是效。"问"造化之迹",曰:"凡此皆显然可见,故曰迹。"

"六气之疾,常入肌肤,其症轻;惟私欲之疾,直犯心君,其病重。六气,侵边据城之寇也;私欲,弑夺篡逆之贼也,可无惧欤!"

"养身之道,在养吾身真火;养真火之道,在慎言寡欲。寡欲则省精,省精则真阴足而相火旺;慎言则省气,省气则真阳足而君火明。"

"吾人迁善改过,无论大小,皆须以全副力量赴之,方是主忠信、徙义之学。"

"伯夷弃孤竹,周游殷纣之世,恶秽成俗,曾无能尊其德、乐其道者,于是隐之北海之滨;迨闻文王作,就养于岐,想必在周公师友若干人中,非特口腹之养而已。观乎礼俗以养目,听乎弦歌以养耳,徜徉乎《关雎》《麟趾》之场以养天德;安处曾不多时,而文王崩,武王、太公遂经营伐纣之事,盖大伤其心,故又退隐首阳。其叩马一谏,亦辞世极恳也。"

教内子尽相夫之道,可以称贤。对曰:"不能。"先生曰:"昔周宣王姜后,盖亦庸人也;恐晏安致臣议而脱珥待罪,不惟宣王终其德,而姜后亦至今称贤。夫人亦在乎为之而已矣,何不能之有?"

谓彭好古曰:"吾自得张澍而坐庄,得李仁美而冠正,得石孚远而作字不苟简;每当过将发,未尝不思三子也。今后许汝五日投规过录一纸。"

人议以便食款友。先生曰:"贫儒无宿味,仓卒客至,止能如便;富友杀牛,贫友割鸡,各尽其勤而已。如必相责,则贫富不能相友矣。吾昔百里访张石卿,米饭三盂而已;第三次偶有十钱,乃市五饼。而礼意勤勤,将不为厚友乎?"

某欲其子从学,托人言于先生。先生曰:"吾之所学者礼,其子从吾游,则其家必设祠堂,家长率家众,朔望为礼;子必拜父,孙必拜祖,度能之则来。"

人曰:"但学中尽职可耳,何须设礼为?"先生曰:"不然。世有抗命废职之子妇,皆因废礼故也;傥妣望叩拜,昏定晨省,出告反面,行之三月,自无与父母反唇之理。"

《孟子》"必有事焉"句,是圣贤宗旨。心有事则心存,身有事则身修;至于家之齐、国之治、天下之平,皆有事也。无事则道统、治统俱坏。故乾坤之祸,莫甚于老之无、释之空,吾儒之主静。

王子法乾也,论卫出公事。先生曰:"蒉弑母获罪,周天子可废,辄不可废;犹之南子淫乱,卫灵可诛,蒉不可诛。据为辄者,当其父以晋师来临,止有率群臣出迎,自缚讲罪而已。"王子曰:"蒉之杀南子,亦大义也;闻《春秋》不去其世子。"先生曰:"此中有毫厘之辨。若光武之废吕雉,余所许也;母子之际,不忍言也。"曰:"淫人,男女皆可诛。"先生曰:"固矣!若吾子为齐太史,将不书崔杼弑其君乎?"曰:"然。"先生曰:"否。君已桀、纣乎,臣则汤、武矣!吾犹为一国之主也,乌得以妇人故杀之乎?且吾子而为夷吾也,将相桓乎?抑诛桓乎?为夫子而作《春秋》也,将录桓乎?抑诛桓之禽兽行乎?故君子不穷人之隐。若以此律君,天下无君矣;以此律人,天下几人乎?吾子之论卫,正子路之见,非夫子见小君之心也。"曰:"脱有无伦之君用我,将臣之乎?"先生曰:"君子随时处中,如定公逐兄自立,夫子初年不仕,后却又仕矣;阳虎馈蒸豚,亦便往见。若以礼来,乌得不往?"又问为崔杼者宜何如?曰:"杀其妻,弃官而逃,终其身不仕其国可也。"

"治病在清心,清心在知命。"

"人生居内,上无父母,下无子女,旁无侍婢;而夫妻相敬、相畏,无比昵态,则几贤圣矣。"

或言:习礼自好,有近优人演戏之疑。先生曰:"今日正坐不及优人耳。彼平时演定,手足扮出,丝毫不差;学者终日袖手诵读,临事一切懵懵,顾以演仪为耻乎?且以孔子之圣,而与弟子习礼树下。朝庭之礼,前期旬余习仪,士犹羞之乎?以习行为羞,乾坤所以日非也!"

"学问有诸己与否,须临事方信。人每好以所志,认作所能;此大误事,正是后世泡影学问也。"

"人能去其荒心、荒身、荒口耳目之事,则常觉,则能断;断则不怠,觉则不荒。斯可以寻孔子之道矣!"

"天之生人,有一身之人,有十人之人,有百人之人,有千人万人之人;人之治事,有一世之事,有数世之事,有百世千世之事。以一身为事者,命之曰匹夫;上此则十人、百人为其事,以至于以天下、千古为其事者,不毕其事不安也。故曰:'宇宙内事,皆吾分内事。'予非其人也,然见城垣、仓库颓,则乘必式;闻民不聊生,则为之怆惶。"

"后世专向空淡,故学孔子之言者,皆入孔子庙庭。儒者不学作事,故作孔子之事者,皆不得入孔子庙庭。韩文公以《原道》一篇入庙;而挽周为唐,焚毁淫祠千七百所之文惠,不得入焉。唐之一代,傅奕佐高祖辟异端、汰僧道;李邺侯出处,合乎时中;陆宣公济难扶危:此数人者,何歉其三谒时相,乞怜当道，并称孔、墨，取友人太颠之文公也？要之，是后世认晚年之删述作，故称说其所删述、羽翼其所删述者，遂为孔子之徒；非然者，不得与焉。独不思孔子傥于五十前奠楹，将不为孔子乎？"

"七十子终身追随孔子，日学习而终见不足。只为一事不学，则一事不能；一理不习，则一理不熟。后人为汉儒所诬，从章句上用功；为释氏所惑，从念头上课性。此所以纸上之学问，易见博洽；心头之觉悟，易见了彻，得'一贯'之道者接迹而道亡学丧，通二千年成一欺局矣。哀哉！"

"人持身以礼，则能得人之性；如吾庄肃，则人皆去狎戏而相敬，是与天下相遇以性也，此可悟'一日克复，天下归仁'之义。"

"学求实得，要性情自慊，则心逸而日休；学求名美，便打点他人，则心劳而日拙。此关不透，虽自负读谓书穷理，用功数十年，其实谓之一步未进。"

王法乾曰"积德如积财。大贾不遗细利，故能成其富；君子不弃小善，故能成其德。"

语彭如九曰："诗所以咏物、适情、言志也；即取其足以咏物、适情、言志而已，何必拘沈韵？且'冬东'一音而在二韵，'之儿无池'等殊不相叶，而在一韵，诸如此类，有何意义？况沈约逢君之恶，妄称天意；送故主之江山，启新君之篡逆。虽加万刃之诛，不足以蔽其辜，而可遵其言为后世法乎？或谓既为诗，即宜遵韵；不知《三百篇》是遵何人韵书？不过取其音相叶，以便于歌可耳。"

"志气如磨刀，集义如磨刀，常磨则锋芒常锐，不磨则钝矣。一不义之事伤之，则刀摧折矣！"

荆州齐泰阶言昼寝之难免。曰："此是怠慢之过，须是自己断制；此处不断，更无商量处。然其要，又在养精神；若耗惫精神至倦困之极，虽欲断制，不能矣。然困倦不能撑支者，傥有大宾至，即出迎矣。要之心常敬，如见宾；心常乐，如会友，何倦怠之有？其欲睡时，必是见得当下无事，便怀居。孟子云：'必有事焉。'荀子云：'其为人也多暇日，则过人不远。'学者安可有无事时哉？"

或产大而忧贫。先生曰："贪之患已。产乏而求聚，聚而求广，广而求益；称此以往，虽有四海，不足也。余尝言人有不足之心，世有不足之人。天生人，本付以各足之分，故百顷之家足，一顷之家亦足；数亩之家足，赤手之家亦足，甚至乞丐之家亦足。非天降灾，吾未见饿莩之续路也。若役心以贪，又焉往而不贫哉！"

学人第五

先生曰："学人不实用养性之功，皆因不理会夫子两'习'字之义。'学而时习'之'习'，是教人习善也；'习相远也'之'习'，是戒人习恶也。先王知人不习于性所本有之善，必习于性所本无之恶；故因人性之所必至，天道之所必然，而制为礼乐射御书数，使人习其性之所本有。而性之所本无者，不得而引之蔽之；不引蔽，则自不习染，而人得免于恶矣。"

沧洲戴道默尚书致仕，与贫士及乡耆结社，五日一会；偶以酒，数让其仆，朱弼庭责其作尚书态，怒，起行。戴急引过自责，朱不为止。戴次日骑驴，不带仆从，谒门谢；朱复不出。戴直入，呼其妻为嫂，且曰："昨有口过，今特赔罪，幸以复兄！"乃出而平。二人高致，可谓相得益彰。是时戴已七十余矣。

"知己间尽规过之义，遇过即指，最忌隐忍；隐忍之久，便成积轻，积轻之心生，而交不固矣！"

游马生学，教之习端坐功，正冠整衣，挺身直肱，手交当心，头必直，神必悚；如此，则扶起平心之天理。天理作主，则诸妄自退听矣。

"养身莫善于习动；夙兴夜寐，振起精神，寻事去作，行之有常，并不困疲，日益精壮。但说静息将养，便日就惰弱。故曰：'君子庄敬日强，安肆日偷。'"

"子曰：'学如不及。'是何等敏皇，何等急切！吾人常把时日潦草过去，何以为学？"

"不善之念一起于心，精神为之萎败，耳目为之昏瞶，况作事乎？况与其事相习而染乎？乌得不梏亡天性，日即于禽兽乎？人心诚危已！"

"天地之宝，莫重于日月，莫大于水土；使日月不照临九州，而惟于云霄外虚耗其光，使水土不生万物，而惟以旷闲其春秋，则何以成乾坤？人身之宝，莫重于聪慧，莫大于气质。而乃不以聪慧明物察伦，惟于玩文素解中虚耗之；不以其气质学行习艺，惟于读讲作写旷闲之，天下之学人，逾三十而不昏惑衰惫者，鲜矣！则何以成人纪？"

"忠臣视其君重于己；孝子视其亲重于己；贤妻视其夫重于己。"

郭氏子为后赵氏。先生曰："不可绝本宗。"伊言欲去，赵族不肯。曰："汝必利其产。"伊言未也。曰："汝必不养今父母。"伊言受产者宜养。先生曰："否。却产以见归宗之决，养葬今父母以报抚育之恩。斯义无憾矣！"

思：名为道学，而实靡时文以射名利，吾不敢为也；身承道统，而徒事讲说以广徒类，吾不欲为也。躬行之而风俗式范，德至焉而天下云从，吾养之爱之，而不能为也。独行先王之道，勉遵圣人之法，严拒异端而不污，孤行无徒而不耻，如孟子"守先王之道，以待后之学者"，吾志之学之，而未逮也。庶其勉焉！

"私欲不乘，如天清地宁；风日也乐，草木也乐，星月、人物亦无不乐。世人顾以酒色为乐；夫酒色中昏沉病死，并其四肢耳目不觉为何物，况天地万物乎？"

"余昔承命异居，不知其情，三月不能饱，每食必下泪；骨肉分离，大为不祥。譬如人病，血气不和，生疮疥，或筋肉溃败，固是难堪；然终是皮裹连属全人，胜似肢解分裂。故谚云：'好儿不吃分时饭。'"

彭平子言："岳武穆奉金牌诏，是大忠；若不赴召，竟灭金，是达忠。"先生曰："不然。当时秦桧是以'生事'二字吓高宗，若不奉召，便以'反叛'激高宗；但遣片纸一卒挚问，臣节大亏矣。"

论修史曰："相系一时之治乱，史关千古之是非；史之集思广益，与为相同。务聘集宿儒名士，尽一时之选；搜采野史遗书，穷一代之事实文献，果无遗憾，方可删录成书。近世凭一二人之笔，风闻之言，苟且潦草，失史职也久矣！"

见某生说，略云："礼，男子二十而冠，宾字之。无贵贱尊卑，古无不字之男也。近惟敦诗书、游庠序，乃字；否则终身斥名，使知亲罔所推呼。虽既长且老，子姓卑幼，亦莫之殊别。伯叔兄弟复如。余窃非之。今字某生，非曰示奖，聊以复古云。"

"夫子告樊迟问仁'居处恭'三语，最为亲切详备。盖执事、与人之外，皆居处也，则凡非礼勿视听言动，具是矣。居处、与人之外，皆执事也；凡礼乐射御书数之类，具是矣。居处、执事之外，皆与人也；则凡君礼臣忠、父慈子孝、兄友弟恭、夫义妇顺、朋友先施，具是矣。"

有兄弟反目，诉于先生者；先生劝以友恭。其弟欲辨，先生曰："家人事，但以不辨为是。"其弟遽引罪。又劝之同孝父母，勿争产，旁一人曰："子尽以产让叔，可得其欢心乎？"先生曰：

"子之事父，惟尽心以欢之，其爱我与否，不计也；弟之事兄，惟尽心以悦之，其谅我与否，不计也。"——錂按：先生在蠡时，不知己为颜姓，只因祖、叔不悦，以产让之，欲得其欢心也；及知己非朱氏，决拟归宗，又丝毫无所利。然其事恩祖，老而奉养之尽敬，殁而殡葬之尽礼，是难能也。

谓法乾曰："'正心'不是凭空说正，须尝使心安顿在仁义礼智上，不使引蔽偏向财色私欲上去，方是。'修身'不是悬空说修，须如夫子'斋（齐）明盛服，非礼不动'，方是。"

先生言："夫子借季氏维鲁，至于敢堕三都；荀彧借曹操维汉，反为所用。"

法乾曰："荀氏时势难于孔子。"先生曰："然。观'鲁一变至于道'，可见鲁国大纲犹在。"法乾曰："孔子若遇曹操，恐亦不能免。"曰："圣人本领不可测；非比后世叉谋术数，乃是从纲常上做去。将我性情布濩出，移天下之性情。今《乡党篇》所载事君之礼，便是实功夫。初间鲁人习于骄僭，皆以为谄；久之，将必人人知哀、定为吾君，而私门自弱，公室日强。迨鲁国既治，君臣合德，夫子便导鲁君如此去事周王，久之，将必天下宗周。礼乐中兴，东周之业成矣！女乐之间，天厌周德，非齐人也。"

"孔子之生，盖合三圣人，而生一大圣也：以颜翁妻启圣公一事观之，年至七旬，使人爱敬，愿以少女妻之。非圣人而能如是乎？略去子女之俗情，断孔氏必兴，举年少之女，妻垂老之人，好贤之至，更难于尧。非圣人而能之乎？二姊在室，圣母必甚幼，而适耄耋之老，又能精诚感天，惟立嗣是求。非圣人而能之乎？"

论周公之制度，至（尽）美至（尽）善。盖使人人能兵，天下必有易动之势；人人礼乐，则中国必有易弱之忧。惟凡礼必射，奏乐必舞，使家有弓矢，人能干戈。成文治之美，而具武治之实。无事时雍容揖让，化民悍刻之气；一旦有事，坐作击刺，素习战胜之能。

王法乾曰："古者卿相百官，儒之占者也；儒者，卿相百官之处者也。今乃是一种读诗书说道理、袖手无用之人，谓之儒，可叹矣！"先生曰："然。此所以与释、老伍而称'三教'也。"

谓马载图曰："生子虽美才，犹在为父者自强，以为教子地。今子之责重矣：上有父而我为之，事父未能，非所以教子也；下有子而我为之父，教子未能，非所以为父也。真学问全在'君子之道四'一节。"

"人之为学，必认定子臣弟友；必认定子臣弟友是所以为道，六艺是所以尽子臣弟友之道方好。譬如子之事父，只对父亲孝；臣之事君，只对君说忠，不成。必须有事君父之礼，乐君父之乐，射以敌君父之忾，御以代君父之劳，书、数以办君父之事，方是臣、子。"

"入其斋而干戚、羽籥在侧，弓矢、玦拾在悬，琴瑟、笙磬在御；鼓考习肆，不问而知其孔子之徒也。入其斋而诗书盈几，著解讲读盈口，阖目静坐者盈座，不问而知其汉宋、佛老交杂之学也。"

"忠臣之心，其视大奸之在君侧，如蛇蝎虎狼之将毒噬其君；往擒之不胜而死，不恤也。《传》不云乎：'君虽不君，臣不敢以不臣。'故忠臣之心，不见其君之不君也；以为吾君圣明而已矣。"

"凡冠不正，衣不舒，室不洁，物器不精肃，皆不恭也。有一于此，不得言习恭。由此推之，杏坛之上，剑佩琴书，一物狼藉，孔子不得谓之恭矣。此吾儒之笃恭，所以异于释氏之寂静；而静坐之学，所以入于禅而不自觉也。"

赵太若居家富有，事烦劳攘。问曰："古云：'浊富不如清贫。'何如？"先生曰："不然。广土众民，君子欲之；圣贤之欲富贵，与凡民同。古人之言，病在一'浊'耳，人但恐不能善用富也。大舜富有天下，周公富有一国，何累人？今使路旁忽遇无衣贫老，吾但存不忍人之心耳，见则能有不忍人之政矣，富何负人？要贵善施，不为守钱虏可乎！"

"人子见父母与人忤也，良曲解之；非为人也，安吾亲而已矣。"

张氏不读书，兄弟五人孝友，各司其事，争为劳役；设父母主于正房，忌日则夫妻迁寝，食必献，一如亲在。有泔浆三瓮，三年不倾，曰："吾亲所积也。"家众无长幼孩童，自外还，必行反面礼，遍拜其家。虽曰未学，吾必为（谓）之学矣。

法乾第六

法乾论："读书万卷，若无实得实用，终是无益。"先生曰："然。德行经济，涵养俱到，读书一二卷亦足，虽无读书亦足；试观博学、审问、慎思、明辨，皆致知事也，何字是读书？读书特致知之一端耳。"

人有恶攻其短者，先生曰："是止者也。人立志前进，必期自全，故乐人指其阙，恐有阙也。人无志不前，自谓己全，不乐人破其全，恶闻其阙也。"

诘士倧曰："胡氏正名之说，不曾认得书之主脑。告天王、方仙之事，必是孔子作卫贵戚大臣，或婚姻与国，方得。今仲子所问，是卫君待子为政。岂有卫君用夫子，而反废之者？且卫君未用之前，夫子力不能废？既用之后，夫子为臣，辄为君，岂有臣告君之理？则卫名何以正也？"倧不能对。问："瞶以弑母之人，决不当主；辄已立十二年，不易去。且拒父之人，断不宜君。然则非告天王立郢，卫名终不可正也。"曰："'必也正名'，是圣人本领。后人梦不到，子路正谓出公用子；则出公为子之君，夫子虽圣，不应废君。闻'正名'一语，故怪叹之'奚其正'，犹言'这名如何正的'，非何必正名之解。"倧曰："然则夫子必格其非心，而以天理感动出公；使之悔悟谢罪，迎入其父，退就世子之位，名斯正矣。"曰："然。"倧曰："弒母之贼，何可君也？"曰："道理原是随时处中。就天王而言，则蒯可废，辄则惟知吾父而已；犹南子当诛，蒯则不得而诛也。"

"夫子教伯鱼为《周南》《召南》，'为'字不可以读讲混过；若如宋人读讲之学，则人不为二《南》，何至'一物无所见，一步不能行'？如'正墙面而立'，人即为二《南》，岂便四通八达乎？为者，歌其诗，奏其乐，则效其义意、率修其事实也。如为《关雎》于房中，其词韵之温雅、律吕之和平，既足以成一室之和；而学雎鸠之挚而有别，有圣夫必有圣妇，有贤夫必有贤妇，方是'君子好逑'。一忧一乐，皆在德不在色；'寤寐转侧'方有着落，琴瑟、钟鼓方有韵致，方能'刑于寡妻'，方是'乐尔妻帑（孥）'。否则，不能行于妻子，乌能'宜尔室家'耶？为《葛覃》于宅中，其辞气之谨饬、律度之周详，既足以召一家之瑞，而学其勤俭，则富贵者，将谓古人固如是也，何敢逸以侈也？贫贱者，必谓国妃且如是也，何敢怠且奢也？而家事理、家积盛矣。学其孝敬，则男有尊而行不敢自专，女有刑而严于舅姑，而家法立、家道齐矣！否则，'休其蚕织'，其为父子兄弟无法刑于而家，祸起萧墙矣！乌能'宜其家人'乎？称此以推二南，为之真是四通八达，不为正是'正墙面而立'。圣门所谓'学诗与为字同'。"

"淫僻之念不作于心，惰逸之态不设于身，暴慢之状不见于行，鄙悖之气不出于口：四者，吾志之而未能一焉。"

"修辞之功，全在未言之前；但得先一思，方出口，便得力矣。"

"选举即不能无弊，而所取为有用之才；科甲即使之无弊，而所得多无用之士。如汉举孝廉而得曹操，人皆以为选举之害；不知大奸如曹，而犹环顾汉鼎而未敢迁，正因来自选举，犹有顾惜名节意。后世文人，全无顾惜矣！"

"《论》《孟》之终，皆历叙帝王道统；正明孔孟所传是尧舜三代之道，恐后世之学，失其真宗，妄乱道统也。后世乃有全废'三事''三物'之道，专以心头之静敬、纸上之浮文，冒认道统，尸祝孔孟之侧者。可异也哉！"

"遇人能不言，言时能徐发，则口过远矣。"

萧治台言：其叔时怨子弟，子弟默然受；言终，子弟辨无过，辄自认误。先生曰："君子也！人己兼照，平恕以施者，圣人也；施不无偏，忤物还自返者，君子也。"

士倧问："气数流转乱，天虽欲治，不能也；气数流转治，天虽欲乱，不能也。"曰："子以气数与天，歧而二之，不知天矣。理、气皆天也，但三代前理、气厚，气数流转之中，尝生维挽之人，而裁成辅相之；三代后理、气薄，气数流转之中，但生随气升降之人，而参赞维挽不复见矣。气数者，无作用之天也；圣贤者，有作用之气数也。气数无作用，故赖乎圣贤；圣贤亦气数，故不离乎气数。"曰："善人而贫贱夭，不善而富贵寿，何也？"曰："此富贵（气数）之不齐也。如孔子之贫贱，颜子之夭折，椒山之见杀，皆气数不齐处。故曰：'气数者，无作用之天也。'"曰："天若无知，作善降祥，不善降殃，何也？"曰："吾心作善念，吾身作善事，则一身之气理皆善；善与善召，而气数之善数（气）皆来集，此'降百祥'之说也。吾心作不善念，吾身作不善事，则一身之气理皆不善；恶与恶召，而气数之恶气皆来集，此'降百殃'之说也。水流湿，火就燥，惟达《易》者知之;此位育所以本于'慎独'也。故曰:圣贤者,有作用之气数也。"

坟祭,设宴会,先生为酒史;奉祖训于上,族长率男排班。先生西向立,赞排班,班齐,再拜,乃高声读解(讲)宴戒、宴法毕,公揖先生,乃降,亦拜祖训,归班。族长同行,一揖告坐,就北筵坐。次行率众一揖,告坐;次行同行一揖,就东筵;三行率众一揖,又同行一揖,就西筵。四行、五行仪同。辨主寿族长,佐辨者寿各筵长,皆酬;后乃族酬。哗席者,酒史唱某亲醉,退去。宴毕,公揖而退。是为馂宴仪注。

谓陈端伯曰:"作诗者皆仿李、杜,作史者皆仿班、马,作文者皆仿韩、欧;作人者偏不仿孔、孟,是可异也。仆亦为诗,不李杜,无憾也,即以为颜某诗也,可;仆亦为史,不班马,无憾也,即以为颜某史也,可;仆亦为文,不韩欧,无憾也,即以为颜某文也,可。惟至于为人,不敢不方孔孟也,以为舍孔孟,无以为人。"

"古之人,惟三达德、五达德;此外更无道德。一身智仁勇,足以整理一家,是谓修齐;一家智仁勇,足以型式一国,是谓齐治;一国智仁勇,足以镇抚四海,是谓玥明德于天下。《兔置》《七月》,想见一班。五达德,即三达德之设施处。今合数代而未见达德兼备之人,千里而未见兼举之一家;可谓学衰道丧。而方且汉人以传经为道,晋人以清谈为道,宋人以批注顿悟为道,释氏以空寂洞照万象为道,老氏以奸退仙脱为道;而历代通弊,以混同不辨,仿佛乡原为德,真韩氏所谓'道其所道,德其所德',而古人之道德亡矣!"

谓诸生曰:"制欲为吾儒第一功夫,明伦为吾儒第一关节;而欲之当制者,莫甚于色;伦之当明者,莫切于夫妇。近世师弟,以此理为羞惭而不言,殊失圣贤教人之旨。且世俗俱知妇女之污为失身、为辱父母,而不知男子或污,其失身辱亲一也。尔等渐去童年,得无有情欲渐开、外物易引者乎?此处最为(宜)着紧。立为人根基,其道自不邪视、不妄思始。但保此身,便为人,便可贤可圣;一失此身,便为鬼,便可禽可兽。小子戒之!"

"人皆可以为尧舜,人皆可以为五臣;举人之万有不同,皆统括矣。昔蠡有徐姓,痴而哑,甚慈其子;吾以为尧舜之一端也。傥能充此,何不可为?盖痴人亦禀元亨利贞之理,而成仁义礼智之性,犹吾言尧舜事业,不惟其臣各事其一,但作知县,不愧为唐虞一邑;作吏胥,不愧为唐虞一职,亦便是尧舜事业也。只孟子善言学,'徐行后长',便是尧舜,如在父兄前和顺、不反口,便是尧舜。今教痴人徐行漫语,彼岂不能?不能者,须是禽兽、木石、水草。"

"冠所以重元首,故周冕华而不为靡。吾侪岂必作帝王,乃行夫子'为邦'之训乎?如每正月振起自新,调气和平,是即行建寅之时矣。凡所御器物,皆取朴素浑坚,而等威有辨,是即乘殷之辂矣。凡冠必端正整齐,洁秀文雅,是即服周之冕矣。凡歌吟必正,乐而不淫,是即尧舜之韶矣。"

"作事有功,快;有功而不居,更快。为德见报,佳;为德而不见报,更佳。"

刚峰第七

《刚峰集》言:"为学在诚致,不先格政。"先生云:"此只由不解'格物'二字也。不知圣人之言,证以古人之行;不见圣人之行,证以圣人之言。此'格'字乃'手格猛兽'之格。'格物'谓犯手实做其事,即孔门六艺之学是也。且如讲究礼乐,虽十分透彻;若不身为周旋,手为吹击,终是不知。故曰:'致知在格物。'"

"人之为学，心中思想，口内谈论，尽有千百义理，不如身上行一理之为实也。人之共学，印证诗弓，规劝功过，尽有无穷道德，不如大家共学一道之为真也。"

"不暴己之长，不形人之短；不扬生人之过，不发死人之私，君子人欤！"

"理念甚则身清明，心清明，天地草木无不在目，则天地物我总是一般；欲念胜则心昏惑，心昏惑，眼前一物不见，不惟天地鸟兽与我隔绝，虽一身耳目手足，皆非我有。"

"礼、乐、射、御、书、数，似苦人事，而却物格知至、心存身修而日壮。读讲文字，似安逸事，而却耗气竭精、丧志痿体而日病。非真知学者，其孰能辨之！"

王契九问：取士乡举里选，行之滋弊。先生曰："犹胜时文。如一邑方举一人，一方有不肖之耆、约，党酒食贿赂之家，而登其子弟，将三方皆不肖乎？即皆不肖矣，他邑独不得一良耆、良约乎？三、四举而得一贤，或三、四邑而得一贤，所得不既多乎？当不至如时文，千百举而不见一贤也。况选举复，则士希其行，试观周代盛时，士习之美，不可及矣。虽极其流弊，以至战国，亦第云'修其天爵，以要人爵'而已。今世求一修天爵、要人爵者，岂可得哉？"

谓边之藩曰："人心，动物也；习其事，则有所寄而不妄动。故吾儒时习力行，皆所以治心。释氏则寂室静坐，绝事离群，以求治心；不惟理有所不可，势亦有所不能，故置数珠以寄念。今子病目，既废读讲学习功，当亲师访友，求所以寄心适志；乃惟闭户寂处，乌得不身日闲而心日妄乎？当急图改。"

夏希舜父、叔构争。先生谓曰："为子侄，处父、叔间，须劝父让产以友弟，劝叔勿争以恭兄，乃其职也。若从父拒叔，不惟非所以为侄，亦非所以为子矣。汝不见余处某弟乎？以彼无状,予岂不能罪之;顾宗族之间宜无校,况兄弟乎?且人各有命,争多未必即富,让少未必即贫;若兄弟之情一伤,不可复悔。可不念乎!"

彭求年言:行井田法,易扰民生乱,不如安常省事。先生曰:"古先王之井田浚沟,岂天造地设、不劳民力乎?又如大禹治江淮河汉,岂果神怪效灵、一呼而就乎?盖古人务其费力而永安,后人幸其苟安而省力;而卒之民生不遂,外患迭乘,未有能苟安者也。故君子贵怀永图。"

"学者须自敛饬,如不识字人,方好;又须有气量包人,尽人而不尽于人。"

观《南宋纪》,至理宗崇故理学,曰:"此其所以为理宗也!此其所以为宋之理宗也!盖使崇生理学,则必有裨益;然生理学好裁抑君非、驳折同类以自见,理宗乌能用之?其臣乌能容之?惟崇奖死亡,收美名而不受绳尺,此其所以为理宗也。使崇故帝王,故帝臣王佐,则必有取法;且古儒道若六府、三事、六德、六行、六艺,不可文袭。理宗乌能窃之?其政乌能似之!惟崇奖其本朝之故理学,讲究其制作,刊引其著述,而易省其伎俩,此其所以为宋之理宗也。"

靳氏子,自言十一岁弃书勤家,及其家政和好状。先生曰:"是即道也。自世儒远人以为道,而道不明。今汝家父兄而劳家务,是谓尽子弟之职。在家为干子,在国为劳臣,是为道中人矣!"

与刘焕章言礼,曰:"吾侪当礼法涂地之时,而毅然从事;固将求合于理也,非以苟异于俗也,亦非以礼自我出也。务使神人各安,一人可行,人人可法,远不谬圣,近不悖王,斯可耳。若不究时王之制、古圣之礼,一有增减,岂求合于理者哉?今俗坏于异端、狃于贪昧者,莫过于天地三界之牌,莫甚于家宅六位之主；吾侪穷居，非有生民政事、宗庙会同、国邑疆边之务，止此学教、修齐数事。其修齐、学教，止有冠、昏、丧、祭数端，所宜酌议。"

"治道不必文武分途，亦不必举人、进士。只乡里选举秀才，秀才长于文德者，充乡约耆德之职；长于武略者，充保长之职。其显有功德者，擢大乡长；大乡长之显有功德者，升邑令郡守，或备参辅，以至三公，皆通为一体。或次递，或超擢；而又立里史、邑史、郡史，以谨戒之。死则有德者配社祠，有功者配道神祀；每五世有继进者，则祧之。大功德，则进里祀者配享于邑，邑祀者配享于郡，郡祀者配享于国，以激劝之。虽流弊，犹足定百年之太平也。"

"今人废学，只有将道理让于古人做；不知古人亦人耳。凡古人可行者，我亦可行。如一旦奋然自新，立志躬行，何道不可能也？"

或云：读书不能记。先生曰："何必记？读书以明理，是借书以明吾心之理，非必记其书也。今日一种书之理开吾心，明日一种书之理开吾心，久之，吾心之明自见，自能烛照万理。譬如以粪土培灌花草，久之，本枝自生佳花；若以粪土着枝上，不足观矣。又如以毡银磨耆铜镜，久之，本镜自出光明；若以毡银着镜上，反蔽其明矣。"

吾辈第八

先生曰："吾辈若复孔门之学，习礼则周旋跪拜，习乐则文舞武舞，习御则挽强把辔；活血脉，壮筋骨，'利用'也，'正德'也，而实所以'厚生'矣。岂至举天下事胥为弱女、为病夫哉？"

过霍侯，思三代下论人，平允者尠：如殷高宗、尹吉甫，恶至杀其子，而犹不失为中兴之贤君、相。盖杀子是其一恶，大端之人品，自不可诬者，天下不可无高宗、吉甫也。冉有、子路、宰我，过至聚敛、诬死、短丧，而终不失为孔门之贤弟子，盖聚敛、诬死、短丧，是其一大过，大端之才德，自不可诬者，孔门不可无三子也。后世不务实践，论世则不论实征，好责备古人，以市其识，而以不能诛妻夷霍侯。噫！霍侯其易及也哉？

赴易，同友人行；指途人谓之曰："孟子言：'人皆可以为尧舜。'如彼推车者、荷担者、执鞭者、趋役者，虽加数十年学问之功，兼以师友之熏陶，岂即能为尧舜？"友不能答。先生曰："孟子非谓钦明浚哲，知如神而仁如天，斯为尧舜之德也；非谓时雍风动，地平天成，万物咸若，斯为尧舜之事也。若然，则颜、曾以下，恐难言之，况彼碌碌者乎！只就各人身分，各人地位，全得各人资性，不失天赋善良，则随在皆尧舜矣。如推货者，不希贾、不伪货；鞭役者，不罔上、尽下分，斯皆尧舜矣。此'人'字，自圣知至庸愚，王公至隶胥，千万人都括尽。'皆可以为'四字，是将生、安、学、利、困、勉，用学问之择执与不用学问之择执，千万等工夫包括尽。"

刚主与张自天言："孝继母，任是十分合理，只不得于父母，便不是理。"又谓："母子断不可异处以相避。如今日问安而骂之，明日复问，推之后日皆然；今年骂也，明年再问，推之后年皆然。是父母终日骂、终日问，尚有亲亲情谊；若各安一方，母亦不骂，子亦不受，虽小得安靖，而此一'疏'字，不孝大矣！况十分承顺父母，亦可冀其回头乎？"

"仁、知、勇，古今之达德也，立德、立业具在于此。如西汉萧何，'仁者不忧'也；张良，'知者不惑'也；韩信，'勇者不惧'也。"

李晦翁先生云："导幼子以正，示之以正，示之以忠教行谊；

不教文章，所就自不犹人。"——鏐按：先生此言，深得训幼子之法。依此教子，何患乡无善俗、世乏良材耶？

刚主谓李毅武曰："学不徒读：如读一部《论语》，不徒读，只实行'学而时习之'一句，便是读《论语》；读一部《礼经》，不徒读，只实行'毋不敬'一句，便是读《礼经》。如师教曰'汝南行'，我即南行，不学其说，师无不喜；若不南行，亦学其说曰'汝南行'，师必不喜也。"

高台臣问曰："《大学》'明明德'，朱子《或问》以为'心者虚灵不昧，具众理而应万事'；性之德，乃是仁义礼知。毕竟明德，是心乎、性乎？"先生曰："心也，性也，明德也，一也。《大学》言心即性也，《中庸》言性即心也。'性'从'心、生'，正以其为虚灵也，正以为其具众理、应万事也；不然，则死心矣。'明德'之'德'（悳），从'直、心'，正以虚灵，故不假造作，不假矫揉；当爱者即（直）爱之，当断者直断之，当敬、当辨者直敬之、辨之，此其所以为具众理而应万事也。不然，则屈心，非德矣；则不虚灵，非明德矣。'尧舜性之'，明德也；'汤武反之'，明明德也。若如彼解，则心于仁义礼知之外，别有所具之众理乎？心于恻隐、羞恶、辞让之外，更何以为应万事乎？"

台臣曰："今日乃解'明德'矣！下手功夫，全在'知止'乎？"曰："不然。下手到底在明、亲。明德者，诚明者也，其余都被引蔽习染，昏此明德。所以在明之，明之是大学工夫也。一人昏其德为昏德，众人昏其德为污俗。只自明我德，便是小学；必并明天下民之德，方是大人之学。所以在亲之，亲之是大学工夫也。明必明到十分，不如尧之钦明、舜之浚哲不止也，还尽力去明；亲必亲到十分，不如尧舜之百姓昭明、黎民于变时雍不止也，还尽力去亲，故曰'在止于至善'。盖至善便是吾道之极也，中也。不及一项人，终是迷惑错乱；太过一项人，终是张皇奔驰。能知此当止处，则未至自不肯止，既至自不肯求，便有主张、有归宿，故曰'知止而后有定'。"台臣又问："《中庸》'致中和'如注解，则孔子之心正矣，当时之天地何不位？孔子之气和矣，当时之万物何不育？以为必须与天下共立其大本，共行其达道，立纲陈纪，礼陶乐淑，方是致中和。将尧舜方尽得之一部中庸，帝王方有其事以全其用，儒者但有其心而存其体矣。"先生曰："孔子致中和于一身，而一家之天地万物位育矣；致中和于七十子，而七十子之天地万物位育矣；致中和之政以宰中都、摄相事，而鲁国之天地万物亦几位育矣。岂儒者而徒有其心乎？"

或以未列青衿，自感为废人。先生曰："不然。吾闻心不思道德，身不蹈礼义，乃为废人；若不作秀才，只废八股业耳，未为废人也。"

三代第九

先生曰："三代后，留心于天地之升降、生民之休戚、吾道之兴废者，曾未闻一人焉；况致力于升降、休戚、兴废之际者乎？乌得睹一二人以慰吾望，乌得效一二分以杜吾志乎？"

一日，独坐斋中，欲入内，思先正云："人君一日亲贤士大夫时多，见宫妾妇寺之时少，则德日进。"学者自治，何独不然？斋中即独坐，庄对墙壁箴铭，亦俨然诤友之在旁也。

之田，杀步屈。思：步屈何罪？以至贱妨贵者之养，即罪矣。故螣生苗中，先生欲思田祖之神，秉畀炎火；豕鼠妨稼，先生祀猫虎，使食之；甚至鱼鳖生河海，与人并育不相害，而伏羲网之，孔子钓之。盖天地之性，人为贵；杀至贱以养至贵，义也。取之有节，用之以礼，斯仁行其中矣。此圣人造乾坤、差等别之道，异于佛氏假慈悲而颠倒错乱者也。

思周公、孔子所逆知后世离事物以为道，舍事物以为学，故德、行、艺，统名之曰"三物"。明乎艺，固事物之功，德、行亦在事物上修德制行，悬空当不得他，名目混不得。《大学》三纲领、八条目，何等大，何等繁，而总归下手处，乃曰"在格物"。谓之"物"，则空寂光莹固混不得，即书本经文亦当不得；谓之"格"，则必犯手搏弄，不惟静敬、顿悟等混不得，即读作讲解都当不得。如此真切，如此堤防，犹有佛仙离物之道、汉宋舍物之学，乾坤何不幸也！

"离骚之人，吾钦其忠，而恶其文之妆堆；左氏之理，吾爱其静，而恶其乱之浮夸。以为皆衰世之文，启后世雕刻之风，伤古人典雅之体；所称'以文字祸天下苍生'者，二子亦分其辜焉！"

"永保天禄，允祚遐昌，谁其几及？惟周文王。肃雍敬止，下上偕臧；小子罪戾，尚知景行；夙夜无愧，萃兹百祥。"

壬戌春二月八日，鼓琴，足旁一小蝎，蹴之；思：舜作乐，致凤仪；予弹琴而召蝎。盖予有暴躁之气，正如方启蛰之小蝎，近阴气而少阳和，宜取为戒。乃更为舒徐和绥之韵，三弄而罢。

或与族人有口隙，谓之曰："族人与吾同祖，正如吾四股手足，虽有歧形，实一体也。一体相戕，吾祖宗之神，得无伤乎？彼不知为一体，吾知之；彼不暇思祖宗，吾思之。如今碗阔于蔬，故盛得蔬；桌大于碗，故载得碗。"其人大感，拊心曰："是吾志也！"

思周公教法，"开而弗达，强而弗抑"；古人奖人，常过其量，良有深心。吾坐反此，不能成人材，又不能容众；屡自怼恨，不能悛改，即此便有"闻义不徙，不善不改"。以后凡言人之短，奖人之善，必谨而书之；犯前过，轻者痛自惩艾，重则罚跪。过在家人宗族，罚跪于父祠前；过在教人交友，罚跪于孔子神位前；或遇事忙时，亦必叩首拜谢。

刚主少年时，有骄浮气。先生曰："仆昔事石卿先生，尝拱手以听；先生院中游走讲论，目不一视，至二鼓，仆不敢移处。事文孝先生，侍坐，先生南面，时而指使仆役。足下若遇诸先生，恐不能受益也。"刚主亟下拜曰："承先生教，敢不急改。"

谓刚主曰："吾欲三日不刑一人，而化一邑之异端；欲一月不刑一人，而均一邑之田亩。何道而可？"刚主三发策，靖异端，皆不出刑名文墨之套。先生曰："贤自病后，睿思减矣！"刚主问："三日不刑一人而邪教化，有成算乎？"曰曰："有。呼各门头行而开导之，使明邪正；即立为耆、约，使之更教其属。不两日，皆良民矣。"问均田，曰："亦任人耳。八家为井，井立长；十井为通，有通长；十通为成，有成长。随量随授之产，不逾月可毕矣。"

"伊尹耕莘野，非义非道，一介不取与，嚣嚣畎亩，一似全无意于天下生民者；后遇成汤三聘，即'自任以天下之重'乃尔。孔明高卧，苟全性命，不求闻达，一似全无意于汉末气运者；后遇昭烈三顾，即'鞠躬尽瘁'乃尔。岂知舜之'饭糗茹草，若将终身'，皆然。儒者成法，合当如此。"

"天之将兴一代也，必生以勤兵绩武之主，使之征慑海外，而子孙世享太平，宗祀灵长，如汉武帝、唐世民、明永乐是也。天之将亡一代也，亦必生以勤兵黩武之主，或干戈交起之事，使之耗财杀士，而横敛致怨，宗祀以亡，如秦始皇、隋炀帝、元明末是也。其机只在于岁：岁丰，则足以给其雄威而国运永；岁凶，则适以暴民生、乱国运。宋之初兴，欠武功，故后代懦弱。"

刚主问："出将奚先？"先生曰："使予得君，第一义在均田。田不均，则教养诸政俱无措施处，纵有施为，横渠所谓'终苟道'也。"刚主曰："众议纷阻，民情惊怨，大难猝举。"先生曰："所谓'愚民不可与谋始'也。孔子犹不免麛裘之谤，况他人乎？

吾于三代后，最羡神宗、安石，但其术自不好，行成亦无济。今若行先王之道，须集百官，晓以朝庭断决大义，事在必行。官之忠勤才干者，尽心奉法；阻挠抗违者，定以乱法黜罪。今人文墨无识，偏能多言乱挠；不如此，一事不可行也！"

颜羽深言多子之苦。先生曰："人世苦处都乐；如为父养子而苦，父之乐也；为子事父而苦，子之乐也。苟无可苦，便无所乐。"羽终言为苦。先生曰："翁不觉其乐，试观君臣，具见之矣。如禹治水、稷教稼，苦人也；颜子箪瓢陋巷自甘，乐人也。禹、稷乐乎？颜子乐乎？如武侯鞠躬尽瘁，呕血而死，可谓苦矣；然与其不遇玄德，高卧南阳，抱膝长吟，孰苦、孰乐？"

杜益斋规先生"三失"，曰务名，曰轻信，曰滥交。先生曰："务名之过，元不及觉；轻信之过，觉不能持；滥交之过，则仆苦心也。气数益薄，人才难得；如生三代而思五臣，不能借也；生两汉而求伊、莱、十乱，亦不能借也。居今而求三杰、二十八将，其将能乎？故才不必德，德不必才；才德俱无一长，亦不忍弃；且人名自成，势难强同。昔蠡人某，恶人也，吾欲治河以救一方，驰寸纸，立集夫百名，赴吾于里数外，限时不爽也。脱鄙而远之，数十乡为水国矣。又如某子，兄与法乾尝面戒元；元亦曾受其辱，然遇使才，犹将用之也。"

禁令第十

先生曰："禁令，治之大权也；赏罚，治之大威也；信义，治之大宝也；仁恕，治之大道也；政事，治之舆也。权、威不立，则信义、仁恕适以病国；宝、道不诚，则禁令、赏罚反以厉民；政事不修，则宝、道无所载而权、威无所施。故善为治者，必自政事始。"

"治世之官详于下，乱世之官迭于上；详于下则教养举，迭于上则掣肘成。下多一官，则民多一亲；上多一宪，则官多一畏。多亲而政事成，多畏而贿赂通。"

"人不作事则暇，暇则逸，逸则惰则疲；暇逸惰疲，私欲乘之起矣。习学功夫，安可有暇？"

宗人言坐读之病苦。先生曰："书之病天下，久矣！使生民被读书者之祸，读书者自受其祸；而世之名为大儒者，方且要'读尽天下书'，方且要'每篇读三万遍，以为天下倡'。历代君相，方且以爵禄诱天下于章句浮文之中；此局非得大圣贤、大豪杰，不能破矣！"

明季任丘贡士庞济公，少与大学士文敏友善；文敏贵，亲友干谒者络绎，公独不至。文敏深念之，寄信乃往。文敏问来意，曰："思公一晤耳，无他事。"文敏曰："古人哉！"赠金五百。曰："吾路费［财］两缗，何须许多也？"文敏固与之，受之。还谓宗人曰："向固不受也，恐拂公成慚；然吾终不受，尽以修庠。"其孙恺，举博学，入翰院。

居恩祖母丧，思丧中废业，兼以毁瘠，极易萎惰；故先正制为祝辞云："夙兴夜处，不惰其身。"期以内不惰，犹易；练以后不惰，更难。盖期之内，哀慕之深，常有汲汲切切意，不逸则不惰；练之后，哀思日杀，心少念，身少事，逸斯惰，惰斯怠矣。故行丧礼于练前，失犹少；行丧礼于练后，失必多。孔子之"丧事不敢不勉"，事在勉强而已矣。

"'持其志'，敬心之学也；'无暴其气'，敬身之学也。然每神清时，行步安重，自中规矩，则持志即所以养气也。每整衣冠端坐，则杂念不来，神自守舍，则无暴即所以持志也。盖身也，心也，一也；持也，无暴也，致一之功也。彼以耳目口鼻等为六贼，自空其五脏，而谓定性明心者，真妄也哉！真自诬自贼也哉！何聪明者，亦为之迷惑不觉也？皆由务虚好大，纵意玄远，未实用全力于此心此身也。"

思勉行仁义，而每得欺侮成怨；是吾人之处世，非为仁义之难，而泛应曲当之难也。自反其过，则自见其是，我居其是，谁处其非？我居其功，谁受其过？必也，上孝下慈，而恒觉其不足；人侮人谤，而不自见其冤，其庶乎！

陈康如问经旨。先生曰："经学其亡矣，亡于注疏、读讲也。今若于经典行一端，即学之一端也；若于三事、六府行一事，则学之一端也；若于风雅颂歌一章、舞一节为一事，即学《诗》之一端也。不然，即读之熟，讲之悉，何经学之有哉？而遑问旨也！"

问《易》与《春秋》之旨。先生曰："难言矣。予未足知其旨，姑妄言也：《易》之作也，四圣人合人事之措施，与天地之化工，并而一之、交而易之之书也。《诗》《书》《礼》，皆定局，而《易》为活盘。孟子所谓'孔子圣之时'，其庶几乎？《春秋》，则孔子自解之矣，曰：'丘之志在《春秋》。'又曰：'我欲托之空言，不如见诸行事之深切著明也。'盖借二百四十年桓、文之事，以自谱为东周手段也。"

康如问礼。先生曰："吾久有志于礼，先行家祠礼。"因问："有家祠神主乎？"曰："有。有而朔望、令节，祭荐不行，不几使先人为有嗣之馁鬼乎？岁时祭荐而礼文不举，不几如野人之叩墓乎？""祭荐毕，遂行家人礼：拜父母，拜兄长；退入私室，夫妇之礼行焉。闺门之内，肃若朝廷。吾故曰：'行乎礼，则尊矣；体乎仁，则富矣。'"

"孔子论仁，曰'居处恭'。居处不恭，即居处不仁，恭即仁矣。执事与人皆然，则仁无间隙，为仁之功亦无间隙。天有不与人以君、相、师任之时，无不与人以三者之时；近但觉无事，是不以'仁为己任'矣！"

"孔子言:'思无益,不如学。'而近儒惟昼读夜思,笔之书册;却弃孔门所'学而时习'之六德、六行、六艺不为,是专为其无益,而废其有益矣。何怪乎内无益于身心,外无益于家国,而使圣道荒也哉!"

刚主问操行(存)。先生曰:"予未审孔孟之操行(存),第予所得力处,只'悚提身心'四字。"问:"静中工夫,如何着力?"曰:"'戒慎乎其所不睹,恐惧乎其所不能',正是着力处。"问:"阳明何以说'静时不着念?'"曰:"昔人问阳明:'人有无念时否?'阳明曰:'实无无念时。'怎说不着念?"

胡连城问"忠恕而已矣"。先生曰:"天下人同心也,忠以通之,自无不贯。故《大学》'治平,不外一恕,絜矩节',明明画出;《中庸》'明道不远人',亦是忠恕。子贡问'一言终身可行',子曰:'其恕乎!'此外更无道。朱注既云'竭尽无余',又云'借以著明之',是忠、恕尚非一贯正义乎?"

果斋问:"'兄弟怡怡',秀深慕之,而不免躁暴,何以免也?"先生曰:"只知父母在上,我人子也,何敢躁暴?看兄弟是父母之子,何得不怡怡?"曰:"恒苦不自由。"先生曰:"更无他道。知如此是病,便知不如此是乐。"

谓果斋曰:"'夙兴夜寐,无忝尔所生。'学者以勤为要,禹惜寸阴,陶惜分阴。不可不知,不可不学也。"

(二)

鼓琴第十一

先生鼓琴,羽弦断;解而更张之,音调顿佳。因叹为学而惰,为政而懈,亦宜思有以更张之也。彼无志之人,乐言迁就,惮于更张，死而后已者，可哀也！

思仰不愧、俯不怍，此气真觉浩然。若陷色恶，便为色害，不能浩然矣；陷财恶，便为财害，不能浩然矣；陷机诈残暴，则又害其浩然矣。其直养之要有二：一在平日兢兢慎独，一在临时猛省决断。

刚主曰："人言某无担架。塨谓：'人有小名位便骄狂者，是不能担架小名位；有大名位便骄狂者，是不能担架大名位；有学问便骄狂者，是不能担架学问；有道德便骄狂者，是不能担架道德。吾辈尽是无担架人，必如乾卦"天行健"，方是担；坤卦"厚德载物"，方是架。'"先生闻之，悚然自惕。

果斋问："静在动察，如何下手？"先生曰："静之存也，提醒操持；动之察也，明辨刚断。二者之得力，又有三字，曰'不自恕。'"

刚主言："每一念不合道，便斩截之。"先生曰："予亦曾用此功，旋动旋斩，如盘草翦屠状，觉得㱃难，正是'克伐怨欲不行'功夫也。不如提醒身心，一齐振起，诸欲自然退听。"

吴仲常问："'文王三分有二'，不过二分之人心归耳，未必疆土尽属；果尔，纣之凶暴，肯容之乎？"先生曰："否。试观自岐迁丰，疆域远矣；况七十里之囿，若在百里之岐，是举国为囿，仅余三十里都鄙，有是理乎？"仲常曰："三分有二，诚然矣。纣不忮乎？"曰："纣专以酒色自娱，文王又能率其叛纣来归者以事纣，供赋役如故；纣亦倚恃文王，得自遂其淫逸，不无（又何）忮乎？"仲常悦。

果斋问伊尹却汤聘事。先生曰："夏桀之世，天下无道久矣。无尊德乐道之人；偶有一二，不过虚博下士之名，无一真心慕德者。汤来聘，伊若曰：'此不过务虚名，我何用其聘币为哉？'及三往，知其可与有为矣，乃幡然改。"问何以就桀五。曰："此汤忠之至、仁之尽也。得一尹，曰：'圣人与居，或可以化桀而求神禹之祈也。'进之，无济而返；又久之，曰：'或知悔也，再进之。'五返而不改，无望矣，乃放之。犹曰：'恐后世以台为口实，惟有惭德。'故曰忠之至、仁之尽也。"

果斋患忘。先生曰："孟子不云乎：'必有事焉，而勿正，心勿忘，勿助长也。'今日忘，是心无事矣。且忘之病，每生于无志；助之病，每迫于好名。吾昨劝某友学经济实用，逶曰：'何时用着？'予曰：'必待上帝立券明日用，兄今方学乎？'昔姜公八十遇文王，假使七十八九寿终，将不得为姜公乎？不用而死，只八百年苍生不被其泽耳。公以全体大用，还于天地，曾何缺欠？必用而后学，否则不学，是为利也。学从名利入手，如无基之房，垒砌纵及丈余，一倒莫救。"

刁文孝言："为时文不为古文，文不文；为时人不为古人，人不人。"先生进之曰："古文，非八大家之谓也；古人，非汉宋诸儒之谓也。当求尧舜之'焕乎文章'、孔子之'斯文在兹'者，知其文则可为其人矣。"

"孝子一念不得亲心，则为不孝；仁人一念不通天心，则为不仁。"

"戒慎不睹，恐惧不闻，是静中真工夫；吾辈必于湛然虚静之中，懔然惕上帝临汝之意。"

"为善克果，其善乃为我有，否则千思万想，其善终不获。改过必真，其过乃为我有，否则千悔万恨，其过终不去。"

"日夜以此心照顾一身，所以养性也，九思、九容是也；日夜以此贯通民物，所以事天也，三事、三物是也。为之无间，圣矣；勉之不忘，贤哉！"

"'狂者进取'，是夫子状他一段勇往有为意思。凡作想遇事，都向前铺张去做，常常挺起精神，故谓之'进'；凡取道德，取人物，取功名，好提挈到手做一番，故谓之'取'。每好进而不好退，好取而不好舍；其退时亦是他进处，其舍时亦是他舍处，是狂者真面目也。进而取法古人，只其中一意耳。'狷者有所不为'，是夫子状他一段谨饬古板意思。凡作想事都遇，都向里收敛将来，常常把定门阑；凡遇非道非义，固断断不染；即遇人物，亦若有不轻交、不愿交、不敢交意；即遇道德功名事业，亦若有不轻做、不愿做、不敢做意。故谓之'有所不为'。每当进时，亦好急流勇退；每当取时，却是得舍便舍，是狷者真面目也。守有余，只其中一意耳。天地间惟此两种人，遇大圣人鼓动得起，造就得成，驾驭得出；虽不及中行，皆可同心共济，有益苍生也。不遇大圣人，自己担当，在上在下，亦能鼓动得人，造就得人，驾驭得人；虽不及中行，无破绽，然亦能各成一局，领袖一时。总之，中行外除此两者，更无圣贤，并无豪杰矣。"

谓修己曰："吾闻君子忍人所不能忍，容人所不能容。如人之不欺侮也，又何言容忍乎？如人欺侮不至甚、不至多也，又何言人所不能容忍乎？"

"人莫患于自幼不从师，又莫患于早为人师。"

"'恭则不侮，宽则得众，信则人任'，孔子言之矣。我自见其恭而人不我敬，是我之未恭也；推之宽、信亦然。若存自反无愧之心，谓人之孚否不足恤，是即'居之不疑'也。宜深加洗剔。"

祭考，致齐，思吾之心，先考遗体也，洗心所以格先考。傥有财念、色念、名念、很毒念一萌，是污先考所遗之心，不孝孰甚焉！吾之身，先考遗体也，修身所以格先考，傥有贪行、淫行、欺世行、暴物行一条，是玷先考所遗之身，不孝孰大焉！又思手为先考遗体，敢不恭乎？目为先考遗体，敢不端乎？不持其志，是不能齐栗以奉亲心也；或暴其气，是敢为威忤以伤亲气也。

赵麟书援食我、越椒事,以为气质有恶。先生曰:"请问二子方生,其心即欲贪财好色乎?弑父与君乎?向母、子而听其啼声,知其气禀之甚偏,他日易为恶耳;今指其偏即为恶,是见利刃即坐以杀人罪也,可乎?"

张仲诚言:"学直是不闲旷。身无事干,寻事去干;心无理思,寻理去思。习此身使勤,习此心使存;此便是闇修,此便是闲居为善,此便是存心养性,此便是预立。学者以此为苦,何知此中之趣!"

游王叙亭花苑,谕以苑中宜植果种瓜。且曰:"天无旷泽,地无旷力,人无旷土,治生之道也。家无三旷,则家富;国无三旷,则国富。"叙亭悦曰:"傥得永侍先生,则得常闻善言矣!"

王次亭第十二

王次亭问孔孟作用。先生曰:"孔子神化,其炉锤乾坤处,真不可测,如七日诛少正卯,七日焉能便诛得朝中大闻人?三月堕三都,三月焉能便慴服得四五世积成大奸,使之拱手听从?万不敢望。孟子王道手段,窃有一二不愿学处,如善战、辟草莱之才,自是行道所必用,如何定大罪服上刑?且七雄以富强为主,此辈皆居腹心要路;只合包容任用,使之将虎贲、行弔伐,服农政、力沟洫,彼将乐我之得用,得比于周、姜、禹、稷矣。今日吾入门便诛汝,彼又肯容我入乎?观孔子取卫灵能用王孙贾等,则孔子若得用于卫,手段可想矣。"

张仲诚语录内,有"夷、惠非圣""逸民不足学"等语。先生曰:"我辈今日正要学个可不可,夫子之无可无不可,如何学得?士希贤,贤希圣,圣希天,是一定程头。若只说完美好听,譬如执路程,本说南京,说一年,还只是在此;若实去走,一步隔越不得。夷、惠，夫子皆称贤，孟子称圣且智；须知孔子看得细，说贤便有圣；又要知孟子眼高志大，不轻服人下，若夷、惠非圣，不肯说皆古圣人，亦不肯服他得君皆有天下。我辈不可以见不到处，轻古人也。"

谓次亭曰："吾辈［只］向习行上做功夫，不可向言语文字上着力。孔子之书，名《论语》矣，试观门人所记，却句句是行。"学而时习之"，"有朋自远方来"，"人不知不愠"，"其为人也孝弟"，"节用爱人"等，言乎、行乎？"次亭欣然曰："当书绅。"

"吾儒改过迁善，所以自治也；移风移俗，与天下同改过迁善也。然改过迁善而不体乎三物，终流于空虚；移风易俗不本乎三重，终失之具文。"

"九思之功，如言思忠，非第思忠，是思要忠去；事思敬，非第思敬，是思要敬去。世人所谓工夫，上截思忠、思敬重，下截忠去、敬去或稍轻；吾谓工夫，下截忠去、敬去重，上截思忠、思敬处，则偏轻耳。"

与傅惕若言："气质正吾性之所附丽处，正吾性作用处，正性功着手处。"惕若问："如何着手？"曰："如敬之功，非手何以做出恭；孝之功，非面何以做愉色婉容？"

笃周、次亭二人*来问变化气质之说。先生曰："是'戕贼人以为仁义'也。吾性所自有，吾气质所自有，皆天之赋我；无论轻厚浊薄，半清半厚，皆扩而充之，以尽吾本有之性，尽吾气质之能，则圣贤矣。非变［化］其本然也。"笃周未达。曰："必疑刚化柔、柔化刚为学力也。试观甚刚人，亦必有柔处；甚柔

---

* 此处本作"笃周，次亭更字也"，谓王次亭已改字为"笃周"，并非二人。——编注

人，亦必有刚处，只有偏任惯了。今加学问之功，则吾本有之柔，自会胜刚，而刚德合于天则；本有之刚，自会胜柔，而柔德合于天则。《书》云'高明柔克，沉潜刚克'是也，非是变化其刚柔也。正如技击好动脚，教师教他动手以济脚，非有变化其脚也。"

"诸欲之引人，惟色为甚。淫凶之夫，强暴以求之，白刃坚梃，不以慑其志，真贞女也；邪荡之女，艳冶以诱之，千娇百媚，不以乱其心，真大夫也。然娇媚之夺，尤甚于梃刃之刦；坚卧不动，强哉！当之不蔽，明哉！"

朱主一言："用习礼等功，人必以为挐腔做势，如何？"先生曰："正是挐腔做势，何必避？甲胄自有不可犯之色，衰麻自有不可笑之容。挐得一段礼义腔，而敬在乎是矣；做得一番韶舞势，而和在乎是矣。后儒一扫腔势，而礼乐之仪亡矣！"

"古人正心、修身、齐家，专在治情上着工夫，治情专在平好恶上着工夫，平好恶又专在待人处物上着工夫。故修身、齐家之传，引知子、知苗之谚，指点人看，吾辈可以知所用力矣。"

"聪明不足贵，只用工夫人可敬；善言不足凭，只能办事人可用。"

"孔子之道，如宗庙、朝廷，宫殿巍峨，百庑千廊，礼容乐器，官寮政绩，荡荡济济。观其座庑三千人，其各得闲舍也；最下亦垣门、沼榭、花柳之属。故吾尝云：'得其徒众之末，亦师事之。'为其实也。后儒之学，则如心中结一宗庙朝廷景况，纸上绘一宗庙朝廷图画。方寸操作（存），尽足自娱；读讲著述，尽足快口舌、悦耳目。故每自状若镜花水月，惜无实也！"

谓曹万初曰："改过迁善，吾儒做圣贤第一义也；规过劝善，吾儒交朋友第一义也；纳谏从人，吾儒做经济第一义也。否则人役耳！吾能以成吾德出交天下士乎？"

万初问:"人辄言礼乐百年而后兴,何如?"曰:"古人百年后兴,谓教化浃洽也;如唐虞之世(时)雍风动也。予则谓一日行习礼乐,一日之唐虞;一月行习,一月唐虞也。一人行习礼乐,一人之尧舜;人人行习,人人尧舜也。"

杜益斋问:"习恭即静坐乎?"曰:"非也。静坐,是身心俱不动之谓,'空'之别名也;习恭,是吾儒整修九容工夫,愧不能如尧之允、舜之温、孔之安,故习之。习恭与静坐,天渊之分也。"

谓:"祭神,感格之难也,非纯心聚精,不能萃神之涣;致飨之难也,非明德蠲洁,不足邀神之歆。故事莫大于祭,道莫精于齐。孔子大圣,亦不得不慎也。"

"人各有禀赋之分,如彼农夫,能勤稼穑以仰事俯畜,斯不负天之生农矣;如彼商贾,能勤交易、计折阅而无欺诈,斯不负天之生商矣。学者自勘,我是何等禀赋?若不能修德立业,便是不能尽其性,便是负天,便是负父母之生。"

勉贾易改过,曰:"吾学无他,只'迁善改过'四字。日日改迁,便是工夫;终身改迁,便是效验。世间只一颜子'不贰过',我辈不免频复;虽改了复犯,亦无妨,只要常常振刷,真正去改。久之不免懈怠,但一觉察,便又整顿。不知古人如何,我是依此做来。"

或诉家变。先生曰:"圣人称舜为大孝,他圣其不孝乎?贤人称曾、闵为孝,诸贤其不孝乎?惟其际变而不失常,故称耳;处常者,无称焉。此固人子之不幸,亦人子之大幸也。"因劝以负罪引慝。

萧道成言:"治国十年,使金玉如粪土。"先生曰:"齐王恃其俭素,不贵珍宝为言耳;使天不废我,但使民贡本色十年,金玉何用?历代人皆愚,谓本色费脚价;不知王畿之贡,可足朝廷、宗庙之用；盈世州郡边腹皆积仓，何地有事，何地食粮，不用解矣。即使三五百里近道运盘，或山水阻滞，三钟致一钟，一钟亦可用之一钟也；今解白金，一金即致万金，万金终无用之万金也。昔困锦州，五十金易一炉饼，不大可见哉？甚矣，历代之愚也！吾人得君，必当以税本色、均田为泽民第一义。"

学须第十三

先生曰："学须一件做成，便有用，便是圣贤一流。试观虞廷五臣，只各专一事，终身不改，便是圣；孔门诸贤，各专一事，不必多长，便是贤；汉室三杰，各专一事，未尝兼摄，亦便是豪杰。"

谓曹万初曰："谨守之士，患其拘执，进以勇为，不可及矣；豪杰之士，患其粗率，济以慎密，莫与敌矣！"

为门人解《屯》《师》《讼》诸卦毕，谓曰："诵圣人之经，须心会其理而力行之。如《师》'长子师师，弟子则舆尸'，须知老成可贵。我今日做人，便当镇重，学老成，去轻佻少年气；他日为政，便宜任用老成，勿轻信少年喜事之人。如《讼》卦，便宜思：阳属健，易贵之，常以目君子；如何《讼》卦便恶之，皆云'不克讼'？可见君子耻争，只以柔忍为德。但健讼习告，便有告无吉矣。如此体会，方是会《易》；不然，与读时文何殊焉？鹿乾岳先生《四书说约》于为学、修身等，俱向身上打照，一部《四书》方看活，方有用。他人俱看在纸墨上，《四书》死矣！"

"儒者得君为治，不待修学校、兴礼乐，只先去其无用，如帖括、诗赋之事。世间才人，自做有用功夫；有人才则有政事，有政事则有太平，天地生民，自受其福矣。又不必得君，但遇有位，以此告之；得一人决断之，乾坤幸矣！"

法乾言："一代之兴，宜将同起逐鹿之人，皆为立祠录后。

盖彼此之起,皆为生民请命于天者,我即得成之彼,彼即未成之我,非同乱臣、叛将,杀诛殄灭,最无名义。此典一行,不惟所以劝将来之豪杰,未必非本朝之福也。"

刚主佐政桐乡,将往,来拜别。先生赠言曰:"威仪欲庄整,出语贵开明;取人勿求备,看人勿太刻。存怜天下之心,定独行不惧之志。事必矫俗则人不亲,行少随俗则品不立,二者善用之,其惟君子乎?爱人才所以爱苍生,矫世儒所以卫圣道,二者交致焉,其惟君子乎?"刚主拜受。

"孔子开章第一句,道尽学宗。思过,读过,总不如学过;一学便住也终殆,不如习过;习三两次,终不与我为一,总不如时习方能有得。习与性成,方是'乾乾不息。'"

"父母生成我此身,原与圣人之体同;天地赋与我此心,原与圣人之性同。若以小人自甘,便辜负天地之心、父母之心矣!常以大人自命,自然有志,自然心活,自然精神起。"

"人须知圣人是我做得;不能作圣,不敢作圣,皆无志也。"

"庸人苦无气,气能生志;学者患无志,志能生气。志气环相生,孟子志气之说,真体验语。"

"丹朱、驩、共辈,尽足成一代桀纣君臣,尧一让舜,而气运虞、夏矣,尧之'先天而天弗违'也;帝挚荒淫,酿成洪水,尧不能化矣,举舜、禹而治平之,尧之'后天而奉天时'也。东迁后,世衰道微,以在田之见龙,教三千人布于天下;使百世相承,斯道不亡,孔子之'先天而天弗违'也;乱臣贼子有作,王迹竟熄,周游张皇,补偏救弊,孔子'后天而奉天时'也。"

论历理曰:"古人于必用而不常用之官,多命专家,使世修其职。如历与史之类,一欲其精也,一不欲多费人才于不常用之学也。尧之'钦若',非徒推测其缠度、次舍之气候,欲因气候以行其政令,斯为'敬顺昊天'也;'敬授',非徒示人以令节迟早,欲令士顺令节以为学,民顺令节以务农也。其所颁月令,必逐年稍有迟早,圣人察天者精,使天人合也。后世全废,只作吉凶卜日之书。惜哉!"

"三皇、五帝、三王、周孔,皆教天下以动之圣人也,皆以动造成世道之圣人也。五霸之假,正假其动也;汉唐袭其动之一二,以造其世也。晋、宋之苟安,佛之空、老之无,周程朱邵之静坐,徒事口笔,总之皆不动也。而人才尽矣!圣道亡矣!乾坤降矣!吾尝曰:'一身动则一身强,一家动则一家强,一国动则一国强,天下动则天下强。'益自信其考前圣而不谬矣,后圣而不惑也。"

"儒道之亡,亡在误认'文'字。试观帝尧,'焕乎文章',固非大家帖括,抑岂四子五经乎?文王'经天,纬地',周公监二代而制之'郁郁',孔子所谓'在兹',颜子所谓'博我'者,是何物事?后世全误。"

"治平之道,莫先于礼。惟自牌头教十家,保长教百家,乡长教千家,举行冠婚丧祭、朔望令节礼,天下可平也。"

"学者须振萎惰,破因循;每日有善可改,有善可迁,即成汤'日新'之学也。迁心之善,改心之过,谓之'正心';改身之过,迁身之善,谓之'修身';改家之过,迁家之善,谓之'齐家';改国与天下之过,迁国与天下之善,谓之'治平'。学者但不见今日有过可改、有善可迁,便是昏惰了一日;人君但不见天下今日有过可改、有善可迁,便是苟且了一日。"

张仲诚云:"人言尧舜任其自然,非也,尧舜只有终身兢业。譬如鸢飞戾天,倪一敛翅,便从云际坠下。"

景州吴玉衡问学。先生曰:"学者,学为圣人也。后世二千年学圣有二弊:一在轻视圣人之粗迹细行而不肯为,曰:'所以为圣人,不在此。'一在重视圣人之精微大德而不敢为,曰:'圣人极诣,非我等常人所可及。'然则圣人断是天外人矣。仆,下愚也,于圣人大处不敢言,只是向粗迹细(碎)小处勉行一二。如'齐必变食,居必迁坐',食菜羹,必祭必齐',如'迅雷、风烈必变'等。"

"人于六艺,但能究心一二端,深之以讨论,重之以体验,使可见之施行,则如禹终身司空、弃终身教稼、皋终身专刑、契终身专教,而已皆成其圣矣;如仲之专治赋、冉之专足民、公西之专礼乐,而已各成其贤矣!不必更读一书、著一说,斯为儒者之真,而泽及苍生矣。"

苗揆文有异母二少弟,揆文笃友爱,教养成人,不私先人遗金,出而公用。其二弟赴府县试,盘费必倍。曰:"非不知营办之难也,第恐少弟出门,有不如意,此心不可以对先慈矣。"其子独任劳瘁,有扳其叔意,便教之思祖母恩。先生曰:"孝友哉!不蓄私财,不听妻子言,义居可久也。"

思人和兄弟,所以孝父母也;和从兄弟,所以孝祖也;和再从兄弟,所以孝曾祖也;和三从兄弟,所以孝高祖也;和疏族,所以孝先祖也。

教及门十四

先生教及门活心之法,只要自检一念之动,是人欲,便克治之,便刚断之,则自活,引冉妪断指为法。鋐因述前于内室壁上书"相在尔室,尚不愧于屋漏"以自箴,夜即梦念此箴以拒邪妄。昨习礼,则梦登孔子之堂,观颜、曾诸贤讲习礼乐。先生曰:"子根气好,充此即可为圣为贤。勉之哉!无负吾教也。"

鋐问:"行礼,家人多阻挠,奈何?"先生曰:"然。予之初行礼也,亦然。惟刚毅以持之,讲说以晓之,积诚以感之,悠久以化之,自彬彬矣。夫行乎礼,则闺门之内俨若朝廷,不亦贵乎？体乎仁，则万物皆备，天下归仁，不亦富乎？是以在我重而世味轻也。"

郝公函问："孔子'正谊明道'二句，似即'谋道不谋食'之旨，先生不取，何也？"曰："世有耕种而不谋收获者乎？世有荷网持钩而不计得鱼者乎？抑将恭而不望其不侮、宽而不计其得众乎？这'不谋、不计'两'不'字，便是老无、释空之根。惟吾夫子'先难后获''先事后得''敬事后食'三'后'字无差（弊）。盖'正谊'便谋利，'明道'便计功，是欲速，欲（是）助长；全不谋利谋功，是空寂，是腐儒。"公函曰："悟矣！请问'谋道不谋食'？"曰："宋儒正从此误，后人遂不谋生；不知后儒之道，全非孔门之道。孔门六艺，进可以获禄，退可以食力，如委吏之会计、简兮之伶官，可见。故耕者犹有馁，学也必无饥。夫子申结不忧贫，以道信之也；若宋儒之学，不谋食，能无饥乎？"

又问："勤慎、和缓，'缓'字何义？"曰："孔门为学为治，皆尚敏，故曰'敏于事而慎于行'，'敏则有功'；孟子曰："民事不可缓。'"曰："近世则反缓，何也？"曰："时也。三代气醇，所生之天才既厚，而学养又素裕，敏则有功。近世人才既劣，而学术又失，忙则败事矣！"

倪鸿宝之弟元瓒，亦进士也。甲申变，弃家偕其妻隐深山，治生同农夫。康熙间，有同年友大贵，同某太守更士人服访，年已耄，不相识矣。叙往事，久之，有老妪持箕帚碓糁入，其夫人也。贵人曰："金币不敢以赠，愿供米麦若干石，炭若干包。"元瓒曰："素不受人馈。却之恐公弗堪，请为公施粥以赡贫民。"贵人行后，尽施之；复键户遁，莫知所之。

"为人日行一善，三年可千善。积善何难？人病不为耳！"

"威不足以镇人而妄夷之，惠不足以感人而妄市之，不智也，祸于是伏焉。仁而得暴，仁者必自反也；暴以招暴，又何异焉？恭者来侮，恭者必自反也；侮者致侮，又何尤焉？"

"礼乐，圣人之所贵，经世重典也，而举世视如今之礼生、吹手，反以为贱矣！兵学、才武，圣教之所先，经世大务也，而人皆视如不才寇盗，反皆以为轻矣。惟袖手文墨、语录、禅宗，为至尊而至贵，是谁为之也！"

"人须常自衡：天之生我，父母之成我，其中人乎？中人以下乎？抑中人以上乎？果中人以下，则凿井耕田，已无负于生我矣；或中人也，则随世波流亦何负？傥中人以上也，则上当为五臣十乱，中当如三杰、二十八人，下之亦须主城贰郡，实求辅挽气运，利济生民。不然，则负我资性，为天地父母之罪人矣！"

一吴生，气象端凝。先生谓之曰："人赋性质愚，耕田凿井，勤力养家，无负于天矣，亦无负于亲矣。赋性聪秀，不能出家自强，以才德见于世，如天之生我何？如亲之育我何？故下之为秀民，中之为豪杰，上之为圣贤，在乎人自为耳。"

"人之为善，得人之感报、人之称传，天不必报之矣；人之有长而自表自见，天亦不必祚之矣。天之所祚报者，人不感称，自不表见，乃所谓'阴德'也。观舜之为子，禹之为臣，令人愧励。"

"志不真则心不热，心不热则功不紧，故多睡之人无远图，立志之子多苦想。"

"古人静中工夫，如'洗心退藏于密'，'夙夜基命宥密'，明见于经。吾人宜洗去习染之秽污，退藏精深，而不粗疏表暴。夙夜勤惕，立定天之予我，常令宽广，莫令窄狭；常令精密，莫令粗疏。此明德为一层诚正工夫。"

思君子之心坦荡，则世路无往不宽平；小人之心险窄，则无时无地不戚戚。予天资非君子，而勉学其一二，能于祸福得失之虑，不参于神明；怨天尤人之念，不累于夙夜。或康节所谓"太平人"乎？

"人必能斡旋乾坤，利济苍生，方是圣贤；不然，虽矫语性天，真见定静，终是释迦、庄周也！"

论郡县体统，曰："太守即古方伯，州县即古五等诸侯也；何事分道、布、按司，又重之以巡抚，加之以总督，倍加六等方伯乎？贤者掣肘多，而才能莫展；不肖者效媚多，而剥民益重。故曰：'治世之官详于下，乱世之官迭于上。'"

"《大学》明德之道，无时不可学，无日不可时习，如时时敬其心，即孔子所谓'齐'，习礼于心也；时时提撕警觉，莫令昏蔽，即孔子所谓'明'，亦习礼于心也。每日正其衣冠，洁净整齐，非法服不服，即孔子所谓'盛服'，习礼于身也；至'目容端'，习礼于视也；'口容止''声容静'，习礼于言也。至于'手容恭''立容德'，习礼于持行也。凡九容、曲礼，无非习礼于身也，礼真斯须不可去者。"

"《盘铭》云'苟日新'，振起自涤矣；日岂一日乎？而复云'日日新'，盖'日新'虽上智，不能保其无间断也。日日已无歇工矣，何必云'又日'？盖功虽有常，不能保久而不因循惰怠也，其必学曾子之'日省'，可乎？"

与李命侯言："古今旋乾转坤、开务成物，由皇帝王霸以至秦、汉、唐、宋、明，皆非书生也。读书著书，能损人神智气力，不能益人才德；其间或有一二书生济时救难者，是其天资高，若不读书，其事功亦伟。然为书损耗，非受益也。"命侯问："书可废乎？"曰："否。学之，字句皆益人；读、著万卷为累。如'弟子入则孝'一章，士夫一阅，终身做不尽；'能行五者于天下'一章，帝王一观，百年用不了，何用读著许多？千年大患，只为忘了孔门'学而时习之'一句也！"

习恭，见壁上书'小心翼翼，昭事上帝（帝）'，思'小心'难矣，'翼翼'更难；'事上帝'难矣，'昭事'则更难。盖'小心'只事敬畏焉耳，'翼翼'则终日乾乾，同乎天矣；'事帝'明旦若临，仍一敬畏焉耳，'昭事'则为人君臣父子，一有不止乎仁敬孝慈者，非上帝命我意矣；视鳏寡孤独，一不得所，一或欺残，非上帝降鉴意矣。吾妄从事三十年，而一无可自信也；睹各门上'懔乎上帝'箴，可惧也。"

教果斋脱俗累，曰："世人之所怒亦怒之，世人之所忧亦忧之，世人之所苦亦苦之，何以言学哉？故君子无累。"

"天无不覆也，吾心有不覆之人，则不能法天之高明；地无不载也，吾心有不载之人，则不能法地之博厚。"

杜生第十五

杜生随行，出里门，先生乃乘，因教生曰："道莫切于礼，作圣人之事也。人之不肯为圣人者，只因视礼之精钜者，曰'是圣人事，非我辈常人所敢望'；礼之粗小者，曰'但能此，岂便是圣？圣人不在此'。是圣人无从学也。吾愿有志者，先其粗、慎其小，学得一端亦可。即如出里门乘，入里门下；出则告，反则面，岂人所不能哉？不为耳！"

闻人读"举贤才"，谓之曰："我辈士庶，莫谓学不得此句。见人孝弟，便学他孝弟，便到处称扬他孝弟；见人廉干，便学他廉干，便到处称扬他廉干，即吾人在下之举贤才也。凡书，皆宜如此体验，不可徒读。"

"念念向天理上想，心上达也；事事向天理上做，身上达也。若百念百事升天，忽一念一事堕地。前功尽弃矣！可恃乎？"

"制欲之法，明以辨之，刚以断之。"

孙瑜字叔礼，奭子也，其传载毁蔡州吴元济像，改祀裴度。

先生曰:"毁之,改之,是矣。然元济至三百年,犹纳庙祀之,则虽窃据一时,亦必有泽及生民处也。今闻青阳县有张定边祠,想亦有不可忘者乎?后世即一日长民之豪杰,皆当知勉。"

"人不办天下事,皆可为无弊之论;若身当天下事,虽圣人,不能保所用之无金邪。盖办事只以得才为主,事成后,若彼罪著,再为区处而已。试观尧用三凶、孔子论卫灵用三臣、忠武用延、仪,从来如此。"

"'小鲁''小天下',极赞圣人之高。'观澜',如《中庸》'语大莫载';'容光必照',如'语小莫破'。注意在学圣者,如'流水不盈一科不行','不成此章不达'。学兵成了片段,方学农;学农成了片段,方学礼、学乐。孟子所见极真切,不曾岔了孔子路径,后偶见解全别。"——錂见先生教幼童数也,语之九数不令知有因法,九数熟而后进之因,因法熟方知有乘,乘法熟方知有归除;教礼、教乐亦然。所谓"盈科后进"也,所谓"循循善诱"也,先生其不岔孔子路径与!

果斋自任有千金不夺之守。先生曰:"噫,何言之易也!尝以'不拾遗'一节自勘矣,一钱不拾,未必百也;百金不昧,未必千也;千金不昧于通衢,未必不一金昧于深夜也。又尝以好色自勘矣,见三分色,目不睨,心不乱,未必保八分也;八分艳娇而不乱,未必保倾国奇姿也;倾国奇姿不乱于白昼,而野花俗草反溺于隐僻衾枕者,未敢保也。此四十年来,与法乾交相恐惧警切,而未敢自信者,何言之易也!"

"古者,弟子为学,先教之事父事兄,服劳奉养;今世为学,惟教之读书作文。逸惰其身,而奴隶其父兄,此时文取士之害,读作为学之弊也!"

"人之志道德也,君子积年作之而不兴;志富贵也,俗人一言动之而辄起。甚矣,志道者之鲜也!"

或问："'一日克己复礼，天下归仁。'一日甚暂，天下至大；一日才克复，焉得天下遂称其仁？"先生曰："如子今日克己复礼，莫道天下，便左右邻里，亦未必称仁，是梦语也。我之本体，原万物皆备，只因自己失了天理之则，便与父子兄弟皆植藩篱，况天下乎？今能一日复了天理之正，则己仍是万物皆备本体，民皆吾胞，物皆吾与，普天之下皆入吾恺恻涵育之中，那是一物不归吾仁中者？只因自己无志无力，不克真复此理耳，故紧接'为人由己'二句。"

李益溪与陈睿庵习乐舞，每学一舞，详说而习之。先生喜曰："此方是'博学而详说之'，方见'不亦说乎'景趣。"

益溪言："学一次有一次见解，习一次有一次情趣，愈久愈入，愈入愈熟。"先生曰："不实下习工夫，不能咀此滋味。"

益溪言："容貌辞气，德之符，宜端严修整，不可简率苟且。"

"文、武之政，布在方策者，不足言攻举；必其人存，实以之为天下国家，方是政举。孔孟之学，布在经传者，不足言道行；必其人存，实以之见习行经济，方是道行。道之息者千余年矣！伤哉！"

思以我易天下，不以天下易我，宏也；举国非之而不摇，天下非之而不摇，毅也。

王景万言看《纲目》。先生曰："先定志而后看史，则日收益矣。如志则治民，凡古大臣之养民教民、兴利黜害者，皆益我者也；志在勘乱，凡古良将之料先策后、出奇应变者，皆益我者也。志不定，则记故采词，徒看无益；犹之四书、五经矣！"

"人之心，不可令闲；闲则逸，逸则放。"

"'今之人，修天爵以要人爵'，孟子叹世道之衰也；而吾正因修之、要之者，服周公制法之善。修天爵以要人爵，虽文武盛时，不能保无其人；修之久则习与性成，功名之事，皆性命之事矣。虽至春秋战国，周道衰微之极，人犹修其天爵以要人爵，即此一修一要，其存天理、成人才者不浅。此所以战国之人才犹盛后世。今世求一修之、要之者，何可得哉！"

"羲皇上人亦非异难，但淳朴无机心、无饰雕、无牵系，穆穆屯屯，便近之，所谓'欲与天地不相似，不可得'也。"

"天下人之入此帖括局也，自八九岁便咿唔，十余岁便习训诂，套袭构篇，终身不晓习行礼义之事，至老不讲致君泽民之道，且无一人不弱不病。灭儒道，坏人才，陋世运，害始不可胜言也。噫！"

谒父生祠。思为人臣者，每朔望谒圣，惕其忠也；吾为人子，每晨谒父，惕其孝也。可不立吾父之身乎？

一日习数，思习功久旷便忘，况不习乎！宋代诸先生，虽天资高，可不习而熟，可久旷而不忘，能保其门下天资皆若之乎？甚矣，孔门"时习"成法不可废也！

"改过迁善，吾人实地功夫也。诚逐日有过可改，有善可迁，即'日新'之学也。"

耨蔬畦草，思草虽甚芜，去一科终是少一科，拣其大去得一二，蔬陇亦自改观；吾心之欲，去一分自是少一分，虽未遽能去尽，若将好色、好货大段去得一二，本体亦自光明矣。

先生不视非礼，或反嘲之。先生曰："制之于外，以防其内，吾儒之学也。"或曰："吾见之犹不见然。"先生曰："汝即不动心，何必讶不视者乎？"曰："此外面工夫，内必无检制。"先生曰："'四勿'皆从视听言动上克去，孔子亦骛外乎？"曰："勿者，心勿之也。"先生曰："视者，谁视之乎？"

朱参两以忧郁成疾。先生曰："兄知天地之性，人为贵乎？万物皆所以奉人，故人贵；若以物役人，则不贵。仁者以财发身，不仁者以身发财；非特人君然，学者亦有之。有财足以广身之施，无财不足以损身之乐，以财发身也；有财适以益身之愚，无财又以戕身之命，又以身发财也。"参两曰："莫非命也。桎梏死者，非正命也。"先生曰："法乾讲此书甚宽，不惟桎梏、岩墙之类非正命，凡好色、好货、好贪食、好争胜之类以致死者，皆非正命也。以此推之，作无益之忧以损生者，亦非正命也。"参两悦。

赵盾第十六

先生曰："赵盾不忘恭敬，令人不忍刺，鉏麑不忍杀民之主而自死，两者俱难及；然君不义，使我刺其大臣，乱命也。信之不必全者也，何必死？是谓伤勇。且使其人而知义也，当对晋君曰：'赵氏世有勋劳，于国且忠，贤人也，君无自坏长城。倘患其权过盛，宜稍抑其政柄，何至以千乘作盗行乎？'不听，以死争之可也，去之亦可也。计不出此，而甘承为盗之令，其人必刚暴小人，偶为赵卿忠敬感发其良心耳。虽然，宁自杀而不贼民之主，亦足多矣！"

同母弟杨，怒其族人。先生曰："毋！彼于尔，今称从亲，相戾如此，岂不思于尔祖则兄弟之亲，于尔曾祖则一人之身也？譬如一身而分二股，二股而分十指，焉有以此股伤彼股、此指拆彼指者哉？彼相好，吾与好；彼不相好，吾亦与好。"杨曰："我劳于彼，彼不酬一二。"先生曰："方尔之服劳于彼，即计其酬，是利心也，岂服劳哉？"

"圣人以一心一身为天地之枢纽，化其戾，生其和，所谓造命回天者也；其次知命乐天，其次安命顺天，其次奉命畏天。造命回天者，主宰气运者也；知命乐天者，与天为友者也；安命顺天者，以天为宅者也；奉命畏天者，懔天为君者也。然奉而畏之，斯可以安而顺之矣；安而顺之，斯可以知而乐之矣；知而乐之，斯可以造而回之矣。若夫昧天、逆天，其天之贼乎？"

思天地一我也，我一天地也；万物一我也，我一万物也。既分形而为我，为天地万物之灵，则我为有用之天地万物，非是天地万物外别有一我也。时而乘气之高，我宜效灵于全体；时而乘气之卑，我亦运灵于近肢。分形灵之丰啬，乘气运之高卑，皆任乎此理之自然，此气之不得不然，不特我与万物不容强作其间，亦非天地所能为也。

王法乾云："有气数之天，有圣人之天。气运（数）之天，待补救于圣人之天；圣人之天，却有时随气数之天，有时不随气数之天。"

"朋友议书，虽各是己见，不可遂成嫌隙。圣贤原是说天下公理，岂容以偏私参之？"

石鹏妻刘氏，清苑庠生源洙女也，贞节贤孝，出于性成。自八九岁时，未尝偶立门外，虽姻亲无见之者。其来嫔石门也，孝谨端凝，族中女长，咸为其姑贺。未几，鹏卒，氏矢共姜之节；其翁姑皆弗忍，拟命服阕别适。及三载，终不可夺，因属其父谕意。其父曰："吾子自孩稚知义理，吾信之久矣；此自其真心，吾当成之。何劝焉？"氏伯翁大感伤，曰："异哉！此子年方十七，且无子息，为人所不能为守、人所不肯守，如若人，可令无后乎？"即以己孙为之子。氏抚岁余儿，事翁姑，贤淑谨慎如一日。

张文典肫诚恳恻，口不出诞语。身着一长布衫，虽盛暑不解，终日斗室中纺绩不辍。人不堪热，皆乘凉就沼；独立不出户，宴如也。虽未入庠，而强记有文。先生曰："隐君子也！"

高三秀才出游，盗斫于河，被救出，家人以死闻。其妻改适；其妾誓守孤女不嫁，家人逼令出门，备极凌虐。妾知节不能全，至夜，拟后门自缢；将投缳，其夫适归，呼之。妾疑鬼至，惊且泣曰："无相厄，少须吾从汝鬼矣！"夫亟呼曰："汝丈夫也，汝何中夜至此？我人也，非鬼也，可速启门。"妾曰："舅亲见汝被戕于河，岂复人乎？"其夫语以获救故，妾终骇愕不敢启，因疾呼家人视之。家人诟其颠诡诒人耳，妾陈其实，乃秉数炬登垣，照之审，乃纳之。家人相向哭，已而问其妻，已从人矣。其夫感妾贞烈，终身不娶正室。——鋑闻高生获救后，为闯贼李自成伪将"一斗谷"所虏，奇其文貌，信任之，署为侦将。生率众出，官军营河岸。生故遥候，登一山颠，有关公祠，因入祷，以不忍从逆、欲乘便逃去之志题诗于壁以自见。其副甚恐，生告以朝廷不可负、伪贼不可从之义，乃谕众士各散而归。生之忠正如此，而天即予以贞烈之妾。奇哉，先生所以表而彰之欤！

"人有好善的念，是天生秉彝之偶动，不可谓之志；日夜专向一事用力，终身不倦者，乃是志。有一时自得之机，是人心偶现之仿佛，不可谓之乐；时时常如那一念无累，反身而诚者，乃是乐。"

"夫子作《春秋》，思学者无日不作《春秋》，无念不作《春秋》。吾身，天下也；吾心，朝廷也；统四端、兼万善之仁，天子也。喜怒出处、取舍进退，动静之际，皆自仁上起念，所谓'礼乐征伐，自天子出'也；若偏任义、礼、智，则必有过刚、过柔、过巧之患，所谓'自诸侯出'也；若血气用事，如以喜怒为取舍之类，则'自大夫出'也。或任耳目四肢之欲，徒以便不便为喜怒焉，则'陪臣执国命'矣；甚至一朝之忿，忘身及亲，快一丧万，则展跖、郭解之徒司生杀；甚至酒色忘身，饮食殒命，逐外物而不有其身心者，则'蛮夷华夏'矣！故学者凿丧之后，而居敬存诚、扶立天君者，'春王正月'之义也；三月不违，'大有年'之义也；日至、月至，'齐侯朝'之义也。虽天理澌灭

（微）而必欲光大之，'天王狩于河阳'之义也；虽人欲昌炽而必欲抑绝之，'楚人、楚子'之义也。存养之功，时证疏密，'雨不雨'之义也；纤私点欲，必谨消长，或螽、或蝝之义也。发乎念虑之非常，见乎五官四肢百体之违和，必加警惕，鹢退飞、宗庙灾、日有食之义也。要之，克己复礼，吾人《春秋》之精义也。胡氏之论《春秋》曰：'遏人欲于横流，存天理于既灭。'真得《春秋》之旨也夫！"

教人爱兄，曰："吾尽心以爱兄，兄悦之，人称之，吾心无愧；吾尽心以爱兄，兄反疑之，人反诮之，吾亦可以无愧于己，无愧于兄，无愧于天地，无愧于祖宗，无愧于九泉之父母，是谓成人。否则，惟人言之是顾，则虽有术局，致兄悦、人誉，而无爱兄之心，实有愧焉。其于人之成否何如乎？"

"凡有所为，无安坐而获者，须破死力始得。武侯《出师表》劝后主，全是此意。如读书作文，原不是学，而亦足验功力。心静则见理明，必有过人之见；养恬则笔自舒，必有安闲之局；理真则气自庄，必有转折雄宕之致。"

世情第十七

先生曰："世情任其险阻，君子惟持之以平坦；世情任其刻薄，君子惟将之以忠厚。"

谓诸生曰："世俗读书者，回舍饮馔，或不如意，辄使气，此大不可。若等宁有是乎？吾辈为子弟者，正当劳力，得甘旨以奉父母；既不能矣，且反受食于父母，而安逸读书，又何骄侮乎？慎勿然也。"

孙秉彝言"反心无愧"。先生曰："须自家庭间求之。汝事老祖、寡母、长兄，皆得其欢心，始可云无愧也。往闻尔不率，今后改之。"对曰："祖年高，悖惑多怒，故人妄传不孝名耳。"先生曰:"嗟乎!人传者,不孝之名,子自道其不孝之实矣!子但见祖老悖惑,便是不孝。天地间岂有不是祖父哉!"

孙其武见先生盛暑衣冠,曰:"君衣冠终日,不几夏日饮汤乎?"先生曰:"夏饮水,冬饮汤,是夏葛冬裘类乎?"曰:"然。"曰:"吾夏衣夏冠,殊未暖巾羔裘也。何远时之有?"曰:"何时去之?"曰:"夜寝去。"曰:"此冠不比前朝,殊压头,正如陈无己却衣冻死,微事耳。兄即垂之简册,此何足传?"曰:"简册不敢问,但人能如陈无己亦佳,常恐第作无己却衣人耳!"

思人欲之动,如媚臣佞士之移人于不觉,如醇醪菀蓣之咬人以难置,如白刃深渊足以夺人之魂,如囹圄桎梏足以挫人之气,如神龙猛虎之难捉,如孟贲、夏育之难伏。噫!如是而能室之,非天下之大勇不能也;如是而能寡之,非天下之大贤不能也;如是而能无之,非天下之至圣不能也。可畏也哉!

"夫人目之于色,耳之于声,口之于味,四肢之于安佚,皆欲也,须是强制他;若一任之,将何所不至哉?"

"子路称'季路',人皆谓因仕季氏之门也。若然,则冉子宜称'季有',恐无因其主改姓之理。况《大传》明有季子之称,焉知非仲氏排行乎?"

"仁者先难,学者须要先难。此理难知,人知之而我不知,耻也;此事难能,人能之而我不能,耻也。若惮其难而止,是自暴弃也。况学若求明求能,只一用力,便可豁然矣!"

"气数所在,虽圣人无如之何。尧舜之子不才,孔子之子先殁,禹三世几绝嗣,武王八十始立子,气数何心哉?"——鋆按:先生此言,盖为己发也。先生之学德,而并无不才之子与先殁之嗣,则气数诚何心哉!先生虽云顺受,看子不能不为之悼叹矣!
《白虎通·四饭解》:"天子平旦食、昼食、哺食、暮食,凡四,诸侯三,大夫再。"余按:三、四、再饭,如今设席所云"几道饭";其每饭作乐侑食,如今每上一饭,必鼓吹一通。盖一食而天子四,诸侯三,大夫再也。是以《礼》有"天子一饭告饱"云云。《白虎通》似谓天子终日四饭,诸侯终彐三,大夫终日再也。然则士将一饭,民将不饭乎?况今惟至贫人,始一日再饭,古之大夫,岂亦如是?恐是天子每日四食,每食又各四饭;其余皆三食,诸侯则每食三饭,大夫则每食再饭也。

"伯夷气质近清,柳下惠气质近和,各就所近而使清和,得天理之正,便是圣人。宋儒必欲刚变成柔,似非如是。赞李延平行步近几里如此行,远几里亦如此行;唤人一声不应,二声、三声仍如前,不加大。夫天欲暮,近者缓,远者自宜急;一声人不闻,二声、三声自合加大。岂可以缓小为是、急大为非哉?非'可以久则久、可以速则速'之道矣。"

讲"王曰吾惛"一段,谓彭好古曰:"此时齐王不若有志乎?而卒不足有为者,志一发而莫继也。故君子日新,推而为志则作新,一日不作则不新,一日不新则志萎。先王制礼作乐,正为此耳。"

或问:"'杀一不辜得天下,不为',恐汤、武革命,不能不杀一无辜。"先生曰:"城破杀人,贼也;吾知汤、武无之。顺义倒戈,吾知汤、武悲之。逆刃者死,则贼党也,非辜也;不惟南巢、牧野之地,虽灭国五十,其何害为圣人哉?"

"孔子祖述尧舜,孟子言必称尧舜,正见明、新兼至之学,原是学作君、相;后世单宗孔子、不祖尧舜,虽亦或言孔子即尧舜,其实是明体不达用之隐病所伏也。所以二千年来,只学孔子讲说诗书;将其新民之举全失,便是做明德处,亦不过假捏禅法。不惟其成就,不堪帝,不堪王,不堪桨,不堪相;乃从其立志下功本处,便是于帝王将相之外,世间乌做个儒者。噫,岂不可怪也哉!历代相承,又交相掩护其癖而莫为之发,是其割疗无日,将残疾羸疲之儒脉,卒至沦胥以亡而后已也!噫,岂不可衷也哉!"

"唐虞之世,学治俱在六府三事,外六府三事而别有学术,便是异端。周孔之时,学治只有个三物,外三物而别有学术,便是外道。"

法乾曰:"静中养得明,自会临事顺应。"先生曰:"书房习教,入市便差,则学而必习,习又必行,固也。今乃谓全不学习经世之事,但明得吾体,自然会经世,是人人皆'不勉而中'矣。且虽不勉之圣人,亦未有不学礼乐而能之者。今试予生知圣人一管,断不能吹;况我辈为学术所误,写字、习数已不胜昏疲,何与于礼乐乎?"

谓马遇乐曰:"今日《四书》尽亡矣!如'学而时习'一句,夫子言之,不是教人讲说作文,乃是教人学道习道也。今日有一'学而时习'者乎?倘以六艺、六府取士人,始真学真习,《四书》始有用矣!"

"常动则筋骨竦、气脉舒。故曰'立于礼',故曰'制武舞而民不肿'。宋元来儒者皆习静,今日正可言习动。"

不为第十八

先生曰:"'不为酒困',看是小事,夫子直恁作重大难能者;虞舜好'察迩言',是大圣人偏于琐细做工夫。故曰:'圣人之心无小事。'此其所以为圣人欤?吾人改过迁善,无论大小,皆须以全力赴之,方是圣门'主忠信''徙义'之学。"

谓马遇乐曰:"志乎正,不正不敢志焉;志之久,则所志无非正矣。习乎善,不善不敢习焉;习之久,则所习无非善矣。"

"世宁无德,不可有假德。无德,犹可望人之有德;有假德,则世不复有德矣!此孔孟所以恶乡原也。世宁无儒,不可有伪儒。无儒，犹可望世之有儒；有伪儒，则世不复有儒矣！此君子所以恶乎文人书生也。"

"极天下之色，不足眩吾之目；极天下之声，不足淆吾之耳；极天下之艳富贵，不足动吾之心。岂非大勇乎？"

或问："月何为有闰？"曰："小尽之积耳。"问："何为尽有大小，而烦置闰？"曰："天度三百六十有奇，日行岁一周天，而尝不齐尽；无小则日速而月数务盈，令节渐差矣。月无闰则气迟而时数拘序，春秋不时矣。"问："冬则日短，何也？"曰："夏之天日非增，冬之天日非减；冬日南行，出地上者少，掩地下者多；夏日北行，出地上者多，掩地下者少。是以昼夜因而长短焉。非天日有长短也。"问："日亦周地下乎？"曰："然。固形若卵而转若轮也。"

"高贤名士，人中俊杰，学者宜多友而多识。故过其地，不交其贤，君子耻之。然过而不交，与交而不能使其人重，一也。故孟子曰：'一国之善士，斯友一国之善士；天下之善士，斯友天下之善士。'"

"天之赋命各异：石崇、王恺致客，紫纱帐四十里，锦帐七十里；若分其五七里所有，几足贫士衣食半生，然而不可得也。颜、曾盛德在躬，道义充腹；若分其片言节行，亦足誉富贵于千古，然而亦不可得也。虽然，求恺、崇之五七里帐，不可必；求颜、曾之片言节行，犹可勉也，亦为之而已矣！"

齐都司泰阶在江陵，上令逐客官，齐即先行，走钱塘，其府守及令独保留，家人复呼还。人曰："他官皆逐，令独保公，宜谢之。"曰："令以我无害于地方而留，公也；我以令留而还，亦公也；今谢之，反私矣。"不往。又三载，令休官，乃见之馆舍，令感服。

思汉唐来至今日，作文者，仿某大家也；写字者，仿某名家体也;著书谈学者,仿某先儒宗旨也。惟体道、作事而不仿古人之成法,是可异也。仿文字、书言,人皆爱慕之;仿古人之体道、作事,人则讥笑之,是尤可异也。而其实不足异,以取士者在文字、书言,而不在体道、作事也。及其考功课绩,则悖道者斥之,合道者贤之;事治者谓之能,事败者谓之庸;文字、书言,莫之问矣。取非其所考,考非其所取,此唐宋之惑政,而士风之所自坏也。司柄者,宜知变计矣。

"夫子,乃乡里、道路、朝庙之夫子也,其道乃乡里、道路、朝庙之道,学乃乡里、道路、朝庙之学也。如谓读书便足处天下事,而不必习行,是率天下而汉儒也;如谓一室主静敬便足明天下理,而不必历练,是率天下而禅也。"

"天理胜则精神清明,人欲炽则意思昏浊,此理甚明;而人每舍清明而甘昏浊,暴弃孰甚!"

"军者,天地之义气,天子之强民,达德之勇,天下之至荣也。故古者童子荷戈以卫社稷,必葬以成人之礼,示荣也。明政充军以罪,疆场岂复有敌忾之军乎?"

尤西川云:"轻得利,便入得门;轻得色,便升得堂;轻得名,便入得室。"因思好计得失,利也;非嗣之合,色也;营非所及,名也。学者可不争自濯洗乎?

"治水之法,五要必备,而莫愚于防塞。盖善治水者,不与水争地,因其流而导之,即因以歧为二,且水利可兴也。尝观于蠡河,以为当自上流依古河道分疏;自蠡城西南王哥庄来,又歧为二,使潆绕城之左右,至城阴而合;迤逦达杨哥庄,以通白洋淀入于海。一可为险守,一可来下流鱼盐苇藕之利。且东河势杀,两河沿滨灌园植蒲,水利大兴,不可尽言也。"

录昏礼于议昏下,更旧文曰:"身及主昏者无丧服,乃可议;大不得已,功、缌既葬,或可权成。"又补云:"丧家不议,盗家不议，房帏不检家不议，世有凶人恶病之家不议，曾有父兄雠怨之家不议，指腹童幼不议，争财无礼不议，伦序乖紊不议。取家法严整醇良，取婿贤行才品；一时门第富贵，不足羡也。"

或问："兵术获罪圣门乎？"先生曰："然然，否否。今使予治兵三年而后战，则孙吴之术可黜，节制之兵可有胜而无败；若一旦命吾为帅，遂促之战，则诡道，实中庸也。此阳明子所以破宸濠、擒大逆也。何也？率不择之将、以不教之民，畀之虎狼之口，覆三军，丧社稷，曰：'吾仁义之师，耻陷阱之术。'此不惟圣门之腐儒，而天下之罪人矣！君子何取焉？"

刁过之第十九

刁过之论讲学分门角争之弊。先生曰："此道之所以不明也。假令古圣人生于后世，伯夷之徒必诋伊尹之五就汤、桀为无耻，伊尹之徒必谤伯夷之不仕、不友为绝物；乃不惟孔孟同尊之，而殷周之际，全无他议。今日不以明道为事，惟以口舌争雄，故不相容也。"

王法乾曰："学须要讲，只患不明。"先生曰："道须要行，只患不断。"法乾每事要裁先生以义，先生每事助法乾以仁。刘焕章曰："如二君者，真古之所谓'和'矣！"

夏希舜问："如何是慢？"先生曰："怠也。如汝头容不直、足容不重，便是慢。吾人要为君子，凡读书须向自己身上打照；若只作文字，便妄读矣！"

"人之为学，心中思想，口内谈论，尽有百千义理，不如身上行一理之为实也。人之共学，印证诗书，规劝功过，尽有无穷道德，不如大家共行一道之为真也。"

"礼、乐、射、书、数，似苦人事，而却物格知至、心存身修而日壮；读书讲论，似安逸事，而却耗气竭精、丧志痿体而日病。噫！非真知学者，其孰能辨之？"

边海若愤目病误学，懊恼不已。先生曰："尧舜以前，圣贤固不读书；近儒阳明先生亦云：'虽不识一字，亦须还某堂堂的做人，岂必多读而后为学？'且学乃随人随分可尽，无论贵贱、贫富、老幼、男女、智愚、聋瞽，只随分尽道便是学。况汝前此所读书、所受教，已自不少，但实体、实行之，已自足乎？"

语法乾曰："古人于所不可追补者，呕尽力，良有以也！吾后溪祖，今岁便不能与宴矣。故曰：'亲不在，虽欲孝，谁为孝？年既长，虽欲弟，谁为弟？'"

朔日行礼毕，二生始至，先生斥之，曰："汝未读《孝经》乎？'夙兴夜寐，无忝尔所生'，士农工商所同也。予少壮时，闻鸡必衣冠而起，无事即坐以待旦；今愧衰疾，然犹昧爽夙兴，摘发沐面，着常服扫拭，更礼服，行三礼——谓家祠、家人、学仪三项礼。今礼毕而汝等始至，何无志乎？"

与高生言："事亲，愉色婉容，性所自有，须着力发示；既发，又须频频习熟，不是不费力的做。夫子曰：'庸德之行，不敢不勉。'"又言："侍亲顺亲，莫谓我不能有此心；此心圣贤庸愚同有，将此心行出来，就是圣贤异人处。今人可怪，不敢言圣贤，并不敢言为圣贤。夫不自圣贤可也，若并不为圣为贤，成何人？"

"败亡之国，未尝无谋，但言之不用耳；废弃之人，未尝无善，但口言之、不力行，心思之而不加功耳。"

"赌博之不才，去盗一间耳，皆非其有而取之也。昔先王之治，男女分途而路不拾遗，学者即不及圣人，何遽不及圣人之民？人能充路不拾遗之心，无所往而不为义矣。"

序《烈香集》，略云："宇宙真气，即宇宙生气；人心真理，即人身生理。求其自全真理以生，且以撑持宇宙生生之气者，止数忠臣、孝子、节妇耳。忠臣、孝子复有名心为之者，真不真未易办；妇人女子，不感之诗书，非激于僚友亲戚，率多真。若满城花氏女，未嫁殉夫，《雪棠记》已传布海内，今烈妇其又为吾保郡一奇迹乎？其又为全生气以撑持宇宙生生之气者之一人乎？天下后世闻其风，散者日醇，硗者渐厚，复还虞夏。"云云。——烈妇姓许，自缢殉夫。

"君子以所不及尊人，小人以所不及疑人，恶人以所不及忌人。"

谓士倧曰："取士之法，洪武初制甚善，第行之欠唐虞三代之意耳。不令而天下从，不教而天下善，其惟选举乎？"士倧曰："弊生法滞，是以不永。"先生曰："法弊涤弊，则法常行；弊生变法，则法即弊。如弃选举、取八股，将率天下贤愚而八股矣；天下尽八股，中何用乎？故八股行而天下无学术，无学术则无政事，无政事则无治功，无治功则无升平矣。故八股之害，甚于焚坑。一风俗而成治功，莫善于取人以德，其本莫过于谨庠序之教。洪武间学政，良法哉！孟子云：'知者无不知也，急先务也。一举而万善从焉。'小子志之，他日得君，必先正其先务。"——錂按：洪武元年设文武科，应文举者，察之言行以观其德，考之经术以观其业，试之书算以观其能，察之经史、时务以观其政；应武举者，先之以谋略，次之以武艺，但求实用，不尚虚文。先生以为良法，信哉！

刚主言："罢人陈利害，有三等人勿听：一，书生拘古论今；一，金人怀诈陈事；一，游惰管见投合。"先生曰："然则尧舜禹设韬、铎、磬等，非乎？防此三等而罢陈利害，是亦因噎废食也。盖天下之祸，莫大于上下蒙蔽；国家之福，莫良于上下宣通。即明知其为此三项人，圣明犹乐闻之。古人访工瞽，询蒭荛，皆审达时变，无所为而为之者乎？但须详审察，不可概行其言、概贵其人耳。"

彭永年曰:"人之认读书为学者,固非孔子之学;以读书之学解书,并非孔子之书。"先生曰:"确论。"

"口言圣贤之言,身冒圣贤之行,而室漏或有放肆之心,对妻孥或有淫僻之态者,真人妖也!"

"古人制丧,须必在大门内、中门外,想有深意。中门外,既与内室有远嫌之义,又仍在宅中,有隐隐镇摄一家之意。若后世之入内者,固非礼;庐墓者,亦失礼意矣。"

"汤,圣人也。用日新功。吾辈常人,当时新,时时新,又时新。"

问果斋自度才智何取,对云:"欲无不知能。"先生曰:"误矣!孔门诸贤,礼乐兵农,各精其一;唐虞五臣,水火农教,各司其一。后世菲资,乃思兼长;如是,必流于后儒思、著之学矣!盖书本上见,心头上思,可无所不及,而最易自欺欺世。究之,莫道一无能,其实一无知也!"

田起凤言:"暑月衣冠不去,何堪?"先生曰:"妇女居室亲灶,而炎热不袒,男子奉父母遗体,乃不及女子乎?朝臣事君,终日不免冠;在野处士,顾谒天命,乃让礼贵人乎?"起凤遽冠。

"《诗》云:'夙夜基命宥密。'夙夜之间,常能宥密,则立受命之基矣。宥者,无不容;密者,无不精。圣贤成法,多用力于无事之时也。"

居汴,思孔子言"三人行,必有我师",非必同行也。予今见帘外行人,庄者悚然振予萎,恭者惕然警予肆,轻挑躁暴者起予畏心。觉无一人非师也。

"孔门习行礼乐射御之学,健人筋骨,和人血气,调人情性,长人仁义。一时学行,受一时之福;一日习行,受一日之福。一人体之,锡福一人;一家体之,锡福一家;一国、天下皆然。小之却一身之疾，大之揩民物之安；为其动生阳和，不积痰郁色，安内扞外也。"

韩子垂问："道即在六艺乎？"曰："子臣弟友，道之归宿；礼乐射御等，道之材具。若无之，则子臣徒具忠孝之心，而无其作用。如明末死节诸臣，不可见乎？"

学问第二十

先生曰："学问之道，明见《论语》。曰'学诗'，曰'为《周南》《召南》'，岂读讲可混？惟'诵《诗》三百'，有一'诵'字，下却云'虽多，亦奚以为'，正言不学、不为之弊也。"

教边海若以修官忠廉之道，曰："官虽小，亦君之臣也，民之主也，只廉能尽职，便自千古。"海若曰："昔椒山先生作狄道典史，设施甚伟。"曰："正欲子法椒山也。"

与门人习礼毕，谓之曰："试思周旋跪拜之际，可容急躁乎？可容暴慢乎？礼陶乐淑，圣人所以化人之急躁、暴慢，而调理其性情也。致中、致和，以位天地、育万物者，即在此。汉、宋误认圣人之学，群天下于读讲、著作之中；历代遂以文字取士，而圣人之道已亡；再参以禅宗，遂扫地矣！吾辈与苍生，乌得蒙圣人之泽乎？"

万初问明理之学。先生曰："治世之民愚，愚正其智也；乱世之民智，智正其愚也。三代之士，习行以为事，日用而不知，功绩备举。近之儒，思、讲以名学，洞悉而大明，精粗俱废；自以为操存明理，无不知、无不能也，而实无一知、能焉，可哀也。"

贾易问交。先生曰："择交宜急也。吾少时纳交张石卿、王介祺、刁文孝、张公仪、吕文辅，皆不远百里以会之；近取诸郭敬公、李孝悫，而父事兄事之；而久交不懈，三十年相扶翼，则今王法乾也。吾勉于亲君子、远小人，则不及法乾。子慎于斯二者，何患无交！"

立春前，砚水连日不冰。因思：吾人天理暗长一分，人欲自暗消一分；正道暗进一分，邪途自暗退一分。以是知吾人皆可为圣贤，衰世皆可以复三代，不必陡然纯阳而后信之，而后为之也。

"孔门之敬，合内外打成一片，即整饬九容是也。故曰：'修己以敬。'百事无不精详，即尧舜和三事、修六府，周孔之六行、六艺是也。故《尧典》诸事皆'钦'，孔门曰'敬事'，曰'执事敬'。"

一日，端坐洗心，思：人欲，污心之尘垢也；天理，洗心之清凉也；而持敬，则净拭之润巾也。

"当忧不忧，当怒不怒，佛氏之空寂也；儒者而无所忧怒也，何以异于异端乎？忧则过忧，怒则过怒，常人之无养也；学者而为忧怒役也，何以别于常人乎？惟平易以度艰辛，谦和以化凶暴，自不为忧怒累。"

观子路"告过则喜"，常思大舜合人己、通天下打成一个善，真不可及矣！试思子路与禹，则喜、则拜，当下是何等了脱，何等谦光，何等愉快！再遡而追思其未告、未闻之前，何等工夫，何等心法！再推而进思其既喜、既拜之后，是何等奋发，何等力量！吾辈自不容一毫自松，一毫自满，一毫自恕矣。

"今世之儒，非兼农圃，则必风鉴、医卜，否则无以为生。盖由汉、宋儒误人于章句，复苦于帖括取士，而吾儒之道、之业、之术尽亡矣！若古之谋道者，自有礼乐射御书数等业，可以了生。观孔子委吏，简兮硕人，王良掌乘可见。后儒既无其业，而有大言道德，鄙小道不为，真如僧道不务生理者矣！"

论律法曰："顺性中度之谓礼，反性贼情之谓律；礼全性于未迁，律制情于已放。故礼导其顺性，律恶其反礼，一也。三物、八刑，周公何分焉？圣人之世，俗静民安；而十井一廛，盖八十家畜马四匹、革车一乘、甲士三人、步卒七十二人，加以应供，盖不使一人闲逸也。礼射、乡射、大射、田、苗、狝、狩，盖稼穑外，不使一日暇逸也。圣人岂好劳役其民而耗其财乎？恐一旦叛逆窃发，戎翟内侵，狃于逸脃之民，必胥亡也。"

谓文升曰："事变猝来，当下仁智骈集，便看透始终，自然合义者，圣人也；蔽于事物，仁智不及，便欲乱行，忽然觉非，即迁于义，所谓'不远复'者，大贤也；当下蒙蔽，行事错乱，仁智皆伤，悔悟，自怨自艾，或师友提撕，即改前非，更图新是，所谓'闻过则喜''改过不吝'者，贤人也；下此，利害判然，能脱其所蔽而勉于仁智，如汉高、世民者，豪杰也。至于始终滞锢，义理、利害俱蒙蔽焉，斯为下矣！"

语刚主曰："立言但论是非，不论异同。是，则一二人之见，不可易也；非，则虽千万人不同，不随声也。岂惟虽千万人，虽千百年同迷之局，我辈亦当以'先觉觉后觉'，不必附和雷同也。"

钟錂曰：先生勉于唐虞周之政学，孔孟之学，尊祖敬宗，老老恤孤，隆师重友，辟邪卫正，改过修慝；务以日新时惕为功，懔乎上帝降监，期于勿负苍生。乃抱负未展，郁郁以老牖下，惜哉！惟是天吝先生以伦常，使幼无父母，长无君臣，无昆弟，无子息，孑然一身，孤苦莫似；而独不能限其学德，时进日益，一言一行，皆可作世模范。谨于日谱，略摭梗概，以传于后云。

卷三　四存编

存　学

（一）*

由　道

圣人学、教、治，皆一致也。"民可使由之，不可使知之"，是孔子明言千圣百王持世成法，守之则易简而有功，失之徒繁难而寡效。故罕言命，自处也；性道不可得闻，教人也；立法鲁民歌怨，为治也。他如"予欲无言无行""不与莫我知"诸章，何莫非此意哉？当时及门，皆望孔子以言；孔子惟率之以下学而上达，非吝也，学教之成法固如是也。

道不可以言传也，言传者，有先于言者也。颜、曾守此不失。子思时，异端将盛，或亦逆知天地气薄，自此将不生孔子其人，势必失性、学、治本旨，不得已而作《中庸》，直指性天，已近太泻。故孟子承之，教人必以规矩，引而不发，断不为拙工改废绳墨。《离娄》方员、深造诸章，尤于先王成法致意焉。至宋而程朱出，乃动谈性命相推，发先儒所未发。以仆观之，何曾

---

* 《四存》各编，原本分卷（《存性》二卷、《存学》四卷、《存人》四卷，《存治》不分卷）；此本均以数字代之。另，原本四编以存性、存学、存治、存人为序，此本亦有不同。——编注

出《中庸》分毫？但见支离分裂，参于释老，徒令异端轻视吾道耳！若是者，何也？以程朱失尧舜以来学、教之成法也。何不观"精一"之旨，惟尧、禹得闻，天下所可见者，命九官、十二牧所为而已。阴阳秘旨，文、周寄之于《易》，天下所可见者，王政、制礼、作乐而已。"一贯"之道，惟曾、赐得闻；及门与天下所见者，《诗》《书》六艺而已。乌得以天道性命尝举诸口而人人语之哉？

是以当日谈天论性，聪明者如打诨猜拳，愚浊者如捉风听梦，但仿佛口角，各自以为孔颜复出矣。至于靖康之际，户比肩摩，皆主敬习静之人；而朝陛、疆场，无片筹寸绩之士。朱子乃独具只眼，指其一二硕德，程子所许为后身者，曰"此皆禅也"；而未知二程之所以教之者，实近禅。故徒见其弊，无能易其辙，以致朱学之末流，犹之程学末流矣；以致后世之程朱，皆如程学、朱学之末流矣！长此不返，乾坤尚安赖哉？

或曰：佛氏托于明心见性，程朱欲救人而摈之，不得不抉精奥以示人。余曰：噫！程子所见，已稍浸入释氏分界，故称其"弥近理而大乱真"。若以不肖论之，只以"君子之道四"一节指示，虽释迦恶魁，亦当垂头下泪，并不必及性命以上也。然则如之何？曰：彼以空言乱真，若以不肖论之，只以"君子之道四"一节指示，虽释迦恶魁，亦当垂头下泪，并不必及性命以上也。然则如之何？曰：彼以其虚，我以其实。程朱当远宗孔子，近师安定，以六德、六行、六艺及兵农钱谷、水火工虞之类教其门人，成就数十百通儒。朝廷大政，天下所不能办，吾门人皆办之；险重繁难，天下所不敢任，吾门人皆任之，吾道自尊显，释老自消亡矣！

今彼以空言乱天下，吾亦以空言与之角，又不斩其根而反授之柄，我无以深服天下之心而鼓吾党之气，是以当日一出，徒以口舌致党祸；流及后世，全以章句误乾坤！上者只学先儒讲著，稍涉文义，即欲承先启后；下者但问朝廷科甲，才能揣摩，皆骛富贵利达。浮言之祸，甚于焚坑，吾道何日再见其行哉！友人刁蒙吉翻孟子之言曰："著之而不行焉，察而不习焉，终身知之而不由其道者，众也！"其所慨深矣！吾意上天仁爱，必将笃生圣哲，划荆棘，而兴尧舜以来中庸之道，断不忍终此元会，直如此而已也。

总论诸儒讲学

仆妄谓性命之理，不可讲也；虽讲，人亦不能听也；虽听，人亦不能醒也；虽醒，人亦不能行也。所可得而共讲之、共醒之、共行之者，性命之作用，如《诗》《书》、六艺而已。即《诗》《书》六艺，亦非徒列坐讲听，要惟一讲即教习；习至难处来问，方再与讲。讲之功有限，习之功无已。孔子惟其与弟子今日习礼、明日习射，间有可与言性命者，亦因其自悟已深，方与言。盖性命，非可言传也，不特不讲而已也；虽有问，如子路问鬼神、生死，南宫适问禹、稷、羿、奡者，皆不与答。盖能理会者，渠自理会；不能者，虽讲亦无益。

自汉唐诸儒，传经讲诵；宋之周、程、张、朱、陆，遂群起角立，哑哑焉以讲学为事；至明，而薛、陈、王、冯因之，其一时发明吾道之功，可谓盛矣！其效使见知、闻知者，知尊慕孔孟，善谈名理，不作恶，不奉释老名号；即不肖如仆，亦沐泽中之一人矣。然世道之为叔季，自若也；生民之不治，自若也；礼乐之不兴，自若也；异端之日昌而日炽，自若也。以视夫孔子明道而乱臣贼子果惧，孟子明道而杨朱、墨翟果熄，何啻天渊之相悬也！

仆气魄小，志气卑，自揣在中人以下，不足与于斯道。惟愿主盟儒坛者，远遡孔孟之功如彼，近察诸儒之效如此，而垂意于"习"之一字，使为学、为教，用力于讲读者一二，加功于习行者八九，则生民幸甚，吾道幸甚！仆受诸儒生成覆载之恩，非敢入室操戈也。但以人之岁月、精神有限，诵说中度一日，便习行中销一日；纸墨上多一分，便身世上少一分。试观朱子晚年，悔枝叶之繁累，则礼乐未明，是在天者千古无穷之憾也。

明　亲

《大学》首四句，吾奉为古圣真传。所学无二理，亦无二事，只此仁义礼智之德，子臣弟友之行，诗书礼乐之文；以之修身则为明德，以之齐治则为亲民。明矣而未亲，亲矣而未止至善，吾不敢谓之道也；亲矣而未明，明矣而未止至善，吾亦不敢谓之道也。亲而未明者，即为（谓之）亲，非《大学》之亲也；然既用其功于民，皆可曰"亲"。其亲而未明者，汉高帝与唐太宗之类也；其亲且明而未止至善者，汉之孝文、光武之流也。凡如此者，皆宋明以来儒者所共见，皆谓之非道者也。其明而未亲，且亲而未止至善者，则儒者未之言也；非不肯言也，尧舜不作，孔孟不生，人无从证其为道者。

一二聪明特杰者出，于道略有所见、粗有所行，遽自为（谓）真孔孟矣，一时共尊为孔孟焉。嗣起者以为，我苟得如先儒，足矣；是以或学训解纂集，或学静坐读书，或学直捷顿悟。至所见、所为，能仿佛于前人而不大殊，则将就冒认，人已皆以为大儒矣，可以承先启后矣；或独见歧异，恍惚道体，则辄称发先儒所未发，得孔颜乐处矣，又孰知其非"大学之道"乎？此所以皆未之言也。天下人未之言，数百年以来之人未之言，吾独于程、朱、陆、王之外，别有"大学之道"焉，岂不犯天下之恶而受天下僇乎？然吾之所惧，有甚于此者，以为真学不明，则生民将永被毒祸，而终此天地，不得被吾道之泽；异端永为鼎峙，而终此天地，不能还三代之旧。是以冒死言之，望有志继开者之一转也。

夫明而未亲，即所谓（谓之）明，非《大学》之明；然既用其功于德，皆可曰"明"。明而未亲者，庄周、陈抟之类也；其明且亲而未止至善者，周、程、朱、陆、薛、王之俦也。何也？吾道有三盛：君臣于尧舜，父子于文周，师弟于孔孟。尧舜之治，即其学也、教也，其精一执中，一二人秘受而已。百官所奉行、天下所被泽者，如其命九官、十二牧所为耳。禹之治水，非禹一身尽治天下之水，必天下士长于水学者分治之，而禹总其成；伯夷之司礼，非伯夷一身尽治天之礼，必天下士长于礼学者分司之，而伯夷掌其成。推于九官群牧咸若是，是以能平地成天也。文周之治，亦即其学也、教也，其阴阳天人之旨，寄之于《易》而已。百官所奉行、天下所被泽者，如其治岐之政，制礼作乐耳。其进秀民而教之者，六德、六行、六艺，仍本唐虞敷教典乐之法，未之有改，是以太和宇宙也。孔孟之学、教，即其治也。孔子一贯性道之微，传之颜、曾、端木而已；其当身之学与教及门士以待后人私淑者，庸言庸德、兵农礼乐耳，仍本诸唐虞、成周之法，未之有改。故不惟朞月、三年、五年、七年胸藏其具，而且小试于鲁，三月大治；暂师于滕，四方归之；单父、武城，亦见分体，是以万世永遵也。

秦汉以降，则著述讲论之功多，而实学实教之力少。宋儒惟胡子立经义、治事斋，虽分析已差，而其事颇实矣。张子教人以礼，而期行井田，虽未举用，而其志可尚矣。至于周子得二程而教之，二程得杨、谢、游、尹诸人而教之，朱之得蔡、黄、陈、徐诸人而教之，以主敬致和为宗旨，以静坐读书为工夫，以讲论性命、天人为授受，以释经、注传、纂书史为事业。嗣之者，若真西山、许鲁斋、薛敬轩、高梁溪，性地各有静功，皆能著书立言，为一世宗，信乎为儒者，煌煌大观，三代后所难得者矣；而问其学其教，如命九官、十二牧之所为者乎？如周礼教民之礼明乐备者乎？如身教三千，今日习礼、明日习射，教人必以规矩，引而不发，不为拙工改废绳墨者乎？此所以自为（谓）得孔子真传，天下后世亦皆以真传归之，而卒不能服陆、王之心者，原以表里精粗、全体大用，诚不能无憾也。

陆子分析义利，听者垂泣；先立其大，通体宇宙，见者无不竦动。王子以致良知为宗旨，以为善去恶为格物，无事则闭目静坐，遇事则知行合一。嗣之者，若王心斋、罗念庵、鹿太常，皆自以为接孟子之传，而称直捷顿悟，当时后世亦皆以孟子目之。信乎其为儒中豪杰，三代后所罕见者矣！而问其学其教，如命九官、十二牧之所为者乎？如周礼教民之礼明乐备者乎？如身教三千，今日习礼、明日习射，教人必以规矩，引而不发，不为拙工改废绳墨者乎？此所以自谓得孟子之传，与程朱之学并行中国，而卒不能服朱、许、薛、高之心者，原以表里精粗、全体大用，诚不能无憾也。

他不具论，即如朱、陆两先生，倘有一人守孔子下学之成法，而身习夫礼乐射御书数，以及兵农钱谷、水火工虞之属而精之；凡弟子游从者，则令某也学礼、某也学乐、某也兵农、某也水火，某也兼数艺、某也尤精几艺，则及门皆通儒，进退周旋无非性命也，声音度数无非涵养也，政事文学同归也，人己事物一致也，所谓下学而上达也，合内外之道也。如此，不惟必有一人虚心以相下，而且君相必实得其用，天下必实被其泽。人才既兴，王道次举，异端可靖，太平可期，正《书》所谓"府修事和"，为吾儒致中和之实地，位育之功，出处皆得致者也。是谓明、亲一理，大学之道也。以此言学，则与异端判若天渊而不可混，曲学望洋浩叹而不敢拟；清谈之士不得假鱼目之珠，文字之流不得逞春华之艳。惟其不出于此，故既卑汉唐之训诂而复事训诂，斥佛老之虚无而终蹈虚无，以致纸上之性天愈透，而学陆者进支离之讥，非讥也，诚支离也；心头之觉悟愈捷，而宗朱者供近禅之诮，非诮也，诚近禅也。

或曰：诸儒勿论，阳明破贼建功，可谓体用兼全，又何弊乎？余曰：不但阳明，朱门不有蔡氏言乐乎？朱子常平仓制与在朝风度，不皆有可观乎？但是天资高，随事就功，非全副力量，如周公、孔子，专以是学，专以是教，专以是治也。或曰：新建当日韬略，何以知其不为学、教者？余曰：孔子尝言："二三子有志于礼者，其于赤乎学之。"如某可治赋，某可为宰，某达某艺，弟子身通六艺者，七十二人，王门无此。且其擒宸濠、破桶冈，所共事者，皆当时官吏、偏将、参谋，弟子皆不与焉。其全书所载，皆其门人旁觉赞服之笔，则可知其非素以是立学教也。

是以感孙征君《知统录说》，有"陆、王效诤论于紫阳"之语，而敢出狂愚，少抑后二千年周、程、朱、陆、薛、王诸先生之学，而伸前二千年尧、舜、禹、汤、文、武、周、孔、孟诸先圣之道，亦窃附效诤论之义。而愿持道统者，其深思熟计而决复孔孟以前之成法，勿执平生已成之见解而不肯舍，勿拘平日已高之门面而不肯降，以误天下后世，可也。

上征君孙锺元先生书

某发未燥，已闻谷城孙先生名，然第知清节耳。弱冠前，为俗学枉度岁月，懵懵不知道为何物。自顺治乙未，颇厌八股习，稍阅《通鉴》《性理》、诸儒语录，乃知世间有理学一脉。己亥，在易水，得交高弟五修，乃又知先生不止以节著，连年来与高弟介祺，尤属莫逆。德驾旋容时，已禀老亲，同王法乾裹装出门，将进叩；老亲复以涝后不谙路，恐遭杨子之悲，阻之；逾年，则闻复南矣。恭祝缓辞，蒙介翁不外，玷贱名其末。迨读先生《岁寒居文集》寄介翁札，不知过听何人之言而侪之郡贤列，见之不胜惶愧！

今在天地间，已三十有六，德不加修，学不加进，曾不得大君子一提指之，每一念及，恨不身飞其城旁！兹先大母去世服阕矣，幸大父犹康健，欲曲求俞允，今岁中一炙道范，未审得遂否也？敝庠耿师，东郡人也，以告休南归；去先生七十里，敢以便，略吐愚衷于门下。

某静中猛思：宋儒发明气质之性，似不及孟子之言性善最真。变代气质之恶，三代圣人，全未道及。将天生一副作圣全体，参杂以习染，谓之有恶，未免不使人去其本无，而使人憎其本有，蒙晦先圣尽性之旨，而授世间无志人一口柄。又想周公、孔子，教人以礼乐射御书数，故曰"以三物教万民而宾兴之"，故曰"身通六艺者七十二人"。故性道不可闻，而某长治赋、某长礼乐、某长足民，一如唐虞之廷某农、某刑、某礼、某乐之旧，未之有爽也。近世言学者，心性之外无馀理，静敬之外无馀功。细考其气象，疑与孔门若不相似然；即有谈经济者，并不过说场话、著种书而已。

某不自惴，撰有《存性》《存学》二编，欲得先生一是之，以挽天下之士习而复孔门之旧。以先生之德望卜之，当易如反掌，则孟子不得专美于前矣！论今天下，朱、陆两派，互相争辩，先生高见平和，劝解之不暇，岂可又增一争端也？但某殊切杞人之忧，以为虽使朱学胜陆而独行于天下，或陆学胜朱而独行于天下，或和解成功，朱陆合一，同行于天下，则终此乾坤，亦只为当时两宋之世；终此儒运，亦只如说话、著书之道学而已，岂不堪为圣道、生民长叹息乎？

粗陈一二，望先生静眼一辨；及时发明前二千年之故道，以易后二千年之新辙，则斯道幸甚！斯民幸甚！

临楮南望，不胜想慕战惧交集之至！某再拜言。

上太仓陆桴亭先生书

某闻气机消长、否泰，天地有不能自主，理数使然也；方其消极而长、否极而泰，天地必生一人以主之，亦理数使然也。然粤稽孔孟以前，天地所生以主此气机者，率皆实文、实行、实体、实用，卒为天地造实绩，而民以安、物以阜。虽不幸而君相之人竟为布衣，亦必终身尽力于文行、体用之实，断不敢以不尧舜、不禹皋者，苟且于一时虚浮之局，高谈袖手，而委此气数、置此民物、听此天地于不可知也；亦必终身穷究于文行、体用之乐，断不敢以惑异端、背先哲者，肆口于百喙争鸣之日，著书立说而误此气数、坏此民物、负此天地于不可为也。

自汉、晋泛滥于章句，不知章句所以传圣贤之道，而非圣贤之道也；竞尚乎清谈，不知清谈所以阐圣贤之学，而非圣贤之学也。因之虚浮日盛，而尧舜三事、六府之道，周公、孔子六德、六行、六艺之学，所以实位天地、实育万物者，几不见于乾坤中矣！迨于佛老昌炽，或取天地万物而尽空之，一归于寂灭；或取天地万物而尽无之，一归于升脱。莫谓日月星辰、山川草木、鸟兽虫鱼、人伦世故，举为道外，并己身之耳目、口鼻、四肢，皆视为累碍赘余矣。哀哉！倘于此有尧舜、周孔，固必回消为长、转否为泰矣。即不然，或如端、言、卜、仲、二冉之流，亦庶几衍道脉于不堕，续真宗于不差，而长泰终有日也。奈何赵氏运中，纷纷跻孔子庙庭者，皆修辑批注之士，犹然章句也；皆高坐讲论之人，犹然清谈也。甚至言孝弟忠信如何教，气禀本有恶，甚其与老氏以礼义为忠信之薄，佛氏以耳目口鼻为六贼者，相去几何也？

故仆妄论：宋儒，谓是集汉晋、释老之大成者，则可；谓是尧舜、周孔之正派，则不可。然宋儒，今之尧舜、周孔也；韩愈辟佛，几至杀身，况敢议今世之尧舜、周孔者乎？季友著书驳程朱之说，发州决杖，况敢议及宋儒之学术、品诣者乎？此言一出，身命之虞所必至也。然惧一身之祸而不言，委气数于终误，置民物于终误，听天地于终负，恐结舌安坐、不援沟渎，与强暴横逆、内人于沟渎者，其忍心害理，不甚相远也。

某为此惧，著《存学》一编，申明尧舜、周孔三事、六府、六德、六行、六艺之道；大旨：明道不在诗书章句，学不在颖悟诵读，而期如孔门博文约礼，身实学之，身实习之，终身不懈者。著《存性》一编，大旨：明理气俱是天道，性形俱是天命；人之性命、气质，虽各有差等，而俱是此善气质、正性命之作用；而不可谓有恶，其所谓恶者，乃由"引、蔽、习、染"四字为之祟也。期使人知为丝毫之恶，皆自玷其光莹之本体；极神圣之善，始自充其固有之形骸。

但孔孟没后二千年，无人道此理，而某独异，又惴惴焉，恐涉偏私自是、诽谤先儒；将舍所见以苟就近世之学，而仰观三代圣贤，又不如此。二念交郁，罔所取正。一日游祁，在故友刁文孝座，闻先生有佳录，复明孔子六艺之学；门人姜姓，在州守幕实笥之。欢然如久旱之闻雷，甚渴之闻溪，恨不即沐甘霖而饮甘泉也。曲致三四，曾不得出。然亦幸三千里外有主张此学者矣！犹未知论性之相左也。既而刁翁出南方诸儒手书，有云：此间有桴亭者，才为有用之才，学为有用之学；但把气质许多驳恶杂入天命，说一般是善，其《性善图说》中，有"人之性善，正在气质，气质之外无性"等语，殊新奇骇人！乃知先生不惟得孔孟学宗，兼悟孔孟性旨，已先得我心矣！当今之时，承儒道嫡派者，非先生其谁乎？所恨家贫亲老，不得操杖亲炙，进身门下之末；兹乘彭使之便，奉尺楮请教，祈以所著并高弟孰长礼乐、孰长射书、孰为体用兼优，不惜示下，使聋瞽之子，得有所景仰尊奉。倘有寸进，真一时千载也！

山河隔越，不能多寄，仅以《性》《学》编各一纸、日记第十卷中摘一页呈正。不胜南望恺切，想慕之至！

学辩一

性亦须有辩，因吾友法乾王子一言，彻底无纤毫龃龉，莫有能发吾意者，遂有待。今"存学"之说，将偕吾党身习而实践之。易静坐用口耳之习，为手足频拮据之业，非存性空谈之比。虽贤者，不能无顾惜故窠、惮于变革之意，幸相举辩难，不厌反复。予撮其大略如左，病中亦多遗脱，不能尽述也。

己酉十一月二十六日，予抱病，复患足疮，不能赴学，惟坐卧榻，誊《存学》稿。闻王子来会，乃强步至斋，出所誊以质王子。甫阅一叶，遽置之几，盛为多读书之辩。

予曰："人之精神无多，恐诵读消耗，无岁月作实功也；倘礼乐娴习，但略阅经书数本，亦自足否？"王子曰："诵读不多，出门不能引经据传，何以服人？"予曰："尧舜诸圣人，所据何书？且经传，施行之证佐；全不施行，虽证佐纷纷，亦奚以为？今'存学'之意若行，无论朝廷、宗庙，即明伦堂上，亦将问：孰娴周旋？孰谙竹丝？孰射贤？孰算胜？非犹是称章比句之乾坤矣！且吾侪自视虽陋，倘置身朝堂，但忧无措置耳，引经据传，非所忧也。"王子曰："射御之类，有司事，不足学；须当如三公坐论。"予曰："人皆三公，孰为有司？学，正是学作有司耳。辟之于医，《黄帝》《素问》《金匮》《玉函》，所以明医理也；而疗疾救世，则必诊脉、制药、针灸、摩砭为之力也。今有妄人者，止务览医书千百卷，熟读详说，以为'予国手矣'；视诊脉、制药、针灸、摩砭，以为术家之粗，不足学已。书日博，识日精，一人倡之，举世效之，岐、黄盈天下，而天下之人，病相枕死相接也，可谓明医乎？愚以为从事方脉、药饵、针灸、摩砭，疗疾救世者，所以为医也；读书，取以明此也。若读尽医书，而鄙视方脉、药饵、针灸、摩砭，妄人也！不惟非岐黄，并非医也，尚不如习一科、验一方者之为医也。读尽天下书，而不习行六府、六艺，文人也，非儒也，尚不如行一节、精一艺者之为儒也。"

王子曰："栋梁材自别，岂必为檩榱哉？"予曰："栋梁亦自拱把尺寸长成，成时亦有皮干枝叶，世岂有浑成栋梁哉？"王子曰："艺学到精熟后，自见上面，幼学岂能有所见？"余曰："幼学但使习之耳，必欲渠见，何为哉？"王子曰："不见上面，何与心性？"余曰："不然。即如夫子使阙党童之将命，使之观宾主接见之礼，有下于夫子，客至则见客求教尊长悚敬气象；有班于夫子，或尊于夫子，客至则见夫子温良恭俭让，侃侃訚訚气象。此是治童子耳目乎？治童子心性乎？故六艺之学，不待后日融会一片，乃自童龀，即身心、道、艺一致加功也；且既令渠习见无限和敬、详密之理，岂得谓无所见？但随所至为浅深耳。讲家解'一贯'章，有谓：曾子平日用功，皆是贯中之一；今日夫子教以从一而贯。夫用功于贯中之一，是夫子所以教三千人者也，岂得曰六艺非心性也？"

王子曰："礼乐自宜学；射御，粗下人事。"余曰："贤者但美礼乐名目，遂谓宜学，未必见到宜学处也；若见到，自不分精粗。喜精恶粗，是后世所以误苍生也。"王子曰："第见不足为，若为，自是易事。"余曰："此正夫子所谓'智者过之'。且昔朱子谓'要补填，实是难'，今贤弟又谓易；要之，非主难，亦非主易，总是要断尽实学，不去为耳。"王子大笑。予曰："李晦翁年逾五旬，勤力下学，日与弟子拈矢弯弓，甚可钦也。"王子曰："晦夫叔尝言：'射为男子事，何可不习？'"余曰："宋元来儒者，却习成妇女态，甚可羞！'无事袖手谈心性，临危一死报君王'，即为上品矣！岂若真学一复，户有经济，使乾坤中永享治安之泽乎？"王子曰："六艺之学，诚有功于乾坤。"予曰"不但尔也。子产云：'历事久，取精多，则魂魄强。'今于礼乐、兵农无不娴，即终身莫之用而没，以体用兼全之气还于天地，是谓尽人道而死，故君子曰'终'。故曰：学者，学成其人而已，非外求也。"王子又笑。

予曰："此学终无行日矣！以贤弟之有志，且深信予，又入朱学未深，似无可恋惜，而犹难挽回如此，况彼已立崖岸者乎？"因复取首数篇，进曰："幸终观之！"王子阅毕，喟然曰："孔子是教天下人为臣为子，若都袖手高坐作耆父，天下事叫谁办哉？"抚卷叹息久之。余曰："某急就'三存编'，以为天生某，使复明此学而已，非身见之材也。欲进之孙征君，藉以回天下。"王子曰："人自为耳，何必伊？"予曰："天生材自别。伊尹圣之任，夏季之民，如在水火，何不出而延揽豪杰，自为奉天救民之举，必待成汤之三聘乎？张良志复韩仇，亦尝聚众百余，何不决于自为，而终属沛公乎？盖天生王者，其气为主持世统之气，乃足系属天下，非其人不与也。儒者教世，何独不然？是其人也，天下附之；非其人也，学即过人，而师宗不立。如龙所至，则气聚成云，否则不可强也。况愚之庸陋不足数乎？自料只可作名教中一董三老耳！"王子辞行。

越十日，予病痊，往会王子。因论听（风）言，复闻十二月，有诸？王子曰："此间亦颇闻。"予曰："噫！岂非学术不明，吾儒误于空言，无能定国是者乎？使吾党习谙历象，何以狐疑如此？"因言帝尧命羲和，教以钦天授时，及考验推步之法，尧盖极精于历。因言帝王设官分职，未有不授以成法者。尧命司徒，授以匡直劳来等法；舜命士师，授以五刑、五服、五流、五宅等法，命典乐，授以直温宽栗等理，及依永和声、无相夺伦等法；成王置农官，授以钱镈、铚艾、耕耨等法。观命官之典，厘成之诗，是君父亦未有不知六府、六艺之学者。则袖手高坐，徒事诵读，固非所以为臣子，亦岂所以作君父哉！

学辩二

又越旬，王子来会。复曰："周公制礼作乐，且以文、武之圣开之，成、康之贤继之，太、召、君陈辈左右之，亦不百年而穆王乱；迨东迁，而周不可问矣！汉唐、宋明，不拘古法，亦定数百年之天下，何歉于三代哉？"予曰："汉唐后之治道，较之三代，盖星渊不可语也！吾弟未之思耳。吾弟但见穆、平之衰，而未实按其列国情势、民风也。吾兹不与贤弟论三代盛时，且以春秋之末，其为周七百年矣；只义姑存鲁、展禽拒齐二事，风俗之美，人材之盛，鲁可尚也。齐乃以妇人而旋师，闻先王命而罢战，由此以思，当日风俗人心，岂汉唐后所可仿佛哉？"

王子曰："终见艺学粗，奈何！"予曰："此乃不知止耳。观《大学》言明亲，即言止至善；见道为粗，是不知至善之止也。故曰：'知止而后有定。'"王子乃欢忻鼓舞曰："昨子产一段，已深悚我心；自今日，当务精此学，更无疑矣！"因述乃父命计田数不清。予曰："计亩，人以为琐事矣；然父命而不清，非不能为子之一乎？"王子曰："无大无小，无不习熟，固也。弟昨言栋梁材，兄不以为然，恐天下自有可大不可小之材。如庞士元非百里材，曾子教孟敬子持大体，非乎？"予曰："孔子乘田委吏，无不可为。若位不称材，便酗惰废事，此自豪士之态，非君子之常也。孟敬子当时已与鲁政，乃好理琐小，故曾子教以所贵道三，岂可以此言，便谓笾豆之事不宜学乎？况当时学术未失，家臣庶士，无不能理事者；第忧世胄骄浮，不能持大体耳。能持大体，凡事自可就也。"

王子曰："博学乃古人第一义。《易》云：'多识前言往行以畜德。'子路曰：'何必读书然后为学。'可见古人读书，诵读亦何可全废？"予曰："周公之法，春秋教以礼乐，冬夏教以诗书，岂可全不读书？但古人是读之以为学，如读琴谱以学琴，读礼经以学礼。博学之，是学六府、六德、六行、六艺之事也。只以多读书为博学，是第一义，已误，又何暇计问、思、辩、行也？"王子行。

越一日，予过其斋。王子曰："连日思：乐能涤人滓渣，只静敬以求惩忿窒欲，便觉忿欲全无，不时却又发动，不如心比声律，私欲自化也。"余曰："噫！得之矣！某谓'心上思过，口上讲过，书上见过，都不得力，临事时，依旧是所习者出'，正此意也。夫礼乐，君子所以交天地万物者也，位育着落，端在于此。古人制舞而民胂消，造琴而阴风至，可深思也。"

王子又问："'道问学'之功，即六艺乎？"予曰"然。"又问："如何是'尊德性'？"予未答。又问："如何是'中人以上可以语上也'？"盖因程朱好语上，王子欲证语上之为是也。予曰："离下无上。明德、亲民，尊德性、道问学，只是此事。语上人皆上，语下人皆下。如洒扫应对，下也，若以语上人，便见出敬；弦指徽律，下也，若以语上人，便见出和。某昨'童子将命'一段，正是道艺一致耳，耳目性情一滚做也。"王子怃然曰："至言！"予曰："此亦就贤弟之问为言耳。其实上有上，下有下；上下精粗，皆尽力求全，是谓圣学之极致矣。不及此者，宁为一节一端之实，无为全体大用之虚。如六艺不能兼，终身止精一艺可也；如一艺不能全，数人共学一艺，如习礼者，某冠昏、某丧祭、某宗庙、某会同,一(亦)可也。夫吾辈姿质,未必是中人以上;而从程朱倒学,先见上面,必视下学为粗,不肯用力矣。"王子曰:"'下学而上达',孔子定法,乌容紊乎哉!"

(二)

性理评

程子曰:"邢明叔明辩有才气,其于世务练习,盖美才也。晚溺于佛。所谓'日月至焉而已'者,岂不惜哉!"

朱子云:程子死后,其高弟皆流于禅。岂知程子在时,已如此乎?盖吾儒起手便与禅异者,正在彻始彻终,总是体用一致耳。故童子便令学乐舞勺。夫勺之义大矣,岂童子所宜歌?圣人若曰:自洒扫应对,以至参赞化育,固无高奇理,亦无卑琐事。故上智如颜、贡,自幼为之,不厌其浅而叛道;粗疏如陈亢,终身习之,亦不至畏其难而废学。今明叔才气明辩,练达世务,诚为美才,但因程子不以六艺为教,初时既不能令明叔认取其练习世务莫非心性,后又无由进于位育实具,不见儒道结果。回视所长者不足恋,前望所求者无所得,便觉无意味、无来由,乌得不莫之御而入于禅也?犹吾所谓明帝之好佛,非明帝之罪,而李躬、桓荣之罪也。

夫"日月至焉",乃吾夫子论诸贤不能纯仁分寸也。当时曾子、子贡之流,俱在其中,乃以比明叔之溺佛,程子不亦易言乎?

明道谓谢显道曰:"尔辈在此相从,只是学某言语,故其学,心与口不相应。盍若行之?"请问焉。曰:"且静坐。"

伊川每见人静坐,便叹其善学。

因先生只说话,故弟子只学说话,心口且不相应,况身乎?况家国天下乎?措之事业,其不相应者多矣!吾尝谈天道、性命,若无甚扞格,一着手算九九数辄差;王子讲冠礼,若甚易,一习初祝便差。以此知心中醒、口中说、纸上作,不从身上习过,皆无用也。责及门不行,彼既请问,正好教之习礼习乐,却只云"且静坐"。二程亦复如是。噫!虽曰不禅,吾不信也!

武夷胡氏曰:"龟山天资夷旷,济以问学,充养有道,德器早成。积于中者纯粹而宏深,见于外者简易而平淡。闲居和乐,色笑可亲;临事裁处,不动声色。与之游者,虽群居终日,嗒然不语,饮人以和,而鄙吝之态自不形也。推本孟子'性善'之说,发明《中庸》《大学》之道,有欲知方者,为指其攸趋,无所隐也。当时公卿大夫之贤者,莫不尊信之。"又曰:"先生造养深远,烛理甚明;混迹同尘,知之者鲜。行年八十,志气未衰,精力少年殆不能及。朝廷方向意儒学,日新圣德,延礼此老,置之经筵,朝夕咨访,裨补必多。至如裁决危疑,经理世务,若烛照数计而龟卜也。"

无论其他,只"积于中者纯粹而宏深"一语,非大贤以上,能之乎?其中之果纯粹与否、宏深与否,非仆所知,然朱子则已讥其入于禅矣。禅则必不能纯粹宏深,纯粹宏深则必不禅也。至混迹同尘气象,五经、《论》《孟》中未之见,非孟子所谓"同流合污"者乎?充此局以想,夷旷、简易、平淡、和乐、可亲诸语,恐或皆孟子所状乡原光景也。

陈氏渊曰:"伊川自涪归,见学者凋落,多从佛教,独龟山先生与谢丈不变。因叹曰:'学者皆流于异端矣!惟有杨、谢二君长进。"

尝观孔子殁,弟子如丧父母,哀恸无以加矣;又为之备礼营葬,送终无以加矣;又皆庐其墓三年,惓恋无以加矣;余情复见于同门友之不忍离,相向而哭,皆失声。其师弟情之笃而义之重,盖如此也。迄后有宋程、朱两门,以师弟著于乾坤,不惟自任,以为真继孔子之统;虽当时及门,亦以为今之孔子矣;后世景仰,亦谓庶几孔门师弟矣。而其殁也,不过一祭一赞,他无闻焉。仆存此疑于心久矣,亦谓生荣死哀之状,必别有记载,寡陋未之见耳;殊不意伊川生时,及门已如此其相负也。涪之别也,日月几何,而遽学者凋落,相率而从于佛也?又孰知所称杨、谢不变者,下此(梢)亦流于禅也?然则真承程子之统者,谁也?非因二程失古圣教人成法,空言相结之不固,不如实学之相交者深乎?抑程门弟子之从佛,或亦其师夙昔之为教者,去佛不远也。程子辟佛之言曰:"弥近理而大乱真。"愚以为非佛之近理,乃程子之理近佛也。试观佛氏立教,与吾儒之理,远若天渊,判若黑白,反若冰炭;其不相望也,如适燕、适越之异其辕,安在其'弥近理'也?孟子曰:"治人不治,反其智。"伊川于此,徒叹学者之流于异端,而不知由己失孔子之教,亦欠自反矣!

问:"龟山晚年出,是不可晓。其召也,以蔡京,然在朝亦无大建白。"朱子曰:"以今观之,则可以追咎当时无大建白;若自己处之,不知当时所当建白者何事。"或云:"不过择将相为急。"曰:"也只为说择将相固是急。然不知当时有甚人可做?当时,将只说种师道,相只说李伯纪,然固皆尝用之矣。又况自家言之,彼亦未必见听。据当时事势,亦无可为者;不知有大圣贤之材,何如耳。"

当时所称大儒如龟山者,既自无将相材,又无所保举;异世后追论，亦无可信之人，不过种、李二公而已。然则周、程、张、邵，棺木尚新，其所成之人材，皆安在哉？世有但能谈天说性、讲学著书，而不可为将相之圣贤乎？

或言："择将相为急"，何不曰"当时龟山便是好将相，惜未信用"，乃但云"也只好说择将相"？盖身分亦有所不容讳也。噫！儒者不能将、不能相，只会择将相，将相皆令何人做乎？末又云"当时事势亦无可为者，不知有大圣贤之材何如耳"，是明将经济时势让与圣贤做，尚得谓之道学乎？至于李公字行，种公名呼，此朱子重文轻武不自觉处。其遗风，至今日，衣冠之士，差与武夫齿；秀才挟弓矢出，乡人皆惊；甚至子弟骑射武装，父兄便以不才目之。长此不返，四海溃弱，何有已时乎？独不观孔门无事之时，弓矢剑佩不去于身也，武舞干戚不离于学也。身为司寇，堕三都，会夹谷，无不尚武事也；子路战于卫，冉、樊战于齐，其余诸贤，气象皆可想也。学衰道晦，至此甚矣！孔门实学，亦可以复矣！

问："龟山当时何以（意）出来？"曰："龟山做人也苟且，是时未免禄仕，故乱就之"云云。问：或者疑龟山为无补于世，徒尔纷纷；或以为大贤出处，不可以此议，如何？曰："龟山此行固是有病，但只后人又何曾梦到他地位？惟胡文定以柳下惠'援而止之而止'比之，极好。"

余尝谓宋儒是理学之时文也，看朱子前面说："龟山做人苟且，未免禄仕，故乱就之。"此三语，抑杨氏于乡党自好者以下矣！后面或人说"大贤出处不可议"，又引胡氏之言，比之柳下惠，且曰"极好"，又何遽推之以圣人哉？盖讲学先生，只好说体面话，非如三代圣贤，一身之出处，一言之抑扬，皆有定见。

龟山之就召也，正如燕雀处堂，全不见汴京亡、徽钦虏，直待梁折栋焚，而后知金人之入宋也。朱子之论龟山，正如戏局断狱，亦不管圣贤成法，只是随口臧否，驳倒龟山，以伸吾识，可也；救出龟山，以全讲学体面，亦可也。

上蔡为人英果明决，强力不倦，克己复礼，日有课程。所著《论语说》，及门人所记遗语行于世。

要推尊上蔡，便言其"克己复礼，日有课程"；后面要说程门诸人，见皆不亲切之故，又言是"无头无尾，不曾尽心"，毋乃自相矛盾乎？此处殊令人疑。

上蔡直指穷理居敬为入德之门，最得明道教人之纲领。

朱子称"上蔡直指穷理居敬为入德之门，最得明道教人纲领"。仆以为此四字，正诸先生所以自欺而自误者也！何也？"穷理居敬"四字，以文观之，甚美；以实考之，则以读书为穷理功力，以恍惚道体为穷理精妙，以讲解著述为穷理事业，俨然静坐为居敬容貌，主一无适为居敬工夫，舒徐安重为居敬作用。观世人之醉生梦死、奔走放荡者，诚可谓大儒气象矣。但观之孔门，则以读书为"致知"中之一事；且书亦非徒占毕读之也，曰为《周南》《召南》，曰学《诗》、学《礼》，曰学《易》执礼，是读之而即行之也；曰"博学于文"，盖诗书六艺以及兵农水火，在天地间灿著者，皆文也，皆所当学之也；曰"约之以礼"，盖冠婚丧祭、宗庙会同，以及升降周旋、衣服饮食，莫不有礼也，莫非约我者也。凡理必求精熟之至，是谓"穷理"；凡事必求谨慎之周，是谓"居敬"。上蔡虽贤，恐其未得此纲领也；不然，岂有居敬穷理之人，而流入于禅者哉？

明道以上蔡诵读多记为玩物丧志，盖为（谓）其意不是理会道理，只是夸多斗靡为能。若明道看史，不差一字，则意思自别，此正为己、为人之分。

谢良佐记问甚博，明道谓之曰："贤却记得许多，可谓玩物丧志。"良佐身汗面赤。明道曰："此便是恻隐之心。"可见大程学教，犹不靠定书本；仆掀阅至此，悚然起敬，以为此正明道优于伊川、紫阳处，又未尝不爱谢公之有志也。使朱子读此，亦为之汗身赤面为（则）善矣。乃曲为之说，谓渠是"夸多斗靡，不是理会道理"；又引程子看史事证之，总是不欲说坏记诵一道，恐于己"读尽天下书"之志有妨也。不知道理不专在书本上理会，贪记许多，以求理会道理，便会丧志，不得以程子"看史一字不差"相混也。

问：上蔡说横渠以礼教人，其门人下梢头低，只溺于刑名、度数之间，行得来，因无所见处，如何？曰："观上蔡说得偏了，这都看不得礼之大体，所以都易得偏。如上蔡说横渠之非，以为欲得正容谨节，这是自好，如何废这个得？如专去理会，刑名、度数固不得，又全废了，这个也不得。"

宋儒胡子外，惟横渠之志行井田，教人以礼，为得孔孟正宗。谢氏偏与说坏，讥其"门人下梢头低，溺于刑名度数"，以为横渠以礼教人之流弊。然则教人不当以礼乎？谢氏之入禅，于此可见。二程平昔之所以教杨、谢诸公者，于此可想矣。玩"行得来因无所见"一语，横渠之教法，真可钦矣！"民可使由之，不可使知之"，"道之以德，齐之以礼"，此圣贤百世不易之成法也。虽周公、孔子，亦只能使人行，不能使人有所见；功候未到，即强使有所见，亦无用也。孟子曰："行之而不著焉，习矣而不察焉，终身由之而不知道者，众也。"此固叹知道之少，而吾正于此服周公、孔子流泽之远也！布三重以教人，使天下世世守之。后世有贤如孟子者，得由行、习而著、察；即愚不肖者，亦相与行习于吾道之中。正《中庸》所谓"行而世为天下法"，历八百年而犹在，几百余年而未衰。此周公、孔子之下梢头，原如是其低也，而其上梢头，亦未尝高。制礼作乐，遵行遍天下，而周公之心，虽亲贤之召公，不尽知也；博文约礼，服习遍三千，而一贯之秘，虽聪颖之端木，未之闻也。相随半生，尚以"多学而识"认夫子；然则未闻性道之前，端木子与三千人，不同以文礼为道乎？则横渠之门人，即使皆认刑名、度数为道，何害也？朱子既见谢氏之偏，而知横渠之是，即宜考古稽今，与门人讲而习之，使人按节文、家行典礼，乃其所也。奈何尽力诵读著述，耽延岁月！迨老而好礼，又只要著《家礼》一书，屡易稿始成；其后又多自嫌不妥，未及改正而没。其门人杨氏，固尝代为致憾矣。考其实，及门诸公，不知式型与否；而朱子家祠丧礼，已多行之未当，失周公、孔子之遗意者矣。岂非言易而行难哉？

彦明见伊川后，半年方得《大学》《西铭》看。此意思好，也有病。盖且养他气贫，淘漉去了那许多不好底意思。如《学记》所谓"未卜禘，不视学，游其志也"之意，此意思固好，然也有病者。盖天下有多少书，若半年间都不教他看一字，几时读得天下许多书？所以彦明终竟后来工夫少了。

伊川虽失孔子学教成法，犹知不可遽语人以高深，犹知不全靠书册，故迟半年方与门人《大学》《西铭》看。至朱子，则必欲人读天下许多书，是将道全看在书上，将学全看在读上，其学教之法，又不逮伊川矣！吾谓《大学》可即与看；若《西铭》，虽姿性聪敏者，再迟数年与看，未为晚也。

和靖涪州被召，祭伊川文云："不背其师则有之，有益于师则未也。"因言："学者只守得某言语，已自不易，少间又自转移了。"

吾读《甲申殉难录》，至"愧无半策匡时难，惟余一死报君恩"，未尝不凄然泣下也！至览和靖祭伊川"不背其师有之，有益于世则未"二语，又不觉废卷浩叹，为生民怆惶久之。夫周、孔以六艺教人，载在经传。"子罕言利与命与仁"，"不语神"，"性道不可得闻"，"予欲无言"，"博文学礼"等语，出之孔子之言，及诸贤所记者，昭然可考。而宋儒若未之见也，专肆力于讲读，发明性命，闲心静敬，著述书史。伊川明见其及门皆入于禅而不悟，和靖自觉其无益于世而不悟，甚至求一守言语者亦不可得，其弊不大可见哉？至于朱子追述，似有憾于和靖，而亦不悟也。然则吾道之不行，岂非气数使之乎？

问："伊川门人如此其众，后来更无一人见得亲切。或云游、杨亦不久亲炙。"曰："也是诸人无头无尾，不曾尽心在上面也。各家去奔走仕宦，所以不能理会得透。如邵康节，从头到尾，极终身之力而后得之，虽其不能无偏，然就他这道理，所谓成而安矣；如茂叔先生，资禀便较高，他也去仕宦，只他这所学，自是合下直到，所以有成。某看来，这道理若不是拚生尽死去理会，终不得解。"

伊川门人甚众，后更无一人见之亲切，非因伊川所教、诸人所学，俱失孔子实学之故乎？朱子乃云："是诸人无头无尾，不曾尽心在上面。"试观游、杨、谢、尹诸公，果是无头无尾、不曾尽心者乎？又云："各去奔走仕宦，所以不能理会透。康节极终身之力，而后有得；茂叔亦去仕宦，只他资禀高，合下直到。"然则必欲人不仕宦、不作事，终身只在书室中，方可得道乎？

《与叔文集》煞有好处，他文字极是实，说得好处，如千兵万马，饱腾伉壮。上蔡虽有过当处，亦自是说得透。龟山文字，却怯弱，似是合下会得易。游、杨、谢诸公，当时已与其师不相似，却似别一家。谢氏发明得较精彩，然多不稳贴；和靖语却实，然意短，不似谢氏发越。龟山《语录》，与自作文不相似，其文大段照管不到，前面说如此，后面又都反了，缘他只依傍语句去，皆不透。龟山年高，与叔年四十七，他文字大纲立得脚来健，多有处说得好又切，若有寿，必然进。游定夫，学无人传，无语录。

　　如何只论人文字言语长短、语录有无，非失圣门学宗，不实用功于明亲，故无实事可称举乎？今有人议诸先生专在文字言语用功，或云只在言语文字论人品，必至群相哗之曰："彼大儒，不止是也。"乃考其实，竟如此。较欧、苏诸公，但多讲论性道之语、内地静敬之功耳。试想三代，则君臣奖赞、师弟叙述，或后人论断前圣贤，曾有此口吻、比例否？噫！恐不啻冰玉之相悬也！

　　上蔡之学，初见其无碍，甚喜之；后细观之，终不离禅的见解。
　　予于程朱、陆王两派学宗，正如是。

　　龟山未见伊川时，先看《庄》《列》等文字；后来虽见伊川，然而此念熟了，不觉时发出来。游定夫尤甚，罗仲素时复亦有此意。
　　圣人教人六艺，正使之习熟天理；不然，虽谆谆说与无限道理，至吃紧处，依旧发出习惯俗杂念头。

一日，论伊川门人，云"多流入释老"。陈文蔚曰："只是游定夫如此，恐龟山辈不如此。"曰："只《论语序》，便可见。"

朱子论游、杨入释老处，不知何指？但既废尧舜、周孔六府、六艺之学，则其所谓"不入释老"者，又果何指也？仆尝论汉人不识儒，如万石君家法，真三代遗风，不以儒目之；则其所谓儒，只是训诂辞华之流耳。今观朱门师弟，一生肆力文字光景，恐或不免为游、杨所不屑也。

看道理不可不仔细。程门高弟，如谢上蔡、游定夫、杨龟山辈，下梢皆入禅学去。必是程先生当初说得高了，他们只睅见上截，少下面着实功夫，故流弊至此。

仆意朱子未觉程门教法之失，既觉而复蹈之，何也？倘因此便返于实学，岂非吾道之幸哉？"下面着实功夫"，是何物乎？将谓是静敬乎？程门诸子，固已力行之矣；将谓是礼乐射御书数之属乎？朱子已云补填难，姑不为之矣；将谓是庸德庸言乎？恐礼乐射御书数，所以尽子臣弟友之职者既不为，又何者是其不敢不勉者乎？考其与及其门日征月迈者，则惟训解经传、纂修书史，死生以之。或某所谓"下面着实功夫"者，未必是孔子所云"下学"也。

韩退之云："孔子之道，大而能博；门弟子不能遍观而尽识也，故学焉而皆得其性之所近。"此说甚好。看来资质定了，其为学也，只就他资质所尚处，添得些小好而已。所以学者贵公听并观，求一个是当处，不贵徒执己自用。今观孔门诸子，只除颜、曾之外，其他说话，便皆有病。

平日讲学生变化气质，此处却云"其为学也，只就资质所尚处，添些小好而已"。盖诸先生认气质有恶，不得不说变化；此处要说诸贤各得其性之所近，故又说"气质已定，只添些小好"。且下云："学贵公听并观，求一个是当。"如果有此妙法，而诸贤徒执己见求之，固可憾矣，乃吾夫子亦不为之一指点也。何朱先生之大智，而圣门师弟之大愚乎？则朱子所见之道与所谓之学、所行之教，与圣门别是一家，明矣！至于求诸贤之短，又何不着实体验诸贤之造诣何如，吾辈较之何如，乃只论其说话有病无病乎？仆谓不惟七十子之品诣，非可轻议；便是二千九百余人，既经圣贤陶镕，亦不易言也。自战国横议后，重以秦人之焚坑、汉儒之训诂、魏晋之清谈、历代之佛老、宋元之讲读，而七十子之身分，久不明于世矣！吾尝谓孔子如太阳当空，不惟散宿众星不显其光，即明月五星亦不出色。若当下旬之夜，一行星炯照，四国仰之如太阳然矣。故孔子奠楹后，群推有子为圣人，西河又推卜子为圣。当时七十子身通六艺，日月至仁，倘有一人出于后世，皆足倡学一代，使人望为圣人，非周、程以下诸先生所可比也。近法乾王子有言："后儒稍有不纯，议庙典者，动言黜退圣门。如冉求之聚敛、宰予之短丧，何可从祀？"予曰："贤弟未之思耳。冉有固有亏欠处，其学却实。如此案，即缺一角，仍是有用之巨器，岂可舍也？故圣门一在政事之科，一在言语之列，不比后人虚言标榜，书本上见完全也。"王子曰："然。"

延年李氏曰："罗先生性明而修，行全而洁，充之以广大，体之以仁恕，精深微妙，多极其至。汉唐诸儒，无近似者。"
又是一圣人，宋固多圣人乎？

陈氏协曰："先生可谓有德有言之隐君子矣！李公侗传其学，公殁之后，既无子孙，及其遗言，不多见于世。嘉定七年，郡守刘允济始加搜访，得公所著《遵尧录》八卷，进之于朝。其书四万言，大要谓艺祖开基，列圣继统，若舜、禹遵尧而不变；至元丰改制，皆自王安石作俑，创为功利之冡，寖致边疆之悔。是其畎亩不忘君之心，岂若沮溺辈'索隐行怪'之比耶！"

元祐、元丰之狱，迄无公论。要之，荆公之欲强宋本是，而术未尽善，苟安者竞为敌。洪水罔绩，遂咎崇伯；然使即任濂洛群哲，恐亦如四岳群牧，无如洪水何，未是神禹也。

周氏坦曰："观先生在罗浮山静坐三年，所以穷天地万物之理，切实若此。"

原来是用此功！岂不令孔子哀之乎？但凡从静坐读书中讨来识见议论，便如望梅画饼，靠之饥食渴饮不得。

朱子曰："李延平先生屏居山里，结茅水竹之间，谢绝世故四十余年；箪瓢屡空，怡然自得。"

试观孔子前，有"谢绝世故"之道学乎？

先生从罗仲素学，谓读之余，危坐终日，以验夫喜怒哀乐未发之前气象为何如，而求所谓中者。若是者盖久之，而知天下之大本，真有在乎是也。

昔孔门固有讲诵，乃诵其所学，讲其所学。如诵三代之礼、讲三代之礼以学礼，诵乐章、讲乐器、乐音、乐理以学乐，未有专以讲诵为学者。至于危坐终日，以验未发气象为求中之功，尤孔子以前千圣百王所未闻也。今宋家诸先生，讲读之余，继以静坐，更无别功，遂知天下之大本真在乎是。噫！果天下之大本耶？果天下之理无不自是出耶？何孔门师弟之多事耶！

先生资禀劲特，气节豪迈；而充养纯粹，无复圭角。精纯之气，达于面目，色温言厉；神定气和，语默动静，端详闲泰，自然之中，若有成法。平居恂恂，于事若无可否；及其应酬事变，断以义理，则有截然不可犯者。

先生之道德纯备、学术通明，求之当时，殆绝伦比。然不求知于世，而亦未尝轻以语人，故上之人既莫之知，而学者亦莫之识。是以进不获行于时，退未及传之于后，而先生方且玩其所与乐者于呎亩之中，悠然不知老之将至。盖所谓"依乎中庸，遁世不见，知而不悔"者，先生庶几焉。

合二段观之，则延平先生真一孔子矣！夫闻恶而信、闻善而疑者，小人也；仆即不肖，何忍以小人自居乎？但似唐虞三代之盛，亦数百年而后出一大圣，不过数人辅翼之。若尧舜之得禹、皋，孔子之得颜、曾，直如彼其难；而出必为天地建平成之业，处亦一年成聚、二年成邑、三年成都，或身教三千以成天下之材，断无有圣人而空生之者。况秦汉后千余年间，气数乖薄，求如仲弓、子路之辈，不可多得，何独以偏缺微弱、兄于契丹、臣于金元之宋，前之居汴也，生三四尧孔、六七禹颜；后之南渡也，又生三四尧孔、六七禹颜。而乃前有数圣贤，上不见一扶危济难之功，下不见一可相可将之材，两手以二帝畀金，以汴京与豫矣！后有数十圣贤，上不见一扶危济难之功，下不见一可相可将之材，两以手少帝付海，以玉玺与元矣！多圣多贤之世，而乃如此乎？噫！

先生少年豪勇，夜醉，驰马数里而归；后来养成徐缓，虽行二三里路，常委蛇缓步，如从容室中也。问：先生如何养？曰："先生只是潜养思索。他涵养得自是别，真所谓'不为事物所胜'者。"

孔子但遇可悯可敬，便勃然变色；忽而久，忽而速，似为事物所胜，乃是圣人。释氏，父子兄弟亦不动心，可谓"不为事物所胜"，却是异端。

古人云："终日无疾言遽色。"他真个是如此。寻常人叫一人，一二声不至，则声必厉；先生叫之不至，不加于前也。寻常人去近处必徐行，出远处必行稍急；先生出近处也如此，出远处亦只如此。又如坐处壁间有字，某每尝亦须起头一看；若先生则不然，方其坐，固不看也；若是欲看，则必起就壁下看之。其不为事物所胜，大率如此。

行远不加急；叫人不至，声不加大；坐处有字，必不坐看，天地间岂有此理乎？莫谓"可以速则速、可以久则久"之孔子不如此，虽伯夷、柳下惠，亦断非如此气象。

先生居处有常，不作费力事。

只"不作费力事"五字，不惟赞延平，将有宋一代大儒，皆状出矣！子路问政，子曰："先之，劳之。"天下事，皆吾儒分内事；儒者不费力，谁费力乎？试观吾夫子，生知安行之圣，自儿童嬉戏时，即习俎豆、升降；稍长，即多能鄙事。既成师望，与诸弟子揖让进退，鼓瑟、习歌，羽籥、干戚、弓矢、会计，一切涵养心性、经济生民者，盖无所不为也。及其周游列国，席不暇暖而辄迁，其作费力事如此，然布衣也。周公，文王之子、武王之弟、成王之叔，身为上公者也，而亦多材多艺，吐吐哺握发以接士，制礼作乐以教民，其一生作费力事又如此。此所以身当国钧，开八百之祚于宗周，其人材至末流，犹堪为五霸之用。虽为布衣，布散三千人于天下，维二百年之国脉，其士风之塌坏，犹足供七雄之用。故曰："儒者，天地之元气。"以其在上在下，皆能造就人材，以辅世泽民、参赞化育故也。若夫讲读著述以明理，静坐主敬以养性，不肯作一费力事，虽曰口谈仁义、称述孔孟，其与释老之相去也者几何？

先生厅屋书室，整齐潇洒，安物皆有常处；其制行不异于人，亦尝为任希纯教授延入，学作职事，居常无甚异同，颓如也。真得龟山法门。

当斯世而身任教授，焉得无甚异同乎？又焉得以"颓如也"为德容乎？其与龟山之混迹同尘，一矣！宜朱子称为"真得龟山法门"也。

问：先生所作李先生行状，云"终日危坐，以验夫喜怒哀乐之前气象为如何，而求所谓中者"，与伊川之说若不相似。曰："这处是旧日下的，语太重。今以伊川之语格之，则其下功夫处，亦有些子偏。只是被李先生静得极了，便自见得是有个觉处，不似别人。今终日静坐，只是且收敛在此，胜如奔驰；若一向如此，又似坐禅入定。"

看朱子前日所言丝毫未隐，皆不难自驳倒；若有人以不肖性辩及孔子教法进，必豁然改悟。恨吾生也晚，不获及门矣！

静极生觉，是释氏所谓至精至妙者。而其实洞照万象处，皆是镜花水月，只可虚中玩弄光景；若以之照临折戴，则不得也。吾闻一管姓者，与吾友汪魁楚之伯，同学仙于泰山中，止语三年。汪之离家十七年，其子往觅之，管能预知，以手画字曰："汪师今日有子来。"既而果然。未几，其兄呼还，则与乡人同也。吾游北京，遇一僧敬轩，不识字，坐禅数月，能作诗；既而出关，则仍一无知人也。盖镜中花、水中月，去镜、水，则花、月无有也。即使其静功绵延，一生不息，其光景愈妙，虚幻愈深，正如人终日不离镜、水，玩弄其花、月一生，徒自欺一生而已，何与于吾性广大亲明之体哉？故予论明、亲有云："明而未亲，即谓之明，非《大学》之明也。盖无用之体，不惟无真用，并非真体也。有宋诸先生，吾固未敢量，但以静极有觉为孔子学宗，则断不敢随声相和也。

问："延平先生何故验于喜怒哀乐未发之前而求所谓中？"曰："只是要见气象。"陈后之曰："持守良久，亦可见未发气象。"曰："延平亦是此意。"又问："此与杨氏于未发前体验者，异同何如？"曰："这个亦有些病。那'体验'字是有个思量了，便是已发；若观时恁着意看，便是未发。"问："此体验是着意观，只恁平常否？"曰："此亦是以不观观之。"

观此及前节，则宋儒之不为禅者鲜矣！而方且攻人曰："近有假佛老之似，以乱孔孟之真者。"愚谓充此段之意，乃是假佛老之真，以乱孔孟之似耳！

某旧见先生时，说得无限道理，也曾去学禅。先生云："汝恁地悬空理会得许多，面前事却又理会不得？道亦无奇妙，只在日用间着实用工夫处理会，便自见得。"后来方晓得他说，故今日不至无理会耳！

原来朱子亦曾学禅，宜其濯洗不净者，自贻伊戚矣！延平谓之曰："汝悬空理会许多，面前却理会不得。""理会面前"者，惟周公、孔子之道。朱子自言不至无理会，以今观之，日用间还欠理会。盖二先生之所谓"面前事"，较释氏之悬空而言耳；若二先生得周、孔而见之，其所以告之者，必仍如李先生之告朱先生也。

猗欤先生！果自得师，身世两忘，惟道是资。精义造约，穷深极微，冻解冰释，发于天机。乾端坤倪，鬼秘神彰，风霆之变，日月之光，爰暨山川，草木昆虫，人伦之至，王道之中，一以贯之，其外无余；缕析毫差，其分则殊。体用浑全，隐显昭融，万变并酬，浮云太空。仁孝友弟，洒落诚明，清通和乐，展也大成。婆娑丘林，世莫我知，优哉游哉，卒岁以嬉。

前"资禀劲特"二段，已极推崇；此祭文中，写状尤极醺浓，不遗余力。延平虽贤，恐未能当之。昔吾寄书于友人任熙宇，因其长力（刀）笔事，内有"萧曹之才，兼慕孔孟之道"二语。任答书云："凡誉人失实，即是自己离道；仆之弩下，轻诬以萧曹，即道兄须臾之离道。"予当时读至此，悚然若魂飞，惊愧无地，自谓与任老相交，得力于此书者不浅也。朱子何其见游、杨诸公之明，而推其师之侈也？抑笃服之切，不觉其过情欤？乃于静坐之说，亦明不以为然，又可疑也。

朱子曰："胡文定曰：'岂有见理已明而不能处事者？'此语好！"

见理已明而不能处事者，多矣！有宋诸先生，便谓还是见理不明，只教人明理。孔子则只教人习事，迨见理于事，则已彻上彻下矣。此孔子之学与程朱之学所由分也。《二论》《家语》中明明记载，岂可混哉？

（三）

性理评

延平谓朱子曰："渠所论难处，皆是操戈入室；须从源头体认来，所以好说话。"

"从源头体认"，宋儒之误也，故讲说多而践履少，经济事业则更少。若宗孔子"下学而上达"，则反是矣。

"渠初从谦开善处下功夫来，故皆就里面体认。今既论难，见儒者路脉，极能指其差误之处。自见罗先生来，未见有如此者。"

朱子虽逃禅归儒，惜当时指其差误，犹有未尽处；只以补填礼乐射御书数为难，谓待理会道理通透、诚意正心后，方理会此等，便是差误。夫艺学，古人自八岁后即习行，反以为难；道理通透，诚意正心，乃大学之纯功，反以为易而先之，斯不亦颠倒矣乎？况舍置道理之材具、心意之作用，断无真通透、真诚正之理；即使强以其镜花水月者，命之为通透、诚正，其后亦必不能理会六艺。盖有三故焉：一者，游思高远，自以为道明德立，不屑作琐繁事；一者，略一讲习，即谓已得，未精而遽以为精；一者，既废艺学，则其理会道理、诚意正心者，必用静坐读书之功，且非猝时所能奏效。及其壮衰，已养成娇脆之体矣，乌能劳筋骨、费气力，作六艺事哉？吾尝目击而身尝之，知其为害之巨也。吾友张石卿，博极群书，自谓秦汉以降，二千年书史，殆无遗览。为诸少年发书义，至力竭，偃息床上，喘息久之，复起讲，力竭，复偃息，可谓劳之甚矣。不惟有伤于己，卒未见成起一才。比其时欲学六艺，何以堪也？祁阳刁蒙吉，致力于静坐读书之学，昼诵夜思，著书百卷，遗精痰嗽无虚日，将卒之三月前，已出言无声。元氏一士子，勤读丧明。吾与法乾年二三十，又无诸公之博洽，亦病无虚日。虽今颇加愤恨，期易辙而崇实，亦惴惴，恐其终不能胜任也。况今天下兀坐书斋人，无一不脆弱，为武士、农夫所笑者，此岂男子态乎？差毫厘而谬千里，不知谁为之祟也？噫！

勉斋黄氏曰："先生年十四，慨然有求道之志；博求之经传，遍交当世有识之士，虽释老之学，亦必究其归趣。"

今世为学，须不见一奇异之书，但读孔门所有经传，即从之学其所学，习其所习，庶几不远于道。虽程朱、陆王诸先生语录，亦不可轻看，否则鲜不以流之浊而诬其源之清也。朱子少时，因误用功于释老，遂沾其气味；而吾五百年有功于圣道之大儒，不能涤此歧途之秽，岂非宋元来学者之不幸哉？

余细玩《朱子语录》，亦有恍悟性学本旨处，但无如曾、孟者；从旁一指，终不是判然出彼入此，糊胡涂涂，又仍归周、程所说。或曰："悟学宗如是其难，吾子天资犹夫人也，而谓独明孔子学宗，吾滋惑矣！"予曰："盖有由也。吾自弱冠遭家难，颇志于学，兼读朱、陆两派语录，后以心疾，无所得而萎塌。至甲辰年三十，得交王子助予，遂专程朱之学。乙巳丙午，稍有日进之势。丁未，就辛里馆，日与童子辈讲课时文，学遂退。至戊申，遭先恩祖妣大故，哀毁庐中，废业几年；忽知予不宜承重，哀稍杀。既不读书文，不接人，坐卧地炕，猛一冷眼，觉程朱气质之说，大不及孟子性善之旨，因徐按其学，原非孔子之旧。是以不避朱季友之罪，而有'存性''存学'之说，为后二千年先儒救参杂之小失，为前二千年圣贤揭晦没之本源。倘非丁未废歇，戊申遭丧，将日征月迈，望程朱而患其不及，又焉暇问其误否哉？"

"至若求道而过者，病传注诵习之烦。以为不立文字，可以识心见性；不假修为，可以造道入德。守虚灵之识，而昧天理之真；借儒者之言，以文佛老之说。学者利其简便，诋訾圣贤，捐弃经典，猖狂叫呶，侧僻固陋，自以为悟。"

此朱子极诋陆门之失处。然由孔门观之，则除"捐弃经典""猖狂叫拏"外，其他失处，恐亦朱门所不能尽免也。

"其于读书也，必使之辨其音释，正其章句，玩其辞，求其意。研精覃思，以究其所难；平心易气，以听其所自得。然为己务实，辨别义利，毋自欺、谨慎独之戒，未尝不三致意焉，盖亦欲学者穷理反身而持之以敬也。从游之士，迭诵所习，以质其疑，意有未喻，则委曲告之而未尝倦；问有未切，则反复诫之而未尝隐。务学笃则喜见于言，进道难则忧形于色。讲论经典，商略古今，率至夜半，虽疾病支离，诸生问辨，则脱然沉疴之去体；一日不讲学，则惕然常以为忧。抠衣而来，远自川蜀；文辞之传，流及海外。"

可惜先生苦心苦功，此半幅述之悉矣。试问如孔门七十子者，成就几人？天下被治平者几世？明行吾道而异端顿熄者几分？我夫子承周末文胜之际，洞见道之不兴，不在文之不详，而在实之不修，奋笔删定繁文，存今所有经书，取足以明道，而学、教专在六艺，务期实用。其与端木、言、卜诸子以下，最少言语，至于天道、性命之言尤少，是以学者用功省而成就多。五季之世，武臣司政，诗书高阁，至宋而周、程诸儒出，掀精抉奥，鼓动一时，自谓快事。惟安定胡先生，独知救弊之道在实学、不在空言，其主教太学也，立经义、治事斋，可谓深契孔子之心矣。晦庵先生，所宜救正程门末流之失，而独宗孔子之经典，以六艺及兵农、水火、钱谷、工虞之类，训迪门人，使通儒济济，泽被苍生，佛老熄灭，乃其能事也。而区区章句如此，谓之何哉？

"至若天文、地志、律历、兵机，亦皆洞究渊微；文词字画，骚人才士，疲精竭神，尝病其难，至先生，未尝用意，而亦皆动中规绳，可为世法。"

天文、地志、律历、兵机数者，若洞究渊微，皆须日夜讲习之力，数年历验之功，非比理会文字可坐而获也。先生既得其渊微，奈何门人录记言行之详，未见其为如何用功也？况语及国势之不振，感慨以至泣下，亦悲愤之至矣，则当时所急，孰有过于兵机者乎？正宜诱掖及门，成就数士，使得如子路、冉有、樊迟者，相与共事，则楚囚对泣之态可免矣。乃其居恒传心，静坐主敬之外，无余理；日烛勤劳，解书修史之外，无余功；在朝莅政，正心诚意之外，无余言。以至乘肩舆而出，轻浮之子遮路而进厌闻之诮；虽未当要路，而历仕四朝，在外九考，立朝四旬，其所建白，可概见也。莫为（谓）孔孟之暂效鲁、滕，可为（如）子游、子贱、子路之宰邑光景否？故三代圣贤，躬行政绩多实征；近今道学，学问德行多虚语。则所谓天文、地志、律历、兵机"洞究渊微"者，恐亦是作文字理会而已。

"先生出，而自周以来圣贤相传之道，一旦豁然，如大明中天，昭晰呈露。"

扬子云曰："古者，杨、墨塞路，孟子辞而辟之，廓如也。"韩子驳之云："夫杨、墨行，正道废，孟子虽圣贤，不得位，空言无施，虽切何补？然赖其言，而今之学者尚知宗孔氏、崇仁义、贵王贱霸而已。其大经大法，皆亡灭坏烂，所谓存什一于千百，安在其能廓如也？"夫孟子辟杨、墨而杨、墨果熄，尊孔氏而孔氏果尊，崇仁义、贵王贱霸而仁义果崇、王果贵霸果贱。至大经大法，如班爵、班禄、井田、学校，王道所必举者，明则明，行则行，非后世空言之，此正子贡所称"贤者识其大"者。子云赞之一语，颇易，文公议之。今朱子出，而气质之性参杂于荀、扬，静坐之学出入于佛老；训诂繁于西汉，标榜溢于东京。礼乐之不明，自若也；王道之不举，自若也；人材之不兴，自若也；佛之日昌而日炽，自若也。实学不明，言难精，书虽备，于世何功？于道何补？然赖其讲解，朝廷犹以四书五经取士，周、孔之文，不至尽没；有志于学者，承袭其迹，以主敬静坐求道，不至尽奉释道名号，与二家鼎峙而已。若问自周以来圣贤相传之道，则绝传久矣。黄氏遽谓"一旦豁然，如大明中天"，岂惟不足俟圣人于百世，恐后世有文人之雄如韩子者，亦不免其议也。

果斋李氏曰："先生之道之至，原其所以臻斯域者，无他焉，亦曰主敬以立其本，穷理以致其知，反躬以践其实，而敬者又贯通乎三者之间，所以成始而成终也。故其主敬也云云，内则无二无适，寂然不动；外则俨然肃然，若对神明云云。其穷理也云云，字求其训，句索其旨云云。始以熟读，使其言皆若出于吾之口；继以精思，使其意皆若出于吾之心。自表而达里，自流而溯源；索其精微，若别黑白；辨其节目，若数一二云云，而后为有得焉。若乃立论以驱率圣言，凿说以妄求新意，或援引以相纠纷，或假借以相混惑云云，以为学者之大病，不痛绝乎此，则终无入德之期。盖自孔孟以降，千五百年之间，读书者众矣，未有穷理若此其精者也云云。及其理明义精，养深积盛；充而为德行，发而为事业云云。入而事君，则必思尧舜其君；生以治民，则必以尧舜其民。"

李氏此赞，体用兼该矣。仆不必详辩，但愿学者取朱子之主敬穷理，与孔门一质对；取朱子之事业，与尧舜一质对，则其学宗之稍异判然矣。总之，于有宋诸先生非敢苛求。但以宁使天下无学，不可有参杂佛老、章句之学；宁使百世无圣，不可有将就冒认标榜之圣，庶几学则真学、圣则真圣云尔。

"言论风旨之所传，政教条令之所布，皆可为世法；而其考诸先圣而不谬，建诸天地而不悖，百世以俟圣人而不惑者，则以订正群书、立为准则，使学者有所依据循守，以入尧舜之道。此其勋烈之尤彰明盛大者。"

"考诸先圣而不谬"等语，何其大，而乃归之"订正群书"乎？夫朱子所以尽力于此，与当时后世所以笃服于此者，皆以孔子删述故也。不知孔子是学成内圣外王之德，教成一班治世之材，鲁人不能用，又不能荐之周天子，乃出而周游，周游是学教后不得已处；及将老而道不行，乃归鲁删述以传世，删述又周游后不得已处。战国说客，置学教而学周游，是不知孔子之周游为孔子之不得已也。宋儒又置学教及行道当时，而自幼壮即学删述，教弟子亦不过是；虽讲究礼乐，亦只欲著书垂世，不是欲于吾身亲见之，是又不知孔子之删述为孔子之尤不得已也。况孔子之删述，是删去繁乱而仅取足以明道，正恐后人驰逐虚繁，失其实际也。宋儒乃多为批注，递相增益，不几决孔子之堤防而导泛滥之流乎？此书之所以益盛而道之所以益衰也。

"先生搜辑先儒之说而断以己意，汇别区分，文从字顺：妙得圣人之本旨，昭示斯道之目标。又使学者先读《大学》，以立其规模；次及《语》《孟》，以尽其蕴奥；而后会其归于《中庸》。尺度权衡之既定，由是以穷诸经、订群史，以及百氏之书，则将无理之不可精，无事之不可处矣。"

先生昭明书旨，备劳心力，然所明只是书旨，未可谓得吾身之道也。盖四书诸经、群史百氏之书所载者，原是穷理之文，处事之道。然但以读经史、订群书为穷理处事以求道之功，则相隔千里；以读经史、订群书为即穷理处事，曰道在是焉，则相隔万里矣。兹李氏以先生解书得圣人之本旨，遂谓示斯道之目标；以先生使学者读书有序，遂谓将无理不可精，无事不可处。噫！宋元来，效先生之汇别区分、妙得圣人之本旨者，不已十余人乎？遵先生读书之序，先《大学》、次《语》《孟》、次《中庸》，次穷诸经、订群史，以及百氏，不已家家伊吾、户户讲究乎？而果无理不可精、无事不可处否也？譬之学琴然，诗书犹琴谱也，烂熟琴谱，讲解分明，可谓学琴乎？故曰：以讲读为求道之功，相隔千里也。更有一妄人，指琴谱曰：是即琴也。辩音律，协声韵，理性情，通神明，此物、此事也，谱果琴乎？故曰：以书为道，相隔万里也。千里、万里，何言之远也！亦譬以学琴然，歌得其调，抚娴其指，弦求中音，徽求中节，声求协律，是谓之学琴矣，未为习琴也。手随心，音随手，清浊疾徐有常规，鼓有常功，奏有常乐，是之谓习琴矣，未为能琴也。弦器可手制也，音律可耳审也，诗歌惟其所欲也，心与手忘，手与弦忘，私欲不作于心，太和常在于室，感应阴阳，化物达天，于是乎命之曰能琴。今手不弹、心不会，但以讲读琴谱为学琴，是渡河而望江也，故曰千里也；今目不睹、耳不闻，但以谱为琴，是指蓟北而谈云南也，故曰万里也。

"洙泗以还，博文约礼，两极其至者，先生一人而已。"

"博学于文，约之以礼"，乃孔门祖述尧舜、宪章文武之实功，明德亲民、百世不易之成法也。但孔门曰"博文约礼"，程朱亦曰"博文约礼"，此殊令人不敢辩。然实有不待辩而判者：如孔门之博学，学礼、学乐、学射、学御、学书数，以至《易》书，莫不曰学也；《周南》《召南》，曰为也。言学、言为，既非后世读讲所可混；礼乐射御书数，又非后世章句所可托。况于及门之所称赞，当时之所推服，师弟之所商榷，若多学而识、不试故艺、博学而无所成名、文武之道未坠于地、文不在兹、游于艺、如或知尔、可使从政诸章，皆可按也。此孔门之文、孔门之学也。程朱之文，程朱之博学，则李氏已详言之，不必赘矣。孔门之约礼，大而冠婚丧祭、宗庙会同，小而饮食起居、衣服男女，问老聃，习大树下，公西子《曲礼》精熟，夫子逊其能，可谓礼圣。言、曾诸贤，纤微必谨，以此约身，即以此约心，出即以此约天下，故曰"齐之以礼"。此千圣体道之作用，百世入道之实功。故《中庸》大圣人之道，至于发育万物，峻极于天，序君子之功，备著"尊德性，道问学"，而其中直指曰"礼仪三百，威仪三千"。且曰：苟不至德，至道不凝，显是以三千、三百为至道。倘外此而别有率性，别有笃恭，子思亦得罪圣门矣。此孔门之礼、孔门之约也。程朱之约礼，则惟曰"内而无二无适，寂然不动；外而俨然肃然，若对神明"而已。其博约极至与否，未敢易言，愿学者，先辨其文与礼焉可也。

朱子言：自周衰教失，礼乐养德之具一切尽废，所以维持人心者，惟有书；则宜退求其一切养德之具，而亟亟与同人讲习之，以经书为左证可也。而乃惟孜孜攻苦于书，其余不甚重焉。且李氏亦知春秋时，患在诸书烦乱而礼乐散亡，孔子删定，为万世道德之宗。乃朱子适丁文墨浩繁之时，而不能删削其烦乱，反从而训之、增之，何也？夫朱子之所欲学者，孔子也，而顾未得孔子之心，未尽合孔子学教之法。吾为五百年之士子，惜其不得为曾、孟；为五百年之世道，惜其不得为殷、周；为五百年之生民，惜其不得蒙教养，故深惜朱子之未得为孔子也！

吴氏曰："先生经史子集之余，虽记录杂说，举辄成诵。"经史子集，已惜其过用精神，况记录杂说乎？

北溪陈氏曰："先生道巍而德尊，义精而仁熟；立言平正温润，清巧的实云云。辞约而理尽，旨明而味深；而其心度澄朗，莹无渣滓，工夫缜密，浑无隙漏，尤可想见于辞气间。故孔孟、周程之道，至先生而益明；所谓主盟斯世，独先生一人而已。"

试观"道巍德尊，义精仁熟"二语，虽孔子不是过；而下面实指处，却只是立言之辞约理尽、旨明味深而已；言其"心度澄朗，工夫缜密"，亦不外于辞气想见之。盖朱子身分原是如此，黄、李、吴、陈诸公，亦但能于虚字间崇奖，不能于实际上增润。及总赞"主盟斯世"一语，尤是不觉道出本色。盖王者不作，五霸迭兴，相继主盟，假仁义以明王章，圣贤亦不得已而取之。故孔子曰："桓公九合诸侯，一匡天下。"孟子曰："今之诸侯，五霸之罪人也。"秦汉而降，圣人不生；扬、韩、王、周、程、朱、陆、薛、王、冯、高诸子，相继迭兴，主盟儒坛，阐诗书以明圣道，天下靡然向风；自好之士，多出其内。故五霸者，实德未修，虽天下服之而不敢帝、不敢王，名之曰霸而已；诸儒者，实学未至，虽天下宗之而不敢圣、不敢贤，浑之曰儒而已，其身分正同。迄今大儒，相继登坛于东林者，犹皆称主盟，其取义确矣。

鹤山魏氏曰："国朝之盛，大儒辈出，声应气求，若合符节。曰极，曰诚，曰仁，曰道，曰忠，曰恕，曰性命，曰气质，曰天理人欲，曰阴阳鬼神，若此等类，凡皆圣门讲学之枢要，而千数百年习浮踵陋、莫知其说者，至是脱然若沉疴之起，大寐之醒。至于朱文公先生，始以强志博见，凌高厉空；自受学延平李先生，遏然如将弗胜，于是敛华就实，反博归约。迨其蓄久而思浑，资深而行熟，则贯精粗、合内外，群献之精蕴、百家之异指,毫分缕析,如示诸掌。张宣公、吕成公,同心协力,以闲先圣之道,而仅及中身,论述靡定;惟先生巍然独在,中更学禁,自信益笃。盖自《易》《诗》《中庸》《大学》《论语》《孟子》,悉为之推明演绎;以至《三礼》《孝经》,下迨屈、韩之文,周、程、张、邵之书,司马氏之史,先正之言行,亦各为之论著。然后帝王经世之规,圣贤新民之学,灿然中兴!"

天命、阴阳、鬼神等,仆之愚,未足与议;但以大半属圣人所"罕言""不语"者,而"必毫分缕析、如示诸掌",何为也哉?至于推明古人之经书,论著先正之前言往行,此自吾儒学成后余事。学成矣,则用于世以行之;如不厓于世,亦可完吾性分以还天地。不著述,可也;观其时,果有大理未明、大害未除,不得已而有所著述,以望后世之明之、除之,亦可也。若文人之文,书生之书,解之、论之,则不必矣。乃今以此等推演论著之既明,遂为"帝王经世之规、圣贤新民之学,灿然中兴",不其诬欤!无实功于道统,既不免尧舜、孔孟在天者之叹息,又无实征于身世,岂能服当日之人心乎?徒以空言相推,驾一世之上,而动拟帝王圣贤,此伪学之名所从来也!仆尝妄议宋代诸先儒、明末诸君子,使生唐虞三代之世,其学问、气节必更别;若只如此,恐亦不免伪学之禁、门党之诛也。但宋、明朝廷既无真将相,草野既无真学术,则正宜用称说诗书、标榜清流者撑持其衰运,不宜诛之、禁之,以自速其败亡也。要之,似龙骨马,司国柄者不可废崇儒重道之典;而悲天悯人,儒者宜存返己自罪之心。故天下有弑君之臣、杀父之子,无与于孔子也,而孔子惧;天下有无父之墨、无君之杨,非孟子为之也,而孟子惧。盖儒者之悯天下而厚自责如此,况真失学宗、以误斯人,则近代之祸,吾儒焉得辞其责哉!

朱子曰："敬夫高明。他将谓人都似他，才一说时，便更不问人晓会与否，且要说尽他个。故他门人，敏底只学得他说话；资质不逮，依旧无着摸。某则性钝，读书极是辛苦，故寻常与人言，多不敢为高远之论。盖为是身曾亲经历过，故不敢以是责人耳。《学记》曰：'进而不顾其安，使人不由其诚。'今教者之病，多是如此。"

朱子与南轩一派师友，原只是说话、读书度日。较王、何清谈，颇用力于身心；较韩、欧文字，犹规于理性；李（白）、苏诗酒，既不能仿其矜持；佛、老空虚，又全不及其读讲。真三代后近于儒之学，硗薄气运中不易得之豪杰也！然而身分如此，无能强增，故推奖处，或衬贴以圣贤道统、躬行经济之语，至其比长竞短、叙实指事，或推人、或自见，则皆在言词读作之中，而无他也。且其病南轩者，恐亦朱子所以自状。但其为失有浅深，遂自以为得中耳。愚尝上书刁文孝，其答书亦不问人之疑与否，只自己说尽。想刁公亦非矜情自见，盖素日所学，原是说话作文，更无他物与人耳。况讲读之学教，即循循有序，亦与《学记》之言"时孙"者不同。夫"进而不顾其安，使人不由其诚"，所谓"不学操缦，不能安弦；不学博依，不能安诗；不学杂服，不能安礼；不兴其艺，不能乐学"。苟躁速引进而不顾其安，是教人躐等而不诚也，不时、不孙也。故法乾上会，谓其子九数已熟，甚悦。予曰："且勿令知有乘归法，使之小息，得一受用，方可再进。"正此意也。学者观孟子"深造之以道""教者必以规矩"诸章，岂诵读讲说之学所可托哉？

"'南轩、伯恭之学，皆疏略'云云。伯恭说道理，与作为自是两件事，如云'仁义道德与度数刑名，介然为两途，不可相通'。"

朱子说礼乐射御书数"补填难,且理会道理、诗书"。非是看道理、诗书,与礼乐射御书数介然为两途乎?只是不肯说明耳。古人云:"不知其人,视其友。"观此益信。

"东莱自不合做这大事记,他那时自感疾了,一日要做一年;若不死,自汉武、五季,只千来年,他三年自可了。此文字,人多云其解题煞有工夫,其实他当初作题目,却煞有工夫,只一句,要包括一段意。解题只现成,检令诸生写。伯恭病后,既免人事应接,免出做官,若不死,大段做得文字。"

可惜一派师友,都是以作文字度日,死生以之!朱子于南轩、伯恭,皆不讳其短。交友之和而不同如此,岂恶闻异己之言哉?至今仕学,皆先立党,此所以道愈微、世愈衰!

问:"子静不喜人论性。"曰:"怕只是自己理会,不曾分晓,怕人问难;又长大了,不肯与人商量,故一截截断。然学而不论性,不知所学何事?"

不喜人论性,未为不是,但少下学耳。朱子好论性,又教人商量性,谓"即此是学",则误矣!故陆子对语时,每不与说者,中不取也。不取朱子,而不思我所见果是,何以不能服此友也?朱子此等贬斥,尤不取陆子;不取陆子,而亦不思我所言果是,何以不能服此友也?子曰:"察言而观色,虑以下人。"两先生,岂未用此功欤?

"子静之学,看他千般万般,病只在不知有气禀之杂。"

朱子之学,全不觉其病,只由不知气禀之善。以为学可不自六艺入,不知六艺即气质之作用,所以践形而尽性也。

"子静说话，常是两头明，中间暗，是如何？"曰："是他那不说破处。他所以不说破，便是禅家所谓'鸳鸯绣出从君看，莫把金针度与人'。禅家自爱如此。"

禅家无鸳鸯也；不绣鸳鸯，焉得鸳鸯与人看？

子静说良知良能、四端等处，且成片段，似经语，不可谓不是。但说人便能如此，不假修为存养，此却不得。譬如旅寓之人，自家不能送他还乡，但与说云：'你自有田有屋，大段快乐，何不便回去？'那人既无资送，如何便回去？又如脾胃受伤、不能饮食之人，却硬将饭将肉塞入他口，不问他吃得吃不得。若是一顿便理会的，亦岂不好；然非生知安行者，岂有此理？便是生知安行，也须要学。大抵子思说"率性"，孟子说"存心养性"，大段说破；夫子更不曾说，只说孝弟、忠信、笃敬。盖能如此，则道理便在其中矣。

陆子说"良知良能，人便能如此，不假修为存养"，非是言"不用修为存养"；乃认孟子"先立乎其大者，则其小者不能夺"二句稍呆，又不足朱子之诵读训诂，故立言过激，卒致朱子轻之。盖先立其大，原是根本；而维持壅培之无具，大亦岂易言立也？朱子"旅寓人""伤脾胃人"二喻，诚中陆子之病；但又是手持路程本当资送，口说健脾和胃方岂开胃进食，即是终年持说，依然旅寓者不能回乡，伤脾胃者不能下咽也。此所以亦为陆子所笑，而学宗遂不归一矣！岂若周公、孔子三物之学，真旅寓者之糇粮车马、伤脾胃者之参术缩砂也哉？

既知夫子不说破，前乃讥陆子不说破是"禅家自爱"，何也？

"子静之说无定，大抵他只是要拗。"

细检之，讲学先生多是拗，只有多少少耳。吾儒之道，有一定不易之理，何用拗？只因实学既失，二千年来，只在口头取胜、纸上争长，此拗之所从来也。

问：象山道"当下便是"。曰："看圣贤教人，曾有此等语无？圣人教人，皆从平实地做去云云。又平时告弟子，也须道是'学而时习'，'行有余力，则以学文'。"

圣贤教人，原无象山"当下便是"等语。试看圣贤，可曾有先生之学否？"学而时习之"，"行有余力，则以学文"，孔门是学静坐、训解否？

"但有圣贤之言，可以引路。"

有圣贤之言可以引路，今乃不走路，只效圣贤言，便当走路。每代引路之言，增而愈多，卒之荡荡周道上，鲜见其人也！《诗》云："如匪行迈谋，是用不得于道。"此之谓矣！

因说子静，云："这个只争些子，才差了，便如此，他只是差过了。更有一项，却是不及。若是过底，拗转来，却好；不及底，趱向上去，便好。只缘他才高了，便不肯下；才不及了，便不肯向上。过的，便道只是就过里面求个中；不及的，也道只就不及里面求个中。初间只差了些子，所谓'差之毫厘，谬以千里'。"又曰："某看近日学问，高者便说做天地之外去，卑者便只管陷溺；高者必入于佛、老，卑者必入于管、商。定是如此，定是如此！"

看朱子叹息他人，真是自以为"中"，居之不疑矣。若以孔门相较，朱子知、行竟判为两途，知似过，行似不及。其实行不及，知亦不及。又叹近日学者，高入佛、老，卑入管、商。愚以为，当时没有真佛、老，必更叹朱子之讲读训解为耗神粗迹；有真管、商,必更叹朱子之静坐主敬为寂守无用,恐不能出其上,而令两项人受怜也。若吾夫子,中庸之道,举其心性,可以使释、道哭;言其作用,可以使管、商惭。傥朱子而幸游其门,见其天高地厚,又岂敢邃自以为是乎?不得孔子而师、颜曾而友,此朱子之大不幸也!

"陆氏会说,其精神亦能感发人,一时被他耸动底,亦便清明;只是虚,更无底簞(簞)。'思而不学则殆',正而无底簞便危殆也。'山上有木,渐,君子以居贤德、善俗',有阶梯而进,不患不到。今其徒往往进时甚锐,然其退亦速;才到退时,便如堕千仞之渊。"

朱子指陆门流弊处,亦所以自状。但朱子会说,又加会解、会著,是以耸动愈多,颇有底簞。

或问:读讲、著述,虽是靠书本,然毕竟经传是把柄,故颇有底簞否?予曰:"亦是读讲经书,身心有所依据,不至纵放;但亦耗费有用精神,不如陆、王精神不损,临事尚有用也。吾所谓'颇有底簞'者,盖如讲、著此一书,若全不依此书行,不惟无以服人,己心亦难以安。故必略有所行,此处稍有簞底;只因原以讲解为学,而以行为衬贴,终不免挂一漏二,即所行者亦不纯熟。不如学而时习,用全副精神,身心道艺,一滚加功,进锐不得,亦退速不得。即此为学,即此为行,即此为教;举而措之,即此为治,真尧、舜宗子,文、武功臣,万世圣贤之规矩也。虽聪明如颜、赐,焉得不叹'循循善诱、欲罢不能也'哉?焉得不初疑为'多学而识',后乃叹'生天不可闻也'哉?虽退怯如冉求,安得不悦之而终成其艺也哉?傥入程、朱之门,七十子皆流于禅林,二千九百人皆习为训诂矣!呜呼!吾安得一圣门徒众之末而师之也哉!"

或问：宋儒挂一漏二，所行不熟，何处见？予曰："如朱子著《家礼》一书，家中亦行礼；至斩衰墨衰出入，则半礼半俗。既废正祭，乃又于俗节墨衰行事，此皆失周公本意。至于妇人，便不与着丧服杖绖之制，祭时妇人亦不办祭肴，至求一监视而亦若不得者。此何说乎？商人尚音，周人尚臭，皆穷究阴阳之秘，祭祀之要典也。诸儒语录，讲焄蒿悽怆等，吾亦痛切，似知鬼神情状者；至于集礼，乃将笙磬脂膟等皆削去之。如此类，不可胜述，不可见哉！"

邵庵虞氏曰："孟子没千五百年而周子㠯，河南两程夫子云云。程门学者，笃信师说，各有所奋力以张皇斯道；奈何世运衰微，民生寡佑，而乱亡随之矣！悲夫！"

许多圣贤张皇斯道，下却继之曰："而乱亡随之矣！"是何缘故？何其言而不思如此！

草庐吴先生继许文正公为祭酒，六馆诸生，以次授业。昼书退堂后，寓舍，则执经者随而问业；先生恳恳循循，其言明白痛切，因其才质之高下，闻见之浅深，而开道诱掖之云云。一时皆有所观感而兴起矣。尝与人曰："天生豪杰之士，不数也。夫所谓豪杰之士，以其知之过人，度越一世，而超出等夷也。战国之时，孔子之徒党尽矣，充塞仁义，若杨、墨之徒，又滔滔也，而孟子生乎其时云云。真豪杰之士哉！至于周、程、张、邵，一时迭出，非豪杰，孰能与于斯？又百年，至朱子，集诸子之大成，则中兴之豪杰也。以绍朱子之统自任者，果有其人乎？

恳恳循循，讲论不倦，每至夜半，且寒暑不废，其功可谓勤且苦矣，果有益于世乎？果成起一班人材乎？至其自负，亦不过"知之过人、度越一世"而已。朱子曰："此道不拼生尽死理会，终不解。"是其立志成功,已不过如此。但朱子眼颇高,不肯明以自任;元儒识更下,故直出口而不觉。不足异也。所可异者,所见日小,而以为孟子亦只如此,则亦浅之乎言豪杰、易言道统矣!

(四)

性理评

程子曰:"古人虽胎教与保傅之教,犹胜今日庠序、乡党之教。古人自幼学,耳目游处所见皆善,至长而不见异物,故易以成就。今日自少所见皆不善,才能言便习秽恶,日日铄销,便有甚天理?"

既知少时缺习善之功,长时又习于秽恶,则为学之要,在变化其习染,而乃云变化气质,何也?

"勿谓小儿无记性,所历事皆能不忘。"
所历事皆不忘,乃不教之历事,何已?

"如养犬者,不欲其升堂,则待其升堂而扑之;若既扑其升堂,又复食之于堂,则使孰从?虽日挞而求其不升,不可得也。养异类且然,而况人乎?故养正者,圣人也。"

先生倡明道学,病天下之空寂而尚浮文也,乃废周公、孔子六艺,而贵静坐读书,不几扑其升堂又食于堂乎?虽日挞而求其不空寂浮文,何可得也?养正之功,或不若是。

朱子曰:"古者初年入小学,只是教之以事,如礼乐射御书数及孝弟、忠信之事;自十六七入大学,然后教之以理,如致知格物，及所以为孝弟、忠信者。"

既言此，何不学古人而身见之？要之，孔门称古昔，程、朱两门亦称古昔，其所以称者，则不同也。孔门是身作古人，故曰："吾从周。"二先生是让与古人，故曰："是难。"孔门讲礼乐，程、朱两门亦讲礼乐，其所以讲者，则不同也。孔门是欲当前能此，故曰："礼乐，君子不斯须去身。"二先生是仅欲人知有此，故曰："姑使知之。"

"古人自入小学时，已自知许多事了，至入大学时，只要做此功夫；今人全未曾知。古人只去心上理会，至于治天下，皆自心中流出；今人只去事上理会。"

朱子叹人全未曾知，恐朱子亦未知之如渴饮饥食。如所云："古人入小学，已知许多事；入大学只做此功。"何其真切也？而下文"古人心上理会，今人事上理会"之语，又与上文自相混乱矣！

"古人便都从小学中学了，所以大来都不费力；如礼乐射御书数，大纲都学了，及至长大，也更不大段学，便只理会致知穷理功夫。而今自小失了，要补填，实是难；但须庄敬笃实立其基本，逐事逐物理会道理。待此通透，意诚心正了，就切身处理会，渐渐（旋旋）去理会礼乐射御书数，也是合当理会的，皆是切用。但不先就切身处理会道理，便教考究得些礼文制度，又干自家身己甚事？"

"要补填"三字，见之大快，下却云"难"，是朱子学、教之误，其初只是畏难而苟安。

"古人小学教之以事，便自养得心不知不觉自好了；到待渐长、渐更历,通达事物,将无所不能。今人既无本领,只去理会许多闲骨董,百方措置思索,反以害心。"

既如此,何故说上段话?可怪、可怪!

"古人自能食能言便已教了,一岁有一岁工夫;到二十时,圣人资质,已自有二三分。"

此周公以人治人,使天下共尽其性之道,所以圣贤接踵,太和在成周宇宙间者也。朱子知之而不学之,岂不可惜?然愚于此二段,深幸《存学》之不获罪于朱子矣!

"如今全失了小学工夫,只得教人且把敬为主,收敛身心,却方可下工夫。或云敬当不得小学,某看来,小学却未当得敬。"

"敬"字字面好看,却是隐坏于禅学处。古人教洒扫,即洒扫主敬;教应对进退,即应对进退主敬;教礼乐射御书数,即度数、音律、审固、磬控、点画、乘除,莫不主敬。故曰"执事敬",故曰"敬其事",故曰"行笃敬",皆身心一致加功,无往非敬也。若将古人成法皆舍置,专向静坐收摄、徐行缓语处言主敬,乃是以吾儒虚字面做释氏实工夫,去道远矣!或云"敬当不得小学",真朱子益友,惜其未能受善也。

尝训其子曰:"起居坐立,务要端庄,不可倾倚,恐至昏怠;出入趋步,务要凝重,不可僄轻,以害德性。以谦逊自牧,以和敬侍人,凡事切须谨饬,无故不须出入。少说闲话,恐废光阴;勿看杂书,恐分精力。早晚频自检点所习之业。每旬休日,将一旬内书温习数过,勿令心少有佚放,则自然渐近道理,讲习易明矣。"

先生为学得力处,备见《训子》一书,故详录之。充此气象，原有非俗儒文士所可及者。然孔门学者，果如斯而已乎？是在有志实学者自辨之。

问："小学'载乐'一段，不知今日能用得否？"曰："姑使知之。古人自小即以乐教之，乃是人执手提诲；到得大来，涵养已就，稍能自立，便可。今人既无此，非志大有所立，因何得成立！"

孟子曰："我知言。"盖言者，心声也，故一言而觇其终身，不可掩也。况朱子大儒，亦不自掩，固昭然可见者。如人问"小学'载乐'，不知今日能用之否"，何不答曰："书上所有，都是要用；不用，载之何为？"而乃曰："姑使知之。"然则平日讲学，亦不过使人知之而已，亦不过使人谓我知之而已。

因论小学曰："古者教必以乐，后世不复然。"问："此是作乐，使之听，或其自作。"曰："自作。若自理会不得，人作何益？古者国君备乐，士无故不去琴瑟，日用之物，无时不备于前。"

言之亲切如此，只不肯自做主意，作后世引路人，不作前圣接迹人。岂知历代相接，都作引路人哉？此人人说引路之言，而圣人之正路益荒也。

"前贤之言，都是佩服躬行，方始有功；不可只如此说过，不济事。"

不知是自悔语，是责人语？但将"博学之"，改为"博读书，博作文"，便不似圣门"佩服躬行"旧传受。朱子数则，知之真矣，而不行，何哉？

东莱吕氏曰:"教小儿,先以恭谨,不轻忽,不躐等,读书乃余事。"

佳。先生辈,何为只作余事?

临川吴氏曰:"古之教者,子能食而教之食,子能言而教之言。欲其有别也,而教之异处;欲其有让也,而教之后长。因其良知良能而导之,而未及乎读诵也。教之数,教之方,教之日,与夫学书计,学幼仪,则既辨名物矣,而亦非事乎读诵也。弟子之职,曰孝,曰弟,曰谨,曰信,曰爱,曰亲,行之有余力,而后学文。今世童子甫能言,不过教以读诵而已,其视古人之教何如也?"

草庐叙古教法,两言"非事读诵"。又曰,"今世童子,不过教以读诵而已,其视古人之教何如也?"其言一若甚厌夫读诵之习者。五季之余,武臣司政,民久不见儒生之治世,久不闻诗书之声。积废之极而气数一返,周、程、张、朱适逢其会,以诵读诗书、讲解义理为倡,又粗文以道德之行,真不啻周公、孔子复出矣。此所以一树赤帜而四海望之,一登高呼而数世应之。呜呼盛哉!而流不可返、坏不可救之祸,实伏于此。吴氏亦犹行宋儒之道者,而出言不觉至是,盖诵读之焰已毁而举世罔觉,又不容不露其几也。而吾所甚惧,正在此几也。文盛之极则必衰,文衰之返则有二:一是文衰而返于实,则天下厌文之心,必转而为喜实之心,乾坤蒙其福矣。达而在上,则为三代;即穷而在下,如周末文衰,孔子转之以实,虽救之未获全胜,犹稍延二百年吾儒之脉。不然,焚坑之祸,岂待秦政之时哉!一是文衰而返于野,则天下厌文之心,必激而为灭文之念,吾儒与斯民,沦胥以亡矣!如有宋程朱党伪之禁,天启时东林之逮狱,崇祯末献忠之焚杀,恐犹未已其祸也,而今不知此几之何向也!《易》曰:"知几其神乎？"余曰："知几其惧乎！"

程子曰："解义理，若一向靠书册，何由得居之安、资之深？不惟自误，兼亦误人！"
真语！

"古之学者，优柔餍饫，有先后次序；今之学者，却只做一场话说，务高而已！"
知及此矣，其教及门，乃亦未见古人先后次序，不又作"话说一场"而已哉！

"今之学者，往往以游、夏为小，不足学；然游、夏一言一事，却总是实。"
程子虽失圣门成法，而胸中所见犹实，改其言如此。朱子去此，则又远矣！

问："如何学，可谓有得？"曰："大凡学问，闻之、知之，皆不为得；得者，须默识心通。学者欲有所得，须是诚意烛理。"
程、朱言学，至肯綮处，若特避六艺、六府之学者，何也？如此段言"闻之、知之，皆不为得"，可谓透宗语矣！下何不云："得者，须履中蹈和，躬习实践，深造以六艺之道，乃自得之也。"乃云"须默识心通"，不仍是知之乎！

"进学莫大于致知，养心莫大于理义。古人所养处多，若声音以养其耳，舞蹈以养其血脉。今人都无，只有义理之养，人又不知求。"
学之患，莫大于以理义让古人做。程、朱动言古人如何，今人都无；不思我行之，即有矣。虽古制不获尽传，只今日可得而知者，尽习行之，亦自足以养人。况因偏求全、即小推大，古制亦无不可追者乎？若只凭口中所谈、纸上所见、心内所思之理义养人，恐养之不深且固也。

"学贵乎成，既成矣，将以行之也；学而不能成其业，用而不能行其学，则非学矣。"

程子论学颇实，然未行其言也。夫教者之身，即所以教也；其首传所教者，即教者之身也。试观程门，学成其业乎？用行其学乎？孔子摄相而鲁治，冉、樊为将而齐北；二程在朝而宋不加治，龟山就征而金人入汴，谓之学成、用行，吾不信也。

"今之学者有三弊：溺于文辞，牵于训诂，惑于异端。苟无此三者，则必求归于圣人之道矣。"

可叹三弊误此乾坤！先生濯洗，亦未甚净，故其流远而益差也！向尝谓程朱与孔孟各是一家，细勘之，程与朱亦各是一家。

张子曰："在始学者，得一义，须固执，从粗入精也。"又曰："若始求甚深，恐自兹愈远。"又曰："但扫拂去旧日所为，使动作皆合于礼。"

张子以礼为重，习而行之以为教，便加宋儒一等。

"既学而有先以功业为意者，于学便相害；既有意，便穿凿创意作起事也。德未成而先以功业为事，是代大匠斲，希不伤手也。"

所学既失其宗，又将古人成法说坏。试观"大学之道"，才言"明德"，即言"亲民"，焉得云无意于功业？且入学即是要作大匠，乌得谓之代大匠斵？仆教幼学道艺，或阻之曰："不可，今世不如此。"予曰："但抱书入学，便是作转世人，不是作世转人；但不可有者，躁进干禄、非位谋政之心耳。"

上蔡谢氏曰："学须是熟讲。学不讲，用尽工夫，只是旧时人。学之不讲，是吾忧也。仁亦在夫熟而已。"

"子云'学之不讲'，是博学矣，又当审问、慎思、明辨以讲之。若非己学，将执何者以讲乎？今徒讲而不学，误矣！颜子工夫，真百世规范，舍是更无入路、无住宅。"

极是！

龟山杨氏曰："今之学者，只为不知为学之方，又不知学成要何用。此事体大，须是曾着力来，方知不易。夫学者，学圣贤之所为也云云。若是只要博通古今，为文章，作忠信愿悫、不为非义之士而已，则古来如此等人不少；然以为闻道，则不可。且如东汉之衰，处士逸人，与名节之士，有闻当世者多矣；观其作处，责之以古圣贤之道，则略无毫发仿佛相似。何也？以彼于道，初无所闻故也。今时学者，平居则曰：'吾当为古人之所为。'才有一事到手，便措置不得。盖其学以博通古今、为文章，或志于忠信愿悫、不为非义而已，不知须是闻道。"

诸先生自负闻道矣，愚以为责之以古圣贤之道，亦未尽仿佛也。即如先生，当汴京垂亡之际，轻身一出，其所措置，徒见削夺荆公配飨、说道学话而已。

"验之于心而不然，施之于行事而不顺，则非所谓经义。今之治经者，为无用之文，徼幸科名而已，果何益哉？"

仆谓为学者与此较，则陋矣！何不与尧舜、伊周、孔孟较？

"学而不求诸孔孟之言，亦末矣！《易》曰：'君子多识前言往行，以畜其德。'孟子曰：'博学而详说之，将以反说约也。'"

多识自不可废，博学乃只多读书乎？

"颜渊'请问其目'，学也；'请事斯语'，则习矣。学而不习，徒学也。譬之学射而至于彀，则知所学矣；若夫承挺而目不瞬，贯虱而县不绝，由是而求尽其妙，非习不能也。"

颜子"请问"，亦仍是问，未可谓之学。"请事斯语"，学也；"欲罢不进而不止"，乃习矣。龟山一字之误，未为甚差，但说学必宜习之理最透，而未见其习者，无他，习其所习，非孔门所谓习也。

延平李氏曰："学问之道，不在多言，但默坐澄心，体认天理；若真有所见，虽一毫私欲发，亦退听矣。久久用功于此，庶几渐明，讲学始有力耳。"

试观孔、孟，曾有"静坐澄心，体认天理"等语否？然吾亦非谓全屏此功也。若不失周、孔六艺之学，即用此功于无事时，亦无妨；但专用力于此，以为学问根本，而又以讲说为枝叶，则全误矣！

"孔门诸子，群居终日，交相磋切；又得夫子为之依归，日用之间，观感而化者多矣。恐于融释而脱落处，非言说所及也。不然，子贡何以言'夫子之言性与天道，不可得而闻也'耶？"

何不思孔门"群居终日"，是作何事？何不思"性天不可闻"，是何主意？乃动思过子贡以上耶？以孔子之道律之，恐有宋诸先生，不免为"智者过之"一流。

朱子曰："今之为学甚难。缘小学无人习得，如今都是从头起。古人于小学小事中，便皆存个大学大事的道理在，大学只是推将开阔去。向来小时做底道理存其中，正似一个坯素（璞）极相似。"

余谓何难之有？只不为耳！即将艺之小者，令子弟之幼者习之；艺之大者，令子弟之长者习之。此是整饬身体、涵养性情实务。正心诚意非精，府修事和非粗，乃诸先生只悬空说存养，而不躬习其事，却说难，却说今日不学全失，无人习。如此而言格致诚正、修齐治平，皆虚而无据矣！然则岂惟小学废，大学不亦亡乎？而乃集《小学》也、注《大学》也，何为也哉？

"读书如炼丹，初时烈火煅熬，然后渐渐慢火养；又如煮物，初时烈火煮了，却须慢火养。读书，初勤敏着力，子细穷究；后来却须缓缓温寻，反复玩味，道理自出。又不得贪多欲速，直须要熟，工夫自熟中出。"

朱子论学，只是论读书，但他处多入"理会道理""穷理致知"等字面，不肯如此分明说。试看此处直言之如此，十分精彩，十分有味，盖由其得力全在此也。夫读书乃学中之一事，何为全副精神用在简策乎？

"学者只是不为己，故日间此心安顿在义理上时少，安顿在闲事上时多；于义理却生，于闲事却熟。"

只因废失六艺，无以习熟义理，不由人不习熟闲事也。今若一复孔门之旧，不惟好色好货一切私欲无从参，博弈诗酒等自不为，即诵读、训诂、著述文字等事，亦自无暇。盖圣人知人不习义理、便习闲事，所以就义理作用处制为六艺，使人日习熟之。

若只在书本上觅义理，虽亦羁縻此心、不思别事，但放却书本，即无理会。若直静坐，劲使此心熟于义理，又是甚难，况亦依旧无用也。

或问："为学如何做工夫？"曰："不过是切己便的当。此事自有大纲，亦有节目云云。然亦须各有伦序。"问："如何是伦序？"曰："不是安排此一件为先，此一件为后，此一件为大，此一件为小；随人所为，先其易者，阙其难者，将来难者，亦自可理会。且如读书，二《礼》《春秋》，有制度之难明、本末之难见，且放下未要理会亦得；如《诗》《书》，直是不可不先理会云云。圣贤言语，何曾误天下后世，人自学不至耳！"

或问"为学如何做工夫"，又问"如何是伦序"，皆最切之问。朱子乃只左支右吾，说皮面语。"大纲""节目"数语，尚可敷衍；至于"不是安排此一件为先，此一件为后，此一件为大，此一件为小"，便是糊混。夫古人教法，某年舞勺，某年舞象，某年习幼仪，某年学礼，何尝不是安排一定，孰先孰后、孰大孰小哉？"知所先后"，《大学》又明言矣。糊混几句已，又说归读书，读书又不教人理会制度等事，姑教避难取易。夫理会制度，已畏其难矣，况取其所谓制度者，而身习之、身精之乎？此等语，若出他人口，朱子必灼见其弊而力非之。师望既高，信口说去，不自觉如此。却说"圣贤言语，何曾误天下后世"。夫圣贤言语，谁曾误天下后世？其误天下后世者，乃是不从圣贤语耳！夫学而时习之，是《鲁论》第一言，尚且不从，况其余乎？

尝阅《左传》，至简子铸刑鼎，孔子叹曰："晋其亡乎！失其度矣！"以为晋之亡，在任刑威耳。而下文乃曰"民在鼎矣，何以尊贵？贵何业之守？"盖其失，不在刑书，而在铸刑书于鼎。夫法度操于上，则民知范吾功罪者，吾上也；司吾生死者，吾上也；时而出入轻重以为平允者，皆吾上也。天下懔王，一国懔君，一狱懔吏，士农工商罔敢愆于职中、逸于职外者，惟吾上是神是严也，而上下定矣，贵贱辨矣，贤德彰矣！今铭在鼎，则国人必将以鼎为依据，而不知受法于天者王、守法者君、序守者卿大夫百执事，是使之忽人而重鼎。民不见所尊，必将不遵其度；不遵其度，必不守其业，故曰"何以尊贵，何业之守"也。贵贱无序，何以为国？嗟乎！简子但以刑书铸于鼎，而孔子知其亡；况汉宋之儒，全以道法摹于书，至使天下不知尊人、不尚德、不贵才，而曰"宰相必用读书人"，不几以守鼎吏为政乎？其所亡又岂止一晋乎？是以至此极也。非孔子至圣，孰能见铸鼎之弊乎？吾愿天下急思孔子之言，吾愿上天急生孔子之人也。

存 性

（一）

驳气质性恶

程子云："论性、论气，二之则不是。"又曰："有自幼而善，有自幼而恶，是气禀有然也。"朱子曰："才有天命，便有气质，不能相离。"而又曰："既是此理，如何恶？所谓恶者，气也。"可惜二先生之高明，隐为佛氏"六贼"之说浸乱，一口两舌而不自觉。若谓气恶，则理亦恶；若谓理善，则气亦善。盖气即理之气，理即气之理，乌得谓理纯一善而气质偏有恶哉？

譬之目矣：眶、疱、睛，气质也；其中光明能见物者，性也。将谓光明之理专视正色，眶、疱、睛乃视邪色乎？余谓光明之理，同是天命；眶、疱、睛，皆是天命，更不必分何者天命之性，何者是气质之性；只宜言天命人以目之性，光明能视即目之性善，其视之也则情之善。其视之详略远近，则才之强弱，皆不可以恶言。盖详且远者，固善；即略且近，亦第善不精耳，恶于何加？惟固有邪色引动，障蔽其明，然后有淫视，而恶始名焉。然其为之引动者，性之咎乎？气质之咎乎？若归咎于气质，是必无此目，而后可全目之性矣。非释氏"六贼"之说而何？孔孟性旨湮没至此，是以妄为七图以明之：非好辩也，不得已也。

明明德

朱子原亦识性，但为佛氏所染，为世人恶习所混，若无程、张气质之论，当必求"性情才"及"引蔽习染"七字之分界。而性情才之皆善，与后日恶之所从来，判然矣。惟先儒既开此论，遂以恶归之气质而求变化之。岂不思气质即二气、四德所结聚者，乌得谓之恶？其恶者，引蔽习染也。惟如孔门求仁，孟子存心养性，则明吾性之善；而耳目口鼻，皆奉令而尽职。故《大学》之道曰"明明德"；《尚书》赞尧，首曰"钦明"，舜曰"浚哲"，文曰"克明"；《中庸》曰"尊德性"。既尊且明，则无所不照。譬之居高肆望，指挥大众，当恻隐者则恻隐，当羞恶者即羞恶。仁不足以恃者，即以义济之，义不足以恃者，即以仁济之；或用三德并济一德，或行一德兼成四德。当视即视，当听即听，不当即否。使气质皆如其天则之正，一切邪色淫声自不得引蔽，又何习于恶、染于恶之足患乎？是吾性以尊明而得其中正也。

六行乃吾性设施，六艺乃吾性材具，九容乃吾性发现，九德乃吾性成就；制礼作乐，燮理阴阳，裁成天地，乃吾性舒张；万物咸若，地平天成，太和宇宙，乃吾性结果。故谓变化气质如养性之效则可，如"德润身""睟面盎背""施于四体"之类是也；谓变化气质之恶以复性之效则不可，以其问罪于兵而责染于丝也。知此，则宋儒之言性气皆不亲切。惟吾友张石卿曰："性即是气质之性：尧舜气质，即有尧舜之性；呆獃气质，即有呆獃之性。而究不可谓性有恶。"其言甚是。但又云"傻人决不能如尧舜"，则诬矣！吾未得与之辨明，而石卿物故，深可惜也！

棉桃喻性

诸儒多以水喻性，以土喻气，以浊喻恶；将天地予人至尊至贵、至有用之气质，反似为性之累者然。不知若无气质，理将安附？且去此气质，则性反为两间无作用之虚理矣。

孟子一生苦心，见人即言性善，言性善，必取才情故迹一一指示；而直指曰："形色，天性也，惟圣人然后可以践形。"明乎人不能作圣，皆负此形也；人至圣人，乃充满此形也。此形非他，气质之谓也；以作圣人之具，而谓其有恶，人必将贱恶吾气质，程朱敬身之训，又谁肯信而行之乎？

因思一喻曰：天道浑沦，譬之棉桃：壳包棉，阴阳也；四瓣，元亨利贞也；轧弹纺织，二气四德流行以化生万物也；成布而裁之为衣，生人也；领袖襟裾，四肢五官百骸也。性之气质也，领可护项，袖可藏手，襟裾可蔽前后，即目能视、耳能听、子能孝、臣能忠之属也。其情、其才皆此物，此物岂有他哉？不得谓棉桃中四瓣是棉，轧弹纺织是棉，而至制成衣衫即非棉也；又不得谓正幅直缝是棉，斜幅旁杀即非棉也。如是，则气质与性，是一是二？而可谓性本善、气质偏有恶乎？

然则恶何以生也？则如衣之着尘触污，人见其失本色而厌观也，命之曰污衣；其实乃外染所成，有成衣即被污者，有久而后污者，有染一二分污者，有三四分以至什百全污、不可知其本色者。然（仅）只须烦擱涤浣以去其染着之尘污已耳，而乃谓涤去其襟裾也，岂理也哉？是则不特成衣不可谓之污，虽极垢敝亦不可谓衣本有污。但外染有浅深，则挏潎有难易，若百倍其功，纵积秽可以复洁；如莫为之力，即蝇点不能复素。则《大学》"明德"之道、"日新"之功，可不急讲欤？

借水喻性

程、朱因孟子尝借水喻性，故亦借水喻者甚多；但主意不同，所以将孟子语，皆费牵合来就己说。今即就水明之，则有目者可共见，有心者可共解矣。

程子云："清浊虽不同，然不可以浊者不为水。"此非正以善恶虽不同，然不可以恶者不为性乎？非正以恶如气质之性乎？请问：浊是水之气质否？吾恐澄渊湛者，水之气质，甚浊之者，乃杂入水性本无之土，正犹吾言性之有引蔽习染也；其浊之有远近多少，正犹引蔽习染之有轻重浅深也。若谓浊是水之气质，则浊水有气质，清水无气质矣。如之何其可也！

性理评

朱子曰："孟子道性善，性字重，善字轻。非对言也。"

此语可诧！"性善"二字，如何分轻重？谁说是对言？若必分轻重，则孟子时人竞言性，但不知性善耳。孟子道之之意，似更重"善"字。

朱子述伊川曰："形既生矣，外物触其形而动于中矣；其中动而七情出，曰喜怒哀惧爱恶欲，情既炽而益荡，其性凿矣。"

"情既炽"句，是归罪于情矣，非。王子曰："程子之言似不非，炽便是恶。"予曰："孝子之情浓，忠臣之情盛，炽亦何恶？贤者又惑于庄周矣！"

又曰："'动'字，与《中庸》'发'字无异，而其是非真妄，特决于有节与无节、中节与无中节之间耳。"

以不中节为非亦可，但以为恶妄则不可，彼忠义士不中节者，岂少哉？

朱子曰："'人生而静，天之性'，未尝不善；'感物而动，性之欲'，此亦未尝不善。至于'物至知诱，然后好恶形焉；好恶无节于内，知诱于外，不能反躬，天理灭矣'，方是恶。故圣贤说得'恶'字煞迟。"

此段精确，句句不紊层次；吾之七图，亦适以发明朱子之意云尔。而乃他处多乱，何也？以此知朱子识诣之高，而未免惑于他人之见耳！按：朱子此段，是因《乐记》语而释之，可见汉儒见道，犹胜宋儒。

又述韩子所以为性者五，而今之言性者，皆杂佛老而言之。
先生辈亦杂佛老矣！

张南轩答人曰："程子之言，谓'人生而静以上，更不容说；才说性时，便已不是性'。继之曰：'凡人说性，只是说继之者善也。'"

玩程子云"凡人说性，只是说继之者善也"，盖以《易》'继善'句，作已落人身言，谓落人身便不是性耳。夫性字从'生、心'，正指人生以后而言；若'人生而静以上'，则天道矣，何以谓之性哉？

朱子曰："人之性论明暗，物之性只是偏塞。"
人亦有偏塞，如天哑、天阉是也。物亦有明暗，如沐猴可教之戏、鹦鹉可教之言是也。

程子曰:"韩退之说叔向之母,闻扬食我之生,知其必灭宗,此无足怪,其始便禀得恶气,便有灭宗之理,所以闻其声而知之也。使其能学以胜其气、复其性,可无此患。"

噫!楚越椒始生而知其必灭若敖,晋扬食我始生而知其必灭羊舌,是后世言性恶者以为明证者也,亦言气质之恶者以为定案者也。试问二子方生,其心欲弑父与君乎?欲乱伦败类乎?吾知其不然也。子文、向母,不过察声容之不平,而知其气禀之甚偏,他日易于为恶耳。今即气禀偏而即命之曰"恶",是指刀而坐以杀人也,庸知刀之能利用杀贼乎?程子云:"使其能学以胜其气、复其性,可无此患。"可为善论。而惜乎不知气无恶也!

朱子曰:"气有不存,而理却常在。"又曰:"有是气则有是理,无是气则无此理。"
后言不且以己矛刺己盾乎?

"孔孟言性之异,略而论之,则夫子杂乎气质而言,孟子乃专言其性之理。杂乎气质而言之,故不曰'同'而曰'近'。盖以为不能无善恶之殊,但未至如所习之远耳。"

愚谓:识得孔、孟言性原不异,方可与言性。孟子明言"为不善,非才之罪","非天之降才尔殊","乃若其情则可以为善";又曰"形色,天性也",何尝专言理?沉曰"性善",谓圣、凡之性同是善耳,亦未尝谓全无差等。观言"人皆可以为尧舜",将生安、学利、困勉无不在内,非言当前者与尧舜同也。宋儒强命之曰"孟子专以理言",冤矣!孔子曰:"性相近也,习相远也。"此二语,乃自罕言中偶一言之,遂为千古言性之准。性之相近,如真金，轻重多寡虽不同，其为金俱相者也。惟其有差等，故不曰"同"；惟其同一善，故曰"近"。将天下圣贤、豪杰、常人不一之姿性，皆于"性相近"一言包括，故曰"人皆可以为尧舜"；将世人引蔽习染、好色好货以至弑君弑父无穷之罪恶，皆于"习相远"一句定案，故曰"非才之罪也"，"非天之降材尔殊也"。孔、孟之旨，一也。

昔太甲颠覆典刑，如程朱作阿衡，必将曰"此气质之恶"；而伊尹则曰"兹乃不义，习与性成"。大约孔孟而前，责之习，使人去其所本无；程朱以后，责之气，使人憎其所本有。是以人多以气质自诿，竟有"山河易改，本性难移"之谚矣，其误世岂浅哉！

此理皆圣贤所罕言者，而近世大儒如河南程先生、横渠张先生，尝发明之，其说甚详。以圣贤所罕言而谆谆言之，至于何年习数、何年习礼、何年学乐，周、孔日与天下共见者，而反后之，便是禅宗。

邵浩问曰："赵书记尝问浩：'如何是性？'浩对以伊川云：'孟子言性善，是极本穷原之性；孔子言性相近，是气质之性。'赵云：'安得有两样？只有《中庸》说"天命之谓性"，自分明。'"曰："公当初不曾问他：'既谓之善，固无两般；才说相近，须有两样。'"

善哉，书记！认性真确，朱子不如大舜舍己从人矣！殊不思夫子言"相近"，正谓善相近也；若有恶，则如黑白冰炭，何近之有？

"孟子言性，只说得本然底，论才亦然。荀、扬、韩诸人，虽是论性，其实只说得气。"

不本然便不是性。

问:"气质之说,起自何人?"曰:"此起于程、张。某以为极有功于圣门,有补于后学。"

程、张隐为佛氏所惑,又不解恶人所从来之故,遂杜撰气质一说,诬吾心性。而乃谓"有功圣门,有补来学",误甚!

程子曰:"善恶皆天理。谓之恶者,本非恶,但或过、或不及,便如此。盖天下无性外之物,本皆善而流于恶耳。"

玩"本非恶,但或过、或不及,便如此"语,则程子本意,亦未尝谓气质之性有恶。凡某所谓善恶者,犹言偏全、纯驳、清浊、厚薄焉耳,但不宜轻出一"恶"字,驯至有"气质恶为吾性害"之说,立言可不慎乎?

"流于恶","流"字有病,是将谓源善而流恶,或上流善而下流恶矣。不知源善者流亦善,上流无恶者下流亦无恶;其所为恶者,乃是他途歧路,别有点染。譬如水出泉,若皆行石路,虽自西海达于东海,毫不加浊;其有浊者,乃亏土染之,不可谓水本清而流浊也。知浊者为土所染,非水之气质,则知恶者是外物染乎性,非人之气质矣。

问:"'善固性也',固是。若云'恶亦不可不谓之性',则此理本善,因气而鹘突;虽是鹘突,然亦是性也。"曰:"他原头处都是善,因气偏,这性便偏了;然此处亦是性,如人浑身都是恻隐而无羞恶,都是羞恶而无恻隐,这个便是恶的,这个唤做性耶?不是。如墨子之心,本是恻隐;孟子推其弊,到得无父处,这个便是'恶亦不可不谓之性'也。"

此段朱子极力刻画气质之恶,明乎此,则气质之有恶昭然矣；大明乎此，则气质之无恶昭然矣。夫"气偏性便偏"一言，是程朱气质性恶本旨也。吾意偏于何物？下文乃曰："如人浑身都是恻隐而无羞恶，都羞恶而无恻隐，便是恶。"呜呼！世岂有皆恻隐而无羞恶、皆羞恶而无恻隐之人耶？岂有皆恻隐而无羞恶、皆羞恶而无恻隐之性耶？不过偏胜者偏用事耳。今即有人偏胜之甚，一身皆是恻隐，非偏于仁之人乎？其人上焉而学以至之，则为圣也，当如伊尹；次焉而学不至，亦不失为屈原一流人。其下顽不知学，则轻者成一姑息好人，重者成一贪溺昧罔之人；然其贪溺昧罔，亦必有外物引之，遂为所蔽而僻焉；久之相习而成，遂莫辨其为后起、为本来。此好色、好货，大率偏于仁者为之也。若当其未有引蔽、未有习染，然指其一身之恻隐，曰此是好色、此是好货，岂不诬乎？即有人一身皆是羞恶，非偏于义之人乎？其人上焉而学以至之，则为圣也，当如伯夷；次焉而学不至，亦不失为海瑞一流人。其下顽不知学，则轻者成一傲岸绝物，重者成很毒残暴之恶人。然其很毒残暴，亦必有外物引之，遂为所蔽而僻焉；久之相习而成，遂莫辨其为后起、为本来。大率杀人戕物，皆偏于义者为之也。若当其未有引蔽、未有习染，而指其一身之羞恶者，曰此是杀人、此是戕物，岂不诬乎？墨子之心原偏于恻隐，遂指其偏于恻隐者谓之无父，可乎？但彼不明其德，无晰义之功，见此物亦引爱而出，见彼物亦引爱而出，久之相习，即成一"兼爱"之性。其弊至视父母如路人，则恶矣！然亦习之至此，非其孩提即如此也。即朱子亦不得不云"孟子推其弊至于无父"，则下句不宜承之曰"恶亦不可不谓之性"也。

朱子曰："濂溪说：'性者，刚、柔、善、恶、中而已矣。'濂溪说性，只是此五者，他又自有说仁、义、礼、智底性时。若论气质之性，则不出此五者；然气禀底性，便是那四端底性，非别有一种性也。"

既"云气禀之性，即是四端之性"，别无二性，则"恶"字从何加之？可云"恶之性即善之性"乎？盖周子之言善、恶，或亦如言偏、全耳。然偏不可谓为恶也，偏亦命于天者也，杂亦命于天者也，恶乃成于习耳。如官然：正印固君命也，副贰独非君命乎？惟山寨、僭伪，非君命耳。如生物之本色然：五色兼全，且均匀而有条理者，固本色也，独黄、独白非本色乎？即色有错杂，独非本色乎？惟灰尘、污泥、熏渍、点染非本色耳。今乃举副贰杂职与僭伪同诛，以偏色错彩与污染并厌，是惟正印为君命，纯美为本色，惟尧舜、孔孟为性善也。乌乎可？周子《太极图》，原本之道士陈希夷、禅僧寿涯，岂其论性亦从此误而诸儒遂皆宗之欤？

"言若水之就下处，当时只是滚说了，盖水之就下，便是喻性之善。如孟子所谓'过颡''在山'，虽不是顺水之性，然不谓之水，不得。这便是前面'恶亦不可不谓之性'之说。"

竭尽心力，必说性有恶，何为？弑父、弑君，亦是人，然非人之性；过颡、在山，亦是水，然非水之性。

"水流至海而不污者，气禀清明，自幼而善，圣人性之而全其天者也；流未远而已浊者，气禀偏驳之甚，自幼而恶者也；流既远而方浊者，长而见异物而迁焉，失其赤子之心者也。浊有多少，气之昏明纯驳有浅深也；不可以浊者不为水，恶亦不可不谓之性也。"

水流未远而浊，是水出泉即遇易亏之土，水全无与也，水亦无如何也。人之自幼而恶，是本身气质偏驳，易于引蔽习染，人与有责也，人可自力也。如何可伦？人家墙卑，易于招盗，墙诚有咎也；但责墙曰"汝即盗也"，受乎哉？

因言："旧时人尝装惠山泉去京师，或时臭了。京师人会洗水，将沙石在笕中，上面倾水从笕中下去，如此十数番，便渐如故。"

此正洗水之习染，非洗水之气质也。

"而今讲学用心，着力都是用这气去寻个道理。"

然则气又有用，如此而谓其有恶乎？

或问："'形而后有气质之性'，其所以有善恶之不同，何也？"勉斋黄氏曰："气有偏正，则所受之理随而偏正；气有昏明，则所受之理随而昏明。木之气盛，则金之气衰，故仁常多而义常少；金之气盛，则木之气衰，故义常多而仁常少。若此者，气质之性有善恶也。"

是以偏为恶矣！则伯夷之偏清，柳下惠之偏和，亦谓之恶乎？

"愚尝质之先师，答曰：'未发之前，气不用事，所以有善而无恶。'至哉，此言也！"

未发之前，可羡如此，则已发可憎矣，宜乎佛氏之打坐入定、空却一切也。黄氏之言，不愈背诞乎？

"气有清浊，譬如着些物蔽了，发不出：如柔弱之人，见义不为。为义之意，却在里面，只是发不出。如灯火使纸罩了光，依旧在里面，只是发不出来；拆去了纸，便自是光。"

此纸原是罩灯火者，欲灯火明，必拆去纸；气质则然，气质拘此性，即从此气质明此性，还用此气质发用此性。何为拆去？且何以拆去？拆而去之，又不止孟子之所谓"戕贼人"矣！

"以人心言之，未发则无不善，已发则善恶形焉。然原其所以为恶者，亦是此理而发，非是别有个恶，与理不相干也。若别有个恶，与理不相干，却是有性外之物也。"

以"未发为无不善，已发则善恶形"，是谓未出土时纯是麦，既成苗时即成麻与麦，有是理乎？至谓"所以为恶"，亦自此理而发，是诬吾人气质，并诬吾人性理。其初尚近韩子"三品"之论，至此，竟同荀氏性恶、扬氏善恶混矣！

北溪陈氏曰："自孟子不说到气禀，所以荀子便以性为恶，扬子便以性为善恶混，韩文公又以为性有二品，都只是说得气。近世东坡苏氏，又以为性未有善恶；王峰胡氏，又以为性无善恶，都只含糊云云。至程子于本性之外，又发出气质一段，方见得善恶所从来。"又曰："万世而下学者，只得按他说，更不可改易。"

程、张于众论无统之时，独出"气质之性"一论，使荀、扬以来，诸家所言，皆有所依归；而世人无穷之恶，皆有所归咎。是以其徒如空谷闻音，欣然著论垂世。而天下之为善者愈阻，曰：我非无志也，但气质原不如圣贤耳；天下之为恶者愈不惩，曰：我非乐为恶也，但气质无如何耳。且从其说者，至出辞悖戾而不之觉，如陈氏称"程子于本性之外发出气禀一段"。噫！气禀乃非本来者乎？本来之外，乃别有性乎？又曰："方见得善恶所从来。"恶既从气禀来，则指渔色者气禀之性也，黩货者气禀之性也，弑父弑君者气禀之性也；将所谓引蔽习染反置之不问，是不但纵贼杀良，几于释盗寇而囚吾兄弟子侄矣。异哉！

潜室陈氏曰："识气质之性，善恶方有着落；不然，则恶从何处生？孟子专言义理之性，则恶无所归，是'论性不论气不备'，孟子之说为未备。"

观告子、或人之说，是孟子时已有荀、扬、韩、张、程、朱诸说矣，但未明言"气质"二字耳。其未明言者，非其心思不及，乃去圣人之世未远；见习礼、习乐、习射、习书数，非礼勿视听言动，皆以气质用力，即此为存心，即此为养性。故曰："志至焉，气次焉。"故曰："持其志，无暴其气。"故曰："养吾浩然之气。"故曰："惟圣人然后可以践形。"当时儒者视气质甚重，故虽异说纷纷，已有隐坏吾气质以诬吾生之意，然终不敢直诬气质以有恶也。魏晋以来，佛老肆行，乃于形体之外，别状一空虚幻觉之性灵；礼乐之外，别作一闭目静坐之存养。佛者曰入定，儒者曰吾道亦有入定也；老者曰内丹，儒者曰吾道亦有内丹也。借四子、五经之数，行《楞严》《参同》之事，以躬习其事为粗迹，则自以气骨血肉为分外。于是始以性命为精、形体为累，乃敢以有恶加之气质，相衍而莫觉其非矣。贤如朱子，而有"气质为吾性害"之语，他何说乎？噫！孟子于百说纷纷之中，明性善及才情之善，有功万世；今乃以大贤谆谆然罢口敝舌，从诸妄说辩出者，复以一言而诬之，曰"孟子之说，原不明不备，原不曾折倒告子"，噫！孟子果不明乎？果未备乎？何其自是所见、妄议圣贤，而不知其非也！

问："目视耳听，此气质之性也。然视之所以明，听之所以聪，抑气质之性耶？抑义理之性耶？"曰："目视耳听，物也；视明听聪，物之则也。来问可施于物，则不可施于言性；若言性，当云：好色好声，气质之性；正色正声，义理之性。"

《诗》云:"天生烝民,有物有则;民之秉彝,好是懿德。"孔子曰:"为此诗者,其知道乎?有物必有则,民之秉彝也,故好是彝德。"详《诗》与子言,物则非性而何?况朱子解"物则",亦云"如有父子则有孝慈,有耳目则有聪明"之类,非谓孝慈即父子之性,聪明即耳目之性乎?今陈氏乃云"来问可施于物,则不可施于言性",是谓物则非性矣。又云"若言性,当云好色好声,气质之性;正色正声,义理之性",是物则非义理之性,并非气质之志矣。则何者为物之则乎?大约宋儒认性,大端既差,不惟证之以孔孟之旨不合,即以其说互参之,亦自相矛盾,各相抵牾者多矣。如此之类,当时皆能欺人,且以自欺。盖空谈易于藏丑,是以舍古人六府、六艺之学而高谈性命也。予与友人法乾王子初为程朱之学,谈性天,恍无龃龉;一旦从事于归除法,已多艰误,况礼乐之精繁乎?昔人云:"画鬼容易画马难。"正可喻此。

临川吴氏曰:"孟子道性善,是就气质中挑出其本然之理而言,然不曾分别性之所以有不善者,因气质之有浊恶而污坏其性也。故虽与告子言,而终不足以解告子之惑;至今人读《孟子》,亦见其未有以折倒告子而使之必服也。"

孟子时虽无气质之说,必有言才不善、情不善者,故孟子曰:"若夫为不善,非才之罪也。""非天之降才尔殊也。""人见其禽兽也,以为未尝有才焉者,是岂人之情也哉?"凡孟子言才情之善,即所以言气质之善也;归恶于才情、气质,是孟子所深恶,是孟子所亟辩也。宋儒所自恃以为备于孟子、密于孟子,发前圣所未发者,不知其蹈告子、二或人之故智,为孟子所诃而辟之者也,顾反谓孟子有未备,无分晓。然犹时有回护语,未敢遽处孟子上。至于元儒,则公然肆口以为程朱言未备,指孟子之言性而言也。言"不明",指荀扬、世俗之论性者言也,是夷孟子于荀扬、世俗矣。明言气质浊恶,污吾性、坏吾性,不知耳目鼻、手足、五脏六腑、筋骨血肉、毛发俱秀且备者,人之质也,虽蠢,犹异于物也;呼吸充周荣润,运用乎五官百骸粹且灵者,人之气也,虽蠢,犹异于物也。故曰:"人为万物之灵。"故曰:"人皆可以为尧舜。"其灵而能为者,即气质也,非气质无以为性,非气质无以见性也。今乃以本来之气质而恶之,其势不混本来之性而一之,不已也。以作圣之气质而视为污性、坏性、害性之物,明是禅家"六贼"之说,其势不混儒释而一之,不已也。能不为此惧乎?是以当此普地狂澜泛滥东奔之时,不度势,不量力,驾一叶之舟,而欲挽其流,多见其危也,然而不容已也。观至"虽与告子言,终不足以解告子之惑;至今读《孟子》,亦见其未有以折倒告子而使之心服",叹曰:吴临川何其似吾童时之见也!吾十余岁读《孟子》至"义内"章,见敬叔、敬弟之说,犹之敬兄、酌乡人也,公都子何据而邃瞭然不复问乎?饮汤、饮水之喻,犹之敬叔、敬弟也,孟季子何见而遂怃然不复辩乎?至后从"长之者义乎"句悟出,则见句句是义内矣。今观《孟子》辩性诸章,皆据人情物理指示,何其痛快明白!告子性甚执,不服,必更辩;今既无言,是已折倒也。吴氏乃见为不足解惑,见为未折倒告子,是其见即告子之见,而识又出告子下矣!

朱子曰:"孟子终是未备,所以不能杜绝荀、扬之口。"
程、朱,志为学者也,即所见异于孟子,亦当虚心以思,何为孟子之见如彼?或者我未之至乎?更研求告子、荀、扬之所以非与孟子之所以是,自当得之。乃竟取诸说,统之为气质之性,别孟子为本来之性,自以为新发之秘、兼全之识,反视孟子为偏而未备,是何也?去圣远而六艺之学不明也。孟子如明月出于黄昏，太阳之光未远，专望孔子为的，意见不以用，曲学邪说不以杂。程、朱，则如末句之半夜，偶一明色睒烁之星出，一时暗星既不足比光，而去日月又远，即俨然太阳而明月亦不知尊矣！又古者学从六艺入，其中涵濡性情、历练经济，不得躐等，力之所至，见斯至焉。故聪明如端木子，犹以孔子为多学而识，直待垂老学深，方得闻性道。一闻夫子以颜子比之，爽然自失，盖因此学好大骛荒不得也。后世诵读、训诂、主静、致良知之学，极易于身在家庭、目遍天下，想象之久，以虚为实，遂侈然成一家言，而不知其误也。

吴氏曰："程子'性即理也'云云，张子云'形而后有气质之性'云云，此言最分晓。而观者不能解其言，反为所惑，将谓性有两种。盖天命之性，气质之性，两性字只是一般，非有两等性也。"

程、张原知二之则不是，但为诸子、释氏、世俗所乱，遂至言性有二矣。既云"天地之性，浑是一善；气质之性，有善有恶"，非两种性而何？可云恶即理乎？

问："子罕言命，若仁、义、礼、智、信五常，皆是天所命。如贵贱、死生、寿夭之命有不同，如何？"曰："都是天所命。禀得精英之气，便为圣为贤，便是得理之全、得理之正；禀得清明者曰英爽，禀得敦厚者曰温和，禀得清高者便贵，禀得丰厚者便富，禀得长久者便寿，禀得衰颓、薄污者便为愚不肖、为贫、为贱、为夭。天有那气，生一个人出来，便有许多物随他来；天之所命，固是均一，而气禀便有不齐，只看其禀得来如何耳。"

此段甚醇，愚第三图大意正仿此。

"三代而上，气数醇浓，气清者必厚、必长，故圣贤皆贵且富、且寿，以下反是。"

愚谓有回转气运法，惟行选举之典，则清者自高自厚矣。

程子曰："性无不善，其所以不善者，才也。受于天之谓性，禀于气之谓才。才之善不善，由气之有偏正也。"

罪气因罪才，故曰孟子时人，言才情不善，即气质之说；程、张气质之性，即告子、二或人之见也。

"告子所云固是，为孟子问他，他说便不是也。"

愚谓程、朱即告子之说，犹属遥度之语。兹程子竟明许告子所言是，且曰"为孟子问他，他说便不是"，以憾告子辞不达意者。不知诸先生正不幸不遇孟子问，故不自知其不是也。

朱子曰："性者心之理，情者心之动，才便是那情之会恁地者。情与才绝相近，但情是遇物而发；路陌曲折，恁的去底，才是有气力去做底。要之，千头万绪，皆是从心上来。"

此段确真，乃有"才情恶、气质恶，程子密于孟子"之语，何也？

"伊尹所谓才，与孟子说才小异，而语意尤密，不可不考。"

伊尹（川）明言"其不善乃是才也"，与孟子之说如冰炭之异性、燕越之异辕矣，尚得谓之"小异"乎？

"气质之性，古人虽不曾与人说，考之经典，却有此意。如《书》云'人惟万物之灵'，'亶聪明作元后'，与夫'天乃锡王智勇'之说，皆此意也。孔子说'性相近也，习相远也'，孟子辩告子'生之谓性',亦是说气质之性。"

"气质之性"四字,未为不是;所差者,谓性无恶,气质偏有恶耳。兹所引经传,乃正言气质之性善者,何尝如程、张之说哉?朱子方惑于其说,遂视经传是彼意矣。若仆曲为援引,较此更似。"道心惟微",义理之性也;"人心惟危",气质之性也;"命也,有性焉",义理之性也;"性也,有命焉",气质之性也。然究不可谓之有恶。

问:"天理人欲同体异用之说,如何?"曰:"当然之理。人合恁地底便是体,故仁义礼智为体。如五峰之说,则仁与不仁,礼与不礼,智与不智,皆是性。如此,则性乃一个大人欲窠子,其说乃与东坡、子由相似,是大凿脱,非小失也。"

以气质之性为有善有恶,非仁与不仁、礼与不礼皆性乎?非说性是大私欲窠子乎?朱子之言,乃所以自驳也。

(二)

性　图

窃谓宋儒皆未得孟子"性善"宗旨,故先绘朱子图于前,而绘愚妄七图于后,以请正于高明长者。

《朱子性图》

性善　| 性无不善 | 　恶 恶不可谓从善中直下来,只是不能善,则偏于一端而为恶。
　善 发而中节,无性不善。

上图解云:"发而中节,无性不善",窃谓虽发而不中节,亦不可谓有性不善也。此言外之弊也。"恶"字下云"恶不可谓从善中直下来"，此语得之矣。则"恶"字不可与"善"字相比为图，此显然之失也。又云"只是'不能善'"，此三字甚惑，果指何者不能为善也？上只有一性，若以性不能为善，则诬性也；若谓才或情不能为善，则诬才与情也；抑言别有所为（谓）而不能为善，则不明也。承此，云"则偏于一边而为恶"，但不知是指性否？若指性则大非"性善"二字，更无脱离。盖性之未发，善也；虽性之已发而中节与不中节，皆善也。谓之有恶，又诬性之甚也。然则朱子何以图也？反覆展玩，乃晓然见其意，盖明天命之性与气质之性之别。故上二字注之曰"性无不善"，谓其所言天命之性也；下二字善恶并列，谓其言气质之性也。噫！气质非天所命乎？抑天命人以性善，又命人以气质恶，有此二命乎？然则程、张诸儒气质之性愈分析，孔、孟之性旨愈晦蒙矣。此所以敢妄议其不妥也。

妄见图（凡七）

仆自颇知学，尝读宋先儒书，以为诸先正真尧舜、孔孟也；故于《通书》称其为"二论"后仅见之文，尊周子为圣人。又谓得《太极图》，则一以贯之；大程子似颜子；于《小学》称朱子为圣人，于《家礼》尊如神明，曰："如有用我者，举此而措之。"盖全不觉其于三代以前之学，有毫厘之差也。惟至康熙戊申，不幸大故，——式遵《文公家礼》，罔敢陨越；身历之际，微觉有远于性情者，哀毁中亦不能辨也。及读《记》中《丧礼》，始知其多错误。卒哭，王子法乾来吊，谓之曰："信乎，非圣人不可制作，非圣人不可删定也！朱子之修礼，犹属僭也。"盖始知其非圣人也。至练后，哀稍杀，又病，不能纯哀思，不若于哀不至时略观书。于是检《性理》一册，至朱子《性图》，反复不能解。久之，猛思朱子盖为气质之性而图也；猛思尧舜、禹汤及周孔诸圣，皆未尝言气质之性有恶也；猛思孟子性善，才情皆可以为善之论，诚可以建天地、质鬼神。考前王，俟百世，而诸儒不能及也。乃为《妄见图》凡七，以申明孟子本意。

此则其总图也，大圈，天道统体也。上帝生宰其中，不可以图也。左阳也，右阴也，合之则阴阳无间也。阴阳流行而为四德，元、亨、利、贞也；横竖正画四德，正气、正理之达也；四角斜画四德，间气、间理之达也；交斜之画，象交通也；满面小点，象万物之化生也；莫不交通，莫不化生也，无须是气是理也。知理、气融

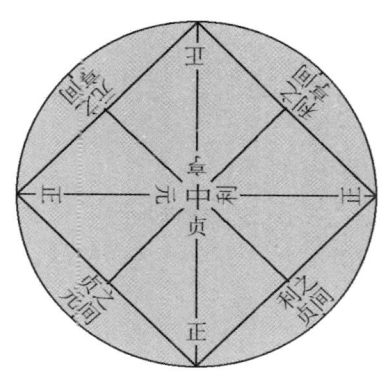

浑天地间二气四德化生万物之图

为一片，则知阴阳二气，天道之良能也；元亨利贞四德，阴阳二气之良能也；化生万物元亨利贞，四德之良能也。知天道之二气，二气之四德，四德之生万物，莫非良能，则可以观此图矣。万物之性，此理之赋也；万物之气质，此气之凝也。正者，此理此气也；间者，亦此理此气也；交杂者，莫非此理此气也。高明者，此理此气也；卑暗者，亦此理此气也；清厚者，此理此气也；浊薄者，亦此理此气也；长短、偏全、通塞，莫非此理此气也。至于人，则尤为万物之粹，所谓得天地之中以生者也。二气四德者，未凝结之人也；人者，已凝结之二气四德也。存之为仁、义、礼、智，谓之性者，以在内之元亨利贞名之也；发之为恻隐、羞恶、辞让、是非，谓之情者，以及物之元亨利贞言之也。才者，性之为情者也，是元亨利贞之力也。谓情有恶，是谓已发之元亨利贞，非未发之元亨利贞也；谓才有恶，是谓蓄者元亨利贞，能作者非元亨利贞也。谓气质有恶，是元亨利贞之理，谓之天道；元亨利贞之气，不谓之天道也。噫！天下有无理之气

乎？有无气之理乎？有二气、四德外之理气乎？恶其发者，是即恶其存之渐也；恶其力者，是即恶其本之渐也；恶其气者，是即恶其理之渐也。何也？人之性，即天之道也，以性为有恶，则必以天道为有恶矣；以情为有恶，则必以元亨利贞为有恶矣；以才为有恶，则必以天道流行、乾乾不息者亦有恶矣。其势不尽取三才而毁灭之不已也。

呜呼！汉魏以来，异端昌炽，如洪水滔天；吾圣人之道，如病蚕吐丝，迨于五季而倍微。当此时，而以惑于异端者诬圣，曰"圣人之言性本如是也"，必诸先正之所不忍。天道昭布，现前如此，圣经贤传指示亲切如此，而必以惑于世俗者诬天，曰"天生之气质本有恶也"，亦必诸先正之所不敢。其为此论，特如时谚所云"习俗移人，贤者不免"耳！是图也，正就程、张、朱发明精确者，一推衍之，非敢谓于先儒之见有加也，特不杂于荀扬、佛老而已矣。正即气质之性一订释之，非谓无气质之性也，转不杂以引蔽习染而已矣。意之不能尽者，仍详说于各图下，无非欲人共见乎天道之无他、人性之本善，使古圣贤性习之原旨，昭然复明于世。则人知为丝毫之恶，皆自点其光莹之本体，极神圣之善始；自践其固有之形骸，而异端重性轻形，因而灭绝伦纪之说，自不得以惑人心；喜静恶动，因而废弃六艺之妄，自不得以芜正道。诸先正之英灵，必深喜其偶误顿洗而大快乎！圣道重光，仆或幸可以告无罪矣。其辞不副意，未足阐天人之秘，或反汩性理者，庸陋亦不敢自保其无也，愿长者其赐教焉。

阴阳流行而为四德。顺者，如春德与夏德，顺也；逆者，如春德与秋德，逆也；交者，二德合或三、四合也；通者，自一德达一德，或中达正间、正间达中、正达间、间达正、正正达、间间达之类也；错者，阴阳、刚柔彼此相对也；综者，阴阳、刚柔上下相穿也；熏者，如香之熏物，居此及彼，以处洽实，不必形接而臭至之也；烝者，如烝食，如天地絪缊，下渐上也，一发而普遍也；变者，化也，有而无也，无而有也，或德相变，或正、间、斜相变也，如田鼠化鴽、雀化为蛤之变也；易者，神也，往来也，更代也，治也，阳乘阴、阴承阳也；感者，遥应也，如感月光、感苍龙、感流星之类是也；触者，邂逅也，不期遇也，如一流复遇一流，舟行遇山、火发遇雨、云集遇风之类是也；聚者，理气结也，一德聚，或二、三、四德共聚也；散者，散其聚也；舒者，缕长直去也；卷者，迴其舒也。

十六者，四德之变也，德惟四而其变十六，十六之变不可胜穷焉。为运不息也，止有常也：照临、薄食也，灿列、流陨、进退、隐见也，吹嘘、震荡也，高下、平陂、土石、毛枯也，会分、燥湿、流止也，稚老、雕蕃、材灰也，飞、潜、蠕、植，不可纪之状也。至于人，清浊、厚薄、长短、高下，或有所清、有所浊，有时厚、有时薄，大长、小长，大短、小短，时高、时下，参差无尽之变，皆四德之妙所为也。世固有妖氛瘴疠，亦因人物有所激感而成，如人性之有引蔽习染，而非其本然也。

或谓既已感激而成妖瘴，则禀是气而生者，即为恶气、恶质。不知虽极污秽，及其生物，仍返其元，犹是纯洁精粹二气四德之人，不即污秽也。如粪中生五谷瓜蔬，俱成佳品，断不臭恶，秽朽生芝，鲧、瞍全圣，此其彰明较著者也。

以下三图，即就总图中摘出论之。

四德之理气，分合交感而生万物。其禀乎四德之中者，则其性质调和，有大中之中，有正之中，有间之中，有斜之中，有中之中。其禀乎四德之边者，则其性质偏僻，有中之边，有正之边，有间之边、斜之边、边之边。其禀乎四德之直者，则性质端果，有中之直、正之直、间之直、斜之直、直之直。其禀乎四德之屈者，则性质曲折，有中之屈，有正之屈、间之屈、斜之屈、

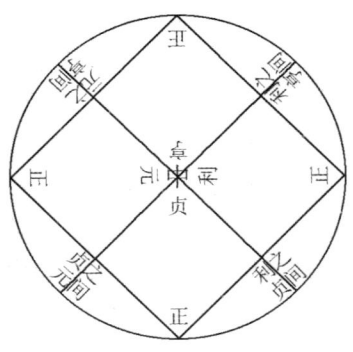

二气四德顺逆交通错综熏烝变易感触聚散舒卷以化生万物之图

屈之屈。其禀乎四德之屈（方）者，则性质板棱，有中之方、正之方、间之方，有斜之方、方之方。其禀乎圆者，则性质通便，有中之圆、正之圆、间之圆、斜之圆、圆之圆。其禀乎四德之冲者，则性质繁华，有中之冲，有正之冲，有间之冲，有斜之冲，有冲之冲。其禀乎僻者，削（则）其性质闲静，有中之僻、正之僻、间之僻，有斜之僻，有僻之僻。

其禀乎四德之齐者，性质渐钝；禀乎四德之锐者，性质尖巧，亦有中、正、间、斜之分焉。禀乎四德之离者，性质孤疎；禀乎四德之合者，性质亲密，亦有中、正、间、斜之分焉。禀乎四德之远者，则性质奔驰；禀乎四德之近者，则性质拘谨，亦有中、

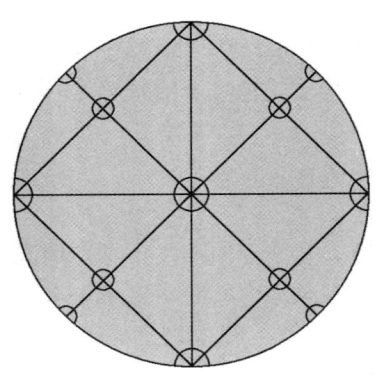

万物化生二气四德中边直屈方圆冲僻齐锐离合远近违遇大小厚薄清浊强弱高下长短疾迟全缺之图

正、间、斜之分焉。其禀乎违者，性质乖左；禀乎遇者，性质凑济，亦有中、正、间、斜之分焉。禀乎大者，性质广阔；禀乎小者，性质狭隘，亦有中、正、间、斜之分焉。至于得其厚者敦庞，得其薄者硗瘠，得其清者聪明，得其浊者愚蠢，得其强者壮往，得其弱者退诿，得其高者尊贵，得其下者卑贱，得其长者寿固，得其短者夭折，得其疾者早速，得其迟者晚滞，得其全者充

满，得其缺者破败，亦莫不有中、正、间、斜之别焉。此三十二类者，又十六变之变也；三十二类之变，又不可胜穷焉。然而不可胜穷者，不外于三十二类也；三十二类，不外于十六变也；十六变，不外四德也；四德不外于二气，二气不外于天道也。举不得以恶言也。昆虫、艹木、蛇蝎、豺狼，皆此天道之理之气所为，而不可以恶言；况所称受天地之中、得天地之粹者乎？

　　既有"万物图"，复摘绘其一隅者，全图意有所不能尽，复即一隅以尽其曲折也。此上黑点，亦象万物。姑以人之性质言之：如中角半大点，理气会其大中，四德全体，无不可通，而元亨为尤盛，得其理气以生人，则恻隐辞让多。或里元而表亨，则中惠貌庄之人也；或里亨而表元，则中严貌顺之人

单绘一隅即元亨以见意之图

也。然以得中也，四德无不可通也，则有为圣人者焉，有为贤人者焉，有为士者焉；以通元亨之间，去利贞之济远也，则亦有为常人者焉，皆行生之自然不可齐也。仁之胜者，圣如伊尹，贤如颜子，士如黄宪，常人如里巷中温厚之人；礼之胜者，圣如周公，贤如子华，士如樊英，常人如里巷矜持之人。南一边大点，则偏亨用事，礼胜可知也。准中之礼盛例，而达乎元者颇难，达乎利贞者尤难。然而可通乎中以及乎贞，可边通乎元、利，可斜通乎利、亨之交，可边通乎亨、利之间；而因应乎元、贞之间，可边通乎亨、元之间；而因应乎贞、利之间，可斜通乎亨、元之交。故虽礼胜而四德皆通，无不可为樊英、子华、周公也。东边一大点，则偏元用事，仁胜可知也。准中之仁胜例，而达乎亨者难，达乎贞、利者更难。然而可通乎中以及于利，可边通乎贞、

亨，可斜通乎贞、元之交，可边通乎元、贞之间；而因应乎利、亨之间，可边通乎元、亨之间；而亦因应乎利、贞之间，可斜通乎元、亨之交。故虽仁胜而四德皆通，亦无不可为叔度、颜子、伊尹也。东南隅一大点，元、亨之间也。然直通元、亨之斜以达于中，而与贞、利之间为正应，虽间而用力为之，亦无不可为黄、樊、颜、西、伊、周也。隅中一大点，居元、亨斜间之交，而似中非中。然斜中达于大中，而通及贞、利，虽间斜而用力为之，亦无不可为黄、樊、颜、西、伊、周也。其隅中若干小点，或大或小，或方或圆，或齐或锐，或疏或密，或冲或僻，或近中或近正，或近间或近斜，或近元或近亨，盖亦莫不以一德或二德总含四德之气理，而寓一中，所谓"人得天地之中以生"也。是故通塞正曲，虽各有不同，而盈宇宙无异气、无异理。苟勉力为之，而勿刻以行其恻隐，不傲以行其恭敬，亦无不可为黄、樊、颜、西、伊、周也。故曰"人皆可以为尧舜"，然而全体从可知矣！

圈，心也，仁、义、礼、智性也。心一理而统四件者，非块然有四件也。既非块然四件，何由而名为仁、义、礼、智也？以发之者知之也，则恻隐、羞恶、辞让、是非。发者，情也；能发而见于事者，才也。则非情、才无以见性，非气质无所为情、才，即无所为性。是情非他，即性之见也；才非他，即性之能也；气质非他，即性、情、才之气质也，一理而异其名也。若谓性善而才情有恶，譬则苗矣，是谓种麻而秸实遂杂麦也；性善而气质有恶，譬则树矣，是谓内之神理属柳，而外之枝干乃为槐也。自有天地以来，有是理乎？后儒之言性也，以天道人性搀而言之；后儒之认才、情、气质也，以才、情、气质与引蔽习染者杂而言之。以天道搀人性，未甚害乎性；以引蔽习染杂才、情、气质，则大诬乎才、情、气质矣！此无他，认接树作本树也。呜呼！此岂树之情也哉？

中浑然，一性善也。见当爱之物，而情之恻隐能直及之，是性之仁；其能恻隐以及物者，才也。见当断之物，而羞恶能直及之，是性之义；其能羞恶以及物者，才也。见当敬之物，而辞让能直及之，是性之体；其能辞让以及物者，才也。见当辨之物，而是非能直及之，是性之智；其能是非以及物者，才也。不惟圣贤与道为一，虽常人率性，亦皆如此，更无恶之可言，故孟子曰"性善"，"乃若其情，可以为善"，"若为不善，非才之罪也"。

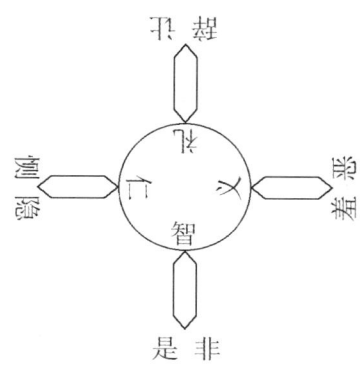

孟子性情才皆善之图

及世味纷乘，贞邪不一，惟圣人禀有全德，大中至正，顺应而不失其则。下此者，财色诱于外，引而之左，则蔽其当爱而不见，爱其所不当爱而贪营之，两恶出焉；私小据于己，引而之左，则蔽其当爱而不见，爱其所不当爱，而鄙否之柔恶出焉；以至羞恶被引而为侮夺残忍，辞让被引而为伪饰谄媚，是非被引而为奸雄小巧，种种之恶，所从来也。然种种之恶，非其不学之能、不虑之知，必且进退龃龉，本体时见，不纯为贪营鄙吝诸恶也，犹未与财色等相习而染也。斯时也，惟贤士豪杰禀有大力，或自性觉悟，或师友提撕，知过而善反其天。又下此者，赋禀偏驳，引之既易而反之甚难，引愈频而蔽愈远，习渐久而渐深，以至染成贪污鄙吝之性之情，而本来之仁不可知矣；染成侮夺残忍之性之情，而本来之义不可知矣；染成伪饰谄媚之性之情，与奸雄小巧之性之情，而本来之礼、智俱不可知矣。

呜呼！祸始引蔽，成于习染。以耳目口鼻、四肢百骸可为圣人之身，竟呼之曰禽兽；犹币帛素色而既污之后，呼之曰赤帛、黑帛也。而岂其材之本然哉？然人为万物之灵，又非币帛所可伦也。币帛既染，虽故质尚在，而骤不能复素；人则极凶大慝，本体自在，止视反不反、力不力之间耳。尝言盗跖，天下之极恶矣，年至八十，染之至深矣；倘乍见孺子入井，亦必有怵惕恻隐之心，但习染重者，不易反也。蠢一吏妇，淫奢无度，已逾四旬，疑其习性成矣；丁亥城破，产失归田，朴素勤俭，一如农家。乃如系跖图圉数年，而出之孔子之堂，又数年亦可复善。吾故曰：不惟有生之物，不可谓气质有恶；即习染凶极之余，亦不可谓气质有恶也。此孟子夜气之论，所以有功于天下后世也！程朱未识此意，而甚快夜气之说，则亦依稀之见而已矣！

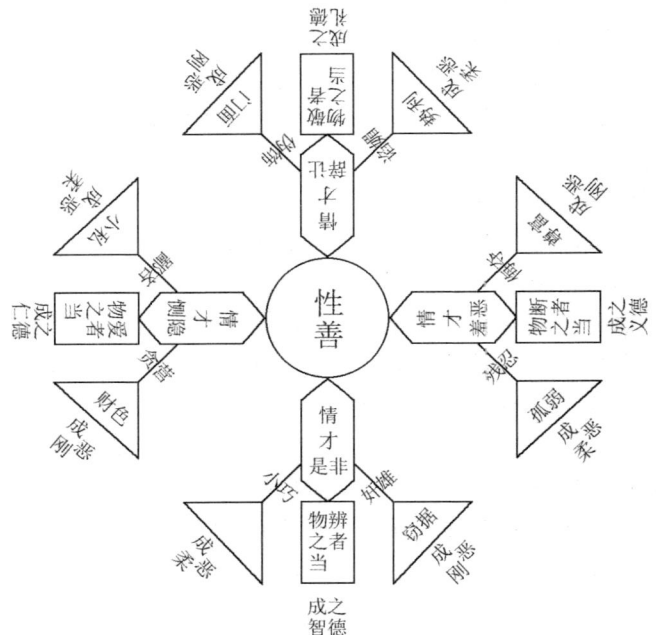

吾之论引蔽习染也，姑以"仁之一端"观之：性之未发则仁，既发则恻隐。顺其自然而出，父母则爱之，次有兄弟，又次有夫妻、子孙则爱之，又次有宗族、戚党、乡里、朋友则爱之。其爱兄弟、夫妻、子孙，视父母有别矣；爱宗族、戚党、乡里，视兄弟、夫妻、子孙又有别矣；至于爱百姓又别，爱鸟兽草木又别矣。此乃天地间自然有此伦类，自然有此仁，自然有此差等，不由人造作，不由一人意见。推之义、礼、智，无不皆然。故曰："浑天地间，一性善也。"故曰："无性外之物也。"但气质偏驳者易流，见妻子可爱，反以爱父母者爱之，父母反不爱焉；见鸟兽草木可爱，反以爱人者爱之，人反不爱焉；是谓贪营鄙吝。以至贪所爱而弑父弑君，吝所爱而杀身丧国，皆非其爱之罪，误爱之罪也。又不特不仁而已也，至于爱不获宜而为不义，爱无节文而为无礼，爱昏其明而为不智，皆一误为之也，固非仁之罪也，亦岂恻隐之罪哉？使笃爱于父母，则爱妻子非恶也；使笃爱于人，则爱物非恶也。如火烹炮、水滋润、刀杀贼，何咎？或水灼人、水溺人、刀杀人，非火、水、刀之罪也，亦非其热、寒、利之罪也。手持他人物，足行不正涂，非手足之罪也，亦非持行之罪也；耳听邪声，目视邪色，非耳目之罪也，亦非视听之罪也：皆误也，皆误用其情也。误始恶，不误不恶也；引蔽始误，不引蔽不误也；习染始终误，不习染不终误也。去其引蔽习染者，则犹是爱之情也，犹是爱之才也，犹是用爱之人之气质也。而恻其所当恻，隐其所当隐，仁之性复矣，义、礼、智犹是也，故曰"率性之谓道"也，故曰"道不远人"也。程朱惟见性善不真，反以气质为有恶而求变化之，是"戕贼人以为仁义"，"远人以为道"矣。

然则气质偏驳者，欲使私欲不能引染，如之何？惟在"明明德"而已。存养省察,磨励乎诗书之中,涵濡乎礼乐之场,周孔教人之成法固在也。自治以此,治人,即以此。使天下相习于善,而预远其引蔽习染,所谓"以人治人"也。若静坐阖眼,但可供精神短浅者一时之葆摄;训诂著述,亦止许承接秦火者一时之补苴。如谓此为主敬、此为致知、此为有功民物,仆则不敢为诸先正党也。故曰:"欲粗之于周孔之道者,大管小管也;欲精之于周孔之道者,大佛小佛也。"

又如仁之胜者爱用事,其事亦有别矣,如士、庶人、卿大夫、诸侯、天子之爱,亲见诸《孝经》者,仁之中也;有大夫而奉亲如士庶者不及,士庶如大夫之奉亲者过,而未失乎发之之正也。吾故曰:"不中节,亦非恶也。"惟堂有父母,而怀甘旨入私室,则恶矣;若甘旨进父母,何恶?室有妻媵,而辱恩情于匪配,则恶矣;若恩情施妻媵,何恶?故吾

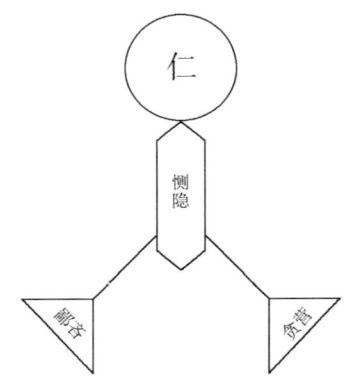

因引蔽习染一端错误之图

尝言,竹节或多或少,皆善也;惟节外生蛀,乃恶也。然竹之生蛀,能自主哉?人则明德,明而引蔽自不乘,故曰:"先立乎其大者,则其小者不能夺也。"全体者,为全体之圣贤;偏至者,为偏至之圣;贤下至椿、津之友恭、牛宏之宽恕,皆不可谓非一节之圣。宋儒乃以偏为恶,不知偏不引蔽,偏亦善也,未可以引蔽之偏诬偏也。木、火一隅图中,"仁胜"之说可玩也。

或疑仁胜而无义,则泛滥失宜,将爱父母为路人,对盗贼而欷歔,岂不成其不宜之恶乎?仁胜而无礼,则节文不敷,将养父母同犬马,逾东家搂处子,岂不成其不检之恶乎?仁胜而不智,

则可否无辨,将从井救人,莫知子恶,岂不成其迷惑之恶乎?予以为此必不知性者之言也。夫性则必如吾前"仁之一端"之说,断无天生之仁,而有视父母为路人诸恶者。盖本性之仁,必寓有义、礼、智,四德不相离也,但不尽如圣人之全,相济如携耳。试观天下,虽甚和厚人,不无能所羞恶、无所辞让、无所是非,但不如圣人之大中,相济适当耳。其有爱父母同路人、对盗贼而歙歙等恶者,必其有所引蔽习染,而非赤子之仁也。礼、义、智,犹是也。熟阅《孟子》而尽其意,细观赤子而得其情,则孔孟之性旨明,而心性非精,气质非粗;不惟气质非吾性之累害,而且舍气质无以厚养心性,则吾所谓三事、六府、六德、六行、六艺之学是也,是"明明德"之学也。即谓为变化气质之功,亦无不可。有志者,倘实以是为学、为教,斯孔门之"博文约礼"、孟子之"存心养性",乃再见于今日;而吾儒有学术,天下有治平,异端净扫,复睹三代乾坤矣!

图 跋

嗟乎!性不可以言传也,而可以图写乎?虽果见孔孟所谓性,且不可言传图写,而况下愚不足闻性道如仆者乎?但偶尔一线悟机,似有髣髴乎方寸者,此或仆一人之所谓性,尚非孔孟所谓性,未可知也。况仆所见,尚有不能图尽者乎!语云:"理之不可见者,言以明之;言之不能尽者,图以示之;图之不能画者,意以会之。"吾愿观者寻其旨于图间,会其意于图外,假之以宣自心之性灵,因之以察仆心之愚见,庶不至以佛氏"六贼"之说诬吾才情气质,或因此而实见孔孟之所谓"性",亦未可知也。若指某圈曰此性也,某画曰此情也,某点曰此气质也,某形势曰此性情、才质之皆善无恶也,则胶柱鼓瑟,而于七图无往不扞格背戾,且于仆所谓"一线"者而不可得,又安望由此以得孔孟所谓性乎？恐此图之为性害，更有甚于宋儒之说者矣！

虽然，即使天下后世，果各出其心意以会乎仆"一线"之意，遂因以见乎孔孟之意，犹非区区苦心之所望也。仆所望者，明乎孔孟之性道，而荀扬、周程张朱、释老之性道可以不言也；明乎孔孟之不欲言性道，而孔孟之性道亦可以不言也，而性道始可明矣。或曰："孔子罕言矣，孟子动言性善，何言乎？不欲言也。"曰："有告子、二或人之性道，孟子不得已而言性善也；犹今日有荀扬、佛老、程张之性道，吾不得已而言才情气质之善也。试观答告子诸人，但取足以折其词而止，初未尝言性善所由然之故，犹孔子之罕言也。宋人不解，而反讥其不备，误矣！"

或曰：吾儒不言性道，将何以体性道、尽性道？余曰：吾儒曰言性道，而天下不闻也；曰体性道，而天下相与也；曰尽性道，而天下相忘也。惟言乎性道之作用，则六德、六行、六艺也；惟各究乎性道之事业，则在下者师若弟，在上者君臣及民，无不相化乎德与行、艺，而此外无学教、无成平也。如上天不言，而时行物生，而圣人体天立教之意著矣，性情之本然见，气质之能事毕矣，而吾之七图亦可以焚矣。故是编后次之以《存学》《存治》云。

附录同人语

上谷石卿张氏曰："性即是气质底性，尧舜底气质，便有尧舜底性；呆獃底气质，便有呆獃的性。而究不可谓性恶。"

又曰："人性无二，不可从宋儒分天地之性、气质之性。"

"先生赐教，在未著《存性》前，惜当时方执程朱之见，与之反覆辩难。及丧中悟性，始思先生言性真确；期服阕，入郡相质，而先生竟捐馆矣。呜呼！安得复如先生者，而与之言性哉！"

督亢介祺王氏曰："气质即是这身子，不成孩提之童性善，身子偏有不善。"

又曰:"天生人来,浑脱是个善。"

又曰:"气质、天命,分二不得。"

书　后

孟子曰"性善",即《鲁论》之"性相近"也,言本善也。晏子曰"汩俗移质,习染移性",即《鲁论》之"习相远"也,言恶所由起也。后儒不解,忽曰气质有恶,而性乱矣,圣贤之言背矣。先生辞而辩之,功岂在禹下哉?特先生《性图》入太极、五行诸说,则于后儒误论,当时尚有未尽洒者。塨后质先生曰:"周子《太极图》,真元品道家图也;《易》有太极、两仪,指揲蓍言,非谓太极为一物而生天地万物也。五行为六府之五,乃流行于世、以为民物用者,故箕子论鲧罪曰'汩陈其五行',非谓五行握自帝天,而能生人生物也。生克乃邹衍以后方家粃说,圣经无有。"先生曰:"然。吾将更之。"及先生卒后,披其编,则更者十七而未及卒业,于是承先生意而湔洗之如右。

康熙乙酉三月上浣,蠡吾门人李塨书。

存　治

序

唐虞三代,复见于今日乎?吾不得而知也。唐虞三代,不复见于今日乎?吾不得而知也。谓复见于今,则汉、唐、宋、明以来,政术风俗,奚为而日降?谓不复见于今,彼古圣贤之所谓"人定胜天""挽回气运"者,果何物哉?宜吾习斋先生俯仰而三叹也！

七制而后，古法渐湮，至于宋明，徒文具耳！一切教养之政不及古帝王，而其最堪扼腕者，尤在于兵专而弱、士腐而靡，二者之弊，不知其所底。以天下之大、士马之众，有一强寇猝发，辄鱼烂瓦解，不可收拾。黄巢之起，洗物淘城；李自成、张献忠如霜风杀草，无当其锋者。官军西出，贼已东趋；川陕楚豫，至于数百里人烟断绝。三代田赋出甲，民皆习兵，虽承平日久，祸起仓卒，亦断不至如此其惨也。士子平居诵诗书、工揣摩，闭户榻首如妇人女子，一旦出仕，兵刑钱谷，渺不知为何物。曾俗吏之不如，尚望其长民辅世耶！三物宾兴之世，学即所用，用即所学，虽流弊，不至于此，又何怪乎先生之俯仰而三叹也！

先生自幼而壮，孤苦备尝，只身几无栖泊，而心血屏营，则无一刻不流注民物。每酒阑灯炧，抵掌天下事，辄浩歌泣下。一日，与塨语"胞与"淋漓，不觉亦堕泪。先生跃起曰："此仁必也，吾道可传矣！"是以比年从游，勤有启示。塨因得粗知其略，以为贤君相用之，自有润泽，而大纲所在，足为万世开太平者，则百宪不易也。使先生早有为于世，唐虞三代，于于然而来也，不宁快甚！乃今双鬓颁白，尚托空言，岂天未欲治平耶？抑将用之于衰老时耶？亦使先生开其端而更待夫后人耶？吾复不能知之矣！

康熙二十八年己巳，孟夏吉旦，蠡吾门人李塨顿首拜撰。

王　道

昔张横渠对神宗曰："为治不法三代，终苟道也。"然欲法三代，宜何如哉？井田、封建、学校，皆斟酌复之，则无一民一物之不得其所，是之谓王道。不然者，不治。

井 田

或问于思古人曰：井田之不宜于世也久矣，子之存治，尚何执乎？曰：噫！此千余载民之所以不被三泽也！夫言不宜者，类谓殴夺富民田，或谓人众而地寡耳。岂不思天地间田，宜天地间人共享之。若顺彼富民之心，即尽万人之产而给一人，所不厌也。王道之顺人情，固如是乎？况一人而数十百顷，或数十百人而不一顷，为父母者，使一子富而诸子贫，可乎？

又或者谓：画田生乱。无论至公服人，情自辑也；即以势论之，本朝之圈占，几半京辅，谁与为乱者？且古之民四，而农以一养其三；今之民十，而农以一养其九。未闻坠粟于天，食土于地，而民亦不饥死，岂尽人耕之而反不足乎？虽使人余于田，即减顷而十，减十而亩，吾知其上粪倍精，用自饶也。况今荒废至十之二三，垦而井之，移流离无告之民，给牛种而耕焉，田自更余耳。故吾每取一县，约其田丁，知相称也，尝妄为图以明之。所虑者，沟洫之制，经界之法，不获尽传；北地土散，恒恐损沟，高低坟邑，不便均画。然因时而措，触类而通，在乎人耳。沟无定而主乎水，可沟则沟，不可则否；井无定而主乎地，可井则井，不可则均。至阡陌庐舍，古虽有之，今但可植分草以代阡陌，为窝铺以代庐舍；横各井一路以便田车，中十井一房以待田畯可也。

有圣君者出，推此意而行之，搜先儒之格议，尽当代之人谋，加严乎经界之际，垂意于厘成之时，意斯日也，孟子所谓"百姓亲睦"，咸于此征焉。游顽有归，而士爱心臧；不安本分者无之，为盗贼者无之，为乞丐者无之，以富凌贫者无之。学校未兴，已养而兼教矣，休哉荡荡乎！故吾谓教以济养，养以行教；教者养也，养者教也。非是谓与？

			田		路			
私田	私田	私田	私田	私田	私田	私田	私田	私田
私田	公田	私田	私田	庐舍公田	房	私田	公田	私田
私田	私田	私田	私田	私田	私田	私田	私田	私田
			田		路			
私田	私田	私田	私田	私田	私田			
私田	公田	私田	私田	公田	私田			
私田	私田	私田	私田	私田	私田			
			田		路			

井田经界之图

方一里，图画界一小区，方十步：每行长算十里，共三百六十里，该十二万九十千六百步，合五百四十亩。

井田经界图说

孟子云："方里而井，井九百亩。"吾所以明井制必明里制也。

周制，三百步为一里，百步为一亩，六尺为一步；每步长今步一尺，则三百步为里者，即今三百六十步之数也。然考之文、问之献，又多异说，且谓周尺仅今七寸强。要之，不若即以今里、今亩、今步尺为准为甚明，且亦夫子"从周"之义也。以今里推之，方里之地，合该十二万九千六百步；周之九百亩，当今五百四十亩，每区六十亩，内公外私。若田饶处，除公田内六亩给八家为场圃、庐舍，田窄给三亩为窝铺，其地亦可桑；又通各井两端为田车之路，宜纵者纵，宜横者横，随邑人出入之便；十里一旁，以处田畯。不云"厅堂"者，盖田畯宜游井以劝，此直暂息，不成其所也。

方百里图说

			每	里	每	共			
			区	尽	行	计			
			方	百	千	万			
			十	井	井	井			

方百里图

四面皆百里,伯国之封地也。

公侯皆方百里,古也,何必图?以古制久湮,人辄谓田少,故圈之以示田足也。一区方十里当百井,一行方十里者当千井,共该一万井也。即除坟邑、山川、林路,约天下之大势,或有山川、或无山川者增补言之,各百里内,亦不减八千井。一井八家,共该六万四千家,吾知百里内之人民,去二十以下及六十以上者,亦不过六七万丁而已。即或人浮于田,一区二夫,一夫受二十七亩,亦足用也。又就《孟子》注徐氏所识田禄推之,大国之君取三百二十井,卿取三十二井,大夫八,上士四,中士二,下士一,共该三百六十七井。推之大国、三卿、五下大夫、二十七上士,他官府吏悉计之,交邻、宗庙、优宾、礼贤、抚幼、养老、柔旅、劝工、补春、助秋等事,以及邑宰、庶人在官,约不至八千井而用足矣。余则别贮,名曰工仓,诸侯不得擅开;王巡则以补助庆功,大凶则侯请以赈,三岁一散陈。又,十井一长,百井一百长,千井一千长,二千井一邑宰、一佐士;宰禄视大夫,佐士视上士,千长视中士,百长视下士,十长无禄。此方百里之大率也。天子之千里,侯之五十里,俱可推知,第王臣之禄重耳。

治 赋

慨自兵、农分而中国弱,虽唐有府兵,明有卫制,固欲一之;迨于其衰,顶名应双,皆乞丐、滑棍,或一人而买数粮。支点食银，人人皆兵；临阵遇敌，万人皆散。呜呼！可谓无兵矣！岂止分之云乎？即其盛时，明君贤将理之有法，亦用之一时，非久道也。况兵将不相习，威令所摄，其为忠勇几何哉？

间论王道，见古圣人之精意良法，万善皆备：一学校也，教文即以务武；一井田也，治农即以治兵。故井取乎八，而陈亦取乎八；考之他书，类谓其法创自黄帝，备于成周，而以孔明之八陈实祖之。但帝王之成法既不可见，武侯之遗意又不得其传，后世亦焉得享其用哉？

窃不自揣，觉于井田法，略有一得，敢详其治赋之要有九、治赋之便有九：

一曰预养。饥骥而责千里，则君上宜菲供膳、薄税敛、汰冗费，以足民食。一曰预服。婴儿而役贲、育则怒。井之贤者为什，什之贤者为长，长之贤者为将，以平民情。一曰预教。简师儒、申孝弟、崇忠义，以保民情。一曰预练。农隙之时，聚之于场：时，宰士一较射艺；月，千长一较；十日，百长一较；同井习之不时。一曰利兵。甲胄弓刃精利者，官赏其半直，较艺贤者庆以器。一曰养马。每井马二，公养之，仿北塞喂法，操则习射，闲则便老行，或十百长有役乘之。一曰治卫。每十长，一牌刀率之于前，九人翼之于后。器战之法，具《纪效新书》。一曰备羡。八家之中，四骑四步，供役不过各二人，余则为羡卒，以备病伤或居守。一曰体民心，亲老无靠不卒，老弱不卒；出戍给耕不税，伤还给耕不税；死者官葬。——九者，治赋之要也。

一曰素练。陇亩皆陈法，民恒习之，不待教而知之矣。一曰亲卒。同乡之人，童友日处，声气相喻，情义相结，可共生死。一曰忠上。邑宰、千百长，无事则教农、教礼、教艺，为王父母；有事则执旗、执鼓、执剑，为之将帅，其孰不亲上死长。一曰无兵耗。有事则兵，无事则民，月粮不之费矣。一曰应卒难。突然有事，随地即兵，无征救求援之待。一曰安业，无逃亡反散之虞。一曰齐勇，无老弱顶替之弊。一曰靖奸，无招募异域无凭之疑。一曰辑侯，无专拥重兵要上之患。——九者，治赋之便也。

至于陈法，八千长率之于前，四邑将督之于后。左战而右翼之，则左正而右奇；右战而左翼之，则右正而左奇。前后之相应，内外之相接，无非前、无非后、无非左、无非右，无非正、无非奇；如循环，如鬼神，如天地。分张之，可围敌之弱；合冲之，可破敌之坚。敌攻之不可入，入之不可出。居则为营，战则为陈。亦乌可测其端，乌可穷其用也哉？

八陈图说

古伯国，三万二千，全军之陈，纲目皆井形；表圆象天，里方象地，中军象太极，四角象四象，八陈象八卦，旗帜五色象五行。南方火则旗红，左旗镶青者，以火之于木相从也；青宜镶黑而白之者，取易辨之也；黑宜白而红之者，别于青也。凡千长所率二千卒，每百长一小旗，从其将旗，中必异色，书长姓，姓同书字。四邑长（将）皆绣绒旗，又各备一方绣旗。一面当敌，则二邑督四路之兵；如四面当敌，则佐士与邑将分督八路之兵。一面当敌，左右者应之，余则皆否。如"天鸟"出战，"云虎"即为两翼，"风龙""地蛇"各安其位是也。战者战而守者守，如八表皆战而八里不动是也。下此而万六千，或三千二百，或一千六百，神而明之，在乎人耳。

学　校

或问于思古人曰：自汉高致牢阙里，历代优意黉宫，建教训之官，有卧碑之设，何尝不存心学校也？似不待子计矣。思古人曰：嗟乎，学校之废久矣！考夏学曰"校"，教民之义也，今犹有教民者乎？商学曰"序"，习射之义也，今犹有习射者乎？周学曰"庠"，养老之义也，今犹有养老者乎？

且学所以明伦耳，故古之小学，教以洒扫、应对、进退之节；大学教以格致诚正之功、修齐治平之务。民舍是无以学，师舍是无以教，君相舍是无以治也。迨于魏晋，学政不修，唐宋诗文是尚，其毒流至今日。国家之取士者，文字而已；贤宰师之劝课者，文字而已；父兄之提示、朋友之切磋，亦文字而已；不则曰"诗"，已为余事矣。求天下之令，又乌可得哉？有国者，诚痛洗数代之陋，用奋帝王之猷，俾家有塾、党有庠、州有序、国有学，浮文是戒，实行是崇，使天下群知所向，则人材辈出，而大法行，而天下平矣。故人才、王道为相生，倘仍旧习，将朴钝者终归无用，精力困于纸笔；聪明者逞其才华，诗书反资寇粮，无惑乎？家读尧舜、孔孟之书，而风俗愈坏；代有崇儒重道之名，而其才不出也，可胜叹哉！

《周礼》：大司徒"以乡三物教万民而宾兴之"：一曰"六德"，知、仁、圣、义、忠、和；二曰"六行"，孝、友、睦、姻、任、恤；三曰"六艺"，礼、乐、射、御、书、数。

乡大夫，"三年则大比，约其德行道艺，而兴贤者、能者。乡老及乡大夫，帅其吏与其众寡，以礼礼宾之。厥明，乡老及乡大夫，群吏献贤能之书于王，王拜受之，登于天府，内史贰之"。

邱氏曰："成周盛时，用乡举里选之法以取士。二十五家为闾，闾有胥，闾胥则书其敬敏、任恤者；百家为族，族有师，族师则书其孝弟、睦姻、有学者；五百家为党，党有正，党正则书其德行、道艺；二千五百家为州，州有长，州长则考其德行、道艺而劝之；万二千五百家为乡，乡有大夫，则三年大比，考其果有六德、六行而为贤，通夫六艺之道而为能，则是能遵大司徒之教而成材矣。于是乡老及乡大夫帅胥、师、正、长之属，合闾、族、州、党之人，行乡饮之礼，用宾客之仪以兴举之；书其氏名于简册之中，献其所书于天府之上。天子拜而受之，以贤才之生，及上天所遗，以培植国家元气者也。"

《王制》："命乡论秀士，升之司徒，曰选士；司徒论选士之秀者而升之学，曰俊士；升于司徒者不征于乡，升于学者不征于司徒，曰造士。……大乐正论造士之秀者，以告于王，而升诸司马，曰进士；司马辨论官材，论进士之贤者，以告于王而定其论。论定，然后官之；任官，然后爵之；位定，然后禄之。"

封　建

或问于思古人曰：世风遽（递）下，人心日浇，以公治之而害伏，以诚御之而奸出，是以汉之大封同姓，亦成周伯叔诸姬之意，而转目已成反叛；唐之优权藩镇，仅古人甥舅伯侯之似，而李社即以败亡。故宋鼎既定，盏酒以敬勋臣；明运方兴，亦世官而酬汗马。非故惜茅土也，诚以小则不足藩维，大则适养跋扈，封建之难也，子何道以处之，可使得宜乎？

思古人曰：善哉问！此不可以空言论也。先王遗典，封建无单举之理，大经大法，毕著咸张，则礼乐教化自能潜消反侧，纲纪名分皆可预杜骄奢。而又经理周密，师古之意，不必袭古之迹。使十侯而一伯。侯五十里，一卿、二大夫、三士卿，天子命之；伯百里，一卿、三大夫、六士，卿与上大夫，亦天子命之。侯畜马二十五，甲士与称；伯畜马五十，甲士亦称，有命乃起田卒焉；边侯、伯、士、马皆倍其畜，有事乃起田卒焉。侯庶不世爵，禄视其臣，而以亲为差；侯臣不世邑，采取公田，而以位计数。伯师不私出，列仆不私会。如此者，有事，则一伯所掌二十万之师，足以藩维；无事，而所畜士、马不足并犯。封建亦何患之有？况三代建侯之善，必有博古君子能传之者；用时又必有达务王佐、能因而润泽者，岂余之寡陋所能悉哉？第妄谓非封建不能尽天下人民之治，尽天下人材之用尔。

后世人臣，不敢建言封建，人主亦乐其自私天下也，又幸郡县易制也，而甘于孤立，使生民社稷，交受其祸，乱亡而不悔，可谓愚矣！如六国之势，识者尝言韩、魏、赵为燕、齐、楚之藩蔽，嬴氏蚕食，楚、齐、燕绝不之救，是自坏其藩蔽也。侯国且如此，以天下共主，可无藩蔽耶？层层厚护，宁不更佳耶？《板》之诗云："大邦维屏，宗子维城。无俾城坏，无独斯畏。"道尽建侯之利，不建侯之害矣。如农家度日，其大乡多邻，而我处其中之为安乎？抑吞邻灭比，而孤栖一蕞之为安乎？

况此乾坤，乃自尧、舜、夏、商、周诸圣君圣相，开物成务，递为缔造而成者也；人主享有成业，而顾使诸圣人子孙无尺寸之土，魂灵无血食之嗣，天道其能容耶？身为天子，皆其历世祖功宗德，上邀天眷，顾不能覃恩九族，大封同姓，而仅仅一支私其当贵，宗庙其无怨恫耶？创兴之际，攀龙附凤，或运帷幄，或功汗马，主臣同爱劳，共生死；一旦大业既成，不与之承天分地，为山河带砺之盟，勋旧其何劝耶？

凡诸大义，皆不遑恤，而君不主、臣不赞，绝意封建者，不过见夏、商之亡于诸侯，与汉七国、唐藩镇之祸而忌言之耳。殊不知三代以封建而亡，正以封建而久；汉、唐受分封、藩镇之害，亦获分封、藩镇之利。使非封建，三代亦乌能享国至二千岁耶？夏以有仍再造，商有西伯率叛服殷；周则桓、文主盟尊王，周、召共和不乱。四百也，六百也，八百也，递渐益长，是皆服卫迭迭，星环碁布，隐摄海外之觊觎，秘镇朝阙之奸回，有以辅引王家天祚也。以视后日之一败涂地、历数日短者，封建亦何有人国哉？即以三代败亡论，受命者犹然我先王之股肱甥舅也；列辟无恙，三恪世修，失天下者，仍以一国封之。是五帝、三王有数百年之天下，而仍有千万年不亡之国也。使各修天子礼乐，事则膰之，丧则拜之，客而不臣，是五帝、三王有千万年不亡之国，即有千万年不降之帝王也。猗欤休哉！守此不替，有天下者，谁不胥受其福乎！

且君非桀、纣，谁敢犯天下共主、来天下之兵耶？侯非汤、武，谁能合千八百国而为之王耶？君非桀、纣，其亡难也；侯非汤、武，王之难也，故久而后失之也。即君果桀、纣而侯果汤、武矣，本国之积仓，自足供辎重，无俟掠人箱囷、炊人梁栋也；一心之虎贲，从王之与国，自足以奉天伐暴，无俟挟房丁壮因而淫携妇女也；南巢、牧野，一战而天命有归，无俟于数年、数十年之兵争而处处战场也；耕者不变而市者不止，不至于行人断绝而百里无烟火也；王畿鼎革，而天下犹有君，不至于闻京城失守而举世分崩，千百成群，自相屠抢，历数年不能定也；王者绥定万邦而屡有丰年，不至于耕种尽废，九有荡然，上干天和，水旱相仍，历三二世不能复也。盖民生大地，咸沐封建之泽，无问兴亡，皆异于后世如此。而秦人任智力以自雄，收万方以自私，敢于变百圣之大法，自速其年世，以遗生民气运世世无穷之大祸，祖龙之罪，上通于天矣！文人如柳子厚者，乃反为"公天下自秦始"之论，是又与于不仁之甚者也，可胜叹哉！

宫　刑

或有问于思古人曰：昔汉除宫刑，百世称其仁。子言王道亦既详矣，乃并微闻宫刑亦当复，无以法不严则易犯，故峻其法以仁斯民乎？

思古人曰：否，不然也。夫谓法不严则易犯，暴君酷吏假辞以饰其恶耳。吾所谓复古刑者，第以宫壶（壸）之不可无妇寺，势也，即理也。倘复封建，则大下之君所需妇寺愈多，而皆以无罪之人当之，胡忍哉？且汉之除宫刑，仁而愚者也。汉能除妇寺哉？能除万世之妇寺哉？不能除妇寺而除宫刑，是不忍宫有罪之人，而忍宫无罪之人矣。

说者又谓刑童男女，不于民间，惟以官买，则是任民之愿。嗟乎，狃民甚矣！小民何知？惟知利耳；以利诱民而宫之，岂天为民立君之意哉？今之贪利为盗者，恶自民也，上且诛之；若因民之贪诱而宫之，恶自君矣，可胜慨哉！故封建必复宫刑，不封建亦必复宫刑也，惟愿为政者慎用之耳。至肉刑之五，墨、辟今犹用之，劓、剕二刑不复可也。

济　时

或曰：若子之言，非王政必不足治天下。顾汉末，非行王道时也，孔明何以出？唐叶无行王道事也，邺侯何以相？是必有济时之策矣。况王政非十年经理、十年聚养、十年浃洽，不能举也。倘遇明主贤相，不忍斯民之水火，欲急起拯之，而人材未集，时势未可，将舍此无道，则所谓"大用之而大效，小用之而小效"者，又何说也？

思古人曰：王道无小大，用之者小大之耳。为今计，莫要于"九典""五德"矣：除制艺、重征举、均田亩、重农事、征本色、轻赋税、时工役、静异端、选师儒，是谓九典也；躬勤俭、远声色、礼相臣、慎选司、逐佞人，是谓五德也。为之君者，充五德之行，为九典之施，庶亦驾文景而上之矣！然不体圣学、举圣法，究非所以致位育、追唐虞也，是在为君者。

重征举

尝读《礼》，"聘则为妻，奔则为妾"，所以崇礼义、养廉耻也。故女无行媒不相知名，士不为臣不见。成汤之于伊尹也，三聘莘野；文王之于吕尚也，载旋渭滨。下至衰世，犹有光武就见之子陵，昭烈屡顾之诸葛。如四子者，固有以自重，抑其君知所以重之也。

近自唐宋，试之以诗，弄之以文，辄上曰选士、曰较士、曰恩额、曰赐第，士则曰赴考、曰赴科、曰赴选。县而府，府而京，学而乡，乡而会；其间问先、察貌、索结、登年、巡视、搜检、解衣、跣足，而名而应，挫辱不可殚言。呜呼，奴之耶？盗之耶？无论庸庸辈不足有为，即有一二杰士，迨于出仕，气衰八九矣！宜道义自好者，不屑就也。而更异其以文取士也。夫言自学问中来者，尚谓"有言不必有德"，况今之制艺，递相袭窃，故不知梅枣，便自言酸甜，不特士以此欺人，取士者亦以自欺。彼卿相皆从此孔穿过，岂不见考试之丧气、浮文之无用乎？顾甘以此诬天下也。观之宋明，深可悲矣！

窃尝谋所以代之，莫若古乡举里选之法。仿明旧制，乡置三老人，劝农、平事、正风，六年一举，县方一人。如此，则东方之三老，视德可敦俗、才堪莅政者，公议举之，状签某某深知其才德，兼以事实之，县令即以币车迎为六事佐宾吏人。供用三载，经县令之亲试，百姓之实征，老人复跻堂言曰"某诚贤"，则令荐之府，呈签某令深知其才德，亦兼以事实之，则守以礼征。至其有显德懋功者，即荐之公朝，余仍留为佐宾三载，经府守之亲试，州县之实征，诸县令集府言曰"某诚贤"，则府守荐之朝庭，呈签某守深知其才德，亦兼以事实之，则命礼官弓旌、车马征至京。其有显德懋功者，即因才德受职不次，余留部办事，亲试之三载。凡经两举，用不及者，许自辞归进学。老人、令、守荐贤者受上赏，荐奸者受上罚，则公论所结，私托不行矣。九载所验，贤否得真矣。即有一二勉强为善、盗窃声誉者，焉能九载不变哉？况九载之间，必重自检饬，即品行未粹者，亦养而可用矣。为政者复能久任，考最于九载、十二载，或十七八载之后，国家不获真才，天下不被实惠者，未之有也。

靖异端

古之善靖异端者，莫如孟子；古之善言靖异端者，莫如韩子。韩子之言曰："人其人，火其书，明先王之道以教之。"善哉，三言尽之矣！

愚尝取而详推之：目前耕耘，三代之赤子，第自明帝作俑，无耻之民从而效尤，妄谈祸福，侈说仙神，枝连蔓及，焚香讲道者遂纷纷，其实犹然中国之民也，一旦收为左道之诛，岂不哀哉？

考古谋今，靖之者有九：一曰绝由，四边戒异色人，不许入中国。二曰去依，令天下毁妖像、禁淫祠。三曰安业，令僧道、尼姑以年相配，不足以妓继之，俱还族；不能者，入各地籍，许鬻寺观瓦木以易宅舍，给香火地或逃户地，使有恒产。幼者还族，老而无告者入养济院，夷人仍纵之去，皆所谓"人其人"也。四曰清蘖，有为异地惑众者诛。五曰防后，有窝佛老等经卷一卷者诛，献一卷者赏十两，讦窝者赏五十两。六曰杜源，令硕儒多著辟异之书，深明彼道之妄，皆所谓"火其书"也。七曰化尤，取向之名僧长道，令近正儒受教。八曰易正，人给《四书》《曲礼》《少仪》《内则》《孝经》等，使朝夕诵读。九曰明法，既反正之后，察其孝行或廉义者，旌表显扬之；察其愚顽不悟者，责罚诛戮之,皆所谓"明先王之道以教之"也。

如此,则群黎不邪慝,家户有伦理。男女无抑郁之气,而天地以和;兆姓无绝嗣之惨,而生齿以广。征休召祥,蔑有极矣!且俭土木之浪费,杜盗亡之窝巢,驱游手之无耻,绝张角等之根苗。风淑俗美,仁昌义明,其益不可殚计。有国者,何惮而不靖异端哉?若惑于祸福之说,则前鉴固甚明也。

书 后

先生"三存编",《存性》《存学》,皆悟圣学后著;独《存治》在前,乃壮岁守宋儒学时所作。当是时,仁心布护,身任民物之重已如是,其得圣道也,盖有由矣。塨从游后,闻而悦之,著《瘳忘编》以广其条件;张鹏举文升,著《存治翼编》,聚晤考究,历有年所。及塨出游四方,辨正益久,缪谓乡举里选,行之或亦因时酌取,而大体莫易。井田则开创后,土旷人稀之地,招流区画为易,而人安口繁,各有定业,时行之难。意可井者井,难则均田,又难则限田,与先生见亦颇不参差。

惟封建,以为不必复古,因封建之旧而封建,无变乱;今因郡县之旧而封建,启纷扰,一。三代德教已久,胄子多贤,尚曰"世禄之家,鲜克由礼",况今时纨袴,易骄、易淫、易残忍,而使世居民上,民必殃,二。郡县即汉、唐小康之运,非数百年不乱;封建则以文、武、成、康之圣贤治之,一传而昭王南巡,遂已不返。后诸侯渐次离析,各自为君,六七百年周制,所谓削地灭国,皆付空言,未闻彼时以不朝服诛何国也。矧于晚近,虽有良法,岂能远过武周?三。或谓明无封建,故流寇肆毒,遍地丘墟。窃以为宋、明之失,在郡县权轻,若久任而重其权,亦可弭变。且唐立藩镇,即诸侯也;而黄巢俨然流寇矣,岂关无封建耶?

四。或又谓无封建，则不能处处皆兵，天下必弱。窃谓民间出兵，处处皆兵，郡县自可行，不必封建始可行也，五。而封建之残民，亦恐不下流寇。不观春秋乎？列国君卿，尚修礼乐、讲信睦，然自会盟朝遇，纷然烦费外，侵伐战取，一岁数见。其不通鲁、告鲁者，殆又倍蓰。幸时近古，多交绥而退；若至今日，杀人狼藉，盈野盈城，岂减流寇？然流寇之蹙而诸侯亡迟，则将为数十年杀运，数百年杀运，而祸更烈矣！唐之藩镇为五季，金之河北九公，日寻干戈，人烟断绝，可寒心也，六。天子世圻，诸侯世同，卿大夫独非伯叔甥舅之裔耶？亦世采，自然之势也。即立法曰"世禄不世官"，必不能久行。周之列国，皆世臣巨室可见矣 夫使天下富贵，数百年皆一姓及数功臣享之，草泽贤士，虽如孔孟，无可谁何，非立贤无方之道也，不公孰甚？欲治平何由？七。戊寅，浙中得陆桴亭《封建传贤不传子论》，盖即郡县久任也，似有当。质之先生，先生曰："可。而非王道也。"商榷者数年于兹，未及合一，先生倏已作古矣。於戏！此系位育万物、参赞天地之事，非可求异，亦非可强同也。因书于后，以待用者。

康熙乙酉二月，蠡吾门人李塨书于郾城寓署。

存　人

（一）

唤迷途

第一唤

此篇多为不识字与住持、云游等僧、道立说。此项人受惑未深，只为"衣食"二字，还好劝他，譬如误走一条路，先唤那近者回来。我们这里唤，那近的先听得，故第一先唤平常僧、道。

凡人做僧、道者，有数项：一项是本人贫寒不能度日，或其父母贫寒不能度日，难于衣食，便度为僧道；一项是祸患迫身、逃走在外，或兵乱离家、无地自容，度为僧道；一项是父母生子女不成，信佛道，在寺庙寄名，遂舍入为徒；一项是偶因灾祸，妄信出家为脱离苦海，或目触寺庙倾倒，起心募化，说是建立功果，遂削发为僧，或戴发称道人。大约是这几项人，或有不得已，或误当好事做，不是要惑世诬民、灭伦伤化。便是圣人出世，亦须哀怜而教化之，不忍收为左道之诛也。

但你们知佛是甚么人否？佛是西域番人，我们是中国好百姓，为甚么不做朝廷正经的百姓，却做那西番的弟子？他若是个好人还可，他为子不孝他父母，为臣不事他君王，不忠不孝，便是禽兽了！我们为甚么与他磕头？为甚么做他弟子？他若是个正神还可，他是个西方番鬼，全无功德于我们。我们这房屋，是上古有个圣人叫巢氏，他教人修盖，避风雨虎狼之害，我们于今得住；我们这衣食，是上古有个圣人叫神农氏，教民耕种；又有黄帝元妃叫西陵氏，教人蚕桑，我们于今得吃得穿；我们这田地，是陶唐时有个圣人叫神禹，把横流的洪水都治了，疏江淮河汉，凿龙门，通大海，使水有所归，我们于今得平土上居住；我们这世界，是伏羲、神农、黄帝、尧、舜、禹、汤、文、武、周公、孔子合汉、唐、宋、明历代帝王圣贤，立礼乐刑罚，治得乾坤太平，我们才得安稳。所以，古之帝王圣贤庙食千古，今之帝王圣贤受天下供奉，理之当然。佛何人，自何功德，乃受天下人香火？真可羞也！真可诛也！

你们动辄说赖佛穿衣，指佛吃饭，佛若是个活的，不忠不孝，尚且不当穿天下人的衣、吃天下人的饭；何况佛是个死番鬼，与中国全无干涉，你们焉能指他吃穿的？语云："无功食禄，寝食不安。"你们又动辄念经宣卷，神要那西域邪言做甚么？人要那西域邪言做甚么？白白的吃了人家的，活时做个不妥当的人，死了还做个带缺欠的鬼。我劝你有产业的僧人，早早积攒些财物，出了寺，娶个妻，成家生子；无产业的僧人，早早抛了僧帽，做生意工匠，无能者与人佣工，挣个妻子，成个人家。上与朝廷添个好百姓，这便是忠；下与祖父添个儿孙，这便是孝。使我上面千百世祖宗有儿孙，下面千百世儿孙有祖父，生作有夫妇、有父子、有宗族亲友的好人家，死入祖宗坟墓，合祖宗、父兄、族人埋在一块土，做个享祭祀的鬼。思量到此，莫道是游食僧道与住持僧道，便是那五台山、京都各寺观大富贵僧道，也不该贪恋那无意味的财产。你们说那有钱的僧道，像甚么？就是个内官家富贵，便是黄金千两、位享三公，断了祖父的血脉，绝了天地生机，竟成何用？思之、思之！

老僧人，老道士，见的明白，你们受苦一生，中甚么用？无徒弟的，再不消度人了，误了自己，又误他人，神明也不佑；有徒弟的，早早教他还人伦。你若十分老，便随徒弟去度日；若不十分老，也寻法娶妻，便不娶妻，也还家。家下有房屋田产的，固好；虽无田产房屋，寻个手艺生理的也好；就两者俱无，虽乞食度日，比做僧道也好。好在何处？现有宗族，合他有父兄子侄情分，便病了，他直得照管你；便死了，他直得埋殡你；便做鬼，也得趁祖宗享春秋祭祀，岂不是好？若做僧道，莫说游僧游道死在路狼拖狗曳的；便是住持的，若无徒弟也苦；虽有徒弟伏侍的，终是异姓人，比不得我儿女是我骨肉，也比不得我宗族是我祖宗一派。死了，异姓祭祀也无缘理，况世上那有常常住持的寺院？究竟作无祭祀的野鬼，岂不伤哉？

归人伦事，最宜蚤图。第一件，先要知前日由平民做和尚，是朝廷的逃民，是父母的叛子，是玷辱亲戚朋友的恶事。古人云："不忠不孝，削发而捐君亲；游手游食，易服而逃租税。"只此四句，断定和尚不是好人了。今日由和尚做了平民，是朝廷正道百姓，是父母归宗孝子，是从头有亲戚、有朋友的好事。古人云："自新休问昔狂。"伊尹称成汤改过不吝，自新便成的君子，改过便做的圣人。我之归也，不忍我祖宗无后而归也，不忍我父母无子而归也，是谓之大仁；不愿天下人皆有夫妻、我独为鳏夫而归也，不愿贵贱贤愚皆为朝廷效力、我独为獷民而归也，不愿昆虫草木皆为天地广生成、我独腐朽而归也，是谓之大义。大仁大义之举，而世人反以为不美事，名之曰"还俗"。夫谓之"俗"，必以为作僧道是圣果事，而今还于俗凡也；必以由是清雅事，而今还于俗鄙也；必以为新奇事，而今还于俗常也。嗟乎！"名不正则言不顺，言不顺则事不成"，此尼父之所大虑也！吾今正其名曰"归人伦"，明乎前此迷往他乡而今归家也，明乎前此误入禽兽之伙而今归人群也，明乎前此逸出彝伦之外而今归子臣弟友之中也。世人去家乡数千里，见一本土人，辄涕泣不胜；一旦还乡，则邻里皆来看望，心安意乐。今之归伦，何独不然？僧道有归人伦而来见吾者，吾必酒食待之，为之图谋生理；吾党有寄尺书口信于吾者，曰"某处某僧道今归伦于某府州县某乡为某姓名矣"，吾必不远百里，具仪往贺之。人之好善，谁不如我？鼓动天下，救济生民，同志者共勉之！

你父母生你时，举家欢喜，门左悬弧。欢喜者，以为他日奉养口体、承宗继嗣，有所托矣。一旦为僧道，生不能养，死不能葬，使父母千万年无扫坟祭主之人，一思赤子怀抱时，你心安不安？悬弧者，男子生下，当为朝廷应差应甲，平定祸乱；大而为将，小而为兵，射猎四方，生人之义也。一旦为僧道，便为世间废人，与朝廷无干，不但不为朝廷效战斗，并不当差纳粮以供其上,回思悬弧之义,宁不自愧?

禽有雌雄,兽有牝牡,昆虫蝇蠓亦有阴阳,岂人为万物之灵,而独无情乎?故男女者,人之大欲也,亦人之真情至性也。你们果不动念乎?想欲归伦,亦其本心也;拘世人之见,以还俗为不好耳。今无患矣,我将此理与你们说明了,更不可自己耽误。细思来,你们为僧道,也只为吃碗自在饭;岂不思上自天子,下至庶人,皆有所事,早夜勤劳,你们偏偷安白吃,就如世间仓鼠木蠹一般了,是甚么好?试看世上各行生理手艺,命中有饭吃,自然饿不着,你何必做僧道?你命中若不好,做僧道也受饥寒。况有一种赴苦做活、种地灌园的僧道,一般受苦,为何废了人伦?你们都思量思量,不可胡迷到底也。

第二唤

此篇多为参禅悟道、登高座、发偈律的僧人,与谈清静、炼丹火、希飞升的道士立说。较前项人惑渐深、迷渐远,唤回颇难。然此等率出聪明静养之人,聪明人易驰高远,故惑于异端者多。仆以为聪明人易惑、亦易悟,静养人善思、又善听;况吾之俚言,如数一二,如辨黑白,如闻钟鼓,亦易入者。一悟一思,而猛然醒、幡然改,同快人伦之乐,岂不美哉!

佛道说真空,仙道说真静,不惟空也,并空其空,故《心经》之旨:"无无明,亦无无明尽";不徒静也,且静之又静,故《道德经》之旨:"牝矣又玄,玄矣又屯屯。"吾今以实药其空,以动济其静,为僧道者不我服也。入之深,惑之固,方且望其空静而前进之不暇,又焉能听吾所谓实与动乎?今姑即佛之所谓"空"、道之所谓"静"者穷之,而后与之言实与动。佛殊不能空也,即能空之,益无取;道殊不能静也,即能静之,益无取。三才既立,有日月则不能无照临,有山川则不能无流峙,有耳目则不能无视听。佛不能使天无日月，不能使地无山川，不能使人无耳目，安在其能空乎？道不能使日月不照临，不能使山川不流峙，不能使耳目不视听，安在其能静乎？佛道之空、静，正如陈仲子之廉，不能充其操者也。即使取其愿而如遂之，佛者之心而果入定矣，空之真而觉之大矣，洞照万众矣，此正如空室悬一明镜，并不施之粉黛妆梳，镜虽明，亦奚以为？曰"大觉"，曰"智慧"，曰"慈悲"，而不施之于子臣弟友，方且照不及君父而以为累，照不及自身之耳目心意而以为贼，天地间亦何用此洞照也！且人人而得此空寂之洞照也，人道灭矣，天地其空设乎？道者之心而果死灰矣，嗜欲不作，心肾秘交，丹候九转矣，正如深山中精怪，并不可以服乘致用，虽长寿亦两间一蠹！曰真人，曰至人，曰太上，而不可推之天下国家，方且盗天地之气以长存，炼五行之精以自保，乾坤中亦何赖有此太上也！且人人而得此静极之仙果也，人道又绝矣，天地其能容乎？世传五百年雷震一次，此必然之理，盖人中妖也，天地之盗也。

请问：若辈聪明人乎？愚蒙人乎？果愚蒙人也，宜耕田凿井以养父母，以受天子之法制；不应妄为大言，鼓天下之愚民而立教门。若聪明人也，则以天地粹气所钟，宜学为公卿百执事，以勤民生，以佐王治，以辅扶天地；不宜退而寂灭，以负天地笃生之心。

朝廷设官分职以为万民长，立法定律以防万民欲，人虽贤智，只得遵朝廷法律而行。所谓虽有其德，苟无其位，亦不敢作礼乐也。你们辄敢登高座谈禅，使人跪问立听；辄敢动刑杖，是与天子长吏争权也；辄敢别定律令，号招士民，谓之受戒，各省直愚民呼朋引类，赴北京、五台受禅师法戒，是与天子争民也。堂堂皇王之天下，俨然半属梵王子之臣民，倘朝廷震怒，或大臣奏参，岂不可惧？猛醒、猛醒！

你们那个是西域番僧？大都是我中国聪明人。欲求道，当求我尧舜、周孔之道，尧舜、周孔之道，是我们生下来现成的道。此身是父母生的，父母生此身，如树根长出身干枝叶，若去父母，是树断了根，还成甚么树？所以尧舜、周孔之道，全在于孝，小而养口体、悦心志，大而显亲扬名，再大而严父配天。自庶人上至天子，如随分量，都要完满；毫厘不尽，便是缺欠，便不可以为子，不可以为人。况敢抛却父母，忍心害理，视为路人，还了得？此身合兄弟同生，都要相爱，有兄长，又如树上生的前一节、后一节，若离了兄，正如树枝断去前截，连后截都坏了。所以尧舜、周孔之道，全在于弟，隅坐随行，尊父母的嫡子，敬之如严君，爱父母的遗体，爱之如婴儿。无贵无贱，如随分量，都要完满；分毫不尽，便是缺欠，便不可以为人弟，即不可以为人子。况敢抛却兄长，忍心害理，视如路人，还了得？

父母生下我，我又娶妻，作子孙的父母，他日子孙又长成、作父母。故曰："有夫妇然后有父子，有父子然后有兄弟，有兄弟然后有朋友，有朋友然后有君臣。"故"尧舜之道，造端乎夫妇"，此端字是"端倪"的端字，如织布帛之有头绪，如生草木之有萌芽；无头绪则布帛没处织，无萌芽则草木没处生，无夫妇则人何处生？一切伦理都无，世界都无矣。且你们做佛弟子的，那一个不是夫妇生来的？若无夫妇，你们都无，佛向那里讨弟子？佛的父亲，若无夫妇，佛且无了，那里有这一教？说到这里，你们可知佛是邪教了，是异端了。假佛原是正道，原行得，他是西域的师，西域的神；我们有我中国的师，中国的神。自己的师长不尊，为甚么去尊人家师长？自己的父母不孝，为甚么去孝人家？何况原是邪教，原是异端，由其道，一步行不去，从他做甚？你们最聪明，说到这里，莫道你们有才料，在世间做的别事；便做个农夫，做个乞丐，也不失为正人。为甚么上高座阖眼并手，跟番鬼谈邪，自欺以欺世也？思之、思之！

佛轻视了此身，说被此身累碍：耳受许多声，目受许多色，口鼻受许多味，心意受许多事物，不得爽利空的去，所以将自己耳目口鼻都看作贼。充其意，直是死灭了，方不受这形体累碍，所以言"圆寂"，言"涅槃"，有"九定""三解脱"诸妄说。总之，是要不生这贼也；总之，是要全其一点幻觉之性也。嗟乎！有生方有性，若如佛教，则天下并性亦无矣，又何觉无所谓昭昭，何所谓暗暗？如佛教，并幻亦不可言矣。又何佛怪哉？

西域异类，不幸而不生中国，未闻我中国圣人之言性也，未见我中国圣人之尽性也。尧舜、周孔之言性也，合身言之，故曰"有物有则"。"尧、舜性之，汤、武身之"，尧、舜率性而出，身之所行皆性也；汤、武修身以复性，据性之形以治性也。孔门后，惟孟子见及此，故曰："形色天性，惟圣人然后可以践形。"形，性之形也；性，形之性也。舍形则无性矣，舍性亦无形矣。夫性者据形求之，尽性者于形尽之，贼其形则贼其性矣。即以耳目论，吾尧舜"明四目，达四聪"，使吾目明彻四方，天下之形无蔽焉；使吾耳聪达四境，天下之声无壅焉。此其所以光被四表也。吾孔子"视思明，听思聪"，"非礼无视，非礼无听"。明者，目之性也；听者，耳之性也。视非礼，则蔽其明，乱吾性矣；听非礼，则壅吾聪，亦乱吾性矣。绝天下非礼之色，以养吾目，贼在色，不在目也；贼更在非礼之色，不在色也。去非礼之色，则目彻四方之色，适以大吾目性之用；绝天下非礼之声，不在声也，去非礼之声，则耳达四境之声，止以宣吾耳性之用。推之口鼻、手足、心意，咸若是；推之父子、君臣、夫妇、兄弟、朋友，咸若是。故礼乐缤纷，极耳目之娱，而非欲也；位育平成，合三才成一性，而非侈也。彼佛，大之空天地君亲而不恤，小之视耳目手足为贼害，惟阖眼内顾，存养一点性灵。犹瞽目人坐暗室,耳目不接天下之声色,自心不接天下之人事,而方寸率思无所不妙,可谓妄矣!安在其洞照万象也哉?且把自身为贼,绝六亲而不爱,可谓残忍矣!及其大言慈悲,则又苦行雪山,割肉啖鹰,舍身饲虎,何其颠倒错乱也哉!

洞照万象,昔人形容其妙,曰"镜花水月";宋、明儒者所谓"悟道",亦大率类此。吾非谓佛学口无此意也,亦非谓学佛者不能致此也,正谓其洞照者,无用之水、镜;其万象,皆无用之花、月也。不至于此,徒苦半生,如腐朽之枯禅;不幸而至此,自欺更深。何也?人心如水,但一澄定,不浊以泥沙,不激以风石,不必名川巨海之水能照百态,虽渠沟盆盂之水,皆能照也。今使竦起静坐,不扰以事为,不杂以旁念,敏者数十日,钝者三五年,皆能洞照万象,如镜花水月。做此功至此,快然自喜,以为得之矣,或预烛未来,或邪妄相感,人物小有征应,愈隐怪惊人,转相推服,以为有道矣。

予戊申前,亦尝从宋儒用静坐功,颇尝此味,故身历而知其为妄,不足据也。天地间岂有不流动之水?天地间岂有不着地、不见泥沙、不见风石之水?一动一着,仍是一物不照矣。故管道、杨傻,予《存学编》所引,出山便与常人同也。今玩镜里花、水里月,信足以娱人心目;若去镜、水,则花、月无有矣。即对镜、水一生,徒自欺一生而已矣;若指水、月以照临,取镜、花以折佩,此必不可得之数也。故空静之理,愈谈愈惑;空静之功,愈妙愈妄。吾愿求道者,尽性而已矣;尽性者,实征之吾身而已矣;征身者,动与万物共见而已矣。吾身之百体,吾性之作用也;一体不灵,则一用不具。天下之万物,吾性之措施也;一物不称其情,则措施有累。身世打成一片,一滚做功,近自几席,远达民物;下自邻比,上暨庙廊;粗自洒扫,精通燮理;至于尽伦定制,阴阳和,位育彻:吾性之真全矣。以视佛氏空中之洞照，仙家五气之朝元，腐草之萤耳，何足道哉！

四却子曰："谈仁义、孝弟、心性，如数家珍，明白恺切，不独可唤僧道，即吾儒，皆当各置一通于座右。"

第三唤

此篇是唤醒西域番僧者。我中国人误走迷途，固皆呼之使转矣；西域番僧，独非同生两间者乎？他既各具人形，便各有人性。予尝自谓，生遇释迦，亦使之垂头下泪，固以其人形必之也。况今番僧，亦不幸而生乎西域，为其习俗所染、邪教所误耳，何可不救之使归人伦耶？你若识中国字，自读而自思之；若不识字，能解中国语，可求人讲与你们听。

你虽不幸而不生中国，你独无父母耶？你父母生下你，你便不做人父母生人，可乎？是释迦诳了你。你求人讲上两唤听，便惺的释迦是邪说了。你看天地是个大夫妇，天若无地，也不能化生万物；天不能无地，夫岂可无妇？你看见妇人，果漠然不动念乎？这一动念，却是天理不容灭绝处。只我中国圣人，就这天理上修了礼义，定好婚姻礼法，使天理有节制，以别于禽兽。然禽兽虽无一定配偶，而游牝以时也，是禽兽的天理；若人无配偶，是禽兽的天理也无了，岂非天地父母恶物乎？你们也当从我中国（天朝），行婚礼，配夫妇，有一定配偶，这便是人道了。力不能回家的，便在中国娶妻，学中国人手艺，做个过活，成个人家，生下子女，万万世是你们后代了。力能回家的，将这《唤迷途》带去，讲解与你国人听，教他人人知释迦是邪教，也学我中国圣人的道理，孝弟忠信，你们就是正道的祖师了，你们就是你国的圣贤了。与你国添多少人类，添多少亲戚，添多少礼义，便是大有功德，天神必加福祉，你们子孙为官、为宦、为帝、为王，都是有的。你们看我中国为帝为王的，为国公侯伯的官宦，多是羲、农、黄帝、尧、舜、周公、孔子子孙。我教你归人伦，是慈悲乎？释迦教你断子绝孙，做个枯寂的鬼，是慈悲乎？你思量思量！

你们凡往中国来的，都不是庸俗人，或奉你本国王命进来妄说做国师的，或差来纳贡的，或差来观中国虚实的，或彼处豪杰自拔要到中国显才能的，或彼国不得志求逞于中国的，大都是聪明人。且说你国也有夫妻否？也有儿女否？也有邻里乡人否？也有君臣上下否？夫妻也相配合否？生儿女也爱他否？儿女爱父母否？儿女同生也彼此抬敬否？邻里乡人也相交好否？君臣上下也有名分否？吾知其必夫妇相配也，必父子相爱也，必兄弟同生者相敬也，必邻里相好也，必上下有分也。这便是凡为人类者自然的天性，必有的道理。我中国圣人，只因人自然之性，教人必有之道；因人有夫妻相配，便教他以礼相合。夫妇必须"父母之命，媒妁之言"，六礼备而后成，成后还要相敬如宾、相成如友，夫义妇顺。这叫做"夫妇有别"。那佛断绝夫妇的好，还是"夫妇有别"的好？因父子相爱，便教他父慈子孝。父慈，不但幼时怀抱养育，大时还教他仁义，管他干正事；子孝，不惟衣食奉养，还要和敬，并尽朔望节令还行参拜礼文，没后还有许多丧祭道理。这叫做"父子有亲"。那佛断绝父子的好，还是"父子有亲"的好？因人兄弟相敬，便教他兄友弟恭，无论男兄弟、女兄弟，都是兄爱其弟、弟尊其兄，一坐一行，都是礼法，不得欺侮，不得僭越。这叫做"长幼有序"。那佛兄弟无情的好，还是"长幼有序"的好？因人邻里相好，便教他同类相交谓之朋，同志相爱谓之友，以实心相与，以实言相告。这叫做"朋友有信"。那佛弃绝人类入深山的好，还是"朋友有信"的好？因人上下有分，便教他"君使臣以礼，臣事君以忌"，这叫做"君臣有义"。那佛断绝君臣的好，还是"君臣有义"的好？

我中国道理，只有这五件，制许多刑政法度之文、礼乐兵农之具、水火工虞之事，都是要节宣这个，维持这个。当东汉时，有几个沙门，传佛道入中国，酿成无穷大祸；鸠摩罗什等，又番译西域经文，传有许多邪说，以惑中国之民。这都是天地的罪人，你们更不可效尤。若能醒解我的言语，把我中国圣人的道理传往西方，将《唤迷途》番译成西方的言语，使人都归人伦，都尽人伦，莫说父尽父道、子尽子道、君尽君道、臣尽臣道，你西方诸国享福无穷，只人也多生几千万，岂不是真善果？勉哉！

（二）

唤迷途

第四唤

前三篇《唤迷途》之人已毕，此篇又专为名儒而心佛者立说。虽在五伦之中，而见涉禅寂，如宋苏东坡、明王弇洲之徒，小有聪明，见闻滥博，启口成辩，举笔成文，不惟词坛之雄，而无识之人且尊如儒者。其实邪正不明，得罪名教，一生学力，万卷文章，只此一误，举无足观。惜哉！

欧阳文忠与苏文忠，人品学问，俱难轩轾，只佞佛一节，苏斯下矣！佛之为邪，易明易见，长公之才，把笔何等气力？立朝何等风节？到《大悲关记》《四菩萨记》等文，便卑鄙不堪，迷惑如田间村妇语，何其于尧舜、周孔之道顿忘，四书、五经之理邈万里也？必是自幼生长川蜀之地，习见僧人，多读佛书，入鲍鱼肆不觉其臭矣。文人看书，可不慎哉！

老泉传家，原是文人伎俩，虽好读《孟子》，只要讨出文法，不是明道。故其夫妻皆佞佛，并其聪明子亦误之矣。岂不可惜？

欧阳文忠公，大有过人论头，如说"圣人教人，性非所先"，其识高于程、朱一派。盖圣人教人，只是六德、六行、六艺，端木子明言："夫子文章可得而闻，性道不可得闻。"程朱一派，好谈性道，置起圣门时习事功不做，盖亦隐为禅惑，不觉其非，却说永叔为误，异矣！如作《本论》，胜于柳、苏诸人，但他亦是从文字起见，只作一篇好文字耳，亦不是全副力量卫圣道、辟异端的人。公若向此处做工夫，与子瞻桓交最深，自可一言而救正之，何至听其惑迷而不返也？且与郑公同在政府，若常讲明邪正之理，郑公亦必相感而化，以二公之贤而不能化，亦未闻辩论救正之语，固知其非用功于辟异者矣。且与韩、富二公，三贤秉政，大权在手，正当举其所谓礼乐者实行之矣，乃亦全不挂口，益见其为文字之见，非孟子本领矣！

《本论》亦非确当之理。医书云："急则治其标，缓则治其本。"今佛氏之害，弥天漫地，如人遍体疮疡。若是而言，从容调理血气乎？抑急须针膏擦洗之方也？佛之害中人，便昏乱狂颠发作，便窒气绝生，正如风痰急症，风不散则立刻瘫痪，火不解则立刻谵语，痰不吐不下则立刻丧命。如是而言，从容补阴平阳，抑急须汤丸灸熏，散风降火、吐下顽痰之法也？佛之害在一日，则此一日中，普天下添多少人为僧，便断多少人血脉；如病瘟疫天疱，迟治一日，便多传染几人。如是而言，采参于朝鲜以补中、斩咒于羌国以解毒乎？抑现用防风荆芥以汗之，芩连、恶食、金银花之属以解之为当也？

公之言曰："幸有一不惑者，方艴然怒曰：将挥戈而逐之，有说而排之。千岁之患，遍于天下，非一人一日所可为。民之沉酣，入于骨髓，非口舌之可胜，莫若务本以胜之。"嗟乎！公第甚言当务本耳，不知却昧医家"急则治标"及"标本兼治"之法矣。是圣人不生，礼乐不兴，便任佛氏之灭伦伤化、戕贼民生而不救乎？不几如朝鲜之参、羌国之咒不至，遂听瘟疫天疱之死丧传染而不治乎？何以为医也？乾坤中挥戈逐佛者，著说排佛者，若傅尚书、韩吏部、胡致堂；其表著者，公亦其一人矣。若非有公辈数人"不忠不孝"数语，《佛骨表》《原道》《本论》数文在乾坤，更不知何底矣！非一人所可为，虽千万人亦一人之倡也；非一日所可为，虽千百年亦一日之积也。救得一人是一人，转得一日是一日，正得一分是一分。又曰："民之沉酣骨髓，非口舌所可胜。"亦未之思也。积蚊成雷，累画成册，吾儒在"上者则兴礼乐以化民，在下者则崇仁义以明道"，彼佛何所有哉？徒以口舌簧鼓，转相惑诱，遂乱天下至此。吾独不得以口舌救之乎？天相吾道，吾人而在上也，一面兴礼乐、谨学校以修其本，一面立法禁、施诰命以治其标；天不相吾道，吾人而在下也，一面崇仁义、励躬行以修其本，一面详辩论、著书说以治其标。夫礼乐明则人才出，而操戈排佛者益众，此本而标之之法也；辩论著则君相悟而礼乐兴，此标而本之之法也。庶几其善医矣！

愚蒙人为秃番所欺，固可怜；聪明人未闻尧舜周孔之道，见异而迁，亦无怪。所可恶者，柳、富、苏、王，以绝世之才，读孔子之书，有目而不分黑白，有耳而不辩钟磬。时而堂堂正正，谈理如海潮河决；时而窒心眯目，迷惑如村妇牧儿：最足以侈愚僧之口，迷俗人之向，此君子所深为痛恨者也。纸上雄文，立朝气节，皆孔子所谓"其余不足观者"，功不抵其罪也。明之弇州辈，特一文士耳，未必有大君子与之交也；柳则友韩矣，富、苏则友欧阳矣，柳、富、苏之不虚心受益，韩、欧之不极尽规劝，均可憾也！今世而有韩、欧乎？遇友人之柳、苏、富者宜极尽其救正，正之不可再，再之不可而三而四，此非小故也。今世而有柳、富、苏乎？遇友人之如韩、欧者，则宜虚心受益，改辙自新，勿取诛于君子可也。试看贾岛，一诗僧耳，从昌黎而归人伦，尚来千古美谈，况吾儒中豪杰，而可自误乎哉！

三代后，唐之昌黎、宋之程朱、明之阳明，皆称吾儒大君子，然皆有与贼通气处，有被贼瞒过处，有夷跖结社处，有逗遛玩寇处。今略摘一二，与天下共商之，非过刻也，恐佛氏借口与儒之佞佛者倚以自解也。昌黎诛佛，不遗余力，死生以之，真儒阵战将也！惜其贬潮州时，闻老僧太颠，召至州郭，与之盘桓，及其将行也，又留衣服为别。夫使太颠可教，则一二见，可化之归儒；不可教，则为不就抚之猾寇，又何久相盘桓、留衣相赠乎？不几夷跖结社乎？及孟尚书闻其事，贻书致问，又称太颠颇为明识道理。予阅答书至此，大为惊异，世岂有为僧之人而识道理者乎？岂有识道理之人而为僧者乎？则昌黎之所见之道理，必尚有微异于孔孟者矣；则昌黎交太颠，必尚有微为瞒过者矣。不几逗遛玩寇乎？周子《太极图说》，已多了"无极"二字，极乃房上脊檩，是最上之称，又加以"太"字，是就无可名处强指之矣，又何所谓"无极"乎？至其言性，又不合加一"恶"字。故程、朱由此皆误，言气质有恶，又言气质为吾性害，是即为六贼之意侵过儒道分界矣！朱子尽力与象山辩"无极"二字，是即为佛之空、老之无隐蔽矣。至程子作诗说："道通天地有形外，思入风云变态中。"又云："隔断红尘三十里，白云红叶两悠悠。"朱子动辄说法门，阳明近禅处尤多，习俗移人，贤者不免，所谓"与贼通气"者，此也。

儒之佞佛者，大约是小智能人，看道未贯上下，或初为儒者而功力不加，畏圣道之费力，半途欲废，又耻于不如人，遂妄谈空虚以夸精微者；或贪名利、工文字，名为儒而实不解圣道为何物，亦如愚民见异端而惊喜者；至惑地狱祸福之说而从之者，民斯为下矣！

何谓小智慧见道未贯上下者？彼多谓"佛之上截与吾儒同"，

或竟谓"佛得其精，吾儒得从粗"。此其人学识未大，未能洞见性命之本及吾道体用之全，见宋明儒者之所谓性无能出乎佛氏之上，一闻禅僧之谈心性，遂倾心服之，谓上截儒、释原不异也。嗟乎！不几如吾《存性编》中所云"根麻而苗麦"乎？天地间岂有此理？有上截本仁而下截不爱父母者乎？有上截本义而下截不敬君上者乎？抑其上截之原非仁义也？吾儒以仁义礼智信为性，而佛以空虚不着一物为性。以仁义为性，故忠孝者仁义之发也，仁义者忠孝之源也，后截之忠孝，与上截之仁义，如树之根与枝，一体也。佛之上截总一空，故为不忠不孝之教，断绝伦物；下截亦总一空也，又焉得上截同而下截始异哉？此辈犹能见宋明儒者之性者也。至谓"佛得其精，吾儒得其粗"者，又并宋明儒之性未之闻，平日徒以章句目儒业，即粗闻仁民爱物作用，亦第视为后起事，不知尧舜之"精一""执中"，"三事""六府"之体也，"三事""六府"，"精一""执中"之用也；周孔之"一以贯之"，"三物""四教"之体也，"三物""四教"，"一贯"之用也。如树之根本、枝干，通为一体，未可以精粗分也，故无根本则无枝叶矣，无枝叶则非根本矣。梧槚之根，藏土千年，与秽腐同圳，彼佛氏固未可以精言也，又何者是其精乎？以腐秽为精，愚之愚者矣！何为以初为儒功，半途而废，妄谈灵空、以夸精微者？

人性皆善，虽甚恶人，必有善念一动之时；虽甚浊世，必有特起作圣之士。但吾儒之道，六岁教名、数，七岁教别，八岁教让，九岁教数目，十岁学书计、幼仪，十三岁学乐舞，十五岁入大学：凡六德、六行、六艺，一切明、亲、止至善者，俱步步踏实地去做。二十岁尚不许教人，到三四十，发挥其幼学者，进见之君民，退式乎风俗。今世全错了路径，少小无根本，粗者求之章句，精者求之静敬，则数年或数十年后，全不见古人充实大化之我觊、全体大用之我酬，再进无工程之可据，回顾无基本之可惜，又耻于奔宝山，半生作空手回头之汉，遂达者如庄周、李贽之流，谨饬者作龟山、定夫之辈。非以欺世也，略以自涂抹其作圣初心，而不染于禅者鲜矣。不知世降学晦，孔径久荒，即虚花无果，前路弗凭，正宜返求之实地。虽六德之一德，六行之一行，六艺之一艺，不自失为儒也。即精力已竭，尺寸莫赎，惟当痛自悔恨，如汉武轮台之诏，亦自千古共谅，何必益为虚大而叛背于圣道之外哉？君子思之。

何以谓"名如儒而实不解圣道，亦如愚民之见异而喜者"？自幼惟从事做破题、捭八股，父兄师友之期许者，入学、中举、会试、做官而已；自心之悦父兄师友以矢志成人者，亦惟入学、中举、会试、做官而已。万卷诗书，只作名利引子，谁曾知道为何物！故以官长、进士、举人而听讲于村俗僧人，惊道妙而师事者有之；以秀才而信旁门邪说，入焚香会者有之。岂儒者而丧心至此乎？抑原未尝于儒道参一解、行一步也？况秀才而贪利肆行，为官长而染指负上，中气必馁，中心必惧，明惧朝廷之法，幽惧鬼神之祸。一闻佛者颠顶之说，乌得不悦？一闻空名利之谈，乌得不服？一闻忏悔消灾之技，又乌得不甘心也？况僧道惑世诬民之巧，网亦密矣！地狱报应之说，仅足惑中国之愚民；痘疹送生仙妃之说，仅足惑中国之妇女，士大夫不之信也，又创为文昌帝君之神，司人间科甲贵贱；又恐其教之淡薄苦寂，士夫未必肯受也，又创为准提菩萨会，每月只几日不食酒肉，又许那藉以遂其口腹之欲。予之以不得不悦、不得不服、不得不甘心之势，而又开之以不甚苦而易滋之门，乌得不莫之御而从于邪也？虽然，天理自在人心，猛一觉照，愚蒙之夫，无不可去邪而归正；况我辈士夫，聪明杰秀高出寻常万万者乎？急出幽壑，返登乔木，是所望于今之君子！

地狱轮回之说，我中国圣人全未道及。仲子路才一问事鬼神、问死，便截断不与言。盖人之与天地并大者，尽人道也；尽人道者，方且参天地、赞化育、尽幽明上下而自我治之，又焉得舍生人之理而不尽、暇问鬼道乎？故地狱无之乎，君子不道也；有之乎，则君子行合神明，自当上升为圣、为贤、为神。彼灭伦败类、不作生理之佛、之僧，生时已背叛人纪，脱离人群，不可以为人矣，死后其可对冥府之神乎？不知神之所钦重福利者，其在忠君孝亲者乎？其在无父无君者乎？且不忠之臣但愧忠臣耳，不孝之子但愧孝子耳，而犹为君之臣、父之子也。设冥府果因生前之行而拟之罪，恐视夫舍君而不之臣、舍父而不之子，尚有轻重差等也，况不为乱臣贼子者乎？故明舍人道而好谈幽冥，尽人皆不可，而佛僧更非所当言，奈何反以我辈全人伦之人，而听彼言之妄？可谓愚矣！

祸福忏悔之理，若听信僧言，更为可笑。古人云："积善之家，降之百祥；积不善之家，降之百殃。"又云："鬼神福善而祸淫。"《诗》云："永言配命，自求多福。"此祸福正理也。成汤改过不吝，颜子不贰过，此悔过改过正理也。若能日畏天理，日畏王法，不作亏心事，尚矣；即贪财好色，做出无状，猛然一醒，痛改昨非，成其今是：孝亲、敬长、忠君、爱民、恤孤、济寡、救难、扶危，其心实力，足以格天地、感鬼神，况于人乎？去却半生恶，成此半生善；或扫去五分恶，成其五分善。昔伯夷不旧恶，孔子见人一善而忘其百非，吾以为神明亦当如是。只真心自新，便如君子，自是朝野钦之，鬼神敬之，又何借佛力僧经作三昧法水哉？今有人罪恶种种，官府将依律定罪；或有言此人素孝、此人素弟，或有言此人素有大功于国君、有大功于生民，则《周礼》"八义"之法可行。若空言"再不敢了"，官其减罪乎？若言出于大圣大贤或忠臣孝子，或朝廷贵人，官府或因少减其辜，亦未可知也。今诵西番邪妄之经，依佛氏不忠不孝之鬼，而求以免祸辟，如作窃盗而求强贼为之请，讨骂兄嫂而借弑父母者为之先容，罪不更加之耶？愿熟思之！

第五唤

儒名而心禅者，大足为世道人心之害，既呼回之矣；世间愚民，信重妖邪，各立教门，焚香聚众者，固皆俗鄙无足道。然既称门头，乱言法道，群男女废业而胡行，谤惑良民，甚至山野里比皆遍，则其为害亦不小矣。愚民何知，不过不晓念佛看经之为非，不知左道惑众之犯律，妄谓修善而为之耳。若不急急唤醒，恐他日奸人因以起事，则"黄巾""白莲"之祸，恐即在今日之"皇门""九门"等会，上虘国家之忧，下坑小民之命。新河之事，不已可为覆车之鉴哉！此篇各因其愚而开明之，庶迷途上个个唤回，共由荡平之正路，是予之愿也。

吾观当今天下，僧道是大迷途；其迷途中之歧途岔路，或有信佛，或有信仙，或仙佛兼奉，而各立教门，交相诱引，焚香惑众。各省下，盖多名目，吾未之遍游而全知也，惟就吾之近地眼见者，一一正其误而唤之回，则他省府州县，名目虽不同，而凡不遵子臣弟友之道者，便是邪说；不安为朝廷百姓而名为道人者，便是左道，皆可类推而急醒改之。

大率你们做头行的，都说是正道要化人；你们做小道人的，都不肯说是邪，只当是修善。这"善"字不明，"修"字不讲，是天下大关系也！在位大人，惟《大学》首章"三纲领"是真善，实去明德，实去亲民，而止至善，自格物以至明德于天下，当先者便先加功夫，当后者便后加功夫，这便是真修善。外此者，都不是善，都不是修善。实去孝顺父母，实去尊敬长上，实去教训子孙、和睦乡里，各安生理，勿作非为，便是真个修善；若去口中念不忠不孝的佛，聚会讲无影无形的经，这不独犯王法，大是得罪神明。你们听那邪说久了，迷的深了，如今说是犯王法，你们不解。譬如你们姓张，你们的儿子却说他不是你儿子，"我姓李"，你们容他不容他？朝廷以道化天下，我们就是他道中人；你们而今另立门头，说"我别是一教"，这便是反了教了，便和你儿子不从你姓、从人姓一般，朝廷怎么容的？今日发文，明日发禁，你们不曾见么？京中剐了甚么"无生老母"，杀了许多倡邪道人，你们不曾听的么？你们那头行哄你们说："上头不是拏持斋念佛的，是恐怕聚众谋反。"不晓的聚众谋反是别有律条，不与持斋相干。持斋念佛，叫做左道惑众，是大犯法的，便是一个人持斋立教，也该问罪。又说："他若是拏我，我便吃酒肉。"不知上面不是为你不吃酒肉，是为你另立教门。你如今可醒那犯王法的去处了么？

其得罪神明在何处？我说与你深微道理，你们也不解，且就明白的与你说：你们家下供佛的、供仙的，三世再无不得奇祸的，再无不得断宗绝嗣的，再无不得恶疾的。这是怎说？他是忍心舍世的狠（狼）鬼，他是无子孙的绝魂，你们把那狠鬼、绝魂招到宅上，焉得不作祸？焉得有子孙？且如今人，请几个和尚、道士来住在宅内，是好不好？且佛亦非以不好事故意加你，譬如一人吃着山药甜，遇心爱的人，亦必教他吃山药；又如溺者喜人溺，缢者喜人缢。佛以覆宗绝嗣为好，你们敬他，以气相召，也叫你覆宗绝嗣，是必然的了。〔我们宅上自有当祭的五祀正神：门、户、中霤、井、灶。古人祭五祀，或令庶人只祭二祀、一祀，至于士庶人各祭其祖先，又是古今通法。今你们不祭五祀，不祭祖父，专祀邪神，〕辟如你们儿子有酒食，只将去与张三李四吃，反不孝父兄，你心下恼他不恼他、责惩他不责惩他？神明自是不容，加祸来；祖先自是不救，此所以得罪神明、先灵也。

你们如今可醒的了么？你们当初原是要修好，只差走了路，挈着不好当好修；朝廷官府也还怜悯你们，也还宽待你们，从容晓谕，教你改图。更有一等可恶的，听见传下禁旨，官府告示，反说是"刮风里落病枣"，也把怕王法归正道的好人，反说是"病枣不耐风"。你们执迷不醒，不遵王法的倒是好么？把王法比做狂风，而朝廷官府听的此话，真个挈起来、杀起来，怎么了得？有识者替你寒心。急醒急醒！

上一段，是大概劝谕天下走邪门的。我直隶隆庆、万历前，风俗醇美，信邪者少，自万历末年，添出个"皇天道"，如今大行。京师府县以至穷乡山僻都有。其法尊螺蚌为祖，每日望太阳参拜，似仙家吐纳采炼之术，却又说受胎为"目连僧"，口中念佛，是殆仙佛参杂之教也。其中殊无好奇尚怪、聪明隐僻、大可乱世的人，不过几个庄家汉，信一二胡诌乱讲之人，当就好事做，不知犯王法、乱人道、得罪神明，亦不可不唤醒他。

如你们不吃酒肉，古圣人经上说："为此春酒，以介眉寿。"又云："七十非肉不饱。"是圣人制下养老的物，若是不好，圣人便不教人吃了。若有一等性甘淡薄的人，不爱吃的，也不妨，但不当胡说乱道。甚么是胡说胡道？即如你们唤日光叫"爷爷"、月亮叫"奶奶"，那是天上尊神，我们是百姓，最小最卑，那可加以名号？你看北京才有日坛、月坛，天子才祭的他，便是都堂道府也不敢祭。况我们愚民，每日三次参拜他做甚么？我尝教一"皇门道"人说：你去一日三次参拜你县官，看何如？他说：怕竹板打。参拜县官便怕板打，若去轻渎朝廷，头也斫了；你终日轻渎那天神，还是降灾不降灾？所以你们多大灾、多灭门，这个是犯王法、得罪神明的一端。

又如你们把"日"改做"晌"、把"月"改做"节"之类，也只说是尊日月，不敢冲犯之意。不知我圣人书上说："非天子不议礼，不考文。"那官府行文都叫日月，没有改就晌、节的礼，没有改就响、节的文，你们私议私改，是又一天子了。看是小事，却犯大法。

又如你们把天上参宿叫就"寒母"，又叫"三星"，不知《天官书》上是"七星"，上面还有两大星叫"参肩"，下而还有两大星叫"参足"。你为甚么把天神去了他手足？你们把天上房、心二宿合成一座，叫就"暖母"，不知竖四星是"房"，横弯三星是"心"，你们混杂二宿为一。律上说："妄谈天象者，斩！"这信口胡说，却犯了大法，你们那里知道？

又如你们男女混杂，叫人家妇人是"二道"，只管穿房入室，坐在炕头上。不知我圣人的礼，男无故不入中门，女无故不出中门。叔嫂尚且不通问，父兄于子女既嫁而归，尚且以客礼待之，至亲骨肉亦必避嫌，那有妇女往异姓无干的人家去上会的礼？那有异姓无干的男子入人内室的礼？这大是坏人道、乱风俗，你们怎么不顾体面？我不忍细说，你们思量思量。

古人云："天地之性，人为贵。"我们在万物中做个人，是至尊贵的，怎么反以虫类为祖师？便成个仙佛，也是人妖，也可羞！况你们见成了多少仙、多少佛？尽是无影妄谈！你们从今莫信他了，回头做朝廷好百姓，省做会的财物孝父母、敬兄长、养子弟，省上会的工夫作活计、过日子。只守三法、有天理，便是真正的善，便受真正的福；免得官府今日拏、明日禁，免得乡人这个把持、那个讦告。

直隶区处，"皇门道"外，"九门"最多；其犯王法、得罪神明是一理，何用多言。但你们愚民，若不就名色一一说破那不是处，你们不醒，必有说那门是邪、这门不是邪的，便不肯改邪归正。"九门道"是敛钱给神挂袍上供的，你们思量，府县官长，叫人敛钱做衣穿否？做饭吃否？苟非异样贼官，断无此理，况于神乎？神要衣食做甚么！譬如百姓，有人敛钱与官做衣食，必是奸民，官府知道，必是打死。神亦如此，定加你罪。你看你那师傅们，都被恶灾，都绝后了，你还不怕么？又如你们申文上表上帝，你看知府巡道那样大官，还上不得本，必自巡抚转本。当初蠡县道徐某，拏了杀官破城的大寇，以为有大功，差人上本，差官当拏赴刑部，将徐问罪。你们闻知否？道官尚且上本有罪，况你百姓上表于上帝，岂不大得罪么？

又如你们摆几碗豆腐、凉粉，请甚么玉皇上帝、东岳天齐、城隍、土地，我们听的大为寒心。你们摆下那等东西，敢请县官否？县官且请不得，许多尊神来做甚做？亵渎神明，罪必不赦。思量思量！

又如你们供养仙佛在宅上，朝夕朔望，焚香叩头求福。你们思量，人家请几个和尚、道士，常住宅内，何如？定是不好。佛菩萨、仙师，都是断子绝孙、不忠不孝之鬼，凡招这邪气在宅，自是不祥。看巫蛊镇魔之术，但埋藏此骨董物件在宅上，便能酿祸；看那邪祟中恶之疾，但占些眚魅之气在人身，便能为祟。况常常供此恶鬼，岂不发凶？所以你们供邪神三世者，断无不绝，你们想了是如此否？

他若"十门"，专以跪香打七为修善。你看，世间有钱的，叫人跪他几炷香，便将钱与他，有这理么？便有之，是好人否？那有神明叫人跪，他便给福的，可谓愚矣！世间岂有几日不吃饭，便得了道的？又岂有几日不吃饭，便可得福之理？这都是邪人弄个奇怪，惊哄你们，总不如信奉家宅正神，孝敬自己的祖父，方是正道。又若"无为""大乘""飞善"等，名目不一。即如古之"黄巾""白莲"，随时改变名色，以欺愚俗。小之哄骗钱财，欺诱妇女；大之贻患于国家，酿祸于生民。前朝白莲之害，近日新河之事，你们不曾闻乎？何不知惧也？你们陷于邪说者深，初闻吾言，未必不怒，请细细思量，方知我爱你们苦心也。

看来也与你们无干,你们本心是修善,我们儒者不自明其道,无人讲与你们听,不知如何是善,却差走邪路上去,我们殊深可愧也!

闻河南一省白莲教中人,因自明朝东山某反,朝廷大禁,又改名"清茶会",又叫"归一教",愚民从之者甚众。其法画燃灯佛,供室中幽暗处,设清茶为供献,闭口卷舌,念佛无声,拈箸说法,指耳目口鼻皆是心性。你们不知道朝廷法,任你改换多少名色,就如"黄门""九门"一般,都是犯禁的。只做好百姓,孝弟忠信,是善人。你们供燃灯佛,比人家念的阿弥陀佛、释迦佛改了个名色,也不过是西域番人,当不得中国圣人。他们既为中国人,放着我中国圣人的道不遵、我中国的法不遵,却奉西番燃灯佛,这就不是了。

我们愚民,只可做庄稼、做买卖,孝父母、敬尊长,守王法、存良心,便是本等,胡讲甚么心性?我们书上说"率性之谓道",这子臣弟友,便是率性来的:你孝父母,便是为子的心性;敬尊长,便是为弟的心性。你们锄田的人,胡讲甚么"心性"?胡说甚么"归一"?大凡邪教人,都好说"三教归一",或说"万法归一",莫道别的归不得一,只我儒道祭自己的祖父、自家宅神,你们好祭西番死和尚,这归一不归一?要说一是性,你们把率性的子臣理都不知,却尊他不忠不孝的佛,还归甚么一?要说一是空,越发不是了,只看我唤参禅悟道僧道的便醒的了,不必重叙。只你们要各人散去,务农、做生意,莫聚会胡说,便是好人。若有高年识字人,爱随个会,就大家相劝:年少做子弟的如何孝、如何做,年老做父兄的如何教子弟,成个孝慈风俗,和睦乡里,各安生理,勿作非为。官府知道,也欢喜。第一件,要知焚香聚众妨你庄农、买卖,正是不安生理,正是作非为了。

历代帝王,优礼儒生,做秀才时便作养礼貌,一切差徭杂役,不以相烦;下自未入流,上至三公,皆用儒生做。而儒生不能身踏道义,以式风俗,可愧一也;不为朝廷明道法、化愚民,可愧二也;不尽力辟辩佛、仙二蠹,以救生民于荆棘,可愧三也。今日儒运,恐遭焚坑、清流之祸不远矣!仆用是忧惧,辄为俚说,愿凡为孔子徒者,广为钞传,于以救生民、报国恩、回天意,庶仆惧心少下也。祝!祝!

(三)

明太祖高皇帝《释迦佛赞》解

佛之害,至今日尚忍言哉?胥天下之周行而埂塞之,胥天下之人物而斩绝之。家家土偶,而不思野鬼入宅,足以招致不祥;户户诵经,而不知覆宗绝嗣之邪教,阴毒浸染,足以害人祸世。甚哉,民乎愚之可怜也!人徒见高皇帝龙潜皇觉,僧道入品,遂谓佛至明朝,实崇信之;不知高皇识见力量,为三代后第一君,真龙川所谓"开眼运用,光如黑漆"者,其一时之误,特倏尔云翳耳。今观是赞,放邪卫正,乃益服其识之高、言之切,于世道人心大有功也。而或者谓佛家有谑赞体,太祖以之。予以为不然:谑伯夷者,必谑以陈仲子,断不谑以盗跖;谑柳下者,必谑以胡广,断不谑以黄巢。况此赞之尾,刀斧森严,直使佛逃奸无所。世有铁案杀人以为谑者乎?即使姑从人言,谓太祖而果谑,此谑也,亦率性之谑矣。不佞痛世之愚,妄为注释,用公天下。至于辞则效训谕俗说,庶使荒村父老子妇皆可听睹,而不敢从事于笔墨之文也。

这个老贼贪心不辍!

自有这个天地,便有这个人;自有这个人,便有这个君臣、父子、夫妇、兄弟、朋友的人伦,佛氏独灭绝之;自有这个天地人,便有这个生生不穷的道理,佛氏独斩断之:真是个杀人的贼了!高皇命名以此,王言何确也!至"老"之一字,更中其情:贼不老,犹或有悔心,犹或不巧于盗,犹或易扑捉;惟是他老熟于盗,生不回心,死不悔祸,善为淫词诡术以欺天下后世,任是聪明伶俐的人,都被他瞒过。吾儒之道,有天地还他个平成,有父子还他个慈孝,有民物还他个仁爱,因物付物,不作自私自利心。释氏全空了不管,只要自己成个幻觉的性便了。真是贪利行私的!又全无悔意,竭力在那幻妄理上去做,尽力在那幻妄途上去走,则此贪心何时是辍?彼自家却假说些甚么清净慈悲,非圣祖箕大眼,谁能指出他这个"贪"字?

将大地众生,偷出三界火宅。

释氏甘空寂,自谓"清凉世界",故指两间为"火宅"。不知乾坤中二气、五行,全赖此火。天地非太阳真火则黑暗,人非命门其火则灭绝;忠臣孝子一副热肠,愚夫愚妇一段热情,酿成世界。这大地众生离了火宅,便过不得日子。且释氏亦自火宅中生出,即结成舍利子,亦是火宅中豆大火光,彼自己且偷出不去,又乌得偷出众生哉?曰"偷出"者,圣祖原老贼一种偷出贪心而定罪耳。火便是世间生生不穷的种子,火宅便是世间君臣、父子、夫妇、兄弟、朋友行走的去处,佛氏尽欲偷出,正名定罪,真是"老贼"了!

掩迹则假灭双林,逃形在微尘刹界。

此是据佛事实而形容老贼之情状也。谓在双林之地,托名假死,以掩其迹;又逃其形,在微尘刹界,使人莫得擒捉也。然佛虽善逃善掩,天地如烘炉,日月如明镜,彼在中间,终是不能逃得一步，止落了一个贼害天下之物。

五十年谈许多非言，三教中头一个说客。

佛说法不足五十年，言"五十"，举成数也。其间如弃绝父母之言，为非孝；背叛圣人之言，为非法；如"天上地下，惟我为尊"之言，为非天地；如耳目口鼻身意"六贼"之言，为非人。总之，皆非言也。"三教"者，世俗以儒宗孔子、道宗老子、桑门宗释迦为三教。我夫子祖述尧舜，宪章文武，躬行六德、六行、六艺，非徒以口说者；而且为天地肖子，为众生父母，至亲也，不可言"客"。即老子玄牝守雌，微异吾儒，然孔子称其"犹龙"；老子习于礼，自言以道治世，其鬼不灵，则亦非徒逞口说者。况当时为周柱下史，亦中国人臣也；生于苦县，亦中国人子也；凡天下李姓皆祖之，亦中国人父也：不可谓之"客"。飞霞紫气之说，乃后世道家者流妄托耳。惟释迦空天地、空万物，亦空其身，全无一些行实，专事口说，生于伽毗罗国，行于天竺国，与中国全无干涉，真是个"客"。且空天地，则天地亏蚀之客气；空万物，则万物游魂之客忤；自空其身，则此身追命之客鬼。"说客"二字，确乎不可易矣！然"说客"又坐之以"头一个"者，何也？如儒之庄、列、仪、秦，道之五利、灵素，释之佛图澄、鸠摩罗什，或以口说，或以笔说，皆说客也，而不若释迦为最。

普天下画影图形，至今捉你不得。

贼与帝王势不两立，有贼则帝王之教化不行，宇宙之民物不安，宜急急捉者，故遍天下画为影像，图为形色。毯毛跣足，明是老贼之状；破额裸身，明是老贼之体；闭目趺坐，明是老贼好为佚逸之态。亦易知易见，可一索而速擒者，乃至今捉之不得，则中国之祸何时已乎？人民何辜，遭此土偶作祟？太祖独曰："吾将画影图形以捉之也。"是大聪明、大手段！故末二句，果然捉住。

呵呵呵！没得说，眉毛不离眼上横，两耳依然左右侧。

此一段，便是高皇捉住佛处。"呵呵呵！"大笑声也，佛全凭口说，而今笑你，将何说乎？你眉毛依然在眼上横着，你何不空此眉？两耳依然在左右长着，你何不空此耳？五官百骸是开辟来有的，五伦百行是尽人外不了的，佛空父子，必是空桑顽石生的，然后可。然纵生自空桑顽石，而空者犹是桑，顽者犹是石，岂是空得？空君臣，则"普天之下，莫非王土"，天地是天子的父母，四夷是天子的手足，佛若说空，则上不得天，入不得地，遁不得山林，逃不得外国，佛将安之？空兄弟、朋友而又广度生徒，是去绊而戴枷了，岂止不能空乎？空夫妇以绝生生之道，而自己却欲结舍利子以长存，谁还说是空的？太祖指其易见处，就眉与耳言之，而老贼情状毕露，伎俩尽穷，束手就擒矣。唐高祖沙汰一敕以后，录捉贼之功，太祖其首乎！

（四）

束鹿张鼎彝《毁念佛堂议》

元藏拙草茅，素不惯交显达，一时君子，盖多其人，苦愚陋无由知，以寻父游辽左，贬节叩号，无门不入。奉天少京兆束鹿张先生，为吾友尚夫兄；且怜苦子，为颁布报帖所属，是以得待坐侧，闻此议也。谨录为唤迷助。

甲子，张子奉简命，督学奉天。既抵省，适《通志》成，大京兆以其稿属为雠校。见其志祠祀，锦北关有曰"念佛堂"者，喟然曰:"风俗之不淑,民无礼也;人心之不正,上无教也。"子舆氏曰:"不以尧之所以治民治以民,贼其民者也。"尧之所以治民者何也?劳之来之,匡之直之,辅之翼之,使蚩蚩者氓,日用饮食,晓然于三纲五常而不敢于邪慝,斯已矣。锦州为我朝龙兴地,太祖、太宗、世祖,皆尝以尧舜之治治之者也。今上命吾侪来尹兹土,固将曰:尔受兹嘉师,庶劳之来之、匡之直之、辅之翼之,以无负我二三城尧舜之民也。锦民者,竟群然以念佛为业,而又肆然鸠工庀材而树之堂,而又巍然峙于都会之衢,而又煌然登诸《通志》以昭示夫天下后世。所谓劳之来之、匡之直之、辅之翼之者,固如是耶?

余窃以为惧,爰召太守某君而议曰:"盍毁诸?"辞曰:"锦民之习于是也众,且匪伊朝夕矣,仍之便。"予瞿然曰:"佛法至汉明始入中国,迄今千余年,西方圣人之名遍海澨,凡名山大川,靡不有珠宫贝阙以供香火。然圣君贤相,虽未能尽去髡发之侣,断未有等释氏于二帝、三王之道,迪万世以祈雍熙者也。即萧瑀、王钦若之徒,为圣君贤相所不齿,亦不敢播为令甲,以合掌当空、闭门诵经之事号召乎寰区也。甚而至于佛图澄之佐石勒,姚广孝之佐成祖,身本缁衣,而得君行政,奏底定之勋,宜以其术易天下矣,卒亦未敢撺一言于制治之书,俾有室有家者胥率彼天竺教作六时梵诵也。子太守,当尧舜在御,而乃使锦之民群然以念佛为业,肆然鸠工庀材而树之堂,巍然峙都会之衢,煌然登诸《通志》以昭示天下后世,为萧、王、佛、姚所不为,将何以无负嘉师而对扬天子之休命?至不瞒于非义而诿诸众且久,则甚矣子太守之饰也!

闻之义州乡俗,故重佛老及诸不经之神。有瞖间先生者,制祀外神文,祝而悉焚之,一时翕然,无或梗焉者。夫义之民众矣,其俗亦非一日矣。瞖间不过一谢病乡先生耳,非其有责也,非其有权也，乃毅然行之，而义州人无敢梗焉者，岂有他欤？躬行以导之，积诚以动之，坦白洞达以晓之，虽甚顽愚固，无不可格之民也。子太守，保釐东郊，民之表也；诚破其饰而振其诱，何畏乎徒之繁而淫于俗者之深且久哉？若念锦土瘠凉，其材或可惜，则锦向有辽右书院，为明樊介福直指所建，借其地而复之，集郡之俊秀实其中而课之，以白鹿洞之规条，救俗育才，均有赖焉，其谁曰不宜？惟子太守勉旃！"弗应，默然而退。嗟乎！义，锦属也。鼌间先生之子若孙犹有存者，宁无闻之而齿冷！

《辟念佛堂说》

京兆方构前议，未成稿，予适入衙，欢然诏予曰："辟异端，浑然素志也。念佛堂之设，最为不经，盍为我辟之？"予退，草此以进。

昔者，圣人之治天下也，惟务生人；其生人也，务厚人之所以生。故父子，人之相生也者，教之孝慈；兄弟，人之同生者，教之友恭；夫妇，人之从生者，教之义顺；君臣、朋友，维人之生者，教之令共与信。恐人之未必克尽于是教也，为之立学校以宣行艺，鸣韬铎以警道路，导之也；为之法度藏诸王府，律令悬之象魏，示之也；入教者赏于祖，出教者刑于社，令民知所趋避也。圣人之公卿百执事以及州牧里师，咸奉是以勤其职，圣人亦以是上下其绩，此二帝、三王之治之所以隆而风俗之所以美，为继天立极之化也。

降及秦、汉，治虽不古，而君臣、父子、夫妇、朋友，凡天下之为生者，未之有改也。自汉明帝，乃西迎以死教天下之妖鬼，入我中国，其号曰"佛"。五蕴皆空，是死其心及诸脏腑也；以耳目口鼻为贼，是死其身形也；万象皆空，是并死山川草木禽鱼也。推其道，易天下，男僧女尼，人道尽息，天地何依？是并死世界宇宙也。举振古来千百圣人所以生天下之道法尽夷灭之，举千万载生民所以相生、从生、同生、维生者尽斩断之，然人君迎之、亲王奉之，历代风靡，寺庵遂遍天下。仁人君子望清凉台，未尝不痛心疾首也！

然寺庵虽俨然立，僧尼虽公然行，而都鄙不寺不庵之地，闾阎不僧不尼之人，犹未有异名别号以倡邪说者。迨"红巾""白莲"始自元、明季世，焚香惑众，种种异名，旋禁旋出，至今日若"皇天"，若"九门""十门"等会，莫可穷诘。家有不梵刹之寺庵，人成不削发之僧尼；宅不奉无父无君之妖鬼者鲜矣，口不诵无父无君之邪号者鲜矣。风俗之坏，于此为极！犹幸朝廷（国朝）严擅建庵观寺庙、私度僧尼之禁，凌迟"无生老母"，屠夷新河妖人。煌煌显律，凛凛王章，愚民犹有不辨邪正、不畏生死、相聚会佛者，仁人君子所以听佛声。未尝不痛心疾首、淫淫泪下也！噫！

愚民何知？妄谓念佛可以致福免祸耳，殊不思福者何？子孙昌、家业富之谓也。祸者何？绝子孙、无家业之谓也。彼佛者，有子孙耶？有家业耶？佛已无福，念之其可以致福耶？佛已大祸，念之其可以免祸耶？况天地鬼神，昭昭在上，不可以伪言欺，苟不实践忠孝、笃行仁义，即口称忠臣孝子之名，日诵大仁大义之语，天地鬼神必且靳之福而降之祸。况口称不忠不孝之非鬼，日诵贼仁残义之邪言，天地鬼神其不益怒而加祸耶？以念佛求福，愚且妄矣！念佛已愚且妄，况聚为群社、立之室堂，公然建之城市、闻之官长，其干法坏俗又何等耶？是久愚之愚、妄之妄者矣！

今《锦州府志》有云"念佛堂"者，世未前闻，官吏非徒不之禁，而且显登之记载，以长邪、污典册，奈何不知圣人生天下之教，而忍于助死天下之教也？仁人君子所以阅《锦府祠祀记》，未尝不痛心疾首、淫淫泪下也！噫！

《拟谕锦属更念佛堂》

既呈前说，京兆遂出所议示予。予曰："经世之文也！"然窃念议之辟之，不若直行文更之，遂草此进。

呜呼锦守！天生苍赤，爰赋恒性；叙为五典，厘为百善。顺之吉，逆之凶。矧其弃之，鲜不殄灭。

越自东汉，皇天降割；于我时夏，使西番妖法入，惑我黔首。五典咸堕，百善俱废；忍绝天性，谬托慈悲；苦戾人情，妄称极乐。沙门辈复敢恣为幻灏，创为十王、阴狱诸危酷，恐栗我赤子，谓呼乃佛号，立致种种福，立脱种种难。

呜呼！惟德动天，非修善克允，福弗幸；非改过克允，祸弗苟免；举口而致，斯民畴不易从？始迷是非，继反荣辱，终至不畏刑戮，生死是以，呼佛成俗，敢营堂城市，罔知禁忌。

呜呼锦守！小人何知？惟君子心思；小人何识？惟君子耳目。素迪不勤，素戒不饬；今复显登之志册，以翼邪俗。呜呼！予兹惧上干天子降罚，传讥于后世。

呜呼锦守！易乃风俗，是责吾济。其罢堂中所有，更匾额曰"乡约所"，仰承天子制，选老成德望，朔望讲读[圣谕]，训正斯民，无俾终恶。

呜呼！予闻兹士暨闾先生贺子钦，易诸佛刹为书院，讲朱考亭白鹿洞规，淑俗明季。当日士夫齐民，胥安从之，罔有异。矧予暨汝，实尸名位；孰与乡先生反掌丕变，信无梗。无俾志册比观，取羞贤贤。勖旃锦守！易一时羞，作千古美。锦守勖旃！